中国石油化工集团公司年鉴

2017

《中国石油化工集团公司年鉴》编委会　编

中国石化出版社

图书在版编目（CIP）数据

中国石油化工集团公司年鉴．2017／《中国石油化工集团公司年鉴》编委会编．—北京：中国石化出版社，2017．9

ISBN 978－7－5114－4694－7

Ⅰ．①中…　Ⅱ．①中…　Ⅲ．①石油化工厂－中国－2017－年鉴　Ⅳ．①F426．22－54

中国版本图书馆 CIP 数据核字（2017）第 253932 号

中国石化出版社出版发行

地址：北京市朝阳区吉市口路 9 号

邮编：100020　电话：（010）59964500

发行部电话：（010）59964526

http：//www. sinopec-press. com

E-mail：press@ sinopec. com

北京科信印刷有限公司印刷

全国各地新华书店经销

*

787×1092 毫米　16 开本　43．25 印张　62 彩页　1354 千字

2017 年 10 月第 1 版　2017 年 10 月第 1 次印刷

定价：330．00 元

（如出现印装质量问题，请与我社读者服务部联系调换）

《中国石油化工集团公司年鉴》2017年卷
编 委 会

吕大鹏　宣传工作部主任

顾敏清　离退休工作部主任

杨　军　机关服务中心主任

俞仁明　生产经营管理部主任

谢在库　科技部主任

杜江波　法律部主任

李国清　工程部主任

王玉冰　物资装备部主任

李德芳　信息化管理部主任

孙焕泉　油田事业部主任

赵日峰　炼油事业部主任

夏世祥　销售有限公司副董事长、党委书记

王子康　石化出版公司总经理

《中国石油化工集团公司年鉴》2017年卷
编 辑 部

地　　址：北京市朝阳区吉市口路9号

邮政编码：100020

电　　话：（010）59964517　59964575

传　　真：（010）59762279

电子信箱：jiangq@sinopec.com

The Editorial Department of
《CHINA PETROCHEMICAL CORPORATION YEARBOOK》

Add：9 Jishikou Road, Chaoyang District, Beijing China

P.C：100020

Tel：+86-10-59964517/59964575

Fax：+86-10-59762279

Email：jiangq@sinopec.com

董事长致辞

2016 年是极具挑战的一年，世界经济复苏疲弱，我国经济增速放缓，国际油价低位震荡，市场竞争异常激烈。面对严峻复杂的经营环境，我们认真贯彻落实党中央、国务院的决策部署，坚持稳中求进工作总基调，全面实施价值引领、创新驱动、资源统筹、开放合作、绿色低碳五大发展战略，立足当前保增长保效益，着眼长远转方式调结构，从严从实加强党的建设，各方面工作取得新成绩，实现了“十三五”良好开局。

一年来，我们全力拓市场、抓优化、降成本、控风险，大力开源节流、增收节支，圆满完成了全年效益目标。我们扎实推进结构调整，在新疆发现顺北油气田，在重庆再获页岩气勘探重大突破；涪陵页岩气田、川气东送管道增压工程、文 23 储气库等一批产建储运设施顺利推进，天然气大发展取得新成效；茂湛基地中科项目全面开工，炼化基地建设迈出实质性步伐；国Ⅴ油品质量升级任务提前完成，化工三大合成材料高端产品比例不断提高、顶替进口成效明显；参与“一带一路”建设取得积极进展，沙特延布炼厂正式投产，工程技术服务在海外市场逆势而上；非油品、地热、工业品电商平台等新业务新业态快速发展。科技创新、“两化”深度融合取得新成果，支撑引领了结构调整。我们蹄疾步稳深化改革，销售公司混合所有制改革深入推进，川气东送管道重组引资顺利完成，两岸合资的古雷石化公司揭牌成立，科技体制机制改革加快试点，扭亏脱困、瘦身健体、分离移交企业办社会职能三大改革攻坚战积极推进。全面提升“三基”工作，大力弘扬石油石化优良传统，加强制度建设，强化风险防控，严细实管理迈上新台阶。我们切实肩负起全面从严治党责任，扎实开展“两学一做”学习教育，严格落实党建工作责任制，全面加强领导班子和干部队伍建设，狠抓党风建设和反腐败斗争，加强宣传思想文化工作，党建工作取得新成效，特别是在全系统形成了把中国石化打造成为践行习近平总书记治国理政新理念新思想新战略重要阵地的广泛共识，为公司做强做优做大提供了动力和保障。我们坚持以人民为中心的发展思想，积极推进绿色低碳发展，油气管道隐患整治攻坚战提前一年完成，“能效倍增”计划深入推进，“碧水蓝天”环保专项行动圆满收官；老旧小区综合治理、棚户区改造等民生工程有序推进，公众开放日、健康快车等品牌活动持续深化，产业扶贫、精准扶贫积极开展，营造了和谐稳定的发展环境。

回顾2016年，我们取得了来之不易的成绩，这是社会各界关心帮助的结果，是广大客户和消费者高度信赖的结果，是海内外合作伙伴协作支持的结果。在此，我代表公司董事会，向所有关心、支持和帮助中国石化的朋友们表示衷心的感谢！

2017年是实施“十三五”发展规划的重要一年，是供给侧结构性改革的深化之年，挑战与机遇并存，困难与希望同在。面对新形势、新任务，我们将更加紧密地团结在以习近平同志为核心的党中央周围，深入贯彻落实党中央决策部署，坚持稳中求进工作总基调，牢固树立和贯彻落实新发展理念，适应把握引领经济发展新常态，聚焦提质增效升级，以推进供给侧结构性改革为主线，大力实施公司五大发展战略，着力降成本、拓市场、调结构、抓改革、强基础，从严从实加强党的建设，推动转方式调结构攻坚战取得新突破，为振兴实体经济做出积极贡献，以优异成绩迎接党的十九大胜利召开！

我们将坚定不移地加强对外合作，与您携手共创更加灿烂美好的明天！

总经理致辞

2016年，面对复杂严峻的经营环境，我们认真贯彻公司党组和董事会的决策部署，坚持稳中求进工作总基调，聚焦提质增效升级，加快转方式调结构，统筹推进各项工作，取得了好于预期的经营成果。全年公司实现营业收入1.97万亿元，上缴税费3 357.33亿元，实现利润529.03亿元。

回眸2016年，我们坚持以市场为导向、以效益为中心，加强产销优化，保持了生产经营平稳运行。国内上游业务保持勘探投入力度不减，成功发现顺北油气田，四川盆地永页1井、北部湾涠4井、内蒙古拐参1井试采获高产油气流，扩大了资源基础；开发上突出效益导向，大力压减无效低效产量，生产原油3 565.51万吨、天然气215.90亿立方米；大力开拓天然气市场，销售天然气267亿立方米。境外上游业务狠抓项目运行管理，权益油气当量产量4 295万吨。炼油业务紧紧抓住创效好时机，大力调整结构，努力做大总量，加工原油2.37亿吨。化工业务密切产销衔接，狠抓结构调整，大力拓市扩销，生产乙烯1 105.86万吨，化工产品经营总量6 996万吨。油品销售业务巩固提升网络优势，全力扩大零售规模，境内成品油经营量1.73亿吨；加快发展非油业务，完成营业额351亿元。工程技术服务业务加大外闯市场力度，境外收入占比大幅提高。国际原油与成品油贸易量稳步增长，资源保障能力持续增强。

我们聚焦转方式调结构、提质增效升级，加强投资管理和优化，推进了一批重点工程建设。涪陵页岩气田一期、元坝气田等产能建设全面完成；四大炼化基地建设取得积极进展，茂湛基地中科项目开工建设；中天合创煤化工项目建成试车；一批储运设施建成投用；油气输送管道隐患整治攻坚战提前一年完成，罐区隐患整治攻坚战取得积极进展，“碧水蓝天”环保专项行动全面完成，“能效倍增”计划有序推进；金融、地热、节能环保等产业加快布局，地热新增供暖能力863万平方米；积极开展对外合作，古雷石化项目顺利推进，完成川气东送管道重组引资，伊朗雅达项目一期实现达产，沙特延布炼厂正式投产，南非炼油和销售项目进展顺利。

我们立足当前、着眼长远，加快实施创新驱动发展战略，科技创新支撑引领作用进一步发挥。制定实施科技项目、科技经费、科技成果转化推广与激励等管理办法和细则，探索实施股权和分红激励机制等，科技创新活力得到进一步激发。突出战略引领和问题导向，集中攻克了一批关键核心技术。全年申请专利6 563件，获得专利授权4 878件；荣获国家技术发明二等奖4项，中国专利金奖1项、优秀奖9项。扎实推进“两化”深度融合，完成股份公司各企业ERP大集中，九江石化等4家企业智能工厂试点成功，智能化管线管理系统全面推广，易派客、“石化e贸”电商平台全面应用，微信营销增强了客户黏度。

我们围绕增强活力、提高效率，坚定不移深化改革、强化管理，公司整体管理水平得到了提升。积极推进销售公司股份制改造，共享服务中心建设、东北油田扩大经营自主权试点、精细化工业务体制机制完善等专项改革取得了阶段性进展。大力弘扬石油石化优良传统，强化严细实管理，以市场为导向，加强生产、投资、财务“三大计划”统筹协调，实行生产经营3个月滚动计划和预算；以本质安全环保为目标，狠抓“三基”工作，强化责任、措施、考核、问责落实，总体上保持了安全生产、清洁生产；以调动各方面的积极性为目的，完善绩效考核机制，干事创业活力进一步增强；以原油采购、物资采购、物流优化、库存管理等环节为重点，狠抓降本减费，完成了成本费用控制指标；以现金流管理为核心，加强资金筹措，加大“两金”占用清理力度，经营活动现金流持续好转；以完善制度为基础，推进风控、内控、制度一体化建设，加强法律风险防范和审核把关机制，促进了依法治企、合规经营。

展望2017年，机遇与挑战并存，困难与希望同在。我们将认真贯彻党中央、国务院的决策部署，在公司党组和董事会的领导下，牢牢把握稳中求进工作总基调，紧紧围绕转方式调结构、提质增效升级，着力抓运行、拓市场、降成本、促改革、强基础、保安全，坚定信心、奋发进取，努力完成全年各项目标任务，以优异成绩向党的十九大献礼！

戴厚良

组织机构

（截至2016年底）

中国石油化工集团公司

- 办公厅（董事会办公室、总经理办公室）
- 党群工作部（党组办公室、直属党委）
- 发展计划部
- 财务部
- 生产经营管理部
- 企业改革管理部
- 人事部
- 科技部
- 法律部
- 资本运营部
- 安全监管局
- 能源管理与环境保护部
- 工程部
- 矿区（社区）管理部
- 物资装备部（国际事业公司）
- 信息化管理部
- 外事局
- 审计局
- 监察局
- 宣传工作部（新闻办公室）
- 离退休工作部
- 机关服务局

机构投资者

中国石油化工股份有限

监事会

董事会

- 董事会秘书局
- 审计委员会
- 总裁班子

总部职能部门

- 总裁办公室
- 发展计划部
- 财务部
- 生产经营管理部
- 企业改革管理部
- 人事部
- 科技部
- 法律部
- 资本运营部
- 安全监管部
- 能源管理与环境保护部
- 工程部
- 物资装备部（国际事业公司）
- 信息化管理部
- 外事部
- 审计部
- 监察部
- 企业文化部
- 离退休工作部

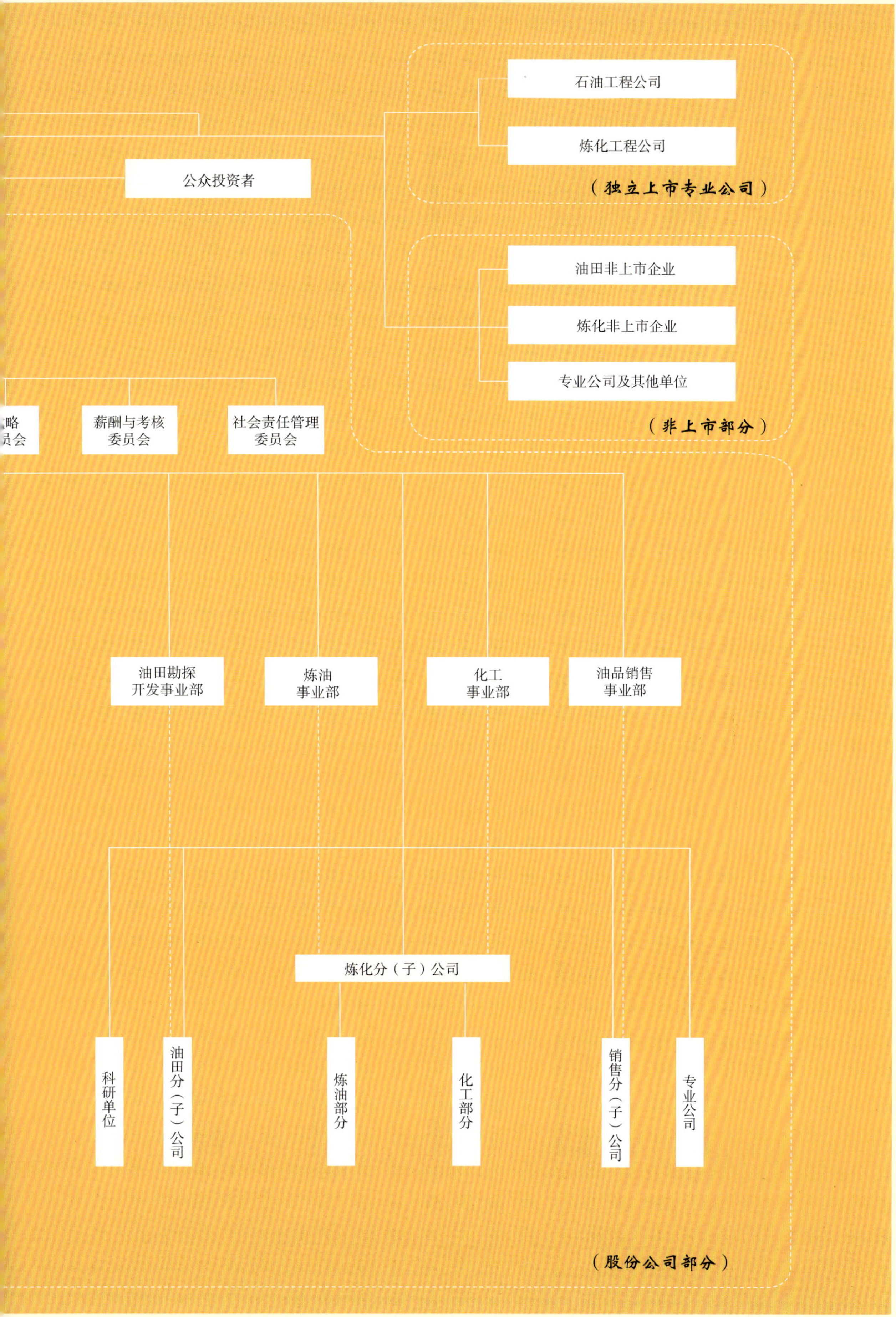
石油工程公司
炼化工程公司
（独立上市专业公司）
公众投资者
油田非上市企业
炼化非上市企业
专业公司及其他单位
（非上市部分）
薪酬与考核委员会
社会责任管理委员会
油田勘探开发事业部
炼油事业部
化工事业部
油品销售事业部
炼化分（子）公司
科研单位
油田分（子）公司
炼油部分
化工部分
销售分（子）公司
专业公司
（股份公司部分）

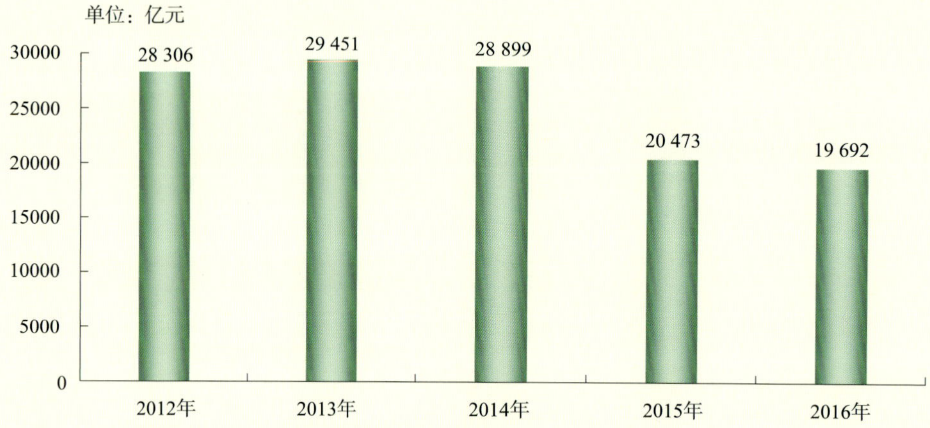

营业收入

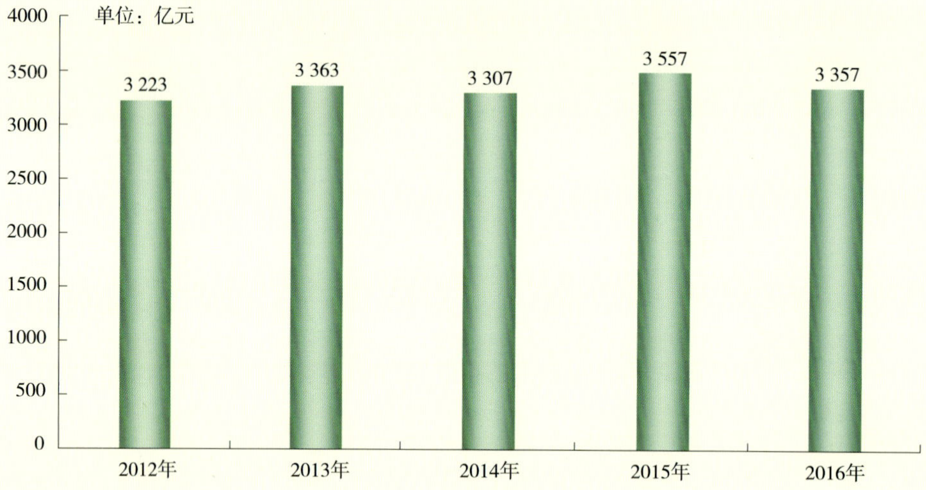

上缴税费

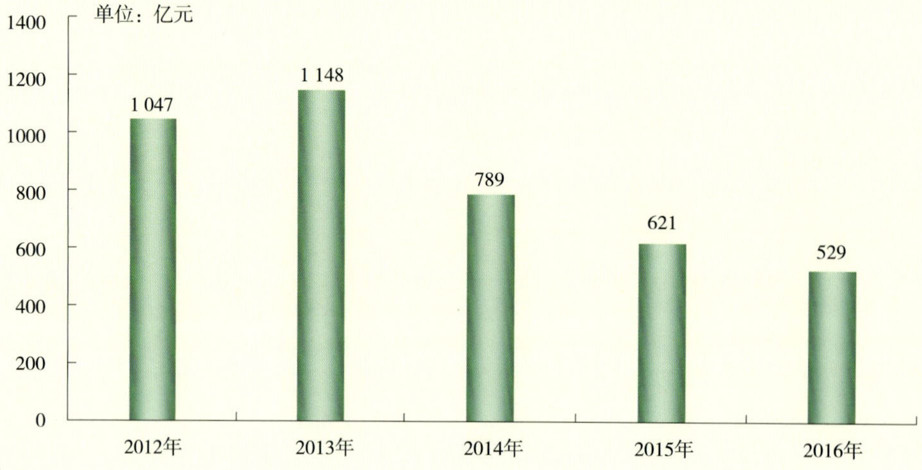

利润总额

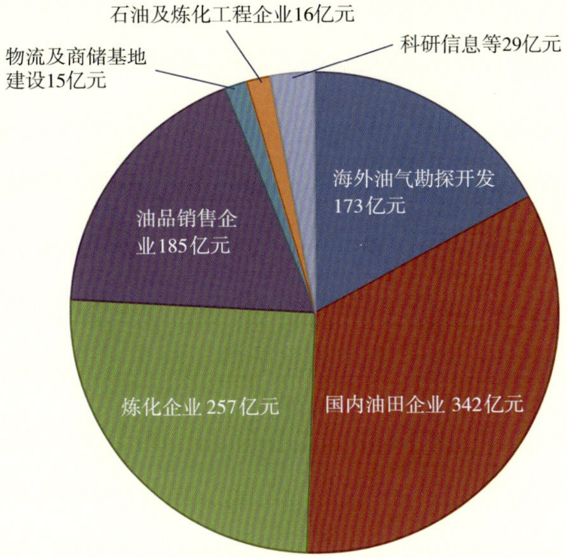

固定资产投资

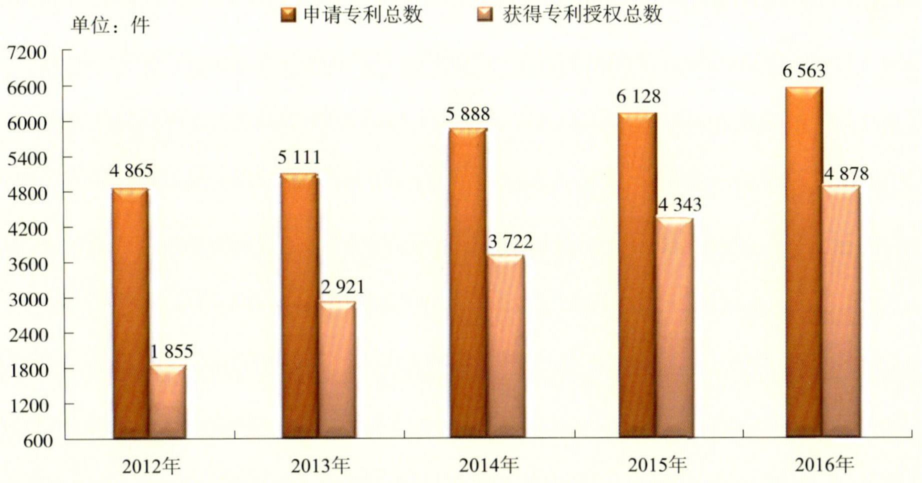

申请专利及获得专利授权总数

原油总产量

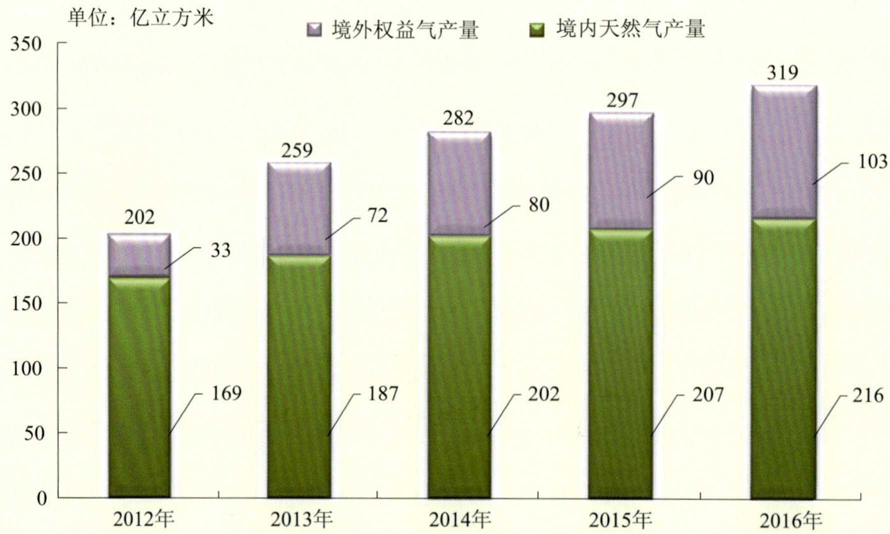

天然气总产量

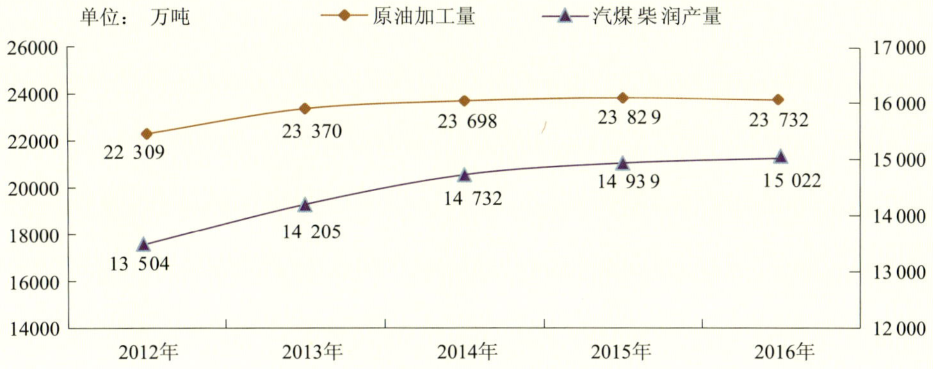

原油加工量及汽煤柴润产量

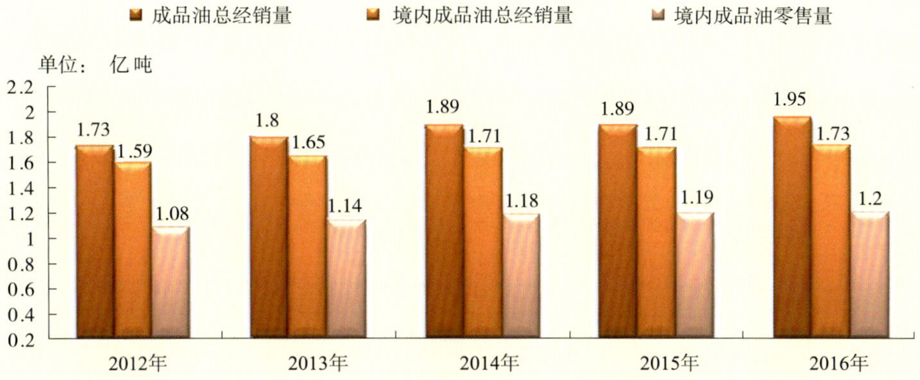

成品油经营量

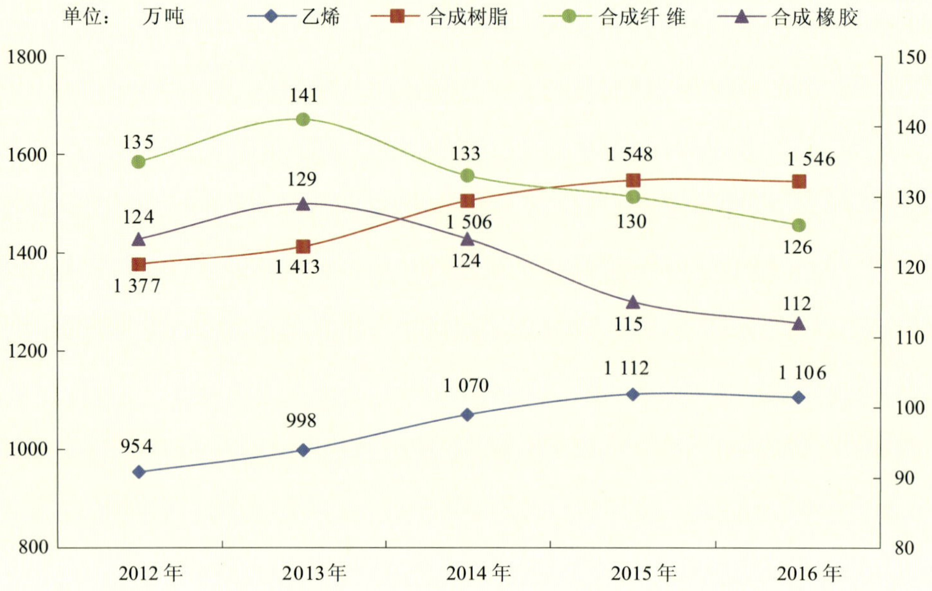

乙烯及三大合成材料产量

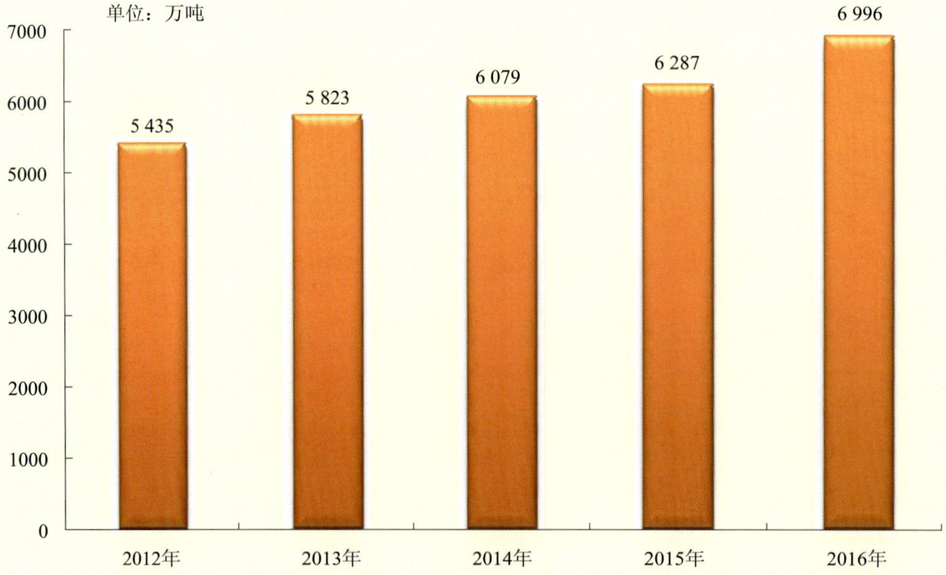

化工产品经营总量

2016 年，集团公司境内油气勘探取得 2 个重大突破、2 个重要发现、9 个新发现和 14 个商业新发现。天然气效益开发扎实推进。油田开发结构优化调整成效显著。全年新增石油控制储量 1.43 亿吨、天然气控制储量 2 881 亿立方米。图为涪陵国家级页岩气示范区

2016 年，集团公司境内原油产量 3 565.51 万吨，减产 608.23 万吨；天然气产量 215.90 亿立方米，增加 8.94 亿立方米。境外上游突出抓好项目运行，强化精细管理，全年实现境外权益油气产量 4 295 万吨油当量。图为元坝天然气净化厂

2016年，集团公司炼油板块充分发挥一体化优势，紧紧抓住创效好时机，大力调整结构，努力做大总量。全年加工原油2.37亿吨、下降0.4%，生产成品油1.49亿吨、增长0.5%。图为茂名石化炼厂全景

2016年，集团公司化工板块聚焦提质增效升级，密切产销衔接，狠抓结构调整，大力拓市扩销，生产经营再创佳绩。全年化工产品经营总量6 996万吨、增长11.3%，创历史新高；生产乙烯1 105.86万吨、减少5.93万吨。图为武汉80万吨/年乙烯厂区全景

2016 年，集团公司聚焦提质增效升级，强化科学管理，实现成品油总经销量 1.95 亿吨，销售天然气 267 亿立方米、增加 56.9 亿立方米。推进非油品专业化、市场化发展，提高经营规模和效益，实现营业额 351 亿元、增长 41.4%。图为福建石油分公司兴闽油库

2016 年，集团公司石油工程板块面对经营状况艰难、减亏止亏任务繁重、各类矛盾交织等诸多挑战，努力破解生存发展困局，生产经营和改革发展取得一定成果。大力推进境外区域资源优化，灵活调整经营策略，推动项目提质增效，全年新签合同额 28.61 亿美元，完成合同额 23.79 亿美元。图为亚洲第一超深井——马深 1 井酸压测试施工现场

2016 年，集团公司炼化工程板块不断挖掘一体化优势，着力深化改革、优化资源配置、转变发展方式、狠抓生产经营、大力开拓市场、强化技术创新，各项工作取得显著成效。积极组织境外市场开发，协调项目执行与管理，做好境外分（子）公司布局，全年新签合同额 17.44 亿美元，完成合同额 22.45 亿美元。图为石家庄炼化 260 万吨 / 年柴油液相加氢装置

2016 年，集团公司全面分解落实安全主体责任，全面开展重大安全风险识别与防控，全力推进油气输送管道隐患整治攻坚战，狠抓现场安全监督管理，安全形势保持总体稳定。连续 9 年保持境外公共安全“零死亡”纪录。图为油库应急预案演练

2016年，集团公司积极推进绿色低碳发展，统筹能源环境一体化管理，深入推进“能效倍增”计划，收尾“碧水蓝天”环保专项治理行动，积极响应大气、水和土壤污染防治“三大战役”，积极推动碳资产管理，能源环境工作成效持续提升。全年外排废水达标率99.8%，有控废气外排达标率99.9%，固废合规处置率100%。图为金陵石化烷基苯厂

2016年，集团公司立足当前、着眼长远，加快实施创新驱动发展战略，科技创新支撑引领作用进一步发挥。全年申请专利6 563件，获授权4 878件；获国家技术发明二等奖4项，中国专利金奖1项、优秀奖9项。图为科技人员在进行科学实验

2016年，集团公司以“智能制造”和“互联网+”为主线，聚焦供给侧结构性改革、提质增效升级等中心任务，发力“两化”融合，全面推进信息化“421工程”建设，大力推动信息系统深化应用。图为工作人员在云计算中心

2016年，集团公司全面加强领导班子和干部队伍建设，进一步深化用工分配制度改革，稳妥推进完善人才成长通道建设工作，有力支撑和保障了企业持续健康发展。全年共组织脱产培训89.8万人次，开展基本功训练等岗位培训108.6万人次，参加远程培训系统总学时长达1 852万小时。图为领导人员油气勘探决策培训班

2016年，集团公司毫不动摇坚持党的领导，从严从实加强党的建设，切实肩负起全面从严治党责任，扎实开展“两学一做”学习教育，严格落实党建工作责任制，全面加强领导班子和干部队伍建设，党建工作取得新成效。图为集团公司庆祝建党95周年暨党建工作会议

2016年，集团公司法律系统服从服务公司中心工作及五大战略实施，扎实推进各项工作。紧紧围绕中心工作开展审计监督，强化问责，严格管理。切实担负起管党治党政治责任，牢固树立“四个意识”，坚定不移推进全面从严治党各项工作，党风廉洁建设和反腐败工作取得新成效。图为中国石化2016年法治工作会议

2016 年，集团公司积极开展以转变观念为重点的形势任务教育，广泛宣传转方式调结构攻坚战的经验和成效，深入挖掘石油精神蕴含的时代内涵，加大典型宣传，主动传播中国石化好声音，凝聚了干事创业的精神力量。大力实施惠民工程，社区管理水平全面提升。图为河南油田翠湖公园新貌

2016 年，集团公司主动投身社会公益事业，积极履行社会责任。继续开展“情暖驿站·满爱回家——关爱春节返乡务工人员”大型公益活动；努力做好援藏援青、定点扶贫工作；积极参与事故救援行动；大力开展社会普法和法治宣传活动，弘扬法治精神；“健康快车”开进河南洛阳、贵州安顺、四川资阳，共治愈白内障患者 3 248 人。图为加油站为返乡务工人员免费加油

编 辑 说 明

一、《中国石油化工集团公司年鉴》（简称《年鉴》）是中国石油化工集团公司正式对外公布一定时期生产、经营、财务状况及有关数据资料的权威性出版物，向国内外公开发行。《年鉴》从1988年问世至今，已出版22卷。2017年卷《年鉴》为第23卷。

二、2017年卷《年鉴》全面、系统地记述了2016年集团公司在生产经营、深化改革、科技创新和企业管理等各方面的基本情况和重大事项，图文并茂，直观反映了集团公司及其所属企事业单位的新变化、新成果，为各级领导科学决策和科学管理提供依据，为集团公司内部和社会各界人士了解集团公司提供翔实、可靠、可鉴资料。

三、2017年卷《年鉴》共设28个栏目：大事记、总述、境内油气勘探开发、境内石油工程、炼油生产、化工生产、境内炼化工程、产品销售、国际化经营、重点工程建设、公用工程、安全生产、绿色低碳、科研开发与管理、企业改革与管理、财务资产管理、人事管理、物资采购与管理、"两化"融合、法律管理、审计与监察、矿区（社区）建设、企业党建与企业文化、新闻与出版、企事业单位、人物、统计资料、附录。为便于读者查阅和检索，文前附中、英文目录，书后附企事业单位主题词索引和表题索引。

四、《年鉴》所收录的数据表中，空格表示该项统计数据不详，"—"表示无该项统计数据，"…"表示该项数据不足本表最小单位数。

五、《年鉴》中，"中国石油化工集团公司"简称"集团公司"，"中国石油化工股份有限公司"简称"股份公司"，两者统称"中国石化"。

六、《年鉴》中插图由各单位提供，图片版权归各单位所有。

七、在《年鉴》的编纂和出版过程中，承蒙有关单位领导、专家、管理人员的大力支持和帮助，在此，谨向为《年鉴》提供稿件和资料、对稿件进行审读把关以及给予《年鉴》各种帮助的人士，致以诚挚的谢意。对2017年卷《年鉴》存在的缺点和疏漏，诚请广大读者批评指正。

《中国石油化工集团公司年鉴》编辑部

2017年8月

目　　录

大　事　记

总　　述

境内油气勘探开发

境内石油工程

炼油生产

化工生产

境内炼化工程

产品销售

国际化经营

重点工程建设

公用工程

安全生产

绿色低碳

科研开发与管理

企业改革与管理

财务资产管理

人事管理

物资采购与管理

“两化”融合

法律管理

审计与监察

内部审计

纪检监察

矿区（社区）建设

企业党建与企业文化

企业党建

企业文化

新闻与出版

企事业单位

人　　物

统计资料

附　　录

索　　引

CONTENTS

Petrochemical Production

Biology and Fine Chemical Industry

Domestic Refinery and Chemical Engineering

Marketing

International Operation

Key Projects Construction

Public Utilities

Safety

Green & Low – carbon

Scientific Research, Development and Management

Corporate Reform & Management

Party Building and Corporate Culture

Enterprise Party Construction

Enterprise Culture

News & Publishing

Enterprise & Institutions

Personages

Statistics

Appendix

Index

企业形象宣传专版单位名称

封底：雪佛龙菲利普斯国际化工公司

前　插　页

1：天津钢管集团
2：中国工商银行
3：西门子(中国)有限公司
4：Eneos Italsing Pte Ltd
5：新加坡 PEC 股份有限公司
6：南光(集团)有限公司
7：林德集团
8：艾默生过程控制有限公司
9：荷兰安智银行
10：瑞穗银行
11：三菱东京银行
12：大华银行
13：星展银行
14：三井化学株式会社
15：丸红(北京)商业贸易有限公司
16：上海化学工业区发展有限公司
17：摩科瑞能源集团

中　插　页

1：中国石化润滑油有限公司
2：中国石化茂名石化
3：中沙(天津)石化有限公司
4：中国石化上海石化
5：中国石化石家庄炼化
6：中国石化金陵石化
7：中国石化扬子石化
8：扬子石化—巴斯夫有限责任公司
9：中国石化武汉石化
10：中国石化九江石化
11：中国石化山东石油分公司
12：中国石化上海石油化工研究院
13：太平石化金融租赁有限责任公司
14：北京世纪天宇广告有限公司

大事记

2016 年

1 月

8 日 2015 年度国家科学技术奖励大会在人民大会堂举行，中国石化获国家科技进步特等奖 1 项、国家技术发明二等奖 2 项、国家科技进步二等奖 1 项。

19 日 第 22 届全国企业管理现代化创新成果公布。胜利油田“大型油田智能化开采管理”、北京石油分公司“以风险管控为目标的成品油销售资金稽核管理”2 项管理成果获一等奖。

同日 在国家主席习近平和沙特阿拉伯国王萨勒曼的共同见证下，集团公司董事长王玉普与沙特阿美公司董事长范礼赫在沙特利雅得王宫签署战略合作框架协议。

20 日 国家主席习近平和沙特阿拉伯国王萨勒曼共同出席沙特阿美中国石化延布炼厂投产启动仪式，集团公司董事长王玉普参加。

3 月

28 日 集团公司董事长王玉普与阿尔及利亚国家石油公司总裁马祖齐签署合作谅解备忘录。

4 月

8 日 长城润滑油获 2016 年中国品牌力指数“黄金品牌”，连续 5 年以上保持行业品牌力第一。

18 日 中国最大的工业品电子商务平台——易派客正式投入商业运营并向社会开放。

5 月

9 日 中共中央组织部宣布戴厚良任集团公司总经理。同时，国务院国资委党委任命戴厚良为集团公司董事、党组副书记。

6 月

7 日 中国石化发布《中国石化 2015 年社会责任报告》。

16 日 中国石化当选 2016 中国低碳榜样。

25 日 在国家主席习近平和俄罗斯总统普京的共同见证下，集团公司董事长王玉普与俄罗斯石油公司总裁谢钦在人民大会堂签署东西伯利亚天然气化工项目框架协议。

30 日 “石化 e 贸”网正式上线运营。

7 月

20 日 美国《财富》杂志发布世界 500 强排名，中国石化位居第四。

23 日 《中国石油化工集团公司“十三五”发展规划纲要》正式发布实施。

26 日 石油工程公司中东研发中心项目获正式批复，总投资 2 359 万美元。

30 日 中国石化“碧水蓝天”环保专项行动完成。自 2013 年启动以来，累计实施环保治理项目 870 个，投入资金 209. 2 亿元。

8 月

29 日 中国石化宣布塔里木盆地顺北油田勘探取得重大商业发现。

10 月

14 日 中国石化首次发布《中国石化精准扶贫白皮书(2002—2016)》，也是中央企业发布的首部精准扶贫白皮书。

11 月

7 日 由福建炼化与台方旭腾投资有限公司合资成立的福建古雷石化有限公司正式揭牌成立，成为两岸石化产业合作发展史上的又一重要里程碑。

23 日 中国石化获 2016 最具责任感企业奖，成为唯一连续 6 年获得该荣誉的中央企业。

12 月

6 日 国务院国资委党委任命赵东为集团公司总会计师、党组成员。

7 日 中华健康快车基金会 2016 年度颁奖典礼在北京举行，中国石化连续第 12 年获光明功勋特别奖。

12 日 中国石化天然气有限责任公司与中国人寿及国投交通签署《关于中石化川气东送天然气管道有限公司之增资协议》，中国人寿及国投交通以 228

亿元人民币认购天然气公司全资子公司管道有限公司的50%股权。

20日 中科炼化一体化项目全面开工建设。

26日 由中国国家知识产权局和世界知识产权组织共同主办的第18届中国专利奖颁奖大会在北京举行，中国石化获中国专利金奖1项、专利优秀奖9项。

总　述

转变观念　改革创新
全力打赢转方式调结构攻坚战

2016 年，世界经济复苏疲弱，中国经济增速放缓，国际油价低位震荡，成品油市场竞争激烈，天然气产销矛盾突出，工程服务市场量价不断下降。面对严峻复杂的经营环境，在党中央、国务院的坚强领导下，集团公司广大干部员工，坚持稳中求进工作总基调，全面实施五大发展战略，聚焦提质增效升级，加快转方式调结构，统筹推进各项工作，取得了来之不易的成绩。

一、生产经营保持平稳运行

主动肩负起在国家经济稳增长、中央企业效益恢复性增长中的责任，以市场为导向、以效益为中心，大力开源节流、增收节支，总体保持生产平稳运行，经营成果好于预期。国内生产原油 3 565.51 万吨、同比(下同)下降 14.6%，生产天然气 215.9 亿立方米、增长 4.3%；海外权益油气当量产量 4 295 万吨、下降 3.2%；加工原油 2.37 亿吨、下降 0.4%；境内成品油经营量 1.73 亿吨、增长 0.8%；生产乙烯 1 105.86 万吨、下降 0.5%；化工产品经营总量 6 996 万吨、增长 11.3%。实现营业收入 1.97 万亿元、税费 3 357.33 亿元、利润 529.03 亿元。

二、结构调整见到新成效

国内上游保持勘探投入力度不减，成功发现顺北油气田，四川盆地永页 1 井试获高产气流、成为继焦石坝之后页岩气新区勘探又一重大突破，北部湾涠 4 井、内蒙古拐参 1 井试获高产油气流；大力推进效益开发，优化调整开发结构，压减无效原油产量 244 万吨。海外上游突出抓好项目运行，强化精细管理，桶油现金操作成本下降 10.1%。炼油业务以市场为导向调整产品结构，柴汽比下降 0.1，高标号汽油、航煤产量分别增长 6.2% 和 4.6%。化工业务坚持“基础 + 高端”的发展思路，合成树脂专用料比例、合成橡胶高附加值产品比例、化纤差别化率稳步提高，实现顶替进口 20.5 万吨；吨乙烯原料成本、吨化工产品完全费用继续下降，创出历史最好水平。积极培育新的增长点，非油品量效分别增长 40% 和 50%，地热新增供暖能力 863 万平方米。扎实推进绿色低碳发展，国Ⅴ标准车用汽柴油质量升级任务提前完成；油气输送管道隐患整治攻坚战提前 1 年完成，共投入资金 111 亿元，整治隐患 1.8 万多项；“碧水蓝天”环保专项行动圆满收官，累计投入资金 209 亿元，实施环保治理项目 870 个；“能效倍增”计划有序推进。

三、重点项目建设取得新进展

涪陵页岩气田累计建产 70 亿米^3/年，元坝气田产能建设全面完成，涪陵页岩气田二期、鄂北、海域、川西等油气产能建设重点工程顺利推进。四大炼化基地建设取得重要进展，茂湛基地中科项目开工建设，镇海、上海、南京基地建设相关工作有序推进；中天合创项目建成试车，中安联合项目恢复建设。广西 LNG、贵阳—重庆成品油管道、仪长原油复线、天津原油商储基地、川气东送管道增压工程等储运设施建成投用，天津 LNG、文 23 储气库建设加快推进。福建古雷合资石化项目进展顺利；伊朗雅达项目一期实现达产，沙特延布炼厂正式投产。同时，集团公司“十三五”期间的发展研究进一步深化，完善并出台公司“十三五”发展规划，分别召开科技创新大会、党建工作会议、信息化大会和改革管理工作会议推动规划落实，未来发展的总体部署更加清晰明确。

四、改革管理迈上新台阶

全面启动困难企业专项治理，完成 2 户企业关停和 5 户企业扭亏脱困任务。“四供一业”分离移交全面提速。压扁管理层、精简机构、优化用工等瘦身健体工作取得积极进展。石油工程在华北、华东地区完成整合重组。销售公司启动股份制改造，川气东送管道完成重组引资，东北油气田扩大经营自主权试点取得阶段性进展。改革投资管理办法，完善决策程序，强化专项论证环节责任，促进了科学决策。改革科技项目、科技经费、科技成果转化推广与激励管理办法，激发了创新活力和积极性。大力弘扬“严细实”优良作风，强化安全环保责任、措施、考核、问责落实，总体上保持安全生产、清洁生产。完善“三基”工作指导意见，推动基础管理工作整体上水平。加强“三大计划”统筹协调，实行生产经营3个月滚动计划和预算，并加大月度计划、预算的刚性执行力度。狠抓原油采购及优化、物资采购、资金管理、库存管理等重点环节成本管控，积极推进物流优化，大力优化债务结构，加大“两金”占用清理力度，取得积极成效。完成原油库存、股权管理等流程梳理和制度完善，促进了依法治企、合规经营。

五、科技创新取得新突破

塔中北坡奥陶系油气成藏规律认识取得突破，自主研发175℃高温随钻测量系统达到国际领先水平。5万吨/年沸腾床渣油加氢示范装置开工试运行，催化柴油转化生产高辛烷值汽油技术大面积推广应用。一批化工新产品成功开发，碳纤维产品在公路、高铁等领域实现商业应用；开发形成重点企业化工装置废气处理等成套技术。“两化”深度融合加快推进，股份公司各企业完成ERP大集中，智能工厂试点成功，智能化管线管理系统全面推广，易派客电商平台正式投入商业运营，石化e贸、润滑油客户关系管理系统、移动应用平台等全面应用。全年申请专利6 563件，获得专利授权4 878件；获国家技术发明二等奖4项，中国专利金奖1项、优秀奖9项。

六、党的建设实现新提升

扎实开展“两学一做”学习教育，突出问题导向，坚持以上率下、以学促做，确保学习教育高标准启动、高质量运行。严格落实党建工作责任制，健全党建工作责任体系，开展党委书记抓党建述职评议，推进党建考核全覆盖、重实效，促进党建工作整体水平提升。狠抓党风建设和反腐败工作，开展“四风”问题整治情况“回头看”，深入推进个别领导干部亲属做中国石化生意等问题专项整改，严肃查处违反中央“八项规定”精神问题，加强违纪违法问题立案审查，保持反“四风”反腐败高压态势；加大党组巡视力度，注重巡视结果运用，面对面反馈问题、督促整改。加强党建制度建设，将党建工作总体要求写入集团公司章程，制定实施党建工作责任制等一批制度，为落实全面从严治党要求提供制度保障。加强宣传思想工作，积极开展以转变观念为重点的形势任务教育，广泛宣传转方式调结构攻坚战的经验和成效，深入挖掘石油精神蕴含的时代内涵，加大抗洪英雄陈鹏龙、廉洁从业敢于担当优秀领导干部等典型宣传，主动传播中国石化好声音，凝聚了干事创业的精神力量。

在推进发展的同时，主动投身社会公益事业，积极履行社会责任。中国石化健康快车驶入河南洛阳、贵州安顺和四川资阳，免费治愈白内障患者3 248名。截至2016年底，已累计治愈38 046人。继续开展“情暖驿站·满爱回家——关爱春节返乡务工人员”大型公益活动，广东、广西、湖南3省共计218座加油站参与。大力开展对口支援和扶贫开发工作，重点围绕基础设施建设、产业帮扶、支援教育、劳务培训、医疗健康等领域，坚持“输血”和“造血”相结合，努力帮助贫困地区提高可持续发展能力。全年共投入援藏资金2 997万元，实施扶贫项目8个；在甘肃东乡、湖南凤凰等6个定点扶贫县共投入资金8 873万元，实施扶贫项目54个，在增强当地经济社会发展内生动力、提高人民生活水平方面发挥重要作用。同时，积极投入抢险救灾、社会普法、志愿服务事业，取得显著成效。

回顾2016年，中国石化全体干部员工团结一心、奋力拼搏，取得了来之不易的成绩。2017年是实施“十三五”发展规划的重要一年，是供给侧结构性改革的深化之年。面对新形势、新任务，中国石化将更加紧密地团结在以习近平同志为核心的党中央周围，深入贯彻落实党中央决策部署，坚持稳中求进工作总基调，牢固树立和贯彻落实新发展理念，适应把握引领经济发展新常态，聚焦提质增效升级，以推进供给侧结构性改革为主线，大力实施公司五大发展战略，着力降成本、拓市场、调结构、抓改革、强基础，从严从实加强党的建设，推动转方式调结构攻坚战取得新突破，为振兴实体经济、全面建成小康社会做出新的更大贡献，以优异成绩迎接党的十九大胜利召开！

境内油气勘探开发

◇ 综述

◇ 油气勘探

◇ 油田开发

◇ 气田开发

◇ 采油气管理

◇ 油气集输

◇ 设备管理

◇ 基层管理

综　述

2016年，面对低油价大考，油田板块在集团公司党组的正确领导下，深入贯彻落实集团公司部署要求，以“不靠油价靠作为”的精气神，以“困难面前有我们，我们面前无困难”的高昂斗志，坚持一切工作向质量效益聚焦，深入开展“抓‘三基’、强作风、战寒冬、做贡献”主题活动，着力转观念、抓优化、推改革、促创新，积极转方式、调结构、降成本、减亏损，全力打好“战寒冬、求生存、谋发展”攻坚战，全面完成年度各项目标任务。

一、思想观念转变大，为战寒冬奠定思想基础

面对生存发展困局，油田板块各层面以强烈的危机感和紧迫感，大力贯彻落实党组领导提出的“彻底丢掉幻想，彻底转变观念”要求，把转观念作为战寒冬的首要工作，全面开展低油价下求生存谋发展大讨论、形势任务教育、创效保效对策培训等工作，引导广大干部员工转观念、树信心、找差距、查潜力、拿措施，实现发展理念从“以产量论英雄”向“以效益论英雄”转变，油气勘探从重视储量数量向重视储量质量和价值转变，油田开发从按产能、开发指标配产向效益配产转变，经营管理从以产量安排预算向以效益安排预算转变，专业化队伍从以服务油田为主向以服务油田与服务市场并重转变，“算效益账，干效益活，产效益油”“左右不了油价但可以左右成本”“油价低士气不低，油价低标准更高”等理念深入人心，凝聚了应对低油价广泛共识，引领了提质增效升级、转方式调结构向纵深推进。

二、油气勘探实现大突破新发现，为战寒冬奠定资源基础

各油气田分公司坚持高效勘探不放松，优化部署、细化论证、强化监管，加大预探和风险勘探力度，取得一批重要成果，形成一批增储阵地，勘探效益稳步提升。

聚焦西部塔里木、四川盆地海相碳酸盐岩等大盆地大目标、东部富油凹陷中浅层和天然气领域，深化潜力评价，强化基础研究，精细井位论证，西北油田在塔里木盆地顺北地区取得重大突破，发现亿吨级的顺北油气田，西南油气分公司在四川盆地永川探区页岩气取得重大突破，为“十三五”西部原油稳产和天然气快增长提供重要的资源阵地。同时，上海海洋油气分公司在涠西南海域、中原油田在银额新区获得重大发现，在准西缘石炭系、济阳坳陷古潜山、松南德惠断陷等取得9个油气新发现、14个商业发现。做好项目经济评价，进一步深化勘探开发结合，评价井进尺优化压减20%。按照SPE储量标准建立储量价值化评价流程，编制新增储量价值评价实施方案。精细工程管理，加强对物探项目技术设计的审查优化，抓好二次方法论证；抓细川深1井等重点探井设计方案论证，提高设计质量，优化控制投资，确保打成井、打好井。组织召开风险勘探方向领域研讨会，明确15个风险勘探重点领域，部署8口风险井。2016年预探井成功率保持稳定，评价井成功率连续4年上升。

三、油气结构调整取得积极进展，为战寒冬奠定效益开发基础

积极推进油气结构调整，着力培育天然气新的效益增长点，压减无效原油产量，增强了御寒能力。

天然气效益开发扎实推进。各油气田分公司加强已开发气田精细管理，积极推进重点产建工程，千方百计创效增效。页岩气方面，江汉油田全力抓好涪陵页岩气田高效开发，全年新建产能20亿立方米，累计建成产能70亿立方米，年产气50.4亿立方米。常规气方面，新建产能16.4亿立方米。西南油气分公司全面完成元坝气田34亿立方米净化气产能建设，积极推进川西中浅层滚动效益建产，新建产能4.6亿立方米，全年产气55亿立方米，同比上产6.8亿立方米。华北油气分公司持续推进鄂北产能建设，新建产能6.4亿立方米，年产气35.2亿立方米。

油田开发结构优化调整成效显著。全面实施效益配产，加大结构调整力度，把“算效益账、干效益活、产效益油”落到实处。增量方面，坚持滚动勘探与油藏评价力度不减，突出经济评价和风险控制，滚动评价井成功率达70%，落实东部中浅层断块及岩性油藏、中古生界等一批建产阵地，新增商业开发储量4 263万吨。严格项目效益评价排队，狠抓方案设计优化，开展标准成本经济评价取值研究，制定不同类型油藏标准化开发指标模型，对续建项目进行优化再评价，加强新开钻井设计复议，盘活存量资产、配套工艺技术、降低工程造价，确保增能增效。投产新井平均单井日产油6吨，提高0.4吨。存量方面，全面推广运用胜利油田“三线四区”模型指导效益开发，持续推进产量结构、注采结构和措施结构优化，控自然递减、降含水、降操作成本。更加注重夯实油田开发基础，水驱油藏完善注采关系，提升注水“三率”，加大流场调整力度，提高水驱开发效益；稠油热采油藏抓好热效能管理，提高经济油汽比；化学驱油藏突出个性化调整，提高吨聚换油率。前三季度暂关无效油井3 124口，压减无效产量244万吨，控减无效液量2 000万吨、无效注水量1 284万吨；四季度，根据油价上行趋势复产油井444口。全年措施工作量减少34.6%，有效率提高9个百分点。

四、降本减亏取得显著成效，为战寒冬提供强力支撑

油田板块坚持“少亏就是做贡献，减亏就是创效益”，围绕“四全四硬四严四保”的降本思路，创新运行模式，加强投资管控，加强困难企业专项治理，大刀阔斧降本，精打细算创效，确保了经营目标任务的完成。

创新建立“两法三体系”效益配产方法。组织利用“经营现金流法”和“边际贡献法”，对不同油价下产量安排和效益目标反复测算，确保产量最优、成本最低、效益最大；研究制定低油价下油田开发生产及运行管理、月度预算运行管理和月度绩效考核管理3个体系，建立月度生产运行例会和经济活动分析例会制度，每月根据油价和销售情况，确定原油产销安排和预算效益目标，实现月度预算目标与生产运行计划的一体化运行。

成本管控出实招见实效。瞄准“产供销”全价值链，大力推行10项保效增效措施，把挖潜增效责任落实到项目、节点和岗位，油气单位完全成本控制在调整预算指标内，超额完成“生产运行成本降4%、管理及销售运行费用降10%”的目标任务。

投资管控更加突出效益和回报。大力落实以效益最大化为核心的投资决策机制，按照不同油价建立产能项目储备库，严格项目统一平台排队优选，全面推行方案首席负责制，加强部署、方案和工程设计优化，加强实施过程管理，切实把勘探“三不打”、开发“五不干”、项目审查“四不过”的要求落到实处，总体投资效果好于方案预期。

困难企业专项治理进展顺利。成立扭亏脱困领导小组，组织华北、东北和华东油气分公司3家特困企业制定扭亏方案，研究确定把东北油气分公司作为自主经营承包试点单位，试点方案经集团公司党组会审议通过，已下发执行。东北油气分公司完成国务院国资委下达的减亏任务，华北油气分公司亏损控制在下达预算指标内，华东油气分公司完成阶段减亏目标。

五、科技创新取得一批新成果，为战寒冬注入新动力

精细注水技术取得新进步。加强特高含水期提高采收率理论研究，形成极端高耗水理论新认识，配套形成基于现井网的整体转流线调控技术，在孤东油田七区西$Ng6^{3+4}$单元实施后，单井日产油从0.9吨提高到3.2吨，单位完全成本下降47.1%。发展空心和偏心精细分注工艺，配套测调一体化技术，实现可视、实时在线测调，两层分注测调时间节省65%。

低成本技术推广应用取得新成效。攻关形成集输短流程油水处理、高效套损井修复、一步法防砂、含硫气井连续油管解堵、多井联合气举等一系列低成本开发技术，推广应用成效显著。河南油田实施“乳化油泥”不动管柱调剖技术，单井次节约措施费用10.4万元，降幅达56%。

石油工程技术取得新进展。可控震源高效采集技术在西北、内蒙古等工区推广应用取得成功，资料品质明显改善，成本显著降低。勘探分公司在泰来三维地震项目中精细论证、大胆创新，用300平方千米满覆盖工作量完成581平方千米的任务。水平井分段压裂技术发展完善，实现全通径完井、无限级滑套等新工艺突破，成功研发低成本强交联压裂液体系，为致密气和页岩气的效益开发提供支撑。顺北2井刷新小井眼水平井斜深世界最深纪录；马深1井完钻井深8 418米，创亚洲第一超深井纪录，标志着中国石化超深井钻井技术跨入世界领先技术行列。顺北、杭锦旗和川西等重点工区钻井提速降本创出新指标。

六、改革管理跨出新步伐，为战寒冬增添发展活力

油公司专业化队伍和配套机制建设有序推进。“三基”管理迈上新台阶。人力资源管理持续加强。信息化建设全面展开。积极谋划和推动专业软硬件资源共享中心建设，首家集团公司级云中心初步形成，增强了勘探开发研究保障能力。

七、QHSE管理实现新提升，为战寒冬夯实安全绿色基础

各企业建立了分专业安全委员会，分解落实主体责任，强化安全监管队伍建设，深化“全员安全诊断”工作，全面开展重大安全风险评估和环境风险评价，严抓井控、海上、设备、防汛抗洪等安全专项检查，强化现场视频监管，加强重点安全环保隐患治理，顺利完成普光气田安全隐患治理工程和国家督办的1 387处管道重大隐患治理，实现“六个避免”目标。实施地热余热利用、错峰用电、燃料结构调整等“能效倍增”项目，全年节能5.5万吨标煤，万元产值综合能耗低于考核指标3.25%。强化原油有机氯含量管控和天然气质量整治，自产油气合格率达100%。

（李　冰）

油 气 勘 探

【概述】 2016年，集团公司各油田企业在常规油气勘探方面取得2个重大突破、2个重要发现、9个新发现和14个商业发现，全年新增石油控制储量1.43亿吨、预测储量2.23亿吨，分别为年计划的110%和112%；新增天然气控制储量2 881亿立方米、预测储量3 997亿立方米，分别为年计划的137%和182%。截至年底，集团公司在全国52个盆地(坳陷或构造区)拥有勘查区块236块，面积74.26万平方千米(含页岩气增列区块)。

(许静华)

【勘探工作量】 2016年共完成二维地震1 172千米、三维地震5 725平方千米；完成预探井、评价井、滚动勘探与油藏评价井376口，进尺111.72万米。23口预探井获工业油气流，成功率32.4%

(许静华)

【2个重大突破】 塔里木盆地顺北探区石油勘探取得重大突破。7口完钻评价井在奥陶系均获日产超百吨高产轻质油流，在塔河油田之外取得重大商业发现——顺北油田，实现"塔河之外找塔河"的重大突破。2016年顺北1断裂带新增控制石油储量5 085.79万吨、控制溶解气储量270.6亿立方米。四川盆地永川探区页岩气勘探取得重大突破。

(许静华)

【2个重要油气发现】 北部湾海域涠西探区部署的涠4井2层分别试获日产超千吨高产油流，取得海域自营区油气重大发现；甩开部署的涠6井也试获日产油高产油气流，勘探成果进一步扩大。内蒙古银额探区部署的拐参1井试获日产油51.67立方米，取得新区勘探重大发现。

(许静华)

【9个油气新发现】 石油预探方面取得6个新发现。①塔河托甫台地区鹰山组内幕勘探取得新发现。托鹰1X井在鹰山组上段获得高产油流，进一步证实塔河地区鹰山组内幕的勘探潜力。②塔河桑塔木地区部署的胡杨2井在卡拉沙依组获工业油气流，取得石炭系的新发现。③准噶尔盆地春光探区地层油气藏勘探取得新发现。西南部部署的春98井在沙湾组砂层尖灭内带获得高产稀油油流，北部部署的春99井、春92井在沙湾组断块断层发现稠油油藏，同时在古近系和白垩系也获得新发现，标志着春光探区攻关探索"三新"领域取得重要进展。④准噶尔盆地车排子西翼石炭系勘探取得新发现。苏13井在石炭系获工业油气流，进一步证实凸起西翼是一个多层系含油的复式油气聚集区。⑤济阳坳陷"三新"领域勘探取得新发现。青西地区剥蚀地层油藏、东营南坡沙四下红层、临南洼陷带西部兴隆寺断鼻构造带、三合村洼陷西部斜坡带部署的预探井均获工业油流，表明老区"三新"领域精细勘探仍具有较大潜力。⑥高邮凹陷刘五舍次凹部署的周X64井获工业油流，实现隐蔽油气藏勘探新发现。

天然气预探取得3个新发现。①济阳坳陷车镇凹陷古生界潜山天然气勘探取得新发现，车古27井在下古生界沙三段获工业气流。②鄂尔多斯盆地杭锦旗地区独贵加汗岩性圈闭气藏勘探取得新发现。锦108井、锦107井、锦124井等均在太原组获工业油气流，含气面积进一步扩大。③松南德惠断陷万金塔构造天然气勘探取得新发现，德1井在营城组获工业气流。

(许静华)

【14个油气商业发现】 准噶尔西缘评价勘探取得重要商业发现，新增控制石油储量2 326.74万吨；济阳坳陷滩浅海地区评价勘探取得商业发现，新增控制石油储量1 191.43万吨；济阳坳陷东营北带砂砾岩评价勘探取得商业发现，新增控制石油储量1 716.08万吨；济阳坳陷沾化凹陷渤南洼陷及其西部勘探取得商业发现，新增控制石油储量748.88万吨；济阳坳陷古生界评价勘探取得商业发现，新增控制石油储量571万吨；金湖凹陷评价勘探取得商业发现，新增控制石油储量431.41万吨；高邮凹陷评价勘探取得商业发现，新增控制石油储量378.48万吨；溱潼凹陷评价勘探取得商业发现，新增控制石油储量327.15万吨；泌阳凹陷评价勘探取得商业发现，新增控制石油储量316.4万吨；东濮凹陷评价勘探取得商业发现，新增控制石油储量306.52万吨；杭锦旗十里加汗区带评价勘探取得商业发现，新增控制天然气储量685亿立方米；川西新场雷口坡组气藏评价勘探取得商业发现，新增控制天然气储量652亿立方米；川西东坡中江—回龙构造侏罗系评价勘探取得商业发现，新增控制天然气储量104.27亿立方米；松南深层评价勘探取得商业发现，新增控制天然气储量100.47亿立方米。

(许静华)

【勘探效益】 2016年共预探圈闭108个，完钻84

个，有结论36个，新获工业油气流圈闭23个，圈闭预探成功率27.4%。平均每口探井控制油当量地质储量为109.66万吨，每米进尺控制油当量地质储量356吨。每吨控制油当量地质储量直接成本31.52元。

（许静华）

【非常规勘探开发工作量】 2016年完成二维地震616千米、三维地震264平方千米；完成钻井61口，进尺41.95万米。其中，完成页岩气探井5口，开发井56口，压裂试气79口，投产井66口。

（王　烽）

【页岩气勘探进展】 ①永川地区页岩气勘探取得重大突破。永页1 HF井在龙马溪组试获日产14.1万立方米高产气流，随后部署实施的永页2井、3井均钻遇良好显示，有望开辟新的页岩气增储上产新阵地。②綦江丁山地区页岩气勘探取得积极进展。丁页3 HF井试获日产气2.5万—3.3万立方米。③南川东胜构造胜页1 HF井钻遇良好页岩气显示，有望获得新发现。

（王　烽）

【涪陵页岩气开发进展】 2016年，涪陵页岩气田新建产能20亿立方米，累计建成产能70亿立方米；年产气50.37亿立方米、销售48.36亿立方米，累计产气94.28亿立方米，销售90.48亿立方米。圆满完成焦石坝一期产能建设，各项指标均优于设计方案。累计完成60亿米^3/年集输工程、65亿米^3/年脱水装置、5.1万米^3/日供水系统、53座地面集气站及110千伏变电站的配套设施建设。焦石坝二期江东、平桥评建一体化稳步推进，累计开钻井73口、完钻井42口、完井39口、试气16口。

（王　烽）

【煤层气主要进展】 延川南煤层气田排采稳步推进，日产气量逐步上升。截至2016年底，气田共投产煤层气井930口、产气井610口，其中千立方米井270口，日产气达72万立方米。2016年气田产气1.79亿立方米、销售气1.07亿立方米。

（王　烽）

油田开发

【概述】 2016年，面对低油价重压，油田开发战线进一步转变观念，全面实施效益配产，加大结构调整力度，把“算效益账、干效益活、产效益油”落到实处。

油田开发资源动用情况。截至年底，各油田企业投入开发油田218个，动用石油地质储量71.6亿吨，当年新增动用储量2 634万吨。井网、工艺条件下标定可采储量19.2亿吨，采收率26.8%。

油田开发现状。截至年底，共有油水井数68 334口，其中油井49 921口、注水井18 352口。油井开井36 455口，油井利用率86.9%，年均含水89.96%，平均单井日产油2.6吨，采油速度0.49%，剩余可采储量采油速度9.24%，采出程度22.02%。注水开井12 692口，水井利用率85.8%，平均单井日注水69.5立方米，年注水32 660万立方米，月注采比0.91，累计注采比0.82。

（许进进）

【原油产量】 2016年，集团公司原油产量3 565.51万吨，同比下降608.2万吨，降幅14.57%。其中，东部生产原油2 786.8万吨，下降423.3万吨；西部油区生产原油778.7万吨，下降184.9万吨。各油田企业原油产量见表1。

（许进进）

表1　　集团公司各油田企业原油产量　　万吨

年份 油田	2016	2015	2014	2013	2012	2011
集团公司合计	3 565.50	4 173.70	4 378.50	4 378.00	4 318.20	4 272.80
胜利油田	2 390.20	2 710.00	2 787.10	2 776.20	2 755.00	2 734.00
中原油田	147.80	182.60	231.00	243.00	252.00	262.40
河南油田	169.10	231.00	241.00	235.00	226.00	225.00
江苏油田	133.00	155.50	171.00	171.20	171.00	171.00

续表

油田 \ 年份	2016	2015	2014	2013	2012	2011
江汉油田	73.90	88.50	97.50	98.20	96.90	96.50
西北油田	594.30	703.00	735.50	737.00	735.00	725.00
华东油气分公司	33.00	35.00	35.00	30.30	23.50	18.00
华北油气分公司	9.40	39.60	53.50	60.00	32.00	15.40
东北油气分公司	3.50	14.70	19.30	21.70	22.00	21.00
西南油气分公司	0.70	1.70	2.30	2.20	2.20	2.00
上海海洋油气分公司	10.50	12.00	5.20	3.20	2.60	2.50

【滚动勘探与油藏评价】 加强开发地震深化应用，强化基础研究和目标优化论证，千方百计拓展滚动增储新领域，把地质认识做深做全、把项目论证做细做优、把效益评价算准算实，全年新增商业开发储量4 263万吨。顺北1－1 H断裂带取得重大商业发现，新增商业开发储量1 380万吨；东部地区中浅层断块、岩性油藏滚动取得新进展，落实坨60－斜1、泌124－7、南华201等29块相对优质商业开发储量1 564万吨；准噶尔西缘稀油及排66石炭系火成岩油藏滚动评价取得新进展，落实商业开发储量685万吨；胜利中古生界相继在义和庄凸起、大王庄等多个区带滚动取得成功，新增商业开发储量634万吨。

（许进进）

【产能建设】 ①抓好项目准备，积极落实高效产建项目。根据油价走势，对所有续建项目重新进行再优化，加强基础研究与潜力摸查，发动开发技术人员全力落实高效新项目、落实效益井位，积极跟踪勘探、滚动、评价新进展，项目准备不间断、方案落实不间断，及时将新的效益项目纳入运行。②大力加强油藏、钻井、采油、地面、经评“五位一体”全过程全节点交互优化，严格落实增量项目决策管理制度和方案技术首席负责制，确保将有限的投资精准投放到优质项目和井位，提高产建效果。胜利油田加强潜力摸排与方案的一体化审查优化，重点抓好整装、断块、岩性、海上等高效建产，项目开发成本明显下降。西北油田量化井位星级评价标准，优化稠稀产能结构，以塔河西部10区、12区、托甫台和碎屑岩为重点抓好高效建产。③加强全过程投资管控，提高投资效益。部署上严格控制投资高、风险大的项目。方案和单井设计以效益目标为前提，从井型、地面、钻井、录井、测井、试油等方面做好工序优化和投资控制。实施过程中严格管理程序，在确保安全、环保、质量的前提下严控支出。同时，积极与石油工程公司加强沟通，从工程工艺上进一步做好优化，严控钻采工程成本。全年完钻开发井593口，投产油井864口，平均单井日油6吨，同比提高0.4吨；新井单井阶段产油从1 075吨提高到1 134吨，提高59吨，创2010年以来最好效果。

（许进进）

【老油田精细开发】 ①建立完善效益配产运行机制。年初编制不同油价下年度配产方案，建立开发、生产运行、财务一体化优化的月度配产机制。②全力抓好结构优化调整。坚持“保持产能稳定、井网完整、地面系统完好、技术可采储量不损失”的原则，进一步优化“产量结构、注采结构、措施结构、成本结构”。产量结构方面，按照边际贡献原则对无效区块进行整体优化，依据“三线四区”模型开展单井效益评价，全年暂关无效油井2 680口，压减无效产量244万吨。措施结构方面，全面开展单井措施经济评价，全年压减高成本措施598井次。注采结构方面，大力加强精细注水，整装油藏严控无效注水，断块油藏提高水驱动用，全年控减无效液量2 000万吨、无效注水量1 284万吨；以联合站为中心，统筹优化注采方案和地面流程，科学压减负荷。产品结构方面，西北、河南等单位实施轻质油分储分销，提高了产品价值。在实施关停限产的情况下，全年油田自然递减率控制在13%，措施有效率提高到87.2%。

（许进进）

【油田开发管理】 ①开发业务工作流程进一步优化和规范。与油公司建设相配套，落实效益配产要求，全面推广应用“三线四区”经济运行模型，实现投资优化、月度配产、成本管控同步优化。细化落实开发项目统一平台排队筛选、方案设计分级负责与备案、分批计划落实下达、随钻跟踪调整与落空井分析等规范化工作流程。②开发信息化建设进一步提升。补充完善部署跟踪系统的项目跟踪分析功能，数据提取与单井数据库、月度开发数据库自动关联，跟踪数据准确率、完整率接近100%。进一步完善开发项目统一筛选平台，增加不同条件的统一排队筛选、投资估算的类比等功能，为2017年开发部署提供有效支撑。加快未开发储量的项目库建设，完成12个目标的方案编制和入库试运行，初步提出下批入库项目计划建议。

（许进进）

气 田 开 发

【概述】 2016年，面对天然气气价下降和销售市场供大于求的严峻形势，天然气开发坚持一切工作向质量效益聚焦，持续开展主力气田稳产工作，全面完成元坝海相、鄂北、川西和东北等地区重点产能建设工程，强化滚动勘探和气藏评价，加强开发方案和工程设计优化，千方百计创效增效，全面完成年度生产任务。

气田开发储量动用情况。截至年底，各油田企业投入开发气田(藏)140个，累计动用天然气储量14 442亿立方米，储量动用率51.46%，经济可采储量5 035亿立方米，标定采收率34.9%，剩余经济可采储量2 184亿立方米。其中，气层气动用储量11 154亿立方米，经济可采储量4 151亿立方米，标定采收率37.2%，剩余可采储量2 080亿立方米；溶解气动用储量3 288亿立方米，经济可采储量884亿立方米，标定采收率26.9%，剩余经济可采储量104亿立方米。全年新增天然气动用储量522亿立方米，新增经济可采储量165亿立方米。

气田开发现状。截至年底，共有天然气生产井4 707口，开井3 406口，开井率72.36%，平均单井日产气1.84万立方米，采气速度1.6%。采出程度18.6%，动用储量储采比为11.7。2016年度天然气储采平衡系数为0.93。

（张　华）

【天然气产量】 2016年生产常规天然气163.74立方米，同比减少10.5亿立方米。

（张　华）

【生产能力】 截至2016年底，油田板块天然气生产能力237.65亿立方米，同比增加1.43亿立方米。其中，气层气生产能力227.11亿立方米，增加2.26亿立方米；溶解气生产能力10.55亿立方米，减少0.83亿立方米。

（张　华）

【天然气开发管理】 全面建成元坝长兴组气藏34亿立方米净化气产能。继续抓好元坝二期产能建设，剩余4口井全部测试投产，新建净化气产能2.5亿立方米。截至2016年底，方案设计37口井全部完钻并测试，形成混合气日产能力1 200万立方米，建成净化气产能34亿立方米，各项开发指标均达到方案设计，产能建设任务全面完成。气田生产平稳，日产气1 106万立方米，累计生产混合气45.98亿立方米(净化气41.9亿立方米)，销售天然气37.7亿立方米、硫黄36.0万吨。

持续推进鄂北致密低渗砂岩气藏产能建设。华北油气分公司持续加强致密低渗砂岩气藏的技术攻关和应用，为气田上产提供技术支撑。推广应用大牛地气田成熟三维地震技术，形成杭锦旗锦58井区含气性叠前定量预测和储层定性预测技术。形成适应锦58井区复杂地质条件的水平井优快钻完井技术。储层改造工艺技术进一步优化完善，减少无效段的改造，确保优势储层段充分改造，提高压裂改造针对性和有效性。全年新钻水平井83口，新增动用储量267亿立方米，新增经济可采储量45.5亿立方米，平均单井日配产2.33万立方米，新建产能6.37亿立方米。截至2016年底，华北油气分公司天然气保有生产能力达47.25亿米^3/年。

川西东坡沙溪庙组气藏滚动建产开发效果较好。西南油气分公司继续在川西东坡中江、高庙地区开展河道精细刻画和储层精细预测，针对4套开发层系部署19口井，平均无阻流量9.4万米^3/日，平均单井日配产2.3万立方米，新建产能1.44亿立方米，新增动用地质储量32亿立方米，新增经济可采储量7.5亿立方米。截至2016年底，川西东坡沙溪庙组气藏保有生产能力达7.1亿米^3/年，年产天然气6.5亿立方米。

东北松南火山岩气藏挖潜增产效果显著。随着生产动态资料的增加，气藏认识进一步深化，通过应用数值模拟等方法评价储量动用状况，明确气藏调整潜力区主要是未动用的致密层、井间滞留气、断层遮挡形成的剩余储量富集区。针对潜力区整体部署水平井6口，完钻投产4口井，平均油压13.5兆帕，平均单井日产净化气11万立方米，新建净化气产能1.50亿立方米。截至2016年底，东北天然气保有生产能力达9.6亿米^3/年。2016年生产天然气7.81亿立方米，同比增加1.33亿米^3。

滚动勘探与气藏评价取得积极进展。杭锦旗通过加强储层预测技术研究，进一步明确有利储层反射结构特征，在锦58井区外扩评价落实商业开发储量262亿立方米，预计可新建产能5亿立方米。川西东坡沙溪庙气藏进一步完善复杂窄河道致密砂岩气藏砂体识别与储层预测技术体系，新落实8条有利含气河道，评价落实商业开发储量65亿立方米。东北龙凤山气田开展气藏精细描述，针对营Ⅲ、Ⅳ、Ⅴ3个砂组立体评价，评价落实商业开发储量23亿立方米。

（张　华）

采油气管理

【采油工程队伍】 截至2016年底，股份公司采油工程系统共有采油（气）厂61个、作业处（公司）5个、工程技术中心10个，合计总人数136 331人。其中，采油（气）厂124 807人，作业处（公司）8 650人，采油院（工程院）2 874人。从队伍类型上看，采油工程一线及辅助队伍（队站）共有1 866个、96 319人，采油（气）厂科研单位137个、5 738人。

（马玉生）

【重点工艺技术措施工作量及效果】 2016年，各油田企业共实施油气水井大修作业655口，成功611口，成功率93.3%，平均修井天数31天。从大修工艺类型上看，大修主要以套损井修复、井下落物打捞、管柱解卡、复杂故障修复等复杂工艺为主，共实施551口，占大修成功井数的90.2%。共实施油气水井补孔改层措施2 003井次，有效1 819井次，有效率90.8%；油气水井压裂108井次，有效101井次，有效率93.5%。油气水井酸化1 075井次，有效1 026井次，有效率95.4%；油井泵升级833井次，有效784井次，有效率94.1%；油井防砂1 157井次，有效1 100井次，有效率95.1%。

（马玉生）

【采油气工程综合管理】 2016年，采油工程系统坚持一切工作向质量效益聚焦，全面贯彻落实低成本发展，在管理创新、技术创效、成本控制等方面取得一系列成果。①精细管理工作成果显著。制定《低油价下油田开发及运行管理办法》，全面推行"三线四区"模型，强化"先算后干、算盈再干"管理，落实单井评价，建立措施作业储备库，依据油价择机实施，全力控制高成本措施和无效工作量；开展用电管理分析，全年生产用电同比下降7.95%；开展废弃土地退出调查，努力降低土地持有成本。组织开展采油测试工和注水泵工竞赛，共有36人获奖；组织勘探开发专业高级技师职业资格评审，共有249人获得任职资格。②技术创新与应用取得积极进展。多尺度网络压裂改造技术在丁页3井成功应用，实现22段压裂改造；研发强交联压裂液体系，杭锦旗压裂液成本降低20.9%；研发智能滑套及配套工艺，在江沙33－19 HF实现30级不动管柱施工；累计推广测调一体化2 000余井次，分注质量及分注技术水平明显提升；在48座接转站实现"就地分水、就地处理、就地回注"，年节约运行成本2 775万元；在15座联合站推广余热利用技术，折算年节约燃油4 305吨；应用废弃物调剖技术，减排污泥1 700立方米，累计增油2 395吨；应用含油污泥调驱520井次，处理含油污泥21.3万吨，实现东濮含油污泥零存放；实施"乳化油泥"不动管柱调剖技术，单井次节约措施费用10.4万元，降幅56%。③扎实开展废弃井治理。全年完成3 535口废弃井治理。

（马玉生）

【井下作业工作量情况】 2016年，各油田企业共完成油气水井井下作业工作量28 951井次。其中，措施作业9 700井次，维护作业18 155井次，新井投产、投注1 096井次（口），分别占总作业工作量的33.50%、62.71%和3.79%。油气水井年作业频次0.52次/口（不含新井和投注），其中年措施作业频次0.18次/口、年维护作业频次0.34次/口。从生产井类型看，油井作业22 987井次，气井作业848井次，水井作业5 116井次，分别占油气水井井下作业总工作量的79.40%、2.93%和17.67%。

（赵崇镇）

【井下作业施工能力】 截至2016年底，各油田企业共有小修队伍369支，年施工能力28 524口；大修队伍35支，年施工能力518口；试油（气）队伍20支，年施工能力824口。

（马玉生）

【井下作业装备现状】 截至2016年底，各油田企业共有井下作业设备2 941台（套）、后勤场站77座。其中，油管厂20座，年检测油管2 515万米，年修复油管2 277万米；抽油杆厂12座，年检测抽油杆

734 万米，年修复抽油杆 544 万米；配液站 4 座，年配液能力 25.24 万立方米。

（马玉生）

油 气 集 输

【概述】 截至 2016 年底，油田原油集输处理系统共建有联合站 113 座、油库 12 座、接转站 249 座、原油稳定装置 43 套、原油储罐库容 146 万立方米、原油外输管道 1 194.9 千米。设计原油稳定能力 5 502 万吨/年，原油外输能力 7 929.1 万吨/年。2016 年稳定原油 2 055.77 万吨。

油田采出水处理系统建有污水处理站 178 座，设计含油污水处理能力 53 859 万米^3/年。2016 年处理含油污水 4.16 亿立方米。

注水系统共有各类注水站 748 座、配水间 2 859 座。2016 年实际污水回注 3.11 亿立方米，污水处理站出口水质达标率 93.6%。

（刘峻峰）

【主要技术经济指标】 油气集输密闭率 62.5%，输油泵平均运行效率 51.2%，管网效率 82.2%，集输系统效率 42.0%；注水泵平均运行效率 73.9%，注水系统注水管网效率 73.1%，注水系统效率 54.0%。

（刘峻峰）

【海上油气开采设施及生产】 截至 2016 年底，海上油田（自营区块）共有各类海上采油平台 113 座，其中中心平台 3 座、井组平台 75 座、单井平台 35 座；海底输油管线 95 条，总长 207.98 千米；海底输气管线 2 条，总长 15.01 千米；海底注水管线 60 条，总长 98.56 千米；海底电缆 124 条，总长 308.54 千米。

海上油气水井共 785 口，开井 686 口。其中，油井 515 口，开井 432 口，年生产原油 312.57 万吨、天然气 1.01 亿立方米；气井 8 口，开井 2 口，年产气量 488 万立方米；注水井 262 口，开井 252 口，年注水量 1 524.34 万立方米。

（马玉生）

设 备 管 理

【概述】 截至 2016 年底，股份公司油田设备固定资产原值 431.62 亿元、净值 187.74 亿元，设备新度系数为 0.41。设备管理人员 3 399 人，设备维修人员 5 627人，装机总功率 925.35 万千瓦。共有主要专业设备 80 732 台（套），设备资产原值 341.97 亿元、净值 147.99 亿元，新度系数 0.42。其中，钻采特车 2 454台、注采设备 43 756 台、油气处理与集输设备 17 270 台、起重搬运机械 6 495 台、运输车辆 1 220 台、辅助专用车辆 1 812 台、动力设备 6 495 台、工程机械 826 台。综合完好率 99.36 %，主要设备利用率 85.18%。

（王　飞）

【油田设备状况】 2016 年股份公司各油田企业主要设备平均新度系数见表 2。

表 2　**2016 年股份公司各油田企业主要设备平均新度系数**

单位名称	钻采特车	注采设备	天然气处理设备	运输车辆	动力设备	其　他	合　计
股份公司	0.44	0.40	0.46	0.36	0.48	0.46	0.42
胜利油田分公司	0.50	0.40	0.32	0.47	0.33	0.24	0.39
中原油田分公司	0.34	0.28	0.13	0.32	0.40	0.44	0.28
中原普光分公司	0.50	0.64	0.54	0.09	0.57	0.59	0.54
河南油田分公司	0.42	0.36	0.28	0.26	0.19	0.23	0.33
江苏油田分公司	0.42	0.46	0.42	0.41	0.41	0.30	0.45
江汉油田分公司	0.30	0.36	0.60	0.18	0.45	0.48	0.40
东北油气分公司	0.51	0.57	0.70	0.43	0.65	0.59	0.63
华北油气分公司	0.63	0.84	0.77	0.53	0.73	0.51	0.78

续表

单位名称	钻采特车	注采设备	天然气处理设备	运输车辆	动力设备	其　他	合　计
西北油田分公司	0.40	0.55	0.23	0.40	0.43	0.53	0.30
西南油气分公司	0.35	0.07	0.20	0.22	0.86	0.37	0.49
华东油气分公司	0.46	0.54	0.50	0.34	0.70	0.36	0.57

（王　飞）

【设备管理】 ①加强闲置设备物资调剂工作，优化存量资产。组织编制下发《闲置设备资产转让管理办法》，指导规范闲置设备资产转让管理工作。2016 年组织各单位设备物资转让 70 项，原值 2 330 万元、净值 1 762 万元。各油气田分公司内部调剂 663 项，原值 2 亿余元、净值 9 495 万元。②组织开展油田板块年度设备管理检查。共检查出问题 393 项，均得到整改，提升了设备管理水平。③积极推广新型节能环保设备。累计推广网电修井机 115 套，年节约柴油 1 500 余吨，减少碳排放 4 500 余吨；推广作业井口机械化装置 100 余套，优化劳动用工 150 余人；推广大排量对置式注水泵，单台年节电 150 余万元。

（王　飞）

基层管理

【推进油公司建设】 油公司专业化队伍和配套机制建设有序推进。专业化队伍建设方面，全面完成公务用车专业化改革，因企制宜推进专业化队伍整合。中原油田从采油厂划转 8 011 人，在分公司层面组建采油技术服务中心、供电服务中心和技术监测中心，全年外闯市场 5 477 人、签订合同额 8.2 亿元。江汉油田、江苏油田整合组建采油工程服务中心。机制建设方面，启动油气生产服务市场定额体系编制，第 1 批编制完成作业、车辆、生产准备、测井试井、管杆修复 5 个专业的内部市场价格体系。

（靳红兴）

【信息化建设】 建成 93 个数字化采油气管理区，打造适用于整个油田板块的生产指挥信息系统（PCS），为建设智能油气田奠定了基础；EPBP 在西南油气分公司试点取得成功，实现岗位业务信息化、业务集中管控和勘探开发业务协同，打造了勘探开发数据资源一体化解决方案。

（靳红兴）

【强化“三基”管理】 以采油气管理区和基层专业化队伍为对象，以区块目标管理和“五项劳动竞赛”为抓手，以全面推广“三线四区”模型和价值积分管理法为契机，组织开展“抓三基、强作风、战寒冬、做贡献”主题活动，从严从细从实抓好岗位责任制落实，进一步夯实了管理基础。胜利油田研究制定油公司体制下“三基”创建考评管理办法及标准，创新建立“三册”管理模式，促进了新时期岗位责任制落地执行。西北油田把 700 余支承包商队伍纳入“三基”工作覆盖范围。中原油田建立完善基层标准、流程、职责体系，构建了“三基”工作长效机制。河南油田以“一岗双责”为核心，以“‘三基’协调专业，专业支撑‘三基’”为主线，落实了基层单位主体责任。

（靳红兴）

【绩效考核管理】 围绕低油价下效益和生产经营管理需要，对各油气田分公司考核突出效益导向，利润考核权重由 60% 提高到 65%，取消油气商品量、EVA 指标，进一步落实以效益为中心的管理理念。突出低成本战略，强化过程管控，增加月度考核内容，月度考核指标设置利润总额、油气生产运行计划完成率、完全成本总额 3 项指标，确保“以月保季、以季保年”。

（吕海峰）

【区块目标管理】 建立经济极限产量评价模型，全面实行效益配产及运行管理；全面推行“三线四区”评价模型，开展单井优化，实现油气生产环节降本增效；结合油公司建设，实现管理主体与区块的尽量统一，完成区块基本管理单元调整；大力落实“五到区块”管理，全系统基本实现预算分解、成本核算管理到单元；按照贡献大小、成本高低，分季度、年度进行排名，分析利润、成本变化趋势，发布公报，为分析和考核提供借鉴。

（马玉生）

境内石油工程

◇ 综述

◇ 石油地球物理勘探

◇ 钻井工程

◇ 测井

◇ 录井

◇ 特种作业

◇ 油田地面工程建设

◇ 机械制造

◇ 设备管理

综 述

2016年是石油工程板块重组以来最为困难、极具挑战的一年，国际原油价格一度跌穿30美元/桶，油价低迷使得境内外油公司2015年、2016年连续2年持续大幅削减上游勘探开发资本支出，石油工程业务受到巨大冲击，工作量和服务价格均出现较大程度下降；2016年也是石油工程板块全力以赴战寒冬、求生存、谋发展的一年，广大干部员工面对经营状况艰难、减亏止亏任务繁重、各类矛盾交织等诸多挑战，认真贯彻落实集团公司工作会议精神，牢固树立“市场是根、服务是魂、效益为本、合作共赢”的发展理念，紧紧围绕推进开拓市场、降低成本、项目创效、严格管理“四大中心工作”，落实创新驱动、深化改革、结构调整、转型发展“四大关键举措”，努力破解生存发展困局，在生产经营和改革发展上取得一定成绩。

支撑保障能力不断提升。围绕集团公司天然气大发展战略，坚持“一家人、一条心、一股劲、一起干”，优选精兵强将和优良装备，服务上游商业发现、规模增储和效益开发。以会战的高标准、高要求，主动对接任务，精心编制方案，全力组织实施，有力保障川西海相和页岩气、元坝等气田建设。在涪陵二期工区，针对复杂的地质地表条件、艰巨的工程技术难题、严峻的安全环保风险，反复论证施工方案，攻关完善系列工程技术，实现从涪陵速度向涪陵质效的提升。围绕涠西区块，对平台、船舶、井筒技术优选组合，实现涠西自营井项目平稳安全高效，涠4井、涠6井相继突破并获得高产油气流。针对顺北储层埋藏深、复杂地层多、井眼尺寸小、裸眼段长等难题，制定合理的技术方案和安全措施，实现安全提速提效，助推顺北油气田高效、经济、快速建设。围绕东部老油田断块油藏立体开发、苏北盆地复杂断块油田精细开发、海上埕岛老区调整等重点，合力推进滚动增储建产、低效井恢复产能、老井复查等项目实施，降低了开发成本，使合作项目由无效变有效、低效变高效。以精良装备、过硬技术和优质服务参与中国中部地区最大的天然气储气库——文23储气库建设。

市场开拓承压奋进。把开拓市场作为生命线工程来抓，建立上下一体化市场开发体系，制定市场开发专项奖励办法，营造了人人想市场、全员闯市场的良好氛围。国内外部市场注重发挥特色技术和区域优势，各级领导带头开拓市场，超前了解客户需求，及时制定应对策略，靠业绩换市场，靠实力抢市场，靠服务保市场。全年完成新签合同额106.6亿元，完成合同额99.7亿元。与贵州能源局、陕西燃气集团、海隆石油工业集团等签订战略合作协议，与冀东油田签订年度钻井总包框架协议。

深化改革激发内生动力。坚持顶层设计与试点先行相结合，着力统筹资源、整合同质、打破壁垒、优化结构、激发活力。石油工程专业化整合重组、扁平化改革、深化结构调整和海外业务调整等改革工作取得突破性进展。实施华北石油工程公司与河南石油工程公司、华东石油工程公司与江苏石油工程公司区域化重组，石油工程地球物理公司、工程建设公司等单位实施处级单位的重组整合，精简优化了二级单位机关，科室总数和定员总数平均精简25%。队伍、人员和资产结构调整进一步优化。

科技创新取得重大进展。针对勘探开发难题与市场需求，大力实施创新驱动战略，努力把科技成果转化为现实生产力。①科技管理得到加强。基本形成工程院+石油工程研发(设计创新、技术)中心的“一个整体，两个层次”的科技研发体系框架方案。②科技攻关成果丰硕。完善了复杂深井超深井安全优快钻井技术，攻关了复杂地质条件下防漏堵漏技术，随钻伽马成像仪器在营66-斜98井试验取得成功，小型LNG工艺包打破国外LNG技术垄断，160吨带压作业装备填补国内空白，连续油管穿电缆装置在涪陵首次实施成功，高性能水基钻井液试验成功，CCUS技术取得新进展，与中国石化休斯顿研发中心联合研发175℃高温MWD随钻测量仪器。③转型发展迈出新步伐。测绘地理信息业务、节能环保业务、管道运维保业务取得实质进展。

基础管理得到进一步强化。①加强合同管理，制定标准合同文本库建设实施方案，强化合同审查控制法律风险。深化效能监察，围绕外采、外包、外租、外委、外服、外协“六外”业务选题立项，全系统共立项198项，提出整改建议384条，增收节支4 041.5万元。②加强审计监督，开展应收款项和存货专项审计、损益情况审计调查、合资公司和沙特SWCC、农业部水管线等海外项目管理效益审计。③加强分包管理，各相关单位建章立制397项，强化项目分包审批，开展分包制度贯彻、分包商管理、重点分包项目抽查，系统外工程分包占比同比下降10.08%，有效控制了效益流失。④抓成本费用。牢固树立过紧日子的思想，形成上下勇担责、共创效的良好氛围，实现投资规模、“两金”占用和成本费用大幅下降。其中，成本费用中节约采购成本5.05亿元，压降租赁费、修理费5.34亿元，减少业务外包1.3亿元，压降非生产性费用、管理及销售运行费用2.03亿元，减少财务费用3.13亿元。

（汪映春）

石油地球物理勘探

【概述】 截至2016年底，集团公司共有陆地采集队伍57支，其中地震队伍43支、非地震队伍10支、VSP与井间队伍4支。共有甲级队41支、乙级队16支。从业人员7 666人，其中正式职工7 612人、其他用工54人。

（李　佩）

【主要装备】 截至2016年底，集团公司共有可控震源148台，数字地震仪主机共计80台(套)，接收道数37.87万道，全数字地震三分量数字检波器1.72万个，单分量数字检波器1.89万个，VSP采集设备4套，运载设备2 010台；新度系数0.31。

（李　佩）

【采集工作量及实施情况】 2016年，完成二维地震14 558千米、三维地震10 686平方千米。国内二维日均生产176炮，提高3.2%；国内三维日均生产536炮，提高10.2%；地震资料优良率90.5%。

（李　佩）

【主要技术进步】 可控震源技术应用范围不断扩大。可控震源技术在西北、华北、东北地区广泛应用，高效低频采集技术实现工业化应用。在西北地区，阿东三维采集起震频率从3赫兹开始采用线性升频扫描，开启集团公司在塔里木盆地低频地震资料采集的先河。在东北冻土层地区，十家户三维采集采用基于低频补偿的宽频扫描信号，频宽达到5倍频程。在华北拐子湖地区，可控震源技术成功应用于世界最大的流动性沙丘区，改变了以往采用炸药震源、井深过百米的施工方式，并获得高质量的地震资料，降低了施工成本。

“两宽一高”地震勘探技术在东部老区应用效果显著。三维地震采集项目的观测系统主要特点表现为宽方位、小面元、高覆盖、强耦合，其中道密度大于40万的项目占56%以上，滩浅海25米小道距采集得以推广应用。精细表层调查技术在多个区块应用，资料信噪比和分辨率大幅提高。新街三维资料火成岩发育区主要目的层波组特征更清晰。周返三维项目采用宽方位三维观测系统、基于岩性调查的宽频激发、小组合基距接收、低噪音施工等技术，所获资料能够识别10米断距的低序列断层、预测3—5米砂层的空间变化，满足滚动评价对小断层和储层精细刻画的需求。

高精度地震勘探成功应用于南方山地地区。针对普光探区大湾—毛坝地区高陡构造带资料品质差、构造难以落实、厚层盐下信噪比低、断层成像不清等技术问题，通过强化观测系统参数，在山地地区首次采用25米道距施工，面元尺寸达到12.5米×25米，采集资料品质大幅提升，高陡部位资料效果改善明显。

数字信息系统全面监控泰来项目采集全过程，6个动态监控系统的应用，使得野外施工质量真正受控，大数据的分析和反馈进一步指导野外各工序，同时推动管理方式的变革，实现从人的管理到制度管理与数据写实管理的转变。

降组合和单点接收技术助力提质增效。针对以往多串检波器施工、大面积组合的接收方式影响地震资料频率的问题，加大降组合和单点接收技术的推广应用。在新街和青浦地区实施单点数字采集，均获取高品质的地震资料。在南方南川、威远—荣县、荣昌—永川、泰来以及东北十家户等工区降组合接收成为常态，三串检波器组合接收降为两串检波器组合接收，并采用小组合的接收方式，在提高资料品质的同时，大幅降低野外人员的劳动强度。

2016年，石油工程地球物理公司的“地震采集工程软件系统”及“复杂山前带地震噪音机理及采集优化技术研究”成果获集团公司科技进步三等奖。

（徐雷良）

钻 井 工 程

【概述】 2016年，集团公司钻井业务主要分布在石油工程公司的胜利石油工程公司、中原石油工程公司、江汉石油工程公司、华北石油工程公司、华东石油工程公司、西南石油工程公司、海洋石油工程公司7个地区公司。钻井研究、专业技术服务及钻井施工单位共43个，其中陆地钻井公司22个、海洋钻井公司2个、钻井研究院3个、钻井技术服务公司9个、其他油田服务公司7个。钻井系统用工总量约5.3万人，其中合同制员工约3.9万人。

（黄立玫）

【主要装备】 拥有陆地钻机767台，其中电动钻机264台、机械钻机503台；海洋钻井平台13座，其中座底式3座、自升式9座、半潜式1座；各类顶驱

284套；LWD(FEWD)114套，MWD265套；防喷器2 723台，其中单闸板582台、双闸板1 225台、环形防喷器916台；固井装备307台，其中水泥车283台、泥浆撬24台；欠平衡装备旋转防喷器49台；空气压缩机88套；钻机网电装置169台(套)。

（黄立玫）

【主要工作量完成情况】 2016年，平均动用钻机286.32台。全年开钻井1 963口，完井2 083口；完成钻井进尺565.5万米。

（黄立玫）

【重点工艺井应用】 完成深井、超深井钻井215口，其中超深井(6 000米以深)钻井80口；定向井服务670井次，其中水平井205井次；各类固井2 288井次；常规欠平衡井31口，其中气体钻井27口。

（黄立玫）

【主要技术进步】 页岩气钻井技术逐步完善。研发出页岩气水平井水基钻井液助剂，形成ZY－APD水基钻井液体系，实现中国石化页岩气水平井水基钻井液应用零的突破；开发推广BT100、BT200钻井液体系、可控胶凝等堵漏工艺技术，有效降低井漏风险。联合攻关钻井提速提效关键工具，研制适应性强的混合钻头，有效解决小河坝研磨性地层可钻性差的问题，机械钻速提高20%；自主研制的水力振荡器进行现场使用，有效解决定向托压难题；水平段应用旋转导向技术，有效解决轨迹调整频繁的问题，大大缩短了钻井周期。深化"一趟钻"钻井技术、顶驱下套管工艺等应用，进一步完善涪陵页岩气井提速配套技术。2016年，完成涪陵页岩气井钻井56口，钻井进尺27.39万米，完成井平均井深4 924.57米，机械钻速7.42米/时，钻井周期72.9天。

超深井钻井技术趋于成熟。形成以井下工具＋高效钻头为主的钻井提速系列技术以及防漏堵漏配套技术、井眼轨迹控制技术、钻具组合优化、空气\雾化\泡沫钻井集成技术、精细控压钻井技术、长裸眼固井技术等特色技术，为川东北山前构造带评价和顺北勘探发现提供有力支撑。2016年，超深井完井211口，平均井深5 698.84米，机械钻速7.09米/时，钻井周期97.91天。

定向井技术工艺取得长足进步。发展了超深小井眼水平井技术、短半径水平井轨迹控制技术、超深小井眼开窗侧钻技术、"井工厂"模式轨迹控制技术、多井水平井连通技术等，加快了西北地区、川南地区的勘探开发进程。成功实现HBC21井、BC22井、BC23井和BC24井4口井的互连互通，创中国石化连通水平井连通井数最多(4口)纪录。

（黄立玫）

【创造多项钻井新纪录】 超深井钻井技术：马深1井，由中原石油工程公司施工，完钻井深8 418米，创亚洲第一超深井纪录；顺北2井，由中原石油工程公司施工，完钻井深8 169米，刷新小井眼水平井斜深世界最深纪录。定向井钻井技术：SHYB－758井，由中原石油工程公司施工，创中国石化水平位移最大纪录(5 002.99米)。固井技术：顺北1－2H井，由华东石油工程公司施工，采用双级固井，完钻井深7 060米，创中国石化水泥浆一次封固井段最长纪录(7 058米)。

（黄立玫）

测　井

【概述】 2016年，集团公司共有胜利测井公司、中原测井公司、江汉测录井公司、西南测井公司、华北测井公司、华东测井公司6家测井单位，测井、射孔队伍326支，其中裸眼井测井队190支、生产测井队48支、射孔队88支；分布在集团内部285支，国内外部27支，国外市场14支。共有员工5 910人。年经营收入12.91亿元。

（高瑞香）

【主要装备】 拥有主要测井设备1 327台(套)，综合完好率99.98%，运转时率56.87%，新度系数0.37。其中，地面系统336套(成像测井118套、高精度测井88套、国产数控测井39套、射孔91套)，其他设备991台(套)。拥有井下仪器6 984支，包括成像井下仪器847支、特殊井下仪器371支、常规井下仪器5 766支。

（张新华）

【工作量】 2016年，集团公司测井队伍累计完成各类测井8 608井次(不含射孔)、1.6亿标准，同比分别减少3 092井次、7 475万标准米。测井曲线合格率99.62%。

（高瑞香）

【主要技术进步】 测井仪器方面。SINOLOG900网络成像测井系统完成上井试验、测试，测试表明，仪器性能稳定，获取资料质量符合行业标准，基本满足包括常规仪器满贯测井和大数据量成像测井的需要。形成SINOLOG900超高温高压小直径测井仪系列，仪器直径70毫米，最高耐温230℃，耐压160兆帕；开发了SINOLOG900高时效组合测井仪，包括多参数遥测仪、双侧向—微球、数字声波、中子密度、高分辨率伽马能谱、高分辨率阵列感应，仪器直径92毫米，耐温175℃，耐压140兆帕；同时，正交多极子阵列声波、元素谱分析仪等成像仪器样机研制成功，正试验完善中。

新技术推广应用方面。偶极横波远探测技术在胜利、西北等工区获得应用。可以探测远至井眼周围70米的范围，对西北工区缝洞型碳酸岩储层评价有着其他测井仪器无法替代的优势，使得完井措施更为有效。多级射孔技术持续完善，进一步拓展应用，在江沙33－19 HF井创30级射孔纪录，并在页岩气压裂施工中大规模应用，创造了良好效益；套管水平井中爬行器继续功能拓展，并大范围使用，在焦页85－1 HF井创造了2 400米的爬行距离最长纪录。

解释评价方面。继续提升页岩气测录井评价研究水平，评价成功率进一步提高，为川东南、涪陵二期等勘探开发提供支撑。在涪陵工区共对280余口页岩气井进行二次测井精细解释，效果良好。利用预测模型对100余口井进行产能预测，并结合试气结果，对预测模型进行修正和完善，预测结果达到计划指标。

（张新华）

录　　井

【概述】 集团公司录井系统共有9家服务商，分别为胜利地质录井公司、中原录井公司、江汉测录井公司、西南地质录井公司、华北录井公司、华东录井公司、胜利石油工程有限公司海洋钻井公司、西南石油工程公司临盘钻井公司、上海海洋石油局第三海洋地质调查大队。截至2016年底，共有队伍602支，其中综合录井队511支、气测录井队5支、地质录井队86支；分布在集团内部427支，国内外部120支，国外市场55支。用工总量5 267人。年经营收入7.38亿元。

（高瑞香）

【主要装备】 拥有主要录井设备1 100台、新度系数0.4，其中综合录井仪530台、新度系数0.4，气测录井仪30台、新度系数0.23，地质录井仪175台、新度系数0.39；其他设备365台。

（张新华）

【工作量】 截至2016年底，集团公司累计完成录井1 719口、录井进尺513.39万米，同比分别减少856口、386.72万米。录井质量合格率100%。

（高瑞香）

【主要技术进步】 发挥录井在地质研究方面的优势。通过外部项目的开展，形成了可以承担油气区带优选、地质研究与工程施工的一体化技术，延伸了产业链。以此为契机，胜利地质录井公司承担了贵州煤层气项目评价工作，为区块承包打下基础。

多专业联合的地质导向技术进一步提升，对于提高开发效果作用明显。2016年在近30口井上应用该项技术，油层钻遇率从70%提高到90%以上；并将该技术应用在延长油矿、贵州煤层气等外部项目上，获得好评，为后期持续合作打下良好基础。

拉曼气体分析技术在实践中不断完善。项目完成基于狭缝分光技术的拉曼国产仪器研制，并在川西致密砂岩气藏中开展5口井的应用，共发现16层，累计钻厚330米；在弱油气层、薄层气等方面具有非常好的检测能力。通过实验不断完善，优化了光路与反射池，完善了混合气体拉曼图谱实时解谱算法，为小型化、高精度化仪器研制奠定基础。

（张新华）

特种作业

【概述】 集团公司井下特种作业系统主要为油气田勘探开发提供试油测试、储层改造、修井作业、海上作业、稠油开采等专业的石油工程承包和技术服务。截至2016年底，全系统拥有员工9 739人，专业队伍351支。

（曹　明）

【主要装备】 拥有各类主要生产设备2 193台(套)，拥有2000型及以上泵车243台，主要资产原值65.2亿元，新度系数0.56。

（曹　明）

【作业工作量】 2016年，完成井下作业4 396井次和试油气2 395层次。

（曹　明）

【主要技术进步】 深化系统内资源优化，连续油管作业、高压带压作业、滩浅海作业、酸性气田作业和深层水平井作业等中高端业务技术水平和管理水平有了长足的进步，页岩气压裂试气水平不断提高，为涪陵、普光、元坝、塔河和大牛地等油气田的开发提供了强有力的技术支撑。

页岩气试气压裂技术取得实质性突破。页岩气井分段压裂技术不断取得新进展，施工能力不断增强。随着页岩气勘探开发的深入，水力压裂技术得到长足进步，形成了以涪陵页岩气水平井压裂为代表的细分压裂配套等技术。压裂液量由百立方米、千立方米增长到5.97万立方米，加砂量由数十立方米增加到5 000余立方米，压裂液体系由单一到复合，作业方式由单井作业到“井工厂”作业，实现跨越式发展，初步满足勘探开发的需求。2016年，共完成页岩气压裂92井次/1 468段，试气91口井，为页岩气勘探开发做出重要贡献。

高温高压油气井测试和酸性气试气技术取得阶段性成果。围绕高温高压超深油气井测试难题，持之以恒地开展攻关，形成“高温高压油气井测试工程设计”“两阀一封高温高压测试”“超高压高产地面分离计量”和“高温高压生产完井”等配套技术，为塔里木、四川等盆地深层油气藏的勘探开发提供强有力的技术支撑。依托普光、元坝等酸性气田的开发，配套完善了以“全通径三联作测试工艺技术”“酸性气井投产管柱长效密封防腐技术”和“酸性气试气地面安全控制技术”为主要内容的酸性气试气技术，为普光、元坝等超深酸性气藏的高效开发提供了重要保障。

水平井修井技术服务保障能力不断增强。围绕水平井无效、低效和井筒复杂等情况专项进行攻关研究并取得阶段成果。完善套铣打捞一体化工艺、创新完善闭合型套损修复技术，提出马深1井、濯页1井、永页1井、江沙33－19井、新深1井等重点井测试和旺南1－1、星101等高难度修井作业等具体预防措施，初步形成水平井打捞、防砂治砂和套管修复等技术。同时，105兆帕高压带压作业市场的开发及工业化能力得到提升，截至2016年底，在重庆涪陵页岩气田已累计安全无事故完成中高压带压作业井30余口。

（曹　明）

【施工纪录不断刷新】 随着勘探开发向更深、更高、更复杂领域进军，创造了一系列的施工纪录：压裂最高施工压力135.2兆帕，最大排量20米^3/分，单日最多压裂段数8段，单井压裂最大液量达5.97万立方米，单井最大加砂量2 108立方米；地面测试流动压力最高99.36兆帕，测试最高地层温度199.5℃，测试井深最深8 366米，最高测试压力96.4兆帕，测试最高无阻流量966.89万立方米；连续油管实现一趟钻20支桥塞，单井钻塞最多达29支，连续油管带压作业井口压力最高80兆帕，连续油管作业井最深6 885.4米。

（曹　明）

油田地面工程建设

【概述】 2016年，面对市场极寒、现场受控难度大等重重困难，认真贯彻落实集团公司决策部署，加压奋进、滚石上山，扎实开展各项工作，赢得了当期经营相对平稳、重大遗留问题见底受控、整体扭亏脱困方案积极推进、管理水平稳步提升、员工队伍和谐稳定的不易局面。油田地面工程建设全年完成合同额130.4亿元。

（刘　芳）

【资质情况】 拥有的设计咨询资质：工程勘察综合甲级，海洋工程勘察乙级，石油天然气（海洋石油）、海洋行业（离岸工程）、建筑行业（建筑工程）、市政行业（给水、排水、城镇燃气、热力工程）工程设计甲级，环境（固体废弃物处理专项）工程设计甲级，市政行业（桥梁工程、道路工程、电力行业、环境卫生工程）、海洋行业（沿岸工程）、化工石化医药行业（化工工程）、机械行业（通用设备制造业工程、金属制品工程）、大气及水污染防治、环境工程（大气污染防治工程、水污染防治工程）专项设计乙级，石油天然气、港口河海工程、建筑、市政公用工程（热力、给排水、燃气、热力、通信信息、火电）工程咨询甲级，工程造价咨询甲级，特种设备设计许可证（压力容器）A1、A2、A3级，特种设备设计许可证（压力管道）GA类、GB类、GC类。

施工及制造资质：石油化工工程、建筑工程、公路工程、水利水电工程、市政公用工程施工总承包一级，机电工程、港口与航道工程、电力工程。施工总承包二级，海洋石油工程、消防设施工程、钢结构工程、建筑装饰装修工程、防水防腐保温工程、地基与基础工程、公路路面工程、桥梁工程施工专业承包一级，建筑机电安装工程、输变电工程施工专业承包二级，A1、A2、A3级特种设备制造许可证（压力容器），GA1甲级、GB1级（含PE管道）、GB2级、GC1级特种设备安装改造维修许可证（压力管道），静设备、电气设备、仪表设备和控制系统、防腐类、绝热类等检维修资质，锅炉安装维修改造一级资质(参数不限)，电梯安装、改造、维修A级资质。

监理资质：建筑工程、石油化工工程、市政公用工程监理甲级，电力工程监理乙级。

获得生活污水、工业废水处理设施运行三级资质；通过ISO 9001质量管理体系、ISO 14001环境管理体系、QHSAS 18001职业健康安全管理体系认证。

（刘　芳）

【市场开拓】 2016年，在国内主要服务胜利、中原、河南、江汉、江苏、西南、西北、东北、华北、华东等油田企业，天然气分公司、管道储运公司、国勘公司、长城能化等专业公司，以及华南、华北、华中等销售公司；国内外部市场主要涉及中国石油、中国海油、中化、各地煤化气公司、国家储备库、城市燃气公司等单位，以及高速公路、城市管网、水利工程、房地产民用工程等社会市场。

面对市场极寒，持续优化公司、各单位、项目管理部三级市场开发体系，奋力拼抢系统外市场，国内外部市场和新业务市场取得突破。国家成品油储备库市场中标PC项目3个、工程咨询项目4个，总合同额8.5亿元；节能环保市场实现零的突破，先后中标涪陵页岩气田二期环保EPC工程、西北石油局污水处理BOT项目等23个节能环保项目，总合同额1.7亿元；运维保市场成功中标天津LNG管道、川气东送管道、四川省天然气管道等运行技术服务业务，输出人员约200人、年服务费约3 000万元；凭借海工优势，中标鲁能集团江苏东台200兆瓦海上风电升压站项目，实现海上风电市场新突破。

坚持合作共赢理念，全力提供优质高效服务。强化与天然气分公司、长城能源化工公司、管道储运公司、销售公司、新星公司、西南油气田、华北石油局、西北石油局、东北石油局等单位沟通联系，争取政策支持；国内外部市场注重发挥特色技术、特色服务和品牌优势，稳定中国石油、中国海油、中化、省属能源公司等重点客户市场份额。

全年，国内系统内市场新签合同额约60亿元，完成合同额约77亿元；国内系统外市场新签合同额约40亿元，完成合同额约32亿元。

（刘　芳）

【主要装备】 截至2016年底，拥有各类工程设备及仪器2.8万余台(套)，包括各类工程机械、起重搬运机械、焊接切割设备、工程勘察设备和仪器仪表等。滩浅海工程建设装备齐全，可建造浅海自升式平台、1万吨级大型固定平台，铺管作业水深可达100米；带压封堵设备覆盖管径范围300—1 016毫米，满足国内大多数长输管道所采用的管道口径。2016年重点安排埕岛西北新区地面产能项目、普光气田隐患治理工程、常规施工设备更新改造等项目，购置了大型带压开孔封堵设备、各类焊机坡口机等先进设备，增强了高端化装备实力，为进一步开拓市场保供生产做好准备。

（刘　芳）

【主要技术创新】 2016年，石油工程系统共开展各级科研项目200余项，其中国家级3项、省部级30余项。“滩海油田路岛工程新技术及应用”科研项目获得集团公司科技进步三等奖；“高含硫气田集输系统硫沉积预测与控制技术”等3项科研成果通过集团公司科技部专家组鉴定，结论为整体技术达国际先进水平、部分技术国际领先；先后编制《“十三五”科技发展规划》《研发体系实施方案》《优秀勘察设计评选办法》等技术体系文件，用科技规划和配套制度支撑技术创新；确立了专业技术服务中心的定位和运作模式，成立非开挖、全自动焊接、带压封堵、大型旋转设备安装4个技术服务中心，促进技术创新与创效的协同推进。

拥有施工工法129项，其中国家级工法12项、省(部)级工法117项。拥有授权专利406件，2016年新申请专利77件，获得授权专利67件。

（刘　芳）

【重点工程】 天津LNG输气干线工程按照业主要求顺利实现项目一期投产目标；G20保障工程绍兴—杭州成品油管道项目，克服水网段施工难度大，定向钻穿越数量多、长度大等困难，超计划完成工作。川气东送管道恩施崔家坝抢险工程快速优质完成，受到业主高度赞扬。中国石化首座盐穴储气库——金坛储气库工程，诚信履约、按期交工，得到业主的表扬。EPC总包的大连石油化工研究院提前达到节点目标。中天合创外输水系统工程获评劳动竞赛优胜单位、施工质量样板工程、党徽闪光创精品工程荣誉奖。广西LNG管道工程、仪长原油复线、普光安全隐患治理工程等多个项目优质高效完工，为集团公司重点工程建设做出积极贡献。

（刘　芳）

【海洋工程建造与安装】 石油工程系统拥有分别位于胜利桩西内港和龙口胜利港的2处海工建造基地，

以及胜利901铺管船、胜利902铺管船等海上施工专用船舶和装备。2016年，优质高效完成江苏东台风电海上升压站陆地建造和海上安装。利用全自动焊接技术完成茂石石化海底管道第一阶段的焊接和铺设，同时自行研制的大口径管道现场坡口整形机和内对口器得到有效推广。

（刘　芳）

机械制造

【概述】 拥有四机厂、江钻事业部、钢管厂、四机赛瓦公司、压缩机分公司和机械研究院6家石油机械装备研发制造企业，分布在湖北武汉、荆州和潜江等地，涵盖陆上及海洋钻完井、采油作业、油气集输等领域，主导产品包括钻机、钻头钻具、固井设备、压裂设备、修井作业设备、连续油管作业设备、带压作业设备、井下工具、油气输送钢管、天然气压缩机、水处理设备等，建有国家认定企业技术中心、院士专家工作站、博士后科研工作站、全国钻采专标委固压设备标准工作部等，市场覆盖全国各油气生产区域并出口40多个国家或地区，形成产品门类齐全、特色技术优势突出的石油机械研发、制造、销售和服务体系。

（田治明）

【参建物探及勘探设备国家工程实验室】 2016年2月3日，由中国石油大学(华东)牵头、其他多家单位合作申报的物探及勘探设备实验室通过国家发改委审核，升格为国家工程实验室。物探及勘探设备国家工程实验室由6个分实验室组成，其中振动实验台分实验室由石油机械公司主持建设。物探及勘探设备研发创新平台着力建立和完善国际先进水平多揽物设备、钻井设备、井控设备、固井设备等系统和设备的相关设计和试验条件，形成自主创新能力。

（吴　刚）

【地下储气库用天然气压缩机国产化研制项目通过集团公司成果鉴定】 地下储气库用4 RDSA－2/1500天然气压缩机国产化研制项目于2012年8月完成研制、试验。截至2016年4月10日，该压缩机组已安全稳定运行超过7 000小时，累计储气量约2.1亿立方米天然气，机组主要技术指标达到或超过设计要求，主要性能参数与进口机组处同等水平，振动、噪音和运行能效等指标优于进口机组。4月30日，项目通过集团公司成果鉴定。

（孙海涛）

【3000型压裂机组亮相国家“十二五”科技创新成就展】 2016年6月1—7日，国家“十二五”科技创新成就展在北京展览馆举行。“石油四机”3000型大型压裂机组以模型和实物2种形式，在展览馆室内大型油气田及煤层气开发专项展区和室外广场展区同时展出。在室内展示区，3000型压裂机组模型按照大型油气田开发施工作业模式和深井钻机等自主研发的国产石油钻采设备一起，浓缩于沙盘中，配以展板、视频等形式，介绍油气开发工艺流程，让观众直观感受“十二五”期间国家油气勘探高端装备领域取得的巨大成就。在室外展区，3000型压裂车、SHS20新型混砂车、压裂混配车、液氮泵车、仪表车和140兆帕高压管汇元件实物整齐排列，“零距离”向公众展示。

（任文喜　杨晓军　庞　坚）

【石油机械公司被命名为中国石化首批创新型企业】 2016年6月17日，在中国石化科技创新大会上，石油机械公司被命名为中国石化首批创新型企业。

（彭　振　丁永伟）

【“石油四机”获评推荐出口品牌】 2016年10月25日，中国机电产品进出口商会发布2016年度推荐出口品牌名单，“石油四机”位列其中，成为石油化工装备行业4个推荐品牌之一。

（付喜艳）

【钻头钻具服务涪陵二期产建工程取得积极效果】 围绕力争井深4 500米、5 500米左右的页岩气井钻井周期分别缩短至60天、70天以内，部分实现水平段一趟钻的总体目标，共开发3类共14个钻头钻具新产品，形成以混合钻头匹配大扭矩螺杆为代表的研究成果，有力促进涪陵二期钻井提速提效。

（田治明）

【签订“十三五”国家科技重大专项项目任务合同书】 2016年12月1日，与大型油气田及煤层气开发国家科技重大专项实施管理办公室签订“十三五”国家科技重大专项“深层页岩气开发关键装备及工具研制”项目任务合同书。项目研发起止年限为2016—2020年。石油机械公司为该项目牵头责任单位，华中科技大学、长江大学、武汉科技大学、中国船舶重工集团公司第七一九研究所、西南石油大学、中国石化石油工程技术研究院、江汉石油工程公司、西南石油工程公司为主要参加单位。该项目致力于构建中国3 500米以深页岩气开发关键装备与工具的研发平台；研制具有自主知识产权、整体达到国际先进、部分达到国际领先的深层页岩气开发关键装备及工具，形成一体化解决方案；形成10项核心装备与工具，推动装备制造的自动化、系列化、标准化、国产化转型，促进页岩气安全、绿色、高效开发。

（刘　平）

设 备 管 理

【概述】 截至2016年底，石油工程系统拥有主要专业设备16 716(套)，其中陆地石油钻机800台(套)，海洋石油钻井平台13座，测井设备1 327台(套)，录井设备923台(套)，钻采特车1 913台、地震物探设备2 464台(套)，工程机械810台，海洋工程船舶281艘。设备资产原值460.5亿元、净值206.7亿元，新度系数0.39。设备管理人员1 292人，设备维修人员1 862人。

（张　军）

【主要设备技术指标】 2016年，石油工程主要专业设备综合完好率99.45%，运转时率56.05%。各专业设备指标见表1。

表1　**2016年石油工程主要专业设备技术指标**

技术指标／设备分类	设备数量/台(套)	综合完好率/%	运转时率/%	故障停机率/%	新度系数
钻井设备	800	99.60	54.48	0.26	0.44
测井设备	1 327	98.98	56.87	0	0.37
录井设备	923	98.99	66.33	0	0.41
钻采特车	1 913	99.68	43.34	0.01	0.58
地震物探设备	2 464	99.35	67.53	0	0.30
工程机械	810	98.99	51.74	0	0.42
船　舶	281	98.41	51.05	0	0.62

（张　军）

【装备挖潜增效】 2016年，组织开展装备租赁和修理的挖潜增效工作，实现挖潜增效5.34亿元，其中租赁费完成4.45亿元、修理费完成1.18亿元。积极推进石油工程系统内部单位间专业设备租赁业务，大幅压缩外部租赁费用支出，全年内部单位间设备租赁费用共计3.18亿元。继续加大石油工程系统内部单位间设备资产调剂与处置力度，有效盘活内部闲置设备资源，全年实现内部装备资产调剂盘活资产4.78亿元。

（张　军）

【设备大检查】 组织开展石油工程系统2016年安全、设备大检查，对胜利、中原、江汉、西南、华北、华东、海洋、地球物理公司、石油机械公司9家地区(专业)公司机关、二级单位及施工队伍进行检查，重点抽查西北、华北、西南工区内的各地区公司基层队现场。发现问题及隐患338项，并将检查发现的所有问题向企业进行说明和对接，跟踪落实各项问题的整改情况。

（张　军）

【设备检测评估】 组织开展2016年石油钻机、修井机井架底座和整机检测评估分级工作，根据设备整体检测评估计划，全年共完成钻机修井机井架底座检测199部(其中钻机井架底座138部、修井机61部)、各类整机检测评估56套。出具了专业设备检测评估报告，全面分析设备的整体状况、存在问题、安全隐患并指导制定整改措施。通过检测工作的开展，进一步规范了大型设备检测评估工作，健全大型设备档案资料，并为设备维修保养和判报废工作提供基础和依据，切实提升设备运行效率和质量，确保设备的本质安全。

（张　军）

炼油生产

- ◇ 综述
- ◇ 工艺技术进展
- ◇ 装置达标和节能减排
- ◇ 设备管理
- ◇ 计量管理
- ◇ 质量管理
- ◇ 原油资源及储运

综　　述

2016年，炼油板块认真贯彻党组部署，扎实开展“两学一做”学习教育，立足多创效益硬任务，充分发挥一体化优势，全面实施五大发展战略，狠抓平稳生产强基础，激发厚积潜力保效益，推进结构调整促发展，着力打好转方式调结构和提质增效升级攻坚战，各方面工作取得新成效，实现“十三五”良好开局。

经营创效取得最好成绩。积极应对原油进口权放开的冲击，克服产能过剩和需求疲软等困难，全面落实平稳运行、优化加工、结构调整、成本管控、营销攻坚、扭亏脱困等八大增效措施，圆满完成保效益硬任务。炼油板块利润同比增加357亿元。镇海炼化、茂名石化、金陵石化、青岛炼化等企业，勇于担当，再接再厉，利润均突破40亿元，为增强炼油持续盈利能力奠定坚实基础。

确保总量不降基本实现。面对国内成品油市场竞争白热化的局面，炼油板块加强产销协调，优化检修安排和库存运作，推进有效产能与市场需求相匹配，积极扩大出口，炼油负荷率保持在较高水平。通过完善储运设施，严格计划管理，制定激励政策，调整品种结构，不断拓展出口渠道，成品油出口量效齐升，出口量增长24.5%，拉动原油加工量3 050万吨，为炼油保增长保效益提供强有力支撑。

调整产品结构效果显著。坚持以市场为导向，优化工艺操作，推进组分互供，消除运行瓶颈，努力增产汽油、航煤。在原油加工量同比下降0.4%的情况下，汽油、高标号汽油、航煤产量分别增长4.4%、6.2%和4.6%；生产柴汽比1.19，降低0.11个单位。优化资源调度，开拓配置流向，供中航油航煤增长10.9%。全年调整产品结构增效21亿元。

成本费用得到较好控制。不断深化全员成本目标管理，加大管控力度，炼油低成本优势得以巩固。发挥生产外贸一体化优势，加强运行优化与协调，国内卸港滞期时间和滞期费同比降低14%和16%。深入开展节能专项工作，炼油单因耗能降低0.1千克标油/吨。细化目标分解，强化月度预算，加强资金调度，严控行政性费用支出，炼油单位完全费用下降7元/吨。

科技创新支撑作用显现。坚持把科技创新作为炼油提质增效升级的重要支撑，加快科技成果转化和新技术应用。茂名石化Ⅲ类高档基础油实现量产。在石家庄炼化、青岛石化等企业的11套催化装置投用LTAG技术；在茂名石化、武汉石化等6套加氢裂化装置上实施催化剂级配优化；发挥产研协同优势，利用春风原油混配塔河油生产高等级道路沥青取得重要进展。

重点工程建设稳步推进。建立联动机制，加快推进成品油质量升级，茂名石化、武汉石化等企业新建5套S－Zorb，北海炼化、清江石化等企业完成3套汽油加氢改造，13套柴油加氢增上第二反应器等项目顺利投产，10月全面供应国Ⅴ标准汽柴油。统筹布局第6阶段汽油质量升级，涉及19套装置的前期工作全面启动。落实“十三五”规划，持续推进炼油结构调整和基地化项目。

深化改革、强化管理成效显著。坚持把困难企业扭亏增盈作为增收创效的重要举措，细化措施、落实责任、加大督办，扭亏脱困工作取得丰硕成果，11家困难企业实现利润同比增加150亿元。“僵尸”企业及特困企业专项治理顺利推进，6家特困企业扭亏为盈，超额完成国务院国资委下达的治理目标。

（孟宪强）

工艺技术进展

【常减压蒸馏】　截至2016年底，中国石化33家炼油企业共有64套常减压装置，总加工能力为2.96亿吨/年，比上年增加150万吨/年。全年共有56套装置投入运行，共加工原油2.37亿吨，同比减少97万吨。原油平均硫含量1.59%，平均酸值0.46毫克(氢氧化钾)/克，API平均29.90。常减压蒸馏工艺的技术进展主要集中在提高拔出率、运行周期延长、节能降耗等方面。

装置运行经济技术水平。全年，常减压装置的一次平均轻收比上年增加1.31个百分点，总拔增加0.86个百分点，装置能耗下降0.04个单位。

装置运行周期。通过强化设备管理、开展工艺防腐、严格日常巡检、及时消除隐患，运行周期进一步提高。截至年底，有11套常减压装置实现“四年一修”的长周期运行目标。

新技术应用。持续推进原油在线调和技术的应用。

（林　崧）

【催化裂化】　截至2016年底，中国石化催化裂化装置总加工能力达7 887万吨/年，平均装置规模138万吨/年，其中200万吨/年以上催化裂化装置达14套。全年运行装置49套，加工原料7 152万吨，运行期间负荷率100.02%。与此同时，一批新技术、实用技术在催化裂化装置得到应用。

装置运行经济技术水平。全年，二次轻收中催化轻收由上年的18.57%提高到19.09%。共生产汽油3 210万吨、同比增加138万吨，汽油收率44.88%、提高0.62个百分点。催化裂化装置平均能耗48.40千克标油/吨，降低2.01个单位。

新技术应用。推进了LTAG工艺技术的工业化推广应用，全年在青岛石化、洛阳石化等企业的11套催化装置实施LTAG技术并投用，汽油生产能力增加120万吨/年。新型多产汽油的裂化催化剂在燕山石化和金陵分公司的渣油MIP装置上成功应用，解决了提高汽油产率与增加汽油辛烷值的矛盾。在环保技术领域，新型降低不完全再生装置烟气氮氧化物排放助剂RDNOx成功实现工业应用。

（林　崧）

【延迟焦化】 截至2016年底，中国石化共有36套延迟焦化装置运行，分布于24家企业，年加工能力4 835万吨，年处理量4 220万吨，平均负荷率87.27%。年内焦化装置进一步优化操作、降低循环比、提高反应苛刻度，总液收继续保持在较优水平。

装置运行经济技术水平。全年，焦化原料平均残炭由上年的21.50%提高到21.75%，密度与上年基本持平。焦化装置的总液收达63.47%，较上年提高0.03个百分点。生焦指数1.34，保持较好水平。装置能耗为22.78千克标油/吨，与上年基本持平。

（林　崧）

【催化重整】 截至2016年底，中国石化催化重整总加工能力达3 032万吨/年。有34套催化重整装置运行，其中连续重整29套，加工量2 644万吨，平均运行负荷率98.51%；半再生重整5套，加工量105万吨，平均运行负荷率84.05%。

装置运行经济技术水平。全年，连续重整装置“重整生成油RON×重整生成油收率”为91.79、比上年上升0.69个单位，能耗51.25千克标油/吨、降低3.38个单位。半再生重整装置“重整生成油RON×重整生成油收率”为90.89、比上年降低0.69个单位，能耗51.02千克标油/吨、上升3.17个单位。

（林　崧）

【润滑油】 截至2016年底，集团公司共有糠醛精制装置9套，能力327万吨/年，负荷率90.16%；酮苯脱蜡装置13套，能力289万吨/年，负荷率71.19%；白土补充精制装置8套，能力123万吨/年，负荷率63.41%；加氢补充精制装置1套，能力10万吨/年，负荷率89.2%；润滑油加氢—老三套组合工艺装置2套，其中加氢改质总能力50万吨/年，负荷率92.7%；润滑油全加氢装置1套，其中裂化单元能力30万吨/年，负荷率94.7%；润滑油加氢异构装置1套，能力40万吨/年，于2016年6月开工生产。全年，基础油综合收率同比降低0.11个百分点，综合能耗降低10.02千克标油/吨基础油，综合物耗降低0.55千克/吨基础油。

自有技术生产高档基础油实现重要突破，成功实现三类基础油主要品种4#、6#的稳定生产，打破了国外技术垄断，丰富了中国石化高档基础油产品系列，促进了中国石化及长城润滑油品牌的提升。

2016年，投产润滑油新产品48个，新产品产量达1.35万吨。专利申请81件，获授权专利24件。年内首次采用“名单制”开展认证及设备厂商用油推荐工作，成果显著；获得“名单制”中设备制造商中的国际认证41项，完成“名单制”中设备制造商中的75项写入设备说明书。

重点项目取得突破。及时发布行业发展趋势和润滑新产品，提前布局新兴行业的发展，先后召开精细脂、环保型船用油、长寿命柴油机油等新品发布会。多方位促进合作，推进油品升级和技术准入认证工作。实现制动液HZY6、SJ/CD 15 W－40、SN 5 W－40等产品技术认证突破并获得军队订单，全面应用于军用车辆和装甲装备上。

（林　崧）

装置达标和节能减排

【概述】 2016年，中国石化32家炼油企业(不含福建炼化)轻油收率同比降低0.17个百分点，综合商品率降低0.08个百分点，加工损失率持平，综合能耗上升0.08个百分点，单因耗能下降0.1千克标油/吨。

（李　鹏）

【炼油达标】 2016年，中国石化加工损失率、单因耗能、原油储运损失3项指标达到年度达标考核指标，轻油收率、综合商品率比年度达标考核指标略低，综合能耗比年度达标考核指标略高。

1. 专业达标

实现炼油专业保标的企业有21家，分别是金陵、高桥、镇海、广州、茂名、海南、青岛炼化、安庆、九江、武汉、荆门、北海、塔河、湛江、沧州、中原、胜利、江苏、泰州、清江、青岛石化。

2. 专业竞赛

大型炼厂排名第1至第6位的企业是青岛炼化、

镇海、广州、金陵、茂名、齐鲁；中型炼厂排名第1至第2位的企业是北海、洛阳；小型炼厂排名第1至第2位的企业是沧州、青岛石化。

3. 同类装置竞赛

常减压装置：56套运行的常减压装置参与同类装置竞赛，排名第1至第10位的是金陵4[#]、天津3[#]、青岛炼化、齐鲁3[#]、茂名5[#]、镇海3[#]、九江1[#]、海南、广州3[#]、北海、武汉2[#]、湛江。

催化裂化装置：50套运行的催化裂化装置参与同类装置竞赛，排名第1至第10位的是齐鲁3[#]、金陵1[#]、九江1[#]、青岛炼化、金陵2[#]、茂名4[#]、金陵3[#]、上海2[#]、荆门2[#]、九江2[#]。

加氢裂化装置：24套运行的加氢裂化装置参与同类装置竞赛，排名第1至第3位的是海南、齐鲁、武汉。

延迟焦化装置：36套运行的延迟焦化装置参与同类装置竞赛，排名第1至第6位的是广州3[#]、九江、洛阳、广州2[#]、金陵3[#]、齐鲁2[#]。

催化重整装置：29套运行的连续重整装置参与同类装置竞赛，排名第1至第3位的是广州、茂名、齐鲁。

半再生重整装置：5套运行的半再生重整装置参与同类装置竞赛，排名第1位的是武汉。

S－Zorb装置：21套运行的S－Zorb装置参与同类装置竞赛，排名第1至第3位的是青岛炼化、天津、长岭1[#]。

（李　鹏）

【节能减排】 2016年，炼油综合能耗同比上升0.2%，单因能耗降低1.2%。炼油综合能耗上升主要受二次加工量影响。LATG增产汽油技术普遍推广，催化裂化装置实际加工量增加，其加工量占原料油加工量比例上升0.6个百分点；产品质量升级，汽油加氢、柴油加氢等8类加氢装置加工量占原料油加工量比例上升2.4个百分点。剔除二次加工量影响，炼油综合能耗实际降低约1.2千克标油/吨。全年，部分装置能耗持续降低，其中催化裂化装置能耗降低3.8%、汽油吸附脱硫降低1.1%、渣油加氢降低1.1%、蜡油加氢降低1.5%等。

炼油板块加大"能效倍增"计划项目管理力度，组织开展2015年"能效倍增"项目及资金的核查，了解"能效倍增"专项资金使用及项目实际运行情况等，督促企业实施好"能效倍增"项目。开展蒸汽系统及保温情况调研，明确冬季蒸汽耗量高的主要原因；加强不合格管线、设备的保温整改；持续开展催化裂化用能调研及企业用能优化调研服务等，进一步提升企业用能水平。强化合同能源管理项目监管，要求必须严格按照相关制度透明运作，项目关键节点必须公示；同时，暂停新项目审批，开展合同能源项目负面清单的研究工作。

（谢小华）

【节水减排】 2016年，各炼油企业工业水运行情况良好，加工吨原料油平均取新水同比上升0.02吨，主要是因为环保要求提高；吨油排污水持平；凝结水回收量提高3万吨；污水回收率下降4.6个百分点。吨油取新水、排污水均继续保持先进水平。

继续推进节水减排工作。增加雨水回用设施，减少新鲜水用量；工业水运行水平差的企业向先进企业取经，制定措施减少循环水质波动大等问题，取得良好的经济效益和社会效益。

（朱　哲）

设备管理

【概述】 2016年，炼油板块设备管理继续抓好装置长周期运行管理，在继续保持高负荷运行前提下，通过加强设备的全员、全过程管理，努力提高设备运行的可靠度，使设备总体上保持良好的运行状态。

全年，炼油企业6类主要生产装置检修185套，是检修装置最多的一年，其中常减压装置26套、催化裂化装置27套、延迟焦化装置25套、加氢裂化装置22套、重整装置18套、加氢精制42套、润滑油及其他装置25套。炼油板块进一步加大检修管理力度，严控检修质量，要求企业加大预制力度，适当提高检修深度，不抢工期，不拖工期，取得较好效果，185套检修装置全部做到一次开车成功。武汉石化、天津石化、镇海炼化2个系列、金陵石化新系列实现"四年一修"。

各企业继续抓好装置运行管理，把提高装置长周期运行水平当作降本减费、提升企业竞争力的重要措施来抓，装置运行水平进一步提高。截至年底，在中国石化主要炼油生产装置中，有185套装置实现"四年一修"，比上年增加41套；"三年一修"以上的有415套，增加68套。

炼油板块坚持组织设备专家深入企业进行调研和开展各种技术服务活动，帮助企业解决实际问题。全年先后12次组织专家组到企业进行检修前的调研服务工作，11次派设备专家到现场进行技术服务，促进了企业检修质量和设备运行水平的提高。

进一步加强烟机运行管理。全年，中国石化 47 台烟机做功同比增长 1.1%。故障停机次数减少 13 次；烟机累计负荷率 82.7%，降低 1.0 个百分点；能量回收率 92.5%，提高 0.6 个百分点；同步运行率 97.9%，提高 0.4 个百分点。

（任　刚）

【设备防腐蚀管理】 2016 年，设备腐蚀情况总体可控，虽然主要生产装置腐蚀泄漏故障时有发生，但因设备腐蚀导致的非计划停工仅 1 次，同比持平。

从各企业大检修设备腐蚀调查情况看，低温腐蚀情况比较严重，如常减压三顶、催化分馏和吸收稳定、加氢分馏等部位；个别企业检修后常顶工艺流程发生变更，常顶油气初凝区位置发生改变，“三注”等工艺腐蚀措施调整不及时，导致空冷器及管道腐蚀泄漏频发；部分企业加氢装置高压管件、管道因设备制造和安装存在质量问题，在湿硫化氢环境下发生应力腐蚀开裂，发生泄漏。

年内，全面推进静设备腐蚀状态在线监测系统网络建设，建设企业 23 家、专项费用 1.06 亿元。腐蚀在线监测的主要技术有腐蚀探针、在线测厚、FSM 电场矩阵、工业管道导波监测、铁离子监测、应力监测、pH 计、循环水泄漏监测、埋地输油管道泄漏监测等。各企业腐蚀在线监测系统网络初具规模，成效显著，全年青岛炼化、济南炼化、武汉石化等 8 家企业利用监测系统发现、处理 21 起设备腐蚀减薄和泄漏隐患。

（吕　伟）

【加热炉运行情况】 通过对加热炉持续的节能改造和示范炉项目推广，加热炉热效率进一步提高。2016 年组织加热炉测评中心对 16 家炼油企业的 331 台加热炉的运行和管理进行了检查和测评，加权平均热效率 91.91%；热负荷 5 942 兆瓦；平均氧含量 3.76%，同比下降 0.20 个百分点。节能减排效果明显。

组织加热炉测评中心制定催化余热锅炉热利用率测试方法，对 16 家企业的 30 台催化余热锅炉进行了测试，加权平均热利用率 68.3%，排烟温度 182.9℃，初步摸清催化余热锅炉运行情况，为提高催化余热锅炉热利用率打下基础。

（朱　哲）

【电气专业管理】 2016 年，继续推进电力系统专项治理，批复通过长岭炼化、海南炼化、金陵石化、茂名石化等企业电气重点措施审查。下发《关于开展电力系统安全稳定控制方案研究工作的通知》，组织企业开展外电网故障下的全厂或局部孤网运行研究。编制《炼化企业电力系统主网结构管理规定(试行)》《炼化企业继电保护及安全自动装置管理规定(试行)》。

（邢　勐）

计量管理

【概述】 2016 年，炼油企业认真贯彻国家计量法律法规，严格执行《炼化企业计量管理与考核规范》《成品油交接计量管理规范》《中国石化外购原油交接计量监督管理办法》，狠抓计量器具和计量数据管理，继续推进计量专业信息化，公平公正开展计量工作，计量管理水平再上新台阶并取得显著效益。

（邢　勐）

【加强原油储运损失管理】 2016 年，继续加大“比学赶超”力度，促进企业及时发现差距，抓好机械清罐专项工作，下调管输原油损耗结算指标，提高原油储运管理水平。全年原油储运损失率比上年下降 0.005 个百分点，减少原油损失 1.14 万吨，经济效益为 0.33 亿元。原油储运损失率进入“优秀”群组的有镇海炼化、茂名石化、金陵石化、北海炼化、青岛炼化、扬子石化、武汉石化、齐鲁石化、九江石化、燕山石化 10 家企业。

（邢　勐）

质量管理

【概述】 2016 年，中国石化继续坚持“每一滴油都是承诺”的社会责任，认真履行“质量永远领先一步”“质优量足，客户满意”的方针目标，稳步推进产品质量升级工作，4 月上海市全面供应与国Ⅳ标准车用柴油相同硫含量的普通柴油，10 月提前完成全国国Ⅴ车用汽、柴油质量升级任务。炼油产品质量总体保持稳定，通过严格产品内控指标管理和加强全过程产品质量控制，产品质量稳定满足标准和用户使用要求。在国家、各级政府部门和中国石化对炼油企业产品质量监督抽查中，产品质量合格率均达到 100%。

（李爱文）

【产品实物质量】 2016 年，炼油产品实物质量总体稳定，为确保全国国Ⅴ车用汽、柴油产品质量升级工作顺利完成，加快质量升级项目建设，组织相关炼油企业和销售企业就生产组织、系统置换、市场供应、应急处理等方面的工作进行对接，并落实实施进度与效果。

车用汽油：按照《车用汽油》《车用乙醇汽油调和组分油》国家标准、地方标准和出口汽油协议标准等产品标准生产车用汽油。通过加快新建、改造S－Zorb装置，汽油加氢装置升级改造等项目建设，10月起，出厂车用汽油100%达到国Ⅴ标准要求。

柴油：按照国家《车用柴油》《普通柴油》《军用柴油》标准和出口协议标准等产品标准生产柴油。通过新建、改造柴油加氢精制装置，加氢改质等项目建设，10月起，出厂车用柴油100%达到国Ⅴ标准要求。车用柴油生产能力占柴油总量的76%。

（李爱文）

【产品质量管理】 通过强化质量风险管理，严格企业产品内控指标管理，开展月度产品质量统计分析和质量情况通报，使炼油企业产品质量的管理控制水平得到提高。组织开展“质量日”活动，召开年度质量工作会，举办炼油产品质量风险防控班，全面提高质量意识和管理队伍的业务水平。各企业通过强化质量管理，狠抓全员、全过程质量培训和质量风险控制，炼油质量管理工作得到全面提高。充分利用实验室信息化管理系统（LIMS）和产品质量管理信息系统（QMS）等信息化手段，提高质量管理、质量控制的科学性与工作效率。

（李爱文）

原油资源及储运

【储运设施】 原油管道：2016年，中国石化共拥有原油长输管道7 433千米（不含油田及炼化企业内部管线），综合输油能力2.2亿吨/年，完成原油输送量1.79亿吨，同比增加233万吨。其中，管道储运公司负责运营管理的原油长输管道6 423千米（不含站内管线），综合输油能力1.75亿吨/年，完成原油输送量1.33亿吨，增加699万吨；油田企业负责运营管理的原油长输管道497千米，设计输油能力2 080万吨/年，完成原油输送量1 603万吨，减少209万吨；炼化企业负责运营管理的原油长输管道513千米，设计输油能力2 500万吨/年，完成原油输送量3 037万吨，基本持平。

原油储罐：2016年，中国石化炼化企业在用原油储罐409座、共1 586万立方米，管道储运公司在用原油储罐167座、共1 234万立方米，商储公司在用原油储罐245座、共2 492.5万立方米。

原油码头。2016年，中国石化共拥有货主、合资、合作原油深水码头14座（含岙山合作码头），25万吨级以上原油泊位20座（岙山2座），设计接卸能力3.34亿吨/年，共接卸中国石化原油资源2.02亿吨，增加781万吨。

（陈　栋）

【原油资源配置】 2016年，中国石化炼化企业共完成原油资源配置2.38亿吨，同比增加180万吨。其中，集团公司油田自产原油2 702万吨，减少275万吨；接收中国石油原油122万吨，减少335万吨；接收中国海油原油233万吨，减少176万吨；接收进口原油2.07亿吨，增加967万吨。集团公司原油资源配置完成情况见表1。

（陈　栋）

表1　集团公司原油资源配置完成情况　万吨

项目 \ 年份	2016	2015	2014	2013	2012	2011
原油资源总量	23 754	23 586	23 840	23 386	22 308	21 996
自产原油	2 702	2 977	3 261	3 384	3 466	3 484
中国石油资源	122	457	653	473	516	572
中国海油资源	233	424	390	557	686	806
进口原油	20 697	19 728	19 536	18 971	17 641	17 133

【原油资源运输】 2016年，中国石化炼化企业共完成原油资源进厂量2.37亿吨，其中管输与一程直靠进厂合计2.23亿吨，占原油资源总量的93.55%；其他方式运输进厂1 530万吨（含二三程水运、火车、汽车运输等），占原油资源总量的6.45%。中国石化原油资源运输更加优化，基本实现“海上运输油轮大型化，陆上运输管道化”战略目标。集团公司原油资源运输完成情况见表2。

（陈　栋）

表 2 **集团公司原油资源运输完成情况** 万吨

项目 \ 年份	2016	2015	2014	2013	2012	2011
原油资源进厂量	23 739	23 889	23 709	23 390	22 309	22 196
一程水运	4 346	4 679	4 663	4 590	4 415	5 058
管输进厂	17 863	17 630	17 533	17 359	16 160	15 177
管道储运公司	13 324	12 624	12 681	12 906	11 799	10 616
其他方式	1 530	1 580	1 513	1 441	1 734	1 961
国内水运	1 219	1 270	927	887	1 139	1 524
火车进厂	293	293	480	479	547	397
汽车进厂	18	18	107	75	48	40

【原油采购配置运输优化】 2016 年，通过建立区域资源优化机制、生产企业滞期考核机制、船舶动态跟踪协调机制，克服国际油价波动频繁、地炼挤占公共码头、极端气候、滞期费率居高不下和储运设施瓶颈等不利因素影响，优化原油资源配置，降低原油采购成本、物流运输成本和进口原油滞期费。

加强国际油价走势分析研判，把控采购节奏，合理利用商储资源，降低原油采购成本。①根据高低硫价差变化加大迪拜类计价原油采购力度，合理安排企业沙特原油、阿曼原油和西非原油采购量，全年迪拜类计价原油采购量同比增加 3.7%，原油采购降本超额完成预算目标。②根据国际原油市场走势，发挥商储资源保供降本作用，适度调控原油库存，并安排生产企业低价采购归还商储原油，实现库存运作降本。

狠抓各项滞期管控措施的落实。①延伸计划管理，从采购源头均衡提报船期到港需求。②滚动优化计划执行，强化日常运行协调。③密切衔接到港原油接卸和输转，提高原油接卸及输转效率。④积极有效应对重大突发情况，加强重点港口滞期控制。⑤强化责任落实，传递压力，调动各环节工作积极性，齐心协力降低滞期。全年进口原油滞期得到较好控制，国内卸港滞期时间降低 14.1%，滞期费降低 16%。

不断优化运输流向和运输方式，努力压减原油物流成本。①加强进口原油海外拼装优化，努力压减多港装卸，全年国内一港卸货率提高 4.2%。②挖潜原油管道输送能力，增加原油管道输送量，压减国内二程水路运输量。全年 VLCC 油轮直靠和管道输送比例提高 0.9%；管道储运公司原油输送量增加 4.1%；国内二程水路运输量减少 195 万吨。

化工生产

◇ 综述

◇ 有机原料

◇ 合成树脂

◇ 合成橡胶

◇ 合成纤维原料

◇ 合成纤维聚合物

◇ 合成纤维

◇ 煤化工

◇ 化肥

◇ 无机原料

◇ 生物及精细化工

◇ 质量管理

◇ 设备管理

◇ 达标管理和节能减排

◇ 计量管理

综　述

2016年，化工生产经营面临的形势复杂严峻，油价低位振荡，市场起伏波动，极端天气增多。面对困难和挑战，化工板块上下共同努力，坚持稳中求进的工作总基调，认真贯彻落实党组的决策部署，大力实施集团公司五大发展战略，聚焦提质增效升级，以市场为导向，以效益为中心，全力稳生产、调结构、拓市场、降成本、控风险，克服困难、化解矛盾，生产经营再创佳绩，实现“十三五”良好开局。全年经营总量6 996万吨，同比增加708万吨，创历史新高；化工板块(不含长城能化)ROCE达14.7%、提高4.1个百分点，达到世界主要化工公司先进水平；至年底，资产负债率41.4%，保持在较低水平。

夯实安全环保基础。坚守“发展决不能以牺牲安全为代价”的红线，“严细实恒”抓安全环保工作。狠抓责任制落实，坚持监督检查常态化，促进各项制度、规范、标准执行到位；狠抓隐患治理，落实京津冀大气污染防治强化措施，按时投运全部“碧水蓝天”环保项目，全面完成厂际管道隐患治理攻坚战任务；狠抓风险管控，开展重大风险识别和评估，分解落实防控措施；狠抓应急能力建设，开展应急演练，检验各项应急措施实际效果；狠抓建设项目“三同时”，彻底解决广州石化20万吨/年聚丙烯和8万吨/年催化干气制乙苯等项目困扰多年的环保遗留问题；狠抓装置运行和非计划停工管理，积极应对极端气象增多、重污染天气频发以及重大活动期间限产等诸多不利因素，化工装置总体保持安全稳定运行；定期通报非计划停工情况，约谈问题企业，有效遏制了非计划停工上升势头。全年，化工板块上报安全事故减少3起，死亡人数减少3人；未发生一级非计划停工，二级非计划停工减少2次、停工时间减少32天。

千方百计拓市扩销。抓住相对有利的市场时机，坚持做大总量、拓展市场占有。化工销售围绕板块整体效益最大化，稳步扩大经营规模。完善营销体制机制，提升营销质量，制定“一品一策”“一户一案”营销策略，着力开发优质终端客户。加强进口产品市场分析，推动产销研用紧密结合，积极顶替进口。在抓好统销产品销售的同时，落实资源互供、保供措施，积极开展自营贸易，促进外贸出口，国内市场引领力和国际影响力进一步增强。全年自营贸易量2 406万吨，增加634万吨；出口化工产品126万吨，增加3万吨；统销产品直销率72.7%，提高1.4个百分点。

持续推进结构调整。原料结构调整方面，以投入产出效益最大化为目标，贴近市场动态优化原料结构，挖掘和合理利用炼化副产气体资源，合理安排柴油、加氢裂化尾油等重质裂解料的加工。产品结构调整方面，以提升产品附加值为目标，坚持顶替进口的方向不动摇，优化企业间、装置间品种牌号的生产分工，产销研用合力推进三大合成材料提档升级。装置结构调整方面，坚持以效益为中心，兼顾当前和长远，对没有边际贡献且不影响产品链的装置，坚决限产、停产；同时，督促企业认真抓好职工稳定、退出装置的资产处置以及阶段性停产装置的维护工作。全年，吨乙烯原料成本降低57元，降本6.3亿元；合成树脂新产品及专用料比例提高2个百分点，实现顶替进口20.5万吨；合成纤维差别化率提高4.4个百分点；合成橡胶高附加值产品比例提高4.2个百分点。截至年底，安排停产装置39套，其中长停36套、阶段性停产3套，有效减少了效益损失。

苦练内功强化管理。坚持和发扬石油石化优良传统，注重学习借鉴国内外先进管理经验，着力提升经营管理水平。严控投资风险，重大项目反复论证，规避投资风险，保证投资回报。优化调整海南炼化第2套芳烃项目产能规模和装置结构，古雷、中科、中安等项目全面论证后提交党组决策。强化全员成本目标管理，从降低能耗物耗、“三剂”辅材消耗、行政性和非生产性支出、流动资金占用等方面入手，全方位严控成本费用。全年化工吨产品完全费用1 308元，降低22元。强化产销衔接，根据市场和效益持续优化排产，增产有市场、效益好的产品，产销合力抢占市场份额，全年乙烯装置可用产能负荷率达96.5%。加强工艺、质量专业管理，下发《中国石化炼油化工工艺技术管理规定》，组织工艺、质量专项检查，全年化工产品用户投诉数量降至45件，减少5件。

落实创新驱动发展战略。全球最大的煤制烯烃项目，也是中国石化自主设计和建设的首个大型煤化工项目——中天合创煤炭深加工项目于2016年6月中交，实现一次开车成功。具有自主知识产权的长岭炼化10万吨/年HPPO、仪征化纤1 000吨/年高性能聚乙烯纤维、燕山石化1.5万吨/年高等级电缆专用料(XLPE)建成投产。生物及精细化工业务取得新进展，既注重顶层设计，下发《关于精细化工业务体制机制建设指导意见》，又鼓励基层探索，在扬子石化、南化公司和巴陵石化3家企业开展改革创新试点。扬子石化对二乙苯的销量、毛利分别增长

69%和90%，国内市场占有率从53%提升至70%，海外市场拓展也取得突破。四川维尼纶厂500吨/年EVOH中试、扬子石化（清江）1 000吨/年长链二元酸精制和燕山石化500吨/年纳米橡胶等项目也在积极稳妥推进。

抓好困难企业专项治理。化工板块有13家企业被纳入国务院国资委困难企业专项治理范围，约占集团公司困难企业总数的1/3。根据困难企业专项治理工作总体安排，研究制定板块总体方案，组织专家组深入企业帮扶调研，"一企一策"制定方案；建立例会和联系人制度，推进各项措施的落实。在关停没有边际效益装置的同时，帮助企业落实"短平快"的结构调整和提质增效升级项目，企业减亏、止亏、扭亏效果明显。完成扬子金浦股权收购工作，为做大合成橡胶生产规模、填补高桥石化关停装置的市场空缺创造了条件；除东方石化、金甬公司外，剔除资产减值准备和南化公司土地补偿等非正常因素，其他10家企业减亏10亿元，完成扭亏脱困年度目标。洛阳石化狠抓成本费用管控，稳定装置运行，优化原料结构，加大节能降耗力度，减亏2.3亿元。

（张金萍）

有机原料

【概述】 集团公司有机原料主要产品有乙烯、丙烯、丁二烯、苯、甲苯、二甲苯、甲醇、丁醇、辛醇、环氧乙烷、环氧丙烷、环氧氯丙烷、苯酚、丙酮、丙烯酸和苯乙烯等。其中，乙烯、丙烯、丁二烯、苯、甲苯、二甲苯为基础有机原料，其余为主要中间原料。

集团公司主要有机原料生产能力见表1。由表1可见，邻二甲苯、间二甲苯、对二甲苯、丁醇、辛醇、环氧乙烷、环氧丙烷、环氧氯丙烷和丙烯酸生产能力没有变化，乙烯、丙烯、甲醇和苯乙烯的生产能力同比有所增加，丁二烯、苯、甲苯、混合二甲苯、苯酚和丙酮的生产能力同比下降。

集团公司主要有机原料产量见表2。由表2可见，除间二甲苯、辛醇和丙烯酸的产量同比有不同幅度的增加外，其余有机原料的产量同比减少。集团公司的乙烯、丙烯、丁二烯、对二甲苯等产品在中国大陆地区继续保持主导地位。

表1　　**集团公司主要有机原料生产能力**　　万吨/年

产品名称＼年份	2016	2015	2014	2013	2012	2011
乙　烯	1 084.40	1 052.00	1 052.00	1 033.00	957.50	957.50
丙　烯	1 011.75	986.95	980.42	934.85	884.67	858.76
丁二烯	183.64	185.14	185.14	168.64	155.64	155.64
苯	536.34	538.38	538.38	505.61	454.59	411.84
甲　苯	140.60	143.14	143.14	136.14	117.44	117.44
混合二甲苯	303.12	305.76	305.76	233.66	179.98	146.52
邻二甲苯	46.52	46.52	46.52	46.52	34.52	34.52
间二甲苯	8.00	8.00	8.00	8.00	8.00	8.00
对二甲苯	483.91	483.91	483.91	477.91	406.81	406.81
甲　醇	311.74	131.74	131.74	87.10	97.10	44.50
丁　醇	37.50	37.50	37.50	37.50	37.50	37.50
辛　醇	30.50	30.50	30.50	30.50	30.50	30.50
环氧乙烷	139.31	139.31	121.31	121.31	68.46	64.46
环氧丙烷	38.50	38.50	28.50	28.50	28.50	28.50
环氧氯丙烷	2.40	2.40	5.60	5.60	5.60	5.60
苯　酚	75.75	85.75	85.75	60.75	59.40	59.40

续表

年　份 产品名称	2016	2015	2014	2013	2012	2011
丙　酮	46.04	52.14	52.14	37.14	36.27	36.27
丙烯酸	23.08	23.08	23.08	23.08	23.08	23.08
苯乙烯	231.60	228.10	228.10	221.90	203.90	203.90

表 2　　集团公司主要有机原料产品产量　　万吨

年　份 产品名称	2016	2015	2014	2013	2012	2011
乙　烯	1 105.86	1 111.79	1 069.78	997.98	954.18	1 003.75
丙　烯	908.03	926.28	896.59	855.47	808.77	819.96
丁二烯	145.32	147.41	145.43	134.02	137.36	137.33
苯	400.08	402.81	399.54	374.53	351.72	359.13
甲　苯	115.25	145.67	133.46	100.80	92.67	84.23
混合二甲苯	149.15	166.41	174.80	189.85	183.09	150.31
邻二甲苯	47.31	51.07	52.95	54.12	55.05	55.57
间二甲苯	6.26	5.62	5.18	4.95	4.91	5.59
对二甲苯	433.14	440.25	479.14	447.79	440.55	441.11
甲　醇	115.17	121.13	106.76	53.22	64.90	19.88
丁　醇	26.48	28.18	33.99	35.11	37.05	27.34
辛　醇	26.56	24.89	27.55	29.32	33.08	41.51
环氧乙烷	94.81	97.44	111.73	86.79	70.12	65.62
环氧丙烷	30.54	31.64	26.51	29.66	29.47	30.58
环氧氯丙烷	1.81	2.31	1.22	3.07	4.68	4.17
苯　酚	61.29	68.89	62.97	59.72	59.66	63.14
丙　酮	37.71	42.29	38.97	37.08	37.02	39.24
丙烯酸	18.80	13.71	12.12	6.37	11.59	14.37
苯乙烯	223.77	225.76	208.37	214.51	204.22	191.97

（张　燕）

【乙烯】　截至2016年底，集团公司生产乙烯的企业有燕山分公司、上海石化、齐鲁分公司、扬子石化、茂名分公司、镇海炼化、广州分公司、天津分公司、中原石化、中韩石化、上海赛科公司、扬巴公司、福建炼化、中沙石化、长城能化和燕化有限公司(原北京东方石油化工有限公司)共16家，生产能力合计1 084.4万吨/年(含中原石化和长城能化MTO装置)，同比增加32.4万吨/年、增长3.08%，其中长城能化当年新增产能32.4万吨/年。

各企业乙烯产能及工艺分别为：燕山分公司71万吨/年、上海石化2#乙烯装置老区40万吨/年、齐鲁分公司80万吨/年、扬子石化80万吨/年、天津分公司20万吨/年、中原石化乙烯装置18万吨/年、上海赛科公司114万吨/年，均采用美国Lummus公司专利技术；上海石化 2# 乙烯装置新区 30 万吨/年、广州分公司 21 万吨/年、茂名分公司乙烯装置老线 36 万吨/年、扬巴公司 74 万吨/年，均采用美国 S&W 公司专利技术；燕化有限公司 15 万吨/年(2012 年 9 月停产)采用意大利 TPL 公司专利技术；茂名分公司乙烯装置新线 64 万吨/年、镇海炼化 100 万吨/年、福建炼化 99 万吨/年、中沙石化 100 万吨/年，均采用中国石化与 Lummus 联合开发的专利技术；中韩石化 80 万吨/年，首次全流程应用中国石化自主开发的专利技术；中原石化 10 万吨/年 MTO 装置首套采用中国石化自主开发的专利技术；长城能化与中煤能源股份有限公司、上海申能股份有限公司、内蒙古满世煤炭股份有限公司投资建设的中天合创能源有限责任公司 MTO 装置采用中国石化自主专利技术，二系列生产线于 2016 年 10 月 17 年产出合格乙烯、丙烯产品，实现一次开工成功。

2016 年，集团公司乙烯业务继续围绕原料结构调整和生产运行优化开展工作，强化装置安稳运行，抓住市场有利时机，充分发挥装置可用产能，努力做大产品总量，在安排茂名老线、中韩(武汉)、燕山、天津、中沙(天津)5 套装置大修的情况下，全年累计生产乙烯 1 105.86 万吨，减少 5.93 万吨、降低 0.53%。各企业乙烯产量详见表 3。

表 3　　集团公司各企业乙烯产量　　万吨

企业名称＼年份	2016	2015	2014	2013	2012	2011
集团公司合计	1 105.86	1 111.79	1 069.78	997.98	954.66	1 003.75
燕山分公司	69.58	78.60	77.63	72.30	75.06	75.31
上海石化	82.56	83.65	80.44	95.33	91.47	91.01
扬子石化	81.62	82.31	75.66	70.55	64.95	81.81
齐鲁分公司	87.09	86.19	80.07	72.30	80.07	85.17
广州分公司	22.13	20.16	22.21	22.50	22.42	20.41
茂名分公司	113.03	105.39	114.12	112.55	110.14	108.52
天津分公司	17.83	21.08	21.33	22.21	18.82	23.05
中原石化	27.11	23.46	23.58	24.86	20.89	18.26
镇海炼化	112.58	113.14	97.06	111.08	110.27	110.84
上海赛科公司	126.76	127.11	108.09	116.67	104.09	106.52
扬巴公司	80.54	69.89	76.68	71.90	67.56	72.09
福建炼化	110.01	106.64	102.11	71.41	85.15	85.23
中沙石化	96.61	108.81	107.71	108.64	94.34	111.21
中韩石化	72.89	85.34	83.09	25.67	—	—
长城能化	5.51	—	—	—	—	—
燕化有限公司	—	—	—	—	8.95	14.32

(马国锋)

【丙烯】 集团公司丙烯产品分炼油丙烯和化工丙烯两大类，截至 2016 年底，生产炼油丙烯的企业有胜利油田分公司、河南油田分公司、中原油田分公司、江苏油田分公司(扬州石化有限责任公司)、燕山分公司、天津分公司、石家庄炼化、沧州分公司、上海石化、高桥石化、金陵分公司、扬子石化(包括清江石化)、镇海炼化(包括杭州石化有限责任公司)、安庆分公司、福建炼化、九江分公司、济南分公司、齐鲁分公司、青岛炼化、青岛石化、洛阳分公司、武汉分公司、荆门分公司、长岭分公司、广州分公司、茂名分公司、湛江东兴公司、海南炼化、巴陵石化共31家，炼油丙烯由炼厂气分装置生产；生产化工丙烯的企业有燕山分公司、上海石化、齐鲁分公司、扬子石化、茂名分公司、镇海炼化、广州分公司、天津分公司、中原石化、中韩石化、上海赛科公司、扬巴公司、福建炼化、中沙石化、长城能化和燕化有限公司共16家，化工丙烯由蒸汽热裂解装置和MTO装置生产。集团公司丙烯生产能力为1 011.75万吨/年，同比增加24.8万吨/年、增长2.51%，其中石家庄炼化炼油丙烯生产能力核减3万吨/年，泰州石化、西安分公司分别核销2万吨/年和3.6万吨/年炼油丙烯产能，长城能化新增33.4万吨/年丙烯产能。

2016年，集团公司实际生产丙烯908.03万吨，减少18.25万吨、降低1.97%。其中，炼油丙烯365.50万吨，减少5.88万吨，降低1.58%；化工丙烯542.54万吨，减少12.37万吨，降低2.23%。各企业丙烯产量详见表4。

表4　　集团公司各企业丙烯产量　　万吨

年份 企业名称	2016	2015	2014	2013	2012	2011
集团公司合计	908.03	926.28	896.59	855.47	808.77	807.88
胜利油田分公司	4.87	5.58	4.52	3.04	3.16	3.62
河南油田分公司	0.60	0.85	0.82	0.82	0.96	1.09
中原油田分公司	2.63	3.13	2.70	3.32	3.33	2.09
江苏油田分公司	3.57	3.88	3.53	2.98	2.93	1.62
燕山分公司	44.44	52.26	50.57	46.69	51.47	50.10
天津分公司	13.32	16.64	16.60	18.18	13.94	16.68
中沙石化	48.90	56.27	56.60	55.03	48.26	56.42
石家庄炼化	15.27	15.87	7.22	7.09	9.46	9.63
沧州分公司	6.15	4.70	6.58	5.19	6.09	6.41
上海石化	49.97	53.30	51.02	61.18	50.44	48.17
高桥石化	8.38	8.18	5.21	7.21	8.65	11.57
上海赛科公司	73.25	73.59	63.17	66.86	61.67	61.07
金陵分公司	33.08	35.71	31.16	35.06	18.76	15.95
扬子石化	48.18	49.51	46.91	41.80	39.48	47.93
扬巴公司	42.26	37.43	41.56	38.76	36.60	38.90
镇海炼化	82.94	86.39	77.27	88.03	88.07	90.93
安庆分公司	19.17	24.11	25.22	20.48	15.05	16.59
福建炼化	62.57	64.38	66.21	47.98	59.43	58.47
九江分公司	11.27	10.67	9.25	11.29	9.86	8.62
济南分公司	12.86	12.77	12.05	9.75	11.26	10.76
齐鲁分公司	56.84	57.16	50.16	43.76	46.47	48.95
青岛炼化	20.15	18.40	20.62	22.08	24.52	19.54
青岛石化	7.72	5.82	8.03	8.14	6.15	8.27
洛阳分公司	13.99	9.20	13.03	13.66	15.08	13.71

续表

年份 企业名称	2016	2015	2014	2013	2012	2011
中原石化	17.52	16.73	16.39	17.10	13.42	8.51
武汉分公司	9.44	10.54	10.58	10.91	10.01	11.55
中韩石化	37.78	43.05	43.33	12.99	0	0
荆门分公司	11.70	11.67	10.61	13.01	13.00	13.65
长岭分公司	10.83	10.27	8.27	12.36	12.35	12.44
广州分公司	24.96	25.37	28.48	26.64	26.61	20.50
茂名分公司	64.92	60.51	64.44	62.02	53.18	52.30
湛江东兴公司	13.03	10.43	11.89	11.72	8.83	0
北海炼化	0.01	—	—	—	—	—
海南炼化	20.68	22.14	21.87	17.73	23.44	23.84
长城能化	5.56	—	—	—	—	—
西安分公司	—	0.50	2.73	3.36	2.85	2.03
巴陵石化	9.23	9.26	7.97	9.24	9.70	9.18
燕化有限公司	—	—	—	—	4.27	6.81

（马国锋）

【丁二烯】 截至2016年底，集团公司生产丁二烯的企业有上海石化、扬子石化、镇海炼化、福建炼化、燕山分公司、齐鲁分公司、广州分公司、茂名分公司、上海赛科公司、扬巴公司、中沙石化、中韩石化和燕化有限公司共13家，生产能力合计183.64万吨/年，同比减少1.5万吨/年、降低0.82%，其中上海赛科公司丁二烯生产能力核减1.5万吨/年。

各企业丁二烯产能及工艺分别为：上海石化11.2万吨/年、扬子石化20万吨/年、福建炼化18万吨/年、广州分公司3.5万吨/年、茂名分公司16.4万吨/年和扬巴公司13万吨/年，采用DMF工艺；镇海炼化16万吨/年、中沙石化20万吨/年和中韩石化13万吨/年，采用乙腈工艺；燕化有限公司2.94万吨/年(停产)采用NMP工艺；燕山分公司的2套装置(产能14万吨/年)分别采用DMF和乙腈工艺；齐鲁分公司的3套装置(产能16.1万吨/年)分别采用NMF和乙腈工艺；上海赛科公司的2套装置(产能19.5万吨/年)分别采用NMP和乙腈工艺。

2016年，集团公司实际生产丁二烯145.32万吨，减少2.09万吨、降低1.44%。各企业丁二烯产量见表5。

表5　　集团公司各企业丁二烯产量　　万吨

年份 企业名称	2016	2015	2014	2013	2012	2011
集团公司合计	145.32	147.41	145.43	134.02	137.36	137.33
燕山分公司	9.36	10.62	11.64	10.99	11.65	10.56
上海石化	11.10	11.23	10.56	12.95	13.30	12.55
扬子石化	10.83	10.47	10.53	10.45	12.57	18.66
镇海炼化	15.90	15.79	14.15	16.08	15.52	16.32

续表

企业名称 \ 年份	2016	2015	2014	2013	2012	2011
齐鲁分公司	10.81	11.70	10.93	9.71	10.88	11.04
茂名分公司	14.40	13.45	14.12	14.16	14.75	14.28
广州分公司	2.73	2.45	2.79	2.92	3.09	2.46
中韩石化	10.57	10.84	11.33	3.86	—	—
上海赛科公司	16.44	15.61	12.09	11.11	12.98	11.03
扬巴公司	11.60	10.14	11.49	10.68	10.76	3.45
福建炼化	14.43	14.85	15.53	10.85	12.93	13.59
中沙石化	17.16	20.26	20.27	20.26	17.61	21.33
燕化有限公司	—	—	—	—	1.35	2.06

（张　燕）

【苯】 截至2016年底，集团公司生产纯苯的企业有燕山分公司(产能24.64万吨/年)、天津分公司(产能37.93万吨/年)、石家庄炼化(产能6.82万吨/年、核减1.04万吨/年)、沧州分公司(产能2万吨/年)、上海石化(产能63.15万吨/年)、高桥石化(产能10.23万吨/年)、金陵分公司(产能20.37万吨/年)、扬子石化(产能62.06万吨/年)、镇海炼化(产能48.47万吨/年)、安庆分公司(产能6.14万吨/年)、九江分公司(产能27.5万吨/年)、济南分公司(产能1.5万吨/年)、齐鲁分公司(产能24万吨/年)、青岛炼化(产能7.2万吨/年)、青岛石化(产能8万吨/年)、洛阳分公司(产能18.74万吨/年)、中原石化(产能5万吨/年)、武汉分公司(产能1.2万吨/年)、荆门分公司(产能4万吨/年)、长岭分公司(产能3.15万吨/年)、广州分公司(产能8.59万吨/年)、茂名分公司(产能26.83万吨/年)、湛江东兴公司(产能4.76万吨/年)、北海分公司(产能2.5万吨/年)、海南炼化(产能13.74万吨/年)、西安分公司(产能1万吨/年)、塔河分公司(产能2万吨/年)、福建炼化(产能45万吨/年)、上海赛科公司(产能21万吨/年)、扬巴公司(产能15.2万吨/年)、中韩石化(产能14.61万吨/年)共30家企业，西安分公司停产核销产能1万吨/年，生产能力合计536.34万吨/年，同比减少2.04万吨/年，降低0.38%。

2016年，集团公司实际生产纯苯400.08万吨，减少2.73万吨、降低0.68%。各企业纯苯产量见表6。

表6　集团公司各企业纯苯产量　万吨

企业名称 \ 年份	2016	2015	2014	2013	2012	2011
集团公司合计	400.08	402.81	399.54	374.53	351.72	359.13
燕山分公司	15.25	17.44	19.05	17.05	19.48	17.53
天津分公司	35.12	39.55	41.19	44.00	37.85	43.02
石家庄炼化	4.58	4.63	1.67	0.76	0.79	0.97
上海石化	37.26	35.95	34.75	42.46	39.39	40.68
高桥石化	6.75	6.42	6.24	7.39	6.54	2.25
金陵分公司	6.09	7.07	12.15	20.24	18.21	16.16

续表

企业名称 \ 年份	2016	2015	2014	2013	2012	2011
扬子石化	41.59	39.21	38.35	36.95	33.01	37.73
镇海炼化	37.66	38.43	34.43	39.70	37.80	40.95
安庆分公司	4.39	5.23	4.79	0.69	—	—
九江分公司	8.02	5.80	4.22	4.36	2.17	0.84
济南分公司	2.11	2.08	1.27	—	—	0.14
齐鲁分公司	20.85	22.27	20.10	19.58	22.08	24.17
青岛炼化	0.15	—	—	0.17	0.27	2.64
青岛石化	0.89	0.58	1.08	1.09	0.58	0.72
洛阳分公司	7.34	6.88	8.96	10.46	10.33	8.58
中原石化	2.63	2.08	2.13	2.58	2.35	3.11
武汉分公司	0.56	1.07	1.32	1.35	1.16	1.00
荆门分公司	3.04	2.98	2.81	3.06	2.40	1.06
长岭分公司	3.81	2.19	1.44	2.24	2.44	3.10
广州分公司	11.16	10.26	10.83	10.01	10.00	8.62
茂名分公司	25.40	23.76	26.34	25.80	25.44	26.07
湛江东兴公司	5.21	3.68	4.64	3.10	2.60	3.72
北海炼化	2.66	3.00	2.53	2.31	2.20	—
海南炼化	14.63	15.53	17.97	4.41	6.34	6.19
西安分公司	—	0.09	0.51	0.88	0.34	—
塔河炼化	—	—	0.15	0.19	0.20	0.17
福建炼化	40.68	44.77	44.10	27.59	32.76	31.62
上海赛科公司	32.25	30.52	24.92	27.19	22.22	25.25
扬巴公司	15.92	13.26	14.03	13.74	12.79	12.89
中韩石化	14.08	18.07	17.56	5.19	—	—

（苏　莹）

【甲苯】 截至2016年底，集团公司生产甲苯的企业有燕山分公司(产能1.43万吨/年)、天津分公司(产能23.36万吨/年)、石家庄炼化(产能7.18万吨/年、核减2.54万吨/年)、上海赛科公司(产能14万吨/年)、金陵分公司(产能11万吨/年)、镇海炼化(产能23.99万吨/年)、九江分公司(产能3万吨/年)、齐鲁分公司(产能4万吨/年)、洛阳分公司(产能10万吨/年)、武汉分公司(产能3.54万吨/年)、中韩石化(产能8.1万吨/年)、长岭分公司(产能7.8万吨/年)、广州分公司(产能4.45万吨/年)、茂名分公司(产能12.15万吨/年)、海南炼化(产能6.6万吨/年)共15家企业，生产能力合计140.60万吨/年，同比减少2.54万吨/年、降低1.77%。

2016年，集团公司实际生产甲苯115.25万吨，减少30.42万吨、降低20.88%。各企业甲苯产量见表7。

表 7　　**集团公司各企业甲苯产量**　　万吨

企业名称＼年份	2016	2015	2014	2013	2012	2011
集团公司合计	115.25	145.67	133.46	100.80	92.67	84.23
燕山分公司	—	—	—	—	—	0.01
天津分公司	22.18	25.09	27.17	28.96	18.80	18.62
石家庄炼化	3.98	4.18	2.39	2.16	2.09	2.84
金陵分公司	26.41	19.78	23.34	1.68	1.00	0.70
镇海炼化	0.05	1.89	1.53	13.01	16.97	17.18
扬子石化	6.56	28.18	12.07	4.50	7.90	—
九江分公司	—	—	—	—	0.28	0.94
齐鲁分公司	6.06	5.61	3.56	0.06	0.02	0.30
武汉分公司	—	0.25	0.93	1.36	0.62	0.80
长岭分公司	7.55	7.52	6.76	9.64	8.58	5.64
广州分公司	1.94	3.98	2.13	3.60	4.04	3.79
茂名分公司	9.07	9.59	10.87	10.95	11.19	10.82
海南炼化	1.99	10.65	14.34	—	—	—
安庆分公司	—	—	0.13	0.13	0.12	0.15
福建炼化	—	—	0.19	2.15	3.13	2.33
上海赛科公司	14.67	14.32	12.98	13.39	11.73	13.66
扬巴公司	8.30	6.49	6.70	6.70	6.19	6.46
中韩石化	6.49	8.18	8.38	2.52	—	—

（苏　莹）

【混合二甲苯】　截至2016年底，集团公司生产混合二甲苯的企业有燕山分公司(产能3.03万吨/年)、天津分公司(产能22.93万吨/年)、石家庄炼化(产能26.26万吨/年、核减2.64万吨/年)、高桥石化(产能20万吨/年)、上海赛科公司(产能10万吨/年)、金陵分公司(产能13万吨/年)、镇海炼化(产能9.17万吨/年)、安庆分公司(产能23.5万吨/年)、九江分公司(产能36.5万吨/年)、齐鲁分公司(产能23.7万吨/年)、洛阳分公司(产能23.14万吨/年)、武汉分公司(产能4.63万吨/年)、中韩石化(产能6.48万吨/年)、长岭分公司(产能7.8万吨/年)、广州分公司(产能31.07万吨/年)、茂名分公司(产能11.92万吨/年)、湛江东兴公司(产能17.39万吨/年)、北海分公司(产能12.6万吨/年)共18家企业，生产能力合计303.12万吨/年，同比减少2.64万吨/年、降低0.86%。

2016年，集团公司实际生产混合二甲苯149.15万吨，减少17.26万吨、降低10.37%。各企业混合二甲苯产量见表8。

表 8　　**集团公司各企业混合二甲苯产量**　　万吨

企业名称＼年份	2016	2015	2014	2013	2012	2011
集团公司合计	149.15	166.41	174.80	189.85	183.09	150.33
天津分公司	21.51	28.70	29.74	32.91	28.74	31.20

续表

企业名称＼年份	2016	2015	2014	2013	2012	2011
石家庄炼化	4.22	8.05	2.91	1.78	1.88	2.05
高桥石化	—	3.46	6.18	7.01	7.33	—
金陵分公司	8.65	14.47	15.50	20.22	25.89	0.93
镇海炼化	1.10	0.81	4.12	5.94	7.56	17.51
安庆分公司	7.99	9.34	10.22	2.61	—	—
九江分公司	12.49	7.85	1.74	3.63	1.57	1.69
齐鲁分公司	16.94	17.18	21.24	22.65	20.37	13.42
洛阳分公司	—	21.56	—	—	—	—
武汉分公司	—	0.31	0.78	1.31	0.69	0.69
长岭分公司	9.50	9.14	4.93	12.02	7.80	7.77
广州分公司	15.32	17.94	22.60	20.09	23.94	19.54
茂名分公司	2.69	3.67	4.31	4.74	6.42	6.66
湛江东兴公司	—	0.45	3.13	9.30	6.32	10.58
北海炼化	0.14	—	—	—	—	—
青岛炼化	29.55	26.95	29.32	33.62	32.44	23.75
福建炼化	—	—	—	—	1.18	0.38
上海赛科公司	7.59	7.33	7.17	6.04	6.79	9.66
扬巴公司	5.85	4.68	4.65	4.39	4.19	4.50
中韩石化	5.61	6.10	6.26	1.59	—	—

（苏　莹）

【对二甲苯】 截至 2016 年底，集团公司生产对二甲苯的企业有天津分公司、上海石化、金陵分公司、扬子石化、镇海炼化、福建炼化、齐鲁分公司、洛阳分公司、海南炼化共 9 家企业，生产能力合计 483.91 万吨/年，同比持平。其中，海南炼化（产能 60 万吨/年）采用中国石化自主知识产权的 SorPX 成套技术，镇海炼化（产能 52 万吨/年）采用法国石油科学研究院（IFP）的工艺技术，天津分公司（产能 33.41 万吨/年）、上海石化（产能 83.5 万吨/年）、金陵分公司（产能 60 万吨/年）、扬子石化（产能 80 万吨/年）、福建炼化（产能 85 万吨/年）、齐鲁分公司（产能 8.5 万吨/年）、洛阳分公司（产能 21.5 万吨/年）7 家企业均采用美国环球油品公司（UOP）的工艺技术。

2016 年，集团公司实际生产对二甲苯 433.14 万吨，减少 7.11 万吨、降低 1.61%。各企业对二甲苯产量见表 9。

表 9　　集团公司各企业对二甲苯产量　　万吨

企业名称＼年份	2016	2015	2014	2013	2012	2011
集团公司合计	433.14	440.25	479.14	447.79	440.55	441.11
天津分公司	26.04	31.03	33.88	43.54	35.49	42.74

续表

企业名称 \ 年份	2016	2015	2014	2013	2012	2011
上海石化	67.06	65.97	68.06	93.92	86.62	92.31
金陵分公司	36.78	40.89	55.86	73.39	74.39	69.12
扬子石化	90.87	73.98	88.17	85.52	93.78	96.30
镇海炼化	55.25	63.01	54.64	65.11	47.74	43.69
齐鲁分公司	4.90	7.21	8.24	8.33	9.71	9.16
洛阳分公司	13.58	11.59	16.48	22.32	23.44	19.85
海南炼化	66.48	67.54	76.46	—	—	—
福建炼化	72.18	79.04	77.35	55.66	69.38	67.93

（苏　莹）

【邻二甲苯】 截至2016年底，集团公司生产邻二甲苯的企业有金陵分公司（产能7.52万吨/年）、扬子石化（产能8万吨/年）、镇海炼化（产能13万吨/年）、齐鲁分公司（产能4万吨/年）、洛阳分公司（产能4万吨/年）、海南炼化（产能10万吨/年）共6家企业，生产能力合计46.52万吨/年，同比持平。

2016年，集团公司实际生产邻二甲苯47.31万吨，减少3.76万吨、降低7.36%。各企业邻二甲苯产量见表10。

表10　　集团公司各企业邻二甲苯产量　　万吨

企业名称 \ 年份	2016	2015	2014	2013	2012	2011
集团公司合计	47.31	51.07	52.95	54.12	55.05	55.57
金陵分公司	4.54	7.08	8.00	10.27	10.57	9.93
扬子石化	15.85	16.42	13.93	19.72	23.67	24.22
镇海炼化	14.37	16.93	15.16	16.51	13.60	15.65
齐鲁分公司	4.78	4.44	4.05	4.19	4.49	3.70
洛阳分公司	—	—	0.98	3.42	2.72	2.08
海南炼化	7.77	6.20	10.82	—	—	—

（苏　莹）

【间二甲苯】 截至2016年底，集团公司生产间二甲苯的企业只有燕山分公司，采用美国环球油品公司（UOP）的工艺技术，由吸附分离法生产对二甲苯改造为生产间二甲苯，使用中国石化生产的吸附剂。

2016年，集团公司间二甲苯生产能力为8万吨/年，同比持平；实际生产间二甲苯6.26万吨，增加0.64万吨、增长11.39%。

（苏　莹）

【甲醇】 截至2016年底，集团公司生产甲醇的企业有四川维尼纶厂和长城能化共2家，生产能力合计311.74万吨/年，同比增加180万吨/年、增长57.74%。其中，中天合创煤炭深加工项目投产，新增产能180万吨/年。四川维尼纶厂（产能87.10万吨/年）采用瑞士卡萨利公司专利技术，长城能化（产能224.64万吨/年）分别采用丹麦托普索专利技术和鲁奇专利技术。

2016年，集团公司实际生产甲醇115.17万吨，减少5.96万吨、降低5.17%。各企业甲醇产量见表11。

表 11 **集团公司各企业甲醇产量** 万吨

企业名称＼年份	2016	2015	2014	2013	2012	2011
集团公司合计	115.17	121.13	106.76	53.22	64.90	19.88
长城能化	46.33	52.03	38.33	—	—	—
四川维尼纶厂	68.84	69.10	68.43	53.22	64.90	19.88

（张 燕）

【丁醇】 截至 2016 年底，集团公司生产丁醇的企业有齐鲁分公司、燕化有限公司、扬巴公司共 3 家，生产能力合计 37.50 万吨/年，同比持平。其中，齐鲁分公司(产能 5 万吨/年)采用鲁奇专利技术，燕化有限公司(产能 2 万吨/年)采用三菱化成专利技术，扬巴公司(产能 30.5 万吨/年)采用巴斯夫专利技术。

2016 年，集团公司实际生产丁醇 26.48 万吨，减少 1.69 万吨、降低 6.38%。各企业丁醇产量见表 12。

表 12 **集团公司各企业丁醇产量** 万吨

企业名称＼年份	2016	2015	2014	2013	2012	2011
集团公司合计	26.48	28.18	33.99①	35.11	37.05	27.34
齐鲁分公司	5.51	5.36	5.21	5.14	6.26	5.74
扬巴公司	20.96	22.81	28.65	27.91	28.65	19.57
燕化有限公司	—	—	0.13	2.06	2.14	2.03

①数据有调整

（张 燕）

【辛醇】 截至 2016 年底，集团公司生产辛醇的企业有齐鲁分公司、燕化有限公司共 2 家，生产能力合计 30.50 万吨/年，同比持平。其中，齐鲁分公司(产能 25.5 万吨/年)采用鲁奇专利技术，燕化有限公司(产能 5 万吨/年)采用三菱化成专利技术。

2016 年，集团公司实际生产辛醇 26.56 万吨，增加 2.66 万吨、增长 6.30%。各企业辛醇产量见表 13。

表 13 **集团公司各企业辛醇产量** 万吨

企业名称＼年份	2016	2015	2014	2013	2012	2011
集团公司合计	25.56	24.89	27.55	29.32	33.08	41.51
齐鲁分公司	25.56	24.89	26.64	23.09	27.29	26.33
扬巴公司	—	—	—	—	—	9.32
燕化有限公司	—	—	0.91	6.23	5.79	5.87

（张 燕）

【环氧乙烷】 截至 2016 年底，集团公司生产环氧乙烷的企业有燕山分公司、天津分公司、中沙石化、上海石化、扬子石化、扬巴公司、镇海炼化、茂名分公司、中韩石化、福建炼化和燕化有限公司共 11

家，生产能力合计139.31万吨/年，同比持平。各企业环氧乙烷生产能力分别为：燕山分公司1.7万吨/年、天津分公司3.8万吨/年、中沙石化4万吨/年、上海石化28.25万吨/年、扬子石化28.2万吨/年、扬巴公司15万吨/年、镇海炼化10万吨/年、茂名分公司12万吨/年、中韩石化15万吨/年、福建炼化18万吨/年、燕化有限公司3.36万吨/年(停产)。

2016年，集团公司实际生产环氧乙烷94.81万吨，减少2.63万吨、降低2.70%。各企业环氧乙烷产量见表14。

表14 集团公司各企业环氧乙烷产量 万吨

企业名称＼年份	2016	2015	2014	2013	2012	2011
集团公司合计	94.81	97.44	111.73	86.79	70.12	65.62
燕山分公司	1.64	2.16	2.43	1.08	2.24	1.46
上海石化	14.84	18.29	27.56	20.89	16.18	15.90
扬子石化	14.69	15.07	21.36	17.61	9.74	12.57
茂名分公司	10.44	11.86	10.68	11.00	9.64	8.15
镇海炼化	16.81	15.58	12.37	10.66	11.88	11.18
天津分公司	4.18	4.74	4.97	4.97	4.08	4.48
中韩石化	12.14	13.68	13.79	2.84	—	—
扬巴公司	12.06	9.87	10.64	10.58	7.66	1.55
福建炼化	0.71	—	—	—	—	—
中沙石化	7.29	6.18	7.94	7.15	5.52	6.42
燕化有限公司	—	—	—	—	3.17	3.90

（张 燕）

【环氧丙烷】 截至2016年底，集团公司生产环氧丙烷的企业有长岭分公司、镇海利安德化学有限公司共2家，生产能力合计38.5万吨/年，同比持平。其中，长岭分公司(产能10万吨/年)采用双氧水工艺，镇海利安德化学有限公司(产能28.5万吨/年)采用共氧化工艺。

2016年，集团公司实际生产环氧丙烷30.54万吨，减少1.10万吨、降低3.59%，各企业环氧丙烷产量见表15。

表15 集团公司各企业环氧丙烷产量 万吨

企业名称＼年份	2016	2015	2014	2013	2012	2011
集团公司合计	30.54	31.64	26.51	29.66	29.47	30.58
镇海利安德化学有限公司	29.97	30.71	26.05	29.66	29.47	30.58
长岭分公司	0.57	0.93	0.46	—	—	—

（张 燕）

【环氧氯丙烷】 截至2016年底，集团公司生产环氧氯丙烷的企业只有巴陵石化，产能2.4万吨/年，同比持平。

2016年，集团公司实际生产环氧氯丙烷1.81万吨，减少0.50万吨、降低27.91%。各企业环氧氯丙烷产量见表16。

表 16　　集团公司各企业环氧氯丙烷产量　　万吨

企业名称＼年份	2016	2015	2014	2013	2012	2011
集团公司合计	1.81	2.31	1.22	3.07	4.68	4.17
巴陵石化	1.81	2.31	1.22	2.33	2.64	2.17
齐鲁分公司	—	—	—	0.74	2.03	2.00

（张　燕）

【苯酚】　截至2016年底，集团公司生产苯酚的企业有燕山分公司（产能15万吨/年）、高桥石化（产能13.75万吨/年）、中沙石化（产能22万吨/年）、上海中石化三井化工有限公司（简称三井化工）（产能25万吨/年）共4家，均采用异丙苯工艺。生产能力合计75.75万吨/年，同比减少10万吨/年、降低13.20%。其中，高桥石化老区2套苯酚丙酮装置停产，苯酚产能核减10万吨/年。

2016年，集团公司实际生产苯酚61.29万吨，减少7.60万吨、降低12.39%。各企业苯酚产量见表17。

表 17　　集团公司各企业苯酚产量　　万吨

企业名称＼年份	2016	2015	2014	2013	2012	2011
集团公司合计	61.29	68.89	62.97	59.72	59.66	63.14
燕山分公司	12.93	14.91	18.92	17.66	20.45	19.36
高桥石化	11.69	15.43	20.06	19.23	20.88	21.87
中沙石化	19.06	21.79	23.99	22.84	18.33	21.91
三井化工	17.61	16.76	—	—	—	—

（张　燕）

【丙酮】　集团公司丙酮均与苯酚在同一套装置中生产。截至2016年底，生产丙酮的企业有燕山分公司（产能9万吨/年）、高桥石化（产能8.47万吨/年）、中沙石化（产能13.57万吨/年）、三井化工（产能15万吨/年）共4家，均采用异丙苯工艺。生产能力合计46.04万吨/年，同比减少6.10万吨/年、降低13.25%。其中，高桥石化老区2套苯酚丙酮装置停产，丙酮产能核减6.10万吨/年。

2016年，集团公司实际生产丙酮37.71万吨，减少4.58万吨、降低12.15%。各企业丙酮产量见表18。

表 18　　集团公司各企业丙酮产量　　万吨

企业名称＼年份	2016	2015	2014	2013	2012	2011
集团公司合计	37.71	42.29	38.97	37.08	37.02	39.24
燕山分公司	7.79	8.99	11.52	10.79	12.58	11.93
高桥石化	7.31	9.59	12.57	12.07	13.01	13.63
中沙石化	11.83	13.47	14.89	14.22	11.44	13.68
三井化工	10.78	10.26	—	—	—	—

（张　燕）

【丙烯酸】 截至2016年底，集团公司生产丙烯酸的企业有扬巴公司、燕化有限公司共2家，生产能力合计23.08万吨/年，同比持平。其中，扬巴公司(产能16万吨/年)采用巴斯夫技术；燕化有限公司采用日本触媒技术，装置停产。

2016年，集团公司实际生产丙烯酸18.80万吨，增加5.09万吨、增长37.13%。各企业丙烯酸产量见表19。

表19　　集团公司各企业丙烯酸产量　　万吨

企业名称＼年份	2016	2015	2014	2013	2012	2011
集团公司合计	18.80	13.71	12.12	6.37	11.59	14.37
扬巴公司	18.80	13.71	12.12	6.37	6.22	6.00
燕化有限公司	—	—	—	—	5.37	8.37

（张　燕）

【苯乙烯】 截至2016年底，集团公司生产苯乙烯的企业有燕山分公司、上海赛科公司、扬巴公司、镇海利安德化学有限公司、安庆分公司、齐鲁分公司、青岛炼化、广州分公司、茂名分公司、巴陵石化、湛江东兴公司、中沙石化共12家，生产能力合计231.6万吨/年，同比增加3.50万吨/年、增长1.51%。其中，中沙石化裂解汽油抽提制苯乙烯装置投产，苯乙烯产能核增3.50万吨/年。

各企业苯乙烯产能及工艺分别为：齐鲁分公司20万吨/年、茂名分公司10万吨/年，采用传统乙烯法制苯乙烯技术；镇海利安德化学有限公司62万吨/年，采用共氧化法生产环氧丙烷联产苯乙烯技术；安庆分公司10万吨/年、青岛炼化8.5万吨/年、巴陵石化12万吨/年、湛江东兴公司6万吨/年，采用气相干气制乙苯和乙苯脱氢制苯乙烯技术；广州分公司8万吨/年，采用乙苯脱氢制苯乙烯技术；燕山分公司11.1万吨/年、上海赛科公司68.5万吨/年，均各有1套传统乙烯法制苯乙烯装置和1套裂解汽油抽提制苯乙烯装置；中沙石化3.50万吨/年，采用裂解汽油抽提制苯乙烯技术。

2016年，集团公司实际生产苯乙烯223.77万吨，减少1.99万吨、降低0.88%。各企业苯乙烯产量见表20。

表20　　集团公司各企业苯乙烯产量　　万吨

企业名称＼年份	2016	2015	2014	2013	2012	2011
集团公司合计	223.77	225.76	208.37	214.51	204.22	191.97
燕山分公司	6.54	3.79	3.74	3.10	0.05	6.40
齐鲁分公司	20.67	20.63	20.33	19.85	20.02	21.52
茂名分公司	11.37	12.81	12.30	11.34	12.22	12.08
广州分公司	7.18	8.65	9.73	9.23	8.82	8.28
安庆分公司	7.28	9.63	9.50	8.69	6.22	7.22
青岛炼化	7.96	6.93	8.37	8.50	9.60	2.84
湛江东兴公司	6.14	4.49	5.10	0.69	—	—
上海赛科公司	65.59	70.84	61.83	70.72	69.98	53.91
扬巴公司	13.16	11.46	13.00	11.33	12.57	12.04
镇海利安德化学有限公司	65.18	66.69	56.30	64.96	64.09	67.67
巴陵石化	0.69	9.85	8.16	6.15	0.64	—

（张　燕）

合成树脂

【概述】 截至2016年底，集团公司合成树脂总生产能力为1 695.68万吨/年，同比增加110.00万吨/年。其中，聚乙烯生产能力为721.42万吨/年，增加25.50万吨/年；聚丙烯生产能力为750.56万吨/年，增加84.50万吨/年；聚氯乙烯、聚苯乙烯、ABS树脂和其他树脂生产能力没有变化。各种合成树脂生产能力见表21。

2016年，集团公司合成树脂产量为1 546.45万吨，减少1.34万吨。其中，聚乙烯产量为727.15万吨，减少6.18万吨；聚丙烯产量为658.11万吨，增加6.37万吨。各种合成树脂产量见表22。

在合成树脂中，聚乙烯、聚丙烯两大品种占主导地位，总产能为1 471.98万吨/年，占集团公司合成树脂生产能力的86.81%。

2016年，集团公司合成树脂装置运行稳定，聚乙烯、聚丙烯的技术经济指标保持在历史较好水平。燕山分公司、中韩石化、天津分公司、中沙石化等企业完成大检修后，装置实现一次投料开车成功。

表21 集团公司合成树脂分品种生产能力 万吨/年

产品名称 \ 年份	2016	2015	2014	2013	2012	2011
合成树脂合计	1 695.68	1 585.68	1 593.38	1 548.38	1 394.06	1 351.86
聚乙烯	721.42	695.92	690.92	690.92	596.10	596.10
LDPE	117.62	117.62	117.62	117.62	117.80	117.80
HDPE	283.80	288.30	288.30	288.30	228.30	228.30
LLDPE	320.00	290.00	285.00	285.00	250.00	250.00
聚丙烯	750.56	666.06①	669.56	624.55	570.06	527.86
聚氯乙烯	60.00	60.00	60.00	60.00	60.00	60.00
聚苯乙烯	69.80	69.80	75.00	75.00	75.00	75.00
ABS树脂	20.00	20.00	20.00	20.00	20.00	20.00
其他树脂	73.90	73.90	77.90	77.90	72.90	72.90

①2015年聚丙烯生产能力因武汉分公司调整核减3.5万吨/年，修改为666.06万吨/年

表22 集团公司合成树脂分品种产量 万吨

产品名称 \ 年份	2016	2015	2014	2013	2012	2011
合成树脂合计	1 546.45	1 547.79	1 505.96	1 412.93	1 376.64	1 407.68
聚乙烯	727.15	733.33	711.13	659.66	620.23	655.05
LDPE	133.51	129.62	130.36	130.84	125.86	139.04
HDPE	261.92	268.89	261.75	234.43	227.12	223.53
LLDPE	331.72	334.83	319.00	294.25	265.73	290.70
聚丙烯	658.11	651.74	629.96	581.84	555.10	557.31
聚苯乙烯	58.76	58.46	64.87	66.54	67.16	66.93
聚氯乙烯	23.12	22.60	22.41	30.83	57.78	58.93
ABS树脂	16.64	16.58	10.75	12.09	14.23	13.58
其他树脂	62.66	65.08	66.83	61.97	62.14	55.80

（刘志武）

【聚乙烯】 截至2016年底，集团公司有32套聚乙烯装置，总生产能力为721.42万吨/年，同比增加25.5万吨/年。其中，单线能力最大的是镇海炼化线型低密度聚乙烯装置，生产能力达45万吨/年。

32套聚乙烯装置中，低密度聚乙烯(LDPE)装置有釜式法工艺1套、管式法工艺7套，高密度聚乙烯(HDPE)装置有淤浆法工艺7套、气相法工艺4套、环管加气相法工艺1套，线型低密度聚乙烯(LLDPE)装置有气相法工艺12套。

(刘志武)

【低密度聚乙烯】 截至2016年底，集团公司LDPE装置生产能力为117.62万吨/年，同比没有变化。装置总数为8套，分别是燕山分公司、上海石化、茂名分公司各2套，齐鲁分公司1套、扬巴公司1套。其中，燕山分公司有1套采用日本住友化学釜式法工艺、1套为美国埃克森管式法工艺；上海石化2套均采用日本三菱油化管式法工艺；茂名分公司1套采用美国匡藤公司管式法工艺，1套为BASELL工艺；齐鲁分公司装置采用荷兰DSM公司管式法工艺；扬巴公司1套采用BASF管式法工艺。

2016年，集团公司LDPE产量为133.51万吨，增加3.89万吨。LDPE产量见表23。

表23　　集团公司各企业LDPE产量　　万吨

企业名称 \ 年份	2016	2015	2014	2013	2012	2011
集团公司合计	133.51	129.62	130.36	130.84	125.86	139.04
燕山分公司	32.65	34.70	28.19	32.37	29.56	29.44
上海石化	18.46	19.50	18.53	19.92	18.71	19.69
齐鲁分公司	18.70	18.52	17.81	13.47	16.46	18.30
茂名分公司	39.44	35.50	40.59	39.13	38.07	41.41
扬巴公司	24.25	21.25	24.54	24.30	20.38	24.66
北京华美聚合物有限公司①	0	0.14	0.70	1.65	2.68	5.54

①北京华美聚合物有限公司为EVA装置兼产LDPE产品

(刘志武)

【高密度聚乙烯】 截至2016年底，集团公司HDPE装置生产能力为283.80万吨/年，同比减少4.50万吨/年。装置总数为12套，分别是燕化有限公司、扬子石化、燕山分公司、茂名分公司、上海赛科公司、福建联合石化公司、中沙石化、中韩石化各1套，齐鲁分公司、上海石化各2套。其中，燕山分公司、扬子石化装置均采用日本三井油化淤浆法工艺；燕化有限公司装置采用国内开发的淤浆法工艺；齐鲁分公司2套、福建联合石化公司1套均采用气相流化床工艺；上海石化1套采用北欧化工环管加气相流化床反应器工艺技术；上海石化(合资企业)、茂名分公司各1套均采用菲利浦环管淤浆法工艺；上海赛科公司装置采用BP公司气相流化床工艺；中沙石化、中韩石化装置均采用INEOS公司的双环管淤浆法工艺。

2016年，集团公司HDPE产量为261.92万吨，同比减少6.97万吨。详见表24。

2016年，集团公司聚乙烯装置能耗、物耗指标保持在国内先进水平。持续开展优化运行攻关，完善开车技术方案，强化现场管理，加强生产应急处理预案演练，装置实现安全稳定运行。

表24　　集团公司各企业HDPE产量　　万吨

企业名称 \ 年份	2016	2015	2014	2013	2012	2011
集团公司合计	261.92	268.89	261.75	234.43	227.12	223.53
燕山分公司	15.26	17.42	17.23	15.55	18.03	18.13

续表

年份 企业名称	2016	2015	2014	2013	2012	2011
上海石化	34.64	34.06	35.05	40.21	40.88	39.18
扬子石化	28.53	28.09	24.09	21.61	25.95	27.92
齐鲁分公司	36.16	36.36	32.82	24.54	16.91	16.49
茂名分公司	36.03	32.53	36.42	37.16	38.48	34.52
上海赛科公司	36.20	37.99	33.68	36.65	35.37	35.18
福建联合石化公司	23.60	22.25	28.00	23.24	26.36	23.03
中沙石化	27.20	32.44	27.87	27.23	24.69	28.14
中韩石化	24.30	27.74	26.59	8.24	—	—
燕化有限公司	—	—	—	—	0.45	0.94

（刘志武）

【线型低密度聚乙烯】 截至 2016 年底，集团公司 LLDPE 装置生产能力为 320 万吨/年，同比增加 30.00 万吨/年。装置总数为 12 套，分别是天津分公司、齐鲁分公司、中原石化、茂名分公司、广州分公司、扬子石化、福建联合石化公司、镇海炼化各 1 套，采用美国 UCC 公司气相流化床工艺；中沙石化、中韩石化、长城能化各 1 套，采用自主开发的气相流化床工艺；上海赛科公司 1 套，采用 BP 公司的气相流化床工艺。

2016 年，集团公司 LLDPE 产量为 331.72 万吨，减少 3.11 万吨。详见表 25。

表 25　　集团公司各企业 LLDPE 产量　　万吨

年份 企业名称	2016	2015	2014	2013	2012	2011
集团公司合计	331.72	334.83	319.00	294.25	265.73	290.70
扬子石化	27.25	26.49	21.10	24.43	18.85	29.93
齐鲁石化	12.27	12.45	11.80	9.10	8.72	11.75
广州分公司	20.95	19.44	21.58	22.21	21.22	19.33
茂名分公司	19.83	19.46	20.55	20.30	16.25	16.56
天津分公司	10.64	12.25	11.70	13.01	11.75	14.24
中原石化	27.06	24.08	24.49	26.08	21.78	19.08
上海赛科公司	39.32	38.63	33.80	36.97	27.06	31.67
福建联合石化公司	65.47	68.53	69.95	52.00	63.81	65.63
镇海炼化	49.87	48.44	41.57	48.80	47.99	47.36
中沙石化	28.58	34.53	31.25	34.49	28.30	35.15
中韩石化	26.56	30.53	31.21	6.86	—	—
长城能化	3.91	—	—	—	—	—

（刘志武）

【聚丙烯】 截至2016年底，集团公司聚丙烯生产能力为750.56万吨/年，同比增加84.50万吨/年。其中，连续法聚丙烯装置生产能力为725.96万吨/年，占聚丙烯总生产能力的96.72%。集团公司有41套连续法聚丙烯装置，生产工艺以环管法工艺为主。有25套环管法聚丙烯装置，占聚丙烯装置的62.50%，其中6套为引进海蒙特环管技术，单线能力最大为茂名分公司17万吨/年聚丙烯装置，19套为国产化环管技术，单线能力最大为镇海炼化30万吨/年聚丙烯装置；其他16套装置中，5套为三井油化釜式法聚丙烯工艺，6套为INEOS(原阿莫科)气相法聚丙烯工艺，2套为NOVOLENE气相法聚丙烯工艺，2套为HORIZONE气相法聚丙烯工艺，1套为BASSEL公司的多区反应聚合工艺。集团公司间歇法聚丙烯装置生产能力为24.60万吨/年。

2016年，集团公司聚丙烯产量为658.11万吨，增加6.37万吨。其中，连续法聚丙烯产量为632.67万吨，增加3.07万吨；间歇法聚丙烯产量为25.41万吨，增加3.26万吨。详见表26。

2016年，集团公司聚丙烯装置总体运行良好，能耗、物耗指标保持在国内先进水平。在茂名分公司气相法聚丙烯等装置上，开展优化攻关，优化聚合、造粒、回收等单元操作，能耗、物耗指标有较大进步。

表26 **集团公司各企业聚丙烯产量** 万吨

企业名称 \ 年份	2016	2015	2014	2013	2012	2011
集团公司合计	658.11	651.74	629.96	581.84	555.10	557.31
连续法聚丙烯	632.67	629.59	605.58	555.53	527.43	526.72
燕山分公司	42.38	48.26	44.54	38.11	39.80	41.72
上海石化	45.10	45.29	45.09	47.11	44.56	46.61
扬子石化	45.21	45.88	40.05	41.35	38.13	45.81
福建联合石化公司	58.47	58.55	60.69	42.63	52.88	50.66
齐鲁分公司	9.58	9.60	9.17	7.62	5.99	9.03
武汉分公司	9.21	11.02	11.21	10.47	9.96	11.40
九江分公司	11.18	10.53	9.23	11.16	9.74	8.44
济南分公司	12.11	12.01	11.63	9.40	11.14	10.18
荆门分公司	11.69	11.57	10.21	12.94	11.81	12.28
长岭分公司	14.31	13.88	10.93	14.72	14.25	11.86
广州分公司	21.44	20.05	21.56	22.18	21.16	18.66
天津分公司	6.10	7.19	7.08	7.29	6.54	7.27
茂名分公司	65.94	59.25	59.53	55.37	52.90	53.03
洛阳分公司	15.24	10.21	13.39	13.85	7.55	7.35
中原石化	18.22	17.13	16.51	17.08	13.27	8.14
镇海炼化	53.05	54.62	49.41	56.64	55.18	56.40
海南炼化	20.90	22.09	21.84	17.70	23.41	23.85
青岛炼化	19.54	17.80	19.88	21.44	23.82	19.06
湛江东兴公司	14.02	11.07	13.09	12.21	9.85	12.40

续表

年份 企业名称	2016	2015	2014	2013	2012	2011
北海分公司	13.23	10.11	11.50	10.40	9.27	—
石家庄炼化	16.17	15.19	2.25	—	—	—
上海赛科公司	28.11	28.14	26.16	27.71	24.57	25.54
中沙石化	43.23	49.32	49.55	46.28	41.65	47.03
中韩石化	34.41	40.84	41.08	11.87	—	—
长城能化	3.83	—	—	—	—	—
间歇式聚丙烯(总量)①	25.41	22.15	24.38	26.31	27.67	30.59

①间歇法聚丙烯含改性聚丙烯装置

（刘志武）

【聚苯乙烯】 截至2016年底，集团公司共有6套聚苯乙烯生产装置，均采用连续本体法工艺。其中，燕山分公司、广州分公司、茂名分公司、上海赛科公司各1套，扬巴公司2套。2016年，集团公司聚苯乙烯生产能力为69.80万吨/年。

2016年，集团公司聚苯乙烯产量为58.76万吨，同比增加0.30万吨。详见表27。

表27　集团公司各企业聚苯乙烯产量　万吨

年份 企业名称	2016	2015	2014	2013	2012	2011
集团公司合计	58.76	58.46	64.87	66.54	67.16	66.93
燕山分公司	—	—	—	—	—	4.32
广州分公司	5.66	6.06	6.91	6.35	5.83	5.56
茂名分公司	7.35	6.12	8.34	6.76	7.36	8.59
上海赛科公司	30.33	32.14	27.53	30.58	30.58	25.81
扬巴公司	15.42	14.13	22.09	22.85	23.39	22.65

（刘志武）

【聚氯乙烯】 2016年，集团公司生产聚氯乙烯的企业只有齐鲁分公司1家，生产能力为60万吨/年，同比没有变化。2016年产量为23.12万吨，同比增加0.52万吨。

（刘志武）

【ABS树脂】 2016年，集团公司生产ABS树脂的企业只有高桥石化1家，生产能力为20万吨/年，同比没有变化。2016年产量为16.64万吨，增加0.06万吨。

（刘志武）

【其他树脂】 集团公司生产的其他树脂包括聚醚树脂、乙烯醋酸乙烯共聚物（EVA）、环氧树脂等。2016年，集团公司其他树脂生产能力为73.90万吨/年，同比没有变化。产量为62.66万吨，减少2.42万吨。分品种产量见表28。

表 28 **集团公司其他树脂产量** 万吨

产品名称 \ 年份	2016	2015	2014	2013	2012	2011
其他树脂合计	62.66	65.08	66.83	61.97	62.14	55.88
乙烯醋酸乙烯共聚物	26.35	29.23	34.62	29.67	31.22	26.44
环氧树脂	7.94	6.50	5.85	5.89	5.00	4.11
聚醚	20.46	21.96	23.03	21.69	22.19	23.28
其他塑料或共聚物	7.92	7.39	3.33	4.72	3.72	2.05

（刘志武）

集团公司生产乙烯醋酸乙烯共聚物（EVA）的企业有扬巴公司、燕化有限公司、燕山分公司、北京华美聚合物有限公司共4家。截至2016年底，集团公司EVA生产能力为30万吨/年。2016年产量为26.35万吨，同比减少2.88万吨。

集团公司生产环氧树脂的企业为巴陵石化，生产能力为9.2万吨/年。2016年产量为7.94万吨，增加1.44万吨。

集团公司生产聚醚树脂的企业有天津石化、高桥石化2家，生产能力为23.70万吨/年，同比没有变化。2016年总产量为20.46万吨，减少1.50万吨。

（刘志武）

合 成 橡 胶

【概述】 截至2016年底，集团公司合成橡胶生产能力为167万吨/年（不含福橡化工公司、含高桥石化胶乳），同比减少12万吨/年。其中，2016年7月，高桥石化顺丁装置永久性关停，核减产能12万吨/年。集团公司合成橡胶分品种装置生产能力见表29。

2016年，集团公司合成橡胶产量为111.85万吨（不含福橡化工公司、含高桥石化胶乳），减少3.20万吨，其中镍系顺丁橡胶减产最多。集团公司合成橡胶各产品产量见表30。

表 29 **集团公司合成橡胶分品种生产能力** 万吨/年

产品名称 \ 年份	2016	2015	2014	2013	2012	2011
合成橡胶合计	167.00	179.00	179.00	165.50	132.00	129.00
丁苯橡胶	49.70	49.70	49.70	49.70	49.70	49.70
丁苯胶乳	10.00	10.00	10.00	10.00	10.00	10.00
充油胶	16.40	16.40	16.40	16.40	16.40	16.40
软胶	23.30	23.30	23.30	23.30	23.30	23.30
顺丁橡胶①	51.30	63.30	63.30	63.30	38.80	35.80
丁基/溴化丁基橡胶	13.50	13.50	13.50	4.50	4.50	4.50
SBS 热塑弹性体	34.00	34.00	34.00	37.00	36.00	36.00
SIS 橡胶	4.00	4.00	4.00	4.00	1.00	1.00
SEBS 橡胶	4.00	4.00	4.00	4.00	2.00	2.00
异戊橡胶	3.00	3.00	3.00	3.00	—	—
乙丙橡胶	7.50	7.50	7.50	—	—	—

①顺丁橡胶产能含锂系低顺橡胶和稀土顺丁橡胶产能

表 30　　**集团公司合成橡胶各产品产量**　　万吨

产品名称＼年份	2016	2015	2014	2013	2012	2011
合成橡胶合计	111.85	115.05	124.02	129.22	124.15	127.20
丁苯橡胶	35.80	37.27	45.58	47.25	51.76	54.37
胶　乳	3.64	5.28	5.23	6.28	7.99	8.61
充油胶	7.12	8.38	13.90	16.38	18.51	18.85
软　胶	25.04	23.61	26.45	24.59	25.26	26.92
顺丁橡胶①	35.94	39.15	41.75	43.85	39.70	39.33
丁基/溴化丁基橡胶	1.18	1.36	2.61	3.50	3.24	3.73
SBS 热塑弹性体	26.82	26.95	27.36	28.69	24.42	25.87
SIS 橡胶	4.62	3.47	2.99	2.48	2.55	2.01
SEBS 橡胶	4.49	3.92	3.72	3.22	2.47	1.89
异戊橡胶	3.01	0	0	0.24	0	0
乙丙橡胶	0	2.94	0	0.24	0	0

①顺丁橡胶产量含锂系低顺橡胶和稀土顺丁橡胶产量

（徐忠亮）

【顺丁橡胶】 截至 2016 年底，集团公司顺丁橡胶生产能力为 51.30 万吨/年，同比减少 12 万吨/年。2016 年，高桥石化顺丁装置在投产 41 年后，永久性关停、平稳退出市场。茂名石化顺丁橡胶透明性大幅改善，获得鞋用料客户认可，拓宽了应用领域，装置年产量创历史新高。低顺橡胶方面，高桥石化根据下游用户反馈建议，剖析低顺橡胶微观结构与产品性能之间的关系，最终确定了适用于连续法生产工艺的调节凝胶含量、支化度操作办法。工艺调整后，产品质量有明显改善，主要指标与国外产品相当。

2016 年，集团公司共生产顺丁橡胶 35.94 万吨，减少 3.21 万吨，其中镍系顺丁橡胶 32.03 万吨、低顺橡胶 3.91 万吨。分企业产量见表 31。

表 31　　**集团公司各企业顺丁橡胶产量**　　万吨

企业名称＼年份	2016	2015	2014	2013	2012	2011
集团公司合计	35.94	39.15	41.75	43.85	39.70	39.33
燕山分公司①	11.60	13.37	13.38	13.45	14.53	13.30
高桥石化②	8.42	12.21	14.46	15.66	15.21	16.43
齐鲁分公司	7.47	7.23	7.00	5.60	6.48	6.47
巴陵石化	0	0	0	3.35	3.48	3.13
茂名分公司	8.46	6.35	6.72	4.69	—	—
扬子石化	0	0	0.19	1.10	—	—

①含稀土顺丁橡胶产量

②含锂系低顺橡胶和稀土顺丁橡胶产量

（徐忠亮）

【丁苯橡胶】 截至2016年底，集团公司丁苯橡胶生产能力为49.70万吨/年，与上年持平。2016年，中国石化顺利完成扬子—金浦公司金浦集团40%的股权收购，新的扬子橡胶公司按照扬子石化全资子公司的模式管理并实现平稳转换。9月20日，扬子橡胶公司10万吨/年丁苯橡胶装置一次开车成功，第1批成品胶即符合优级品指标。四季度装置总体运行平稳，产品质量优良，开工负荷108%。齐鲁分公司为满足下游客户环保化需求，组织生产SBR1502E、SBR1712E、SBR1723等环保型丁苯橡胶，并开发生产用于沥青改性的丁苯胶乳6.55万吨。

2016年，集团公司共生产丁苯橡胶35.80万吨，同比减少1.47万吨，其中油胶减少1.26万吨、软胶增加1.43万吨、胶乳减少1.64万吨。分企业产量见表32。

表32　集团公司各企业丁苯橡胶产量　万吨

企业名称＼年份	2016	2015	2014	2013	2012	2011
集团公司合计	35.80	37.27	45.58	47.24	51.76	54.37
齐鲁分公司	28.32	25.32	29.77	30.40	34.11	33.89
高桥石化	1.12	0.74	0.73	0.71	0.52	0.60
高桥石化控股公司	3.64	5.28	5.23	6.28	7.99	8.61
扬子石化	2.66	5.58	9.75	9.85	9.15	11.27
巴陵石化	0	0.17	0.02	—	—	—
燕山分公司	0.05	0.17	0.09	—	—	—
胶　乳						
集团公司合计	3.64	5.28	5.23	6.28	7.99	8.61
高桥石化控股公司	3.64	5.28	5.23	6.28	7.99	8.61
充油胶						
集团公司合计	7.12	8.38	13.90	16.38	18.51	18.85
齐鲁分公司	6.64	6.70	10.05	12.73	14.41	12.67
扬子—金浦公司	0.43	1.64	3.84	3.65	4.10	6.18
巴陵石化	0.05	0.04	0.01	—	—	—
软　胶						
集团公司合计	25.04	23.61	26.45	24.59	25.26	26.91
齐鲁分公司	21.68	18.63	19.72	17.67	19.69	21.22
高桥石化	1.12	0.74	0.73	0.71	0.52	0.60
扬子—金浦公司	2.24	3.94	5.91	6.21	5.05	5.09
巴陵石化	0	0.13	0.07	—	—	—
燕山分公司	0	0.17	0.02	—	—	—

（徐忠亮）

【SBS热塑性弹性体】 截至2016年底，集团公司SBS生产能力为34万吨/年，与上年持平。2016年，燕山分公司发挥SBS装置柔性特点，开发了SBS1301－A、SBS2301－F、SBS3301及SSBR1106等新牌号，为

SBS装置拓宽销路、避开道改料恶性竞争奠定基础。其中，SBS1301 - A实现量产，SBS2301 - F和SS-BR1106得到客户认可；SBS3301小试评价成功。茂名分公司生产环保SBS产品(F - 875)4.09万吨，同比增加2.89万吨，逐步向环保产品全面过渡；SBS F - 875不含壬基酚及壬基酚聚氧乙烯醚等成分，已经通过权威机构的RoHS、REACH、多环芳烃、塑化剂及EC等多项认证，满足SBS后加工产品的出口要求，是F - 675的环保替代品。巴陵石化开发出生产新型SBS防水卷材，形成SAM1601/1602等多个成熟牌号。

2016年，集团公司共生产SBS 26.82万吨，减少0.13万吨，分企业产量见表33。

表33　　集团公司各企业SBS热塑性弹性体产量　　万吨

企业名称＼年份	2016	2015	2014	2013	2012	2011
集团公司合计	26.82	26.95	27.36	28.69	24.42	25.87
燕山分公司	2.57	2.35	1.50	2.43	2.06	4.87
巴陵石化	17.00	17.96	18.10	17.90	14.08	12.53
茂名分公司	7.24	6.64	7.76	8.36	8.28	8.47

（徐忠亮）

【SEBS橡胶】 截至2016年底，集团公司只有巴陵分公司生产SEBS橡胶，生产能力为4万吨/年，与上年持平。2016年共生产SEBS橡胶4.49万吨，同比增加0.57万吨，是连续保持产量增长的少数品种之一。继2015年推出脱盐SEBS橡胶产品之后，2016年，巴陵石化又紧盯医用材料市场动态，年内成功组织3次医用SEBS橡胶工业试生产，医用新牌号SEBS - 506获得市场广泛认可，已经形成每月固定订单销量，并成功在美国食品药品监督管理局注册，产品线得到进一步丰富。

（徐忠亮）

【SIS橡胶】 截至2016年底，集团公司只有巴陵分公司生产SIS橡胶，生产能力为4万吨/年，与上年持平。2016年共生产SIS橡胶4.62万吨，同比增加1.16万吨，连续第3年保持产量增长。

（徐忠亮）

【丁基橡胶】 截至2016年底，集团公司只有燕山分公司生产丁基/普通溴化丁基橡胶，生产能力为13.5万吨/年，与上年持平。2016年共生产丁基/溴化丁基橡胶1.18万吨，同比减少0.18万吨。其中，普通丁基橡胶0.86万吨，产量与上年持平；溴化丁基橡胶产量减少0.18万吨。

（徐忠亮）

【乙丙橡胶】 截至2016年底，集团公司只有高桥石化具备乙丙橡胶生产能力，生产能力为7.5万吨/年。2016年共计生产乙丙橡胶3.01万吨。

（徐忠亮）

【异戊橡胶】 截至2016年底，集团公司只有燕山分公司具备异戊橡胶生产能力，生产能力为3万吨/年。

（徐忠亮）

合成纤维原料

【概述】 集团公司生产的合成纤维原料有精对苯二甲酸(PTA)、精间苯二甲酸(PIA)、丙烯腈(AN)、己内酰胺(CPL)、乙二醇(EG)5个品种。截至2016年底，集团公司合成纤维原料的生产能力为819.66万吨/年，同比增加0.9万吨/年。其中，石家庄炼化己内酰胺产能增加0.9万吨/年，总产能达20.9万吨/年。集团公司合成纤维原料各品种生产能力见表34。

2016年，集团公司生产合成纤维原料647.71万吨，增加12.91万吨、增长2.03%。集团公司合成纤维原料各品种产量见表35。

表 34　　**集团公司合成纤维原料各品种生产能力**　　万吨/年

产品名称＼年份	2016	2015	2014	2013	2012	2011
合成纤维原料合计	819.66	818.76	748.76	712.76	654.16	648.16
精对苯二甲酸	311.90	311.90	311.90	311.90	311.90	311.90
精间苯二甲酸	5.00	5.00	5.00	5.00	5.00	5.00
丙烯腈	107.00	107.00	81.00	68.00	55.00	55.00
己内酰胺	70.90	70.00	66.00	66.00	36.00	30.00
乙二醇	324.86	324.86	284.86	261.86	246.26	246.26

表 35　　**集团公司合成纤维原料各品种产量**　　万吨

产品名称＼年份	2016	2015	2014	2013	2012	2011
合成纤维原料合计	647.71	634.80	572.46	626.33	606.25	644.41
精对苯二甲酸	249.37	226.69	247.61	294.69	312.53	347.70
精间苯二甲酸	4.23	5.00	4.70	4.61	4.50	3.99
丙烯腈	95.18	98.97	73.68	70.32	61.32	53.59
己内酰胺	55.74	48.84	53.00	54.90	30.46	30.89
乙二醇	243.19	255.31	193.46	201.82	197.45	208.23

（牛克山）

【精对苯二甲酸】 截至 2016 年底，集团公司生产 PTA 的企业有天津分公司、上海石化、扬子石化、仪征化纤和洛阳分公司 5 家，产能为 311.90 万吨/年，与上年持平。其中，天津分公司产能为 34.4 万吨/年，上海石化产能为 40 万吨/年，扬子石化产能为 105 万吨/年，仪征化纤产能为 100 万吨/年，洛阳分公司产能为 32.5 万吨/年；扬子石化第 1 套 PTA 装置、仪征化纤第 1 套 PTA 装置和洛阳分公司 PTA 装置采用原美国阿莫科化学品公司的专利技术，上海石化 PTA 装置采用日本三井石油化学株式会社的三井—阿莫科专利技术，天津分公司 PTA 装置采用日本三井石油化学株式会社的专利技术，仪征化纤第 2 套 PTA 装置和扬子石化第 2 套 PTA 装置采用杜邦—ICI(英威达公司)专利技术。

2016 年，集团公司 PTA 产量为 249.37 万吨，同比增加 22.68 万吨、增长 10%。集团公司各企业 PTA 产量见表 36。

表 36　　**集团公司各企业 PTA 产量**　　万吨

企业名称＼年份	2016	2015	2014	2013	2012	2011
集团公司合计	249.37	226.69	247.61	294.69	312.53	347.70
天津分公司	24.42	26.05	21.79	31.23	27.60	32.76
上海石化	31.02	29.54	31.27	35.81	40.35	39.14
扬子石化	71.38	59.12	69.74	92.21	109.53	141.49
仪征化纤	102.48	94.00	101.51	105.82	104.42	104.20
洛阳分公司	20.08	17.98	23.31	29.62	30.63	30.11

（牛克山）

【丙烯腈】 2016 年，上海石化退出丙烯腈业务。截至年底，集团公司生产丙烯腈的企业有安庆分公司、齐鲁分公司、科鲁尔公司和上海赛科公司 4 家。总产能为 107 万吨/年。其中，安庆分公司产能为 21 万吨/年，科鲁尔公司产能为 13 万吨/年，齐鲁分公司产能为 21 万吨/年，上海赛科公司产能为 52 万吨/年，上海石化 13 万吨/年无效产能尚未处置。安庆分公司第 1 套装置采用美国标准石油公司专利技术建设，后采用国内技术对原装置进行扩能技术改造，第 2 套装置采用国内技术；齐鲁分公司及科鲁尔公司采用上海石油化工研究院技术；上海赛科公司采用 BP 技术。

2016 年，集团公司生产丙烯腈 95.18 万吨，同比减少 3.79 万吨、降低 3.83%。集团公司各企业丙烯腈产量见表 37。

表 37　　集团公司各企业丙烯腈产量　　万吨

企业名称 \ 年份	2016	2015	2014	2013	2012	2011
集团公司合计	95.18	98.97	73.68	70.32	61.32	53.59
上海石化	—	8.47	14.52	12.84	14.32	13.17
安庆分公司	18.07	22.51	22.45	18.07	7.72	8.67
齐鲁分公司(含科鲁尔公司)	24.84	22.37	10.99	10.65	10.27	6.35
上海赛科公司	52.28	45.62	25.72	28.76	28.99	25.40

（牛克山）

【己内酰胺】 截至 2016 年底，集团公司生产己内酰胺的企业有巴陵分公司和石家庄炼化 2 家，总产能为 70.9 万吨/年。其中，巴陵分公司己内酰胺产能为 50 万吨/年（含合资企业巴陵恒逸公司产能 20 万吨/年），采用荷兰国家矿业公司（DSM）专利技术的产能为 7 万吨/年，采用国内技术新建产能 43 万吨/年；石家庄炼化己内酰胺产能为 20.9 万吨/年，采用国内氨肟化技术的产能为 10.9 万吨/年，另有 10 万吨/年无效产能待处置。

2016 年，集团公司生产己内酰胺 55.74 万吨，同比增加 6.9 万吨、增长 14.12%。集团公司各企业己内酰胺产量见表 38。

表 38　　集团公司各企业己内酰胺产量　　万吨

企业名称 \ 年份	2016	2015	2014	2013	2012	2011
集团公司合计	55.74	48.84	53.00	54.90	30.46	30.89
石家庄炼化	7.10	3.67	2.89	11.24	9.84	10.86
巴陵分公司	48.64	45.17	50.11	43.66	20.62	20.03

（牛克山）

【乙二醇】 截至 2016 年底，集团公司生产乙二醇的企业有燕山分公司、燕化有限公司、天津分公司、上海石化、扬子石化、茂名分公司、扬巴公司、镇海炼化、中沙石化、中韩石化、湖北化肥分公司及福建炼化 12 家企业。其中，燕山分公司（产能 8 万吨/年）、燕化有限公司（产能 4 万吨/年）、扬子石化（产能 26 万吨/年）、上海石化（产能 55.6 万吨/年）、中韩石化（产能 28 万吨/年）和福建炼化（产能 40 万吨/年）采用美国科学设计公司专利技术，天津分公司（产能 6.26 万吨/年）、茂名分公司（产能 3 万吨/年）采用荷兰壳牌公司专利技术，扬巴公司（产能 33 万吨/年）采用巴斯夫专利技术，湖北化肥分公司（产能 20 万吨/年）采用中国石化拥有自主知识产权的国产技术。

2016 年，集团公司生产乙二醇 243.19 万吨，同比减少 12.12 万吨、降低 4.75%。集团公司各企业乙二醇产量见表 39。

表 39 **集团公司各企业乙二醇产量** 万吨

年份 企业名称	2016	2015	2014	2013	2012	2011
集团公司合计	243.19	255.31	193.46	201.82	197.45	208.23
燕山分公司	4.31	5.71	5.97	3.71	5.91	4.68
上海石化	36.14	42.15	24.80	39.05	46.89	42.31
扬子石化	18.67	22.16	16.73	18.44	11.64	13.31
天津分公司	3.42	3.96	3.47	3.96	3.73	4.19
茂名分公司	3.93	4.00	3.17	4.56	6.80	7.62
湖北化肥分公司	8.34	5.14	3.47	—	—	—
扬巴公司	32.06	30.73	29.79	28.73	32.78	36.08
燕化有限公司	0	0	0	0	2.36	4.20
镇海炼化	46.17	51.89	45.06	52.45	54.57	56.85
中沙石化	27.76	35.37	37.68	40.55	32.76	39.00
中韩石化	18.70	22.66	23.33	—	—	—
福建炼化	43.71	31.54	—	—	—	—

（牛克山）

【精间苯二甲酸】 截至2016年底，集团公司生产精间苯二甲酸(PIA)的企业只有燕山分公司，也是国内唯一一家生产PIA产品的企业。装置生产能力为5万吨/年。2016年生产PIA产品4.23万吨，同比减少0.77万吨、降低15.4%。

（牛克山）

合成纤维聚合物

【概述】 集团公司生产的合成纤维聚合物主要品种有聚酯(PET)、聚乙烯醇(PVA)、聚己内酰胺(PA6)、聚对苯二甲酸丁二酯(PBT)、纤维级聚丙烯(纤维级PP)、纤维级聚乙烯(纤维级超高分子量PE)。

截至2016年底，集团公司合成纤维聚合物生产能力为366.13万吨/年，同比持平。集团公司合成纤维聚合物各品种生产能力见表40。

2016年，集团公司生产合成纤维聚合物302.56万吨，增加17.17万吨、增长6%。集团公司合成纤维聚合物各品种产量见表41。

表 40 **集团公司合成纤维聚合物各品种生产能力** 万吨/年

年份 产品名称	2016	2015	2014	2013	2012	2011
合成纤维聚合物合计	366.13	366.13	356.63	379.43	357.33	325.58
聚　酯	316.80	316.80	316.80	339.60	319.00	297.25
聚对苯二甲酸丁二酯	9.50	9.50	9.50	9.50	9.50	9.50
聚乙烯醇	32.63	32.63	22.63	22.63	22.63	12.63
聚己内酰胺	7.20	7.20	7.70	7.70	6.20	6.60

表 41　　集团公司合成纤维聚合物各品种产量　　万吨

产品名称＼年份	2016	2015	2014	2013	2012	2011
合成纤维聚合物合计	302.56	285.39	284.29	328.79	334.13	332.01
聚　酯	269.87	255.57	258.78	298.75	301.76	310.36
聚对苯二甲酸丁二酯	8.60	8.39	5.69	5.94	5.45	2.49
聚乙烯醇	18.05	16.60	14.46	16.78	19.76	13.10
聚己内酰胺	6.04	4.83	5.36	7.33	7.18	6.05

【聚酯】 截至 2016 年底，集团公司生产聚酯产品的企业有上海石化、仪化有限公司、天津分公司、洛阳分公司和仪征资产分公司 5 家企业。其中，上海石化产能为 55.1 万吨/年，采用国产技术；仪化有限公司产能为 217.7 万吨/年，采用国产技术；天津分公司产能为 20 万吨/年，采用德国吉玛技术；洛阳分公司产能为 20 万吨/年，采用杜邦技术。

2016 年，集团公司生产聚酯 269.87 万吨，同比增加 14.3 万吨、增长 5.6%。集团公司各企业聚酯产量见表 42。

表 42　　集团公司各企业聚酯产量　　万吨

企业名称＼年份	2016	2015	2014	2013	2012	2011
集团公司合计	269.87	255.57	258.78	298.75	301.76	310.36
上海石化	41.56	39.47	40.12	49.09	59.41	62.08
仪化有限公司	198.92	190.52	191.94	194.72	174.58	177.06
天津分公司	18.89	16.27	16.38	29.10	26.00	29.83
洛阳分公司	10.50	9.31	10.33	12.91	19.72	18.45
仪征资产分公司①	—	—	—	12.93	22.05	22.95

①仪征资产分公司聚酯产能于 2014 年核销

（牛克山）

【聚乙烯醇】 截至 2016 年底，集团公司生产聚乙烯醇的企业有上海石化、四川维尼纶厂、燕化有限公司和长城能化 4 家。其中，上海石化产能为 3.83 万吨/年、四川维尼纶厂产能为 16 万吨/年，采用日本东丽公司专利技术；燕化有限公司产能为 2.8 万吨/年，采用日本可乐丽公司专利技术，后采用国产技术进行技术改造；长城能化产能为 10 万吨/年，采用国产技术。上海石化和燕化有限公司以乙烯为原料，四川维尼纶厂和长城能化以乙炔为原料。四川维尼纶厂以天然气为原料生产乙炔，是集团公司唯一使用天然气作原料生产合成纤维聚合物和合成纤维的企业。长城能化以电石为原料生产乙炔，装置于 2014 年建成投产，产能于 2015 年被纳入统计口径。

2016 年，集团公司生产聚乙烯醇 18.05 万吨，同比增加 1.45 万吨、增长 8.73%。集团公司各企业聚乙烯醇产量见表 43。

表 43　　集团公司各企业聚乙烯醇产量　　万吨

企业名称＼年份	2016	2015	2014	2013	2012	2011
集团公司合计	18.05	16.60	14.46	16.78	19.74	13.10
上海石化	1.95	2.19	1.58	3.26	4.20	4.34

续表

年份 企业名称	2016	2015	2014	2013	2012	2011
燕化有限公司	0	0	0	0.16	1.21	2.38
四川维尼纶厂	14.13	12.37	12.79	13.36	14.32	6.38
长城能化	1.98	2.04	0.09	—	—	—

（牛克山）

【聚己内酰胺】 截至2016年底，集团公司生产聚己内酰胺的企业有石家庄炼化和巴陵分公司2家。其中，石家庄炼化产能为2.5万吨/年，2万吨/年采用国产技术、0.5万吨/年采用意大利SINA技术；巴陵分公司产能为5.2万吨/年，采用国产技术与德国吉码技术。

2016年，集团公司生产聚己内酰胺6.04万吨，同比增加1.21万吨、增长25.1%，其中石家庄炼化产量为1.43万吨、巴陵分公司产量为4.61万吨。

（牛克山）

【纤维级聚丙烯和纤维级聚乙烯】 纤维级聚丙烯是生产丙纶的原料。集团公司连续法聚丙烯装置均能生产纤维级聚丙烯，企业根据市场需求组织纤维级牌号的生产。

纤维级超高分子量聚乙烯是生产高强高模聚乙烯纤维的原料，其生产能力、产量均在聚乙烯(合成树脂)中统计。

（牛克山）

合成纤维

【概述】 合成纤维的五大品种是涤纶、锦纶、腈纶、维纶、丙纶，俗称“五大纶”。集团公司拥有涤纶、腈纶、维纶、丙纶和高强高模聚乙烯纤维生产装置。

截至2016年底，集团公司合成纤维生产能力为152.21万吨/年，同比减少0.6万吨/年。其中，仪化有限公司高强高模聚乙烯纤维产能增加0.1万吨/年，洛阳分公司核减涤纶产能0.7万吨/年。集团公司合成纤维各品种产能见表44。

2016年，集团公司生产合成纤维126.04万吨，减少3.53万吨、降低2.72%。集团公司合成纤维各品种产量见表45。

表44　集团公司合成纤维各品种生产能力　万吨/年

年份 产品名称	2016	2015	2014	2013	2012	2011
合成纤维合计	152.21	152.81	164.81	164.81	159.36	155.66
涤　纶	121.95	122.65	132.75	132.75	128.25	124.05
腈　纶	26.48	26.48	26.48	26.48	26.48	26.48
锦　纶	—	—	—	—	—	0.50
维　纶	2.95	2.95	3.15	3.15	2.20	2.20
丙　纶	0.60	0.60	2.30	2.30	2.30	2.30
高强高模聚乙烯纤维	0.23	0.13	0.13	0.13	0.13	0.13

表45　集团公司合成纤维各品种产量　万吨

年份 产品名称	2016	2015	2014	2013	2012	2011
合成纤维合计	126.04	129.57	133.13	141.03	135.33	140.33
涤　纶	100.37	100.77	105.30	109.30	104.35	108.38

续表

产品名称 \ 年份	2016	2015	2014	2013	2012	2011
腈　纶	23.29	26.95	25.73	29.27	28.92	29.88
维　纶	1.83	1.34	1.62	1.79	1.42	1.55
丙　纶	0.36	0.37	0.35	0.57	0.53	0.52

（牛克山）

【涤纶】 截至2016年底，集团公司生产涤纶纤维的企业有上海石化、仪化有限公司、天津分公司和洛阳分公司4家，生产能力为121.95万吨/年，同比减少0.7万吨/年。其中，上海石化产能为12.15万吨/年，短纤维装置采用国产技术，2.1万吨/年工业长丝装置采用日本东丽技术；仪化有限公司产能为79.3万吨/年，采用国产技术；天津分公司产能为10万吨/年采用纽玛格技术；洛阳分公司产能20.5万吨/年，10万吨/年短纤维装置采用杜邦技术、10.5万吨/年长丝装置采用日本东丽技术，已停产，资产待处置，0.7万吨/年中空纤维装置搬迁，产能核减。

2016年，集团公司生产涤纶纤维100.37万吨，减少0.4万吨，基本持平。集团公司各企业涤纶产量见表46。

表46　　集团公司各企业涤纶产量　　万吨

企业名称 \ 年份	2016	2015	2014	2013	2012	2011
集团公司合计	100.37	100.77	105.30	109.30	104.35	108.38
上海石化	6.47	6.40	7.74	8.64	8.59	8.92
仪化有限公司	74.89	75.05	76.48	77.33	68.33	71.67
天津分公司	8.65	10.20	10.88	11.53	10.31	12.12
洛阳分公司	10.36	9.13	10.19	11.80	17.13	15.67

（牛克山）

【腈纶】 截至2016年底，集团公司生产腈纶纤维的企业有上海石化、安庆分公司和齐鲁分公司3家，生产能力为26.48万吨/年，与上年持平。其中，上海石化产能为14.08万吨/年，采用国产技术；安庆分公司产能为7万吨/年，采用美国氰胺技术；齐鲁分公司产能为5.4万吨/年，采用美国杜邦技术。

2016年，集团公司生产腈纶纤维23.29万吨，同比减少3.66万吨、降低12.34%。集团公司各企业腈纶产量见表47。

表47　　集团公司各企业腈纶产量　　万吨

企业名称 \ 年份	2016	2015	2014	2013	2012	2011
集团公司合计	23.29	26.95	25.73	29.27	28.92	29.88
上海石化	14.05	15.97	15.49	16.62	16.57	16.09
安庆分公司	4.13	6.41	6.58	7.13	6.38	7.88
齐鲁分公司	5.11	4.58	3.65	5.51	5.97	5.92

（牛克山）

【维纶】 截至2016年底，集团公司生产维纶纤维的企业只有四川维尼纶厂1家，采用国内技术，生产能力为2.95万吨/年。主要产品有维纶短纤维和维纶丝束(长丝)，以及水溶性维纶纤维产品、高强高模聚乙烯醇纤维产品。

2016年，集团公司生产维纶纤维1.83万吨，同比增加0.49万吨、增长36.5%。

(牛克山)

【高强高模聚乙烯纤维】 集团公司生产高强高模聚乙烯纤维的企业只有仪化有限公司1家，2016年产能为0.23万吨/年，同比增加0.1万吨/年。2016年，集团公司生产高强高模聚乙烯纤维1，722吨，同比增加590吨、增长52.1%。

(牛克山)

煤化工

【概述】 截至2016年底，集团公司有12套煤气化装置运行，其中金陵分公司、齐鲁分公司、茂名分公司、九江分公司、南化公司、中天合创能源有限责任公司及长城能化(宁夏)共8套煤气化装置采用GE水煤浆气化技术，安庆分公司、巴陵分公司、湖北化肥分公司3套煤气化装置采用Shell干粉煤气化技术，扬子石化1套煤气化装置采用中国石化具有自主知识产权的SE干粉煤气化技术。

2016年，通过强化工艺管理、优化原料煤结构、推广成功的技改项目及做好预防性检维修工作，主要煤气化装置运行平稳。齐鲁分公司水煤浆气化装置自2015年3月30日检修开工后实现连续运行643天(截至2016年12月31日仍在运行)；巴陵分公司粉煤气化装置实现连续运行过百天、年累计运行超320天的常态化，主要技经指标为同类装置标杆；南化公司(合成氨)水煤浆气化装置实现年累计运行352天，创投产以来最好水平。

2016年6月，扬子石化SE东方炉成功试烧淮南煤，为国内首次成功使用高灰熔点、高灰分淮南煤作为气化原料，展现了SE东方炉适用于高炉温条件下的稳定运行性能，为中安联合煤化工项目积累了经验；中天合创鄂尔多斯煤炭深加工示范项目顺利建成投产，9月24日、10月23日、10月26日分别产出合格甲醇、聚丙烯和聚乙烯产品，顺利打通全流程，实现一次开车成功。

(吴昌保)

化肥

【概述】 集团公司生产的化肥产品主要有合成氨、尿素、复合肥、硫酸铵、硝酸铵、混配复合肥料6个品种。截至2016年底，集团公司化肥产品总生产能力为359.55万吨/年，同比减少48万吨/年、降低11.78%，其中湖北化肥分公司尿素装置关停并处置核减产能48万吨/年。各化肥产品生产能力见表48。

2016年，集团公司生产化肥产品总计206.55万吨，增加21.31万吨、增长11.50%。各化肥产品产量详见表49。

表48 **集团公司主要化肥生产能力** 万吨/年

产品名称 \ 年份	2016	2015	2014	2013	2012	2011
合成氨	157.50	157.50	180.70	180.70	210.70	234.70
尿　素	52.00	100.00	211.40	211.40	263.40	303.40
复合肥	50.00	50.00	50.00	50.00	50.00	50.00
硫酸铵	100.05	100.05	88.05	86.25	52.25	50.25
硝酸铵(工业用)	—	—	20.00	20.00	15.00	15.00

表49 **集团公司主要化肥产品产量** 万吨

产品名称 \ 年份	2016	2015	2014	2013	2012	2011
合成氨	114.95	96.90	95.50	115.94	126.43	111.12

续表

年份 产品名称	2016	2015	2014	2013	2012	2011
尿　素	—	—	9.27	91.78	105.23	77.98
复合肥	2.61	4.51	13.94	24.23	28.08	27.90
硫酸铵	86.20	77.56	84.78	96.26	57.28	57.90
硝酸铵(工业用)	—	3.16	8.75	13.07	13.02	13.60
混配复合肥料	2.79	3.11	4.53	4.77	4.27	4.10

（杨　砚）

【合成氨】 截至2016年底，集团公司生产合成氨的企业有安庆分公司、巴陵分公司、湖北化肥分公司、南化公司及四川维尼纶厂5家，生产能力合计157.50万吨/年，同比持平。其中，安庆分公司产能为32.00万吨/年、南化公司产能为32.50万吨/年，均采用托普索氨合成工艺；巴陵分公司产能为43.00万吨/年、湖北化肥分公司产能为30.00万吨/年，均采用凯洛格氨合成工艺；四川维尼纶厂产能为20.00万吨/年，采用卡萨利氨合成工艺。

2016年，集团公司生产合成氨114.95万吨，增加18.05万吨、增长18.63%，约占全国合成氨总产量的2.12%。集团公司各企业合成氨产量详见表50。

表50　集团公司各企业合成氨产量　万吨

年份 企业名称	2016	2015	2014	2013	2012	2011
集团公司合计	114.95	96.90	95.50	115.94	126.43	111.12
安庆分公司	25.19	20.82	25.50	25.86	21.43	18.12
巴陵分公司	35.02	35.99	35.78	37.42	36.70	32.49
湖北化肥分公司	13.28	8.04	14.55	28.44	28.68	22.28
南化公司	29.88	25.38	19.29	22.73	25.34	22.50
四川维尼纶厂	11.58	6.67	0.38	1.48	14.28	15.73

（杨　砚）

【尿素】 集团公司于2015年已全部退出尿素业务，无尿素产量。截至2016年底，因安庆分公司尿素装置于2014年关停后尚未进行资产处置没有核减产能，集团公司尿素(实物量)生产能力为52.00万吨/年，同比减少48万吨/年。

（杨　砚）

【复合肥】 截至2016年底，集团公司生产复合肥的企业有南化公司、安庆资产分公司2家，生产能力合计50万吨/年，同比持平。其中，南化公司产能为40.00万吨/年，自2015年1月1日起租赁给安徽辉隆农资公司，合同期5+5年；安庆资产分公司产能为10.00万吨/年。2016年生产复合肥2.61万吨，减少1.90万吨、降低42.13%。

（杨　砚）

【硫酸铵】 截至2016年底，集团公司生产硫酸铵的企业有石家庄炼化、巴陵分公司、安庆分公司、齐鲁分公司及宜昌资产分公司5家，生产能力(实物量)合计100.05万吨/年，同比持平。其中，石家庄炼化产能为26.60万吨/年，巴陵分公司产能为66.00万吨/年，安庆分公司产能为3.20万吨/年，齐鲁分公司产能为2.25万吨/年，宜昌资产分公司产能为2.00万吨/年。2016年生产硫酸铵(实物量)

86.20 万吨，增加 8.64 万吨，增长 11.14%。

（杨　砚）

【硝酸铵】 截至 2016 年底，南化公司已全面退出硝酸铵产品业务，集团公司硝酸铵（实物量）生产能力同比减少 20 万吨/年。2016 年未生产硝酸铵产品，同比减少 3.16 万吨。

（杨　砚）

【混配复合肥料】 截至 2016 年底，集团公司生产混配复合肥料的企业仅有南化公司 1 家。2016 年生产混配复合肥料 2.79 万吨，同比减少 0.32 万吨、降低 10.29%。

（杨　砚）

无机原料

【概述】 集团公司无机原料产品主要为“三酸两碱”5 个品种。截至 2016 年底，集团公司无机原料产品总体生产能力为 177.55 万吨/年，同比减少 120 万吨/年，主要为南化公司连云港碱厂无偿划转地方减少产能 120 万吨/年。各无机原料产品生产能力见表 51。

2016 年，集团公司生产无机原料产品总计 165.10 万吨，减少 96.15 万吨、降低 36.80%。各无机原料产品产量详见表 52。

表 51　集团公司主要无机原料生产能力　万吨/年

产品名称＼年份	2016	2015	2014	2013	2012	2011
硫　酸	88.50	88.50	113.50	113.50	119.50	119.50
浓硝酸	22.00	22.00	22.00	22.00	22.00	22.00
盐酸（折 31%）	10.50	10.50	14.43	14.43	14.43	14.43
烧　碱	56.30	56.30	59.30	64.30	84.30	84.30
纯　碱	0.25	120.25	120.25	120.25	120.25	120.25

表 52　集团公司主要无机原料产品产量　万吨

产品名称＼年份	2016	2015	2014	2013	2012	2011
硫　酸	79.51	69.10	64.13	77.44	88.94	94.94
浓硝酸	15.99	15.52	19.12	21.34	20.41	17.76
盐酸（折 31%）	17.23	17.74	23.67	27.15	32.21	29.93
烧　碱	52.37	49.84	52.49	61.06	82.63	80.92
纯　碱	—	109.05	112.69	98.92	102.73	113.69

（杨　砚）

【硫酸】 截至 2016 年底，集团公司生产硫酸的企业有南化公司、石家庄炼化、巴陵分公司、荆门分公司 4 家，生产能力合计 88.50 万吨/年，同比持平。其中，南化公司产能为 50.00 万吨/年，石家庄炼化产能为 17.00 万吨/年，巴陵分公司产能为 15.00 万吨/年，荆门分公司产能为 6.50 万吨/年。2016 年生产硫酸 79.51 万吨，增加 10.41 万吨、增长 15.07%。

（杨　砚）

【硝酸】 截至 2016 年底，集团公司生产硝酸的企业仅有南化公司 1 家，生产能力为 22 万吨/年，同比持平。2016 年生产浓硝酸 15.99 万吨，增加 0.47 万吨、增长 3.03%。

（杨　砚）

【盐酸】 截至 2016 年底，集团公司生产盐酸的企业有江汉油田分公司、巴陵资产分公司、南化公司及齐鲁分公司 4 家，生产能力合计 10.50 万吨/年（不含南化公司和齐鲁分公司副产盐酸生产能力），同比持平。其中，江汉油田分公司产能为5.00万吨/年，巴陵资产分公司产能为5.50万吨/年。2016年生产盐酸17.23万吨，减少0.51万吨、降低2.87%。

（杨 砚）

【烧碱】 截至2016年底，集团公司生产烧碱的企业有齐鲁分公司、江汉油田分公司、南化公司及巴陵资产分公司4家，生产能力合计56.30万吨/年，同比持平。其中，齐鲁分公司产能为20.00万吨/年，江汉油田分公司产能为19.30万吨/年，南化公司产能为10.00万吨/年，巴陵资产分公司产能为7.00万吨/年。2016年生产烧碱52.37万吨，同比增加2.53万吨、增长5.08%。

（杨 砚）

【纯碱】 2016年2月2日，国务院国资委正式下发《关于中国石化集团南京化学工业有限公司连云港碱厂资产无偿划转的批复》，批准南化公司将连云港碱厂划转移交连云港市国资委的事项，南化公司完全退出纯碱业务，减少产能120万吨/年。2016年，集团公司未生产纯碱，同比减少109.05万吨。

（杨 砚）

生物及精细化工

【概述】 2016年，集团公司集资源、市场、技术、人才等多方面优势，有重点、有步骤地发展生物及精细化工，拥有表面活性剂、合成材料助剂、精细化工中间体、黏合剂和涂料、杀菌剂、特种聚合物及单体、特种溶剂、油品添加剂、油气田化学品9类精细化工及生物化工产品，全年合计产量为59.45吨（不包括合资公司），同比下降2.52%。

（刘金胜）

【表面活性剂】 主要有脂肪醇聚氧乙烯醚、聚乙二醇（PEG）等产品，生产企业为上海石化，2016年产量为0.38万吨，同比下降76.10%。

（刘金胜）

【合成材料助剂】 主要有橡胶防老剂系列和过氧化二异丙苯（DCP）等产品，2016年产量为5.17万吨，同比下降3.72%。其中，橡胶防老剂生产企业为南化公司，产品包括防老剂4010 NA、4020、TMQ等，全年产量为3.50万吨，下降2.51%；过氧化二异丙苯生产企业为高桥石化，全年产量为1.67万吨，下降6.18%。

（刘金胜）

【精细化工中间体】 主要有异戊烯等产品，生产企业为上海石化，2016年产量为0.96万吨，同比增长3.23%。异戊烯生产技术具有自主知识产权，产品质量达到国际先进水平。

（刘金胜）

【黏合剂和涂料】 主要有环氧树脂、醋酸乙烯—乙烯共聚乳液（VAE）等产品，2016年产量为23.52万吨，同比增长2.53%。其中，环氧树脂生产企业为巴陵资产分公司，共有E型、CYD型、EYD型、特种等50多个品种，2016年产量为7.85万吨，增长22.27%；VAE乳液生产企业有燕化有限公司和四川维尼纶厂，2016年产量为15.67万吨，下降5.15%。

（刘金胜）

【杀菌剂】 主要有漂粉精、强氯精（三氯异氰尿酸）等产品，生产企业为江汉油田分公司盐化工总厂，2016年产量为6.14万吨，同比增长34.65%。其中，漂粉精采用先进的钠法生产工艺，产销量世界第一，质量稳定；强氯精单套装置规模国内第一。

（刘金胜）

【特种聚合物及单体】 主要有聚醚多元醇、聚合物多元醇（POP）等系列产品，生产企业为高桥石化和天津资产分公司，2016年产量为20.40万吨，同比下降7.06%。

（刘金胜）

【特种溶剂】 主要有对二乙苯、戊烷等产品，2016年产量为2.78万吨，同比下降18.48%。其中，对二乙苯生产企业为扬子石化，全年产量为0.39万吨，增长178.6%；戊烷生产企业为上海石化，全年产量为2.39万吨，下降26.91%。

（刘金胜）

【油品添加剂】 主要产品为润滑油无灰分散剂，产品牌号有T151、T154 A和T161，生产企业为扬子石化，2016年产量为185吨。

（刘金胜）

【油气田化学品】 主要有钻井助剂、注水压裂助剂和三次采油助剂3类12个产品，生产企业为南化公司。其中，钻井助剂包括聚胺抑制剂、极压减摩剂/极压润滑剂、高效润滑剂、油基钻井液用纤维类随钻堵漏剂、有机土、消泡剂、聚合醇封堵剂7个产品；注水压裂助剂包括注水用黏土稳定剂、压裂用黏土稳定剂、高温蒸汽用黏土稳定剂3个产品；三次采油助剂包括降压增注驱油用纳米乳液、耐温抗盐用表面活性剂2个产品。9个产品在江苏、西南、河南、胜利、中原等油田单位进行了先导试验或工业化应用。

（刘金胜）

【生物化工产品】 主要产品有碳十二/碳十三（C_{12}/C_{13}）长链二元酸，生产企业为扬子石化（清江石化），2016年产量为181吨，同比增长54.70%。

（刘金胜）

质量管理

【概述】 2016年，化工板块深入贯彻落实集团公司和炼化板块年度工作会议精神，坚持"质量永远领先一步"的质量方针和"质优量足，客户满意"的质量目标，在转方式、调结构过程中，不断完善质量管理体系，持续提升产品质量和服务质量，取得较好成效。

持续提高质量管理体系运行有效性。化工板块严格落实《关于中国石化质量管理体系建设的指导意见》要求，除中韩石化和化工销售公司正在建立质量管理体系外，各企业均建立了符合ISO 9001要求的质量管理体系，且运行基本有效。通过开展质量管理体系监督抽查、派遣观察员等方式督促企业不断提高质量管理体系运行有效性。组织对燕山分公司、齐鲁分公司、扬子石化、中韩石化、四川维尼纶厂和湖北化肥分公司等企业进行工艺质量专项检查，检查发现质量问题共计77项，整改完成74项，整改完成率96.10%；派遣观察员对茂名分公司、南化公司和湖北化肥分公司的质量管理体系第三方审核过程进行观察，监督外审机构审核能力，了解企业质量管理体系运行情况。

提升化工产品质量，推动三大合成材料提档升级。化工产品实物质量稳中有升，合成橡胶、合成纤维、合成纤维原料和合成纤维聚合物等主要化工产品质量指标保持较好水平。以提升产品附加值为目标，坚持顶替进口的方向不动摇，优化企业间、装置间品种牌号的生产分工，产销研用合力推进三大合成材料提档升级。化工销售进一步推进产销研用一体化工作，发挥市场"雷达"作用，会同企业组建营销服务团队，提升技术服务，积极进行新产品开发及市场推广。合成树脂新产品和专用料产量分别为122万吨和477万吨，占比为61.4%，同比增加2个百分点；增效17.20亿元，增加0.62亿元。合成橡胶高端胶种产量比率为20.5%（全口径），增加4.2个百分点。合成纤维差别化产品产量259万吨，差别化率86.5%，增加4.4个百分点；增效7.45亿元，增加4 895万元。

提升化工产品质量稳定性。开展"合成树脂稳定性评价研究"项目，对比集团公司和国内外其他企业合成树脂产品的质量稳定性。项目选取中空吹塑类聚乙烯树脂、管材类聚乙烯树脂和双向拉伸类聚丙烯树脂3类28个样品作为评价对象，所有样品的抽取（包括中国石化的样品）全部来源于市场及用户，以保障研究的公正性。为建立客观、公正地评价化工产品实物质量的评价体系，便于企业间化工产品稳定性水平的比较，促进各企业不断提升化工产品稳定性，在质量管理系统中开发了化工产品稳定性分析功能，通过计算过程能力指数（Cpk）来表征化工产品稳定性水平。

推进化工质量控制在线分析仪表管理。开展化工质量控制在线分析仪表管理情况的调查，对各企业化工产品质量控制在线分析仪表投用率、运行、维护等情况及下一步的工作建议进行摸查。组织21家化工企业的42名专家在镇海炼化召开化工产品质量控制在线分析仪表现场办公会，听取镇海炼化在线分析仪表管理经验的介绍，针对在线分析仪表的管理及维护工作进行座谈。制定并下发《中国石化化工企业质量控制在线分析仪表管理指导意见》，从制度上规范企业化工在线分析仪表管理。启动总部端在线分析仪表运行监控与管理系统的建设，截至年底，已完成镇海炼化、扬子石化、中韩石化、上海石化等13家企业的现场调研和实际需求对接，并计划2017年底完成总部端系统的建设。

加强质量信息系统建设。中国石化质量管理（炼油化工）系统于2016年7月正式上线运行，并于年底通过项目验收。积极推进中国石化炼化企业实验室信息管理系统（LIMS）扩充提升工作，制定、开发了中国石化炼化企业LIMS标准化模板，作为LIMS实施扩充提升标准。截至2016年7月，已完成扬子石化、广州分公司、茂名分公司等12家企业的上线运行。7月15日，启动第2批LIMS扩充提升项目，洛阳分公司、湖北化肥分公司和南化公司已实现系统上线运行，其他12家企业正在抓紧实施中。通过LIMS系统的扩充提升，建立了数据层面和功能方面标准化体系，规范了实验室业务流程，提高了实验室管理水平。

（杨世飞）

【化工产品客户服务】 2016 年，化工板块始终坚持把市场开拓、聚焦客户作为生命工程来抓，敢于竞争、敢于亮剑，多措并举提升用户服务工作。在中国石化第 6 个“质量日”期间，组织在天津和岳阳召开化工产品客户座谈会，邀请客户走进企业参观、交流，增进感情，了解客户需求，征询客户意见和建议。开展低压聚乙烯和丁苯橡胶 2 个产品的满意度调查，总体满意度分别为 93.48 分和 93.96 分。积极开展客户走访和技术服务，全年累计走访客户 1 万余家次，了解客户使用中国石化和国内外其他企业产品的体验。全年共接到用户投诉45 件，减少 5 件；投诉处理完成率为 100%，投诉处理时间为 7.79 天，减少 2.21 天。

（杨世飞）

【质量培训】 2016 年 3 月，组织举办化工分析检验技术高级研修班，22 家企业的 32 名学员参加；邀请国内知名分析检验专家进行集中授课，采用现场教学、企业研修、交流答辩等教学方式，提高了培训的针对性；组织学员结合生产实际撰写论文，根据新装置、新工艺以及质量提升、用户需要，建立了一批新的分析方法，满足了生产控制和质量管理的需要。以中国石化“质量日”和全国“质量月”活动为契机，组织开展生动活泼、形式多样的质量专题活动，通过标语、板报、电视、网络、报纸等宣传阵地，广泛宣传中国石化的质量方针、质量目标和社会责任，营造人人关注质量、追求一流质量的企业文化氛围。

（杨世飞）

【化工产品等级品率完成情况】 2016 年，合成树脂一级品以上比例 92.65%，同比降低 1.38 个百分点。分品种来看，聚丙烯 90.50%，降低 0.93 个百分点；高密度聚乙烯 93.33%，同比持平；低密度聚乙烯 97.89%，提高 0.19 个百分点；线型低密度聚乙烯 97.78%，降低 1.03 个百分点；聚氯乙烯 96.54%，降低 0.89 个百分点。

合成橡胶一级品以上比例 96.30%，降低 0.07 个百分点。分品种来看，丁苯橡胶（包括 SBS、SEBS）98.03%，降低 0.85 个百分点；顺丁橡胶 92.23%，降低 0.20 个百分点；丁基橡胶 74.53%，降低 6.10 个百分点。

合成纤维一级品以上比例 99.59%，提高 0.02 个百分点。分品种来看，涤纶 99.50%，提高 0.05 个百分点；腈纶 99.97%，降低 0.02 个百分点；维纶 100%，提高 0.04 个百分点。

合成纤维原料一级品以上比例 99.99%，同比持平。分品种来看，丙烯腈 100%，同比持平；精对苯二甲酸 99.99%，提高 0.03 个百分点；乙二醇 100%，同比持平；己内酰胺 99.90%，降低 0.10 个百分点。

合成纤维聚合物一级品以上比例 98.90%，提高 1.27 个百分点。分品种来看，锦纶切片 99.41%，提高 2.48 个百分点；聚乙烯醇 88.33%，提高 2.21 个百分点；聚酯 99.70%，提高 1.42 个百分点。

（杨世飞）

设备管理

【召开设备专业会议】 召开设备故障总结会议，总结、分析 2013—2015 年主要设备动力故障发生的现象、原因和处理措施，便于企业相互交流，吸取经验，举一反三，提高处理设备事故及故障的能力和水平，加强设备管理。

针对聚烯烃装置国产造粒机组故障频发的现状，召开国产化造粒机组运行总结会，对发生的造粒机故障进行总结、分析。

召开压力容器、管道垫片失效问题专题会。总结在法兰安装上采用的新技术新材料及其成功经验，也从设计、选型、安装等角度分析垫片失效的原因及改进建议；对发生垫片失效的深层次原因，垫片的设计、选型、变更及安装使用等问题进行讨论，并提出下一步整改措施。

针对部分企业的装置检修计划不够准确和全面，质量管控还存在不足，大修开工后不久即发现影响“安稳长”运行的设备问题；部分企业检修施工中发现多处设备缺陷，且修复难度大，造成大修停工时间超出计划安排；个别关键设备检修质量不高，加之其他方面的问题造成开工过程不顺利的现状，召开化工装置停工检修经验交流专题会。

（刘国帅）

【技术服务】 对 2016 年度停车大修的燕山分公司、天津分公司、金陵分公司、中韩石化等企业开展检修技术服务，帮助企业做好检修方案的优化，督促检查企业的检修准备和安全保障措施的落实等。

组织专家帮助企业分析查找设备故障，并提出相应的解决方案，为企业决策提供依据。对湖北化肥合成气制乙二醇装置脱重塔腐蚀原因召开专题分析会，分析脱重塔腐蚀现状和原因，对脱重塔使用安全可靠性进行研讨评价，为脱重塔是否继续运行提供决策依据，讨论继续使用T401塔的监护运行方案，应急处置预案等；对中原石化乙烯制冷压缩机组（GT601）自大修更换新转子后振动一直较高，乙烯制冷压缩机透平驱动端振动大的问题组织相关专家召开诊断分析会；对中韩石化环氧乙烷/乙二醇装置的乙二醇反应器焊缝开裂问题进行诊断，充分讨论反应器产生的原因，并提出应对措施；派遣仪表技术人员参与鄂尔多斯煤炭深加工示范项目开车服务，确保中天合创各装置试车、开车工作的顺利开展；对福建炼化乙烯装置冷换设备腐蚀、泄露频繁，严重影响装置“安稳长”运行的现状，组织专家进行现场服务，分析存在的问题，排查隐患，研讨治理方案和措施，为装置下一步的安稳运行提供保障；对湖北化肥分公司乙二醇装置运行正常，空分负荷提高后，B台分子筛出现吸附末期会穿透的现象，组织专家进行现场服务。

（刘国帅）

【工作调研】 2016年共对10家企业的93台裂解炉进行资料检查和现场测试。93台裂解炉总设计热负荷为5 347.3兆瓦，实际运行热负荷4 816.4兆瓦，负荷率90.1%。实测加权平均热效率93.85%，加权平均排烟氧含量2.28%，加权平均排烟温度122.3℃，加权平均一氧化碳14×10^{-6}；均达到《中国石化炼化企业加热炉管理规定》要求。其中，热效率同比提高0.04个百分点；排烟氧含量升高0.12个百分点，上升5.6%；排烟温度降低0.7℃，降低0.6%；一氧化碳降低6×10^{-6}，下降30%。燃烧供风控制水平和漏风管理水平基本同比持平。烟气中污染物平均排放浓度：二氧化硫0.7毫克/米^3，符合GB 31570—2015《石油炼制工业污染物排放标准》要求；氮氧化物111.8毫克/米^3（以二氧化氮计），超出《石油炼制工业污染物排放标准》要求。

检查测试中发现的问题：部分裂解炉排烟氧含量偏高，少数裂解炉排烟温度偏高，DCS在线仪表误差较大，烟气组分中一氧化碳含量偏高，氮氧化物超标。针对裂解炉检查发现的问题，要求企业认真查找裂解炉运行管理中的不足，制定措施加以整改，并对此进行跟踪检查。

（刘国帅）

达标管理和节能减排

【达标工作组织】 化工达标管理工作按装置、专业等层次组织开展工作。装置达标方面，继续组织同类装置竞赛；专业达标方面，分乙烯专业、芳烃专业、基本有机化工专业、合成树脂专业、合成橡胶专业、合成纤维原料专业、合成纤维专业、碳一化工专业8类组织专业达标工作。

2016年，参与化工达标的企业共23家，包括镇海炼化、茂名分公司、齐鲁分公司等炼化一体化企业和南化公司、巴陵石化等老企业。

（刘志武）

【专业达标】 化工板块采用价值量化方式进行各专业的达标核算，体现效益优先的专业管理思路。2016年，乙烯专业、芳烃专业、合成树脂专业、合成橡胶专业、合成纤维专业、基本有机化专业、碳一化工专业的达标率为100%，合成纤维原料专业的达标率为77.78%。

（刘志武）

【装置长周期运行攻关】 围绕化工生产存在的薄弱环节开展攻关，在裂解气压缩机、聚烯烃造粒机等关键机组维护、装置运行优化等方面持续进行改进，制定、落实保证长周期运行的专业管理措施。2016年，乙烯裂解、芳烃、LLDPE、PTA、煤气化等化工装置总体实现安全稳定运行。安庆石化丙烯腈装置连续运行821天，创同类装置长周期运行纪录。

（刘志武）

【同类装置竞赛】 2016年，化工板块有20类142套装置参加同类装置竞赛，通过对产量计划完成、物耗、能耗、安稳运行、质量、安全环保等指标的综合横向评定，共有48套装置获得竞赛奖励。其中，乙烯装置获得前3名的分别是广州分公司、镇海炼化、中原石化；芳烃装置获得前3名的分别是扬子石化、上海石化、海南炼化；乙二醇装置获得前3名的分别是天津分公司、茂名分公司、镇海炼化；苯乙烯装置获得第1名的是茂名分公司；苯酚丙酮装置获得第1名的是高桥石化漕泾；丁二烯装置获得前3名的是齐鲁分公司3#、茂名分公司2#、广州分公司；高压聚乙烯装置获得前3名的是茂名分公司2#、上海石化2#、齐鲁分公司；低压聚乙烯装置获得前3名的是齐鲁分公司1#、茂名分公司、燕山分公司；线型聚乙烯装置获得前3名的是广州分公司、镇海炼化、天津分公司；化工连续法聚丙烯装置获得前3名的是燕山分公司1#、镇海炼化2#、扬子石化2#；炼油连续法聚丙烯装置获得前3名的是长岭分公司、济南分公司、九江分公司；顺丁橡胶装置获得第1名的是齐鲁分公司；SBS装置获得第1

名的是巴陵石化；PTA 装置获得前 3 名的是仪征化纤 2#、扬子石化 3#、仪征化纤 1#；丙烯腈装置获得第 1 名的是齐鲁分公司 2#；聚酯装置获得前 3 名的是仪征化纤 1 厂、仪征化纤 4 厂、上海石化 1#；涤纶短丝装置获得前 3 名的是仪征化纤 1#、2# 和 3#；腈纶装置获得前 3 名的是上海石化(北)、上海石化(南)、上海石化金阳；己内酰胺装置获得第 1 名的是巴陵分公司；煤气化装置获得前 3 名的是齐鲁分公司、南化公司(氢)、巴陵分公司。

(刘志武)

【达标重点工作】 2016 年，化工达标工作服务于装置安全稳定运行、增产增效、结构调整等化工板块重点工作，持续开展装置运行优化、操作优化工作，组织各化工装置进行产能标定，找出限制提产瓶颈并进行攻关，圆满完成产量、三大合成材料结构调整、吨产品费用控制等生产经营任务。全年，乙烯装置高附加值产品收率同比上升 0.03 个百分点；芳烃装置燃动能耗下降5.24 千克标油/吨；聚烯烃装置能耗、物耗指标保持历史较高水平；PTA、己内酰胺的能耗、物耗进一步下降；煤化工主要装置实现长周期运行，能耗、物耗进一步下降。全年化工装置总体运行平稳，技术经济指标先进，吨产品完全费用等成本指标受控良好。

下发《中国石化炼油化工工艺技术管理规定》，进一步规范工艺技术管理。组织 2016 年度中国石化化工工艺技术专项检查，强化工艺技术管理的监督、检查、考核，工艺技术管理工作得到切实加强。在湖北化肥分公司、南化公司等企业推广茂名分公司苯乙烯装置等先进基层经验，各企业开展标杆车间建设和基层车间追赶先进车间等工作，使基层单位不断“强基、固本”，以确保完成各项年度工作目标。努力打造素质过硬的专业技术人才队伍、技能操作人员队伍，年内分别组织一批高级技术研修班以及不同层次的专业技术人员、技能操作骨干培训班，加强岗位练兵，系统地组织技能操作人员岗位培训和现场演练，提高操作人员专业技能和应对现场突发情况的处置能力。

(刘志武)

【节能减排】 2016 年，化工板块万元产值综合能耗为 1.458 吨标煤，同比降低 0.002 个单位，比计划低 0.002 个单位，节能率为 0.12%，节能量为 5.2 万吨标煤。乙烯高附加值产品能耗 301.80 千克标油/吨，降低 0.26 个单位；乙烯装置损失率 0.20%，增加 0.01 个单位。化工托管企业万元产值综合能耗为 1.176 吨标煤(因高桥石化托管部分调整至上市，2015 年数据修正为 1.208 吨标煤)，同比降低 0.032 个单位，比计划低 0.038 个单位，节能率为 2.62%，节能量为 14.8 万吨标煤。

年内编制下发《化工吨产品燃动费用管理实施细则(试行)》，做好吨产品燃动费用分析，查找企业存在问题和挖潜方向，研究落实解决措施。全年化工吨产品燃动费用降低 11%。

全年，化工企业共完成 86 项“能效倍增”计划项目，实现节能量 26.2 万吨标煤，投资 6.57 亿元，效益 4.52 亿元，其中化工板块 73 项、节能量 23.7 万吨标煤，化工托管企业 13 项、节能量 2.5 万吨标煤。从项目类别看，管理节能 4 项，节能量 0.6 万吨标煤；结构节能 4 项，节能量 8.2 万吨标煤；技术节能 63 项，节能量 11.3 万吨标煤；重点工程 3 项，节能量 2.6 万吨标煤；循环经济 2 项，节能量 1.6 万吨标煤；合同能源 10 项，节能量 2.1 万吨标煤。从节能效果看，燕山石化生活区型煤锅炉清洁能源改造、安庆分公司耐硫变换低水汽比改造、湖北化肥乙二醇解吸气有效组分回收等项目节能量较大。

年内，组织抚顺石油化工研究院、经济技术研究院及生产企业有关专家对巴陵石化、中原石化、燕山石化 3 家企业进行技术服务，共提出优化措施 47 项、方向性建议 42 项，预计增效 1.32 亿元。截至年底，已实施巴陵石化环己酮装置醇塔操作优化、动力事业部提高 3# 机真空度，燕山石化 2# 苯酚丙酮装置脱苯塔操作优化、一电站锅炉工艺优化，中原石化 MTO 装置主风机减少放空等 13 项不需要投资的优化措施，增效 1 200 万元。

开展节能技术培训。2016 年 9 月，在管理干部学院举办节能技术骨干培训班，培训相关知识和技术，交流节能经验，38 名企业基层节能管理人员参加为期 10 天的培训。

镇海炼化、茂名石化、齐鲁石化、天津石化、金陵石化、仪征化纤、中原石化、广州石化、海南炼化 9 家企业被评为集团公司 2016 年度节能工作先进单位。镇海炼化、茂名石化、齐鲁石化、天津石化、金陵石化、仪征化纤、中原石化 7 家企业同时被评为 2016 年度化工节能先进企业。

(黄志壮)

计量管理

【计量管理与监督】 ①持续抓好石脑油途耗管理，督促企业深入分析石脑油途耗产生原因，采取有效措施降低石脑油途耗率。2016年，石脑油累计途耗率为0.02%，其中水运途耗率最高为2.2%。②组织石化企业智能计量新技术研讨。企业计量专家对石化企业计量专业智能化、信息化工作的发展方向进行讨论；同时，部分企业专家介绍了智能计量的先进经验，为企业智能计量的发展提供了技术信息和建议。③组织完成《企业能源计量常见难题解析与对策》的编写及验收。④开展《化工产品交接计量管理规范》一级企业标准修订工作。组织企业专家召开《化工产品交接计量管理规范》一级企业标准修订工作会，对《化工产品交接计量管理规范》的修订内容进行讨论；对环氧乙烷、丁二烯等气体化工产品交接计量管理中存在的问题进行讨论并提出具体要求。⑤参加"轨道衡远程在线监测系统的研究""毕托巴流量计在过热蒸汽计量中的应用研究"和"液体产品水运进厂计量气体影响量的研究和控制"科研项目审查。⑥配合组织开展全国"我身边的计量人"推选工作。⑦参加2016年中国油气计量技术论坛。

（杨世飞）

境内炼化工程

- ◇ 综述
- ◇ 生产经营管理
- ◇ 技术创新
- ◇ 企业管理
- ◇ QHSE管理

综　　述

2016年，炼化工程板块积极落实集团公司年度工作会议各项部署，全体干部员工齐心协力、攻坚克难，不断挖掘一体化优势，着力深化改革、优化资源配置、转变发展方式、狠抓生产经营、大力开拓市场、强化技术创新，各项工作取得显著成效。

生产经营任务全面完成。在国际油价下行、整体经济低迷的大环境下，炼化工程板块积极应对市场形势，抓住机遇、精细管理、深化改革，全年累计实现营业收入392.75亿元，各项生产经营目标全面完成。

重点工程保障有力。炼化工程板块强化过程管理，全力保障集团公司重点工程项目顺利实施，项目质量、安全整体受控。

（刘红叶）

生产经营管理

【概述】 2016年，炼化工程板块不断加大对生产经营活动的管理力度，持续优化资源，降低成本，努力实现整体效益最大化，各项生产经营工作保持平稳发展势头。

（刘红叶）

【市场开发卓有成效】 2016年，在市场形势极为困难的情况下，炼化工程板块发挥产业链、业务链和技术链的整体优势，困难中求机遇，积极开拓境内外市场。全年境内新签多个大型项目，新签合同量为人民币171.93亿元，其中董家口原油商业储备基地项目合同金额约为人民币11亿元、新浦化学轻烃综合利用项目合同金额约为人民币6.66亿元、安庆催化柴油加氢转换项目合同金额约为人民币5.40亿元、天津汽油质量升级项目合同金额约为人民币5.23亿元。

（刘红叶）

【重大项目顺利实施】 中天合创煤化工项目：截至2016年底，该项目主要装置已中交投用。

广西LNG项目：截至2016年底，该项目已中交。

天津LNG项目：截至2016年底，该项目总体进度完成约80%，设计和采购工作已经完成，施工进展顺利。

董家口原油商业储备基地项目：截至2016年底，该项目设计工作已全面展开。

（刘红叶）

【工程保障能力不断加强】 2016年，为保障项目更高效、有序、安全地执行，炼化工程板块完善项目协调管理机制，建立统一的施工分包管理体系，规范施工分包发包行为、提高分包管理能力；建立并发布施工分包商资源库，为选择优质分包商、降低分包成本打下坚实基础；完善项目结算及存货管理工作机制，压降存货成效显著；着手建立对标国际一流的项目管理体系，以EPC项目管理模式为基础，兼顾国内外项目，统一项目管理流程，提高项目的运营效率。

（刘红叶）

技术创新

【概述】 依托重点工程项目，重大技术研发工作稳步推进。煤化工、石油化工、天然气等重点领域技术研发项目均取得良好进展。22个集团公司“十条龙”攻关项目全部完成阶段任务，其中元坝天然气净化、FHUDS系列生产国Ⅴ低成本柴油工业试验、劣质油浆生产优质针状焦技术开发和应用、化工装置废气综合治理4个项目完成攻关任务并出龙。高掺渣低排放重油催化裂化技术集成与开发、第2代高效环保芳烃技术开发与工业应用等6个项目加入“十条龙”攻关。

（刘红叶）

【创新和技术进步持续推进】 元坝天然气净化技术开发项目经运行检验，获得最终鉴定。该项目于2011年12月启动，在新型高效脱硫剂的研制、非均相分离工艺及其设备的开发等诸多方面取得重要突破，2016年处理原料气26亿立方米，均为国标GB 17820—2012一类气。项目于2016年12月获得集团公司科技部鉴定。

合成气制乙二醇成套技术进入标定阶段。2016年下半年，该项目进入最后的攻关整改阶段，乙二醇收率及吸收粉尘效果等单元取得满意的成果。

固体超强酸碳五、碳六异构化技术开发及工业试验完成一期改造及初步标定工作。

双氧水法制环氧丙烷成套技术于2016年8月建成工业试验装置，正在进行问题整改和试生产工作。

环氧乙烷成套技术开发完成工程设计工作，全面进入施工状态。

（刘红叶）

【环保节能技术的研发进展显著】 土壤修复平台建设及热解析集成技术优化工作完成检测平台搭建及试验装置建设。建立污染土壤分析检测平台，分别建立土壤中有机污染物分析的超声萃取方法、气相色谱—质谱方法、气相色谱方法、紫外可见分光光度法、含水率及有机质分析方法等；搭建 TPD - MS 试验装置，建立热解吸工艺快速模拟方法，模拟了不同工艺参数对污染土壤中多环芳烃的去除效率的影响。

锅炉烟气二氧化碳捕集系统 - DEA 化学吸收工艺包开发、尿素水解获得氨气进行烟气脱硝工艺研究等一批环保项目，完成相关的研究内容，进入成果评审阶段。

生物法 1，3 -丙二醇废水处理技术及工艺包开发，针对废水难处理和量大问题，进行发酵工艺由钙法改为钠法的改进试验，完成小试试验，下一步将以钠法工艺废水为基础，开展污水水质分析与实验室小试工作。

高氨氮废水催化处理中试装置及工艺包开发，完成催化剂废水的小试试验，正在进行中试装置方案设计。

（刘红叶）

【专利申请与获奖情况】 2016 年，炼化工程板块完成新专利申请 453 件，其中 236 件为发明专利；获授权专利 429 件，其中发明专利 219 件、占 51.0%。技术进步再结硕果，全年共获省部级以上各类科技进步奖励 114 项（次），其中国家级、省部级科技进步特等奖各 1 项，省部级科技进步一等奖 6 项；国家优秀工程设计金奖 1 项，省部级优秀工程设计特等奖 1 项、一等奖 5 项；国家优质工程金奖 6 项。

（刘红叶）

【环保和节能业务不断拓展】 注重环保节能市场开拓，通过整合自身技术优势，并与国内外知名技术专利商开展合作，业务范围覆盖烟气脱硫脱硝、VOCs 治理、污水处理、污泥减量干化、土壤修复、二氧化碳回收利用、低温余热发电等多个分项领域。探索开展合同能源管理和合同环保管理新的业务模式，为企业提供节能诊断和优化服务，进一步开拓环保和节能业务。2016 年，炼化工程板块新签环保类业务合同额 1.62 亿元，主要为烟气脱硫脱硝项目；新签节能类业务合同额约 0.44 亿元，主要节能改造项目。注重环保节能业务开发，除继续与合作伙伴推动低温热发电在炼化领域中的应用外，借助丰富的炼化装置设计建设经验，与国内具有资本和技术优势的多家企业探讨合作，推动炼化企业节能项目以合同能源管理模式执行，以拓展业务领域；积极开拓土壤修复市场，正在对若干炼油厂搬迁后土壤修复项目进行调研和策划。同时，关注二氧化碳利用技术的合作开发，与国外多家公司探讨技术合作，完善技术链条。

（刘红叶）

企业管理

【概述】 2016 年，炼化工程板块按照“创建世界一流工程公司”的愿景，以及抓住机遇、精细管理、深化改革，争做打造“国家名片”排头兵的重点任务，全面推进企业的资源优化和改革重组。

（刘红叶）

【ERP 系统顺利建设和实施】 2016 年，炼化工程板块建设并成功实施企业 ERP 系统，并配套建立一体化的管理信息系统。ERP 系统覆盖设计、采购、施工、制造全产业链，旨在强化自身业务协同和服务共享，建立数字化、网络化、智能化的生产运营新模式和集约化、一体化、精细化的经营管理新方式。ERP 系统提升了管理信息化和信息系统的集成化，整体提高了信息化应用水平，促进了管理与技术创新，全面保障了生产经营和改革发展，为构建技术型、创新型和服务型工程行业生态圈提供支撑。

（刘红叶）

【改革发展稳步推进】 以专业化重组为突破口，启动若干深化改革和资源优化工作，并加快推进起运公司、研发中心、教培中心的重组改革工作，取得较大进展，有效促进了资源优化配置，提高了综合竞争力。

（刘红叶）

QHSE 管理

【概述】 2016 年，炼化工程板块进一步完善 QHSE 管理体系，持续改进 QHSE 管控能力。以质量安全文化为引领，促进安全发展、科学发展、和谐发展。

全面分解落实质量安全生产主体责任，努力构建安全生产长效管理机制。推进 HSE 标准化管理，加强工程设计本质安全管理，继续聚焦 HSE 管理核心能力建设，打造本质安全型的工程项目。定期开展风险识别和排查工作，充分发挥两级督察队伍的作用，开展全方位、全覆盖的督察、检查、观察活动，抓好直接作业环节的 QHSE 监管，促进了在建项目的质量和安全工作。

（刘红叶）

产品销售

◇ 天然气销售

◇ 加油（气）站产品销售

◇ 炼油自销产品销售

◇ 燃料油销售

◇ 化工产品销售

天然气销售

【概述】 2016年，面对国内天然气市场低速增长、竞争激烈的形势和中国石化天然气资源快速增长的情况，集团公司深刻认识新常态，积极适应新常态，聚焦提质增效，强化科学管理，紧抓市场开发、工程建设等工作，生产经营保持平稳局面。

（林媛媛）

【资源经营】 2016年，中国石化销售天然气267亿立方米，其中自产天然气198.48亿立方米、国外进口LNG 47.4亿立方米、其他资源21.12亿立方米。

（林媛媛）

【销售增幅再创新高】 认真研究市场，重新定位市场，全力拓展市场，实现销售增幅超出全国平均消费增幅16.6个百分点的良好业绩。①全力做好拓市增量。积极实施差异化策略，在效益好、市场容量大的地区采取“阶梯气价”策略，实现市场快速增长；在经济基础薄弱、市场增量有限的地区，采取稳价、稳量、稳效的“三稳”策略，保证客户用量逐步提升；在资源供应多元化、市场竞争激烈的地区，采取“平进平出”策略，抢占竞争市场份额；在管网未覆盖、市场需求迫切的地区，采取“点供”“联合直供”“代输直供”等策略，锁定发展潜力市场。②积极推进合资合作。按照党组提出的“打造天然气销售网络”的部署，继续完善省级和区域合作管网，增强区域分销能力；优化合资合作模式，激发合资公司经营活力；开展战略合作、渠道合作，努力扩大终端市场。③努力提升营销质量。认真开展“紧盯全年目标、全员搞销售、每天多卖一方气”活动，实施多元化服务，扩大优质客户群体，发挥最大合力实现量效提升。

（林媛媛）

【储运设施建设有序推进】 努力克服工程建设项目多、工期紧、任务重，以及地方关系协调难度大等困难，紧紧围绕“早建成、早投产、早创效”的思路，加强项目管理，大力推进储运设施建设，重点工程项目取得积极进展。广西LNG接收站工程按期建成试投运；配套管道累计完成焊接684千米。天津LNG接收站总体形象进度97.8%；配套管道累计完成焊接415千米，邹平站—团泊洼阀室段管道投产试运行。文96储气库注采站增注管道按期投产试运行，文23储气库先导工程单井注气系统实现注气；金坛储气库一期地面工程注采站、J103井和茅资1井建成投产，实现排卤、注气。川气东送管道增压扩能(一期)工程潜江、宜昌2座增压站达到投产条件。中原—开封输气管道工程实现全线投产试运行；涪陵—王场输气管道等4项工程竣工验收工作全部完成。温州LNG项目获得国家核准；鄂安沧、青宁等管道项目，江汉黄场等储气库项目前期工作均按照计划有序推进。

（林媛媛）

加油(气)站产品销售

【概述】 2016年，国内成品油市场受经济新常态、低油价、原油进口放开等因素叠加影响，消费低迷、资源过剩、竞争激烈的特征升级，市场再平衡区域不断扩大，扩销创效压力与日俱增。面对严峻形势，集团公司聚焦提质增效升级，坚持“量效兼顾、以效为主”的经营理念，按照“内涵盘活、外延转型”的总体思路，迎难而上、奋力拼搏，经济指标完成情况较好。全年成品油总经销量1.95亿吨，其中境内成品油总经销量1.73亿吨。同时，推进非油品专业化、市场化发展，提高经营规模和效益，非油品交易额人民币351亿元，同比增长41.4%。

（任建宇）

【油气经营】 牢固树立“市场就是战场”意识，积极参与竞争，扩大有效销售，实现油气经营量效持续增长。突出做大零售经营规模，以营销策划、考核引导、油非互动、现场管理为抓手，落实加油站零售增量措施，根据控制力细分市场，推广实施一站一策，做大做强零售规模；抓住汽油消费增长机遇，以油非互促、加油卡营销、高标号营销为手段，全力提升汽油扩销创效水平；配合加强柴油市场监管，净化市场环境，缓解错位竞争，柴油零售下滑趋势得到一定遏制。明确“维护客户、做大规模、控制市场、创造价值”职能，利用多销多采政策，发挥外采油价格优势，扩大直分销经营规模。着力打造经营性物流体系，强化资源计划二次平衡和三级物流优化，大力推进资源互供，加大外采资源进管道，严控高运价流向发运，物流费用同比大幅降低。

（任建宇）

【非油品经营】 实施“商品+服务”的“双轮驱动”模式，打造线上线下平台，新兴业务保持量效高速增长。推进便利店专业化运营，着力扩大基础品类占比，其中卓玛泉、尾气处理液、燃油宝销售实现快速增长。大力推进油非互促常态化和电子化，参与站油品零售增幅较未参与站高 4 个百分点。稳妥推进资本运作，构建起区域优势互补的水产业布局；合资设厂推出“喜乐爽”玻璃水。大力拓展保险、汽服、快餐、广告等站内新业务，丰富实体服务功能，提升综合服务能力。推进跨界合作和交叉营销，成功引入第三方营销资源，大幅降低营销成本。探索“互联网 + 销售 + 服务”新商业模式，建设推广销售企业微信营销平台，部分企业自主开发 APP 应用，大力发展微信粉丝、注册会员和绑卡用户。

（任建宇）

【销售网络发展】 实施“外延扩张”抢占网络增量，坚持质量和效益，提振发展信心，突出价值导向，分区域、分类型完善投资回报测算标准，精准选点、精准投资，大力发展高回报项目；积极适应新常态，创新发展模式，控制投资风险，推进“他有我营”、短期租赁等轻资产发展方式。推进长输管道建设和投营。实施“内涵挖潜”盘活网络存量，强化网点状态管理，利用批零差价扩大的市场特点，综合采取提量改造、歇业复营、延长营业时间等措施，配合出台支持性用工和相关费用政策，加快释放存量网络增量潜力，在消化政府要求关停、拆除和退租站后，年末中国石化品牌加油(气)站达 30 603 座。优先满足新兴业务、隐患治理、汽油罐容、天然气业务等方面的投资需求，加快项目审批进度，加强重点工程监管，督促投资及时结算，努力提高投资效率。CRM 系统试点上线，建设统一的会员管理体系，完善加油卡网厅功能，信息系统服务经营和客户的能力不断增强。

（任建宇）

【改革重组】 稳妥推进混合所有制改革，启动销售公司股份制改造，加强股改顶层设计，成立领导小组，全面规范资产权证和经营证照，确保按期完成股份制改造。稳妥开展市场化用人、用工和考核分配机制改革，推进并规范加油站委托管理，全面激发销售板块工作活力。

（任建宇）

【基础管理】 坚持效益导向，调整完善绩效考核体系，突出做大自营机出零售、非油品重点商品销售和多销多采，实行多目标联动和正向激励，注重过程控制，严考核、硬兑现，妥善处理效率与公平的关系，推动企业增效、员工增收，实现由“压力传递”向“激励引导”转变。突出“三基”工作责任制落实，完善制度体系。立足“识别大风险、消除大隐患、杜绝大事故”，深化 HSE 管理能力量化评价体系，全面推进“油气管道攻坚战”国家级备案隐患项目整改；建成智能化管线管理系统；加强油品数质量全过程监控，约谈质量不稳定的外采供应商，科学处置不合格外采油，全年未发生较大及以上等级安全环保事故和重大数质量事件。以价值管理为核心，建立资源顺推模型，通过年度预算控制和月度经营策划，做到“事前算赢”，推动传统会计向管理会计转型；继续深化“比学赶帮超”，落实“抓两头、带中间”总体要求，以“造血”为主，实施困难企业帮扶行动，出台华北省市帮扶政策，深挖经营创效潜力；强化费用预算管理，规范油非互促税务处理，挖掘“营改增”节费空间，从严从紧控制费用。稳妥推进用工制度改革，实现依法合规用工；建立委托站监管机制，形成以合同为纽带、约束与激励并重的契约式管控模式。全面开展内部审计，认真分析问题成因，制定整改措施，实行销项监督；强化法律风险提示和重大项目审核把关，成功处置广东保理业务纠纷、云南生物柴油拒绝交易等重大案件，取缔假冒仿冒加油站 323 座，有效维护企业合法权益。

（任建宇）

炼油自销产品销售

【概述】 2016 年，中国石化炼油自销产品(除汽油、煤油、柴油及化工轻油以外)合计销量 5 775 万吨，销售均价 2 374 元/吨(不含税)，75% 以上的自销产品由炼油销售公司、化工销售公司等统一销售。通过优化资源配置，加强产销沟通和协调，采取灵活的营销策略，积极开拓市场，紧贴市场销售，专业化经营的优势得到较好发挥。

（羊依智）

【润滑油】 润滑油公司坚持“提质扩量增效”方针，克服整体经济增长持续放缓、相关行业需求下降等不利因素，盈利能力持续提升，实现“十三五”良好开局。全年润滑油脂销售增长 4.3%。推进产品结构调整，高端产品推广取得成效，全年高档产品销量同比增长 11.0%。利用移动互联网平台加强与客户的互动交流，强化分销市场控制能力，高档汽油机油销量增长明显，产品结构不断优化，SL 及以上占比由30.0%提高到39.0%，SN合成油占比由8.0%提高到15.0%。AE、AP为代表的高端工业油已逐渐成为与进口品牌竞争的拳头产品，销量增长195.0%。持续推进规模客户开发工作，商用车成功开发大型客运、货运集团等一批有行业影响力的企业，新开发商用车规模客户数量较上年同期增长18.6%，工业油聚焦重点行业龙头企业，新开发客户数量较同期增长33.4%。持续开展与西门子、中国中车等国内外高端设备制造商的技术交流与合作，获得国际OEM认证，为风电、高铁、远洋运输等高端产业市场布局奠定有利基础。

（羊依智）

【其他自销产品】 炼油销售公司努力提量拓市保增长，提升服务降费增效益，较好地完成全年各项工作任务，实现“三高两降一突破”，即经营总量创新高、实现利润创新高、自营创效创新高、物流降本成效好、经营费用降幅大、市场拓展有突破。炼油自销产品市场份额在国内保持领先地位，全年经营量增长5.2%，创历史新高；自营量增长102%。推动异辛烷统购统销工作。石油焦在环保要求提高的情况下，实现经营量增长7.4%。沥青中标工程项目28个，有序推进新疆春风塔河稠油生产优质沥青及应用推广项目。硫黄在普光减产的情况下，努力做好自营，全年销售增加20万吨。硫黄、石蜡等部分产品电商平台销售增长223%。

（羊依智）

【品牌建设】 长城润滑油以互联网思维重新定义品牌传播方式，进一步完善和阐释“航天级润滑保护在您身边”的品牌形象。坚持“主题化、故事化、口碑化”的新闻传播基调，取得较好的传播效果，保持行业领先的品牌曝光机会和提及率，提升了品牌形象，促进了市场推广。长城润滑油连续6次蝉联工信部品牌研究中心年度品牌力排行榜中国润滑油行业榜首。2016年再次获中国润滑油行业年度十强、年度行业OEM优秀服务商等奖项，并荣膺年度最受用户欢迎汽油机油品牌。

炼油销售公司品牌建设围绕产品质量升级与结构调整、新产品开发应用与市场推广、前瞻性的市场规划和技术导向，在春风塔河道路沥青开发与应用、针状焦评价和应用开发、沥青分级利用、硬质沥青生产应用攻关、石蜡技术服务及特种蜡开发等方面加大研究力度，有效推动技术成果向市场转化，提高中国石化品牌的市场影响力。在知识产权方面，全年共有6件专利获得授权，其中发明专利4件、实用新型专利2件。沥青创新团队获集团公司优秀创新团队称号。

（羊依智）

燃料油销售

【概述】 2016年，全球经济增速放缓，国际油价低位震荡，多个大型航运企业破产整合。中国经济增长乏力，人民币汇率加快贬值，国内原油进口权进一步放开，市场竞争更加激烈。面对严峻复杂的经营环境，集团公司燃料油销售克服困难，全年实现经营总量1 909万吨，增长1.5%。

（李登兴）

【保税油业务经营能力显著提升】 ①改革体制机制增强运作合力。加强体制机制改革，成立4个专业团队，组建华北、华南区域中心，进一步明晰“进销存、量利费”的主体责任，“采购与销售配合、纸货和实货联动”明显增强。②加强客户开发提高经营质量。强化远洋渔业、集装箱客户开发，MGO、RMK销量同比分别增长48%和28.5%，有效改善品种结构。扩大阳明、力拓等一批重点客户经营量，长约、终端比重分别达35%和40%，价差水平明显提高。③优化资源调度和物流运行降低费用。调减岙山中心库2万立方米库容，打通岙山转关台州、高桥等业务，退租大鹏湾、甬石旺泰等低效库，降低高桥库租费标准。“朝阳501”改为轻油船满足MGO运输及配送需要，“朝阳902”安排到马鞭洲油库使用，转关自有船舶使用率达60%，全年总体降费超过2 000万元。④强化经营纪律提升管理水平。完善基础统计分析，规范价格审批流程，强化合同履行严肃性。保税业务全年销量293万吨，配送服务质量进一步提升，全年配送超过4 000航次。

（李登兴）

【内贸业务转型成效逐步显现】 ①客户开发进一步强化。加强营销队伍建设及业务培训，加强CRM系统应用及考核激励，客户开发能力有效提升，新增大唐电力、国电集团等规模终端客户20余家。②调和业务规模扩大。把握机会参照市场价格采购系统内资源，统筹油库使用方案，加强调和统一组织，全年调和资源54万吨，占船加油经营量的50%。③创新拓展原料供应。实现茂名石化、武汉石化、九江石化等多个炼厂的蜡油和石脑油供应业务。通过内外联动，完成首单海外原料进口业务，开创原料供应与地炼产品回购新模式。④参与有关法规制定赢得政策主动。积极参与《船舶供受燃油程序及检测方法》等国家政策法规的制定，多次走访有关部委汇报情况，争取内河区域轻燃经营许可。内贸业务全年实现经营量386万吨。

（李登兴）

化工产品销售

【概述】 2016年，世界经济复苏疲弱，中国经济增速放缓，特别是上半年国际油价屡创新低，化工产品结构性矛盾凸显，市场竞争异常激烈，加大了生产经营的难度。面对油价波动和化工产品结构性过剩的双重挑战，化工销售企业认真落实集团公司年度工作会议及年中工作会议精神，以坚定的信心和拼搏的精神，迎难而上，开拓进取，全面完成化工产品年度经营目标任务，实现"十三五"发展良好开局。

（武　晶）

【商情管理】 完善市场需求端基础数据库，加强市场研究预测，开展常态化分析，为制定营销策略提供依据。开展产业链研究，持续开展合成树脂进口高附加值产品替代项目调研，开展顶替进口等专题分析，组织腈纶等产品市场专题调研，提出其产业链发展建议，为上级部门决策提供参考。

（武　晶）

【产品管理】 深入推进"一品一策"，衔接生产企业、科研单位，细化月度、季度、年度产品排产到牌号工作，根据市场分析预测，分产品小类、分牌号有针对性地制定营销策略，促进产品结构优化，为客户提供优质产品。深度开展资源优化，完成各层面150多项优化项目，涵盖产销经营、降本增效、仓储物流、产品开发等方面，促进了经营质量的提升；统筹区域间资源优化，完成部分产品销售区域优化调整，产品生产和销售流向更加合理，区域协调分工更加明确；推进保供互供三月滚动计划，充分利用供、需企业库容优化企业检修期间原料储备，保障区域市场稳定供应。

（武　晶）

【渠道管理】 深化渠道分析，制定终端客户行业划分标准，细化下游客户管理；完成新增客户、流失客户、渠道结构等专题分析，动态监控客户结构变化，巩固了优质核心客户群；加强直销型优质客户开发，与金发科技、威高等建立战略合作关系，与万华、奥克等扩展战略合作范围。

（武　晶）

【客户管理】 加强与行业协会、上下游等沟通，促进产业链健康发展。通过客户走访、市场调研、客服中心、技术服务、客户座谈会等方式广泛收集需求信息，并开发信息收集系统，深入推进"一户一案"；通过将需求信息转化成相关单位生产、经营、科研、服务任务，落实客户需求，保障服务质量，客户满意度同比提高1.6分。

（武　晶）

【产销联动】 与生产企业紧密协调，提高生产计划准确性，保障市场供应稳定；配合落实年度顶替进口计划，全年进口替代高附加值产品计划完成率105%；建立并完善产销研用体系与工作机制，加快产销研深度融合，召开合成材料产销研用工作会议，量化目标开展工作，促进了市场信息在产销研体系中的有效传递，及时导向企业优化排产；加强新产品海内、外推广，一批新产品获得市场认可；醋酸乙烯等部分产品海外渠道开拓取得成效，有效化解国内过剩产能；配合推进新项目建设，密切跟踪新项目建设进度，提前做好原料保供和销售安排，保障产品后路畅通和市场稳定供应。

（武　晶）

【电商平台】 积极践行国家"互联网+"战略，编制业务方案，组织系统开发，开展周密测试和试运行，"石化e贸"网于2016年6月成功上线，开启化工产品电商新时代。至年底，初步建成以石化e贸自建平台为主、海峡石化交易中心等第三方交易平台为辅的电商业务体系。发布《中国石化化工销售有限公司石化e贸网服务协议》，开放外部客户注册，满足客户自主采购需求。

（武　晶）

【外贸管理】 加强外贸业务管理，开展境外机构管理改进专题研讨，明确境外公司与境外网点的定位，理顺产品线统筹国内外业务发展职能，确定出口品种、贸易方式和目标市场，明确了外贸业务发展方向；加强自贸区政策研究，推进在自贸区设立子公司试点工作，充分利用国家政策，为外贸业务创造条件；加强海外终端市场和终端客户开发力度，发挥内外贸一体化优势，扎实推进外贸业务发展。

（武　晶）

【风险管控】 深入开展风险管控，按照“更严格、更具体、更全面”的原则修订内控权限，组织编写《化工销售重大重要风险应急预案(试行)》，包括20项重大重要风险应急预案，系统阐述风险识别和应对流程，强化全体员工的风险防控意识；关注金融市场走势，开展汇率风险等专题研究；发挥审计监督作用，开展经营网点管理审计、管理流程与制度执行情况检查评价，开展自营贸易等专项审计和内控执行情况审计评价，进一步规范经营行为，增强防范经营风险能力；全面推进依法治企，编制标准合同文本法律风险指引和法律风险岗位责任制手册，开展法律风险和基层普法培训，依法依规从严治企。

（武　晶）

【HSE管理】 严格落实安全管理责任，制定多项HSE管理及物流服务商管理制度，从制度源头保障安全管理要求落实到位；开展安全检查和督察，及时治理不安全隐患，督察工作覆盖经营全过程；组织编制应急预案，应急处置能力不断提升。开展形式多样的安全管理知识竞赛和培训，营造“全员重视安全，人人参与安全”的安全文化氛围。提前谋划、精心准备，成功应对“G20峰会”期间各项安全保障需求。

（武　晶）

【物流管理】 组织修订物流服务商管理体系文件，制定危化品船舶和车辆检查认证管理办法。新文件体系定义了自有车辆与自有船舶的概念，提升了准入条款及日常检查标准，明确了业务分包的规则，规范了标杆、战略物流服务商的评选程序和标准，规范了车辆船舶检查认证流程，简化了物流服务商扩充使用流程，统一了对改制企业与所有物流服务商管理的要求。开展物流风险培训，强化风险管理意识。继续推进危化品船舶和车辆检查认证，开展“四不两直”抽查，确保危化品运输过程管控。成功应对韩进海运破产对外贸物流的影响，积极组织应对交通部“62号”令。加强中转仓库盘点检查，开展仓储效能监察，进一步规范对仓储业务的管控，落实仓储及存货的安全和风险防范。围绕物流优化降本目标，明确分工，落实责任，分解指标，加强与生产企业之间的协同，统筹内外部资源，优化产品流向配置，优化物流运作方案，引进运输包装新技术等举措，物流优化降本再创佳绩。

（武　晶）

【电商物流】 结合已经开展的电商物流业务基础，筹划电商物流方案，从发货点的物流准备、电商订单的开具、信息系统的衔接、物流服务商的选择、配送策略的制定等方面进行现场推演，全流程模拟电商物流过程；结合“石化e贸网服务协议”，从产品交付、计量标准、验收3个方面告知客户物流服务规则，界定相关权益和责任。

（武　晶）

【物流服务商管理】 开展第3次标杆及战略物流服务商评定，综合考虑物流服务商的资质复审和现场检查评级得分情况、2015—2016年HSE情况、业务合作情况、KPI考核结果、客户服务与投诉5个方面因素，共评出7家标杆、17家战略物流服务商，较好地起到了引领示范作用，推动了物流服务商之间的“比学赶帮超”。

（武　晶）

【应急预案】 全国“两会”期间，落实相关要求，加强产销衔接，落实物流预案，强化运输仓储等安全管理，确保企业原料供应、产品出厂等工作安全平稳运行。“G20峰会”期间，落实“一品一策”“一户一案”应对措施，及时调整物流方案，保证了峰会期间经营和物流活动有序进行。积极应对台风洪涝等气象灾害，加强隐患排查力度，落实应急方案，不同运输方式和不同流向资源均相互调剂，确保企业后路畅通和客户的供应。

（武　晶）

【市场行情】 2016年，国际原油市场供需基本面宽松，国际油价探底后小幅回升，总体低位震荡运行；国内化工产品需求稳步增加，国外进口货源同比减少，国内石化企业集中检修。原油价格持续低位运行，增强了石油化工盈利能力和竞争力，化工产品市场价格年初小幅回落调整，年中呈持续上行态势，四季度受综合因素影响，大宗商品价格涨幅较大，化工产品市场整体表现良好。

有机化工产品。纯苯前3季度在原油价格上涨、下游新增需求释放的推动下，市场价格震荡上涨；四季度在货源短缺、游资炒涨下大幅上扬。甲苯、二甲苯前3季度受调油需求低迷、混合芳烃大量进口冲击、PX低位运行影响，价格低位运行；四季度，成品油升级，调油需求猛增，推动价格上涨。乙烯一季度受下游产品带动，行情快速上涨；四季度初因外部资源较为充裕，出现短暂探底，随后反弹企稳。丙烯全年维持震荡上行，年末达全年最高点。丁二烯年初开始震荡上行，年末达到最高点。

苯乙烯上半年强势冲高后转为震荡走势，四季度市场回升，高位趋稳。环氧乙烷一季度低迷反弹，年内市场呈现宽幅震荡走势。醋酸乙烯年内整体呈“V”字型走势，一、二季度相对平稳，三季度价格触底后快速反弹。

合成树脂。2016 年，全球聚烯烃产能增长依旧集中在亚洲，合成树脂产品国内需求增速放缓。国内低密度聚乙烯、聚丙烯产量增幅较大，进口低密度聚乙烯、聚丙烯、聚苯乙烯降幅较大，各品种出口量均较少，其中聚丙烯出口增幅最大。下游需求方面，主要相关行业产量和出口量均增幅平稳。受宏观环境、国际原油、集中检修、需求变化等因素综合影响，一季度市场探底反弹，二季度先扬后抑，下半年持续上涨。

合成橡胶。2016 年，合成橡胶市场行情大幅上涨，过剩产能开始退出，国内产能与 2015 年基本持平。8 类产品累计进口同比增长，主要是丁苯橡胶和卤化丁基橡胶进口量明显增加。全年表观消费量增加，结束了连续 2 年的下降态势，增长前 3 名的分别是卤化丁基橡胶、异戊橡胶、乙丙橡胶。开工率小幅提升，整体较 2015 年提高 6.5 个百分点。

合成纤维原料。2016 年，合成纤维原料产品市场价格整体呈现触底震荡反弹的行情，一季度触底，之后以震荡整理为主，年底 CPL、MEG、PTA 等产品价格大幅度上涨，并创出年内价格水平新高。国内产量同比增长，进口量降低，PTA、MEG、CPL 等大幅度下降，出口增长，PVA、PTA 大幅增加。进口依存度除 PX 继续提高外，其余产品均下降。新增产能持续增长，PTA、MEG、CPL、PVA 等主要合成纤维原料产品新建装置投产 6 套。聚酯原料产品进口分化，PX 进口继续保持增长，PTA 进口大幅下降，MEG 进口首次下降。

合成纤维。2016 年，聚酯产能增速有所放缓，部分装置因效益不佳推迟开车，实际新投产聚酯装置 7 套，新增产能主要配套涤纶长丝。开工率略有提升，聚酯装置负荷同比提高 2 个百分点，其中涤纶短纤提升明显；腈纶装置开工率降低 10 个百分点。聚酯切片产能有所缩减，纤维级切片产量较上年小幅下降。涤纶出口大幅增加，涤纶长丝占比较大。腈纶表观消费量走低，进口下降，包芯纱替代抑制了腈纶需求。

其他产品。2016 年，甲基叔丁基醚价格依然呈波动大、变化快的特点，与上年相比波动趋缓，进口量同比增加，全年出口基本与上年持平。硫酸铵国内产能逐年增加，但产能释放不明显，产量增幅趋缓，焦化企业全年开工基本维持低位，货源供应受限；部分新投产己内酰胺副产硫酸铵装置因主产品行情低迷，开工时间推迟，开工率下降。1，4 - 丁二醇供需矛盾突出，产量增长，需求量增长缓慢导致开工率降低。聚氯乙烯市场年初价格触底反弹，上半年基本维持震荡盘整态势；下半年受多重利好因素影响，价格强势走高，但下游开工率较低，需求没有明显改善。

（武　晶）

国际化经营

◇ 综述

◇ 对外经济合作

◇ 国际贸易

◇ 外事管理

综　　述

2016年，世界经济复苏缓慢，国际油价低位震荡，石油石化产品需求增速放缓，市场竞争加剧。面对复杂的国际经营环境和严峻的安全形势，中国石化紧紧围绕“建设世界一流能源化工公司”的战略目标，发挥集团化、一体化优势，坚持“引进来”与“走出去”协调发展，积极稳妥发展国际化经营业务。

（卫　东　孔自超　张清云）

对外经济合作

【境外油气勘探开发】 坚持以经济效益为中心，实行油价与投资联动机制，更加注重内涵式发展。全年在埃及、阿根廷等取得13项商业发现，探井商业成功率达68.4%，新增2P+2C储量879万吨油当量。伊朗雅达项目一期顺利达产，澳大利亚APLNG项目第2条线建成投产，全年权益油气产量4 295万吨油当量。深入开展降本增效、改革脱困，优化投资管理，强化风险防控，全年累计投资同比下降46%，生产成本降低22亿元、下降9.8%，销售桶油现金操作成本降低1.38美元/桶、下降10.1%。积极推进新项目收购，优化资产结构，伊朗、伊拉克新项目谈判取得进展，中标埃及6#、7#勘探区块。妥善处置低效无效资产，提高抗风险能力。北海资产剥离增加现金流6 607万元。截至2016年底，集团公司在全球26个国家拥有50个油气勘探开发项目。

（卫　东　孔自超　张清云）

【境外石油工程技术服务】 2016年是石油工程市场寒冬持续、生存发展面临严峻挑战的一年。面对国际油价低位徘徊、工作量大幅下滑、服务价格不断下跌、停待队伍居高不下等重重困难，大力推进海外区域资源优化，灵活调整经营策略，推动项目提质增效，努力破解生存发展困局。截至2016年底，在40余个国家执行项目470个，合同总额217.4亿美元。2016年新签合同额28.61亿美元，完成合同额23.79亿美元。海外员工总数为33 095人，其中中方员工8 678人、外籍人员24 417人。

（高　杨　杨　硕）

【境外炼化合资合作】 积极稳妥地推进和发展境外炼化投资合作项目。一批已投资的境外炼化项目，如沙特延布炼厂项目、参股西布尔项目、阿联酋富查伊拉仓储项目、俄罗斯克拉斯诺雅尔斯克丁腈橡胶项目、新加坡润滑油脂项目、荷兰VESTA仓储项目等运营良好。2016年1月20日，习近平主席与萨勒曼国王出席延布炼厂项目投产启动仪式，是中国“一带一路”建设的标志性项目。重点推进南非炼油及销售业务、博茨瓦纳润滑油业务的收购、伊朗天然气制甲醇项目、俄罗斯阿穆尔天然气化工项目的前期工作。同时，组织开展多项境外炼化仓储投资及并购项目的前期研究工作。截至2016年底，集团公司在全球7个国家拥有6个炼油化工、仓储物流项目。

（高　杨　杨　硕）

【境外炼化工程技术服务】 2016年，炼化工程板块在境外执行的项目共有39个，合同总额97.59亿美元。全年新签合同额17.44亿美元，完成合同额22.45亿美元。其中，与伊朗ODCC公司联合中标伊朗阿巴丹炼厂产品升级项目，项目合同总额11.74亿美元。全年在沙特新签项目3个，合同额3.38亿美元。执行项目管理和作业人员月均18 687人，其中中国石化员工1 298人、国内雇佣及分包人员7 136人、国外雇佣及当地分包人员10 253人。

（高　杨　杨　硕）

【境内合资合作】 与GE、哈里伯顿等公司签署战略合作协议。陆台合资古雷项目完成工商注册登记，并在两岸企业家峰会举行揭牌仪式。完成中沙石化26万吨/年聚碳酸酯项目方案优化调整工作。继续跟进BP出售上海赛科公司股权事项，完成对上海赛科公司资产预评估工作。与比利时索尔维公司签署油田化学品项目合资意向书。齐鲁石化、燕山石化分别与台湾台聚集团探讨PVC、EVA合作机会。

（李小飞　张明华）

国际贸易

【概述】 面对复杂的国际政治、经济形势，积极开拓国际市场，充分发挥国际化贸易团队力量，建立全球化运作机制，不断增强国内外市场统筹和资源优化能力，把握市场趋势，及时调整经营策略，国际贸易稳步推进。

原油进口贸易大力推行科学理性采购，强化市场分析，抓住市场有利时机，准确把握采购节奏，最大化降低采购成本，做大第三方贸易，努力保障国内原油供应。全年进口原油2.06亿吨，同比增长4.27%；完成第三方贸易原油1.42亿吨，增长14.82%。根据国内成品油市场平衡情况，充分发挥两种资源、两个市场优势，在保证国内成品油供应的基础上，合理安排成品油出口，全年出口成品油1 919万吨，增加378万吨。海外LNG进口345万吨，折合47亿立方米，增加27亿立方米，增长133%。

紧紧围绕集团公司生产建设主业，全面强化风险防控，并充分发挥各境内外公司的市场主体作用，进一步提高物资进口保供能力和产品出口保畅能力。物资装备全年实现石化产品、设备材料等国际贸易额15.32亿美元，受国内外整体经营环境不佳以及集团公司固定资产投资减少等影响，同比减少27.1%；实现煤炭进口和第三国贸易1.64亿美元，增长53%。

化工销售加强海外终端市场和终端客户开发力度，发挥内外贸一体化优势，扎实推进外贸业务发展，加强自贸区政策研究，推进在自贸区设立子公司试点工作。积极响应国家“一带一路”战略，充分利用国家政策，为外贸业务创造条件，努力通过外贸业务化解国内过剩产能。全年进出口及第三方贸易量达900多万吨，增长17%。

催化剂销售方面，努力参与国际竞争，境外影响力不断扩大，外销高利润率品种显著增加，全年共出口催化剂3万吨。

燃料油业务海外平台建设进一步加强，国际化经营能力进一步提升，全年实现海外经营量1 157万吨。

（卫　东　孔自超　张清云）

外事管理

【概述】 2016年，集团公司认真贯彻落实国家外交大政方针，坚持“大外事”理念，正确处理管理与服务的关系，寓管理于服务之中，外事工作紧紧围绕公司转方式调结构、提质增效升级的中心任务开展，有力地起到了支持和保障作用。

（戚　鸣）

【因公出国(境)管理】 2016年，集团公司因公出国(境)团组数量稳中有降，实际派出各类团组3 831个、20 641人次，团组数与上年基本持平，人次数同比减少2.9%。其中，执行工程承包与服务、投资经营、国际贸易3类任务的团组仍是出访团组主体，共占总团组数的81.5%和总人次的86.9%。全年有16个团组立项后未予批准，有45个团组被要求压减人员和在外停留时间，共压减894人·天。

强化制度建设和宣贯落实。为规范因公长期出国(境)人员管理，制定并颁布《中国石化境外内派人员外事管理办法》，重点就内派人员的选派条件、任务期限管理、日常外事管理和个人重大事项管理等内容进行规范，填补了因公长期出国(境)人员管理空白；做好制度的宣贯工作，让制度迅速落地执行，为中国石化国际化经营有序、顺利开展和推动国际化人才队伍建设提供保障。

继续实行“计划”和“预算”的双锁管理，成效突出。2016年是全面实行任务计划管理的第3年，集团公司充分发挥任务计划管理的管控效力，通过提出要求、加强沟通、改善计划管理软件功能等方法，进一步提高任务计划的管理效力。全年列入生产经营性出国(境)任务计划共2 344项，实际完成计划1 446项，占全年计划的61.7%，好于2015年51.3%的执行率。年底，全系统99家单位上报2017年度生产经营性出国(境)任务计划2 871项，获批准列入2 088项，压减27.3%，比上年批复数减少13.3%。经过3年计划管理，各单位已充分认识到任务计划管理的严肃性和重要性，“随派随走、计划服从变化”的错误观念正被逐步纠正。同时，继续严格出国(境)费用预算管理，通过OA系统控制超预算部门和单位立项，进行全口径统计和预算进度预警，对确有需要的，执行“一事一报”的报批原则，有效加强了对全系统因公出国(境)费用预算执行情况的管控力度，全年外事费用预算管理稳健有效。

持续优化出国(境)管理手段。加大对企业和境外机构的调研检查力度，面对面宣讲和解读政策，及时掌握企业需求并发现问题，强化分类督导。重点抓好外事教育，扩大覆盖面，不仅做好境内培训，还通过“送课上门”的方式，派遣总部人员在境外机构举办外事教育专题讲座，帮助境外机构提升外事管理水平，全年举办外事教育16场，培训927人。提高护照管理水平，在工作中摸索出派出单位之间护照互检的方式，并通过总结有关案例经验、进行通报批评等方式促进各单位提升护照管理水平，全年全系统护照遗失损毁数量保持在个位数。

寓管理于服务之中，不断创新工作内容。推广APEC卡成效显著，新办和续办300张，申办总量突破1 000张，位居央企办卡量首位；使用APEC卡频次大幅提升，同比增长122%，既便利出行，又提升了出国(境)人员通关效率。优化出国(境)管理和服务程序，包括简化出国(境)任务请示相关附件，为企业减负；优化上报集团公司主要领导的审批程序，提高审批效率；升级改造并重新上线签证系统；完成护照管理信息推送系统开发；及时发布重要信息，帮助团组规避出行风险等。

（戚　鸣）

【境外公共安全管理】　2016 年，全球安全形势复杂多变，多数产油国社会治安状况恶化。同时，为减少国内市场萎缩带来的不利影响，集团公司进一步加大了境外市场的开拓力度。截至 2016 年 12 月 31 日，中国石化境外机构/项目分布在 76 个国家（地区），用工总量 53 362 人，其中处于橙色以上高风险地区的用工数量占总量的 20.7%，境外公共安全风险管理难度加大、任务加重。集团公司始终把确保境外员工生命健康安全放在首位，着力在“强基础、严管理、抓预防”上下功夫，持续推进预防性境外公共安全工作，全年未发生境外公共安全死亡事件，连续 9 年保持境外公共安全“零死亡”。

完善境外公共安全管理制度体系。下发执行《中国石化境外员工心脑血管疾病风险防控指南》，研究制定《中国石化境外公共安全管理考核办法》和《中国石化境外员工健康风险评估指南》，形成一套以《中国石化境外公共安全管理办法》为核心，涵盖风险评估、安全培训、安保配备、疾病防治、出行安全、救援保险、应急管理、审计监督和考核评价等内容的境外公共安全管理制度体系，成为预防性境外公共安全管理工作的“基石”。

务实开展境外公共安全风险评估。前移风险评估关口，在项目跟踪的早期阶段即按照“风险可控、安全有保障且安全成本可承受”的风险可接受标准进行初步判断，对风险不可控的项目及时停止跟踪，对风险可控的项目着重研究应该采取的风险防控措施。对于风险高或规模大、人员多的项目，要求必须派人进行实地评估，并在开工前组织安保配备验收。全年共审核审批境外新上项目、新设机构风险评估报告 138 份。同时，进一步完善“中国石化境外公共安全风险评估信息系统”，有效提升境外公共安全风险评估水平。

持续做好境外公共安全培训工作。采取“理论与实操并重，境内与境外结合”的方式，全年在境内组织外派员工参加出国（境）前的境外公共安全培训 193 期（班），培训 7 683 人，其中初训 77 期（班）、2 736 人，复训 116 期（班）、4 947 人。继续组织“送课上门”，赴沙特等国家（地区）开展境外现场培训，全年在境外培训员工 1 917 人。

注重境外安保措施落实。组织正在运行机构、正在执行项目结合面临的实际风险进行安保配备对标完善，将安保配备作为境外新设机构、新上项目境外公共安全风险评估报告审批的重要考查内容。继续推行从国内安保机构选派安全官/安保顾问到高风险、重点国家协助工作的成功做法，全年共向巴基斯坦、尼日利亚、沙特等 14 个国家的境外机构/项目派驻国内安全官/安保顾问 27 人次，执行任务 2 132天。

狠抓境外员工身心健康管理。认真执行《中国石化境外传染病防治指南》，成功防范中东呼吸综合征、黄热病、寨卡病毒等传染病，全年境外员工无一人感染。开展“境外员工身心健康管理年”活动，举办身心健康管理培训班和“爱在我家”家庭训练营（示范），开设境外员工 24 小时心理咨询热线，为 2 450人进行心理健康知识培训、心理测评、心理状态训练和心理健康辅导，提供个性化咨询 1 939 人次。制作并发放“境外员工急救联络卡”等。

高度重视应急管理工作。建成基于海事卫星的“境外远程应急通信系统”；督促国际 SOS 改进会员服务，要求所有境外员工安装国际 SOS 手机 APP，随时了解相关国家（地区）最新安全、旅行和医疗信息；完善外派人员尤其是国内分包商员工的保险工作，确保保险全覆盖；成功组织南苏丹首都突发战乱期间集团公司 20 名员工安全撤离；成功救治乌干达项目突发恶性脑疟员工 1 人；妥善处置集团公司在沙特等国家因突发疾病、交通、生产事故等原因导致的人员死亡事件。

扎实开展境外公共安全审计。依据《中国石化境外公共安全审计规范》，完成对 10 个单位和 3 个国家机构/项目的公共安全审计工作，发现 95 个问题，列出整改清单，明确整改要求和时限，实现从“事后追责”向“事前问责、过程监督”的转变。

（戚　鸣）

【重要外事活动和对外交流】　2016 年，集团公司对外交往更加注重实效，突出以业务为导向，围绕中心任务加强与重点资源国政要、重点石油石化公司高管的交往。全年，安排各类外事活动 414 场（境内 246 场、境外 168 场），同比减少 67 场、下降 14%，其中安排集团公司领导外事活动 263 场，减少 9 场；安排出访团组 60 个，增加 13 个。

紧紧围绕国家大政方针和外交整体战略开展对外交往。全年，集团公司领导出访数量有所增加，配合国家总体外交和会见外国政要、国际组织领导人的外事活动增多，参加的重要外事活动包括中俄能源合作委员会第 13 次会议，俄罗斯第 2 届东方经济论坛，欧洲中资企业座谈会，股份公司、石油工程公司、炼化工程公司2015年度和2016年中期业绩发布，中美油气工业论坛，金砖国家工商理事会会议，世界可持续发展工商理事会会议，B20工作组全体会议，中阿能源合作大会，第18届国际LNG大会和两岸企业家峰会年会等。同时，按照国家主管部委要求，履行好央企政治责任，积极做好公司参与多边组织和涉台方面的工作，承担了金砖国家工商理事会中方秘书处项下能源与绿色经济小组的日常工作，以及两岸企业家峰会能源石化装备产业合作推进小组办公室的工作。

更加注重服务于集团公司发展战略，推动境外业务一体化协同发展。公司高层出席的外事活动既有标志着合作取得里程碑式意义的仪式庆典，如沙特延布炼厂投入运营、俄罗斯UDM合作十周年、哥伦比亚圣湖能源公司成立十周年、中冰地热合作十周年、澳大利亚APLNG终端设施完工、两岸合作的福建古雷石化有限公司揭牌仪式等；也有上中下游各领域合作新成果的协议签署，如与沙特阿美公司签署战略合作框架协议、与德国西门子公司签署战略合作协议、与俄石油公司签署东西伯利亚天然气化工项目预可研协议、与比利时索尔维公司签署合作意向书、与冰岛能源局和极地绿源公司签署中冰地热技术研发中心合作协议、与阿尔及利亚国家石油公司签署合作谅解备忘录等。同时，围绕集团公司的发展战略，各层级对外交流十分活跃，针对性和目的性较强。其中，总部牵头组织交流活动22场，重点围绕世界能源发展趋势、炼化行业发展动态、英国脱欧后能源政策调整、国家公司管理体制、各类节能环保技术等议题展开。

合作对象更多元化，对外交往“朋友圈”不断扩大。除与BP、壳牌、埃克森美孚、道达尔等欧美大型一体化公司及哈里伯顿、霍尼韦尔、摩根大通、花旗银行等专业公司和金融机构保持良好合作外，更加重视在“一带一路”沿线国家的合作布局，与沙特、伊朗、科威特、阿尔及利亚、俄罗斯、哈萨克斯坦等国合作伙伴的交往不断推进。集团公司不仅重视资源合作，更重视在先进工艺技术、节能环保、金融服务、新能源等领域的合作，通过积极跟进和推动对外合作，不断促进公司自身提质增效升级和转方式调结构，在境外油气勘探开发、炼油化工、工程服务和国际贸易等领域提升公司的全球竞争力。

（戚　鸣）

【相关外事管理】 邀请外国人来华。根据新政策和办理要求，及时向集团公司全系统更新发布《外国人来华邀请管理工作指南》。2016年，总部办理被授权单位邀请函188份、332人次；集团公司系统内各单位自行办理一、二次邀请函456份、743人次。

国际会展。主办承办多场专业性会议，包括第10届(2016)国际炼油技术进展交流会，国际理论与应用化学联合会区域研讨会和化学委员会年会，中国石化第6届催化剂国际技术交流会和2016中国地热论坛。认真执行2016年度出国(境)会展计划，确保出国(境)参会参展有序进行。重点支持科研单位参加专业性国际会展，支持论文被采用的科研人员参会。重要的国际会议，由总部统一组团；有多个单位参加的专业性国际会议，指定牵头单位；重要国际展览，指定专业公司或业务单位牵头，相关单位共同参与，统一设立展台，既全面宣传中国石化，又整合了资源，节约了参展费用。全年约21个会展团组统一组团，有效避免多头组团、分散参会参展的情况。

引智工作。2016年获得国家外国专家局批复的引进国外技术、人才管理项目3个，专项引智资金60万元。全系统上报2017年度高端和重点外国专家项目9个，拟聘外国专家114人次，拟申请重点外国专家经费353万元。

（戚　鸣）

重点工程建设

综　　述

2016年，工程建设系统围绕“转方式调结构、提质增效升级”的工作主线，大力弘扬“苦干实干”“三老四严”的石油精神，坚持稳中求进，不断完善工程建设“3557”管理体系，扎实抓好“五大控制”和7个专项管理，保重点工程项目建设，推进管理体制机制创新，提高工程建设国际化水平，突出质量和效益，实现“十三五”的良好开局。

全年完成30套炼化装置，10条原油、成品油、输气管道，4座油气储运设施建成投用；完成14家企业(含2家合资企业)的14个重点大修改造项目，涉及295套装置。涪陵页岩气田一期产能建设全部完成，元坝气田17亿米^3/年滚动建产地面工程基本建成，荆门、九江、武汉、茂名、齐鲁、长岭、安庆、镇海等汽柴油质量升级、催化剂南京公司3 000吨/年S－MTO、中天合创煤化工Ⅰ系列装置按期建成投产；广西LNG项目按计划实现接气投用，天津LNG输气管道工程一期具备投产条件，江西成品油管道二期、百色—昆明、绍兴—杭州、贵阳—重庆、安庆800万吨/年配套成品油管道建成投用。金陵亨斯迈环氧丙烷项目顺利中交，进入生产准备阶段；大连石油化工研究院建设项目具备搬迁条件。

中沙石化聚碳酸酯、海南炼化第2套芳烃项目全面启动，中科炼化一体化、中安联合煤化工项目正在加紧建设，古雷炼化一体化项目启动前期工作，福建腾龙翔鹭石化项目按计划有序做好检测、评估和修复工作，甬台温成品油管道及配套油库、湛江和天津实华原油商业储备基地、日照—仪征原油管道增输改造、重庆涪陵LNG工厂、川气东送增压工程顺利推进。

在2016—2017年度第1批国家优质工程奖名单中，中国石化武汉80万吨/年乙烯及配套工程获国家优质工程金质奖，榆林—济南输气管道工程、桥东油田青东5块新区产能建设地面工程、海南原油商业储备基地工程、武汉分公司油品质量升级改造二期工程4个项目获国家优质工程奖。

（宋　铎）

油田地面建设工程

【江汉油田涪陵页岩气田焦石坝区块一期产能建设地面工程全部建成】　该工程建设产能50亿米^3/年，按试验井组、北区、中区、南区有序推进。截至2016年底，地面工程有关脱水站、集气站及集气、采气管道等全部建成并顺利投产。

（冯红民）

【元坝气田17亿米^3/年滚动建产地面工程基本建成】　该工程建设产能17亿米^3/年净化气，地面工程包括新建集气站5座、单井站13座、采气井场3座，扩建集气总站和YB103H集气站；建设酸气、燃料气管线各67.5千米；建设隧道5条、桁架跨越4座；配套建设自控、通信、供配电、道路等系统工程。截至12月底，16座站场中交；酸气、燃料气管线各焊接66.7千米；5条隧道全部完工，4座桁架跨越完工，工程基本建成。

（冯红民）

【胜利油田排612块产能建设地面工程顺利推进】　该项目建设产能27万吨/年，包括春风2#联合站1座、增压泵站3座(2 000吨/日)、燃煤注汽站1座、35千伏变电站1座、注汽管线33.3千米、集油管线44.2千米等。截至2016年底，春风2#联合站、3座增压泵站、35千伏变电站、集油管线、注气管线已完工；燃煤注汽站开展建构筑物基础、主体施工，钢结构预制、安装，锅炉安装等，工程建设顺利推进。

（冯红民）

炼 油 项 目

【中科合资广东炼化一体化项目续建】　项目包括设计炼油能力1 000万吨/年、乙烯生产能力80万吨/年，主要装置包括30套工艺装置和4×450吨/时CFB锅炉、3×100兆瓦发电机组及相应配套公用工程；厂外工程包括码头和成品油管道，码头建在厂区北侧，共8个泊位。批复总投资352.4亿元。截至2016年底，现场场平施工完成88.5%(含龙腾村，不含政府已施工部分)；码头围堰、疏浚、吹填工程完成74.7%，中护岸及厂区东护岸、排海口工程完成60.7%，厂区道路完成29.7%，临时排水完成62.5%，厂区围墙完成27.3%，北排水渠强夯施工完成93.9%。

（宋　铎）

化 工 项 目

【催化剂大连基地(一期)项目续建】　项目包括建设

1套规模为1万吨/年加氢催化剂生产装置、液体及固体原料库、固体成品库、化学品库等，另外配套建设循环水场、污水处理场、净水站、空压站、变电所、生产管理中心(含化验分析)、倒班宿舍、食堂及备件库等设施。概算批复总投资为8.4亿元。项目于2014年10月30日开工，截至2016年底，总进度完成81.5%，厂区给排水管网完成施工，土建工程完成90.1%，钢结构安装88.5%，全厂电仪施工完成43.2%。

(宋　铎)

【中天合创鄂尔多斯煤化工示范项目续建】 项目主要内容为建设以煤为原料的360万吨/年甲醇装置(中间产品)、35万吨/年的聚丙烯装置(环管)、35万吨/年的聚丙烯装置(气相)、12万吨/年的LDPE(釜式)装置、25万吨/年的LDPE(管式)装置及30万吨/年的LLDPE(气相)装置，另外包括为工艺装置配套的空分装置、配套的热电装置及辅助生产设施，还包括厂外渣场、厂外220千伏供电线路以及镫口取水站至厂区的厂外输水管线等厂外工程。煤化工一期工程总投资267.94亿元。截至2016年底，Ⅰ系列装置稳定生产，工艺装置除2套高压聚乙烯未中交外，其余生产装置全部中交。

(宋　铎)

【中安联合煤化一体化项目续建】 项目包括新建170万吨/年煤制甲醇装置(以产量计)、170万吨/年甲醇制烯烃装置和烯烃下游35万吨/年线型低密度聚乙烯装置、35万吨/年聚丙烯装置及专有铁路、取水口、码头、水厂、输配电、热电、空分等辅助及公用工程配套设施。项目批复总投资206亿元。截至2016年底，总进度完成31.5%，累计开工34个主项，开工率45%，完成中交并移交生产2个主项。

(宋　铎)

【金陵亨斯迈环氧丙烷项目续建】 项目包括新建PO/MTBE主装置，以及110千伏变电站、循环水场、污水预处理、事故水池和消防水池、地面火炬、全厂性仓库、原料产品罐区与中间罐区、控制室、办公楼等配套设施等20个单元工程。基础设计批准概算49.09亿元。截至2016年底，项目已顺利中交，完成"三查四定"，进行投料试车准备工作。

(宋　铎)

【南京3 000吨/年S-MTO催化剂项目建成投产】 项目包括3 000吨/年S-MTO催化剂生产装置及配套公用工程、辅助生产和生活系统。其中，生产装置包括分子筛合成单元、催化剂成型制备单元、含胺废水回收处理单元；配套公用工程包括35/10千伏变电所、10/0.4千伏变配电中心、循环水站、纯水站、污水预处理站及废渣临时库房、事故废液收集池、空压站、固体原料库房及备件库、成品立体库房、危化品库房、消防水站、液体原料罐区等；辅助生产和生活系统包括分析化验楼及中控室、天然气调压站、综合楼、制冷(热)站等设施。项目批复总投资6.94亿元，于2016年1月12日建成投产。

(宋　铎)

物流储运项目

【江西成品油管道二期及配套油库工程建成投用】 该工程管道全长742千米，设6座油库，设计输量450万吨/年。工程于2012年7月20日开工，南线(樟树—赣州段)于2015年10月1日完成水联运，东段(浙赣省界—赣州段)于2016年1月14日完成水联运。

(侯志强)

【广西LNG项目建成投用】 该项目分码头、接收站、输气管道3个部分。其中，接收站工程分2期建设，一期设计接收能力300万吨/年，接收站内建设4座16万立方米的LNG储罐，码头工程建设1个27万立方米LNG船泊位、1个工作船码头及相应的配套设施，陆域形成面积40.32公顷；二期设计接收能力600万吨/年。一期建设输气管道原设计"一干六支"，长度为1 336.88千米，根据市场情况在建管道调整为"一干二支"，线路长度约647千米，输气能力80亿米^3/年，沿线设11座站场、24座阀室，包括北海—柳州主干线492千米、柳州支线36千米、粤西支线129千米。项目于2013年6月24日获得国家发改委核准。LNG码头工程于2014年3月25日开工，2016年4月19日建成投用；外输管道工程焊接完成720千米，其中457千米管线达到投产条件。

(侯志强)

【百昆成品油管道工程及配套油库建成投用】 该项目管道东起广西百色，西至云南昆明，途径11个县市，全长800千米，设计输量700万吨/年。全线设9座输油站，配套的广南油库和蒙自油库，总库容共计约8万立方米。工程于2012年2月9日开工。

2016 年 6 月 27 日管道及配套油库建成投用。

（侯志强）

【安庆石化 800 万吨/年炼化一体化成品油管道及配套油库工程建成投用】 该工程管道全长 520 千米，设 5 座站场、4 座油库，设计输量 430 万吨/年。工程于 2012 年 11 月 18 日开工。2016 年 6 月 21 日，安庆—合肥段顺利投油；7 月 12 日，合肥—淮南—阜阳/淮南—蚌埠顺利投油。

（侯志强）

【绍兴—杭州成品油管道工程建成投用】 该工程管道总长 93.8 千米，设计输量 500 万吨/年，设绍兴、萧山 2 座站场。概算投资 5.24 亿元。工程于 2015 年 11 月 28 日开工。2016 年 8 月 16 日，管道顺利投油成功。

（侯志强）

【仪征—长岭原油管道复线工程（仪征—九江段）具备投产条件】 该工程设计输量 2 000 万吨/年，全长 560 千米，站场改扩建 6 座、新建 1 座，其中怀安支线和仪扬段共计 58 千米、1 座站场已建成。在建 502 千米、6 座站场，其中干线 448 千米，黄梅—九江段 54 千米。概算批复 33.16 亿元。工程于 2015 年 4 月 3 日开工。黄梅—九江支线工程于 2016 年 6 月 13 日投产；主干线工程于 12 月 16 日完成中交验收，具备投油条件。

（侯志强）

【甬台温成品油管道及配套油库工程续建】 该工程管道全长 430 千米，共设 6 座站场、4 座油库，设计输量 460 万吨/年。工程于 2012 年 7 月 5 日开工。截至 2016 年底，线路累计焊接 398 千米，回填 370 千米，累计完成 98%。临海油库于 2016 年 1 月 26 日正式进油。

（侯志强）

【湛江原油商业储备基地续建】 该工程总库容 135 万立方米，包括 10 万立方米浮顶罐 12 座、5 万立方米浮顶罐 3 座及配套设施。概算批复 13.63 亿元。工程于 2014 年 12 月 10 日开工建设。截至 2016 年底，项目总进度完成 82%，完成储罐安装、上放水及外防腐。

（侯志强）

【天津实华原油商业储备基地续建】 该项目总库容 120 万立方米，包括 12 座 10 万立方米原油储罐及其配套辅助设施，概算批复 15.23 亿元。工程于 2014 年 4 月 4 日开工建设。截至 2016 年底，12 座储罐全部试水完毕，储罐防腐完成，具备中交验收条件。

（侯志强）

【天津 LNG 项目续建】 该项目分码头、接收站、输气管道 3 个部分。其中，一期建设规模 300 万吨/年，码头工程包括 1 座 26.6 万立方米 LNG 运输船码头（兼顾 3 万立方米 LNG 船装船功能），接收站内建设 4 座 16 万立方米 LNG 储罐及配套工艺处理设施；二期规模扩至 1 000 万吨/年。输气管道线路全长 580 千米，输气能力 136 亿米^3/年，沿途设分输站 10 座、线路截断阀室 31 座。项目于 2013 年 5 月开始储罐桩基施工。截至 2016 年底，码头及接收站工程完成 98.66%，其中储罐工程完成 99.25%、站场工程完成 96.88%、码头及陆域形成工程完成 99.9%；输气管道累计扫线 450 千米，焊接 438 千米（72%）。输气干线工程一期投产段（邹平末站—团泊洼阀室）线路全长约 296 千米，于 2016 年 12 月 27 日全线贯通，一次投产成功。

（侯志强）

【重庆涪陵 LNG 工厂项目开工建设】 项目设计总规模 200 万米^3/日，分 2 期建设，其中一期建设规模 100 万米^3/日（年产液化天然气 22.66 万吨）、二期建设规模为 100 米^3/日。项目工程总投资 4.47 亿元。主要工艺装置包括净化单元、液化单元、装储单元和公用工程。项目于 2016 年 1 月 14 日开工建设。截至年底，LNG 冷箱和储罐外罐已安装完成，冷剂压缩机主体已安装到位，内罐第 9 圈壁板组对焊接完成，工程总体完成 90%。

（侯志强）

【日照—仪征原油管道增输改造工程开工建设】 该项目主要内容为在日照、东海、淮安、观音、仪征 5 座输油站场预留位置增设必要的输油设备、配套工艺管道和设施，以及供配电、自控、通信、土建、消防、暖通等配套系统的扩容改造，使其达到 4 000 万吨/年的设计输油量。站外输油管道和配套的通信、阴极保护等系统维持现有设施不变，另增加日照港二期 30 万吨原油码头 2 根卸船管道中码头防波堤引堤根部至日照首站配套油库和日照商储库共 32 座油罐之间卸船进罐管线、管件、切换阀门等配套设施。概算批复 5.21 亿元。项目于 2016 年 5 月 8 日开工建设。截至年底，分别完成日照站 65%、淮安站70%、观音站60%、东海站65%，累计完成60%。

（侯志强）

【川气东送管道增压工程开工建设】 该项目主要内容为将已建的黄金站、宜昌站扩建为压气站，同时新建武汉压气站，3座站场均设置3套电驱离心式压缩机组，两用一备；同时，对利川压气站、潜江压气站进行扩建，分别由两用一备、两用零备调整为三用一备离心压缩机组，并将黄金压气站、宜昌压气站原站内放空立管改为放空火炬。批复投资15.47亿元。项目于2016年5月27日开工建设。截至年底，潜江压气站已投用，宜昌压气站完成“三查四定”，黄金压气站完成98%、利川压气站完成95%，压缩机组安装完成，正在进行综合楼、空压机房、变电所及压缩机房施工；武汉压气站完成10%，完成清表工作。

（侯志强）

【日照—仪征原油管道及配套工程顺利通过竣工验收】 该工程是中国石化“十一五”重点项目。建设规模为2 000万吨/年输量，远期4 000万吨/年输量，线路全长378.9千米，管径914毫米，设5座输油站场、11座通信站、17座线路截断阀室和9座阴极保护站。工程于2010年3月26日开工建设；2011年9月18日建成中交，10月10日投产一次成功。该项目的建成投用，进一步完善了中国石化原油管网，减轻了甬沪宁和鲁宁管道的输油压力，实现甬沪宁管道、鲁宁管道、仪长管道在仪征输油站互联互通，综合效益显著。2016年5月24日，集团公司对日照—仪征原油管道及配套工程进行了竣工验收。竣工验收委员会成员经过实地察看工程现场、听取工程建设及专项验收情况汇报、审议竣工验收文件及讨论验收意见后，同意该项目通过竣工验收。

（侯志强）

【镇海岚山原油商业储备基地工程顺利通过竣工验收】 该工程是中国石化第1批筹划建设的原油商储项目，建设规模为380万立方米库容，由石油商业储备有限公司委托管道储运公司负责建设。工程于2007年8月16日开工；2008年12月23日建成中交，12月29日投产试运行一次成功。该项目的建成投用，有利于集团公司原油资源的合理配置和利用，综合效益显著。2016年2月2日，集团公司对镇海岚山原油商业储备基地工程进行了竣工验收。竣工验收委员会成员经过实地察看工程现场、听取工程建设及专项验收情况汇报、审议竣工验收文件及讨论验收意见后，同意该项目通过竣工验收。

（侯志强）

【涪陵—王场输气管道工程顺利通过竣工验收】 该工程是涪陵页岩气田开发利用的配套工程，是涪陵国家级页岩气示范区建设的关键组成部分。管道始于重庆市涪陵区白涛工业园区，止于重庆市石柱县王场镇，与川气东送管道相连，管道途径重庆市涪陵区、丰都县、忠县、石柱县4个区、县，全长136.5千米，设计压力10兆帕，管径1 016毫米，设计输气量60亿米^3/年。2015年5月11日，工程建成投运。2016年12月20日，天然气分公司组织相关单位对涪陵—王场输气管道工程进行了竣工验收。竣工验收委员会成员经过实地察看工程现场、听取工程建设及专项验收情况汇报、审议竣工验收文件及讨论验收意见后，同意该项目通过竣工验收。

（侯志强）

【天津原油商业储备基地工程顺利通过竣工验收】 该工程是中国石化第1批筹划建设的原油商储项目，建设规模为320万立方米库容，由石油商业储备有限公司委托管道储运公司负责建设。工程于2011年6月15日开工；2013年8月21日建成中交，9月1日投产试运行一次成功。该项目的建成投用，有利于集团公司原油资源的合理配置和利用，对于保障华北地区石油资源供应发挥了重要作用。同时也标志着中国石化负责的第1批原油商储项目建设任务全部完成。2016年8月18日，集团公司对天津原油商业储备基地工程进行了竣工验收。竣工验收委员会成员经过实地察看工程现场、听取工程建设及专项验收情况汇报、审议竣工验收文件及讨论验收意见后，同意该项目通过竣工验收。

（侯志强）

【曹妃甸(码头)原油商业储备基地顺利通过竣工验收】 该工程是中国石化重点工程之一，总库容为80万立方米，主要建设8座10万立方米浮顶储油罐，同时配套建设1座罐区配电间、现场机柜室和泡沫站等辅助生产设施。该项目充分依托原有的原油码头、油库、管网及公用工程，由管道储运公司承担建设任务。工程于2013年3月正式开工建设；2015年7月实现中交并达到投油条件，8月14日开始投入试运行。该工程建成投用后，为天津石化、燕山石化、沧州炼化和石家庄炼化4家炼化企业提供管输原油，为保障华北地区石油资源的存储和供应发挥了重要作用。2016 年 8 月 19 日，工程通过管道储运公司组织的竣工验收。截至年底，该工程原油储罐运行平稳，输油设备运行良好，工程配套建设的各项设施、系统均运行正常。

（侯志强）

【鲁皖二期成品油管道工程顺利通过竣工验收】 该工程包括青岛大炼油配套成品油管道、济南—邯郸成品油管道、石家庄—邯郸成品油管道、郑州—汤阴成品油管道 4 条管道，全长 1 275 千米，途经山东、河北、河南 3 个省 11 个地市，沿线设有 11 座输油场站。工程自 2010 年 1 月全线投产后，累计安全输送成品油 1 485. 67 万吨，为炼厂出厂及区域市场供应提供了保障。2016 年 3 月 24 日，集团公司对鲁皖二期成品油管道工程进行了竣工验收。竣工验收委员会成员经过实地察看工程现场、听取工程建设及专项验收情况汇报、审议竣工验收文件及讨论验收意见后，同意该项目通过竣工验收。

（侯志强）

【河石原油管道工程顺利通过竣工验收】 该工程是华北原油管网的重要组成部分，主要包括原油管道工程、安平站天然气工程和河间站 5 万立方米原油储罐整改工程。其中，原油管道工程全长 149 千米，全线共设河间站、安平热泵站、石家庄末站 3 座输油站场。2008 年 4 月，工程经过总部批准正式开工建设。2009 年 7 月，工程实现中交，12 月投入试运行。2016 年 8 月 19 日，工程通过管道储运公司组织的竣工验收。

（侯志强）

【仪征—扬子石化原油管道工程顺利通过竣工验收】 该工程东起管道储运公司仪征输油站，西至扬子输油站，设计年输油量为 1 500 万吨，管道全长 34 千米，全部位于江苏境内。工程还包括仪金线 5 千米改线段以及仪征和扬子 2 座输油站场改扩建工程。工程于 2012 年 10 月 18 日开工；2014 年 10 月 23 日建成中交，12 月投入试生产。工程建成投产后，为扬子石化提供了高效畅通的运输手段，降低了运输成本，提高了运输的连续性、安全性和可靠性，有利于从整体上提高企业的效益，增强企业的竞争能力。2016 年 11 月 30 日，工程通过管道储运公司组织的竣工验收。截至年底，工程原油管道运行平稳，输油设备运行良好，工程配套建设的各项设施、系统均运行正常。

（侯志强）

【铁山港—山口原油管道工程顺利通过竣工验收】 该工程主要建设 71 千米外管道、铁山港输油站以及与管道同沟敷设 1 条通信光缆，由管道储运公司承担建设任务。2011 年 1 月 15 日，工程经过总部批准正式开工建设，9 月实现中交，10 月投入试运行。2016 年 11 月 25 日，工程通过管道储运公司组织的竣工验收。截至年底，工程原油管道运行平稳，输油设备运行良好，工程配套建设的各项设施、系统均运行正常。

（侯志强）

工程建设管理

【设计管理】 开展重点工程建设项目和重点检修改造项目的设计管理日常工作。先后组织和参与设计协调(28 次)、设计统一规定审查(2 次)、设计方案专题论证(3 次)、总体设计和基础设计审查等，检查落实设计条件，协调装置(单元)界面关系，协调设计与采购、施工的界面关系，参与研究确定总体统筹控制计划的关键节点，检查、协调工程设计进度等。此外，在项目启动初期，对接落实项目启动相关条件，审查企业上报的工程设计采购方案，落实工程设计招标、设计委托等设计选商工作。

贯彻总部“3557”项目管理体系和“从严管理”要求，编制、修订相关设计管理工作标准和制度。组织新编油气田地面工程和长输管道工程的《工程设计文件内容规定》，修订石油化工工程的《工程设计文件内容规定》等设计管理工作标准。梳理集团公司 2005 年以来颁布的“13 项设计管理规定”等 SHSG 系列管理标准，废止 7 项、修订 12 项、持续有效(修改标准编号)2 项，加上新编的 4 项《工程设计文件内容规定》，形成了由 18 项设计管理规定组成的完整的工作标准体系。修订《建设项目设计管理规定》和制定《建设项目设计过程专项审查管理规定》等制度，待《建设项目实施程序与管理办法》颁布后进一步完善。完成《加氢装置主汽提塔系统安全设计导则(试行)》的编制和发布工作。

技术基础工作。组织开展管道材料等级库建库及维护管理，完成管道等级划分总体审核，开始建库工作。组织直属工程公司对部分“十一五”“十二五”重点建设项目的生产回访调研，从技术和管理等方面了解分析建设项目实施需要改进之处，为更好地组织“十三五”项目建设打好基础。

评审机构工作。受国家质检总局委托，组织开展压力管道设计审批人员培训，开展压力容器、压力管道设计许可换证评审工作。共举办7期考核培训班。开展压力容器、压力管道设计许可换证评审工作，完成40家企业压力管道设计许可换证、增项评审工作；完成53家企业压力容器设计许可换证、认证、增项评审工作。

评优评选工作。颁布集团公司2012—2013年度勘察设计"四优"评选结果；组织2014—2015年度勘察设计"四优"评选申报工作。

（王永焕）

【生产准备与投料试车】 2016年，共有30套炼化装置，4座油气储运设施，10条原油、成品油、输气管线建成投用(见表1)。各企业按照《中国石化建设项目生产准备与试车管理规定》要求，认真做好组织、人员、技术、物资、资金、营销、外部条件7个方面的生产准备工作，做到生产准备与工程建设同步进行无缝衔接，加强对项目生产准备和投料试车全过程管理，认真进行投料试车条件检查，保证装置投料试车顺利进行。为保证投料试车一次成功，全年总部共组织总体试车方案审查会议25次，投料条件检查会议19次，开车队及开车专家组13个，现场服务组5个，各类研讨、总结及问题协调会议13次。

（谢国学）

表1　2016年新建炼油化工装置和油气储运设施投产计划完成情况

序号	装置名称	建设规模/万吨·年$^{-1}$	投料试车/建成投用时间
一	中天合创能源化工有限公司		
1	锅炉、发电装置	5×490吨/时、(2×135+30)兆瓦	4月20日
2	空分装置	6×8.2万米^3(标准)/时	8月13日
3	煤气化、净化装置(系列三)	26.8万米^3(标准)/时	9月29日
4	煤气化、净化装置(系列四)	26.8万米^3(标准)/时	10月16日
5	甲醇合成装置(系列二)	180	9月24日
6	硫黄回收装置(系列一)	2.6	10月10日
7	MTO装置二	180	10月15日
8	OCC装置	20	11月1日
9	MTBE装置	1	11月2日
10	聚丙烯装置(环管)	35	10月23日
11	聚丙烯装置(气相)	35	11月10日
12	LLDPE(气相)装置	30	10月26日
二	高桥分公司		
13	硫黄回收装置	15	2月23日
三	青岛炼化		
14	硫黄回收装置	10	7月19日
四	广州石化		
15	聚丙烯装置	20	11月26日
五	催化剂公司		
16	南京催化剂S-MTO项目	0.3	1月12日
六	西南油气分公司		
17	德阳清洁能源回收及利用项目	60万米^3(标准)/日	1月15日
七	茂名分公司		

续表

序号	装置名称	建设规模/万吨·年$^{-1}$	投料试车/建成投用时间
18	润滑油加氢异构化装置	40	6月4日
19	S-Zorb装置（油品质量升级）	150	1月30日
八	武汉分公司		
20	硫黄回收装置	8	1月29日
21	S-Zorb装置（油品质量升级）	150	8月3日
22	柴油加氢增加二反改造(油品质量升级)	80	7月24日
九	荆门分公司		
23	S-Zorb装置(油品质量升级)	150	9月7日
十	长岭分公司		
24	2#S-Zorb装置(油品质量升级)	120	10月16日
十一	九江分公司		
25	S-Zorb装置(油品质量升级)	120	9月12日
26	柴油加氢增加二反改造(油品质量升级)	150	5月13日
十二	安庆分公司		
27	柴油加氢增加二反改造(油品质量升级)	220	10月12日
十三	齐鲁分公司		
28	柴油加氢增加二反改造(油品质量升级)	340	9月25日
十四	胜利油田分公司		
29	柴油加氢增加二反改造(油品质量升级)	100	6月8日
十五	镇海炼化		
30	柴油加氢增加二反改造(油品质量升级)	300	6月15日
十六	管道储运公司		
31	仪征—长岭原油管道复线(黄梅—九江段)	2 000	6月13日
十七	青海石油分公司		
32	湟源油库	6	12月26日
十八	天然气分公司		
33	广西LNG(一期)工程项目	300	3月29日
34	广西LNG输气管道(接收站—北海首站)	40.5亿米^3(标准)/年	4月14日
35	天津LNG输气管道(邹平—团泊洼)	40.5亿米^3(标准)/年	12月30日
36	金坛盐穴地下储气库注气工程	450万米^3(标准)/日	5月30日
37	中原—开封输气管道工程	30亿米^3(标准)/年	12月30日
十九	浙江石油分公司		
38	绍兴—杭州(萧山)成品油管道	500	8月16日
39	甬绍金衢二期龙游—常山成品油管道	450	11月7日
二十	销售华中分公司		
40	安庆800万吨/年配套成品油管道	310	6月21日

续表

序号	装置名称	建设规模/万吨·年$^{-1}$	投料试车/建成投用时间
41	江西石油成品油管道(二期)	450	4月19日
二十一	销售华南分公司		
42	贵阳—重庆成品油管道	580	2月27日
43	百昆成品油管道	750	6月27日

【大修改造】 2016年完成14家企业的14个大修改造项目(见表2),涉及295套(不含长岭炼化17套,含2家合资企业)生产装置,大修改造计划总费用78.52亿元(不含长岭炼化检修1.5亿元、改造10.85亿元)。

全年重点大修改造项目中,全厂性停工大修改造共计9家(普光分公司、武汉分公司、中韩石化、胜利炼油厂、燕山石化、安庆石化、天津石化、中沙石化、四川维尼纶厂)。其中,检修停工装置达30套以上的4家,包括镇海炼化(40套)、武汉石化及中韩石化(53套)、燕山石化(51套)、天津石化及中沙石化(41套)。大修改造计划总费用达5亿元以上的有8家,包括天津石化及中沙石化、普光石化、燕山石化、武汉石化及中韩石化、茂名石化、镇海炼化、安庆石化、上海石化。全年组织大修改造项目协调会、重大方案审查、检查调研共计41次。对普光分公司大修改造项目进行了重点协调。

2016年继续完善总部版大修改造项目管理路线图,完成企业版大修改造项目管理路线图的编制,并逐步推动企业规范大检修项目工程采购程序及分包发包管理,从源头上提高项目的承包商管理水平,控制工程质量及承包商事故的发生。

(王扶卷)

表2　2016年重点大修改造项目实施情况

序号	企业	大修装置	实施时间	总费用/亿元	备注
1	普光分公司	隐患治理等4个改造项目及公用工程检修	5月19日—6月26日	10.96	全厂停工、规模大
2	茂名石化	1 000万吨/年常减压系列13套装置;38万吨/年1#乙烯系列12套装置	3月16日—4月30日	6.80	
3	镇海炼化	800万吨/年、1 000万吨/年常减压系列40套装置	3月2日—6月16日	6.33	规模大
4	武汉石化、中韩石化	350万吨/年、500万吨/年常减压系列29套装置,100万吨/年乙烯系列24套主要装置	4月8日—6月10日	7.14	全厂停工、规模大
5	胜利炼油厂	200万吨/年常减压系列10套装置	4月1日—6月3日	2.46	全厂(国V升级)
6	燕山石化	800万吨/年常减压、71万吨/年乙烯等51套炼油化工装置和50套公用工程系统	5月15日—7月29日	14.93	全厂停工、规模大
7	金陵石化	300万吨/年、900万吨/年常减压系列14套主要装置,芳烃、煤化工、热电等11套装置	4月5日—5月8日、8月20日—10月14日	3.77	柴油质量升级改造、规模大

续表

序号	企业	大修装置	实施时间	总费用/亿元	备注
8	安庆石化	400万吨/年常减压系列18套装置	7月16日—9月17日	5.60	全厂停工
9	荆门石化	2#催化等8套装置	2016年12月14日—2017年1月23日	0.28	柴油质量升级
10	天津石化、中沙石化	天津石化1 000万吨/年常减压、中沙石化100万吨/年乙烯等炼油化工41套主要生产装置及26套公用工程及辅助配套系统	8月6日—9月30日	14.10	全厂停工、规模大
11	塔河炼化	150万吨/年常减压系列5套主要装置	9月25日—11月3日	2.08	成系列，柴油质量升级改造
12	长岭炼化	800万吨/年常减压系列17套主要装置	推迟到2017年	1.60	全厂停工、柴油质量升级
13	四川维尼纶厂	甲醇新区、PVA老区等10套装置停工大修	10月10日—11月9日	1.60	全厂停工、规模大
14	上海石化	250万吨/年、350万吨/年常减压等15套炼油化工主要装置	8月11日—9月26日	5.07	柴油质量升级

工程建设监管

【工程质量监督】 2016年，为确保石化建设项目的监督工作到位，石油化工工程质量监督总站(简称总站)及其分站重点抓好参建单位质保体系运行、分包管理、设备材料检验、资质资格、焊接、热处理、无损检测等关键环节的监控。通过规范参建单位的质量行为，尤其是建设单位和监理单位的质量行为，促进实体质量的提高。如安庆石化分站采取“面对面”的监督交底、定期召开监督工作例会、强化材料与实体质量的监测与抽查、追踪问题的整改与闭合等手段，严把质量监督关，使工程关键环节质量得到有效控制，受监项目质量稳中有升。

积极开展清洁能源项目的质量监督工作。年内，新星公司的中原油田桥口联合站光伏发电、中原油田南乐县温莎尚郡小区地热供暖、佛山市1.2兆峰瓦(MWP)分布式光伏发电站等多个清洁能源项目开工建设，总站积极向中编办申请清洁能源增项备案并得到批准，拓展了监督业务范围。同时，积极组织相关分站对该类项目监督工作进行研讨，制定相关工作要求，落实相关专业人员，认真做好项目的监督工作。

(胡国勇)

【工程质量监察】 根据《工程质量监察2016年度工作计划》的安排，结合项目建设的实际情况，总站对重庆石油分公司涪陵LNG工厂等16个项目管理部和参建单位进行了质量监察，共发现问题328项，并督促问题及时整改。各分站根据总站及所属企业的要求，结合所监督项目的进展情况，积极组织开展工程质量监察工作，取得良好效果。质量监察工作的开展，有效地促进了各单位质量管理体系的完善，提升了现场工程质量管理水平，降低了质量纠错成本。

(胡国勇)

【特种设备检验】 2016 年，总站共受理 97 个压力管道监检项目，其中工业管道项目 89 项、公用管道项目 1 项、长输(油气)管道项目 7 项，管道总长度约3 702 千米。监督检验过程中，签发监督检验质量问题联系单 154 份，提出质量问题 452 项；签发监督检验质量问题整改通知单 125 份，提出质量问题 379 项。

抓住监检重点环节。在日常的监督检验过程中，各监检项目部重点对受监督检验单位的质量行为、实体质量和有关文件资料进行检查，采取停检、必检、巡检等方式，以专项监督检验以及抽检与复测等手段实施监检。对发现的问题，及时通知受检单位进行整改，消除管道安装质量隐患。如中天合创监检项目部根据项目进展，适时补充、完善监检计划，重点对人员资格、材料验收、焊接过程进行监检，对实体质量进行抽查，对底片进行复审，对强度和严密性试验现场见证和检查，及时做好监检记录，为中天合创装置顺利开车奠定基础。

积极拓展特种设备定检市场。青检中心作为总站所属的定检机构，在完成青岛石化和青岛地方企业的压力容器定期检验、年度检查和工业管道定期检验、在线检验以及安全阀校验等工作的情况下，积极拓展定检市场，先后实施镇海炼化、燕山石化、济南炼化、安庆石化、天津石化的压力容器及工业管道检验工作，包括压力容器 713 台、工业管道 3 358条。定检工作中，加强对现场检验的质量控制，及时发现设备管线存在的缺陷，并通知业主单位予以处理，为受检装置的安全运行提供了保障，受到业主单位的积极肯定。

（胡国勇）

【工程质量检查】 2016 年，总站组织对中天合创鄂尔多斯煤炭深加工示范等项目进行 36 次质量大检查，投入检查专家近 300 人次，发现各类质量问题 3 698项，其中质量行为问题 1 548 项、实体质量问题 1 144 项、工程资料问题 1 006 项。对出现问题的单位及时进行约谈警示，防止其质量管理水平进一步滑坡。约谈了天津联维乙烯工程有限公司等 6 家参建单位公司领导，增强了被约谈单位质量意识，督促被约谈单位总部加强对其现场项目部的管理，促进现场质量管理水平提高。另外，对监管工作不到位和违反检查纪律的中咨工程建设监理公司、江苏顺通建设集团有限公司和抚顺伦成技术工程有限公司给予通报批评和禁入石化建设项目的处理。

分站开展不同形式的质量检查。在抓好质量控制点检查确认的基础上，各分站针对工程项目的进展，积极组织开展综合检查和专项检查，并督促问题的整改。全年，各分站(监督组)在日常监督和质量检查中共发现各类质量问题 17 736 项，其中质量行为问题 7 556 项、实体质量问题 6 740 项、工程资料问题 3 440 项，均得到有效整改。同时加大对问题的整改力度，如管道储运分站针对监督检查发现的质量问题，每月发布监督通报，一方面要求相关责任单位举一反三，及时整改；另一方面也警示其他单位吸取教训，加强管理，完善体系，避免问题的重复发生。

（胡国勇）

【工程质量监测】 2016 年，中国石化工程质量监测中心对中天合创等 5 个项目开展监测工作，重点对进场设备材料、安装实体质量、无损检测底片等进行抽查复测，对运行装置开展腐蚀监测，发现问题及时通知被抽查单位和建设单位，使问题得到及时解决，消除质量隐患。在古雷项目的检测评估工作中，积极探索应用新技术，取得良好效果。相控阵超声检测的应用，实现 24 小时作业及检测结果的实时反馈，提升了工作效率；超声导波检测的应用，解决了管道母材缺陷检测的难题，灵活性好，检测效率高，为今后做好石化建设项目无损检测工作提供了借鉴和参考。

（胡国勇）

【招投标管理】 2016 年，中国石化建设工程招标投标管理委员会办公室依法依规履行工程招投标监管职责，结合中国石化工程项目的特点，持续完善工程招标监督管理体制机制，维护中国石化整体利益。完成工程采购方案、招标公告、招标文件、市场主体入库、分包方案和异常管理等各类线上、线下审批及备案约 2.57 万次。直接监管总投资 3 000 万元以上的建设项目中工程、服务共 646 个标段，中标金额人民币约为 103.4 亿元，其中公开招标标段数 546 个、占比 84.5%，公开招标金额约为 67 亿元、占比 64.8%。

全力推进中国石化建设工程电子招标投标交易平台及管理系统建设及应用推广工作，2016 年 2 月系统整体上线运行，7 月开始全系统推广全流程全电子招标投标，12 月完成项目一期验收，入选中国招标投标公共服务平台评选的“2016 年电子招标投标十大亮点”，作为央企试点平台得到国家部委、行业协会及新华社等主流媒体的肯定。对《中国石化建设工程招标标准文件》进行电子化切割，满足全流程电子招标投标的需要。

落实国家审计署和国务院监事会关于工程招标的整改要求，对存在问题的相关企业下发通知，约谈企业分管领导，要求企业引以为戒，举一反三，要以整改为契机，处理解决好存在的问题，同时建立健全贯彻落实依法依规、从严治企、从严管理的长效机制，确保类似问题不再发生。

会同监察审计部门，对有关项目招投标的投诉、质疑、函询、举报等进行调查和和处理，维护了工程建设市场秩序。切实加强建设工程市场诚信考核管理，对存在工程安全、质量等方面问题的 4 家承包商给予限制投标、诫勉谈话、警告等处罚，并将 2 名相关责任人列入“黑名单”，禁止在中国石化建设项目中承担相应工作。

建立健全工程招标培训机制，针对企业领导、工程管理人员、招标投标业务人员、评标专家等不同主体，广泛开展相关制度宣贯及培训工作，累计培训人数达 5 278 人次。通过业务培训，提高参与工程建设的各方依法建设的意识，提升业务素质，强化职业操守。

积极参与国家发改委、住建部和中国招标投标协会组织的法规制定、研讨等方面工作。依据国家法律法规，坚持社会主义市场经济改革方向，以提高国有资本投资效率、增强国有企业活力为立足点，对《建筑工程施工发包与承包违法行为认定查处管理办法》《公共资源交易平台管理办法》《公共资源评标专家专业分类标准》提出意见和建议。

（杨越强）

【招标公司】 2016 年，石化集团招标公司组织完成招标 360 项，共计 391 个标段，累计中标金额 72.89 亿元。其中，工程总承包(EPC)招标 17 项、28.44 亿元，工程设计招标 34 项、1.58 亿元，工程监理招标 55 项、9 897.96 万元，施工招标 172 项、39.75 亿元，工程造价咨询等其他类招标 82 项、2.13 亿元。招标涉及 226 个项目，主要包括川气东送管道增压工程(12 项)、天津液化天然气(LNG)项目(10 项)、文 23 储气库先导工程(8 项)、中科广东炼化一体化项目(7 项)、中天合创鄂尔多斯煤炭深加工示范项目(5 项)、广西液化天然气(LNG)项目、涪陵页岩气田产能建设项目、江津—荣昌和内江—简阳成品油管道工程、中沙石化聚碳酸酯项目等，其中重点工程项目 16 项。涉及 46 家招标单位，包括镇海炼化、上海石化、海南炼化、济南分公司、金陵分公司、青岛炼化、天津分公司、武汉分公司、塔河炼化、广州分公司、中科(广东)炼化公司、中天合创公司等，其中金陵石化招标项目 41 项、镇海炼化 33 项、上海石化 29 项。

年内，招标公司改革取得实质性进展。7 月 8 日，集团公司党组原则同意招标公司体制改革方案，做强招标公司本部和做大招标公司分部，实行“本部 + 分部”的运作模式。10 月 7 日，总部下达招标公司本部机构编制，设综合管理部、招标管理部、交易平台管理部，处级及以下定员共20 人。分部建设作为招标公司改革的重要组成部分，经过调查、座谈、培训、筹建、验收及整改 6 个阶段工作，本着企业自愿、并考虑区域、专业及点面结合的总体布局，10 月在南京、上海、金陵、茂名、胜利、江汉、中原等企业设立 7 个分部，已陆续开展项目招标组织工作。

（杨越强）

【标准管理】 2016 年，石油化工工程建设标准化工作坚持立足行业、服务企业、国际接轨，深化标准化改革，全面落实和推进各项工作任务。

完善石油化工工程建设标准体系。按照国务院《深化标准化改革方案》的总体要求，国家住房和城乡建设部正在研究构建全国统一的工程建设强制性标准体系，中国石化积极参与，申请承担《炼油化工》《石油库》和《加油加气站》等工程建设项目类规范的主编任务，以及其他 10 余项通用技术类规范的研编工作。年内，编制完成《“十三五”工程建设标准体系建设方案(石油化工部分)》。该体系建设方案以技术升级、环境保护、节约资源能源、安全生产、清洁生产、智能化生产为重点，瞄准国际先进水平，跟踪、转化国际标准和国外先进标准，促进中国标准的国际化。该体系建设方案规划国家标准、行业标准共计 530 项，其中“十三五”期间待编标准 135 项。

标准立项审核与精简整合。按照住建部和工信部的要求，全面完成国家标准和行业标准的复审与精简整合工作。组织完成工程建设标准及其计划的复审工作，将相关联的标准进行整合，避免标准的重复和矛盾，形成确认一批、修订一批、转化一批、废止一批的标准清单。全年，共进行 3 批 362 项标准复审，其中国家标准复审 43 项、强制性行业标准复审 25 项、推荐性行业标准及计划复审 294 项。同时，将标准计划立项与标准复审整合工作有机结合，针对各专业提出的 29 项国家标准和行业标准立项计划，组织行业内部评审，其中 4 项国家标准、11 项行业标准立项计划获得批准，包括《加油站在役油罐防渗漏改造工程技术标准》等急需标准。

工程建设标准制修订。全年，在编工程标准 108 项，其中国家标准 18 项、行业标准 90 项。22 项标准已公告实施，包括《石油化工设计能耗计算标准》等 2 项国家标准、《石油化工自动化仪表选型设计规范》等20项行业标准(见表3)；年内完成行业标准《罐区自动化系统设计规范》《焦炉煤气制甲醇工程技术规范》等2批55项报批。国家标准《工程数字化交付标准》的编制有序推动。该标准是前沿课题，涉及工程建设各阶段、点多面广，编制难度大。在国内外广泛调研的基础上，年内完成征求意见稿，并向社会征求意见。

表3　　2016年报批国家标准、行业标准汇总

序号	标准名称	标准编号
1	炼油装置火焰加热炉工程技术规范	GB/T 51175—2016
2	石油化工设计能耗计算标准	GB/T 50441—2016
3	石油化工自动化仪表选型设计规范	SH/T 3005—2016
4	石油化工仪表管道线路设计规范	SH/T 3019—2016
5	炼油厂加热炉炉管壁厚计算方法	SH/T 3037—2016
6	石油化工管道柔性设计规范	SH/T 3041—2016
7	石油化工精密仪器抗震鉴定标准	SH/T 3044—2016
8	石油化工冷换设备和容器基础设计规范	SH/T 3058—2016
9	石油化工管道支吊架设计规范	SH/T 3073—2016
10	石油化工管式炉碳钢和铬钼钢炉管焊接技术条件	SH/T 3085—2016
11	石油化工管式炉燃烧器工程技术条件	SH/T 3113—2016
12	石油化工钢制套管换热器技术规范	SH/T 3119—2016
13	石油化工计量泵工程技术规范	SH/T 3142—2016
14	石油化工无密封离心泵工程技术规范	SH/T 3148—2016
15	石油化工一般用途汽轮机工程技术规范	SH/T 3149—2016
16	石油化工搅拌器工程技术规范	SH/T 3150—2016
17	石油化工管式炉炉衬设计规范	SH/T 3179—2016
18	石油化工机泵配套用油系统及其辅助设备工程技术规范	SH/T 3180—2016
19	石油化工仪表远程监控及数据采集系统设计规范	SH/T 3181—2016
20	石油化工低温余热回收系统设计规范	SH/T 3182—2016
21	石油化工工程质量监督规范	SH/T 3500—2016
22	石油化工工程焊接通用规范	SH/T 3558—2016

搭建企业与政府监管部门的沟通桥梁，为安全生产保驾护航。针对石油石化安全生产状况依然严峻、国家对安全生产管理要求日趋严格的形势，组织行业内专家，一是认真复审有关标准规范，积极完善和提升有关安全、环保和人身健康方面的技术要求，提出加强石化行业安全消防水平的技术措施，进一步完善相关国家标准的意见；二是认真贯彻公安部、安监总局、能源局等国家有关部委的要求，研究分析国内发生的重大、特大石油石化爆炸火灾事故的原因，充分吸收有关经验和教训，如《石化企业设计防火规范》《石油库设计规范》《石油储备库设计规范》等国家标准编制组，深入分析并与国家监管部门反复协商，最终形成一整套解决方案，为提高标准的可实施性打下基础。

标准工作以保证安全生产为宗旨，密切关注企业安全生产出现的新状况。针对石油化工企业面临的特殊气象条件和极端天气的威胁，组织技术团队开展广泛调研，完成企业标准《石油化工工程抗台风设计导则》；为进一步规范建设项目金属材料的检验要求，协助工程质量监督总站完成企业标准《金属材料验证性检验导则》的编制。

标准英文版编制工作。年内在编的国家标准、行业标准英文版共28项，其中《石油化工建(构)筑物抗震设防分类标准》等16项已完成报批。2014—2016年累计完成国家标准和行业标准英文版45项。

“国外标准信息库”的使用与管理。年内，集团公司与IHS续签了订阅协议，继续对标准国际化给予大力支持。截至年底，信息库授权用户已达420个，2015年10月—2016年底各单位查询信息库共13 416人次，检索和下载文档达22 887项次。

标准实施与宣贯。宣贯工作采用“走出去+请进来”的模式，一是有计划地组织行业统一培训，各单位派技术骨干参加学习，技术骨干回到本单位再次传授，总图技术中心站举办了国家标准《石油化工总图制图标准》的宣贯班；二是将重要标准的主编人请到单位，让更多工程技术人员面对面地学习，加深技术人员对标准背景材料的理解，洛阳工程公司邀请《石油库设计规范》GB 50074—2014、《石油储备库设计规范》GB 50737—2011等6项标准的主编人到单位授课，共培训专业技术人员600余人次。

（葛春玉）

【炼化工程造价管理】 2016年，炼化工程造价管理主要开展石油化工工程“营改增”后计价依据的调整，计价体系文件的补充、修编和完善，计价文件的动态调整及价格信息发布，信息化建设，培训及资质资格管理以及为工程建设项目管理提供造价专业技术支持等工作。

价格管理。适应“营改增”，及时调整工程计价办法。根据国家财政部和税务总局《关于全面推开营业税改征增值税试点的通知》和住建部《关于做好建筑业营改增建设工程计价依据调整准备工作的通知》等文件要求，组织22家单位的50多位造价、财务人员召开4次专题会，经充分调研、多方论证、详细测算以及总部相关部门的评审，按照“价税分离”的原则，去除原有工程计价依据中材料、机械台班价格及综合取费中的进项税，发布不含税价格或除税系数，完成“营改增”全面试点后《石油化工工程建设设计概算编制办法》《工程建设费用定额》《安装工程预算定额》《安装工程费用定额》《安装工程概算指标》《建筑工程费用定额》和《检修工程预算定额》及动态调整文件等石油化工工程计价依据“营改增”调整办法，并进行全面宣贯。

定额管理。继续完善计价体系文件，做好计价文件的补充和修编。针对《石油化工安装工程预算定额》和《石油化工安装工程费用定额》(2007版)定额使用情况，完成对燕山分公司等19家企业的函调；对镇海炼化等8家石化企业进行实地调研；开展中天合创项目脚手架搭拆费和典型定额子目实测工作；编写《定额修订技术统一规定》和《各专业修订细则》，为定额修订工作打下良好的基础。按照“量真价实、贴近市场”的原则，以满足石油化工项目计价要求，提高石化行业定额的科学性、合理性和实用性为目的，组织22家企业87人(次)参加定额集中编制工作。该次定额修编，对子目工料机含量及价格进行了全面调整，并补充了煤化工、天然气化工工程方面的定额子目，补充了新规格、新材质等定额子目，对各专业定额总水平进行了结构性调整。

年内，完成《石油化工安装工程预算定额》(2017版)和《石油化工安装工程费用定额》(2017版)初稿审查，对完善后的送审稿选取23套典型石化装置开展水平测算工作。

开展石油化工工程脚手架搭拆费和典型定额子目实测工作。随着《石油化工工程钢脚手架搭设安全技术规范》(SH/T 3555—2014)的实施以及中国石化工程建设项目HSE管理要求的逐步提高，定额中脚手架费用偏低的问题日益凸显，为测算脚手架所占费用比例，在中天合创项目开展3次现场工作会和专题研讨会，研究并落实脚手架费用测算及典型定额子目工料机消耗量实测资料的统计、报送等工作。该项工作的开展为定额修订提供了大量基础数据，为脚手架费用的取定并实现“量真、价实”的定额修订目标打好基础。

《普光气田净化厂原料气管线安全隐患治理工程补充定额》编制。根据普光分公司上报的《中原油田分公司关于开展普光气田净化厂原料气管线安全隐患治理工程定额测算的请示》，按照合理、合规、科学的工作原则，组织开展《普光气田净化厂原料气管线安全隐患治理镍合金复合钢和镍合金管道补充定额》的编制工作。经过2次现场协调会、现场实测资料采集、补充定额集中编制、工程参建各方现场集中审查、补充定额修改完善及发布等程序，及时解决了甲乙双方工程结算中遇到的问题，为安装定额的补充及修编积累了基础数据。

《石油化工工程建设费用定额》修编。为适应石化工程建设投资体制改革及项目管理多元化的发展方向，满足安全、环保、节能减排等要求，同时根据2007版费用定额在应用中反馈的意见，开展了费用定额的修编工作，进一步明确、细化部分费用内容，测算调整费用标准。

《石油化工安装工程概算指标》修编。进行了大量的前期调研、问题收集、定额对接等工作，召开工业炉模块化安装研讨会等专题会议，对修编方案进行研讨交流，为修编工作打下基础。

煤化工预算定额的编制。受神华集团的委托，编制完成《神华煤制油化工装置检修工程预算定额》初稿；同时完成《神华宁煤 400 万吨/年煤炭间接液化项目补充定额》的报批，并投入使用。通过承接外系统工程预算定额的编制工作，既发挥了专业特长和优势，也为中国石化煤化工项目定额的补充奠定了基础，取得了良好的社会效益和经济效益。

计价管理。动态跟踪、调整、发布 6 期《石油化工安装工程主材费》调整系数和 6 期《非标准设备价格信息》，动态发布 3 期《石油化工建筑工程概（预）算定额》A 类材料（107 项）价格信息，包括含税价格和除税价格。

加强信息化建设，提升工程造价管理水平。在工程经济信息网及工程定额管理站网及时发布国家和石化行业的政策、法规以及有关建设项目、工程造价、设备材料价格、造价人员资质管理、业务培训咨询等信息，为系统内外石化工程管理和造价人员提供了及时、系统的信息服务，得到用户的广泛认可。在工程经济信息网站建立“工程经济网会员群”和“概算中心造价群”，实名认证人数已达 1 000 余人。对造价人员在工作中相互交流、信息共享、提升业务水平和工作效率发挥了重要作用。

稳步开展资质资格管理。完成 640 人次造价工程师及 3 000 余人次造价从业人员的资格注册、培训管理，以及 20 家甲级造价咨询单位管理。

（蒋　炜）

【石油工程造价管理】 2016 年，石油工程造价管理工作认真贯彻上游板块“战寒冬、求生存、谋发展”工作部署，积极应对低油价的严峻经营环境给造价管理带来的新变化、新挑战，以集团效益最大化为目标，以全过程造价管理为主线，以服务生产经营、促进企业控亏减亏为工作立足点，创新工作思路，抓实造价管控，各项工作取得新成果新进展。

定额管理。配合油公司机制运行，做好内部专业化服务定额和生产信息化定额编制工作。完成第 1 批专业化服务定额编制任务，形成 6 个专业、719 个子项、7 374 个细项的定额成果，已发布实施；第 2 批定额编制工作已经开始。启动生产信息化定额编制工作，确定了编制原则和 507 个定额项目，已完成现场资料采集和梳理工作，正按计划有序推进。该 2 项定额的完成填补了现行定额体系的空白。

跟进油气勘探开发部署，超前编制新区定额。为尽快建立新区效益评价和投资测算的标准，超前启动涠西、顺北、涪陵二期、永川、威远页岩气和彭州区块 6 个重点区块的钻井定额编制工作，克服基础资料采集难度大，新区、新层位参考资料少等困难，积极创新，科学确定参数，合理测算水平，注重甲乙双方的结合，定额初稿已基本完成。

完成新编物探采集定额初稿。为解决老定额不适应物探采集技术发展、与生产实际和市场运行严重偏离的问题，2016 年 3 月启动物探采集定额的重编。编制工作紧密结合技术发展和施工组织方式的变化，采用清单计价模式，重新梳理施工工序，细化施工参数。经过多次研讨和水平套算调整，完成新编物探定额初稿。

紧密结合各企业需求和实际，及时调整补充定额。组织编制并发布 30/40 钻机类型日费定额、勘探 7 号海上钻井平台日费定额，补充了 19 个缺项定额（价格）。启动新星公司地热井定额编制工作。

预算价格管理。针对预算价格管理中存在的问题，重点加强 4 个方面工作。①落实分级管理制度，扩大统一集中管理的主材品种。在油管、套管、成品油 3 种主材的基础上，将重晶石粉纳入集中管理目录。②完善预算价格统一定价办法。充分考虑到不同油区的仓储、管理费差异，在统一定价机制的基础上，按 22 个中转站发布分油区的主材价格，更加贴近实际。③建立预算价格动态调整机制。及时跟踪市场价格变化，实现了按季度调整发布。④制定《石油工程预算价格管理规定》，确定分级管理的原则、定价机制和操作流程，明确分级管理责任。各油气分公司结合实际加强自管材料预算价格的动态管理。

造价管理。加大项目审查力度、做实审查意见，效果显著。①审查 13 口重点探井预算，在上报预算基础上审减上亿元投资。②审查文 23 储气库、上海古珍珠气田开发等 12 项重大项目可研投资，提出的投资审核意见被采纳，减少投资 3 亿多元。③审查“四供一业”移交改造项目 10 个，核减 6 500 多万元，减少了集团公司费用支出。

各油气分公司加强预结算管理，严格造价审核。注重发挥职能作用，从项目前期、设计、实施全程参与造价控制。注重现场工作量核实，抓好设计变更及费用调整，确保工程项目结算准确、受控。全年共审核结算 289.7 亿元，其中物探工程 20.4 亿元、钻井工程 90.3 亿元、测录井工程 12.3 亿元、井下作业工程 60.2 亿元、试油气工程 21.7 亿元、油建工程 84.9 亿元。

清单计价体系建设。年初启动石油工程清单计价体系建设工作，组建项目组，确定体系建设的目标、思路、方法，并编制《清单计价体系建设可行性研究报告》，于2016年12月通过专家评审。项目正在按总体统筹计划推进，取得了阶段性成果。

基础建设。持续推进制度建设，贯彻“严、细、实”管理要求，进一步梳理完善各项制度，制定《石油工程预算价格管理规定》，围绕“三重一大”决策、项目经费管理制定配套制度，向全系统下发《造价系统廉洁从业人员“六要九不准”》。各油气分公司不断完善管理制度，为造价管理的规范化、流程化、精细化打下坚实基础。

有针对性开展专题研究。对11家油气分公司和6家石油工程地区公司进行全面调研，针对企业反应的问题，开展石油工程规范议价机制研究，结合低油价的实际情况进行探讨，在此基础上提出了“开发项目按效益议价、勘探井按定额定价”的建议并被采纳。针对油气田地面工程项目投资估算中二类费计取标准不规范的问题，组织开展地面工程二类费用合理计费研究，取得阶段性成果，正在继续深化。

（王　珞）

工程建设企业管理

【施工企业资质管理】 截至2016年底，石化建设分会有施工资质的会员企业共72家，其中施工总承包特级1家、一级29家、二级24家、三级6家，专业承包一级8家、二级4家；有特种设备无损检测机构核准证的会员企业共18家，其中A级9家、B级8家、C级1家。

2016年1月，集团公司所属12家直属工程建设企业完成资质换证工作，取得新版企业资质证书。12家企业为：宁波工程公司、南京工程公司、第四建设公司、第五建设公司、第十建设公司、胜利油建工程公司、中原油建工程公司、江汉油建工程公司、河南油建工程公司、江苏油建工程公司、胜利建设工程公司、中原建设工程公司。

（张虹薇）

【工程建设监理】 截至2016年底，石化建设分会有监理资质的会员企业共50家，其中综合资质2家、甲级资质46家、乙级资质2家。

全年，组织2期石油化工监理工程师培训，培训人数125人，其中89人取得石化监理工程师证书。开展石油化工监理工程师执业资格延续注册工作，981名监理工程师取得延续注册资格。

石化建设分会组织8家监理会员企业，编写完成石化监理工程师继续教育培训教材，教材分5篇15章43节，共计22万字。

（张虹薇）

【勘察设计企业资质管理】 组织设计企业对国家住房和城乡建设部《工程设计资质标准》（修订稿）进行再次意见征求，汇总整理后报送住建部。

根据国家住房和城乡建设部的整体部署，结合集团公司所属工程勘察设计企业体制改革的具体情况，继续开展会员企业工程勘察设计资质的延续、升级、增项、更名以及咨询活动。2016年共组织完成6家工程勘察设计企业资质申请材料的初审与上报工作，其中直属企业2家、改制企业4家。截至年底，共有6家企业通过审查，顺利取得工程勘察、设计资质证书，其中工程勘察资质增项1家，工程设计资质延续1家、升级3家、更名1家；另外完成6家企业有关工程设计资质升级、招标问题的咨询工作。协会共有45家勘察设计会员企业，其中工程勘察综合甲级资质3家（勘设合一1家），专业甲级资质6家（勘设合一3家）、乙级资质3家（勘设合一3家）；工程设计综合甲级资质4家，行业甲级资质21家，专业甲级资质14家，乙级资质1家。

（胡瑞玲）

【信息化建设先进企业和个人推选】 组织推荐全国工程勘察设计行业“十二五”期间实施信息化建设先进单位以及个人，工程建设公司、洛阳工程公司、宁波工程公司、石油工程设计有限公司4家企业和5名个人分别获评“十二五”期间实施信息化建设先进单位和先进个人。

（胡瑞玲）

【优质工程评选】 组织完成2015年度、2016年度集团公司优质工程奖评审工作，共32项工程获奖（见表4和表5）。

（李国之）

表 4　　**2015 年度集团公司优质工程**

序号	工程名称	申报单位
1	黄岛国家石油储备地下水封洞库工程	黄岛国家石油储备基地有限责任公司
2	海南原油商业储备基地工程	中国石化集团石油商业储备有限公司海南分公司
3	桥东油田青东 5 块新区产能建设地面工程	胜利油田石油开发中心有限公司
4	山东液化天然气(LNG)项目一期工程	中国石油化工股份有限公司天然气分公司
5	齐鲁分公司加工高硫高酸原油适应性改造 260 万吨/年蜡油加氢、60 万吨/年航煤加氢联合装置	中国石油化工股份有限公司齐鲁分公司
6	齐鲁分公司合资建设 13 万吨/年丙烯腈项目	中国石油化工股份有限公司齐鲁分公司
7	元坝气田前期试采 17 亿米^3/年工程天然气净化厂工程	中国石油化工股份有限公司西南油气分公司
8	涪陵—王场输气管道工程	中国石油化工股份有限公司天然气分公司
9	中石化三井化学 7.5 万吨/年三元乙丙橡胶合资项目	上海中石化三井弹性体有限公司
10	塔巴庙—榆林天然气管道增压工程	中国石油化工股份有限公司华北油气分公司
11	元坝气田前期试采 17 亿米^3/年工程天然气地面集输工程	中国石油化工股份有限公司西南油气分公司
12	扬子石化油品质量升级及原油劣质化改造项目主体工程	中国石化扬子石油化工有限公司
13	九江分公司 2 套催化裂化装置烟气脱硫脱硝工程	中国石油化工股份有限公司九江分公司
14	湖南石油分公司成品油管道及郴州油库工程	中国石化销售有限公司湖南石油分公司

表 5　　**2016 年度集团公司优质工程**

序号	工程名称	申报单位
1	九江石化油品质量升级改造工程	中国石油化工股份有限公司九江分公司
2	石家庄炼化油品质量升级及原油劣质化改造项目	中国石油化工股份有限公司石家庄炼化分公司
3	CB4 E 采修一体化平台	中国石油化工股份有限公司胜利油田分公司海洋采油厂
4	武汉石化 8 万吨/年硫黄回收联合装置	中国石油化工股份有限公司武汉分公司
5	安庆石化 800 万吨/年炼化一体化配套成品油管道工程	中国石化销售有限公司安徽石油分公司
6	涪陵页岩气田焦石坝区块一期工程北区产能建设项目	中国石油化工股份有限公司江汉油田分公司

续表

序号	工程名称	申报单位
7	中国石化长城能源化工(宁夏)有限公司高盐水零排放项目	中国石化长城能源化工(宁夏)有限公司
8	元坝气田 17 亿米^3/年滚动建产工程净化厂工程	中国石油化工股份有限公司西南油气分公司
9	山东液化天然气(LNG)项目输气干线工程	中国石油化工股份有限公司天然气分公司
10	江西成品油管道二期工程及鹰潭、吉安、赣州配套油库工程	中国石化销售有限公司江西石油分公司
11	第一硫黄回收装置安全隐患治理技术改造项目	中国石油化工股份有限公司齐鲁分公司
12	北海炼油异地改造石油化工(20 万吨/年聚丙烯)项目产品质量升级改造项目——工艺生产装置	中国石化北海炼化有限责任公司
13	茂名分公司 2#150 万吨/年 S-Zorb 催化汽油吸附脱硫装置工程	中国石油化工股份有限公司茂名分公司
14	齐鲁分公司第一催化裂化安全隐患治理及节能技术改造项目 260 万吨/年催化裂化、50 万吨/年气体分离、51 万吨/年双脱装置	中国石油化工股份有限公司齐鲁分公司
15	西北油田分公司跃进区块奥陶系油藏产能建设工程	中国石油化工股份有限公司西北油田分公司
16	扬子石化三轮改造污水处理及废水回用配套工程	中国石化集团资产经营管理有限公司扬子石化分公司
17	大牛地气田天然气脱水脱烃工程	中国石油化工股份有限公司华北油气分公司
18	涪陵地区页岩气开发试验井组产能建设项目地面工程	中国石油化工股份有限公司江汉油田分公司

【石化建设分会主要工作】 2016 年 3 月，经分会推荐的 2 家企业被评为全国优秀施工企业，16 名个人被评为全国工程建设优秀项目经理。

7 月，组织石化焊接专家对会员企业申报的 24 项 2016 年度全国优秀焊接工程进行初审，根据中焊协评选全国优秀焊接工程的相关规定择优推荐一等奖 5 项、优秀奖 19 项。

9 月，联合化工、石油、电力、冶金、核工业等行业协会组织完成第 4 届全国吊装技能竞赛。六大行业 28 支代表队 53 名选手参加竞赛。中国石化集团江苏石油勘探局运输处获得团体第 1 名；中国石化集团江苏石油勘探局运输处王健获得个人第 2 名。

9 月，经分会推荐的石油工程建设公司承建的“加纳西部走廊天然气工程”入选 2016 年中国建设工程鲁班奖(境外工程)。

10 月，经分会推荐的项目获得国家优质工程奖。①国家优质工程金质奖 1 项：中韩石化“中国石化武汉 80 万吨/年乙烯及配套工程”；②国家优质工程奖 4 项：武汉分公司“中国石化武汉分公司油品质量升级改造二期工程”、天然气分公司“榆林—济南输气管道工程”、胜利油田石油开发中心“桥东油田青东 5 块新区产能建设地面工程”、商储海南分公司“海南原油商业储备基地”。

(韩建阳)

【统计工作】 石化建设分会代表集团公司对口国家住房和城乡建设部、国家统计局，组织 29 家建筑业企业按时按质完成 2015 年年报和 2016 年季报、月报工作。

(韩建阳)

公用工程

◇ 热电

◇ 水务

热　电

【概述】 2016年，集团公司进一步强化热电专业化管理，以安全保供和节能减排为目标，着力推进“四个结合”：专业管理和技术服务相结合、投资发展和国家政策相结合、运行管理和主业生产相结合、成本控制和达标升级相结合，全力服务保障主业，加快节能减排升级，全面提升运行质量，为保增长保效益提供坚强的公用工程保障。

（胡海翔）

【全力保障主业公用工程需求】 认真贯彻国家能源局《防止电力生产事故的二十五项重点要求》各项规定，依法合规组织热电生产。严格运行操作和缺陷管理，提高设备检修质量，控制各类非计划停工，提高热电装置运行平稳率，保证了主业的用电用热需求。2016年，集团公司发电设备平均利用小时数5 492，继续保持国内同类机组先进水平；完成发电量328.4亿千瓦·时、供热量3.2亿吉焦；机组非计划停工次数逐年递减，同比减少7%。

（胡海翔）

【加强燃料成本管理】 强化煤炭采购、储运、使用全过程管理，跟踪煤炭市场动态，优化调整资源品种，加强使用环节掺配，努力消化煤价上升的不利影响。CFB机组运行根据石油焦、煤炭的比价关系，以降低燃料综合成本为目标，动态调整石油焦和煤炭掺烧方案。严把煤炭入厂验收关，规范煤炭数量、质量验收方法和流程，细化分析购耗存指标，全年入厂入炉煤热值差指标同比下降5.20%，处于国内先进水平。选择试点企业建立煤种经济性分析、多煤种掺烧等优化决策系统，实现降本增效。扬子石化积极推进煤炭掺配和优化比选，开展多煤种性能试验研究，在煤炭采购降本和锅炉长周期运行方面发挥了重要指导作用，实现降本增效470万元。全系统以煤炭降本和生产优化为抓手，强化热电成本控制，2016年供电完全成本0.3元/（千瓦·时），供热完全成本38.1元/吉焦，热电业务（含26家独立核算热电站）实现内部利润约33亿元。

（胡海翔）

【热力系统整体优化获得突破】 胜利油田和茂名石化联合开展供热机组热力系统整体优化技术攻关，在茂名石化炼油区机组上成功实施一系列优化措施，在不增加燃料消耗总量的前提下，显著提高发电出力，大幅降低供电煤耗，探索形成具有石化企业特色的机组全流程经济性诊断技术，为全系统持续开展机组节能挖潜提供有力支撑。2016年，集团公司完成供电标煤耗329.1克/（千瓦·时），同比降低2.5克/（千瓦·时）。

（胡海翔）

【热电发展“十三五”规划发布实施】 按照集团公司统一部署和要求，开展规划编制专题研究，组织企业对接，确定了“十三五”期间热电专业发展目标、重点任务、项目投资估算等，经集团公司批准，已正式发布实施。

（胡海翔）

【加强专业指导和技术服务】 加强专业指导，有力促进企业提升专业管理水平。热电专业采取“抓两头、带中间”方式，树立茂名石化、巴陵石化等节能先进典型，选取安庆石化、湖北化肥、中韩石化、南化公司等10多家企业开展专题督导，组织专家团队分析机组节能潜力，明确节能提效方向和路径。组织胜利油田、镇海炼化、茂名石化、扬子石化等企业技术力量，在仪征化纤开展热电节能提效专题技术服务，从运行优化、技术改造、长远发展3个层面，提出机组节能提效的目标、方向和措施，形成全面治理计划。

（胡海翔）

【大力推进热电装置节能减排工作】 根据国家发改委、环保部等部委发布的《全面实施燃煤电厂超低排放和节能改造工作方案》和《热电联产管理办法》等文件要求，集团公司下发通知，部署企业全面推进热电业务节能减排升级工作，明确提出“燃煤热电机组在2017年底前同步实现环保超低排放和供电标煤耗达到310克/（千瓦·时）”的目标要求。按照非上市、炼油、化工3个板块分别组织企业进行对接，制定超低排放改造路线和机组运行优化、节能提效改造方案。截至2016年底，广州石化、天津石化、中韩石化、齐鲁石化、胜利油田、洛阳石化等企业的26台锅炉完成环保升级改造，达到超低排放目标；巴陵石化、四川维尼纶厂、天津石化、茂名石化、燕山石化、镇海炼化等企业的7座燃煤热电站，率先达到310克/（千瓦·时）的能耗目标。2016年采用季度通报形式，点名道姓传递压力，点面结合推进热电节能减排工作。

（胡海翔）

【中国石化动力煤验收技术规程实施】 集团公司企业标准《动力煤验收技术规程》(Q/SH 663—2015)于2016年4月1日起实施。为适应环保新形势，满足国家管理规定新要求，标准中增加了除硫以外的环保类指标氟、磷、氯、汞(Fd、Pd、Cld、Hgd)，提出商品煤标识的新规定，进一步规范了煤炭入厂质量检验工作流程。同时针对煤炭质检机构负责人组织了标准宣贯工作，并在年度煤炭质量检验现场考核评价中对企业进行了专项检查。

(张金喜)

【降低企业用电成本】 组织企业积极研究在现行电价政策条件下，灵活调整基本电价计费方式，具备条件时将变压器容量计价调整为按最大需量计价，拓展降本空间。稳步推进大用户直购电，降低外购电成本。2016年7月，镇海炼化被正式列入宁波市第2批直购电试点用户；南化公司积极与江苏省协调，落实直购电计划6.9亿千瓦·时，用电成本大幅减少；胜利油田成功将2台30万千瓦机组由公用机组改为自备机组，为提高机组产能利用率、降低过网成本创造了良好的政策环境。积极开展成立售电公司的专题研究，利用自备机组和配电网优势，争取电改红利。中原油田、河南油田已取得供电业务许可证，配售电业务发展获得政策支持。

(胡海翔)

【增强外部市场经营能力】 齐鲁石化发挥热电联产优势，争取政府支持，服务社会用户，顺利投运对外供汽供电项目，为企业实现创效。河南油田成功承揽国家电网、南水北调工程供电保障业务。茂名石化、仪征化纤、四川维尼纶厂紧盯周边化工园区，努力扩大供热区域。

(胡海翔)

【加强专业队伍建设】 按照集团公司重点人才培训计划，2016年举办热电专家班，集中研讨机组节能减排升级技术路线和改造工作方案。结合企业用煤特点和管理要求，组织举办煤炭质检机构负责人研讨班和煤炭采制化岗位考核取证班。

(胡海翔)

【投用厂级自动化信息系统】 胜利油田发电厂与西安热工研究院共同研究开发的胜利发电厂生产过程监控与运行优化系统成功投用。该系统监控和分析诊断全厂生产情况，最大限度发挥机组性能，是集过程实时监测、优化控制及生产过程管理为一体的厂级自动化信息系统。系统投运以来有效提高了电厂安全经济运行水平，提升了竞争实力。

(胡海翔)

【组织开展热电专业现场检查与煤炭质量检验考核评价】 贯彻落实集团公司党组关于加强热电专业管理、提高运行效率和服务保障水平的指示精神，根据《中国石化热电专业竞赛管理办法》《中国石化煤炭质量检验管理规定》等制度要求，组织32名专业骨干，分6个小组对集团公司25家企业的36家电站开展热电专业检查与煤炭质量检验考核评价工作。评价过程中，按照国家和地方政府的节能环保政策要求，重点检查了企业热电机组节能综合改造项目和环保升级改造项目等工作进展情况。

(胡海翔)

【持续开展热电专业竞赛和“比学赶帮超”工作】 热电专业竞赛逐月对指标完成情况进行量化排序并公布，逐年组织专家开展现场评价，在“比学赶帮超”工作中发挥着重要作用。根据集团公司总经理奖励管理暂行办法和热电专业竞赛管理办法，经综合评定，胜利油田、茂名石化、巴陵石化、齐鲁石化、镇海炼化、广州石化、天津石化、扬子石化、南化公司、安庆石化、高桥石化11家企业分获2016年度热电专业竞赛综合优胜奖，天津石化、巴陵石化、胜利油田、四川维尼纶厂、广州石化分获锅炉、汽机、燃料、电气、环保单项优胜奖。

(胡海翔)

水　　务

【概述】 2016年，水务专业认真贯彻落实集团公司党组关于加强专业化管理的要求和工作部署，持续夯实“三基”工作，深入开展专业竞赛活动，装置稳定运行水平和技术经济指标不断进步，服务保障能力不断提升，节能环保成效显著，为集团公司健康发展做出积极贡献。

(叶晓林)

【全力保障主业需求】 ①水务供应得到全面保障。全年取水量11.99亿立方米，同比增长2.36%；时供循环水304.3万立方米，增长1.83%；时产化学水3.1万立方米，与上年持平；处理污水3.35亿立方米，同比降低2.19%。齐鲁石化为保障炼化增产创效用水需求，组织投运炼油区域水源专线及加压泵，多供黄河水，增采二化区域地下水，供水量提升9.96%。镇海炼化回收冷凝水115万立方米，为主业长周期可靠运行提供有力保障。②装置运行水平持续提升。天津石化推行标准化检修，落实三级验收制度，设备运行可靠度明显提升；实施高含盐污水处理装置改造等重点项目，缓解了炼油生产因碱渣、碱液积存导致后路不畅的问题，生产装置环保保障水平大幅提升。安庆石化在关键水冷器出水管线安装在线油气分析仪，实现物料泄漏的快速发现和处理，确保循环水系统稳定运行。③安全风险得到有效控制。加强装置现场安全管理，隐患治理工作进展顺利。胜利油田供水公司加强水质检测能力建设，建成省级供水行业A级资质实验室，提高了饮用水水质超标的安全风险防控能力。巴陵石化加强高磷、高氮废水源头管控，编制完善清污分流方案，制定专项整治计划，消除地下雨污管线泄漏污染水体风险。南化公司加强污水处理场来水监控，专线输送、单独计量各种化工废水，并设置化学需氧量、pH、温度等在线仪表，消除污水处理场生化系统崩溃隐患。

（叶晓林）

【技经指标稳步提升】 ①主要技经指标持续改善。突出“比学赶帮超”工作实效，按照强“三基”、提质增效和环保治理等重点工作要求，积极开展电耗类和污水回用类指标考核，集团公司11项专业竞赛指标总体进步2.16%，同口径耗电量降低1.15%、污水回用量增长11.07%。胜利油田开展新鲜水泵站节能技术改造，施行调峰运行，供水单位电耗下降4.81%。北海炼化开展循环水系统整体优化，单位电耗下降10.01%。洛阳石化开展污水回用攻关，污水回用量增长29.54%。扬子石化优化清污分流，加强污水回用装置运行管理，污废水回用量增长24.24%。②过程成本控制水平明显提升。组织企业积极开展水务专业全员成本目标管理工作，优化提升水务成本核算模板，镇海炼化、四川维尼纶厂等企业升级后的ERP系统成功上线并稳定运行，进一步提高成本核算标准化、准确化和精细化水平。仪征化纤、青岛炼化将水务竞赛指标纳入公司一体化管理考核，开展小指标劳动竞赛，广州石化、北海炼化水务系统单位现金操作费用指标平均进步15%以上，南化公司化学水单位现金操作费用指标处于集团公司领先水平。2016年，集团公司循环水、化学水单位现金操作费用同比分别降低7.81%和3.47%，水务业务模拟核算实现营业利润12.9亿元。

（叶晓林）

【专业化管理持续强化】 ①建章立制和专业贯标同步推进。制定并发布水务发展“十三五”规划。全面颁布实施涵盖新鲜水、循环水、化学水及污水处理与回用系统的一级企标《水务管理技术要求》，在年度现场考评中把贯标作为现场管理考核的重要内容，促进基层单位完善技术规程、操作规程，加强岗位培训和岗位练兵，不断夯实“三基”工作。②信息化应用进一步深化。优化提升水务生产营运管理信息系统（一期），实现水务专业基础数据采集、关键数据预警、技经指标汇总分析等功能，有效促进“比学赶帮超”工作，为打造智慧水务提供支撑。天津石化水务信息化建设取得突破，率先实现水务运行数据的就源输入和统计分析，工业水信息系统由分散管理向集中管控和专业化管理转变，有力地促进了专业管理水平的稳步提升。③专业队伍建设不断加强。2016年按照集团公司重点人才培训计划，围绕国家有关水污染物排放新标准的要求，聚焦污水处理场的内涵挖潜和技术升级，以及生产装置排放水污染物的资源回收和以废治废等关键技术，举办污水系统提质提效专家专题研讨班。加强标准宣贯，举办化学水管理标准培训班和化学水专业技术比武，中原油田、齐鲁石化、洛阳石化等12家企业的21名选手获得奖牌，齐鲁石化、茂名石化、天津石化等企业获得团体奖。竞赛促进了标准落地，加快了一线专业技术人员成长。④专业指导和技术服务不断深入。加强专业指导，有力促进企业提升专业管理水平。通过及时宣贯国家新标准，全面对接达标中存在的脱氮降磷等突出问题，研究技术方案，组织专家团队对沧州炼化、青岛石化、巴陵石化等重点企业开展现场督导和咨询服务，从基础调研、源头治理、内涵挖潜、升级改造等多方面，提出要求和建议，积极推进污水提标改造等各项工作。

（叶晓林）

【专项治理工作取得显著效果】 ①新鲜水漏损治理持续深化。持续推广“4321”工作法（四图三率二平衡一治理），深化水平衡测试、查漏堵漏等漏损治理工作。江苏油田、齐鲁石化、巴陵石化等17家企业完成新一轮水平衡测试，测试范围全面覆盖新鲜水、循环水、化学水、污水处理与回用等系统，测试水量规模2 100万米^3/日，发现并处理漏水点3 983个，年减少漏损量1 727万立方米。长岭炼化、四川维尼纶厂、胜利油田等企业社区生活水移交地方，有效缓解社会生活供水长期存在的漏损大、收费难的矛盾。②循环水整体优化成效显著。针对循环水系统普遍存在的温差小、机泵效率低、局部管路损失大等问题，持续推进循环水优化运行。截至 2016 年底，累计优化 61 套循环水系统，平均节电率达 26.72%、年节电 3.2 亿千瓦·时。其中，茂名石化、洛阳石化、北海炼化等企业的循环水系统节电率达 30% 以上，经济效益显著。

（叶晓林）

【污水提标改造稳步推进】 认真学习新环保法和“水十条”等环保法规，贯彻执行石油炼制和石油化学工业污染物排放标准，编制印发《污水系统提质提效工艺技术要点》，督导企业按期完成外排水达标治理，对接各企业存在的问题，开展重点企业技术指导，持续推进污水系统提质提效工作。截至 2016 年底，纳入水务专业化管理的 77 套炼化污水处理系统中，已有 33 套满足新标准要求。上海石化加强污水源头分类治理，对废碱液和 PTA 污水等进行单独收集处理，降低对综合污水处理场的冲击，超前谋划污水系统提标改造工作，2016 年 7 月投用外排污水提标升级改造项目，外排污水化学需氧量平均为 35.3 毫克/升，氨氮平均为 2.2 毫克/升，均优于上海市地方标准，提前满足国家新标准要求。

（叶晓林）

【市场经营能力明显增强】 齐鲁石化打造“国企 +”模式，积极协助 158 家周边地方企业处理污水，为 178 套装置提供技术保障服务。胜利油田不断扩大外部供水业务和水质检测业务，外拓市场能力持续增强。巴陵石化探索技术入股方式进入系统外污水处理市场，外部市场多元化发展呈现良好态势。

（叶晓林）

安全生产

◇ 综述

◇ 安全监督管理

◇ 安全文化建设

◇ 职业健康管理

◇ 油气田及输油气管道安全保护

综 述

2016 年，中国石化认真贯彻落实党中央、国务院关于安全生产工作的指示精神，按照国家安全监管总局的总体部署，全面分解落实安全主体责任，全面开展重大安全风险识别与防控，全力推进油气输送管道隐患整治攻坚战，狠抓现场安全监督管理，安全形势保持总体稳定。

（程敬博）

安全监督管理

【重大安全风险识别管控工作全面启动】 ①按照“识别大风险、消除大隐患、杜绝大事故”的要求，全面启动重大安全风险识别工作，2016 年开展 2 轮重大安全风险识别评估工作，制定了防控措施。②全面启动安全水平定量评估。借鉴国际通行做法开发了中国石化安全管理水平量化评估系统（QSA）。该系统以安全风险管理为主线，从安全管理体系、人员、机械设备、安全设施等方面设置 16 个一级要素、91 个二级要素和 540 个问题项，并对各要素进行赋值。通过访谈、审核和现场检查等方式，对企业安全管理水平进行全面量化评价。年内完成 12 家企业的安全水平量化评估工作。③全面推进 HAZOP、JSA 等安全风险管控工具的应用。年内首次举办炼化企业 HAZOP 技术应用大比武，有力推进了 HAZOP 分析工作。

（程敬博）

【现场安全监督进一步强化】 ①认真组织年度安全大检查。高度重视年度安全大检查工作，集团公司领导亲自参加检查动员会，对做好检查工作提出明确要求。②坚持开展安全环保巡视和各类专项检查。2016 年组织 6 个安全环保巡视组对 58 家企业开展安全环保巡视，提交巡视报告 58 份，提出建议 451 条。组织开展海（水）上石油作业、冬季安全生产、职业健康、罐区重点项目整改和高风险作业制度执行情况专项检查。③安全督察工作成效凸显。系统内 105 家生产、销售和工程建设企业全部成立安全督察大队。近千名专职安全督察人员按照日督察、周通报、月总结考核的要求，通过现场督察和视频回放抽察相结合，对生产施工现场进行全天候、全覆盖的安全督察，及时曝光查出的各类问题，形成震慑态势，现场作业“三违”行为明显下降。④全力推进视频监控。全年新增固定视频终端 6.51 万台、移动视频终端 4 710 多台。视频监控全程记录、远程监控、刚性监督等特点有效弥补了“人盯人”的管理缺陷，强化了现场监督。

（程敬博）

【继续加大承包商安全管理专项整治】 针对承包商事故多发、严重威胁安全稳定的严峻形势，2016 年继续深入开展承包商安全管理专项整治；严格承包商安全资质审查，强化承包商的安全资格管理，从源头上削减安全风险；强化承包商业绩考核，提高承包商安全管理水平；严格承包商违章积分考核，列出“零容忍”条款，排名靠后和存在典型违章的单位公开检讨。

（程敬博）

【应急与事故管理工作不断加强】 ①按照简单、实用、管用的原则，积极推进应急预案优化工作。各企业以集团公司推广的天津石化应急预案为范本，全面优化应急预案，将专项预案转化为附录，以图表形式明晰工作流程。油田、炼化、销售企业应急预案总体优化率超过 97%。组织中原油田普光分公司、镇海炼化等 4 家企业完成净化厂酸性气泄漏、原油罐区火灾 5 个典型场景的情景构建预案编制工作。②积极推进现场应急处置方案卡片化工作，基本覆盖所有关键装置及要害（重点）部位。③严格事故调查处理工作，深刻剖析每起事故的管理原因和根原因，督促企业落实整改措施。其中，对于上报集团公司级事故，责令企业主要领导在集团公司范围做检查，对直接单位主要领导先免后查，起到教育警示作用。

（程敬博）

安全文化建设

【安全主体责任分解落实向纵深推进】 ①按照“谁的业务谁负责”的原则，全面分解专业职能部门安全管理主体责任。所属各企业按照《中国石油化工集团公司安全管理手册》要求，在安委会下分别成立生产、设备、工程等专业安全分委会，各专业分管领导和专业职能部门逐步走上安全管理“前台”，专业安全管理主体责任不断得到强化。②按照“谁的属地谁负责”的原则，分解属地单位安全管理主体责任。明确属地单位对管辖区域内的生产和作业安全负第一责任，对管辖区域内突发事件的初期处置负责。对上报集团公司级事故严格执行“先免后查”，安全责任不断分解落实到各二级单位，安全管理重心不断下沉。③落实领导干部承包制度。要求各单位领导班子成员和主要处室负责人挂牌承包重点油气区块、关键装置、罐区、油库等高风险设施的安全管理，实行责任连带，起到示范和导向作用。

（程敬博）

【安全管理制度体系日趋完善】 按照中国石化安全管理手册要求，制定完善安全风险管理、变更管理、职业健康管理和码头、煤矿安全管理等规章制度，填补中国石化安全管理制度的空白。事业部（专业公司）和各企业加快专业安全管理制度、管理标准和操作规程的制修订工作，专业安全管理制度不断丰富和完善。高风险作业制度改革初见成效，特殊作业安全管理制度改革充分体现了“谁的业务谁负责”和安全责任唯一性原则，要求各单位严格执行作业前JSA分析、作业票现场签发、签发人持证签票，实施特殊作业全程视频监控，实现安全管理重心的下沉，强化了作业风险管控。

（程敬博）

【安全教育培训工作有序开展】 ①要求在各类管理培训班中嵌入安全课程，鼓励所属企业在各种会议前进行安全经验分享，促进了全员安全意识的强化。2016年举办各类培训班13.24万个，269.9万人次接受安全培训。②落实重点人员安全培训。举办3期安全培训班，对109名近3年未参加过安全培训的领导干部进行集中培训；对安全总监、督察大队负责人等进行系统培训；举办多期制度宣贯、HAZOP分析、职业健康、综治保卫和反恐防范专题培训班，提高了专业管理人员的履职能力。③按照因地制宜、因陋就简的原则推进安全仿真培训和实操实训基地建设，促进基层一线员工安全技能的提高。

（程敬博）

【全员安全诊断工作全面展开】 要求所属企业整合各类安全活动，集中开展全员安全诊断工作。通过实施正激励，极大提高了员工参与安全诊断的积极性，安全管理由被动转向主动，百万员工紧盯现场，不间断地识别风险、查找隐患和各类安全问题。

（程敬博）

职业健康管理

【员工职业健康保障稳步推进】 ①按照国家法律法规要求，40家企业设置职业健康管理科室，58家企业配备专职管理人员，职业健康管理网络进一步完善。②修订完善《中国石化职业健康管理规定》，分解落实职业病防治责任。建立职业病危害因素清单，对工作场所毒物、粉尘、噪声等职业病危害实行动态监控。安排在岗职工进行职业健康检查，在岗人员职业体检率实现100%。③对油田、炼化等重点企业进行职业健康专项监督检查。聚焦急性职业中毒风险和职业体检异常员工，倒查防护、管理工作缺陷，落实防范措施。齐鲁石化投资5 000余万元，先后实施密闭装卸车、自动化洗车工艺改造及化验室通风系统改造等17个项目，消除职业卫生隐患。

（程敬博）

油气田及输油气管道安全保护

【油气田及管道安全保护工作成效显著】 ①涉油犯罪案件大幅下降。江汉油田、江苏油田、华东油气田、东北油气田、销售华东分公司、销售华南分公司等重点油田及管道企业实现全年“零发案”，油气安保工作保持稳定趋好态势。②继续开展新疆民用爆炸物清线工作。超额完成公安部部署的新疆3年清线8万千米民用爆炸物排查任务，其中2016年计划清线3万千米，实际清线30 179千米。③圆满完成“两特两重”安保及反恐防范工作。提前部署、加强检查，督促有关企业圆满完成重大节假日及G20峰会、中国—亚欧博览会、十八届六中全会等重大活动期间油气安保工作任务。其中，G20峰会期间镇海炼化、浙江石油分公司安保工作得到浙江省人民政府发函表扬。④反恐防范工作稳步开展。西北油田全面优化安全保卫网络体系，在各站场配备“一键报警”装置和自主研发的“庇护所”；塔河炼化投入2 604万元，用于周界监控、门禁等系统升级及围墙加固加高等技防、物防设施改进；新疆石油分公司按照公安机关要求完成汽油销售信息采集管理系统建设，并在全公司推广“一键断电”“一键报警”装置，配置防护栏、隔离墩等防冲撞设施。

（程敬博）

绿色低碳

- ◇ 综述
- ◇ 能源管理
- ◇ 环境保护
- ◇ 应对气候变化

综 述

2016年，中国石化坚持以生态文明建设为指导，全面落实十八届五中全会提出的绿色发展理念，践行绿色低碳发展战略，统筹能源环境一体化管理，深入推进"能效倍增"计划，收尾"碧水蓝天"环保专项治理行动，积极响应大气、水和土壤污染防治"三大战役"，积极推动碳资产管理，能源环境工作成效持续提升。

2016年，集团公司万元产值综合能耗0.540吨标煤，同比下降1.3%，实现节能量114万吨标煤；工业取水量9.48亿立方米，下降1.1%；外排废水达标率99.8%，有控废气外排达标率99.9%，固废合规处置率100%；4项主要污染物化学需氧量、氨氮、二氧化硫、氮氧化物排放总量分别比上年下降3.86%、3.48%、4.07%和4.53%，全面完成国家下达的年度减排目标。

2016年，中国石化获2015美丽中国环保年度大奖和2015美丽中国典范案例奖，并获2016年中国环境社会责任企业和2016中国低碳榜样称号。在国务院国资委能效对标评比中，青岛炼化、海南炼化、镇海炼化等单位在同类企业排名第一，获能效最优企业称号。在中国石油和化学工业联合会重点耗能产品能效"领跑者"评选活动中，青岛炼化获500万吨以上原油加工企业第1名，广州石化获第2名；镇海炼化获乙烯生产企业第1名，茂名石化获第2名，均成为行业能效"领跑者"标杆企业。

胜利石油管理局等24家企业被评为2016年度集团公司节能工作先进单位，江苏石油勘探局等23家企业被评为2016年度集团公司环境保护先进单位，茂名石化等20家企业被评为2016年度集团公司降碳工作先进单位。邹润等245人被评为2016年度集团公司节能工作先进个人，张玉明等91人被评为2016年度集团公司环境保护先进管理者，杨成城等260人被评为2016年度集团公司环境保护先进工作者，侯晶等128人被评为2016年度集团公司降碳工作先进个人。

（王之茵）

能源管理

【"能效倍增"计划稳步推进】 2016年，中国石化实施"能效倍增"计划项目418项，实现节能56.5万吨标煤，效益10.8亿元。通过编制、发布"能效倍增"计划季度通报，积极推进"能效倍增"计划；通过加强领导、落实责任、分解目标、严格考核等措施，统筹推进"能效倍增"计划的全面实施。突出节能对减排降碳的作用，引导企业通过源头节能实现减排降碳；突出系统优化和全局优化相结合，减少能源消费总量；突出管理节能、结构节能、技术节能、重点工程、循环经济和合同能源管理六大措施的落实，大幅度提高能源利用效率。镇海炼化发动全员积极参与"能效倍增"计划，全面开展能源TPM管理，实施能源全员、全过程管理。各运行部共提出216条具体管理内容，实现节能量7.1万吨标煤。开展实施"能效倍增"计划竞赛活动，每季度评选1次，总奖励金额为8万元，有效激励各层次员工的节能积极性。全年共奖励28个项目，金额32万元。胜利油田"能效倍增"计划实施72个项目，年新建节能能力5.0万吨标煤，累计创效2.5亿元。2015年、2016年连续2年实现能耗总量、强度双下降，获山东省节能突出贡献企业称号，连续3个季度获股份公司油田板块"比学赶帮超"流动红旗。青岛炼化对炼油能耗构成指标进行逐项分解剖析，对标先进，查找短板抓住关键点，挖掘潜力抓住突破口，并将责任与指标落实到装置、班组及岗位。

（王之茵）

【不断完善能源环境一体化管理体系】 ①推进规划和日常管理深度融合。编制"十三五"发展规划时，同步编制节能和低碳"十三五"规划，突出绿色低碳发展战略；对接固定资产投资计划时，同时对接"能效倍增"计划项目，保证投资盘子；建设项目开展可研论证时，同步进行节能评估和碳排放评价分析，保证能源"双控"指标和节能措施落实，强化源头管控。②开展燃动能耗一体化指标评价。下发《燃动能耗一体化评价体系指标解释》，对指标进行定义，对计算方法和口径进行规范；开展专题培训，提高相关专业人员认识，增强对体系的理解，掌握评价方法；对35家炼化企业燃动能耗一体化指标进行对比分析，按照单位燃动能耗成本、单位燃动能耗污染物处理处置成本与单位燃动能耗二氧化碳排放成本3项之和高低进行排名，推动企业优化燃料品质和燃料结构，实现整体效益最佳。③推动能源环境一体化治理。推动利用周边资源，调整燃动结构，武汉石化从国电青山热电公司购买蒸汽，避免重复建设投资1.3亿元，实现年节能3.6万吨标煤，减排二氧化硫等主要污染物760吨/年，减少二氧化碳排放15万吨/年，降本1 200万元/年；推进"以汽定电、内汽外电"工作，广州石化在满足生产装置用汽前提下，动力机组采取供热运行方式，电力缺口部分由外购解决，实现经济效益和环境效益；利用国家电力体制改革两头放开的政策，推进大用户直购电和配售电业务申请工作，实现降本增效，镇海炼化、茂名石化、九江石化、沧州炼化、西北油田等企业获得大用户直购电配额，共节约电费近 4 000 万元。

（王之茵）

【规范固定资产投资项目节能评估和审查管理】 印发《固定资产投资项目可行性研究报告节能专篇编写要求》，增加能耗分析、节能措施、计量器具配备、碳排放计算分析等内容；严格项目节能评估审查，确保节能措施、节能投资在项目可研、设计和建设中得到落实，从增量上严控能源消耗。2016 年，完成 15 个集团公司一类固定资产投资项目可研报告节能篇的审查。江苏油田印发《关于规范固定资产投资项目节能管理的通知》，防止落后低效设备进入油田，严禁在项目设计阶段随意增上耗能设备，有效保证了新建项目的能效水平。

（王之茵）

【积极推进能源管理中心建设】 为加强能源全过程管理，实现“能效最大化，能流可视化，在线可优化”的目标，2016 年完成镇海炼化、茂名石化等 7 家企业的能源管理中心上线运行工作，累计完成建设的 9 家企业通过热电生产在线优化，获得效益 5 343 万元。

（王之茵）

【加大高耗能落后机电设备淘汰力度】 2016 年淘汰变压器 1 264 台，总功率 43.7 万千瓦；淘汰电机 3 937台，总功率 21.4 万千瓦。茂名石化、广州石化等 6 家企业利用合同能源管理产业政策，更新淘汰落后电机共计 1 673 台，淘汰电机总功率 8.9 万千瓦，实现年节电 1 130 万千瓦·时，折合标煤 3 616 吨、减排二氧化碳 8 896 吨。

（王之茵）

【积极推广成熟适用先进节能技术】 通过“中国石化节能技术交流信息”网络共享平台，交流系统内节能技术及应用案例，为企业提供技术信息；组织科研院所专家深入企业开展技术服务，促进产学研成果的转化。2016 年，继续推广基于直流母线的抽油机井群控技术、污水汽提—溶剂再生装置模拟节能优化、余热余压工业化利用、炼厂氢资源优化利用、保温保冷材料应用等成熟适用先进节能技术，充分发挥科技支撑作用。全年，全系统共推广节能技术 230 项，实现节能量 23.7 万吨标煤、效益 6.29 亿元。

（王之茵）

【强化节能监测工作】 加强对炼化企业大机组、主要动力设备和油田企业注水系统、机采系统、集输系统能源利用状况进行监测，建立能效对标体系。2016 年对燕山石化、青岛石化、安庆石化、巴陵石化 4 家企业开展耗能设备测试工作，完成 346 台泵、92 台压缩机、35 台透平、89 台风机、12 条蒸汽保温管线的现场测试工作，挖掘节能潜力 5 万吨标煤/年。天津石化按照“全流程分解”理念，对各类能源和耗能工质的各消耗点进行了摸查和管控，在二次加工装置负荷率不断上升的情况下，企业综合能源消费总量较 2011 年下降 22.14%。

（王之茵）

【严格控制工业取水量】 ①实施用水计划和目标管理。严格取水总量计划管理，建立集团公司全口径工业取水量目标，下达年度企业工业取水量指标，对取水总量增长过快的企业、板块、地区和业务及时预警调控并通报考核。②制定《中国石化工业节水管理办法》，加强企业节水管理。③加强水平衡测试工作。完成济南炼化、沧州炼化 2 家企业的水平衡测试，测试用水节点 92 点次，检测新鲜水、消防水、循环水埋地管线约 6 千米，减少用水损失 21 万米^3/年。

（王之茵）

环 境 保 护

【构建更为严格规范的环保管理体系】 ①完善环保标准化管理体系。根据国家环保工作管理最新要求，修制定集团公司《固体废物污染防治管理规定》《废气污染防治管理规定》等 14 项制度，重新制定并发布《中国石化突发环境事件应急预案（2016 版）》。②强化环保监督管理。发布《企业环境绩效评价工作指南（试行）》，组织对广州石化、荆门石化等重点企业进行环保现场监督，随机抽测企业达标状况，坚持开展环保巡视，保持常态化监督管理。③积极参与国家排污许可证制度试点。与海南省生态环保厅签订合作框架协议，引导并影响排污许可制度更加贴近企业实际；组织完成排污许可申报技术文件研究，指导海南炼化完成排污许可申报。

（王之茵）

【实施大气、水、土壤污染防治三大行动计划】 ①制定实施方案。根据国家整体部署，印发《集团公司关于加强生态文明建设的意见》和《加强生态文明建设实施方案》。在全面落实国家“气十条”的基础上，组织制定《中国石化落实水污染防治行动计划实施方案》《中国石化落实土壤污染防治行动计划实施方案》，分解落实各部门相关职责，确定了“十三五”三大环境要素总体改进目标、重点工作和保障措施。②落实环保治理责任。总部与事业部、企业签订环保责任书，分解落实年度指标和工作任务。建立专题会议机制，定期跟踪锅炉烟气超低排放改造，炼化企业挥发性有机物(VOCs)综合整治，催化裂化、硫黄回收、加热炉烟气治理，污水场提标升级改造等重点项目实施进度，并作为年底考核的重点内容。③挥发性有机物综合整治工作有序推进。主动参与国家石化行业VOCs核算办法的制定，协助环保部对各省市开展VOCs核算培训，在G20期间参与政府部门VOCs监测。总部组织企业开展VOCs排查与核算，积极争取国家和地方认定，使核算结果更趋合理。炼油事业部、化工事业部积极组织各炼化企业，全面开展VOCs综合整治工作。④“碧水蓝天”环保专项行动顺利完成。3年来，共实施环保治理项目870个，在还清环保历史欠账同时，可新增污染物削减能力：化学需氧量3 400吨/年、氨氮4 900吨/年、二氧化硫4.2万吨/年、氮氧化物7.1万吨/年、VOCs 2.5万吨/年。

(王之茵)

【全面评估环境风险】 ①开展环境风险评估。2016年，集团公司在全系统开展环境风险识别与评估工作。根据国家相关法规和指南要求，研究并建立符合石化环境风险特征的技术文件，努力做到“评估依据充分，要素选择科学，量化定级合理，模型设计严谨，结果贴近实际”。全年初步评估并梳理出6类1 126项重大环境风险。②防范环境法律风险。针对新出现的环境公益诉讼，密切关注动向，对集团公司所属企业进行环保涉诉风险排查。

(王之茵)

【强化建设项目环保合规管理】 ①全过程抓好建设项目环保决策关。建立部门内部审查管理机制，加强重点建设项目可研环保专篇审查，严格履行项目可研和基础设计会签制度，确保新建项目合规建设，实现本质环保。②协调新建重点项目环境评价及验收。茂名石化油品质量升级改造工程、广州石化加工中东原油等7个重点项目完成验收；协调推进茂湛一体化项目、中天合创项目二期、贵州能化项目等重大项目环评审批，为公司产业发展创造条件。③严格项目环保评估审查。组织对中科炼化一体化项目、日照—濮阳—洛阳原油管道工程等共19个项目可研环保专篇进行审查；对燕山石化油品升级改造等34个项目的可研、西南油气分公司元坝气田采出水零排放项目等59个项目的基础设计，提出环保建议意见，对未落实相关环保要求的予以退回整改。④强力推进环保遗留问题整改。2016年，管道储运公司铁山港—山口原油管道工程、华北油气分公司大牛地气田开发工程等43项遗留问题得到整改。针对生态红线区内生产作业问题，研究对策，指导企业依法合规进行整改。

(王之茵)

【持续推进环保技术研发与应用】 ①整合环保技术力量。依托抚顺石油化工研究院成立中国石化环境监测总站；依托北京化工研究院整合成立中国石化北京环保技术中心，并负责清洁生产技术中心与环境影响评价中心工作。②为加快推进实施中国石化挥发性有机物治理工程项目，指导企业选择合理、高效的VOCs治理技术，下发《中国石化炼化企业VOCs综合治理技术指南(试行)》。③各企业持续开展清洁生产审核，青岛炼化、中原石化2家企业通过总部组织的清洁生产验收。

(王之茵)

【加强环保教育与培训】 ①组织编写并出版《石油化工环保技术》《油气田企业环保处科长培训教材》《炼化与储运销企业环保处科长培训教材》，作为集团公司从事环保管理、环保技术人员的教科书。组织编制《石油石化环境保护法规汇编》及《中国石化环境保护制度规范汇编》，梳理汇集行业法律、法规、政策、标准，作为企业环保工作词典。②举办2期环保处科长培训班、1期环保技术高级研修班，分层次对环保处科长、环保骨干等进行培训，共培训172人次。③组织召开环保专题工作会，针对油气田企业产能建设与环评进度冲突、地方管理要求不一操作难度大等问题，组织上游企业环保处长进行交流，使各企业相互借鉴经验，寻找突破口。

(王之茵)

应对气候变化

【强化碳资产管理基础建设】 持续完善碳资产管理

信息系统功能模块建设，细化基础数据管理，实现装置级碳排放数据的统计和核算；主动承担并完成炼油、乙烯、芳烃、精对苯二甲酸、乙二醇等产品碳配额分配基准线研究课题，增强碳资产管理掌控力；积极开展炼化企业二氧化碳回收方案研究和不同油价条件下二氧化碳驱油分步实施规划研究，初步形成江苏地区二氧化碳回收和驱油实施方案；陆续完成航煤、沥青、润滑油、己内酰胺全生命周期产品碳足迹研究，建立石化产品碳足迹研究方法；深入推进人才队伍建设，有效开展业务培训，初步形成1 000人左右的碳资产管理队伍。

（王之茵）

【继续推进温室气体实质减排工作】 胜利、中原、华东、江苏等油田继续开展二氧化碳驱油矿场试验，增加可采储量，提高原油采收率，2016年注入二氧化碳约30万吨、增油5万吨，已累计注入二氧化碳300万吨、增油28万吨；西北油田、华北油气田、广东石油分公司等企业开展油田伴生气、试油试气、原油集输系统、加气站等甲烷回收工作，全年集团公司共回收甲烷约2亿立方米，相应减少温室气体排放约300万吨二氧化碳当量；大力发展地热、太阳能、风能等新能源，全年新增地热供暖能力863万平方米，累计已达3 851万平方米，年可替代标煤97.5万吨，相应减少二氧化碳排放240万吨；建成装机容量5.1兆瓦的分布式光伏电站，累计发电量70.6万千瓦·时，年可替代标煤2 500吨，相应减少二氧化碳排放6 000吨；胜利油田联合抚顺石油化工研究院开发并申报的污水余热回收利用项目完成CCER项目备案，实现系统内自主开发CCER项目零的突破，二氧化碳年减排量约5 000吨；新星公司4个CCER项目完成项目备案，二氧化碳年减排量约19万吨。

（王之茵）

【强化碳资产价值管理】 26家碳交易试点企业制定合理的履约方案和交易计划，按时完成碳配额履约并积极参与碳交易。江汉油田、武汉石化、荆门石化等企业通过CCER抵扣配额、简化交易审批程序等方式，把握最佳交易时机、降低履约成本。2016年，集团公司合计碳交易量245万吨、交易额3 775万元，实现收益139万元；累计碳交易量645万吨、交易额1.8亿元，实现收益3 680万元。

（王之茵）

科研开发与管理

◇ 综述

◇ 科技成果

◇ 知识产权

◇ 技术监督

综　述

2016 年，集团公司积极实施创新驱动发展战略，深化科技体制机制改革，有效激发了科技创新活力，突出战略引领和问题导向，集中攻克了一批关键核心技术，专利申请、授权量再创历史新高。

解放思想，积极探索，有序推进科技体制机制改革。6 月，集团公司召开科技创新大会，对科技体制机制改革做出全面部署，发布科技项目、科技经费、科技成果转化推广与激励 3 项管理办法和配套实施细则，并进行全系统宣贯。科技项目管理方面，推进重大科技项目和项目长负责制试点，制定重大科技项目管理实施细则，5 个项目被列入首批试点计划。科技经费管理方面，积极推进实施直属研究院“基础 + 可变”经费管理模式，以竞争立项获取可变费用，纵向科技经费确认为收入；推动落实企业研发支出视同利润考核。科技成果转化推广与激励方面，建立科技成果效益测算方法；科技创新功勋奖、科技进步特等奖奖金额度大幅提高；技术许可、转让的奖酬金计提比例有明显提升；企业也可以从转化自主创新成果的效益贡献中提取将酬金；实施重大科技项目过程激励机制；鼓励实施自主创新技术（产品）首购订购制度；推进科技孵化器建设。

强化顶层设计，积极申报和实施国家科技重大专项、国家重点研发计划，发布集团公司“十三五”科技进步规划。围绕国家能源战略，积极承担“大型油气田及煤层气开发”国家科技重大专项“十三五”攻关任务，胜利油田特高含水期提高采收率技术、高含硫气藏安全高效开发技术、深层页岩气开发关键装备及工具研制等 12 个项目和示范工程全面启动。着眼国家重大战略需求，积极申报和实施国家重点研发计划，化学与结构驱动的可控性能农膜材料、易燃易爆危险化学品灾害事故应急处置技术装备 2 个项目成功立项。编制完成页岩油气富集机理与有效开发、绿色化工与工业催化 2 个国家重点实验室建设与运行实施方案，建设与攻关工作全面展开。制定发布《中国石化“十三五”科技进步规划》，明确 14 个重点领域（专项）、40 个方向的目标和任务。

突出战略引领和强化问题导向，加快科技攻关，一批技术实现工业转化和推广应用。塔中北坡奥陶系油气成藏规律认识取得突破，自主研发 175℃高温随钻测量系统达到国际领先水平；5 万吨/年沸腾床渣油加氢示范装置完成试验任务，催化柴油转化生产高辛烷值汽油（LTAG）技术在 11 套装置推广应用；一批化工新产品成功开发，碳纤维产品在公路、高铁等领域实现商业应用；开发形成重点企业化工装置废气处理等成套技术。

知识产权确权维权取得新进展。坚持“数量布局，质量取胜”，建立专利申请质量评估系统。持续开展专利战略研究，服务科研。持续加强技术贸易和技术许可工作，围绕“一带一路”及重大攻关项目启动一批技术的境外专利法律风险分析。开展多项技术维权以维护中国石化整体利益。全年申请专利 6 563件，发明专利比例持续在 75% 以上，获得专利授权 4 878 件，均保持在中央企业前列；获国家技术发明二等奖 4 项，中国专利金奖 1 项、优秀奖 9 项。

质量管理体系有效性与标准化工作进一步发展。编制印发《中国石化“十三五”质量发展规划》。不断强化准入认证机构管理和质量管理体系有效性评价。持续加强产品质量监督抽查，石油和石化产品抽检合格率达 100%。95388 客服电话在化工销售公司、润滑油公司开通使用。积极参与国际标准化工作，完成《聚乙烯（PE）模塑和挤出材料：试样制备和性能测定》等 2 项 ISO 标准、《用自动电位滴定法测定对苯二甲酸酸值的标准方法》等 2 项 ASTM 标准的编制。配合开展国Ⅵ车用汽柴油国家标准和京Ⅵ车用汽柴油地方标准的研究制定工作。

（林　源）

科技成果

【概述】 2016 年度，国家授予集团公司“重建多期油气复杂成藏过程的关键仪器与方法”“单晶多空心钛硅分子筛催化新材料及制备关键技术”等 4 项成果技术发明二等奖。集团公司授予“小尺度缝洞储集体地震响应特征基础研究”1 项成果前瞻性基础性研究科学一等奖、“己内酰胺绿色生产技术的化学和工程基础”等 3 项成果二等奖、“缝洞型油藏提高采收率基础理论及应用”等 5 项成果三等奖，“原位涂层抑制结焦技术工业试验”等 2 项成果技术发明一等奖、“遇油/水自适应膨胀封隔器技术研究及产业化”等 6 项成果二等奖、“CEM－1 电磁随钻测量系统”等 8 项成果三等奖，“深度域地震成像一体化技术研发及应用”等 17 项成果科学技术进步一等奖、“高邮凹陷戴南组砂体成因机制及识别技术”等 34 项成果二等奖、“四川盆地及周缘海相页岩气测井评价技术研究”等 62 项成果三等奖。

（李铁军）

知识产权

【概述】 2016年度，中国石化知识产权管理持续保持央企领先地位，全年共申请专利6 563件，获得授权专利4 878件。在确保专利申请及授权稳步增长的基础上，稳步推进专利战略研究工作，提高专利战略研究的水平；重点开展重大成套技术自由运作权分析的工作；初步完成专利申请质量评估系统和涉外专利管理系统的建设；继续加强专有技术保护工作，对成套技术创新成果进行专有技术梳理和保护工作，对多家单位进行专有技术认定。在中国国家知识产权局举办的第18届中国专利奖评选活动中表现优秀，共获得专利金奖1项、优秀奖9项。

在国务院国资委2015年中央企业专利情况排名中，中国石化在累计有效发明专利拥有量、当年发明专利授权量2项指标中均排名第一；在当年累计拥有有效专利总量、当年发明专利申请量2项指标中排名第三，继续处于央企领军地位。

（张洪波）

技术监督

【质量管理与监督】 印发《中国石化质量发展“十三五”规划》《中国石化2016年度质量工作要点》。组织开展2015年度中国石化质量管理奖评选，2月1日下发《关于表彰2015年度质量管理先进单位和先进个人的决定》，表彰16家质量管理奖先进单位和76名质量管理奖先进个人。组织开展中国石化4月7日“质量日”和9月全国“质量月”活动。对准入认证机构开展检查考评，召开认证机构年度工作会，通报检查结果并提出对认证机构的管理要求。

8月29日—9月2日，组织有关专家对石油化工科学研究院和石油工程技术研究院进行质量管理体系检查，针对发现的问题提出改进建议，进一步提高2个科研院的质量管理体系的有效性。

分别针对企业高层、中层及质量骨干开展质量培训。举办第9期企业领导人员质量管理培训班，培训对象为上游和工程板块企业领导，包括油田企业、石油工程企业、炼化工程、（上游）科研院和部分专业公司，共29人参加培训；举办第12期企业质量处（科）长岗位培训班，培训对象为部分企业的中层干部，49人参加培训；举办质量管理体系标准换版培训班，培训对象为部分企业的质量骨干，46人参加培训。

组织开展产品质量监督抽检工作。制定并下达2016年度监督抽查计划，组织各质检中心进行抽样检验并对不合格单位进行复查。截至2016年9月30日，抽查石油和石油化工产品1 343个，合格率100%；抽查油田企业采购物资样品409个，不合格23个，合格率94.4%。

组织召开3次质量工作例会。会前下发通知、准备汇报材料，会后编写会议纪要并督促各部门落实各项工作要求。

（赵 巍）

【标准化管理】 截至2016年12月底，全国石油产品和润滑剂标准化技术委员会归口管理的石油和石油化工产品标准（含试验方法标准）共1 343项，其中国家标准412项、石油化工行业标准925项、国家实物标准6项。

国家标准制修订：2016年，全国石油产品和润滑剂标准化技术委员会组织完成制修订并上报国家标准化管理委员会24项国家标准，国家标准化管理委员会批准发布27项石油化工国家标准（见表1）。

表1 2016年批准发布的石油化工国家标准

序号	标准号	标准名称	实施日期
1	GB/T 258—2016	轻质石油产品酸度测定法	2017-1-1
2	GB/T 503—2016	汽油辛烷值的测定 马达法	2017-1-1
3	GB/T 1202—2016	粗石蜡	2017-1-1
4	GB/T 13235.1—2016	石油和液体石油产品 立式圆筒形油罐容积标定 第1部分：围尺法	2017-1-1
5	GB/T 32693—2016	汽油中苯胺类化合物的测定 气相色谱质谱联用法	2017-1-1
6	GB/T 32859—2016	柴油清净剂	2017-3-1

序号	标准号	标准名称	实施日期
7	GB 17930—2016	车用汽油	2016－12－23
8	GB 19147—2016	车用柴油	2016－12－23
9	GB/T 33400—2016	中间馏分油、柴油及脂肪酸甲酯中总污染物含量测定法	2016－12－23
10	GB/T 260—2016	石油产品水含量的测定　蒸馏法	2017－7－1
11	GB/T 33298—2016	柴油十六烷值的测定　风量调节法	2017－7－1
12	GB/T 14571.1—2016	工业用乙二醇试验方法　第 1 部分：酸度的测定　滴定法	2017－5－1
13	GB/T 14571.5—2016	工业用乙二醇试验方法　第 5 部分：氯离子的测定　离子色谱法	2017－5－1
14	GB/T 32685—2016	工业用精对苯二甲酸(PTA)	2017－1－1
15	GB/T 30921.2—2016	工业用精对苯二甲酸(PTA)试验方法　第 2 部分：金属含量的测定	2017－1－1
16	GB/T 30921.3—2016	工业用精对苯二甲酸(PTA)试验方法　第 3 部分：水含量的测定	2017－1－1
17	GB/T 30921.4—2016	工业用精对苯二甲酸(PTA)试验方法　第 4 部分：钛含量的测定　二安替吡啉甲烷分光光度法	2017－1－1
18	GB/T 30921.5—2016	工业用精对苯二甲酸(PTA)试验方法　第 5 部分：酸值的测定	2017－1－1
19	GB/T 30921.6—2016	工业用精对苯二甲酸(PTA)试验方法　第 6 部分：粒度分布的测定	2017－1－1
20	GB/T 30921.7—2016	工业用精对苯二甲酸(PTA)试验方法　第 7 部分：b * 值的测定　色差计法	2017－1－1
21	GB/T 1845.1—2016	塑料　聚乙烯(PE)模塑和挤出材料　第 1 部分：命名系统和分类基础	2017－5－1
22	GB/T 30924.1—2016	塑料　乙烯—乙酸乙烯酯(EVAC)模塑和挤出材料　第 1 部分：命名系统和分类基础	2017－5－1
23	GB/T 32679—2016	超高分子量聚乙烯(PE—UHMW)树脂	2017－1－1
24	GB/T 32682—2016	塑料　聚乙烯环境应力开裂(ESC)的测定　全缺口蠕变试验(FNCT)	2017－1－1
25	GB/T 33319—2016	塑料　聚乙烯(PE)透气膜专用料	2017－7－1
26	GB/T 32676—2016	卤化异丁烯-异戊二烯橡胶(BIIR 和 CIIR)　评价方法	2017－1－1
27	GB/T 19187—2016	合成生橡胶抽样检查程序	2017－5－1

石化行业标准制修订：2016 年，中国石化组织完成制修订并上报国家工业和信息化部与国家能源局 42 项石油化工行业标准，国家工业和信息化部与国家能源局批准发布 41 项石油化工行业标准(见表 2)。

表 2　　2016 年批准发布的石油化工行业标准

序号	标准号	标准名称	实施日期
1	NB/SH/T 518—2016	车辆齿轮油承载能力的评定　L - 37 法	2017 - 5 - 1
2	NB/SH/T 558—2016	石油馏分沸程分布的测定　气相色谱法	2017 - 5 - 1
3	NB/SH/T 567—2016	液体与热表面接触燃烧性的测定　歧管引燃法	2017 - 5 - 1
4	NB/SH/T 587—2016	二硫化钼锂基润滑脂	2017 - 5 - 1
5	NB/SH/T 707—2016	石蜡中苯和甲苯含量的测定　顶空进样气相色谱法	2017 - 5 - 1
6	NB/SH/T 721—2016	润滑脂摩擦磨损性能的测定　高频线性振动试验机(SRV)法	2017 - 5 - 1
7	NB/SH/T 920—2016	高赫兹接触压力下润滑脂抗微动磨损能力的测定　高频线性振动试验机法	2017 - 5 - 1
8	NB/SH/T 921—2016	生物柴油及其调合燃料氧化安定性的测定　加速法	2017 - 5 - 1
9	NB/SH/T 922—2016	润滑油抗微点蚀性能的测定　FZG 法	2017 - 5 - 1
10	NB/SH/T 923—2016	绝缘油中元素含量的测定　电感耦合等离子体原子发射光谱法	2017 - 5 - 1
11	NB/SH/T 924—2016	柴油机油抗磨损性能的评定　随动滚柱磨损(RFWT)法	2017 - 5 - 1
12	NB/SH/T 925—2016	手动变速箱油同步啮合耐久性的评定　FZG SSP - 180 法	2017 - 5 - 1
13	NB/SH/T 926—2016	内燃机油节能性能的评定　程序 VID 法	2017 - 5 - 1
14	NB/SH/T 927—2016	高活性聚异丁烯	2017 - 5 - 1
15	NB/SH/T 928—2016	乳化沥青残留物黏度测定法　真空毛细管法	2017 - 5 - 1
16	NB/SH/T 929—2016	润滑油中氯元素含量的测定　电感耦合等离子体发射光谱法	2017 - 5 - 1
17	NB/SH/T 930—2016	热应力下绝缘液体产气特性测定法	2017 - 5 - 1
18	NB/SH/T 931—2016	在用石油基和烃基润滑油氧化状态监测　傅里叶变换红外光谱(FT - IR)趋势分析法	2017 - 5 - 1
19	NB/SH/T 932—2016	温拌沥青 表面活性剂类	2017 - 5 - 1
20	NB/SH/T 933—2016	费托合成油中正构低碳酸含量的测定　液液萃取—离子色谱法	2017 - 5 - 1
21	NB/SH/T 934—2016	石油焦中痕量金属元素的测定　波长色散 X 射线荧光光谱法	2017 - 5 - 1
22	NB/SH/T 935—2016	在用石油基和烃基润滑油磺化状态监测　傅里叶变换红外光谱(FT - IR)趋势分析法	2017 - 5 - 1
23	NB/SH/T 936. 1—2016	未使用和使用过的绝缘液中腐蚀性硫化物的测定　第 1 部分：二苄基二硫醚(DBDS)测定法	2017 - 5 - 1
24	NB/SH/T 937—2016	冷冻机油耐氨性能测定法	2017 - 5 - 1
25	NB/SH/T 938—2016	用于挥发性测定的燃料取样及处理规程	2017 - 5 - 1

续表

序号	标准号	标准名称	实施日期
26	NB/SH/T 939—2016	航空燃料和石油馏分中芳烃含量的测定　示差折光检测器高效液相色谱法	2017-5-1
27	NB/SH/T 940—2016	使用特定的四合一试验仪分析在用润滑油的试验方法(原子发射光谱、红外光谱、粘度和激光颗粒计数器)	2017-5-1
28	NB/SH/T 941—2016	精密铸造专用蜡	2017-5-1
29	NB/SH/T 942—2016	溶剂型汽车防腐蜡	2017-5-1
30	SH/T 1781—2016	工业用异戊二烯	2017-1-1
31	SH/T 1783—2016	工业用异戊二烯中微量炔烃和二烯烃含量的测定　气相色谱法	2017-1-1
32	SH/T 1 799—2016	合成橡胶胶乳　玻璃化转变温度的测定　差示扫描量热法(DSC)	2017-1-1
33	SH/T 1 800—2016	塑料　乙烯—丙烯共聚聚丙烯单体含量及序列结构分析　碳-13 核磁共振波谱法	2017-1-1
34	SH/T 1 801—2016	土工膜用中密度聚乙烯树脂	2017-1-1
35	SH/T 1 802—2016	工业用羟基乙腈	2017-1-1
36	SH/T 1 803—2016	工业用羟基乙腈中羟基乙腈、甲醛和氢氰酸含量的测定	2017-1-1
37	SH/T 1 499.4—2016	精己二酸　第 4 部分：灰分的测定	2017-1-1
38	SH/T 1 804—2016	工业用碳十粗芳烃	2017-1-1
39	SH/T 1 805—2016	工业用碳十粗芳烃中烃类组分的测定　气相色谱法	2017-1-1
40	SH/T 1 806—2016	工业用双环戊二烯	2017-1-1
41	SH/T 1 807—2016	工业用甲基环戊二烯二聚体	2017-1-1

中国石化企业标准制修订：2016 年完成制修订并　批准发布的集团公司企业标准共计 118 项(见表 3)。

表 3　2016 年批准发布的集团公司企业标准

序号	标准号	标准名称	实施日期
1	Q/SH PRD 116—2016	中负荷车辆齿轮油(GL-4)	2016-11-1
2	Q/SH PRD 131—2016	长城 HP-R 润滑脂	2016-11-1
3	Q/SH PRD 136—2016	长城 MEP 润滑脂	2016-11-1
4	Q/SH PRD 144—2016	车窗清洗液	2016-11-1
5	Q/SH PRD 149—2016	SM/GF-4 汽油机油	2016-11-1
6	Q/SH PRD 150—2016	SM 汽油机油	2016-11-1
7	Q/SH PRD 380—2016	缝纫线型涤纶短纤维	2016-9-1
8	Q/SH 703—2016	炼化企业测量管理体系信息化技术规范	2016-9-30
9	Q/SH 346—2016	圈闭评价技术规范	2016-10-1

续表

序号	标准号	标准名称	实施日期
10	Q/SH 647.2—2016	井下压裂微地震地面监测技术规程　第2部分：资料处理	2016-10-1
11	Q/SH 674—2016	油气田分布式能源技术导则	2016-10-1
12	Q/SH 675—2016	泥页岩基质渗透率测定　气体压力衰减法	2016-10-1
13	Q/SH 676—2016	单体油气包裹体在线成分分析　激光剥蚀色谱质谱法	2016-10-1
14	Q/SH 677—2016	页岩气井岩心地质资料录取与分析要求	2016-10-1
15	Q/SH 678—2016	泥页岩储层地质评价技术方法	2016-10-1
16	Q/SH 679—2016	SEC准则石油天然气储量自评估技术要求	2016-10-1
17	Q/SH 680—2016	陆上压裂施工作业安全要求	2016-10-1
18	Q/SH 681—2016	浅海固定平台结构检测与评估规范	2016-10-1
19	Q/SH 682—2016	浅海石油生产设施拆除安全规则	2016-10-1
20	Q/SH 683—2016	油气田企业清洁生产审核报告编制规范	2016-10-1
21	Q/SH 684—2016	石油化工企业清洁生产审核指南	2016-10-1
22	Q/SH 685—2016	土壤 有效硫的测定　离子色谱法	2016-10-1
23	Q/SH 686—2016	植物叶片 硫的测定　离子色谱法	2016-10-1
24	Q/SH 687—2016	水溶性钻井液化学剂生物毒性检验发光细菌法	2016-10-1
25	Q/SH 24—2016	含酸性气体天然气井酸压工艺技术规范	2016-12-31
26	Q/SH 185.2—2016	地震资料采集技术规程　第2部分：水网及水陆交互带	2016-12-31
27	Q/SH 242—2016	油田化学剂分类及命名规范(试行)	2016-12-31
28	Q/SH 281—2016	充气泡沫钻井液技术规程	2016-12-31
29	Q/SH 441—2016	页岩气水平井泵送桥塞与射孔联作分段压裂设计规范	2016-12-31
30	Q/SH 482.1—2016	连续油管作业规程　第1部分：钻铣滑套	2016-12-31
31	Q/SH 482.2—2016	连续油管作业规程　第2部分：液氮助排	2016-12-31
32	Q/SH 483.3—2016	带压作业操作规范　第3部分：气井作业	2016-12-31
33	Q/SH 688.1—2016	水平井分段压裂作业规范　第1部分：页岩气水平井泵送桥塞与射孔联作压裂	2016-12-31
34	Q/SH 689—2016	裸眼水平井完井管柱下入推荐作法	2016-12-31
35	Q/SH 690—2016	页岩和致密砂岩油气开发井工厂模式下钻井作业推荐作法	2016-12-31
36	Q/SH 691—2016	页岩气井试气作业规范	2016-12-31
37	Q/SH 692—2016	气体钻井干井筒固井作业规程	2016-12-31
38	Q/SH 693—2016	地层元素测井资料处理解释规范	2016-12-31
39	Q/SH 694—2016	致密砂岩储层录井评价规范	2016-12-31
40	Q/SH 695—2016	X射线衍射矿物录井规范	2016-12-31

续表

序号	标准号	标准名称	实施日期
41	Q/SH 696—2016	爬行器输送测井作业技术规范	2016-12-31
42	Q/SH 697—2016	压裂用非植物胶聚合物稠化剂通用技术要求	2016-12-31
43	Q/SH 698.1—2016	压裂成套设备使用及维护　第1部分：混砂装置	2016-12-31
44	Q/SH 699—2016	致密砂岩气水平井裸眼滑套分段压裂设计规范	2016-12-31
45	Q/SH 701—2016	地面伽玛能谱测量技术规范	2016-12-31
46	Q/SH 702.1—2016	压裂微地震井中监测技术规程　第1部分：采集	2016-12-31
47	Q/SH 704—2016	建设工程项目档案管理规范	2017-1-1
48	Q/SH 705—2016	石油化工工程抗台风导则(试行)	2016-10-1
49	Q/SH 706—2016	金属材料验证性检验导则	2016-10-1
50	Q/SH PRD 707—2016	芳烃装置用石脑油采购技术要求	2016-12-31
51	Q/SH 417—2016	固定资产分类与代码及单项固定资产确认规则	2017-1-1
52	Q/SH 166—2016	石油天然气勘探与开发地质成果报告编制格式要求	2017-3-1
53	Q/SH 167—2016	石油天然气勘探与开发地质资料立卷归档规则	2017-3-1
54	Q/SH 347—2016	地质档案元数据及著录规则	2017-3-1
55	Q/SH 708—2016	勘探开发云计算中心运维指标指南	2017-3-1
56	Q/SH 709—2016	油田企业视频监控建设规范	2017-3-1
57	Q/SH 710.1—2016	油气生产现场数据自动采集技术规范　第1部分：采油井	2017-3-1
58	Q/SH 710.2—2016	油气生产现场数据自动采集技术规范　第2部分：海上采油平台	2017-3-1
59	Q/SH 710.3—2016	油气生产现场数据自动采集技术规范　第3部分：联合站	2017-3-1
60	Q/SH 710.4—2016	油气生产现场数据自动采集技术规范　第4部分：注汽	2017-3-1
61	Q/SH 710.5—2016	油气生产现场数据自动采集技术规范　第5部分：注水与注聚	2017-3-1
62	Q/SH 710.6—2016	油气生产现场数据自动采集技术规范　第6部分：原油储运	2017-3-1
63	Q/SH 710.7—2016	油气生产现场数据自动采集技术规范　第7部分：供热	2017-3-1
64	Q/SHCG 11001—2016	Q345 R(HIC)钢制压力容器采购技术规范	2016-11-1
65	Q/SHCG 11002—2016	14 Cr1 MoR(H)/15 CrMoR(H)-不锈钢复合板临氢压力容器采购技术规范	2016-11-1

续表

序号	标准号	标准名称	实施日期
66	Q/SHCG 11003—2016	14 Cr1 MoR(H)/15 CrMoR(H)临氢压力容器采购技术规范	2016-11-1
67	Q/SHCG 11004—2016	全焊接板式热交换器采购技术规范	2016-11-1
68	Q/SHCG 11005—2016	12 Cr2 Mo1 R(H)板焊式加氢反应器、热高压分离器采购技术规范	2016-11-1
69	Q/SHCG 11006—2016	12 Cr2 Mo1 V锻焊式加氢反应器、热高压分离器采购技术规范	2016-11-1
70	Q/SHCG 11007—2016	焦炭塔采购技术规范	2016-11-1
71	Q/SHCG 11008—2016	乙烯裂解炉辐射盘管采购技术规范	2016-11-1
72	Q/SHCG 18001.1—2016	天然气输送管道用钢管技术条件　第1部分：高频直缝电阻焊钢管	2016-11-1
73	Q/SHCG 18001.2—2016	天然气输送管道用钢管技术条件　第2部分：埋弧焊钢管	2016-11-1
74	Q/SHCG 18002.1—2016	天然气输送管道用钢材技术条件　第1部分：热轧钢板	2016-11-1
75	Q/SHCG 18002.2—2016	天然气输送管道用钢材技术条件　第2部分：热轧卷板	2016-11-1
76	Q/SHCG 18003.1—2016	原油输送管道用钢材技术条件　第1部分：热轧钢板	2016-11-1
77	Q/SHCG 18003.2—2016	原油输送管道用钢材技术条件　第2部分：热轧卷板	2016-11-1
78	Q/SHCG 18004.1—2016	原油输送管道用钢管技术条件　第1部分：高频直缝电阻焊钢管	2016-11-1
79	Q/SHCG 18004.2—2016	原油输送管道用钢管技术条件　第2部分：埋弧焊钢管	2016-11-1
80	Q/SHCG 18005.1—2016	成品油输送管道用钢材技术条件　第1部分：热轧钢板	2016-11-1
81	Q/SHCG 18005.2—2016	成品油输送管道用钢材技术条件　第2部分：热轧卷板	2016-11-1
82	Q/SHCG 18006.1—2016	成品油输送管道用钢管技术条件　第1部分：高频直缝电阻焊钢管	2016-11-1
83	Q/SHCG 18006.2—2016	成品油输送管道用钢管技术条件　第2部分：埋弧焊钢管	2016-11-1
84	Q/SHCG 18007.1—2016	10万m^3浮顶油罐用钢板技术条件　第1部分：12 MnNiVR钢板	2016-11-1
85	Q/SHCG 18007.2—2016	10万m^3浮顶油罐用钢板技术条件　第2部分：Q235 B和Q345 R钢板	2016-11-1
86	Q/SHCG 13001—2016	分散控制系统(DCS)采购技术规范	2016-11-1
87	Q/SHCG 13002—2016	安全仪表系统(SIS)采购技术规范	2016-11-1
88	Q/SHCG 13003—2016	监控及数据采集系统(SCADA)采购技术规范(暂行)	2016-11-1

续表

序号	标准号	标准名称	实施日期
89	Q/SHCG 10001—2016	石油化工离心泵和转子泵用机械密封检验试验规程	2017－4－1
90	Q/SHCG 10002—2016	石油化工离心泵及转子泵用机械密封及系统采购技术规范	2017－4－1
91	Q/SHCG 10003—2016	同向双螺杆挤压造粒机组规格	2017－4－1
92	Q/SHCG 10004—2016	异向双螺杆挤压造粒机组规格	2017－4－1
93	Q/SHCG 10005—2016	同向双螺杆挤压造粒机组主减速器规格	2017－4－1
94	Q/SHCG 10006—2016	同向双螺杆挤压造粒机组混炼挤压系统规格	2017－4－1
95	Q/SHCG 10007—2016	双螺杆挤压造粒机组熔体齿轮泵装置规格	2017－4－1
96	Q/SHCG 10008—2016	双螺杆挤压造粒机组换网装置规格	2017－4－1
97	Q/SHCG 10009—2016	双螺杆挤压造粒机组水下切粒装置规格	2017－4－1
98	Q/SHCG 10010—2016	异向双螺杆挤压造粒机组主减速器规格	2017－4－1
99	Q/SHCG 10011—2016	异向双螺杆挤压造粒机组混炼挤压系统规格	2017－4－1
100	Q/SHCG 10012—2016	烟气轮机用轴承型式及主要尺寸	2017－4－1
101	Q/SHCG 10013—2016	烟气轮机用轴封系统及安装尺寸	2017－4－1
102	Q/SHCG 10014—2016	烟气轮机主要零部件材料选用规范	2017－4－1
103	Q/SHCG 10015—2016	烟气轮机转子组件及技术要求	2017－4－1
104	Q/SHCG 11009—2016	加氢装置用高压临氢阀门采购技术规范	2017－4－1
105	Q/SHCG 11010—2016	锻钢阀门采购技术规范	2017－4－1
106	Q/SHCG 11011—2016	蒸汽疏水阀采购技术规范	2017－4－1
107	Q/SHCG 11012—2016	铸铁阀门采购技术规范	2017－4－1
108	Q/SHCG 11013—2016	通用蝶阀采购技术规范	2017－4－1
109	Q/SHCG 11014—2016	通用球阀采购技术规范	2017－4－1
110	Q/SHCG 11015—2016	通用低温阀门采购技术规范	2017－4－1
111	Q/SHCG 11016—2016	中低压铸钢阀门采购技术规范	2017－4－1
112	Q/SHCG 18008—2016	LNG 储罐用国产低温钢筋采购技术条件	2017－4－1
113	Q/SHCG 18009—2016	液化天然气接收站 16 万 m^3 储罐用 06 Ni9 DR 钢板技术规范	2017－4－1
114	Q/SHCG 18010—2016	普通套管和油管采购技术规范	2017－4－1
115	Q/SHCG 18011. 1—2016	天然气输送管道用感应加热弯管采购技术规范　第 1 部分：感应加热弯管	2017－4－1
116	Q/SHCG 18011. 2—2016	天然气输送管道用感应加热弯管采购技术规范　第 2 部分：感应加热弯管母管	2017－4－1
117	Q/SHCG 18011. 3—2016	天然气输送管道用感应加热弯管采购技术规范　第 3 部分：感应加热弯管母管用钢板	2017－4－1
118	Q/SHCG 18012—2016	筛网式滤砂管技术要求	2017－4－1

（华祖瑜　刘慧敏）

【计量管理与监督】 完成国家质检总局交办的工作。年初，向国家质检总局提交中国石化贯彻落实《计量发展规划(2013—2020年)》2015年工作总结及2016年重点工作任务；6月21—26日，根据中俄标准计量认证和检验监管常设工作组工作计划，组团参加中俄双方在俄罗斯喀山举行的能源分组第5次会议，设在天然气分公司的国家石油天然气大流量计量站武汉分站在会上介绍天然气原级计量标准装置及分站建设进展情况；7月，向国家质检总局提报中国石化计量工作经验交流材料《夯实基础，提高水平，为中国石化提质增效发展提供有力保障》。

组织参加2016中国油气计量技术论坛。论坛于10月底在成都举办，由中国海油承办，论坛主题为计量与创新。中国石化油田、炼油化工、油品销售企业的62名代表参加会议。

修订《中国石化外购原油交接计量监督管理办法(试行)》。根据总部对制度试行管理办法的修订要求，启动试行办法修订工作。5月，下发征求修订意见通知，根据收集的意见，完善办法；8月，在茂名召开修订研讨会，会后再次征求总部相关部门意见；11月，在总部机关大楼召开制度终审会，随后进入制度发布流程，年底前正式下发执行。

召开炼油与油品销售企业油品交接计量协调会。根据2016年第2次质量工作例会纪要要求，针对炼油企业与油品销售企业油品交接过程中存在的计量偏差问题，10月10日召集生产经营管理部、炼油事业部、油品销售事业部召开协调会，确定未签订计量协议的炼油和油品销售企业，年底前完成协议签订工作。

开展计量科研工作。4月对北京石油分公司承担的“标准表法车载式LNG加气机在线计量检定”项目进行初审会，7月对项目进行第2次评审；11月初，在山东烟台召开“油田企业计量管理系统研究”项目初审会，对中原油田、胜利油田共同编制的应用软件和企业标准进行初步审核。开展计量科研立项。共有6个项目，分别为茂名分公司“质量流量计运行状态远程监控与诊断系统研究”、天津分公司“质量法水流量标准装置的实验室比对”、天然气分公司“天然气流量计算机检测技术研究”、北京石油分公司“LNG加气机计量检定通信协议技术标准的研究与制定”、石油工程公司“连续油管在线检测方法研究”和“石油工程企业计量管理信息系统技术规范研究”项目。

开展计量人员培训工作。根据2016年集团公司培训计划，3月在天津举办气体检测报警仪计量检定员培训班，炼油、油品销售企业的82位计量人员参加培训；5月，在燕山石化教育培训中心举办第14期计量处科长岗位资格培训班，油田、炼油化工、油品销售、石油工程企业的42位计量管理人员参加培训；10月，在燕山石化教育培训中心举办测量管理体系标准培训班，油田、炼油化工、石油工程企业的43位计量人员参加培训；12月，在天津举办《炼化企业测量管理体系实施指南》《炼化企业测量管理体系信息化技术规范》2项标准宣贯培训班，炼化企业的72位计量人员参加培训。

(秦士珍　尉忠友)

【国际科技合作】 与美国勘探地球物理学家学会、法国科学院、美国勘探地球物理学家学会、科罗拉多矿业学院、塔尔萨大学、德克萨斯大学达拉斯分校、英国帝国理工大学、卡尔加里大学、英国Heriot－Watt大学就油气勘探开发技术进行合作；与战略联盟伙伴Phillips 66公司和UOP公司就炼油技术开展合作；与日本丰田公司在成品油、润滑油和树脂领域进行技术合作。

(柳江琳)

企业改革与管理

◇ 综述

◇ 体制改革

◇ 企业管理

◇ 内控与风险管理

◇ 资本运作

◇ 股权管理

综 述

2016年，根据党中央关于深化国有企业改革的一系列决策部署，集团公司以结构性改革为主线，狠抓“严细实”管理，全力提效率增活力打造竞争力，为打赢转方式调结构攻坚战打下坚实基础。

密切跟踪深化国有企业改革进展，积极参与国家油气体制改革等重大课题研究，提出建设性意见和建议。贯彻党中央深化国有企业改革决策部署，落实集团公司“十三五”改革发展规划，召开集团公司改革管理工作会议，明确集团公司深化改革的原则要求、目标任务和严细实管理的重点内容，研究制定以《中国石化深化改革实施指导意见》为统领的配套改革措施，初步形成政策框架体系。

扎实推进各项改革任务。研究制定《中国石化困难企业扭亏脱困指导意见》，明确“4个一批”的扭亏脱困路径，建立5项常态化工作机制，“一企一策”制定实施方案，国务院国资委当年挂牌督导的2户“僵尸企业”完成关闭撤销，5户特困企业实现扭亏脱困。研究制定《中国石化直属机构和法人单位设立变更撤销管理办法》，编制完成压缩管理层级、减少法人户数实施方案，形成瘦身健体工作计划。推进石油工程内部改革，完成石油工程在华北、华东地区的整合重组。启动销售公司股份制改造，完成川气东送管道重组引资。推进落实精细化工业务体制机制完善、共享服务中心建设、东北油田扩大经营自主权试点、高桥石化提升调整等专项改革，取得阶段性进展。全面提速“四供一业”分离移交工作，52个项目完成或进入方案联审批复，其他办社会职能稳步推进。

“严细实”管理取得新提升。修订《强化提升中国石化“三基”工作指导意见》，进一步突出“三基”工作着力点。持续开展管理诊断下基层服务，总结推广中原油田、镇海炼化、浙江石油分公司等37家企业和基层单位的管理理念和经验做法，推动集团公司基础管理工作整体上水平。按照管理制度化、制度流程化、流程信息化方向，完成投资、原油库存、股权管理等流程梳理和制度完善，探索推进制度、流程和职责“三位一体”。开展总部和企业2个层面制度评估，总部层面废止147件无效制度，企业层面废止1 621件制度，进一步精简优化制度，提升制度有效性。完善绩效考核机制，突出分类和差异化考核，推动公司预算目标完成、生产运行成本和管理运行费用“双下降”以及全年效益任务实现；研究制定《中国石化股权激励管理办法》，引导上市公司不断提升中长期业绩。推进内控风控一体化建设，组织检查115家企业内控实施细则，对部分修订内容缺失等问题较多的企业加大整改督促力度；将内控要求嵌入信息系统提高内部控制信息化水平；动态监控调整风险应对策略和应对措施，实现重大重要风险由年度监控缩短为季度监控。

（赵　楠）

体制改革

【召开集团公司改革管理工作会议】 2016年12月1日，集团公司在北京召开改革管理工作会议，深入学习贯彻党的十八届六中全会和全国国有企业党的建设工作会议精神，以及党中央、国务院关于国有企业改革发展的决策部署，进一步解放思想、转变观念，突出结构性改革，狠抓“严细实”管理，全力提效率、增活力，打造竞争力。会议明确了集团公司深化改革的总体思路、原则要求、目标任务和“严细实”管理的重点内容，讨论了以《中国石化深化改革实施指导意见》为统领的“1+3”配套文件，交流了中原油田、镇海炼化、浙江石油分公司等37家企业和基层单位的改革管理经验。

（赵　楠）

【“僵尸企业”处置及特困企业专项治理工作】 根据党中央、国务院关于深化国有企业改革的精神和国务院国资委关于中央企业处置“僵尸企业”及特困企业工作部署，集团公司加快推进困难企业扭亏脱困工作，总部成立工作领导小组，构建了分工负责的工作推进机制，建立季度工作例会制度，明确“深化改革、强化管理提升一批，结构调整、转型升级改造一批，市场运作、对外出售转让一批，优化布局、关停并撤退出一批”的处置治理路径，组织板块“一企一策”研究实施方案，加大统筹推进力度，如期完成国务院国资委核定的7户企业的专项治理工作。其中，西安石化已关停，浙江石油分公司房地产开发公司已注销；东北油气分公司、石家庄炼化、高桥石化、安庆石化、青岛石化5家已实现扭亏脱困。

（邢新丽）

【下发禁止向改制企业违规让利通知】 为禁止所属企业向改制企业违规让利，避免效益流失，集团公司在下发《关于进一步规范与改制企业关系的通知》基础上，于2016年3月22日下发《关于禁止向改制企业违规让利的通知》，重申向改制企业违规让利行为的处罚规定，落实追究责任。进一步明确，对于受到追责处理的企业、企业领导班子和责任领导，取消当年年度考核评优和评选各类先进的资格，并在全系统通报。

（邢新丽）

【撤销内蒙古化工项目部】 内蒙古化工项目部设立于2008年12月，主要任务是代表股份公司筹备建设内蒙古煤化工项目。鉴于中天合创公司已正常运作，长城能化代表股份公司参与中天合创公司管理，2016年1月27日，股份公司下发《关于撤销中国石油化工股份有限公司内蒙古化工项目部的通知》，决定撤销内蒙古化工项目部。

（邢新丽）

【研究制定精细化工业务体制机制建设指导意见】 为促进精细化工业务快速高效发展，构建"基础 + 高端"化工产业布局，规范业务运作，提升发展活力，结合扬子石化、南化公司、巴陵石化3家企业前期试点情况，2016年9月18日，集团公司下发《关于精细化工业务体制机制建设指导意见》，按照"总部加强统筹，向企业充分授权、把企业层面搞活"的总方向，明确了精细化工业务体制机制建设重点。在体制上，总部层面由化工事业部负责统筹上市、非上市精细化工业务的发展；企业层面保持一体化管理格局，建立以利润为中心、精干高效的精细化工业务单元，实现独立运营、单独核算。在机制上，对企业充分放权，推行适当放权的投资管理机制、市场化选人用人机制、相对灵活的物资采购机制、企业自主的产销决策机制、直属院—分院—企业分工合作机制以及长效的科研激励机制等。

（邢新丽）

【推进石油工程区域化整合重组】 为进一步优化石油工程区域资源，创新管理模式，加快转型发展，集团公司推进实施河南及江苏地区石油工程区域化整合重组。2016年3月5日下发《关于河南及江苏地区石油工程区域化整合重组实施方案的批复》，将石油工程公司在江苏地区的华东石油工程公司和江苏石油工程公司，重组为新的华东石油工程公司；在河南地区的华北石油工程公司和河南石油工程公司，重组为新的华北石油工程公司。整合重组完成后，江苏石油工程公司和河南石油工程公司择机注销。

（李旭东）

【调整完善石油工程技术研究院业务管理关系】 为进一步强化石油工程技术研发统筹，2016年8月18日，集团公司研究下发《关于调整石油工程技术研究院业务管理关系的通知》，明确在保持总部直属研究院定位不变、资产和知识产权归属不变、投资和经费来源不变、科研项目管理不变的基础上，石油工程技术研究院业务发展方向、战略规划、科技攻关计划、人才队伍建设等纳入石油工程公司统筹管理，同时相应调整石油工程技术研究院的考核管理关系。

（李旭东）

【明确新星公司地热供暖业务边界】 为进一步规范地热供暖业务运行，集团公司研究明确新星公司地热供暖业务进入的原则与标准，提出新星公司地热业务的边界条件：新星公司继续进入地热供暖业务的热力开采、输送与换热环节，投资和运营管理从地热井到换热站（包含）的地热供暖业务；以换热站为界，原则上不进入换热站以后、用户侧的投资和运营管理。

（李旭东）

企 业 管 理

【持续开展"三基"工作】 为大力弘扬"苦干实干、三老四严"为核心的石油精神，发扬传承"严细实"的石油石化企业作风，抓细抓实"三基"工作，集团公司于2016年8月和9月组织召开"三基"工作南北片区座谈会，上中下游48家单位参会，交流了胜利油田"五严抓五落实"管理、西北油田融合式管理、西南油气田"日月圆图"管理、茂名石化"三会六表"标准化管理、镇海炼化"问题导向"管理、湖北石油分公司"七位一体"岗位责任制落实体系、江汉石油工程公司"六个一"单井承包管理等经验做法，分析了"三基"工作存在的主要矛盾和突出问题，明确从抓实责任落实、抓实与专业管理工作融合、抓实工作重点、抓实过程控制，注重总结推广典型经验，以及加强总部机关"三基"等方面强化提升"三基"工作，在此基础上修订完善《强化提升中国石化"三基"工作指导意见》。

（朱好生）

【开展下基层服务】 为进一步服务企业、强化提升管理，集团公司组成下基层服务调研组，分组分批次深入胜利油田、西北油田、东北油气田、齐鲁石化、镇海炼化、茂名石化、浙江石油分公司、广东石油分公司、西南石油工程公司、洛阳工程公司等

27 家企业的生产一线进行改革管理调研，通过员工访谈、现场查看、资料查阅、座谈交流等方式，重点对企业体制机制、“三基”工作、制度建设、内部控制与风险管理、绩效考核等方面进行现场调研指导，帮助分析解决生产经营管理中的难点和瓶颈问题，总结提炼沉淀在基层的好经验好做法，特别是系统总结提炼了浙江石油分公司管理理念和镇海炼化典型经验。

（朱好生）

【持续推进管理现代化创新】 2016 年，围绕提高发展质量和效益这个中心，集团公司明确“三基”管理、制度管理、转型发展、挖潜增效、管理优化、绩效管理、扭亏脱困、管理信息化、风险管控、项目管理、品牌营销与服务创新等管理创新重点，并从参选成果中评出 312 项创新成果，其中一等奖 47 项、二等奖 125 项、三等奖 140 项。集团公司共有 4 项成果被审定为第 23 届全国企业管理现代化创新成果，其中集团公司“大型石化集团基于‘两化’深度融合的新型能力建设”、胜利油田“特大型油田基于‘三线四区’效益评价的决策与运营管理”被审定为一等奖；中原油田“基于 ISO 31000 标准的嵌入式风险管理”、北京石油分公司“以构建加油站服务生态圈为目标的非油品销售管理”被审定为二等奖。

（朱好生）

【探索推进制度、流程、职责“三位一体”建设】 为进一步厘清管理职责、落实管理责任、提高制度执行力，2016 年，集团公司研究制定《关于梳理总部部门职责和完善制度建设方案》。在此基础上，率先在投资、股权、原油及成品油库存等业务领域，开展制度、流程、职责“三位一体”建设工作。通过梳理优化业务流程，细化落实各环节责任，修订完善管理制度，使优化后的流程程序更加清晰、职责界面更加明确、制度规定更加具体。

（李召雪）

【全面开展制度评估和精简优化工作】 按照“简洁明了、务实管用”的制度建设工作要求，立足于精简优化制度和提升制度有效性，集团公司组织完成总部和企业 2 个层面的制度评估。总部层面，评估制度 1 276件，其中 768 件制度继续有效、占总数的 60.1%，361 件制度需修订、占 28.3%，废止 147 件无效制度、占 11.6%；2016 年完成修订制度 50 件，新建制度 95 件。企业层面，24 963 件制度继续有效，占 75.1%；6 648 件制度需修订，占 20.0%；1 621 件制度需废止，占 4.9%。

（李召雪）

【完善考核运行机制】 为有效解决考核机制中存在的差异化程度不够、结果兑现力度不强等问题，集团公司坚持效益导向考核，加大对直属单位（部门）差异化考核力度，强化考核结果分级兑现，调整完善并实施《2016 年度绩效考核方案》，在推动公司预算目标完成、生产运行成本和管理运行费用“双下降”以及全年效益任务实现的同时，为修订完善现行考核办法打下工作基础。

（李　萌）

【规范股权激励管理】 集团公司制定并印发《中国石化上市公司股权激励实施办法》，重点规范实施股权激励的基本条件、激励范围、权益额度确定要求、实施程序等，目的是加强对上市子公司股权激励工作管理，促进控股上市子公司建立、健全激励约束机制，提升中长期业绩。

（李　萌）

内控与风险管理

【持续完善内控制度体系】 2016 年，集团公司结合“三重一大”决策制度实施办法等制度，调整修订《集团公司总部内部控制手册》中 85 项业务内控权限，并增设“党组会”层级，作为董事会决策的前置程序，将党组决策纳入内控权限；修订《股份公司总部内部控制手册》中 30 项业务内控权限，确保内控制度适应经营管理需要。

（王　蕾）

【督导企业落实内控要求】 2016 年，集团公司组织对 115 家单位内控实施细则进行检查，重点抽查修订变化较大的 17 个流程 55 个控制点、内控权限、内控缺陷认定标准等，并将检查结果通知各单位。对问题较多的 65 家企业，向单位主要领导专门函告，限期整改；对于困难较多的企业，进行分类指导，督促整改，推动总部内控要求落实到位。

（王　蕾）

【持续推进内控信息化建设】 2016 年，在 ERP 系统与内控要求充分融合的基础上，集团公司对已落实在 ERP 大集中系统中的 220 个业务操作类、112 个配置类、57 个职责分离类、140 个权限类控制要求，明确细化内控检查标准，设计开发内控检查评价系统，初步实现内控测试、问题整改等日常工作在线运行，有效发挥内控预警纠错功能。

（王 蕾）

【加强重大重要风险管理】 2016 年，集团公司组织有关专家，对国内外宏观经济形势及石油石化行业发展态势进行分析预测。在此基础上，全面梳理识别公司面临的各类内外部风险，在总部 25 个部门和 108 家企业开展风险识别与评估工作，评估确定 28 项重大重要风险，其中重大风险 11 项。针对各类重大重要风险，研究制定风险管理策略和措施，落实管理责任，加强风险应对和监控。结合风险因素变化，及时调整风险应对策略和措施，有效规避和防范各类风险损失。编制年度、季度全面风险管理报告，建立风险信息沟通报告机制。

（高海军）

资 本 运 作

【概述】 2016 年，集团公司资本运作和上市公司管理工作认真贯彻落实集团公司工作会议精神，以持续推进销售公司混合所有制改革、加强控股上市公司发展定位研究和日常监管为重点，积极利用资本市场各种工具，综合运用资本运作多种举措，有效服务于集团公司深化改革、结构调整等重要部署，为公司实现跨跃式发展、提高国际竞争力和可持续发展能力提供了支撑。

（郑子翔）

【启动销售公司股份制改造工作】 在前期工作基础上，2016 年，集团公司启动销售公司股份制改造工作，成立股改领导小组和股改办公室，遴选了财务顾问、法律顾问和审计评估等中介机构，有序推进各项工作。

（郑子翔）

【研究控股上市公司发展定位】 根据集团公司关于转方式调结构、提质增效升级的总体工作部署和要求，组织对控股上市公司的历史沿革、发展现状等有关情况进行全面梳理。集团公司、股份公司控股上市公司共有 9 家，分别为中国石化（SH600028，HK0386，SNP）、石化油服（SH600871、HK1033）、石化机械（SZ000852）、炼化工程（HK2386）、上海石化（SH600688、HK0338、SHI）、泰山石油（SZ000554）、岳阳兴长（SZ000819）、中石化冠德（HK0934）和四川美丰（SZ000731）。通过认真分析 9 家控股上市公司存在的问题以及研究控股上市公司发展定位，因企施策，研究整合集团公司内部资源，逐步消除同业竞争，规范关联交易，支持上市公司做强做优，同时研究利用资本市场筹集资金，优化资本结构，支持主业发展。

（郑子翔）

【加强控股上市公司管理】 ①推进控股上市公司提质增效工作。开展对上海石化、石化机械、石化油服等控股上市公司的专项调研，为控股上市公司各项资本运作工作的研判和决策提供了信息支持。针对石化油服下属工程建设公司亏损严重问题，会同总部有关部门对工程建设公司资产、业务、人员现状和存在的问题进行深入分析，研究制定工程建设公司扭亏脱困和提质增效的整体方案，做好相关工作。②做好国有控股上市公司信息系统维护工作。组织协调 9 家控股上市公司及时维护国务院国资委控股上市公司信息系统数据，按期填报更新 2016 年度 4 个季度以及半年报、年报相关信息，包括上市公司基本情况、财务信息、股权结构、股东情况变动、增减持情况、并购重组、资本市场再融资等数据信息，进一步加强对控股上市公司的动态监控和日常管理。③加强控股上市公司日常监管。完成炼化工程、石油工程、石化机械、上海石化、泰山石油等控股上市公司共计 8 次年度股东大会和临时股东大会的议案审批，办理相关授权手续。同时，密切跟踪各家控股上市公司资本市场动态，认真做好舆情应对工作，切实维护控股上市公司资本市场形象。

（郑子翔）

【川气东送管道重组引资】 为贯彻落实党中央、国务院关于深化国有企业改革的相关要求，筹措社会资本用于川气东送扩能工程和储气库等重点工程建设，补充项目运营资金、改善资本结构，根据中国石化整体部署，2016 年 5 月，启动川气东送管道重组引资项目。8 月 1 日，川气东送管道资产重组工作基本完成。8 月 3 日，川气东送管道重组引资项目正式在北京产权交易所挂牌，公开征集社会投资者。经过对投资者进行比选和谈判，确定中国人寿和国投交通最终入围，共计增资 228 亿元，股权占比 50%（其中中国人寿出资 200 亿元，股权占比 43.86%；国投交通出资 28 亿元，股权占比 6.14%）。12 月 12 日，中国石化、中国人寿和国投交通三方正式签署《增资协议》和《股东协议》。12月16日，中国人寿和国投交通完成228亿元增资款的资金交割。12月23日，川气东送管道有限公司召开重组引资后的第一届股东大会暨第一届董事会、监事会会议。川气东送管道引资项目是2016年国内油气行业最大的一笔私募股权融资（全行业第四大私募股权融资），也是《企业国有资产交易监督管理办法》颁布实施以来，公开引资数额最大的增资项目。

（汪 潇）

股权管理

【概述】 2016年，集团公司股权管理工作认真贯彻落实集团公司工作会议精神，以质量和效益为核心，以提升股权投资价值为目标，不断强化股权投资运营和流转管理，切实防范投资风险，总体投资收益水平显著提高，为集团公司实现深化改革、转型发展、从严管理和提质增效目标做出积极贡献。

（苏云峰）

【完善股权管理制度】 不断加强股权管理工作体系建设，组织对股权管理涉及的26项制度和25项细分业务进行了认真梳理，进一步规范股权管理业务流程，研究提出"三重一大"、内控管理制度与股权管理职责相关的17项权限指引和5个控制点修订建议，制定《中国石化所属企业境内股权投资单位重大事项报告制度实施工作指引》，细化了管理责任，强化了分级分类管理。

（苏云峰）

【加强股权管理基础工作】 组织开展境内外股权投资统计分析工作，组织企业通过查档校对，对照年度决算审计结果审核，对企业持有或管理的股权投资情况和股权管理工作进行认真分析总结，查找股权管理中存在的问题，研究提出加强股权管理的建议意见，完成集团公司境内外股权管理年度分析报告。深入企业现场调研、指导，针对性地开展股权管理专项检查，加大对制度执行工作的监督检查力度，确保股权管理制度规定落实到位。组织对股权管理新上岗人员进行政策宣贯和业务培训，开展股权管理数据信息网上核查，提高基础数据信息的完备性和准确性。努力提高股权管理信息化水平，通过推广和定期维护中国石化股权管理信息系统，不断完善股权投资和派出人员基本情况数据库。完成《中国石油化工集团公司关于境外国有产权管理情况的报告》等4个专项报告，报送国务院国资委。

（苏云峰）

【强化股权运营管理】 开展132家重大股权投资单位预算管理工作，加强跟踪分析和动态监控，督促完成效益预算指标。组织对沧州东丽等长期亏损股权投资单位研究制定扭亏脱困措施，定期督导落实，连续3年亏损的低效股权数量同比下降13.5%。通过审核，努力在股权投资单位重大事项决策上切实贯彻股东意志，依法行使股东权利，督促股权投资单位及时进行现金分红，努力提升现金流回报水平。针对股权投资存在的问题，组织召开股权管理专题会，就股权管理制度、监管体制机制、信息化建设等方面进行专题研讨，撰写调研报告，研究提出加强企业重大事项授权管理、股权管理信息分类优化等建议意见。

（苏云峰）

【积极推动股权流转】 牵头组织财务公司、上海金茂、金陵奥普特等7项增资扩股及股权结构调整事项的审核、报批工作，通过增资、加强企地合作，进一步优化股权结构；开展低效、无效股权投资处置工作，组织对亏损严重、无经营前景的股权投资单位实施关停清算。采用公开挂牌转让和协议转让等方式对外处置上海金浦、金陵力联思等25项股权投资，通过推动股权流转，有效防范投资风险，进一步提升股权价值。

（苏云峰）

【有序推进股权管理专项工作】 组织完成南化公司连云港碱厂和宁夏塑料援建项目移交地方相关工作，妥善安置干部职工，实现平稳过度。2个项目既有利于集团公司结构调整、去枝强干，又有利于地方政府完善产业布局。此外，还积极推动国勘公司改革脱困相关工作和高桥石化提升调整等专项工作，进一步优化股权投资结构，为企业实现转型发展奠定基础。

（苏云峰）

财务资产管理

◇ 综述
◇ 预算管理
◇ 资金管理
◇ 会计管理
◇ 资产管理
◇ 土地管理
◇ 税务管理
◇ 价格管理
◇ 保险管理
◇ 年金管理
◇ 总部机关财务管理
◇ 财会队伍建设
◇ 财务状况

综　述

2016年，国际油价低位震荡，成品油特别是柴油产销矛盾突出，工程服务市场持续低迷，国内外金融市场大幅波动。面对复杂局面，财务系统积极贯彻落实党组部署，坚持稳中求进工作总基调，坚持价值引领，聚焦提质增效升级，紧盯财务绩效目标，不断强化财务管理，为集团公司保效益做出重要贡献。

（巩祎昌　叶文峰）

预算管理

【深化预算管理】　坚持以实现公司价值最大化为目标，全面加强预算管理，努力提高预算管理水平，促进了预算目标实现。深化业财融合，在“三大计划”有机融合基础上，年度预算安排更加强化改革举措及挖潜增效措施落实，月度预算更加注重与市场变化及生产经营安排保持一致，探索推进3个月滚动预算安排，增强预算引导作用和前瞻性，结合实际适时调整年度预算目标，逐月细化安排，按月考评通报，促进提高预算管理水平和预算目标实现。强化财务专题分析，建立和完善3套财务基础分析数据手册，完成2期董事会财务总监经营管理分析报告和4期对外披露材料的准备，改进预算分析结构，拓展了视角、提升了质量。

（巩祎昌　叶文峰）

【持续推进全员成本目标管理】　把降成本作为头等大事，加强成本分析，摸清趋势，挖掘本质，严控生产运行成本和管理运行费用。制定年度工作要点，强化采购、物流等重点环节和重点项目管控；修订完善《全员成本考核办法》，将专业公司和事业单位纳入工作范围，实现全覆盖；抓大不放小，在年初预算基础上从严核减管理机构和辅助生产机构费用，生产运行成本和管理运行费用比上年分别降低5.1亿元和10.5亿元。2016年，股份公司刚性成本费用增长势头得到遏制，运行成本增幅回落，非生产性支出大幅下降。全年油气单位完全成本2 244元/吨，比调整预算低1元/吨；炼油吨油单位完全费用228元，比调整预算低2元；化工吨产品加工费用1 308元，比调整预算低32元；销售吨油流通费用249元，比调整预算高8元；会议费、办公费、差旅费等6项非生产性费用实际支出16.8亿元，同比压缩4%。

（巩祎昌　叶文峰）

【完成“十三五”财务预算指标测算】　按照集团公司发展战略，围绕提质增效升级，在回顾“十二五”经营环境、成果和大量数据的基础上，协助完成股份公司“十三五”规划效益部分报告，科学、严谨地确定了公司及各板块的收入、利润、资金、回报率等相关指标。

（巩祎昌　叶文峰）

资金管理

【夯实资金管理基础】　举办直属企业资金管理与风险防控培训班，从加强资金预算及“两金”占用管理、担保管理、账户管理和强化资金安全风险管控、全球资金池运行等方面开展专题培训；组织开展银行账户和资金安全自查，在强化日常性、基础性资金业务管控的基础上，规范内部结算行为，严格资金预算制度，堵塞资金安全漏洞；根据资金自查和资金管理运行情况，抽取南京地区、武汉地区单位开展资金安全检查；组织召开境外资金管理座谈会，梳理境外项目资金管理问题，加强风险排查，制定2016年境外资金风险管理应对措施和应急处理预案等；做好金融衍生业务预算及日常管理，及时整理上报2016年度金融衍生品业务计划，获得国务院国资委对境外商品衍生业务新增品种资质的核准批复；按月下发资金风险提示，对当月涉及的资金安全风险、全球经济形势、各国利率汇率变化趋势进行通报，强化资金风险预警。

（巩祎昌　叶文峰）

【强化现金流管理】　在油价持续低迷、经营形势日益严峻的情况下，强化“现金为王”理念，牢固树立过紧日子思想，加强日常资金收支统筹安排，强化资金预算管控，大力降低资金占用，提高资金回流比例，年末直属企业“两金”占用控制在600亿元以内，完成国务院国资委管控目标。强化资金年平衡、月预算、日计划管理，严控非生产性资金支出，从紧把握资金支付节奏，按月下发《关于直属企业现金流完成情况的通报》，提出整改存在问题的具体要求。按照“量入为出、收支匹配”原则，全力控制企业投资规模，降低投资资金支付强度。全面落实《中国石化内部关联交易管理和结算办法》，加大督导力度，规范关联交易事前合同签订、事中工作量签认和事后工程款结算行为，推动内部关联交易市场化运行。加大资金占用清理力度，按月下发《关于直属企业“两金”占用完成情况的通报》，对“两金”占用清理情况和存在问题进行通报，制定具体应对措施。加大内部结算协调力度，按月跟踪内部结算进度，确保系统内往来当月挂账次月结清，重点推动股份公司与石油工程公司、石油工程公司与油田存续企业之间的内部结算，结算效率大有改观；针对系统外部应收款项存量大、回收难情况，要求各企业分项目逐项分析，指派专人负责清收，并逐月跟踪落实，2016 年 12 月与中国石油通过抵账等方式结算逾期应收账款超 2 亿元。

（巩祎昌　叶文峰）

【积极组织低成本融资】 2016 年，在资本市场波动加剧的背景下，财务系统将优化企业债务结构、降低融资成本作为资金管理的重点。一方面，通过内部资金调剂、内部资金池贷款、境内外资金平台集中筹融资，大力提高资金使用效率，降低财务费用，全年通过内部委存委贷等方式调剂资金约 650 亿元。另一方面，通过努力争取低利率贷款、发行美元债、公司债、超短融等方式，为国勘公司、石油工程公司及商储公司等企业节约利息支出约 6.3 亿元。其中，组织商储公司积极和进出口银行各层级沟通，争取到 110 亿元人民币优惠利率贷款，年化利率 2.65%，年节约利息支出 1.4 亿元；年内发行境外债券 60 亿美元、超短融 100 亿元、公司债 181 亿元。全年，公司融资成本率控制在 3% 以内，直属企业融资成本率控制在 2.75% 以内。

（巩祎昌　叶文峰）

【防范利率汇率风险】 2016 年，人民币利率汇率风险进一步加大。面对市场波动，财务系统通过人民币贷款置换美元贷款、用美元固息贷款置换浮息贷款，以及利率掉期等方式，缩小美元敞口债务规模，减少美元浮息债务规模，有效防范利率汇率风险。全年降低美元敞口债务 76 亿美元，减少汇兑损失超 20 亿元。

（巩祎昌　叶文峰）

【全面完成全球“资金池”项目建设】 全球资金集中管理项目于 2012 年 4 月开始启动，经过前期 3 年多的开发和实施，已经实现预期工作目标，全球资金集中管理系统整体上线，运行平稳，2016 年 11 月完成项目整体验收。该项目提升了盛骏公司核心业务系统功能，建立了境外多维度资金池管理，拓展了境外银企直联接口，促进了境内外业务集成优化，加强了境外灾备系统建设和系统安全建设。

（巩祎昌　叶文峰）

会 计 管 理

【稳步推进财务共享服务建设】 2016 年完成 33 家企业财务共享服务上线迁移，业务覆盖集团油田及矿区、炼化、销售、科研、专业公司等主要板块，财务共享中心到位财务人员近 1 000 人，全年累计扫描、质检影像 946 万张，处理费用报销申请 224 万笔，完成凭证量 760 万笔。在财务共享服务试点及扩大试点的基础上，从项目背景、建设目标、建设情况、运营情况、试点成效、存在问题等方面进行全面总结，形成试点总结报告。通过试点总结，进一步明确企业与共享中心之间业务范围和职责界面，规范共享业务操作，优化共享业务流程，夯实会计基础工作，健全客户服务体系。根据试点成果，对财务共享整体规划进行细化和完善，11 月 18 日向党组领导进行财务共享服务整体规划的专题汇报，前期工作得到充分肯定，并根据要求积极配合完善多功能整体共享服务方案，统筹推进共享服务建设。实施上线推广，依托江苏油田成立扬州服务部，依托中原油田筹备濮阳服务部；制定第 1 批 20 家企业推广计划，按计划完成费用报销项目第 5 批 61 家企业（累计 191 家）的推广实施。

（巩祎昌　叶文峰）

【完成 2015 年度财务决算】 各级财务部门积极努力，相关职能部门通力配合，顺利完成 2015 年决算的审核、汇总、编制、报送工作。集团公司对纳入合并范围的各级次共 504 家企业（含股份）进行审计，所有企业均取得标准无保留意见的审计报告。在财政部、国务院国资委 2015 年度财务决算审核中，集团公司及所属全级次子公司的财务决算一次顺利通过审核，数据质量较往年有进一步提升，决算完成时间节点比上年更加提前。集团公司被评为财政部 2015 年决算先进单位。

（巩祎昌　叶文峰）

【强化会计基础管理】 持续开展制度建设，修订完善《会计手册》（2016 版），新增长期股权投资、权益工具等新会计准则内容，补充完善安保基金、固定资产折旧、长期待摊费用摊销、在建工程等业务会计事项的管理规定及举例，新增商储原油串换、科研业务加计扣除、国拨经费课题资金核算、电子会计档案等的相关规定。持续加强新准则和会计政策研究，配合财政部准则修订、“三供一业”移交、“三去一降一补”“营改增”等专项工作做好相关集团公司衔接转换和会计政策制定等工作。

（巩祎昌　叶文峰）

【深化会计集中核算应用】 2016年5月，对石油工程地区公司架构重组进行数据迁移，结合AIC系统功能和石油工程地区公司核算模式，制定迁移方案并进驻企业进行宣贯，详细制定工作节点和工作内容，做好预案，精心实施。继续推进会计集中核算系统与相关系统的集成和融合，在持续完善与TMS系统、HR系统、资产管理模块、土地管理系统、财务公司ERP、外事管理等系统集成的同时，开展与炼化工程公司ERP系统、国勘公司ERP系统、集团公司费用报销系统的集成工作，实现会计集中核算系统与相关系统的集成和资源共享，初步建立以会计集中核算为核心、财务管理功能丰富的财务管理信息系统。对企业报表计算效率进行优化，监控部分企业报表计算线程，开发报表函数，提高企业报表计算效率，截至年底，企业报表数量已经从最高峰的3 378张，降低到不足1 000张，计算时间已经在月末和集团报表同步计算转为错峰计算。

（巩祎昌　叶文峰）

资 产 管 理

【减少法人户数工作顺利开局】 按照国务院国资委要求，明确目标，落实措施，确保压缩法人户数工作顺利开局。与各事业部、专业公司和直属企业对压减工作计划进行反复对接落实，报经集团公司领导审定后，正式下发集团公司压减工作计划安排：3年共压减法人334户，占2015年末法人总数的23%。按照国务院国资委关于建立中央企业压减情况月度报告制度的要求，按月对集团公司压减情况进行统计，通过国务院国资委压减法人基本信息管理系统上报国务院国资委，2016年共完成压减户数48户，欠计划40户，主要是销售公司39户加油站法人单位一体化退出方式尚未经国务院国资委认可。为强力推动压减工作，在集团公司领导主持召开的专题会议上提出2项措施建议，即在月度报告统计基础上建立季度例会制度，由集团公司领导主持并听取汇报，同时将压减工作计划完成情况纳入企业领导人员考核指标体系。

（巩祎昌　叶文峰）

【清理处置低效无效资产】 组织各业务板块和直管企业在总结前2年完成情况的基础上，编制完成2016年度清理计划，共涉及资产原值122.32亿元（不包括亏损子企业及业务－3.52亿元），净额25.83亿元。开展低效无效资产清理处置工作“回头看”活动，对各业务板块存量资产再梳理、再分析，分情况、有重点地制定清退措施，实时跟踪督导清退情况，全力推进低效无效资产清理处置工作。按季度对清理处置完成情况进行统计汇总，对处置无进展项目进行逐一分析，共归纳整理16条无法清退的原因，并建议从低效无效资产清理处置收益最大化的角度出发，对推进难度大且收益过低的无进展项目，纳入企业日常资产管理，暂不进行处置。

（巩祎昌　叶文峰）

【完善资产管理制度】 修订完善《中国石油化工集团公司资产管理办法》，对原办法中部分内容进行补充完善，提出资产运营管理理念，明确资产运营基本原则，分资产类别提出运营管理要求，要求企业有针对性地建立资产运营管控指标体系。完善资产评估“两库一公开”管理体系，在已建立资产评估选聘机构库、资产评估项目审核专家库的基础上，2016年出台资产评估项目公示制度。下发《中国石油化工集团公司资产评估项目公示制度》，将各所属企业（含股份公司各分子公司）作为评估项目公示的责任主体，结合项目不同情况细化公示范围，强调各责任主体在项目完成公示后方可上报公司总部办理备案且应对公示情况进行专项说明并确认项目公示过程及结果无瑕疵，编制了资产评估项目公示参考模板；参加财政部《中华人民共和国资产评估法》（草案）研讨，从中央企业角度论述资产评估工作在国有资产管理方面发挥的重要作用，对加强资产评估行业监管和评估师队伍建设提出建议；实行资产评估备案全流程管理，严格执行资产评估报告审核和备案的工作流程和管控要求，健全完善资产评估备案管理台账，有效提升集团公司资产评估整体工作质量，完成股份公司以川气东送天然气管道公司整体资产引资等176项资产评估项目的审核备案工作；按月对已完成备案的资产处置评估项目后续推进情况进行跟踪，全年共完成处置61项（不含土地收储或置换项目），实现处置收益1.32亿元。

（巩祎昌　叶文峰）

【探索建立资产运营管理体系】 将资产运营管理理念注入新版资产管理办法，将资产运营管理作为企业常态化工作内容，探索建立资产运营管理体系。初步探索建立以提升资产运营效益和效率为目标的评价考核指标体系，引导企业合理配置和有效利用存量资产，提升资产保效创效能力，并在此基础上下发《关于开展企业资产质量评价分析工作的通知》，在企业和总部2个层面开展资产质量评价工作；编制直管企业固定资产运营提升方案，分类(分为在用、闲置、待报废、出租4类)明确在用固定资产周转率、在用固定资产利润率、待处置固定资产比率、待处置固定资产压降率、出租净收益与出租资产折旧倍数5项固定资产运营管控指标，并建立5项指标加权评价体系；做好2015年度产权登记年度检查工作，组织对集团公司全口径的2 489项长期股权投资产权登记办理情况进行梳理，形成2015年度专项分析报告，更新完善集团公司产权分布图谱。

(巩祎昌　叶文峰)

土地管理

【完善土地管理指标体系】 利用土地管理信息系统，依据企业土地管理情况，完成《2015年土地统计分析报告》，全方位综合分析土地性质、用途、分布区域等自然属性和权证、待用、价值管理等权属特征，分析新增用地、盘活处置、评估备案等经济行为，以及改制占用、税费缴纳、关联交易等管理状况。截至2015年底，中国石化在全国31个省(自治区、直辖市)范围内，自有土地共计12.07万宗、232.66万亩(15.51亿平方米)。重新梳理土地管理责任目标考核标准，明确奖惩原则及依据，突出经营土地的重点管理方向，激励企业努力依法节约用地、减少新增用地投资、降低存量土地持有成本、积极盘活处置土地，全面提高土地经营效益。升级完善土地管理信息化指标，优化升级地籍管理指标，将128个地籍字段中的40个进行完善，将13个必填项扩展为25个必填项。继续优化土地管理计划指标体系，下发《土地权证办理计划》并指导企业实施，努力降低无证土地占比及相关法律风险。

(巩祎昌　叶文峰)

【盘活处置闲置土地】 清理2014—2015年集团公司审批的土地盘活处置事项进展情况，积极督导各有关单位及专业板块抓紧盘活处置闲置土地，尽快完成土地评估备案及合同签订等相关事宜。下发《2016年土地盘活处置计划》，要求相关企业完成278宗(包含股份公司100宗)、7 565亩(504.34万平方米)土地的盘活处置工作。加强对土地资本运营的收益跟踪，落实高桥石化整体搬迁的后续补偿资金，指导高桥石化按照市政规划要求完善信息大楼土地房产权证；与安庆市政府展开谈判，推进城中危化管道及配套码头和油库迁建相关土地置换及拟调规变性处置事项；积极参与西安石化、东方石化厂、杭州炼厂、南化公司、青岛石化、上海会议中心等企业的土地拟盘活收益测算及政府补偿谈判工作，以及蓝天项目重组、销售公司股改、炼化工程土地处置项目的研讨论证，有序推进各项土地资本运营工作。

(巩祎昌　叶文峰)

【加快办理土地权证】 制定独立选址项目用地计划，向21个省国土资源厅报告集团公司油田企业2016—2018年独立选址项目用地计划，并积极争取政策支持，引导企业有计划地使用土地、有标准地利用土地，降低新增建设用地取得成本。千方百计解决历史遗留问题，完善不规范用地权属，年初下发《2016年土地权证办理计划》，要求相关企业完成6 104宗2 451万平方米土地的权证办理，积极控制用地成本，为不动产统一登记政策的实施打好基础。2016年，销售公司加快清理不规范用地，办理755宗土地权证，至年底，集团公司仅乘余2 447宗无证土地；科学分类，将油田企业新增但未及时办理权证的13 682宗土地进行重新梳理，纳入新增用地管理模块，不再作为无证土地。

(巩祎昌　叶文峰)

税务管理

【完善税务管理制度】 编制发布《中国石化税务风险控制指引(试行)》《中国石化税务风险控制指引实施细则(试行)》和《中国石油化工股份有限公司税务风险控制手册(2016年度)》等系列税控体系制度；修订《中国石化油气田企业自用成品油退税工作规程》；起草《中国石化节税管理考核办法》《中国石化企业所得税业务管理操作规程》等一批待发布的涉税规范；修订发布《中国石化股份公司增值税会计核算办法》，完成总部增值税发票认证业务向财务共享中心的顺利移送，并建立相关流程控制制度。

(巩祎昌　叶文峰)

【落实争取税收优惠政策】 争取到2016年度石脑油定点直供计划的批复政策；争取到2016年度自用成品油退税批复政策，全年退税3.6亿元；争取到航煤组分油、页岩气、元坝高含硫天然气资源税减免，集团公司内部资金占用管理增值税等政策，并得到财政部和国税总局认可；争取到2015年度企业所得税退税政策并及时落实退税资金40亿元。

（巩祎昌　叶文峰）

【指导帮助企业合规节税】 重点组织2次分板块税收优惠政策现场经验交流座谈会，选取土地增值税、安全消防占地等10个减免税典型案例进行剖析，指导企业对标和依法纳税、合规节税，全年实现新增节税10.3亿元以上。

（巩祎昌　叶文峰）

价格管理

【积极争取价格政策】 超前研究低油价的影响，积极推动国家发改委出台成品油"地板价"政策，较好地保障了公司节能减排、提升油品质量和石油供应安全工作。推动天然气价格市场化，配合部委制定天然气管输价格及成本监审办法，做好上海石油天然气交易中心运行、重庆天然气交易中心筹建等工作，为推动天然气价格市场化奠定基础。积极争取京Ⅵ标准汽、柴油价格政策，推动北京市发改委启动成本核定工作，维护了公司利益。解决中国石油与西北石油局天然气结算价格纠纷。协调中航油取消30元/吨的航煤贴水，全年增收3.3亿元。

（巩祎昌　叶文峰）

【完善内部互供价格政策】 以市场为导向完善油气产品内部价格，研究完善自产原油价格及原油管输费政策。为实现公司整体效益最大化，鼓励油田企业稳定生产，同时兼顾炼油企业加工自产原油的积极性，组织研究低油价下支持上游企业的政策措施，对油田企业供内部炼油企业的自产原油价格平均上调90元/吨，同时放开油田企业供地方炼厂的原油贴水政策。按照内部市场化、整体效益最大化原则，动态调整公司内部价格，在传递市场压力的同时，实现公司整体收益最大。及时合理调整自产原油和天然气结算价格，积极支持上游企业解困，最大限度释放上游企业的有效产能；落实公司"疆油疆炼疆销"政策，对新疆地区的上、中、下游企业之间的互供产品进行一体化优化调整，有效缓解新疆地区企业产供销矛盾；完善进口原油买断机制，联合石化公司采购的3种油平均价格比3地基准油价低3.2美元/桶，助推炼油企业降低原油成本、超额完成利润。

（巩祎昌　叶文峰）

【完善价格管理制度】 2016年5月正式发布实施《中国石化价格管理办法》(试行)，为规范各层级价格管理行为、提高工作效率提供了制度保障。经过1年零1个月的开发、测试、完善，6月起价格信息管理系统在全系统范围内试运行，并根据企业用户反馈的情况不断优化、完善功能。同时，开展价格管理培训及经验交流工作，对执行的内部产品定价办法和政策出台背景进行解读。经过培训、研讨，企业进一步开拓了视野，交流了经验，增强了理解，明确了总部相关职能部门、事业部和企业各层级价格管理职责权限、分工和定价工作流程，掌握了价格信息平台的操作方法，为提升价格管理水平、提高工作效率打下了基础。

（巩祎昌　叶文峰）

保险管理

【组建中石化保险经纪有限公司】 根据《关于成立中石化保险经纪公司的通知》要求，按照设立保险经纪公司有关工作汇报专题会工作部署，经过与国家工商总局、北京工商分局、保监会、北京保监局多次沟通和政策咨询，完成工商预核准、公司章程制定、可行分析报告编写、6个内部管理办法起草、组织架构搭建、信息系统选定、工商注册等项工作。2016年4月7日，取得工商局颁发的营业执照；5月初，配合完成北京保监局实地验收工作；8月10日，正式获得保监部门颁发的保险经纪业务许可证，并同时下发《关于中石化保险经纪有限公司正式开业运营的通知》，为中石化保险经纪有限公司(简称保险经纪公司)顺利开展业务提供了及时有力的政策支持。

（巩祎昌　叶文峰）

【完善保险制度建设】 2016年5月，编制下发《中国石化境内保险管理办法》，重点明确集团总部、保险经纪公司、各企业职责，统一各企业保险业务归口部门，强化投保预算管理，规范保险业务的风险、投保、采购及索赔等内容。8月，组织修订《中国石化境外业务保险管理暂行办法》，明确集团总部、自保公司、各企业职责分工，统一境外保险业务管理归口部门，进一步规范保险投保、采购、索赔等管理内容。考虑到自保公司业务发展以及新设立的保险经纪公司监管需要，修订完善《中国石化境外保险业务监管暂行办法》，将自保公司和保险经纪公司统一规范为"中国石化专属保险机构"，形成相应的监管办法，重点对2个保险运作平台市场询价、保险条款、风险自留、保险理赔、综合服务等方面提出具体要求和规定，优化完善过程管控与监督，提高了保险业务专业化管理水平标准。根据境内保险管理办法，8 月编制下发《中国石化境内保险业务操作细则(试行)》，为推进保险经纪公司业务发展，配合保险经纪业务管理信息系统上线规范操作提供了有力支撑。

（巩祎昌　叶文峰）

【强化自保公司监督管理】 扩大业务规模，将新星公司埃及中萨公司，国勘公司哈萨克斯坦 CIR 项目、厄瓜多尔安第斯项目、埃及阿帕奇 KPC 及 QPC 项目、安哥拉 32 区块，沙特延布项目，石油工程科威特机具保险纳入集团公司统筹，新增保费约 400 万美元，2016 年境外保险业务覆盖率达 84%，比上年提高 10 个百分点。提升服务质量，注重与企业加强沟通和协作，提供专业防灾防损培训、风险查勘和合理化建议、做好通融赔付服务。自保公司成立后，努力为企业降低保费支出，境外业务保费支出规模从 2013 年的 8.8 亿元降低到 2016 年的 4.8 亿元。

（巩祎昌　叶文峰）

年 金 管 理

【强化年金投资收益预算管控】 在逐家进行预算对接的基础上，落实确定各投管人收益目标、资产配置结构、投资策略安排等，确定 2016 年度各组合收益预算。围绕年度收益目标，加强对投管人投资的过程控制，从整体层面把握风险资产的布局和投资节奏，尤其关注年初开局和岁末收官阶段，防止市场大幅波动对年金收益造成负面影响。针对距收益目标偏离度较大的部分机构，组织当面约谈，对其投资数据进行多维度对比分析，找出差距原因，提出具体纠偏措施。2016 年，年金收益为 4.9%，处于行业领先水平，自 2011 年运营以来累计收益率达 34.05%，年化收益率超过 5%。

（巩祎昌　叶文峰）

【优化年金资产配置结构】 持续加大稳健收益类资产配置比重，通过增量资金分配等手段搭建产品比选平台，鼓励投资管理人积极推荐可投资标的，由年金办统一筛选，择优配置，将部分市场紧俏的信用风险低、担保效力强、收益率较高的信托计划、债权计划、万能险等产品放入投资篮子。加强股票类资产仓位的管控，降低收益波动风险，在上证指数全年下跌超过 12% 的形势下，股票市场为整体计划贡献超过 2 亿元的正收益。主动开发年金新产品，利用国内股票市场大量被低估的蓝筹股资源，借助投管人力量，设计开发养老金产品，解决面临的资产配置难题。

（巩祎昌　叶文峰）

【防控固收资产风险】 组织投管人对所持债券进行分析和评估，对债券的持仓比例、评级和久期等关键要素的分布情况定期全面清理，筛查出信用风险相对较高的债券，发函要求投管人择机减持，并持续跟踪。建立新型固收产品的风险防控机制，借助专业机构力量，定期组织梳理所投项目，对项目进展情况、偿债主体和担保主体的财务状况进行全面识别和评估，切实防控信用风险。

（巩祎昌　叶文峰）

总部机关财务管理

【完成 2015 年总部机关财务决算和 2016 年预算编制】 认真做好总部机关财务 2015 年度财务决算编制工作，配合决算审计机构按时完成相关审计工作，逐一落实审计机构提出的审计调整事项，按期完成决算报表的审核和上报。坚持保证总部机关正常运转和严格控制费用支出的原则，认真审核总部机关各部门工作经费和专项费用预算，按时完成 2016 年总部机关经费预算编制工作。坚持按月向机关部门提交部门工作经费预算执行情况表，对费用支出过程中存在的问题进行通报，严格执行总部机关内部控制制度，严格预算管理和标准控制，2016 年总部机关经费实际支出完成年度预算的 89.8%，总部机关各部门工作经费基本控制在预算范围之内。

（巩祎昌　叶文峰）

【加强总部机关财务管理】 研究落实新设监察分局财务管理和会计核算工作，为监察分局各项工作规范有序开展奠定基础。加强矿区企业和总部机关月度财务分析，针对出现的问题制定并落实措施，确保各项费用支出规范、预算可控。核实总部机关固定资产运营状况，重点对办公用房、车辆等资产的管理和运营情况进行核实，针对管理问题提出整改要求，提升总部机关固定资产运营效率。

（巩祎昌　叶文峰）

财会队伍建设

【强化财务人员培训】 着眼长远、立足当前，加大财务培训工作力度，完善总会计师—财务处级干部—基层财务骨干三级培养培训体系，构建需求调研—设计教学方案—优选师资队伍—组织教学—讨论交流—评估闭环式工作流程，打造“培训＋研讨”的沟通交流机制，不断提升队伍素质。全年，组织开展财务技能达标网上答题活动，财务人员参与率99%；举办2期总会计师班、3期财务处级干部班，举办预算、会计、土地、资金等专题培训及财务业务骨干培训班11期次，共计培训1 420人次，培训班次和人数为历年最多。

（巩祎昌　叶文峰）

财务状况

【概述】 2016年，集团公司合并报表实现营业收入19 692.20亿元，实现利润529.03亿元，实现利税3 747.11亿元，实现净利润281.99亿元。截至年底，集团公司合并报表资产总额21 593.91亿元，负债总额10 864.91亿元，所有者权益10 729.01亿元（其中归属于母公司权益7 402.79亿元，占所有者权益的69%），资本负债率31.6%，资产负债率为50.31%。

集团公司合并会计报表见表1和表2。

（张镇远）

表1　　利润表　　百万元

项　目	2016年	2015年	2014年
营业收入	1 969 219.82	2 047 271.91	2 889 934.29
营业总成本	1 934 382.26	1 997 461.86	2 822 711.00
营业成本	1 528 839.65	1 598 234.90	2 439 816.83
营业税金及附加	237 977.64	241 696.41	205 829.10
销售费用	51 197.87	48 615.15	49 245.38
管理费用	77 905.46	75 743.69	77 303.01
勘探费用	11 047.45	10 456.05	21 370.40
财务费用	8 402.14	13 110.54	19 111.18
资产减值损失	19 012.04	9 604.13	10 035.10
加：公允价值变动收益	－209.04	728.91	－4 151.32
投资收益	16 818.97	6 207.18	12 028.24
营业利润	51 447.50	56 746.13	75 100.20
加：营业外收入	7 604.09	10 324.12	7 726.35
减：营业外支出	6 148.12	4 948.51	5 773.83
利润总额	52 903.46	62 121.74	77 052.73
减：所得税费用	24 704.68	18 027.51	33 704.18
净利润	28 198.78	44 094.23	43 348.54
减：少数股东损益	19 841.85	21 502.88	13 250.36
归属于母公司所有者的净利润	8 356.93	22 591.35	30 098.18

表 2 **资产负债表** 单位：百万元

项目	2016 年	2015 年	2014 年
流动资产：			
负币资金	164 674. 77	94 232. 19	35 218. 56
应收票据	16 542. 02	13 524. 00	16 575. 33
应收账款	63 343. 36	56 215. 51	88 474. 41
预付款项	10 785. 00	8 613. 41	12 141. 94
其他应收款	27 640. 55	31 320. 31	38 371. 85
存　货	251 050. 09	232 258. 95	274 975. 06
一年内到期的非流动资产	68 961. 43	65 851. 81	8 351. 02
其他流动资产	56 967. 79	49 448. 42	24 257. 11
流动资产合计	659 965. 02	551 464. 58	498 365. 28
非流动资产：			
可供出售金融资产	23 780. 40	21 569. 78	7 701. 84
长期应收款	36 750. 34	33 240. 35	31 028. 25
长期股权投资	120 215. 52	102 703. 37	207 190. 74
固定资产	590 797. 38	611 778. 98	590 093. 08
油气资产	215 240. 03	239 085. 33	397 869. 03
工程物资	43. 37	32. 17	1 534. 81
在建工程	151 260. 87	173 908. 36	231 946. 89
无形资产	110 494. 67	107 291. 92	103 971. 92
商　誉	8 537. 35	8 455. 69	25 206. 47
长期待摊费用	17 408. 51	17 733. 29	19 015. 90
递延所得税资产	8 331. 61	8 662. 78	10 288. 94
其他非流动资产	216 566. 37	182 581. 09	15 614. 30
非流动资产合计	1 499 426. 43	1 507 043. 12	1 641 462. 17
资产总计	2 159 391. 45	2 058 507. 70	2 139 827. 45

百万元

项目	2016 年	2015 年	2014 年
流动负债：			
短期借款	116 268.59	140 833.16	162 689.50
应付票据	10 087.69	8 174.78	7 026.45
应付账款	225 600.03	179 528.14	249 055.21
预收款项	126 054.32	117 818.57	113 405.37
应付职工薪酬	5 388.87	2 938.19	3 732.08
应交税费	60 020.40	41 515.15	38 456.71
应付利息	3 117.80	2 787.58	3 115.30
其他应付款	58 461.26	68 625.21	100 885.99
一年内到期的非流动负债	71 976.97	20 223.40	98 561.09
其他流动负债	51 113.96	74 065.09	39 943.08
流动负债合计	728 087.89	656 509.28	816 870.79
非流动负债：			
长期借款	66 306.44	76 006.24	178 289.25
应付债券	216 687.70	206 007.51	158 814.21
长期应付款	16 106.37	14 206.40	29 826.87
长期应付职工薪酬	2 418.70	2 482.19	2 807.14
预计负债	39 619.79	33 492.30	41 924.64
递延所得税负债	8 079.05	8 757.34	40 900.51
其他非流动负债	9 184.93	8 067.42	6 509.71
非流动负债合计	358 402.97	349 019.39	459 072.32
负债合计	1 086 490.86	1 005 528.67	1 275 943.11
所有者权益：			
实收资本	325 907.53	319 898.03	303 222.26
资本公积	97 561.40	97 537.98	51 575.28
其他综合收益	-23 850.48	-38 583.83	-33 146.01
专项储备	1 090.80	1 041.76	931.21
盈余公积	205 373.07	204 976.95	183 271.60
一般风险准备	1 327.72	876.51	716.59
未分配利润	132 869.39	144 490.62	154 510.18
归属于母公司所有者权益合计	740 279.43	730 238.03	661 081.11
少数所有者权益	332 621.17	322 741.01	202 803.23
所有者权益合计	1 072 900.59	1 052 979.03	863 884.34
负债和所有者权益总计	2 159 391.45	2 058 507.70	2 139 827.45

人事管理

综 述

2016年，集团公司人事工作以党的十八届六中全会、全国国有企业党的建设工作会议和全国组织部长会议精神为指导，紧紧围绕公司五大发展战略和"十三五"发展规划，突出重点、聚焦主业、服务发展，较好地完成领导班子和干部队伍建设、人才队伍建设、劳动薪酬管理、培训开发等方面的任务目标，为中国石化持续健康发展提供了坚强的组织保证和人才支撑。

领导班子和干部队伍建设。坚持党对国有企业的领导和党管干部原则，认真落实管党治党责任，保证党对干部人事工作的领导权和对重要干部的管理权。坚持和完善双向进入、交叉任职的领导体制，把加强党的领导与完善公司治理统一起来，全年督促指导40家具备换届条件的直属单位党委完成换届选举。聚焦转方式调结构、提质增效升级中心任务，选优配强各级领导班子，推进干部考察工作机制常态化。加强干部制度建设，制定出台以《中国石化领导人员选拔任用暂行办法》为核心、其他配套制度为补充的"1+6"制度体系。坚持严格程序、严把入口，落实"十二不准"纪律要求，不断提高选人用人工作质量和公信度，做好集团公司"两学一做"学习教育调研督导工作，强化监督检查，严防不正之风，努力营造风清气正的选人用人环境。

劳动与薪酬管理。进一步深化劳动用工和收入分配制度改革，引导和鼓励企业自觉控制用工总量、优化用工、提高人工成本投入产出效率。持续严控用工总量，用工总量不断减少，2016年末集团公司用工总量为75.2万人、同比减少9.3万人。完成规范劳务派遣工作，指导企业稳妥有序开展规范劳务派遣工作。加强系统内人力资源统筹配置，持续优化统筹配置方式，完善配套政策措施，解除员工后顾之忧。促进企业自觉优化用工，建立鼓励自觉优化用工、严控用工总量的激励约束机制。妥善开展富余人员分流安置，指导协调高桥石化、东方石化、保定石化等单位制定离岗人员分流安置实施细则。加强人工成本管理，修订《人工成本管理办法》及配套文件。完善薪酬分配制度，探索资本、技术、管理要素参与分配的报酬机制，研究提出领导人员薪酬管理体系优化方案，健全海外用工分配制度。

人才队伍建设与培训开发。稳妥推进完善人才成长通道建设工作，组织10家单位开展先行先试，抓好配套制度建设。推进深化人才发展体制机制改革，制定《关于深化人才发展体制机制改革的十项措施》。完善人才流动配置信息平台建设，改进完善人才评价工作，加强国际化人才和高层次人才培养，统筹开展各类人才队伍建设，一批人才脱颖而出，其中1人获中华技能大奖、3人获全国技术能手称号、42人获中央企业技术能手称号、30人获中央企业青年岗位能手称号。优化培训管理思路，培训宏观管理得到加强。围绕集团公司中心任务开展培训，重点人才培训取得明显成效。组织远程培训课件开发及系统功能完善，培训基础建设取得新的进展。做好毕业生引进工作，在全国40个城市组织招聘统一初选考试，大力引进优秀毕业生。

改革与研究工作。完成《中国石化"十三五"人力资源发展规划》，印发《中国石化"十三五"人力资源发展规划纲要》。搭建人力资源管理经验交流平台，组织12家合资公司、26家所属企业开展经验交流活动。加强合资合作规范化、科学化管理，研究制定《中国石化境内合资公司人力资源管理指导意见》。开展新项目人力资源管理新模式等课题研究，完成人力资源管理制度体系研究报告，印发制度汇编和制度要点指南。

信息共享服务工作。成立南京、东营2个分中心项目部，夯实共享服务管理基础，完善制定配套制度，规范共享服务业务运营管理流程。推进人力资源共享服务试点，在南化公司实现在岗员工薪资发放等事务性工作集中办理。开展员工自助系统试点，扬子石化、金陵石化实现业务共享和员工自助试点上线。实现人力资源管理图表可视化，集团公司职称评审业务信息化。推进专家信息库、领导班子和领导人员考评数据库建设。统筹规划，推进HR系统深化应用。

综合管理和自身建设。加强内部制度建设，制定实施《人事部处室绩效考核管理暂行办法》《人事部员工绩效考核管理暂行办法》《人事部催查督办管理暂行办法》，增强组织执行力和工作推动力。组织全系统开展干部人事档案专项审核工作，审核5.76万卷。推进"挂职、交流、实习、培训"4个常态化，完成党小组整合调整，扎实开展"两学一做"学习教育，从严从实抓好组织人事部门自身建设。推进部门基层党组织建设，党支部基础得到进一步夯实。

离退休人员管理。认真贯彻落实党和国家有关离退休工作的方针政策，全面做好离退休服务管理工作，重点抓好"中办发〔2016〕3号文件"贯彻落实、组织老同志开展为党的事业和企业发展增添正能量活动、加强离退休党建和思想政治工作、推进敬老文化和养老文化建设、做好关心下一代工作、强化部门自身建设等工作。

（张旭升）

领导班子和干部队伍建设

【完善干部考察工作机制】 ①突出考察的前瞻性和针对性，深入分析被考察单位领导班子整体结构和运行状况，对2014—2015年考察过的领导班子以及总部机关部门领导班子实施专项考察，根据班子缺员情况对重点岗位人选进行推荐考察。②突出把党建工作开展情况和党风廉政建设情况作为班子测评和谈话考察的重要内容，加大对抓党建工作和履行管党治党责任不力的班子提出整改建议力度。③突出对选拔任用领导人员加强任前把关，坚持“四凡四必”，防止用人失察、带病提拔。④突出班子当期调整与长远建设的有机结合。把发现“70后”“80后”优秀年轻干部作为领导班子考察的重点内容，班子全面考察同步推荐“70后”年轻干部，并将推荐考察结果与中青年干部集中调训直接挂钩。

（牟蔚亭）

【健全直属领导班子配备】 ①注重解决缺员较多问题。对照各单位（部门）核定职数，结合缺员情况，分期分批地对直属领导班子进行统筹优化，确保直属领导班子有序接替、平稳运转。②注重加强石油工程板块班子整合。适应石油工程企业持续发展需要，综合领导干部专业特长，对石油工程公司本部主要领导及其所属6家单位领导班子进行调整优化。③注重推进海外机构领导人员岗位交流。根据国勘公司海外业务发展现状和班子结构优化需要，精简海外非作业者项目外派人员，对8名海外领导人员实施轮岗交流。④注重解决部分历史遗留问题。对炼油销售公司、塔河炼化、第五建设公司3家升格企业，在考察的基础上，对相关领导人员的职级进行调整。⑤注重健全公司法人治理结构。完善股份公司总裁班子配备，提请党组会研究集团公司董事会5个专门委员会人员组成意见。

（牟蔚亭）

【深入推进干部管理制度建设】 ①出台《中国石化领导人员选拔任用暂行办法》，对选拔任用工作的管理体制、原则、程序、纪律等做出具体明确规定，并组织专门力量编发办法解读。②综合分析各单位营业收入、资产总额、用工总量、管理跨度、管理难度等因素，出台《中国石化直属领导班子职数设置及管理意见》。③依据中央《推进领导干部能上能下若干规定（试行）》精神，研究制定《中国石化推进领导人员能上能下暂行办法》。④修订《中国石化领导班子后备干部工作规定》，对后备干部的条件与资格、数量与结构、选拔、培养、管理等内容进行大幅修改和完善。⑤研究制定《中国石化加强和改进优秀年轻干部培养选拔工作实施办法（试行）》，提出年轻干部队伍建设的中长期目标以及加强年轻干部培养锻炼、选拔使用、管理监督的针对性措施。

（牟蔚亭）

【从严落实管党治党责任】 ①扎实推进党委换届工作常态化规范化，全年完成40家直属单位党委换届，切实改变以往直属单位党委“想换才换”的被动局面，炼化板块、炼化工程板块、科研板块、化工销售板块的直属单位基本实现“应换必换”。②理顺有关单位党组织隶属关系及干部协管问题，根据企业党组织关系属地化管理有关规定，就部分单位的干部协管及党组织隶属关系问题，分别函商地方党委及其组织部门，并取得重要进展。③抓好领导班子自身建设制度落实，认真梳理汇总各单位（部门）上报的“三项制度”材料及主要领导人员“三述”报告2 800多份。④在“两学一做”学习教育中，开展全系统党代会代表和党员违纪违法未给予相应处分处理情况的集中排查清理工作。

（牟蔚亭）

【选人用人监督】 ①修订《领导人员选拔任用工作监督检查办法》，出台《领导人员选拔任用工作责任追究办法》。②结合党组巡视对湖北石油分公司等31家单位开展选人用人专项检查，发现选人用人问题361个，提出建议120条，并逐家督促整改到位。③结合党建考核对132家直属单位开展全覆盖式选人用人检查，组织指导各单位同步开展“一报告两评议”工作，132家单位选人用人工作满意度平均为97.91%。④严肃查处违规违纪案件，全年共受理群众信访举报136件（重复件37件），查核99件，查实问题18个，对8名党组管理领导人员、6名中层领导人员进行处理。⑤严把中层延迟退出和破格提拔审核，全年审核批复同意延退中层领导人员199人、破格提拔9人。

（王显达）

【领导干部个人有关事项报告】 下发《关于做好2016年领导干部报告个人有关事项工作的通知》，完成集团公司1 062名党组管理领导人员、1.48万名中层领导人员个人有关事项报告年度集中填报和信息录入，按10%的比例对107名党组管理领导人员、1 588名中层领导人员个人有关事项报告进行随机抽查核实；对2 295名拟提拔及转任重要岗位领导人员，133名因信访、巡视、廉洁从业领导人员评选、地方换届选举等工作需要查核的领导人员进行重点抽查核实。依据查核结果先后批评教育711人，责令做出检查616人，通报批评27人；诫勉处理259人，取消提拔资格17人，取消后备干部资格11人，调离岗位2人，改任非领导职务1人，免职1人，党纪政纪处分11人。

（杨　朋）

【中层机构和中层领导人员职数管理】 建立完善直属单位中层机构设置及中层领导人员配备台账，全年核增中层机构64个、中层领导人员职数198个，设立分、子公司6个，对10家因改革调整撤并机构的单位核减中层机构总量62个；对40家单位"三超两乱"问题进行治理，共消化超配干部79人，撤销、合署自设机构38个；督促50家单位对机构、职数信息维护不及时的问题进行整改。截至2016年底，直属单位共有中层机构4 112个，现职中层领导人员11 734人(不含总部机关)。

（李　勇）

【"两学一做"学习教育调研督导】 制定聚焦"一面两点"、用活"六种方式"的调研督导实施方案，成立调研督导办公室，将全系统165家单位(部门)按地域划分为7个片区及总部机关部门，组建8个调研督导组，完成165家单位(部门)调研督导"全覆盖"、79家单位(部门)调研督导"回头看"，累计召开座谈会223场，个别谈话2 228人，查阅资料1.15万份，随机抽查党支部(党小组)742个，提出整改意见796条。与年底集团公司党建考核统筹安排，抽调20名调研督导组成员深入各单位进行现场考评，开展个别访谈1 048人次，召开座谈会194场次，抽查党支部534个，考评结果计入党建考核。

（李文德）

人才队伍建设

【人才成长通道】 完善人才成长通道建设，组织10家单位(部门)先行先试，布置全面推开工作。印发《中国石化集团公司首席专家和高级专家管理办法》《中国石化集团公司技能大师管理办法》，开展集团公司高级专家和技能大师聘期考核工作。截至2016年底，在聘4名集团公司首席专家、134名集团公司高级专家和85名直属单位首席专家，18名集团公司技能大师和84名直属单位首席技师。

（唐义森）

【高层次人才选拔培养】 上海石油化工研究院杨卫胜入选第2批国家"万人计划"科技创新领军人才，西北油田王雷、地球物理公司陈吴金2人获孙越崎青年科技奖，60人享受国务院政府特殊津贴。

（孙远芳）

【人才配置】 优化升级人力资源统筹配置平台，加强人才引进配置和招聘计划管理，面向系统外引进101人，在京单位从系统内引进225人。通过统筹配置平台先后发布409个岗位的81条招聘公告，3 000余人报名应聘。

（王　嵩）

【职称评审】 开发职称评审信息化平台，对工程、政工、经统会审系列全面实行量化评审，不再组织职称外语考试。261人通过教授级任职资格评审，4 814人通过高级任职资格评审，1.11万人通过中、初级任职资格评审。

（孙远芳）

【博士后工作】 截至2016年底，有博士后工作(流动)站30个，在站221人；2016年出站29人，有23人出站后留在中国石化工作。承担省部级科研课题104项，博士后科研成果获省部级奖18项，申请专利168件，在核心期刊发表论文148篇。选拔4名博士服务团成员支援西部大开发工作。

（孙远芳）

【技术能手评选】 组织开展优秀技能人才评选表彰活动，卢建强(中原油田)获第13届中华技能大奖，冯新永(胜利油田)、毛谦明(西北油田)、孙同根(金陵石化)3人被授予全国技术能手称号，另有200人被授予中国石化技术能手称号。

（丁新兴）

【职业技能鉴定】 启用中国石化职业技能鉴定综合管理平台，指导28家单位对2 948名考评员进行培训，组织高级技师综合评审，完成化工专业40个工种鉴定题库的修订工作。全年共鉴定11.04万人，通过 5.81 万人，新增技师 1 722 人、高级技师 972 人。合同制员工中技能操作人员持证率为 79.9%，高技能人才总量达 18.04 万人，占技能操作人员比例为 48.2%。

（丁新兴）

【业务竞赛】 举办工程概预算等 4 个专业的业务技术比武和采油测试工等 6 个工种的一类竞赛，以及法律等 7 个专业线条的二类竞赛。共有 10 万人次参加岗位练兵和预赛，95 家单位的 1 921 名选手参加决赛，203 名选手获个人金、银、铜奖，47 家单位获团体奖，15 家单位获优秀组织奖。竞赛共产生 30 名中央企业技术能手、77 名中国石化技术能手，14 名选手晋升为高级技师，10 名选手获得高级职称申报资格。

（王　嵩）

劳动与薪酬管理

【持续严控用工总量】 编制“十三五”用工总量规划和 2016 年用工计划并组织审核下达，指导督促各单位做好严控总量，提高劳动生产率各项措施的落实。指导企业在 SAP - HR 系统做好岗位分类，进一步加强岗位管理。开展用工优化专项奖励，对各板块及单位 2015 年“优化用工”进行评价，根据评价结果，对企业进行工资总额奖励，促使企业自觉减少用工总量、提高劳动生产率和人工成本投入产出效益。组织事业部、直属单位合理编制 2017 年增补员工计划。通过坚持严把入口、少进多出，推进非核心业务外包，清退富余用工等措施，用工总量不断减少。2016 年末用工总量 75.2 万人，全年用工总量减少 9.3 万人。

（祝君光）

【稳妥有序完成规范劳务派遣】 指导企业稳妥开展规范劳务派遣工作，组织各单位在积极清退的基础上，对需继续使用的劳务工重点采取业务（服务）外包、调整用工形式等方式进行规范。根据明确的业务划分类别，指导和督促各单位积极稳妥规范推进非核心业务外包。针对规范劳务派遣后合同制员工管理情况，印发《关于加强劳动合同制员工福利管理的若干意见》，以强化市场化用工和分配机制。截至 2016 年底，集团公司劳务派遣员工为 5 万人，已按国家要求将劳务派遣工比例降至用工总量的 10% 以下（6.6%）。

（祝君光）

【妥善开展离岗人员分流安置】 围绕转方式调结构、“僵尸企业”处置和困难企业扭亏脱困等工作，依据《关于离岗人员分流安置工作的指导意见》，指导相关企业做好人员分流安置方案编制。按照“有利于降本增效、有利于价值创造、有利于队伍稳定”的原则，指导协调高桥石化、东方石化、保定石化等单位制定离岗人员分流安置实施细则。促进东方石化分流安置，组织协调系统内京津冀 12 家有用工需求的单位向东方石化提供再就业岗位。

（祝君光）

【完善薪酬分配制度】 开展“三项制度”改革试点，组织油品销售、国勘公司等企业先行先试，探索以人工成本管理为核心，市场化、差异化、类别化的薪酬管理体系。建立技术、管理要素参与分配的中长期激励约束机制，指导石油工程公司制定实施“A 股股票期权激励”计划。制定科技成果转化推广激励办法，使得直接参与科技成果的科技人员可以享受转化收益激励，提高了科研人员的获得感。组织开展“国务院国资委中央企业一线职工收入分配课题”评审工作，研究成果获国务院国资委分配局有关领导与评委的高度评价。

（董岚峰）

【加强人工成本管理】 修订《人工成本管理办法》，完善预算、决定、调控、监督、检查机制，实现人工成本预算与财务预算同步开展、与用工计划同步编制、与效益目标同步联动，逐步实现人工成本能增能减。针对油价等客观因素对利润的影响，多次向国务院国资委汇报沟通，争取政策支持，稳妥做好年度工资总额预算、决算等工作。组织事业部、直属单位按照“薪酬与效益目标、劳动生产率、人工成本利润率挂钩”的原则，合理编制 2017 年人工成本预算方案，促进企业提高效益，发挥收入分配作为稳增长、转方式、调结构的助推器作用。

（董岚峰）

【完善领导人员薪酬管理体系】 研究提出领导人员薪酬管理体系优化方案，针对突出问题，调整部分单位基薪标准。制定《关于担任两院院士的离任集团公司领导科研补贴管理规定》《有关外部董事独立董事报酬及待遇管理暂行办法》，完成《关于 2015 年董事、监事及其他高级管理人员薪酬制度执行情况报告》。根据中央和国务院国资委对中央企业负责人薪酬制度改革意见，做好集团公司负责人薪酬调整工作。修订完成《集团公司高级管理人员薪酬管理办法》。研究提出集团公司高管人员2015年度薪酬兑现及2013年、2014年度延期兑现方案，经党组会、董事会薪酬与考核委员会、董事会审议通过后，报国务院国资委备案，并稳妥做好兑现工作。

（董岚峰）

【严肃收入分配秩序】 建立违纪违规追究问责机制，强化监督检查和责任追究，细化惩处措施，促进单位进一步规范分配秩序、严肃分配纪律，减少了违规风险。制定《关于进一步规范在岗职工休假疗养工作的通知》，研究提出调整休假方式、规范费用列支渠道等工作措施；组织召开4个片会，研讨政策并部署企业规范职工疗休养工作。

（董岚峰）

【完善职工补充保险体系】 组织开展总部机关及有关在京单位补充医保承保机构评选、“续保”工作。修订印发《激励性年金管理办法》，加大对贡献突出的科研设计、经营管理和高级技术技能人才激励力度，将党组管理的领导人员纳入激励范围，充分发挥激励性年金的长期激励和约束功能。

（董岚峰）

【扎实推进用工分配制度改革】 围绕用工分配重点工作，召开油田、炼化、销售系统劳动薪酬管理专业片会，组织企业就劳动薪酬工作中存在的问题及进一步深化用工分配制度改革开展专题研讨交流，及时总结企业好的做法和成效。贯彻落实国务院国资委收入分配制度改革指导意见，成立工作组，研讨制定《关于进一步深化劳动用工和收入分配制度改革工作方案》，增强改革的系统性、整体性和协调性，明确改革工作重点及路径。

（董岚峰）

人才培养开发

【培训管理】 根据“十三五”人力资源发展规划，以提升综合素质和综合能力为重点，对重点人才培训进行整体设计。加强宏观指导，组织开发中基层管理人员通用能力培训大纲，修订印发班组长培训大纲，开展基本功训练工作调研，起草加强基本功训练工作的指导意见。坚持分级管理、分类培训，各单位结合实际，采取多种方式强化各类人员培训，全系统共组织脱产培训89.8万人次，开展基本功训练等岗位培训108.6万人次。

（邹　强）

【重点人才培训】 围绕企业发展战略和年度重点工作，总部培训重点人才5 222人次。着力思想政治素质和战略执行能力提升，开展领导人员“五大发展理念”“两学一做”网上专题班、创新发展专题研讨班，组织领导人员党校班、新任领导人员培训及分管领导业务培训。加大年轻干部培训，举办中青年干部综合能力提升班、“75后”年轻干部培训班，组织对2015年2期中青班学员进行跟踪评估。以解决科研和生产重点难题为主要目标，开展油气勘探、炼油新技术等专家研讨班和“以客户价值为导向”的营销能力研讨班，举办安全、物流、综合商务等领域高级专业人才培训班，及催化炼化装置专家、科研攻关关键人才等骨干人才培训班。以作用发挥、技能传承和提升为重点，开展首席技师培训班和油气集输、催化裂化等5个工种拔尖技能人才培训班。实施海外项目经理思想政治教育轮训，组织海外项目经理管理能力提升班、海外商务高级专业人才等海外项目骨干人才培训，举办国际化经营实务英语、国际化经营项目管理实务系列培训班，加大“一带一路”人才培训，开展俄罗斯语强化培训班。

（邹　强）

【培训基础建设】 在全系统征集基本功训练典型案例300个，征集企业党建、生产经营、企业管理案例325个。组织编制远程培训系统三期建设可研报告并通过评审，协调推进系统建设。推动培训信息和资源共享平台深化应用，实施培训项目主要环节在线管理。2016年远程培训系统总学习时长为1 852万小时，总登录达1 000万人次，课程学习次数、培训班举办期数、移动课程学习时长等均明显增加。

（邹　强）

【毕业生引进工作】 顺利完成2016年度毕业生引进工作，对2014—2015年推出的系列化创新优化政策实施效果进行总结。组织对2015年、2016年接收的“优才”进行跟踪调研，不断完善“优才”引进政策。编制2017年度毕业生引进计划，继续巩固业已形成的政策成果，继续严格执行比较成熟的招聘流程，指导各单位有序开展毕业生招聘工作。强化“一流企业选一流人才”的引才理念，组织10家科研设计单位走进清华大学、北京大学进行针对性宣讲，大力引进优秀人才。

（邹　强）

总部机关人事管理

【基本情况】 截至2016年底，集团公司与股份公司实行一体化管理、综合部门双跨管理，总部直接负责人事管理的25个机关部门内设处室209个；派出机构有4个审计分局、5个监察分局和南京项目管理中心，内设处室44个。总部机关部门处级及以下定员1 289人，其中处级领导职数460人、业务岗位829人。共有处级及以下人员1 029人，其中处级领导人员366人、其他处级人员52人、部门专家52人、业务人员559人；平均年龄42岁，35岁以下人员占22.06%，36—45岁人员占38.39%，46—55岁人员占37.12%，56岁以上人员占2.43%。从学历结构看，博士研究生占5.54%，硕士研究生占24.10%，大学占67.25%，大专及以下占4.10%；从职称结构看，教授级占8.36%，高级占59.38%，中级及以下占32.26%。总部机关派出机构定员404人，现有处级及以下人员277人，其中处级人员75人、部门专家9人、业务人员193人。

（钟文标）

【机构编制管理】 研究总部机关部门内设机构职能职责梳理方案，对总部机关编制定员进行优化调整。先后对办公厅、党群工作部、集团财务部、人事部、生产经营管理部及工程部内设机构及定员进行调整，明确了招标公司本部机构编制设置。

（钟文标）

【处级干部选聘管理】 编制总部机关处级干部选聘年度计划，提高干部选拔任用的前瞻性和针对性。树立正确用人导向，严格选人用人标准，抓好处级干部选聘工作，加大“70后”“80后”干部选用力度，发挥各年龄段、各层级干部的积极性。组织开展机关部门处级干部选拔工作15次，涉及11个部门的50多个处级领导岗位。做好处级干部个人事项报告填报审核、档案审核工作。汇总录入个人有关事项报告550余份，随机抽查、重点抽查136人。

（钟文标）

【完善人才成长通道建设】 制定印发《总部机关完善人才成长通道建设实施方案》《总部机关专家选聘管理办法》《总部机关专家考核评价实施办法》。进一步畅通总部机关人才成长通道，健全完善机关人才纵向晋升、横向流动机制。

（钟文标）

【人才培训开发】 加强机关企业人才交流，推动员工培训、实习、挂职、交流“四个常态化”。在开展总部机关职业发展调研基础上，制定印发《总部机关和企业人员双向交流挂职培养管理办法(暂行)》。办法实行后，共选派6名机关员工到企业实习挂职，企业选调46人到总部挂职培养。完善机关人才评价制度，推进职称评审改革工作。完善职称外语水平要求和参评论文要求，创新完善量化评审办法，推进职称评审信息化建设。2016年共178人报名参加职称评审，其中参评教授级58人、高级113人、中级7人，总量比2015年增加30%。继续开展总部机关全员培训工作。举办2期处级干部综合能力提升培训班、2期部门专家和业务岗位人员履职能力提升培训班，实现3年总部机关处级及以下员工基本轮训一遍的目标。

（钟文标）

【京外调干工作】 规范京外人才引进管理，改进京外调干工作。印发《集团公司从京外调配人员工作管理办法》《总部机关从京外调配人员工作管理办法》，实行三级审核制度和二次公示制度，严格人才引进与管理，广泛接收监督。2016年度办理京外调干人员40人，办理解决夫妻两地分居99人。制定印发《总部机关外地调京人员住宿相关待遇管理暂行办法》，缓解京外引进人才住房压力，体现企业对员工的关怀激励。

（钟文标）

【薪酬保险工作】 根据《总部机关激励性年金实施方案》，按照规定程序，组织总部机关2015年激励性年金推荐评选工作，25个部门共推荐275人。组织享受政府特贴人选推荐工作，总部机关评选推荐4人。认真做好总部机关员工工资、奖金等发放工作；积极做好保险及住房公积金缴纳和年金管理日常工作，切实保障员工利益。

（钟文标）

人力资源管理改革与提升

【规划和综合改革】 印发《中国石化“十三五”人力资源发展规划纲要》，推动板块和企业研究制定相应人力资源发展规划。撰写《关于深化人才发展体制机制改革的十项措施》，组织18家综合改革和27家专项改革意向单位开展措施研讨和试点对接，推动试点实施。在充分调研基础上，设计编制人力资源发展研究机构工作方案。制定《关于分离移交“四供一业”人员分流安置工作的意见》，审批企业“四供一业”分离移交方案，指导企业按照工作方案稳步推进移交工作。

（杨应忠）

【经验总结和推广】 组织指导福建联合石化公司、扬巴公司等12家合资公司和西北油田等26家所属企业做好人力资源管理经验总结，搭建交流平台，开展经验交流。邀请系统外先进企业参加，探讨人力资源管理新理念、新思路和有效措施，提炼总结形成可借鉴、可复制的经验，向全系统企业开展经验推广学习。

（米 方）

【课题研究】 现场调研形成新项目人力资源管理新模式建设思路，编制试点先行方案，统筹推动试点工作，草拟形成《中国石化新项目人力资源管理新模式指导意见》。完成《岗位管理调研情况及推进思路》并组织研讨，确定“三化”“四统一”“三提高”的岗位管理目标和管理模型，结合深化人才发展体制机制改革，推进岗位管理试点工作。加强前瞻性和基础性课题研究，推进“大数据在人力资源管理中的应用”和“员工绩效管理”2个课题研究取得阶段性成果。

（左 星）

【制度体系建设】 加强合资合作规范化、科学化管理，印发《中国石化境内合资公司人力资源管理指导意见》。研究编写《中国石化员工招聘管理办法》《中国石化人力资源规划编制办法》。完成《总部层面人力资源管理制度体系研究报告》，印发《中国石化人力资源管理制度汇编》《中国石化人力资源管理制度要点指南》，编制2016版《总部人力资源管理制度体系图》，开展2016年度制度体系滚动修订工作。

（周 颖）

综合与档案管理

【组织人事部门自身建设】 ①举办组织人事处长培训班，针对选人用人、干部监督管理、干部档案审核对系统内144名组织人事处长进行专业化业务辅导培训。②加强人事部内设处室机构建设，增设人力资源共享服务中心。调整后的人力资源共享服务中心作为人事部内设机构，基本解决人事干部忙于事务性、重复性工作的问题。③加强人事部内部队伍建设。组织实施人事部队伍建设方案，配强配齐一批中层领导人员，推进“挂职、交流、实习、培训”四个常态化。④加强人事部内部制度建设。制定实施《人事部处室绩效考核管理暂行办法》《人事部员工绩效考核管理暂行办法》《人事部催查督办管理暂行办法》进一步强化科学引导和激励约束机制，增强组织执行力和工作推动力。

（米 方）

【人事档案工作】 为贯彻落实全国干部人事档案专项审核工作会议和中央单位干部人事档案专项审核工作推进会要求，维护干部人事档案的真实性、严肃性，2016年，按照集团公司党组的部署要求和人事部工作安排，采取“以点带面、以上率下，分级负责、统筹推进”的方法，在全系统分级分层次开展干部人事档案专项审核工作，重点审核“三龄两历一身份”等内容。3月，首先组织开展对集团公司中层领导人员及各类专家的档案进行专项审核工作。6月底，按照中组部的进度要求完成中层及以上人员的专项审核工作。7月，在总结专项审核阶段性成果的基础上，对直属单位其他干部进行档案专项审核工作全面铺开，截至2016年底，全系统共131个单位、1 194人参与干部档案专项审核工作，对15.57万人的干部档案进行专项审核。逐步实现专项审核全覆盖、无盲区、常态化。

（栾志青）

信息共享服务中心工作

【共享服务建设工作】 ①积极做好试点上线准备工作。年初完成共享服务运营平台功能开发及测试，梳理形成9类、44项共享业务目录，明确首期试点的信息维护、员工关系和薪酬计发3类18项业务。员工自助系统完成“我的信息”“我的自助”“我的团队”3个模块试点功能开发。完成《业务共享工作手册》《知识库管理办法》《员工自助系统运行维护管理办法》等编写。②加强组织机构建设。4月8日，成立人力资源信息共享服务中心，9月，人员配置到位；10月10日，分别依托胜利油田分公司和南化公司成立东营分中心项目部和南京分中心项目部，批复同意依托企业推荐的分中心项目部负责人人选，为共享服务建设提供组织保障。③试点上线运行稳定。5月24日，在南化公司召开试点工作启动会，试点实施工作正式启动。6月，日常业务操作和职工薪酬、离退休人员企业补贴发放等业务单轨运行，提高工作效率 30% 以上。员工自助系统在南化公司科级及以上人员试点运行，实现中国石化员工自助服务“从无到有”的跨越。

（李堂亮）

【HR 系统深化应用】 ①按时完成报表统计和专项统计工作。完成人力资源统计年报调整及汇总分析，上报的人才资源统计报表连续得到国务院国资委通报表扬。根据统计年报指标及口径调整情况，完成管理图表、专项报表逻辑调整及发布应用。支持总部和事业部管理需要，调整人工成本计划和工资总额计划下达流程。②配合完成集团公司用工制度改革工作。顺利完成 11 万余劳务派遣工转为合同制员工在 HR 系统配置调整；配置集团公司统一岗位目录和岗位分类，实现对不同类岗位间调动的管控，进一步扩大 HR 系统集团管控业务范围。③加强信息维护及集成应用。结合集团公司中层干部档案审核需要，开发档案审核专用表单，支持档案信息与 HR 系统信息同步完善。修订 HR 系统应用考核指标，推动企业不断提升在线应用水平。配合 ERP 大集中建设完成 87 家企业与财务系统过账切换。优化与用户统一身份管理系统集成方式。

（李堂亮）

【大数据分析和信息化提升应用】 ①完成“十二五”期间集团公司薪酬情况综合分析。对各板块、各企业员工收入水平、企业间收入关系、干群分配关系等进行全面梳理和多维度分析，形成综合分析报告。②实现人力资源管理图表可视化。建立人力资源管理图表关键数据展示模型和数据对标体系，实现集团、股份、海外单位及直属单位人力资源关键数据和劳动效率重要指标分析展示。③实现集团公司总部职称评审信息化。确定职称评审系统建设方案并组织完成开发，实现申报资料上传、审核、论文分发、论文评阅、量化考核评分、组织评审会、投票、结果统计等线上管理，2016 年总部职称评审工作信息化得到与会专家一致认可。

（李堂亮）

离退休人员管理

【概述】 2016 年，离退休工作重点抓好贯彻落实中办发〔2016〕3 号文件（简称 3 号文件）、组织老员工开展为党的事业和企业发展增添正能量活动、加强离退休党建和思想政治工作、推进敬老文化和养老文化建设、做好关心下一代工作、强化部门自身建设等工作，为集团公司转方式调结构提质增效升级打造和谐稳定大后方。

截至 2016 年底，集团公司共有离退休人员 428 164人，其中离休干部 3 885 人，退休干部 138 372人，退休工人 285 907 人，另有内退人员 18 435万人。离退休人员和内退人员总计446 599 人。离退休人员党员 148 530 人（含内退人员党员 5 963 人），设有 79 个离退休人员党委、222 个党总支、3 459 个党支部。专职离退休工作人员 4 500 人，兼职工作人员 1 188 人。共有老年活动站（室）1 212 个，面积 84.6 万平方米。老年大学及分校 157 所，在校学员 5.4 万人。老年文体（队）协会 2 029 个，会员 18.9 万人。共有各级关工委组织 5 738 个，12.9 万名老员工参加关心下一代工作。

（崔文生）

【贯彻落实 3 号文件】 2016 年 1 月，中办、国办印发《关于进一步加强和改进离退休干部工作的意见》（中办发〔2016〕3 号）。集团公司印发《关于学习贯彻中央进一步加强和改进离退休干部工作有关精神的通知》，对全系统学习贯彻工作做出安排部署。举办直属单位离退休工作部门主要负责人培训班，学习 3 号文件精神。按照集团公司要求，深入 26 家企业进行专题调研，了解企业学习贯彻 3 号文件情况。围绕中办 3 号文件精神扎实开展宣传工作。

（崔文生）

【开展为党的事业和企业发展增添正能量活动】 坚持思想引领为先导，及时宣传启动正能量活动，在《石化老年》开辟专栏对各单位开展活动情况进行宣传。落实集团公司党组关于抓党建工作的要求，紧抓组织建设、教育管理、作用发挥，确保老员工在思想上行动上与党中央保持高度一致。采取文艺演出、征文、书法绘画比赛等方式，为老员工展示风采搭建平台，引导他们体验美好生活。组织开展“为党的事业和企业发展增添正能量”征文比赛。以践行中国石化离退休人员行为规范为载体，引导老员工展示阳光心态。

（崔文生）

【加强离退休党建和思想政治工作】 各级领导带头通报情况。集团公司党组领导看望老领导，传达中央精神，通报集团公司相关工作情况。组织开展离退休党员“两学一做”学习教育，引导广大离退休党员牢记党员身份，坚定理想信念，严守政治纪律和政治规矩。10月8日，总部机关召开离退休党员“两学一做”学习教育座谈会。优化和创新党组织设置，加强支部班子和活动阵地建设，强化党员教育管理，提升离退休党建工作水平。开展离退休系统“一先两优”评选，表彰147个先进党支部、294名优秀共产党员、194名优秀党务工作者，并择优向集团公司党组推荐10个党支部、7名党员、5名党务工作者，受到集团公司党组表彰。

（崔文生）

【推进敬老养老文化建设】 重阳节当天，董事长王玉普在《中国石化报》头版向离退休老员工发慰问信，向全系统老员工致以节日祝福。开展第2批“五好”老年活动中心和老年大学评比表彰，进一步促进老年学习活动阵地建设。利用纪念建党95周年、红军长征胜利80周年等节庆契机，采取多种形式，开展丰富多彩的老年文体活动。评选表彰176名集团公司“石化健康老人”，举办集团公司第3届离退休人员桥牌比赛。

（崔文生）

【认真做好关心下一代工作】 组织召开集团公司关工委会议，学习传达中国关工委相关会议精神，部署下一步工作。印发《集团公司关工委2016—2020年教育培训规划》，要求企业关工委执行。开展“爱学习、爱劳动、爱祖国”主题教育活动和党史国史教育。开展党史国史教育和普法教育专题调研，形成书面材料并报中国关工委。调整补充集团公司关工委片区成员单位，组织各关工委片区开展研讨交流。举办直属单位关工委常务副主任培训班，进一步提高关心下一代工作者的业务能力。

（崔文生）

【强化部门自身建设】 召开集团公司离退休宣传工作会议，总结工作，表彰先进，交流经验，并部署下一步工作。举办直属单位离退休工作骨干培训班，进一步提高离退休工作人员综合素质和业务能力。加强离退休片区研讨交流工作，调整片区成员单位组成，推广离退休工作的先进经验和研究成果。

（崔文生）

物资采购与管理

综　述

2016年，物资供应系统认真贯彻落实集团公司党组决策部署，不断强化物资管理，大力推进集中采购，坚持依法合规采购，创新电商平台建设，提升供应队伍的整体素质，全面保障生产建设物资供应，供应生态面貌焕然一新，采购管理显著提升，为集团公司保增长保效益做出积极贡献。

全力保障生产建设物资供应。紧紧围绕转方式调结构和提质增效升级，主动作为，靠前服务，科学制定物资采购策略，统筹安排好长周期重要设备、关键材料的采购工作，坚持早统筹、勤优化、细落实，密切衔接工程、设计、施工、采购等各个环节，加强进度跟踪，强化过程控制，高效保障物资供应，保证了生产“安稳长满优”运行。

进一步优化集团化采购。优化集团化采购实现形式，统一业务流程，充分发挥总部管理协调优势和企业人力资源优势，进一步激发企业做优集团化采购的积极性。调整集团化采购目录，更好地发挥集团化采购整合需求、统一对外的优势。强化市场分析、策略研究、招标方案编制和框架协议签订等职能，开展专家采购和行家招标，提高了资源获取能力、市场议价能力和风险防控能力。

持续推进招标采购。深入开展招投标法律法规和制度宣贯，依法合规坚持应招必招，创造条件推进能招尽招，大力推进招标标准化、规范化，加强评标专家库建设，招标采购规模、比例和质量进一步提升，形成总部和企业重视招标、积极招标、规范招标的良好局面。

全力打造易派客电商平台。应用互联网、大数据、云计算等现代信息技术，持续开发优化易派客平台功能，加强与ERP等内部系统集成，平台功能流程不断完善。开通在线支付，发展供应链金融，积极推进跨境电商，推动易派客全商品上线，全系统推广，物资采购更加快捷高效。

持续强化物资管理。按照国务院国资委部署，扎实开展采购管理专项提升对标，中国石化物资供应工作整体水平进一步提高。坚持物资供应管理“七统一”不动摇，推进物资供应管理体制建设，规范境外物资采购管理，加强制度体系建设，优化完善业务运行机制，持续推进供应资源管理、质量管理、信息化建设、储备管理，强化采购权力监督制约，不断加强物资供应队伍建设，进一步提升了物资供应管理水平。

（戴光辉）

保供降本

【概述】 2016年，物资供应系统广大干部职工以提质增效和保供降本为主线，千方百计抓资源、降成本、控风险，全年采购化工原辅料、煤炭、设备、材料等物资1 520亿元，节约采购资金77亿元，采购资金节约率5.1%，出色地保障了集团公司生产建设物资安全、及时和经济供应。

（戴光辉）

【加强生产建设物资供应保障】 围绕生产建设需要，加强采购统筹和过程控制，建立快捷高效保供机制，出色保障了集团公司生产经营和工程建设物资供应。完成32项重点工程和15家企业342套装置大修改造的物资供应工作，保证了普光隐患治理、元坝二期、中天合创、汽柴油质量升级、广西LNG、绍杭成品油管道等重点工程的顺利建成投产。进一步提升应急物资保障能力，在仪长原油管道、川气东送管道抢险中，管道储运公司、天然气分公司等企业供应部门快速反应，第一时间组织资源，安庆石化等企业大力支持，全力保障抢险工作顺利进行。

（戴光辉）

【降低物资采购成本】 聚焦价值采购，着力优化采购方式，积极创新招标模式，大力推进公开招标，全力开展专家采购，提高采购决策科学性，实现采购性价比最优，全面落实全员成本目标管理要求，深挖采购降本潜力。继续推进标准化采购，全年编制、修订采购技术标准83项，累计实施标准化采购63亿元，采购资金大幅节约。大力推进重大装备国产化，依托重点工程项目，大力开展页岩气开发和LNG项目等重大工程装备的国产化攻关，打破国外厂商垄断，采购成本大幅降低，其中仅LNG接收站11台气化器国产化采购就节约采购资金1.1亿元。

（戴光辉）

集团化采购

【概述】 2016年，集团化采购1 296亿元，集团化采购率85.2%，同比提高2.7个百分点。集团化采购质量大幅提升，框架协议采购比例进一步提高，为集团公司生产建设保供降本提供了有力支撑。

（戴光辉）

【扩大集团化采购范围】 优化集团化采购物资目录，将标准统一、需求相对集中的 141 个企业集中采购品种，调整为集团化采购。结合科研板块特点，单列直属科研院所集团化采购物资目录，提升了科研物资集团化采购的专业性和运行效率。

（戴光辉）

【优化集团化采购实现形式】 将原总部授权的集中采购和区域协同采购，调整为总部组织集中采购，委托 36 家牵头企业协助总部开展专家采购，进一步激发企业做优集团化采购的积极性，集团化采购统一对外、集中决策、上下协同、分层操作的运行机制更加优化。胜利油田、上海石化、安庆石化等企业，充分发挥人力、技术优势，积极主动做好组采品种框架协议采购的牵头组织，提高了集团化采购效果。

（戴光辉）

【提高集团化采购质量】 依据全年工程项目建设、生产经营计划安排，编制完成各专业年度集团化采购策略，指导全年集团化采购工作。强化市场分析和研究，根据大宗物资市场行情的变化，按月发布化工、材料、煤炭等物资的执行(参考)价格，每季度向总部有关部门和企业通报重要物资的市场情况。对特别大宗、特别重要的战略物资，通过招标选择有实力的供应商，总部直接实施战略采购。抓住节能减排、油品质量升级等对化工“三剂”产品需求量大幅增长的趋势，努力消除“三剂”产品的技术壁垒和试用壁垒，推进框架协议公开招标，全面降低采购成本。坚持煤炭矿方直供，发挥煤炭物流基地调峰补缺的作用，加大基地配煤力度，挖掘降本创效空间。在总部组织的集中采购中，全面推进框架协议采购，2016 年框架协议采购比例达 81.5%，进一步提高集团化采购效能。

（戴光辉）

供应资源管理

【概述】 2016 年，物资供应系统构建供应资源资格审查标准体系，优化动态量化考评体系，推进市场诚信体系建设，启动新一轮战略合作，提升了供应资源保障能力，从源头控制了供应风险。

（戴光辉）

【构建供应资源资格审查标准体系】 制定发布 219 项主要物资品种的供应商资格审查标准，规范各物资品种供应商资质审核、现场审查内容和条件，为按照统一标准公开公平招标奠定基础。修订发布集团化采购物资供应商现场审查标准，突出生产检验能力、技术规范、质量保证体系、售后服务体系、HSE 管理体系、履行社会责任等方面要求，现场审查结果更加客观、公正。优化资格审查专家队伍，将有工作经验、专业技术背景、技术职称的技术、生产、机动、设计、供应等部门专家补充进资格审查团队，构建了近 1 800 人的资格审查专家队伍。

（戴光辉）

【优化动态量化考评体系】 完善物资供应商、物流商、监造商的动态量化考评指标，在原资质评价、履约评价基础上，增加综合评价内容，将更多的“评价权”授予用户。细化供应商违约处理种类和标准，加大违约处理力度，为惩治不守约、不诚信供应商提供依据。根据用户对供应商动态量化考评结果，按照物资类别或品种，实施供应商升降星级管理，并向社会公布星级调整结果，促进供应商不断提高供应服务水平。完善信息系统功能，实现信息系统在线完成物流商、监造商的注册、资格审查、动态考核等工作。提升动态量化考评数据的集成、统计等功能，将供应商星级管理结果推送到 EC5.0 系统、易派客电商平台，为各级采购人员采购决策提供支撑。

（戴光辉）

【推进市场诚信体系建设】 发布致供应商的公开信和公开声明，清晰阐明中国石化物资采购理念。建立供应风险提示制度，按照重惩前、重公开的原则，发布供应商物资供应风险提示简报，增强使用单位风险防控意识，同时督促供应商进行整改。加大违约供应商处罚力度，每月收集质量缺陷、进度延迟、服务差等供应商违约行为，核实后给予通报降级、暂停交易资格等处罚，面向社会公开通报，净化商业交易环境。2016 年，对 1 394 家供应商有关物资目录实施升降星级管理，取消供应商交易资格 16 家、暂停交易资格 8 家、通报降级 70 家。

（戴光辉）

【启动新一轮战略合作】 以公开遴选方式，优选 39 家综合实力强、技术领先、业绩良好、履行社会责任好的供应商，签署第 4 轮为期 5 年的战略合作协议，从保供服务、技术、信息、储备、信息化、供应链金融、国际市场开拓等多方面深度合作，努力打造升级版战略合作模式。与中国一重、中国二重、中国钢研院对接，落实技术合作、易派客平台运营等方面工作内容，打通战略供应商在易派客平台采购、下订单等业务流程，与中国钢研院开通钢材材质搜索、匹配等服务功能，战略合作进一步深入推进。

（戴光辉）

招标采购

【概述】 2016年，加强招标宣贯培训，全面依法推进招标采购工作，加大招标力度，累计完成招标规模878.2亿元，其中公开招标765亿元。持续提高招标标准化水平，加强招标管理监督，建立公开公平竞争的采购环境。

（戴光辉）

【加强招标制度宣贯】 通过专题培训班、现场调研辅导、公开招标论坛、建立微信群等多种方式，多层次广泛开展招标管理制度宣贯，举办1期招标流程与操作知识培训班，3期企业招标人员业务能力提升与研讨班，累计培训85家单位的507人次。在监察局、审计局、工程部、人事部等机关部门，以及相关企业组织的23期培训班上，宣贯招标管理制度和要求，进一步提升各单位依法合规采购意识。招标采购得到集团公司各单位的广泛认同，成为企业首选的采购方式。

（戴光辉）

【进一步提升招标比例】 梳理招标物资品种范围，不断扩大招标采购品种，推进提升招标规模。以煤炭、化工专业为突破口，稳健推进煤炭专业及部分大宗化工原料的招标采购，取得良好效果。2016年，集团公司招标采购率达73.8%，同比提高7.6个百分点，其中公开招标率87.1%；依法公开招标率、异议投诉胜诉率100%，招标采购资金节约率8.7%，成效显著。

（戴光辉）

【持续提高招标标准化水平】 完善招标文件，全面修订评标办法，固化6套招标文件模板、326项评标办法模板和843个通用评标办法，招标过程更加规范。组织各单位全面清理评标专家库，取消企业评标专家库，统一集团公司评标专家库，对评标专家库成员进行淘汰、增补和优化，评标专家库进一步完善。

（戴光辉）

【加强招标管理监督】 优化招标流程，完善招标全流程在线查询功能，提高招标采购效率。强化招标异常管理，提高招标异常应对能力。开展物资采购招标审计和物资供应专项检查，全面检查评估集团公司招标管理制度执行和招标管理体系运行情况，督促企业落实招标管理制度，规范招标采购行为，进一步提升招标工作水平。

（戴光辉）

物资管理

【概述】 2016年，物资供应系统坚持强化物资供应管理，全面开展物资采购管理专项提升对标活动，巩固物资供应管理体制，完善管理制度体系，优化采购策略编制，不断强化质量管理、储备管理，快速推进电商平台建设，从严加强物资采购监管，积极开展队伍培训和"走出去"学习，显著提升了物资供应管理水平。

（戴光辉）

【全面开展物资采购管理专项提升对标活动】 成立集团公司供应链管理委员会，加强物资采购统一管理。坚决贯彻中央巡视整改要求，持续推进物资供应管理体系优化，在集团层面建立物资采购管理、决策、招标、执行相互分离的运行机制，全面强化集团化采购决策、执行、监督职能，进一步打牢管理基础、提高采购效能、防控业务风险。按照国务院国资委和集团公司采购管理提升对标工作要求，认真开展年度采购管理提升对标，物资供应工作整体水平进一步提高。在国务院国资委2016年中央企业采购管理对标评估中，中国石化在生产运营组评分排名第一，继续位于中央企业前列。

（戴光辉）

【巩固完善物资供应管理体制】 按照集团公司党组要求，各板块企业进一步加大集中统一的体制建设力度。河南油田取消各二级单位的零星自购权，实现全面集中采购。中原石油工程公司、石油机械公司等石油工程企业，立足现有机构调整职责，明确物资供应管理部门，推进物资供应归口管理、集中采购。新星公司克服下属公司地域分散、采购力量薄弱等困难，基本构建归口管理、集中采购的物资供应管理体制。石油物探技术研究院调整机构和人员，实现采购业务集中至1个部门，由1位领导分管。江西石油分公司探索"中央厨房式"集中采购模式，采购效率和效果明显提升。中韩石化主动纳入集团公司物资供应管理体系，在合资企业中后来居上，建立起符合“七统一”要求的物资供应管理体制。

发布中国石化境外物资采购管理办法，试点建立境外“一点一办”采购服务保障机制，境外采购管理取得突破。各“走出去”企业不断增强规范管理意识，与总部共同研究境外采购管理思路和办法，努力推进境外采购规范可控。

（戴光辉）

【持续完善管理制度体系】 全面贯彻依法治国、依法治企要求，从严加强物资供应管理，2016 年修订 10 项、新增 1 项、合并废止 9 项集团公司物资供应管理制度，进一步扎紧制度笼子。各企业认真贯彻执行集团公司管理制度要求，细化制定企业物资供应管理实施细则，强化宣贯执行，确保物资采购依法合规。武汉石化建立完善物资供应管理制度，印发业务职责汇编，清晰界定各部门工作职责，做到各项工作有章可循。北海炼化制定供应资源管理、框架协议采购等 44 项业务流程、22 份岗位说明书和 78 种工作表单，规范物资采购业务操作。遵守制度规定，不越制度红线，已在各企业深入人心。

（戴光辉）

【进一步加强采购策略管理】 加强企业年度采购策略管理，进一步提高企业采购策略编制和应用水平。油田板块、炼化板块、工程公司和专业公司共 55 家企业完成年度采购策略的编制。经集中评审，评选出优秀企业 23 家、占 42%，良好企业 15 家、占 27%，合格企业 12 家、占 22%，基本合格企业 5 家、占 9%，良好及以上企业数量同比提高 9 个百分点。

（戴光辉）

【持续加强质量管理】 加强物资供应全过程质量风险防控，为集团公司的生产建设提供可靠的物资质量保证。建立重大物资质量问题台账，通报 13 项重大质量问题，加强物资质量管理工作。向所有供应商发出《关于高度重视供应产品质量的通知》，要求供应商高度重视产品质量，进一步强化质量保证体系、售后服务体系建设，持续提升供应产品质量和服务质量。全面加强重要设备材料监造管理，将强制监造物资品种由 67 项增加为 90 项，强化重要阀门、特殊材料的监造。建立对制造厂和监造商的监督检查机制，每季度开展重要物资监造工作的监督检查，其中 A 类物资监造率 100%。严格重要物资出厂验收和入库检验，物资入库验收合格率 99.98%。

（戴光辉）

【不断加强储备管理】 落实库存资金占用责任，强化考核监管，防控新增积压，清理工程余料，优化调度调剂流程，库存规模得到有效控制，库存积压持续降低。截至 2016 年底，集团公司物资总库存 79.9 亿元，同比减少 4.3%；积压物资 7.4 亿元，减少 23.9%。由于投资压缩，物资消耗减少，集团公司平均库存周转 9.01 次，降低 0.19 次。已中交工程项目的工程余料占采购额的比例为 0.36%，下降 0.2 个百分点。

大力推进储物于商。组织企业制定储物于商年度工作计划，按季度开展通报，至 2016 年底，共 46 家企业已实施储物于商物资品种 6 232 个，完成年度计划的 142.8%，累计使用储物于商库存 212.9 亿元，企业自有库存资金占用大幅减少。

积极开拓物资储备第三方增值服务。与神华宁煤达成共享中国石化物资库存资源合作意向，根据用户需求，组织供应商提出备件备库清单，协调完成武汉分公司和武汉乙烯锅炉管、荆门石化 P11 管向神华宁煤的紧急供应，成功开拓储备第三方增值服务。

（戴光辉）

【快速推进电商平台建设】 持续开发优化易派客平台功能，加强与 ERP 等内部系统集成，不断完善平台功能流程。完成 B2B 网上支付系统一期开发测试上线运行，成为中国工业品电商首个在线支付系统。在总部和企业的共同推动下，易派客平台的交易品种、交易规模、用户数量等快速增长，市场影响力越来越大。截至 2016 年底，平台累计注册供应商企业 3.2 万家，上线商品总数 72.6 万种，累计交易金额 499.6 亿元。成功举办“4·18”易派客商业运营新闻媒体发布会，应邀在国务院国资委中央企业电子化采购讲习班上交流易派客电商平台建设经验，引起媒体强烈反响，受到社会各方关注和期待。

全系统推广易派客采购。办公厅、集团财务部、股份财务部、法律部高度支持电商发展，分别单独下发或会同物资装备部联合下发通知，大力推进易派客平台采购。各企业充分体现大局意识、创新意识，相继打通易派客采购流程，认真执行易派客平台框架协议，推进企业集中采购物资上平台，易派客全商品上线，全系统推广全面展开。

进一步深化信息化应用。网上采购管理持续加强，石油工程、科研院所、合资企业及部分油品销售企业，不断提高网上采购水平，集团公司整体网上采购率达96.9%。各企业积极开发物资供应管理辅助系统，燕山石化智能供应链系统实现库存实时盘点和智能配送，齐鲁石化过程控制管理平台、框架协议采购、独家治理等多套系统加强了采购业务管控，仪征化纤废旧物资处置系统规范了废旧物资处置程序，西南油气田物资供应管理智能化信息平台实现与供应商生产系统互联互通，信息化助力物资供应管理提升取得明显成效。

（戴光辉）

【加强采购权力制约监督】 坚持敞开大门、放开平台、公开规则，主动接受各方监督，建立健康良好的供应生态，总部收到的招标异议投诉同比降低55%，关于干部问题线索的举报信件减少13.9%。加强内部监督，开展物资供应管理专项检查，促进规范采购。加强审计监督，开展物资采购招标专项审计，全面推进依法合规招标。加强重点监督，严格执行治理指定采购和独家采购监督规定，按要求对独家采购进行公示和专家评审。坚持开门采购，相关部门单位参与采购关键环节，在采购过程中实施直接监督。国务院国资委监事会开展巡视检查，集团公司监察局加强网上巡视，进行全方位立体监督，对采购权力的制约监督全面加强，中国石化公开透明、阳光规范的采购运行机制逐步形成。

（戴光辉）

【物资供应队伍建设】 进一步加强物资供应管理培训与交流，组织物资供应管理科长培训班，114家单位共125人参加培训，丰富了理论实践知识。开展质量监造管理、招标采购、易派客采购等多轮次专业培训，深入江汉油田、西南油气田、石油机械公司等企业开展现场培训，宣贯集团公司物资供应管理要求。设立物资供应经验交流专栏，分专业分板块开展集团化采购、招标采购、电子化采购、油品销售企业集中采购等现场经验交流，共享物资供应最佳实践，物资供应队伍素质不断提升。广泛开展对外交流，中国石油、中国大唐、国家电网、中国能建、陕西延长石油等多家单位到访，学习中国石化物资供应管理先进经验；同时，主动走出去赴铁路总公司、中国海油、江苏国信等国内行业领先企业，以及Addax石油公司等国际先进石油化工公司交流，学习借鉴供应链管理的先进理论和最佳实践，进一步提高物资供应管理水平。

（戴光辉）

“两化”融合

- ◇ 综述
- ◇ 四大平台建设
- ◇ 推进智能制造
- ◇ 打造“互联网+”新业态
- ◇ 强化“两化”融合管理

综　　述

2016年，中国石化紧紧抓住新一轮科技革命和产业变革的历史性机遇，积极落实国家信息化战略要求，以"智能制造"和"互联网+"为主线，聚焦供给侧结构性改革、提质增效升级等中心任务，发力"两化"融合，全面推进信息化"421工程"建设，大力推动信息系统深化应用。年内，集团公司信息化各项工作取得新进展，推进"两化"融合取得了新成效，股份公司ERP大集中完成推广，4家企业智能工厂试点成功，智能化管线管理系统全面推广，统一电商平台在化工销售公司、润滑油公司等推广上线，自主研发的移动应用平台在百家企业推广应用，进一步提升企业生产经营管理数字化水平，促进了改革发展、管理创新，为降成本、控风险、抓优化、拓市场等各项工作提供有力支撑。中国石化"两化"融合工作成效得到国家部委的充分肯定，被评为2016年度"两化"融合突出贡献单位，获中国能源企业信息化卓越成就奖，推进"两化"融合、打造新型能力的典型做法获第23届全国企业管理现代化创新成果一等奖。

（姚　剑）

四大平台建设

【经营管理平台】　强化经营管理平台集中集成，全面完成股份公司ERP大集中推广工作，为加快构建集约化、一体化经营管控新模式奠定基础。①历时3年，完成ERP大集中系统在股份公司和资产公司共计122家企业的推广实施，实现股份公司ERP大集中、全覆盖。梳理优化业务流程995个，通过变"标杆"为"标准"，系统流程标准化率达92%。规范会计核算、资金预算等标准，提高了系统集成和数据共享程度，增强了集团管控能力。按照内控要求，配套制定完整的权限管理规范，在ERP系统中共嵌入内控控制点597个，实现用户权限统一管理、业务风险在线管控。ERP大集中系统与资金集中、人力资源、合同管理、物流管理、IC卡等30余套系统紧密集成，打通了自产原油—炼油厂、炼化企业—销售企业之间的业务链条，实现上中下游业务的信息集成、数据共享、产销联动，提升了集团资源统一配置能力和市场响应能力。②总结提炼10年来的ERP应用成果，优化设计262个业务提升专题解决方案。在油田企业，实现采油管理区、开发单元、单井等多层级的成本费用统计分析和单井边际效益分析、区块投入产出分析；在炼化企业，统一规范原油采购价格明细及途耗、储耗核算业务流程，实现事前计划、事中监控和事后分析；在油品销售企业，通过细分客户类型、规范客户信息并进行流程优化，提高业务处理效率、降低经营风险。③集团直属单位ERP建设取得突破，炼化工程公司ERP试点成功上线，石油工程公司ERP试点工作全面启动。④推动资金集中、电子招投标、费用报销等系统建设和推广应用，提高了管理效率，促进了降本减费。完善资金集中管理系统的统一资金管控和内部融资管理功能，建立集团"票据池"，实现集团内票据"现金化"流通；完成电子招投标系统推广，实现工程招标采购业务"策划管理、交易监控、结果跟踪"等全过程信息化管理；完成合同管理系统功能提升和在境外2家企业的推广实施。优化提升共享服务技术平台，全面推广费用报销系统，支撑财务共享服务推广和人力资源、IT共享服务试点运行。中国石化IT共享服务业务在金陵石化上线试运行，可提供重要系统应用监控、信息安全等共享服务。

（姚　剑）

【生产营运平台】　安全管理系统持续深化应用。完成106家企业2015年安全检查、隐患治理、风险控制等200万项业务数据入库和油气井、生产装置、罐区、加油站等20余万项基础信息核准。5月12日，移动安全诊断APP正式上线，实现用户发现身边不安全问题的"随手拍、随时报、随时查"。截至2016年底，安全管理系统覆盖110家企业、5万余个基层单位，总部和企业可随时了解安全隐患和治理完成情况，促进了安全管理水平提升。

环境保护信息系统功能完善及推广应用。完成总部和4家炼化企业全功能试点建设，完成建设项目环保、环保统计及在线监测模块全集团覆盖应用，完成泄漏检测与修复（LDAR）模块炼化板块上线试运行。

碳资产管理信息系统试点建设。完成系统在总部部门的推广应用，实现96家企业2016年线上碳盘查。系统支持国际ISO 14064标准体系及国家温室气体盘查标准，覆盖碳盘查、碳交易、碳足迹等八大业务类型，完成中国石化碳排放字典信息、热值燃料信息、排放源信息、量化方法等数据的梳理和标准化。完成茂名石化、扬子石化、九江石化3家企业试点建设，支持企业进行碳排放计划、碳排放监测、碳盘查等业务。

油气生产信息化建设。在123个管理区有序推进油气生产信息化建设，通过部署局、厂、管理区三级生产指挥系统（PCS），实现指标波动逐级追踪、关键设施精准定位、影响范围快速评估，降低了劳动强度，提高了生产效率；勘探开发一体化协同平台（EPBP）在西南油气田试点建设取得成功，建成 11 个子系统 1 450 个业务模块，能够支撑物探、钻井、测井、录井、采油气、生产管理等岗位业务协同应用。

炼化企业能源管理信息系统建设与推广应用。按照“整体规划，分步实施”的策略，炼化企业能源管理信息系统在 7 家企业完成建设和推广应用，提升了能源精细化管理水平。先进过程控制（APC）在 23 套生产装置上线投用，全年创效 4 000 余万元。

科研、工程单位信息化建设与应用。开展科研单位实验室管理系统推广升级、电子实验记录系统试点等工作。完成工程建设项目管理信息系统在镇海炼化的试点，实现对 185 个项目的线上管理。石油工程公司完善提升石油工程远程作业支持系统，提高了现场技术支持水平；石油工程技术研究院自主研发的钻井工程软件，在西北石油局、华北石油局等单位进行应用。炼化工程公司建设了集工艺、工程、三维工厂为一体的集成化设计平台，在元坝净化厂、天津乙烯等大型工程项目中实现数字化工厂设计，进一步提升了设计效率和水平。知识管理系统在 4 个试点单位的 30 个科研院所推广应用，提供“人找知识”“知识找人”“交流贡献”三大应用模式，实现研究过程知识获取、科研项目协同、项目成果和专家经验的积累沉淀，提高了企业知识共享与传承。

矿区（社区）信息化建设。分阶段完成物业管理、收费管理等 10 个系统在 6 家单位的试点实施，其中物业管理采用总部贯标模式，推广实施企业标准 32 条，覆盖胜利油田、中原油田等单位的 38 家物业公司共 65 个小区，初步实现标准统一化、过程规范化、结果可视化；收费管理以中原油田为试点，累计收费 70 万笔合计 1.05 亿元，收费率由 83% 提升至 95%，移动缴费等非现金交易占 49.6%，方便了居民，保证了效益；业务统计报表、文明小区创建、公有房租赁管理等系统的实施，为集团一体化管控和居民服务提供了信息化支撑。

（姚　剑）

【客户服务平台】 构建互联网营销网络，不断发掘新的效益增长点。油品销售企业整合加油卡、非油品管理等系统，以网上营业厅、手机 APP 和微信为入口，为客户提供加油卡充值、积分兑换等互联网服务，实现油非互动、油非互促；加大微信平台推广应用，粉丝数量达 3 487 万名，会员数达 1 756 万名，带动非油品营业额 59 亿元。

推进专业化一体化客服体系。开通 95388 服务热线，建成中国石化统一呼叫中心系统和短信服务平台，对油品销售、化工销售和润滑油等业务支持月呼入量近 5 万次，为客户发送短信 30 万条。通过统一客服进行中国石化客户识别，收集客户意见，分发和反馈客户服务工单，利用客户服务渠道信息，结合 CRM 客户属性和分类，对客户进行深入分析挖掘，改善各渠道用户体验，提升运营效率和中国石化品牌形象。

网上博物馆建成投用。2016 年 11 月 9 日，中国石化网上博物馆正式上线，对社会开放。该博物馆运用虚拟现实、展馆仿真、数字多媒体等计算机技术，融科普性、互动性和博览性于一体，是石化博物馆系统的创新，也是企业网上博物馆的一种全新尝试。博物馆分为 8 个部分、6 个展厅、3 个区块清晰展现中国石化发展历史、现状、未来。

（姚　剑）

【技术支撑平台】 云平台建设。基于互联网云技术和通用技术的中国石化私有云初具规模，拥有总部服务器 1 366 台、存储容量 4.9 PB，为统一电商与客户关系管理、智能化管线管理等 112 个应用系统提供云资源服务。云平台管控功能逐步增强，资源优化工作稳步推进，初步形成从总部、区域中心到企业的一体化私有云。

互联网统一出口建设。完成南京、东营、武汉、广州 4 个区域中心及合肥、长沙、杭州、南宁 4 个子节点互联网统一出口基础设施建设，统一管理互联网访问用户 1.3 万余人，迁移对外发布应用 72 个，累计关闭企业互联网出口 122 个，有效降低互联网出口信息安全风险。

网络系统建设。建立朝阳门、小营主干网双核心；实现国内全部 11 个区域中心虚拟网上线；广域网流量优化系统在润滑油公司试点成功；统一无线网络管理系统上线，实现企业间无线漫游和统一认证等；通过光纤环网将北京 4 个数据中心进行逻辑整合，提高数据连接的可靠性；积极推进沙河数据中心、南京灾备机房二期建设。

IT 基础设施运维。完善 IT 运维平台功能，对总部统建的 86 套应用系统和 7 000 余台 IT 设备实现集中监控；全面完成北京和香港两地邮件系统建设，顺利完成 29 万用户 110 T 邮箱数据的平滑迁移。建成信息安全管控平台（SMCC），建立动态风险管控、多层防护监视、深度系统检测的分析和处置平台，实现安全风险的集中监控、安全事件的集中处置、安全策略的合规检查、安全态势的统一展示；在84家企业部署国产化桌面安全管理系统，注册率达90%，网络准入控制系统上线率超过90%。组建内部攻防专家团队，打造具备应急响应与防护、渗透测试与技术研究等技术能力的信息安全防护队伍，提升企业信息安全态势感知能力，做到“早感知、早发现、早防范”，持续提升信息安全动态主动防御水平。

移动应用平台建设。自主研发的集团一体化移动应用平台在总部和104家企业推广，用户数达27万个，上线APP应用近700个，日均访问量超过3万次，为内部员工和外部客户提供随时随地随身、便捷高效的移动服务，持续推进办公模式、经营管理模式和客户服务模式创新。平台具有的模板化配置开发模式、多团队并行开发支持、全方位安全防护等特点得到其他社会企业的充分认可，已在集团公司以外的8家企业推广应用。

信息安全管理体系建设。组织召开2期信息安全专题会，总结近2年信息安全工作所取得的成果，分析当前信息安全工作面临的形势和挑战，解读“十三五”信息化发展规划和信息安全专项规划，部署2016年信息安全重点工作。对116家企业进行信息安全年度检查评级，共评出A级7家、B级46家、C级56家、D级7家。编制下发13期信息安全月度通报，170份信息安全整改通知书和3份紧急通报。加强用户账号管理，将统一身份管理系统与人力资源管理(SAP－HR)系统紧密集成，实时同步人员信息，建立人员岗位变动与信息系统用户账户状态的协同联动机制，组织完成50余万用户账号梳理工作。统一开展用户实名制和弱密码专项治理，实名制完成率100%，弱密码整改完成率92%。

平台云建设。搭建起平台云服务门户，形成统一的云服务目录，为各业务应用提供身份认证、地理信息、工作流、搜索等共享服务，促进服务复用与数据共享。

（姚　剑）

推进智能制造

【智能油气田建设】 完成智能油气田试点建设可研方案编制，围绕“一个平台、两大支撑体系、四项核心能力、六大业务领域”开展总体方案设计等工作。智能油气田构建以大数据、物联网等技术为支撑的智能油气田云平台，建设智能油气田信息标准化体系和技术支持体系，围绕核心资产全生命周期管理，实现油气藏的动态管理与优化，油气田单井、管网、设备的智能诊断与优化，打造油田企业全面感知、集成协同、预警预测及分析优化4项能力。

（姚　剑）

【智能工厂建设】 2016年12月7日，中国石化智能工厂试点建设项目通过验收。经过5年努力，完成燕山石化、茂名石化、镇海炼化、九江石化4家智能工厂试点工作，成功打造中国石化智能工厂1.0版。集团公司作为牵头单位组织了国家“石化行业智能工厂标准”的研究与制定工作，启动智能工厂(2.0)设计研发。中国石化智能工厂建设整体处于国际领先水平，试点成效得到国家工信部、国务院国资委等部委及同行业专家的充分肯定。镇海炼化智能工厂试点获评2016年度国家智能制造试点示范项目，建设成果亮相上海国际工业博览会。金陵石化信息化成果在12月6—8日于南京召开的“世界智能制造大会”上做专题展览。

（姚　剑）

【智能化管线管理系统建设与深化应用】 该系统于2014年8月启动建设，经过试点建设和推广应用，构建了6个功能、23个模块，研发了1套具有中国石化自主知识产权的智能化管线管理系统，实现管线基础资料数字化、可视化，在生产运行监控、风险隐患监管、快速应急响应等方面发挥日益重要作用，已逐步成为油气管线日常管理的有力抓手。

（姚　剑）

打造“互联网＋”新业态

【易派客】 易派客(工业品采购电商)是集成以中国石化为核心企业的供应链巨量需求打造的SC2B(供应链对企业)电商平台。在保障中国石化物资供应的同时，利用中国石化在技术、渠道、质控、服务等方面的专业化采购优势，引入互联网元素，充分集聚放大内外部资源优势，对内服务生产建设物资需求，对外实现增值创效，与全社会共享供应链资源及采购优势，提供采购服务、销售服务、金融服务、综合服务4项核心业务，以“互联网＋供应链”的创新模式推动中国石化物资供应体系的转型发展、提质增效。2016年4月18日，易派客投入商业运营并向社会开放。截至年底，累计注册供应商3.2万家，上线商品达 70 余万种，累计成交金额 499.6 亿元，其中 2016 年成交金额突破 400 亿元，增长态势良好。

（姚 剑）

【石化 e 贸】 2016 年 6 月，“石化 e 贸”（化工产品销售电商）全面上线并在化工销售公司推广应用，为石化产品客户提供一站式的产品采购服务，包括产品供应、交易订单、信息咨询、资金动态、市场信息、物流服务，成为和谐诚信、服务优质、运行高效、技术领先的石化产品电商平台。

（姚 剑）

【客户关系管理系统建设】 基于统一电子商务及客户关系管理平台推广建设各板块、各业务条线客户关系管理（CRM）系统建设。完成润滑油公司 CRM 系统向统一电子商务及客户关系管理平台迁移，实现营销活动标准化管理，截至 2016 年底累计管理营销活动 8 000 多个，管理规模客户 6 000 家。油品销售公司启动 CRM 系统应用建设，包括客户管理、会员管理、销售管理、营销管理、服务管理五大功能模块，涵盖零售、非油、直分销线条各业务环节。炼油销售公司统一 CRM，实现客户销售业务的全流程管理，包括需求计划管理、销售计划管理、日计划管理、销售订单管理，基本覆盖销售业务全流程，为业务运行提供高效、便捷的系统支持。化工销售公司 CRM 系统实现与 ERP 系统紧密集成，形成企业从销售前端到供应后端的协同合作，支撑企业实现利益最大化。2016 年 12 月 26 日，中国石化电商统一支付平台完成首笔在线支付业务，成功上线试运行，能够满足易派客电商 B2B 在线支付需求。

（姚 剑）

强化“两化”融合管理

【加强组织领导】 定期召开信息化领导小组会议，审议“十三五”信息化规划纲要，研究推进“互联网 +”新业态、ERP 大集中、信息安全等重大信息化事项；党组领导牵头推动集团公司 ERP 实施、智能工厂建设、共享服务等重点项目建设。

（姚 剑）

【加强顶层设计】 成功召开集团公司信息化大会，进一步明确信息化统筹管理、推进“两化”深度融合的工作思路和目标任务，发布集团公司“十三五”信息化发展规划。修订信息化项目计划与立项、信息安全等管理制度。

（姚 剑）

【持续推进信息化深化应用】 发布“深化应用创新创效”行动计划，从经营管理、生产营运、客户服务 3 个方面提出应用目标、工作内容及进度安排等；细化分解和落实行动计划任务，将 31 项工作任务细化分解为 150 项具体工作，形成任务分解表。加强重点信息系统应用监控，全面提升系统规范应用水平。加强应急管理，2016 年 12 月 23 日，在广东石油分公司举办 2016 年 ERP 大集中应急演练，提升业务连续性保障能力。开展多层次的应用帮促，解决 257 个应用问题，提升企业综合应用能力。

（姚 剑）

【加强队伍建设】 加大信息化培训与交流，加强对企业领导人员、专业处长、技术骨干的培训，全年统一组织培训近 5 000 人次。组织 ERP 财务模块教材编写，完成总账、成本、资金 3 个分册的教材正文及附录的初稿，约 20 余万字。组织“互联网 + 移动应用”竞赛，368 名选手参加区域赛，各企业共提交 172 个移动应用创意场景和 44 个移动应用作品，其中 12 家企业分获团体一、二、三等奖，24 人分获个人金、银、铜牌。

（姚 剑）

【推进“两化”融合】 组织企业开展“两化”融合管理体系贯标工作，累计有 15 家企业通过贯标认定。

（姚 剑）

【自主知识产权软件研发与正版化管理】 智能工厂、智能化管线管理、移动应用平台等一批自主研发的软件取得著作权。集团公司软件正版化工作得到国家版权局、国务院国资委的充分肯定，被联合推荐为全国版权示范单位（软件正版化），并在中央企业软件正版化培训班上做经验交流。

（姚 剑）

天津钢管集团股份有限公司
TIANJIN PIPE (GROUP) CORPORATION
输送真情　共铸辉煌
以人为本　创新为魂
客户为先　责任至上
地址:天津市东丽区津塘公路396号 ● 邮编：300301 ● 电话：022-24802978 ● 传真：022-24801320 ● 网址：www.tpco.cn

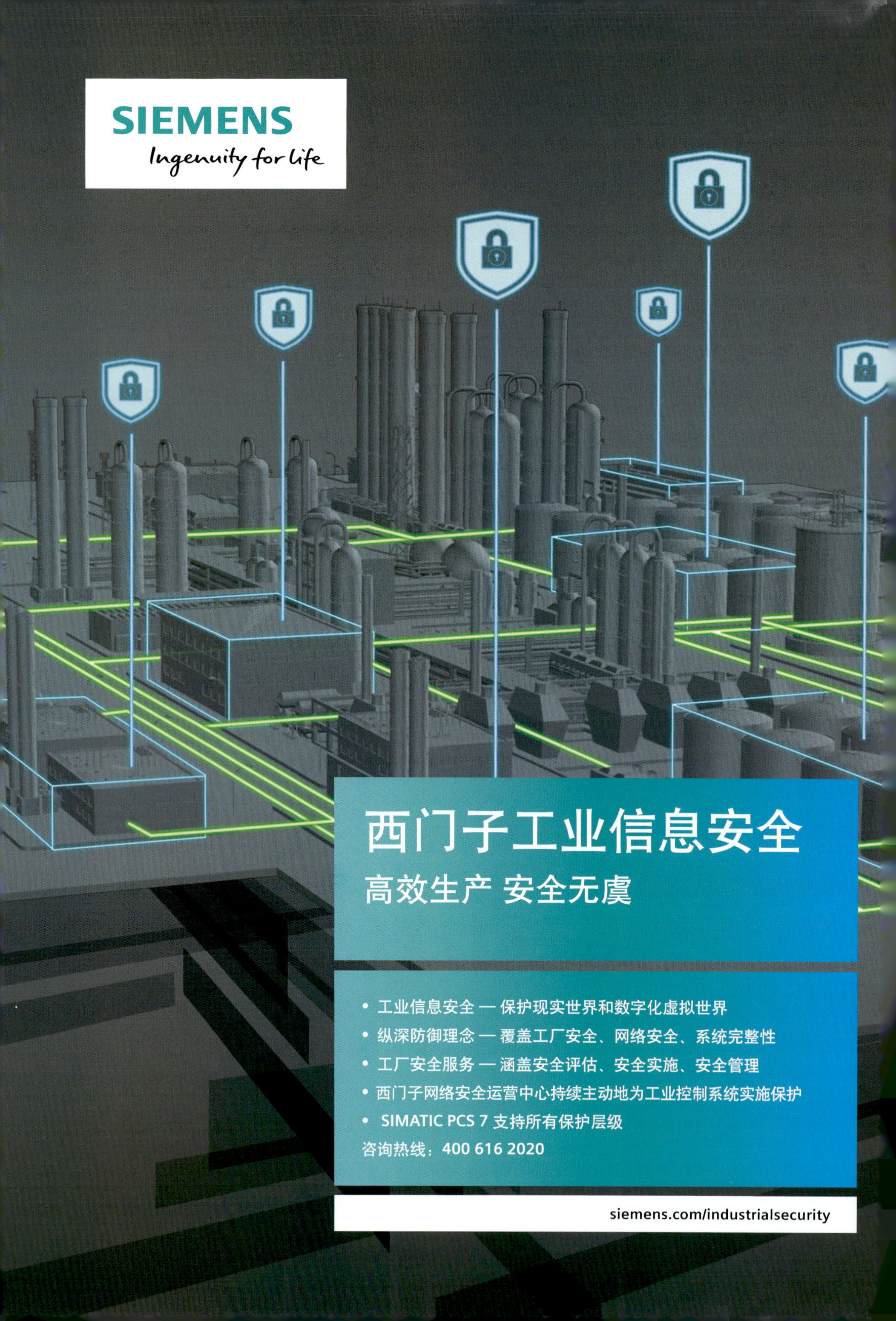
SIEMENS
Ingenuity for life
西门子工业信息安全
高效生产 安全无虞
• 工业信息安全 — 保护现实世界和数字化虚拟世界
• 纵深防御理念 — 覆盖工厂安全、网络安全、系统完整性
• 工厂安全服务 — 涵盖安全评估、安全实施、安全管理
• 西门子网络安全运营中心持续主动地为工业控制系统实施保护
• SIMATIC PCS 7 支持所有保护层级
咨询热线：400 616 2020
siemens.com/industrialsecurity

SIEMENS
Ingenuity for life
创智于新 通达致远
SIMATIC PCS 7 V9.0 开拓过程自动化的新思路，让过程自动化更灵活
面对新时代错综复杂的环境变化，流程工业企业需要更加轻盈地应对，这促使市场呼唤更加灵活、紧凑且高可用的运营解决方案。
西门子全新发布的 SMATIC PCS 7 V9.0，致力于为流程工业用户保驾护航，沉着应对数字化时代的全新挑战。久经市场考验的 SIMATIC PCS 7 此次推出全新的 V9.0 版本，将延续及引领数字化的变革理念，同时结合创新的硬件系统，更好地呈现出其不断提升的卓越品质和性能。灵活高效的整体解决方案进一步诠释了 SIMATIC PCS 7 专为流程工业量身定做的专业思路。创智于新、通达致远：智能源于创新，自动化系统的互联互通成就流程工业数字化美好的未来！
咨询热线：400 616 2020
siemens.com/cn/simatic-pcs7-v9

PEC LTD.

PEC is helmed by an experienced management team. Backed by a pool of skilled workforce, coupled with a large fleet of engineering equipment, in-house developed EIS system as well as established processes and methodologies.

PEC has built a strong reputation and track record as a reliable and trusted prov of integrated Project and Maintenance Soluti to the Oil & Gas, Petrochemical, Terminal and Pharmaceutical industries with fabrication facilities spread across Asia and the Middle East.

工程服务（EPC，EPCM及施工）

工程服务：PEC提供工程设计，采购和施工(EPC)或施工管理服务。
工程设计：包括概念设计，初步设计，详细工程设计。
工程采购：包括材料和设备的采购以及材料管理。
工程施工：包括管道、钢结构和压力容器的预制和安装，机电设备、电气、仪表和控制系统安装，以及提供脚手架，油漆，保温和消防系统等配套工程安装。

检维修服务

检维修服务涵盖装置日常维修和停工检修，以及相关服务。业务范围从单个装置设备维修到一站式全工厂检维修服务。PEC作为一个一站式检维修服务提供商，能够提供所有必要的工程专业服务，包括土木，机械，电气及仪器仪表，储罐，钢结构，管道，油漆，脚手架，保温，防火，检测及防腐和高压清洗等。

21 Shipyard Road Singapore 628144
T: +65 62689788 F: +65 62689488 E: info@peceng.com W: www.peceng.co

THE LINDE GROUP
Linde

成为标杆企业
意味着
彻底转变，让新建项目顺应新的形势
生官方微信
nerson.com.cn
EMERSON
CONSIDER IT SOLVED

MIZUHO
One MIZUHO
MIZUHO
Redefining client-oriented service. One Mizuho.
Supporting businesses and economies for over a century, Mizuho is dedicated to your success and sustainable growth. With our global network and unrivaled expertise, we are committed to being your number one financial partner wherever you need us to be.
We aim to be Number One in customer trust
We aim to be Number One in service quality
We aim to be Number One in unified capabilities
One MIZUHO
Building the future with you
Mizuho Financial Group
瑞穗银行（中国）有限公司

International trade
puts up barriers.

Live more.
Bank less.
星展理念，源于一个简单信念── 人为生
而理财，非为理财而生活。因为您，我们灵
涌现，产品服务不断创新。将服务力求精
务求融入生活无间，让您拥有充裕的时间
空间，活出精彩及理想人生。
Live more, bank less.
带动亚洲思维
星展银行

期待与拥有共同梦想、共同理念的合作伙伴同行。
共同走向未知天地。
即便面对不可能与无法跨越的困难，依然保持坚强的信念，朝着目标一起奋进。
充分交流，竭尽全力，并享受其中的苦与乐。丸红是与您一起追逐相同梦想的伙伴。
Marubeni

上海化学工业经济技术开发区
SHANGHAI CHEMICAL INDUSTRY PARK

健康 · 安全 · 环境
HEALTH · SAFETY · ENVIRONMENT

上海化学工业经济技术开发区位于杭州湾北岸，规划面积29.4平方千米，是以石油化工产品为主的专业开发区，建设形成以乙烯为龙头的循环经济产业链，以化工新材料为主导的特色产业集群，成为全国集聚知名跨国化工企业较多、经济开放度较大、循环经济水平较高的开发区之一，先后被评为国家新型工业化示范基地、国家生态工业示范园区、全国循环经济先进单位，连续四年位列中国化工园区20强榜首。

2016年，上海化工区经济发展质量显著提升，全区（包括金山、奉贤分区）共完成工业总产值969.68亿元，销售收入1021.06亿元；引进项目投资7.43亿美元，完成固定资产投资62.09亿元；区内注册企业实现利润107.67亿元，实缴税金81.63亿元；万元产值能耗1.030吨标准煤。截至2016年底，化工区累计批准项目总投资266.25亿美元，累计完成固定资产投资1353.66亿元人民币。

展望未来，到“十三五”末，上海化工区将建成安全环保一流，绿色、智能、高效的具有国际竞争力的化工产业基地，成为国际先进、国内化工园区和践行改革开放的排头兵、创新发展的先行者；到2025-2030年，以国际一流标准，全球领先追求，绿色智慧引领，发展成为具有国际竞争力的石化产业基地和循环经济示范基地。

科思创一体化基地

赢创特种化学多用户基地

上海赛科乙烯装置

化工液体码头

MERCURIA
摩科瑞

摩科瑞能源集团是全球一流的独立能源及大宗商品贸易公司之一，主要交易中心位于日内瓦、北京、上海、新加坡、伦敦和休斯敦，从事包括原油、成品油、石油化工品、天然气、电力、基本金属、煤炭、铁矿石、有色金属矿、二氧化碳减排指标和生物柴油等大宗商品在内的实货和衍生产品的交易。摩科瑞在全球范围内拥有包括油田、原油码头和储油罐、煤矿等上游生产、物流基础设施等多项资产配置。摩科瑞全球雇员超过1000人，在超过50个国家和地区以自己的专长和经验为合作伙伴提供服务。

摩科瑞中国公司的发展始于2004年，与在同年设立的摩科瑞日内瓦、新加坡办公室一起构建了摩科瑞能源集团日后发展成世界领先大宗商品交易公司的基石。中国对国际市场的发展影响重大，摩科瑞与多领域多层级的为数众多的公司开展业务，其中在战略层面的合作包括：与中国北方工业公司在原油、矿产、金属等领域的长期贸易合作；参与中海油在烟台原油仓储项目的投资建设；与青岛港集团在青岛原油仓储和码头项目的合作；与中石化在欧洲的VESTA油品仓储项目的股权合作；与中国化工集团在摩科瑞集团层面的股权合作；与中储就英国有着200年历史的金属仓储企业Henry Bath & Son Limited 公司的股权合作；与中国进出口银行共同建立旨在全球投资资源类资产的中加基金等。

摩科瑞在北京的交易团队主要从事原油、燃料油、煤炭、铁矿石、化工品和碳排放额度的实货及衍生品交易；在上海的金属交易团队主要从事基本金属、贵金属和金属矿的实货和衍生品交易，在伦敦金属交易所、纽约商业期货交易所和上海期货交易所开展交易活动。

摩科瑞积极参与在中国的公益活动。摩科瑞从2007年起便是一年一度的北京国际音乐节的金弦赞助商，通过赞助这一古典音乐盛事，向观众献上大提琴演奏家米沙·麦斯基、小提琴演奏家平卡斯·祖克曼等世界顶级音乐大师的表演。摩科瑞还投资了反映中国古代发明对现代世界文明贡献的纪录片《源·探索中国》，将剑桥大学学者李约瑟的研究成果以电影形式向世人展现。该电影曾在中央电视台纪录频道播出。

作为控股公司的摩科瑞（中国）投资有限公司对摩科瑞在华的贸易和投资进行统一管理。我们正在与中国的业务伙伴紧密合作，向中国供应能源、金属等大宗商品，从而为促进这一伟大国家的繁荣发展贡献力量。

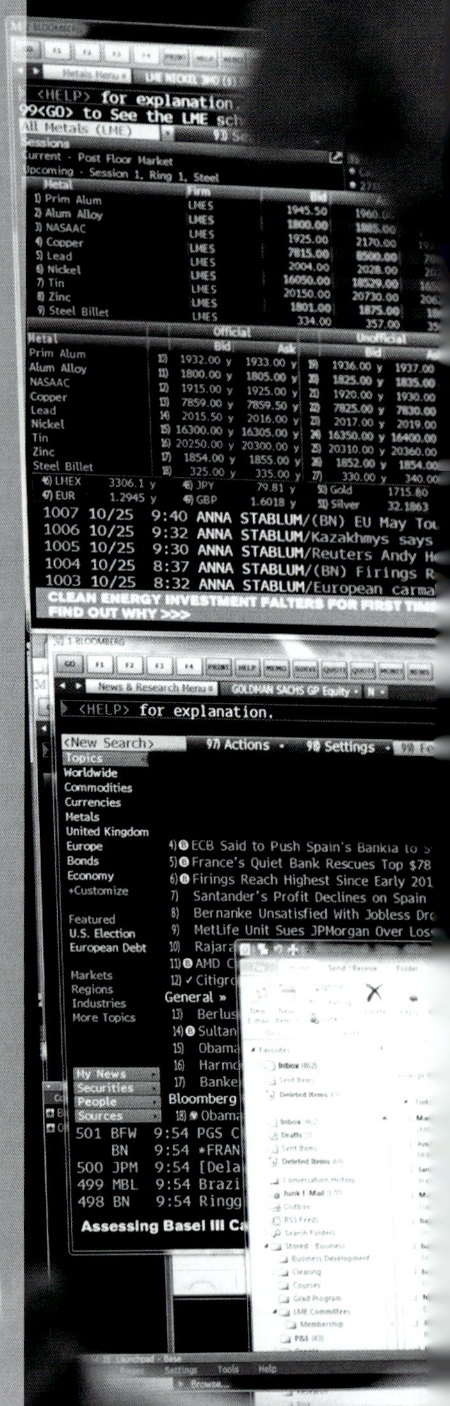

摩科瑞（中国）投资有限公司
北京市建外大街2号银泰中心C座30
电话：+86 10 8507 9800
www.mercuria.cn

法律管理

◇ 综述

◇ 法治建设

◇ 合同项目

◇ 法律纠纷

◇ 公司事务

◇ 法治宣教

综　　述

2016 年，法律系统以贯彻落实国务院国资委《关于全面推进法治央企建设的意见》和集团公司党组《关于中国石化全面推进依法依规从严治企的意见》为主线，服从服务集团公司“转方式调结构、提质增效升级”中心工作及“价值引领、创新驱动、资源统筹、开放合作、绿色低碳”五大战略实施，按照深化“两个转变”、实现“两个升级”、构建“三项功能”、完成“十项任务”的法治建设思路，扎实推进各项工作，实现“十三五”良好开局。

干部职工依法合规意识明显增强。集团公司党组高度重视法治建设，依法治企领导小组审议通过法律工作“十三五”规划纲要和“七五”普法规划，明确企业法治建设和法律工作的“路线图”“施工图”。各单位不断强化依法依规治企的组织领导和工作落实，主要负责人履行依法治企第一责任人职责得到较好落实，法治工作体制日趋完善，法治建设和法律工作的部署安排有效承接落地。

依法依规决策机制基本确立。各级总法律顾问、法律机构负责人参加“三重一大”决策会议进行合法合规性审核把关的机制固化完善。固定资产投资法律审核延伸至项目可研论证阶段，法律论证与技术论证、经济论证同安排、同部署、同运行。源头介入、全程参与重大项目，法律部门从项目筛选、可研论证的初始阶段即进入并全程参与。服务重大改革，为集团公司修订章程、困难企业专项治理、“四供一业”分离移交、“瘦身健体”、混合所有制改革等任务推进提供法律服务保障。

法律工作维权增效和维护稳定作用明显。2016 年新发案件 1 072 起，同比降低 10.3%；全年办结各类案件 929 起，避免和挽回损失共计人民币 16.5 亿元、美元 17.7 亿元。一批历史遗留案件得到较好处置，影响较大的知识产权案件获得理想结果，新型纠纷案件的处置取得积极成效。法律部门参与不良债权清收见到成效，依法治访维稳的法律参与更加深入，为企业转型升级、改革重组的平稳推进、和谐稳定做出积极贡献。

法律风险管理、合规管理、法律监督一体化推进。重点业务岗位法律风险防控进制度、进流程、进岗位、进职责的“四进”试点完成。持续从严加强合同管理，合同管理违规现象大为减少，线上合同 100% 经过法律审核，合同运行效率稳步提高。法律风险防范机制嵌入境外投资并购、项目承揽、财务税务、劳动用工、环境保护、知识产权和反商业贿赂等业务流程。组织开展依法合规专项检查，修订依法合规经营专项考核内容，硬化考核责任。

立法研究价值和作用进一步显现。先后就海洋环境保护、国家石油储备、碳排放权交易等方面 24 部法律法规的制修订反馈意见建议。服务生产经营形成一批法律实务研究新成果。编印年度法律风险管理报告，更新法律风险管理清单，编发《石化法治简报》，开展国别投资贸易法律实务专题研究，形成多项法律课题研究成果。

法律“三基”工作不断夯实。完成法律尽职调查、一般合同审查、纠纷管理等法律业务标准、规范、流程、指引的编制任务。修订完善石油工程、非油品业务等类别标准合同文本，编写相关风险提示。编制修订知识产权类示范文本。合同管理信息系统（CMIS）二期建设圆满收官。严格执行企业信息公示制度，做好“三证合一”“五证合一”换照工作。进一步规范完善授权管理。商标保护和管理进一步加强，打假维权实现从被动打假到打假创效转变。完善法律中介机构资源库并严格公开选聘。

法律管理体制机制和队伍建设稳中有进。开展总法律顾问年度述职。推动专业公司对所属单位法律业务的优化和集中管理。巩固优化法律工作区域协作和法律资源共享机制。法律专家人才队伍建设全面展开，积极推进专业技术人才成长通道职位序列设置。岗位练兵推动业务素养进一步提升，举办法律综合或专项培训班，组织开展兼职合同管理员业务竞赛及法治宣传教育业务技术比武，以训促学、以赛促练、以练促干。

“七五”普法开局良好。按季度下发领导人员学法主题，面向经营管理和专业技术人员开设月度普法讲坛，分板块编写适用于技能操作人员普法教育的《边学边练》。在“12·4”国家宪法日，面向社会公众举办“与法同行，油中感谢”微信答题。首次举办全系统法治微课微视频作品评选活动。充分利用《中国石化报》、石化法治宣传教育网、“法治石化官微”等媒体刊登法治类新闻及文章，法治宣传教育更加鲜活生动、接地气。

2016 年，集团公司及中原油田、河南油田、江苏油田、齐鲁石化、镇海炼化和北京石油分公司 7 家企业被评为全国“六五”普法先进单位，5 人被评为全国“六五”普法先进个人，1 人被评为全国“六五”普法先进工作者。35 家企业获省级以上“守合同、重信用”单位称号。

（许英韬）

法治建设

【贯彻落实全面推进法治央企建设意见】 认真贯彻落实国务院国资委《关于全面推进法治央企建设的意见》，组织依法治企领导小组成员单位和全系统各单位认真学习，结合“两学一做”“三严三实”和“三基”工作的要求，积极推进“十三五”期间依法治理、依法经营、依法管理及法治体系、法治能力、法治文化建设等各项工作。中国石化制定并向国务院国资委报送《关于贯彻落实全面推进法治央企建设意见实施方案的报告》。

（孙黎明）

【召开依法治企领导小组会议】 2016年6月12日，集团公司召开依法治企领导小组会议，审议并原则通过中国石化法律工作“十三五”规划纲要和“七五”普法规划。会议要求把建立“谁的业务谁普法、谁的业务谁担责、谁的风险谁防范”工作责任制作为“十三五”时期法治工作的重点任务，要求领导小组各成员单位发挥表率作用，切实履行好自己的职责，建立健全由牵头部门总体协调，综合部门与专业部门协同推进，上下结合、左右衔接、分工负责的法治宣传教育工作管理机制和日常运行机制。

（孙黎明）

【依法合规管理】 组织开展年度依法合规检查，各直属单位开展自查并报告自查情况，集团公司法律部进行重点检查和督导。开展生产经营安全资质专项检查，彻底排查各单位生产经营所需各类安全资质、许可、证照取得及超许可范围生产经营等情况，督导各单位对发现的问题进行整改。把好制度合法性审查关，审核集团公司章程、“三重一大”决策、资产管理、品牌架构管理、机构管理等规章制度121项。

加强依法合规经营专项考核，对依法合规经营专项考核指标内容进行修订，增加对“三重一大”决策合法性审查制度执行情况、被列入经营异常名录、严重违法失信名单和失信被执行人名单等方面考量，全面认真组织开展2016年度依法合规经营绩效考核工作。

（潘　胜　王世声　孙黎明）

【总法律顾问队伍建设】 按照国务院国资委要求，中国石化全面加强总法律顾问队伍建设。各直属单位年底提交总法律顾问书面述职报告。集团公司法律部组织全系统各单位总法律顾问、法律机构负责人和部分法律人员通过视频会议系统听取10家单位总法律顾问履职情况，并就落实中央企业法治工作会议及《关于全面推进法治央企建设的意见》精神进行部署和要求。逐步实现制度化和常态化。国务院国资委政策法规局评价中国石化总法律顾问制度建设实现配备全面化、履职专业化、述职常态化，值得借鉴和推广。

（孙黎明）

【中介机构管理】 完善法律中介资源库，更新维护法律中介资源库国际律所45家，全系统入库法律中介机构616家。严格公开选聘中介机构，签订944份法律服务合同，通过公开比选，压降中介费用人民币1 600多万元、美元220多万元。组织开展常年法律顾问律所述职，加强法律中介机构管理，充分发挥“外脑”作用，为中国石化法治建设争取更广泛、更专业的“智库”支持。

（许英韬）

【交流活动】 参加国务院国资委、司法部、工商总局等有关活动并与有关部委、央企和其他单位开展交流。先后与道达尔、阿里巴巴、中国电科、中国电子、中电投、中国国际电视总公司等企业领导和法律团队会晤交流。加强与国内外知名律师事务所的相互往来，全年共有27家律所100余人次来访，增进相互了解，交流法律业务经验。

（许英韬）

【社会责任】 认真履行中国法律援助基金会理事会成员单位职责，2016年连续第5年向基金会提供200万元捐赠，用于“1+1”中国法律援助志愿者行动，在贫困地区进行法律援助工作，体现了中国石化建设人民满意企业、履行社会责任的良好企业形象。推荐法律部主任杜江波继续担任第4届中国法律援助基金会理事会理事。鼓励和支持企业法律人员履行社会法律责任，截至2016年底，全系统共有65人担任各级法院人民陪审员、检察院人民监督员和仲裁机构的仲裁员。

（许英韬）

合同项目

【项目法律服务】 2016年，参与集团公司、股份公司境外发行美元债券，境内发行人民币债，延布炼厂再融资，雪佛龙南非下游资产并购，古雷炼化一体化合资，伊朗天然气制甲醇合资合作，中天合创银团融资，腾龙翔鹭检测修复，伊犁盆地油气勘探开发合作，东海西湖油气勘探开发合作，入股中央企业贫困地区产业投资基金、中央企业产业结构调整基金、九州证券、太平财险等重大合同项目，提供优质高效法律服务，有效防控重大合同项目法律风险。

组织对中原文 23 储气库项目、涪陵页岩气江东、平桥区块产能建设、海南炼化结构调整项目、天津分公司炼油产品结构调整及油品质量升级改造等固定资产投资项目的合法合规性论证，充分发挥法律部门在重大投资决策中的法律审核把关作用。

（李　驰）

【合同管理基础工作】 编写境外非油气投资项目法律尽职调查指引及尽职调查报告模板。组织编写印发《一般合同审查指引》。组织销售企业完成非油品业务、加油站网点发展、化工销售标准合同示范文本“回头看”及风险提示的编写工作，组织油田企业和石油工程公司推进石油工程标准合同示范文本修订完善工作，组织仓储物流专家组开展境外仓储业务合同风险提示编写工作。

针对合同管理中存在的问题，赴各企业开展调研督导。针对合同倒签、补签、不签等问题，根据审计部门年度审计计划，对重点企业开展督导，督促企业全面自查发现问题并有效整改。企业合同管理不规范现象大为减少，系统监控指标持续保持较好水平。

（李　驰）

【合同管理信息系统二期建设】 2016 年，中国石化合同管理信息系统（CMIS）二期建设圆满收官。①境内系统。上半年成功完成二期剩余 73 家境内企业的系统优化提升功能分散实施工作，系统友好性、实用性进一步增强。针对炼化工程公司定制开发相关界面，改良 CMIS 与 ERP 的集成方式，提升业务办理效率，在工程建设公司和洛阳工程公司试点上线，为统一模板下的板块差异化、个性化探索成功路径。截至年底，境内合同系统上线单位 138 家，累计合同 245.38 万份，累计合同金额 6.77 万亿元。②境外系统。通过系统集成完成国际事业公司 5 家境外机构上线工作；完成燃料油本部及舟山公司合同上线实施工作；在燃料油新加坡公司试点基础上，开展燃料油保税油业务合同的系统上线实施工作；完成美国公司、休斯顿研发中心、美国代表处、华盛顿办公室 4 家企业上线。完成炼化工程沙特公司、哈萨克斯坦公司 2 家境外机构实施。截至年底，完成 13 个国家 26 家单位的上线实施工作，累计合同 2.78 万份，累计合同金额 897.7 亿美元。

顺利完成 CMIS 系统架构提升、历史数据迁移。新环境切换后，系统并发处理能力提高，运行速度加快，高峰期运行瓶颈有效解决，系统运行更加安全、平稳。全年，CMIS 新增或优化接口集成 15 个，ERP 大集中接口成功上线 92 家企业。完成 22 家企业的 ERS（费用报销）与 CMIS 接口集成。配合物资装备部门优化物资采购类的合同业务 ERP、电子商务（EC）、易派客（EPEC）与 CMIS 系统的集成方案，解决企业在 CMIS 中无法关联总部框架协议的问题。针对系统运维问题印发通知，完善运维体系和流程，进一步明确运维主体和责任，提高运维响应速度和问题处理效率。根据中国石化应用系统统一运维平台迁移工作整体计划，分 2 批完成系统运维平台迁移。年内，合同管理信息系统被评为“十二五”信息化应用百项优秀成果，法律部合同项目处被评为“两化”融合先进基层单位。

（李　驰）

【合同管理员队伍建设】 组织全系统范围的兼职合同管理员业务竞赛，各单位积极响应，共 3 000 多人参加岗位练兵及初赛，择优选拔 316 人进入决赛，27 名合同管理员脱颖而出，分获金、银、铜奖。竞赛激发了广大干部职工学法用法的积极性，以竞赛促学习，以培训强素质，进一步夯实合同管理基础工作。

针对合同管理存在的问题，结合实际案例，制作统一的合同管理员培训课件，深入企业开展合同管理员培训授课，2016 年专门组织物资采购专家组成员举办 2 期物资采购标准合同示范文本及风险提示培训班，培训 223 人。集团公司法律部派出相关法律专家赴企业开展合同管理授课 10 余次，培训人数近千人。

（李　驰）

法 律 纠 纷

【纠纷案件管理】 纠纷管理服务保增长保效益取得实际效果，2016 年新发案件 1 072 起，同比减少 123 起，发案率降低 10.3%；全年办结各类案件 929 起，避免和挽回损失共计 17.7 亿美元、人民币 16.5 亿元。一批历史遗留案件得到较好处置，历时 10 余年的新星公司“勘四”平台苏格兰案、形成于 20 世纪 90

年代的联合石化公司远东案、持续多年的河南物探新疆侵权案等，全部结案，有效减轻对企业的拖累。影响较大的知识产权案件获得理想结果，丙烯腈技术系列纠纷妥善处理，己内酰胺技术秘密侵权案进入公诉程序并启动民事索赔工作。新型纠纷案件的处置取得积极成效，云南石油分公司拒绝交易案再审一审胜诉，润滑油公司、国际事业公司成功化解在美经销商违反电信销售法(TCPA)集体诉讼，湖北石油分公司、福建石油分公司、化工销售华北分公司等企业的融资性贸易案件应对稳妥有效。研究并印发法律纠纷管理、证据管理、舆情案件等法律指引。

（廉　明）

【法律风险防控】 持续编印年度法律风险管理报告，提示、警示十大法律风险及应对措施。及时了解全系统法律风险管理情况和问题，定期编制《石化法治简报——法律风险管理专刊》《案件情况月报》，完成《依法随行——炼化工程企业员工法律指南》。重点业务岗位法律风险“四进”试点完成。选取镇海炼化、炼油销售公司等10家单位，在一般物资采购、一般产品销售、成品油销售、工程分包、应收账款管理5个通用业务流程，开展法律风险防控进制度、进流程、进岗位、进职责试点，编制重点业务流程风险清单、岗位风险防范指引。研究成果“法律风险防控体系在特大型企业集团的创建与应用”获集团公司2016年度现代化管理创新成果一等奖。

（廉　明）

【知识产权保护】 指导企业规范开展专利自由运作权(FTO)相关分析工作，编制中介机构服务协议、保密协议等示范文本，预防技术泄密和相关法律风险。印发《科研项目开展FTO分析的法律提示》。开展知识产权文本回头看，根据业务部门和企业需求，完成技术委托开发、技术合作开发、保密和竞业限制协议等知识产权示范文本的修订工作。编写完成《中国石化专利与技术秘密法律保护报告》。

（廉　明）

【劳动用工】 组织劳动用工专家组成员分板块梳理业务外包文本清单。编写劳动用工典型案例汇编。开发《劳动争议解决程序与实务》《企业劳动用工法律风险与防控实践》课件，积极妥善处理企业劳动争议案件。

（廉　明）

【依法治访】 强化法治思维、综合措施、协调协同，出台涉法涉诉信访事项引导清单和处理工作流程，落实依法治访，推动诉访分离。全年，法律部门与信访部门共同甄别涉法涉诉信访问题312个，其中183件涉法涉诉事项导入司法程序。各级法律部门落实责任，为确保企业转型、改革、重组平稳推进、和谐稳定做出积极贡献。

（廉　明）

【突发事件应对】 妥善应对和处理美国反腐败调查案、齐鲁石化环境污染案、南化公司环境公益诉讼案。配合有关部门参与华东石油局钻井项目触电事故、石家庄炼化爆炸事故等调查。协助做好“11·22”事故善后处理。

（廉　明）

公 司 事 务

【法律研究】 围绕国家立法，认真组织研究、论证，结合企业实际并征询相关部门、企事业单位的意见，就《海洋环境保护法》《环境保护税法》《建设项目环境保护管理条例》《海洋石油勘探开发环境管理保护条例》《国家石油储备条例》《碳排放权交易管理条例》等24部法律法规进行研究，共提出70余条意见建议，分别向全国人大法工委、国务院法制办、国家能源局、国务院国资委政策法规局、甘肃省发改委等单位进行反馈。着眼基层一线梳理立法需求。为销售公司换发烟草经营许可证争取立法突破，获得新《烟草经营许可证管理办法》认可。系统梳理和分析企业涉及的立法问题17类70余条，组织相关专家组进行研究。编发法治简报55期，解读分析最新政策、法律热点问题，预警风险，提出建议。深化国别法律研究，注重专题研究应用。组织开展美国、加拿大、伊朗、沙特国别法律环境研究，开展境外调研活动，形成专题研究报告。

（潘　胜　王世声）

【资本运作】 围绕集团公司“转方式调结构、提质增效升级”中心工作部署，法律部门与业务部门密切配合，资本运作项目法律服务工作从重点环节参与向全过程深度参与跨进，在重组引资、“瘦身健体”、分类处理“僵尸”企业、困难企业扭亏脱困工作中发挥积极作用。2016年参与境内资本运作类项目(含合资、并购)62项、境外资本运作类项目2项、长期股权投资企业董事会/股东会议案审核13项、土地处置方案法律审核 49 项。在川气东送重组引资项目中源头介入、全程参与，为项目圆满完成提供有力的法律支撑和保障。深入参与高桥石化提升调整项目，组织编写《城市型炼化企业提升调整法律工作指引》。

（王文君）

【工商和授权管理】 总部层面，全年审核工商业务 596 项，完成集团公司和股份公司年度报告公示，协助办理国勘公司重组变更登记、保险经纪公司设立登记等重要事项，协调工商总局在销售公司烟草经营项目方面给予支持。加强企业信用管理和企业工商信息填报工作，督促各单位提高企业信息报送的及时性、准确性。召集有关部门讨论工商营业执照、组织机构代码证、税务登记证、统计登记证和社会保险登记证等“多证合一”注意事项和时机。参与机构管理办法讨论，梳理相关部门职责。

公司层面，严把授权审核关，全年办理授权委托 149 项。适应内控制度发展新形势，调整工商、人事管理事务所需一般授权，大幅压缩一般授权范围，降低授权法律风险。

（詹　溪）

【商标管理】 完善商标管理体制，参与公司品牌架构、战略及部门管理职责研讨。跟进项目推进涉及的商标注册工作，向南非和博兹瓦纳商标管理机关提出中国石化商标注册申请。组织研究并协调“火炬”商标许可使用、“枫叶牌”商标转让等事宜。积极开展商标维权，对“桂中石化”“省中石化”等侵权商标提出异议。组织有关部门讨论“中石化 . 商标”域名问题。参加中华商标协会商标主题论坛，组织开展商标案件业务座谈，加强日常工作管理。法律部副主任徐志远被中华商标协会评为商标领军人物。

（詹　溪）

法 治 宣 教

【“六五”普法评先推优】 集团公司及所属企业共 7 家单位被评为全国“六五”普法先进单位，5 人被评为全国“六五”普法先进个人，1 人被评为全国“六五”普法先进工作者。集团公司依法治企领导小组办公室及 6 家直属企业共 7 家单位被评为中央企业“六五”普法先进单位，9 人被评为中央企业“六五”普法先进个人。24 家直属企业被评为集团公司“六五”普法先进单位，199 人被评为集团公司“六五”普法先进个人。

（俞　露）

【印发“七五”普法规划及考核评价标准】 印发《中国石油化工集团公司开展法治宣传教育第七个五年规划（2016—2020 年）》，明确集团公司“七五”普法的指导思想、目标任务、工作原则、普法对象、责任分工和保障机制。全系统各直属单位结合自身实际制定本单位“七五”普法规划。印发《中国石油化工集团公司“七五”普法工作考核评价办法》，确定采取日常考评与中、末期考评相结合的方式，加强法治宣传教育工作考核评价，通过相关指标实现法治宣传教育工作的量化考核评价。年初印发《中国石化 2016 年法治宣传教育工作要点》，布置 5 个方面工作 25 项任务。

（俞　露）

【领导人员季度学法】 按季度分别围绕安全生产责任、大气污染防治、企业领导人员职务犯罪预防、企业信息公示等内容确定领导人员学法主题，进一步培养领导人员依法决策、依法管理的思想自觉。为增强学习效果，同时发布学法主题辅导讲座视频、课件、讲稿以及相关的法律法规文本等辅助材料。

（俞　露）

【普法宣传活动】 法治宣传教育业务技术比武。2016 年，为进一步提高全系统普法工作人员的业务水平和工作能力，组织开展法治宣传教育业务技术比武活动。技术比武分全员岗位练兵、企业内部培训选拔、集团公司决赛 3 个阶段。10 月 21 日，集团公司决赛在南京举行，109 支代表队共 327 名选手报名参赛。通过宣传动员、选树典型、有效激励等措施，扩大了比武活动覆盖面，促进活动深入开展，为“七五”普法深入开展培养和造就了更多优秀人才。

法治微视频评选。组织开展法治微视频征集活动，38 家单位遴选报送 112 个作品参评，经初步筛选产生 45 件优秀作品。11 月，通过“法治石化官微”微信公众号进行展播和投票。1 周时间内，投票活动页面访问量近 57 万人次，投票数近 18 万，反响热烈。经有关部门和媒体专家专业评选，最终评出名次奖与网络人气奖。

“与法同行，油中感谢”有奖答题。通过中国石化“油中感谢”微信平台面向社会举办 2016 年国家宪法日中国石化“与法同行，油中感谢”有奖答题活动，旨在倡议全社会积极学法、尊法、守法、用法。12 月 4 日，活动启动。累计参与人数达 50.4 万人，全部答对参与抽奖人数为 44.3 万人，文章阅读量达 92.2 万次，最终 8 000 人获奖。活动产生了广泛积极的社会影响。

（俞　露）

【法治宣传报道】 2016年，全系统法治宣传报道全方位、多角度、高密度地展开，为弘扬法治精神、增强员工法治意识、促进企业发展造势助力。全年在《中国石化报》等刊登法治类文章51篇；在“中国石化法治宣传教育网”刊登新闻212篇；发布“法治石化官微”47期、各类文章122篇，其中工作动态类新闻消息47篇，吸引“粉丝”1.5万余人，积极传播石化法治建设“好声音”。

（俞　露）

【开展法律培训】 按照国务院国资委要求，积极组织参加中央企业法治讲堂。同时组织总部机关分会场学习，并通过视频会议系统向全系统各直属单位同步播放，让更多受众接受高层次、高质量、高效率的法律培训和法治意识教育。

根据企业生产经营形势变化，及时将总法律顾问培训方式由原定的现场集中培训调整为视频分散培训，组织全系统120余名总法律顾问通过视频会议系统参加中央企业法治讲堂5期，每名总法律顾问接受培训15学时，重点学习了海外法律风险防控、国际并购交易的经验与教训、风险与合规管理实务、融资性贸易案例分析及启示、竞争政策实施的法律保障等内容，进一步提升总法律顾问的专业知识水平。

4—6月，分别举办炼化企业、油田企业和销售企业法律骨干人员培训班，培训法律骨干人员93人。培训内容包括综合素质培养、法律工作基本功训练、法律专业水平提升等模块，涉及逻辑思维与文字表达、语言表达、心理调节、执行力、法律文书写作、合同管理实务、纠纷诉讼处理能力提升、工商管理实务等内容，并结合板块实际设置针对性课程。学员在培训期间还完成有关法律工作切入点与着力点的书面论述作业。

8月，举办中国石化2016年普法专员培训班，126名学员参加。培训课程注重“法律+新闻”的双重属性，开设新媒体时代的传播环境和策略、互联网新规解读与舆情分析、执行力与工作推动中的若干思想方法、新媒体应用实操、从游击队到正规军——浅谈石化黑板报公众号及法治新闻写作等课程。

11月，举办2016年销售企业法律机构负责人培训班，39人参加。培训内容包括国有企业违规经营投资责任追究制度、成品油市场整顿中的法律问题、加油站委托管理风险识别防范以及互联网背景下的法律工作方向等。

（杨心刚）

审计与监察

- ◇ 内部审计
  - 综述
  - 管理和效益审计
  - 经济责任审计
  - 内控审计评价
  - 工程投资审计
  - 财务收支审计
  - 涉外审计
  - 审计基础管理
  - 其他工作
- ◇ 纪检监察
  - 综述
  - 落实党风廉洁建设责任
  - 作风建设
  - 纪律审查
  - 党组巡视
  - 反腐倡廉教育
  - 重点领域和关键环节监督
  - 基础工作

内部审计

综　　述

2016年，审计部门在党组的正确领导下，认真贯彻落实集团公司工作会议精神，紧紧围绕集团公司中心工作开展审计监督，强化问责，严格管理，全年共开展各类审计项目1 181项，审计工程预结算、招投标等4 987项，提出并被采纳审计意见和建议4 451条，促进增收节支金额17.4亿元，为保障和促进公司重大决策部署落实、依法合规经营、加强风险防控和推进党风廉政建设方面发挥了重要作用。

（李青山）

管理和效益审计

【概述】 2016年，审计部门紧紧围绕改革调整和提质增效等重要领域和环节，大力开展管理和效益审计，全年共开展各类管理和效益审计204项，有效促进了公司进一步规范经营、提升管理、提高效益。

（李青山）

【总部组织实施的管理和效益审计】 总部采取统一审计方案、组织企业自查和分局重点抽查的方式，集中开展企业扭亏政策措施落实情况、企业矿区（社区）“三供一业”及供气业务分离移交情况、企业物资招标采购管理情况、企业决策风险管控情况等管理和效益专项审计或审计调查。通过专项审计和审计调查，揭示和反映了部分企业相关业务管理中存在的体制性障碍、制度性缺陷和管理漏洞，及时向党组提交了专项审计报告和专项审计调查报告，并提出切实可行的建设性意见和建议，为领导全面深入掌握情况和实施正确决策提供了可靠依据，也为保障和促进公司重大决策部署落实、依法合规经营、加强风险防控、提质增效发挥了重要作用。

在立足监督和掌握大量一手资料的基础上，为进一步扩大审计成果、提升审计价值，推动公司、企业提高整体管理水平，总部注意抓住审计中发现的一些具有普遍性、倾向性、规律性问题，通过深入开展审计调研和分析，积极以主题审计报告方式向公司高管层反映，当好公司领导的“眼睛”“耳朵”和参谋助手。2016年，审计部门除提交正常的审计项目报告外，还向公司领导呈报了《加强和优化沿江企业现有岸线、油品码头及仓储设施等资源综合利用建议》等主题审计报告，均引起公司领导的高度重视，有力促进了公司体制、机制和管理制度的进一步改进完善，对企业转变经营管理理念、提高整体管理水平起到了积极的引领作用，较好地发挥了审计的保障服务和建设性作用。

（李青山）

【企业组织实施的管理和效益审计】 企业审计部门紧紧围绕中心，抓住影响效益的关键领域和环节，大力开展管理和效益审计，取得明显成效。胜利油田、中原油田、河南油田等油田企业服务上游“战寒冬”的大局，大力开展绩效考核审计，对影响油田发展质量和效益的问题予以充分揭示；镇海炼化、茂名石化、齐鲁石化等炼化企业全力推进挖潜增效、降本减费，组织开展加工损失率、“三剂”使用及管理、修理费、合同能源管理等专项审计；广东石油分公司、江苏石油分公司、云南石油分公司等销售企业围绕拓市上量、防控风险，组织开展商客线条经营风险、网络发展问题项目、委托站风险等专项审计；石油工程公司统一开展“两金”占用专项审计，着力推动建立“两金”占用清理长效机制；炼化工程公司大力开展以EPC总承包项目为核心的管理和效益审计，强化了对项目过程的审计监督等。

（李青山）

经济责任审计

【概述】 2016年，审计部门认真执行企业领导人员经济责任审计制度，不仅把领导干部履行经济责任作为审计重点，而且关注影响和制约企业管理发展的重大问题，主动引入主题审计，提升了审计目标和层次。全年开展经济责任审计221项，查出一些违规违纪问题，促进增收节支4.56亿元。

（李青山）

【总部组织实施的经济责任审计】 总部通过对39家企业的原主要负责人开展经济责任审计，进一步加强了对企业领导人员特别是“一把手”履行经济责任和权力运行情况的监督，揭示了企业在依法、诚信经营和规范、有效管理方面存在的问题，针对性提出规范整改的审计意见和建议，有力地促进了企业经营者依法规范经营、有效履行经济责任，为客观评价企业领导人员经济责任履行情况和经营业绩提供了依据。同时，切实改进和深化经济责任审计工作，积极实行主题审计和开放透明审计，进一步扩大了审计成果，有效发挥了审计的监督与服务作用，审计在促进公司提升经营管理水平方面发挥了重要作用。

（李青山）

【企业组织实施的经济责任审计】 企业审计部门认真按照“有离必审”原则，进一步强化经济责任审计工作。胜利油田在年度承包经营审计中，扣减 41 家单位承包兑现奖，强化了奖惩兑现的严肃性；山东石油分公司、管道储运公司等企业创新开展对机关处室负责人、建设项目部负责人的履职情况审计；西南油气田等企业持续开展任中经济责任审计，有力促进了企业领导及相关管理人员正确履职用权，维护了法规制度的权威性和严肃性。

（李青山）

内控审计评价

【概述】 2016 年，审计部门以促进公司控制力、企业执行力的提高为目标，对照《内部控制手册》和相关监督办法，开展内控独立审计评价 102 项，提出审计意见和建议并被采纳 342 条。

（李青山）

【总部组织实施的内部控制审计评价】 总部重点对中原油田等 15 家企业开展内部控制独立审计评价工作，重点对工程招标管理、物资采购、合同管理等 12 个重要业务流程进行审计测试和检查，揭示了部分企业在工程招标、物资采购、合同管理、工程项目管理、资本支出管理等业务流程存在的缺陷和风险，提出了改进和完善公司内部控制工作的意见和建议。企业的风险管理控制意识和能力进一步提高，内部控制的“免疫系统”功能较好地发挥了作用。

（李青山）

【企业组织实施的内部控制审计评价】 为促进企业有效执行内部控制制度，防范经营管理风险，2016 年，企业组织开展内部控制审计评价 87 项，重点对应收款项管理、合同管理、HSE 管理等业务流程进行审计测试和检查，并提出相应的审计建议。

（李青山）

工程投资审计

【概述】 2016 年，审计部门以促进企业不断规范投资行为、提高投资效益为目标，全年开展固定资产投资项目审计 440 项，审计工程预结算、招投标 4 983项，除了查出违反工程投资管理等方面问题外，还促进了增收节支。

（李青山）

【总部组织实施的工程投资审计】 总部开展了茂名石化油品质量升级改扩建工程等 4 项竣工决算审计，揭示了一些项目在工程建设和管理等方面的问题，并及时督促企业采取有效措施予以纠正。

（李青山）

【企业组织实施的工程投资审计】 企业审计部门前移审计关口，加强过程监督，在完成总部授权审计任务的同时，积极开展工程结算审计，并对页岩气产能建设、大检修改造等重点项目开展跟踪审计，其中销售企业审计部门还统一开展加油站投资后评价工作，有力推进了相关项目尽快发挥投资效益和资产创效能力。全年共审计预结算书等 9. 55 万份，核减了大量的工程成本费用，其中燕山石化、管道储运公司、浙江石油分公司、洛阳工程公司等 38 家企业全年工程审减额均在千万元以上。

（李青山）

财务收支审计

【概述】 2016 年，审计部门以维护企业合法权益和促进企业严格财务管理、提高会计信息质量为目标，改进审计方法，深化财务收支审计工作，全年开展财务收支审计 59 项，促进增收节支 0. 76 亿元。

（李青山）

【总部组织实施的财务收支审计】 总部坚持各项审计监督工作都要从内控审计入手并以财务收支审计为基础，将传统的财务收支审计与管理和效益审计、经济责任审计等相结合，进一步增强了服务全局的意识和能力。同时，针对公司财务管理和会计核算方面存在的薄弱环节和风险，进一步深化对税收计缴、费用开支等成本核算与管理以及重大资金、资产处置的审计，把常规审计与主题审计结合起来，进一步增强了审计的威慑力，提升了常规审计的效果。

（李青山）

【企业组织实施的财务收支审计】 为核实下属单位财务收支的真实性、合法性及合规性，严肃财经纪律，加强内部管理，企业审计部门不断加强财务收支审计。胜利油田将年度承包经营审计作为财务收支审计的主要抓手，成立领导小组和办公室，组成多个审计组，对与油田签订内部经营目标责任书的二级单位进行审计，并根据审计结果，严考核硬兑现，直接扣减二级单位党政一把手及相关人员部分兑现奖，大大强化了各单位的依法依规、诚信经营意识。中原油田对所属普光分公司等二级单位进行财务收支审计，为油田考核单位提供了可靠依据等。

（李青山）

涉外审计

【概述】 2016 年，为落实国务院国资委加强境外资产监管的要求，审计部门切实加大对海外投资业务和资产的审计力度，全年开展涉外审计 11 项，有效防范了境外企业的经营风险，维护了境外国有资产的安全、完整和有效。

（李青山）

【总部组织实施的涉外审计】 根据国务院国资委加强境外资产监管的要求，结合公司国际化战略部署，总部进一步加大对涉外业务及资产的审计监督。2016 年，总部对 11 家境外企业开展经济责任审计，并结合经济责任审计开展决策风险管控情况的专项审计，揭示了会计核算、风险管理等方面存在的问题，认真分析原因，并提出针对性整改建议。同时，总部参加了中沙石化、福建联合石化公司股东方联合审计，揭示了企业面临的各种风险和问题，维护了股东方权益。境外审计工作不仅揭示反映了境外业务管理中存在的不足，防范了经营风险，维护了境外国有资产的安全、完整和有效，而且为党组加强境外投资的科学决策发挥了很好的参谋助手作用，扩大了审计效果。

（李青山）

【企业组织实施的涉外审计】 企业审计部门进一步加大境外企业或项目的审计监督，促进了海外市场的持续健康发展。国勘公司对埃及公司首次实施股东审计，促使合作方同意审减不合理支出；石油工程公司、炼化工程公司、国际事业公司分别对相关海外项目进行财务收支或管理和效益审计，把揭示问题与分析不足、总结经验相结合，为海外项目的顺利实施发挥了参谋作用；润滑油公司、天然气分公司等企业积极开展对合资公司的审计，有力维护了公司权益。

此外，为了促进企业加强管理，2016 年，全系统审计部门围绕公司管理的重点环节，开展其他审计项目 144 项，进一步规范了企业的各项管理工作。

（李青山）

审计基础管理

【概述】 2016 年，审计部门积极适应新形势、落实新要求，以制度创新强管理，以主动求变促发展，着力推进审计管理上层次、提水平。

（李青山）

【研究制发“十三五”审计工作发展规划】 2016 年，总部研究制发了集团公司“十三五”审计工作发展规划，提出全面实现“国内领先、国际一流”的目标愿景和“审计体制机制先进、审计监督品质高端、审计管理规范高效、审计队伍素质优良、审计环境和谐良好”5 个具体目标，并大力加强对规划的宣贯工作。

（李青山）

【大力推进依法依规和科学审计的落实】 2016 年，总部制定了《审计项目质量责任追究办法》《企业审计工作考核暂行办法》《审计工作重大事项报告制度》等。同时通过举办审计制度业务竞赛、审计人员分类培训、加强现场督导，以及强化“三级”审理责任，推动依法依规和科学审计有效落实。

（李青山）

【创新组织管理】 2016 年，总部全面推开审计分局专业处室设置试点工作和规范审计业务岗位设置工作；积极落实审计业务“双重管理”责任，加大对企业审计工作的调研指导；扎实推进信息化审计手段的提升和深度应用，公司信息化工作获中国内审协会内部审计信息化优秀成果奖和集团公司“十二五”信息化应用优秀成果奖。

（李青山）

【加强审计队伍建设】 2016 年，总部认真贯彻落实集团公司党建工作会议精神，积极探索党建工作与审计业务有效融合的方法和途径；举办各类培训班 7 期，培训 600 多人(次)；开展优秀审计项目评审和审计理论研讨活动，多篇审计论文在中国内部审计协会优秀审计论文评比中获奖。

（李青山）

【监管部门协作配合更加顺畅】 2016 年，审计部门一方面通过审计联席会议平台，建立更加顺畅的信息交流、成果共享的常态化机制；另一方面与纪检监察、党组巡视组等建立更加紧密和规范的审计问题线索、审计问责建议移送查处机制，并积极配合开展对有关案件及信访件的检查核实工作等。各直属企业也采用多种形式进一步加强部门间的协同配合工作机制，内部监管合力明显提升。

（李青山）

其 他 工 作

【协调配合国家审计署和国务院监事会的审计检查工作】 2016 年，国家审计署下发关于做好审计查出问题整改情况报告工作的通知，国务院监事会对 34 家企业开展调研和检查。按照党组领导的要求，审计部门把问题整改和迎检工作作为重中之重，周密部署，认真整改存在的问题，全力配合现场检查，积极营造良好环境，切实加强日常沟通和协调，维护了公司的良好形象。

（李青山）

纪检监察

综　　述

2016 年，在以习近平为核心的中共中央坚强领导下，按照中央纪委、国务院国资委党委部署，集团公司党组和各级党组织切实担负起管党治党政治责任，牢固树立“四个意识”，坚定不移推进全面从严治党各项工作，党风廉洁建设和反腐败工作取得新成效。

（杨军山）

落实党风廉洁建设责任

【概述】 2016 年，集团公司各级党组织认真学习贯彻党的十八届六中全会和全国国有企业党的建设工作会议精神，自觉增强政治意识、大局意识、核心意识、看齐意识，特别是核心意识、看齐意识，在思想上、政治上、行动上与以习近平为核心的党中央保持高度一致，党委全面履行党风廉洁建设主体责任；纪检监察机构强化监督执纪问责，确保党风廉洁建设和反腐败工作持续推进，不断深化。自觉从思想上、政治上、行动上向党中央看齐。坚持以上率下、以学促做，认真开展“两学一做”学习教育，着力打造“四讲四有”党员队伍，形成了把中国石化打造成为践行习近平总书记治国理政新理念新思想新战略重要阵地的广泛共识。落实新形势下党内政治生活若干准则和党内监督条例，各级领导班子成员特别是党组同志带头讲党课、参加双重组织生活，积极开展批评和自我批评，敢于亮剑、坦诚交心，红脸出汗、咬耳扯袖成为常态，党内政治生活状况明显好转。管党治党制度进一步完善。党组制定印发“1 + 7”党建工作制度，明确了党建工作目标任务、具体措施。修订集团公司章程和“三重一大”决策制度，把加强党的领导和完善公司治理有机统一起来。健全完善领导人员选拔任用、监督检查等制度，规范了选人用人和干部监督工作。压实党风廉洁建设责任。党组与直属单位党委签订党风廉洁建设责任书，集中听取 11 家单位党委书记抓党建工作述职，对 132 家单位党建工作进行考核。各级党委书记、纪委书记同下级领导班子负责人开展党风廉洁约谈，直属单位纪委书记对所在班子成员党风廉洁情况进行“画像”。全年共查处落实“两个责任”不力问题 76 起，处理领导人员 157 人。

（杨军山）

作 风 建 设

【概述】 2016 年，总部机关和各单位进一步从严从紧落实中央“八项规定”精神和党组新修订的实施细则，抓住重要时间节点连续发禁令、打招呼；加大违反中央“八项规定”精神问题查处和曝光力度，通过严抓严管，在“常”“长”上下功夫，进一步树立了新风正气。

部署开展“四风”问题整治情况“回头看”，各直属单位认真进行“四风”问题自查自纠和整改落实。

集团公司出台并实施公务用车改革方案，公务用车改革迈出新步伐。每逢重大节日，集团公司都严明纪律、重申要求，持续释放严抓严管的强烈信号，全系统共开展专项治理324次，强化了知止不敢的氛围。加大查处曝光力度，共查处违反中央“八项规定”精神问题40起，69人受到党纪政纪处分，56人受到组织处理；党组和纪检组印发通报7期，对36起117人违反中央“八项规定”精神问题进行曝光，增强了震慑效应。

（杨军山）

纪律审查

【概述】 2016年，全系统共受理信访举报4 583件（含重复件1 133件，非检举控告类592件），其中党组纪检组、监察局受理2 302件；处置问题线索2 568件。共实施教育提醒谈话1.93万人次、诫勉谈话858人次、函询341人次。立案728件，其中大案要案203件；245人受到组织处理，871人受到党纪政纪处分，106人受到刑事处理。坚持抓早抓小、治病救人，党组主要领导先后在直属单位党委书记“两学一做”学习教育培训班、新任职党政正职培训班上讲专题党课，代表党组对贯彻落实习近平总书记治国理政新理念新思想新战略、落实管党治党责任、严守党的政治纪律和政治规矩严肃提出要求，体现对领导人员的关心厚爱。围绕实践运用好监督执纪“四种形态”，召开直属单位纪委书记座谈会，学习贯彻中央纪委副书记杨晓渡讲话精神，加深对“四种形态”的理解，对纪检监察系统实践运用“四种形态”做出部署，6家单位纪委书记交流发言，各直属单位纪检监察机构负责人180多人参加会议，推动了“四种形态”的落实。党组纪检组严格按照5类处置方式处理信访举报，规范处置问题线索，加大执纪审查力度。依纪依法开展审理工作，提高审理工作质量。

（杨军山）

党组巡视

【概述】 2016年，党组派出6个巡视组开展6轮巡视，对30家单位的186名领导人员进行巡视。通过巡视发现各类问题506个、各级干部线索442条，提出意见建议156条。

对3家巡视整改不力的单位开展“回头看”。在全系统开展领导人员住房问题专项巡视。党组书记王玉普带领全体党组成员集体约谈18家被巡视单位党政主要负责人、纪委书记和总会计师，直指问题、点名批评、严格要求，起到了红脸出汗、敲打提醒、督促整改提升的效果。党组巡视反馈意见一针见血，传导压力和责任。被巡视单位认真整改，处理追究相关人员，党纪政纪处分35人，诫勉谈话、组织处理96人，批评教育83人。

（杨军山）

反腐倡廉教育

【概述】 2016年，全系统共组织反腐倡廉教育1.48万余次，54.6万余人次受到教育。其中，组织学习集团公司廉洁从业先进典型活动3 050场次，21.6万余人参加；开展党规党纪教育1.28万余次；直属单位主要领导讲反腐倡廉党课1 441次，11.4万余人参加，进一步筑牢领导人员拒腐防变的思想防线。

开展廉洁从业敢于担当优秀领导人员评选活动，党组表彰了11名优秀领导人员。在胜利油田、中原油田、金陵石化、广州石化举办先进典型事迹巡回报告会，4 400名党员干部现场听取先进事迹。认真开展警示教育，组织收看《永远在路上》《打铁还需自身硬》等电视专题片。编发《职工违纪违法典型案例警示录》，增强了廉洁从业意识。

（杨军山）

重点领域和关键环节监督

【概述】 2016年，集团公司各级纪检监察机构坚持围绕中心，服务大局，加强对重点领域和关键环节的监督，积极推进专项治理工作，不断规范权力运行，进一步铲除滋生腐败的土壤和条件，为规范经营发挥了积极促进作用。

强化效能监察和业务公开工作。总部和直属单位开展效能监察613项，避免和挽回损失1.69亿元。继续对中天合创煤化工等项目实施派驻督察和重点督察，发现问题154个。业务公开工作查实问题818个，处理174人。继续开展领导人员亲属做中国石化生意问题整改工作。对全系统副科级以上领导人员亲属经商办企业与中国石化发生业务往来情况进行调查统计，8.24万人填报登记，对44名党组管理的领导人员涉及问题进行了核查。

（杨军山）

基 础 工 作

【概述】 2016 年，集团公司继续深化“三转”，积极推动纪律检查体制机制改革，加强纪检监察干部队伍建设，认真开展“两学一做”学习教育，纪检监察监督的针对性和有效性得到提高，队伍的履职能力和作风得到改善。

制定印发纪委书记、副书记提名考察办法，直属单位纪委会同组织部门提名考察纪委书记 105 人、纪委副书记 37 人。举办直属单位纪委书记、副书记、监察处长培训班和纪检监察各类业务培训班，1 300人次参加培训，提升了纪检监察干部队伍的能力素质。

（杨军山）

矿区（社区）建设

◇ 综述

◇ 分离移交企业办社会职能

◇ 经营管理

◇ 社区建设

◇ 民生工程建设

综　述

2016 年，矿区(社区)板块坚持以改革发展为中心，紧紧围绕“打好三大战役，做好服务保障”，务实求进，主动作为，扎实推进企业办社会职能分离移交，持续推动经营业务提质增效，不断完善管理体制机制，积极服务和保障民生，各项工作取得明显成效。

矿区(社区)体制机制调整不断深化。紧密结合分离移交工作进展，强化矿区(社区)专业管理，理顺管理与服务职能，优化管理层级，控制用工总量，积极推动管理体制“瘦身减负”，社区管理更加精干高效。胜利油田合理设置管理架构和组织机构，社区三级、四级单位由 423 个整合为 97 个、优化 77.1%，机关科室及直属单位由 138 个调整为 108 个、优化 21.7%，各级管理人员优化 20.2%。河南油田归并机关科室 45 个、基层单位 77 个，同比分别优化 46% 和 53%。中原油田将 10 个社区管理中心整合为 5 个，撤销全部 122 个四级单位，社区系统各类机构优化 60.8%，管理人员优化 21.8%，实现机构数量压缩、管理层级减少、工作更加高效、服务更加专业；同时，将物业服务、维修业务从社区机构剥离，成立物业服务中心和维修服务中心，实行专业整合、优化配置、集中管理，为下步专业化公司改造创造了条件。

生产生活保障持续给力。强化精细化管理和专业化发展，优化生产组织，抓好平稳运行。经营业务全年供水 1.75 亿立方米，超计划 4.92%；供电 99.71 亿千瓦 · 时，超计划 3.52%；货运量 340 万吨，超计划 21.43%。社区业务全年供水 1.12 亿立方米，超计划 2.98%；供电 12.8 亿千瓦 · 时，超计划 4.41%；供暖面积 6 300 万平方米，完成年计划的 99.38%；物业服务面积 7 169 万平方米，完成年计划的 98.35%。除供暖和物业服务因分离移交工作量有所减少外，其他指标均超额完成，生产经营计划运行良好，为完成板块效益指标奠定了基础。

投资计划管理持续优化。坚持以发展质量和效益为中心，强化投资计划管控，统筹优化生产经营、安全环保、分离移交和老旧小区综合治理投入，严控投资规模，扎实开展项目管理前期论证和后评价工作，优先安排有效益的经营项目，更加突出民生工程，保证隐患治理，全年完成投资 22.38 亿元，优化投资 7.58 亿元，年度投资规模得到有效控制，投资效益有效提升。

财务运行管理持续加强。进一步增强财务预算的针对性和指导性，建立预算指标倒逼机制。加强财务运行指标管控，开展经济活动分析，查找差异，督促落实，及时纠偏。强化全员成本目标管理，每季度对成本费用进行通报激励，努力增收节支。2016 年，油田企业实现收入 259 亿元，亏损 26.7 亿元，比年初预算减亏 1.6 亿元，比上年同口径减亏 2.1 亿元；管理运行费用 15.3 亿元，比预算节约 0.99 亿元，同比下降 2.1 亿元；生产运行费用 20.3 亿元，比预算节约 0.25 亿元，下降 0.39 亿元；销售运行费用 2 亿元，控制在年度指标之内，各项费用指标控制良好。

安全环保管理持续强化。立足源头预防，全面分解落实安全生产主体责任，夯实安全管理基础。加强安全风险管控，开展矿区(社区)重大安全风险排查评估，组织节日期间和年度安全大检查，安全隐患专项治理完成 90%，实现全年安全无事故。强化源头管控，开展矿区(社区)生活污水处理隐患排查和整治，“碧水蓝天”环保专项全部完成。推进节能减排，“能效倍增”项目按期完成，工业万元产值综合能耗、工业综合能源消费量均控制在目标进度之内。

扭亏脱困初见成效。按照集团公司困难企业专项治理工作统一部署和要求，8 家油田存续企业在转变观念、优化挖潜、创新驱动、强化管理等方面出实招、见实效，在剔除政策性影响因素后，3 家单位实现考核盈利，3 家单位实现经营业务整体盈利，为实现扭亏脱困目标打下良好基础。

社区信息化建设全面推进。加快矿区(社区)管理信息系统一期试点工作，完成基础服务支持、公有房租赁管理、物业管理、社区服务网站、呼叫中心、收费管理 6 个子系统开发工作，以信息化手段提升社区管理水平，2016 年社区服务满意率达 92%。各企业结合自身特点推进智慧社区建设，培育“互联网 + ”社区服务新业态。“胜利管家”“幸福中原”、燕山石化“星生活”等手机 APP 平台的建立，不仅能够高效完成缴费、维修等传统物业工作，还可以开展社区 O2O 增值服务，实现家政、团购、周边商铺等电子商务功能，让居民享受到实实在在的便捷和实惠。

(孟凡密)

分离移交企业办社会职能

【概述】 2016 年，国务院国资委全面启动国有企业职工家属区“三供一业”分离移交工作，涉及中国石化69家企业、80余万户居民。其中，供水75万户，供电85万户，供气51万户，供热67万户、供热面积6 405万平方米(含非供热区域15家企业15万户)，物业服务75万户、物业面积6 352万平方米，维修改造资金247亿元。集团公司按照“抓住机遇、把握政策，全面启动、加快推进”的总体思路，从系统研究政策、强化顶层设计、完善配套政策、落实年度计划、严格工作督导等环节入手，不断加大力度、加快节奏。先后制定出台《中国石化分离移交“四供一业”及其他办社会职能工作操作流程》《中国石化分离移交“四供一业”及其他办社会职能项目资金安排意见》《中国石化“四供一业”分离移交项目有关事项处理意见(暂行)》和《“四供一业”分离移交会计处理规定(暂行)》4个配套办法，编制了“1+5”工作方案(即“四供一业”分离移交工作方案和供水、供电、供气、供热、物业服务5个分方案)，并成立5个专业工作组，为加快推进分离移交提供了政策依据、操作标准和组织保障。

(汪海洋)

【企业办社会职能分离移交取得实质性进展】 组织召开分离移交工作推进会，先后深入驻豫、湘、渝等10个省市的17家企业调研、督导和对接，宣讲移交政策，协调解决问题，督促企业转变观念、加快节奏。全年完成89个“四供一业”分离移交项目框架协议签订，涉及供水26项、20.98万户，供电28项、12.46万户，供气15项、17.03万户，供暖18项、6.06万户，物业2项、1 670户。稳步推进物业专业化公司改造和管理权移交试点，在燕山石化试点物业服务专业化公司改造，星城物业成功转制为中燕物业管理有限公司，实行管服分离、自主经营、自负盈亏，2016年实现扭亏为盈。在抚顺石油化工研究院推进物业管理权移交试点工作，在接收主体、住房维修资金、改造范围、改造标准、平稳过渡等方面破解了难题，积累了经验。其他办社会职能方面，按照“成熟一项、移交一项”的原则稳步推进。河南油田、江苏油田、洛阳石化、齐鲁石化等企业市政道路、污水处理、垃圾清运、固话网络等业务已批复实施方案，齐鲁石化签订了职业教育学院移交意向协议，胜利油田签订了物探医院、幼儿园移交框架协议。全年落实国有资本经营预算补助2.33亿元、集团公司补助1.21亿元。

(汪海洋)

经营管理

【概述】 集团公司矿区(社区)经营业务主要包括供(产)水、供电、发电、通信、仓储物流、产品生产、商品贸易、宾馆酒店、住房建设、工程服务、租赁、劳务输出等16类业务。截至2016年底，用工1.96万人，其中正式职工1.74万人；资产总额192.20亿元。2016年，经营业务实现收入192.61亿元，连续2年保持总体盈利。经营业务亏损企业从2012年矿区(社区)管理部组建时的5家减少到1家，为下步统筹存续经营业务奠定基础。

(杨思湘)

【经营业务统筹优化取得成效】 紧紧围绕优化经营业务结构，增强创效增效能力，开展经营业务提质增效专题调研和宾馆酒店专项调研，根据与主业关联度，进一步梳理现有经营业务，细化“四个一批”经营策略，提出一体化管理、专业发展、拾遗补缺、优化盘活、退出处置5条具体路径。编制完成油田存续企业经营业务优化结构提质增效实施意见，按照“四个一批、五条路径”对号入座，分类施策，初步明确经营业务发展定位和发展思路。按照国务院国资委要求，组织开展培训疗养机构专项核查，掌握了27家企业、46个培训疗养机构基本情况，编制完成培训疗养机构改革实施方案(预案)，待国务院国资委批复后，编制正式方案稳妥实施。

(杨思湘)

【做优做强一批主要业务】 对生产水电供应业务加大投入力度，加快资质申报与升级，积极拓展外部市场，培育规模优势和市场竞争力。胜利油田、河南油田争取到大用户直购电交易，河南水电厂成功承揽国家电网、南水北调工程供电保障服务业务，胜利供水扩大地方供水业务市场、开拓兄弟单位水质检测市场，创效活力明显增强，实现保发保供保效。

(杨思湘)

【做精做优一批零星业务】 主动承揽信息技术服务、二氧化碳资源综合利用、油气技术服务、后勤餐饮等主业缝隙市场业务，发挥技术专长，打造服务品牌。中原油田、河南油田、江汉油田3家通信单位与石化盈科，管道储运公司与彩生活集团分别签订战略合作协议。召开二氧化碳回收利用交流会，推广“华东—南化”合作模式。中原油田紧跟油气主业发展，承揽服务保障项目172项，合同总额达5.09亿元。江苏紫京集团进入地方高端物业服务市场，实现收入1.8亿元。

（杨思湘）

【盘活一批存量资产】 根据企业类别与土地、房产属性，分类推进资源优化整合。编制矿区（社区）自有产品目录和推广手册，通过拓展产品销路，促进农业用地利用。胜利油田、管道储运公司等企业挖掘资产潜力，促进商业用地利用。探索合资合作盘活存量资产，江汉油田、江苏油田积极推进“易捷进社区”，管道储运公司“易捷社区店”开业，产生良好的经济效益。

（杨思湘）

【退出一批业务与资产】 坚决退出一批与主业关联度小、扭亏无望的业务，对低效无效资产进行规范处置。胜利油田、江苏油田等单位处置无利用价值、长期处于失控状态的土地。华东石油局明确了试采大队、六普大队、华扬试采公司和六物大队等法人注销工作时间节点和责任主体。胜利油田、江苏油田逐步退出客运、井场搬迁等运输业务，同比减亏3 589万元。

（杨思湘）

社区建设

【概述】 集团公司矿区（社区）业务主要包括物业、水电气暖供应、市政、文化体育、宣传培训、医疗卫生、托幼、社区社保等服务业务。截至2016年底，社区业务从业人员共5.56万人，其中正式职工3.55万人。矿区（社区）直接从事物业服务和管理业务的居民小区830个，服务住宅物业面积6 061万平方米，服务居民213万人。管理职工住房2.7万栋、80.89万套。管理的公园共80个、面积412.21万平方米，广场98个、面积136.11万平方米，市政道路146.55万米、面积1 348.76万平方米，非工业污水处理站24个；共设有市政监察队15个、居委会262个；管理的文体设施场所共494个，面积114.66万平方米；直接承办和管理的幼儿园147个，在园幼儿数3万人；管理和服务的非在职群体64万人；管理离退休活动场所735个、58.25万平方米。直属企业共有医疗卫生服务机构166个，其中医院47所。

（刘　琳）

【持续推进文明和谐示范小区创建】 以文明和谐示范小区创建为抓手，以建设平安幸福、真情服务、环境优美、健康快乐、文明和谐的“五型社区”为目标，修订完善《中国石化文明和谐示范小区创建管理办法》，增加市场化、社会化的创建内容，深化社区党建工作和社区文化建设，提升了矿区（社区）管理水平和服务质量，改善了居民的生活环境，增强了员工群众的获得感。组织开展2015—2016年度的创建验收评审，共评出60个4 A级和21个5 A级文明和谐示范小区。同时，引导企业参加国家、地方开展的全国安全社区、全国物业管理示范住宅小区等评比活动，洛阳石化获评国际安全社区。截至2016年底，集团公司4A级、5A级示范小区总数达224个，占自管小区总数的28%，共有6家企业社区获评全国安全社区、52个小区获得国家级物业管理示范小区称号。

（刘　琳）

【持续加强绿化管理】 集团公司始终秉承绿色发展理念，广泛宣传、普及绿化知识，营造爱绿、植绿、护绿的良好氛围。大力倡导科学绿化、科技兴绿，组织开展绿化研讨，抓好老旧小区改扩建配套绿化工程及社区配套改造绿化建设，打造绿色文明社区，用“绿色品质”提升“社区气质”。2016年，中国石化有44万人参与义务植树活动，义务植树尽责率达98%；新增绿地317万平方米，绿化总面积2万公顷，绿化覆盖率35%；有15家单位被授予全国绿化模范单位、全国绿化先进集体称号。

（刘　琳）

民生工程建设

【老旧小区综合治理成效显著】 截至2016年底，集团公司老旧小区综合治理共投入36.6亿元，累计开工改造老旧小区503个，完成327个，改造道路220万平方米、场地绿化398万平方米、外墙出新364万平方米、新增停车位8.9万个，老旧小区面貌得到改善，为分离移交创造了良好条件。其中，2016年投入5.96亿元，包括投资4.84亿元、费用1.12亿元。

（龙新文）

【全面落实棚户区改造任务】 全年开工、续建棚改项目5个，建设安置房12 126套。截至2016年12月，累计完成棚改项目11个，竣工交付安置房

12 436套，平稳有序完成 9 684 户的回迁安置任务。全年落实中央企业棚户区改造配套设施建设补助资金 1.5 亿元。

（黄　萍）

【加强和规范职工自住房建设管理】 切实加强和规范自住房建设管理，2016 年新开集资房、公租房、限价商品房、定向商品房等各类住房建设 6 993套，竣工交付 13 589 套，职工住房条件持续改善，提升了职工的幸福指数，传递了党组的关怀和温暖。

（黄　萍）

企业党建与企业文化

◇ 企业党建

综述

党建工作

群团工作

◇ 企业文化

综述

思想教育工作

企业文化建设

新闻宣传工作

品牌建设

社会公益

企业党建

综　　述

2016年，集团公司认真贯彻落实全国国有企业党的建设工作会议精神及中央组织部、国务院国资委党委工作安排，毫不动摇坚持党的领导，从严从实加强党的建设，坚持思想建党与制度治党相结合，坚持加强党的领导与完善公司治理相统一，坚持党建工作与生产经营相融合，坚持抓基层打基础，充分发挥各级党组织把方向、管大局、保落实的重要作用和党员的先锋模范作用，为中国石化持续健康发展提供了坚强保证，实现"十三五"良好开局。

（黄明昌）

党建工作

【扎实开展"两学一做"学习教育】 按照中央统一部署，集团公司牢牢把握"两学一做"学习教育要求，以"学"打基础，以"做"抓落实，以"促"提实效，确保高标准起步、高质量开展、高效率运行，整体呈现良好态势，取得重要阶段性成果，党员领导干部政治意识、大局意识、核心意识、看齐意识得到增强，广大党员对合格党员标准认识更加明确，"三会一课"等党的组织生活制度得到加强和规范，全面从严治党向基层延伸迈出坚实步伐，有力推动了改革发展稳定各项工作。①抓住"关键少数"，以上率下推动开展。党组示范带动，集中学习9次、专题研讨4次。2016年4月29日，党组书记王玉普在动员部署视频会上为全系统1.3万名党员干部讲授党课。党组成员在分管领域讲授党课8场次。各级党员领导干部累计开展学习研讨15万余次，讲授党课9万余场次，建立联系点2.5万余个。②把握关键环节，加强领导统筹推进。学习教育领导小组3次专题研究，从5个层面、7个领域聚焦突出问题，制定了体现石化特色和工作实际的实施方案；4次听取汇报，对重点工作、关键环节做出精心部署。通过组织召开例会、排出运行大表、细化阶段安排、印发有关通知、举办专题培训、设立专题网站、编印工作简报等方式，抓好组织协调，加强分类指导。③开展全覆盖督导，压实各级主体责任。成立8个调研督导组，开展2轮次、全覆盖的督导工作。累计赴企业召开座谈会200余场，个别谈话2 000余人，随机抽查党支部（党小组）700余个，提出整改意见近800条。召开5个片区座谈会，全面了解进展情况、交流经验做法。将学习教育纳入2016年度党建考核，以考核倒逼责任落实。④发挥典型引路示范效应，加强宣传营造氛围。追授抗洪铁人陈鹏龙优秀共产党员称号，邀请焦守云做《我的父亲焦裕禄》专题报告，开展大型专题片《永远在路上》座谈讨论，充分发挥"两面镜子"作用。统筹优质学习资源，通过远程培训组织党员干部在线学习116万人次、64.3万学时。征集、推广专题微党课132篇。"石化党员""青春石化"微信公众号推送学习资料50期，品读党章58期，线上学习5期，8.9万人次参与学习答题。

（刘仁俊）

【组织召开全系统党建工作会议】 2016年6月28—29日，集团公司党组召开全系统党建工作会议，深入学习贯彻习近平总书记系列重要讲话精神，对集团公司党建工作进行全面安排部署，推动全面从严治党要求在中国石化落实落地。会议充分体现了党组毫不动摇坚持党的领导的政治自觉，充分展示了从严从实抓好党建工作的强烈责任担当，充分彰显了实事求是的思想作风，指明了方向，传递了压力，激发了动力，增强了信心。与会全体党员重温了入党誓词，25个党组织做经验交流。经会议讨论完善后下发的《关于落实全面从严治党要求进一步加强企业党建工作的实施意见》等8项党建工作制度，连同出台的党组、党委和基层党支部3个层面的工作规则，初步构成了具有中国石化特色的党建工作制度体系。

（黄明昌）

【表彰先进党组织和个人】 在隆重庆祝中国共产党成立95周年之际，集团公司党组表彰一批先进党组织和个人：授予胜利石油管理局党委等10个直属单位党委先进党委称号，授予燕山石化炼油一厂党委等207个基层党组织先进基层党组织称号，表彰11名廉洁从业敢于担当优秀领导人员，授予北京石油分公司云志强等407人优秀共产党员称号，授予石油化工科学研究院夏国富等205人优秀党务工作者称号。

（黄明昌）

【推行党组织书记抓党建工作述职评议】 按照中央组织部和国务院国资委党委关于在中央企业开展抓党建述职评议工作的部署要求，制定下发《直属单位党委书记抓党建工作述职评议办法（试行）》，规定了年度述职、考核述职、集中述职、抽查述职4种方式，明确程序步骤，细化结果运用，推动开展各级党委书记就抓党建工作情况向上级党组织述职，接受评议考核。2016 年 11 月 23—24 日，召开直属单位党委书记述职评议会，党组集中听取 11 家直属单位党委书记抓党建工作述职，当场提问，党组书记逐一点评，充分肯定成绩，严肃指出问题，提出整改要求，传递了压力和责任。

（黄明昌）

【持续开展全系统党建工作考核】 连续第 3 年开展覆盖全系统的党建考核。2016 年 12 月 5—23 日，从所属企业抽调 140 余人组成 20 个考核组，经过集中培训后，对全系统 132 个直属单位的党建工作进行年度考核，并把党委书记述职评议作为党建考核的重要环节，接受考核组和所在单位干部员工代表的双重测评。党建考核结果分为 A、B、C、D 共 4 档，以书面形式反馈被考核单位限期整改，纳入各单位领导班子绩效考核，并与干部使用、约谈问责、评先选优等挂钩。

（黄明昌）

【推进党建工作总体要求纳入集团公司章程】 将党建工作总体要求写入《中国石油化工集团公司章程》，落实党组织在公司法人治理结构中的法定地位。在总则中增加制定章程的依据，明确党建工作机构设置、人员和经费保障；专设“党组”一章，明确功能定位、职责任务和党建工作责任分工，界定党组与董事会、经理层、监事会的关系，明确党组研究讨论是董事会决策重大问题的前置程序。

（黄明昌）

【基层党组织书记和党务干部培训】 举办 4 期贯彻落实集团公司党建工作会议精神专题培训班，其中直属单位新任党委书记、党建部门负责人各 1 期，基层党支部书记 2 期，合计培训 460 余人次。同时，把会议精神和制度要求纳入新进直属单位班子成员等培训班的培训内容。

（黄明昌）

【党建重大课题研究】 《中国石化在深化改革中坚持党的领导加强党的建设若干重要问题研究》获全国党建研究会国企党建专委会优秀课题成果一等奖。

（黄明昌）

【加强和规范全系统统战工作】 按照中央统战工作领导小组通知要求，开展集团公司统战工作调研自查并迎检。逐条对照中央统战工作领导小组调研检查意见，制定集团公司统战工作整改措施。

（李雪慧）

【创办“机关讲堂”】 面向总部机关全体党员群众，每月组织 1 次“机关讲堂”，解决支部学习形式单调、内容单一、师资力量欠缺等问题。2016 年共举办“机关讲堂”9 期，涉及中央新精神、革命传统、发展规划、行业发展趋势等主题，受到机关党员干部的普遍欢迎。近万人次通过“机关讲堂”受到教育，带动了直属机关员工精神面貌的提升。

（李雪慧）

【推进总部机关门户改版】 在调研分析、征求意见基础上，制定总部机关门户改版方案，历经 5 次修改、3 次公开面向机关员工征求意见，完成改版工作。改版后突出传递中央和党组声音，突出服务机关工作，突出学习交流功能，致力将机关门户建设成为加强机关党建、促进机关建设的重要载体和有力阵地。

（李雪慧）

群 团 工 作

【民主管理】 加强职代会制度建设，将关于直属单位职代会提案征集情况的汇报以及典型提案汇编报送职工董事，作为履行职工董事职责时的参考；召开直属单位民主管理现场集中督导交流调研，通过经验交流、现场观摩，促进企业提高民主管理水平。全系统各直属单位共征集职代会提案 5 938 件，立案 3 151 件，涉及生产经营、改革发展、企业管理、薪酬分配、生活福利、安全生产、和谐建设等方面。指导石油工程公司河南、江苏地区公司整合重组方案履行民主程序，确保改革中民主程序落实。注重源头参与，参加规范职工休假疗养工作，保障职工带薪年休假权益。

（谢梓峰）

【走访活动】 开展各级干部“走基层、访万家”活动，充分发挥群团组织桥梁纽带作用，营造了和谐稳定的发展环境。各级干部累计走访 4 万多个班组、50 多万名员工，解决实际问题 3 万余个，帮扶救助困难职工 5 万余人次。青工委组织开展“走基层、访青年、寻找最美青工”工作，全系统 2 万余名团干部走访一线青工 23. 8 万人次，走访基层支部近万个、青年小组790个，解决实际问题上万件，寻找和选树各级各类“最美青工”1.3万余名。

（谢梓峰　王　彬）

【主题劳动竞赛】　在全系统组织开展“当好‘主力军’、奉献在岗位、建功‘十三五’”主题劳动竞赛。各单位围绕生产经营建设重点和难点，协同生产经营管理部门，结合年度绩效考核指标，确定主题劳动竞赛关键指标，注重与已开展劳动竞赛的有效衔接，普遍开展多形式、多主题、多专题、多层级主题劳动竞赛；不断创新载体和内容，在创效增效、群众性创新、班组建设、宣传引导4个方面取得明显成效，评选出29个优秀案例、11个提名案例，得到职工群众和生产管理部门的普遍认可，促进了提质增效升级中心目标任务的完成。

（谢梓峰）

【文体工作】　成立中国石化“朝阳”文艺志愿服务团，整合音乐、舞蹈、书法、美术、摄影、作家等文艺人才资源，组织赴重庆涪陵页岩气田等集团公司重点建设工程项目基地，开展文艺志愿服务活动。首次评选中国石化职工音乐家、职工舞蹈家、职工书法家、职工美术家、优秀运动员、教练员、裁判员等职工文体活动先进300余人，发挥示范带动作用。举办中国石化2016年新春团拜会、职工乒乓球邀请赛、桥牌邀请赛、第9届职工文艺录像调演、机关趣味运动会，丰富职工文化体育生活。

坚持重心下移、力量下沉，对接职工需求，开展职工喜闻乐见的群众文体活动，支持指导各类文体兴趣小组开展活动，让广大职工快乐工作、健康生活。举办总部机关春、秋两季健步走比赛，党组领导带头参加活动，总部机关36个部门和单位的4 000多名员工和家属积极参加比赛。

（谢梓峰　王　彬）

【团员青年政治轮训工作】　为贯彻落实党的群团工作会议精神，履行共青团组织的政治责任，青工委抓顶层设计，推广高桥石化政治轮训经验；抓示范带动，举办2期集团公司青年政治轮训示范班，培训学员303名；抓常态发展，在全国青少年井冈山革命传统教育基地建立中国石化青年思想政治教育基地。全系统共青团组织紧密结合企业生产经营实际，以青工政治轮训为抓手，进一步加强青年思想政治教育，强化团员青年的理想信念和责任担当。

（王　彬）

企业文化

综　　述

2016年，集团公司认真贯彻落实党中央、国务院国资委党委的方针政策，紧紧围绕集团公司中心工作和发展大局，坚持正确政治方向、舆论导向、新闻志向和价值取向，扎实开展宣传思想工作，各项工作取得明显成效。

（刘纯斌）

思想教育工作

【理论武装得到加强】　结合“两学一做”学习教育，以党委中心组、员工理论学习、党支部“三会一课”为载体，深入学习习近平总书记系列重要讲话精神，引导干部员工进一步增强政治意识、大局意识、核心意识和看齐意识，坚定中国特色社会主义道路自信、理论自信、制度自信、文化自信。坚持理论联系实际，把生产经营、改革发展、队伍建设等领域作为贯彻和实践党的理论创新成果的重要阵地，集团公司广大干部员工形成了“把中国石化打造成践行以习近平同志为核心的党中央治国理政新理念新思想新战略的重要阵地”的思想共识，坚定了在党的领导下推动中国石化持续健康发展的信心和决心。

（刘纯斌）

【教育引导扎实有效】　面对经济发展新常态和低油价的严峻挑战，集团公司深入开展以转变观念为主题的形势任务教育，通过编发宣传教育材料，组织宣讲、全员讨论等多种方式，教育引导员工知形势、明任务、转观念、提信心，干部员工的市场意识、服务意识、效益意识不断提升。注重人文关怀和心理疏导，在基层推广运用员工帮助计划（EAP），创新思想政治工作方式方法，引导员工正确对待改革，保持积极乐观平和心态。通过抓好教育引导，公司干部员工人心稳、信心足、干劲大，保持了高昂的精气神。油田企业围绕“战寒冬、求生存、谋发展”，积极调结构转方式、抓优化降成本；炼油、化工、销售企业加大市场开拓、结构调整、降本增效等工作力度，创造了良好的效益，成为集团公司的效益支柱；工程技术服务企业发挥整合优势，加大力度拓展外部市场，通过提高服务质量和水平，增强创效能力，减少了亏损。

（刘纯斌）

【典型选树宣传深入开展】 制定下发《中国石化先进典型选树宣传管理办法(试行)》，确保典型选树宣传工作的规范化和制度化。围绕集团公司改革发展和企业生产经营，先后大力宣传为石化事业奉献一生的老一辈科学家闵恩泽，忠于职守、舍生取义的抗洪英雄陈鹏龙，全国岗位学雷锋"最美人物"宋丽萍，全国岗位学雷锋标兵田明等一大批先进典型，开展了第 3 届"感动石化"人物、廉洁从业敢于担当优秀领导干部、文明服务示范窗口等先进评选活动，各类先进典型不断涌现，为基层干部员工树立了榜样和标杆。创新典型传播方式，以企业报刊、电视台和自媒体为平台，以道德讲堂和文化广场等为载体，大力宣传典型事迹，弘扬典型精神，在全系统营造了崇尚典型、学习先进的浓厚氛围。联合北京电影学院，以石化优秀领导干部为原型拍摄电影《逆境王牌》并送到基层，以艺术形式展现了党员干部敢于担当、严格管理的良好形象，放映 386 场，员工及家属 15 万人观影，受到广泛好评。

（刘纯斌）

企业文化建设

【深入推进企业文化核心价值理念传播】 加强媒体传播力度，进一步增强干部员工对核心价值理念的认知和认同，"中国石化为美好生活加油"的企业使命等核心价值理念深入人心。协调镇海炼化在中央企业精益管理文化交流会进行经验交流，成功举办中央企业践行社会主义核心价值观交流会，展示了中国石化企业文化建设的丰硕成果和员工良好的精神风貌。正式发布中国石化网上博物馆，进一步推动企业文化核心价值理念传播，用多媒体交互、虚拟现实等方式，全面展示中国石化发展历程及取得的成就，打造企业文化教育新阵地。《中国石化报》全年刊发企业文化类报道 600 余篇、优秀企业文化故事 48 篇，石化电视推出相关报道约 150 条次，有效推动了企业文化核心价值理念的传播和落地。与《企业文明》《企业文化》和《瞭望新闻周刊》等建立战略合作伙伴关系，积极对外推广中国石化企业文化理念。

（刘纯斌）

【进一步完善企业文化顶层设计】 结合集团公司发展环境变化和发展需要，在继承优良传统的基础上，坚持不断创新与发展，修订印发 2016 版《企业文化建设纲要》，进一步完善中国石化核心价值理念体系。同时，制定并完善《"十三五"企业文化建设专项规划》和 2016 版《企业文化建设纲要》宣贯实施方案，编印出版《中国石化企业文化故事集》1 万余册、《2017 年工作手册》20 万册，有序推进修订版纲要核心价值理念推广。

（刘纯斌）

【推动企业文化与生产经营深度融合】 持续推动专项文化建设，组织总部有关部门和部分企业召开专项文化建设研讨会。开展"我为生态文明献计策"和"深入开展生态文明示范企业建设"活动。指导规范基层企业文化建设，加强对直属单位企业文化建设工作的日常沟通与协调，对企业制定文化建设工作规划和举措提出意见建议，确保各单位企业文化建设在集团公司统一规划下进行，推动中国石化核心价值理念在直属单位落地。

（刘纯斌）

新闻宣传工作

【正面传播有声有色】 紧紧围绕集团公司重点工作，不断加大正面传播力度，形成正面舆论声势，营造了良好的发展环境。抓好对外传播，策划实施弘扬石油精神、三新阵地建设、庆祝建党 95 周年、涪陵页岩气田、高效环保芳烃成套技术获奖、延布炼厂投产、地热国际论坛等 18 次重大主题活动，形成正面舆论声势。邀请美国《华尔街日报》《彭博商业周刊》、法国《回声报》、荷兰《人民报》4 家知名国际媒体深入采访，用多个版面深度报道涪陵页岩气的成功开发，提升了中国石化的海外形象。各单位组织新闻发布会 150 余次，比上年翻一番；《人民日报》、新华社、中央电视台等权威媒体新闻报道 120 条次，同比增长 20%。全年各外部媒体刊发或转发有关中国石化正面报道 50 万篇，正面和中性报道比例达 93.8%，系统合力作用进一步显现，有力提升了中国石化社会形象。充分借力，邀请新华社内参记者赴多家企业现场采访调研，发出企业弘扬石油精神、消费税、油气管道安全等 6 篇新华社动态清样，相关建议得到有关中央政治局常委批示，直接服务公司生产经营。

（刘纯斌）

【负面舆情管控扎实有力】 将负面舆情管控作为企业领导班子年度绩效考核的重要内容，作为公司安全、环保、质量和维稳工作制度的重要内容，成为企业日常管理的一部分。优化舆情处置流程，坚持分级分类，力争“化危为机”、力求“化危为安”、力避“化危为险”。认真总结舆情危机应对的成功经验和有效措施，编制《舆情管理策略与实践》，促进了舆情危机管理的规范化、流程化和科学化，加快构建舆论引导新格局。中国石化负面舆情占比从2012年的42.6%降至2016年的6.2%，实现“五连降”。2016年，集团公司未发生一起重大或特别重大舆情危机事件，有效处置200余起舆情事件，维护了中国石化的声誉形象。

（刘纯斌）

【宣传合力得到加强】 以新媒体带动宣传思想工作的升级，推动报、刊、台、网、微博、微信的共融互通，坚持做到主动发声，互相配合，共同传播。集团公司按照横向到边、纵向到底的新媒体矩阵建设思路，打造中国石化官方微博、微信、客户端、头条号以及推特、脸书在内的“两微一端六平台两海外”的总部传播平台，各单位1 300余个官方新媒体账号运营活跃，形成“内宣＋外宣”“资讯＋服务”“官方＋民间”“国内＋海外”上下左右内外联动的新媒体格局。新媒体已成为中国石化主动回应关切、塑造形象、引导舆论、服务客户的重要平台。各单位积极推进传统媒体和新媒体融合发展，充分发挥传统媒体的主阵地优势，着力打造微博、微信客户端等新媒体平台，初步实现信息多元化供给，发挥了良好的舆论引导作用。

（刘纯斌）

品牌建设

【品牌建设取得突破】 落实中国石化品牌建设“十三五”规划，集团品牌和产品品牌管理双管齐下，品牌建设系统化得到加强。突出抓规划、抓管理，完成中国石化品牌战略规划，修订新版《中国石化品牌视觉形象规范管理系统》手册，制定《企业新媒体视觉识别Ⅵ规范》和《企业对外简称规范》，规范了石化品牌形象使用。抓好产品品牌规划，提出“单一主品牌＋少量优质子品牌”的品牌架构总原则，推动产品品牌建设。部分子品牌整合效果明显，长城润滑油等一批优秀子品牌的影响力不断提升，增强了用户对中国石化及其产品的认知和信任。

（刘纯斌）

【首次发布扶贫白皮书】 2016年，中国石化首次正式发布《中国石化精准扶贫白皮书(2002—2016)》，也是中央企业发布的首部精准扶贫白皮书。自1988年成立至2015年，中国石化共承担西藏、青海、江西、安徽、湖南、甘肃、新疆7个省(自治区、直辖市)11个县(市)的扶贫开发任务，先后选派75名扶贫挂职干部深入扶贫第一线。中国石化所属单位也相应承担着各级政府安排的定点扶贫等工作任务。1988—2015年，中国石化全系统累计投入扶贫资金11.61亿元。2002—2015年，中国石化累计投入对口支援资金3.39亿元，实施120个扶贫项目，并投入定点扶贫资金3.45亿元。同时发布中国石化首套公益标识。中国石化公益标识由中国石化标识和1个爱心丝带构成，象征着中国石化向社会奉献一片爱心，为美好生活加油的心愿。通过构建以品牌标识为核心的公益视觉规范体系，重点突出对外传播中统一的中国石化公益形象，应用于公益慈善、扶贫救灾、环境保护、社会服务、志愿服务、社区发展、海外公益等企业公益领域，体现中国石化“报国为民、造福人类”的责任品牌形象。

（刘纯斌）

社会公益

【志愿服务工作】 2016年，中国石化志愿者服务人数达80万人次，累计服务时长达150万小时。在全系统销售企业打造“公益学雷锋、爱心加油站”品牌；在全系统“百城万站”开展“爱心、贴心、舒心、暖心”便民志愿服务，参与服务的青年志愿者达16万余人，推动志愿服务工作品牌化、常态化；1万余座中国石化加油站、14余万名青年志愿者参与“爱心加油站”青年志愿服务活动。

（王　彬）

【健康快车】 2016年，“中国石化光明号”健康快车驶入河南洛阳、贵州安顺、四川资阳，免费治愈3 248名白内障患者。截至年底，健康快车共开进18个省的32个地区，停靠35站次，累计治愈贫困地区白内障患者38 046人。

（鉴　编）

【情暖驿站·满爱回家】 2016年，集团公司继续开展“情暖驿站·满爱回家——关爱春节返乡务工人员”大型公益活动，并在原有内容基础上进行升级。活动范围拓展至广东、广西和湖南3省，共218座加油站建立“情暖驿站”；免费服务由“6+X”升级为“1+10+X”；为务工人员提供1万个“爱心微红包”（1次免费加满油资格、1份摩托车意外驾乘险、1套安全保暖衣物、1份易捷福袋）；向微型面包车返乡车主提供免费加油项目，在韶关、茂名、河源3个市的4座加油站，为1 000辆返乡微型面包车免费加油。

（鉴　编）

【爱心加油站】 “爱心加油站”是中国石化的公益品牌项目，以加油站为服务窗口，专设爱心服务台，提供热水、茶包、小药箱等物品和服务项目。2016年10月，江苏石油分公司和江苏省住房城乡建设厅、江苏省总工会共同在南京市湖西街加油站举行中国石化爱心加油站——江苏环卫驿站启动仪式，标志着中国石化在江苏省13个市首批171座环卫驿站正式启用，将为环卫职工提供“洗洗脸、歇歇脚、暖暖身、乘乘凉、热热饭、充充电、看看报”等贴心服务。

（鉴　编）

【社会普法和法治宣传】 为支持社会普法、弘扬法治精神，中国石化连续5年向中国法律援助基金会累计捐赠1 000万元，为贫困地区困难群众提供法律援助服务。2016年，集团公司200多名“1+1”行动志愿者奔赴12个西部省(区、市)和新疆生产建设兵团的115个县(区)，开展法律援助服务，共办理各类法律援助案件6.5万多件，10万多人直接受益，为困难群众挽回经济损失39.17亿元，受援人满意度达99%；开展法制宣传讲座654场次，接待法律咨询7万余人次，化解社会矛盾6 753件，有力地弘扬了社会主义法治精神，维护了社会和谐稳定。

（鉴　编）

【服务农忙】 2016年，集团公司加强成品油资源统筹平衡，增加资源投放，周密组织资源供应，完善支农惠农政策，优化服务措施和项目，确保农忙时期农业用油稳定供应。

（鉴　编）

【抢险救灾】 2016年，中国石化金陵石化、高桥石化、仪征化纤和扬子石化积极参与“4·22靖江仓储点爆炸事故”救援行动。

（鉴　编）

【援藏援青】 2016年，集团公司投入援藏资金2 997万元，共实施扶贫项目8个，为提升当地经济社会发展水平和人民生活水平发挥扶持和促进作用。援青由对口支援茫崖行委调整为泽库县，并计划2016—2018年投入资金3 000万元，建设泽库县电子商务中心。

（鉴　编）

【定点扶贫】 2016年，集团公司在6个定点扶贫县共投入资金8 873万元，实施扶贫项目54个，切实培养当地经济社会发展的内生动力，改善生活质量，提升生活水平。其中，投入资金500万元实施甘肃东乡县农村供水改造工程，解决6个乡镇683户3 775人的饮水困难；投入资金870万元修建通村道路40千米；投入教育扶贫资金506万元。

（鉴　编）

新闻与出版

◇ 新闻媒体

◇ 图书出版

新闻媒体

【概述】 2016年，中国石化各媒体坚决贯彻集团公司党组工作部署，聚焦“转方式调结构、提质增效升级”工作主线，坚持“稳中求进、稳中有为”总基调和“两优三满意”总要求，重点围绕“三个转变”（平台优势向创新报道转变、做大阵地向做强传播转变、媒体相加向深度融合转变），坚定不移推进媒体融合发展，聚精会神做好新闻宣传服务，为中国石化的改革发展稳定营造了良好舆论氛围。全年各媒体期均发行量分别为：《中国石化报》12.30万份，《中国石化》杂志2.73万份，《车友报》周三刊41.37万份、周五刊38.85万份，《中国石化手机报》1.89万份。中国石化新闻网日均浏览量（PV）5万次左右。截至年底，石化新闻客户端累计下载量约5.6万人次。年内，“两微一端”（微博、微信和新闻客户端）入选中国产业报协会中国报业新媒体影响力排行榜“行业报50强”榜单。

（庞 炜）

【《中国石化报》】 2016年，《中国石化报》积极宣传贯彻集团公司年度工作会议精神，围绕转方式调结构、提质增效升级主题，开设《全力打赢转方式调结构攻坚战》《两学一做》《新闻故事》《石化名匠》等专栏，报道企业先进经验和做法并撰写评论文章，组织实施的重大专题报道包括：坚持从严治党，开展“两学一做”和落实党建两个责任；从严治企、弘扬石油精神和强化“三基”；迎战寒冬严细管理降本增效；安全环保和节能降耗；科技创新占领行业竞争制高点；第3届寻找“感动石化”人物、科技领军人物和基层一线员工典型人物等。配合总部各部门工作重点，推出专题服务。通过创新版式，实现图片、图表、漫画与新闻综述、新闻评论、新闻链接、编者按等有机结合，增强报道的深度与广度，增强版面的可读性与可视性。

《中国石化报》微信公众号注重从用户体验角度出发，以提升传播效果。基于微信社群传播的特质，以稳定现有用户群体为主要方式，实施以内容为导向，增强用户黏性的基本策略，将各层次区域用户中处于“意见领袖”位置的群体作为重点受众进行推广。微信图文转化率大幅提升，特别是在阅读量过千的文章数量、用户互动积极性等方面有较大进步。

（庞 炜）

【《中国石化》杂志】 2016年，《中国石化》杂志在编辑报道方式的创新上进行积极探索。在文章篇幅上增加灵活性，可长可短；在标题制作上，体现行业性、市场性和时代性；对版式和图片进行改进，更加开放、大气。发表了一些见解独到、观点鲜明的行业分析文章，全年被60多家网络媒体转载130多篇。深度报道加强，加大了对集团公司重大会议和行业热点问题的报道，如“行业回顾展望”“地炼崛起”“打造中国制造新名片”等专题报道，抓住了行业热点话题，反响较好。新开《互联信息》栏目，增加贯彻“两化”融合与“物联网+”战略内容的报道，增强了对广告商的吸引力。适应互联网新媒体时代的需要，于3月开通《中国石化》杂志微信公众号。

（庞 炜）

【《中国石化新闻联播》（电视）】 2016年，中国石化共制作电视新闻《中国石化新闻联播》244期。2015年底，高清新闻演播室正式投用，电视新闻改变了过去大拼盘的制作模式，采用对人员、设备要求更高的直播式节目制作流程，新闻节目一次合成。增设《石化视界》栏目，利用主持人串场，用更接近观众的视角、更朴实的语言来解读政策、播报趣闻轶事，增强了节目的可视性。2016年年中，综艺演播室投用，针对演播室特点开设《新闻会客厅》栏目，邀请总部各部门领导及行业专家就有关行业政策、法规、动态以及与工作生活密切相关的话题进行答疑解惑，节目形式新颖、包装精良，精剪后在《中国石化新闻联播》里播出，完整版本放到中国石化网络视频（sinopectv.cn）里，播出后效果良好。

继续提升新闻专题质量，围绕集团公司宣传重点，聚焦各企业转方式调结构、提质增效升级，改革转型和科技创新、坚持严细管理和“三基”工作提升等，做好《转方式调结构，提质增效升级》《石化名匠》《在基层》等重点栏目的深度报道。坚持把镜头对准改革发展和生产经营的主战场，加大对优秀企业的先进管理经验、具体做法以及典型人物的宣传报道力度。

中国石化网络视频平稳运行，2016年全年发稿量总计4 985条。

（庞 炜）

【中国石化新闻网】 2016年，中国石化新闻网突出重点，强化阅读推荐，加强网站独立策划能力。中国石化新闻网国际频道（英文版）积极与其他新媒体融合互动，增强新闻网在中英文两方面的传播力。在中央网信办《网络传播》杂志举办的新闻网站（含网站、微博、微信）综合转播力排行榜上，中国石化新闻网在行业媒体中处于中上游水平，进入名次进步最快的行业新闻网站前10名。

中国石化新闻网微博（中国石化报社官方微博）定位转为中国石化全媒体精华内容的推荐和导读。对“粉丝”进行清理规范，截至年底，新浪微博和人民网微博有效“粉丝”共10万人左右。全年发布新浪微博1 575条，阅读总数约为1 042万次；发布人民网微博495条。

（庞　炜）

【石化新闻客户端】 2016年，石化新闻客户端先后进行4次改版。每日有重点，每周有回顾，每月有策划，重要节点有创新。先后开办《石化图志·2016》《图说》《一分钟石化要闻回顾》等长期专栏；开设具有时效性的《2016全国两会专题报道》《我为中石化“十三五”规划建言》等5个短期专栏；采取“N+1”模式（多名编辑和1名美编共同创作），制作网站专题25个；加大与其他单位和媒体的合作。截至年底，累计下载量约5.6万人次。

（庞　炜）

【《中国石化手机报》】 2016年，《中国石化手机报》出刊255期，用户1.89万人。专题化程度进一步增加，特刊数目大大高于往年，其中在集团公司年度工作会中出特刊3期，科技大会、党建会、信息化大会、改革管理会期间均出版特刊。增强理念引导，深入办好《高层声音》栏目，全年发稿70余条，手机报高端、精准、精悍的特色进一步凸显。

（庞　炜）

【《车友报》】 2016年，《车友报》重点报道北京石油分公司如何做好油品市场拓展，保持销量增幅领先的经验，以及“情暖驿站”“石化质量日”“中国石化公众开放日活动”“油中感谢APP上线”等热点活动。不断创新报道方法，推出专刊报道一个公司非油品业务全貌的报道方式，先后报道广东、江苏、浙江、北京等地的非油品业务。与易捷公司联合举办“泉是美”卓玛泉陈列大赛及“泉是爱”卓玛泉征文与摄影大赛，反响良好。将原《车友报》汽车俱乐部与车友会高峰论坛转变为易捷发展论坛，与易捷公司联合召开首届易捷发展论坛，为今后活动的持续开展打下基础。

（庞　炜）

【中国石化团购网】 2016年，中国石化团购网继续举办“石化员工购物季”及相关线上线下活动，得到合作厂商、广大石化员工高度认可。与汽车行业技术合作中心紧密配合，积极落实石化员工向与中国石化签署战略合作协议汽车厂家的购车活动，全年优惠购车约4 000台，节省购车资金约2 000万元。主动推动汽车行业技术合作中心的宣传工作，参与搭建合作中心网站、微信平台，参与天津泰达国际论坛，参与汽车客户的走访工作。有效开发系统外广告客户，长安、现代、一汽丰田、宝马、秒车宝等系统外的广告客户逐步稳定，广汽乘用车、长安福特、北汽新能源等客户积极推进。

（庞　炜）

【中国石化新闻图片网】 2016年，中国石化新闻图片网为石化系统各类期刊、年报、社会责任报告、官方微博、微信、手机客户端等多种媒体提供图片数千余张，已从支持传统媒体的单一图片投稿平台发展为支撑中国石化多媒体运营的综合图片存储库，日均来稿100余组图片。截至年底，网站注册用户达9 945人。

（庞　炜）

图书出版

【《中国融资租赁行业2015年度报告》出版发行】 该书是中国融资租赁三十人论坛与零壹融资租赁研究中心继2014年度报告后推出的又一年度报告，总结和回顾了2014年行业各方面变化，对行业面临的各种外部环境及新兴探索进行展望，解读及分析行业当下面临的难点及热点问题——法律问题、“营改增”税收问题、资产交易问题、跨境融资问题等，并通过行业领先公司案例呈现多样化的创新和探索。

（经管分社）

【《〈关于深化国有企业改革的指导意见〉学习读本》出版发行】 为使各地国资监管人员和国有企业领导干部深入领会《关于深化国有企业改革的指导意见》，促进国企改革顺利进行，国务院国资委改革办组织参与该指导意见起草的领导和其他人员对《关于深化国有企业改革的指导意见》进行逐条详尽解读。通过逐条解读，帮助读者明确各项具体改革措施的背景、原因和操作，从而达到“为什么、是什么、怎么做”的学习目的。该书为国资监管人员和国有企业领导干部必读图书。

（经管分社）

【《〈关于深化国有企业改革的指导意见〉百题问答》出版发行】 《关于深化国有企业改革的指导意见》是国有企业改革发展历史上具有标志性的重要文件。为指导广大国有企业干部员工深入学习领会，国务院国资委研究中心编写了该书。该书采用问答形式，分8章100个问题，对《关于深化国有企业改革的指导意见》详尽解读，系统解读了国有企业改革的系列重大理论和时间问题。

（经管分社）

【《国企改革12样本》出版发行】 在《关于深化国有企业改革的指导意见》颁布1周年之际，从各地方国资监管机构到国有企业，12家单位先行先试、真抓实干，从"路线图"到"施工图"，改革成效明显；在国务院国资委改革办指导下，国务院国资委新闻中心、国资报告杂志社联合人民日报社、新华社、中央人民广播电台、中央电视台、光明日报社、经济日报社等中央媒体，重磅推出《国企改革12样本》，为国企改革提供可复制与推广的经验，探索国企改革实践新的范式和路径。

（经管分社）

【《深坑之上——初创企业的危与机》出版发行】 该书由南开大学创业研究中心与中新天津生态城高维创业岛联合撰写，是一本兼具实践与学术高度的创业指南。全书打通理论和实践的链条，对创业现象进行剖析和点评；在不断证伪、不断试错、快速迭代的过程中找到创业背后的商业逻辑，揭示创业路上长跑的创业者活下来、活得好的秘诀。帮助创业者成功迈过创业路上的十大深坑——创业思路、合伙之难、资源整合、融资难题、品牌公关、技术之殇、产品困境、角色转换、时代困惑、创业目标。

（教育分社）

【《房地产中介常见法律问题有问必答》出版发行】 该书以大量居间合同纠纷及房屋买卖合同纠纷所得经验为依据，在解答大量房地产中介从业人员、房产交易当事人问题的基础上，按照房地产交易的不同类型划分为8个篇章。每一篇当中又按照交易流程详细梳理了300余个法律问题，每一个问题都源于真实案例——问题解析，具有极强的代表性，对所有问题予以详尽的法律分析——律师解答，并进一步给出应对的措施和方案——律师建议。房地产经纪人及交易当事人可以从中了解房屋买卖、租赁过程每个阶段可能遇到的法律问题，并更好地运用法律手段来保护自身的合法权益。该书是房地产中介从业人员业绩保证的必备手册。

（教育分社）

【《中国炼油技术新进展》出版发行】 该书介绍了进入21世纪以来中国炼油技术的新进展和工业应用的新情况，主要介绍中国自主开发的炼油核心技术和成套技术，自主设计的炼油厂和炼油装置的实力和水平。全书收录30篇专题文章，分别由国内著名的专家、学者执笔，内容新、水平高，具有很高的权威性。该书对提高中国炼油工业水平、促进炼油工业的发展、加快对外技术交流和实施炼油工业"走出去"战略具有很高的参考价值，可供国内外炼油领域从事科研、设计、生产、管理和教学等人员参考。

（炼油化工编辑室）

【《加氢裂化工艺与工程》（第二版）出版发行】 该书全面、系统地论述了加氢裂化的基本理论、工艺与工程及其发展趋势和中国在加氢裂化领域的发展历程和丰硕的学术成就。全书共17章，涵盖加氢裂化催化剂及化学反应，催化剂的器外预硫化、再生及活性复活，原料和产品，工艺工程及操作参数对反应过程的影响，反应动力学模型，工艺流程、高压物性及流体力学特征，主要工程设备及装置的自动化控制，工业装置操作技术，生产特种石油产品的加氢裂化技术，技术经济及节能减排与安全环保等内容。内容翔实，理论与实际相结合，其学术性与实用性都达到较高的水平，可供炼油行业从事科研、教育、设计、生产及管理的人士阅读和参考，并可作为大专院校学生及研究生的专业参考读物。

（炼油化工编辑室）

【《炼油催化反应器的建模与仿真》出版发行】 该书通过分析原油性质、石油分离与重油改质典型工艺，详细阐述炼油反应器建模的通用特性，对加氢处理、催化重整和催化裂化反应器的表征与建模进行了翔实论述。通过实验研究、小试、工业装置运行数据对反应器建模与仿真结果进行验证，使读者对炼油催化反应及其反应器的描述、建模与仿真有较为全面、系统的了解。该书适合化工工艺工程师、研究人员和石油化工从业人员阅读，也可作为高等院校相关专业师生的学习参考书。

（炼油化工编辑室）

【《炼油与石化工业技术进展》（2016版）出版发行】 该书以专题形式，按热点问题分为若干个专栏，系统总结各个领域的进展与成果。全书共分8个专题：综述、炼油工艺与产品、化工工艺与产品、“三剂”、装置运行于管理、装备技术及信息化、节能减排、安全环保。该书的出版对于促进中国炼油与石化工业技术的发展与对外合作交流具有积极作用，为炼油与化工企业技术人员提供了宽广的技术交流平台。读书对象为国内炼油与石化领域的广大生产经营、管理、科研、设计与工程建设专业技术人员。

（炼油化工编辑室）

【《炼油催化剂生产装置技术手册》出版发行】 该书主要内容包括绪论、炼油催化剂、裂化催化剂、加氢催化剂、重整催化剂生产装置及工艺。基本反映了国内炼油催化剂生产技术、生产工艺和生产装置的最新进展。该书的宗旨是使读者了解炼油催化剂的基础知识，熟悉炼油催化剂生产的基本原理，掌握炼油催化剂生产的单元操作及各单元中所需重要设备的原理、使用及维护方法，为炼油催化剂的研究、开发，尤其是工业化生产提供指导。可作为炼油催化剂研究、开发及生产技术人员和操作人员的工具书，也可以作为炼油工程、工业催化、精细化工、石油化工及煤化工等相关专业工程技术人员的参考书。

（炼油化工编辑室）

【《常减压蒸馏装置技术手册》出版发行】 该书介绍了常减压工艺的基本知识、工艺原理和国内外最新的技术进展。在结合生产实践的基础上，阐述了常减压装置生产单元的实际操作，同时详细介绍了常减压装置的相关工艺计算，使理论与实践相结合。同时，还介绍了常减压装置的设备技术、工艺防腐和节能优化，以及技术管理方面的内容，如装置标定、日常技术管理等，列举了国内常减压装置发生过的一些典型事故，并分析了原因，总结了经验教训。对从事常减压装置的生产技术管理人员具有很强的指导意义，对常减压装置的操作人员也具有很好的实用价值，同时对从事与常减压装置相关的科研、设计人员和院校师生也具有很好的参考价值。

（炼油化工编辑室）

【《安全培训系列图书》出版发行】 由集团公司安全监管局和中国石化青岛安全工程研究院组织编写的《安全培训系列图书》的3个分册：《安全生产法律法规汇编》《中国石化安全生产监督管理制度汇编》《中国石化典型生产安全事故案例汇编(1998—2015)》出版。其中，《安全生产法律法规汇编》汇编了与石油石化密切相关的安全生产法律法规，《中国石化安全生产监督管理制度汇编》汇编了中国石化现行有效的安全生产监督管理制度，《中国石化典型生产安全事故案例汇编(1998—2015)》对中国石化1998—2015年的生产安全事故进行了梳理汇编，为企业各级领导干部和安全生产工作管理人员提供了一套比较全面的安全知识学习参考工具。

（装备综合编辑室）

【《中国石化生产安全事故应急预案》(2015版)出版发行】 该书由集团公司安全监管局组织编写。该预案由集团公司、股份公司发布，内容包括总则、风险分析及分类分级、应急组织机构与职责、应急响应、后期处置、应急保障和培训演练及预案管理等，是中国石化各企业制定企业应急预案的依据。

（装备综合编辑室）

【《石油产品行业标准汇编2016》《石油和石油产品试验方法行业标准汇编2016》和《石油化工产品及试验方法行业标准汇编2016》出版发行】 为满足石油产品生产和销售企业、科研和教学单位以及广大用户的使用需要，石化出版社与股份公司科技部一起，组织相关单位编辑出版了截至2016年年底发布的石油产品、石油化工产品及试验方法行业标准的汇编。标准汇编全面系统地反映了石油化工产品及试验方法行业标准的最新情况，为使用者提供最新的产品及试验方法标准信息。标准汇编按《石油产品行业标准汇编2016》《石油和石油产品试验方法行业标准汇编2016》和《石油化工产品及试验方法行业标准汇编2016》分册出版，其中《石油和石油产品试验方法行业标准汇编2016》分5个分册出版。该系列标准汇编可供石化行业科研、生产人员，以及高等院校师生查阅与使用。

（装备综合编辑室）

【《炼油企业检修管理指南》出版发行】 为做到科学合理安排检修计划，不断提高装置检修质量，为生产装置运行周期高质量运行提供条件，股份公司炼油事业部组织编写了《炼油企业检修管理指南》，系统地阐述了炼油装置停工检修的主要内容和工作要点，主要分为：概述、检修策划、检修准备、检修实施和检修后期管理5个章节，涵盖停工计划、管理目标、管理体系、任务安排、检修计划、设计、物资采购、承包商、项目交底、人员与工机具、施工方案、预制、停开工、HSE、质量、进度、文明施工、费用控制、项目变更、后勤保障等方面内容。该书可供炼油企业检修管理人员、技术人员使用，也可供参与炼油企业检修工作的承包商、专业技术人员参考。

（装备综合编辑室）

【《ASME 锅炉及压力容器规范》2015 中文版出版】 为满足中国 ASME 持证单位、计划进行 ASME 认证单位及其他单位的需要，经美国机械工程师学会(ASME)授权，石化出版社与中石协 ASME 规范产品专业委员会(CACI)合作，组织翻译出版了 2015 版《ASME 锅炉及压力容器规范》，包括《动力锅炉建造规则》《材料》《采暖锅炉建造规则》《无损检测》《压力容器》《焊接、钎接和粘接评定》《规范案例》等 18 卷(册)。

（装备综合编辑室）

【《现代页岩油气水平井压裂改造技术》出版发行】 该书主要对页岩气水平井压裂改造技术及相关内容进行了探索，包括页岩储层基本特征、页岩体积裂缝形成机理、页岩气水平井压裂优化设计、水平井分段压裂管柱与施工工艺、压裂材料、页岩气压裂测试技术与压后评估方法、页岩油气压裂新技术和实例分析等内容，基本涵盖页岩油气水平井分段压裂的全部技术，可供从事页岩油气水平井压裂技术的研究人员、从事现场作业的技术人员和管理人员参考或作为培训教材使用，也可供从事致密油气压裂的技术人员以及大专院校师生借鉴参考。

（勘探开发编辑室）

【《你允许自己幸福么——员工及家属关爱手册》出版发行】 集团公司宣传工作部组织 EAP 工作示范单位的有关专家，结合长期一线工作经验，针对石化系统员工常见的心理困惑，编写该本手册。手册从增强身心健康、缓解工作压力、和谐家庭关系、提升亲子教育理念等员工最关心的话题入手，通过 EAP 专家对这些工作、生活中常见且切实困扰员工的问题深入剖析，详细探讨了如何应对失眠、焦虑等不健康情绪，如何处理与同事、领导的关系，如何处理夫妻矛盾、与父母的关系，如何与孩子进行良性交流等方面的技巧，帮助查找问题根源，并给出有针对性、有成效的解决方案。手册有助于帮助石化系统员工了解自身心理状况，调节心理健康水平，进而提高员工的工作和生活幸福指数。

（教育编辑室）

【《中国油气产业发展分析与展望报告蓝皮书(2015—2016)》出版发行】 该书是全面研究中国油气产业发展现状和趋势展望的分析报告，由中国石油企业协会和中国石油大学中国油气产业发展研究中心共同合作完成，相关参编单位有中国石化经济技术研究院、中国石化石油勘探开发研究院、中国海油经济研究院等。被列入“十三五”国家重点图书出版规划项目。全书共分国际篇、国内篇、合作篇、专题篇、附件 5 个部分。蓝皮书以文字分析为主，辅以必要的图表数据，分析与展望强调逻辑性、高度性、权威性，同时对产业热点问题坦率提出看法和观点，具有较强的可信度和一定的权威性，力求对相关部门和油气企业实际工作起到指导作用，对油气行业理论研究者和实际工作者均具有一定的参考价值。

（教育编辑室）

【《电动汽车产业研究》出版发行】 该书介绍了电动汽车的发展历史、相关的技术、产业政策、竞争力分析、影响预测及发展展望等各个方面，涉及的知识面既专业又全面，是电动汽车产业研究方面的一本专业性论著。该书基于电动汽车的技术特点，及与燃油汽车的竞争力比较分析，对电动汽车的发展做出 4 点判断：一是电动汽车主要替代汽油车，在没有更加苛刻环保要求或政府大力支持下，难以大规模替代柴油车；二是由于电池瓶颈问题，电动汽车在小型乘用车领域竞争力相对更强，具体在乘用车领域中，电动汽车最先替代高端车和年行驶里程多的车；三是在私家车领域，预测电动汽车在 2025—2030 年开始大规模替代；四是低油价难以阻止电动汽车的最终替代，反而是电动汽车今后大规模商业化会使石油价格长期承压。

（教育编辑室）

【《以消费者为中心的大数据营销》出版发行】 该书针对的是将执行机制视为关键问题的商务人士，以及想要掌握营销基础知识并以从业者角度更加深入看待相关问题的研究者，概括地介绍了数字时代下以可持续营销为主题的主要概念与原则。还提供了相关理论与工具在实际业务情况下如何运作的建议；也表明如何更好地解决可持续性和其他数字营销问题，并且着眼于获利(或有益)的方式提高客户满意度。该书作者为英国利兹商学院的尼尔·理查德森教授等人，他们通过对英国营销协会平台大数据所做的调研和分析，围绕企业在数字时代下如何实现可持续营销，如何正确制定以消费者为中心的营销方案，对企业领导和销售人员提出了新的指导思想和切实可行的建议，也为正在实施“互联网 +”战略的中国企业提供了一些参考。

（教育编辑室）

表1　石化出版社2016年重点图书目录

序号	书名	著译者
1	红外光谱技术在橡胶研究中的应用	汪志芬　廖双泉
2	精细化学品辞典	朱洪法
3	抚顺石油三厂加氢六十年	中国石油天然气股份有限公司抚顺石化公司 中国寰球工程公司辽宁分公司
4	成品油计量与管理	徐福顺
5	加氢裂化装置操作指南(第二版)	李立权
6	市政污水处理厂设计(第5版)	宋旭锋
7	危险废物的管理与处理处置技术	蒋克彬　张洪庄　谢其标
8	催化剂生产与应用技术问答	朱洪法
9	计算物理的MATLAB解法与可视化	唐　炼　赵　昆
10	油品计量基础(第三版)	曾强鑫
11	加氢处理工艺与工程(第二版)	李大东
12	薄互层低渗透油藏压裂完井技术	李爱山
13	润滑油性质及应用	陈国需　方建华　王泽爱
14	炼油技术常用数据手册	罗家弼
15	烟气脱硫技术简明手册	马艳秋
16	油库实用堵漏技术(第二版)	郝宝垠　朱焕勤　樊宝德
17	新编日汉化学化工词典	张　键
18	绿色化工与绿色环保(第二版)	梁朝林
19	聚乙烯、聚丙烯成型技术问答	周殿明
20	供应链管理中的“碳流”与碳交易机制	田　江　秦　霞
21	四球机及其应用	宋世远
22	常减压蒸馏装置技术手册	陈卫东
23	中国石化科技成果汇编	中国石化科技部
24	近海管道——设计、安装与维护(第二版)	吴玉国　王卫强
25	高分子化学学习指导与习题解答	李凤红　马少君
26	石油化工典型设备设计指导	林玉娟　王庆慧　丁宇齐　周俊鹏
27	全国压力管道设计审批人员培训教材(第三版)	张德姜
28	天然气处理原理与工艺(第三版)	王遇冬　郑　欣
29	管式加热炉	朱玉琴
30	电工与电子技术实验及仿真	杨冶杰
31	学生实习安全培训教材	王晓宇
32	工业静电与雷电防护手册	本书编委会
33	石油石化企业环境保护技术	方向晨

续表

序号	书名	著译者
34	油库设计与管理学习辅导	包日东
35	石油化工设备维护检修技术(2016 版)	胡安定
36	消防应用技术(第二版)	张凤娥　乐　巍
37	石油钻采设备	孙庆群
38	高分子材料应用基础	李继新
39	油气管道腐蚀与防护(第二版)	寇　杰　梁法春　陈　婧
40	工程制图(第三版)	赵增慧
41	压力容器设计基础	林玉娟
42	材料仪器分析	陈智栋　刘　亚
43	ASME 锅炉及压力容器规范 B36. 10 M 焊接和无缝轧制钢管 2015 中文版	中石协 ASME 规范产品专业委员会
44	石油化工安装电工	缪　维
45	石油化工安装仪表工	魏　志
46	金属材料实验教材	魏坤霞
47	川西致密砂岩气藏开发技术论文集	王　旭　江　健　罗昌元
48	油气田硫化氢防护口袋书	中国石油化工集团公司安全监管局 中国石油化工集团公司职业病防治中心
49	工程制图习题集(第三版)	赵增慧
50	油气储运设施防腐技术	刘广桥
51	炼化与储运销企业环境保护处(科)长岗位培训教材	李　刚
52	采油作业实训指导书	张少辉　等
53	精细化工实验	王　捷
54	油气管道工程施工安全技术	石仁委
55	炼油化工换热设备维护检修案例	胡安定
56	水污染控制工程	李长波
57	泄漏检测与修复(LDAR)技术问答	中国石化青岛安全工程研究院
58	油气田企业环境保护处(科)长岗位培训教材	师祥洪
59	危险化学品生产安全	方文林
60	危险化学品经营安全	方文林
61	地下管线检测技术(第三版)	袁厚明
62	齐鲁石化年鉴 . 2015	齐鲁石化史志编纂委员会
63	西南石油年鉴 . 2015	《西南石油年鉴》编纂委员会
64	茂名石化年鉴 . 2015	《茂名石化年鉴》编纂委员会
65	江苏油田年鉴 . 2015	《江苏油田年鉴》编纂委员会

续表

序号	书名	著译者
66	河南油田年鉴.2015	河南石油勘探局年鉴编纂委员会
67	广州石化年鉴.2015	《广州石化年鉴》编纂委员会
68	齐鲁石化志(1990~2014)	《齐鲁石化志》编纂委员会
69	中国石油化工集团公司年鉴多媒体检索光盘(2011卷—2015卷)	《中国石油化工集团公司年鉴》编委会
70	非常规油气资源勘探开发	傅成玉
71	荔湾深水EPCI安装手册(上、下)	海洋石油工程股份有限公司
72	深水脐带缆规格书	海洋石油工程股份有限公司
73	两化融合发展实践与创新	中国石化信息化管理部
74	煤基活性炭	孙仲超
75	大学生创业心理教程	王丽波　李　明
76	钻采工艺技术与实践	刘延平
77	石油天然气作业硫化氢防护	西南石油局、分公司硫化氢教材编写组
78	如何把复杂的管理简单化	孙尚敏
79	陆相断陷湖盆深层重力流沉积特征与储层评价——以辽河双台子－双南地区为例	耳　闯
80	中途测试风险评估	付道明
81	焦化污染物排放及治理技术	商铁成
82	海上浮式液化天然气生产装置及关键技术	谢　彬
83	碳酸盐岩风化壳岩溶储层特征及天然气富集规律	郭　庆
84	难动用储量开采技术论文集	阎洪涛
85	数据网格信任管理技术	张仙伟
86	中国油气产业发展分析与展望报告蓝皮书	董秀成　彭元正
87	胜利在望	许永国
88	生产人员岗位安全资格认证研究与实践	国网新源控股有限公司丰满培训中心
89	STC单片机基础及应用(C语言版)	杨轶璐　刘　强
90	波谱原理及应用	李丽华
91	会计信息系统	李翠红　李滬东　孟　浩
92	电动汽车产业研究	张国昀
93	区域能源消费特征和预测模型	王振全
94	区域经济发展与环境：寻找共同点	天津开发区(南港工业区)管委会
95	商业竞争环境下的安全管理	天津开发区(南港工业区)管委会
96	石油和化工企业危险区域分类：降低风险指南	天津开发区(南港工业区)管委会
97	石油公司可持续发展研究	罗佐县

续表

序号	书名	著译者
98	中国生活用纸年鉴.2016～2017	中国造纸协会生活用纸专业委员会
99	态度决定一切　2011	卓越实践案例丛书编委会
100	态度也是一种能力　2012	卓越实践案例丛书编委会
101	态度胜于能力　2013	卓越实践案例丛书编委会
102	态度成就事业　2014	卓越实践案例丛书编委会
103	态度赢得先机　2015	卓越实践案例丛书编委会
104	油库常用泵	马秀让
105	油库管路及管件	马秀让
106	武汉 80 万吨乙烯及油品质量升级改造工程论文集(上、下册)	刘家海
107	AutoCAD 石油化工制图教程	张仁坤
108	石油产品介电谱分析	管　亮　李子存　龚应忠　王立光
109	石油钻井井控技术与设备	朱天玉
110	无机及分析化学实验	林立君　贺君
111	石化科普知识(第 2 版)	纪红兵
112	油品计量通俗读本	曾强鑫　曾　洁
113	油罐及其附件	马秀让
114	油库辅助设备设施与专用仪表	马秀让
115	无机化学	吴英华　林　丽
116	中国石化 2016 年催化裂化技术交流会论文集	李永林
117	炼油与石化工业技术进展(2016)	本书编委会
118	材料理化分析	许天旱　王党会　张雅妮
119	套管钻井技术	许天旱
120	工业水处理技术(第十六册)	李本高　王建军　傅晓萍
121	基于人工免疫系统的工业机组复合故障诊断技术	张清华
122	ASME 锅炉及压力容器规范 Ⅰ 动力锅炉建造规则 Ⅳ采暖锅炉建造规则	中石协 ASME 规范产品专业委员会
123	工程项目现场 HSE 标准化图集	中石化炼化工程(集团)股份有限公司
124	油气计量原理与技术	吴玉国
125	航空油料分析与化验	崔艳雨
126	炼油企业检修管理指南	中国石油化工股份有限公司炼油事业部　编
127	大型地下水封石洞油库建设关键技术集成创新	李友生　陆宝麒　著
128	无损检测技术	魏坤霞
129	石油石化环保技术进展(2015)	中国石化能源管理与环境保护部

续表

序号	书名	著译者
130	油气管道安全标准汇编	石仁委
131	中国石化物资采购公开招标论坛优秀论文集	中国石化物资装备部(国际事业有限公司)
132	ASME 锅炉及压力容器规范 第Ⅷ卷 压力容器建造规则 第三分册 高压容器建造规则 2015 中文版	中石协 ASME 规范产品专业委员会
133	过程装备计算机辅助设计	刘超锋
134	金属塑性成形有限元数值模拟	李兰云　刘　静　李渊博
135	高处作业安全	中国石油化工集团公司安全监管局 中国石化青岛安全工程研究院
136	吊装作业安全	中国石油化工集团公司安全监管局 中国石化青岛安全工程研究院
137	苯防护口袋书	中国石油化工集团公司安全监管局 中国石油化工集团公司职业病防治中心
138	数字化设计与制造技术	谢　驰
139	炼油设备技术(第二版)	杨启明　马　欣
140	AutoCAD 计算机绘图实训	赵连花　谢宝玲
141	压力容器及过程设备设计	孙国刚
142	油田往复泵及其应用	贾品元
143	工程化学实验指导	张德懿　王　毅　冯辉霞
144	数控机床与加工仿真实训	赵连花　谢宝玲
145	机械设计制造及其自动化专业实验	赵连花
146	2016 年度灭火与应急救援技术学术研讨会论文集	中国消防协会灭火救援技术专业委员会 灭火救援技术公安部重点实验室
147	油气管道泄漏监测巡查技术	石仁委
148	炼油化工设备润滑与密封维护检修案例	胡安定
149	原油保税业务基础培训教程	中国石化员工培训教材编审指导委员会
150	洛阳石化年鉴 . 2013	《洛阳石化年鉴》编纂委员会
151	磷酸生产操作安全技术	徐丙根
152	沙盘游戏疗法的起源：地板游戏	赫伯特 · 威尔斯　段宵丽　魏广东
153	致密砂岩储层预测与勘探	胡伟光　肖　伟　王　涛
154	硝酸生产操作安全技术	吴永忠　徐丙根
155	生物燃料生产	华　炜
156	油气管输工艺	刘忠运
157	军事物流信息资源规划	张剑芳
158	油品装卸设备设施	马秀让
159	润滑剂添加剂化学及应用(第二版)	《润滑剂添加剂化学及应用》翻译组

续表

序号	书名	著译者
160	黑臭水体防治技术及应用	蒋克彬　李　元　刘　鑫
161	油库消防与安全设备设施	马秀让
162	油库常用阀门	马秀让
163	加油站主要设备设施	马秀让
164	油库供配电设备设施	马秀让
165	炼油催化剂生产装置技术手册	谈文芳
166	配位聚合二烯烃橡胶	张爱民　姜连升　姜　森　等编著
167	Visual FoxPro 数据库与程序设计	杨　永　周　凯　吴明涛
168	石油产品性能与测试评定	宋世远
169	石油化学基础(第二版)	戴咏川　赵德智
170	烃类蒸汽转化制氢装置技术问答	孙　策
171	表面活性剂——原理、合成、测定及应用(第二版)	赵世民
172	聚丙烯生产技术及产品	中国石化员工培训教材编审指导委员会
173	Visual Basic 程序设计教程	吴雅娟　倪红梅　李瑞芳　王莉利　解红涛
174	地热发电厂：原理、应用、案例研究和环境影响(第 3 版)[英]	马永生　李克文
175	ASME 锅炉及压力容器规范 第Ⅸ卷 焊接、钎接和粘接评定 2015 中文版	中石协 ASME 规范产品专业委员会
176	ASME 锅炉及压力容器规范 第Ⅱ卷 D 篇 性能(公制) 2015 中文版	中石协 ASME 规范产品专业委员会
177	ASME 锅炉及压力容器规范 第Ⅷ卷 压力容器建造规则 第一分册　2015 中文版	中石协 ASME 规范产品专业委员会
178	ASME 锅炉及压力容器规范 第Ⅴ卷 无损检测(2015 版)	中石协 ASME 规范产品专业委员会
179	ASME 锅炉及压力容器规范 第Ⅱ卷 A 篇 铁基材料 2015 中文版	中石协 ASME 规范产品专业委员会
180	ASME 锅炉及压力容器规范 第Ⅱ卷 B 篇 非铁基材料 2015 中文版	中石协 ASME 规范产品专业委员会
181	ASME 锅炉及压力容器规范第Ⅷ卷压力容器建造规则第二分册另一规则 2015 中文版	中石协 ASME 规范产品专业委员会
182	ASME 锅炉及压力容器规范 第Ⅱ卷 C 篇 焊条、焊丝及填充金属 2015 中文版	中石协 ASME 规范产品专业委员会
183	石油化工产品及试验方法行业标准汇编 2016	付　伟
184	石油和石油产品试验方法行业标准汇编 2016(第三分册)	付　伟
185	数控加工实训	赵连花　葛晓阳　王静巍

续表

序号	书名	著译者
186	压力管道等承压设备安全技术研究进展精选集（2016 版）	中国腐蚀与防护学会承压设备专业委员会 中国特种设备检测研究院中特检管道工程（北京）有限公司
187	中国石化典型生产安全事故案例汇编（1998—2015）	中国石油化工集团公司安全监管局 中国石化安全工程研究院
188	起重工	中国石化员工培训教材编审指导委员会
189	生产计划、物料与库存管理	本书编写组
190	膨胀节设计与应用	张荣克　牛玉华　闫　涛
191	石油产品行业标准汇编 2016	付　伟
192	石油和石油产品试验方法行业标准汇编 2016（第二分册）	付　伟
193	石油和石油产品试验方法行业标准汇编 2016（第五分册）	付　伟
194	石油和石油产品试验方法行业标准汇编 2016（第四分册）	付　伟
195	石油和石油产品试验方法行业标准汇编 2016（第一分册）	付　伟
196	设备管理	本书编写组
197	过程装备安装与检修技术	苏兴冶
198	新常态下的工程项目管理	万国杰
199	钻井作业实训指导书	李　栋
200	中原油田年鉴 2015	中原油田史志编纂委员会
201	川西采气厂志	《川西采气厂志》编纂委员会
202	中国石油化工集团公司年鉴 . 2016	《中国石油化工集团公司年鉴》编委会
203	南化年鉴 2016	《南化年鉴》编纂委员会
204	上海石化年鉴 2016	《上海石化年鉴》编纂委员会
205	中石化第五建设有限公司大事记	中石化第五建设有限公司大事记编纂委员会
206	西南石油年鉴 . 2016	《西南石油年鉴》编纂委员会
207	缝洞型储层预测与勘探	胡伟光　王　涛　范春华　等
208	超深井套管封隔器应用典型案例	张梦华
209	移动式天然气计量标准装置技术手册	闫文灿
210	现代煤质技术	丁　华
211	准噶尔盆地西部典型油气藏成藏地球化学特征	刘洪军　马　阁
212	海洋石油工程技术论文（第八集）	中国石油学会石油工程专业委员会海洋工程工作部
213	工艺安全规格书	中海油研究总院

续表

序号	书名	著译者
214	石油科学新探索——李传亮精选论文集	李传亮
215	礁滩储层识别与勘探	胡伟光
216	固井工艺技术(修订版)	张明昌
217	起伏地表复杂介质波动方程有限元法叠前逆时偏移及应用	唐　文　薛东川
218	细粒岩沉积环境与沉积相	郭　岭

表 2　　经济出版社 2016 年重点图书目录

序号	书名	著译者
1	《关于深化国有企业改革的指导意见》学习读本	编写组
2	《关于深化国有企业改革的指导意见》百题问答	国务院国资委研究中心
3	国企改革 12 样本	国务院国资委新闻中心 《国资报告》杂志社
4	互联网革命与中国业态变革	中国国际经济交流中心课题组
5	中国经济增长质量发展报告 . 2016：各国经济增长质量及其对中国的启示	任保平　等
6	(透视中国)中国与世界：以中国视角解析国际问题 . 上	陈文玲
7	(透视中国)中国与世界：以中国视角解析国际问题 . 下	陈文玲
8	(透视中国)中国相关国家战略报告 . 上	陈文玲
9	(透视中国)中国相关国家战略报告 . 下	陈文玲
10	(透视中国)中国现代流通报告 . 上	陈文玲
11	(透视中国)中国现代流通报告 . 中	陈文玲
12	(透视中国)中国现代流通报告 . 下	陈文玲
13	(透视中国)中国社会信用体系与文化报告	陈文玲
14	(透视中国)中国宏观经济报告	陈文玲
15	穿过迷雾：巴菲特投资与经营思想之我见	任俊杰
16	低风险投资之路(第 2 版)	徐大为　刘　颖
17	投资的本源：稳健均衡投资策略	宋　军
18	理财不用懂太多	那一水的鱼
19	读懂银行股	那一水的鱼
20	超越专业投资：一位业余投资者的股市获利之道	臧　蔚
21	日本妈妈的两个孩子养育课	(日)金盛浦子
22	日本妈妈的学霸小孩养成课	(日)和田秀树

续表

序号	书名	著译者
23	日本妈妈的超级收纳课	(日)小松易
24	日本妈妈的温柔批评课	(日)金盛浦子
25	日本妈妈的正能量亲密教养课	(日)山崎房一
26	日本妈妈的科学睡眠法	(日)远藤拓郎
27	好妈妈跟我学. 全球教子智慧丛书之日本妈妈系列(全六册)	(日)山崎房一　等著；王筱敏　等译
28	2017 亲子日历：妈妈爱你的 365 天	(新加坡)卢端丽
29	2017 亲子日历：爸爸爱你的 365 天	(新加坡)洪俊明
30	互联网 + 新媒体：全方位解读新媒体运营模式	刘小华　黄　洪
31	新三板金牌董秘	江锦聪　范圣忠
32	新三板财务总监	付冬梅
33	新三板卓越 CEO	何志刚
34	国企热点面对面 4	国务院国资委宣传工作局 国务院国资委新闻中心
35	图解缠论：核心理论推导与实战演示	陈秋明
36	图解缠论. 2：买卖点逻辑与操作系统	陈秋明
37	图解涨停：快速捕捉暴涨股的技术要诀	麻道明
38	供给侧结构性改革：新常态下中国经济转型与变革	王先庆　文丹枫
39	资本倍增：资本运作、众筹与新三板上市	张　文
40	破局：万物互联时代企业转型实战	赵云渤
41	学管理　用管理　会管理	水藏玺
42	增值税专用发票虚开的判定与预防	赵清海　王家欣
43	美容化妆品销售金口才	肖晓春　主编；龚震波　王颂舒
44	房地产销售金口才	邓小华　李诚中
45	家居建材销售金口才	肖晓春　李建强
46	穿普拉达的女王：Vogue 主编安娜. 温图尔传记	(美)奥本海默
47	互联网 + 营销：移动互联网时代的营销新玩法	刘华鹏
48	资本路演：成功融资的路演实战图解	王风范
49	中国 P2P 借贷服务行业发展报告 2016	零壹研究院
50	成长型企业资本转型智慧系统：资本转型(融泉汇智培训书系)	李升泉
51	用众筹，连接世界	谢森树
52	金融巨震：迈入分享经济时代	陈光磊　何　珊　胡文杰
53	从1 万到 100 万：现货原油轻松实现“赚小赔大”的操盘秘籍	栗民智

续表

序号	书名	著译者
54	零售 O2O 心法、招法与实践：零售业互联网转型布局	郑复生 主编；张陈勇 万明治
55	最新入职礼仪	靳 斓
56	中国经济的转型与发展	唐 杰
57	年度经营计划制订与管理	水藏玺
58	商业模式创新设计路线图	石泽杰
59	深坑之上	冯 丽 田 莉
60	金融软战争：当心股票、存款横遭劫掠	杨 斌
61	资深战略专家教你搞定企业转型	吴越舟
62	新三板实战 500 例(上)：设立股权篇	王 骥
63	新三板实战 500 例(下)：经营合规篇	王 骥
64	云社群时代：用大数据引爆粉丝红利	玄 浩 申东山
65	新三板挂牌上市一本通	李 浩
66	看图炒股：怎么买？怎么卖？	陈文图 杨 丽
67	直通新四板：新四板操作实务全图解	敖冬阳 齐 巍 秦仁杰
68	168 个创意营销金点子	吕 波
69	中国融资租赁行业 2015 年度报告	中国融资租赁三十人论坛 零壹融资租赁研究中心
70	抄底绝技	无 形
71	做最好的加油站经理	王福全
72	股票经纪人成长记	(美)利弗维尔
73	产业就是脊梁	白益民
74	抢抓金牛股	刘俊伟 刘 向
75	重新定义商业模式："互联网＋"时代的新商业模式	刘长江
76	用户体验：引爆商业竞争力的新法则	罗 浩
77	大健康连锁店运营管理策略	彭 博
78	互联网＋：现代物业服务 4.0	苏宝炜 李薇薇
79	商业地产格局与谋变	赢商网研究中心
80	抉择：中国经济转型之路	中国国际经济交流中心课题组
81	"十三五"规划与中国经济长期发展	樊 纲 许永发
82	儒学的经济学解释	盛 洪
83	打造超级网红	沈宇庭
84	网红品牌：解密网红品牌与商业价值打造之路	黄景发
85	互联网＋长尾营销：营销法则与经典案例	苑春林 杨晓丹

续表

序号	书名	著译者
86	新三板上市法律实务操作全景指引	高　卓　张媛媛
87	“互联网+”战略下的房地产众筹之路	李　洋
88	(“双创”与互联网金融培训系列)朱教授讲当前形势与“双创”战略	朱少平
89	有机营销术	因为策略
90	保卫资本：中国企业资本化成长的实践路径	邓海虹
91	全球宏观对冲：在世界经济新格局中赢利	格雷格·格林纳(Greg Gliner)
92	智慧银行：银行互联网+	李海峰
93	说上就上——151个案例实证解析新三板挂牌审核要点	毛　伟　罗纪钢　雷敬云
94	大数据时代的社会治理体制	章　政　皮定均　吴崇宇
95	“云消费”时代Ⅱ·零售实战	赖　阳　等
96	新金融英雄	投之家
97	中关村“创客军团”	北京中海投资管理有限公司 中关村创新研修学院
98	中央企业企业文化建设报告.2014—2015	黎　群　金思宇
99	新金融新变革：互联网金融背景下中国商业银行竞争研究	范大路　傅春乔　范诗洋　武安华
100	十字路口的香港经济	张玉阁

企事业单位

◇ 油田企业

◇ 炼化企业

◇ 油品销售企业

◇ 科研单位

◇ 专业公司及其他单位

胜利油田

【概况】 胜利油田是中国石化集团胜利石油管理局(简称胜利石油管理局)、中国石油化工股份有限公司胜利油田分公司(简称胜利油田分公司)的统称,主要从事石油天然气勘探开发、油气深加工、矿区管理与服务等业务。工作区域分为东部和西部油区,东部油区主要分布在山东省东营、滨州、淄博、德州、潍坊、烟台、济南、聊城8个市28个县(区)内以及海上辽东东地区,主体部分位于东营市;西部油区分布在新疆、内蒙古、青海、甘肃、宁夏5个省(自治区),涉及准噶尔、吐哈等11个盆地,主要工区位于准噶尔盆地。胜利油田本部位于东营市济南路125号。

胜利油田是在20世纪50年代华北地区地质普查和石油勘探的基础上发现并发展起来的。1961年4月16日,位于东营构造上的华8井首获工业油流,标志着胜利油田发现。1962年9月23日,营2井获日产555吨高产油流,是当时全国日产量最高的井,胜利油田早期始称"九二三厂"因此得名。1964年1月,经中共中央正式批准,展开继大庆石油会战之后又一次大规模石油会战,6月石油工业部华北石油勘探会战总指挥部成立。1972年8月,改称胜利油田会战指挥部。1989年8月,更名为胜利石油管理局。1998年6月,国家进行石油石化大重组,胜利石油管理局由中国石油天然气总公司划归中国石油化工集团公司管理,更名为中国石化集团胜利石油管理局。2000年5月,中国石化整合上市,将油田勘探开发核心业务组建成立胜利油田有限公司,2006年1月变更为胜利油田分公司。2013年1月4日,胜利石油工程有限公司挂牌成立,隶属于中石化石油工程技术服务有限公司。

截至2016年底,胜利油田分公司主要包括勘探开发生产单位、科研院所等,有30个二级单位,用工87 466人,资产负债率51.4%。胜利石油管理局主要负责生产辅助、后勤管理和社会化服务等业务,有30个二级单位,用工33 995人,资产负债率53.9%。胜利油田探矿权面积11.47万平方千米,采矿权面积6 501.82平方千米。发现油气田81个,探明石油地质储量54.49亿吨、天然气地质储量2 649.77亿立方米;投入开发油气田74个,累计生产原油11.53亿吨、天然气572.97亿立方米;采出程度24.6%,油井总数3.20万口,综合含水率为92.29%。

胜利油田主要技术经济指标和主要生产建设指标分别见表1和表2。

(兰 峰)

【高效勘探取得新进展】 2016年,胜利油田以经济效益为中心,把发现规模优质可动用储量作为工作重心,坚持勘探开发工程一体化,深化理论技术和勘探管理创新,全力推进高效勘探,新增控制石油地质储量6 692.25万吨,新增预测石油地质储量1.04亿吨。通过加强研究力度,深化认识,潜山勘探出现良好局面,上报控制储量1 128万吨,车古27井、桩斜169井等获高产油气流,车古27井古生界中途测试日产气7.64万立方米,桩斜169井下古生界日产油356吨、气1.32万立方米;三合村洼陷西斜坡的垦西1井馆下段试油稳定日产油9.15吨,发现1个新的高效增储区,新增预测石油地质储量859.26万吨;青西地区永123井沙三下获得稳定日产油16.1吨,实现东营凹陷东边界剥蚀地层环带勘探突破,打破青西地区40多年勘探沉寂;陈官庄构造带北部的官斜17井沙四下压裂后试油稳定日产油9.1吨、气309立方米,新增预测储量813.26万吨。车排子西翼石炭系取得油气新发现。部署在车排子西翼石炭系的预探井苏13井,经中途测试稳定日产油20.7吨、气1 393立方米;地面密度0.83克/厘米^3,黏度4.08毫帕·秒,发现1个轻质油整装含油区带。在东营北带、滩浅海地区、沾化凹陷、惠民凹陷、车排子5个领域取得商业发现。

(侯 飞)

【效益开发持续深化】 2016年,胜利油田开发工作坚持以低成本开发战略为核心,全力推进创新创效、提质增效、节支保效,把工作重心由规模建产、外延发展转向高质高效建产和老油田高效注采完善、存量升级,坚持算效益账、干效益活、产效益油,努力破解生存发展困局。全年生产原油2 390.19万吨,超年度计划0.19万吨。受低油价影响,新井投产井数、年产油同比分别减少622口和63.59万吨,措施工作量、年增油分别减少762井次和41.30万吨。按当年投产新井口径,油田新增经济可采储量695.75万吨。储量动用高效实施。深化勘探开发一体化结合,加强10个重点地区滚动评价,加大老区高效注采完善,健全产能建设项目效益评估、排队优选机制,强化钻井运行管理和质量监督,加快油藏评价、优化效益开发方案,全年新增商业开发储量2 486万吨,新建(增)产能57.5万吨,单井能力提高0.6吨,百万吨产能新增开发投资下降8.5亿元。存量结构不断优化。深入开展"五项潜力大调查”，依据“三线四区”经济运行模型，大力实施产量、产液和工作量结构优化调整，暂关一批无效区块和油水井，调减无效益产量98.6万吨、无效液量880万吨、无效注水量470万立方米，稀油措施工作量减少35.8%。稳产基础持续改善。把注水开发作为核心工作来抓，开展一体化治理与注采井网完善，加大长停井治理、管杆更新力度，注采对应率、分注率、层段合格率分别提高2.0、1.1、1.4个百分点，还原稀油自然递减率控制在计划以内。

（姬　光）

【海上持续高效上产】 2016年，胜利油田深入实施“加快海上”战略，大力推进海上油藏提速提效、降本增效开发，全力打造低成本高效开发油田。高效实施埕岛老区大调整，建立完善埕岛油田大模型，优化实施层系细分、井网加密调整，破解了海上主力油藏“层间矛盾大、地层压降大、单井液量低、采油速度低、采收率低”等开发矛盾。坚持精细注水提效工程，注水井分注率、注水层段合格率、注采对应率同比分别提高0.9%、2.4%和0.6%，自然递减率6.0%，含水上升率1.0%，均控制在历史最好水平。实现原油产量持续增长和低油价时期效益开发，全年产油312.4万吨，达到历史新高，完成内部利润5.87亿元。胜利油田海洋采油厂“埕岛油田规模上产增效”项目获中国石化“十二五”油气田开发优秀项目特别贡献奖。

（姬　光）

胜利油田海洋采油厂CB6 F采修一体化平台顺利投产试运　（张海彬　摄）

【矿区(社区)社会化服务能力不断提升】 2016年，胜利油田公用工程持续提质增效，发供电系统加强一体化运行，统筹推进铁路专线、超低排放、电网升级等重点改造建设项目，争取到大用户电量直接交易政策，供电单位标煤耗、供电线损率同比分别下降0.6和0.5个百分点，经营创效和热电保障能力不断增强；供水系统多措并举推进布局优化、降漏增收，落实水价调整政策，积极发展水务衍生业务，水务公司创效优势明显，供水产销差率降低0.87个百分点，整体运行质量稳步向好；供热系统推进区域一体化集中调控，优化供热布局、燃料结构和油地热源统筹利用，实施室内暖改、老旧小区管网改造，管网热损失和供暖成本持续下降。社区服务水平不断提升，完善服务标准体系和考核管理制度，建成集团公司矿区(社区)首个“440”“一号通”集中呼叫平台，开发推广胜利管家APP，升级“胜利一卡通”，新增集团公司5A级文明和谐示范小区3个、4A级10个，服务满意率连续3年保持集团公司矿区(社区)系统第一。

（兰　峰）

【QHSE管理基础不断巩固】 2016年，胜利油田狠抓责任落实，修订完善全员安全生产责任制，成立油田层面7个、二级层面162个HSE专业委员会，健全局处两级安全督察队伍，建立“低老坏”问题常态化曝光机制，完善承包商信用管理体系和安全“黑名单”制度，加大隐患排查和风险管控，实施隐患治理项目158个，封堵废弃井2 878口，累计治理管道隐患6 591处，在山东省和集团公司备案的长输管道隐患治理全部完成。节能减排成效显著，全面完成“碧水蓝天”项目，有序推进“能效倍增”计划、锅炉烟气脱硫脱硝及排放治理，持续扩大地热余热利用规模，二氧化硫、氮氧化物排放量同比分别下降11%和13%，胜利油田分公司吨油气综合能耗、胜利石油管理局万元产值综合能耗分别比总部考核指标低5.2%和3.7%。质量管控能力持续提升，健全质量能源管理体系，加大原油、物资等质量稽查力度，重点单位、领域、工程和环节实现质量管控全覆盖。加强职业健康管理，开展健康查体、职业病防治评估等工作，建立健康监护一人一档，切实维护员工权益。

（兰　峰）

【改革调整有序推进】 2016年，胜利油田油公司体制机制建设有序推进，矿区(社区)体制调整基本到位。胜利石油管理局二级单位机关科室及直属单位压减21.6%、管理人员压减14.8%，三级、四级单位压减51.6%、管理人员压减39.7%。完善配套机制，制定9个大类853项内部专业化市场服务价格标准，优化调整绩效考核政策，积极推进市场化经营管理。“四供一业”及其他办社会职能分离移交稳步实施，胜利油田和地方政府联合成立分离移交工作领导小组，统筹方案制定、资产清查等工作，分类分批加快推进移交，淄博胜辛、铁山2个油田小区“四供”业务移交地方专业化公司运营，德州临盘、滨州滨南、烟台龙口等外围区域6个分离移交项目已签订协议，中心城区及外围区域109项市政设施移交有序推进。资源配置持续优化，稳妥实施用工形式调整，强化用工总量管控，完善配套政策机制，油田及二级单位层面累计优化盘活用工5 821人，依法规范清退业务外包用工3 682人；公务用车实现区域集中管理、统一调派，车辆压减30.3%；优化整合医疗卫生、学前教育，物探卫生院、幼儿园移交政府管理，9所幼儿园实现自有他营，对外合作合营医疗项目16个。

（兰　峰）

2016年7月18日，物探卫生院医疗服务职能移交东营区牛庄镇政府　（刘　铁　摄）

【科技进步取得扎实成效】 2016年，胜利油田承担并实施各类课题315项，其中国家课题6项、中国石化课题84项、油田课题225项。重大项目包括国家重大专项3项、国家“863”主题项目课题1项、国家“973”课题2项和中国石化“十条龙”课题2项。全年取得科技奖励成果148项(国家级1项、省部级15项)，其中胜利油田参与完成的“深层、超深层油层压裂酸化技术及应用”获国家技术发明二等奖。申请国家专利608件，其中发明专利338件、实用新型专利270件；获得专利权447件，其中发明专利95件；“酰胺基磺酸钠作为油田用添加剂的新用途及其组合体”“一种构建油藏驱油微生物群落提高原油采收率的方法”获中国专利奖优秀奖。

（邹　斌）

【基础管理持续加强】 2016年，胜利油田改进提升“三基”工作，制定实施“三基”工作和班站建设指导性文件，以《基层单位管理手册》《基层岗位操作手册》管理，规范促进岗位责任落实，提升班站、现场、岗位“三标”建设水平。深化精细管理，建立成本洋葱模型，成立十大降本减费增效项目组，加大产销存动态优化和天然气挖潜，深挖用电、运费、土地、物资采购、外委劳务、财务费用、非生产性支出等降本潜力，10项管理费用在“十二五”硬减半的基础上再降15.4%。加快推进“两化”融合，全年实施油公司“四化”建设项目68个，覆盖面达60%以上；打造集成服务云平台，主力单元地质模型化率达97%，勘探开发应用系统实现平台化集成共享，探井在线等10个业务移动APP以及油公司ERP大集中顺利上线。强化风险防控，推进风控、内控、制度一体化建设，全面梳理制度和流程，加强法律审查、内控执行、审计监督、效能监察、财务稽核等工作，确保依法经营、合规管理、规范运行。

（兰　峰）

【管理创新成果】 2016年，胜利油田评出局级优秀管理创新成果189项。14项成果被评为集团公司管理现代化创新成果，其中一等奖4项、二等奖5项、三等奖5项。2项获山东省企业管理现代化创新成果奖，其中一、二等奖各1项。获国家级企业管理现代创新成果一等奖1项。胜利油田二级单位职工提报建议2.56万项，立项1.67万项，执行实施1.01万项。

（杨志诚）

【技能人才队伍素质持续提升】 2016年，胜利油田举办“四化”新技术、油公司模式班站长、技师能力拓展、职业资格等级、大师讲坛等培训班760余期，累计培训3.6万余人次。着眼提素增效，以抓实“六项培训”为主要内容，制发《关于进一步强化提升基本功训练工作的指导意见》《关于加强技能操作人员师带徒管理工作的指导意见》，召开基本功训练和师带徒2个现场会，分层抓好基本功训练落实。深化实施创新驱动发展战略，推广“游梁式抽油机曲柄平衡调整工具”等5项集成优化技能创新成果600余台(套)；探索“油田技能大师+集成优化创新团队”运行模式，实施集成优化“井下作业多功能缓冲液流阀”等10项创新成果，推动技术创新成果快速转化为现实生产力。通过集团公司职业技能鉴定工作检查，组织8 561人参加初级、中级、高级、技师和高级技师职业资格评价鉴定，其中368人晋升为高级技师、208人晋升为技师。参加集团公司采油测试工、注水泵工业务竞赛，获个人4金、3银、3铜，注水泵工团体第1名、采油测试工团体第3名，被授予集团公司竞赛优秀组织单位称号。2016年，胜利油田获全国技术能手1人、享受政府特殊津贴1人、齐鲁首席技师4人、山东省有突出贡献的技师3人、集团公司技术能手26人。

（于书勇　董　伟）

2016年6月18日，全国劳动模范代旭升参加第11届海峡两岸职工创新成果展（杨　建　摄）

【民生和谐建设持续推进】 2016年，胜利油田推进实施"十百千"工程，依法合规支持改制企业发展，与改制企业签订科技成果转让协议5项，对203个基层单位进行重点帮扶，走访慰问和实施困难帮扶救助6.1万人次，关心慰问离退休人员、劳动家属等非在职群体，实施24个老旧小区综合改造治理，落实公积金提取惠民政策，深入开展"走基层、访万家"、便民志愿服务和"EAP服务一线行"活动，抓实信访、综治、舆情引导处置等工作，推动油地融合协同发展，为油田改革发展营造良好环境。

（兰　峰）

【宣传思想文化工作保障有力】 2016年，胜利油田围绕学习贯彻习近平总书记系列重要讲话精神、十八届六中全会、"两学一做"学习教育和石化集团公司年度工作会议等专题，局党委中心组集体学习研讨27次，局处两级编发"十问低油价"等教育引导材料740余期，举办宣讲会445余场，现场受教育4.5万人次。围绕适应新常态、应对低油价，组织"怎么看、怎么办、怎么干"专题报道。认真落实员工思想动态分析制度，调研报告得到董事长王玉普批示肯定。宣传推广"三线四区"经济运行模型等典型经验，孤岛采油厂作为弘扬石油精神典型在中央电视台等媒体集中宣传，薛梅当选第3届"感动石化"人物。全年在省级以上媒体发稿2 000余篇，连续4年在集团公司外宣考核中保持第一。在中国石化首家出台官方新媒体宣传管理办法，油田官方新媒体年内受众阅读量1 190余万人次，官方微信名列全国能源行业百强微信公众号第4名。研究建设网络舆情闭环管理系统，坚持每月组织企业开放日，提升了胜利形象。将中国石化核心价值理念融入油田改革发展，培育形成"低成本应对低油价"等53条新理念，层层举办讲故事比赛和年度故事汇，出台规范提升基层文化建设实施意见，深入开展"EAP服务一线行"。胜利油田被评为集团公司企业文化建设先进单位，《以创新文化推进管理创新》获国务院国资委国企创新文化征文一等奖。涌现集团公司十大精神文明建设标兵1名、优秀志愿服务项目2个，省级文明单位31个、省级文明社区12个和山东好人(集体)14个。胜利油田连续8年保持全国文明单位称号。"三基"创建管理规范提升，创新"三基"工作的经验做法在集团公司交流推广，获中国石化第25届企业管理现代化创新成果一等奖。

（孙光明　谢　俊）

表1　　胜利油田主要技术经济指标[1]　　亿元

指标名称＼年份	2016	2015	2014	2013	2012	2011
工业总产值	605.16	758.51	1 223.81	1 261.68	1 588.92	1 512.42
工业增加值	237.30	428.37	991.55	1 040.44	1 177.47	1 252.17
资产总计	1 660.67	1 766.07	1 795.40	1 784.91	1 950.19	1 841.54
流动资产	160.25	103.36	95.09	169.68	384.04	315.90
固定资产原值	3 705.45	3 631.62	3 464.62	3 214.96	3 104.86	2 841.54
固定资产净值	1 444.09	1 558.06	1 566.41	1 513.77	1 461.59	1 320.46
销售收入	591.19	784.92	1 195.85	1 401.56	1 821.80	1 268.65
实现利税	-139.14	33.55	604.52	684.32	942.81	960.14

续表

年份 指标名称	2016	2015	2014	2013	2012	2011
税金(费)	112.84	141.67	431.30	464.57	563.48	548.40
综合能耗②/吨标煤·万元$^{-1}$						
胜利石油管理局	3.763	3.91	3.91	3.97	0.92	0.99
胜利油田分公司	0.313	0.31	0.34	0.32	0.30	0.29

①2013 年起，因统计口径变化重新调整(扣除石油工程部分)

②2016 年起，综合能耗指标按行业惯例，保留小数点后 3 位

表 2 胜利油田主要生产建设指标①

年份 指标名称	2016	2015	2014	2013	2012	2011
原油产量/万吨	2 390.19	2 710.03	2 787.14	2 776.24	2 755.00	2 734.00
天然气产量/亿立方米	4.04	4.57	5.00	5.00	5.00	5.00
新增原油生产能力/万吨	68.43	145.70	253.20	298.30	313.10	301.20
新增天然气生产能力/亿立方米	0.31	0.43	0.52	0.95	1.32	0.26
新增探明石油地质储量/万吨	2 989.19	1 090.72	2 012.24	3 091.41	13 232.50	14 950.50
新增探明天然气地质储量/亿立方米	6.94	4.25	—	12.53	89.68	—
二维地震/千米	888.32	1 015.77	650.19	1 273.00	7 635.00	9 745.00
三维地震/平方千米	964.49	1 016.00	1 142.00	1 348.00	7 516.00	7 001.00
石油钻井/口	676	1 149	2 268	2 602	2 362	2 108
钻井进尺/万米	157.30	256.80	500.33	590	557.36	490.26
勘探投资/亿元	32.37	33.42	36.12	45.75	50.73	46.27
开发投资/亿元	44.99	96.42	194.45	240.57	216.28	179.10

①2013 年起，新增探明石油地质储量数据因统计口径变化重新调整；指标为胜利油田分公司投资口径

中原油田

【概况】 中原油田为中国石化集团中原石油勘探局(简称中原石油勘探局)和中国石油化工股份有限公司中原油田分公司(简称中原油田分公司)的统称，主要从事油气田勘探开发、炼油与天然气深加工等业务，主要开发区域包括东濮凹陷、普光气田、内蒙古探区。

1975 年 9 月 7 日，濮参 1 井喷出工业油气流，发现中原油田；1998 年，由中国石油天然气总公司划归集团公司管理；2000 年 1 月，中原石油勘探局和中原油田分公司分设分立；2012 年 9 月—2013 年 9 月，完成中原油田石油工程专业化重组。截至 2016 年底，中原油田设置机关处室 27 个、机关直属单位 16 个、直属单位 49 个。拥有合同制员工总量 38 650 人，同比增加 2 050 人。全油田有专业技术人员 11 424人，其中教授级职称 350 人、高级职称 3 801 人、中级职称 3 288 人、初级职称 3 985 人。

2016 年，中原油田在国内拥有油气资源探矿权、

采矿权 53 个，总面积 7.14 万平方千米。其中，探矿权 34 个，面积 7.00 万平方千米；采矿权 19 个，面积 1 412.12 平方千米。原油产量 146.67 万吨，天然气产量 39.97 亿立方米，硫黄产量 106.74 万吨，新增原油生产能力 0.4 万吨，新增天然气生产能力 1 238万立方米。完成三维地震勘探 427 平方千米，探井完井 9 口。

年内，中原油田保持全国文明单位称号，获全国绿化模范单位称号，蝉联全国石油和化工行业环境保护先进单位，获全国“六五”普法先进单位称号，获全国 2014—2015 年度守合同重信用企业称号；中原石油勘探局党委获中央企业先进基层党组织、集团公司先进党委称号。中原油田获省部级科技进步奖 8 项、技术发明奖 1 项，申报专利 123 件，获集团公司首批创新型企业、知识产权先进单位称号。

中原油田主要技术经济指标和主要生产建设指标分别见表 1 和表 2。

（李　琨　陶　岚）

【油气勘探增储方向明确】 2016 年，中原油田在勘探工作中坚持优化部署，强化地质研究，油气增储方向进一步明确。内蒙古探区银额新区勘探获重大突破，拐参 1 井获高产油气流，预测石油地质储量 2 685万吨、天然气地质储量 48.87 亿立方米，被集团公司评为重大发现二等奖。强化普光气田外围多层系勘探研究，明确了台缘斜坡带勘探方向，资源量 1 681 亿立方米。深化老区复杂断块精细勘探，卫城构造卫 452 井获工业油流，落实圈闭资源量 800 万吨；西南洼赵 5 井、何 3 井预测石油地质储量 300 万吨。

（张　雨）

【油气开发成效显著】 2016 年，中原油田在油气开发工作中坚持向发挥油气资源价值聚焦，全力推进低成本开发。积极储备增量项目，确定有利目标 24 个，可落实商业开发储量 905 万吨。强化相控挖潜和剩余油分布规律研究，精细描述油藏 11 个，低成本水驱治理单元 5 个，覆盖地质储量 4 326 万吨，自然递减同比减缓 7.4 个百分点，吨油水驱成本下降 16 元。科研单位、采油厂建设 2 个二氧化碳驱和 1 个天然气驱示范区，覆盖储量 1 442 万吨，含水下降、产量上升。采油厂应用“三线四区”评价精细挖潜模型，实施“一井一策”分类治理，措施工作量减少 58%，有效率提高 6%，作业费下降 1.7 亿元，电量下降 1.08 亿千瓦·时。完成 14 个采油管理区数字化改造，主营业务用工减少 50%，劳动生产率提高 1 倍以上，采油三厂采油管理四区建成马 12 数字化采集计量站。濮城油田、文明寨油田被评为集团公司“十二五”高效开发油田。

（张　雨）

【优化拓展油气服务业务】 2016 年，中原油田坚持专业发展，市场导向，强化集中管理，优化业务布局和资源结构，体制机制活力得到提升。剥离采油厂油气服务业务，电力业务划转供电服务中心，测试业务划转技术监测中心，作业、特车业务整合组建采油气工程服务中心，抢维修业务组建地面工程抢维修中心，车辆业务划转机关车辆管理中心，共划转 8 011 人，储量资产价值提升 21 亿元，完成重组整合。发挥“中原气服”龙头作用，培育油气藏开发研究与采油管理，油气水井作业测试，天然气集输、净化、管运服务能力，外部市场员工达 5 135 人，收入 7.64 亿元，中原气服业务占比 72%。其中，天然气处理厂、天然气产销厂、油气储运中心主动转型，新开拓土耳其储气库、武汉计量保运、河北新天国化等项目，外闯市场员工占 50% 以上，油气服务品牌创效显著。

（张　雨）

【QHSE 管理扎实开展】 2016 年，中原油田贯彻加强 QHSE 管理工作。设立 6 个专业 HSE 分委员会，配齐安全总监，组建安全环保督察队伍，制定基层生产作业现场 HSE 管理规范 21 个，开展重大专项督察、夜查暗访 19 次，查处问题 1 723 个。集团公司及地方政府挂牌督办隐患治理全部完成，投资 2.98 亿元。建设智能化管线 330 千米，配备移动视频监控 17 个。持续强化应急管理，简化形成 1 个综合和 7 个专项预案体系，有效保持安全形势稳定。推广永磁直驱电动机、潜油螺杆泵等节能新技术，实施“能效倍增”项目 57 个，万元产值综合能耗控制在计划之内。识别环境风险 5 类 1 937 项，实现分级管理。实施废气、废水、固废、噪声、射线防治工程，主要污染物达标排放。基地市政落实道路防尘措施，强化马颊河治理，打牢节能环保基础工作。组建物资质量督察队伍，查处问题 104 项，避免损失 1 060 万元。强化过程质量管控，发布油田标准 53 项，外销原油有机氯含量持续达标，天然气质量达到一类标准，质量管理水平得到提升。

（张　雨）

【内蒙古探区油气勘探取得重要突破】 2016 年，内蒙古探区以“大突破、大发现”为目标，深化基础研究，优化勘探部署，强化组织实施，油气勘探取得重要突破。拐参1井试获高产工业油气流，标志着拐子湖凹陷油气勘探取得重要突破，银额新区勘探进入新阶段，预测含油面积31.09平方千米，预测石油地质储量2 684.60万吨、溶解气储量48.87亿立方米，利用氯仿沥青“A”法计算凹陷资源量约2.94亿立方米；白音查干凹陷开展系统性基础石油地质研究，针对洼陷带开展沉积体系、构造演化及成藏规律研究与目标评价，查42井钻遇较好油气显示，达59井、翁6井老井压裂试油获高产工业油流，其中翁6块落实控制石油地质储量117.38万吨；银额盆地拐子湖凹陷中洼三维地震采集项目为中国石化重大勘探工程，8月30日开工，11月5日完工，完成满覆盖面积307.71平方千米，测线65束，总炮数6.15万炮，一级品率96.2%，11月30日通过专家组验收；中康项目部开展单井效益评价，关停无效井14口，间开低效井37口，平均检泵周期609天，躺井率、自然递减率同比分别下降0.83和4.51个百分点，注采见效油井18口，日增产原油22.70吨，累计增产原油7 219吨，全年生产销售原油4.32万吨。

（陶　岚）

2016年6月20日，内蒙古探区银额盆地拐子湖凹陷拐参1井试油放喷求产 （赵奕松　摄）

【普光气田外输商品气400亿立方米】 普光气田是中国首座投产的整装海相高含硫气田，也是国家“十一五”重点工程川气东送工程的主气源地。该气田2009年10月12日投产，以打造世界一流高含硫气田为目标，探索高含硫气田开发规律，深化地质认识，提升科技攻关能力，提高安全环保水平，保持平稳运行态势。中国石化自主创新，形成高含硫气田安全开发技术体系，攻克高含硫气田开发世界级难题，使中国成为世界上少数几个掌握开发特大型超深高含硫气田核心技术的国家。截至2016年底，普光气田已累计外输商品气400亿立方米，为长江经济带发展提供了清洁能源，惠及6个省、2个直辖市共70余个大中型城市，1 000家企业、2亿多居民从中受益。

（李　丽）

【普光气田被树为绿色矿山建设典型】 2014年，普光气田成为第4批国家级绿色矿山试点单位。普光分公司树立“科学管理、效率提升、安全受控、绿色低碳”理念，开展国家级绿色矿山达标创建活动。通过编制实施方案，制定发展规划，部署矿产资源高效开发和合理利用、改善科技创新、节能减排、环境保护、生态治理与恢复、企业文化与和谐矿区建设等方面的任务。各单位上下整体联动，协调运作，建立严格的绿色矿山标准体系和管理制度，建立气田“全生命周期”开发管理体系。普光气田始终保持“安稳长满优”运行，采出水回注率、固废无害化处理率、土地复垦率均达100%，取得良好的经济效益和社会效益。2016年，普光气田绿色矿山建设获国土资源部肯定，被确定为石油行业绿色矿山建设典型。7月20—21日，“石油行业典型绿色矿山建设纪实”调研组到普光气田实地调研，借助《中国国土资源报》把经验和做法分享给国内同行。

（李　丽）

【普光气田完成首次全面停产检修】 2014年底，集团公司启动普光气田安全隐患治理工程。该工程涉及气田集气站23座、集输管道2条和天然气净化联合装置6套，隐患治理与技术升级改造同步进行。为确保全面停产检修顺利实施，集团公司先后组织5次工程推进会超前规划准备，工程建设公司、胜利设计院等单位现场踏勘解决设计问题181项，中原油田普光分公司精准编制出2 800余项物资采购计划表，全面加强对物资质量的管控。2016年5月20日，普光气田全面停产检修开工，15家参建单位、2 000名职工参与其中。6月26日，关停38天的普光气田毛坝503集气站开井复产。至此，普光气田隐患治理与技术升级改造同步进行的首次全面停产检修正式完成。与检修前相比，普光气田工艺流程得到优化，集输系统4条酸气管线可实现单线关停，净化厂2个生产区域可实现不停产分区检修；23座集气站场放空火炬排污管线、净化厂原料气管线等设备管材升级为抗硫、抗腐蚀级别更高的镍基复合管材。同时，普光气田自控系统软件更新至最新版本。普光气田全面停产检修的完工，标志着中国石化已经掌握了高含硫气田从勘探开发、工程建设、生产运行到停产检修全流程的核心技术，普光气田跨入工艺流程更为领先、开发运营更加安全可控的“2.0 时代”。

（李　丽）

2016 年 5 月 16 日，普光气田进入全面停产升级改造前，天然气净化厂技术人员在五联合一列贫胺液泵处关闭回流阀　（祝广影　摄）

【“东濮凹陷油气富集规律与增储领域”通过国家验收】　东濮凹陷经过近 40 年的勘探开发，已进入高勘探成熟阶段，勘探难度越来越大，随着浅层（小于 3 500 米）勘探程度的提高，有利目标越来越难寻找，深层（大于 3 500 米）勘探便成研究工作的重点。“十二五”期间，国家科技重大专项课题研究人员针对东濮凹陷深层油气资源潜力、富集规律及勘探配套技术开展一系列科研攻关，完成研究任务，取得一批重要的科研成果：课题首次提出高热演化条件下 2 套烃源岩 3 种生气方式是深层富气基础，并创新建立了深层气藏“近源聚集、接力成藏、W 型分布”的成藏特征；针对“千层饼”型薄互储层，研制了高分辨率自然伽马仪及直井多层逐级解封一体化压裂管柱，有效解放了深部薄互层储量；在深层凝析气和煤成气领域分别增加天然气三级储量 376 亿立方米和 194 亿立方米，增加圈闭资源量 2 928 亿立方米和 674 亿立方米，明确深层天然气战略勘探方向。该课题研究过程中还培养博士后 10 人和青年科研骨干 15 人，申报发明专利 11 件，获实用新型专利授权 5 件，发表论文 22 篇。2016 年 7 月，由中原油田勘探开发研究院牵头完成的“十二五”国家科技重大专项课题“东濮凹陷油气富集规律与增储领域”得到国家科技部专家组的一致肯定，通过结题验收。

（李　丽）

【“高含硫气藏安全高效开发技术”通过国家验收】
中原油田承担的“十二五”国家科技重大专项“高含硫气藏安全高效开发技术”共设 6 个课题：高含硫碳酸盐岩气藏精细描述及开发规律研究，高含硫气井稳产增产工艺技术，集输系统积液、硫沉积与腐蚀控制技术，百亿立方米级净化厂安全运行优化技术，高含硫气藏超深水平井钻完井技术和高含硫气田开发关键装备及材料研制。2016 年 2 月 29 日，中原油田受国家重大专项项目组委托在郑州召开国家科技重大专项“高含硫气藏安全高效开发技术”项目“十二五”课题验收会，经专家组评审，同意通过验收。7 月 6 日，国家油气重大专项实施管理办公室专家组对该项目进行最终评议，以 96.45 分通过验收。9 月 7 日，“高含硫气藏安全高效开发技术”（三期）项目通过国家大型油气田及煤层气开发重大专项实施管理办公室院士专家组终审。

（李　琨）

【国内首个高含硫气田腐蚀评价现场实验室投运】
2016 年 7 月 24 日，由中原油田石油工程技术研究院主导技术论证、工程选址、设备采购与安装调试、编制实验室运行方案的高含硫气田腐蚀评价现场实验室在普光气田普 3011 站投运。该实验室流程进口压力 13 兆帕，温度 52.5℃；出口压力 8.24 兆帕，温度 33.2℃；气量 20 万立方米，可完成实验项目 9 个大类，开展不同温度、压力条件下腐蚀、硫沉积及水合物等评价实验，是国内首个高硫现场实验室。截至年底，该实验室完成高压釜腐蚀实验 46 组，钢材腐蚀测试 8 种 16 组，泡排剂、消泡剂性能评价 15 组，样品制备分析 89 个，扫描电镜、成分分析、硬度测试等分析测试 900 余次。

（李　琨）

【天然气脱酸技术首次走出国门】　2016 年 4 月 25 日，中原油田与海工英派尔工程有限公司签订伊拉克米桑油田天然气处理 EPC 项目技术服务合同，标志着中原油田天然气脱酸技术首次走出国门。米桑油田天然气处理工程是伊拉克国家石油部环保重点项目，地处伊拉克东部米桑省，设计处理量 200 万米^3/日，富含硫化氢、二氧化碳，年可回收天然气 6 亿立方米。由天然气处理厂组织运行，主要承担开车文件编制、前期生产准备、装置投产操作、性能考核等投产工作。截至年底，项目已完成“三查四定”、技术文件编制修订、设备单机试运、仪表校验与联调、装置吹扫和气密、装置水联运等投产准备工作。

（李　琨）

【首次中标海外地下储气库技术服务项目】 2016年6月13日，中原油田与北京普瑞浩特能源科技有限公司签订土耳其图兹湖地下储气库技术服务合同。图兹湖地下储气库位于土耳其安卡拉以南200千米的图兹湖盐湖南岸，是俄罗斯输入欧洲主要气源的战略储备性储气库，也是土耳其冬季调峰首座地下天然气储库。该项目由天然气处理厂组织运行，负责提供压缩机组运行管理、维护保养，过滤计量单元操作、TEG脱水单元操作、天然气减压加热单元操作等现场作业。截至年底，该项目主要进行注气排卤单元(天然气过滤计量单元、燃料气加热调压单元、往复式压缩机组等)的进气、投用。

（李 琨）

【自制高效套磨铣工具磨铣成功率100%】 2016年12月，中原油田完成“套磨铣工具磨铣材料及其制造工艺研究”项目。该项目开发了YHL－4型低熔点银基钎料，熔化温度降至707℃，比铜基钎料熔点低近180℃，解决了硬质合金因过热性能下降的问题；创新发明复合钎焊工艺，解决了氧乙炔钎焊加热效率低、控温差、缺陷多的问题；创新发明模块化磨鞋加工工艺，解决了传统磨鞋制造工艺整体预热时间长、刀板定位不准确、难以使用炉中焊或磁感应钎焊的问题，提高了磨鞋的工业化生产效率。新研制工具综合性能优于国内同类套磨铣工具，磨铣效率提高75%以上，节省作业时间近50%，工具使用寿命提高1倍。进尺量接近的情况下，工具数量减少50%，节省起下钻作业时间和费用。与进口工具相比，磨铣效率为国外工具的70%左右，使用寿命与国外工具相当，工具成本仅为国外工具的1/10。截至年底，自制的高效磨铣工具成功应用9井次，磨铣成功率100%。

（李 琨）

【耐高温高压封隔器胶筒指标创国产胶筒指标新纪录】 2015年7月，中原油田石油工程技术研究院针对注水、卡堵水、压裂等工艺中高温高压环境下封隔器胶筒失效的问题，开展新型补强材料耐高温高压封隔器胶筒的研制项目研究。该院博士后创新团队通过对橡胶材料耐温机理及碳纳米管在橡胶中的应用研究，研制出高温保持高强度的橡胶材料，比文献报道的同类橡胶在高温下的最高性能提高近1倍。利用该橡胶材料研制出2种封隔器胶筒，注水用胶筒技术指标耐温150℃、耐压50兆帕；拖动压裂胶筒耐温130℃，耐压70兆帕，循环打压13次。2种胶筒指标均为中国石化井下工具质检中心记录的国产胶筒最高指标。截至2016年底，现场应用3井次，胶筒工作正常。

（李 琨）

【过油管套变监测技术取得新突破】 2016年，中原油田针对普光高含硫气田套变加剧、国内外电磁探伤过油管套变识别及定量评价处于空白的问题，率先开展高含硫气井套变模拟实验及响应特征研究，初步掌握镍基合金油管中套损套变的响应特征；自主开发了电磁探伤曲线干扰校正、管柱偏心校正、曲线归一化计算软件模块，减小管柱剩余壁厚计算误差，提高套损套变定性解释评价效率；开展电磁探伤套损套变有限元数值模拟，确定套损套变反演重构的技术方案，为普光过油管套变定量评价奠定基础。截至年底，开展过油管套变监测及资料解释评价4井次，实现套损套变解释评价和曲线干扰、偏心校正，提高了资料解释精度。

（李 琨）

【承办社会主义核心价值观建设交流会】 中原油田勘探开发建设40年来，累计生产原油1.40亿吨、天然气829亿立方米，上缴税费904.60亿元。先后涌现出邵均克、宋丽萍、杨明峰等一大批先进典型，创作文艺汇演《铸魂》、电视纪实片《领航》及宋丽萍事迹专题片等多部文艺作品，把社会主义价值观无形化为有形，通过电视、网络等媒体展现给油田职工。实施员工践行社会主义核心价值观考核工作，将培育和践行社会主义核心价值观融入具体岗位和具体工作，把宏观抽象的价值准则细化为明确具体的行为规范，把正面引导与规范约束紧密结合，有效推动社会主义核心价值观具体化、生动化，确保中原油田的持续健康发展。2016年5月26—27日，为总结交流中央企业培育践行社会主义核心价值观的经验做法，推进中央企业社会主义核心价值观建设，国务院国资委在中原油田召开中央企业社会主义核心价值观建设交流会。中宣部、国务院国资委、集团公司等有关领导及108家中央企业、31家地方国资委、30家中国石化内部企业代表、媒体记者共229人参加会议，会议采取现场参观、经验交流、汇报演出、专题报告等形式，全方位、多层次诠释社会主义核心价值观的深刻内涵。

（陶 岚）

【蝉联全国石化行业环保先进单位】 “十二五”期间，中原油田加强环保监督管理，开展环保技术研究，全面推行清洁生产，采油(气)污水回注率达100%，钻井、作业废水、工业污水处理达标率达100%，废弃泥浆固化处理率和外排污水达标率也均达100%，实现了能源开发与环境保护协调发展。2016年7月，中原油田被中国石油和化学工业联合会、中国化工环保协会授予“十二五”全国石油和化工行业环境保护先进单位称号。

（李　丽）

【获中央企业先进基层党组织称号】　2016年，中原油田扎实开展党的群众路线教育实践、“三严三实”专题教育等活动，实施“双建”工程管理体系，推动基层党建工作的程序化、系统化和科学化；带领各级党组织和党员、群众，主动适应经济发展的新常态。认真贯彻落实党的路线方针政策和集团公司党组、河南省委部署，保证企业的正确发展方向；把推动企业发展作为第一要务，将党建思想政治工作与生产经营融合，推动改革发展；坚持把服务群众作为基本职责，实施“六大工程”，开展“感动油田年度人物”“十大杰出青年”等群众性精神文明创建活动。6月29日，中原石油勘探局党委获中央企业选进基层党组织称号。

（陶　岚）

【“爱·周六”活动获评全国最佳志愿服务项目】
“爱·周六”便民志愿服务活动是中原油田第九社区管理中心为满足该社区居民日渐多元化需求开展的，旨在发挥老同志自身优势，引导老同志参与社区管理。该中心先后建立由1 900名老中青志愿者组成的128支志愿者服务队，主要为居民提供心理咨询、医疗保健等20项服务，建立起由辖区内水电气等多家单位共同参与的志愿者工作运行体系。2016年2月26日，中原油田“爱·周六”便民志愿服务活动被评为全国最佳志愿服务项目，成为全国100个获此荣誉的项目之一。

（陶　岚）

表1　　中原油田主要技术经济指标　　亿元

指标名称＼年份	2016	2015[①]	2014	2013	2012	2011
工业总产值	124.13	188.72	292.58	303.13	440.61	396.29
工业增加值	58.33	89.17	137.82	173.03	373.58	203.34
资产总计	370.33	460.55	523.61	543.28	674.15	686.77
流动资产	40.65	54.54	70.87	73.17	132.87	145.61
固定资产原值	396.88	389.42	380.62	368.40	1 044.33	980.26
固定资产净值	203.53	215.54	228.09	228.09	487.91	435.92
销售收入	154.40	212.64	305.52	323.78	490.79	438.91
实现利税	-91.44	6.31	93.02	89.62	109.62	95.62
税　金	27.08	49.08	59.31	57.95	82.35	71.43
综合能耗/吨标煤·万元$^{-1}$						
中原石油勘探局	0.56	5.19	6.00	6.00	0.57	0.57
中原油田分公司	0.48	0.47	0.52	0.53	0.48	0.53

①2015年数据统计口径发生变化。

表2　　中原油田主要生产建设指标[①]

指标名称＼年份	2016	2015	2014	2013	2012	2011
原油产量[①]/万吨	146.67	182.64	231.00	243.00	252.01	262.38
天然气产量/亿立方米	39.97	58.53	83.05	85.42	80.12	64.97
新增原油生产能力/万吨	0.40	1.53	14.80	13.05	19.50	20.20

续表

指标名称＼年份	2016	2015	2014	2013	2012	2011
新增天然气生产能力/亿立方米	0.12	0.08	2.54	0.23	23.37	0.51
新增探明石油地质储量/万吨	0	0	251.00	285.00	981.45	1 148.20
新增探明天然气地质储量/亿立方米	0	0	0.31	2.58	21.70	13.35
二维地震/千米	0	260.00	325.00	600.00	203.00	866.00
三维地震/平方千米	427.00	161.00	192.00	123.00	201.00	249.00
探井②/口	9	15	23	40	38	55
开发井②/口	0	5	30	82	161	181
勘探投资/亿元	3.72	5.17	5.29	6.11	8.13	9.08
开发投资/亿元	5.14	4.06	10.10	16.04	24.36	24.97

①2016 年原油产量不包含中原石油工程公司

②探井、开发井均为完井口数

河南油田

【概况】 河南油田为中国石化集团河南石油勘探局(简称河南石油勘探局)和中国石油化工股份有限公司河南油田分公司(简称河南油田分公司)的统称。其前身组建于1972年5月1日。1998年,河南油田由中国石油天然气总公司划归集团公司。2000年1月,河南石油勘探局和河南油田分公司分设分立。2012年9月—2013年9月,河南油田钻井公司、物探公司、油建公司等7个二级单位完成石油工程专业化重组,划归中石化石油工程技术服务有限公司管理。

河南油田是以油气生产为主,集油气勘探、开发、炼油化工、施工作业、辅助生产和社会服务于一体的国有大型Ⅰ类企业,矿权范围地跨河南省南阳、驻马店、平顶山、洛阳、周口、漯河、许昌和新疆巴音郭楞蒙古族自治州、奎屯市、伊犁地区10个市(州、区)。本部设在河南省南阳市宛城区油田五一村,其所属新疆采油厂位于新疆维吾尔自治区巴音郭楞蒙古自治州焉耆回族自治县城。截至2016年底,河南油田拥有探矿权区块7个、面积1.69万平方千米,采矿权区块7个、面积2 047.04平方千米。油气资源总量达28.02亿吨,已发现16个不同类型的油气田,累计探明石油地质储量3.63亿吨,探明天然气地质储量129.30亿立方米,已投入开发15个油气田,累计生产原油8 442.05万吨、天然气26.86亿立方米。

河南油田实行勘探局、分公司—二级厂(处)—矿(大队)三级管理体制。截至2016年底,河南油田机关设22个职能处室,其中分公司下属11个二级单位、勘探局下属11个二级单位。共有172个矿(大队)基层单位。全油田有直属党委28个,其中局、分公司单位党委23个、改制企业党委5个,党总支71个,党支部733个,党员18 294万人。有合同制员工1.43万人(分公司1.07万人),其中拥有教授级职称的73人、高级职称的1 985人、中级职称的2 734人、初级职称的1 774人;享受政府特殊津贴6人,集团公司突出贡献专家10人,闵恩泽青年科技人才奖15人,学术、技术带头人14人。

河南油田主要技术经济指标和主要生产建设指标分别见表1和表2。

(韩 伟 郭运平)

【完成油气生产任务】 2016年,河南油田新建产能7.90万吨,新增经济可采储量45.92万吨,生产原油169.07万吨。其中,老井自然生产157.72万吨(含三采区块产量31.50万吨),新井生产5.24万吨,措施增产6.11万吨。生产天然气6 717万立方米,其中溶解气4 548万立方米、气层气2 169万立方米。河南油田年末综合含水率 91.68%，自然递减 27.57%，稠油热采吞吐油汽比 0.26。春光油田获股份公司规模上产增效特别贡献奖，双河油田、王集油田获高效开发油田称号。

（韩　伟）

2016 年 5 月 1 日，河南油田采油二厂职工对古 4207 井进行水井分注作业施工
（单朝玉　摄）

【**控制储量完成情况**】　2016 年，河南油田计划控制储量 1 000 万吨，实际完成新增控制储量 1 031.98 万吨。新增储量的春光油田春 98、春 99 等井区新近系沙湾组、春 98 井区古近系油藏划分为 10 个计算单元，新增计算含油面积 8.22 平方千米，控制石油地质储量 715.58 万吨，技术可采储量 195.80 万吨；古城油田泌 124－7、泌 421 等井区古近系核桃园组油藏划分为 7 个计算单元，新增计算含油面积 2.23 平方千米，控制石油地质储量 129.01 万吨，技术可采储量 28.38 万吨；王集油田柴 50、泌 166－1 等井区古近系核桃园组油藏划分为 8 个计算单元，新增计算含油面积 1.51 平方千米，控制石油地质储量 187.39 万吨，技术可采储量 43.09 万吨。春光探区勘探发现获股份公司 2016 年度春光探区石油勘探商业发现二等奖。

（韩　伟）

【**效益开发持续推进**】　2016 年，河南油田落实"增产要增效、减产不减效"要求，坚持动态效益配产，开发质量和效益得到提升。深化滚动勘探和油藏评价，落实商业开发储量 170 万吨；建成宝浪油田 24.50 万米^3/日天然气生产能力，同比增产 155%。精细调整产量、产液、注水、注汽、措施"五大结构"，油气单位操作成本降低 15%。关停无效油井 737 口，减少产量 8.26 万吨；降低无效产液 312 万吨，降低运行成本 2 745 万元；降低无效注水 145 万立方米，节约能耗 1 159 万千瓦·时；降低无效注汽 77 万吨；实施油井措施 305 井次，下降 202 井次，措施有效率 90.50%，有效率提高 2.60 个百分点。稠油热采实现转方式效益开发，随油价变化及时复产有边际效益关停井 335 口、增油 2.40 万吨。

（韩　伟）

【**能源化工平稳运行**】　2016 年，河南油田能源化工加工原料油 35.91 万吨，生产特种蜡 5.10 万吨，销售特种蜡 5.16 万吨，实现经营收入 15.49 亿元。综合商品率 94.25%，加工损失率 1.09%。综合能耗 130.57 千克标油/吨，炼油能耗 78.61 千克标油/吨，单位因数耗能 10.19 千克标油/吨。开发特种蜡新产品 8 个：NYTX－201#，NYTX－202#橡胶防护蜡，NYTZ－301#、NYTZ－302#、NYTZ－303#复合蜡，1#复合蜡，NYTB－207#包裹蜡，橡胶用烷烃操作油。合计工业化生产新产品 1 666 吨，增效 110 万元。特种蜡产品达 34 个品种、106 个牌号。

（郭运平）

2016 年 3 月 11 日，河南油田能源公司青年服务队队员在特种蜡车间码垛防锈蜡产品（楼　琪　摄）

【**科技创新成果**】　2016 年，河南油田开展科技项目 144 项，其中集团公司 20 项；完成科技项目 73 项。获集团公司科技进步奖 3 项，其中"新型高效表面活性剂研制及其在河南油田的工业应用"获二等奖，"河南油田含硫污水水质稳定技术研究与应用""河南油田 95℃高温油藏化学驱技术研究"获三等奖。申请专利 91 件，获授权专利 60 件。"春光探区岩性油藏勘探开发创新团队"获集团公司优秀创新团队称号，石油工程专家马宏伟获科技创新领军人才称号；提高石油采收率实验室、非常规油气工程技术研究中心分别被认定为河南省重点实验室和工程技术研究中心。

（郭运平）

【安全环保形势稳定】 2016年，河南油田以“识别大风险、消除大隐患、杜绝大事故”为主线，贯彻《中国石化安全管理手册》，落实安全生产责任，开展“我为安全做诊断”活动，强化隐患排查治理，加强现场安全督察，6类20项考核指标全部达标，实现安全生产无事故。践行绿色低碳战略，完成“河南油田中心区生活污水处理工程”“春光油田污水回注井新建工程”2项“碧水蓝天”项目；完成13台燃煤锅炉烟气排放达标治理，停运5台4吨/时以下燃煤炉，调整29台燃油锅炉的燃料结构，实现烟气达标排放。河南油田被评为集团公司安全生产、环境保护先进单位。

（韩　伟）

【“四个增效”推动效益提升】 2016年，河南油田实施低成本战略，大力推进“四大增效”工程。在优化增效上，控制储量发现成本同比降低5.40%；勘探开发成本比控制计划下降46.60%；盘活利用土地房产，增效6 000万元。在改革增效上，提升用工效率，分流安置离岗人员490人，500多名员工向创效单位流动；规范用工形式，936名派遣制员工调整为劳动合同制员工；公务用车集中管理，3个采油厂的496台车辆整合到车辆管理中心统一管理；实施会计集中核算服务，7家单位实现会计集中核算。在管理增效上，深化全面预算管理和全员成本目标管理，预算压减各类支出5.91亿元。在增收增效上，实施外创市场项目121项，外创市场人员达1 602人、增加479人，实现收入2.77亿元、增加6 263万元；加大轻油分储分销、天然气推价力度，累计增效1 700万元。

（韩　伟）

2016年10月18日，河南油田技术监测中心外创市场技术人员在福建联合石油化工有限公司进行管线保温效果检测 （李海建　摄）

【节能工程】 2016年，河南油田围绕管理节能、结构节能、技术节能、重点节能工程、循环经济和合同能源管理六大板块，实施“高效节能电机应用”“优化机采参数，降低举升能耗”“江河注水系统优化调整”等节能技术措施项目51项，完成节能量1.57万吨标准煤(等价值)。河南油田被评为集团公司节能工作先进单位降碳工作先进单位。

（郭运平）

【低成本分层压裂改造工艺研究应用】 2016年，河南油田针对多层薄层油藏射孔层段多、隔夹层薄、层间应力差小等难题，优化应用机械分层、限流分层、投球暂堵分层等分层压裂工艺，单井节约费用20万元；配套变排量泵注、降低前置液比例、低黏压裂液、人工隔层、孔眼摩阻定量计算等技术，形成多层薄层控缝高技术体系，提高了油层改造效果。全年实施12井次，有效率91.70%，增产7 383吨，平均单井增油612吨。

（郭运平）

【污水深度处理回用技术配套应用】 2016年，河南油田研究污水脱硫技术，实现污水配聚工业化应用。处理后含硫0—0.10毫克/升，溶解氧0.05—0.15毫克/升，满足配聚要求，替代清水90万米^3/年，年节约清水费、污水回注费1 270万元。推广应用稠油污水回用锅炉技术。稠联、王集处理规模达7 000米^3/日，累计回用污水76.56万立方米，锅炉用水温度由16℃(清水)提高到49℃(污水)，节约清水费、燃料费、污水回注成本1 623.02万元。

（郭运平）

【职业技能培训】 2016年，河南油田举办148期各类职业技能培训班，集中培训10 075人次，完成年度计划的153%。其中，转岗培训、鉴定前培训、高技能人才及班组长培训1 285人次；HSE培训、各类特殊作业人员培训和取证、审证培训101期(班)、7 947人次；其他岗位提高性培训843人次。岗位练兵覆盖面达95%以上，特殊作业人员持证上岗率达100%。

（郭运平）

【业务竞赛】 2016年，河南油田组织参加集团公司举办的互联网+移动应用、法治宣传教育、兼职合同管理员3个专业和注水泵工、采油测试工2个工种的竞赛，取得兼职合同管理员专业铜牌1枚，注水泵工铜牌1枚，采油测试工金牌1枚、铜牌1枚的成绩。开展2016年业务竞赛，专业技术人员的技术比武设勘探地质、井下工具拆装、机动设备等7个专业，技能操作人员的技能竞赛设注水泵工、采油测试工、热注运行工等7个工种，历时7个月，经过各单位层层开展岗位练兵和培训选拔，473名选手参加总决赛，78名选手分获竞赛各专业和工种名次，并被授予河南油田技术能手称号。

（郭运平）

【困难群体帮扶救助】 2016年，河南油田向117户特困家庭发放生活补贴53.26万元，为760名职工家属发放大病救助442.79万元，对14户困难家庭实施9万元的灾难救助，为特困（困难）家庭、非在职劳动模范、离岗劳动家属及离退休职工发放慰问金979.50万元，为161名特困（困难）家庭子女发放助学金26.94万元；继续实施"一助一"扶贫帮困工程。全年油田困难帮扶中心共支出各类帮扶资金1 511.49万元。

（郭运平）

【"走基层、访万家"活动】 2016年，河南油田开展"走基层、访万家"活动，并把走访活动情况纳入党建工作考核。走访班组697个（油田共有班组1 160个），开展形势任务宣讲578次，征集班组意见、建议621条，解决班组实际困难327个；访职工10 902人（油田共有职工18 145名），发现并解决职工困难298个。投入经费126.92万元，党政主要领导走访326人次，工会干部走访1 848人次，其他党政群团干部走访3 037人次。通过走访，促进了各级干部对班组、员工的了解，拉近了干群之间的距离，确保了队伍的和谐稳定。

（郭运平）

表1　河南油田主要技术经济指标　亿元

年份 / 指标名称	2016		2015		2014		2013		2012		2011	
	勘探局	分公司	勘探局	分公司	勘探局	分公司	勘探局	分公司	勘探局	分公司	勘探局	分公司
工业总产值①	3.35	45.24	3.89	70.48	2.32	129.39	2.32	136.12	29.39	139.45	25.56②	139.41
工业增加值	1.03	0.83	1.25	28.16	1.20	80.86	1.01②	86.87	10.93	85.33	9.03②	88.95
资产总计	23.24	113.59	23.27	140.23	21.84	162.39	21.19	157.04	61.00	147.00	52.53	124.00
流动资产	5.39	11.41	3.38	12.26	2.44	25.22	2.96	29.64	21.18	35.60	36.85	23.50
固定资产原值	27.15	320.61	26.52	312.83	23.15	299.47	21.28	276.72	19.00	241.58	42.86	223.30
固定资产净值	15.22	95.81	17.16	113.01	14.23	116.98	14.85	241.58	34.00	93.00	29.10	89.65
销售收入	15.54	43.98	17.16	62.74	16.64	111.87	16.47	119.53	61.85	127.55	54.39	127.86
实现税费	1.19	8.38	1.49	12.23	1.36	37.56	1.17	—	5.22	44.41	4.07	47.11
综合能耗/吨标煤·万元$^{-1}$	0.316	0.543	0.39	0.55	0.31	0.56	0.30	0.52	0.49	0.53	0.16	0.60

① 2013年数据不包含工程板块拆分重组单位

② 数据有修正

表2　河南油田主要生产建设指标

年份 / 指标名称	2016	2015	2014	2013	2012	2011
原油产量/万吨	169.07	231.00	241.00	235.00	226.00	225.00
天然气产量/亿立方米	0.67	0.51	0.51	0.57	0.59	0.64
新增原油生产能力/万吨	7.90	11.26	26.75	27.76	27.60	23.00
新增天然气生产能力/亿立方米	0.21	0.01	0.29	0.02	0.03	—

续表

年份 指标名称	2016	2015	2014	2013	2012	2011
新增探明石油地质储量/万吨	77.68	440.10	544.66	101.53	1 557	2 028.35
新增探明天然气地质储量/亿立方米	—	—	—	—	129.30	—
二维地震/千米	—	—	200.00	400.00	2 614.00	120.00
三维地震/平方千米	137.00	320.00	200.00	220.00	300.00	487.00
石油钻井/口	76	145	302	323	316	280
探　井	45	62	43	59	88	57
开发井	31	83	259	264	228	223
钻井进尺/万米	13.69	17.10	33.22	49.25	49.78	43.79
勘探投资①/亿元	4.68	5.78	5.13	6.16	11.10	7.80
开发投资/亿元	3.00	5.48	21.30	26.26	18.17	14.72

① 勘探投资含滚动勘探投资部分

江汉油田

【概况】 江汉油田为中国石化集团江汉石油管理局(简称江汉石油管理局)和中国石油化工股份有限公司江汉油田分公司(简称江汉油田分公司)的统称，是以油气勘探为主、盐卤化工配套发展的国有大型企业。江汉石油管理局组建于1972年5月，1998年划归集团公司。至2016年底，下属二级单位28个，主要分布在湖北潜江、武汉、荆州，重庆涪陵、万州，山东寿光，陕西安塞等地。主要基层单位有采油队22个、采气队2个、输油(气)队10个、化工车间26个。资产总额382.23亿元，固定资产原值568.95亿元、净值290.4亿元，流动资产28.61亿元。

2016年，江汉油田着力推进转方式、调结构的经济发展方式，努力提高生产经营质量、拓展市场渠道，厉行节约成本、实现了良好的经济效益。全年生产原油126.34万吨、天然气51.72亿立方米，油气当量643.5万吨、同比增长33.5%。实现收入225.33亿元，其中江汉油田分公司110.92亿元、江汉石油管理局16.91亿元；油气业务盈利8.09亿元，是油田板块唯一实现账面盈利的企业；江汉油田实现利税35.91亿元。

江汉油田主要经济指标和主要生产建设指标分别见表1和表2。

（罗秋林）

【涪陵页岩气田开发】 2016年，江汉油田加快产能建设，新建产能20亿立方米、产气50.37亿立方米、销售48.36亿立方米，累计建成产能70亿立方米、产销量超过90亿立方米。抓好开发管理，气藏工程管理体系不断完善，开发动态管理更趋精细，单井平均技术可采储量1.6亿立方米。焦页1 HF井6万米^3/日稳产超过4年、焦页6－2 HF井累计产气2.32亿立方米，创国内页岩气开发单井稳产时间最长、累计产量最高纪录。配套完善地面系统建设，集输能力达60亿米^3/年，脱水处理能力达65亿米^3/年。二期产能工程建设评价稳步推进，江东区块9口井平均测试产量19.3万米^3/日，平桥区块6口井平均测试产量24.5万米^3/日，证实2个区块资源落实、产能可靠、技术可行；主体区上部气层评价实现突破，焦页29－S1 HF井获日产24.8万立方米工业气流，展现了良好的开发潜力。技术应用与创新取得新进步，深层优快钻井、长水平段压裂改造工艺不断完善，垂深3 672米的焦页69－3 HF井压裂获日产25.5万立方米页岩气流。央视《中国建设者》栏目全面报道气田开发建设历程，新春特别节目“厉害了，我的国”“新春走基层”报道参战将士“青春作伴新能源”“建功立业大气田”的使命和担当，展示了中国首个页岩气田为国争气、为企增效、不断超越的良好形象。

（罗秋林）

【常规油气勘探开发】 2016 年，江汉油田老区二次勘探落实一批有利目标，草古 7、草 52、马 97 等井获新发现。中扬子海相综合研究取得新认识，明确了有利层系及重点区块。盐间页岩油攻关研究进一步明确有利区块及针对性措施增产工艺。加强滚动勘探与油藏评价力度，落实商业开发储量 56 万吨。加强方案过程优化，产能建设投资效益显著提升，单井钻采成本、地面成本同比分别下降 8.1% 和 14.7%，单井初期日产量提高 0.7 吨，开发成本下降 1.0 美元/桶。强化精细注水开发，低成本调流场试验初见成效，61 个注采井组调整见到较好效果。强化效益意识，加强油水井分类管理和措施效益优化，产量、产液、注水、措施结构不断优化，油井举升单耗、注水单耗分别下降 5.2% 和 4.6%，措施工作量压减 49%、费用下降 2/3，单井措施增油增加 20%。建立生产、开发、工程、计划、销售、预算“六位一体”工作机制，根据油价波动弹性配置原油产销量，实现当期效益最大化。

（罗秋林）

【特色产业发展】 2016 年，江汉油田盐化工着力拓市场、调结构、降成本，狠抓装置“安稳长满优”运行，实现收入 6.39 亿元，同比增长 7.6%。销售漂粉精 5.31 万吨，增长 16%；三氯产品市场开拓成效显著，销量 0.55 万吨，增长 98%。优化氯碱产品市场布局，开发新客户 17 家，装置负荷高于同类企业。抓住国家盐业专营政策放开机遇，建成 4 万吨/年小包装食用盐生产线，产品上市销售。黄场盐穴储气库项目纳入《长江经济带发展规划纲要》，一期 3.5 亿立方米可行性研究报告编制完成。推进水电业务转型发展，与华能集团湖北分公司就成立售电公司、建设“热、电、冷”联供系统等达成深化合作意向。“三网融合”顺利完成，实现了网络资源共享和优化配置；积极开拓通信业务外部市场，与石化盈科公司签订战略合作框架协议。推动农业产业化发展，以粮食加工为龙头带动传统种植业向加工业及果、花、药等经济种植业转型，营业收入增长 30%。

（罗秋林）

【矿区服务】 2016 年，江汉油田供电 8.26 亿千瓦·时，供水 1 808 万立方米，处理生活污水 633 万立方米。建成集资住房 1 342 套，维修住房面积 7.7 万平方米。改造道路场地 28.2 万平方米，新增停车位 9 586个，外墙整治 15.54 万平方米，修缮沟渠 8.75 万米；推进通信及电视网络改造、水杉公园及青少年宫环境整治、广王路改造、219 省道安全治理等重点项目，配套服务设施日益完善。实施锅炉增容、“汽改水”改造，供暖效果改善。矿区绿化覆盖率达 43%，江汉油田被评为全国绿化模范单位。推行社区“网格管理”，开展文明和谐示范小区创建，油田 4A级以上小区达 20 个、占 40%。深化亲情服务、志愿互助、活动室星级创建等工作，加强老年活动中心及配套设施建设，15 个活动室被授予集团公司“五好”老年活动室称号，6 个老年大学分校被授予集团公司“五好”老年大学称号。

（罗秋林）

【安全环保】 2016 年，江汉油田宣贯落实《安全管理手册》，健全完善 HSE 管理体系，设置 HSE 分委会，明确职责和工作运行机制，HSE 主体责任进一步明确。深化全员安全诊断，建立完善油田、厂处和基层三级安全环保风险库，风险管控水平不断提高。油气管道隐患治理攻坚战全面完成。分层分级配备安全总监，组建督查队伍，实行全方位安全督察。石油工程全面实现 HSE 异体监督，施工现场各项安全措施落实到位。严格执行承包商管理积分制和“黑名单”制度，处罚违规违章承包商 109 家，停工整改 10 家，约谈 5 家。推进应急预案简化及处置方案卡片化，加强视频监控和微型消防站建设，所有作业现场、油气生产重点要害部位及危化品存放场所均配备视频监控。安全教育培训实现全员覆盖，举办 HSE 专项培训、井控与硫化氢等各类培训班 210 期，一线员工全部持证上岗。

（罗秋林）

【改革调整】 2016 年，江汉油田油公司建设不断深化，成立采油气工程技术服务中心，强化了采油气工程技术服务。深化公务用车改革，公务车实现全部集中管理，停驶 170 台车、降幅 1/3，车辆运行费用大幅压减。丫角采油管理区经营承包试点，一线岗位和同时在岗人员压减 1/3，单位操作成本同比下降 15%。探索油田老区求生存路径，采气一厂采气管理一区、二区完成整合，用工精简 1/4；荆州采油厂“积分换绩效”管理模式激发了全员工作积极性。矿区(社区)改革稳步推进，与地方政府达成一系列重要共识，理清了油田矿区在潜江发展中的定位，“三供一业”分离移交取得进展，荆州玉桥花园小区供水、武汉舵落口小区供水供电业务移交完成框架协议签订。

（罗秋林）

【企业管理】 2016年，江汉油田加强“三基”工作，以党支部分类、达标升级为抓手，持续开展基层党支部示范点创建活动，基层建设不断夯实；以“三化”操作为载体，强化“三标”班组建设，开展“创建五星班站、争当工人先锋号”活动，基层管理水平不断提高，1个班组获评全国工人先锋号、7个班组获评省级工人先锋号；推行“四合一”大岗位模式，一线员工素质能力更加全面。强化全面预算管理，完善“事价分离”、纵向到底、横向到边的责任管控体系，以“事前算赢”做好年度预算，以强化执行抓好月度预算，保障全年效益目标实现。实行全员、全面、全过程联动降成本，生产运行成本、管理运行费用实现“双下降”。突出“标准、质量、计量”三位一体，完善质量评价和监管体系，质量管理水平不断提升。强化过程管控，工程建设质量持续提升，2个项目获集团公司优质工程奖。完善上下联动、部门联动、与效益全方位挂钩的绩效考核机制，加大差异化考核力度，调动了干部员工创新创效积极性。纪检监察、审计、法律、内控、财务“五位一体”管控体系进一步健全，对外业务公开平台更加完善，修订内控实施细则，落实专业风险管理主体责任，保障企业依法合规经营，江汉油田连续3次被评为全国守合同重信用企业。

（罗秋林）

【科技创新】 2016年，江汉油田深化“五个平台”建设，与重庆市共同建设页岩气产业技术创新研究院。修订经费、奖励、项目管理等制度，科技管理体系更加完善。抓好国家重大项目攻关，“涪陵页岩气开发示范工程”“深层页岩气开发关键装备与工具研制”项目获国家“十三五”科技重大专项立项，“涪陵页岩气田地质评价技术及开发技术政策”获中国石化科技进步一等奖。加快“两化”融合，涪陵智能气田建设顺利推进，老区5个油气生产信息化试点现场建设全部完成，EPBP推广进展顺利。组织实施国家级科技项目10项，股份公司级科技项目41项，获国家级科技奖励2项、省部级科技奖励11项，获专利授权114件。

（罗秋林）

【人才队伍建设】 2016年，江汉油田强化员工培训，举办各类培训班632期、培训42 479人次，送外培训3 631人次，岗位练兵覆盖率95%以上。成立国内首个页岩气院士专家工作站并与院士签订4项攻关项目。建立博士后工作站并招录4名博士进站。抓好各类高层次人才选拔，推荐中华技能大奖1人、全国技术能手1人、集团公司技术能手6人、湖北省“荆楚工匠”1人、湖北省“楚天名匠”3人、黄汲清青年地质科学技术奖1人、孙越崎科技教育基金能源大奖1人、科技青年奖1人。加大中青年管理人员培养力度，举办中青年后备干部培训班2期，为油田可持续健康发展提供人才储备。组织参加集团公司“互联网+移动应用”竞赛，获团体铜牌1枚、个人铜牌1枚和4个移动应用创意作品三等奖。发挥创新工作室作用，开展“青字号”工作，1人获全国青年岗位能手称号，江汉采油厂洪河创新工作室、钻井一公司陈琳创新工作室被评为湖北省职工（劳模）创新工作室，“江汉油田涪陵页岩气开发”青年创新工作室被评为首批湖北省青年创新工作室。大力推进重点工程劳动竞赛，3个单位获省级五一劳动奖状，1人获全国五一劳动奖章，7人获省级五一劳动奖章。

（罗秋林）

【维护和谐稳定工作】 2016年，江汉油田加强信访稳定组织、责任、工作“三个体系”建设，完善信访稳定工作制度，实行联合接访，畅通群众诉求表达渠道。全年受理群众来信来访1 791批（件）、2 501人次，同比减少10.6%和7.9%，办结1 721批（件）、办结率96.1%。各级领导接访下访1 621人次，包案化解信访问题191件。排查各类矛盾纠纷561件，妥善化解477件。做好信息研判处置，及时消除不稳定因素。坚持“真困难、真帮助”，向困难群体、残疾人和非在职群体发放慰问金、助学金、大病救助款、困难家庭补助等共计2 417万元。油田居民养老、医疗双险实现全覆盖。落实低保政策，困难家庭界定标准由410元/（月·人）提高至480元/（月·人），残疾人困难家庭界定标准由460元/（月·人）提高至530元/（月·人）。大力推进就业再就业工作，申请落实就业专项资金650万元，提供就业岗位398个。持续推进“平安油（气）区”创建，完善治安防控体系，开展道路交通、油区治安等专项整治，油田保持大局稳定。

（罗秋林）

【党建和思想政治工作】 2016年，江汉油田扎实开展“两学一做”学习教育，抓好“支部主题党日”“手抄党章”等活动，各级党组织书记累计讲专题党课4 000余场次，5万余人次参加支部党课学习和“四讲四有”专题讨论，油田开展学习教育的做法在国务院国资委组织的中央企业座谈会上交流，被国务院国资委官网报道，在集团公司、湖北省国资委学习教育简报刊发。按照集团公司党组“1 + 7”党建工作制度要求，修订完善 42 项规章制度，有力促进管党治党责任落实。组织开展党(工)委工作年度检查考核，将考核结果与各单位及领导班子成员绩效挂钩，增强了抓党建工作的主动性。出台《江汉油田意识形态工作责任制实施细则》，强化思想建设，提升能力素质。加强干部选拔任用工作，修订中层干部绩效考核评价办法，严格执行领导干部个人事项报告制度。开展社区党组织和离退休党组织“联建共创”工作，党员区域化管理体系进一步完善。全面推行党支部“公推直选”工作，开展党支部达标升级竞赛、机关“对标、追标、创标”活动，持续深化采油管理区党员责任区和党员“三示范”活动，15 个基层党组织、14 名共产党员、11 名党务工作者受到集团公司党组、湖北省委、重庆市委和湖北省国资委党委表彰。聚焦监督执纪问责，纠正“四风”，始终保持正风反腐的高压态势，探索建立纪检监察机构派驻机制，着力营造从严从实、风清气正的企业政治生态和管理生态。开展“涪陵多创效、老区怎么活、人多怎么办”全员大讨论，编发《形势任务教育三十问》，抓好“三讲三增”形势任务教育，引导广大干部员工认清形势、坚定信心、转变观念、主动作为。持续深化“油田是我家”活动，弘扬以“苦干实干”“三老四严”为核心的石油精神，积极创建“学雷锋活动示范点”“岗位学雷锋标兵”，深入开展文明单位创建工作，6 个厂处获湖北省国资委文明单位称号。

（罗秋林）

表 1　　**江汉油田主要经济指标**　　亿元

指标名称 \ 年份	2016	2015	2014	2013	2012	2011
工业总产值	97.28	89.81	99.14	84.62	201.77	182.77
工业增加值	92.29	53.74	72.44	53.82	98.43	87.34
资产总计	382.23	360.40	266.67	208.85	291.34	279.98
流动资产	28.61	17.87	12.66	24.38	87.94	95.07
固定资产原值	568.95	505.77	396.81	313.25	344.65	307.82
固定资产净值	290.4	271.81	209.91	156.20	177.43	163.35
销售收入	126.48	114.78	138.38	125.85	253.09	247.60
实现利税	35.91	－9.44	－3.38	8.41	26.72	30.44
税　金	39.35	3.62	14.92	20.28	31.67	31.46

表 2　　**江汉油田主要生产建设指标**

指标名称 \ 年份	2016	2015	2014	2013	2012	2011
原油产量/万吨	126.34	151.50	164.53	164.92	163.40	163.00
天然气产量/亿立方米	51.72	33.07	12.31	3.14	1.70	1.60
新增原油生产能力/万吨	4.79	6.70	17.60	16.07	20.06	21.47
新增天然气生产能力/亿立方米	20.17	25.00	20.30	—	0.20	0.20
新增探明石油地质储量/万吨	0	46.71	69.11	305.99	1 116.23	829.06
新增探明天然气地质储量/亿立方米	0	3 805.98	0	0	63.88	0

续表

指标名称 \ 年份	2016	2015	2014	2013	2012	2011
二维地震/千米	180.00	680.00	636.83	2 059.50	1 999.03	1 266.70
三维地震/平方千米	638.48	1 354.76	303.60	1 220.27	825.25	1 088.57
石油钻井/口	117	281	368	436	320	317
探　井	29	34	32	44	54	51
开发井	88	247	336	392	266	266
注水井	3	9	18	60	45	45
钻井进尺/万米	50.65	98.55	109.65	86.53	63.29	66.94
勘探投资/亿元	11.2	14.41	11.60	14.63	13.14	14.08
开发投资/亿元	56.11	117.66	99.36	41.34	24.14	18.60

江苏油田

【概况】 江苏油田是中国石化集团江苏石油勘探局（简称江苏石油勘探局）和中国石油化工股份有限公司江苏油田分公司（简称江苏油田分公司）的统称，是以油气勘探开发为主、石油炼制和盐卤盐硝开发生产综合发展的国有大Ⅰ型企业。江苏油田前身组建于1975年4月23日，1998年划归集团公司。1998年11月，安徽油田并入江苏油田。2001年1月，设立江苏石油勘探局、江苏油田分公司。主力油区主要分布在江苏、安徽、广东3个省的7个地市15个县（市、区）68个乡镇内。油田机关及主要科研单位设在扬州市经济开发区。2013年，江苏石油勘探局的钻井处、安徽勘探开发公司、地质测井处人员及所从事业务划入江苏石油工程公司管理。同时，局、分公司所属的地球物理勘探处、油田建设处、勘察设计研究院、工程监理部分别划归石油工程公司各专业公司管理。

江苏油田实行勘探局（分公司）—二级单位—基层单位三级管理体制。截至2016年底，共有二级单位21个；在岗合同制员工11 020人，非全日制用工758人。干部总数3 944人，其中具有高级技术职称的1 356人（含教授级专业技术职称55人）、中级职称的1 724人。总资产129.14亿元，其中固定资产净值103.45亿元。江苏油田分公司有油气勘查、开采区块28个，总面积4.05万平方千米。其中，探矿权项目区块8个，面积3.92万平方千米；采矿权项目区块20个，面积0.12万平方千米。共探明油气田37个，面积252.64平方千米，累计探明天然气地质储量93.64亿立方米（含溶解气）、石油地质储量2.85亿吨，累计生产原油4 433.34万吨、生产天然气14.30亿立方米。

2016年，江苏油田新增探明可动用储量165.10万吨、控制储量809.89万吨、预测储量1 036.26万吨，均超额完成年度任务。全年生产原油133.01万吨、天然气0.23亿立方米。全油田实现收入51.56亿元、利税总额－32.44亿元。其中，分公司实现收入37.80亿元、利润－40.89亿元，勘探局实现收入13.76亿元、利润－1.48亿元。

江苏油田主要技术经济指标和主要生产建设指标分别见表1和表2。

（贾　荣）

【领导班子调整】 2016年1月11日，集团公司党组和股份公司对江苏石油勘探局、江苏油田分公司领导班子做出调整：李东海任江苏石油勘探局局长、党委副书记（兼），江苏油田分公司总经理；钟志国任江苏石油勘探局党委书记、副局长（兼），仍任江苏油田分公司副总经理；肖国连任江苏石油勘探局副局长、党委常委，仍任江苏油田分公司总会计师；李亚辉任江苏油田分公司副总经理、江苏石油勘探局党委常委。6月20日，集团公司党组和股份公司决定唐建东任江苏油田分公司副总经理、江苏石油勘探局党委常委。

（贾　荣）

【积极推进高效勘探】 2016年，江苏油田分公司在投资大幅压缩情况下，勘探投资4.5亿元，占分公司投资总额的71%。加大井位研究力度，组织专家反复研究论证，努力寻求最佳方案，全年完钻探井 21 口，9 口井试获工业油流，沙 X78、桥 X18 等探井获得较高产能，探井综合成功率同比提高 8 个百分点。加大外甩勘探力度，在徐闻、弋阳和苏北外围部署 5 口探井，努力寻找新的勘探场面。加快天然气勘探进程，积极开展老井复查，许浅 1 井试获日产气 8.9 万立方米，肖 8 井试获日产气 4.4 万立方米，为在苏北中浅层寻找天然气带来了希望。

（贯　荣）

【优化调整开发方式】 2016 年，江苏油田面对既要稳产量又要控成本的两难问题，抓住关键环节，坚持多措并举，努力提高效益开发水平。推行“三线四区”经济运行模式，建立区块、油田和单井效益分级评价体系，弹性调整654 口油水井开发方式。开展水动力方法调整试验，5 个试验区递减率明显下降，累计增油 1.2 万吨。强化成藏规律研究，坚持多目标、多靶点立体评价，新增探明储量 165.10 万吨。推广规模性低成本技术，生物防腐技术创效 1 500 万元，二氧化碳吞吐技术增油 3 677 吨，测调一体化技术应用提高效率 50%。探索边际效益井合作开发模式，28 口关停井重新焕发活力，为盘活低产低效井找到了出路。

（贯　荣）

2016 年 1 月，江苏油田在黄 161－3 井成功实施高导缝压裂工艺　（王庆辉　摄）

【市场开拓加大力度】 2016 年，江苏油田坚持以效益为中心、以市场为导向，着力推进产业结构调整升级。扬州石化有限责任公司不断提升高附加值产品比重，实现利润 9 054 万元；矿业开发总公司开创随油价波动的风险捞油新模式，保持新疆市场的基本稳定；紫京旅游集团成功取得国家一级物业资质，拿到了进军中高端物业市场的通行证；江苏新源矿业有限责任公司积极开发优质客户资源，优化淘汰低效市场，实现收入 2 亿元；运输处积极拓展天然气运输、成品油配送、管道物流 3 项业务，实现收入 2.68 亿元。江苏油田出台对外创收创效考核管理办法，各单位充分发挥自身特色和优势积极开拓外部市场。采油一厂油水井测试第一次走出油田，顺利完成长庆油田 58 口井测试任务；工程技术服务中心连续油管切割技术进入冀东、吉林油田，侧钻技术首次进入淮安盐矿修井市场；勘探开发研究院新签上海海洋油气分公司 600 万元技术服务合同；物探研究院成功中标西北油田分公司 528 万元技术服务项目；石油工程技术研究院承担金坛储气库 32 井次技术服务，成为中国石化第 1 家具有盐穴储气井钻井设计、造腔设计以及气密封测试设计能力的单位。通信服务公司正式成立，电讯向电信转型迈出关键步伐。物资供应积极为社会企业提供“八个帮”服务，实现利润 330 万元。农副产品走出油区、走向社会，在多地加油站超市摆摊设点，绿色产品被更多的消费者接受。职工培训处积极拓展社会培训市场，创收 1 667 万元。生活后勤领域纷纷走出石油大院，对外开展住宿、餐饮、会议、车辆维修等服务。

（贯　荣）

江苏油田工程院承担的金坛储气库 32 口储气井的技术服务保障工作　（张　伟　摄）

【安全环保总体稳定】 2016 年，江苏油田落实 HSE 工作责任，成立生产运行、社区、设备、工程 4 个安全分委员会，充分发挥专业优势，形成各负其责、齐抓共管的安全监管机制。深化“我为安全做诊断”活动，收集各类建议 7 500 条。改变安全考核方式，由结果考核向过程考核转变，打破不出事就没事的传统观念。充分发挥 HSE 督察大队作用，采取巡回督察、专项督察、视频督察、回头督察多种形式，督察结果在网上公布。充分运用信息化监管手段，新建视频监控平台 5 个，配置移动式监控设备 25 套，安装车辆卫星定位装置 986 台，安全监控网络进一步完善。编制基层岗位应急处置卡，为员工处置紧急情况提供清晰明了的说明书。开展安全环保风险识别防控，编制重大风险清单，风险防控责任得到有效落实。积极推进“碧水蓝天”和“能效倍增”计划，开展锅炉废气、生活污水排放治理，全面启动碳资产管理，环境保护和节能减排取得明显成效。江苏油田连续12年获集团公司环保先进单位称号。

（贾　荣）

【经营管理水平不断提升】 2016年，江苏油田深入推进“三大计划”有机融合，实行储量、产量、投资、成本、效益联动优化，算效益账、干效益活、产效益油成为鲜明导向。成立7个重点费用管控项目组，综合施策，精准发力，动力费同比下降3 873万元，作业费下降1.06亿元，库存资金占用下降2 496万元，运输费下降1 715万元，黄标车维修改造费用节约近5 000万元，废弃井退耕土地清查全面完成，黄马采油管理区生产信息化项目建成使用，降本增效组合拳取得明显成效。完善原油弹性销售机制，努力提高原油贴水价格，全年增效7 000余万元。充分利用国家科技退税政策，抵扣企业所得税1 547万元。加大审计、法律、效能监察工作力度，有效防范经营风险，堵塞效益流失漏洞。持续推进“全员挖潜、大众创新”主题劳动竞赛活动，征集各类建议2万余条，开展课题攻关800余项。

（贾　荣）

【深化改革稳步实施】 2016年，江苏油田坚持问题导向，推出一系列提效率增活力的改革举措。优化整合盐化工业务，对盐硝矿藏资源统一开发利用，同比减亏1 662万元。推进井下作业职能转型，与采油厂建立责任共担、利益共享的新型甲乙方关系。完成油田机关“三定”工作，精简科室30个，定员比在岗人数减少106人。加大人力资源优化盘活力度，采取内部退养、停岗留薪等措施分流安置员工360名，清退业务外包用工195名，组织211名采油工转战新疆，全年用工分流超过1 000人，实现了第1个千人转移目标。推动兴油劳务公司独立运行，打造人与市场互联互通新模式，为承接人员转移提供新平台。积极推进“四供一业”及企业办社会职能分离移交，固定电话、有线电视业务率先移交，紫京旅游集团正式承接江阳石油山庄物业管理，供气业务移交进入实质性操作阶段。深化公务用车改革，清退外雇车辆95台，取消所有相对固定用车，建立车辆统一调度平台，提高了运行效率，降低了管理成本。财务共享扬州区域服务部成立运行，财务核算进入共享时代。

（贾　荣）

【科研攻关成效显著】 2016年，江苏油田修订完善9项科技管理制度，在项目、经费、转化、推广和激励等各环节全面部署、系统推进。36项成果通过中国石化和江苏油田鉴定，其中2项达到国际先进水平、“油井生物防腐综合技术”通过集团公司验收、“耐高温防腐菌体系”实现工业化生产、4株高温菌DNA被世界基因银行收录。申请国家专利85件，获得授权73件。实行勘探开发重大发现和成果专项奖励，共奖励5批99人次56万元，充分调动了科研人员创新创效的积极性。认真做好EPBP技术支持，不断研发新的功能模块，项目审批、效益配产、公务用车统一调度、检泵周期指标分析等一批应用上线运行。

（贾　荣）

【队伍建设持续加强】 2016年，江苏油田坚持把打造一支高素质的人才队伍作为战略任务来抓，努力适应新形势新任务的要求。开展处级干部月度工作业绩写实，提高主动作为意识和履职尽责能力。推进科级干部公开招聘，促进优秀人才在单位间合理流动。强化青年技术人才素质提升，遴选153人进入师带徒行列重点培养。开展一专多能培训试点，首批45人完成采油、注水、集输3个工种业务培训。组织经常性岗位练兵、业务比武和技能竞赛活动，在集团公司注水泵工和采油测试工竞赛中获得2金、2银的好成绩，油田运输代表队在“徐工杯”第4届全国吊装技能竞赛中获得团体第一。

（贾　荣）

【政治优势充分转化】 2016年，江苏油田贯彻落实党的十八届六中全会和集团公司工作会议精神，成功召开局第七次党代会，确立了“三六二”奋斗目标。着力加强形势任务教育，开展“重责任、勇担当、善作为”主题实践活动，干部员工精神面貌得到明显改善。开展“两学一做”学习教育，党支部战斗堡垒作用和党员先锋模范作用得到充分发挥。认真落实“两个责任”，加大监督执纪问责力度，营造良好的政治生态和企业管理生态环境。

（贾　荣）

【民生工程深入推进】 2016年，江苏油田开展离退休和困难职工走访慰问，为237人次职工亲属发放各类帮扶基金220万元。对持有独生子女父母光荣证的退休职工和劳动家属进行一次性奖励，为 2 632 名退休职工发放奖励 950 万元，争取地方财政支持，为 139 名劳动家属发放奖励 42 万元。认真做好职工房改房产权证办理工作，完成扬州、邵伯地区 1 600 多户房屋产权证登记手续。调整完善基本医疗保险政策，开发应用医疗保险管理信息系统，为员工家属提供服务。积极协调合作，完成邵伯、真武地区电视信号数字化改造，广大居民享受到更高品质的电视画面；加快矿区燃气改造施工进度，为油区居民尽早使用管道天然气打下基础。及时完成邵伯、真武地区锅炉房改造，在寒冬到来之前给员工群众送去温暖。

（贯　荣）

表 1　　**江苏油田主要技术经济指标**　　亿元

指标名称 ＼ 年份	2016	2015	2014	2013	2012	2011
工业总产值	32.40	40.88	72.03	78.66	104.17	105.11
江苏石油勘探局	5.22	5.26		2.73	23.41	23.41
江苏油田分公司	27.18	35.62	72.03	75.93	80.76	81.70
工业增加值②	11.55	20.83	53.53	69.17	79.00	77.94
江苏石油勘探局	2.19	2.36		6.87	10.28	7.96
江苏油田分公司	9.36	18.47	53.53	62.30	68.72	69.98
企业总产值①	13.76	17.93	16.62			
江苏石油勘探局	13.76	17.93	16.62			
企业增加值①	7.51	8.30	8.52			
江苏石油勘探局	7.51	8.30	8.52			
资产总计	129.14	153.27	168.12	166.74	183.80	183.10
江苏石油勘探局	22.97	25.65	27.65	23.87	57.02	52.61
江苏油田分公司	106.17	127.62	140.47	142.87	126.78	130.49
流动资产	19.36	8.91	15.04	21.69	32.82	45.02
江苏石油勘探局	4.96	6.81	8.58	5.32	19.59	17.92
江苏油田分公司	14.40	2.10	6.46	16.37	13.23	27.10
固定资产原值	303.71	299.22	286.96	263.20	265.48	243.84
江苏石油勘探局	28.40	28.30	25.24	20.90	50.07	45.31
江苏油田分公司	275.31	270.92	261.72	242.30	215.41	193.03
固定资产净值	103.45	134.50	138.49	131.96	137.03	124.99
江苏石油勘探局	16.48	17.41	15.85	13.54	30.65	28.78
江苏油田分公司	86.97	117.10	122.64	118.42	106.38	96.21
销售收入	51.56	66.57	104.24	109.04	149.18	148.60
江苏石油勘探局	13.76	17.93	16.62	16.38	55.32	49.36
江苏油田分公司	37.80	48.64	87.62	92.66	93.86	99.24
实现利税②	-32.44	-2.86	33.26	40.66	46.41	51.58
江苏石油勘探局	-0.38	0.39	1.57	1.04	2.50	2.32
江苏油田分公司	-32.06	-3.25	31.69	39.62	43.91	49.26
税　金②	9.93	11.76	27.07	28.35	30.05	30.34

续表

年份 指标名称	2016	2015	2014	2013	2012	2011
江苏石油勘探局	1.10	1.65	1.69	1.56	5.05	3.29
江苏油田分公司	8.83	10.11	25.38	26.79	25.00	27.05
综合能耗/吨标煤·万元$^{-1}$						
江苏石油勘探局	0.59	0.48	0.49	0.48	0.40	0.42
江苏油田分公司	0.30	0.30	0.36	0.35	0.29	0.30

①自2014年起，企业总产值和企业增加值为江苏石油勘探局统计项目

②2015年工业增加值总额和分公司工业增加值、实现利税总额和分公司实现利税、税金总额和分公司税金有调整

表2　江苏油田主要生产建设指标

年份 指标名称	2016	2015	2014	2013	2012	2011
原油产量/万吨	133.01	155.50	171.00	171.20	171.02	171.02
天然气产量/亿立方米	0.23	0.37	0.52	0.51	0.57	0.54
新增原油生产能力/万吨	2.27	9.51	23.00	24.54	25.00	24.56
新增探明石油地质储量①/万吨	165.1	117.62	247.02	228.00	1 079.00	1 059.00
新增动用石油地质储量/万吨	—	134.14	209.64	515.00		
二维地震②/千米	—	600.71	321.00	843.44	5 059.01	4 084.66
三维地震②/平方千米	162.00	211.51	372.00	242.66	888.30	776.79
完井③/口	36	90	363	389	375	406
探　井	26	32	73	79	93	85
开发井	10	58	290	310	282	321
钻井进尺③/万米	10.23	22.27	61.58	101.56	96.38	97.42
勘探投资/亿元	4.49	5.59	7.41	7.72	8.12	6.50
开发投资/亿元	0.92	3.76	18.65	20.11	19.01	17.28

①新增探明石油地质储量自2013年起按中国石化新的储量管理办法和储量计算细则，为经济可动用储量

②二维、三维地震工作量自2013年起只统计分公司工作量

③完井、钻井进尺自2014年起只统计分公司工作量

上海海洋石油

【概况】 中国石化集团上海海洋石油局(简称上海海洋石油局)和中国石油化工股份有限公司上海海洋油气分公司(简称上海海洋油气分公司)统称上海海洋石油，位于上海，是集团公司下属主要从事海洋油气勘探开发及工程服务的上游油田企业。上海海洋石油局主要承担油田企业基地、码头、房产的经营管理以及公共服务职能，是矿区业务的利润中心和管理中心；上海海洋油气分公司主要在东海、南海、黄海等海域开展自营勘探，并承担中国石化部分海外海域油气资源勘探开发项目的评价研究，同时代表中国石化参与管理东海平湖油气田、西湖油气田的开发生产。

上海海洋石油的前身为地质矿产部上海海洋地质调查局，组建于1973年4月，1997年1月整体归入中国新星石油公司，2000年3月随中国新星石油公司整体并入集团公司，2002年7月，分别直属集团公司和股份公司管理。2009年，按照集团公司要求，上海海洋石油局、上海海洋油气分公司实行“一体化”管理。2014年，上海海洋石油局有关海洋石油

工程业务整合成立中石化海洋石油工程有限公司，随石油工程公司上市。上海海洋石油局直属集团公司管理。上海海洋油气分公司直属股份公司管理，负责上游勘探开发业务。上海海洋石油局、上海海洋油气分公司实行一体化集中管理、专业化集约发展模式。

截至2016年底，上海海洋石油下设15个机关综合管理部门、3个专业管理部门、10个二级单位，其中3个是兼有管理职能的专业化服务单位；拥有从业人员1 852人，在岗合同制员工1 438人，其中经营管理人员317人、专业技术人员853人，具有高级专业技术职称的223人。上海海洋油气分公司拥有矿权区块30个，所属探区主要分布在东海、南海、南黄海等海域，自营和联合矿权区块面积10.29万平方千米；自营探区拥有石油总资源量6.91亿吨，天然气总资源量5.03万亿立方米。合作探区拥有石油天然气三级地质储量8 602亿立方米气当量，其中探明储量3 783亿立方米气当量。

2016年，上海海洋油气分公司生产份额原油10.54万吨、份额天然气5.4亿立方米；实现销售收入12.19亿元、投资收益－0.49亿元，利润总额亏损7.85亿元。上海海洋石油局实现营业收入0.61元，实现利润总额0.04亿元。

2016年，上海海洋油气分公司南海北部湾盆地涠西探区油气勘探获股份公司2016年度油气发现一等奖。

上海海洋石油主要经济指标见表1。

（林雪梅）

【自营勘探再获新突破】 2016年7月，上海海洋油气分公司部署于南海北部湾涠西探区的涠6井顺利完钻，完钻井深2 480米。该井在多个勘探层系见到良好油气显示，涠洲组2层测试获日产原油983.1立方米、天然气5.26万立方米，进一步证实涠洲组存在油气高产富集区。经涠4井、涠6井2口井的钻探，发现并评价了涠洲油田，向国家储量管理委员会提交石油探明地质储量507.5万吨、溶解气探明地质储量5.91亿立方米。

（林雪梅）

【合作探区深层勘探取得新进展】 2016年，东海西湖合作探区平湖构造带连续发现武云亭东、飞凤亭2个气田。平北WYT2井试获日产天然气113万立方米、凝析油543立方米，为东海历史上试获高产油气井之一，展示了平湖构造带武云亭地区低带深层勘探的良好前景，为宝云亭气田开发提供了接替资源基础。

（林雪梅）

WYT2井获高产油气流

【涠西自营探区进入开发评价阶段】 2016年，上海海洋油气分公司在南海北部湾涠西探区开展360平方千米高密度三维地震采集，组织实施开发评价井涠6－2井，获油气发现；启动涠洲油田开发可行性方案研究，重点针对涠4断块开展地质油藏和开发工程概念设计，深化了对涠洲油田的地质油藏认识。

（林雪梅）

【勘探四号平台修理项目启动】 2016年11月，经集团公司批准，新星公司所属勘探四号平台无偿划转给上海海洋石油局。成立勘探四号接收工作领导小组，对该平台开展恢复性修理。按照先消除平台安全隐患、再逐步恢复设备功能、最后满足作业需要的原则，分3个阶段实施修理。年内完成第1阶段平台隐患治理和常规修理项目，为平台主要设备尽早恢复正常生产、具备市场竞争力奠定了基础。

（林雪梅）

【安全环保稳中向好】 2016年，上海海洋石油贯彻落实HSE工作部署，强化责任、措施、考核、问责，未发生可上报安全事故和环境污染事件。加强安全生产责任体系建设，积极推动专业和属地安全管理主体责任落实；强化制度建设，提升安全工作标准化水平，制定《HSE管理考核办法》和平台、船舶《安全视频监控系统配置管理规定》，修订《井控管理实施细则》，重新颁布《安全生产应急管理规范》。加强隐患排查和风险识别，强化现场安全管理，年内组织督查84次，发现各类问题及隐患736项，整改完毕671项。开展“我为安全做诊断”活动，收到诊断建议707条，采纳建议689条。落实安全风险识别，逐级形成“十项重大安全风险”清单。落实节能目标，强化污染防治措施落实，节能环保意识进一步提升。

（林雪梅）

【科技引领效能显现】 2016年，上海海洋石油承担国家重大科技专项子项目3个、集团公司科技项目7个、石油工程公司项目2个和局级项目10个。“东海深层低渗储层伤害评价与防治技术”获石油工程公司技术创新总经理奖励。集团公司项目“东海西湖凹陷深层勘探潜力评价研究”提出“分层系、分物性、分技术预测思路”的创新成果，整体达到国际领先技术水平；局级项目“海洋第四系钻探绳索取芯技术研究”研制了新型绳索取芯器，通过集团公司成果鉴定，项目整体达到国际先进技术水平；澗西科研项目群研究编制10个项目立项建议书，其中3个项目获集团公司批准立项。

（林雪梅）

【企业管理水平不断提升】 2016年，上海海洋石油聚焦深化改革，优化调整部分处室职能，界定部门定位、明晰管理权责、理顺管理关系；推进薪酬分配制度改革，推动薪酬向创效单位、生产一线、骨干人才倾斜；推行单体设备考核，提升单体设备创效能力；积极稳妥推进公务用车改革，形成“公务用车管理改革方案”，完成了年度降费指标。加强“三基”工作，建立标准化模板，编写试点基层队《基层队管理手册》和《基层队岗位标准化操作手册》。加强制度建设，开展制度梳理和制(修)订工作，年内制度立项86项。完善风险管控，加强内部审计工作，查出问题金额79.24万元，提出审计意见和建议50条；加强重点领域效能监察，为项目节约资金约1 300万元；深化法律管理制度建设，强化法律审查，线上运行合同1 318份，合同上线率及法律审查率均实现100%。

（林雪梅）

【人才队伍建设逐步完善】 2016年，上海海洋石油持续强化三支人才队伍建设，稳步推进油气、钻井等主体专业技术人才能力提升，着力加强一线人才、青年人才培养力度；推进人才评价培养发现机制建设，加大紧缺、急需高素质专业技术人才引进力度，确保人才梯队不断层、技术能力不降低，向上海市和集团公司推荐技术能手各1人、享受政府特殊津贴2人；开展各类职业培训，加大复合型人才培养力度，提升职工综合素质，共举办培训班93个，参加各类培训2 613人次；继续推进“上海市高技能人才培养基地”和中国石化“境外公共安全海(水)上培训基地”建设。

（林雪梅）

【党建工作取得新实效】 2016年，上海海洋石油领导班子坚持用科学发展理论武装头脑、指导实践、破解难题。基层党建更加深入扎实，创新制定《党建工作四个量化工作标准》；加强“三基”工作，探索“海陆双线”特色工作模式，将“支部建在船上”，实现基层党组织全覆盖；扎实开展“五有八在”主题活动，选优配强支部书记。宣传思想文化工作更加有的放矢，不断提炼和塑造海洋石油特色文化，“奉献绿色能源，保护蓝色海洋”的核心价值理念深入人心；加强新闻宣传工作，对外塑造形象，对内提神鼓劲，形成“五位一体”的新闻宣传格局。加强群众工作，开展“低油价”形势任务教育，组织职工思想动态分析，解疑释惑、凝聚共识，确保稳定。开展“走基层、访万家”活动，推进员工帮扶计划落地。全年各级领导和工会干部参加走访227人次，走访基层班组112个，帮助解决实际困难57个；走访职工570人次，解决职工困难79个，帮扶困难职工81人次，帮扶救助金支出69.7万元。

（林雪梅）

【青年志愿者协会成立】 2016年3月，上海海洋石油青年志愿者协会正式成立。志愿者在街头组织“学雷锋精神”拼图主题活动，设立便民服务点，提供义务理发、健康咨询、现场义诊、修配钥匙、法律援助、医保社保政策讲解等便民服务；组织到高行镇东沟三居委，和社区居民一起打扫环境卫生，向社区居民宣讲垃圾分类和水资源保护常识。10月，在世界城市日当天，上海海洋石油60余名青年志愿者冒着小雨前往世博中国馆，为上海市城市公益定向赛提供服务。

上海海洋石油青年志愿协会成立

（林雪梅）

表 1　　**上海海洋石油主要经济指标**　　亿元

指标名称 \ 年份	2016	2015	2014	2013	2012	2011
企业增加值	2.53	1.37	2.67	12.47	2.33	6.63
上海海洋石油局	0.29	0.60	0.56	10.00	8.44	6.81
上海海洋油气分公司	2.24	0.77	2.11	2.47	-6.11	-0.18
资产总计	166.37	148.72	114.21	121.04	96.85	91.35
上海海洋石油局	2.19	1.81	1.65	43.31	38.19	34.66
上海海洋油气分公司	164.18	146.91	112.56	77.73	58.66	56.69
流动资产	31.38	22.12	9.76	20.29	15.28	9.97
上海海洋石油局	0.49	0.50	0.29	5.64	4.29	3.90
上海海洋油气分公司	30.89	21.62	9.47	14.45	10.99	6.07
固定资产原值	16.73	3.18	3.11	52.82	37.51	37.04
上海海洋石油局	16.22	2.61	2.61	52.40	37.15	36.69
上海海洋油气分公司	0.51	0.57	0.50	0.42	0.36	0.35
固定资产净值	1.81	1.49	1.54	35.96	22.77	24.17
上海海洋石油局	1.65	1.27	1.34	35.82	22.68	24.07
上海海洋油气分公司	0.16	0.22	0.20	0.14	0.09	0.10
销售收入	12.80	13.72	8.85	22.91	19.92	14.94
上海海洋石油局	0.61	0.77	0.84	16.01	13.82	10.63
上海海洋油气分公司	12.19	12.95	8.01	6.90	6.10	4.31
实现利税	-7.09	-6.63	-3.70	-0.31	-8.18	-1.74
上海海洋石油局	0.09	0.26	0.13	3.93	2.84	2.44
上海海洋油气分公司	-7.18	-6.89	-3.83	-4.24	-11.02	-4.18
税　金	0.72	0.84	0.57	0.92	0.82	0.71
上海海洋石油局	0.05	0.12	0.12	0.53	0.48	0.47
上海海洋油气分公司	0.67	0.72	0.45	0.39	0.34	0.24

西北油田

【概况】　西北油田是中国石化集团西北石油局（简称西北石油局）和中国石油化工股份有限公司西北油田分公司（简称西北油田分公司）的统称，位于新疆维吾尔自治区，是中国石化上游油田企业之一，主要从事油气田勘探开发与油气销售业务。本部机关设在新疆维吾尔自治区首府乌鲁木齐，在巴音郭楞蒙古自治州轮台县建立了前线生产指挥基地。主力油田——塔河油田位于塔里木盆地北部沙雅隆起阿克库勒凸起南部，地处库车县和轮台县境内。

西北油田的前身是组建于 1955 年的华北地质局二二六队，1997 年 1 月整体归入中国新星石油公司，2000 年 3 月随中国新星石油公司整体并入集团公司，并于 2003 年 6 月整体划归集团公司、股份公司直属。2008 年 5 月，与勘探西北分公司整合重组，组合成新的西北油田分公司。

截至 2016 年底，西北油田建有 1 个党委、2 套行政领导班子（共 10 人），下设 20 个机关处室、8 个兼有管理职能的专业化服务单位、2 个科研单位、4 个采油(气)厂、8个专业化单位；拥有职工4 083人，其中经营管理人员1 145人、专业技术人员2 416人，具有高级(含教授级)专业技术职称的800人。

截至2016年底，西北油田在塔里木盆地拥有登记区块29个，面积10.24万平方千米。其中，勘查区块23个、面积9.78万平方千米，主要分布于塔北、塔中和巴麦地区；开采区块6个、面积0.46万平方千米，主要分布于塔河、天山南和巴楚地区。区块已完成二维地震94 494千米、三维地震25 384平方千米，探井559口、进尺312.77万米，钻获工业油气流井298口，其中工业油流井237口、工业气流井61口。累计发现油气田10个。保有三级地质储量19.64亿吨油当量，其中探明石油地质储量14.1亿吨、天然气地质储量1 710.43亿立方米。控制石油地质储量8 612.01万吨、天然气地质储量528.8亿立方米。预测石油地质储量1.28亿吨、天然气地质储量1 145.27亿立方米。石油探明率25%，天然气探明率6.8%。累计生产原油9 272.79万吨(不含凝析油)、天然气202.56亿立方米。

西北油田主要经济指标和主要生产建设指标分别见表1和表2。

(黎昌菊)

【领导班子调整】 2016年12月23日，股份公司决定：热合买提汗·恰开任西北油田分公司副总经理(挂职)；艾合麦提·艾萨不再担任西北油田分公司副总经理职务。

(黎昌菊)

【油气勘探取得重大突破】 2016年，西北油田以发现规模优质储量为主攻方向，加大轻质油和天然气勘探力度，获中国石化油气勘探3项大奖，其中顺北奥陶系油气勘探获特等奖。取得“1个重大商业发现、1个重大发现、1个新发现”成果。1个重大商业发现：顺北油气田实现重大商业发现。主干断裂带6口滚动评价井，日产原油均在100吨以上，新增商业开发储量1 380万吨。甩开部署的顺北2井，也获得工业油气流，证实顺北地区整体连片含油、局部富集。落实有利勘探面积4 800平方千米、资源量17亿吨，为“十三五”建成200万吨级产能阵地奠定资源基础，实现“塔河之外找塔河”的战略构想。1个重大发现：中深层轻质油勘探取得重大发现。部署在塔河南部托甫台地区的托鹰1X井，在鹰山组内幕获日产75吨高产油流，展示中深层巨大的勘探潜力。落实圈闭29个、面积837平方千米、资源量3.3亿吨，坚定“塔河之下找塔河”的信心。1个新发现：碎屑岩隐蔽油气藏勘探取得新发现。创新隐蔽圈闭落实与评价技术，部署的胡杨2井日产天然气11万立方米、凝析油8立方米。落实复合型圈闭3个、面积33平方千米、资源量1 045万吨，打开老区碎屑岩勘探新局面。

顺北1－1H井全景

(黎昌菊)

【精细效益开发成效显著】 2016年，西北油田大力实施“保能力、增可采”，狠抓“五个优化”，效益开发闯出新路子，取得好成效。自然递减率比上年降低1个百分点，产能建设成本降低4美元/桶，措施吨油成本762元、注气吨油成本696元，原油、天然气储量替代率分别达103.8%、149.5%。“保能力、增可采”扎实展开。优化井位部署，实践定量化注水，完善措施、注气效益评价机制，统筹当前能力提升与未来增加可采储量，在工作量比上年减少30%的情况下，原油日产能力保持在1.73万吨以上(保持率91%)、天然气日产能力保持在475万立方米以上(保持率95%)。全年新增原油经济可采储量617万吨、天然气经济可采储量20.9亿立方米。落实商业开发储量再创佳绩。深化“断溶体”、小缝洞精细描述研究，精细韵律段建模与微幅构造解释，顺北1井区实现规模增储，碎屑岩老区油水边界区打出高产井，新增商业开发储量1 525万吨。“五个优化”成果显著。开展产品、产量、产液、油品、注水结构优化，增加天然气日产能力60万立方米、轻质油日产能力1 600吨，减少低效负效液量81万吨，降低稠油产量57万吨，实现增效2.29亿元，压减费用1.34亿元。低成本开发技术管理体系构建积极推进。初步建立低成本提高采收率工艺体系，碳酸盐岩调流道、碎屑岩深部堵水取得新突破；构建健康采油工况机采井管理体系，检泵周期比上年延长40天，躺井率降低0.4个百分点；构建全生命周期井筒管理体系，油气水井故障率比上年降低1个百分点。

(黎昌菊)

【一体化“大运行”深入推进】 2016年，西北油田强化一体化理念，发挥系统优势，各环节无缝衔接，运行高效有力。运行质量和效率进一步提升。坚持抓过程、控节点、保质量，钻前工程优良率比上年提高5个百分点，钻井故障率、万米故障损失台时分别控制在3.5%、74小时以内，搬迁安平均周期比计划节约0.8天，供电可靠率提升至99.5%，生产生活用水、道路运输保障扎实到位。生产信息化水平持续提升，完成生产指挥系统PCS1.0建设，实现"人工巡井向电子巡井、人工录入向自动采集、事后处置向超前预警、逐级上报向实时决策"转变。油气产销一体化管理进一步深化。紧盯油价变化趋势，优化调整库存结构，提升优质产品占比，油价企稳回升时扩大销售规模，以销促产，原油日产水平保持在1.6万吨以上。紧贴天然气市场需求，淡季注气调峰，旺季增产复产，精细调控，扩大销量，商品率提升至78%。重点增效工程成效明显。凝析油分输分销、混烃深加工、塔河油田二号联合站负压气提脱硫、桥古区块天然气配套等工程提前投产，凝析油销量比上年提高82.6%；克服天然气下降不利条件，轻烃、液化气产销量保持2015年同期水平。能效管理水平得到提升。落实电改政策，直供电交易9 600万千瓦·时，错峰用电6 700万千瓦·时，五大类工程作业实现"以电代油"。优化用能方式，全面推广加热炉高效火嘴改造，顺利投运瑞祥电厂余热综合利用工程，实施电磁加热、分布式能源、风光储等能效倍增项目22项，节约标准煤5.09万吨，创效1.82亿元。

（黎昌菊）

【改革管理工作持续深化】 2016年，西北油田突出业务调整、资源整合、精干高效，注重抓基层、打基础、严执行，既强基固本又增强活力。专业化运行效率进一步提升。整合优化环保治理、注水注气、车辆管理等业务14项，稳步推进"四供一业"分离移交工作，提高专业化保障能力。内外部市场机制进一步完善。形成一体化协同、专业化保障、效益化考核新模式，有力激发专业化单位主动承揽业务的积极性，提升盘活低效资产能力。管理根基进一步夯实。以效益为导向，强化关键考核指标倒逼跟踪机制，实现绩效考核向绩效管理转变；以制度为根本，强化业务流程驱动，打破部门行政壁垒，推进"职责、制度、流程"三位一体制度体系建设；以风险管控为重点，加大内控、合同、法律、审计从严管理力度，促进合规经营；以基层组织建设为突破口，探索形成油公司体制下的"三基"工作新模式，现场管理标准化、可视化、信息化水平进一步提升。市场秩序规范有序。严控规模，严格审查，动态调整，封存压缩队伍94支，对110支队伍投标资格进行审查，清退队伍15支，保障寒冬期市场的有序竞争和健康发展。

（黎昌菊）

【关键技术支撑高效勘探开发】 2016年，西北油田加快实施创新驱动发展战略，不断攻克瓶颈技术，充分发挥科技助推作用。全年获省部级以上奖励5项，获专利授权24件，被集团公司评为首批创新型企业。①塔河油田奥陶系碳酸盐岩目标处理技术取得新突破。小尺度缝洞及小断裂成像精度进一步提升，断裂带期次、级别、类型与缝洞储集体、油气成藏规律关系认识更加精准，为提高溶洞钻遇率提供科学依据。②缝洞体精细刻画研究取得新进展。基于三维正演缝洞模型，初步形成叠前、分方位、分频率的缝洞外型轮廓与空间结构刻画技术方法，在描述典型单元缝洞体上进行有力探索。③顺北地区分层提速技术取得新突破。重点解决裂缝发育、地层易垮塌、漏失风险大等钻井难题，形成井身结构优化、防漏堵漏等技术6项，平均钻井周期168天，比顺北1－1H井缩短35天，单井平均投资降幅达42%。超深小井眼短半径定向技术先后刷新水平井斜深8 050米(顺北1－4H井)、8 169米(顺北2井)纪录，标志着超深井钻井技术跨入世界领先行列。④低成本采油技术攻关取得新进展。流道调整技术、冻胶深部堵水技术成功应用，非均匀刻蚀酸压技术取得突破，脉冲波压裂技术进入现场试验，储备低成本提高采收率技术。

（黎昌菊）

【主动融入地方践行央企担当】 2016年，西北油田围绕新疆维吾尔自治区社会稳定和长治久安总目标，积极参与治疆稳疆建疆战略，真正将发展成果落实在惠及当地、改善民生、增进团结上，油地关系更加融洽。联动协调更加紧密。进一步完善油地高层联席机制，加强与涉油地区座谈交流，增进了解，强化合作，畅通沟通渠道。扎实做好涉油地区帮扶工作，引进服装加工厂增加就业，开展柯坪羊肉上餐桌、特色庭院经济等"造血"项目，为当地脱贫"摘帽"做出积极贡献，增进油地友谊。"访惠聚"工作推向深入。15名驻村干部积极作为、扎根乡村，与当地群众同吃同住同劳动，思想上交流、情感上沟通、困难上帮扶，拉近了距离，增进了民族感情。全局200多名领导干部积极开展"民族团结一家亲"结对认亲活动，得到自治区党委、当地群众的充分肯定和高度赞扬。油地合资合作稳步推进。注册成立巴音郭楞州、阿克苏地区 2 个合资合作公司，实现油地合作共赢。

（黎昌菊）

西北油田与阿克苏地区高层联席会议暨顺北区块合资合作项目揭牌仪式现场

【落实全面从严治党】 2016 年，西北油田按照党要管党、从严治党要求，坚持思想建党与制度治党紧密结合，推进党建工作与生产经营深度融合，党建工作再上新水平，在集团公司党建考核中位列 A 档。管党治党力度不断加大。积极推进清单化、流程化、节点化管理，分层分类明确党建责任，持续加大检查督导力度，形成党委统一领导、党政齐抓共管、一级抓一级、层层抓落实的党建工作格局。纵深推进“三建”党建新模式，党组织和党员的作用得到充分发挥，党建工作和生产经营融合更加紧密。“两学一做”学习教育成效凸显。积极创新“学”的形式，不断丰富“做”的载体，分层次讲党课，定专题大讨论，大力开展“一查三定”，切实整改薄弱问题，增强学习教育的针对性、生动性和实效性。人才队伍建设进一步加强。始终坚持党管干部、党管人才，干部的责任意识、担当意识、大局意识进一步增强，人才成长通道进一步畅通。年内提拔、交流调整中层干部 17 名，晋升高级技师和技师 15 名，新增高层次人才 10 名。宣传思想工作扎实有力。大力弘扬石油精神，深入推进以“知形势、明责任、勇担当、促发展”为主题的形势任务教育，举办“驻村这一年”“感恩西北油田”等先进事迹报告会 10 余场，凝聚思想共识，激发工作动力。抓好抓实新闻舆论工作，开展公众开放日和媒体进油田等活动，外宣工作在上游板块考核中位列第二，创历史最佳成绩。党风建设和反腐败工作持续强化。全面落实“两个责任”，不断加强党性党风教育，强化不能腐、不敢腐、不想腐氛围。全年诫勉谈话 28 人、警示谈话 10 人、提醒谈话 18 人，对存在苗头性、倾向性问题的 3 个单位领导班子进行集体约谈，以“零容忍”的态度惩治违规违纪行为，形成风清气正的企业政治生态和管理生态。群团组织作用进一步发挥。始终把服务生产经营作为主战场，积极开展劳动竞赛、技能比武等活动，充分调动员工的创新活力。和谐企业建设成果显著。朝阳雅居小区近 1 000 户装修入住，离退休职工综合服务用房建设项目推进顺利，“走基层、访万家”活动覆盖率 100%，困难员工精准帮扶工作深入推进，员工诉求表达渠道得到畅通，为企业和谐稳定发展汇聚强大的正能量。

（黎昌菊）

表 1 **西北油田主要经济指标**①　　亿元

指标名称 \ 年份	2016	2015	2014	2013	2012	2011
资产总计	379.44	412.63	451.02	444.26	393.24	367.15
西北石油局	12.22	11.67	12.33	12.66	12.16	11.55
西北油田分公司	367.22	400.96	438.69	431.60	381.08	355.59
流动资产	19.37	14.26	17.94	18.49	19.32	46.26
西北石油局	1.63	1.01	1.87	1.77	1.97	2.10
西北油田分公司	17.74	13.25	16.07	16.72	17.35	44.17
固定资产原值	942.35	902.03	845.20	741.13	615.09	537.59
西北石油局	13.05	10.93	10.73	10.50	10.78	10.46
西北油田分公司	929.30	891.10	834.47	730.63	604.31	527.14
固定资产净值	330.40	358.46	376.71	344.10	281.38	264.23

续表

年份 指标名称	2016	2015	2014	2013	2012	2011
西北石油局	9.06	7.49	7.80	8.22	9.35	9.47
西北油田分公司	321.34	350.97	368.91	335.88	272.03	254.76
总收入	93.02	115.70	265.45	281.94	291.96	288.01
西北石油局	2.30	2.73	3.06	3.23	2.54	1.41
西北油田分公司	90.72	112.97	262.39	278.71	289.42	286.61
实现利税	-21.93	-2.89	165.02	189.66	197.03	210.49
西北石油局	0.37	0.04	0.39	0.24	0.17	0.19
西北油田分公司	-22.31	-2.93	164.63	189.42	196.86	210.30
税　金	11.23	15.41	67.65	71.24	73.76	89.42
西北石油局	0.27	0.03	0.39	0.24	0.20	0.25
西北油田分公司	10.96	15.38	67.26	71.00	73.56	89.17

①因小数点进位原因，部分分项相加不等于总项

表 2　　西北油田主要生产建设指标

年份 指标名称	2016	2015	2014	2013	2012	2011
原油产量/万吨	594.30	703.00	735.50	737.00	735.00	725.00
天然气产量/亿立方米	14.00	16.00	16.30	16.40	16.45	15.94
新增原油生产能力/万吨	45.90	62.30	83.61	105.00	159.60	159.70
新增天然气生产能力/亿立方米	2.86	1.69	2.53	1.85	2.17	2.02
新增探明石油地质储量/万吨	1 474.87	5 339.07	1 184.77	2 838.24	9 594.94	9 639.53
新增探明天然气地质储量/亿立方米	74.65	35.80	31.45	44.03	24.43	62.42
二维地震/千米				2 159.00	3 146.00	4 834.00
三维地震/平方千米	2 119.00	892.00	1 983.00	1 009.00	2 519.00	2 750.00
石油钻井/口	95	104	256	318	310	266
探井（含侧钻）	15	16	22	30	39	50
开发井	80	88	234	288	271	216
钻井进尺/万米	46.14	62.78	97.00	156.21	165.82	157.53
勘探投资/亿元	17.77	14.90	24.49	22.96	35.04	35.45
开发投资/亿元	24.88	30.39	63.54	99.20	92.45	77.62
综合能耗/吨标煤·万元$^{-1}$	0.34	0.33	0.33	0.34	0.34	0.34

西南油气田

【概况】 西南油气田是中国石化集团西南石油局（简称西南石油局）和中国石油化工股份有限公司西南油气分公司（简称西南油气分公司）的统称。西南石油局负责西南油气田矿区（社区）管理与服务，西南油气分公司负责西南地区油气勘探开发业务。队伍主要分布在四川、重庆、贵州、云南、广西、湖南等地。机关设在四川省成都市高新区吉泰路688号中国石化西南科研办公基地。

西南油气田的前身是组建于1976年的国家地质总局四川石油普查勘探指挥部，1983年3月更名为地质矿产部西南石油地质局，1997年1月更名为中国新星石油公司西南石油局，2000年3月随中国新星石油公司整体并入集团公司，并于2003年5月调整为集团公司西南石油局和股份公司西南分公司。2007年3月，西南石油局和西南分公司与中南石油局、中南分公司、滇黔桂石油勘探局、南方勘探开发分公司整合重组，组成西南石油局、西南油气分公司、石油工程西南公司。2009年12月，石油工程西南公司划归西南石油局。2012年12月，西南石油局石油工程物探单位全部划入中石化西南石油工程有限公司和地球物理勘探有限公司。

截至2016年底，西南油气田有机关职能部门26个、兼有局机关管理职能的专业保障服务单位共7个，二级单位和派出机构及控股（参股）公司31个，用工总数9 626人（正式职工5 669人），其中拥有教授级高级职称的45人、高级技术职称的760人。西南油气分公司拥有勘探区块19个、勘探面积2.14万平方千米，开采区块23个、开采面积3 335.52平方千米。累计提交天然气探明地质储量5 742亿立方米、原油探明地质储量1 560.53万吨。拥有气田23个，共有气井1 802口，开井1 477口，累计生产天然气533.19亿立方米；共有油井123口，年产原油0.75万吨，累计生产原油170.06万吨。

西南油气田主要技术经济指标和主要生产建设指标分别见表1和表2。

（付承生）

【主要指标全面完成】 2016年，西南油气田坚持以提高发展质量和效益为中心，全力聚焦“战寒冬、保效益，强基础、谋跨越”工作主题，持续加强高效勘探开发，周密组织生产运行，全面完成年度目标任务，实现“十三五”发展良好开局。全年新增天然气控制储量652亿立方米，完成年计划的109%；新增天然气预测储量782亿立方米，完成年计划的112%。新建（增）天然气产能4.56亿立方米，新增经济可采储量17.5亿立方米，储量替代率31.8%。生产天然气55.1亿立方米、同比增加6.85亿立方米，生产原油0.75万吨，销售天然气51.1亿立方米，全面完成年度产销任务。油气单位完全成本1 127元/吨，较计划降低40元/吨。西南油气分公司实现利润1.86亿元，完成年计划的225%；西南石油局实现利润0.3亿元，完成年计划的150%。西南油气分公司完成投资31.11亿元，西南石油局完成投资0.46亿元，控制在计划之内。

（付承生）

【油气勘探成果丰硕】 2016年，西南油气田完成三维地震勘探264.5平方千米，部署探井28口，新开钻井16口，其中常规油气探井13口、页岩气探井3口，完成测试井6口，获工业气流井3口，取得1项重大突破、2项商业发现、2项新发现、1项重要进展的油气勘探成果。永页1 HF井测试获日产气14.1万立方米，取得川南龙马溪组深层页岩气勘探重大突破，落实优质地质资源量2 180亿立方米，获中国石化油气发现特等奖。新场雷口坡组新增控制储量652亿立方米，中江—回龙构造沙溪庙组气藏新增探明储量104亿立方米，分别获中国石化商业发现一、二等奖。中江109 D井在下沙溪庙组获日产气5.7万立方米，中江113 D井在遂宁组获日产气1.49万立方米，取得福兴构造、回龙构造新层系2项油气勘探新发现，分别落实储量规模164亿立方米和84亿立方米。川东北震旦系—寒武系领域目标评价取得重要进展，在阆中—元坝地区发现灯影组和龙王庙大型海相勘探目标，部署风险探井川深1井。

（付承生）

【油气开发成效显著】 2016年，西南油气田共实施钻井47口，投产新井24口，天然气产量大幅增长，突破50亿立方米，再创历史新高。元坝气田实现设计的37口井全部投产测试，形成日产混合气1 200万立方米、年产净化气34亿立方米的生产能力，成功建成国内首个超深高含硫生物礁大气田；强化气藏优化配产与动态调整，实现生产井高产稳产，累计生产混合气46亿立方米，获中国石化“十二五”上产增效特别贡献奖。中浅层评价及建产效果显著，东坡沙溪庙气藏精细刻画出5层13条河道，部署的4口评价井均获高产气流，落实商业开发储量65亿立方米；及时优化产能建设井位部署和实施方案，新建产能2.06亿米^3/年。老井稳产效果明显，深入推进区块目标管理，持续加强生产动态分析，加大老井精细维护和措施挖潜力度，老区产量综合递减率10.8%、同比下降1.2%。川西雷口坡组气藏开发评价取得新进展，进一步落实彭州雷四气藏金马—鸭子河及石羊场2个构造，综合评价有利和较有利区面积215平方千米，初步计算储量近1 500亿立方米，编制完成年产50亿立方米开发概念设计，5口评价井及鸭深1井试采工作正全力推进；新场雷四气藏完成新深1井重新测试，获无阻流量109万米^3/日为推进开发评价奠定基础。页岩气开发评价取得积极进展，编制完成威远、永川及丁山地区开发概念设计，抓紧实施永川3台10井、威远5台10井开发评价试验方案，已完钻的永页3-1 HF井优质页岩钻遇率100%，效果好于预期。

（付承生）

【工程配套保障有力】 2016年，西南油气田完成钻井进尺14.75万米，钻井工程质量优良率85%，钻井复杂故障率1.03%；储层改造完成69井次、403井段，试气完成64口、67层；完成措施作业330井次，增产天然气7 383万立方米。钻完井技术取得2项突破、2项创新、2项完善的新成果，实现川西海相钻井提速、井下全通径无级滑套系统现场应用2项突破，永胜1井仅用165天就钻达6 000米，钻井周期同比缩短21%，应用井下全通径无级滑套系统进行压裂，创造不动管柱分30段压裂新纪录；创新形成永川页岩气钻井提速、“磨捞一体化”2项新技术，永页3-1 HF井115天完钻，较永页1 HF井缩短42%，“磨捞一体化”工艺在超深水平井元坝205-3井成功应用；完善井工厂、页岩气缝网改造2项技术，江沙33-19井工厂的6口井钻完井周期缩短117天，永页1 HF井完成23段压裂改造，效果明显。地面工程元坝滚动建产区完成16座站场中交、50.9千米管线焊接、15千米管线建设，川西地区新建采集气井口装置6座，扩建采集气站6座，建设采集气管线10.6千米，确保新井及时投产；江沙102井站—杰兴阀室输气管道建成投运，有效释放中江地区产能；川西气田高氯废水处理站母液零排放工程、元坝低温蒸馏综合水处理工程顺利投运，保障气田废水的清洁排放；川西整体增压脱水工程试运投产，有效提升天然气质量；鸭深1井、永页1 HF井试采工程顺利推进，为气藏试采评价提供了支撑。

（付承生）

【产销运行平稳有序】 2016年，西南油气田坚持产销一体化管理，实现产运销有机衔接，运行绩效进一步提高。主动适应项目管理运行新模式，及时理顺生产运行管理流程，修订完善4项制度，统筹推进项目化管理。精心编制彭州、威远、永川等区域运行统筹计划，实现线上运行，有效提升运行效率。全方位、多专业、统筹抓好冬季和普光停产检修期间元坝气田提产保供工作，超前完成气井提产方案、净化装置停工消缺等准备工作，有效保证了元坝气田在高负荷下安全平稳运行。全力推进与中国石油管网互联互通，增强区域应急调峰和保供能力，天然气增销5 495万立方米。加大元坝气田销售力度，向川气东送管道供气20.38亿立方米，同比增加7.15亿立方米。积极发展新用户，协助客户拓展次级市场，推动客户复产增量，有效降低市场因素对生产、销售的影响。统筹推进天然气调价，增加销售收入2 160万元。分公司销售天然气51.1亿立方米、原油0.75万吨、硫黄22.2万吨，油气款回收率100%。局销售天然气5.3亿立方米、液化气14.7万吨。

（付承生）

【安全环保势态平稳】 2016年，西南油气田未发生安全环保上报事故，实现“两零六杜绝”工作目标，获集团公司安全生产先进单位称号。安全环保管理体系进一步完善，成立5个安全分委员会，新建、修订制度22个，层层签订责任书，有效推动安全环保责任制落实。全面加强风险管控，系统梳理出“十大安全风险”，制定严密的防范措施，有效遏制重特大安全事故。全面打赢油气管道隐患治理攻坚战，3年共治理上报集团公司和地方政府隐患1 184项。提前开展汛期风险识别，扎实完成隐患排查、整改，确保安全度汛。强化督导检查问责，全年开展现场督察1 041人次，查出问题1 495项，下发通报、整改通知单、联络单224份，处罚问责8家单位，有效促进安全主体责任落实。扎实开展“安全生产月”“我为安全做诊断”等安全管理提升活动，共收到各类建议7 391条，及时发现元坝净化厂液硫罐区穿孔、元坝10-1侧井硫化氢泄露等隐患，避免事故发生。强化应急管理，初步完成应急预案简化和处置方案卡片化工作，加强日常应急演练，妥善处理因自然灾害引发的通海气库“6·15”火灾事故，避免次生灾害发生。全力推进“三同时”手续办理，取得80口井环评批复，完成6个集团公司督办的竣工环保验收项目。扎实抓好清洁生产和环保隐患治理，地层水综合利用19.3万立方米，重复利用泥浆0.57万立方米、压裂液0.67万立方米。认真做好劳动保护、健康体检、职业病防治工作，有效维护员工职业健康。深入开展“能效倍增”计划，持续提高节能降耗水平，局万元产值综合能耗0.045吨标煤，分公司工业万元产值综合能耗0.87吨标煤，吨油综合能耗115千克标煤，控制在集团公司指标范围内。

（付承生）

【科技支撑持续增强】 2016年，西南油气田紧扣生产经营需求，精心组织科技攻关，滚动开展科研项目200余项，获省部级科技奖励7项、中国石化首次实施新技术奖酬4项。攻关形成川西海相地震资料目标处理及储层预测关键技术，在聚源—金马—鸭子河地区有效应用，为川西海相圈闭落实和目标优选提供有力保障。创新建立以“断、砂、配、构”为基础的四维“甜点”综合评价体系，形成中江气田“窄”河道砂岩气藏高效开发关键技术，强力支撑中江气田的开发部署和高效建产。成功研发井下全通径无级滑套系统，打破国外油服公司的技术和工具垄断，开启了低渗致密油气藏有效开发新局面。压裂返排液与地层水综合利用、钻屑制砖等自主创新配套技术不断进步，经济效益和环保效果日益显现，有力促进绿色气田建设。专利申请量和授权量创历史新高，全年申请专利86件，其中发明专利39件；新增授权专利51件，其中发明专利8件，1件获俄罗斯发明专利授权，分公司获集团公司2016年度知识产权工作先进单位称号。

（付承生）

【经营管理不断优化】 2016年，西南油气田聚焦发展质量和效益，持续优化改进经营管理，提升管理运行绩效，“七优化六加强”工作成效显著，实现降本增效5.37亿元。强化集体决策，修订完善“三重一大”决策制度，严格执行决策提报、审批和合法性审查程序，提升决策的规范化、科学化水平。强化投资管控，规范投资管理行为，实现投资管理重心由“纵横结合、横向为主”转变为“纵横结合、纵向为主”，突出业务部门管理责任，按照效益倒逼测算实施投资，川西10亿立方米产能建设投资下降至32亿元，同比下降14%；严格概预算管理，审核预算259项、审减率6.2%，审核结算项目245个、审减率7.6%。强化财务管理，推进投资、成本、效益一体化深度融合，建设财务共享平台，优化资金运作，突出资金预算、指标和现金流管理，加大低效无效资产清理、处置力度，增加利息收入1 412万元，节约财务费用9 726万元。强化物资供应管理，大力推行开门采购、专家采购、公开竞标，优化扩大框架协议覆盖面，实现降本增效2.66亿元，其中页岩气井液体采购单价降低60%，节约资金2.16亿元。强化市场管理，加强市场准入动态管理和评标专家库建设，推进招标文件审核同法律审核联动，落实责任主体职能职责，确保项目招投标过程受控、依法合规。强化劳务用工管理，通过内部跨区域业务承揽方式，解决人力资源余缺并存问题，盘活内部用工346人；清理规范业务外包，同口径减少外部用工630人，减少费用8 558万元。强化全面风险及内控管理，完善建章立制、重大决策、经济合同的法律审核制度，法律审核率100%。强化审计工作，开展建设项目审计33个，审减金额2 692万元、审减率4.4%。强化信息化提升，成功打造EPBP1.0，建成数据资源中心，持续完善气藏综合管理平台、行政经营管理平台、石油工程一体化管理平台，全面加快共享共赢科研平台、安全生产管理平台开发，初步完成什邡采气管理区生产信息化试点建设，有效推进“两化”深度融合。

（付承生）

【企业改革持续深化】 2016年，西南油气田积极推行项目部运行管理模式，组建勘探开发工程建设项目管理部及4个项目部，统筹推进元坝气田建设收官、川西中浅层稳产增产、彭州海相和页岩气开发建产等工作，集中优势兵力推进高效勘探开发。积极推进完善人才成长通道建设先行先试，优化完善专业技术和技能操作序列职位设置，有效打通不同序列之间流动发展的职位晋升渠道。探索推进采气业务外包，参股组建3家专业技术服务公司，2 198名服务外包人员全部转签到合资公司，进一步梳理业务内容、划分职责界面、优化规范标准、做实费用测算，推动从管人向管事、用工向用服务的转变。积极稳妥推进公务用车改革，撤销37个二级单位车队，组建7个片区车辆管理部，实现集中管理、片区协作、集约调度，推进公务用车专业化管理、市场化运作、社会化服务，公务用车利用率提高34.6%，减少费用1 614万元。大力推动“三供一业”分离移交，水电气供应基本实现社会化，物业管理社会化有序推进。

（付承生）

【和谐建设深入推进】 2016年，西南油气田坚持“本质稳定、高效稳定、持续稳定”不动摇，推进“事要解决”，连续6年实现信访稳定“四个不发生”和特殊敏感时期“一个为零”工作目标。大力实施基础设施改造工程，投入资金2 080万元，完成生产一线生活设施改造、青年素质提升等6类项目。深入开展“五型”社区创建工作，获全国绿化模范单位称号。进一步健全帮扶救助制度机制，“两节”帮扶588人次、172.8万元，金秋助学372人、97.2万元，帮扶协解已退休人员 4 153 人、1 812 万元，协解未退休人员再就业 3 696 人、7 160 万元，特殊帮扶 112 人、456 万元。开展“全家福”行动，举办金婚庆典、“幸福大篷车、欢乐到井站”慰问及乒乓球比赛等文体活动，分层次开展“当好主力军、奉献在岗位、建功‘十三五’”系列立功劳动竞赛、“红心跟党走、青春耀西南”主题活动、“不忘初心永向前、不吃老本立新功”学习教育，有效丰富员工群众的精神文化生活，激发岗位建功、奉献企业的精气神。成立西南油气田青年联合会，评选“青年好榜样”，开展“走基层、访青年、寻找最美青工”主题活动，深化“青字号”品牌活动，拓展青年成长发展平台。认真履行社会责任，积极参与精准扶贫和公益事业，捐赠扶贫资金 330 万元；组织开展“扶贫日”募捐活动，3 140 人捐助善款 31 万元；开展“衣旧情深、温暖班戈”旧衣募捐活动，募捐御寒衣物 7 211 件，树立负责任、有担当的良好企业形象。西南石油局获四川省模范劳动关系和谐企业称号。

（付承生）

【党建工作成效显著】 2016 年，西南油气田紧盯“全面从严治党”主题和“毫不动摇坚持党的领导，从严从实加强党的建设”主线，聚焦“战寒冬、保效益，强基础、谋跨越”，积极推动党建思想文化工作与生产经营中心工作深度融合。突出抓好“两学一做”学习教育，强化组织运行，探索开展量化考评，推动学习教育持续升温、深化、增效；创新业余党校、微党课、机关党群部门科长到基层支部讲党课等方式，专题攻关解决学习教育全覆盖等问题；组织开展“四亮”活动，探索推行“我是党员＋”系列行动，推开党员示范项目、示范车间、示范班组、示范井站、示范岗位等系列示范建设。坚持把纪律和规矩挺在前面，全面落实党风廉政建设“两个责任”，创新开展党委巡察、纪检工作小组等监督检查新举措，促进全面从严治党向基层拓展延伸，营造风清气正的良好企业生态。强化提升基层党建，以“基础强化年”为抓手，坚持问题导向，扎实整改党组巡视、党建考核、巡视检查等发现的问题，对接研究制定“1＋7”制度体系，开展 10 个专项检查、“示范党支部书记行”“共学共做共建”、中青班学员基层定点联系指导等工作，有力推动党建工作制度化、标准化、科学化，实现基层党建持续提升。大力实施“西南心气文化”工程，推进形成廉洁、安全、社区等重点专项文化和“红装蓝焰绿气田”等基层文化品牌，获“互联网＋时代”心气文化建设标杆企业称号。加强典型选树宣传，评选表彰“优秀共产党员标兵”等先进典型，掀起向技能标兵邓远平学习热潮，凝聚改革发展的强大正能量。西南石油局党委获集团公司先进基层党委称号，一批单位和个人获四川省和集团公司奖励，其中 1 人获全国五一劳动奖章、2 人获四川省五一劳动奖章、1 个基层单位获四川省五一劳动奖状，1 个集体获四川省工人先锋号、1 个集体获四川省国资委先进集体、2 人获四川省国资委先进个人称号。

表 1　　西南油气田主要技术经济指标　　亿元

指标名称＼年份	2016	2015	2014	2013	2012	2011
工业总产值						
西南石油局	—	—	—	—	—	54.22
西南油气分公司	68.63	73.15	49.78	45.42	39.81	35.71
工业增加值						
西南石油局	—	—	—	—	—	16.31
西南油气分公司	38.96	43.76	17.78	10.24	5.29	20.27
资产总计						
西南石油局	26.69	27.62	28.38	30.05	61.77	106.44
西南油气分公司	389.47	404.31	389.31	340.92	271.85	220.53
流动资产						
西南石油局	8.10	8.90	9.23	8.03	37.29	48.66

续表

指标名称 \ 年份	2016	2015	2014	2013	2012	2011
西南油气分公司	2.62	2.38	6.54	17.02	3.20	6.35
固定资产原值						
西南石油局	20.96	20.62	20.18	21.78	17.96	65.00
西南油气分公司	550.87	454.74	304.71	271.20	222.28	196.51
固定资产净值						
西南石油局	13.56	13.67	13.76	16.31	17.22	40.66
西南油气分公司	304.35	239.31	113.85	109.75	85.29	91.46
销售收入						
西南石油局	19.87	22.82	27.95	28.67	35.47	100.50
西南油气分公司	68.75	73.22	49.88	45.40	39.82	35.83
实现利税						
西南石油局	1.51	2.35	2.78	2.31	1.03	10.15
西南油气分公司	7.72	17.57	-18.06	-27.96	-18.07	-12.33
税　金						
西南石油局	1.85	1.39	1.58	1.37	1.41	9.59
西南油气分公司	5.86	4.49	2.65	2.65	2.32	3.04
综合能耗/吨标煤·万元$^{-1}$						
西南石油局	0.05	0.04	0.03	0.03	—	0.41
西南油气分公司	0.87	0.79	0.57	0.57	0.57	0.57

表 2　　西南油气分公司主要生产建设指标

指标名称 \ 年份	2016	2015	2014	2013	2012	2011
完成二维地震采集量/千米	—	—	341.61	—	4 840.00	8 440.00
完成三维地震采集量/平方千米	264.53	700.08	646.76	799.48	2 538.00	2 456.00
完成钻井数/口	42	62	112	183	384	371
完成进尺数/万米	14.75	17.02	33.77	49.54	120.33	112.00
原油产量/万吨	0.75	1.72	2.28	2.23	2.20	2.07
天然气产量/亿立方米	55.10	48.25	34.18	32.25	29.61	28.01
新增原油生产能力/万吨	—	—	0.22	0.32	0.30	0.05
新增天然气生产能力/亿立方米	4.55	18.11	22.50	7.41	6.50	3.36
新增原油地质储量/万吨	—	—	—	—	—	—
新增天然气地质储量/亿立方米	1 538.11	2 403.65	2 062.42	4 430.57	2 060.16	2 076.41
勘探开发投资额/亿元	31.11	46.29	78.98	78.92	83.03	62.82

东北油气田

【概况】 东北油气田是中国石化集团东北石油局(简称东北石油局)和中国石油化工股份有限公司东北油气分公司(简称东北油气分公司)的统称，是中国石化在东北地区唯一一支从事石油天然气勘探开发研究的主体专业化油公司。本部机关位于吉林省长春市西安大路 4936 号。其前身成立于 1977 年，2000 年并入中国石化，2008 年 1 月 9 日，中国石化将原东北分公司、东北石油局、勘探北方分公司、华东分公司吉林项目部腰英台油田重组为新的东北油气田，按大Ⅰ型企业管理，实行“一套班子、两块牌子”的管理体制。

截至 2016 年底，东北油气田下设 8 个综合管理处室、4 个专业管理部门、4 个专业化单位、2 个科研单位和 4 个采油气厂；共有正式职工 1 116 人，其中在岗 1 063 人；拥有高级技术职称的 235 人(含教授级技术职称 19 人)，中级技术职称的 339 人。东北油气分公司辖有油气勘查与采矿区块 28 个，总面积约 5.48 万平方千米，分布在黑龙江省、吉林省、辽宁省和内蒙古自治区。其中，油气勘查区块 18 个、勘查面积约 5.38 万平方千米，采矿区块 10 个、开采面积约 944 平方千米。油气总资源量 26.4 亿吨油当量。已获得累计石油探明储量 1.09 亿吨，累计天然气探明储量 817.64 亿立方米。

东北油气田主要经济指标和主要生产指标分别见表 1 和表 2。

(吴　瑶)

【领导干部调整】 2016 年 7 月 12 日，集团公司党组经征得吉林省委员会同意，对东北油气田领导干部做出调整决定：元涛任东北石油局局长、聘任元涛为东北油气分公司总经理。

(吴　瑶)

【生产经营形势明显好转】 2016 年，东北油气分公司完成原油及凝析油产量 3.5 万吨，销售天然气 7.38 亿立方米，营业收入 10.87 亿元，调整后实现利润 550 万元，比预算减亏 2.67 亿元；东北石油局盈利 49 万元。

(吴　瑶)

【科学优化原油产量】 2016 年，东北油气田对油气成本按要素系统分析，对比油价，统一认识，原油生产从“以产量论英雄”向“以效益论英雄”转变，从“想尽办法采油”向“经济有效采油”转变，无效原油坚决不产，减产减亏。在确保安全环保的前提下，科学优化原油产量规模，关停全部油井，产量(不含凝析油)由年初预算的 7.76 万吨优化到 1.58 万吨，全年减亏 6 100 万元。

(吴　瑶)

【天然气业务实现增销增效】 ①勘探上抓好火山岩及大构造背景目标研究，加大中浅层碎屑岩油气富集规律的认识和目标评价，德惠断陷万金塔构造天然气勘探获得突破，德 1 井试获工业气流；梨树断陷天然气勘探取得新进展，十屋 311 井营城组试获工业气流、十屋 202 井泉头组老井复试获工业气流、十屋 16 井钻遇良好油气显示；2016 年新增天然气控制储量 100.47 亿立方米，新增天然气预测储量 105 亿立方米，均完成指标的 100% 以上。②开发上老区挖潜与新区评建并重，筛选梨树老区、伏龙泉气田共 26 口低压低产气井实施增压外输，控制老区递减；优选松南气田、梨树老区气井，实施挖潜措施 21 井次，实现存量创效；新区优化产建项目，优选龙凤山营Ⅳ砂组开展外扩产建，补充松南火山岩气藏挖潜与八屋气田 2 套层系的评价和产建，实现增量增效。③市场上主动出击，解读产业政策，研判价格走势，建立量价匹配模型，灵活利用价格杠杆，产销互促，效价互动。对 50 多家天然气用户因地制宜，分类管理，分户施策。巩固城市燃气用户，重点拓展可压减、可调峰的优质工业用户。2016 年，LNG 销量同比增加 1.13 亿立方米、增效 8 420 万元，天然气销售量增长 20%。

(吴　瑶)

【优化人力资源配置】 2016 年，东北油气田坚持小机关、大服务原则，优化处室、科室机构设置，瘦身局、处两级机关。合并机关处室和专业化单位，整合二级单位机关科室。通过机构调整，机关处室由 16 个减至 12 个、压减 25%，专业化单位由 8 个减至 4 个、减少 50%；局、分公司机关和二级单位科室减少 34 个；采油气厂机关人员精简 50%，全部充实到生产一线岗位。实施在长春市内人员按 20%—30% 比例到野外一线轮岗，2 轮共有 223 名在长春市内人员到生产一线工作。全面盘活用工存量，调整用工形式，采取“大工种、大岗位、一人多岗、一岗多能”方式，优化人力资源。采油气及其辅助岗位业务外包用工由 1 168 人减至 333 人，减少 835 人，占业务外包人数的 71.5%。伏龙泉采气管理区用工最多时有 55 人，2015 年压减至 35 人，2016 年仅用工 18 人，劳动生产率显著提高。

（吴　瑶）

【体制机制改革成果明显】 2016 年，东北油气田持续推进深化改革，实施“全员只发基本工资，绩效工资自己赚取”的有效机制，推行“自己的活自己干，自己工资自己挣”的做法，成效显现。①深化绩效考核改革，发挥激励约束机制作用。通过调整野外津贴等形式，待遇进一步向野外一线职工倾斜，各单位制定有效的职工绩效考核管理办法，由相对固定分配薪酬向创效多得薪酬转变。②深化内部市场改革，实施服务换费用经营机制。制定《内部市场管理办法》，推行二级单位之间、二级单位内部提供产品和服务有偿结算，促使各单位勤算账、精算账、算细账，达到降本增效的目的；下属勘探开发研究院、石油工程技术研究院、物资供应中心、石油工程监督服务中心面向采油气厂等单位，以服务换费用方式，赚取部分或全部绩效。全年二级单位运行成本降低 9%。③深化人力资源改革，实施价值积分管理。人员到野外轮岗过程中，开展“双培双带”全员取证，既压减业务外包人员，又完善复合型人才培养机制，最大限度发挥和利用现有人力资源。

（吴　瑶）

【第 1 次党代会胜利召开】 2016 年 12 月 7—9 日，东北石油局召开第 1 次党员代表大会。119 名党员代表审议通过元涛代表局党委和张玉明代表局纪委所做的工作报告；选举产生中国共产党东北石油局第一届委员会（按姓氏笔画排序）：元涛、刘三威、李江龙、张玉明、秦都、唐黎明，以及东北石油局纪律检查委员会（按姓氏笔画排序）：王泽吉、叶利民、张玉明、张庭凡、董海波。会议分析了当前面临的新形势、新机遇、新挑战，确定了东北油气田今后 5 年发展的总体思路，确定了企业做盈、职工做富的“两个提升”发展目标和调整结构、深化改革、创新驱动“三大战略”，提出东北石油局党建工作新思路，部署党建工作新任务。

（吴　瑶）

表 1　　东北油气田主要技术经济指标　　亿元

指标名称＼年份	2016	2015	2014	2013	2012	2011
工业增加值	7.36	8.11	7.05	10.70	5.46	4.35
东北油气分公司	7.36	8.06	6.91	8.63	5.20	4.02
东北石油局	0	0.05	0.14	2.07	0.26	0.33
资产总计	57.68	57.43	66.73	72.71	63.85	50.34
东北油气分公司	55.71	55.41	64.48	70.73	61.22	48.32
东北石油局	1.97	2.02	2.25	1.98	2.63	2.02
流动资产	4.42	1.56	2.53	2.93	3.22	2.25
东北油气分公司	3.40	0.52	1.31	1.90	1.59	1.41
东北石油局	1.02	1.04	1.22	1.03	1.63	0.84
固定资产原值	122.56	118.43	112.10	100.56	77.47	67.96
东北油气分公司	121.39	117.42	110.92	99.52	76.43	66.92
东北石油局	1.17	1.01	1.18	1.04	1.04	1.04
固定资产净值	45.81	46.02	49.08	46.77	29.20	25.64
东北油气分公司	45.38	45.55	48.56	46.35	28.74	25.11
东北石油局	0.43	0.47	0.52	0.42	0.46	0.53
销售收入	10.93	14.96	20.77	22.03	22.11	17.41
东北油气分公司	10.87	14.96	20.17	19.96	19.65	16.25

续表

年份 指标名称	2016	2015	2014	2013	2012	2011
东北石油局	0.06		0.60	2.07	2.46	1.16
实现利税	-4.72	-4.80	-3.21	-0.35	-1.93	-2.72
东北油气分公司	-4.73	-4.82	-3.22	-0.59	-1.95	-2.83
东北石油局	0.01	0.02	0.01	0.24	0.02	0.11
税　金	0.59	0.86	2.37	2.75	1.06	0.24
东北油气分公司	0.57	0.84	2.28	2.52	0.85	0.17
东北石油局	0.02	0.02	0.09	0.23	0.21	0.07
综合能耗/吨标煤 · 万元$^{-1}$	0.71	0.53	0.69	0.69	0.65	0.61

表 2　　东北油气分公司主要生产建设指标

年份 指标名称	2016	2015	2014	2013	2012	2011
原油产量/万吨	3.51	14.29	19.31	21.69	22.00	21.01
天然气产量/亿立方米	7.81	6.15	6.62	6.00	5.10	3.81
新增原油生产能力/万吨	0.06	1.96	1.26	4.32	5.33	2.50
新增天然气生产能力/亿立方米	0.86	2.00	—	1.47	1.51	2.35
新增探明石油地质储量/万吨	—	97.95	60.36	261.17	1 022.66	1 013.73
新增探明天然气地质储量/亿立方米	—	51.56	—	7.89	—	26.79
二维地震/千米	—	—	1 025.95	914.44	2 555.06	3 908.00
三维地震/平方千米	20.13	152.00	204.00	660.34	295.41	602.00
油气钻井/口	23	26	43	151	132	70
探　井	11	9	21	43	52	27
开发井	12	17	22	108	80	43
钻井进尺/万米	8.30	8.71	10.46	33.98	33.92	16.16
勘探投资/亿元	1.38	1.88	4.34	8.57	10.26	9.50
开发投资/亿元	2.94	2.23	3.92	11.24	12.20	4.40

华北油气田

【概况】　华北油气田是中国石化集团华北石油局（简称华北石油局）和中国石油化工股份有限公司华北油气分公司（简称华北油气分公司）的统称，位于河南省郑州市，是中国石化上游油田企业之一。其前身为组建于1975年5月的地质矿产部第二石油普查勘探指挥部，1997年1月并入中国新星石油公司，2000年3月随中国新星石油公司整体并入集团公司，2002年5月，根据集团公司重组改制总体部署，华北石油局组建了中国石化新星公司华北石油局和中国石油化工股份有限公司新星华北分公司，2003年7月分别划归集团公司、股份公司直接管理。2013年1月，按照集团公司关于石油工程专业化重组和矿区（社区）管理体制调整的总体部署，对石油工程和社区板块进行分离，成立华北石油工程有限公司，实现了油公司、工程公司和社区业务“三分开”。2015 年 3 月，中国石油化工股份有限公司华北分公司更名为中国石油化工股份有限公司华北油气分公司。

华北石油局主要负责社区管理，拥有郑州、新乡、咸阳、榆次、须水 5 个社区管理服务中心。华北油气分公司主要从事油气勘探开发、生产和销售业务，油气生产基地位于陕西省榆林市、延安市、铜川市、咸阳市，内蒙古鄂尔多斯市，宁夏盐池县和甘肃省庆阳市、平凉市等地区。

截至 2016 年底，华北油气田配备有 1 套党政领导班子(成员共 7 人)，下设 26 个职能(处室)部门、12 个二级单位。拥有正式职工 3 310 人，其中拥有教授级高级职称的 23 人、高级技术职称的 545 人。拥有油气勘探开发区块 18 个，总面积 4.10 万平方千米。其中，鄂尔多斯盆地 12 个，合计面积 2.49 万平方千米；汾渭盆地 1 个，面积 2 930.23 平方千米；沁水盆地 1 个，面积 5 413.49 平方千米；南华北盆地 1 个，面积 7 055 平方千米；二连盆地 2 个，面积 541.31 平方千米；巴丹吉林盆地 1 个，面积 102.10 平方千米。已获累计石油探明储量 2.64 亿吨、控制储量 2.59 亿吨、预测储量 2.97 亿吨，累计天然气探明储量 5 258.15 亿立方米、控制储量 6 664.51 亿立方米、预测储量 3 807.46 亿立方米。

华北油气田主要技术经济指标和主要生产建设指标分别见表 1 和表 2。

(张新悦)

【年度各项目标任务全面完成】 2016 年，华北油气田完成投资 31.09 亿元，新建天然气产能 6.37 亿立方米，新增天然气经济可采储量 12.57 亿立方米；生产原油 11.08 万吨、销售 12.18 万吨，生产天然气 35.17 亿立方米、销售 33.94 亿立方米；天然气单位完全成本与预算指标基本持平。

(龙利平 张新悦)

【天然气勘探取得新突破】 2016 年，华北油气分公司杭锦旗持续上产资源基础进一步夯实：十里加汗区带独贵圈闭新增盒 1 段控制储量 685 亿立方米，新增盒 3 段、太原组预测储量 675 亿立方米，2 项成果分获股份公司规模商业发现和油气发现一等奖，杭锦旗千亿立方米规模上产资源阵地基本落实。新增杭锦旗后备主力建产目标区三维地震 583 平方千米，如期完成采集任务。天然气增储阵地形成新接替：大牛地气田马五 5 气藏评价取得重要进展、初步落实控制储量 100 亿立方米，马五 6 气藏钻遇良好显示。杭锦旗公卡汗区带盒 1 气藏、什股壕区带盒 2 + 3 气藏圈闭评价发现良好苗头。

(龙利平 张新悦)

【杭锦旗气田上产工作稳步推进】 2016 年，华北油气分公司天然气继续保持规模上产态势：大牛地、东胜气田完成钻井 105 口，平均砂岩钻遇率 88.7%，完成试气井 67 口，平均单井无阻流量 8.24 万米^3/日、配产 2.21 万米^3/日，新建产能 6.01 亿立方米，完成调整后的产建目标。气藏评价多点开花，成效显著：大牛地 PG26 井、DPF－201 井无阻流量均超 50 万米^3/日，东胜气田锦 58 井区完成测试的 6 口评价井平均无阻流量达 17.6 万米^3/日，年 4 亿立方米产建阵地已经落实。杭锦旗锦 72 井区、柳杨堡定北 17 井区滚动评价实现突破，初步优选出下步气藏评价目标。气田一批关键工程取得重要进展：脱水脱烃工程安全顺利投产，甲醇污水处理厂扩建完工投运，大东管道建设取得总部批复、西二线主体工程基本完成，气田生产保障能力进一步提升。油田综合治理取得新进展：完成 4 种储层类型、16 个开发单元综合治理方案编制，红河 55 井区长 9 水平井面积注水实现油量上升、含水稳定，洛河油田长 7 平注平采试验井组实现液量、产量和液面“三稳定”。

(龙利平 张新悦)

【治亏减亏取得新成效】 2016 年，华北油气分公司严格压产控产实现大幅减亏：以分公司整体效益为中心，倒排产量运行，在年初压减原油产能 8.4 万吨的基础上，根据天然气销售运行和价格情况，进一步压减产量 5.5 万吨，实现减亏 12.95 亿元。对油田资产实施“冷冻疗法”：主动应对低油价新常态，根据永久关、长远关、暂时关等不同关停井类型，分别制定关停方案，做好各类设备设施回收。加强关停井巡防维护，全年开展油井压力及液面监测 9 451 井次、产能监测 38 井次、吸水剖面 7 井次，全力做好“四保”，确保在不同油价下有边际效益产能能够及时有效恢复。持续加强油田开发试验研究和技术攻关：按照“深化研究、收缩规模、集中试验”的原则，开展 4 个井组的注水补充能量试验攻关，取得阶段性成果。依托“鄂南项目群”、国家“十三五”重大专项，重点开展致密油成藏机理研究、“甜点”识别刻画、水平井储层改造和有效补充能量等开发技术配套，探索大幅降低变动成本的管控措施，为油田存量资产转化为效益资产积极做好资源、开发理论和技术储备。

(龙利平 张新悦)

采油一厂工人雪中进行设备巡检

【安全环保态势总体平稳】 2016 年，华北油气田不断完善 HSE 体系建设：修订完善《机关部门及管理服务单位安全生产责任制》，印发《工程作业安全生产责任分解表》，设立 6 个专业安全分委员会，初步完成局、分公司 12 个二级单位、26 个机关部门的安全主体责任分解。配齐安全总监，完善安全环保督察大队人员配备，现场督察工作专业化、规范化开展。持续加强现场安全监管：全年开展安全督察 570 队次，查出隐患问题 2 382 项。配置完善安全视频监控，基本实现生产站场、作业现场全覆盖。严格直接作业环节及应急管理，印发《承包商安全监管六条禁令》，严格承包商安全考核，清退 2 家不合格承包商。持续夯实安全环保工作基础：安全风险与隐患管理工作有序开展，做到隐患整改任务属地责任单位和业务责任部门"双挂单、双销项"跟踪管理。大力推进全员安全诊断，完善局、厂两级奖励制度，全年落实个人奖励 643 人次。"双平安"建设成效显著，检查考评结果位居集团公司前列。企地治安联防获得重要突破，县域治安联防格局初步形成。继续开展大牛地气田沙蒿过敏防治研究，发放治疗药物 1 000 余盒，有效缓解了部分员工的过敏症状。稳步推进环境保护工作：大牛地气田环保行政审批遗留问题有效解决，地下水保护措施得到中央环保督查组检查认可。开展环境风险评估，建立敏感区环保隐患识别系统，打通含油污泥、焚烧残渣、不落地岩屑等处置通道，局、分公司被评为集团公司 2016 年度环境保护先进单位。

（龙利平　张新悦）

【科技创新驱动取得新提升】 2016 年，华北油气分公司盆缘复杂气藏成藏理论研究取得新成果：以十里加汗中西部为代表的"超覆尖灭带 + 岩性"复合圈闭、以新召和十里加汗东部为代表的"断层沟通源储 + 盖层"岩性圈闭和以什股壕为代表的"断层沟通源储 + 高点"构造圈闭等 3 种成藏模式初步成型，为下一步明确效益勘探思路、采取针对性技术措施提高开发效果奠定了坚实基础。新技术攻关取得新突破：全通径分段压裂技术在杭锦旗完成 22 口井应用，压后平均无阻流量达 13.2 万米^3/日。攻关配套低浓度胍胶压裂液体系，入井液成本同比降低 26.8 元/米^3，储层伤害率降低 5.6%。低成本井筒除硫工艺、集气站撬装脱硫装置完成现场试验运用，取得初步成效。低成本采气工艺形成配套系列：大牛地气田以气举、泡排为主，单点增压、速度管、毛细管为辅的采气工艺日趋成熟。东胜气田初步形成以"井下节流"为主导的清洁采气工艺，平衡式节流器有效期 425 天，平均生产时率达 94.2%。成熟配套技术提速提效取得新进展：杭锦旗锦 58 井区水平段气层钻遇率达 54%、较大牛地上古提高 4.8%，平均钻井周期 71.3 天、减少 28.6%，最短钻井周期 37.9 天，平均机械钻速 9.32 米/时、提高 35.3%。质量管理水平稳中有升：持续完善质量管理体系，积极推进 QC 小组建设和"五小"活动开展，钻井井身质量合格率、固井质量合格率、完井管柱到位率、外输原油和天然气合格率均达 100%，钻井复杂故障率下降 26%，水平井分段压裂成功率达 97.3%。科技管理取得新成果：编制集团公司企业标准 1 项，获授权专利 53 件（发明专利 18 件），获得中国石化科技进步二等奖 1 项，获评集团公司"十二五"油气田开发优秀项目 7 个。

（龙利平　张新悦）

【油公司体制机制建设持续深化】 2016 年，华北油气田南部油田实现厂级机构区域性整合，同时全面压扁管理层级、整合采油作业区、精简厂级机关部门，共减少厂级机构 2 个、科级机构 39 个。六大油气生产辅助业务实现剥离，全部纳入采油气工程服务中心业务范围，专业化队伍建设迈出新步伐。坚持自己的活自己干，优化清理业务外包 26 项，减少社会化用工 433 人，清退劳务用工 1 022 人，顺利完成 1 176 名劳务工管理主体平稳转移，劳务费及业务外包费同比减少 8 464 万元。

（龙利平　张新悦）

【稳步推进公务用车改革】 2016 年，华北油气田初步实现统一化管理、区域化调度、内部模拟市场运行，清退外租车辆 120 台，公务用车数量同比减少 60 台，减少司管人员 30 人，节约公务用车费用1 650 万元。

（龙利平　张新悦）

【党的建设跃上新台阶】 2016年，华北油气田扎实开展"两学一做"学习教育：以做合格党员、助力企业扭亏脱困为导向，创立3个层级党组织标准工作法，明确2 400余名党员"4+4+N"合格党员标准，充分发挥支部和党员"两个作用"，局、分公司获集团公司优秀组织单位称号。扎实推进党组织建设：圆满组织召开局第5次党代会，完成新一届党委和纪委领导班子选举。持续开展党支部"示范点"建设，认真落实"四个专项"检查，基层党组织战斗堡垒作用有效发挥。严格落实管治党责任：突出问题导向，强化责任落实，全年制(修)订党建制度20余项，党建工作责任体系进一步完善。认真履行"一岗双责"，聚焦企业改革发展重大问题决策，党的政治领导核心作用得到有效发挥。全面开展党委书记抓党建述职评议，推进党建考核全覆盖，促进了党建工作水平整体提升，在集团公司2016年度党建考核中被评为A档。

（龙利平 张新悦）

表1 **华北油气田主要技术经济指标** 亿元

年份 指标名称	2016	2015	2014	2013	2012	2011
工业总产值	46.74	57.97	77.48	69.53	91.84	66.82
华北石油局	0.47	0.62	1.37	1.51	44.98	32.54
华北油气分公司	46.27	57.35	76.11	68.02	46.86	34.28
工业增加值	33.98	42.40	56.27	24.22	41.99	33.11
华北石油局	0.30	0.48	0.97	1.18	12.80	10.76
华北油气分公司	33.68	41.92	55.30	23.14	29.19	22.35
资产总计	282.09	290.36	317.91	309.60	276.36	158.56
华北石油局	5.60	6.54	7.32	6.45	42.65	36.45
华北油气分公司	276.49	283.82	310.59	303.15	233.71	122.11
流动资产	5.99	7.67	15.60	16.75	39.74	18.59
华北石油局	2.59	3.21	3.92	3.83	17.83	12.95
华北油气分公司	3.40	4.46	11.68	12.92	21.91	5.64
固定资产原值	476.21	436.11	406.96	356.50	274.13	184.38
华北石油局	6.64	6.44	6.15	5.13	32.26	29.82
华北油气分公司	469.57	429.67	400.81	351.37	241.87	154.56
固定资产净值	171.40	204.05	225.98	220.15	179.92	108.63
华北石油局	2.93	3.01	3.03	2.28	19.68	18.61
华北油气分公司	168.47	201.04	222.95	217.87	160.24	90.02
销售收入	47.23	59.33	76.96	90.01	131.84	84.72
华北石油局	0.51	0.69	1.32	4.73	60.39	40.70
华北分公司	46.72	58.64	75.64	85.28	71.45	44.02
实现利税	-45.95	-18.72	0.26	-18.93	9.35	14.31
华北石油局	-0.08	0.08	0.39	0.87	4.94	4.18
华北油气分公司	-45.87	-18.80	-0.13	-19.80	4.41	10.13
税　金	2.55	3.14	6.62	7.55	8.72	7.90

续表

年份 指标名称	2016	2015	2014	2013	2012	2011
华北石油局	0.19	0.23	0.69	0.82	4.74	3.67
华北油气分公司	2.36	2.91	5.93	6.73	3.98	4.23
综合能耗/吨标煤·万元$^{-1}$	0.33	0.32	0.36	0.29	0.38	0.37
华北石油局	0.21	0.20	0.31	0.20	0.43	0.43
华北油气分公司	0.44	0.43	0.41	0.38	0.39	0.32

表 2　　　　华北油气分公司主要生产建设指标

年份 指标名称	2016	2015	2014	2013	2012	2011
油气产量/万吨	360.46	363.23	453.50	396.81	302.49	248.65
新增油气生产能力/万吨	63.72	60.13	105.49	46.86	147.46	46.84
新增油气探明储量地质储量/万吨	—	0	—	1 668.69	21 839.00	7 304.00
三维地震/平方千米	582.00	869.00	1 763.00	3 493.00	1 554.00	1 558.00
二维地震/剖面千米	—	0	503.00	—	1 394.00	2 127.00
油气钻井/口	112	171	291	751	758	399
探　井	18	23	74	149	314	161
开发井	94	148	217	602	444	238
钻井进尺/万米	42.78	66.44	85.98	191.73	223.36	76.5
勘探投资/亿元	4.72	6.49	16.31	29.29	23.41	11.41
开发投资/亿元	25.26	27.91	44.20	106.44	99.74	33.93

华东油气田

【概况】 华东油气田是中国石化集团华东石油局(简称华东石油局)和中国石油化工股份有限公司华东油气分公司(简称华东油气分公司)的统称，是中国石化常规与非常规油气勘探开发的专业队伍。本部位于南京市建邺区江东中路 315 号中泰国际广场 6 号楼。华东石油局前身为 1970 年 5 月 6 日成立的江苏省石油勘探指挥所，隶属地质部石油海洋地质局管理。1997 年 1 月纳入中国新星石油公司管理。2000 年 4 月随中国新星石油公司整体并入集团公司。2003 年 5 月，华东石油局和华东油气分公司分别调整为集团公司和股份公司直接管理。2012 年 11 月 8 日，华东石油局石油工程专业队伍划出，成立中石化华东石油工程有限公司。2015 年 3 月 20 日，华东分公司开始运行油公司管理体制，华东分公司更名为华东油气分公司。

截至 2016 年底，华东油气田共设有职能部门和党群工作部门 21 个(华东石油局 3 个、华东油气分公司 18 个)，下属单位 12 个(华东石油局 5 个、华东油气分公司 7 个)，用工总量 1 910 人，其中在职职工 1 883 人(华东石油局 427 人，不在岗 1 人；华东油气分公司 1 456 人，不在岗 26 人)；具有各类高级专业职称的有 317 人，中级专业职称的有 455 人。累计 3 人享受政府特殊津贴。

截至 2016 年底，华东油气分公司在苏北地区、下扬子新区和南华北盆地合肥南地区拥有油气勘探区块 16 个，总探矿权面积 2.38 万平方千米。其中，苏北油气勘查面积 1 336 平方千米，下扬子中古生界油气勘查面积 2.20 万平方千米，南华北合肥盆地 482.04 平方千米。登记拥有石油矿产开发权的区块 6

个，面积354.97平方千米；在山西、陕西、河南、安徽、宁夏、内蒙古、贵州等地拥有可进行非常规资源勘探的区块13个，其中煤层气勘探区块4个，总面积1 997.99平方千米，含煤面积1 997.99平方千米，煤层气资源量3 106.40亿立方米。页岩气勘探区块3个，区块面积1.57万平方千米，预测页岩气地质资源量3.62万亿立方米。

华东油气田主要技术经济指标和主要生产建设指标分别见表1和表2。

（刘 波）

【领导班子调整】 2016年，集团公司党组先后2次对华东油气田领导班子进行调整：3月11日，俞凯任华东油气分公司调研员，不再担任华东油气分公司副总经理职务。9月2日，郭彤楼任华东石油局党委书记、副局长（兼）、华东油气分公司副总经理（兼），申飞龙任华东石油局总会计师、华东油气分公司副总经理，姚红生任华东油气分公司副总经理。

（刘 波）

【页岩气平桥区块产能建设稳步推进】 2016年4月7日，由华东油气分公司和江汉油田分公司编写的《涪陵页岩气田平桥区块产能建设方案》通过集团公司审批。方案涉及2016—2017年在华东重庆探区内的平桥区块新建8个页岩气生产平台，共部署钻井33口，动用含气面积33.70平方千米，动用储量3 303亿立方米，新建产能6.50亿立方米。4月11日，产能建设项目全面启动，华东油气分公司根据平桥地区钻井工程地质环境等因素，优化导眼井、水平井井身结构和钻井工艺，引入钻井、固井、环评等专业监督人员；同时，立足企地共赢，加强与项目涉及地重庆和南川区各级政府的沟通，快速解决土地、搬迁、道路等复杂难题，截至年底，共完成8个页岩气生产平台的基础建设，开钻11口井，完钻9口井（含3口导眼井），完成进尺3.44万米，完成1口井的压裂施工及1口探井的钻前施工，实现9.10万平方米生产场地平整硬化，填充土石方10.60万立方米，挖掘土石方9.50万立方米，修路16千米。

（刘 波）

【焦页195－5 HF井试获日产22万立方米高产工业气流】 焦页195－5 HF井位于重庆市南川区水江镇，为华东油气分公司部署在南川地区平桥背斜南部的首口页岩气开发井。2016年8月16日，焦页195－5HF开钻，11月4日完钻，完井垂深2 876米，导眼井钻遇马溪龙组一段页岩厚度111.50米，其中优质页岩34.70米，TOC（总有机碳）、含气性、孔隙度等各项指标表现良好，水平井实钻水平段1 566米。12月1日，压裂设计方案通过集团公司审查，12月6—17日，该井分18段进行压裂施工，共计液量3.40万余立方米，加砂1 100余立方米。12月27日，扫塞后即见气，采用30毫米孔板、12毫米油嘴测试，稳压15.50兆帕，实现日产气22.02万立方米，无阻流量产气32万立方米，为整体推进南川平桥区块页岩气产建工作奠定了基础。

（刘 波）

焦页195－5HF页岩气井压裂现场（沈志军 摄）

【彭水地区常压页岩气勘探开发示范工程项目启动】 该工程是“十三五”国家科技重大科技专题项目，由华东油气分公司牵头，于2015年9月通过国家能源局立项审查，2016年9月9日，项目任务合同书获国家专项审查通过。项目以彭水地区为主攻目标，开展页岩气藏富集主控因素研究，形成常压综合评价技术，控制1 000亿立方米以上的页压岩气储量规模，建成2亿立方米产能规范的开发试验区，为中国常压页岩气勘探开发发挥示范作用。

（刘 波）

【延川南煤层气采矿权获国土资源部批准】 为合法有序开发利用延川南煤层气资源，2014年华东油气分公司按照采矿权申请要求组织编制申请方案，妥善处理采矿区与其他重叠矿权人的关系，开展煤层气采矿权申请工作。2016年1月国土资源部组织专家审查通过该项目申请材料。2月4日，华东油气分公司获得国土资源部批准核发的“山西鄂尔多斯盆地延川南煤层气开采项目采矿许可证”，采矿许可证矿区面积276.57平方千米，有效期20年，是中国石化获取的第1个煤层气采矿权。开采区块位于山西省西部，行政区划分别隶属临汾地区乡宁县和尧吉县。

（刘　波）

【延川南煤层气实现产销两旺】 延川南煤层气田5亿立方米产能建设项目始建于2013年4月23日，2015年建成。2016年，华东油气分公司强化科学排采，延5井组31口井平均单井日产气1 180立方米，延3井组40口井平均单井日产气1 506立方米。为解决销售、减少煤层气放空损耗问题，华东分公司及时与中油中泰燃气投资集团公司签订《2016年煤层气销售合同》；推进延川南煤层气田2号、3号集气站投入运行时间表，进一步提升气田外输能力，保障产销运行平稳。截至2016年底，开井908口，见气井836口，已产气井739口，日产气逾1 000立方米的井238口，日产量66.67万立方米，全年产气1.70亿立方米，销售1.08亿立方米。

（刘　波）

【常规油勘探成果显著】 2016年，华东油气分公司提交三级石油地质储量1 007.12万吨，其中探明储量242.46万吨、控制储量327.15万吨、预测储量437.51万吨。储量发现成本同比下降17%。溱潼凹陷中浅层油气勘探在西部阜宁组三段、中部戴南组、东部三垛组获新发现，共落实含油面积10.71平方千米，地质储量528.20万吨，在每桶50美元油价下，可动用储量231万吨。在北汉庄油田南华区块以及帅垛油田帅8区块分别部署2口滚动勘探井及1口油藏评价井。南华201井及南华2-1井获得重大突破，单井产油8吨/日以上，落实商业开发储量95万吨。帅101井单井产油2.65吨/日，落实商业开发储量约15万吨。溱潼中浅层勘探获股份公司商业发现三等奖。金湖凹陷泥灰岩勘探部署实施的北港1-1HF井，采用非常规滑溜水加砂压裂技术，单段试获原油22.03吨/日，新增含油面积1.92平方千米，提交预测储量437.50万吨。

（刘　波）

【智能化油田建设促进降本增效】 2016年，华东油气分公司遵循“因地制宜、系统开放”原则，整合现有信息技术资源，对采集数据进行数据格式优化，实现数据展示从“单点监控”转为“集中管控”，减少使用油井载荷仪347套、变送器171套、高压自控仪35套、油井控制柜124台，合计节约资金384万元。优化网络传输，采用“有线+网桥”的传输方式，减少光纤接入点46个，节约资金16.10万元。修改和完善井场内部注、采、输系统，实现RTU（远程测控终端）共享，节约资金15.20万元；开展伺服器自制工作，安装伺服器95台，降低建设成本336万元。形成“照明灯远程控制”“皮带自动调节”“电热杆远程启停”“盘根自紧”等9项采油系统智能监控创新，实现供配电系统参数采集、注二氧化碳井自动调配、采油井高度智能化维护（打黄油、调平衡等）、站库智能管控、燃气炉的远程控制等智能化。

（刘　波）

【科技支撑作用有效发挥】 2016年，华东油气分公司深化页岩气富集因素、保存条件和低成本配套工程工艺技术系列研究，形成页岩气甜点评价、轨迹导向、低成本钻井工艺等技术，钻井深度误差率、优质页岩钻遇率、压裂成功率和复杂缝网改造效果有效提升。在兴北4口水平井开展应用二氧化碳+降黏剂技术试验，平均单井日增油8吨，含水率均由98%降至最低10%，累计增油1 900吨；创新发展二氧化碳+洗油剂技术，开展单井吞吐和小井组注驱试验，在洲18井共注二氧化碳气500吨、洗油剂13吨，对应生产井洲20井综合含水率由98%下降到65%—80%，日增油5吨，累计增油1 012吨。全年开展科技攻关项目38项，其中国家科技重大专项1项，中国石化重大科技项目1项、科技项目4项、先导项目10项，华东油气分公司科技项目22项。获得授权专利13件，其中发明专利3件、实用新型专利10件。获得中国石化科技进步一等奖2项，参加集团公司职业技能竞赛，取得个人2金、1铜的优异成绩。

（刘　波）

【油公司体制机制建设不断深化】 2016年4月18日和4月25日，为适应煤层气、页岩气产能建设的发展需要，华东油气分公司按总部批复意见，分别成立南川岩气项目部和临汾煤层气分公司，集中优势力量，各司其职，加快产能建设。为消除采油厂和油服中心职能重叠带来的影响，华东油气分公司进一步压扁2个单位的管理层级，理顺业务流程。强、弱分化华东油气分公司和华东石油局机关部门科级设置，部门内设科级机构减少15.20%，人员减少26.80%。截至2016年底，华东油气田用工总量（含外包用工）减少到2 792人，减幅22%。其中，解除、终止用工合同及办理退休共计584人，对外分流安置147人，其他分流安置56人，全年减少人工成本3 870万元。

（刘　波）

【落实整改集团公司党组巡视反馈意见】 2016年5月11日—6月1日，集团公司党组第四巡视组对华东油气田就党委班子全面履职情况开展巡视工作。华东油气田党委按照“立行立改、边巡边改”的要求，组织人员对巡视期间移交的9封信访件所涉的举报问题进行调查核实，并将调查情况及时向巡视组进行汇报。8月24日，召开党组第四巡视组巡视华东油气田情况反馈会，会后立即成立整改落实小组，共梳理出4类19个问题，研究制定51条整改措施，逐条细化落实，11月29日按要求上报《华东石油局党委关于党组第四巡视组反馈意见整改落实情况的报告》。10月10—17日，集团公司党组第二巡视组重点对1998年以来党组管理的历任领导干部共21名、系统内交流的处级干部8名、进出京人员共22名三类人员的住房情况巡视，华东油气田党委积极协调，全力配合，确保巡视工作顺利完成。

（刘　波）

【开展“两学一做”微党课活动】 2016年，华东油气田党委开展“两学一做”微党课教育活动，党委成员为分管单位(部门)讲专题党课12次，处级党员领导干部为分管单位(部门)讲专题党课110次。10月11—12日，组织开展处级领导人员、科级干部或支部书记、普通党员3个层次的微党课比赛，选手围绕“两学一做”学习教育主题，结合工作实际，通过小角切入、多角论证，举实例、列数据、讲故事的形式和方法，讲心得、谈体会，引导激励广大党员学党章党规、学习习近平总书记系列讲话、做合格党员。活动中，有6家单位的党组织书记亲自上党课，借助党课“小讲堂”搭建“两学一做”学习教育的舞台，起到增强党性、增加知识，提升能力、提振士气的效果。10—12月，组织部分单位优秀选手及党校老师分片区赴基层单位，面向全体党员开展17场次“两学一做”微型党课巡回宣讲活动，促进党员尊崇党章、遵守党规、廉洁奉公、岗位贡献。

（刘　波）

表1 **华东油气田主要技术经济指标** 亿元

指标名称＼年份	2016	2015	2014	2013	2012	2011
工业总产值	9.07	10.35	15.20	13.90	25.57	23.26
华东石油局	0.96	2.60	0.90	0.86	14.75	14.81
华东油气分公司	8.11	7.75	14.30	13.04	10.82	8.45
企业增加值	10.27	-1.94	7.72	4.90	2.50	3.52
华东石油局	1.64	1.82	1.73	1.59	10.36	10.53
华东油气分公司	-0.37	-3.76	5.99	3.31	-7.86	-7.01
资产总计	94.36	96.44	93.06	71.38	66.66	57.89
华东石油局	13.27	16.00	14.09	11.13	27.52	26.41
华东油气分公司	81.09	80.44	78.97	60.25	39.14	31.48
流动资产	10.43	6.96	7.93	8.69	12.63	18.91
华东石油局	2.78	5.08	6.14	5.12	10.62	12.52
华东油气分公司	7.65	1.88	1.79	3.57	2.01	6.39
固定资产原值	93.43	80.23	72.61	61.63	64.67	55.10
华东石油局	6.64	6.63	6.68	6.17	20.77	17.25
华东油气分公司	86.79	73.60	65.93	55.46	43.90	37.85
固定资产净值	38.39	36.72	35.38	30.65	32.86	27.64
华东石油局	3.54	3.83	4.13	4.07	14.18	11.79
华东油气分公司	34.85	32.89	31.25	26.58	18.68	15.85
销售收入	12.48	13.17	18.79	22.43	45.19	41.13

续表

年　份 指标名称	2016	2015	2014	2013	2012	2011
华东石油局	3.22	3.64	4.49	5.18	28.98	28.21
华东油气分公司	9.26	9.53	14.30	17.25	16.21	12.92
实现利税	13.70	0.51	-1.04	-2.19	-1.65	-2.26
华东石油局	0.13	0.60	-0.26	0.55	2.06	3.40
华东油气分公司	-13.83	-1.11	-0.78	-2.74	-3.71	-5.66
税　金	0.88	1.05	3.13	2.34	4.85	4.53
华东石油局	0.25	0.36	0.08	0.95	1.65	3.04
华东油气分公司	0.63	0.69	3.05	1.39	3.20	1.49
综合能耗①/吨标煤·万元$^{-1}$	1.11	0.53	0.55	0.55	0.795	0.85
华东石油局	0.24	0.23	0.22	0.19	0.425	0.43
华东油气分公司	0.87	0.30	0.33	0.36	0.37	0.42

①华东石油局 2012 年数据与 2011 年同口径，为 12 月月报数，非年终财务决算数

表 2　　华东油气田主要生产建设指标

年　份 指标名称	2016	2015	2014	2013	2012	2011
原油产量/万吨	33.01	35.01	35.01	30.26	23.51	18.01
新增原油生产能力/万吨	0.69	6.39	10.08	8.31	6.77	5.05
新增探明石油地质储量/万吨	242.46	517.91	317.85	242.25	1 021.49	609.86
二维地震/千米	104.00	600.00	480.00	1 632.00	2 768.00	3 565.95
三维地震/平方千米	0	393.00	101.00	216.00	359.00	283.30
石油钻井/口	27	38	647	439	188	145
探　井	17	26	37	32	44	100
开发井	10	12	610	407	144	45
钻井进尺/万米	8.26	10.56	103.24	82.69	38.44	29.78
勘探投资/亿元	2.78	6.95	6.97	7.08	11.32	10.95
开发投资/亿元	3.86	7.19	22.00	20.45	11.02	4.50

勘探分公司

【概况】 中国石油化工股份有限公司勘探分公司（简称勘探分公司）是中国石化唯一的专业化勘探企业，肩负着中国石化“打造上游长板、建设世界一流”的资源战略重任，业务归口股份公司油田勘探开发事业部管理。勘探分公司位于成都市高新区吉泰路 688 号中国石化西南科研办公基地。

勘探分公司前身是南方海相油气勘探项目经理部，成立于 1999 年 5 月。2007 年 3 月，原南方勘探开发分公司和原中南油气分公司勘探研究、勘探管理及部分相关业务人员整合重组成立勘探南方分公司，同年 8 月迁址成都。2012 年 4 月，中国石化整合南方海相油气勘探项目经理部和滇黔桂油田分公司，成立南方勘探开发分公司。2014 年 7 月，中国

石化批复同意更名为中国石油化工股份有限公司勘探分公司。

截至2016年底，勘探分公司实有合同制员工478人，在岗合同制员工476人，管理与专业技术人员470人，具有中级及以上专业技术职务任职资格的员工共计360人，在岗员工平均年龄42岁。

根据股份公司的统一安排，勘探分公司主要负责所管理勘查区块内的风险勘探，同时开展国内重点含油气盆地分析、矿权登记、投入不足区块评价、风险井平行论证等工作。2016年底，归属勘探分公司管理的油气探矿权29个，面积11.58万平方千米，其中增列页岩气矿种5个、面积2.62万平方千米。天然气总资源量12.35万亿立方米，石油总资源量11.3亿吨。

2016年，勘探分公司新增页岩气控制储量1 443.55亿立方米，完成年度计划的360.89%。实现利润135万元，6项费用同比减少408万元，完成年度利润预算指标和降本减费指标。勘探分公司被中国石化命名为首批创新型企业，连续11年被评为集团公司安全生产先进单位，“涪陵二期平桥、江东区块页岩气勘探”获中国石化商业发现特等奖，“2016年川东南泰来地区三维地震资料采集”获中国石化项目管理优秀奖；经集团公司推荐，向国家申报科技进步特等奖1项。

勘探分公司主要经济指标和主要生产建设指标分别见表1和表2。

（侯玉梅）

【领导班子调整】 2016年6月24日，集团公司党组成员、副总经理、股份公司高级副总裁焦方正一行到勘探分公司宣布集团公司党组班子的决定：总经理郭旭升兼任党委副书记，冯建辉任党委书记兼副总经理（任命通知时间为6月20日）。8月18日，集团公司人事部发文，毛怡任总会计师，郭彤楼调华东石油局任职。3月11日，沈才明离岗调研。勘探分公司领导班子成员如下：总经理兼党委副书记郭旭升，党委书记兼副总经理冯建辉，党委委员、总工程师李真祥，党委委员、总地质师胡东风，党委副书记、纪委书记、工会主席韩萍，党委委员、总会计师毛怡。

（侯玉梅）

【油气勘探取得新成果】 2016年，勘探分公司油气勘探取得1个商业发现、3个新进展的新成果。1个商业发现：涪陵外围复杂区页岩气勘探获得商业发现。通过实施勘探开发一体化，平桥区块和江东区块新增含气面积133.82平方千米，新增页岩气控制储量1 443.55亿立方米；白马区块新增含气面积213.93平方千米，新增页岩气预测储量2 435.63亿立方米，超额完成全年储量任务，为涪陵气田建设二期50亿立方米产能提供了资源阵地。截至2016年底，涪陵页岩气田累计探明储量3 805.98亿立方米，三级储量合计7 685.16亿立方米。3个新进展：①川东北通江须二段获得新发现。马3井须二段常规射孔测试获日产10.11万立方米商业气流，评价通江地区具有与马路背相似的成藏条件。初步描述通江高产富集区面积206平方千米，资源量582亿立方米。②川东南茅一段勘探取得新进展。焦石1井首次在四川盆地茅一段试获日产1.66万立方米工业气流。初步研究认为，茅一段灰泥灰岩具有源储共生、岩性控藏、大面积层状分布、埋藏较浅的特点，发育滑石成岩收缩缝储集新类型。川东南茅一段储层分布广泛，落实大焦石坝地区圈闭面积860平方千米，资源量1 069亿立方米，油气勘探潜力大。③丁山地区丁页3井、丁页4井钻遇优质页岩气层。丁页3井钻遇优质页岩气层30米，试获日产气3.33万立方米；丁页4井钻遇优质页岩气层28.9米；评价丁山地区有利面积470平方千米，资源量4 700亿立方米。

（侯玉梅）

【安全环保措施得力成效显著】 2016年，勘探分公司连续第11年被评为集团公司安全生产先进单位。QHSE管理职责层层分解到单位和部门，责任到岗位；制定《1字号探井风险评估大纲》和《浅层气井钻井安全技术规范》，完善安全环保考核细则，健全HSE制度体系；成立生产设备、石油工程、物探管理、环保管理4个QHSE专业分委员会，强化风险管控和措施落实；持续开展“全员安全诊断”“百日井控安全无事故竞赛”和“安全生产月”等活动，营造人人讲安全、时刻抓安全的浓厚氛围。推广应用“手—液动”一体化节流阀和新型旋塞阀等井控新设备，增强井控能力；认真开展1字号探井安全风险评估，严格井控安全风险作业许可，强化井控动态管理，加强重点井、重点工序的跟踪监控，提前预测和预防井控风险，实现井控安全。建立承包商HSE信用考评、绩效考核和奖惩制度，增强HSE工作责任；严格承包商、分包商安全资质审查和复审，审查新入队伍57支，复审218队次；持续开展安全环保问责约谈，问责约谈施工企业5家，清退分包商1家；组织承包商安全环保培训，提升施工过程的安全环保意识和技能。安全督察坚持“一条主线、三大重点”，实地督察勘探现场和内部单位112次，利用安全视频监控系统专项督察 9 次，发现问题隐患 424 个，提出督察建议 149 个，下发隐患整改通知书 61 份、督察建议函 41 份、安全处罚通知书 3 份；安全督察查出隐患整改率 100%，安全督察建议采纳率 100%。完成 4 口新部署井的环境影响评价、18 口井的竣工环保验收、8 口井的钻后环保治理、9 口井的钻中污水环保治理，落实环保措施，消除环保隐患，确保施工现场无环境污染、无生态破坏，实现清洁生产。

（侯玉梅）

【勘探理论和技术创新取得新进展】 2016 年，勘探分公司勘探基础研究和技术创新成效显著。①持续开展南方海相碳酸盐岩大中型油气田富集规律研究，落实元坝深层等 4 个千亿立方米圈闭目标，首次发现滑石缝新的储集类型，揭示了茅一段灰泥灰岩成烃成储的基本特征。②持续开展复杂构造区页岩气成藏富集规律研究取得新认识，支撑了平桥等外围区块储量的申报。拟真地表叠前时间与深度偏移成像技术取得突破性进展，在多个大型老资料重新处理项目中取得良好效果。③持续开展页岩气压力系数、含气量预测等瓶颈技术攻关，页岩气地球物理预测评价技术进一步完善。④攻关超深层钻完井技术，成功完成亚洲最深井——马深 1 井的钻探测试，刷新了测试井深最深、井温最高等多项亚洲纪录。创新页岩气压裂井口控制技术，探索深层页岩气压裂技术。

（侯玉梅）

马深 1 井酸压测试施工现场

【10 件国家发明专利获授权】 2016 年 1 月 29 日，勘探分公司提交的“气井点火装置和点火弹”发明专利获得授权。截至年底，勘探分公司专利授权数创历年新高，共有 10 件发明专利获得授权，主要分布在页岩气测井、页岩气储层预测、视三维高密度电法浅地表建模、三维大地电磁测深、岩溶型碳酸盐岩储层预测等物探技术和高含硫油气井点火安全环保技术等领域。

（侯玉梅）

【“十二五”国家专项课题通过验收】 2016 年 6 月 30 日，勘探分公司牵头完成的“十二五”国家专项课题“南方海相碳酸盐岩层系大中型气田形成规律与勘探评价”成果，以排名第一的成绩通过技术验收。取得 4 个创新性成果认识：①创新超深层生物礁大气田成储、成藏机理新认识，发现孔缝耦合控制优质储层发育，建立双元结构模型，形成高精度储层预测与气水识别技术，高效探明元坝大气田；②总结南方海相大中型气田富集规律，提出高能相带、源储匹配、动态调整、持续保存是大中型气田富集的主控因素，取得川西雷口坡组油气重大发现；③深化拉张槽控制晚震旦世—早寒武世烃源岩与储层发育认识，评价下组合成藏有利区带，落实一批大型圈闭目标；④以源储匹配和有效保存为核心，开展滇黔桂和中下扬子等复杂构造区有利成藏评价研究，落实一批有利勘探目标。

（侯玉梅）

【泰来三维地震勘探创新管理】 2016 年 5 月 11 日，泰来地区三维地震资料采集项目正式开炮，项目横跨拔山寺向斜和梁平向斜，满覆盖面积 301 平方千米。项目由石油工程地球物理公司胜利分公司 226 队承担，勘探分公司在泰来三维地震勘探中创建“三组监控、四级设计、五个统一”的地震项目甲方管理模式，通过反复论证和不断优化技术方案，用 300 平方千米满覆盖工作量完成 581 平方千米的工作任务。“2016 年川东南泰来地区三维地震资料采集”获股份公司项目管理优秀奖。

（侯玉梅）

【亚洲第一超深井马深 1 井完钻】 2016 年 1 月 21 日，马深 1 井完钻，完钻井深 8 418 米，创中国石化直井最深纪录，为亚洲第一超深井纪录。马深 1 井是勘探分公司部署在川东北通南巴构造带马路背构造高部位的一口重点预探井，由中原石油工程公司西南钻井分公司 70128 钻井队承钻，2014 年 6 月 8 日开钻，2016 年 1 月 21 日完钻。该井在施工中综合运用低速螺杆技术、复合钻头技术、旋冲钻井技术和涡轮钻井技术，创出二开直径 444.5 毫米大井眼裸眼段 4 295 米最长指标，取得了陆相超深大井眼钻井技术的重大突破。

（侯玉梅）

【管理费用明显下降】 2016 年，勘探分公司认真落实“四全、四硬、四严、四保”降本措施，分解减费指标，严控费用支出，办公费、会议费、差旅费等 6

项费用同比减少408万元，降幅达17.3%。公务用车费用减少183万元，降幅达15.17%。

（侯玉梅）

【公务用车改革】 2016年8月26日，勘探分公司印发《勘探分公司车辆集中管理实施方案》，按照"集中管理、内部市场化"要求改革公务用车，成立车辆管理中心统一管理公务车。车辆安全管理平台建设启动，泥浆罐车和生产用车辆全部安装卫星定位系统和行车记录摄像头，进一步提升车辆管理水平。

（侯玉梅）

【人力资源管理不断优化】 2016年8月10日，勘探分公司科研人员核心能力评价体系在集团公司进行典型经验交流，科研人员核心能力评价体系突出能力和业绩的价值导向，通过构建"能力+业绩"十项评价指标，统一评价计分标准，将科研人员的能力和业绩数字化、积分化，调动科研人员干事创业的积极性。加大员工培训力度，全年派出130人次参加系统内各类培训，组织内部各类专题培训及讲座8次，培训人员676人。规范用工管理，为7名符合条件的劳务派遣人员转合同制员工。

（侯玉梅）

【党组织关系转入四川省国资委党委】 2016年7月5日，接中共四川省委组织部文件通知，勘探分公司领导班子及班子成员列入四川省协助管理，党组织关系转入四川省国资委党委。

（侯玉梅）

【"两学一做"主题教育扎实见效】 2016年，勘探分公司党委分层次组织全体共产党员开展"两学一做"学习教育。开展做"四讲四有"合格党员专题研讨，按照"三个摆进去"的要求对照标准找差距、析原因、定措施，结合实际细化各岗位"四讲四有"的具体标准，广大党员的党性进一步增强。全体党员参与学习"微党课"、参与"两学一做"知识竞赛等做法得到集团公司督导组的高度肯定。

（侯玉梅）

【党建工作规划"三步走"】 勘探分公司党委认真贯彻集团公司党建工作会精神和党建"1+7"制度要求，紧密结合实际提出"党建三步走"规划。第一步是2016年为制度建设年，全面健全制度夯实党建基础；第二步是2017年为党建提升年，全面增强党建工作的护航和服务能力；第三步是2018年为党建特色年，

勘探分公司"两学一做"知识竞赛决赛现场

大力打造"党建+勘探攻关、管理创新、服务提升"特色平台。2016年，勘探分公司全面开展制度梳理和建设，转发集团公司党建制度1项，制定新制度19项。累计共有党群制度62项，基本形成党群工作制度体系。同时，认真落实《党建工作目标责任书》，首次组织6家二级单位的党组织书记集中述职，强化党建目标责任管理。

（侯玉梅）

【党风廉政建设责任抓实抓牢】 2016年，勘探分公司落实中央"八项规定"精神，严控会议费、业务招待费、差旅费等6项主要费用，对不符合规定要求的领导人员办公室进行改造。认真完成集团公司党组巡视反馈意见整改，对上年巡视组反馈的6个问题、9条意见，落实40项整改措施，及时完成整改任务。压实党风廉政建设"一岗双责"，层层签订党风廉政责任书，责任书签订率100%。改进党风廉政教育形式，坚持领导干部上廉政党课，组织200余名党员干部到廉政教育基地接受警示教育，组织全体党员干部观看《永远在路上》等反腐倡廉纪录片，举办廉洁从业领导人员先进事迹报告会。认真践行监督执纪"四种形态"，严肃处理违纪1人，问责领导干部2人。

（侯玉梅）

【郭旭升获何梁何利基金科学奖】 2016年10月21日，何梁何利基金科学与技术奖2016年度颁奖大会在北京召开，评选产生1名科学与技术成就奖、35名科学与技术进步奖和15名科学与技术创新奖获奖科学家，勘探分公司总经理郭旭升获科学与技术进步奖中的地球科学奖。

（侯玉梅）

【获中国石化首批创新型企业殊荣】 2016年6月17日，集团公司在北京召开科技创新大会，勘探分公

司获中国石化首批创新型企业殊荣，勘探分公司页岩气研究团队获 2015 年度中国石化优秀科技创新团队奖，魏志红获中国石化科技创新领军人才称号。

（侯玉梅）

【《中国建设者》走进勘探分公司】 2016 年 8 月 25 日—9 月 1 日，中央电视台科教频道走进勘探分公司拍摄《中国建设者——地下宝藏》纪录片，10 月 2 日，纪录片在中央电视台科教频道（CCTV－10）首播，这是央视首次对中国页岩气勘探开发历程进行全景式记录，颂扬了石油石化人攻坚克难、创新创业的奉献精神。

（侯玉梅）

表 1　勘探分公司主要经济指标①　亿元

指标名称＼年份	2016	2015	2014	2013	2012	2011
资产总计	12.99	13.08	46.80	39.83	39.04	42.15
流动资产	12.02	11.97	45.61	38.72	37.96	41.06
固定资产原值	3.15	3.05	2.95	2.76	2.52	2.30
固定资产净值	0.84	0.99	0.98	0.94	0.86	0.76
销售收入	13.22	16.60	24.31	26.15	25.92	32.03
实现利税	0.14	0.39	0.41	0.80	0.94	0.88

①经济指标不含开发

表 2　勘探分公司主要生产建设指标①

指标名称＼年份	2016	2015	2014	2013	2012	2011
新增天然气探明地质储量/亿立方米	—	2 738.48	1 176.40	—	602.04	1 757.90
新增天然气控制地质储量/亿立方米	1 443.55	601.11	1 202.65	962.24	1 042.68	1 371.82
新增天然气预测地质储量/亿立方米	2 435.63	1 043.07	888.33	1 308.14	1 169.31	1 336.73
二维地震/千米	616.00	439.93	1 344.05	2 670.63	2 156.61	2 239.02
三维地震/平方千米	540.28	990.22	367.76	1 005.55	607.29	560
新开钻井/口	7	6	13	16	22	14
完　井/口	7	15	8	31	10	27
钻井进尺/万米	3.88	4.33	5.40	8.23	8.68	9.69
勘探投资/亿元	13.22	16.55	24.21	25.62	25.83	31.69

①生产指标含风险、非常规勘探

燕山石化

【概况】 燕山石化位于北京市房山区，是集团公司旗下特大型石油化工联合企业，前身为 1970 年成立的北京石油化工总厂，曾更名为燕山石油化学总公司、中国石油化工总公司北京燕山石油化工公司、北京燕山石油化工集团有限公司。2016 年，燕山石化包括中国石油化工股份公司北京燕山分公司（简称燕山分公司）和中国石化集团北京燕山石油化工有限公司（简称燕化有限公司）。北京东方石油化工有限公司（简称东方石化公司）为燕化有限公司全资子公司，保定石油化工厂(简称保定石化厂)由集团公司划归燕化有限公司进行管理。

燕山石化2016年年末共有在岗职工14 302人(不含东方石化公司、保定石化厂)。本部拥有生产装置62套、辅助装置68套，可生产94个品种、431个牌号的石油化工产品，原油加工能力1 000万吨/年，乙烯生产能力80万吨/年，是中国石化12个千万吨炼厂和11个大型乙烯装置之一；聚乙烯生产能力55万吨/年，聚丙烯生产能力40万吨/年，合成橡胶生产能力24万吨/年，苯酚丙酮生产能力24万吨/年，是中国重要的合成橡胶、合成树脂和高品质成品油生产基地。东方石化公司、保定石化厂正在进行调整转型工作。

截至2016年底，燕山石化累计加工原油3.21亿吨，生产乙烯2 104万吨，累计实现销售收入1.18万亿元，上缴利税1 286亿元。

燕山石化主要技术经济指标和主要产品产量分别见表1和表2。

(吴明晓)

【召开第6次党代会】 2016年12月12—14日，中国共产党北京燕山石化公司第6次代表大会组织召开，审议并通过了中共北京燕山石化公司第五届委员会工作报告、中共北京燕山石化公司纪律检查委员会工作报告，选举产生了中共北京燕山石化公司第六届委员会、中共北京燕山石化公司第六届纪律检查委员会。王哲当选中共北京燕山石化公司第六届委员会书记、成英杰当选中共北京燕山石化公司第六届纪律检查委员会书记。

(吴明晓)

【党委班子成员调整】 2016年12月23日，经北京市国资委党委同意，中共中国石化党组对燕山石化党委班子成员进行调整，决定张振友任中共北京燕山石油化工有限公司委员会常委。

(吴明晓)

【完成首次炼油化工同步检修改造】 2016年5月15日—7月12日，燕山石化进行首次炼油化工同步检修改造，共涉及炼油化工生产装置51套、公用工程系统(单元)50套，完成检修项目1.2万项、改造项目227项，同步实施重大技术改造12项，全程历时58天，所有装置均实现一次开车成功。通过此次检修，有效提升了装置的安全环保能力和技术经济水平，对于改善装置原油加工适应性、促进产品质量升级、保障下一生产周期"安稳长满优"运行具有重要意义。

(吴明晓)

【管理体制机制改革】 2016年，燕山石化继续推进体制机制改革，压缩机关编制，缩减机构数量，着力提升管理的专业化、科学化、信息化。公司机关层面，整合成立一体化管理办公室、管理信息部、组织人事部、党群工作部，突出专业分工、统筹管理的特点，初步建立管理可视化工作体系；二级单位层面，整合组建炼油事业部、基础化学品厂、燕化高科，发挥一体化生产的效益优势，初步形成炼油、烯烃、合成树脂、合成橡胶、基础化学品、自主经营六大业务板块。

(吴明晓)

【全面启动"强基固本年"活动】 2016年，燕山石化全面启动"强基固本年"活动。活动自2月中旬起至12月底结束，分为动员部署、实施推进及检查监督、总结评比3个阶段，针对完善基层建设、加大基本功训练、加强基础工作3个方面共提出21项具体要求，坚持重点突出、源头治理，全方位提升企业"三基"工作。

(吴明晓)

【100吨/年固体酸烷基化中试装置一次开车成功】 2016年3月15日，燕山石化100吨/年固体酸烷基化中试顺利产出合格产品，一次开车成功。该装置2015年12月7日中交，是中国在固体酸烷基化领域的首次尝试，以酸性固体材料作为催化剂生产烷基化油，具有产物容易分离、设备材质要求较低、不存在酸泄漏风险、不生产废酸等优点，对于保障生产、保护人员、促进环保具有积极意义。此次中试装置开车成功为该技术的后续工业化生产奠定了基础。

(吴明晓)

【新建1.5万吨/年高等级交联乙烯电缆料生产线】 2016年3月17日，燕山石化新建1.5万吨/年高等级交联乙烯电缆料生产线顺利中交。该项目采用德国倍隆公司技术和设备，可生产满足35千伏、110千伏、220千伏的XLPE电缆料产品，投用后可打破国内高等级电缆料完全依赖进口的局面。

(吴明晓)

【建成20万米^2/年中空纤维超滤膜生产线】 2016年9月29日，燕山石化新建20万米^2/年中空纤维超滤膜生产线项目首次生产运行产出合格产品。

该项目于 6 月 25 日开工建设，9 月 19 日实现中交，是中国石化系统内部首套超滤膜生产线，采用北京化工研究院自有生产技术，可生产微滤和超滤膜产品及工业膜组件，其产品在环保水处理领域被广泛应用。

（吴明晓）

【饱和气体回收装置一次开车成功】 2016 年 8 月 20 日，燕山石化新建饱和气体回收装置产出合格富乙烷气外送，装置实现一次开车成功。该项目始建于 2015 年，2016 年 7 月 19 日实现中交，采用北京化工研究院浅冷油吸收技术，从原料气中分离出富含碳二、碳三组分的富乙烷气，为下游裂解装置提供优质裂解原料，可改善原料结构、提高乙烯收率。

（吴明晓）

【产出 100 LL 高品质航空汽油】 2016 年 5 月 3 日，燕山石化正式产出 100 LL 高品质航空汽油，各项指标满足标准要求，具备工业化生产条件。100 LL 航空汽油具有清洁环保、铅沉积量低、硫含量超低、无腐蚀、热值高等特点，可广泛用于通用航空领域，具有良好的经济效益和发展前景，燕山石化是系统内首家推出此高端油品的炼化企业。

（吴明晓）

【生产调和京标Ⅵ标准汽油】 2016 年 12 月 25 日，燕山石化首次生产调和的 98# 京标Ⅵ汽油出厂输送至北京石油分公司长辛店油库，从 2017 年 1 月 1 日起供北京市场，以满足北京市第 6 阶段排放要求。燕山石化作为京标Ⅵ标准汽油制定资源配置单位，每月将向北京市场供应 25 万吨高品质、低排放油品，约占北京汽油使用量的 3/4。

（吴明晓）

【推进“四供一业”分离移交】 2016 年，燕山石化积极落实集团公司分离移交“四供一业”及其他办社会职能工作有关要求，扎实推进相关业务分离移交工作。8 月 23 日，与房山燃气集团签约移交民用供气供热业务意向书，获集团公司审批，已经完成可研报告，正在编制移交方案。5 月 20 日，与北京水务投资中心签订生活水业务分离移交框架协议。与房山供电公司协商居民用电业务的分离移交工作。

（吴明晓）

【举办“探秘智慧能源”主会场启动仪式】 2016 年 4 月 22 日，集团公司举办“探秘智慧能源”公众开放日活动启动仪式，燕山石化作为主会场，接待了来自国家环保部、国务院国资委、41 家媒体、11 所高校的领导、记者和社会公众代表等 100 余人，并通过人民网视频系统全程现场直播。此次活动同时还在其他 9 座城市、12 家中国石化所属企业设立了分会场，共有千余名公众参加，是中国工业企业中规模最大的一次公众开放日活动。

（吴明晓）

【公开企业环境信息】 2016 年，燕山石化积极参与首都环境治理，在公司门户网站对 6 个废气国控源排放口、10 个有机工艺尾气和噪声的监测点位、4 个国控源废水外排口的自行监测数据实行信息公开的基础上，自 1 月 31 日起，同步在北京市公众网企业事业单位环境信息公开平台上统一发布环境信息，公开企业基础信息、排污信息、环保设施的建设和运行情况、建设项目环评审批和验收情况、突发环境事件的应急预案、自行监测方案及年度报告 6 个方面内容。

（吴明晓）

【职工心灵驿站正式投用】 2016 年 5 月 20 日，燕山石化举行职工心灵驿站揭牌仪式，标志着职工心灵驿站正式投用。该项目是燕山石化工会深化 EAP 员工帮扶工作的一项重要举措，于 2015 年开始筹建，配有心理测量、心理疏导、减压训练等专业设备。10 月 20 日，成立心灵工作坊，配备 1 名 EAP 讲师、12 名心理咨询志愿者、71 名职工心理援助师，全方位帮助职工疏导解决心理问题。

（吴明晓）

班组职工在职工心灵驿站进行
团队合作及减压训练

【首次被评为全国质量管理小组活动优秀企业】 2016年9月21—22日，全国第38次质量管理小组代表会议在浙江召开，燕山石化首次被评为全国质量管理小组活动优秀企业。该项评奖由工业和信息化部、国家质检总局指导，中国质量协会、中华全国总工会、中华全国妇女联合会、中国科学技术协会联合主办。

（吴明晓）

【运保中心仪表二部二高压班被评为全国工人先锋号】 2016年4月29日，庆祝五一国际劳动节暨全国五一劳动奖章表彰大会在北京人民大会堂举行。燕山石化运行保障中心仪表二部二高压班获全国工人先锋号称号。

（吴明晓）

表1 **燕山石化主要技术经济指标** 亿元

指标名称＼年份	2016	2015	2014	2013	2012	2011
原油加工量/万吨	820.05	989.95	1 033.31	870.03	1 060.37	1 084.88
工业总产值	433.56	532.31	726.90	654.98	816.23	859.34
燕山分公司	402.41	493.16	677.57	602.10	743.39	762.41
燕化有限公司	31.15	39.15	49.33	52.88	72.84	96.93
工业增加量	145.96	174.93	133.81	86.00	126.00	144.23
燕山分公司	136.65	165.47	124.93	80.91	115.45	122.28
燕化有限公司	9.31	9.46	8.88	5.09	10.55	21.95
资产总计	288.18	305.53	297.69	320.59	323.72	296.61
燕山分公司	180.37	204.96	187.61	213.04	219.28	192.14
燕化有限公司	107.81	100.57	110.08	107.55	104.44	104.47
营业收入	466.61	565.39	779.70	709.89	861.75	891.58
燕山分公司	414.18	509.62	715.11	643.52	773.57	781.56
燕化有限公司	52.43	55.77	64.59	66.37	88.18	110.02
实现利税	94.75	151.75	100.95	43.44	81.92	113.59
燕山分公司	101.83	154.50	106.05	53.25	89.39	96.42
燕化有限公司	-7.08	-2.75	-5.10	-9.81	-7.47	17.17
实现利润	1.16	16.39	0.47	-31.41	-10.79	3.47
燕山分公司	10.07	21.27	6.93	-20.59	-1.48	-9.24
燕化有限公司	-8.90	-4.88	-6.46	-10.82	-9.31	12.71

表2 **燕山石化主要产品产量** 万吨

产品名称＼年份	2016	2015	2014	2013	2012	2011
燕山分公司						
汽　油	260.47	296.32	218.84	223.87	255.22	245.34
航　煤	149.79	160.00	152.31	99.38	132.92	126.35
柴　油	152.54	180.35	218.84	194.70	274.45	309.29
润滑油基础油	0.22	15.24	16.74	18.59	24.57	26.59
商品燃料油	0	1.37	4.69	16.94	18.44	21.28

续表

年份 产品名称	2016	2015	2014	2013	2012	2011
裂解料	217.49	248.80	235.28	200.52	212.37	214.39
商品液化气	11.80	27.88	31.00	27.19	31.94	27.12
石　蜡	0	8.73	10.64	6.51	9.60	9.29
纯　苯	0	17.44	19.00	17.10	19.48	17.53
乙　烯	69.58	78.60	77.63	72.30	75.06	75.31
丙　烯	31.22	52.26	50.57	46.68	51.47	50.07
丁二烯	9.36	10.62	11.64	10.99	11.65	10.56
间二甲苯	6.26	5.62	5.18	4.95	4.91	5.59
苯乙烯	6.54	3.79	3.74	3.10	0.05	6.40
乙二醇	4.31	5.71	5.97	3.71	5.91	4.68
苯　酚	12.93	14.91	18.91	17.66	20.45	19.36
丙　酮	7.79	8.99	11.51	10.79	12.58	11.93
低密度聚乙烯	32.65	34.70	28.19	31.94	29.56	29.44
高密度聚乙烯	15.26	17.42	17.32	15.55	18.03	18.13
顺丁橡胶	11.60	13.37	13.22	13.35	14.46	13.30
SBS	2.57	2.35	1.50	2.43	2.06	4.87
丁基橡胶	1.18	1.36	2.17	2.98	2.93	3.65
间苯二甲酸	4.23	5.00	4.70	4.61	4.50	3.99
1－己烯	1.79	2.17	2.00	2.25	1.51	1.84
燕化有限公司						
发电量/万千瓦·时	44 831.00	59 278.00	43 637.00	38 219.00	50 987.00	49 574.00
EVA	3.78	3.80	4.37	4.22	4.20	3.97

齐鲁石化

【概况】 中国石油化工股份有限公司齐鲁分公司(简称齐鲁分公司)和中国石化集团资产经营管理有限公司齐鲁石化分公司(简称齐鲁资产分公司)统称齐鲁石化，是集团公司直属的拥有石油化工、盐化工、煤化工、天然气化工等加工工艺最为齐全的炼化企业，位于山东省淄博市临淄区南部。其前身胜利炼油厂始建于1966年4月，1983年7月划归中国石油化工总公司。

截至2016年底，齐鲁石化拥有生产装置141套，炼油综合加工能力1 300万吨/年，乙烯产能80万吨/年，化工产品年生产能力为合成树脂110万吨、烧碱20万吨、橡胶40万吨、苯类产品45万吨、醇类产品43.5万吨、腈纶6.5万吨，其中丁辛醇、丁苯橡胶、聚氯乙烯(乙烯法)产能位居国内前列，热电装机容量50万千瓦。主要生产汽油、航煤、柴油、沥青、聚乙烯、聚丙烯、聚氯乙烯、合成橡胶、合成纤维、丁辛醇、烧碱、苯类等120余种石油化工产品，其中烧碱、聚氯乙烯产品被评为中国名牌。设有直属单位24个、机关部门15个、专业机构14个。用工总量22 660人，其中正式员工21 988人、劳务用工672人；经营管理人员1 393人、专业技术人员4 475人、技能操作人员13 501人；具有高级职称的1 756人、中级职称的2 657人、初级职称的1 237人。

齐鲁石化主要技术经济指标和主要产品产量分别见表1和表2。

（王方栋　曹钰梅）

【经济效益创历史最好水平】 2016年，齐鲁石化实现营业收入593.01亿元，上缴税费150.91亿元，连续2年超百亿元。完成利润43.27亿元，创建厂50年来最高水平，位居集团公司炼化板块第一方阵。全年加工原油1 188.37万吨、生产乙烯87.09万吨、热电发电39.78亿千瓦·时，均创历史新高。

（曹钰梅）

【调结构增效益】 2016年，齐鲁石化全年挖潜增效12.3亿元。大力优化成品油结构，充分发挥新建催化裂化、航煤加氢等装置的作用，柴汽比降至1.39，生产国V汽油162.7万吨、航煤87.8万吨、沥青105.22万吨，成功产出98#国V车用汽油。优化乙烯原料结构，用好自产、外购轻烃和乙烷，轻烃投入比例22.81%，吨乙烯原料成本比中国石化平均水平低127元，增效2.1亿元。灵活调整化工装置负荷，增产效益较好的聚乙烯、聚氯乙烯2.96万吨，合成橡胶同比增产3.24万吨。优化氢气结构，吨油用氢成本降低2.61元，增效3 274万元。优化4个热电站运行，乙烯动力站2#发电机组投用，燃油锅炉产汽减少58.7万吨，增效1.29亿元。提升经济运行水平，16项主要技术经济指标创出或保持历史最好水平。

（曹钰梅）

【安全生产水平持续提升】 2016年，齐鲁石化抓好本质安全隐患查改，组织58套主要生产装置开展HAZOP分析，提前完成山东省督办的64处油气管线安全隐患整改，投资1.75亿元实施管廊安全隐患综合治理。在化工装置处于“四年一修”运行末期、主要装置持续高负荷生产、部分装置检修、优化调整频繁的情况下，完成炼油、腈纶等装置检修，实现环保停工、安全检修、一次开车成功的目标。全年杜绝上报集团公司非计划停工，连续4年实现安全环保无事故，获集团公司安全生产和环境保护先进单位称号。

（曹钰梅）

【实施绿色低碳战略】 2016年，齐鲁石化投资13.4亿元的30个“碧水蓝天”项目全部完成，对部分工艺炉实施低氮燃烧器改造，8台热电燃煤锅炉完成超低排放改造，达到国内最严格排放标准。强化环保装置和设施运行管理，污水、废气稳定达标排放，全年COD、氨氮、二氧化硫和氮氧化物同比减排12.3%、18.8%、12.6%和17.3%，乙烯污水处理场创出连续达标运行2 263天的新纪录。严格危险废物处置，污水场污泥实现无害化掺烧。组织“政协委员走进齐鲁石化”等7次大型公众开放活动，展示齐鲁石化安全生产、绿色发展业绩。

（曹钰梅）

【具备国V车用柴油生产能力】 2016年8月25日，齐鲁石化胜利炼油厂装置停工，开始国V柴油质量升级改造。9月25日，装置改造一次开车成功，产出合格国V车用柴油，柴油硫含量小于3.2×10^{-6}。

（曹钰梅）

胜利炼油厂第三加氢装置　（曹忠起　摄）

【天然气进厂管线建成投用】 齐鲁石化天然气进厂管线安全隐患治理项目总投资7 047万元，主要建设内容是埋地敷设1条4.5千米的天然气管道。2015年9月20日开工建设；2016年1月26日管线贯通；3月15日，完成与天然气分公司临淄站管道接头，项目实现中交；3月22日，天然气分公司临淄站开阀向齐鲁石化供天然气，新建天然气管线投用。运行42年的旧管线停用，消除了老管线安全隐患和资源进厂瓶颈制约。全年天然气进厂同比增加1.14亿立方米。

（曹钰梅）

【新产品和科研开发】 2016年，齐鲁石化成功开发茂金属系列管材和膜料、高强度滚塑料、聚氯乙烯专用料等9个新产品，加大顶替进口和定制化生产力度，全年生产合成树脂新产品23.1万吨、专用料30.4万吨，位居中国石化化工板块前列。充分发挥干法腈纶特色，开发微细旦短纤维、高强抗起球短纤维，腈纶产品首次打入国际市场。组织乙烯原料结构及工艺优化攻关，保证乙烯装置高负荷运行，乙烯收率、高附收率同比提高 1.05 和 0.15 个百分点。加大科研开发推广力度，全年申报专利 135 件、获授权 112 件，技术许可转让收入 1 549 万元，创历史新高。

（曹钰梅）

【降成本减费用】 2016 年，齐鲁石化紧盯国际原油市场变化，抓好进口原油采购和库存控制，采购价格比总部平均水平低 0.45 美元/桶，降本 1.17 亿元；紧紧抓住市场总体供大于求的时机，降低原辅材料采购成本 2.41 亿元。强化全员成本目标管理，吨油、吨化工产品完全费用同比分别降低 28.4 元和 109 元。全面推行“零基预算”，严格预算支出，6 项重点可控费用比预算降低 24.79%。强化工程预结算管理，审减工程款 9 133 万元。全力推动亏损单位扭亏脱困，氯碱厂、腈纶厂、社区管理部 3 家单位同比减亏 3.06 亿元，氯碱厂 6 年来首次扭亏为盈。

（曹钰梅）

【分离移交企业办社会职能】 2016 年，齐鲁石化制定社区“四供一业”（供水、供电、供气、供暖、物业）及其他办社会职能分离移交总体规划，全面完成社区天然气改造。齐鲁石化与临淄区石化燃料有限公司签署民用液化气业务移交协议；签订临淄区和张店社区供水业务移交地方协议，齐鲁石化 9 个社区、3.35 万户居民及相应公建设施、外供户的供水全部移交给地方专业化供水企业；与地方达成太公路、辛烯路立交桥、垃圾中转站、丙烯腈社区供暖移交意向并获总部批复。落实国家审计署整改要求，调整职工基本医疗保险政策，医疗个人账户金划拨比例根据淄博市执行标准统一调整，实现与淄博市医保政策接轨，为移交奠定基础。与潍坊市人民政府签订化工职业学院举办权转让移交协议和委托管理协议。

（曹钰梅）

【社区“三网”改革】 2016 年 4 月，通过竞标引入中国联通淄博分公司对齐鲁石化社区电信网络进行升级改造，社区电信设施改造、割接于 10 月 31 日全面完成并验收合格。9 月，通过独家谈判方式与山东广电公司签署社区有线电视网络业务转让合同，由山东广电公司经营社区有线电视网络业务，升级改造有线电视传输设施。通过社区“三网”（固话、宽带、有线电视网络）改革，齐鲁石化每年实现效益 100 万元，实现员工、企业、社会“三赢”。

（曹钰梅）

【与合肥通用机械研究院签署合作协议】 2016 年 7 月 22 日，齐鲁石化特检中心与安徽合肥通用机械研究院业务外包合作协议签约仪式在天齐宾馆举行。齐鲁石化总经理凌逸群、中国石化化工事业部副主任徐钢、合肥通用机械研究院院长陈学东出席签字仪式。通过合作，齐鲁石化盘活非核心业务的优良资质，建立起面向市场的运行机制，同比增收 120 万元。

（曹钰梅）

特检中心与合肥通用机械研究院
签署合作协议 （顾　波　摄）

【精简两级机关】 2016 年，齐鲁石化适应专业化重组后新体制的要求，完成两级机关优化调整，齐鲁石化机关部门由 25 个优化为 15 个、减少 40%，内设科室减少 39%；二级单位内设科室减少 33%，定员减少 38%，提高两级机关管理效率，在中国石化同规模炼化企业处于先进水平。

（曹钰梅）

【开展纪念建厂 50 周年活动】 2016 年 4 月 18 日，齐鲁石化召开纪念建厂 50 周年座谈会，回顾 50 周年辉煌历程，总结工作成绩和经验；宣读集团公司党组书记、董事长王玉普对齐鲁石化建厂 50 周年纪念活动的批示和党组的贺信；座谈会现场播放建厂 50 周年电视专题片，发放《齐鲁石化志》（1990—2014）、《世纪国企，辉煌历程》画册等纪念书籍。还开展了在工人文化宫举办庆祝建厂 50 周年文艺晚会，出版《齐鲁石化报》50 周年专刊，组织离退休人员参观生产厂，举办 50 周年摄影展等多项活动。

（曹钰梅）

【《齐鲁石化志（1990—2014）》印刷出版】 2016 年 4 月 17 日，《齐鲁石化志（1990—2014）》印刷出版。该卷志书是对 1993 年版《齐鲁石化志》的续修，是齐鲁石化第2卷志书，上限为1990年，下限至2014年。历时3年编纂完成。分为上下2卷，共230万余字。志书翔实记述1990—2014年齐鲁石化生产、经营、建设和改革发展的历程及成就，总结了历史的经验和教训。该志由《齐鲁石化志》编纂委员会编纂、中国石化出版社出版发行。9月，该书获第5届集团公司优秀企业志鉴特等奖。

（曹钰梅）

【发布《企业社会责任报告》】 2016年5月24日，齐鲁石化第2次发布《企业社会责任报告》，来自国内35家主流新闻媒体的42名记者，参加新闻媒体沟通会。此次沟通会与山东省委宣传部组织的"创新发展看鲁企"主题宣传报道活动合并举行，是落实集团公司"开门办企业、开放办企业"要求的举措。齐鲁石化新闻发言人发布2015年度《企业社会责任报告》，报告从科技创新保供市场、安全生产一方平安、强化质量管理优先、清洁生产绿色发展、企地合作实现共赢、回馈社会奉献爱心6个方面简要介绍齐鲁石化。

（曹钰梅）

表1　　齐鲁石化主要技术经济指标　　亿元

指标名称＼年份	2016	2015	2014	2013	2012	2011
原油加工量/万吨	1 188.37	1 121.89	1 034.29	1 011.93	1 027.64	1 072.36
工业总产值	569.14	585.12	693.55	688.06	768.42	814.65
工业增加值	252.41	220.61	123.08	128.66	127.15	151.17
资产总计	223.86	217.03	219.43	219.31	213.54	208.47
流动资产	59.81	46.07	50.76	71.86	65.07	51.89
固定资产原值	444.32	434.01	391.29	399.89	394.52	397.72
固定资产净值	147.86	170.33	142.59	140.85	142.15	156.91
销售收入	593.01	591.77	698.44	709.72	780.62	828.25
实现利税	194.18	163.19	67.88	74.07	72.40	103.57
税　金	150.91	139.94	86.78	86.93	87.74	95.56

表2　　齐鲁石化主要产品产量　　万吨

产品名称＼年份	2016	2015	2014	2013	2012	2011
汽　油	229.88	200.49	162.15	151.08	149.95	145.41
柴　油	319.29	322.82	337.40	356.68	378.34	410.47
煤　油	87.80	74.30	72.59	53.78	48.10	41.95
液化气	64.90	37.74	24.56	22.87	23.54	23.58
沥　青	105.22	80.67	67.79	66.57	62.41	61.85
合成橡胶	35.64	32.55	36.77	36.01	40.59	40.36
顺丁橡胶	7.47	7.23	7.00	5.60	6.48	6.47
烧　碱	20.04	18.14	16.75	23.90	45.42	45.93

续表

产品名称＼年份	2016	2015	2014	2013	2012	2011
乙　烯	87.09	86.19	80.07	72.30	80.07	85.17
化工丙烯	38.39	40.90	38.97	32.92	35.00	37.45
聚乙烯	67.14	67.34	62.44	47.27	42.34	46.79
高密度聚乙烯	36.16	36.36	32.82	24.54	16.91	16.49
聚氯乙烯	23.12	22.60	22.41	30.83	57.78	58.93
聚丙烯	9.58	9.60	9.17	7.62	5.99	9.03
苯乙烯	20.67	20.63	20.33	19.85	20.02	21.52
丙烯腈①	24.84	22.37	10.99	10.65	10.27	6.35
腈纶纤维	5.11	4.58	3.65	5.51	5.97	5.92
丁　醇	5.51	5.36	5.21	5.14	6.26	5.74
辛　醇	26.56	24.89	26.64	23.09	27.29	26.33
纯　苯	20.85	22.27	20.10	19.58	22.08	24.17
对二甲苯	4.90	7.21	8.24	8.33	9.71	9.16
邻二甲苯	4.78	4.44	4.05	4.19	4.49	3.70
甲　苯	6.06	5.61	3.56	0.06	0.02	0.30
苯　酐	0	0	1.79	2.27	3.61	3.00
甲基叔丁基醚	5.50	5.88	6.13	4.66	5.11	5.06
1－丁烯	2.37	2.42	2.18	1.88	1.86	1.70
电/亿千瓦·时	39.78	38.65	37.48	37.22	45.40	45.99

①2015年、2016年，丙烯腈产量分别含科鲁尔公司11.84万吨、14.81万吨

茂名石化

【概况】 中国石化集团公司茂名石油化工公司、中国石化集团资产经营管理有限公司茂名石化分公司(简称茂名资产分公司)、中国石油化工股份有限公司茂名分公司(简称茂名分公司)统称茂名石化。茂名石化位于广东省茂名市，东毗阳江，西临湛江，北连云浮和广西壮族自治区，南临南海。东北距广州362千米，西南距湛江121千米。占地面积16.17平方千米，创建于1955年5月，是国有特大型综合石化企业，1983年整体并入中国石油化工总公司。

茂名石化拥有70多套主要炼油、化工生产装置，此外，还拥有热电、港口码头、铁路运输以及完善的管道、原油和成品油储存、海上原油接卸等储运设施。炼油加工能力2 000万吨/年，乙烯生产能力100万吨/年。主要生产汽油、煤油、柴油、润滑油、溶剂油、石脑油、沥青、乙烯、甲苯、聚丙烯、乙二醇、苯乙烯、丁苯橡胶、SBS等30多类石油化工产品。

截至2016年底，茂名石化共设33个中层机构单位，其中公司机关部室17个、直属基层6个、业务中心8个、机关附属2个，另有合资合作单位7个。职工总数8 873人，其中具有正高级职称的23人、副高级职称的533人、中级职称的1 355人。固定资产原值454.79亿元。

茂名石化主要技术经济指标和主要产品产量分别见表1和表2。

(韩泉梅)

【中科合资广东炼化一体化项目开工建设】 2016年12月20日上午，中科合资广东炼化一体化项目开工

动员大会在广东湛江东海岛中科项目基地举行，项目正式开工建设。该项目为“十三五”期间中国石化重点工程和茂湛炼化一体化基地1号工程，总占地6平方千米，计划投资352.4亿元，建设1 000万吨/年炼油和80万吨/年乙烯一体化装置，预计2019年下半年炼油装置建成投产，2020年上半年项目全面建成投产。该项目建成投产后，茂湛基地将拥有炼油产能3 500万吨/年、乙烯产能210万吨/年，成为中国石化首个炼化一体化基地。中共中央政治局委员、广东省委书记胡春华，省长朱小丹，集团公司董事长、党组书记王玉普和集团公司总经理戴厚良等出席开工动员大会。

（韩泉梅）

中科合资广东炼化一体化项目开工动员大会在广东湛江东海岛中科项目基地举行（张 琼 摄）

【原油加工量创历史新高】 2016年，茂名石化积极做大原油加工量，全年完成1 810.5万吨，比上年多加工原油4.15万吨，创历史新高。

（韩泉梅）

【优化炼油产品结构】 2016年，茂名石化优化炼油产品结构，多产高价值产品。全年生产汽油421.5万吨，超年度计划20.5万吨，产量为中国石化企业第一，4月开始生产98#国Ⅴ汽油供广东省市场。全年生产航煤284.6万吨，超年度计划29.6万吨，同比增加16万吨，产量为中国石化企业第一。全年生产HVI基础油30.2万吨、增加4.8万吨，生产石蜡8.2万吨、增加1.2万吨。全年生产高标号道路沥青137.8万吨，A级沥青比例100%，提升18.2个百分点。

（韩泉梅）

【乙烯产量收率创历史新高】 2016年，茂名石化狠抓关键指标提升，最大限度发挥1#裂解C－300段间管线在大修中首次彻底清理的效果；建好用好轻烃接卸系统，5月起实现轻烃炉“一大三小”运行。在1#系列装置大修以及5台裂解炉实施低氮火嘴改造的前提下，全年生产乙烯113.03万吨，同比提高7.64万吨；大修后有5个月乙烯产量超10万吨，乙烯日产量不断刷新纪录，日均产量达3 237.83吨，比2014年日均产量高111.25吨。乙烯收率、双烯收率、高附收率分别为33%、48.68%和61.76%，分别提高0.27、0.54和0.23个百分点，均创历史新高。

（韩泉梅）

【2#丁二烯焦油除臭项目建成投用】 2016年6月22日，茂名石化年度重大环保项目——2#丁二烯装置溶剂焦油臭气治理项目正式投用。该项目通过利用裂解装置的盘油对丁二烯装置溶剂再生釜产生的焦油加热溶解，并作为渣油外卖，结束了2#丁二烯装置敞开式排焦的历史，杜绝排焦产生废气对环境污染，提升了丁二烯焦油附加值。

（韩泉梅）

【3#聚丙烯装置实现催化剂国产化】 茂名石化化工3#聚丙烯装置自2014年8月投料开车以来，一直使用进口CDI催化剂，2016年1月开始试用国产催化剂BCZ－108，能满足生产要求，7月4日正式取代进口催化剂。使用以来产品各项指标均达到质量要求，每月降低生产成本约100万元。

（韩泉梅）

【98#国Ⅴ汽油试产成功】 2016年，茂名石化深入研究98#国Ⅴ汽油的产品特性，对现有汽油组分、化工芳烃等组分油进行科学配比，经过反复小调试验，确定了各组分油调和比例，并外购800吨烷基化油以弥补资源不足。3月24日，按国Ⅴ98#汽油生产方案组织进行试生产，3月25日，成功生产出第1罐5 300吨符合国家标准GB 17930的98#国Ⅴ汽油，标志着茂名石化已能生产所有符合国家标准的汽油品种。

（韩泉梅）

【开拓9个新油种】 2016年，茂名石化开拓了远东石蜡基（菊花、升龙、宋道、帕纳若）、美国原油（美湾高硫混合原油、美湾含硫原油）、低硫凝析油（吉普斯兰德凝析油、巴尤乌当凝析油）以及海洋恩平原油共9个新油种，至年底，加工过的原油品种达159个。

（韩泉梅）

【新建 2#S－Zorb 装置建成投产】 2016 年 1 月 30 日，茂名石化 2#150 万吨/年 S－Zorb 催化汽油吸附脱硫装置建成投产。该项目工程建设总概算 2.39 亿元，2015 年 4 月开工建设，采用 S－Zorb 专利技术，具有技术先进、低能耗、低碳环保等特点。投产后，经吸附脱硫后的汽油硫含量不大于 10×10^{-6}。至此，茂名石化具备全产国Ⅴ标准汽油能力。

（韩泉梅）

【首套润滑油加氢异构装置建成投产】 2016 年 6 月 4 日，茂名石化首套润滑油加氢异构装置建成投产。该装置于 2013 年 5 月 18 日动工，投资近 6 亿元，处理能力 40 万吨/年，设计能耗 39.85 千克标油/吨，由反应系统、分馏系统、预分馏系统 3 个部分组成，主要生产 4#基础油和 6#基础油，副产 2#基础油、3#基础油、少量石脑油及轻柴油。装置应用中国石化“十条龙”科技攻关项目“加氢异构脱蜡生产高档基础油成套技术开发及工业应用”技术，是国内首次应用。装置的投产，结束了茂名石化没有高端润滑油基础油的历史，实现了中国石化高端润滑油基础油国产化。

（韩泉梅）

【150 万吨/年连续重整装置开工建设】 2016 年 3 月 15 日，茂名石化 150 万吨/年连续重整装置项目开工建设。该项目投资 13.26 亿元，由 150 万吨/年连续重整和 55 万吨/年芳烃抽提组成，计划 2017 年 10 月 30 日建成中交。该项目可提高高标号汽油比例，降低柴汽比，进一步优化成品油结构，并满足原油未来轻质化对氢气的需要。

（韩泉梅）

【20 万吨/年环氧乙烷装置开工建设】 2016 年 3 月 15 日，茂名石化南海精细化工有限公司 20 万吨/年环氧乙烷装置开工建设。该项目批复总投资 10.07 亿元，是公司重点调结构项目，采用中国石化自有环氧乙烷生产技术，装置主要单元有环氧乙烷反应系统、精制系统、罐区及冷冻系统、配套公用工程等。

（韩泉梅）

【30 万吨级单点系泊输油终端海管线安全隐患治理项目开工建设】 2016 年 5 月 13 日，茂名石化 30 万吨级单点系泊输油终端海管线安全隐患治理项目开工建设。该项目总投资 5.75 亿元，主要新铺设 1 条长度 16.5 千米、管径 1 219 毫米海底管线，设计使用寿命 30 年。同时升级改造漂浮软管及其他配套设施。

（韩泉梅）

【低浓度污水处理场提标改造项目基础设计获批复】 2016 年 4 月 15 日，茂名石化低浓度污水处理场提标改造项目基础设计获总部批复，批复工程建设总概算 2.32 亿元。主要建设内容包括：低浓度污水处理提标改造，外排污水提标改造，污油、“三泥”处理改造，臭气处理设施更换及相应的配套设施等。项目投用后，外排污水 COD≤50 毫克/升、含油≤3 毫克/升、氨氮≤5 毫克/升、总氮≤15 毫克/升。

（韩泉梅）

【成功实施炼油 2 系列、化工 1 系列装置同步大检修】 2016 年 3 月 12 日—4 月 30 日，茂名石化历史上首次同步进行炼油 2 系列、化工 1 系列装置大检修，这是茂名石化历次检修中工程量最大、最复杂的一次检修。茂名石化确保大修实现环保节能升级、创新驱动升级和从严管理升级。各参与单位成立党团员志愿服务队，开展“安全大修，责任在我”劳动竞赛活动，充分调动大修人员的积极性和主动性。4 月 27 日，1#裂解装置产出合格产品，化工 1 系列 12 套大修装置全部恢复生产；4 月 30 日，炼油 2 系列 13 套检修装置中的最后一套——渣油加氢装置开车成功。炼油化工同步大检修实现绿色大修、“零排放、零污染、不扰民”和“三好一成功”目标。

（韩泉梅）

【新产品和专用料创新显著】 2016 年，茂名石化在产品结构优化上下功夫，全力抓好新产品开发及专用料生产，累计开发生产高速挤吹用大中空专用料 TR571 S、环保型高刚高韧聚丙烯 PPB－MN60－G、薄壁注塑聚丙烯 PPR－M55－S 等 14 个新产品，其中“无气味小中空 EHM6，007”“薄壁注塑聚丙烯专用料 PPR－M55－S”和“柔性皮芯纤维用聚乙烯 PE M5，720” 3 个顶替进口产品完成了研发和工业化试生产。2 个牌号产品填补国内空白。全年生产专用料及新产品共 108.47 万吨，其中新产品 14.37 万吨、专用料 94.1 万吨，新产品及专用料完成总部下达计划的 125%，产量占合成树脂比例大幅提升到 67.5%，同比提高 10.76 个百分点，增效 2.13 亿元。有 23 个产品牌号被化销华南公司列为 18 家合作客户的重点标志性产品。聚丙烯新产品首次运用于医疗领域，顺丁橡胶进入合资轮胎企业采购链。新产品与专用料同比实现增效 2.12 亿元。

（韩泉梅）

【操作管理系统推广项目上线运行】 2016年12月1日，茂名石化操作管理系统推广项目正式上线运行。该项目于1月8日实施，系统建立装置操作监控指标67套，设计岗位交接班日志模板90个，创建外操巡检路线100条，设置智能化巡检点850个，实现了内操指标操作动态监控及偏差分析、班组交接班日志电子化、外操巡检智能化等功能，进一步提升了班组操作信息化水平。

（韩泉梅）

【加强信息化建设】 2016年8月7日，茂名石化与深圳华为公司签署战略合作协议，双方建立了长期稳固的战略合作伙伴关系，更加深化双方在石化能源信息化方面的合作。8月8日，启动业务流程体系建设工作，根据"制度管人，流程管事"和"制度流程化，流程信息化"的公司理念，通过引进华为先进的流程管理体系，使公司的业务流程、规章制度和风险、内控、信息系统高度融合，形成一套符合公司实际、富有茂名石化特色、在中国石化领先且具有推广价值的管理标准化体系。

（韩泉梅）

【获全国五一劳动奖状】 2016年4月29日，在北京举行的庆祝五一国际劳动节暨全国五一劳动奖表彰大会上，茂名石化获全国五一劳动奖状，成为集团公司3家获此殊荣的单位之一。

（韩泉梅）

【中央电视台新闻联播重点报道张恒珍事迹】 2016年12月6日，中央电视台新闻联播播出人物报道《张恒珍：普通工人练成操作大师》，宣传茂名石化化工分部裂解车间压缩分离班长、茂名石化首席技师张恒珍先进事迹。重点报道张恒珍事迹是中宣部新闻局组织中央媒体对弘扬石油精神先进典型进行报道宣传的其中内容之一，张恒珍作为中国石化唯一先进个人代表，受到广泛关注。

（韩泉梅）

表1 **茂名石化主要技术经济指标** 亿元

指标名称＼年份	2016	2015	2014	2013	2012	2011
原料油加工量/万吨						
茂名分公司	1 937.12	1 941.82	1 930.01	1 630.14	1 436.60	1 450.00
工业总产值						
茂名分公司	732.19	776.12	1 072.99	980.38	929.46	952.88
茂名资产分公司	14.07	13.49	13.46	13.23	13.29	13.76
工业增加值						
茂名分公司	335.41	293.20	210.91	195.41	154.51	181.87
茂名资产分公司	6.38	4.84	5.33	5.33	5.48	4.98
资产总计						
茂名分公司	265.87	235.10	267.38	298.63	247.29	220.64
茂名资产分公司	50.30	48.47	46.55	44.33	45.99	48.42
流动资产						
茂名分公司	97.06	63.93	91.03	127.89	95.10	103.48
茂名资产分公司	12.70	14.48	13.69	14.01	14.68	15.07
固定资产原值						
茂名分公司	382.44	368.46	353.34	316.41	274.02	277.40
茂名资产分公司	72.35	71.40	69.28	67.33	67.13	67.31

续表

年份 指标名称	2016	2015	2014	2013	2012	2011
固定资产净值						
茂名分公司	137.47	140.68	142.17	119.92	87.69	98.88
茂名资产分公司	23.90	24.35	29.06	28.60	29.38	25.76
销售收入						
茂名分公司①	726.61	768.44	1 052.19	974.44	917.97	936.48
茂名资产分公司	27.49	26.71	27.36	28.87	27.37	27.24
实现利税						
茂名分公司②	381.09	330.84	292.01	274.59	242.36	246.76
茂名资产分公司	4.32	5.52	4.96	4.74	3.66	3.36
税　金						
茂名分公司②	291.15	269.12	277.51	259.75	239.07	229.16
茂名资产分公司	2.09	3.35	2.84	2.91	2.28	2.26
综合能耗/吨标煤·万元$^{-1}$						
茂名分公司	0.547	0.564	0.580	0.598	0.612	0.618
茂名资产分公司	1.34	1.390	1.40	1.42	1.45	1.49

①茂名分公司销售收入不含炼化互供

②茂名分公司实现利税和税金的数据为当年税金实际缴纳数，并含进口原油增值税

表 2　　茂名石化主要产品产量　　万吨

年份 产品名称	2016	2015	2014	2013	2012	2011
乙　烯	113.03	105.39	114.12	112.55	110.14	108.52
丙　烯	64.92	60.51	64.44	62.02	53.18	52.22
混合芳烃	40.09	40.19	45.47	45.65	54.81	49.66
三苯(化工)	32.84	33.36	38.02	38.26	39.60	39.95
三苯(炼油)	4.31	3.67	3.83	3.23	3.45	3.50
聚丙烯	64.92	59.25	59.53	55.37	52.90	56.06
线性聚乙烯	19.83	19.46	20.56	20.30	16.25	16.59
高密度聚乙烯	36.03	32.53	36.42	37.16	38.48	34.42
高压聚乙烯	39.44	35.50	40.59	39.14	38.07	41.45
丁二烯	14.40	13.45	14.12	14.16	14.75	14.28
甲基叔丁基醚	13.98	13.64	9.82	8.39	9.04	6.86
1－丁烯	1.65	1.65	1.65	1.85	1.60	1.79

续表

产品名称＼年份	2016	2015	2014	2013	2012	2011
乙二醇	3.93	4.00	3.17	4.56	6.80	7.62
环氧乙烷	10.44	11.86	10.68	11.00	9.64	8.15
苯乙烯	11.37	12.81	12.30	11.34	12.22	12.08
SBS 橡胶	7.24	6.64	7.76	8.36	8.28	8.49
顺丁橡胶	8.46	6.35	6.72	4.69		
液化气	142.50	126.26	118.69	87.93	76.85	82.10
石脑油	193.75	186.17	212.61	180.17	173.04	168.13
汽　油	421.53	421.61	394.51	300.60	231.19	221.02
高标号汽油	274.19	325.51	281.31	288.63	224.90	219.49
煤　油	284.59	268.62	217.32	161.91	142.11	129.00
柴　油	419.28	455.63	528.61	491.82	445.80	450.96
基础油	35.82	25.67	24.02	22.91	26.97	29.53
石　蜡	8.21	7.55	6.82	6.96	8.73	8.49
商品重油	15.84	19.73	22.39	21.33	0	0
沥　青	137.81	135.49	101.23	102.40	75.10	71.10
石油焦	70.46	66.49	77.02	58.22	62.32	75.66
硫　黄	19.52	20.04	20.80	18.72	14.97	15.12

镇海炼化

【概况】 中国石油化工股份有限公司镇海炼化分公司(简称镇海炼化)是国内最大的炼化一体化企业，位于浙江省宁波市，前身为始建于1975年的浙江炼油厂。镇海炼化集2 300万吨/年原油加工能力、100万吨/年乙烯生产能力、4 500万吨/年深水海运码头吞吐能力，以及超过390万立方米的罐储能力为一体，集中代表了中国炼油化工行业的先进水平。主要生产汽油、柴油、3#喷气燃料、液化气、道路沥青、乙烯、苯类、丁二烯、环氧乙烷、乙二醇、环氧丙烷、苯乙烯、聚丙烯树脂、聚乙烯树脂等50多种优质石油化工产品。所产成品油已全面达到国Ⅴ质量标准是中国石化“东海”牌道路沥青的始源地和国内最大的沥青生产商之一，沥青产量连续7年突破100万吨。还是中国首家获得生物航煤适航批准并成功进行商业载客飞行的企业。高熔体强度聚丙烯、高熔指聚丙烯纤维料、高熔指抗冲击共聚聚丙烯、超薄BOPP专用料等高端产品成为市场标杆。镇海炼化不断完善职责划分、流程程序、规章制度为一体的“一体化管理体系”；同时不断优化项目发展、管理变革、人力资源“三位一体”发展规划，积极探索符合镇海炼化实际的信息化之路。

镇海炼化实行公司—运行部扁平化管理，设立15个管理处室(含党群部门)、10个业务中心(含消防支队)、12个生产运行(专业)部、1个炼油老区结构调整提质升级改造项目管理部。另外，受中国石化委托管理杭州石化有限责任公司(简称杭州石化)等6家公司。在岗职工5 643人(不包括杭州石化)，其中具有高级职称的688人、中级职称的1 372人。镇海炼化是中国首批8家国家环境友好企业之一，并获中国节能减排功勋企业、低碳经济发展突出贡献企业、全国模范劳动关系和谐企业等多项国家级称号。

2016年，是镇海炼化打造“实力、活力、魅力”的开局之年，镇海炼化全力推进从严从实抓安环、精益求精抓效益、全力以赴抓大修、以人为本抓发展、持之以恒抓“三基”、聚精会神抓党建、坚持不懈抓和谐的“七抓”重点工作，交出了一份漂亮的成绩单。全年累计加工原油2 012.41万吨，生产乙烯112.58万吨；完成投资22.49亿元，实现营业收入

815.76亿元，利税355.59亿元，利润136亿元(炼油利润62.39亿元、化工利润73.61亿元，含杭州石化为133.63亿元)。公司获评2016中国最具影响力企业、最具影响年度中国石油和化工行业最具社会责任企业；党委首次获中央企业先进基层党组织和首批集团公司先进党委称号；智能工厂试点列入2016年工信部智能制造试点示范。

镇海炼化主要技术经济指标及主要产品产量分别见表1和表2。

(李勤勇)

【获60万吨级以上乙烯生产能效最优企业称号】 2016年7月18日，在国务院国资委公布的2015年度石油石化行业中央企业能效对标结果中，镇海炼化获60万吨级以上乙烯生产能效最优企业称号。

(李勤勇)

【大型自动化立体仓库建成投用】 2016年5月13日，镇海炼化聚烯烃立体库实现中交，投入使用，成为中国石化系统内首座大型自动化立体仓库。存储区面积约8 560平方米，项目总投资1.27亿元，设有25 144个存储货位，总容量2.5万吨，拥有产品从生产线直接入库和产品IC卡智能读取、自动出库等功能，减少了人工搬运、产品堆放、筛选、核对等工作环节，仓库周转效率得到提升。

(李勤勇)

聚烯烃立体库内部储存结构

【制氢原料结构调整改造项目开工】 2016年8月，制氢原料结构调整改造项目(POX)开工建设。POX项目是中国石化“十条龙”攻关项目之一，也是镇海炼化炼油老区结构调整项目群中第一个开工大项目，由生产装置、公用工程、配套辅助设施、储运系统及装置外围设施组成，计划投资14.99亿元。

(李勤勇)

【锅炉脱硝装置臭氧系统投运】 2016年8月2日，镇海炼化公用工程部三电站410吨/时循环流化床锅炉脱硝装置臭氧系统投入正常运行，这是镇海炼化烟气治理技术的又一突破，是推进“节能减排，绿色低碳”发展战略的重要举措。从投运效果看，外排烟气中氮氧化物排放量减少60%，有效提升环境质量。

(李勤勇)

【院士工作站揭牌成立】 9月24日，镇海炼化院士工作站揭牌仪式暨院士工作站启动会举行。镇海炼化院士工作站主要依托2个已在中国石化立项的科研项目，其中“大型智能炼厂生产计划优化关键技术研究”由中国工程院院士、华东理工大学副校长钱锋领衔的创新团队提供支持和方案指导，“千吨级溶液法高等规度聚1-丁烯项目的过程设备研究”由中国工程院院士、华东理工大学袁渭康领衔的创新团队提出关键设备的结构设计和优化方案。

(李勤勇)

【创新工作成果丰硕】 2016年，镇海炼化聚烯烃新产品牌号新增5个，累计达30个，全年累计完成新产品和专用料产销40.6万吨，实现差异化增效2.18亿元，较上年同期增长39.49%，量效均为历年新高。同时，全年新增专利申请16件，同比提升60%，其中发明专利11件、实用新型专利5件。截至2016年底，共获得发明专利授权38件，其中授权外观专利1件、实用新型专利19件。

(李勤勇)

【300万吨/年柴油加氢装置反应器顺利吊装就位】 2016年6月21日，镇海炼化300万吨/年柴油加氢装置反应器顺利吊装就位。该项目计划投资7.5亿元。项目投产后，镇海炼化车用柴油将全部达到国Ⅴ标准以上。

(李勤勇)

300 万吨/年柴油加氢装置反应器正在吊装

【制氢原料结构调整改造项目打桩建设】 2016 年 8 月 16 日上午，制氢原料结构调整改造项目(POX)顺利打下第 1 根桩，按计划进入开工建设阶段。POX 项目是中国石化“十条龙”攻关项目之一，也是镇海炼化老区结构调整项目群进入开工建设阶段的第 1 个大项目，由生产装置、公用工程、配套辅助生产设施、储运系统以及装置外围设施组成。

(李勤勇)

【中央企业战略性新兴产业专题采访活动在镇海炼化启动】 2016 年 8 月 24 日上午，由国务院国资委宣传局指导、国务院国资委新闻中心主办、中国企业报承办的 2016 年中央企业战略性新兴产业专题采访活动在镇海炼化举行启动仪式。

(李勤勇)

2016 年中央企业战略性新兴产业
专题采访活动启动仪式现场

【平安护航 G20 峰会】 20 国集团(G20)领导人第 11 次峰会于 9 月 4—5 日在浙江省杭州市举行。镇海炼化严格抓好“1＋14”保障预案落实，坚决做好环保减排和油品保供，得到浙江省 G20 峰会维稳安保工作统筹协调小组专门致函集团公司感谢，并获得宁波市授予的平安护航 G20 峰会先进集体称号。

(李勤勇)

表 1 **镇海炼化主要技术经济指标**[①] 亿元

指标名称 \ 年份	2016	2015	2014	2013	2012	2011
原油加工量/万吨	2 012.41	2 180.32	2 094.57	2 214.94	2 076.00	2 261.14
工业总产值	751.49	884.05	1 137.04	1 269.02	1 291.74	1 350.91
工业增加值	372.20	358.35	212.85	250.51	218.53	264.68
资产总计	398.08	320.34	350.87	385.40	404.02	443.73
流动资产	191.53	108.57	121.74	158.95	165.03	187.94
固定资产原值	394.26	386.04	382.99	367.25	363.53	360.05
固定资产净值	156.83	166.46	181.67	185.93	200.40	215.86
销售收入	816.69	944.80	1 202.18	1 358.72	1 355.04	1 457.57
实现利税	353.28	342.88	184.09	227.72	183.76	236.80
税　金	219.64	236.37	152.25	158.96	156.99	183.99
综合能耗/吨标煤·万元$^{-1}$	0.54	0.52	0.53	0.53	0.54	0.53

①含杭州石化数据

表 2　　**镇海炼化主要产品产量**[①]　　万吨

产品名称＼年份	2016	2015	2014	2013	2012	2011
汽　油	307.69	333.27	308.46	285.10	284.24	314.95
航空煤油	213.31	226.26	218.77	208.97	156.23	162.89
柴　油	567.62	628.86	625.41	692.26	703.09	763.22
石脑油	289.39	293.33	288.75	310.00	288.58	275.85
燃料油	24.41	33.54	38.81	32.79	34.74	48.97
液化气	99.99	105.52	97.22	107.57	101.03	114.71
白色油	—	—	2.70	4.28	6.51	5.33
溶剂油	0.24	1.21	1.64	2.18	2.58	3.18
沥　青	134.53	143.27	126.40	136.25	101.33	128.03
丙　烯	82.94	86.39	77.27	88.03	88.07	90.93
聚丙烯	53.05	54.62	49.41	56.64	55.18	56.40
苯	37.66	38.43	34.43	39.70	37.80	40.95
甲　苯	0.05	1.89	1.53	13.01	16.97	17.18
混合二甲苯	1.10	0.81	4.12	5.94	7.56	17.51
邻二甲苯	14.37	16.93	15.16	16.51	13.60	15.65
对二甲苯	55.25	63.01	54.64	65.11	47.74	43.69
硫　黄	21.49	22.53	22.29	21.99	21.09	21.71
石油焦	109.37	123.59	109.99	117.35	108.25	130.12
乙　烯	112.58	113.14	97.06	111.08	110.27	110.84
丁二烯	15.90	15.79	14.15	16.08	15.52	16.32
聚乙烯	49.87	48.44	41.57	48.80	47.99	47.36
环氧乙烷	16.81	15.58	12.37	10.66	11.88	11.18
乙二醇	46.17	51.89	45.06	52.45	54.57	56.85

①含杭州石化数据

天 津 石 化

【概况】 中国石油化工股份有限公司天津分公司(简称天津分公司)和中国石化集团资产经营管理有限公司天津石化分公司(简称天津资产分公司)统称天津石化，位于天津市滨海新区(大港)，与天津市区和塘沽新港有铁路、公路相通，与天津港南疆石化码头有输油管线相连。其前身为中国石化天津石油化工公司(由天津市石油化学工业公司和天津市石油化纤总厂组成)，成立于 1983 年 12 月 28 日，2000 年分设为中国石化集团天津石油化工公司和中国石油化工股份有限公司天津分公司；2005 年，2 个公司进行一体化重组整合，实现机构的统一管理；2007 年 5 月 22 日，注册成立天津资产分公司，10 月正式注销中国石化集团天津石油化工公司；2010 年 6 月，2 个公司实行一体化管理。

天津石化拥有炼油、化工、化纤生产装置 51 套，原油综合配套加工能力 1 250 万吨/年，乙烯生产能力 120 万吨/年(含中沙石化)，化工产品年生产能力为对二甲苯 38 万吨、PTA34 万吨、聚酯 20 万吨、聚醚 6 万吨，热电装机容量 40 万千瓦，日供水能力 10 万吨，原油储存能力 27 万立方米。主要生产汽油、煤油、柴油、液化气、燃料油、苯类、乙烯、丙烯、环氧乙烷、乙二醇、聚乙烯树脂、聚丙烯树脂等石油化工产品，其中涤纶短纤维、3#喷气燃料为国优产品；天仙牌涤纶短纤维，津港牌轻柴油、车用汽油、3#喷气燃料，大港牌工业用纯苯被评为天津市名牌产品。

截至2016年底，天津石化共设17个机关部室、6个生产作业部、10个直属专业服务单位，另有2家合资公司；正式职工总数为7 826人，共有专业技术人员2 074人，其中具有高级职称的365人、中级职称的762人。资产总额215.83亿元。

天津石化主要技术经济指标及主要产品产量分别见表1和表2。

（罗 威 李佳润）

【生产经营成效明显】 2016年，天津石化上市部分盈利29.02亿元，同比增加10.96亿元；存续部分亏损1.67亿元，减亏4 200万元。在原油加工量减少215万吨的情况下，加大优化挖潜力度，累计实施优化项目78个，增效7亿元。原油采购均价比集团公司平均水平低2.11美元/桶；高性价比裂解原料投入比例提高24.2%，吨乙烯原料成本在集团公司排名第一；汽油收率提高0.3个百分点、柴油收率降低1.4个百分点，柴汽比由2.42降至2.22；两聚新产品及专用料加工比例71%，聚酯切片差别化率52.7%，均为历史最好水平；对所有非生产性费用实行“零基预算”，管理运行成本降低10%。优化资金管理，财务费用降低9 200万元，“六项费用”降低21%。

（罗 威 李佳润）

【首次生产京V油品】 2016年，为保证燕山石化检修期间北京市场油品供应，天津石化充分挖掘装置潜能，不断优化生产流程和工艺方案，于4月首次生产京标V汽油。同时，通过精心操作，克服5个牌号汽油同时生产、罐容紧张等困难，积极协调民航及军队，加大铁路集中发运力度，最大限度增产增销汽油、航煤，全力保供地区市场。

（罗 威 李佳润）

【恢复柴油正常出口业务】 2016年10月26日，天津石化通过新设立的海关监管场所，完成海关舱单传输资质备案，实现第1船4万吨柴油顺利出口。至此，经过4个多月攻坚克难，天津石化摆脱“一船一议”的临时监管模式，通过规范流程实现柴油出口。

（罗 威 李佳润）

【安全生产水平持续提升】 2016年，天津石化编制实施安全管理手册，优化调整专业安全分委员会，修订各岗位安全生产责任制，下发直接作业环节“7+1”安全管理制度，深入开展100%不放心点排查治理，重大安全风险得到全面管控。长输管道隐患治理效果显著，管道保护长效机制有效建立。应急值班体系有效建立，岗位应急处置卡全面普及，国家危险化学品应急救援基地完成建设。全年保持了重大事故为零，连续16年获全国“安康杯”竞赛优胜企业称号。

（罗 威 李佳润）

【全面实现超净排放】 2016年10月，天津石化4台燃煤锅炉经超净排放改造成功投用，剩余3台通过采取工艺优化措施，全部7台燃煤锅炉全部符合氮氧化物≤50毫克/米^3、二氧化硫≤35毫克/米^3、烟尘≤10毫克/米^{3}标准，达到燃气锅炉排放标准，实现超净排放，主要污染物排放浓度较改造前分别下降43%、52%和83%。同时，加热炉已全部使用天然气和脱硫干气作为燃料，尾气排放浓度达到现行标准限制的70%以下。

（罗 威 李佳润）

污水处理设施 （董 波 摄）

【国家危险化学品应急救援基地建设完成】 2016年10月，天津石化完成国家危险化学品应急救援基地基础设施建设。该基地由国家安全生产监督管理总局投资建设，位于天津石化辖区，以天津石化专职消防队为主要应急力量，救援范围涵盖天津地区及周边省市，重点承担区域内重特大火灾、各类灾害、危化品事故等应急救援职能。

（罗 威 李佳润）

【全面完成装置停工检修改造】 2016年8—9月，天津石化开展了历时52天的装置停工检修改造，涉及装置67套，为历年最多，投资规模14.55亿元，为历年最大，共完成改造 86 项、检修 5 373 项、设备更新 123 项、更换“三剂”55 个剂种等任务，消除隐患和瓶颈 687 项，实现了停得稳、修得好，一次开车成功的目标，集中解决了长期困扰装置的隐患和瓶颈。

（罗　威　李佳润）

【炼油产品结构调整及油品质量升级项目取得进展】 2016 年，30 万吨/年烷基化装置工艺技术引进完成，基础设计如期开展，长周期设备订货开始进行，工程建设全面启动。利用装置停工检修机会，成功实施炼油结构调整及油品质量升级部分改造工作，完成 2#常减压装置原料适应性改造、3#常减压装置消除安全隐患改造、320 万吨/年柴油加氢装置质量升级改造。

（罗　威　李佳润）

【科技创新成果丰硕】 2016 年，集团公司“十条龙”项目“FHUDS 系列低成本柴油加氢催化剂长周期生产国Ⅴ柴油工业试验”完成所有攻关任务，顺利出龙；DFDA－6010、F181 PU、TJVL－1210 共 3 个顶替进口两聚新产品实现工业化生产；钛系催化剂在聚酯装置和兄弟企业成功应用；HDPE 小中空专用树脂成为国内首个通过美国 FDA 检测食品级专用料。国内首家实现淡化海水做电站循环水无磷处理，污水深度治理组合技术国内首次工业化应用。“POF 膜用 LLDPE 专用料的工业化开发”“耐熔垂聚丙烯热成型专用料的开发”项目，分获集团公司科技进步二等奖和三等奖；全年申请专利 23 件，获得授权 15 件。

（罗　威　李佳润）

【全面启动智能工厂建设】 2016 年 7 月，天津石化智能工厂建设正式启动。截至年底，天津石化已有百余套信息系统在线运行，桌面炼厂 RSIM 应用形成规模，APC 系统投用率达 98% 以上，实现了对生产管理的实时优化控制。

（罗　威　李佳润）

【集团公司首家工程交易场所揭牌】 2016 年，天津石化积极贯彻落实集团公司建设工程招投标管理规定和工程交易场所管理办法，交易场所人员及相关配套软硬件均在最短时间内部署到位。3 月 1 日，天津石化工程交易场所揭牌。

（罗　威　李佳润）

【成为天津市首批电力交易企业】 2016 年 10 月，天津石化成为天津市首批参加电力直接交易的 24 家企业之一。至此，天津石化可与发电企业进行双边协商，购电价格在原有电价基础上有所降低，降低了生产成本。

（罗　威　李佳润）

【深入开展“两学一做”学习教育】 2016 年 5 月至年底，天津石化在全体党员中开展“两学一做”学习教育。组织开展重温入党誓词、“两学一做”知识竞赛等 10 项系列活动。紧紧围绕“四讲四有”标准，分 4 个专题开展专题研讨。高质量组织召开专题民主生活会和组织生活会，深刻对照检查，严肃开展批评和自我批评。聚焦问题制定整改措施，列表管理、销项整改，干部队伍作风不断转变。

（罗　威　李佳润）

【稳定形势实现好转】 2016 年，天津石化以“一条主线、三层管控、四位一体、三级终结”为主要内容的稳定工作“1343 模式”，取得了明显成效，集团公司到访统计量逐年下降，2016 年降至 2 人次，实现了稳定形势的好转。

（罗　威　李佳润）

【业务竞赛成绩优异】 2016 年，天津石化统筹推进三支人才队伍建设，持续畅通人才成长通道，在国家和集团公司各项业务竞赛中，获团体一等奖 1 次、个人金牌 3 枚，奖牌总数 10 枚。至此，累计获团体一等奖 14 次、个人金牌 33 枚，奖牌总数达 100 枚。

（罗　威　李佳润）

表 1　　天津石化主要技术经济指标[①]　　亿元

指标名称＼年份	2016	2015	2014	2013	2012	2011
原油加工量/万吨	943.16	1 157.61	1 208.26	1 294.09	1 085.39	1 300.97
工业总产值	322.11	442.90	710.59	835.56	728.27	834.80

续表

指标名称＼年份	2016	2015	2014	2013	2012	2011
工业增加值	128.86	128.55	76.40	110.83	54.84	113.81
资产总计	215.83	206.77	235.31	286.62	299.89	319.02
流动资产	54.38	53.81	84.06	143.98	148.97	160.79
固定资产原值	300.27	294.12	289.86	277.48	268.84	267.34
固定资产净值	99.03	101.53	107.72	108.85	108.86	111.12
销售收入	316.46	463.44	734.61	856.69	748.90	862.79
实现利税	99.98	108.99	53.81	84.06	29.90	87.66
税　金	70.96	90.93	69.35	83.09	52.41	84.20

①均为天津分公司数据，不含天津资产分公司数据

表2　　天津石化主要产品产量　　万吨

产品名称＼年份	2016	2015	2014	2013	2012	2011
汽　油	102.07	121.62	106.20	93.49	75.26	87.51
煤　油	125.62	157.42	134.14	130.76	94.50	114.95
柴　油	226.41	294.53	370.52	417.07	368.67	419.27
化工轻油①	295.81	345.42	347.69	372.78	328.20	401.50
商品液化气	37.84	46.53	47.86	49.20	41.53	51.27
石油苯	35.12	39.55	41.19	44.00	37.85	43.02
对二甲苯	26.04	31.03	33.88	43.54	35.49	42.74
精对苯二甲酸	24.42	26.05	21.79	31.23	27.60	32.76
聚　酯	18.89	16.27	16.38	29.10	26.00	29.83
聚酯切片	10.10	6.02	5.34	17.58	15.60	17.70
涤纶短丝	8.66	10.20	10.88	11.53	10.31	12.12
聚醚多元醇	5.36	7.38	8.35	8.02	8.21	8.21
丙　烯	13.32	16.64	16.60	18.18	13.94	16.68
乙　烯	17.83	21.08	21.33	22.21	18.82	23.05
聚乙烯	10.64	12.25	11.70	13.01	11.75	14.24
聚丙烯	6.10	7.19	7.08	7.29	6.54	7.27
乙二醇	3.42	3.96	3.47	3.96	3.73	4.19
环氧乙烷	4.18	4.74	5.26	4.67	4.08	4.48

①化工轻油数据中含尾油产量

中沙石化

【概况】 中沙(天津)石化有限公司(简称中沙石化)是中国石化和沙特基础工业公司以 50∶50 的股比共同出资设立的大型石油化工企业，坐落于天津市滨海新区，成立于2009 年 10 月 20 日，2010 年 5 月 11 日正式投入商业运行，截至 2016 年底，投资总额 294. 07 亿元。

中沙石化拥有主生产装置 9 套，包括 100 万吨/年乙烯装置、65 万吨/年裂解汽油加氢装置、30 万吨/年高密度聚乙烯装置、30 万吨/年线型低密度聚乙烯装置、4/36 万吨环氧乙烷/乙二醇装置、45 万吨/年聚丙烯装置、35 万吨/年苯酚丙酮装置、20/12 万吨/年丁二烯抽提和 MTBE 联合装置、3. 5 万吨/年苯乙烯抽提装置，以及配套公用工程及辅助设施。中沙石化生产包括化学品 21 种、功能性化学品 5 种、聚合物产品 3 类 25 个牌号的产品。

截至 2016 年 12 月 31 日，中沙石化共有员工 1 335名。2016 年生产主要化工产品 387. 00 万吨，实现销售收入 163. 37 亿元人民币。

中沙石化主要经济指标及主要产品产量分别见表 1 和表 2。

(黄　璐)

【企业效益创历史最好水平】 2016 年，中沙石化继续深入开展“比学赶帮超”、优化攻关等活动，挖掘内部潜力，不断提高生产运行水平，累计完成主产品产量 386. 99 万吨，其中乙烯 96. 61 万吨，实现销售收入 163. 36 亿元，实现利润 31. 87 亿元，全年利润创历史最好水平。

(黄　璐)

【实现最佳安全环保工作业绩】 2016 年，中沙石化以深入落实安全生产法为主线，持续实施 SHEM 体系和安全标准化体系，强化各级 EHSS 职责和现场管理，安全环保绩效持续良好，实现了自推行 SHEM 体系 4 年以来最佳安全环保工作业绩。员工安全工时和承包商安全工时同创最好成绩，环保外排合格率达 100%。

(黄　璐)

【成功试产高刚抗冲共聚牌号产品 EP5074】 2016 年 3 月 11 日，高刚抗冲共聚牌号产品 EP5074 在中沙石化聚丙烯装置成功试产，产品的冲击强度及弯曲模量等各项指标均达到同类进口产品指标等级。该产品具有优良的刚性和较好的韧性，在汽车、家电配件行业广受欢迎。中沙石化是年内国内唯一生产此牌号产品的企业。

(黄　璐)

【开发高熔融指数抗冲共聚降解专用料 ICP04 X】 2016 年 4 月 22 日，高熔融指数抗冲共聚降解专用料 ICP04 X 在中沙石化聚丙烯装置成功试产。该产品属于聚丙烯高端产品，是薄壁注塑的优质原料，主要应用于洗衣机外壳、汽车内饰件改进等领域，其熔融指数达 60 克/10 分，填补了国内高指数抗冲共聚产品牌号的空白。

(黄　璐)

【苯乙烯装置一次开车成功】 2016 年 7 月 30 日，3. 5 万吨/年苯乙烯装置产出合格苯乙烯，纯度达 99. 97%，实现一次投料开车成功。该装置原料是上游乙烯装置裂解汽油碳八/碳九，生产苯乙烯产品和碳八芳烃抽余油，装置设计进料量为 29. 4 吨/时，年设计操作时间 8 000 小时，年处理量 23. 52 万吨，年产碳八组分 10. 33 万吨、碳九组分 13. 19 万吨。全年累计产量 6 893 吨。

(黄　璐)

【获国家级优秀质量管理小组称号】 2016 年 8 月，中沙石化沙漠绿洲 QC 小组发布了“降低裂解气压缩机排汽压力”成果，获得第 35 次全国石油和化工行业质量管理小组颁布的国家级优秀 QC 小组称号。该研究课题主要针对乙烯装置的核心设备——裂解气压缩机透平排汽压力异常波动，分析原因，采取增加轴封蒸汽管线、使用碳纤维封堵漏点等措施，降低排汽压力，达到节约能耗、维持装置平稳运行的效果。

(黄　璐)

【装置完成全面检修】 2016 年 11 月 25 日，中沙石化装置全面停车检修完成架设拆除和现场的清理，标志着实施阶段工作全部完成。此次大修自 8 月 16 日停采乙烯开始，至 9 月 27 日，乙烯装置产出合格乙烯产品为止，历时 42 天，中沙石化和承包商共 5 885人完成了 1. 13 万项检测维修、32 项技改技措工作。安全方面，SHER 为零、可记录伤害发生率(IR)为零，累计总安全工时 1 042 116 小时；质量方面，所有装置一次开车成功，大修开车后质量事故次数(泄漏/火灾/溢出)为零，可靠性事故次数(在 30 天内)为零；成本方面，检修费用比预算节约 2%，检修物资库存低于年度库存目标值9%；进度管理方面，总工期处于国内类似规模装置领先水平，实现了中沙石化投产以来最大规模的装置全面停车检修。

（黄　璐）

【乙烯装置达到世界领先水平】 2016年11月，在2015年度所罗门绩效评价中，中沙石化乙烯装置达到世界领先水平行列，是中沙石化首次在所罗门绩效评价中进入世界领先水平行列。

（黄　璐）

【能源管理体系通过ISO 50001认证】 2016年12月26日，中沙石化能源管理体系通过审核认证，并正式获得ISO 50001(能源管理体系)标准认证证书。该体系成功建立和获得认证，标志着能源管理工作获得了政府和社会的认可，为能源管理的持续改进和可持续发展工作的提升建立了新平台。

（黄　璐）

【获得多项荣誉】 2016年，中沙石化连续5年保持天津市国家税务局、天津市地方税务局“A级纳税信用等级”荣誉，获天津市优秀外商投资企业称号，仓储部车载工段获2016年度天津市三八红旗集体称号。

（黄　璐）

表1　中沙石化主要经济指标　亿元

指标名称＼年份	2016	2015	2014	2013	2012	2011
工业总产值	161.51	186.23	257.24	265.34	236.06	294.93
工业增加值	53.97	47.99	24.44	14.25	12.68	33.77
销售收入	163.37	188.68	258.92	267.03	237.56	296.27
税前利润	31.87	27.19	6.13	1.83	-3.38	19.72

表2　中沙石化主要产品产量　万吨

产品名称＼年份	2016	2015	2014	2013	2012	2011
乙　烯	96.60	108.81	107.71	108.64	94.34	111.21
丙　烯	48.90	56.27	56.60	55.03	48.26	56.42
丁二烯	17.16	20.21	20.27	20.26	17.61	21.33
甲基叔丁基醚	13.04	15.54	15.79	15.05	13.16	15.11
1-丁烯	4.65	6.01	5.86	5.08	4.39	5.21
线型低密度聚乙烯	28.58	34.53	31.25	34.49	28.30	35.15
高密度聚乙烯	27.20	32.44	27.87	27.22	24.69	28.14
聚丙烯	43.23	49.32	49.55	46.28	41.65	47.03
环氧乙烷	7.29	6.19	7.94	7.15	5.52	6.42
乙二醇	27.76	35.37	37.67	40.55	32.76	39.00
苯　酚	19.06	21.79	23.99	22.84	18.33	21.91
丙　酮	11.83	13.47	14.89	14.22	11.44	13.68
混合苯	41.01	46.36	46.56	48.30	40.77	47.42
苯乙烯	0.69	—	—	—	—	—

上海石化

【概况】 中国石化上海石油化工股份有限公司(简称上海石化)位于上海市金山区，占地面积9.4平方千米，是集炼油、化工、塑料、化纤生产经营于一体，高度综合的现代化石油化工企业之一，也是中国第1家股票在上海、香港、纽约三地同时上市的股份制有限公司。上海石化前身为创建于1972年的上海石油化工总厂，1993年6月改制为上海石油化工股份有限公司，2000年10月更名为现名。

上海石化下设炼油部、烯烃部、芳烃部、化工部、腈纶部、涤纶部、塑料部、热电部、物资供应部、销售部、储运部、环保水务部、公用事业部和精细化工部以及质量管理中心、统计中心、保卫部、总务部、培训中心、新闻中心、员工交流安置中心等单位，并由上海石化资本运营部管理对外投资企业。至2016年底，上海石化总资产341.24亿元，在册员工总数11 088人，具有原油综合加工1 600万吨/年、乙烯70万吨/年、有机化学品428万吨/年、合成树脂100万吨/年、合纤原料109万吨/年、合纤聚合物59万吨/年、合成纤维26万吨/年生产能力。每年向社会提供成品油、有机化工品、合成树脂、合成纤维4类产品。2016年，上海石化5个产品获全国用户满意产品称号，5个产品获上海市用户满意产品称号。

上海石化主要技术经济指标及主要产品产量分别见表1和表2。

(陆建梅)

【完成集团公司级“碧水蓝天”环保治理项目】 2016年6月28日，上海石化储运部油品罐区恶臭治理项目实现中间交接，标志着集团公司级“碧水蓝天”项目全面完成。上海石化“碧水蓝天”项目共22个，其中废气治理项目17个、废水治理项目5个，总投资7.81亿元。项目实施后，二氧化硫、氮氧化物、化学需氧量等污染物排放总量下降，生产区域环境质量改善，降低了企业环境风险。

(陆建梅)

【首次获能源管理体系认证证书】 上海石化一体化管理体系涵盖各项生产、经营管理等活动。从2010年下半年起，通过对管理体制、运行机制、体系状况、内外部环境调研分析，逐步将质量、环境、职业健康安全、能源管理、培训管理、测量、实验室管理、“两化”融合等体系标准整合，实现“一套文本支持多个管理体系”目标。2013年后，先后获上海质量体系审核中心颁发的质量管理体系认证证书、环境管理体系认证证书、职业健康安全管理体系认证证书、培训管理体系评价证书、中国合格评定国家认可委员会实验室认可证书，成为工业和信息化部全国首批200家通过“两化”融合管理体系评定企业。1月30日，首次获上海质量体系审核中心颁发的能源管理体系认证证书。

(陆建梅)

【五大实训基地建成投用】 2016年1月31日，上海石化实训基地建成投用，包括炼化设备、炼化仪表、变电运行、化工分析、HSE等，占地约2 000平方米，配备的硬件设施设备和实训技术条件达到集团公司同类设施先进水平。年内共举办变电运行实操师资培训班、仪表实训基地师资培训班、机泵维修钳工技师培训班、化工分析初级工鉴定培训班等19期实操培训班，993人次参加培训。

(陆建梅)

【获准建立院士专家工作站】 2016年12月，上海石化经过上海市科协组织专家评审，获准建立院士专家工作站。按照“企业为主体，智力为基础，需求为核心，实效为根本”工作原则，进站院士专家团队将开展决策咨询、人才培养、技术研发和科技成果转化等工作，增强企业自主创新能力和核心竞争力。

(陆建梅)

【增量配电业务试点获批】 2016年12月1日，国家发改委、国家能源局公布第1批105个增量配电业务改革试点项目，上海石化成为中国石化和上海市唯一入选企业。根据《关于规范开展增量配电业务改革试点的通知》要求，国家能源局派出机构将按规定向项目业主颁发电力业务许可证(供电类)或赋予相应业务资质。上海石化除厂区内供电，还负责向金山区石化街道、金山卫镇，以及浙江省平湖市白沙湾和陈山油库等区域供电，年供电总量约7亿千瓦·时。增量配电业务试点获批，有助于上海石化拓展业务范围，实现多元化经营。

(陆建梅)

【首部产品召回制度颁布实施】 2016年7月，《上海石化腈纶产品召回制度》颁布实施。制度重点突出生产、质检部门自我评估和检查，如果发现产品存在质量缺陷并可能导致产品质量不确定性，便实施产品召回。这是上海石化首部产品召回制度。

（陆建梅）

【第9届全球健康促进大会代表到上海石化考察】 第9届全球健康促进大会“中国国家日”活动期间，上海有16个区开放展览展示。2016年11月23日，上海石化作为金山区唯一的企业参观点位，18名来自瑞士、丹麦等9国的参会代表到上海石化现场考察。代表们参观了芳烃部2号控制室、塑料部聚烯烃装置控制室，观看英文宣传片，听取在健康促进工作方面的介绍，并询问了禁烟情况、员工工作主动性、员工健康情况、企业历史、周边居民组成等问题。

（陆建梅）

【东盟地区论坛化工装置灭火救援演练在上海石化举行】 7月12日，2016年东盟地区论坛城市应急救援研讨班——化工装置灭火救援联合演练在上海石化精细化工部芳樟醇车间举行。演练由外交部、公安部主办，印度、韩国、新加坡、泰国等东盟地区论坛成员与国际组织派代表现场观摩。演练设置单位应急自救、消防初战处置、紧急避险、化工编队增援、社会联勤联动、直升机定点灭火、安全洗消等科目，45辆救援车、3台消防机器人、2架灭火救援直升机、2架无人侦察机及300余人参与演练。

（陆建梅）

【超重力脱硫技术侧线试验成功】 2016年7月，作为脱除炼油装置尾气中硫化氢组分的一种全新技术——超重力脱硫技术在上海石化4#炼油装置首次侧线试验获成功。该技术由上海石化、华东理工大学和北京化工研究院共同研发。该技术可在现有工业装置再生塔正常运转，当再生贫液硫含量不高于0.5克/升时，实现净化尾气中硫化氢含量不高于80毫克/米^3（标准）、二氧化碳共吸率不高于20%的目标。该技术的试验成功，可高效脱除尾气中硫化氢组分，提高硫黄回收装置硫黄回收率，减少硫排放，改善炼油装置环保运行水平。

（陆建梅）

【国内首家成功应用裂解炉低氮燃烧器国产化技术】 2016年，上海石化与中国航天十一研究所、南京工业炉所，联合实施2#乙烯装置2台裂解炉低氮燃烧改造试验，4月6日完成改造投入运行。经测试，2台裂解炉烟气中的氮氧化物实测值均小于75毫克/米^3，满足《石油化工工业污染物排放标准》（GB 31571—2015）中关于2017年7月1日起裂解炉烟气排放环保指标中氮氧化物数据小于100毫克/米^{3}的要求。在大型裂解炉上成功应用低氮燃烧器国产化技术，在国内属首次。

（陆建梅）

【聚丙烯饮料瓶瓶盖专用料研发成功】 2016年，上海石化聚丙烯饮料瓶瓶盖专用料研发成功，试用获用户认可，填补了国产聚丙烯生产饮料瓶瓶盖空白。项目于4月立项，确定专用料M700 RBC结构和配方。6月、12月进行2次试生产，对产品熔点、总乙烯含量和熔体流动速率控制等生产工艺摸索。产品经改进，解决了瓶盖外圈断裂、瓶盖外圈向内有小凹陷等问题，完全可顶替进口料。

（陆建梅）

【管材专用料YGH041 T连续3年通过国际PE100+协会优质产品测试】 2016年11月29日，国际PE100+协会通知，上海石化双峰聚乙烯管材专用料YGH041 T在2016年度优质产品测试中再次通过国际PE100+协会指定权威标准测试（国际标准ISO 1167、ISO 13479和ISO 13477，管子耐慢速裂纹增长大于500小时），继续入列国际PE100+协会优质产品名录。这是YGH041 T产品获进入全球高端给水、燃气管道市场的“国际通行证”，是国内首个入列的聚乙烯产品，也使上海石化成为第1家加入该协会的国内企业。该产品已连续3年通过国际PE100+协会优质产品测试。

（陆建梅）

【碳纤维产业化应用取得新进展】 2016年，上海石化碳纤维产业化应用取得新进展。与中建八局合作，碳纤布在莫桑比克N6公路加固应用获成功，使用量1 000平方米，碳纤维走出国门；与上海石化设备检验检测有限公司合作，碳纤布在石油化工管道、槽罐设备等加固应用，修复面积达480多平方米，使用碳纤维编织布860平方米，实现不动火不停产施工。实现碳纤维拉挤板材在沈阳至丹东高铁线应用，使用量1 400米，产品性能、质量受到肯定。与胜利油田新大管业合作，使用碳纤维生产抽油杆，成功顶替进口碳纤维。自行设计开发碳纤维粒料，由此粒料试制而成的齿轮成功替代传统齿轮，实现环保节能。

（陆建梅）

表 1 **上海石化主要技术经济指标** 亿元

指标名称 \ 年份	2016	2015	2014	2013	2012	2011
原油加工量/万吨	1 430.28	1 479.53	1 417.02	1 566.78	1 119.35	1 086.67
工业总产值①	576.95	677.33	877.16	1 057.79	818.95	858.73
工业增加值①	271.30	255.17	154.39	201.39	87.70	140.89
资产总计	341.24	280.22	311.46	369.16	368.06	311.10
流动资产	148.76	81.44	95.10	144.86	128.91	96.66
固定资产原值	472.04	467.61	464.55	461.64	454.39	390.78
固定资产净值	135.02	144.25	156.12	167.69	176.22	126.59
销售收入	778.94	808.03	1 021.83	1 155.40	930.72	956.01
利润总额	77.65	42.09	-9.14	23.93	-20.33	12.92
所得税	17.97	9.27	-2.14	3.79	-5.08	3.17

①2015—2016 年，工业增加值同比上升、工业总产值同比下降，主要原因是原油加工成本大幅度下降，产品平均销售价格跌幅低于原料成本跌幅，产品毛利上升，中间投入占工业总产值比重逐年减少，以及财务费用大幅下降等

表 2 **上海石化主要产品产量** 万吨

产品名称 \ 年份	2016	2015	2014	2013	2012	2011
汽　油	287.87	309.76	287.05	287.15	102.03	96.85
航空煤油	159.83	161.30	148.85	126.99	83.06	79.73
柴　油	388.22	426.53	406.53	493.12	402.79	397.98
乙　烯	82.56	83.65	80.44	95.33	91.47	91.01
丙　烯	49.97	53.30	51.02	61.18	50.44	48.17
纯　苯	37.27	35.95	34.75	42.46	39.39	40.68
对二甲苯	67.06	65.97	68.06	93.92	86.62	92.31
乙二醇	36.14	42.15	24.80	39.05	46.89	42.31
聚乙烯	53.10	38.65	39.80	44.40	44.77	43.77
聚丙烯	49.23	45.29	45.09	47.11	44.56	46.61
PTA	31.02	29.54	31.27	35.81	40.35	39.14
丙烯腈	0	8.47	14.52	12.84	14.32	13.17
合纤聚合物	43.51	41.66	41.70	52.35	63.61	66.42
聚乙烯醇	1.95	2.19	1.58	3.26	4.20	4.34
聚　酯	41.56	39.47	40.12	49.09	59.41	62.08
合成纤维	20.53	22.38	23.24	25.28	25.16	25.01
涤　纶	6.47	6.40	7.74	8.64	8.59	8.92
腈　纶	14.05	15.97	15.49	16.63	16.57	16.09

上海赛科公司

【概况】 上海赛科石油化工有限责任公司(简称上海赛科公司)成立于2001年10月29日，是由中国石油化工股份有限公司、中国石化上海石油化工股份有限公司和英国石油公司(BP)华东投资有限公司分别按30%、20%、50%的比例出资组建的大型石油化工中外合资企业，位于上海化学工业区内，占地约204万平方米。至2016年底，员工总数1 180人。设有生产部、商务部、财务部、人力资源部、HSSE&Q部(健康/安全/保安/环境和质量)等职能部门。拥有生产能力为109万吨/年乙烯装置、61.5万吨/年芳烃抽提装置、9万吨/年丁二烯抽提装置，9万吨/年丁二烯抽提-2装置、65万吨/年苯乙烯装置、30万吨/年聚苯乙烯装置、60万吨/年聚乙烯装置、25万吨/年聚丙烯装置、26万吨/年丙烯腈装置、26万吨/年丙烯腈-2装置、66万吨/年硫酸回收装置、3.5万吨/年苯乙烯抽提装置和5.5万米^3(标准)/时变压吸附氢提纯装置等18套装置，以及配套的动力中心、罐区、空压站、循环水场、污水处理站、变电站、地面火炬、聚合物仓库和行政管理区等公用工程辅助设施。

2016年，上海赛科公司现场整体装置总利用率为88.4%，其中乙烯装置利用率为93.4%。全年销售产品366.6万吨，为2005年开工以来最高销售量；实现销售收入238亿元；实现利润总额50.3亿元，比上年增加21.1亿元，增幅达72%，创造了历史上最好的年度财务业绩；平均占用资本回报率35.08%；2016年年末资产负债率为16.3%，为历史最低。以17.77亿元的税收贡献，在上海市第三产业2016年工业税收排名前100位企业名单上位列第9名。

2016年7月14日，在中国石油和化学工业联合会、中国化工环保协会主办的石油和化工行业绿色发展大会上，上海赛科公司获全国石油和化学工业环境保护先进单位称号。

(曹培利)

【获上海市和化工区节能技改奖励】 2016年11月28日，上海赛科公司3台裂解炉对流段改造项目通过节能审核并获得上海市后50%节能奖励，并于12月20日获得化工区配套节能奖励，项目节能量为1万吨标煤/年，获得的奖励资金共计300.78万元。2011—2016年上海赛科公司累计投资近6 000万元实施多项节能技改项目，累计实现节能量6.1万吨标煤/年，减少二氧化碳排放14万吨/年，共计获得政府各级节能奖励资金1 536万元。

(卢　艺)

【高新技术转化项目获得上海市财政扶持】 上海赛科公司作为合资公司，在享受政府高新技术转化扶持政策方面，受到比内资企业更严格的限制，相关产品必须有专利申请且获得授权。2016年，共有4个项目通过上海市高转化项目的评定，相关产品可享受长达8年的财政扶持优惠政策。经税务及财政机关多重审核后，于11月获得414.9万元市财政扶持的实际兑付。

(施国良)

【大气环境监测站通过上海市环境检测中心验收】 上海赛科公司大气环境监测站始建于2007年，除承担自身的大气环境质量监测任务外，还被纳入化工区的边际环境质量监测系统内。2016年监测站进行升级改造，大气污染物监测指标增加至62种，全面覆盖上海赛科公司所有特征污染物，实时监测数据与上海市环境监测中心联网。通过与第三方运维单位和上海市监测中心通力协作，解决了一系列实际运行过程中的技术问题，10月通过上海市环境监测中心验收。

(马文婷)

【公路装车站尾气和储罐呼吸尾气收集治理项目全面完成】 2016年2月，苯乙烯装置5座中间储罐的呼吸尾气和芳烃装置5座中间储罐的呼吸尾气经收集，成功并入丙烯腈装置废气焚烧炉焚烧处理。之前，实施完成公路有机液体装卸的无滴漏干式接头改造，装车尾气、公用工程重组分储罐和13座含腈储罐呼吸尾气密闭收集送废气焚烧炉焚烧处理，15座公用工程苯系物储罐采用纤维活性炭吸附回收。整个公路装车站尾气和储罐呼吸尾气收集治理项目全面完成，共计投资2 500万元，不仅减少了VOC的排放和物料浪费，还有效改善了作业人员的操作环境。

(汪叶红)

【脱盐水站污泥再生利用】 2016年，上海赛科公司对污泥处理全过程展开分析调研，委托相关权威机构对污泥进行危害废物鉴定，确认脱盐水污泥属于一般工业废弃物，除了填埋，还可作为再生资源再利用。该公司与相关厂家进行协商合作对脱盐水站污泥进行再利用，变成再生资源，改变填埋处理方式，减少土地资源占用。同时，降低处理费用50%以上，年节约费用165万元。

(周　光)

【低温乙烯与天原氯碱实现联通】 2016 年 3 月，上海赛科公司与化工区相邻的上海氯碱低温乙烯管道联通项目正式开始施工，并于 11 月底完成工程建设，将乙烯低温罐和上海氯碱乙烯低温罐联通。为增加赛科乙烯物料的平衡能力以及化工区内 2 座大型乙烯低温储罐的相互依托提供了一条新的途径。

（周　光）

【苯乙烯装置蒸汽过热炉低氮烧嘴改造完成】 2016 年，上海赛科公司针对苯乙烯装置蒸汽过热炉排放的氮氧化物面临着超标风险的状况，经过多种解决方案和工况的模拟，综合考虑治理技术和成本，在大检修期间成功对炉子原有烧嘴进行改造升级，使之在不同燃料结构混烧下均能达标排放，既排除了装置在新标准实施后的超标风险，又有效减少大气污染物排放量达 80 吨/年。

（吕　佳）

【苯乙烯装置获国家发明专利】 2016 年 11 月 25 日，上海赛科公司发明的苯乙烯装置“一种减少粗苯乙烯分离塔塔釜结垢的粗苯乙烯分离方法”被国家知识产权局授予发明专利权。该项措施的实施，使苯乙烯装置连续长周期运行最长达 638 天；根据计算，每年可以减少苯乙烯损失 400 吨，增加经济效益 300 万元。粗苯乙烯分离塔塔的再沸蒸汽量下降 2. 1 吨/时，全年减少低压蒸汽消耗约 370 万元。

（吕　佳）

【全面开展事故根源性分析】 2016 年，上海赛科公司总计开展 136 个主题的事故根源分析（RCFA）活动，完成 130 份 RCFA 报告，形成 588 个行动项。分析涉及环保、安全、工艺操作、设备故障、人员管理、流程、承包商管理、施工质量等内容。通过开展 RCFA 活动及相关行动项的有效执行，对生产、施工管理过程中存在的问题有了较充分的认识，减少了事故的重复发生，提高了装置的安全性和可靠性。

（徐倩茹）

【开展过程安全管理要素审核】 2016 年 1—8 月，上海赛科公司组织对过程安全信息、过程危害分析、变更管理、投产前的安全审查、操作程序、机械设备完整性、作业许可证、培训、承包商、应急响应、事故调查、符合性审核 12 个要素开展全面审核。成立 12 个审核小组，生产部各工厂经理为组长，专业经理、高级工程师、HSSE 工程师为核心组员。对标国内外 PSM 法规、标准及行业最佳实践，制定审核清单，按计划开展审核活动，召开报告分享会 11 次，共产生 172 项整改行动项。通过审核，有力地提高了全员的过程安全管理理念，推动全体员工努力创造赛科过程安全管理的最佳实践，全面提升赛科过程安全管理水平。

（蔡　浩）

【建立和运行平衡计分卡战略执行管控体系】 2016 年 5 月 4 日，上海赛科公司召开平衡计分卡战略执行管控体系第 1 次季度回顾会，标志着该体系顺利上线运行。通过建立和运行平衡计分卡战略管控体系，强化战略目标的纵向一致性和横向协同性；建立系统化的指标和行动方案，优化战略执行跟踪和改进机制，促进跨部门的协同；设立战略管理办公室，不断推进战略执行和日常工作的结合。

（范文普）

【ES 仓库条形码管理系统上线】 2016 年 5 月 23 日，随着上海赛科公司第 1 笔 ES 仓库的收发货业务顺利完成，标志着 ES 仓库条形码系统成功上线。该系统能够对 ES 仓库中各类物资的入库、出库工作及在库情况进行高效、实时、准确地管控，实现物料追溯，缩短发货响应时间，实现物资信息共享，提高物资利用率，提升仓储物流部门的服务水平。

（许　颖）

【高密度聚乙烯 HD5401AA 获转化成果奖】 2016 年 11 月 8 日，上海赛科公司高白度易重复利用高密度聚乙烯 HD5401AA 项目获得 2015 年度上海市高新技术成果转化项目百佳。该产品开发团队经过多年研究，成功开发出高白度易重复利用的高密度聚乙烯产品，并于 2013 年获得发明专利授权，并获批上海市高新技术成果转化项目，2016 年销量达 5. 7 万吨。基于 HD5401AA 出色的销售量和项目较高的技术难度系数，该项目在 2015 年、2016 年连续获上海市高新技术成果转化项目百佳。

（周　光）

【HIPS532 成为蒙牛酸奶杯指定供应商】 2016 年 3 月起，上海赛科公司聚苯乙烯装置对高冲击强度聚苯乙烯 HIPS532 进行一系列工艺调整，提高其加工性能，满足了蒙牛所有酸奶杯的产品使用要求。12 月，HIPS532 成为蒙牛公司酸奶杯唯一指定产品。

（吕　佳）

表 1 上海赛科公司主要技术经济指标 亿元

指标名称 \ 年份	2016	2015	2014	2013	2012
工业总产值	226.79	229.13	257.80	289.45	271.02
工业增加值	65.61	46.68	12.96	19.04	12.62
销售收入	237.84	236.82	259.78	293.70	269.90
利润总额	50.30	29.19	-4.44	2.30	-4.49
综合能耗/吨标煤·万元$^{-1}$	2.93	2.88	2.20	2.08	1.99

（曹培利）

表 2 上海赛科公司主要产品产量 万吨

产品名称 \ 年份	2016	2015	2014	2013	2012
乙　烯	126.76	127.11	108.09	116.67	104.09
丙　烯	73.25	73.59	63.17	66.86	61.67
丙烯腈	52.28	45.62	25.72	28.76	28.98
苯乙烯	65.53	73.17	63.99	73.23	71.06
聚苯乙烯	30.28	32.10	27.47	30.54	30.48
聚乙烯	75.35	76.28	66.89	72.86	61.74
聚丙烯	28.03	27.89	25.90	27.43	24.37

（曹培利）

高桥石化

【概况】 中国石化上海高桥石油化工有限公司(简称高桥石化)地处浦东新区，西临黄浦江，北近吴淞口，占地4.2平方千米。高桥石化前身创立于1981年11月，1983年7月划归中国石油化工总公司。2000年1月，上海高桥石油化工公司下属炼油厂、化工厂、供销公司的主业部分分离，成立中国石油化工股份有限公司上海高桥分公司。2003年10月，根据扁平化改革的要求，撤销下属单位的工厂建制，实行事业部制管理模式。2007年4月，上海高桥石油化工公司实施体制转换，注册成立中国石化集团资产经营管理有限公司上海高桥分公司。2010年8月，高桥石化改事业部制管理模式为作业部制管理模式。2016年2月，在上海自贸区金桥开发区注册成立中国石化上海高桥石油化工有限公司，中国石油化工股份有限公司上海高桥分公司、中国石化集团资产经营管理有限公司上海高桥分公司后续择机注销。

截至2016年底，高桥石化拥有年原油加工能力1 250万吨，年化工产品生产能力100万吨，自备电厂具有装机容量19.5万千瓦；共有76套生产装置，可生产汽油、航空煤油、柴油、润滑油基础油、石蜡、合成橡胶、有机化工原料、合成塑料以及过氧化物等200余种产品。机关设18个处室，下辖15个生产作业部(业务中心)及6个职能中心；职工总数5 131人，其中专业技术及管理人员1 820人。

高桥石化主要技术经济指标和主要产品产量分别见表1和表2。

（陈建浩）

【领导班子任职调整】 2016年8月，根据高桥石化分公司转子公司体制改革之后的实际情况，集团公司调整高桥石化领导班子任职：侯勇任董事长、党委书记，侯晓明任总经理、党委副书记，罗新富任监事会主席、党委副书记、纪委书记、工会主席，郝同乐、陶旭海、周纪军任副总经理，施雷任副总经理、总会计师。其中，周纪军、施雷为新进领导班子成员。同时，按程序任命了高桥石化董事会、监事会的组成人员。

（陈建浩）

【完成分公司转子公司体制改革】 2016 年 2 月，中国石油化工股份有限公司和中国石化集团资产经营管理有限公司按照 55∶45 的股比在上海浦东金桥开发区完成中国石化上海高桥石油化工有限公司登记注册，并于6 月 1 日正式运营，是上海自贸区注册的最大企业，中国石油化工股份有限公司上海高桥分公司、中国石化集团资产经营管理有限公司上海高桥分公司后续择机注销，实现了高桥石化分公司转子公司体制改革。高桥石化建立了董事会、监事会，健全了企业法人治理结构。同时，推进企业组织机构改革调整，内部机构设置由原 24 个处室、8 个职能中心缩减至 18 个处室和 6 个职能中心。

（陈建浩）

【生产高黏度加氢基础油】 2016 年 8 月，高桥石化润滑油加氢装置成功产出符合 HVI Ⅱ 10#标准的高黏度加氢基础油，填补了高黏度加氢基础油生产的空白。重质加氢基础油生产难度高，在国内市场属稀缺产品，产品附加值较高。高桥石化从优选原油品种、调整原料配比、优化工艺指标等入手，反复探索试验，成功产出该类产品。

（陈建浩）

【停产国Ⅳ标准车用汽柴油】 2016 年 10 月 1 日，高桥石化正式停产国Ⅳ标准车用汽柴油。按照国家油品质量升级要求，2017 年 1 月 1 日起上海实施国Ⅴ车用汽柴油质量标准。车用汽柴油由国Ⅳ标准升级为国Ⅴ标准，硫含量由 50 毫克/千克降至 10 毫克/千克，车用汽油辛烷值下降 1 ~ 2 个单位。为防止油品辛烷值下降对车辆的冲击，高桥石化采取车用汽油辛烷值缓慢降低的措施，经过 3 个月左右的过渡，逐步降低到国Ⅴ标准。

（陈建浩）

【厂际管道隐患整治工作全面完成】 2016 年 11 月，历时 3 年的高桥石化厂际管道隐患整治工作全部结束，年内完成验收销项工作。高桥石化厂际管网北起海滨油库，南到浦东大道利津路，架空管线总长约 15 千米，途经 10 个自然村以及多家企外单位。工作重点是整治距离管廊安全间距不足 5 米的违章建筑，经排查共有 77 处。高桥石化参照相关标准，现场逐一核实并进行隐患分级，确认重大隐患 22 处、较大隐患 55 处。通过企地联手，集中清理被强行占据的管架，修整、打通外管架巡检道路，消除巡检盲点，至 2016 年 11 月底，77 处厂际管道隐患整治点全部整改完成。

（陈建浩）

【第 5 次获评上海市安全生产工作优胜单位】 2016 年，高桥石化获评上海市安全生产工作优胜单位，是自 2012 年以来连续第 5 次获该项荣誉。年内，高桥石化结合机构调整，组织开展安全责任制修订工作；开展“安全生产新起步”仪式，层层签订安全责任书；开展安全生产十大风险排查，共排查出 12 项重大风险，并制定了风险管控措施；实施 12 项集团公司级安全隐患治理项目，完成厂际管道和罐区隐患排查整治攻坚战；强化现场安全监管，设置网上施工申报平台，实现了各项目施工、高危作业和装置检修等施工情况的即时网上通报。实现上报事故为零。

（陈建浩）

【获上海市浦东新区国内大企业总部认证】 2016 年 12 月 28 日，在上海市浦东新区商务委组织召开的年度总部机构评审会上，高桥石化通过资格评审，获上海市浦东新区国内大企业总部认证。浦东新区国内大企业总部认证后，可享受“三免三减半”的优惠政策，即对企业实现的增加值、营业收入、利润总额形成区地方财力部分，前 3 年给予 100% 补贴，后 3 年给予 50% 补贴。

（陈建浩）

【与两银行签署战略合作协议】 2016 年 9 月 1 日，高桥石化与上海浦东发展银行上海分行签署战略合作协议；10 月 18 日，与中国银行上海市分行签署战略合作协议。双方约定，在自贸区金融、跨境人民币结算、外汇兑换结算、票据融资以及保函等业务上深入合作。

（陈建浩）

【开创自贸区金融业务通道】 2016 年 9 月，高桥石化运用自贸区账户（FT 账户），以自汇达模式开展金融创新融资 4.5 亿元，开创了在自贸区的金融业务通道，贷款利率比基准利率优惠 25%。此项业务在集团公司系统内属首次。自由贸易账户是在试验区分账核算单元开立的规则统一的本外币账户，是自贸区金融改革的基础设施，可以办理经常项下和直接投资项下的跨境资金结算等。

（陈建浩）

【推进"两学一做"学习教育】 2016年5月17日，高桥石化召开"两学一做"学习教育动员部署会，全面启动该项工作。高桥石化结合实际，制定了"两学一做"学习教育实施方案，建立了"三会四表二点"制度，提出了高桥石化合格共产党员"48字"具体要求，推出"高桥石化共产党员之歌"，组织开展"千名党员诵读党章""党员五查五看""做合格共产党员大讨论"等活动。

（陈建浩）

【首次评选明星班组长】 2016年7月10日，高桥石化首次评选表彰10名明星班组长。明星班组长验收评比标准分为基本验收标准和综合评比指标。其中，基本验收标准考评候选者及其班组生产任务的完成情况；综合评比指标则从岗位技能、团队能力、精神文明、重点工作评价等方面，对候选者个人的能力素养进行综合评定。

（陈建浩）

【青工政治轮训经验获推广】 2016年5月30日，集团公司青年思想政治教育工作交流会在高桥石化召开，交流研讨了高桥石化青工政治轮训经验做法。随后，集团公司青年工作委员会下发通知，要求在系统内推广青工政治轮训经验做法，为企业健康持续发展提供思想和政治保障。高桥石化青工政治轮训的主要做法为"五化五促"，即运作项目化，促资源整合；内容模块化，促效果提升；形式多样化，促价值认同；管理制度化，促机制健全；环节特色化，促保温升温。高桥石化自2014年开展青工政治轮训起，3年内累计轮训青工1 000人。

（陈建浩）

表1　　高桥石化主要技术经济指标　　亿元

指标名称＼年份	2016	2015	2014	2013	2012	2011
原油加工量/万吨	1 040.48	1 042.30	822.35	1 042.39	1 088.33	1 044.33
工业总产值	406.06	447.80	512.21	662.55	745.21	718.00
炼　油	355.36	389.91	434.20	581.90	646.09	594.71
化　工	49.58	56.16	79.46	83.18	99.24	121.66
资产总计	177.93	149.29	181.69	189.54	199.73	203.77
流动资产	81.96	47.71	70.29	76.12	82.74	88.58
固定资产原值	184.17	197.29	194.35	192.26	186.52	187.31
固定资产净值	59.65	69.76	73.64	75.29	76.01	82.87
销售收入	416.27	450.77	510.54	661.89	746.35	716.38
实现利税	136.12	133.53	55.62	85.58	95.85	76.48
税　金	124.77	131.94	73.96	93.24	104.07	93.24

表2　　高桥石化主要产品产量　　万吨

产品名称＼年份	2016	2015	2014	2013	2012	2011
汽　油	248.25	227.56	184.54	212.09	203.01	177.52
煤　油	132.56	131.62	95.76	95.70	81.92	70.38
柴　油	320.57	334.47	278.59	366.13	419.36	400.87
石油芳烃	6.75	6.42	6.24	7.39	6.53	2.25
润滑油基础油	25.04	26.47	15.59	30.56	34.25	35.07
商品原料油	19.57	23.77	20.61	18.80	13.35	20.36
石　蜡	15.13	8.86	6.08	14.32	14.11	11.52

续表

年 份 产品名称	2016	2015	2014	2013	2012	2011
石油焦	66.93	71.48	55.40	64.92	61.90	56.00
合成橡胶	9.53	12.95	15.19	16.37	15.73	17.02
顺丁橡胶	4.51	7.40	8.82	9.93	9.84	11.09
丁苯橡胶	5.02	5.54	6.37	6.44	5.89	5.93
丙　烯	8.38	8.18	5.21	7.21	8.65	11.56
苯　酚	11.70	15.43	20.06	19.22	20.88	21.87
丙　酮	7.31	9.58	12.57	12.07	13.01	13.63
ABS	16.64	16.58	10.75	12.09	14.23	13.58
发电量/亿千瓦·时	8.04	9.17	9.10	9.04	10.03	9.53
供热量/万吉焦	907.44	970.44	1 035.00	1 110.00	1 079.00	1 120.00
聚　醚	15.10	14.58	14.68	13.67	13.98	15.07
D. C. P	1.67	1.78	2.03	2.23	2.23	2.30

金陵石化

【概况】 中国石油化工股份有限公司金陵分公司（简称金陵分公司）和中国石化集团金陵石油化工有限责任公司（简称金陵石化有限公司）统称金陵石化，位于南京市东北郊，占地面积778.93万平方米。金陵石化成立于1982年1月，1983年7月划归中国石油化工总公司。

金陵石化主要从事石油炼制及石化产品的加工生产和销售，拥有炼油、芳烃、热电、烷基苯等大型生产装置70余套，原油加工能力1 800万吨/年，主要装置均采用世界上先进、成熟的工艺和控制技术，技术经济指标全面达到国内领先水平和国际先进水平，在华东及沿江地区石化产业布局中占有重要位置，是中国石化第三大原油加工基地和亚洲最大的洗涤剂原料生产基地。

金陵石化生产石油产品30余种，是华东及沿江地区汽油、航空煤油、柴油、溶剂油、液态烃、石油苯、烷基苯等产品的主要供应商之一，是南京及周边地区乙烯、聚丙烯、合成纤维生产的重要原料基地，是南京市首家销售收入突破千亿元的工业企业。产品除供应华东市场外，还远销全国各地，并出口至美国、加拿大以及欧洲、东南亚、大洋洲、非洲等30多个国家和地区。

截至2016年底，金陵石化下设16个职能处室、9个专业化管理中心、9个生产运行部、2个工厂、1个辅助生产运行单位。在职职工总数6 959人，共有专业技术人员1 161人，具有高级职称的正高级（教授级）12人、副高级（高级）393人、中级职称的1 029人。资产总额233.91亿元。

金陵石化主要技术经济指标及主要产品产量分别见表1和表2。

（许鹏伟）

【领导班子调整】 2016年1月16日，金陵石化召开干部大会，宣布领导班子调整决定：经集团公司党组研究并征得中共江苏省委同意，戚建国不再担任金陵分公司总经理；张春生任金陵石化有限公司副董事长、金陵分公司总经理、有限公司党委副书记。8月24日，金陵石化召开干部大会，宣布亚宏宇、刘振宁、徐宏3人任金陵分公司副总经理。

（许鹏伟）

【经营创效实现历史新高】 2016年，金陵石化全力拓市场、抓优化、降成本，保持了生产经营平稳有序。加工原油1 712.67万吨，生产汽煤柴油合计1 079.98万吨，实现销售收入638.09亿元，上缴税金233.60亿元。全年实现盈利50.31亿元，创历史最好水平。其中，金陵分公司实现利润47.38亿元（炼油板块盈利45.36亿元，在炼油事业部排名第三；化工板块盈利2.02亿元），金陵石化有限公司实现利润2.93亿元，在化工事业部托管企业排名第二。

（许鹏伟）

【市场开拓取得突破】 2016年，金陵石化积极扩销拓市，销售国V标准98#汽油41.63万吨，高标号汽油产量占汽油总产量的31.56%，创历史最高纪录并达集团公司先进水平。推进差异化经营战略，成功开发免税工业白油系列产品，销售变压器油20.2万吨、溶剂油1.5万吨，增效2.07亿元。加强国际成品油市场开拓，航煤首次打入日本市场，出口航煤121.36万吨、柴油101.77万吨、沥青2.85万吨，均刷新历史最高纪录。

（许鹏伟）

【降本减费成效显著】 2016，金陵石化推进降本减费，着力降低原油采购和运输成本，平均原油库存70万吨，原油采购均价39.7美元/桶，比集团公司平均水平低1.76美元/桶；加强原油商储运作和途耗管控，节约成本2 200万元。加强公用工程等重大成本管控，节约蒸汽、氮气等费用1 800万元。全力压缩非生产性费用支出，业务招待费、会议费、车辆使用费共计下降113万元。

（许鹏伟）

【环保节能稳步提升】 2016年，金陵石化狠抓环保隐患治理和项目建设，总投资1.41亿元的21个"碧水蓝天"项目全部建成投用，COD、氨氮、二氧化硫和氮氧化物排放量同比分别下降15.58%、23.58%、12.19%和13.20%。着力推进节能减排，炼油装置高压油泵电机永磁调速节电改造等一系列节能措施顺利实施。全年节能总量达25万吨标煤。完成江苏省碳核查任务，为推进碳资产管理奠定基础。

（许鹏伟）

【队伍建设扎实推进】 2016年，金陵石化完善人才成长通道建设，首次设立资深专家岗位，选聘资深专家2名、公司专家8名。创新技能操作和专业技术人才考核方法，首次通过"同行评同行"实施标准化、数据化评价，促进了队伍素质提高。加强拔尖技能人才选拔培养，资深首席技师孙同根被评为全国技术能手；在集团公司各类业务竞赛中，金陵石化获得2个团体第一和个人3金、3银、6铜的历史最好成绩。

（许鹏伟）

【党建工作取得新成绩】 2016年，金陵石化全面加强党建工作，首次开展两级党组织书记年度工作述职，扎实推进"两学一做"学习教育。持续开展"7+X"组织活动设计、"五个一"主题活动、党员责任区(示范岗)创建、"一对一"结对共建等品牌党建活动。加强宣传引导，开展第21次全员汇智大讨论活动，以"每月一典型""道德讲堂"等典型宣传活动为载体唱响主旋律，汇聚正能量，安全总监陆鹏宇被评为中国石化廉洁从业敢于担当优秀领导人员。

（许鹏伟）

【"开门办工厂"活动积极开展】 2016年4月22日，中国石化"探秘智慧能源"公众开放日活动正式启动，金陵石化作为中国石化首批12家公众开放日企业之一举行现场启动仪式，并接待了35名居民代表、10名媒体记者、5名政府人员进厂参观体验。金陵石化积极推进"开门办工厂"，全年接待各类参观体验共计34批、1 700多人次，被评为中国石化公众开放日示范单位。

（许鹏伟）

【2015年度社会责任报告发布】 2016年6月21日，金陵石化对外发布《2015年度社会责任保报告》，连续第3年发布社会责任报告。新华社、人民网、《新华日报》《南京日报》等27家媒体记者参加发布仪式。

（许鹏伟）

【国内最大加氢反应器吊装成功】 2016年7月2日，金陵石化在建的200万吨/年渣油加氢项目4台反应器吊装成功。4台反应器中最大的重达1 100吨，是国内最大的加氢反应器。金陵石化仅用10天时间完成了反应器的接卸、进厂和吊装工作，创造了集团公司同类装置反应器接卸、吊装工作的最快纪录。

（许鹏伟）

金陵石化渣油加氢项目反应器吊装成功

【沥青首次出口斐济】 2016年8月17日，金陵石化生产的7 160吨C320沥青首次出口斐济。这是金陵石化继打通 C320 沥青供应澳大利亚后，开通的第 2 个沥青出口市场。

（许鹏伟）

金陵石化沥青产品首次出口斐济

【金陵亨斯迈环氧丙烷项目建成中交】 2016 年 11 月 18 日，中国石化金陵亨斯迈新材料有限责任公司环氧丙烷(PO)/甲基叔丁基醚(MTBE)项目在南京化学工业园建成中交。该项目由股份公司和亨斯迈化工贸易(上海)有限公司合资建设，项目投产后可年产 24 万吨 PO 和 74.2 万吨 MTBE，年产值达 85 亿元，将为金陵石化跨江发展和产业升级起到良好推动作用。

（许鹏伟）

金陵亨斯迈新材料有限责任公司
环氧丙烷项目建成中交

【参加世界智能制造大会】 2016 年 12 月 6 日，由工信部、江苏省政府共同主办的世界智能制造大会在南京国际博览中心开幕。金陵石化作为石化行业唯一代表应邀参展，并向大会展示了"日效益管理"、出厂优化等智能化管理成果。共有来自全球 10 个国家和地区的 200 多家知名企业参展。

（许鹏伟）

表 1　　金陵石化主要技术经济指标　　亿元

指标名称＼年份	2016	2015	2014	2013	2012	2011
原油加工量/万吨	1 712.67	1 750.49	1 697.13	1 713.25	1 370.86	1 315.16
工业总产值	596.64	729.75	972.83	1 073.04	904.89	810.69
炼　油	552.24	712.94	858.40	920.34	712.39	671.17
化　工	39.81	89.98	111.02	150.39	190.23	136.21
其　他	4.60	27.75	37.14	40.25	54.46	41.78
工业增加值	247.80	256.23	167.56	191.97	121.50	103.56
资产总计	233.91	226.90	220.08	276.16	251.68	215.88
流动资产	78.09	76.29	68.88	121.97	100.68	87.18
固定资产原值	253.92	247.63	240.20	233.02	195.37	189.39
固定资产净值	107.01	112.61	115.79	116.15	87.06	89.16
销售收入	638.09	735.18	979.81	1 082.54	908.75	824.41
实现利税	278.66	272.38	231.24	267.33	180.19	165.23
税　金	228.35	253.58	226.56	239.63	175.64	165.19
综合能耗/吨标煤·万元$^{-1}$	0.27	0.29	0.29	0.30	0.32	0.35

表 2　　金陵石化主要产品产量　　万吨

产品名称 \ 年份	2016	2015	2014	2013	2012	2011
汽　油	398.81	419.44	384.24	346.32	197.51	177.16
煤　油	251.51	242.17	218.61	199.97	196.53	164.34
柴　油	429.65	443.74	434.74	455.97	351.65	362.19
溶剂油	0.95	1.31	1.14	1.25	1.78	1.84
石脑油	197.87	155.00	151.60	168.55	179.17	197.78
商品燃料油	1.50	1.80	3.59	8.92	8.30	0.29
商品液化气	89.99	93.10	89.52	94.39	57.87	46.95
石油焦	100.36	96.73	108.29	100.25	97.46	113.84
沥　青	101.31	127.07	104.32	86.86	77.30	41.38
苯类合计	47.94	58.27	76.58	104.51	103.87	95.91
烷基苯	21.80	20.17	18.81	15.85	16.17	12.25
轻　蜡	28.49	26.33	27.24	24.97	26.61	18.92

扬子石化

【概述】 中国石化扬子石油化工有限公司(简称扬子石化公司)和中国石化集团资产经营管理有限公司扬子石化分公司(简称扬子资产分公司)统称扬子石化，占地面积12.43平方千米，位于江苏省南京市北郊，南临长江，北接京沪铁路，与国家级的南京化学工业园融为一体。其前身是成立于1983年9月的扬子石油化工公司。1998年，扬子石油化工公司实施资产重组，创立了以从事石油炼制及乙烯、芳烃等烃类及衍生物生产加工为主的扬子石油化工股份有限公司和以公用工程为主业的扬子石油化工有限责任公司。2006年底，设立扬子石化公司。2007年，扬子石化公司吸收合并扬子石油化工股份有限公司，扬子石油化工有限责任公司改制为扬子资产分公司。2007年底，扬子石化公司收购淮安清江石油化工有限责任公司(简称清江石化)和泰州石油化工有限责任公司(简称泰州石化)，2012年，成立南京扬子石油化工有限责任公司(以原塑料厂资产在南京化工园注册设立)，2016年，全额收购江苏金浦集团持有的扬子金浦橡胶有限公司股份(简称扬金橡胶)。

截至2016年底，扬子石化职工总数为10 086人，其中在岗经营管理、专业技术人员2 793人，具有高级及以上职称的620人、中级职称的1 243人；下设22个职能部门、7个业务中心、10个生产单位；运营4个全资子公司、6个合资公司；总资产327.35亿元。扬子石化公司本部拥有1 250万吨/年炼油、80万吨/年乙烯、140万吨/年芳烃等58套大型石油化工装置，可生产合成树脂、合成纤维原料、基本有机化工原料、成品油、合成橡胶5类50多种产品，是国内主要的纯苯、对二甲苯、邻二甲苯、精对苯二甲酸(PTA)、乙二醇、丁二烯和环氧乙烷生产商；扬子资产分公司拥有与石油化工生产相配套的36万千瓦发电能力、66万吨/日供水及3 400米^3/时二级污水生化处理能力；清江石化拥有100万吨/年特油预处理、62万吨/年催化裂化等14套石油化工装置；泰州石化拥有60万吨/年常减压、14万吨/年酮苯等6套石油化工装置；扬金橡胶拥有10万吨/年丁苯橡胶和10万吨/年顺丁橡胶生产能力。

扬子石化主要技术经济指标和主要产品产量分别见表1和表2。

(朱军涛)

【领导班子调整】 2016年12月23日，经集团公司党组研究并征得中共江苏省委员会同意，决定：李成峰任扬子石化公司、扬子石油化工有限责任公司、扬子石化—巴斯夫有限责任公司董事长、党委书记，王净依不再担任扬子石油化工有限责任公司、扬子石化公司、扬子石化—巴斯夫有限责任公司董事长、董事、党委书记、委员职务，任炼油销售公司党委书记、副总经理，尤侯平不再担任扬子石化有限公司董事会董事、扬子石化委员职务。

(朱军涛)

【实现利润增长 6 倍】 2016 年，扬子石化实现利润 55.38 亿元，利税总额达 188.47 亿元。其中，利润较上年增加 47.75 亿元，增长 6.26 倍；利税较上年增加 65.42 亿元。扬子石化公司经济效益居中国石化炼化企业第 4 名；扬子资产分公司在资产公司所属企业中效益排名上升至第 2 位，跻身集团公司炼化企业和江苏省工业企业第一方阵。

（朱军涛）

【夯实 HSE 工作基础】 2016 年，扬子石化持续完善安全管理体系。在 4 个部门（单位）增设安全管理机构和岗位，在 HSE 委员会基础上成立专业安全委员会，落实“管业务必须管安全”的要求；修订《作业许可管理规定》等安全管理制度；开展在役装置安全风险识别评估工作，完成 20 套生产装置、15 个公用工程系统和 446 台储罐的 HAZOP 分析，以及 5 套生产装置的 SIL 评估，开展储罐区、平台扶梯、用氮系统等专项排查，全年整改各类安全隐患和问题 5 706 项，督察 8 365人次，对查出的 1 332 项违章问题及时督促整改和原因分析；新增移动视频终端 120 多台；修订承包商管理制度，推行承包商安全管理积分考核和“黑名单”制度，全年共约谈承包商 72 家，扣分 1 902 分、处罚 31.5 万元。开展环境信用体系建设，建成并投用 7 个环保治理项目；组织开展 VOC 排放核查，推进能效倍增计划实施，建成并投用蒸汽发电等 10 个节能项目，全年实现节能量 3.3 万吨标煤、节水 33 万吨。依靠职工群众加强 HSE 工作，持续开展“全员安全诊断”，采纳各类 HSE 管理改进建议 55 600 余项，发放奖金（奖品）200 多万元。加强 HSE 法律法规和管理制度宣贯，组织各类安全培训班 85 期，促进内外部员工安全意识和技能的提高。

（朱军涛）

【持续加强和改进生产运行管理】 2016 年，扬子石化把平稳运行作为创效的重要基础，狠抓生产装置非计划停车和异常管理，生产运行总体保持平稳。全年组织开展技术攻关近 100 次，研究制订技术难题解决方案 30 余个；开展码头尾气治理等 12 个项目的工艺技术比选，提出技术改进方案 15 个。推进设备可靠性提升工作，加强机电仪设备（设施）运行状态的监测，开展专项排查和隐患整治，抓实检修方案制订和检修质量管控，全面启动 2017 年装置大修准备工作。完善质量管理体制，修订采样管理等 6 项制度，制定并落实原料、互供料、馏出口的质量监控措施，开展质量攻关，全年出厂产品质量合格率保持 100%，互供料质量合格率提高 20 个百分点，质量损失率首次降低到 0.1‰以下。推进物资供应招标采购，规范独家采购、紧急采购审批流程，加强采购质量管控，满足安全生产需要。

（朱军涛）

【努力提升经营业绩】 2016 年，扬子石化坚持原油采购量、加工量与成品油配置量动态匹配的原则，全年进口原油采购均价比系统内平均水平低 1.43 美元/桶，实现采购降本达 5.7 亿元。想方设法消除重油加工转化能力的瓶颈制约，努力提高汽油、航煤产销量，全年原油加工量首次突破 1 200 万吨，成品油产销量达 669 万吨、增长 22%，其中汽油、航煤分别达 247 万吨和 181 万吨、增长 31% 和 8.4%，柴汽比达历史最好水平。扩大沥青产销量，成功试产试销工业白油，实现炼油业务效益好转。加强效益测算，优化原料结构和产品结构，化工业务取得较好的经济效益。全年生产乙烯 81.6 万吨，吨乙烯原料成本下降 51 元；生产塑料 101 万吨，其中专用料和新产品比例提高 0.5 个百分点；生产 PX（对二甲苯）91 万吨，增长 22.8%。落实轻石脑油、氢气等资源综合优化利用措施，加强燃料、火炬气等系统的优化管理，努力提高资源加工转化价值。加强预算管理，落实费用归口管理部门管控责任，与全年预算相比实现降本减费 4.18 亿元；严控“两金”占用，用好承兑票据等手段，获得总部奖励 1.08 亿元。加强对全资子公司和合资企业的管理，全年清江石化、泰州石化分别实现利润 1.1 亿元和 7 166 万元，橡胶公司实现限亏目标，对外投资企业实现并表利润 4.56 亿元。规范与改制企业之间的业务关系和经济关系，促进自主经营水平的提升。

（朱军涛）

【开展“两学一做”学习教育】 2016 年 5 月以来，扬子石化在全体党员中开展“两学一做”学习教育。各级党员领导干部带头讲党课 828 场；基层党支部组织开展各专题研讨 1 104 次；组织观看《永远在路上》《榜样》专题片 600 多场；调研督导 50 余次，督促整改问题 148 项。广大党员“四种意识”进一步提升，践行“四讲四有”合格党员标准的行动更加有力；各级党组织结合保安全、稳生产、强“三基”、增效益等中心工作，开展党员责任区、党员示范岗以及“弘扬好习惯，根除坏习惯”“小指标劳动竞赛”等特色党建活动，党支部的战斗堡垒作用、党员的先锋模范作用都得到有效发挥，促进各项任务的顺利完成。

（朱军涛）

【推进科技创新】 2016年，扬子石化加强和改进科研开发项目管理，“十二碳二元酸粗品制二元胺类化合物的中试研究”打通工艺流程，PTA氧化尾气处理催化剂制备、醋酸水分离等技术实现对外转让和工业化应用，长玻纤增强聚丙烯专用料等4个新产品实现工业化试生产。推进精细化工业务发展，PDEB产品市场份额进一步扩大，无灰分散剂装置实现商业化运行。完成原油全流程跟踪管理、汽轮机抽汽母管智能控制等16个信息化项目的开发应用和完善提升，在2016年集团公司科技创新大会上，扬子石化分别获得首批集团公司创新型企业、优秀创新团队、知识产权先进单位称号，副总工程师周立进被授予科技创新领军人才，“单喷嘴冷壁式粉煤加压气化(SE)成套技术开发与工业应用”项目获得中国石化科技进步一等奖，并获上海市技术发明特等奖。

（朱军涛）

【获江苏省环境良好“蓝色企业”称号】 2016年，扬子石化通过发布《扬子石化环境信用建设工作方案》，打造全员环保责任体系，加快推进隐患排查和环境治理，江边污泥堆场重大隐患、“碧水蓝天”专项和油品质量升级及原油劣质化改造项目环保竣工验收等重点任务完成，9月28日，在江苏省对国控重点污染源企业环保信用评价工作中，获得环境良好“蓝色企业”称号。10月28日，“碧水蓝天”环保专项工程获2016年度南京市环保1 378万元专项资金支持，总额已达3 575万元。扬子石化环境保护工作在国家环保督察迎检和G20峰会大气环境质量保障工作中得到政府部门和社会的充分肯定，全员环保理念不断深化，环境保护水平持续提升。

（朱军涛）

【清江石化提升科技创新能力】 2016年，清江石化完成1 000吨/年长链二元酸精制工业试验项目精品过滤与精品干燥中试试验，项目基础设计获得总部批复。催化烟气脱硫脱硝除尘项目采用中国石化工程建设公司自主开发的“半干法双循环脱硫及SCR脱硝+COA(亚氯酸钠)低温氧化脱硝工艺”专有技术，项目可研报告获得总部批复，基础设计正在审批之中。国Ⅵ汽、柴油质量升级方案获得总部通过。完全满足国Ⅴ排放的测试和基准燃料的研究与生产可研报告已上报总部审核。完成国Ⅴ汽油质量升级溶剂抽提装置、硫回收装置建设任务并实现投产，汽油辛烷值损失降低到1.5单位以内，甲苯调和比例降低了5%，二氧化硫排放减少2 200吨/年。同时轻汽油溶剂抽提与LO-CAT脱硫技术应用得到总部充分肯定。

（朱军涛）

【泰州石化经营业绩创历史最好水平】 2016年，泰州石化以“三基”提升为抓手，坚持推进隐患排查，实现生产装置安全稳定运行，精细管理不断提升。完成加工原油45.78万吨，实现营业收入17.89亿元，利润7 166万元，同比增加5 760万元，创历史最好水平；吨油费用474.1元，超额完成总部下达的各项年度经济指标。

（朱军涛）

【调整完善薪酬福利体系】 2016年7月26日，扬子石化下发关于调整薪酬发放时间的公告。自2016年8月起，薪酬发放时间由每月8日前调整为每月28日前，年终奖兑现调整为每年3月。同日，扬子石化规范薪酬福利体系，涵盖5个方面的主要内容：规范薪酬分配体系、建立生产一线倒班员工激励政策；完善员工福利政策、调整激励性年金政策、完善补充医疗待遇。拓展全员福利项目、发放生日蛋糕券、增发节日专项奖和春节慰问品，加大对业绩突出的骨干激励、扩充获得荣誉或奖项享受激励性年金的人员范围，成立员工健康科、为员工健康管理提供服务。

（朱军涛）

【新建180万吨/年汽油调和出厂设施投产】 2016年8月18日，扬子石化新建180万吨/年汽油调和出厂设施改造项目产出合格国Ⅴ92#汽油(调和能力为300万吨/年)。该项目总投资2 994万元，由南京扬子石油化工设计工程有限责任公司设计，中国石化南京工程公司承担施工，2月18日开工，7月30日中交，工期历时5个多月。

（朱军涛）

2016年8月18日，扬子石化新建180万吨/年汽油调和出厂设施改造项目投产 （张玉喜 摄）

【120 亿元项目落户化工园】 2016 年 9 月 20 日，南京化学工业园区举行 50 个重大项目集中签约、集中开工、集中竣工仪式，扬子石化轻烃综合利用改造和油品升级改造 2 个项目签约，新型共聚物项目开工，3 个项目总投资超过 120 亿元。其中，170 万吨/年轻烃综合利用项目和油品升级项目总投资 105 亿元，占地 48 公顷。轻烃综合利用项目将采用中国石化先进成熟可靠的自主技术，建成后将进一步推动周边区域乙烯、丙烯产业链的发展；油品升级项目建成后，扬子石化生产的汽柴油均可达到国Ⅵ标准。

（朱军涛）

【扬金橡胶 10 万吨/年丁苯橡胶装置投产】 2016 年 8 月 31 日，扬子石化全额收购江苏金浦集团持有的扬子金浦橡胶有限公司股份，拓展了企业产业链，是继清江石化、泰州石化之后，拥有的第 3 家具有自主管理权限的全资子公司。9 月 22 日，10 万吨/年丁苯橡胶生产装置投产，产出合格产品，停产多日的扬金橡胶全面恢复生产运营，并成为中国石化在长三角地区唯一的合成橡胶装置。

（朱军涛）

【技能竞赛成绩优异】 2016 年，扬子石化开展岗位练兵，形成了“比学赶帮超”的学习氛围，60 个车间(装置)开展装置技能比武。全年开展工艺、设备、电气、仪表 4 个专业的业务竞赛；参加集团公司二甲苯、重整 2 个工种的技能竞赛和 HAZOP 技术应用等 5 个专业的业务竞赛，取得个人 3 金、6 银、5 铜以及团体 1 金、1 银、2 铜的优异成绩；参加江苏省化学检验工竞赛，取得个人第 1、2、4 名和团体第 1 名的优异成绩；代表江苏省参加全国石油石化行业化学检验工竞赛，取得个人第 4 名和团体第 2 名的优异成绩。通过车间、公司、总部(省)、国家多层次的技能比武，展现了员工队伍良好的精神风貌和高超的技艺技能。

（朱军涛）

【重奖果断处置安全隐患班组和个人】 2016 年 1 月 27 日，扬子石化开出 2016 年首期安全大奖，炼油厂柴油加氢装置副班长邹国东、芳烃厂重整联合装置班长杨慧因准确处置硫化氢和氢气泄漏事故险情，各获 5 000 元奖励；2 月 3 日，董事长王净依、总经理张建平等为热电厂锅炉装置运行甲班和芳烃厂加氢裂化联合装置化工丙班各颁发 1 万元奖励金，烯烃厂乙烯车间唐卫东获奖励金 5 000 元，表彰他们处险不乱、处置得当、认真主动的敬业精神。

（朱军涛）

【《员工手册》发布】 2016 年 11 月 18 日，扬子石化手册正式发布。该手册从各个方面详尽解读了员工工作中遇到的各类问题，阐述了从严管理的要求，共有公司概况、HSE 规定、员工招聘与培训、劳动关系、职业发展、薪酬、福利、工作制度与请休假制度、行为规范、考核与奖惩 10 个章节、40 多个方面内容。

（朱军涛）

表 1　　扬子石化主要技术经济指标[①]　　亿元

指标名称 \ 年份	2016	2015	2014	2013	2012	2011
原油加工量[①]/万吨	1 334. 97	1 037. 90	949. 70	884. 04	1 022. 58	1 001. 84
工业总产值	612. 05	645. 60	715. 98	707. 37	599. 02	683. 28
扬子石化有限公司	591. 24	624. 20	693. 55	685. 19	576. 03	658. 83
扬子资产分公司	20. 81	21. 40	22. 43	22. 18	22. 99	24. 45
工业增加值	192. 37	138. 84	49. 32	55. 19	64. 19	105. 48
扬子石化有限公司	23. 48	131. 42	41. 75	48. 24	57. 79	100. 87
扬子资产分公司	6. 47	7. 42	7. 57	6. 95	6. 40	4. 61
资产总计	327. 35	320. 87	354. 98	374. 42	308. 4	284. 90
扬子石化有限公司	262. 48	258. 52	292. 43	312. 73	247. 65	223. 85
扬子资产分公司	64. 87	62. 35	62. 55	61. 69	60. 75	61. 05

续表

指标名称＼年份	2016	2015	2014	2013	2012	2011
流动资产	102.32	76.72	94.67	130.10	107.05	117.67
扬子石化有限公司	87.84	61.40	79.92	114.75	91.38	103.24
扬子资产分公司	14.48	15.32	14.75	15.35	15.67	14.43
固定资产原值	453.09	450.24	445.12	366.09	344.55	336.48
扬子石化有限公司	400.30	397.00	396.07	318.40	297.70	290.46
扬子资产分公司	52.79	53.24	49.05	47.69	46.85	46.02
固定资产净值	159.89	173.51	183.08	111.18	99.97	100.80
扬子石化有限公司	138.75	150.08	162.52	91.21	80.03	80.42
扬子资产分公司	21.14	23.43	20.56	19.97	19.94	20.38
营业收入	546.67	542.88	640.50	649.11	679.73	787.12
扬子石化有限公司	521.04	516.63	613.94	623.89	653.67	759.55
扬子资产分公司	25.63	26.25	26.56	25.22	26.06	27.57
利　税	189.36	123.94	33.88	40.82	53.87	108.07
扬子石化有限公司	184.16	119.35	28.71	36.58	49.70	103.74
扬子资产分公司	5.20	4.59	5.17	4.24	4.17	4.33
税　金	133.98	116.31	60.55	47.76	67.89	77.45
扬子石化有限公司	132.28	114.30	59.00	46.16	66.45	76.32
扬子资产分公司	1.70	2.01	1.55	1.60	1.44	1.13
综合能耗②/吨标煤·万元$^{-1}$						
扬子石化有限公司	0.86	0.91	1.08	1.13	1.12	1.13
扬子资产分公司	2.80	2.90	2.59	2.77	3.10	3.17

①原油加工量统计包含清江石化和泰州石化

②2011 年开始，综合能耗数据按 2010 年不变价计算

表 2　　扬子石化主要产品产量①　　万吨

产品名称＼年份	2016	2015	2014	2013	2012	2011
乙　烯	81.62	82.31	75.66	70.55	64.95	81.81
丙　烯	48.18	38.17	46.91	41.80	39.47	47.93
丁二烯	10.83	10.47	10.53	10.45	12.57	18.66
聚乙烯	55.78	54.59	45.19	46.03	44.81	57.84
聚丙烯	48.10	45.88	42.82	43.77	40.21	49.33
精对苯二甲酸	71.38	59.12	69.74	92.21	109.53	141.49
乙二醇	18.67	22.16	16.73	18.44	11.64	13.31
纯　苯	41.59	39.21	38.35	36.95	33.01	37.73

续表

产品名称＼年份	2016	2015	2014	2013	2012	2011
对二甲苯	90.87	73.98	88.17	85.52	93.78	96.30
邻二甲苯	15.85	16.42	13.93	19.72	23.67	24.22
环氧乙烷	14.69	15.07	21.36	17.62	9.74	12.57
柴　油	258.23	193.27	182.29	224.32	251.06	303.53
汽　油	276.88	188.82	155.18	84.94	98.15	94.47
丁苯橡胶	2.66	5.58	9.75	9.85	9.15	11.27
顺丁橡胶②	—	—	0.2	1.10	—	—

①产品产量包含清江石化和泰州石化

②2013 年 6 月开始，顺丁橡胶产品投放市场，2014 年停产

扬巴公司

【概况】 扬子石化—巴斯夫有限责任公司(简称扬巴公司)由中国石化和德国巴斯夫公司以 50∶50 的股比共同投资设立，于 2000 年 12 月成立，累计总投资 52 亿美元，位于南京市六合区长江边，毗邻南京化学工业园区，占地 242 公顷。

扬巴公司拥有以 74 万吨/年乙烯装置为核心的基础化学联合装置、38 万吨/年环氧乙烷/乙二醇装置、40 万吨/年低密度聚乙烯/醋酸乙烯共聚物装置、30.5 万吨/年羟基醇－碳四装置、19 万吨/年丙烯酸和 21.5 万吨/年丙烯酸酯装置、3.9 万吨/年丙酸装置、5 万吨/年甲酸装置、3.6 万吨/年甲胺装置、4 万吨/年二甲基甲酰胺装置、6 万吨/年非离子表面活性剂装置、13 万吨/年丁二烯抽提装置、8 万吨/年 2－丙基庚醇装置、20 万吨/年聚苯乙烯装置和 4 万吨/年新戊二醇装置等 32 套化工装置。主要产品有低密度聚乙烯、醋酸乙烯共聚物、乙二醇、丁醇、丙烯酸、丙烯酸甲酯及丁酯、甲酸、丙酸、甲胺、二甲基甲酰胺、苯、甲苯、混合二甲苯、聚苯乙烯、丁二烯、非离子表面活性剂、2－丙基庚醇、超吸水性树脂等。所有装置均采用先进的“一体化”概念，以高效、环保的方式生产和利用产品、副产品以及能源，支持可持续发展的目标。还拥有 1 个天然气蒸汽联合循环发电厂和数个国际码头，保证能源供应和物流运输。

2016 年，扬巴公司全年销售 288 万吨化学品和聚合物，实现销售收入 173 亿元人民币。截至 2016 年底，共有员工 1 881 名。

（李时艳）

【中央第三环保督察组来扬巴公司指导工作】 2016 年 7 月 27 日，中央第三环保督察组组长吴新雄带队来到扬巴公司检查指导工作，南京市市长缪瑞林等陪同。督察组检查了应急响应中心，详细了解了应急救援、环境保护等方面的工作，扬巴公司董事长王净依、总裁康智杰等向督察组做了汇报。

（李时艳）

【获江苏省优秀企业称号】 2016 年，扬巴公司被中共江苏省委、江苏省政府授予江苏省优秀企业称号。这一奖项是表彰在推进产业优化升级和供给侧结构性改革过程中业绩优良、创新发展、社会贡献大的企业，南京市共有 13 家企业获此殊荣，2 家化工企业上榜。

（李时艳）

【扬巴公司在第 5 届中德环境论坛上发表演讲】 2016 年 4 月 19—20 日，南京举办第 5 届中德环境论坛，扬巴公司总裁康智杰在论坛上介绍了公司安全、健康和环保工作的高标准以及创新对于化工行业的重要性。

（李时艳）

【非离子表面活性剂产量和销量创新高】 扬巴公司的非离子表面活性剂装置设计产能为 6 万吨/年，于 2011 年 8 月投产。作为二期项目之一，采用的是一期项目中没有的批次化釜式生产工艺，最初有 30 个产品牌号。经过不断地创新改进，该装置成功地缩短了批次时间，提高了产品产量，并将产品牌号增加到 43 个。2016 年，产品的产量和销量达 8 万吨均创新高。

（李时艳）

【聚苯乙烯产品的质量和服务受到客户认可】 扬巴公司通用级聚苯乙烯因颜色稳定、透明性好、耐低温性能优良以及稳定的供应，一直与国内各冰箱厂家保持着良好的合作关系，同时随着客户对原料性能要求的提高，扬巴公司不断改进工艺，根据客户需求研发新的产品。2016 年，扬巴公司先后获合肥美菱冰箱"中流砥柱供应商"奖、海信容声冰箱的"核心供应商奖"、美的冰箱的"战略合作奖"、康佳冰箱的"金牌供应商奖"等奖项，体现出客户对扬巴公司聚苯乙烯产品质量和服务的高度认可。

（李时艳）

【"追求卓越绩效项目"顺利完成】 2016 年底，扬巴公司于 2012 年 10 月启动的"追求卓越绩效项目"顺利结束。在此期间，所有员工和团队在项目组的辅导下，利用各种专业工具和方法，认真审视各自的工作流程，提出改进建议。在项目进行过程中，所有员工的主动性被激发出来，积极思考，勤于发现，踊跃提交个人或团队在改善生产运营或日常管理方面的建议。共收到 5 000 余个改进建议，其中近 2 000个形成了项目措施，大多已付诸实施，消除了产量质量瓶颈、优化了生产流程、降低了原材料和公用工程消耗。截至 2016 年底，这些改进措施使生产成本降低了 2.5%，且每年带来 7 亿余元人民币的潜在节省。

（李时艳）

【举办"安全周"活动】 2016 年 3 月 7—11 日，扬巴公司举办了主题为"安全领导力"的"安全周"活动，聚焦于工作许可证、脚手架安全和上下楼梯使用扶手、产品泄漏事件、信息保护等内容，通过讲座、问答、交互检查、现场展示、亲身体验等各种形式传递安全理念，吸引了 1 000 余名公司员工和承包商员工踊跃参加。活动着重强调 4 项安全行为：共同参与、勇敢说出、保持警惕、带头实践，要求所有人在日常工作中落实安全措施，关注自己和他人的安全，看到他人有不符合安全规范行为时要坦率地指出并督促其改正，促使全体人员提高安全意识，养成良好的安全习惯，共同营造安全的工作环境。

（李时艳）

福 建 炼 化

【概况】 福建炼油化工有限公司（简称福建炼化）是由股份公司和福建省石油化学工业公司各出资 50% 合资建设的具有独立法人资格的大型炼油化工一体化企业，位于福建省泉州市泉港区，紧靠全国四大良港之一的湄洲湾。其前身福建炼油厂始建于 1989 年 1 月。福建炼化下设 8 个机关处室，有 2 家全资子公司、6 家合资公司。本部职工总数 196 人，其中本科及以上学历 159 人。

福建联合石油化工有限公司（简称福建联合石化公司）是由福建炼化、埃克森美孚中国石油化工公司、沙特阿美亚洲有限公司按 50%∶25%∶25% 比例合资建设的大型石油化工企业，总投资 319.85 亿元，总占地面积 478.70 万平方米。于 2007 年 6 月成立，2009 年 11 月投入商业运行，2013 年底完成脱瓶颈改造，拥有 1 200 万吨/年炼油、99 万吨/年乙烯裂解、90 万吨/年聚乙烯、55 万吨/年聚丙烯、77 万吨/年芳烃、部分氧化/汽电联产装置（IGCC）等 30 套炼油及化工联合装置，主要加工沙特原油，生产车用无铅汽油、轻柴油、聚乙烯、聚丙烯、对二甲苯、工业用纯苯、丁二烯等 47 个牌号的石化产品。

福建炼化林德气体有限责任公司（简称福林气体公司）由福建炼化与林德气体（香港）公司按 50%∶50% 的比例合资建设，于 2008 年 8 月正式成立，2010 年底正式投入商业运行，主要为福建炼油乙烯项目提供专业气体产品。

福建省福橡化工有限责任公司（简称福橡化工公司）由福建炼化与福建省石油化学工业公司按 49%∶51% 的比例合资建设，于 2011 年 5 月正式成立，主要生产顺丁橡胶和丁苯橡胶产品。

中国石化化工销售福建有限公司（简称化销福建公司）由福建炼化与化工销售公司按 10%∶90% 的比例合资建设，于 2012 年 4 月正式挂牌成立。

海峡石化产品交易中心有限公司（简称海峡石化公司）由福建炼化与化工销售公司、晋江市、福建盛融化工有限公司按 20%∶20%∶36%∶24% 的比例合资建设，于 2013 年 6 月完成工商注册，2014 年 11 月电商板块正式上线开市。

福建古雷石化有限公司（简称古雷石化公司）由福建炼化与代表台方的旭腾投资公司按 50%∶50% 的比例合资建设，于 2016 年 11 月完成工商注册并举行揭牌仪式。

福建炼化主要技术经济指标和主要产品产量分别见表 1 和表 2。

（李　晟）

【效益水平再创历史新高】 2016 年，福建炼化深入抓好"九转变九提升"工作措施，全年合并报表实现利润 25.17 亿元，超额完成集团公司下达的任务目标，福建炼化本部和各合资公司共计实现税费102.38亿元。福建联合石化公司坚持开放的市场战略、低库存策略和全价值链效益最大化的经营理念，保持安全平稳运行，抓好炼化一体化生产经营优化，紧盯国内外先进企业做好对标提升，全年加工原油933.31万吨，生产乙烯110.01万吨，实现税费101.35亿元，实现利润63.02亿元，继2015年后，再次刷新年度创效纪录，一举弥补了全部历史性亏损。

（李　晟）

【古雷项目合资公司揭牌成立】　2016年1月15日，福建省发展改革委员会在完成一期项目申请报告和12项前置文件审查审批后，正式下文核准福建漳州古雷炼化一体化项目百万吨级乙烯及下游深加工装置。5月4日，福建炼化与旭腾投资公司签署合资合同、合资公司章程和设立党组织的协议。11月3日，福建古雷石化公司在福建省漳州市漳浦县工商部门注册正式设立。11月4日，配套码头部分获得核准。11月7日，在两岸企业家峰会期间，福建古雷石化公司举行揭牌仪式，两岸企业家峰会陆方理事长曾培炎、副理事长盛华仁，台方理事长萧万长、副理事长江丙坤，集团公司、福建省、国台办、海协会、漳州市有关领导和福建古雷石化公司股东方代表出席仪式。

（李　晟）

福建古雷石化有限公司揭牌仪式（程　阳　摄）

【增产高附加值产品】　2016年，福建联合石化公司针对区域市场成品油需求不畅和竞争加剧等市场挑战，充分发挥炼化一体化优势。停运400万吨/年常减压装置和焦化装置，降低原油加工负荷；在分类优化柴油馏分加工流向的基础上，通过外购石脑油等化工原料，保障化工装置高负荷运行；根据市场行情，增产高附加值的航煤、高标号沥青、醚后液化气等产品。全年原油加工量较上年降低13.33%，炼化产品产量略有提升，其中航煤增产2.54%、乙烯增产3.19%、乙二醇增产51.55%、聚乙烯和聚丙烯产品基本与上年持平，柴汽比降至0.95；乙烯装置产量连续多月超过10万吨，4月航煤产销量超10万吨，创历史最佳水平。

（李　晟）

【福建联合石化公司获评年度乙烯行业能效领跑者企业】　2016年，福建联合石化公司优化能源管理系统功能，推动能源管理程序化，严抓能源绩效考核。结合炼化一体化整体布局考虑乙烯装置能源消耗配置；调整裂解气和丙烯的压缩机透平抽汽，确保高等级蒸汽充分利用；开展低温甲烷化反应器改造，用好低品位热能，提高装置运行的经济性；使用新型汽包水处理剂替代磷酸盐，提高蒸汽品质，确保三机透平长周期稳定运行。8月2日，国家工业和信息化部、发展改革委、质检总局发布2016年第39号公告，福建联合石化公司以单位产品能耗543.01千克标油/吨的成绩获2016年度乙烯行业能效“领跑者”企业称号。

（李　晟）

【降低能源费用】　2016年，福建联合石化公司坚持以降低能源费用为重点，不断提高能源效率，降低能源消耗。通过加热炉最大化烧油攻关，将催化柴油和油浆与乙烯焦油进行调和，逐步减少高价液化石油气和液化天然气使用量。投用催化顶循余热回收项目，通过除盐水和催化顶循环油进行换热，节约蒸汽量10吨/时；催化装置使用一氧化碳助燃剂，提高烟气的燃烧效果，余锅产汽量提升12吨/时。投用加氢裂化装置加热炉空气预热器，加热炉热效率提升约2%，节约燃料费用230万元/年。

（李　晟）

【全国首套液化炔烃选择性加氢装置投用】　2016年6月18日，福建联合石化公司建设的国内首套炔烃尾气加氢装置一次开车成功，实现了丁二烯低压火炬气的完全回收和有效利用，不但减少了二氧化碳排放，而且产出了富含1－丁烯、异丁烯的加氢物料，变废为宝，提升了经济效益。

（李　晟）

【持续完善安全生产责任制体系】　福建炼化和各合资公司不断健全完善安全生产管理组织体系，修订《安全生产责任制》等一系列HSE管理制度，明确各岗位安全生产责任。福建炼化成立了生产与技术、信息安全等5个专业安全分委员会，领导班子每月专题研究安全工作；各合资公司均成立了HSE委员会，有效加强对安全生产工作的组织领导。开展中层以上领导人员HSE定点联系活动，共计帮助和协调解决定点单位不安全事项162项，收集、分享好经验、好做法33项。统筹好福建炼化和各合资公司专业力量，成立HSE督察大队，开展3轮HSE督察，查出问题57项，完成整改54项。2016年11月18日，在国家安监总局化学品登记中心主持召开的2016年危险化学品从业单位安全标准化一级企业年会上，福建联合石化公司作为第3批获批的安全生产标准化一级企业领取了证书，成为全国22家、福建省2家“安全生产标准化一级企业”之一。福林气体公司、福橡化工公司实现了安全标准化二级达标。

（李　晟）

【提前完成油气输送管道隐患排查治理任务】 2016年，福建联合石化公司进一步与地方政府和周边社区沟通协调，提前完成油气输送管道隐患治理任务，建设管道沿线隔离带，硬化应急道路并设置岗亭，组织安保力量24小时巡逻，成为集团公司系统内管道隐患整治的标杆。同时，配备专人对厂外长输管道进行日常巡护，聘请第三方对海底原油转输管道每日巡视；在危险化学品管道上设置明显的警示标识，建立、健全危险化学品管道安全生产的规章制度和操作规程；根据有关国家标准、行业标准和技术规范对危险化学品管道进行定期检测、维护和隐患排查，确保处于完好状态。

（李　晟）

【完善市场导向的生产经营机制】 2016年，福建联合石化公司坚持以市场指导现场，完善市场导向的生产经营机制，加强销售部门与生产、技术、采购部门之间的互动，鼓励生产和技术人员贴近市场、了解市场，提升对市场变化的响应速度。建立市场信息分享机制，销售、生产、技术、采购部门定期沟通，围绕市场变化趋势及时调整生产经营计划。根据客户需求和对产品的反馈情况，建立市场导向的新产品开发机制，开发4个新牌号聚烯烃产品和裂解萘馏分、裂解碳五新产品，获得客户好评。多次把握机会采购价格较低的石脑油、丙烯等原料，扩大了盈利空间。

（李　晟）

【市场开拓和客户维护工作】 2016年，福建炼化和各合资公司坚持客户至上，努力实现合作共赢。福建炼化本部做好产品分销的协调联系，保障产品后路畅通。福建联合石化公司从现场服务、物流、计量等方面全流程提高客户服务体验；走访客户近百次、发展新客户24家，开通微信公众号，设立便捷的客服电话系统，强化与客户的沟通联系；推动专业技术人员参与客户服务和市场调研；建立客户投诉快速反应机制，实现客户投诉5个工作日反馈、15个工作日关闭和计量纠纷1个工作日处理的目标，通过第三方调查的客户满意度提高到了81.8%。福林气体公司围绕产品运输人员服务，开展“巾帼文明岗”创建活动；邀请泉港石化园区潜在客户到现场了解生产情况，成功开发1个新客户。福橡化工公司进一步加强产品检验等质量管理工作，有效减少客户投诉，在福建轮胎市场的占有率提升了12个百分点。海峡石化公司积极做好电商平台的交易配套服务，交易量实现大幅上升。

（李　晟）

【构建合资管理平台】 2016年，福建炼化对企业定位进行了微调，努力构建好“合资管理平台”，为合资公司做好监督、协调、服务。履行好投资管理责任，提前研究合资公司拟上董事会的重大决策事项，维护好中方利益。定期开展各板块业务沟通，为合资公司的发展规划编制、项目审批、计划对接、产品销售、竣工审计、财税策略、协调地方等方面提供具体的支持。开展好福建联合石化公司股东方联合HSE审计、福林气体公司经济效益审计以及对合资公司的效能监察等工作。用好股东方资源，通过帮助合资公司开展对标管理、提供培训资源等方式，为合资公司提供支持，扩大中方的影响力。

（李　晟）

【加强人才队伍建设】 福建炼化做好管理职能优化，重新梳理定岗定编；梳理员工工作量分布情况，强化目标管理，推动人力资源整体实现最优配置；制定《员工实习挂职培养管理办法》，开展机关人员到合资公司对口学习工作，帮助青年员工了解一线工作情况。福建联合石化公司不断优化绩效考核策略，充分调动员工的积极性；推广内部竞聘，引入第三方专业机构参与招聘工作，全程监督、规范执行，确保公平、公正、公开；持续加强三支人才队伍建设，首次开展高级人才评审，选聘了6名高级人才，激励引导作用得到凸显。福林气体公司积极开展导师带徒、技术交流、技能培训等活动，组织各类员工培训912人次。福橡化工公司完成定岗定编工作，优化人员配置，提高工作效率。海峡石化公司积极引进外部成熟人才，促进了效益提升。

（李　晟）

【加强党建思想政治工作】 2016 年，福建炼化党委深入贯彻习近平总书记关于“理直气壮做强做优做大国有企业”的重要指示精神，牢固树立在经济领域为党工作的理念，坚持围绕中心、服务大局。组织开展富有特色年度党建主题活动。结合集团公司党建“1 + 7”制度等要求，制定完善了党建工作制度体系。坚持发挥好党委“把方向、管大局、保落实”的作用，拟上董事会决策事项均经过党委研究。深入开展“两学一做”学习教育，分层次制定详细学习计划，坚持抓好“四导五学四围绕”，组织好“好党课、微故事、微体会”征集活动。常态化开展中层干部述职，首次开展了支部书记集中述职汇报工作。认真学习贯彻“准则”“条例”和“职工违纪违规行为处分规定”，落实好中央“八项规定”精神，办公、接待等费用得到有效控制，节日期间公务用车、公务接待情况检查形成常态。弘扬石油石化优良传统，开展好纪念建党 95 周年、纪念红军长征胜利 80 周年系列活动，讲好“福炼人的故事”；福建联合石化公司开展企业文化提炼、宣贯工作。福建炼化党委获福建省先进基层党组织称号，福林气体公司获福建省五一劳动奖状。

（李　晟）

表 1　　福建炼化主要技术经济指标①　　亿元

指标名称 ＼ 年份	2016	2015	2014	2013	2012	2011
原油加工量/万吨	933.31	1 076.80	1 130.60	944.90	1 102.72	959.46
资产总计	87.71	56.27	44.86	48.77	52.41	55.86
流动资产	9.26	1.40	4.36	2.81	10.69	6.48
固定资产原值	3.55	3.55	3.58	3.55	3.43	2.65
固定资产净值	2.03	2.14	2.30	2.37	2.35	1.38
销售收入	462.68	538.23	771.78	621.31	751.90	647.80
实现利税	25.43	14.83	−7.08	−6.82	−9.71	−2.37
税　金	0.26	0.27	0.26	0.25	0.23	0.23
炼油综合能耗/千克标油·吨$^{-1}$	67.45	58.00	53.07	58.94	53.52	57.22

①资产总计、实现利税、税金为福建炼化本部数据，其余指标包含福建联合石化公司；分置运营后，福建炼化本部没有工业产品生产，无工业总产值，企业集团工业总产值未作统计

表 2　　福建炼化主要产品产量　　万吨

产品名称 ＼ 年份	2016	2015	2014	2013	2012	2011
汽　油	176.42	162.70	183.82	149.45	161.22	133.51
柴　油	166.81	256.94	363.00	275.39	321.54	245.77
航空煤油	99.85	97.38	75.94	79.34	102.35	98.52
石脑油	284.55	296.66	309.52	259.54	299.40	276.23
液化气	24.84	22.78	18.37	20.38	25.76	20.99
燃料油	1.01	0.92	3.23	8.53	24.70	2.19
石油焦	6.49	5.65	14.76	12.84	14.65	13.71
硫　黄	16.67	17.91	20.13	17.46	19.45	17.12

续表

产品名称＼年份	2016	2015	2014	2013	2012	2011
液　氨	0. 02	0. 02	0. 08	—	—	—
丙　烯	62. 57	64. 38	66. 21	47. 98	59. 56	58. 47
聚丙烯	58. 47	58. 55	60. 69	42. 63	52. 88	50. 66
乙　烯	110. 01	106. 64	102. 11	71. 41	85. 15	85. 23
聚乙烯	89. 07	90. 78	97. 95	75. 24	90. 17	88. 66
对二甲苯	72. 18	79. 04	77. 35	55. 66	69. 38	67. 93
苯	40. 68	44. 77	44. 10	27. 59	32. 76	31. 62
丁二烯	14. 43	14. 82	15. 56	10. 66	12. 93	13. 59
乙二醇①	43. 64	31. 73	—	—	—	—

①福建联合石化公司环氧乙烷/乙二醇装置于2015年3月30日投产

武汉石化

【概况】 中国石油化工股份有限公司武汉分公司(简称武汉分公司)和中国石化集团资产经营管理有限公司武汉分公司(简称武汉资产分公司)统称武汉石化，是集团公司直属大型工业企业和中部地区最大的炼油化工一体化企业。其前身始建于1971年，投产于1977年，1983年划归中国石油化工总公司。武汉石化炼油部分位于湖北省武汉市青山区，占地239公顷，北濒长江水道，水路交通便利。炼油综合配套能力800万吨/年，共有23套主要生产装置，可生产汽油、柴油、航煤、石脑油、聚丙烯、“三苯”、液化气、硫黄、石油焦等产品。武汉80万吨/年乙烯工程位于武汉市化工区，占地294. 8公顷，与炼油厂直线距离9. 8千米，包括11套主体装置及系统配套工程。2014年1月，股份公司与韩国SKGC公司合资成立的中韩(武汉)石油化工有限公司(简称中韩石化)开始独立商业运营，武汉分公司受股份公司委托行使股东权利。

武汉石化实行两级扁平化管理，共设18个职能部门、5个业务中心、12个车间。截至2016年底，共有在岗职工1 983人，具有高级职称的105人、中级职称的390人。

武汉石化主要技术经济指标和主要产品产量分别见表1和表2。

(任丽娜)

【领导班子调整】 2016年3月11日，股份公司发文，因年龄原因，解聘鹿令义武汉分公司副总经理职务，任调研员。8月18日，聘任李德武为武汉分公司副总经理(兼)。12月30日，集团公司宣布对武汉石化主要领导进行调整的决定：刘家海任武汉石油化工厂厂长、党委副书记，武汉分公司总经理；向浩萍任党委副书记、工会主席人选。李成峰不再担任武汉石油化工厂厂长兼党委副书记、武汉分公司总经理职务，调出另有任用。免去刘家海党委书记职务、向浩萍武汉分公司总会计师职务。因年龄原因，解聘方鹰武汉分公司副总经理职务，任调研员。

(任丽娜)

【炼油6年来首次扭亏为盈】 2016年，武汉石化积极推行“精益生产、卓越运营”，发挥炼化一体化优势，不断优化生产经营工作，实现效益大幅增长，炼油和乙烯全面实现盈利，其中炼油盈利8. 7亿元，同比增长10亿元，自2011年以来首次扭亏为盈。

(任丽娜)

【实现连续安全生产2 029天】 2016年，武汉石化始终把安全生产放在首位，成立工程、设备、生产3个HSE分委员会，组建安全督察大队，强化安全全员全过程管理。继续推进领导干部现场HSE观察，深入开展“全员安全诊断”和公司车间两级“十大安全风险识别”工作，公司领导参加大检修作业前5分钟安全喊话，车间利用班前班后5分钟开展风险识别及安全分享。狠抓事故管理，加强每起事故事件直接原因、间接原因和根原因分析。加强环保管理，启动VOCs治理，推进废气、废水环保提标改造。8万吨/年硫黄回收装置建成投产，13项“碧水蓝天”项目全部完成。未发生上报安全环保事故，实现连续安全生产2 029天。连续4年获评集团公司安全生产先进单位。

（任丽娜）

武汉石化领导参加大检修施工前“安全喊话”活动

【全面实现国Ⅴ油品质量升级】 2016年，武汉石化完成2#柴油加氢装置改造并投产运行，新建汽油吸附脱硫（S－Zorb）装置投产运行，提前2个月达到武汉市政府提出的汽柴油10月升国Ⅴ要求。严控入厂原料、出厂产品质量，产品质量抽检合格率、产品出厂合格率保持100%。

（任丽娜）

【设备完整性管理试点受肯定】 2016年，武汉石化不断完善设备完整性管理，设备预防性维修、“管设备要管设备运行”“设备根原因分析”等理念深入人心，定时性、预防性工作计划完成率达95%。组建炼油设备技术支持中心，推行“专业管理＋区域协调”的矩阵式管理模式。“设备完整性管理”和“设备KPI指标”2个课题受到总部肯定。

（任丽娜）

【完成全厂停工大检修】 2016年，武汉石化按计划实施“四年一次”全厂停工大检修，自4月8日起全面实施，历时50天，炼油实现了2012年提出的“四年一大修，大修管四年”的奋斗目标，乙烯完成了开工3年后首次大修，均实现一次开车成功。在大检修中，首次采用“联合指挥部＋炼油乙烯分指挥部＋片区指挥部”的新管理模式，积极推行检修沙盘推演、检修管理平台、文明检修、安全与质量网格化管理等创新性管理手段，确保检修过程和质量全面受控。

（任丽娜）

【炼油优化创效成绩显著】 2016年，武汉石化坚持低库存策略，努力控制原料库存、降低中间产品和产成品库存。积极优化原油采购，在总部支持下，沿江企业统一协调、优化采购、加强运作，降低原油采购成本1.28亿元。通过三程水运采购原油，进一步发挥装置加工高硫油能力，增效2 100万元。通过采购蜡油，提高催化裂化与加氢裂化装置加工负荷，创效6 300万元。贴近市场需求，推进产品结构优化，增产汽油、航煤和工业液化气，压减柴油，增效1.46亿元。

（任丽娜）

【开展一体化优化工作】 2016年，武汉石化重点开展原油、乙烯原料、产品结构优化等9个优化攻关项目。以炼化一体化、效益最大化为原则，努力做大炼油和乙烯总量，减少炼油尾油、直馏石脑油、液化气等乙烯原料供应量，炼油对乙烯原料供应率降至64.9%，做大成品油产量，提升乙烯原料质量，降低成本，提高炼化一体化效益。

（任丽娜）

【降本减费取得新成效】 2016年，武汉石化强化成本费用管控，动态调整预算，逐级分解下达，重点费用及时预警，严格控制预算外支出，实现成本费用的结构优化和过程控制。引入市场价格，完成炼油22套生产装置的月度模拟利润核算，纳入绩效考核观察类指标。强化资金运营管理，财务费用较预算降低1.3亿元，获总部奖励590万元。规范资产运营管理，消化长期闲置资产和停建工程损失4 764万元，资产负债率下降4.7个百分点。积极落实石脑油退税、财税返还等各项税收优惠政策，全年增效1.64亿元。

（任丽娜）

【科技进步成果显著】 2016年，武汉石化承担总部级科技开发项目9项及自主开发科研项目17项，均达到合同进度要求。申报专利8件。开展公司级技术攻关9项、车间级技术攻关22项，奖励双革项目194项。“武汉80万吨/年乙烯成套技术开发”和“第三代环管法成套技术”项目获中国石化2015年度科技进步一等奖，“80万吨/年乙烯装置乙烯制冷压缩机组研制”项目获中国石化2015年度科技进步二等奖，“干气制氢中变气脱碳提氢成套技术及产业化”项目获中国石油和化学工业联合会科技进步一等奖。

（任丽娜）

【2项工程获国家优质工程奖】 2016年12月，中国

施工企业管理协会公布2016—2017年度第1批国家优质工程奖名单，武汉80万吨/年乙烯及配套工程获国家优质工程金质奖，800万吨/年油品质量升级炼油改造二期工程同时获国家优质工程奖。刘家海被授予2016—2017年度国家优质工程奖突出贡献者称号。

（任丽娜）

【全面推行5S管理】 2016年，武汉石化全面系统推行“整理、整顿、清扫、清洁、素养”（5S）精益生产管理方法。成立5S工作领导小组和行动学习团队，明确“全员参与，注重细节，持续改进，追求卓越”的工作方针和“定置管理、保持清洁、落实责任、提升素质”的工作目标，制定推行计划和实施方案，确定办公区域、公共区域、“三室”（操作室、交接班室、更衣室）、装置现场4个重点，设立34个样板区，及时检查曝光讲评。管理机制有效运行，定置化管理走入正轨，装置现场，办公室环境大幅改观，整理、整顿取得阶段性成果。

（任丽娜）

【持续推进工业化与信息化融合工作】 2016年，武汉石化不断推进信息化建设，加强信息系统日常运维管理，确保ERP、MES等信息平台和应用系统运行稳定。完成股份公司ERP系统大集中，资产公司ERP系统按时上线运行。门禁、通勤、餐卡“三卡合一”系统，IC卡提货系统，智能管线系统，检修改造平台，物资辅助管理系统等建成投用。采用“众创”方式，91人参与完成1 000幅装置流程图绘制工作。获评国家工业化与信息化融合贯标试点企业称号，完成“两化”融合管理体系贯标认证工作。

（任丽娜）

【党建和思想政治工作再上新台阶】 2016年，武汉石化制定“两学一做”学习教育实施方案，组织党员干部学习党章党规和习近平总书记系列讲话，组织“两学一做”专题知识竞赛等。全面开展每月一次“党员活动日”活动，不断丰富活动主题，提高党员参与积极性。不断促进党建工作与生产经营深度融合，结合支部流动红旗竞赛、“党员示范岗”“党员责任区”创建等活动，开展党支部分类定级管理，强化党员责任意识，创新企业党建工作品牌。在大检修中，成立党员突击队、青年突击队，发挥“党员亮身份、突击显身手”作用。开展“走基层转作风、访万家促和谐”为主题的大走访活动，走访员工2 000余名。接受国务院国资委和总部党建工作考核检查受到肯定。

（任丽娜）

表1　　武汉石化主要技术经济指标[①]　　亿元

指标名称＼年份	2016	2015	2014	2013	2012	2011
原油加工量/万吨	676.41	770.24	788.28	641.48	432.71	503.38
工业总产值						
武汉分公司	265.87	325.11	450.72	375.18	261.88	293.71
武汉资产分公司	2.36	2.61	2.52	2.35	1.91	2.61
武汉乙烯	—	—	—	55.28	—	—
工业增加值						
武汉分公司	94.65	94.85	62.73	57.63	29.58	38.93
武汉资产分公司	0.80	1.02	0.99	0.88	0.43	0.97
资产总计						
武汉分公司	203.09	214.23	268.34	275.31	231.41	162.50
武汉资产分公司	5.80	5.58	6.30	5.10	5.26	5.69
流动资产						
武汉分公司	106.93	116.69	170.96	48.08	40.23	71.77

续表

年份 指标名称	2016	2015	2014	2013	2012	2011
武汉资产分公司	1.98	1.88	2.94	1.82	2.10	2.52
固定资产原值						
武汉分公司	92.92	88.73	88.02	239.97	55.27	54.12
武汉资产分公司	7.86	8.00	7.70	7.61	7.70	7.40
固定资产净值						
武汉分公司	47.26	46.75	49.31	203.20	23.94	25.07
武汉资产分公司	3.15	3.23	2.93	3.06	3.15	2.99
销售收入						
武汉分公司	265.97	322.62	451.44	379.71	261.64	294.79
武汉资产分公司	5.50	6.05	6.00	5.19	3.67	4.53
实现利税						
武汉分公司	87.99	85.46	60.6	45.72	20.42	30.83
武汉资产分公司	−0.04	0.33	−0.31	−0.52	−0.74	−0.13
税　金						
武汉分公司	79.31	86.63	49.62	47.00	36.46	46.74
武汉资产分公司	0.20	0.27	0.23	0.21	0.15	0.19
综合能耗/吨标煤·万元$^{-1}$						
武汉分公司	0.215	0.218	0.231	0.248	0.261	0.262
武汉资产分公司	1.540	0.990	1.012	1.979	2.757	1.986
武汉乙烯				2.396	—	—

①武汉分公司 2013 年资产总计、销售收入、实现利税、税金为炼油、乙烯合并数据；2014 年中韩石化独立商业运营，武汉乙烯数据不再并入武汉石化

表 2　　武汉石化主要产品产量　　万吨

年份 产品名称	2016	2015	2014	2013	2012	2011
汽　油	139.24	146.22	128.94	129.70	109.13	126.20
柴　油	224.39	261.51	267.09	256.48	172.86	203.83
航　煤	68.95	79.71	57.74	38.22	22.00	24.49
化工轻油	171.30	181.80	192.92	84.79	18.57	21.24
燃料油	0.34	2.64	1.59	3.44	8.51	13.44
溶剂油	0	−0.04	0.06	0.20	2.22	2.85
液化气	24.39	26.34	28.05	24.89	22.21	24.86
聚丙烯	9.21	11.02	11.21	10.47	9.96	11.43
硫　黄	4.76	4.76	5.18	3.58	2.15	2.41

续表

年份 产品名称	2016	2015	2014	2013	2012	2011
环烷酸	—	—	—	—	0.03	0.10
苯　类	0.56	1.63	3.04	4.02	2.48	2.48
焦　炭	48.92	57.19	61.67	49.23	34.09	41.56
MTBE	3.58	3.88	4.82	4.93	4.39	4.69
丙　烷	1.36	0.93	1.23	1.65	1.44	1.06

中韩石化

【概况】 中韩（武汉）石油化工有限公司（简称中韩石化）由中国石化和韩国爱思开综合化学株式会社（简称SKGC）以65∶35的股比合资设立，2013年10月28日工商注册，2014年1月1日正式独立运营，投资总额186.30亿元，注册资本62.70亿元。中韩石化位于武汉化工区，占地291.01公顷，拥有80万吨/年乙烯装置、55万吨/年裂解汽油加氢装置、15万吨/年碳五分离装置、13万吨/年丁二烯抽提装置、35万吨/年芳烃抽提装置、8/3万吨/年MTBE/1－丁烯装置、30万吨/年高密度聚乙烯装置、30万吨/年线型低密度聚乙烯装置、15/28万吨/年EO/EG装置、20万吨/年JPP聚丙烯装置、20万吨/年ST聚丙烯装置等11套生产装置，及相应配套的公用工程：循环水、变电站、热电联产、化学水处理、空压等装置。

截至2016年底，中韩石化共设有物资流通部、财务管理部、综合管理部、党群工作部等8个职能部门，员工总数为1 099人，其中包含武汉石化委派23人、SKGC委派12人。

2016年，中韩石化共加工裂解原料233.14万吨，生产乙烯72.89万吨；生产各类商品总量205.11万吨，其中树脂产品85.42万吨。合纤原料18.70万吨，环氧乙烷、“三苯”、丁二烯等有机产品100.99万吨；实现销售收入117.03亿元，上缴税金11.39亿元，实现利润20.72亿元。

中韩石化主要技术经济指标和主要产品产量分别见表1和表2。

（张玉婷）

【完成首次停工大检修】 2016年4月8日—5月30日，中韩石化顺利进行了自2013年8月投产以来的首次全厂性停工大修。历时50天，累计完成4 861项检修改造项目。按照“安全、优质、文明、准时、节约”的工作方针，中韩石化充分做好各项检修准备，持续优化开停工统筹，并积极推行检修沙盘推演、检修管理平台、文明检修、安全与质量网格化管理等创新性管理手段，确保了检修的过程控制和质量控制。大检修实现了安全环保事故为零、检修后一次开车成功的总体目标。

（张玉婷）

【完成80万吨/年乙烯工程项目竣工验收】 武汉分公司80万吨/年乙烯及配套工程于2007年4月2日获国家发改委核准批复，2009年7月14日获工程总体设计批复。2010年4月各装置土建全面开工，2012年12月28日项目建成总体中交，2013年8月12日乙烯装置投料试车并一次成功。分别于2013年5月完成防雷验收，7月完成消防验收，2014年11月完成安全设施验收，2015年9月完成职业病防护设施验收，2016年1月完成项目决算和审计验收，6月完成环境保护验收，7月获国家档案局档案验收，8月12日通过竣工验收。

（张玉婷）

【LDAR系统项目正式启动】 2016年，中韩石化组织各装置完成泄漏检测与修复（LDAR）管理系统基础数据采集、录入工作，基本完成现场组件挂牌工作。2016年3月底完成LDAR第1轮检测工作，4—5月停工大检修期间完成了第1轮修复工作。

（梁晓青　杨洪波）

【80万吨/年乙烯工程后评价验收完成】 2016年5月，武汉分公司80万吨/年乙烯及配套工程后评价工作正式启动，经过7个月的资料搜集、后评价编制、自评价报告编制等工作，于2015年12月形成后评价及自评价报告的初版。2016年12月20—21日，中国石化发展计划部在中韩石化组织召开了武汉分

公司 80 万吨/年乙烯及配套工程后评价报告验收会议，经过专家组现场踏勘、审查报告资料、召开后评价会议及参会单位的充分讨论，后评价报告一次性通过验收。

（钱　锟）

【完成 ERP 大集中项目】 2016 年，中韩石化积极响应集团公司 ERP 大集中项目，抽调专人参加总部为期 3 个月的培训，配合总部开展业务场景配置、系统集成、权限测试等工作。项目于 11 月 1 日正式上线，有效解决了 EM 模块升级过程中审批权限、流程设计、业务功能等问题。

（程熠诗）

【乙烯单月产量刷新最高历史纪录】 2016 年 12 月，中韩石化乙烯月产量达 7.67 万吨，刷新 2013 年投产以来单月乙烯产量最高历史纪录。乙烯收率 32.39%，双烯收率 48.73%，均创历史新高。

（梁晓青）

【80 万吨/年乙烯及配套工程获国家优质工程金质奖】 2016 年 12 月，中国施工企业管理协会公布 2016—2017 年度第 1 批国家优质工程奖名单，武汉 80 万吨乙烯及配套工程获国家优质工程金质奖。该工程是中国石化重点工程项目，于 2010 年 4 月开工建设，2012 年 12 月建成中交，2013 年 8 月投料试车并产出合格产品，2016 年 8 月通过竣工验收。该工程由宁波工程公司、上海工程公司、工程建设公司、第四建设公司、第十建设公司、第五建设公司、南京工程公司等单位设计建设，共获得 20 多项省部级科技进步奖、优质工程奖，具有较好的经济效益和社会效益。

（付　松）

【成为湖北省高新技术产品备案企业】 2016 年 12 月，中韩石化在湖北省科技局完成“一种基于第三代环管技术的聚丙烯高性能镀铝流延膜专用料”和“一种基于第三代环管技术的医用透明聚丙烯专用料”2 个产品的备案工作，成为湖北省高新技术产品备案企业。

（周雪云）

【9# 液体码头取得经营许可证】 2016 年，中韩石化依法取得 9# 液体码头经营许可证，同时配合政府部门率先实施水路危化品运输网上申报工作。

（吕　津）

【专用料新产品开发】 2016 年，中韩石化全年累计生产新产品 7.89 万吨、专用料 38.56 万吨，新产品专用料总量达 46.45 万吨。其中，开发了聚丙烯防水卷材专用料 NS06，使中韩石化成为国内第 1 家生产聚丙烯防水卷材专用料的企业；开发了流延膜内层专用料 FCP80 BS，流延膜系列新牌号增加到 3 个，实现了外层、中层和内层产品的配套销售。

（周雪云）

【强化资金运营管理】 2016 年，中韩石化开展多渠道融资，灵活运用银行承兑汇票；强化资金精细管理，实行日资金收付计划及滚动计划管理；开展协定存款、7 天通知存款、银行定制存款和结构性存款，盘活存量资金；实现财务费用比上年同期降低 1.47 亿元。

（兰　乾）

【推进落实税收优惠政策】 2016 年，中韩石化积极推进战略合作协议相关财税优惠政策落实，全年累计收到财税返还 2.26 亿元。总结前期石脑油消费税退税过程中的经验和难点，争取税务主管部门同意简化函证程序，全年完成石脑油消费税退税 3 129 万元。

（兰　乾）

【开展竞争力强化活动】 2016 年 3 月 25 日，中韩石化召开以大检修为重点的 2016 年竞争力强化活动启动会。大检修期间韩方派出 38 名专家进驻中韩石化，服务 820 人 · 天,全年累计派出专家 53 名、服务 1 136 人 · 天。活动开展期间，项目组整理了 40 件事故案例，制作 162 件改进建议卡片，对检修期间出现的裂解炉炉管及损伤、乙二醇反应器损伤、K－201 高压缸转子腐蚀等等问题提供了技术支持。同时，还通过开展乙烯裂解炉 APC 项目优化测试、聚烯烃装置运行稳定性及产品质量攻关、HSE 督察管理支援等课题，促进了生产经营管理水平的提升。

（赵婷婷）

【启动一体化管理体系建设工作】 2016 年 7 月，中韩石化正式启动一体化管理体系建设工作，并开展概况摸底、人员培训、手册框架搭建、制度修订、工作职责分配等工作，10 月底对现有制度进行梳理，12 月初启动第 2 批制度诊断小组活动，分别从质量管理、能源管理、职业健康安全与环境、法律法规 4 个方面完成一体化管理体系所要求的相关重点制度的诊断及编制工作。

（李　伟）

【完成技能操作人员岗位胜任能力评价】 2016年9月，中韩石化组织开展技能操作人员岗位胜任能力评价工作，组织6批次30余人参与题库编制工作，针对79个岗位出题目141套，共完成651名操作人员的岗位胜任能力评价。在实操考评过程中，中韩石化专门从广州石化、茂名石化、安庆石化、洛阳石化、齐鲁石化、中沙石化、扬子石化、福建联合石化公司、青山国电等14家企业邀请57名专家参与考评，保证了考评过程的公正性和考评结果的客观性。

（蔡 娟）

【开展“质量月——企业开放日”活动】 2016年9月19日，武汉化工区联合中韩石化、绿色动力举办“质量月——企业开放日”活动，来自华中师范大学应用化学学院、挽月中学、魏家湾小学等校学生及媒体代表共150余人受邀参观。活动充分体现出以中韩石化为代表的现代化工企业在质量管理、安全运行和环保处理方面的发展成果。

（张玉婷）

“质量月——企业开放日”活动 （付 松 摄）

【员工亲情活动基地建成开放】 2016年11月15日，中韩石化员工亲情活动基地建成开放。员工亲情活动基地设置农情体验园、果蔬采摘园、蔬菜种植园、家禽养殖园和团队活动园，基地内种有4种经济果树，若干四季蔬菜，并养殖了鸡、鸭、猪等家禽牲畜。同时，为各部门设有自留地，可利用业余时间开展系列活动，不仅丰富了职工业余文化生活，又增添了职工积极参与“家文化”建设的乐趣，成为中韩石化“家文化”建设重要组成部分之一。

（段瑞科）

中韩石化员工亲情活动 （付 松 摄）

【开展多项文体活动】 2016年，中韩石化深化“家文化”理念建设，服务青年职工所需，组织开展了文体协会创建工作。青年志愿者协会连续4年开展“武汉站暖冬行动”“福利院关爱行动”等活动；足球协会举办首届“创效杯”青年足球联赛。同时，相继投用中控室健身房、球馆（多功能展会场）、瑜伽（练功）房等文体活动场所。文体协会创建以及多种多样的文体活动，丰富了员工业余生活，增强团队协作意识，提升员工归属感、幸福感，促进了企业“家文化”建设。

（段瑞科 张玉婷）

表1 **中韩石化主要技术经济指标** 亿元

指标名称＼年份	2016	2015	2014
工业总产值	117.18	139.70	182.70
资产总值	161.75	170.72	187.13
资产负债率/%	46.50	57.47	70.20
销售收入	117.03	140.77	183.65
利 润	20.72	22.56	1.83
上缴税金	11.39	14.58	5.13
综合能耗/吨标煤·万元$^{-1}$	1.74	1.72	1.71

表 2　　**中韩石化主要产品产量**　　万吨

产品名称＼年份	2016	2015	2014
环氧乙烷	12.14	13.68	13.79
乙　烯	72.89	85.34	83.09
丙　烯	37.78	43.05	43.33
1－丁烯	2.63	2.53	3.09
丁二烯	10.57	10.84	11.33
异戊二烯	1.31	1.45	1.17
间戊二烯	1.37	1.59	2.10
双环戊二烯	1.00	1.09	1.04
苯	14.08	18.07	17.56
甲　苯	6.49	8.18	8.38
二甲苯	5.61	6.10	6.26
甲基叔丁基醚	7.30	6.96	7.31
高密度聚乙烯	24.30	27.74	26.59
线型低密度聚乙烯	26.56	30.53	31.21
聚丙烯	34.41	40.84	41.08
乙二醇	18.70	22.66	23.33

巴陵石化

【概况】 中国石油化工股份有限公司巴陵分公司（简称巴陵分公司）和中国石化集团资产经营管理有限公司巴陵石化分公司（简称巴陵资产分公司）统称巴陵石化，位于湖南省岳阳市云溪区和岳阳楼区，紧邻京广铁路、京广高铁、107 国道、京珠高速和随岳高速，西靠洞庭、北倚长江，厂区总面积 9.45 平方千米，是一家大型石油化工、煤化工联合企业，是国内最大的锂系橡胶、己内酰胺生产企业和重要的环氧树脂生产基地。

巴陵石化下辖炼油、合成橡胶、环氧树脂、己内酰胺、化肥事业部等 13 个直属单位，固定资产原值 170 亿元，在岗职工 7 967 人。共有主要生产、辅助装置 61 套，主要产品有汽柴油组分油、燃料油、石脑油、液化气、环己酮、MTBE、SBS、SEBS、SIS、聚丙烯、环氧树脂、氯丙烯、环氧氯丙烷、己内酰胺、双氧水等 50 多种 170 多个牌号，主要包括 5 条产品链：炼油产品链，包括年综合加工能力 200 万吨炼油（常压部分具备 350 万吨加工能力），年产 12 万吨苯乙烯、6 万吨 MTBE 等装置；合成橡胶产品链，年总产能 36 万吨，包括 30 万吨锂系橡胶、6 万吨顺丁橡胶等装置；己内酰胺产品链，主要包括年产 50 万吨己内酰胺以及配套环己酮、双氧水等装置；环氧树脂产品链，包括年产 12 万吨环氧树脂、7 万吨烧碱、5.2 万吨氯丙烯等装置；煤化工产品链，主要包括日耗煤 2 000 吨煤气化、年产 42 万吨合成氨等装置。

截至 2016 年底，巴陵石化获得国家科技进步一等奖、国家技术发明一等奖各 1 项，国家科技进步二等奖 6 项，累计获得国家、省部级科技进步奖 134 项，拥有授权专利 337 件。SEBS 成套技术开发等项目被列入"863"计划，SIS、SEBS 被评为国家重点新产品，SBS、己内酰胺、环氧树脂等一批产品被评为国家级新产品。锂系橡胶综合技术进入世界先进水平，己内酰胺核心技术处于国际领先水平，特种环氧树脂、化工型炼油、煤化工生产技术居国内前列。

2016 年，巴陵石化产品总量达 470 万吨，同比增加 24 万吨；实现营业收入 204 亿元，增加 36 亿元；上缴税费 28.7 亿元。

巴陵石化主要技术经济指标和主要产品产量分

别见表1和表2。

（贺致富　陈　搏）

【安全环保基础不断夯实】 2016年，巴陵石化持续完善HSE管理体系，突出直接作业环节、“三商”管理等重点领域，强化“三违”整治，严格责任追究，实现连续53个月未发生上报集团公司事故，安全业绩创历史最优，连续2年获得集团公司安全生产先进单位奖牌，连续4年获评湖南省安全生产先进单位。11月30日，巴陵石化按时、安全完成国务院挂牌督办的油气输送管道隐患整治项目，445处管道隐患全部销项。坚持源头管控与排污治理并举，COD、氨氮、二氧化硫、氮氧化物4项污染物外排总量同比减少21.5%，固废有效处置率100%。

（贺致富）

【技术经济指标明显提升】 2016年，巴陵石化顺利完成第1轮主要技术经济指标创行业标杆3年行动计划，114项能耗物耗指标有66项创历史最优，30项创行业标杆，当年节能降耗提质降本6 370万元，2014—2016年累计降本3.7亿元。通过优化采购、强化产品标杆比价与结构调整、优化闲置资产利月、强化费用管控等措施，全年累计降本节支增收超过5亿元。

（陈　搏　贺致富）

【内部改革纵深推进】 2016年，巴陵石化持续深化“3个1/3”改革，完成保卫、纪检等业务集中，推进电气、财务等专业化重组，组建工艺、设备、安全等专业技术团队，试点联合装置管理模式，减少科级机构18个；严控干部职数，减少处科级干部52名；全面完成“全体起立、全员竞聘”，分流安置富余人员869人。同时，探索混合所有制改革，成立隆兴环氧新材料中心，污水处理运营合资公司进入实质性组建阶段。

（贺致富　陈　搏）

【扎实推进“三供一业”分离移交】 2016年，巴陵石化强化与地方政府和相关接收方的沟通协调，扎实推进“三供一业”及其他办社会职能分离移交，在系统内率先完成供水、供电、供气业务分离移交框架协议签订。

（陈　搏）

【科技工作稳步推进】 2016年，巴陵石化持续强化科技创新，支撑企业发展的7个重大科技项目取得突破，其中医用SEBS、2万吨/年SEPS、2万吨/年浆态床蒽醌法制双氧水3个项目正在建设工业化装置；环己酮肟气相贝克曼重排、苯部分加氢制环己酮2个项目具备工业化条件；环保型环氧氯丙烷新工艺项目启动工艺包编制，轻石脑油多产苯技术中试方案通过总部审查。钼系橡胶、医用SEBS、浆态床蒽醌法制双氧水3个项目进入总部“十条龙”攻关计划。开发新产品、新牌号15个，热塑橡胶弹性体、聚酰胺3D打印耗材实现稳定打印；获得授权专利24件；获集团公司科技进步二等奖1项。

（贺致富）

【项目建设稳步推进】 2016年，巴陵石化重点发展项目稳步推进，2万吨/年SEPS、溶聚丁苯聚合单元改造、热电“一炉一机”等在建项目进展顺利，完成投资3.8亿元。

（陈　搏）

【党的建设持续加强】 2016年，巴陵石化扎实开展“两学一做”学习教育，要求基层党组织和党员聚焦“打造扭亏脱困样板企业”目标，对照党组领导在企业调研时指出的“五大问题”，深入找问题、定措施、抓落实，形成《“两学一做”行动计划表》，形成组织行动表单371份，党员行动计划表5 166份。同时，开展“百名书记讲党课”活动，处级干部讲党课75场次，支部讲党课282场次。全面提高党建工作水平，党建工作在集团公司年度考核中再次进入A档序列，工会工作在集团公司工会工委年度考核中也被评为A档。在集团公司党建工作会议上，公司党委做了题为《坚持“3个引领”，助推改革攻坚》的典型发言；“构建党群一体化工作模式的实践与探索”“以横班党小组打通党建工作‘最后一公里路’”2项成果入选全国优秀基层党建创新典型案例。

（贺致富）

【与长岭炼化建立月度联席会议制度】 2016年4月起，巴陵石化与长岭炼化建立月度联席会议制度，双方轮流主持召开联席会议，共同研究区域资源优化利用、“三供一业”分离移交、发展质效提升等方面的工作，协调生产经营组织中遇到的问题。

（贺致富）

【与下游企业建立全面合作关系】 2016年4月13日，巴陵石化与全国唯一的3D打印智能制造示范项目企业华曙高科签署为期3年的合作框架协议，建立全面合作关系，共同开展锂系橡胶、聚酰胺、环氧树脂3个方面的3D打印材料研发与应用；6月15日，与国内防水行业龙头企业北京东方雨虹防水技术股份有限公司签订战略合作协议，在提升防水建材用SBS产品性能、推进巴陵石化热塑橡胶防水沥青改性剂在防水市场的应用等方面开展合作；8月3日，与国内医疗器械行业代表企业山东威高集团签署全面合作协议，标志着巴陵石化SEBS热塑橡胶产品进入医疗领域，填补国内空白。

（陈　搏）

【与汨罗市人民政府签署合作协议】 2016年9月24日，巴陵石化与汨罗市人民政府签署战略合作协议，共同推进长沙经济开发区汨罗飞地产业园的发展建设。协议明确，巴陵石化利用原材料、人才、技术等优势，参与汨罗飞地产业园高分子材料园的规划；入园项目优先使用巴陵石化的产品或原料，协助巴陵石化科研转化项目落户园区，享受园区各种优惠政策支持。

（贺致富）

【获多项荣誉】 2016年，巴陵石化合成橡胶事业部职工梁红文获全国优秀科技工作者、集团公司科技创新领军人才称号；炼油事业部一联合车间操作三班被评为全国“安康杯”优胜班组；巴陵石化“基于橡塑设备长周期运行的设备综合效能管理”成果获第2届全国设备管理创新成果一等奖；炼油事业部党委、合成橡胶事业部SBS车间党支部、热电事业部锅炉车间党支部被评为集团公司先进基层党组织；己内酰胺事业部联合主控室被评为湖南省工人先锋号；炼油事业部苯乙烯车间主控岗位被评为第5届湖南青年安全生产示范岗；安居园社区、鹰山社区分别成功创建集团公司5A、4A级文明和谐示范小区；职工周治平被评为集团公司精神文明建设标兵，郑李志被评为集团公司精神文明建设先进个人。

（贺致富）

【持续优化内部环境】 2016年，巴陵石化投入3 250万元，实施老旧小区综合治理和维修改造，社区面貌明显改善；深入开展“走基层、访万家”活动，走访班组511个、职工6 598人；组织“百万帮扶大行动”等，帮扶765户，总金额288万元；落实“两项待遇”，组织1万名离退休人员进行健康检查；组织“十大文体活动”等，丰富了职工群众文化生活；突出“事要解决”，抓好信访稳定工作，确保了队伍稳定、企业稳定。

（陈　搏）

表1　　巴陵石化主要技术经济指标[①]　　亿元

指标名称 \ 年份	2016	2015	2014	2013	2012	2011
原油加工量/万吨						
巴陵资产分公司	178.99	180.37	159.72	180.60	184.96	155.62
工业总产值						
巴陵分公司	29.98	31.11	46.47	54.17	50.80	58.02
巴陵资产分公司	125.07	129.00	152.41	173.46	190.50	170.32
炼　油						
巴陵资产分公司	71.31	70.10	82.75	86.41	107.00	87.14
化　工						
巴陵分公司	23.25	26.46	39.37	45.03	39.40	51.09
巴陵资产分公司	53.76	58.90	69.65	87.05	83.40	73.37
化　肥						
巴陵分公司	6.73	4.65	7.11	9.14	11.40	6.53
其　他						
巴陵资产分公司					9.81	8.50

续表

年份 指标名称	2016	2015	2014	2013	2012	2011
工业增加值						
巴陵分公司	-1.08	-1.95	-1.61	-2.71	2.25	14.10
巴陵资产分公司	45.56	51.71	35.42	41.81	33.68	34.03
资产总计						
巴陵分公司	30.16	41.17	44.27	43.35	39.20	33.45
巴陵资产分公司	54.22	48.53	65.14	72.94	73.85	68.08
流动资产						
巴陵分公司	4.13	3.34	4.84	5.14	4.77	6.00
巴陵资产分公司	14.82	9.38	14.97	23.38	24.10	21.55
固定资产原值						
巴陵分公司	70.51	70.00	69.15	64.79	61.64	55.49
巴陵资产分公司	99.50	98.25	95.41	95.04	91.95	72.91
固定资产净值						
巴陵分公司	31.67	19.68	21.03	17.89	15.60	24.18
巴陵资产分公司	47.10	36.74	48.22	49.82	50.43	35.06
销售收入						
巴陵分公司	73.10	33.84	47.76	49.98	52.00	59.81
巴陵资产分公司	130.60	134.04	160.17	183.24	194.65	175.54
实现利税						
巴陵分公司	-20.72	-7.53	-7.56	-6.91	-2.14	6.82
巴陵资产分公司	31.68	37.35	19.13	26.05	22.09	21.85
税　金						
巴陵分公司	0.57	0.16	0.17	0.16	2.50	2.84
巴陵资产分公司	28.11	34.24	25.90	30.68	30.76	28.71
能耗/吨标煤·万元$^{-1}$						
巴陵分公司	2.61	2.62	2.56	2.88	3.14	3.03
巴陵资产分公司	0.81	0.80	0.83	0.87	0.90	0.95

①数据不含混合所有制企业

表 2 **巴陵石化主要产品产量** 万吨

年份 产品名称	2016	2015	2014	2013	2012	2011
巴陵资产分公司						
93#汽油	—	—	—	21.78	26.42	24.57
97#汽油	—	—	—	16.05	26.72	24.16

续表

产品名称＼年份	2016	2015	2014	2013	2012	2011
0#柴油	—	—	—	8.08	41.61	36.43
汽油组分油	43.38	42.71	29.74	—	—	—
柴油组分油	17.23	45.03	11.67	—	—	—
燃料油	3.01	12.66	50.15	—	—	—
石脑油	17.77	15.39	24.99	25.34	12.95	8.48
液化气	18.36	19.60	16.70	19.31	20.56	18.49
干　气	3.70	2.69	2.90	3.02	2.31	3.61
丙　烯	9.23	9.26	7.97	9.24	9.68	9.18
油　浆	—	—	—	3.53	3.76	3.69
溶剂油	1.60	3.33	3.27	3.63	4.90	6.14
合成橡胶	26.16	25.34	24.81	26.95	22.59	19.26
顺丁橡胶	—	0	0	3.35	3.46	3.13
SBS 热塑弹性体	4.49	17.96	18.10	17.9	14.08	12.53
环氧树脂	7.94	6.50	5.85	6.00	4.74	4.11
环己酮	11.14	10.91	11.29	9.21	10.39	11.41
烧　碱	7.73	7.46	7.22	9.53	10.16	10.05
盐　酸	0.74	1.05	3.85	3.70	2.52	4.20
液　氯	6.48	6.19	11.47	7.61	0.39	7.99
聚丙烯	6.06	6.60	5.39	5.85	6.24	5.57
氯丙烯	3.62	3.03	3.47	4.58	0.28	4.89
环氧氯丙烷	1.81	2.31	1.22	2.33	1.48	2.17
巴陵分公司						
合成氨	35.02	35.99	35.78	47.86	8.26	32.49
尿　素	0	0	0	24.34	28.00	18.28
己内酰胺	24.76	22.87	27.09	22.34	15.40	20.03
尼龙 6 切片	4.60	3.98	4.69	4.83	5.23	3.82
硫酸铵	33.95	32.08	38.04	17.60	29.33	28.03
环己酮	8.41	7.38	8.23	8.55	0	8.27
双氧水	25.75	18.23	23.53	19.26	0	11.10

长岭炼化

【概况】 中国石油化工股份有限公司长岭分公司(简称长岭分公司)和中国石化集团资产经营管理有限公司长岭分公司(简称长岭资产分公司)统称长岭炼化，坐落在湖南岳阳洞庭湖畔，北临长江，南靠京广铁路，与武广高速铁路、107 国道、京珠高速公路相邻，水陆交通便利。

长岭炼化前身为长岭炼油厂，始建于 1965 年，1971 年 5 月建成投产。2000 年 4 月，按照集团公司整体重组改制的要求，炼油主业部分重组改制为股份公司长岭分公司，存续部分改制为中国石化集团长岭炼油化工有限责任公司(简称长岭炼化公司)。2007 年 5

月，长岭炼化公司改制为长岭资产分公司。截至2016年底，长岭炼化有正式员工3 537人，其中长岭分公司有正式员工2 258人、长岭资产分公司有正式员工1 279人。

截至2016年底，长岭炼化拥有炼油化工生产装置33套，原油加工能力800万吨/年，拥有13万吨/年聚丙烯、20万吨/年改性沥青、10万吨/年乳化沥青、10万吨/年环氧丙烷生产能力，是中南地区重要的石油化工产业基地。主要生产汽油、柴油、航煤、石脑油、液化石油气、"三苯"、沥青、环氧丙烷、乙酸酯等60余种产品，有17种产品获省部级以上优质产品称号，其中出口轻柴油和6#抽提溶剂油获国家金质奖，石油甲苯、二甲苯和120#溶剂油等产品获国家银质奖。"东海牌"改性沥青铺上国家体育场鸟巢的主跑道；高铁专用乳化沥青成功应用于武广高铁建设，实现了高铁专用乳化沥青的国产化，打破了日本、德国的垄断。10万吨/年双氧水法制环氧丙烷装置拥有完全自主知识产权，打破了国外技术垄断，填补了国内空白。

2016年，长岭炼化相继完成第2套S－Zorb装置中交投产、国Ⅴ车用汽柴油质量升级等任务，主要技术经济指标全面达标，实现了安稳生产、优化生产。全年加工原料油804万吨，生产经营业绩创建厂45年来最好水平。

长岭分公司主要技术经济指标和主要产品产量分别见表1和表2。

（王毅平　李　星）

【生产经营创历史最好水平】 2016年，长岭炼化加工原料油804万吨，其中加工原油660.55万吨，超计划85万吨。高附加值产品产率达87%，航煤、车柴、高标号汽油等产品产量创历史新高。全年实现销售收入329.99亿元，上缴税金99.83亿元，实现盈利12.44亿元，生产经营业绩创建厂45年来最好水平。

（王毅平　李　星）

【安全环保实现"四无"目标】 2016年，长岭炼化成立7个专业HSE分委员会，分层级修订完善1 596个岗位HSE职责，识别10项重大安全风险，开展5个专项治理，完成20项重大隐患治理，推行避免事故嘉奖令机制，全年未发生上报集团公司安全生产事故；积极开展环保专项行动，强化环保源头管控，推进环保提标改造和VOC治理，完成炼油改扩建项目竣工环保验收，烟气脱硫脱硝除尘等环保项目全面建成投用，未发生环境污染事件，实现了安全环保"四无"目标。

（王毅平　李　星）

【科技进步取得新成果】 2016年，长岭炼化努力建设完善科技创新平台，大力推进科技创新与技术进步，获得各级科技进步奖项23项，117人成为国家一级创新工程师。在首届全国企业科技创新方法大赛中，作为中国石化唯一代表，长岭炼化获单项全国第3名并获优秀组织奖。

（王毅平　李　星）

【第2套S－Zorb装置建成投产】 2016年9月9日，长岭炼化第2套S－Zorb装置项目建成投产，开车一次成功。该项目投资1.7亿元，设计能力120万吨/年，主要包括进料与脱硫反应、吸附剂再生、吸附剂循环和产品稳定4个部分，进一步提升了长岭炼化汽油深度脱硫精制能力。

（王毅平　李　星）

【完成国Ⅴ车用汽柴油质量升级】 2016年，长岭炼化制定了国Ⅴ车用汽柴油质量升级总体方案，完成240万吨/年汽柴油加氢装置提前换剂和关键流程改造，顺利实现国Ⅴ车用汽柴油质量升级。9月，装置馏出口全面达到国Ⅴ标准。10月1日，首批国Ⅴ汽油产品出厂。

（王毅平　李　星）

【100万吨/年催化柴油加氢转化项目开工建设】 2016年3月15日，长岭炼化100万吨/年催化柴油加氢转化项目正式开工建设。该项目投资8亿元，项目建成投产将在公司油品质量升级、清洁生产、经济效益提升方面发挥重要作用。

（王毅平　李　星）

【推进改革有新突破】 2016年，长岭炼化发布持续深化改革总体方案和长岭资产分公司扭亏脱困方案，明确改革的路线图和时间表，出台深化改革的一揽子配套措施。持续完善业务外包管控模式，与5家承包商签订外包合同，开展"回头看"活动，帮助解决实际困难，助推外包单位实现了"开门红"。稳步推进瘦身健体，启动机关"三定"工作。加快"三供一业"及其他办社会职能分离移交，岳阳小区供水、供电和长岭小区供气分离移交框架协议如期签订，长岭街道办事处移交云溪区政府管理。

（王毅平　李　星）

【支援蓝山县丙烷槽车侧翻泄露事故处置】 2016年1月21日，湖南省永州市蓝山县S216线161千米处发生一起载有23.5吨的丙烷槽车侧翻泄露事故。22日，应湖南省政府要求，长岭炼化派出 4 名专业技术人员赴现场紧急支援并参加事故处置，在当晚事故紧急协调会上，指挥部采取了长岭炼化专家提出的冰冻、转运、注水处理方案。23 日晚，通过 13 小时不间断工作，完成危险源处置任务。蓝山县政府给予了长岭炼化救援专家高度评价，并授予长岭炼化救援队“千里驰援技术精湛，有勇有谋敢于担当”的锦旗。

（王毅平　李　星）

【支援华容县新华垸溃口抢险】 2016 年 7 月 10 日，湖南省岳阳市华容县新华垸新老土结合部位发生渗漏，随后险情迅速恶化，上午 11 时，堤身下沉溃口。当日，按岳阳市防汛指挥部要求，长岭炼化紧急调配 900 条催化剂吨包装袋运送到抢险现场，11 日上午，紧急调配 5 万只抢险编织袋运送到长江干堤象骨港和新港防汛仓库。

（王毅平　李　星）

表 1　　长岭分公司主要技术经济指标　　亿元

指标名称 \ 年份	2016	2015	2014	2013	2012	2011
原油加工量/万吨	660.55	696.33	639.36	769.16	734.58	601.59
工业总产量	329.72	357.28	392.81	483.92	451.42	349.87
炼　油	316.29	348.14	382.82	470.42	438.51	337.92
化　工	8.79	9.15	9.99	13.50	12.91	11.95
工业增加值	142.75	123.17	69.20	93.43	71.56	40.20
资产总计	87.18	86.12	90.16	88.26	87.89	79.65
流动资金	18.45	16.09	18.52	23.38	23.90	16.82
固定资产原值	120.19	117.40	110.83	101.11	96.83	84.56
固定资产净值	60.05	62.99	61.35	56.11	55.63	46.99
销售收入	329.99	356.02	393.47	479.67	449.42	353.00
实现利税	112.27	94.63	54.16	80.66	63.99	34.19
税　金	99.83	97.52	66.01	77.64	73.41	57.00

表 2　　长岭分公司主要产品产量　　万吨

产品名称 \ 年份	2016	2015	2014	2013	2012	2011
汽　油	239.73	228.33	199.02	203.49	201.70	136.80
柴　油	258.99	287.41	243.25	314.33	312.80	252.88
航　煤	63.35	51.69	38.98	35.22	34.89	12.63
商品液化气	60.35	54.03	41.51	50.10	48.29	34.75
重　油	0.78	1.69	1.85	6.05	7.53	17.80
石油焦	33.05	34.56	29.68	33.41	34.34	37.82
三　苯	20.86	22.35	14.31	25.57	19.67	16.50
溶剂油	1.19	2.73	2.28	7.05	7.81	5.43
聚丙烯	14.31	13.88	10.93	14.73	14.25	11.86
工业硫黄	5.08	4.48	4.49	4.68	4.19	3.15
沥　青	5.62	5.84	3.21	7.97	5.05	2.10

仪征化纤

【概况】 中国石化仪征化纤有限责任公司(简称仪化有限公司)和中国石化集团资产经营管理有限公司仪征分公司(简称仪征资产分公司)统称仪征化纤，位于江苏省仪征市，占地10平方千米。前身为仪征化纤工业联合公司，1978年筹建，1981年设立，1993年进行股份制改组，分为上市部分(仪征化纤股份有限公司)和非上市部分(仪化集团公司)。1998年整体加入集团公司。2000年，仪征化纤股份有限公司更名为中国石化仪征化纤股份有限公司，成为股份公司的控股子公司。2006年，仪化集团公司进行体制转换，更名为中国石化集团资产经营管理有限公司仪征分公司。2014年，中国石化仪征化纤股份有限公司进行重大资产重组，成为股份公司的全资子公司。2015年4月，更名为中国石化仪征化纤有限责任公司。

仪化有限公司主要从事聚酯、涤纶纤维和特种纤维的生产及销售，并配套生产聚酯原料精对苯二甲酸(PTA)。拥有2套PTA装置，产能100万吨/年；16条聚酯生产线、5条瓶级切片生产线、34条涤纶短纤维生产线，合计聚酯聚合产能218万吨/年；3套高性能聚乙烯纤维干法纺丝装置，产能2 300吨/年；1套对位芳纶试验装置，产能100吨/年；1套1，4-丁二醇(BDO)装置，产能10万吨/年。

仪征资产分公司下属3个生产单位和社区管理中心(离退休工作部)。PBT生产中心主要产品为工程塑料(PBT)，产能9.1万吨/年；仪化东丽聚酯薄膜有限公司是原仪化集团公司与日本东丽公司各以50%股权合资设立，主要产品为聚酯薄膜，产能4.4万吨/年；仪化博纳织物有限公司是原仪化集团公司与英国博纳公司以40%∶60%股权设立，主产品为聚丙烯织物和人造草坪纱，产能8 500万米^2/年。

仪征化纤实行一体化管理，下设16个二级单位、4个直属机构、13个机关职能部门。截至2016年底，有在岗正式职工6 818人。其中，管理技术人员1 444人，技能操作人员5 374人。

仪征化纤主要经济指标和主要产品产量分别见表1和表2。

(于 岚)

【控亏情况完成较好】 2016年，仪征化纤制定扭亏脱困方案，把握节奏，精准发力，较好地完成了各项减亏控亏任务。仪化有限公司实现营业收入130.17亿元，控亏5.85亿元，同比减亏1.35亿元。仪征资产分公司实现营业收入6.83亿元，控亏1.1亿元，减亏0.32亿元。完成中国石化监控的14项经济技术指标，其中7项指标创历史最好水平。

(于 岚)

【产销实现双增长】 2016年，仪征化纤紧踩市场行情变化，在春节淡季、价格低位时，增加产品库存，利用G20峰会市场供应紧张、产品效益较好的有利时机增产增销，动态优化生产运行。生产PTA 102.5万吨、同比增加8.5万吨、聚酯商品量198.2万吨、增加8.5万吨、产销率100.2%。PBT、薄膜、织物产销率均大于100%。

(于 岚)

【安全生产持续强化】 2016年，仪征化纤成立生产、设备、工程3个专业安全分委会，推行安全目标指标管理，修订HSE责任制，细化1 274个岗位的安全生产责任制。成立安全督察大队，强化施工作业安全督察，完善视频监控设施，开展危险化学品、承包商专项整治。持续开展大风险识别，推进HAZOP、JSA分析应用，投入7 200多万元实施35个隐患治理项目。深入开展全员安全诊断，加大隐患排查奖励力度，累计收集安全诊断建议43 746条，整改率99.54%。连续5年被评为中国石化安全生产先进单位。

(于 岚)

【环保节能持续见效】 2016年，仪征化纤强化内部排放监督考核，实施清洁生产方案290个，源头控制污染物产生，外排污水及COD总量明显降低。开展VOC排查核算。投资1 800多万元，实施生化西区沼气送烧等11个节能节水项目。主产品单位综合能耗同比下降3.15%。被评为中国石化环境保护先进单位，连续6年被评中国石化节能先进单位，连续3年获江苏省环保信用“绿色企业”称号，通过江苏省节水型企业验收，获2016年扬州市节能先进单位和扬州市最佳雇主企业。

(于 岚)

【质量改进持续加强】 2016年，仪征化纤以满足用户需求为出发点，实施67个质量改进项目；以过程控制为抓手，实行工艺参数分级管理，开展工艺技术专项检查，加强质量监督抽检；以强化设备管理为保障，持续推进设备健康管理、劣化管理和“星级完好装置”创建，设备故障时间同比降低38.6%；主动承担总部、行业协会和国家标准制修订工作，完成5个国家、行业标准制修订，纤维产品通过瑞士

TEX100 认证，聚酯产品通过 RoHS 指令及食品级测定，瓶片产品通过欧盟食品卫生检测和美国 FDA 认证。仪化有限公司聚酯切片、涤纶短纤维被江苏省名牌战略推进委员会授予江苏名牌产品称号。

（于　岚）

【产品结构持续优化】 2016 年，仪征化纤深化 MPRC 机制，形成产、销、研、财务、物流、市场“六位一体”的营销服务新模式，全力开拓市场、优化结构。满足用户个性化需求，生产定制产品 23 个，销售 3.75 万吨，增效 1 766 万元。发挥装置柔性化优势，聚酯 11、16 单元和短纤 31—34 K 生产线适时转产效益好的产品，增效 2 000 万元。高附加值产品比例达 33.1%，同比提高 2.2 个百分点。聚酯产品差别化率达 95%，提高 2 个百分点。

（于　岚）

【新建项目有序推进】 2016 年，仪征化纤成立发展战略委员会，开展战略目标分解，制定《“十三五”发展规划纲要》。新建项目有序推进，高纤千吨级二期项目 6 月投产；涤纶短纤研发生产线搬迁改造项目 2015 年 12 日开工建设，万吨级聚酯研发装置项目 2016 年 2 月开工建设，马来酸酐单元精制塔改造项目 2016 年 8 月开工建设，锅炉烟气超低排放环保升级改造项目 2016 年 11 月开工建设，年产 1 000 吨对位芳纶项目 2016 年 12 月开工建设。

（于　岚）

【挖潜增效业绩突出】 2016 年，仪征化纤制定了 12 项降本增效措施，每月分解任务目标，及时跟踪分析完成情况，全年增效 6 737 万元。开展原辅料替代攻关，降低成本 2 168 万元。组织开展设备创新创效和修旧利废，盘活闲置土地、房屋等资产，合计增效 2 796 万元。水务、物流和动力等中心主动对外承揽污水处理、货物装运和电气改造等业务，社区管理中心努力对外创收，合计增效 200 多万元。

（于　岚）

【科技创新步伐加快】 2016 年，仪征化纤制定了《“十三五”科技进步规划》，明确了“十三五”科技创新目标、任务和具体措施。完善科研激励机制，实施科技成果转化及新产品提成奖励、研究院模拟市场化核算、课题津贴等制度，发放科技成果转化奖、科技成果进步奖 265 万元。建立开放式创新长效机制，与 28 家行业协会、科研院所合作开展科研课题 27 项；2 个课题被列入国家级重点项目。开发生产储备一代新产品 16 个，推广一代新产品 19 个，增效近 3 000 万元。仪纶产品初步形成全产业链的开发应用；高性能 PBT 产品成功应用于新领域；差别化高纤新产品开发取得突破，实现批量生产销售。共申请专利 32 件；获得国家知识产权局授权 28 件，为历年最多，其中发明专利 23 件、实用新型专利 5 件。

（于　岚）

【内部改革不断深化】 2016 年，仪征化纤在高纤和 BDO 生产中心推广实施“三心（生产中心、效益中心、创新中心）合一”机制，高纤生产中心第 2 套千吨装置顺利投产，当期实现产销平衡；BDO 生产中心同比减亏 4 650 万元。优化机构、岗位设置，合并经营计划部、生产技术部，成立生产（技术）计划部；大力推进基层岗位合并、流程再造，进一步提高运行效率。严格控制用工总量，完善富余人员分流安置办法，用工总量减少 460 人，在岗职工减少 321 人，劳动生产率提高 12%。

（于　岚）

【管党治党责任深入落实】 2016 年 9 月，仪征化纤召开了第 1 次党代会，明确“十三五”期间党建工作思路、目标和措施。细化各级党组织主体责任清单，明确领导干部抓党建具体任务，开展党委书记述职评议，实施全覆盖的党建考核，管党治党责任进一步压实。围绕打造“四讲四有”党员队伍，扎实开展“两学一做”学习教育，党员队伍的党规党纪意识进一步增强。坚持抓基层打基础，开展党支部示范点建设和分类定级，表彰党建创新成果，持续深化党员民主评议，激发了党组织活力。

（于　岚）

【队伍建设不断强化】 2016 年，仪征化纤进一步落实二级单位基层管理人员自主选拔权，选人用人工作满意度明显提高。从严管理干部，完成中层管理人员人事档案和有关事项申报核查。统筹推进三支人才队伍建设，选聘 44 名主任师、副主任师和主任技师。举办 34 项专业技术培训、35 项技能操作培训、13 项工种技能鉴定，提升了队伍素质。

（于　岚）

【廉政建设不断深入】 2016 年，仪征化纤高度重视党组巡视反馈意见的整改，细化措施、落实责任、逐项销号，落实 119 项整改措施，完成整改任务。加大纪律审查力度，持之以恒落实中央“八项规定”精神，开展“四风”整治回头看、禁止领导人员亲属经商办企业与中国石化发生业务往来、领导人员违规住房巡视等专项工作。用好监督执纪“四种形态”，推动谈话函询诫勉常态化。全年常规约谈 67 人次，函询 19 人次，提醒谈话 38 人次，诫勉谈话 9 人次，给予党纪政纪处分 2 人。

（于　岚）

【宣传工作广泛展开】 2016 年，仪征化纤扎实开展“践行严细实、减亏二亿二”主题活动，运用多种载体，广泛开展形势任务教育。发动各级干部职工找差距、定措施、破难题、抓落实，促进全年任务目标的实现。大力弘扬“艰苦奋斗、苦干实干”的石油石化精神和伟大的长征精神，大力宣传劳模、工人先锋号和“两优一先”等先进典型，唱响主旋律，提振精气神。

（于　岚）

【群团工作更有活力】 2016 年，仪征化纤严格履行民主程序，切实维护职工合法权益。深化劳模（技师）创新工作室创建，深入开展劳动竞赛、技术比武、青年文明号等群众性创新创效活动。有效落实“走基层、访万家”、职业健康保护、第 3 点建设、九大帮扶措施、老旧小区改造、离退休职工待遇等惠及员工的措施。全年共帮扶各类人员 1 744 人次，发放帮扶资金 349 万元。12 月，仪征资产分公司 PBT 生产中心聚合装置运行班获得由中华全国总工会、国家安全生产监督管理总局授予的全国“安康杯”竞赛优胜班组称号；仪征化纤图书馆获全国工会职工书屋称号。

（于　岚）

【高纤千吨级二期项目开车成功】 2016 年 6 月 1—5 日，仪征化纤第 2 套千吨级超高分子量聚乙烯纤维项目。4 条线分批投料试车一次成功。该项目于 2015 年 5 月 18 日动工兴建，采用中国石化自主开发技术，总投资 2.2 亿元，产品质量达到国际水平。仪征化纤已成为国内产销量最大的超高分子量聚乙烯纤维供应商。

（于　岚）

【高纤冰凉丝产品市场开发取得新突破】 2016 年一季度，仪征化纤高纤冰凉丝实现批量销售，开拓了高纤产品在民用纺织品领域上的新应用。高纤冰凉丝具有高导热特性，同时具有舒适性、柔暖性和超强的耐磨性，主要应用于高端尤其是出口家纺产品。全年产销率达 100%。

（于　岚）

【1－4K 生产线完成洁净化改造】 2016 年 3 月 24 日，仪征化纤短纤 1－4K 生产线洁净化改造顺利完成。通过对生产线现场环境整治、区域封闭隔离、设备技术改造等措施，实施了洁净化改造，有效控制产品异物，提高产品质量。该线主要生产水刺无纺短纤产品，满足下游用户对产品的洁净化程度高的要求。

（于　岚）

【锅炉烟气脱硫取消旁路烟道改造项目投运】 该项目于 2015 年 6 月开工，总投资 4 993 万元，2016 年 3 月正式投运。既满足了国家环保要求，又保证了企业环保设施的稳定运行，促进各项减排指标的完成，同时预留了后续环保治理升级空间。

（于　岚）

【沼气送烧改造项目顺利投运】 2016 年，仪征化纤实施水务中心生化西区沼气引入聚酯热媒炉燃烧改造项目，通过管线改造，将沼气压缩提压后送至聚酯生产中心热媒炉燃烧。12 月 1 日，项目顺利投运。沼气送烧量约 1 100 米^3（标准）/时，每年可节约天然气 650 万标准立方米，与沼气发电相比每年可以新增效益 900 万元。

（于　岚）

【噪声治理经验被中央电视台报道】 2016 年 4 月 13 日，中央电视台四频道《走遍中国》栏目组一行 4 人，到仪征化纤公司短纤生产中心，通过现场体验、数据测试对比、采访干部员工等方式，深入报道仪征化纤近年来积极实施隔音室改造保护员工健康的典型案例。仪征化纤先后投入 1 200 万元，采用国内领先的新型隔音材料，改造了 88 个隔音室。改造后，室内噪声由 71—75 分贝降为 58—65 分贝，改善了员工的工作环境。此报道于 2016 年 6 月 14 日在中央电视台四频道《走遍中国》栏目以《噪声清洁工》为题播出。

（于　岚）

【劳模（技师）创新工作室成效显著】 仪征化纤充分发挥高技能、创新型劳模在群众性技术创新活动中的示范引领作用，先后成立了 14 个劳模（技师）创新工作室。2016 年 2 月和 6 月，顾连岗劳模创新工作室先后被授予扬州市和江苏省示范性劳模工作室称号。乔成斌劳模创新工作室先后获得全国能源化学工会劳模创新工作室和扬州市名师工作室称号。全年，共完成科技攻关 235 项，创效 3 260 万元，成为企业产品研发、技术攻关和人才培养的重要阵地。

（于　岚）

【“公众开放日”主题鲜活】 2016 年，仪征化纤坚持开展“公众开放日”活动，宣传中国石化绿色低碳的发展理念、员工积极向上的精神风貌、精细严谨的管理水平和对美好生活的不懈追求。4 月，组织 600 多名高中生参观消气防中心，增强安全意识；5 月，组织 30 多名离退休老干部、老职工参观污水处理装置，体验“绿色低碳发展，共创美好生活”的发展理念；6 月，组织 70 多名初中生参观涤纶短纤维生产线，宣传节能低碳。7 月，20 多名中国矿业大学的师生走进现场，近距离感受仪征化纤高科技产品给生活带来的新变化。

（于　岚）

初中学生走进仪征化纤 （刘玉福　摄）

【参加展会提升企业形象】 2016 年 3 月 16—18 日和 10 月 11—13 日，仪征化纤分别参加在上海举办的中国国际纺织纱线（春夏）展会和（秋冬）展会，推介仪纶纤维、高性能纤维、功能型纤维三大板块的产品及其应用，受到国内外客户的广泛关注。力纶品牌产品入选“中国纤维流行趋势 2016/2017”，采用仪纶纤维定制的单珠地 T 恤终端产品，获得中国针织工业协会 2016 针织功能产品优秀奖。

（于　岚）

仪征化纤展台 （刘玉福　摄）

表 1　　仪征化纤主要技术经济指标　　亿元

指标名称 \ 年份	2016	2015	2014	2013	2012	2011
工业总产值						
仪化有限公司	125.61	122.26	153.48	176.86	166.78	201.00
仪征资产分公司	7.72	6.86	5.98	18.79	27.40	28.78
工业增加值						
仪化有限公司	14.98	11.00	6.05	5.67	11.24	28.70
仪征资产分公司	0.44	0.17	-0.21	0.59	0.49	4.29
资产总计						
仪化有限公司	82.73	79.50	91.87	104.71	108.89	113.82
仪征资产分公司	11.82	12.19	12.20	16.76	16.92	16.89
流动资产						
仪化有限公司	27.84	23.48	33.03	41.62	43.30	64.58
仪征资产分公司	1.91	2.26	2.63	5.23	5.05	4.79
固定资产原值						
仪化有限公司	151.05	153.99	151.62	140.45	133.82	133.07
仪征资产分公司	16.81	16.73	16.08	15.61	14.06	13.97
固定资产净值						
仪化有限公司	35.47	36.78	38.57	39.64	34.95	33.67

续表

指标名称＼年份	2016	2015	2014	2013	2012	2011
仪征资产分公司	9.98	9.97	9.59	9.54	8.56	9.05
销售收入						
仪化有限公司	130.17	123.17	154.87	176.77	169.88	201.80
仪征资产分公司	6.83	7.06	6.23	18.94	27.44	28.80
实现利税						
仪化有限公司	-2.31	-4.37	-20.31	-11.78	-3.18	14.37
仪征资产分公司	-0.87	-1.22	-1.92	-1.62	-0.96	3.04
税　金						
仪化有限公司	3.55	2.83	1.93	0.38	0.43	5.98
仪征资产分公司	0.24	0.21	0.24	0.17	0.03	0.47
综合能耗/吨标煤·万元$^{-1}$						
仪化有限公司	0.98	0.94	0.97	1.03	1.11	1.10
仪征资产分公司	0.11	0.11	0.12	0.12	0.12	0.12

表2 **仪征化纤主要产品产量**[①] 万吨

产品名称＼年份	2016	2015	2014	2013	2012	2011
涤　纶	236.61	229.46	232.14	254.00	241.75	240.98
聚酯切片	126.78	118.47	116.66	118.43	108.10	107.26
瓶级切片	34.94	35.94	37.98	54.87	61.75	57.99
涤纶短纤维	74.89	75.05	75.09	70.73	58.29	57.05
中空纤维	7.14	6.78	7.34	7.12	5.70	4.48
涤纶长丝	—	—	1.39	6.59	10.03	14.62
加弹丝	—	—	1.02	3.38	3.58	4.07
高　纤	0.17	0.11	0.12	0.10	0.10	0.05
顺　酐	6.05					
PTA	102.48	94.00	101.51	105.82	104.42	104.20
PBT树脂	8.60	8.39	5.69	5.94	5.45	2.49
四氢呋喃	0.64	0.65	0.52	0.56	0.37	0.12

①2010—2013年海南盛之业公司数据计入

南化公司

【概况】 中国石化集团南京化学工业有限公司（简称南化公司）坐落于江苏省南京市六合区，占地面积3.79平方千米，是由原南化公司与南京化工厂于2005年5月重组成立。原南化公司前身是近代著名爱国实业家范旭东先生于1934年创办的永利化学工业公司铔厂，是中国化工的摇篮。南京化工厂的前身是始建于1947年的国民政府资源委员会中央化工厂筹备处京厂，是中国有机中间体、橡胶助剂生产基地。原南化公司、南京化工厂分别于1998年、1999

年进入中国石化。2005 年，2 家企业合并后，南京化工厂整体搬迁到江北。

南化公司是国内无机化工、有机化工、精细化工的生产基地。主要产品有三大系列：一是以煤、盐、硫黄为原料的无机化工产品，年产量分别为合成氨 30 万吨、氢气 9 万吨、硫酸 50 万吨、稀硝酸 37.5 万吨、浓硝酸 22 万吨、烧碱 10 万吨；二是以苯为原料的有机化工产品，年产量为苯胺 25 万吨、硝基苯 35 万吨、环己酮 16 万吨、氯化苯 12 万吨、硝基氯苯 15 万吨、环己胺 6 500 吨、己内酰胺 40 万吨(合资)；三是以橡胶助剂为主体的精细化工产品，年产量为 RT 培司 3 万吨、防老剂 TMQ 3 万吨、防老剂 6PPD/4010NA 3 万吨、表面活性剂 2 000 吨。

南化公司还是国内石油化工、精细化工科研与设备制造基地。有以气体净化、铜系催化剂研发为主的化工研究院；有以石油化工压力容器制造为主，被集团公司定位为中国石化大型非标设备制造基地的化工机械厂。

南化公司化工主业实行公司—运行部二级管理，下设 4 个生产运行部、3 个辅助生产运行部、2 个业务中心及 1 个业务运行部。非化工主业实行分、子公司管理，下设化工机械厂 1 个分公司和研究院 1 个子公司。合资企业有南京福邦特东方化工有限公司，生产己内酰胺，外方控股，南化公司持有股权 36.09%。托管集体企业江苏永大实业公司。

截至 2016 年末，南化公司有资产总额 61.81 亿元；在职员工 7 955 人，其中在岗员工 5 297 人、不在岗员工 2 658 人，离退休人员 17 675 人。二级党委(直属党总支)17 个，基层党支部 185 个，其中离退休党支部 61 个；现有党员总数 5 518 人，其中在职党员 1 950人、离退休党员 3 568 人。2016 年，生产总量 254.73 万吨，实现不变价产值 67.62 亿元，销售收入 48.13 亿元，利润 -7.47 亿元，上缴税费 1.80 亿元。

南化公司主要技术经济指标和主要产品产量分别见表 1 和表 2。

（陈继宁）

【核心装置稳定运行水平进一步提升】 2016 年，南化公司合成氨、制氢和离子膜烧碱等装置长周期稳定运行天数创历史最好水平。全年外供金陵、扬子氢气 3.6 万吨，同比增长 54.1%。产销研运营优化工作持续开展，取得较好效益。

（陈继宁）

【“碧水蓝天”环保治理项目全面投入运行】 2016 年，南化公司“碧水蓝天”环保治理项目按期建成投用，运行情况良好。各环保装置运行稳定，在地方政府季度监测中均保持达标排放。其中，锅炉装置 1# 脱硫塔连续稳定运行 375 天，连续运行总时长创中国石化脱硫系统运行纪录。

（陈继宁）

【改革优化人力资源】 2016 年，南化公司先后开展了“三个讲清楚”形势任务教育、“践行严细实，全力增效益”尽责文化教育，持续深化“四破四立”、增强“四个意识”转变职工观念。完成化机厂“二分”改革后的竞聘上岗和人力资源优化；积极推进检验部绩效管理改革；完成检维修部机构岗位优化整合以及动力部、苯化工部等人力资源优化，用工总量压减 2 768人。集团公司人力资源信息共享服务建设南化试点工作有序推进，人事信息维护、薪酬计发和员工自助成功上线运行，总部给予高度评价。

（陈继宁）

【获集团公司管理现代化创新成果一等奖】 2016 年，南化公司完成一体化管理体系构建，《南化公司一体化管理手册》和 48 个程序文件正式发布，实现试运行。“基于市场化取向的国有企业营销体系构建”获集团公司管理现代化创新成果一等奖。

（陈继宁）

【科研创新取得新成果】 2016 年，南化公司申请专利 168 件，其中发明专利申请 134 件、实用新型专利 34 件，通过总部审核申请国外专利 2 件。获得专利授权 78 件，其中发明专利 39 件、实用新型专利 39 件。专利申请量排炼化板块第 1 名。在集团公司科技创新大会上获知识产权先进单位称号。

（陈继宁）

【保持江苏省文明单位称号】 2016 年，江苏省文明委发布《关于命名表彰 2013—2015 年度江苏省文明行业和江苏省文明村镇、文明单位(社区、校园)的决定》，南化公司顺利通过复审，继续保持江苏省文明单位称号。

（陈继宁）

【扎实推进“三基”工作】 2016 年，南化公司通过开展党支部书记培训班、班组长培训班、岗位练兵、技术比武、“五型”班组建设、“五比五赛”劳动竞赛、标准化交接班等活动，加强内部管理，夯实“三基”基础。实现党政同抓，整体推进、重点突破。

（陈继宁）

【ERP 大集中项目顺利上线】 2016 年 3 月，南化公司 ERP 大集中项目启动，7 月 8 日成功上线，项目涉及资金集中、人力资源管理、主数据管理等 12 个应用系统集成、796 名用户、230 万条基础数据，覆盖面广，难度大，3 个月正式考核均得满分。

（陈继宁）

【3 个工作室被认定为市首批劳模创新工作室】 2016 年，南化公司化机厂沈宗文劳模创新工作室、徐宁家劳模创新工作室、研究院毛松柏劳模科技创新工作室被认定为第 1 批南京市劳模创新工作室。其中，沈宗文劳模创新工作室被命名为第 1 批南京市示范性劳模创新工作室。

（陈继宁）

【1 个班组和多名员工受到表彰】 橡胶化学品部 TMQ 装置运行四班获 2016 年度全国"安康杯"竞赛优胜班组称号。煤化工部吴长浩被授予江苏省劳动模范称号；检维修部赵越、橡化部代秀洋、研究院王先国、李永贵被授予南京市五一劳动奖章，环己酮生产部职工黄咏锦获南京市文明职工称号。

（陈继宁）

【在江苏省首届叉车工技能大赛中取得好成绩】 2016 年，南化公司组织 35 名职工分别参加江苏省、南京市叉车工、分析工、钳工、电工、应急预案处置等工种技能竞赛，均取得优异成绩，其中储运部张国忠获江苏省首届叉车工技能大赛南京地区选拔赛第 1 名、检维修部陈会祥获南京地区选拔赛第 2 名。

（陈继宁）

【开展"走基层、访万家"活动】 2016 年，南化公司开展"走基层、访万家"活动，截至 12 月，共走访基层班组 272 个，占基层班组总数的 70% ，走访在岗职工家庭 3 231 家，占在岗职工总数的 57% 。

（陈继宁）

【5 号码头成为正式对外开放码头】 2016 年，南化公司 5 号码头历时近 2 年的设施建设、制度完善和管理提升，顺利通过省级对外开放验收，于 11 月 4 日正式获得对外轮开放资质。

（陈继宁）

表 1 **南化公司主要技术经济指标** 亿元

指标名称 \ 年份	2016	2015	2014	2013	2012	2011
工业总产值	41.57	70.17	87.42	84.78	91.24	93.15
工业增加值	6.19	5.74	12.26	13.27	14.77	17.09
资产总计	61.81	61.15	97.57	99.62	90.36	87.87
流动资产	12.71	13.45	18.75	21.29	22.78	20.75
固定资产原值	113.94	111.18	125.03	101.71	97.24	95.77
固定资产净值	64.47	65.01	68.98	51.93	53.11	57.47
销售收入	48.13	52.33	87.44	83.94	91.20	94.68
实现利税	-5.67	-2.34	-6.34	-8.73	-6.13	1.23
税　金	1.80	2.51	2.64	1.47	2.53	2.92
综合能耗/吨标煤 · 万元$^{-1}$	2.17	2.01	2.12	2.094	1.991	2.12

表 2 **南化公司主要产品产量** 万吨

产品名称 \ 年份	2016	2015	2014	2013	2012	2011
硫　酸	40.60	43.89	41.80	37.12	47.76	53.74
浓硝酸	15.99	15.52	19.12	21.34	20.41	17.76

续表

年份 产品名称	2016	2015	2014	2013	2012	2011
稀硝酸	57.72	60.01	72.87	89.19	87.93	83.67
盐　酸	10.91	11.96	16.29	17.68	21.98	20.67
磷　酸	关停	关停	关停	关停	3.72	4.05
烧　碱	8.13	8.12	9.39	8.48	9.92	8.93
纯　碱	划转	109.05	112.69	98.92	102.73	113.69
氢　气	8.76	7.16	5.85	2.92	2.86	3.00
合成氨	29.88	25.38	19.29	22.73	25.34	22.50
硝酸铵	关停	3.16	8.75	13.07	13.02	13.60
NPK 复合肥	租赁	租赁	8.67	17.71	21.75	22.08
氯化苯	10.18	10.08	11.69	10.63	12.67	11.48
环己酮	15.13	14.02	11.36	5.33	6.47	6.48
苯　胺	13.29	13.94	22.24	25.33	25.04	23.95
环己胺	0.49	0.48	0.53	0.42	0.46	0.78
硝基苯	20.26	21.07	32.30	37.04	35.70	33.98
对硝基氯化苯	7.06	6.84	8.68	7.75	9.35	9.05
邻硝基氯化苯	3.88	3.66	4.72	4.19	5.08	4.94
RT 培司	0.63	0.76	0.87	0.58	—	0.79
防老剂 TMQ	3.00	3.00	3.02	2.98	2.96	2.92
防老剂 6PPD	0.84	0.91	1.07	0.85	1.17	1.42
防老剂 4010NA	0.05	0.16	0.15	0.16	0.31	0.34
化工设备制造	0.92	1.74	1.52	1.82	1.96	1.59

广州石化

【概况】 中国石油化工股份有限公司广州分公司(简称广州分公司)和中国石化集团资产经营管理有限公司广州分公司(简称广州资产分公司)统称广州石化，位于广东省广州市黄埔区石化路，占地面积 445 万平方米。其前身为始建于 1973 年 6 月 18 日的广州石油化工总厂，1983 年 11 月划归中国石油化工总公司。

广州石化拥有炼油、化工生产主要装置 54 套，29.9 万千瓦装机容量的自备热电站以及惠州大亚湾 15 万吨级和 30 万吨级深水泊位原油码头各 1 个，80 万立方米首站原油罐区及完善的长输管道。原油综合加工能力 1 275 万吨/年、乙烯生产能力 22 万吨/年，石油化工产品共 130 种产品牌号，石油产品主要有汽油、煤油、柴油、航空煤油等 60 种，化工产品有聚乙烯、聚丙烯、聚苯乙烯 3 类共 70 种(其中固体产品 52 种、气液体 18 种)。

截至 2016 年底，广州石化设有 18 个管理部门、4 个职能中心、3 个专业中心、8 个作业部及代管 3 家公司 1 个事业部。共有在册职工 4 818 人，其中具有正高级职称的 16 人、副高级职称的 353 人、中级职称的 772 人，专业技术人员 1 178 人，技能操作人员 3 038 人。

广州资产分公司主要经济指标见表 1，广州分公司主要技术经济指标和主要产品产量见表 2 和表 3。

(王新忠　邓志伸)

【年利润再创历年最好水平】 2016 年，广州石化受炼油 I 系列装置大修、“12 · 24”事故等影响，生产经营压力增大。从 3 月起，广州石化持续 10 个月坚持不懈从严管理，保平稳、保安全、保加工量。紧盯市场，优化生产经营策略，以效益最大化组织生产，按全口径考核全年加工原油 1 223.64 万吨，生产汽煤柴三大类成品油 818.57 万吨，生产化工产品 81.56 万吨，生产乙烯 22.13 万吨，实现销售收入 430.95 亿元。全年盈利 35.62 亿元(其中炼油专业 26.73 亿元，化工专业 8.89 亿元)，超调整利润目标 0.37 亿元，再次刷新盈利历史纪录。

(王新忠　邓志伸)

【安全生产成绩突出】 2016 年，广州石化设立生产、设备、工程等 6 个专业 HSE 分委员会，进一步加强对各专业的安全监管，推进安全岗位责任制层层落实。狠抓现场直接作业环节管理，强化过程监督，加大对承包商安全绩效考核和违章处罚，对 25 家承包商共 652 项违章扣分达 1 220 分，清除承包商 4 家，清理承包商人员 18 名。加大隐患查找和整治力度，开展“十大风险源”识别和评估，制定相应的控制、预防和应急措施。开展“低头捡黄金”活动、综合安全和设备等专项检查，查出问题 16 356 项，整改率 92.4%。通过开展“我为安全做诊断”活动，共提出诊断建议 27 788 条。积极做好 6 月 8 日大暴雨和 8 月 2 日“妮妲”台风的应对工作，确保企业安全生产。组织开展应急预案、应急演练，严格事故事件管理问责，全年事故数量同比下降 6 起，被评为集团公司安全生产先进单位。

(王新忠　邓志伸)

【多个项目通过竣工验收和环保备案】 2016 年，广州石化积极主动加强与总部、省市各级政府部门的沟通和协调，“加工中东含硫原油及生产清洁燃料配套工程”通过竣工验收。MTBE 装置联产 1－丁烯、MTBE 装置扩能改造、8 万吨/年催化干气制乙苯、柴油质量升级、催化裂化装置节能降耗及气分改造、200 万吨/年催化裂化装置烟气脱硫脱硝等“久试未验”“未批先建”的项目全部通过环保备案，困扰企业多年的环保历史遗留问题得到解决。

(王新忠　邓志伸)

【深入开展从严管理活动】 2016 年，广州石化深入开展从严管理活动，狠抓“三大纪律”，严格事故事件和生产波动考核，对重复性事故事件提级考核，共考核生产事故、事件、异常波动共 109 项，同比上升 8%；提高直属单位领导班子成员考核扣罚比重，全年 217 人次领导干部被扣经济责任制考核分。2015 年发生的“12·24”加氢裂化装置火灾事故，给予 10 名领导人员行政警告以上的处分，12 名领导干部受到安全环保问责。同时，加大重点效益奖励，累计发放 168 万元。以“四不两直”方式持续开展“三大纪律”检查，累计检查 17 次，共查出各类问题 180 项，对主要责任单位领导干部进行考核扣分，合计扣罚 16 人次 46 分，形成狠抓劳动纪律的高压态势，切实把纪律和规矩挺在前面，提升了职工从严管理意识。

(王新忠　邓志伸)

【环保治理卓有成效】 2016 年，广州石化完成“炼厂挥发性有机物检测与污染防控技术规范”“化工大修停开工过程减排方案研究”等项目开发工作。强化环保源头及过程管理，优化工艺和环保预警参数设置，加强监控，实时干预操作，确保污染物稳定达标排放。外排废水 100% 达标，外排废气 100% 达标，二氧化碳、COD 排放量同比分别下降 28.71%、11.36%。此外，对炼油和化工实验室废气、罐顶气治理、装置高噪声部位进行技术改造，14 个污水罐顶气全部实现密闭回收，达到了零排放，进一步改善了员工的工作环境。

(王新忠　邓志伸)

【完成跨年度大修工作】 广州石化炼油Ⅰ系列和化工区装置大修改造涵盖 32 套装置，实施 8 100 多项检修和 108 个技改项目，为跨年度检修。2015 年 11 月 29 日起，装置按计划陆续停工大修，2016 年 2 月 17 日，装置完成大修，转入正常生产。为实现绿色开、停工和检修，将“密闭吹扫、密闭排放”和零排放理念贯穿全过程，实现全过程检修安全，没有发生扰民或环境污染事件，外排污水合格率保持 100%。

(王新忠　邓志伸)

2016 年 2 月 17 日，装置完成跨年度大修，转入正常生产　(廖剑锋　摄)

【管理优化创效显著】 2016 年，广州石化深化全面预算，落实费用管控，推进降本增效，全年实施 136 个专项优化项目，创效 2.5 亿元。优化原油资源和加工方案，全年节约原油采购成本 5.55 亿元；提高高附加值产品产销量，全年汽油产量 260.22 万吨、同比增加 11.2 万吨，95#以上高标号汽油产量 111.44 万吨、占汽油比例 42.83%；航煤产量 179.85 万吨、增加 2.2 万吨。国 V 柴油产量 306.43 万吨、增加 25.83 万吨、占柴油比例 80.96%、提高 5.69 个百分点。全年柴汽比 1.45，下降 0.04 个单位，创历史最好水平。抓住市场走势推价放量，实现自销产品当期效益最大化，产品自销创效 8 598 万元。优化动力运行方式，全年用煤比年计划减少 14.15 万吨。加强物资采购全过程质量控制，落实科学理性采购理念，全年采购物资 22.5 亿元，节约采购资金 8 618 万元(不含总部直采和互供)，采购资金节约率 7.75%。

（王新忠　邓志伸）

【聚丙烯三装置复产成功】 11 月 25 日，聚丙烯三装置一次开车成功，26 日上午产出合格产品。在装置建成停放 3 年多设备状态得到科学处理后，实现安全、环保、高标准、高水平投料试车一次成功。聚丙烯三装置是 1 套 20 万吨/年高性能聚丙烯装置，采用日本聚丙烯公司的 HORIZONE 气相工艺技术，可以生产均聚、共聚共计 98 个牌号的产品。装置复产后，在丰富广州石化聚丙烯产品结构、减少原料丙烯外卖、提高产品竞争力等方面将起到重要作用。

（王新忠　邓志伸）

【科技开发效益显著】 2016 年，广州石化不断加大化工新产品和专用料的开发和生产力度，先后开发生产了聚乙烯色母专用料、高抗冲聚苯乙烯 HG388 等聚烯烃新产品。聚丙烯产品 S980 和 S980T 成功打入高端建筑模板市场，逐步替代进口专用料。全年开发并生产新产品 3.27 万吨。生产专用料 24.87 万吨，新产品和专用料多创效 8 000 多万元。全年乙烯收率 34.53%，同比提高 0.11 个百分点。“大型往复压缩机流量无级调节系统关键技术及应用”获中国机械工业联合会、中国机械工程学会颁发的一等奖。

（王新忠　邓志伸）

【扎实推进储运设施安全隐患整治】 2016 年，广州石化开展油气管道和罐区隐患整治，油气管道及罐区分类隐患共计 592 项问题，完成整改 265 项。完成长输管线隐患治理攻坚战，包括国务院、集团公司挂牌督办的惠阳段隐患治理、大亚湾段管线改迁项目在内的 205 项隐患全部完成整改。

（王新忠　邓志伸）

【优化领导干部人力资源】 2016 年，广州石化优化直属单位领导班子结构，对业绩不突出的班子进行调整，加大领导人员轮岗交流力度，特别是机关和基层之间领导人员的双向交流，重点交流提拔“想干事、能干事”的领导人员到关键岗位。全年共调整 6 个直属单位的领导班子及其负责人。

（王新忠　邓志伸）

【开展“走基层、访万家”活动】 2016 年，广州石化公司、基层 2 个层面共走访 262 个班组、2 533 名职工家庭。其中，公司领导带队走访 72 个班组、52 个职工家庭，拉近了党群干群关系，促进了企业和谐稳定。

（王新忠　邓志伸）

【获多项荣誉】 2016 年，广州石化先后被评为集团公司安全生产先进单位、中国石化“两化”深度融合优秀实践单位、广东省第 2 届厂务公开民主管理示范单位；获第 3 届中国梦劳动美全国职工微影视大赛宣传类铜奖；广州石化消防支队一大队被评为 2015 年度广东省企事业专职消防队先进单位，催化重整联合装置四班被评为全国“安康杯”竞赛优胜班组，蒸馏一装置三班被评为全国“安康杯”竞赛广东省优胜班组，加裂班工会小组被评为中华全国总工会全国模范职工小家；动力事业部电气各班室继保班班长刘会兰获广东省五一劳动奖章。

（王新忠　邓志伸）

表 1　　广州资产分公司主要经济指标　　亿元

指标名称 \ 年份	2016	2015	2014	2013	2012	2011
企业总产值	4.55	5.07	6.10	5.04	2.45	1.53
企业增加值	0.88	0.95	1.00	1.00	0.31	0.16
资产总计	6.22	5.84	5.70	5.64	5.91	5.91
流动资产	1.10	0.85	0.70	0.60	0.77	0.73

续表

指标名称 \ 年份	2016	2015	2014	2013	2012	2011
固定资产原值	6.56	6.50	6.40	6.51	6.45	5.76
固定资产净值	4.65	4.54	4.60	4.70	4.77	4.14
主营业务收入	4.23	4.73	6.00	4.91	5.77	2.62
实现利税	-0.0024	0.07	0.10	0.06	0.10	0.15
税金	0.29	0.33	0.40	0.35	0.35	0.33

表 2 **广州分公司主要技术经济指标** 亿元

指标名称 \ 年份	2016	2015	2014	2013	2012	2011
原油加工量/万吨	1 223.64	1 210.00	1 261.20	1 171.60	1 242.76	1 201.00
工业总产值	425.54	470.12	653.00	656.52	703.37	649.21
工业增加值	197.86	191.42	121.00	122.94	102.61	95.97
资产总计	223.24	152.19	142.55	194.44	169.80	209.68
流动资产	145.01	69.58	54.55	102.46	78.49	116.49
固定资产原值	216.36	207.03	207.22	204.50	196.73	191.58
固定资产净值	69.35	66.61	74.08	77.18	77.95	81.30
主营业务收入	428.80	460.89	649.29	652.51	686.80	645.06
实现利税	213.08	207.31	183.96	187.77	183.50	166.21
税金	177.46	184.99	186.66	180.48	192.56	183.74
综合能耗/吨标煤·万元$^{-1}$	0.39	0.42	0.42	0.46	0.43	0.43

表 3 **广州分公司主要产品产量** 万吨

产品名称 \ 年份	2016	2015	2014	2013	2012	2011
汽油	260.22	249.02	240.50	213.55	225.24	201.11
煤油	179.85	177.65	167.57	128.68	118.32	
柴油	378.50	372.77	427.88	411.15	442.12	429.29
燃料油	0.10	0.07	-0.22①	8.58	16.62	18.93
液化气	49.88	53.00	51.51	51.03	54.62	48.29
沥青	62.61	61.92	47.55	52.73	50.43	39.89
石油焦	92.20	89.85	97.90	87.23	89.43	92.38
乙烯	22.13	20.16	22.21	22.50	22.40	20.40
聚乙烯	20.95	19.44	21.58	22.21	21.22	19.33
聚丙烯	21.44	20.05	21.56	22.19	21.16	18.66
聚苯乙烯	5.66	6.06	6.91	6.35	5.83	5.56

①2014 年燃料油退库比交库多

洛阳石化

【概况】 中国石油化工股份有限公司洛阳分公司(简称洛阳分公司)和中国石化集团资产经营管理有限公司洛阳石化分公司(简称洛阳资产分公司)统称洛阳石化,位于洛阳市东北郊、黄河北岸的吉利区境内,是中国石化直属的特大型油、化、纤一体化石油化工企业。

洛阳石化是国家第5个五年计划期间批准建设的单系列500万吨/年燃料型炼油厂,1976年开始筹建,1978年动工建设,1984年部分装置试生产,1993年全面建成500万吨/年炼油工程,2000年建成20万吨/年化纤工程,2010年形成800万吨/年炼油能力。经过30多年的建设,依托炼油发展化工,逐步从单纯燃料型炼厂发展成为炼化一体化企业。

截至2016年底,洛阳分公司设21个机关处室、13个直属机构和12个直属生产车间。洛阳资产分公司下辖集体企业惠康物业管理公司和控股子公司自来水公司。洛阳分公司合同制员工3 615人,其中原正式工3 506人(包括合资公司原正式工96人)、长期病伤假8人、离岗调研60人、借出到石化系统内单位2人;合资公司合同制员工125人。洛阳资产分公司合同制员工325人,其中在岗职工192人、内部退养职工119人;合资公司合同制员工14人。洛阳石化在岗职工中具有高级及以上职称的285人、中级职称的614人,专家6人,主任师9名、副主任师26名、主任技师8名。

洛阳分公司炼油板块有800万吨/年常减压、140万吨/年重油催化裂化(2套)、70万吨/年连续催化重整、220万吨/年蜡油加氢、140万吨/年延迟焦化、80万吨/年溶剂脱沥青、260万吨/年柴油加氢、100万吨/年催化柴油加氢、80万吨/年航煤加氢、65万吨/年气体分馏、150万吨/年催化汽油吸附脱硫(S－Zorb)等生产装置及配套公用工程和环保设施。化工板块主要有26万吨/年芳烃抽提、24.5万吨/年对二甲苯(PX)、32.5万吨/年精对苯二甲酸(PTA)、20万吨/年聚酯(PET)、10万吨/年短纤维装置和14万吨/年聚丙烯装置。主要产品有汽油、柴油、航空煤油、化工轻油、分子筛料、溶剂油、液化气、道路沥青、工业硫黄、石油焦、聚丙烯、对二甲苯、精对苯二甲酸、聚酯熔体和切片、涤纶短纤维等。

洛阳石化主要技术经济指标见表1,洛阳分公司主要产品产量见表2。

(杨贵堂 于 玲)

【领导班子调整】 2016年8月19日,集团公司党组宣布调整洛阳石化党政领导班子。聘任江寿林为洛阳分公司总经理,聘任施俊林、刘耀宇为洛阳分公司副总经理,聘期到2018年5月27日止;解聘赵振辉洛阳分公司总经理职务,另有任用。江寿林任洛阳资产分公司总经理,免去赵振辉洛阳资产分公司总经理职务,另有任用。江寿林任中共洛阳分公司委员会副书记(兼);施俊林、刘耀宇任中共洛阳分公司委员会委员、常委。免去赵振辉中共洛阳分公司委员会副书记、常委、委员职务。调整后的领导班子由7人组成:总经理江寿林,党委书记杜平安,党委副书记、纪委书记、工会主席王治平,副总经理王鑫武,总会计师李恩忠,副总经理施俊林、刘耀宇。调整后的公司党委领导班子由7人组成:党委书记杜平安,副书记江寿林,副书记、纪委书记王治平,党委常委王鑫武、李恩忠、施俊林、刘耀宇。

(杨贵堂 于 玲)

【生产经营状况改善】 2016年,洛阳石化加工原料油626.77万吨,其中原油564.38万吨;实现营业收入236.52亿元(洛阳分公司235.36亿元、洛阳资产分公司1.16亿元),上缴税金77.53亿元;洛阳分公司亏损1.82亿元,其中炼油板块盈利1.05亿元、化工板块亏损2.87亿元(含减值损失2.12亿元);洛阳资产分公司亏损1 771万元。剔除计提减值等因素后,整体实现扭亏为盈。炼油单位完全费用230.68元,化工吨产品完全费用1 301.99元,均低于总部调整后的年度预算指标。全厂万元产值能耗累计完成0.533吨标准煤,同比降低0.021个单位;炼油单因能耗完成7.5千克标油/吨,降低0.34个单位。工业污水排放量215.32万吨,降低17.42%;COD排放86.3吨,降低15.28%;二氧化硫排放1 740.9吨,降低15.6%;氮氧化物排放1 954吨,降低22.15%;吨油排水累计完成0.15吨,降低20.1%;外排污水达标率100%。全年汽油收率27.79%,增加2.75个百分点。柴汽比0.83,降低0.25个单位。丙烯对原油收率2.48%,增加0.46个百分点。合成纤维差别化率45.82%,高于年度考核指标0.92个百分点;聚丙烯新产品及专用料比例71.22%,超出总部下达指标2.11万吨。

(杨贵堂 于 玲)

【继续推进炼油结构调整项目】 2016年,洛阳分公司对项目可行性研究报告和工艺方案进行全面优化,调整了装置结构和产品结构。2月25日,集团公司与河南省委、省政府就推动1 800万吨/年炼油扩能改造项目达成共识，即以现有800万吨/年炼油为基础，通过新建渣油加氢等装置，改造装置提高适应性，完善炼油加工总流程，原油加工达到1 000万吨/年(具备1 200万吨/年)能力，大幅度提高航煤产能。12月6日，洛阳分公司和洛阳工程公司组织启动项目可行性研究报告编制工作。

（杨贵堂　于　玲）

【原油商储库项目按计划施工】 洛阳原油商业储备基地是洛阳石化炼油结构调整的重要配套项目。主要储存低凝点进口原油，原油利用规划的鲁豫原油管道管输进库，项目位于洛阳石化厂区东侧约360米处的范河以东至207国道区域，占地35.33万平方米，主要新建8台10万立方米原油储罐和与之配套的相关设施。2015年3月，原油商储库项目总体统筹控制计划获总部批复，工程总投资8.91亿元。2016年3—8月，办理保税库、道路补偿费、防空易地建设、安全条件延期等相关手续。7月12日，洛阳原油商业储备基地工程现场协调会召开。年内，该项目完成试夯，现场施工工作全面展开。

（杨贵堂　于　玲）

【鲁豫原油管道项目获国家发改委核准】 作为洛阳石化炼油结构调整项目的配套项目，鲁豫原油管道(日照—濮阳—洛阳原油管道)项目是国家能源发展“十二五”规划确定的重点建设项目，该项目依托日照原油码头和日照商储库，为洛阳石化的炼油结构调整提供稳定可靠的原油供应渠道。2016年4月15日，鲁豫管道项目获得国家发改委核准。该项目起点为山东省日照市岚山区，终点为洛阳石化，管道经山东省日照市、临沂市、泰安市、济宁市、菏泽市，河南省濮阳市、安阳市、新乡市、焦作市、洛阳市境内。全线设6座输油站场，其中日照首站1座，曲阜、濮阳中间输油站2座，临沂、新乡清管站2座，洛阳末站1座。管道全长782千米，管径762毫米，设计压力9.0兆帕，输送介质为进口原油及在濮阳注入的中原油，全线采用常温串联泵密闭输送工艺，设计输油能力1 800万吨/年。

（杨贵堂　于　玲）

【宣传思想文化工作持续得到加强】 2016年，洛阳分公司党委深入开展形势任务教育，编发形势任务教育材料10期，引导干部职工认清行业企业现状，不断增强危机感和责任感。突出主线引领，把公司要求、领导指示、生产经营情况传达到每个岗位、每名职工。组织开展宋丽萍、陈鹏龙先进事迹学习活动，持续宣传“十佳人物”“模范共产党员”先进事迹，建设“劳模大道”，举办“爱岗敬业向我看齐”典型事迹宣讲会，指导各单位制作宣传橱窗，营造赶超先进、尽责担当的浓厚氛围。坚持“走基层转作风改文风”，深入报道一线动态，传播正能量，弘扬主旋律。组织4次“公众开放日”活动，邀请社会媒体、人大代表、政协委员等走进企业，增信释疑。广泛开展职工思想动态分析，掌握职工真实想法和利益诉求。培育和践行社会主义核心价值观，大力弘扬石油石化优良传统，宣贯中国石化核心价值理念和洛阳石化企业文化理念，推进专项文化建设。

（杨贵堂　于　玲）

【党建与生产经营融合更加紧密】 2016年，洛阳分公司党委落实管党治党主体责任，组织开展“两学一做”学习教育，持续加强党的思想建设、作风建设、制度建设和基层组织、党员队伍建设。持续推进企业作风建设，开展“讲责任、守纪律、能担当”主题教育实践活动，通过“讲守能+”专项整治，聚焦制度执行不到位、爱岗敬业意识不强、纪律执行不严格、“低老坏”屡禁不止、挖潜增效不精细等突出问题，着力“治痛点”“补短板”“树新风”。强化顶层设计，突出以上率下，严格过程控制，整治各类问题1 545项；注重典型引路，定期评选典型单位和优秀案例，召开现场会、座谈会，推广经验，促进交流。开展机关处室与基层单位“同创共建”活动，帮助基层解决实际问题159项。深化党员责任区、党员量化考核工作，推动党建工作与生产经营深度融合。党建工作稳步提升，公司党委连续3年在集团公司党建考核中被定格为A档。

（杨贵堂　于　玲）

【劳模工作室激发创新活力】 2016年，洛阳分公司继续积极发挥劳模创新工作室引领效应，立足装置生产，群策群力，攻坚克难，解决技术难题64项，完成“常减压装置电脱盐切水流程优化”“全厂照明纬度精确控制”等工艺成果20项，发明多功能阀扳手、伸缩式直流点喷注油机等17项专用器具，其中5项已经取得专利资格证书。全年提报合理化建议71条、生产操作法33项、技术创新成果41项。工会创新评审方式，实现线上申报、适时评审的常态化管理。

（杨贵堂　于　玲）

表 1 **洛阳石化主要技术经济指标** 亿元

指标名称 \ 年份	2016	2015	2014	2013	2012	2011
原料油加工量/万吨	626.77	510.80	707.00	784.13	804.50	657.00
工业总产值	232.91	210.37	390.13	459.20	485.41	384.08
炼　油	209.56	191.43	353.79	408.73	436.97	335.46
化　工	23.35	18.94	36.34	50.47	48.44	48.62
工业增加值	88.68	60.23	53.31	72.58	62.35	29.18
资产总计	67.64	76.23	86.76	103.46	104.06	97.79
流动资产	22.68	25.35	33.56	50.28	49.80	43.73
固定资产原值	161.40	160.54	160.94	158.23	150.37	148.32
固定资产净值	40.63	45.30	48.37	50.11	46.52	47.00
销售收入①	236.52	289.53	477.6	549.85	573.20	468.00
实现利税	75.69	45.26	38.81	58.45	51.70	25.28
税　金	62.48	63.55	60.00	68.24	64.10	51.68
综合能耗②/吨标煤 · 万元$^{-1}$	0.53	0.55	0.51	0.47	0.44	0.48

①包括洛阳资产分公司

②从 2011 年起万元产值能耗改为 2010 年不变价格

表 2 **洛阳分公司主要产品产量** 万吨

产品名称 \ 年份	2016	2015	2014	2013	2012	2011
90#汽油	—	—	—	—	—	1.68
92#汽油	29.44	—	—	—	—	
93#汽油	64.85	65.34	95.21	123.53	134.45	112.07
95#汽油	23.23	—	—	—	—	
97#汽油	46.98	50.99	64.35	50.72	40.89	24.53
98#汽油	9.70	11.59	12.88	12.02	8.13	0.99
3#喷气燃料	62.78	49.48	72.63	78.28	72.11	47.70
分子筛料	—	—	1.59	4.38	5.59	5.50
0#柴油	139.96	137.25	182.62	219.52	229.81	199.25
-10#柴油	3.84	1.18	8.66	10.23	17.96	13.45
-20#柴油	—	—	-0.06	1.45	1.91	2.14
-35#柴油	—	—	—	—	—	1.14
4#燃料油	—	—	—	—	0.79	—
化工石脑油	13.54	10.78	15.43	17.63	28.34	27.81
溶剂油	—	—	-0.04	—	—	0.64

续表

产品名称 \ 年份	2016	2015	2014	2013	2012	2011
工业白油	4.58	5.02	2.74	—	—	—
粗白油	2.71	—	—	—	—	
工业已烷	1.09	0.97	10.62	11.07	9.47	4.83
石油醚	8.45	5.50	—	—	—	
商品重油	0.11	1.04	0.75	0.69	1.30	3.61
沥　青	14.39	20.80	29.93	39.54	37.81	24.61
液化气	43.86	27.88	42.04	43.22	43.89	33.84
丙　烯	13.99	9.20	13.03	13.66	15.08	13.71
丙　烷	—	—	—	—	0.02	0.03
硫　黄	3.97	2.41	4.41	5.03	4.39	3.06
液　氨	0.26	0.24	0.33	0.37	0.31	0.26
聚丙烯	15.24	10.21	13.39	13.85	7.55	7.35
双向拉伸薄膜	—	—	—	0.62	1.00	1.65
纯　苯	7.34	6.89	8.96	10.46	10.33	8.58
对二甲苯	13.58	11.59	16.48	22.32	23.44	19.85
邻二甲苯	—	—	0.98	3.42	2.72	2.08
精对苯二甲酸	20.08	17.98	23.31	29.62	30.63	30.11
聚　酯	10.50	9.31	10.33	12.91	19.72	18.45
涤纶长丝	—	—	—	1.81	6.78	6.41
涤纶短纤维	10.36	9.13	10.19	9.99	10.34	9.26

安庆石化

【概况】 中国石油化工股份有限公司安庆分公司(简称安庆分公司)和中国石化集团资产经营管理有限公司安庆分公司(简称安庆资产分公司)统称安庆石化，始建于1974年7月，是安徽省最大的中央直属生产企业、最大的石化产品生产基地。

截至2016年12月底，安庆石化拥有综合加工能力800万吨/年的炼油装置，处理煤2 000吨/日的壳牌粉煤气化装置，以及33万吨/年合成氨、21万吨/年丙烯腈、7万吨/年腈纶、10万吨/年乙苯—苯乙烯等主要生产装置70余套。同时拥有20万千瓦发电机组、吞吐能力760万吨/年的油品码头、50万吨/年的固体产品装船码头、20万吨/年的液态烃码头、80万吨/年的卸煤码头和24万吨/日的供水系统，以及全长13千米的厂内铁路专用线。在册员工总数5 058人，固定资产原值206.41亿元、净值111.21亿元，累计上缴国家和地方税金超过605亿元。

安庆石化主要技术经济指标和主要产品产量分别见表1和表2。

（卢　利）

【领导班子调整】 2016年12月30日，集团公司以视频会议的方式，召开安庆石化、济南炼化、九江石化干部大会，宣布3家企业主要领导调整决定，王彪不再担任安庆石化总厂厂长、党委副书记、安庆分公司总经理职务，任九江石化总厂党委书记、副厂长、九江分公司副总经理；吕亮功任安庆石化总厂厂长、党委副书记、安庆分公司总经理，不再担任济南分公司总经理、党委副书记。

（卢　利）

【实现利润创历史最好水平】 2016 年，安庆石化积极克服市场产能过剩、阶段性限产等困难，全力以赴扭亏脱困、提质增效。炼油老区实现四年一修，催化汽油吸附脱硫(S – Zorb)装置长周期运行跨入系统内先进行列；煤气化装置长周期运行保障了氢源供应，2 套丙烯腈装置连运周期均创历史新高；腈纶、苯乙烯装置保持优化运行，热电、公用工程、油品输转、储运、铁路运输等系统保障有力，安庆资产分公司保持了盈利的良好局面。全年累计加工原油 538.41 万吨，实现营业收入 261.71 亿元，税费 90.27 亿元，利润 5.51 亿元、同比增加 9.76 亿元，创历史最好业绩，摆脱了 16 年连续亏损的局面。

（卢　利）

【优化原油和产品结构】 2016 年，安庆石化优化原油结构，原油累计降本 1.82 亿元。优化产品结构，落实增气减油、增汽减柴、增车柴减普柴措施，重油加氢平均掺渣同比提高 11 吨/时，石油焦对原油收率下降 0.62 个百分点，全年柴汽比下降 0.16 个单位。确保国Ⅴ汽油、车用柴油顺利交付，新增液体硫黄产品顺利出厂，扁平纤维研发拓销取得突破，航煤产品实现安徽省机场全覆盖。

（卢　利）

【检修改造全面完成】 2016 年，安庆石化实施建厂以来规模最大、停工装置最多、时间跨度最长的检修改造，首次推行“总指挥部 + 分指挥部”的管理模式，设立检修改造信息化管理平台、引入安全网格化管理、实施风险源头管控、开展文明施工评比。全体干部员工克服了暴雨洪涝频发、持续高温酷暑的恶劣环境，完成 57 套主辅装置的检修任务，以 270 余万安全人工时保证了 5 281 个检修项目、149 项技改技措项目完成，实现了零事故、零污染、零排放，一次开车成功的目标。

（卢　利）

2016 年装置检修改造全景图

【危化品码头及油气输送管线迁建项目正式签约】 2016 年 4 月 14 日，安庆石化危化品码头及油气输送管线迁建项目签约仪式举行，会议由安庆市委书记、市长魏晓明主持。股份公司副总裁雷典武和安庆市委副书记、市政府党组书记陈冰冰分别代表中国石化和安庆市政府签订了协议。在安庆石化调研的集团公司董事长王玉普出席签约仪式。

（卢　利）

【从严管理不断深入】 2016 年，安庆石化持续深化全员安全诊断和大风险识别，设备完好率、大机组故障率达到或优于总部规定的指标，产品出厂合格率、质量抽检合格率保持 100%。全年未发生上报级安全环保事故，4 项主要污染物排放总量优于总部下达的考核指标。推进财务指标三级转化，狠抓全员成本目标管理，累计节约物资采购资金 1.12 亿元，利用优惠政策减少税费超 3 000 万元。

（卢　利）

【转型升级推进有力】 2016 年，安庆石化统筹抓好隐患治理、提质增效和质量升级项目，“十三五”发展规划编制完成，全年累计完成投资 8.1 亿元。200 万吨/年催化裂化烟气治理、220 万吨/年液相柴油加氢装置国Ⅴ升级改造、150 万吨/年催化汽油吸附脱硫装置扩能等项目均顺利投运。危化品码头及油气输送管线迁建项目进入基础工程设计阶段，柴油加氢转化(RLG)项目正在施工，污水处理场脱总氮及提标改造项目已经动工。推进科技创新，打造智能工厂，9 项信息系统应用获得总部 ERP、MES 创新成果。

（卢　利）

【成功产出国Ⅴ标准 98# 车用汽油】 2016 年 11 月，安庆石化成功调和产出国Ⅴ标准的 98# 车用汽油，首批产品 3 600 吨，关键指标硫含量和辛烷值均达到国家标准，标志着安庆石化具备调和、贮运国Ⅴ标准全系列车用汽油能力。12 月 8 日，该批次国Ⅴ标准 98# 车用汽油顺利销售出厂。

（卢　利）

【含硫原油加工适应性改造及油品质量升级项目通过竣工环境保护验收】 2016 年 10 月 28 日，安徽省环境保护厅在安庆石化召开含硫原油加工适应性改造及油品质量升级工程竣工环境保护验收会议，会议认为：该工程执行了环境影响评价制度，环境保护审查、审批手续完备，并按照环评及批复的要求，落实了生态保护与污染防治措施，主要污染物达标排放，满足总量控制指标要求，一致同意该项目通过竣工环境保护验收。11月17日，安徽省环境保护厅正式批复，同意安庆分公司含硫原油加工适应性改造及油品质量升级工程竣工环境保护通过验收。

（卢　利）

【2件技术成果获中国发明专利】 2016年9月，安庆石化申请的“丙烯酸酯类附聚剂的制备及其用于聚丙烯酸酯胶乳的附聚”和“一种利用双膜堆—磁电渗析法连续去除醇胺脱硫溶液中热稳态盐的技术”2件发明专利获得国家知识产权局授权。“丙烯酸酯类附聚剂的制备及其用于聚丙烯酸酯胶乳的附聚”的优点在于附聚剂的原料组分简单，附聚效果好、周期短、方法简单易操作；“一种利用双膜堆—磁电渗析法连续去除醇胺脱硫溶液中热稳态盐的技术”的优点在于使用电和水就可以实现连续去除净化装置内醇胺脱硫溶液中的热稳态盐，热稳定性盐的去除率可达86%以上。

（卢　利）

【“腈纶部聚合污水池废弃聚合物综合利用”科技开发项目通过验收】 2016年11月23日，安庆石化与中国科学技术大学合作的“腈纶部聚合污水池废弃聚合物综合利用”科技开发项目通过验收。该项目主要为解决腈纶联合装置存在的废弃聚合物占用空间、环境隐患、长途运输安全风险等问题，运用该开发成果制得的分散剂与稳定剂二合一产品，具有分子量适宜、黏度小等优点，作添加剂配制得到的水煤浆符合国家标准，不存在环境安全隐患，且价格低廉、性能优良，具有较大的市场发展空间，实现了变废为宝。

（卢　利）

【“两化”融合管理体系通过首次监督审核】 2016年4月25—27日，中国电子技术标准化研究院“两化”融合管理体系监督审核专家组，对安庆石化“两化”融合管理体系运行情况进行了监督审核。此次监督审核是2015年5月安庆石化获全国首批“两化”融合管理体系认证企业以来的首次年度审核，也是国内建立该体系以来首次开展的年度复审。专家组通过领导访谈、文件审核、现场巡视、抽样调查等方式，对安庆石化“两化”融合管理体系的保持、改进及运行情况进行了监督审核，最终认定安庆石化“两化”融合管理体系通过监督审核。

（卢　利）

【1项管理创新成果获国家级企业管理现代化创新成果二等奖】 2016年4月17日，在第22届全国企业管理现代化创新成果发布中，安庆石化“大型炼化工程与信息化平台同步建设管理”获国家级企业管理现代化创新成果二等奖。该成果围绕安庆石化规模化上台阶、一体化求实效、清洁化显水平、精细化见特色的“四化”战略，编制信息化建设总体方案，通过含硫原油加工适应性改造及油品质量升级项目建设实践，形成了大型炼化工程与信息化平台同步建设管理方法论，加快了“两化”深度融合步伐。通过该平台的建设管理，促进了企业转型升级，各项技术经济指标得到根本改善，应用产生的年直接经济效益超过1 200万元。

（卢　利）

【毛条装置闲置资产处置实现溢价转让】 2016年3月3日，安庆石化闲置毛条装置在安徽省产权交易中心公开挂牌转让成功，成交价409.85万元，与挂牌价142.13万元相比溢价188%，与评估价119万元相比溢价超过240%。该闲置资产的成功转让，进一步优化了装置结构，盘活了低效无效资产。

（卢　利）

【党建工作持续加强】 2016年，安庆石化党委认真抓好党组巡视反馈意见和总部党建考核发现问题的整改，推动“两个责任”落到实处。实施人才培养工程，搭建了员工培训学习系统，全年累计培训3万人次，队伍素质进一步提升。各级党组织、广大党员在生产经营、检修改造、抗洪防汛等急难险重任务中，践行“两学一做”学习教育，以实际行动彰显了责任与担当。

（卢　利）

【完成防汛抗洪抢险任务】 2016年汛期，长江安庆段最高水位高达17.69米，超警戒水位0.99米，是安庆市自1998年以来受到的最严重的洪涝灾害。按照“保人身安全、保生产生活、防环境污染”的总体要求，安庆石化迅速采取应对措施，共出动2 600余人次（含安庆石化改制单位）参与长江大堤巡查值守工作，无偿支援管道储运公司、销售华中分公司等兄弟单位和地方政府抗洪抢险救灾，履行了央企的政治责任和经济责任，完成了安庆市交办的护堤任务，确保长江大堤责任区段的安稳度汛，减轻了灾害损失。

（卢　利）

【和谐稳定成果共享】 2016 年，安庆石化深化“安康杯”安全达标竞赛、劳模创新工作室创建，61 个团队、3 687 人参与了“信得过装置、先进团队”选树活动。召开公司第 10 次团代会，开展青工创新创效活动，团员青年生力军作用有效发挥。扎实开展文明创建，老旧小区综合治理项目按期中交，2 个小区通过总部 4A 级文明和谐示范小区评审。稳妥推进“三供一业”分离移交，瓶装液化气业务顺利停供。开展“七五”普法，做好信访维稳工作，组织“走基层、访万家”活动，慰问困难职工 1 746 人次，组织疗休养 533 人次、员工体检 6 355 人次，发放慰问金及困难补助近 230 万元。

（卢　利）

表 1　安庆石化主要技术经济指标　亿元

指标名称＼年份	2016	2015	2014	2013	2012	2011
原油加工量/万吨	538.41	689.31	748.00	550.78	420.43	482.52
工业总产值	254.90	345.12	473.94	358.51	277.27	311.32
炼　油	218.96	301.72	417.21	303.42	239.38	268.21
化　工	24.13	31.06	43.05	39.83	24.63	31.02
其　他	11.81	12.34	13.68	15.26	13.26	12.09
工业增加值	109.59	126.91	58.25	58.67	30.93	37.91
资产总计	134.98	132.96	144.68	151.04	124.78	84.65
流动资产	29.14	25.01	33.14	37.13	23.27	24.42
固定资产原值	206.41	200.64	195.29	189.61	119.70	116.04
固定资产净值	111.21	112.72	114.80	116.88	51.58	53.55
营业收入	261.71	355.70	485.10	365.39	287.64	318.84
实现利税	95.78	111.60	82.75	45.61	21.21	26.65
税　金	90.27	115.86	85.61	52.78	34.63	44.73

表 2　安庆石化主要产品产量　万吨

产品名称＼年份	2016	2015	2014	2013	2012	2011
汽　油	176.38	216.55	230.85	126.88	83.05	96.32
柴　油	197.19	280.02	302.43	224.15	180.01	208.22
航　煤	12.98	0.44	—	—	—	—
燃料油	0.97	1.74	4.27	4.41	6.02	7.89
原料油	20.48	18.82	10.90	40.53	38.41	42.85
液化气	48.23	58.34	60.81	43.83	31.54	34.88
石油焦	22.30	32.84	34.21	38.65	34.18	42.41
合成氨	25.19	20.82	25.50	25.86	21.43	18.12
丙烯腈	18.07	22.51	22.45	18.07	7.74	8.67
腈　纶	4.13	6.41	6.58	7.13	6.38	7.88
苯乙烯	7.28	9.63	9.50	8.69	6.22	7.22

海南炼化

【概况】 中国石化海南炼油化工有限公司（简称海南炼化）位于海南省西北部洋浦半岛的洋浦经济开发区，毗邻北部湾，位于新加坡—香港—上海—大阪国际海运主航线上，拥有天然的深水良港和避风港，地理和海运条件优越，同时享受保税港区、经济特区和开发区的全部优惠政策。海南炼化公司一期占地2.5平方千米，一期投资116亿元，成立于2003年10月31日，原名海南实华炼油化工有限公司。2004年4月26日，海南炼油项目奠基开工。2006年2月28日，名称注册变更为中国石化海南炼油化工有限公司。2006年9月28日，全部装置和系统一次投料试车成功，打通全流程，投入商业运行。2008年7月1日，海南炼化通过总部组织的项目竣工验收。

截至2016年底，海南炼化原油综合加工能力1 000万吨/年，拥有26套炼油化工生产装置及相应的油品储运设施、公用工程系统，主要加工中东和非洲的进口原油，生产和销售各种规格的汽油、柴油、煤油、石脑油、苯、液化气、燃料油、聚丙烯、对二甲苯、邻二甲苯、苯乙烯等石油化工产品。海南炼化采用全加氢型加工流程工艺，汽柴油产品全部达到国Ⅴ标准，产品主要销往海南、华南及西南等地区，部分汽油、柴油、航空煤油、车用液化气出口到港澳地区，自备的深水码头位于洋浦神头港区，共拥有包括30万吨级原油泊位、10万吨级成品油泊位在内的泊位8座，年吞吐能力3 030万吨。海南炼化还拥有总罐容110万立方米的原油和超过100万立方米成品、半成品储存能力及相应的输转设施。

截至2016年底，海南炼化共设部门16个、生产单元10个、质量检验中心1个、港作中心1个、合资公司1个、代管海南商储公司。有正式员工797人。

2016年，海南炼化全年加工原料油993.69万吨，其中原油900.38万吨，生产各类产品912.79万吨，实现营业收入277.31亿元，工业总产值（现价）382.42亿元，利税110.22亿元。

海南炼化主要技术经济指标及主要产品产量分别见表1和表2。

（郑立婕）

【获集团公司4项先进称号】 2016年，海南炼化不断强化本质安全，健全安环监管体系，深化精细管理，坚持质量永远领先一步的理念，加大节能管理力度，保证了装置安稳经济运行，获得集团公司环保先进单位、质量先进单位、节能先进单位称号，并连续第8年获得安全生产先进单位称号。

（郑立婕）

【生产经营持续优化】 2016年，海南炼化努力克服国际油价低位震荡和成品油市场持续低迷对全加氢加工流程工艺盈利能力的影响，强化精细管理，发挥“六位一体”原油采购小组作用，准确把握采购节奏；优化馏分加工路线，探索装置功能定位，推行“分子管理”，积极调整产品结构，努力增产高附加值产品，全年加工原料油993.69万吨，实现工业总产值382.42亿元，账面利润24亿元，创下6年来最好业绩。

（郑立婕）

【芳烃装置继续领跑】 2016年，海南炼化60万吨/年对二甲苯装置精细操作，深挖潜能，全年生产对二甲苯66.48万吨、邻二甲苯7.77万吨、苯14.63万吨；综合能耗296千克标油/吨对二甲苯，吨产品完全费用仅528.94元，实现利润5.54亿元，各项技术经济指标保持集团公司及行业领先地位。

（郑立婕）

【产品出口再创新高】 2016年，海南炼化充分发挥地域优势，把握国内国外两个市场，努力消化国内过剩产能，成品油出口基地建设取得新突破，全年来料加工复出口量达275万吨，同比增长12.4%，出口量稳居集团公司各出口企业首位。

（郑立婕）

【商储项目通过竣工验收】 2016年3月17日，海南原油商业储备基地项目竣工验收会召开，验收委员会通过听取工程项目建设情况汇报、实地查验工程实体、审阅相关资料、审议竣工验收报告、签署并颁发《竣工验收证书》等形式对项目进行审查，一致同意海南原油商业储备基地项目通过竣工验收，标志着项目由试运行转入正式生产阶段。

（郑立婕）

【柴油加氢改质技术的开发与应用通过技术鉴定】 2016年4月，由海南炼化、石油化工科学研究院、洛阳工程公司共同承担的“灵活柴油加氢改质（MHUG－Ⅱ）技术的开发与应用”在海南炼化成功完成工业试验，并通过股份公司科技部组织的中国石化科学技术成果鉴定。MHUG－Ⅱ工艺技术实现了直馏柴油超深度加氢脱硫和劣质催化柴油加氢改质提高十六烷值的目的，柴油产品质量大幅度提高，环保效果明显，取得了显著的社会效益和经济效益。

（郑立婕）

柴油加氢装置　（林鸿冠　摄）

【获得全国和海南省表彰】　2016 年 5 月 3 日，海南省总工会召开 2016 年海南省五一劳动奖表彰暨劳模座谈会，海南炼化副总工程师、机动部部长章文获海南省 2016 年五一劳动奖章，炼油部二单元四班获海南省 2016 年工人先锋号称号。5 月 4 日，炼油部二单元党支部书记、副主任卢永获 2014—2015 年度全国青年岗位能手标兵称号，是集团公司唯一一名获得该荣誉的员工。

（郑立婕）

【企业文化建设效果显著】　2016 年，海南炼化持续强化文化引领，企业文化建设效果显著，企业管理进一步提升，凝聚力进一步增强，员工精神面貌进一步提升。完善各类制度，用制度固化企业文化基因，总结企业文化建设的成绩和经验，编制印发《点亮企业明灯引领打造一流之路——海南炼化公司 2015—2016 年企业文化建设实践》。5 月 31 日，召开 2015 年企业文化建设成果表彰暨 2016 年实施方案发布会，评选出 10 项管理创新成果，从专业管理、“五型”班组探索、团队建设、基层单元建设、专注做好一项具体工作等角度做了有益的探索和实践，为继续深入实践企业文化提供了重要参考价值和借鉴推广意义。

（郑立婕）

【“两学一做”学习教育深入推进】　2016 年，海南炼化深入推进“两学一做”学习教育，制定实施方案，成立学习教育工作督导组，建立学习教育月报制，党委中心组多次集中学习党章和党规党纪，开展“戴、亮、包、做”特色主题活动；5 月 17 日，组织召开“两学一做”学习教育动员部署会，传达学习、贯彻落实习近平总书记关于“两学一做”重要指示精神和上级党组织相关会议精神；6 月 16 日，开展学习教育专题培训和研讨，形成了浓厚的学习氛围，为安全生产、提质增效提供坚强的思想政治和组织保证。

（郑立婕）

“两学一做”“戴、亮、包、做”党员先锋岗揭牌
（林鸿冠　摄）

【获全国石油和化工行业节能先进单位称号】　2016 年 7 月 27 日，由中国石油和化学工业联合会主办的“十三五”石油和化工行业节能节水与低碳工作促进会暨 2015 年度能效“领跑者”发布会在京召开，海南炼化获评“十二五”全国石油和化工行业节能先进单位称号，这是继“十一五”获此称号之后再次获得。

（郑立婕）

【召开“8 · 27”警示教育大会】　2016 年 8 月 26 日，海南炼化组织召开警示教育大会，全体与会人员观看《蜕变的人生》和《查处洋浦成品油保税库建设项目违纪违法系列案件纪实》警示教育片，进一步深刻反思“8 · 27”腐败案件教训，加强对干部员工的反腐倡廉教育，做到警钟长鸣。

（郑立婕）

【开展庆祝投产 10 周年系列活动】　2016 年，海南炼化开展以“十载砺金炼造梦想，共创未来有你同行”为主题的庆祝投产 10 周年系列活动：8 月 23 日—9 月 15 日，开展“回首十年、继续前进”主题图片征集展览活动；9 月 22—26 日，开展“十年 · 10 人”先进典型评选活动，评选出 10 名在 10 年发展中做出突出贡献的优秀代表；9 月 28 日，举办“传承——忆十年，谋发展”主题座谈会，海南省委省政府委托副省长李国梁作为代表出席座谈会并做重要讲话；9月28日，举办“荣耀——十载砺金炼造梦想，共创未来有你同行”职工文艺晚会；10月9日，召开庆祝投产10周年系列活动筹备工作总结研讨会；10—12月，举办“携手、拼搏、跨越——成长杯”篮球赛、羽毛球赛、足球赛；《中国石化报》刊登纪念海南炼化投产10周年专版，《海南日报》等报道了海南炼化投产10年取得的成就。活动回顾海南炼化10年奋斗历程，激发干事创业热情，提升精细管理水平，全面增强了员工对企业的认同感和归属感。

（郑立婕）

【人才队伍建设成果显著】 2016年，海南炼化稳步推进三支人才队伍建设，畅通人才成长通道，拓宽人才成长平台，深入推进人才梯队建设，开展了主管技师、专家遴选等工作；加大培训力度，员工操作、应急、技能水平得到显著提升。9月8日，在集团公司连续重整装置操作工职业技能竞赛中，海南炼化获1枚个人金牌和团体三等奖；9月28日，获得集团公司HAZOP技术比武聚丙烯和催化裂化团队三等奖；10月13日，在集团公司2016年二甲苯装置技能竞赛中获得2金、2银、1铜和团队二等奖。刨下投产10周年以来业务技能竞赛最好战绩。

（郑立婕）

【第2套芳烃项目取得进展】 2016年9月5日，海南炼化第2套芳烃项目可行性研究报告得到总部批准；9月13日，60万吨/年对二甲苯项目通过竣工验收。海南炼化将不断总结创新，开好第1套芳烃、建好第2套芳烃，全力打造中国乃至东南亚重要芳烃生产基地。

（郑立婕）

【伊拉克石油部官员参观考察】 2016年10月17日，伊拉克石油部副部长贾法尔一行来海南炼化参观考察，参观了芳烃展示区、炼油中控室和原油码头，并就装置及工艺技术与海南炼化进行了技术交流。

（郑立婕）

【获聚丙烯客户满意度第一称号】 在集团公司委托第三方调研公司开展的2015年中国石化聚丙烯客户满意度调查中，海南炼化凭借优质的服务赢得了客户的一致称赞和好评，以97.59的分数获总体满意度第一，其中在产品使用性能、产品包装、产品交付、投诉处理、产品技术服务、新产品开发6个方面的满意度均位列第一。

（郑立婕）

【HSE实训室建成投用】 2016年10月，海南炼化HSE实训室建成投用。实训室共设立受限空间作业区、动火作业区、高处作业区、劳动防护用品区、消防应急区、安全标识区和企业文化7个区域，旨在通过实物示范区让入厂人员对现场有更直观的认识，改变传统培训下“讲”与“听”的模式，让学员了解作业存在的风险和控制措施，熟悉相关应急程序，加强HSE教育效果，提升HSE培训教育水平。

（郑立婕）

【商储基地工程获国家优质工程奖】 2016年12月12日，在中国施工企业管理协会组织召开的全国工程建设质量经验交流会上，石油储备公司海南分公司申报的海南原油商业储备基地工程被评为2016—2017年度国家优质工程奖。同时，海南炼化副总经理、商储海南分公司经理赵聚德获2016—2017年度国家优质工程奖突出贡献者称号。

（郑立婕）

表1　海南炼化主要技术经济指标　亿元

指标名称＼年份	2016	2015	2014	2013	2012	2011
原油加工量/万吨	900.38	901.43	903.25	730.90	920.97	905.89
工业总产值	382.42	427.19	575.93	466.89	601.53	574.80
炼　油	376.82	424.32	570.58	449.84	580.17	550.77
化　工	380.14	65.64	112.45	17.05	21.36	24.04
工业增加值	101.03	89.48	63.42	25.35	32.76	31.95
资产总计	114.28	122.67	155.95	164.93	139.83	118.73
流动资产	34.45	30.86	54.56	64.05	67.08	51.38

续表

指标名称 \ 年份	2016	2015	2014	2013	2012	2011
固定资产原值	148.11	145.83	144.76	140.45	97.98	97.69
固定资产净值	71.47	79.21	87.98	93.25	57.43	63.78
销售收入	277.31	314.78	440.87	369.23	539.77	540.83
实现利税	110.22	95.46	46.59	72.92	105.23	107.59
税　金	86.22	90.51	57.62	64.91	94.21	99.56

表 2　　海南炼化主要产品产量　　万吨

产品名称 \ 年份	2016	2015	2014	2013	2012	2011
88#汽油	83.20	—	—	—	—	—
92#汽油	121.48	110.31	125.68	—	—	—
93#汽油	28.26	41.10	77.70	222.90	267.52	256.77
97#汽油	—	13.11	15.68	19.75	35.23	38.48
0#柴油	260.78	260.82	267.62	229.70	294.02	319.20
轻质船燃	—	—	—	5.31	5.10	—
发泡剂	6.49	4.22	7.79	1.37	1.80	—
石脑油	5.40	17.81	26.50	12.37	25.13	14.09
煤　油	151.19	150.21	138.64	90.57	78.03	68.06
苯	14.63	15.53	17.20	4.41	6.34	6.19
对二甲苯	66.48	67.54	75.68	—	—	—
邻二甲苯	7.77	6.20	10.50	—	—	—
航煤组分油	—	—	—	—	16.01	9.44
燃料油	17.06	17.52	20.64	20.50	24.89	32.57
硫　黄	6.80	6.56	6.59	4.81	6.13	6.45
液化气	57.96	68.07	62.31	41.07	58.73	59.98
车用液化气	—	—	—	—	—	—
其他白油原料	18.41	17.33	14.53	14.27	22.17	21.77
聚丙烯	20.90	22.09	21.84	17.70	23.85	23.85

注：93#汽油包括 92#、95#（2013 年以前），97#汽油包括 98#

青 岛 炼 化

【概况】　中国石化青岛炼油化工有限责任公司（简称青岛炼化）系股份公司、山东省国际信托股份有限公司、青岛国信实业有限公司按 85∶10∶5 的投资比例出资设立的特大型石油化工企业，于 2004 年 10 月 18 日注册成立，位于青岛经济技术开发区重化工园区，毗邻青岛港。青岛炼化是中国石化系统内单套装置规模最大、体制机制最新、用工定员最少的炼化企业之一，1 000万吨/年大炼油项目是中国批准建设的第1个单系列千万吨级炼油项目，总投资125亿元，于2008年6月正式投产。具有组织结构扁平、主业精干、人员精简的显著特点，截至2016年底，共设10个职能部门和9个生产单元，在册正式职工669人。

青岛炼化工艺路线采用“焦化+CFB锅炉+催化”方案，主要加工进口高硫原油，截至2016年底，原油综合配套加工能力达到1 200万吨/年，拥有22套生产装置和相应的公用工程及辅助设施，每年可生产汽煤柴成品油800多万吨，生产聚丙烯、苯乙烯、混苯、硫黄等各类石化产品300多万吨。

青岛炼化主要技术经济指标和主要产品产量分别见表1和表2。

（刘仕成　王鑫磊）

【领导班子调整】 2016年7月12日，集团公司党组发文，决定赵培录任中共中国石化青岛炼油化工有限责任公司委员会书记，王树德任中共中国石化青岛炼油化工有限责任公司委员会副书记(兼)。同日，股份公司发文，建议赵培录为青岛炼油化工有限责任公司副总经理人选(兼)。

（刘仕成　王鑫磊）

【10万吨/年硫黄回收装置中交并投用】 2016年5月31日，青岛炼化新建10万吨/年硫黄回收项目顺利中交；7月19日开工投产。该项目是青岛炼化为满足1 200万吨/年原油加工能力含硫酸性气处理需要而新建的环保装置，基础设计批复总投资1.9亿元。装置投产后可生产固体硫黄和液体硫黄约11万吨/年，二氧化硫排放浓度小于200毫克/米^3，满足国家最新排放标准。

（刘仕成　王鑫磊）

10万吨/年硫黄回收装置中交现场　（刘　强　摄）

【第4次获能效领跑者标杆企业称号】 青岛炼化应用“渐进追赶”能源管理模式，对标先进全力抓促节能降耗；推进能源管理信息系统深化应用，加强能源管网数据监控与分析，实现能源使用全过程闭环管理；深挖装置节能潜力，按季度滚动调整能耗考核指标，单因耗能同比下降0.2个单位。2016年，在中国石油和化学工业联合会组织的评比中连续第4年以原油加工组第1名的成绩获评能效领跑者标杆企业称号，获评“十二五”全国石油和化工行业节能先进单位。

（刘仕成　王鑫磊）

【财务共享服务顺利上线】 2016年8月9日，青岛炼化召开财务共享服务上线工作启动会；9月5日，财务共享服务正式上线，发起第1笔支付申请并成功付款。青岛炼化作为集团公司首家财务共享服务异地上线的炼化企业，同时完成了对公支付费用报销系统上线。

（刘仕成　王鑫磊）

【经济效益创历史最好水平】 2016年，青岛炼化加工原油1 131.91万吨，实现销售收入330.79亿元，实现利税171.21亿元；实现利润40亿元，创历史最好水平，居中国石化炼化企业第4位；弥补以前年度亏损后，累计盈利18.42亿元。吨油利润480元，居中国石化炼化企业第1位；人均劳效564万元，居中国石化炼化企业第1位。全年重点实施5类31项双增双节措施，实现降本增效2.7亿元。获得中国石化2016年度炼油经济效益优胜单位、2016年度炼油人均劳效优胜单位、2016年度炼油“比学赶帮超”优胜单位称号。

（刘仕成　王鑫磊）

【生产经营优化成效显著】 2016年，青岛炼化优化实施原油搭配混炼，加强运行管理，确保装置保持较高水平运行。全年召开57次生产经营优化、分析会议，紧盯市场开展500多个优化方案测算，实现生产方案动态优化。以增产汽油、航煤，压减柴油，实现效益最大化为目标，实施精制柴油进催化回炼等一系列优化措施。全年汽油产量332.14万吨，同比增加2.9万吨，柴汽比降至0.83，再创历年最优。贴近市场实现全产全销，成品油出口总量增长63.18%。打通保税航煤铁路运输流程，加大出厂协调力度，全年实现各类产品产销平衡。

（刘仕成　王鑫磊）

【安全环保持续巩固】 2016年，青岛炼化规范HSE管理架构，成立生产、机动、信息专业安全分委会，抓好HSE相关法律法规识别与制度完善。常态化开展“全员安全诊断”，2次集中开展全员身边风险识别。执行周二、周四集中动火要求，强化施工现场周围地井、地沟气体分析，严格落实检测数据签字确认并现场公示；落实重要作业全过程视频监控，安全环保督察队全天候开展现场督察，对违章单位负责人进行约谈，确保现场作业风险受控。完成548项应急处置方案卡片化，定期组织公司级应急演练，进一步增强全员应急和企地联动处置能力。强化环保管理，实现环保装置稳定达标运行。完成硫黄回收提标改造、污水处理场异味治理等环保提标项目；开展第2轮泄漏检测与修复(LDAR)，累计完成30万个点位。被评为危险化学品“两个体系”建设省级标杆企业，中国石化安全生产先进单位、清洁生产企业。

(刘仕成　王鑫磊)

【专业管理不断深化】 2016年，青岛炼化抓好操作管理系统深化应用，实现对装置11项指标的绩效管理，装置工艺指标合格率达99.5%以上。加强计量和质量管理，原油一程损失同比降低0.05个百分点，减少原油损失5 500吨；全年实现产品出厂合格率100%。巩固完整性组织架构下的设备管理模式，发挥好设备状态监测、仪表管理、电气运行等12个专业技术团队作用，在集团公司设备大检查和多项专业评比中处于领先行列。抓好防腐管理，完善定点测厚工作，充分发挥腐蚀在线监测功效，跟踪分析原油性质变化对装置的影响。组织实施常减压顶循除盐技措项目，降低腐蚀速率。加强投资技措管理，全年安排技措项目52项，完成技措项目投资2.01亿元。其中，粗白油料出厂、甲基叔丁基醚(MTBE)进厂、重整干气脱氯、电机节能改造等一批短平快的效益项目，实现快速实施投用目标。

(刘仕成　王鑫磊)

【科技开发有序推进】 2016年，青岛炼化完成催化裂化助剂、高熔指聚丙烯降解剂等新型化工原材料试用，解决了装置生产运行中的难题；22项科技开发项目有序推进；“薄壁透明注塑系列专用料技术定型”项目获得中国石化科技进步二等奖。

(刘仕成　王鑫磊)

【信息化建设不断进步】 青岛炼化推进“两化”深度融合，深化信息系统应用，开发实施现场报警与视频监控联动功能，操作管理系统建设有序推进。企业资源计划(ERP)、制造企业生产过程执行管理(MES)、设备管理(EM)等系统应用评价继续保持先进水平，先进过程控制(APC)、业务流程管理(BPM)系统应用入围中国石化“十二五”信息化应用百项优秀成果。

(刘仕成　王鑫磊)

【“三基”工作进一步夯实】 2016年，青岛炼化发布208个定期工作表单，使基础工作更加规范和完整。组织开展创建“红旗”现场系列活动，提高了现场规范化管理水平。抓实业务技能培训，全年10人通过集团公司高级技师评审，35人取得技师职业资格，1人通过教授级高级工程师评审，12人通过高级工程师评审，高层级技能操作和专业技术人才队伍进一步壮大。开展技能竞赛，组织公司及维保协作单位职工分12个工种进行比武，营造了你追我赶学知识、提技能的浓厚氛围，涌现出一批优秀组织单位和优胜个人，19人被授予技术能手称号，7人被授予青年岗位能手称号。

(刘仕成　王鑫磊)

【“两学一做”学习教育扎实有效开展】 青岛炼化推动“学”与“做”紧密结合，开展“亮党员身份，创党员示范岗”等活动，全体党员党性意识进一步增强。协同推进维保协作单位基层党建工作，基层党支部与业务相关维保协作单位结对子，统一强化“两学一做”学习教育，一家人、一条心的氛围更加浓厚，进一步提升了工作协作水平。党组织战斗堡垒作用和党员先锋模范作用充分发挥，在“8·30”外电网停电、全公司紧急停工事故处置中，广大党员冲锋在前，学习教育成果得到充分体现；全体职工不畏艰辛、以厂为家，确保事故安全平稳处置，将损失降到了最低，进一步彰显了青岛炼化人过硬的业务素质和可贵的敬业精神。

(刘仕成　王鑫磊)

表1　青岛炼化主要技术经济指标　亿元

指标名称＼年份	2016	2015	2014	2013	2012	2011
原油加工量/万吨	1 131.91	948.69	1 127.01	1 145.01	1 059.71	914.46
工业总产值	324.35	327.81	546.90	577.82	612.56	504.66

续表

指标名称＼年份	2016	2015	2014	2013	2012	2011
工业增加值	166.89	135.47	100.71	95.05	98.07	82.01
资产总计	122.66	120.87	142.56	160.72	165.59	150.19
流动资产	34.15	22.59	37.56	49.78	43.11	30.96
固定资产原值	154.53	150.79	145.73	142.39	140.49	120.77
固定资产净值	77.78	84.45	89.51	96.16	104.09	93.16
销售收入	330.79	331.18	548.73	571.13	615.62	509.38
实现利税	171.21	123.93	87.61	101.67	89.10	71.17
税　金	131.21	108.92	89.90	94.50	94.79	80.47
综合能耗/千克标油·$吨^{-1}$	56.19	57.10	57.20	57.14	56.72	57.06

表 2 　　**青岛炼化主要产品产量** 　　万吨

产品名称＼年份	2016	2015	2014	2013	2012	2011
汽　油	332.14	276.59	338.71	299.99	288.13	224.24
柴　油	274.93	249.27	313.41	354.16	353.95	331.59
煤　油	170.07	126.48	126.94	109.65	66.77	50.27
液化气	81.30	69.91	89.24	84.61	80.46	69.58
石脑油	11.36	10.35	13.74	24.44	11.58	13.86
粗三甲苯	—	—	—	—	12.70	9.26
$5^{\#}$白油油料	—	—	—	3.48	1.54	0
商品石油焦	64.00	52.25	69.35	69.88	55.09	54.72
发泡剂	10.94	10.33	5.89	11.45	6.73	10.28
纯　苯	—	—	—	—	0.26	2.04
混合二甲苯	29.55	26.95	29.32	33.62	32.03	23.75
MTBE	—	—	—	—	0.26	0.31
硫　黄	21.05	17.01	20.84	21.77	18.41	16.52
聚丙烯	19.54	17.80	19.88	21.44	23.82	19.07

石家庄炼化

【概况】 中国石油化工股份有限公司石家庄炼化分公司(简称石家庄炼化分公司)和中国石化集团资产经营管理有限公司石家庄分公司(简称石家庄资产分公司)统称石家庄炼化，位于河北省省会石家庄市东南25千米处，其前身为石家庄炼油厂，始建于1978年，1983年建成投产，同年7月1日划归中国石油化工总公司。1997年采用局部改制方式募集发起设立石家庄炼油化工股份有限公司，上市筹集资金投入到当年河北省人民政府与中国石油化工总公司合资设立的石家庄化纤有限责任公司（简称石家庄化纤公司），共同建设石家庄 5 万吨/年己内酰胺工程。石家庄化纤公司股权几经变更，2009 年 3 月转换成为股份公司的分公司。根据集团公司改革重组的统一部署，2006 年注销石家庄炼油厂，注册成立石家庄资产分公司，2007 年注册成立石家庄炼化分公司。2009 年 5 月，根据“一企一制”的整体要求，石家庄化纤公司整体、石家庄资产分公司部分资产和人员被整合并入石家庄炼化分公司。

截至 2016 年底，石家庄炼化共设职能部门 14 个、专业中心 6 个、二级单位 10 个；共有职工 2 704 名，其中具有高级职称的 218 人、中级职称的 394 人。

石家庄炼化分公司炼油部分主要包括 500 万吨/年和 350 万吨/年常减压装置各 1 套、220 万吨/年和 110 万吨/年催化裂化装置各 1 套、180 万吨/年蜡油加氢装置、150 万吨/年渣油加氢装置、120 万吨/年连续重整装置和 260 万吨/年柴油加氢装置等 26 套生产装置；化工部分经过己内酰胺“5 改 6.5”扩能改造、“6.5 改 16”和己内酰胺质量升级，己内酰胺生产规模达 20 万吨/年，聚合装置达 2.5 万吨/年。主要产品有汽油、柴油、航空煤油、聚丙烯、液化气、己内酰胺、聚酰胺切片等 30 多个品种、牌号。

石家庄炼化分公司主要技术经济指标和主要产品产量分别见表 1 和表 2。

（马立亚）

【企业整体扭亏为盈】 2016 年是石家庄炼化油品质量升级及原油劣质化改造项目建成投产后的第 2 年，全年加工原油 600.1 万吨，年原油加工量首次突破 600 万吨；企业整体扭亏为盈，实现利润总额 3.69 亿元，实现 6 年来首次盈利。

（马立亚）

【发生“6·15”承包商安全事故】 2016 年，石家庄炼化 220 万吨/年催化裂化装置烟气除尘脱硫脱硝吸收塔由于腐蚀严重，委托中国石化第十建设公司检修消缺，5 月 7 日开始施工作业；6 月 15 日，吸收塔内施工作业过程中发生着火事故，造成塔内 4 名作业人员遇难。

（马立亚）

【产品结构持续优化】 2016 年，石家庄炼化全年柴汽比实现 0.925，同比降低 0.19 个单位；根据市场需求科学调整 LCO 回炼流程，高标号汽油收率达 7.81%，增加 1.69 个百分点；全年生产 92#京标车用汽油 7.78 万吨，首次保供北京市场；航煤收率达 19.3%，增加 4.03 个百分点；10 月，汽油、车用柴油全部升级为国Ⅴ标准，按期完成油品质量升级任务。

（马立亚）

【产品差别化有效提升】 2016 年，石家庄炼化聚丙烯产品差别化率达 23.1%、同比提高 17.73 个百分点，增效 582 万元；成功实现从重整拔头油分离液化气，全年完成互供饱和气 10.89 万吨、增加 4.53 万吨，增效 2 116 万元；实现医药级硫酸铵产品分包、分储、分销，销售医药级硫酸铵 8 245 吨，增效 21 万元。3 月，沥青产品各项指标均达到《公路沥青路面施工技术规范》中的 70#A 级道路石油沥青技术要求，顺利首次通过 70#A 级认证。

（马立亚）

【主要技经指标持续提升】 2016 年，石家庄炼化深入推进系统全流程优化，炼油部分技经指标进入集团公司炼化企业前 20 名，化工各项技术经济指标达到历史最优，在总部炼油板块“比学赶帮超”活动中获得 42 面红旗。物耗能耗大幅降低，炼油综合能耗由开工初期的 97 千克标油/吨降至 78.91 千克标油/吨，降幅明显；己内酰胺综合能耗达 645.29 千克标油/吨，实现力争目标。

（马立亚）

【企业改革持续推进】 石家庄炼化有序推进岗位“三定”，完成职能处室一般管理岗位竞聘工作，显现富余人员 69 人，妥善完成人员安置。探索体制机制创新，推行化工部分生产经济责任承包，积极探索推进产供销一体化管理模式。结束齐鲁石化对渣油加氢装置的业务承揽，顺利完成生产运营责任交接。

（马立亚）

【企业管理基础持续巩固】 2016 年，石家庄炼化改进提升“三基”管理，修订班组、标准管理规定，推进免检班组建设，实施班组标准化管理。认真做好体系管理，顺利通过 QHSE 体系再认证，首次通过能源管理体系认证，建立并实施了年度目标风险评估及重要重大风险应对监控机制。强化劳动用工管理，规范外包业务管理，业务外包合同数额同比降低约 500 万元。加强施工承包商管理，实施承包商积分机制，约谈重点承包商；评审发布年度承包商手册，清理 10 家无施工承包商。

（马立亚）

【科技进步取得新成果】 2016年，石家庄炼化认真开展知识产权工作，全年获得授权专利6件；积极推进科技进步，承担的“第三代环管聚丙烯技术开发”获中国石化科技进步一等奖，与中国科学院合作的“反应器数值放大和混合强化新技术”获国家技术发明二等奖，与华东理工大学合作的“含高度分散相的混合放大和强化新技术”获上海市科技进步二等奖。扎实开展基层QC小组活动，热电运行部汽机装置运行一班QC小组、电仪作业部质量流量计QC小组获评全国优秀质量管理小组，电仪作业部主变装置电气运行一班QC小组、水务运行部循环水工艺QC小组、炼油运行二部制氢装置节能小组、炼油运行三部降低聚丙烯能耗QC小组、电仪作业部计量数据检尺班QC小组获评河北省优秀质量管理小组。

（马立亚）

【信息化建设取得新进步】 2016年1月8日，石家庄炼化ERP大集中系统正式上线运行；新数据中心机房建成投用；在1#催化、3#催化装置实施相关积分在线优化系统；全面推广外操智能巡检电子系统，开展LIMS实验室信息系统升级完善和编码标准化工作，合作开发职能处室周检管理系统；应用物联网RFID技术，实施MAM物资辅助管理系统，实现物资库房智能化管理；财务共享服务业务全流程打通，9月成功完成上线迁移。

（马立亚）

【降本减费效果明显】 2016年，石家庄炼化全面推进“降本增效年”系列活动，以“效益无处不在，节约从心开始”为主题，深入推进全员成本费用控制。千方百计压减库存，蜡渣油、油浆累计降库1.58万吨；全年改代利用积压物资434.89万元，积压物资降至2 762万元；生产运行成本同比降低10.86%，业务招待费、差旅费等8项费用降低7.2%；成本费用得到有效控制，炼油单位完全费用降至318.2元/吨，降低53.23元/吨。炼油全员成本目标管理重点指标获得总部进步奖。

（马立亚）

【加强党建工作】 石家庄炼化认真开展“两学一做”学习教育，按照“搭平台、建机制、供保障”的思路，组织开展“亮身份、践承诺、明底线”“一争做、五带头”“党员在行动”等系列活动，引导党员围绕中心学做结合、立足岗位争当先锋。推进运行部横班建党支部，在8个运行部共设置33个横班党支部。完善党建工作制度体系，依据总部“1+7”制度，制定了支部分类定级等6项制度，借鉴地方经验，增加对党员定量评价的先锋指数管理制度。加强领导干部队伍建设，从六大纪律入手，出台干部“十带头十不准”，划定工作红线、树立了标杆导向。关心员工生活，开展“走基层、访万家”活动，共走访班组237个，走访员工1 533名。实施青年素质提升工程，组织开展青年政治轮训，有效提升了青年思想政治与技能素质水平。

（马立亚）

表1　石家庄炼化分公司主要技术经济指标　亿元

指标名称＼年份	2016	2015	2014	2013	2012	2011
原油加工量/万吨	600.10	578.28	292.20	291.40	417.69	412.18
工业总产值	247.64	255.61	154.86	191.83	272.87	266.25
工业增加值	111.69	83.05	13.94	25.18	30.80	37.32
资产总计	129.12	127.52	154.93	126.52	107.21	86.77
流动资产	33.94	25.57	47.52	34.35	49.54	43.01
固定资产原值	161.42	153.76	149.74	84.45	84.52	85.58
固定资产净值	81.52	88.70	86.04	23.56	25.78	24.83
销售收入	246.29	256.77	152.01	194.49	275.09	267.86
实现利税	95.16	66.72	3.03	16.69	23.09	30.87
税　金	91.46	85.46	23.03	24.80	36.63	40.96
综合能耗①/吨标煤·万元$^{-1}$	0.33	0.38	0.45	0.43	0.38	0.38

①2011年为2010年不变价

表 2　石家庄炼化分公司主要产品产量　万吨

产品名称＼年份	2016	2015	2014	2013	2012	2011
汽　油	188.67	173.40	68.05	58.02	89.99	87.04
煤　油	57.90	44.15	13.50	13.72	0.32	0
柴　油	174.59	194.16	108.87	123.10	196.21	186.43
燃料油	6.56	1.93	3.56	2.33	5.81	6.15
液化气	47.96	42.79	17.68	16.64	21.85	22.11
硫　黄	7.86	6.41	2.31	1.82	2.21	2.25
精丙烯	15.27	15.87	7.22	7.09	9.46	9.63
聚丙烯	16.17	15.19	2.86	3.41	4.95	4.95
石油焦	25.94	22.66	13.57	18.02	21.75	25.71
沥　青	5.04	0.49	0	0	0	0
己内酰胺	7.10	3.67	2.89	11.24	9.84	10.86
硫　铵	11.23	6.11	7.50	27.91	25.29	27.83
苯甲醛	0	0	0.15	0.58	0.53	0.59
切　片	1.43	0.85	0.67	2.20	1.96	2.23

荆门石化

【概况】　中国石油化工有限公司荆门分公司（简称荆门分公司）和中国石化集团资产经营管理有限公司（简称荆门资产分公司）统称荆门石化，位于湖北省荆门市掇刀区。荆门石化是国家“三线”建设时期的战备炼油厂，1970 年正式动工建设，1983 年由石油部江汉石油管理局划归中国石油化工总公司，1993 年成为国家特大型企业；2000 年企业重组改制为中国石油化工股份有限公司荆门分公司和中国石化集团荆门石油化工总厂。占地面积 11.67 平方千米（其中生产区 4.61 平方千米），石化社区总人口 3 万多人。截至 2016 年底，有机关处室 18 个，直属单位 23 个，在岗员工 4 672 人，其中在岗经营管理人员 361 人、专业技术人员 981 人、技能操作人员 3 330 人。

截至 2016 年底，荆门石化原油加工综合配套能力 550 万吨/年，是中国石化系统内加工手段较为齐全、生产灵活性较大的企业之一，是中部地区最大的润滑油基础油、特种产品生产基地。有 43 套生产装置（其中燃料油系统 25 套、润滑油系统 12 套、综合利用 4 套、化工装置 2 套），主要加工南阳原油、江汉原油、仪长管输油（进口、胜利混合油），生产燃料油、润滑油（基础油）、石油蜡、聚丙烯等 20 多个品种、100 多个牌号的产品。成品油主要供应湖北、湖南、河南、川渝、贵州等地区，环保橡胶填充油、沥青改质剂、白油系列产品畅销全国。

荆门石化主要技术经济指标及主要产品产量分别见表 1 和表 2。

（万益全）

【领导班子调整】　2016 年 8 月 25 日，集团公司党组决定：杨勇刚任荆门石油化工总厂厂长、党委副书记，荆门分公司总经理、荆门资产分公司总经理，荆门分公司原总经理江寿林调洛阳石化任总经理、党委副书记。

（万益全）

【结构调整增效益】　2016 年，荆门石化坚持“不比规模比特色，不比客观比管理”的发展思路，全面落实 500 万吨加工量下的调结构方案。①通过提高丙烷加工负荷、蒸馏装置减一线进蜡油及 1# 柴油加氢柴油进催化回炼等措施，做大催化加工总量来增产汽油。全年汽油产量占原油及原料的比例达 30% 以上，同比提高 0.26 个百分点，相当于多产汽油 1.26 万吨。优化下游汽油加氢装置，上下结合减少汽油辛烷值损失，使高标号汽油产量提高 3.4 个百分点，成功生产并销售 98# 高标号汽油 9 000 多吨，全年多产高标号汽油 5.13 万吨。②通过优化柴油加氢装置运行，选用加氢改质催化剂，实施加氢柴油进催化回炼等措施，减少普通柴油产出，柴汽比压低至 0.97，确保车用柴油产量最大化。全年车柴产量突破110万吨，再创新高。③做优白油类特色产品．加快研、产、销、用一条龙工作步伐，陆续开发生产32#、68#、100#粗白油投放市场，白油品种达11个；通过技术攻关，成功将MVI150基础油作为白油生产调和的原料组分，每月转化并增加4 000吨高附加值产品；发挥加氢装置多的优势，优化提升白油料收率，使白油产量达到创纪录的18万吨。全年依靠产品结构调整增效1.6亿元，荆门石化取得了近7年最好的效益，比年初总部的考核指标增盈6.18亿元，比年初自定的奋斗目标增盈5.28亿元。

（万益全）

【统筹资源初见成效】 2016年，荆门石化利用“加剂增输”的创新成果优化输油，仪长原油进厂量提升至1.1万吨/日；根据原油盈利能力及时调整原油品种，自6月后逐渐增加中东高硫原油采购比例，减少西非原油采购量，使仪长原油硫含量达到或接近1%，降低了整个原油综合采购成本。通过优化催化装置原料，增加汽油产量；优化柴油加氢装置原料，让车用柴油产量最大化；通过外购石脑油，进一步发挥重整等装置富余能力，资源统筹成效明显；优化白油上下游生产装置原料，白油产量稳中有升；同时对上下游装置直接供料，不仅节能降本，而且增产了目标产品。

（万益全）

【强化全流程优化】 2016年，荆门石化坚持优化生产流程，用好每吨资源，实现价值最大化。通过效益测算及时调整燃料油、润滑油轻套和重套的运行安排，打通润滑油基础油调和白油加工流程，为白油产量创新高奠定了基础。及时调整优化石蜡基渣油加工流程，让渣油直供催化装置，将渣油吃干榨尽；用催化装置拔头油浆与优质沥青调和组分生产RA25热拌用沥青再生剂出厂，并大力开拓RA5热拌用沥青再生剂市场，提高了油浆的增值效益。针对能耗及加工损失等指标落后的现状，成立节能降损专班，做到每天查现场，每周下通报，每月一考核，全年共实施43项节能降损措施，效果显著。

（万益全）

【国V油品质量升级目标提前完成】 2016年9月7日，150万吨/年S－Zorb装置一次投料试车成功，比原定计划提前8天，创造了建设工期短和一次投料开工成功的好成绩。该装置设计原料来自于催化裂化装置稳定汽油，工艺技术路线采用新一代S－Zorb专利技术，使硫含量高达600×10^{-6}的催化汽油原料变成硫含量10×10^{-6}以下的低硫清洁汽油产品。与加氢脱硫技术相比，具有脱硫率高、辛烷值损失小、能耗和操作费用低的优点。10月1日，首批92#国V车用汽油调和成功顺利出厂，标志着荆门石化汽油产品顺利实现国V质量升级目标。11月17日，首批3 100吨98#国V车用汽油投放市场。

（万益全）

【深入开展“规范管理年”活动】 2016年，荆门石化开展了以劳动纪律、工作纪律、经营纪律专项整治和强化提升“三基”工作为重点的“规范管理年”活动。劳动纪律方面，重点整治门禁和电子考勤管理、电子巡检、手机管理等存在的问题。经营纪律方面，重点整治工作不落实、不敢担当、标准不高、办事拖延、深入基层不够、组织纪律涣散等突出问题。工作纪律方面，重点整治工艺纪律、操作纪律存在的突出问题。在强化提升“三基”工作方面，成立基层建设、基础工作、基本功训练3个专项工作组，分别由组织部干部处、企业管理处、人力资源处负责归口管理。按照职责分工和强化提升“三基”工作的具体措施，分别组织制定工作计划，明确完成时间和工作进度。各专业管理部门做到“三基”工作与专业工作同要求、同布置、同落实、同检查、同考核，并加大对基层单位的指导力度。各单位也进一步完善“三基”工作组织机构，明确主管领导和各项措施的具体负责人，对照总部“三基”工作指导意见新要求，结合强化提升“三基”工作具体措施，进一步梳理存在的问题，制定整改措施，做到责任落实、措施落实。

（万益全）

【车用柴油产量创新高】 2016年，荆门石化通过优化生产，在柴油生产结构中进行增产车用柴油、少产普柴的结构性调整，车柴产量创历史新高，从2万多吨/月提高至10万吨/月，普柴产量则降低为2万—3万吨/月，成为调结构转方式的重要效益增长点。

（万益全）

【队伍建设不断加强】 2016年，荆门石化强化领导班子监督与考核，完成中层经营管理人员个人重大事项报告，对直属班子成员履职情况进行民主评议，领导干部的“四个意识”得到强化。启动专业技术人员竞聘工作，48对师徒结成对子，组织专业技术人员撰写年度工作总结，人才队伍管理进一步规范化、标准化。催化操作工官劲松获湖北省政府专项津贴，维修钳工郭振恩获湖北省楚天名匠称号，3人获集团公司技术能手称号。围绕国V汽油质量升级开展劳动竞赛，传承和弘扬了工匠精神。

（万益全）

【建立党风廉政建设约谈制】 2016 年，荆门石化为加强对领导干部的教育和监督，建立了党风廉政建设约谈制。党风廉政建设约谈根据工作需要，不定期组织，约谈对象为各单位、各部门主要负责人及班子成员、纪委书记(纪检委员)、专兼职纪检人员和其他需要约谈的人员。同一事项责任人被首次约谈后，限期内整改措施不力、整改进程缓慢的，进行再次约谈；对连续 2 次被约谈的要进行考核；对连续 2 次被约谈、限期内问题整改效果不明显的，给予诫勉谈话；诫勉谈话后，限期内问题仍得不到解决的，给予纪律处分和组织处理；约谈有关材料由纪检监察部门存档，作为领导班子和领导干部业绩评定、奖励惩处和选拔任用的重要依据。

（万益全）

【CFB 锅炉脱销项目投用】 2016 年 1 月，荆门石化 1#、2#CFB 炉脱硝项目正式投入运行。该项目采用 SNCR 烟气脱硝工艺，净化后的烟气氮氧化物排放合格率 100%，主要性能指标均优于设计水平，实现了环保达标排放。

（万益全）

【老年大学“手抄党章”登上“学习小组”公众号】 2016 年 4 月 30 日，荆门石化老年大学书法爱好者“手抄党章”登上了《人民日报》“学习小组”公众号。“石化党员”微信对老年大学“手抄党章”活动给予了“三高”评价。高年龄：手抄党章作者中，最高龄是 81 岁的老党员，而党员们的平均年龄达到 75 岁。高段位：党章书法作品幅幅精品，很多作者都是湖北省老年书画协会会员，多次在比赛中获奖；高影响：手抄党章作品得到《人民日报》海外版编辑部“学习小组”的赞许。

（万益全）

【获评环境诚信企业】 2016 年 6 月，荆门市发布 2015 年度企业环境行为信用信息，荆门石化被评为环境诚信企业。近年来，荆门石化严格落实建设项目“三同时”制度，积极推进清洁生产，强化生产过程分级控制，从源头减少污染源产生，通过加大环境污染治理力度，减少污染物排放总量，提前完成“十二五”指标，环保业绩不断提升。

（万益全）

【积极应对暴雨天气】 2016 年 6 月，长江流域进入主汛期，已连续遭遇暴雨来袭，且持续时间长、强度大、范围广、危害重。6 月 30 日，第 4 轮强降雨使生产厂区最大降雨量超过 200 毫米。荆门石化迅速启动防汛应急预案，全体员工全力应对暴雨袭击，确保了极端天气下装置生产正常、外排污水达标排放，没有发生环境污染事故事件，有效抗击了 30 年一遇的暴雨灾害，抗洪防汛工作受到总部充分肯定。

（万益全）

【280 万吨/年重油催化裂化装置正式开工建设】 2016 年 10 月 20 日，荆门石化 280 万吨/年重油催化裂化装置及配套改造项目得到总部批复。项目采用 MIP 工艺，不新征土地，不新增定员，总投资 11.88 亿元，被纳入总部“十条龙攻关”项目，预计 2018 年建成投产。该装置建成后，荆门石化将实现高掺渣比、高残炭原料 FCC 装置的长周期安全稳定运行。

（万益全）

【召开第 8 次党代会】 2016 年 11 月 10 日，荆门石化召开第 8 次党代会。大会听取、审议和通过了党委工作报告、纪委工作报告，修订了党委会工作细则，选举产生了新一届党委和纪委。会议选举张江担任党委书记，杨勇刚、刘子龙担任党委副书记，刘子龙担任纪委书记，王锦程担任纪委副书记。

（万益全）

表 1　荆门石化主要技术经济指标　　亿元

年份 / 指标名称	2016	2015	2014	2013	2012	2011
原油加工量/万吨	485.04	494.93	472.36	510.72	478.80	502.60
工业总产值	195.43	216.26	271.33	305.17	290.89	292.59
工业增加值	89.08	84.10	50.90	59.25	46.03	36.75
资产总计	65.84	56.13	55.66	58.31	55.03	49.23

续表

年份 指标名称	2016	2015	2014	2013	2012	2011
流动资产	17.51	12.99	15.75	17.73	17.40	15.01
固定资产原值	81.81	79.24	76.15	75.12	72.80	62.20
固定资产净值	30.57	30.27	30.40	31.72	31.60	23.84
销售收入	216.14	235.97	298.62	331.94	314.75	317.22
实现利税	79.06	75.69	43.70	50.67	39.50	29.33

表2 **荆门石化主要产品产量** 万吨

年份 产品名称	2016	2015	2014	2013	2012	2011
汽　油	150.63	152.42	131.07	134.40	119.66	105.41
柴　油	146.01	157.10	153.58	177.09	163.53	174.40
煤　油	29.30	28.04	27.10	25.56	28.89	26.71
石　蜡	6.40	8.01	9.78	8.48	9.65	13.08
润滑油基础油	7.79	7.15	12.95	16.38	12.63	17.30
石油焦	29.31	28.58	31.06	34.25	34.66	37.27
聚丙烯	11.69	11.57	10.31	12.94	12.92	13.57

四川维尼纶厂

【概况】 中国石化集团四川维尼纶厂(简称四川维尼纶厂)位于重庆市长寿区境内的长寿经济技术开发区，占地3.31平方千米。1973年由国家计委下达项目计划，1974年破土动工，1979年投料试生产，1983年经国家验收委员会竣工验收投产，同年整体进入中国石化。主要生产装置分别从英、法、德、日等国引进。

四川维尼纶厂是国内最大的以天然气为主要原料，生产精细化工、特色化工及化纤产品的大型联合企业，是集团公司唯一的天然气化工企业，年可加工天然气15.5亿立方米，主要产品产能为乙炔16.75万吨/年、甲醇87万吨/年、醋酸乙烯(VAM)50万吨/年、聚乙烯醇(PVA)16万吨/年、醋酸乙烯－乙烯共聚乳液(VAE)6万吨/年、液氨20万吨/年、维纶3.5万吨/年。截至2016年底，企业资产总值69.11亿元，拥有扬子乙酰化工有限公司、新疆维美化工有限公司、重庆川维林德气体有限责任公司3家合资企业，在岗合同制员工3 016人。

四川维尼纶厂主要技术经济指标和主要产品产量分别见表1和表2。

（邵　鹏）

【天然气加工量创新高】 2016年，四川维尼纶厂加工天然气10.37亿立方米，合资企业加工天然气2.58亿立方米，全年总计加工12.98亿立方米，同比增长4.49%，创历史新高，产能释放增效7 667万元。

（邵　鹏）

【对部分机构进行适应性调整】 2016年1月，四川维尼纶厂将厂部办公室、党委办公室合并为办公室(党委办公室)；10月，外事办公室并入办公室(党委办公室)，实行“一套机构、三套牌子”的管理模式，充分发挥整体优势和工作效率。6月，四川维尼纶厂成立热电运行部，同时撤销锅炉车间和发电车间，实现企业热电一体化管理，全面提升热电运行经济技术水平，全面提高劳动效率。

（邵　鹏）

【首次实现新老区全停检修】 2016年10月10日，四川维尼纶厂各装置停车检修正式开始；11月9日，乙炔车间顺利产出乙炔，标志着2016年全停大修完成。共完成1 184项检修项目，解决了关键生产瓶颈，实现“30天两头见乙炔”的目标。

（邵　鹏）

【主要产品出口创汇情况】 2016年，四川维尼纶厂狠抓主要产品国际市场开拓，全年累计出口产品13.91万吨，创汇1.26亿美元。其中，醋酸乙烯出口6.50万吨，占国内出口份额的32.50%，创汇4 107万美元；聚乙烯醇出口5.02万吨，占国内出口份额的50.00%，创汇6 757万美元；醋酸甲酯出口1.86万吨，占国内出口份额的32.00%，创汇632万美元；维纶出口0.53万吨，创汇1 112万美元。

（邵　鹏）

【获准制定《工业用乙酸甲酯》行业标准】 2016年10月，国家工信部发布《关于印发2016年第三批行业标准制修订计划的通知》，四川维尼纶厂作为第一起草单位，牵头制定《工业用乙酸甲酯》行业标准。该标准的制定将结束国内无乙酸甲酯产品相关国家标准、行业标准的局面。

（邵　鹏）

【“三供一业”移交取得进展】 2016年8月，四川维尼纶厂与国网重庆市电力公司长寿供电分公司等6家单位分别签订“三供一业”分离移交框架协议。12月29日，川维社区气源安全转换到凯源供应，川维社区天然气移交实现顺利交接。

（邵　鹏）

【获国务院国资委和中国石化“六五”普法先进单位称号】 2015年12月17日，国务院国资委授予四川维尼纶厂2011—2015年中央企业法治宣传教育先进单位称号。2016年2月4日，集团公司授予四川维尼纶厂2011—2015年中国石化法治宣传教育先进单位称号。

（邵　鹏）

【融入中心抓党建】 2016年，四川维尼纶厂围绕打造“四讲四有”党员队伍，扎实开展“两学一做”学习教育，树立党员标准，争做合格党员，发挥了广大党员在生产经营中的先锋模范作用。深入开展“转变观念求生存，落实责任见行动”大讨论，强化思想政治引领，把全厂干部职工的思想统一到“求活、求效”中心任务上来，统一到减亏止亏的思想共识上来。根据集团公司“1+7”党建制度，修订形成“1+5”党建工作制度体系，编制完成党建工作手册和党建制度汇编，不断细化标准、明确要求、落实责任，把全面从严治党向基层延伸，推动党建和企业中心工作深度融合。实施EAP心理帮扶计划，开展“走访寻”活动，做好困难职工精准帮扶工作。企业总体保持和谐稳定。

（邵　鹏）

表1　　四川维尼纶厂主要技术经济指标①　　亿元

指标名称＼年份	2016	2015	2014	2013	2012	2011
天然气加工量/亿立方米	10.37	10.13	9.92	7.86	9.90	7.49
工业总产值②	41.52	43.02	49.49	39.31	48.72	38.70
工业增加值	5.64	2.71	5.91	3.49	6.71	2.90
资产总计	69.11	71.31	90.24	88.49	89.23	85.41
流动资产	8.95	5.52	8.58	7.42	8.45	6.60
固定资产原值	107.83	106.31	101.47	96.48	91.22	45.29
固定资产净值	59.27	62.16	61.14	61.14	60.63	18.68
营业收入	45.63	49.22	53.70	43.43	53.74	43.57
实现利税③	-5.65	-7.15	-5.10	-8.75	-3.97	4.62
税金及附加	1.85	2.04	1.72	0.75	0.32	0.28
综合能耗/吨标煤·万元$^{-1}$	3.05	3.03	3.21	3.34	3.42	4.34

①数据不含合资企业
②工业总产值数据以现价计算
③2011年实现利税为总部考核还原数据

表 2 四川维尼纶厂主要产品产量 万吨

产品名称 \ 年份	2016	2015	2014	2013	2012	2011
甲　醇	68.84	69.10	68.43	53.22	64.90	41.46
醋酸乙烯	47.74	46.90	43.80	34.44	42.12	30.15
聚乙烯醇	14.13	12.37	12.79	13.36	14.32	9.94
醋酸甲酯	15.36	11.57	13.52	13.54	11.24	1.35
醋酸乙烯—乙烯共聚乳液	5.60	5.93	5.45	5.76	5.29	5.52
维纶纤维	1.83	1.34	1.62	1.79	1.42	1.55
液　氨	11.58	6.67	0.38	1.48	14.28	15.73

九江石化

【概况】 中国石油化工股份有限公司九江分公司(简称九江分公司)和中国石化集团资产经营管理有限公司九江分公司(简称九江资产分公司)统称九江石化，地处江西省九江市东郊，占地面积 4.08 平方千米。前身为九江炼油厂，1975 年经国家批准筹建，1980 年 10 月建成投产，1991 年 10 月更名为中国石化九江石油化工总厂，1998 年更名为中国石化集团九江石油化工总厂。2000 年，根据中国石化整体重组改制部署，九江石油化工总厂主要经营性业务划入集团公司上市部分，组建股份公司九江分公司。2007 年，非上市部分设立九江资产分公司。

九江分公司主营业务有炼油、化工生产经营，现有原油一次加工能力 1 000 万吨/年、综合加工能力 800 万吨/年，主要生产装置有常减压、催化裂化、连续重整、延迟焦化、汽柴油加氢、吸附脱硫、渣油加氢、加氢裂化、煤制氢、聚丙烯等；主要产品有汽油、柴油、航煤、燃料油、沥青、液化气、“三苯”、石油焦、硫黄、聚丙烯等。截至 2016 年底，共有在岗员工 2 339 人。

九江资产分公司主要业务有供水、排水、社区服务(包括离退休管理、居委会)、教育培训、压力容器检测。截至 2016 年底，共有在岗员工 303 人。

九江分公司主要技术经济指标和主要产品产量分别见表 1 和表 2。

(梁声华)

【领导班子调整】 2016 年 12 月 30 日，集团公司党组对九江石化领导班子进行调整：王彪任九江石化总厂党委书记、副厂长、九江分公司副总经理，王洪亮不再担任九江石化总厂党委书记、副厂长、九江分公司副总经理，任齐鲁石化正局级调研员。

(梁声华)

【生产经营取得历史最好业绩】 2016 年，九江石化加工原(料)油 787.17 万吨，其中原油 725.01 万吨，创历史新高。催化裂化、连续重整、渣油加氢、加氢裂化、聚丙烯等装置保持大负荷运行；全年轻质油收率 81.78%，在集团公司排名第 1 位；柴汽比 1.41，优于 800 万吨/年油品质量升级改造工程设计值；高标号汽油全年产销量 78.3 万吨，保持沿江首位；全年测算优化案例 600 余个、增效约 3.2 亿元；实现利润 19.15 亿元，实现各类税费 122.56 亿元，位居江西省首位。

(梁声华)

【连续第 7 年获评集团公司安全生产先进单位】 2016 年，九江石化强化安全专业管理，成立生产、设备、工程、消防保卫、社区 5 个 HSE 分委员会；开展作业票证、高风险作业等专项检查，加强直接作业环节过程监管；深化“全员安全诊断”活动，开展 HAZOP、JSA 分析；提升承包商自主管理意识和能力，未发生承包商安全事故；完善检测、报警、监控等安全设施，7 类高风险作业全程视频监控；完善应急预案内容和应急处置程序，开展各层级应急演练 270 次；深化安全文化建设，开展“11·22”事故警示教育活动。全年发现隐患 195 起，实现“三大事故”为零的目标。

(梁声华)

【连续第 2 年获评集团公司环境保护先进单位】 2016 年，九江石化强化污染物全过程监管，精细化运行环保设施，按期完成“碧水蓝天”环保治理项目；完成“石化行业 VOCs 总量核算与研究——九江课题”报告，VOCs 总量核算获得认可；实施装置高点及厂界 VOCs 在线监控，完成第 2 轮泄漏检测与修复工作；外排废水达标率 100%，外排水化学需氧量平均浓度 33.4 毫克/升，氨氮平均浓度 0.6 毫克/升，均达到行业领先水平；2 套催化、CFB 锅炉、硫黄装置二氧化硫、氮氧化物等排放浓度远优于国家和地方标准且大幅减排；项目建设依法合规，“三同时”执行率 100%；开展环保专项应急预案演练，增强环境风险立体防控能力。

（梁声华）

【800 万吨/年工程获得安全环保正式许可】 2016 年，九江石化全力推进 800 万吨/年油品质量升级改造工程竣工验收工作，协调地方完成卫生防护距离内居民搬迁，获得安全、环保正式许可，完成消防、职业卫生、水土保持、档案等专项验收，基本完成项目内部审计结算。800 万吨/年油品质量升级改造工程和 2 套催化烟气脱硫脱硝项目获评集团公司优质工程，800 万吨/年油品质量升级改造工程项目管理部获评集团公司优秀管理团队。

（梁声华）

【厂际管道隐患整改通过验收】 2016 年 9 月下旬，九江石化按期完成 5 条油气管道隐患治理工作，消除 80 余项隐患，通过江西省安监部门和集团公司验收，获评集团公司 2016 年度油气输送管道隐患整治攻坚战先进单位。

（梁声华）

【污泥干化处理装置建成投用】 2016 年 7 月，中国石化首个合同环境管理项目——九江石化污泥干化处理装置投运，油泥及剩余活性污泥产生量仅为原来的 10%，每年可节约危废处理费用近千万元，环保效益和经济效益显著。

（梁声华）

【国Ⅴ质量升级改造提前完成】 积极推进国Ⅴ质量升级改造“两改一建”项目，1 月完成 2# 加氢装置升级改造，5 月完成 4# 加氢装置升级改造，6 月 30 日 120 万吨/年催化汽油吸附脱硫项目顺利中交，9 月 12 日实现投产一次成功，产出合格国Ⅴ汽油，提前 3 个月完成国Ⅴ质量升级改造。

（梁声华）

【完善集中管控新模式】 2016 年，九江石化继承创新打造特色管理模式升级版，系统规划设计集中管控新模式框架，制定 4 个意见、22 个专项方案、2 个说明和 29 项劳动竞赛方案，构成完善集中管控新模式的总体部署和重点工作，对重点、难点和薄弱环节进行滚动通报督促落实，制定《有效促进“十大薄弱环节”改进提升专题方案》，推进知识产权及著作权管理、档案管理等 13 项薄弱环节以及降本减费、智能工厂升级版建设等 21 专项工作改进提升。

（梁声华）

【新建项目稳步推进】 2016 年 7 月 25 日，国内首套透平式低温热水发电工业装置开工投运并网发电，实现了 95℃低温热水热源高效利用；11 月 28 日，8 万吨/年苯乙烯项目顺利中交；30 万吨/年烷基化项目环评报告获批，11 月可研报告上报集团公司；规划“十三五”先进控制项目并启动实施部分项目。

（梁声华）

【“基于原油快评的智能全流程优化深度应用”项目投用】 2016 年，九江石化积极推进“基于原油快评的智能全流程优化深度应用”项目，提升基于 PIMS、RSIM 和 ORION 一体化联动优化的准确性和敏捷性。4 月 25 日原料油快评系统上线运行，5 月 23 日柴油快评上线运行，6 月 27 日蜡油快评系统上线运行，7 月 28 日项目实现中交，为指导全流程优化工作提供依据。

（梁声华）

【建立产学研用联盟创新机制】 2016 年，九江石化积极搭建院士团队和企业合作高层次创新平台，建立产学研用联盟创新机制，推进工业企业数字化、网络化、智能化制造。1 月 21 日，中国工程院院士、清华大学教授陈丙珍院士工作站入驻九江石化；3 月 19 日，中国工程院院士、华东理工大学副校长、教授钱锋院士工作站入驻九江石化；3 月 23 日，九江石化、浙江中控智能制造联合实验室在九江石化成立。

（梁声华）

【智能工厂建设成效显著】 2016 年，九江石化持续深化智能应用，打造智能工厂升级版，推进“两化”深度融合，获评中国石化“十二五”信息化创新示范单位，“炼油全流程优化”“数字化炼厂”获评中国石化“十二五”信息化应用优秀成果，智能工厂项目获评中国石化管理现代化创新一等奖。

（梁声华）

【优化人力资源配置】 2016年，九江石化坚持卓越导向选人用人，全年任命、调整领导干部118人，新增专家2人、主任师6人、主任技师2人。完善队伍序列划分和职位设置，制度化推进三支队伍同步竞争性选拔，全年竞争性选拔“三支队伍”人员34人。加快专业技术人才培养，制定完善大学生职业生涯规划，组建设备域青年互助学习平台及设备三维建模等横向专业团队。抓好全员学习、全员培训，开展实操训练、师带徒、业务竞赛、应急演练、仿真训练、在线练习等6项培训，全年举办各类培训班511期，培训员工2.5万人次。

（梁声华）

【稳步推进“三供一业”分离移交】 2016年，九江石化按照集团公司部署推进“三供一业”分离移交，7月初与九江市供电公司签订先移交后改造的《供电移交意向协议》，8月底与九江市自来水公司和市水务公司签订先改造后移交的《供水移交意向协议》，年底基本编制完成供水、供电移交可研报告。

（梁声华）

【第4次党代会召开】 2016年11月29—30日，九江石化在完成100个基层党组织换届选举的基础上，胜利召开第4次党代会，回顾总结党委过去5年的工作，确定今后5年的总体要求和工作重点，选举产生中共九江石油化工总厂第4届委员会和纪律检查委员会。

（梁声华）

【党建思想政治工作扎实有效】 2016年，九江石化认真开展“两学一做”学习教育，成立“两学一做”学习教育工作组织协调办公室和6个调研督导组，坚持问题导向，对各基层党组织换届选举、专题研讨、民主生活会等工作内容进行全覆盖、全过程督导。深入贯彻落实集团公司党建工作会议精神，制定《九江石化总厂党委工作规则》等制度，修订《九江石化“三重一大”集体决策制度实施办法》，出台班子成员履行党建工作“一岗双责”的相关制度，履行好管党治党责任，推进全面从严治党向基层延伸。深入开展党建“五化工程”、基层党支部书记重点抓好“8件事”等工作，开展“我为安全做诊断”“今天我是安全员”“亮身份、强意识、做示范，为后八百万赢得先机”等活动。全面完成集团公司党组巡视组和党建考核组反馈意见整改。聚焦监督执纪问责，把纪律和规矩挺在前面。开展以“继往开来树雄心，发挥优势做表率”为主题的“如何看，怎么干”全员大讨论，加强形势任务教育。发挥群团优势，开展“拼搏20天、冲刺20亿，为‘十三五’发展赢先机”主题劳动竞赛以及“号、手”、巾帼建功、“讲、比”等活动。

（梁声华）

【和谐家园建设持续巩固】 2016年，九江石化加强社区综合治理，创建国家级安全社区，完成南区综合治理及农贸市场关停拆除工作，建设投用南区文化广场和小植物园，持续提升社区环境面貌。举办第9届职工运动会，34支队伍、2 500余名运动员参加比赛。开展“走基层、访万家”活动，共走访2 861户，覆盖率95.3%。坚持开展领导结对帮扶、“三视贺六必访”、金秋助学等活动，全年发放困难补助113万元，补助1 371人次；提供补充、互助医疗补助1 302人次，共计298万元；金秋助学帮扶25人次，共计1.9万元。落实维稳责任，坚持开展不稳定因素排查，确保特殊敏感时期的“四不发生”，持续巩固企业和谐稳定局面。

（梁声华）

表1 **九江分公司主要技术经济指标** 亿元

指标名称 \ 年份	2016	2015	2014	2013	2012	2011
原油加工量/万吨	725.01	555.50	471.26	519.18	507.64	437.12
工业总产值	311.47	264.31	295.18	321.53	311.18	233.08
炼　油	295.78	250.70	281.65	304.64	301.88	237.72
化　工	15.69	13.61	13.53	16.99	9.30	11.84
工业增加值	149.30	95.99	56.50	63.76	46.47	28.92
资产总计	146.81	126.24	105.75	68.67	61.92	53.75
流动资产	41.77	19.32	25.43	20.79	18.53	16.97

续表

指标名称＼年份	2016	2015	2014	2013	2012	2011
固定资产原值	145.66	133.74	76.90	80.48	83.98	68.16
固定资产净值	93.50	88.18	32.21	34.87	31.09	17.23
销售收入	326.06	266.03	299.06	327.85	319.48	254.07
实现利税	137.38	88.46	48.80	56.53	40.59	23.92
税　金	118.23	86.80	45.08	56.35	51.34	42.27
综合能耗/吨标煤·万元$^{-1}$	0.35	0.34	0.31	0.31	0.28	0.29

表 2　　九江分公司主要产品产量　　万吨

产品名称＼年份	2016	2015	2014	2013	2012	2011
98#汽油	2.32	—	—	—	—	—
97#汽油	57.55	66.76	58.07	48.28	21.70	8.53
95#汽油	18.40	—	—	—	—	—
93#汽油	104.84	125.78	103.95	111.05	108.90	93.28
92#汽油	34.88	—	—	—	—	—
柴　油	307.32	211.92	179.61	204.73	229.00	193.88
煤　油	54.95	34.17	24.35	21.93	3.24	—
燃料油	—	0.20	1.40	5.38	4.29	7.77
溶剂油	—	—	—	—	0.18	0.94
液化气	42.02	32.18	26.51	31.45	26.18	21.27
沥　青	4.49	8.35	12.10	14.28	18.44	14.74
聚丙烯	11.18	10.53	9.23	11.16	9.80	8.51
苯　类	20.51	13.65	5.96	7.99	4.03	3.46
硫　黄	5.75	3.21	2.67	2.67	2.21	1.71
石油焦	32.26	32.24	31.60	31.43	33.21	32.22
石脑油	25.41	2.23	0.29	—	14.17	16.58
戊烷发泡剂	13.66	7.13	5.15	0.96	—	—

湖北化肥

【概况】 中国石油化工股份有限公司湖北化肥分公司(简称湖北化肥分公司)和中国石化集团资产经营管理有限公司宜昌分公司(简称宜昌资产分公司)统称湖北化肥。1974 年 10 月动工，1979 年 8 月建成投产，1983 年 3 月通过国家竣工验收。建厂时隶属湖北省；1983 年 7 月划归中国石油化工总公司。位于湖北省枝江市，占地面积 160 万平方米。

湖北化肥投产时以石脑油为原料、重油、柴油为燃料。先后于 2000 年、2006 年完成燃料、原料“煤代油”改造。2012 年 8 月开工建设 20 万吨/年合成气制乙二醇工业示范装置。2014 年 3 月 9 日，乙二醇工业示范装置实现安全、环保、依法、高效一次投料开车成功，生产出优质乙二醇产品。停运尿素装置，实现产品结构调整，由化肥向化工转型。

截至2016年底，湖北化肥共有组织机构27个，其中管理部门12个、业务中心6个，生产单位9个；用工总量1 289人，其中合同制员工1 171人、劳务派遣工118人；各类专业技术人员303人，其中具有高级职称的56人。

湖北化肥主要技术经济指标和主要产品产量分别见表1和表2。

（夏惠珍）

【新领导班子制定企业发展战略】 2016年8月，集团公司党组对湖北化肥领导班子进行调整，李德武任总经理。新领导班子结合实际，确定了公司“十三五”时期的定位、理念、战略。定位：“打造煤基乙二醇品牌基地”；理念：“效益最大化，管理精益化，改革渐进化，发展持续化，稳定常态化”。战略：“三步走”，2017年消灭“僵尸企业”，2018年实现达产达标，2019—2020年完成转型升级。

（夏惠珍）

【装置运行水平提高】 2016年，湖北化肥气化、空分、煤锅炉3套装置长周期运行分别达192天（B级）、205天、261天。气化炉平均负荷83.5%，最高达87%，创企业新纪录。

（夏惠珍）

【精细管理见到实效】 2016年，湖北化肥强化“大经营”理念。两轮分解总部下达的成本费用指标，密切跟踪和考核，确保总体受控。建立月度经营例会，及时优化生产经营方案。深化经济活动分析，通过对标、环比分析，制定追标措施。建立生产统计及效益测算模板，实时统计产销情况，核算成本效益。在年初制定的41项保效益措施落实不到位难以完成限亏指标的情况下，四季度制定安稳生产、推价增收、降本减费等11项倒逼措施，狠抓落实，保证年度效益目标的实现。全年挖潜增效9 897万元，其中生产优化增效5 112万元，产品推价增收2 669万元、争取政策增效1 029万元、处置无效资产收入469万元、落实直供电价降本408万元、蒸汽外销增效210万元。

（夏惠珍）

【乙二醇技术攻关取得积极成果】 2016年，湖北化肥乙二醇装置实施36项攻关改造，取得了预期效果。应用第2代改进型加氢催化剂，乙二醇选择性达95%；投用硝酸转化工业化装置，大幅减少了亚硝酸钠、蒸汽消耗，降低了氯离子腐蚀风险；采取措施，解决了乙二醇醛含量升高问题。对加氢装置先后进行了满负荷72小时标定和110%高负荷试验，取得了项目“出龙”的相关数据。

（夏惠珍）

【实施“双回路”供电系统改造】 2016年，湖北化肥投资4 230万元，实施供电系统双电源双回路改造。工程分为枝省线增容、乙二醇变进线电源改造和新增110千伏顾醇线3个部分，分别于4月14日、6月25日和9月8日投用，12月29日完成竣工验收。项目投用后，消除了单电源供电隐患，实现电力系统省化变与乙二醇变互备的双回路电源供电，提高了供电可靠性。

（夏惠珍）

【科技管理工作取得新成绩】 2016年，湖北化肥成立科技管理委员会和技术专家委员会，制定研发费用管理、科技进步奖励等制度，完善科技决策、咨询和管理机制。“大型偶联反应器工程技术开发及国产化研制”项目获得中国石化科技进步三等奖。“硝酸钠在线脱色技术开发及应用”“皮带机光纤光栅动态称重技术及应用”2个项目通过结题验收。申报7件国家专利，5件被受理，2件获得授权。

（夏惠珍）

【信息化工作有新进展】 2016年，湖北化肥编制信息化“十三五”规划。工艺管理、智能管线系统建成投用。生产数据分析系统、工艺指标报警平台为生产管理提供了重要依据。完成上市、非上市ERP大集中，ERP应用在总部考核中9次排名板块第一。推进互联网+应用，移动APP发布运行，实现公文、合同、报销等9个应用系统移动办公。

（夏惠珍）

【水岸丽景小区获得总部4A级文明和谐示范小区称号】 按照集团公司文明和谐示范小区创建要求，开展净化、绿化、亮化、硬化、美化治理，社区环境明显改善，水岸丽景小区通过总部验收，获得4A级文明和谐示范小区称号。

（夏惠珍）

【“四供一业”分离移交稳步推进】 2016年，湖北化肥成立领导和工作机构，与政府和有关方面定期沟通，积极推进分离移交工作。水改可研获得批复，与接收方签订了业务移交协议；电改可研已上报总部。整体工作走在湖北省国有企业前列。

（夏惠珍）

【党委、工会和团委完成换届工作】 2016 年 1 月 17—19 日，中共湖北化肥厂第 6 次代表大会召开，选举产生中共湖北化肥厂第 6 届委员会和中共湖北化肥厂纪律检查委员会。3 月 9—10 日，湖北化肥第 9 次工会会员代表大会召开，选举产生湖北化肥第 9 届工会委员会、经费审查委员会，表决通过第 9 届女职工委员会。10 月 26 日，召开共青团湖北化肥第 9 次代表大会，选举产生共青团湖北化肥第 9 届委员会。

（夏惠珍）

【党建工作迈上新台阶】 湖北化肥党委认真落实管党治党主体责任，扎实开展“两学一做”学习教育，强化基层党支部抓班子、带队伍、强“三基”、保稳定、促发展能力，促进党建与中心工作有效融合，推动党建工作迈上新的台阶，在 2016 年集团公司党建工作考核中，由 2015 年的 D 档晋升为 B 档。深入开展“走基层、访万家”活动，两级领导班子成员以进家、到岗、座谈等方式察民情、听民意，对 809 名员工进行了走访，确定 6 户精准帮扶家庭。增进了干群感情，增强了企业凝聚力，切实做到解民忧、纾民困。

（夏惠珍）

表 1　　**湖北化肥主要技术经济指标**　　亿元

指标名称＼年份	2016	2015	2014	2013	2012	2011
工业总产值						
湖北化肥分公司	8.06	5.52	6.58	9.04	10.56	8.36
宜昌资产分公司	3.39	2.50	2.98	3.20	3.21	3.18
工业增加值						
湖北化肥分公司	-1.58	-1.86	-1.91	-0.85	-1.01	-1.11
宜昌资产分公司	0.30	0.18	0.24	0.29	0.65	0.20
资产总计						
湖北化肥分公司	25.20	25.78	25.67	25.42	9.24	6.68
宜昌资产分公司	5.70	5.58	5.97	5.43	5.44	5.52
流动资产						
湖北化肥分公司	2.89	3.06	1.78	3.29	2.49	1.35
宜昌资产分公司	0.53	0.06	0.21	0.44	0.55	0.29
固定资产原值						
湖北化肥分公司	52.39	51.35	50.54	31.64	31.31	30.81
宜昌资产分公司	10.14	10.18	8.90	8.65	8.21	8.05
固定资产净值						
湖北化肥分公司	18.99	19.52	20.14	2.00	1.87	1.42
宜昌资产分公司	4.70	5.30	4.55	4.72	4.74	5.02
销售收入						
湖北化肥分公司	10.49	6.98	8.82	10.40	10.47	8.07
宜昌资产分公司	4.64	3.64	4.15	3.70	3.39	3.72

续表

指标名称 \ 年份	2016	2015	2014	2013	2012	2011
实现利税						
湖北化肥分公司	-5.22	-5.25	-4.61	-2.66	-2.53	-2.84
宜昌资产分公司	-0.70	-0.72	-0.55	-0.65	-0.39	-0.64
税金						
湖北化肥分公司	0.04	0.05	0.05	0.06	0.05	…
宜昌资产分公司	0.09	0.04	0.06	0.06	0.07	0.06
综合能耗/吨标煤·万元$^{-1}$						
湖北化肥分公司	6.103	6.33	6.61	7.00	6.83	7.41
宜昌资产分公司	1.809	1.865	1.88	1.94	1.99	2.01

表 2 **湖北化肥主要产品产量** 万吨

产品名称 \ 年份	2016	2015	2014	2013	2012	2011
湖北化肥分公司						
乙二醇	8.34	5.16	3.47			
合成氨	13.28	7.98	14.55	28.44	28.68	22.28
尿素			9.27	41.67	44.26	32.63
宜昌资产分公司						
蒸汽	339.64	256.00	255.10	238.97	211.22	236.90
电/亿千瓦·时	1.65	1.16	0.62	1.31	1.27	1.58

济南炼化

【概况】 中国石油化工股份有限公司济南分公司(简称济南分公司)和中国石化集团资产经营管理有限公司济南分公司(简称济南资产分公司)统称济南炼化,始建于1971年,1975年投产,1983年划归中国石油化工总公司,1998年留转至集团公司,2000年根据重组改制方案,企业进行主辅分离,主业即进入股份公司,成为济南分公司;辅业部分于2006年11月经过体制转换,成为济南资产分公司。

济南炼化位于山东省济南市历下区,占地面积2.4平方千米,距市中心11千米,地处胜利、中原两大油田之间,自备铁路与胶济线相连,厂区南北有济王路、309国道和济青高速公路,距济南遥墙国际机场15千米,交通运输四通八达。

截至2016年底,济南炼化固定资产原值78.68亿元,具备800万吨/年原油一次加工能力,拥有常减压、催化裂化、柴油加氢、蜡油加氢、润滑油加氢、S-Zorb、逆流连续重整、润滑油系列、聚丙烯等30余套主要生产装置,可生产汽油、柴油、液化气、航空煤油、石油焦、聚丙烯、硫黄、润滑油基础油等50余种产品,产品出厂合格率始终保持100%。济南分公司职工人数为1 822人,其中各类专业技术人员334人(高级职称76人、中级职称163人);济南资产分公司职工人数为110人,其中各类专业技术人员17人(高级职称4人、中级职称5人)。

济南分公司主要技术经济指标和主要产品产量分别见表1和表2。

(邓顺平)

【领导班子调整】 2016 年 12 月 30 日，集团公司党组召开干部调整视频会。集团公司人事部副主任周新民宣读党组决定：济南炼化总经理吕亮功调任安庆石化总厂厂长、分公司总经理。集团公司总经理、党组副书记戴厚良出席会议并讲话。

（邓顺平）

【炼油结构调整提质升级改造项目获批】 2016 年 12 月 11 日，济南炼化《炼油结构调整提质升级改造项目可行性研究报告》获得股份公司批复。项目主要建设及改造内容包括：80 万吨/年催化裂化装置改造为 120 万吨/年重油催化 + 88 万吨/年催化柴油 LTAG 催化转化装置，实施烟气脱硝脱硫单元改造，新增 90 万吨/年 S－Zorb 系列，以及配套的公用工程设施改造。项目采用的炼油技术成熟可靠，产品结构合理，技术指标先进，环保排放满足国家最新标准要求。项目投产后，济南炼化柴汽比可大幅降低，产品结构进一步改善，将有效提升提高企业适应市场的灵活性和竞争力。

（邓顺平）

【40 万吨/年航煤装置开工投产】 2016 年 6 月 19 日，济南炼化 40 万吨/年航煤装置一次开车成功，产品指标合格。该装置由原 40 万吨/年蜡油加氢装置改造而成，2016 年 4 月开工建设，5 月 28 日建成中交。装置投产后，于 11 月 7 日取得国产航空油料鉴定委员会颁发的 3# 喷气燃料生产许可证。济南炼化具备航煤生产能力后，改变了济南机场航空用油从外地调运的局面，降低了运输成本，减少了运输风险。

（邓顺平）

【ERP 大集中项目成功上线】 2016 年 7 月 4 日，济南炼化 ERP 大集中项目成功上线运行。该项目先后开展了需求对接、系统测试、权限设计、用户手册和培训讲义编写等各项工作，并完成相关系统与 ERP 系统的集成和数据共享，较计划进度提前上线。在实施过程中，济南炼化结合实际进行了创新完善，其中自主开发的 PPMM（生产计划/物料管理）和 FICO（财务管理/成本管理）月结检查程序，已经作为标准模板在系统内推广应用。

（邓顺平）

【通过一体化管理体系外部审核】 2016 年 9 月 26 日，北京三星九千认证中心开始对济南炼化一体化管理体系开展外部审核。此次审核对质量、环境、职业健康安全体系进行监督审核，对能源管理体系进行再认证审核。北京三星九千认证中心对济南炼化的管理工作、综合效益、质量、环境、职业健康安全、能源体系的运行效果给予高度评价，认为济南炼化的管理水平持续提升，管理基础不断夯实，体系运行管理工作取得新进步，同意推荐保持质量管理体系、环境、职业健康安全、能源管理体系再次注册认证资格。

（邓顺平）

【产品结构调整成效明显】 2016 年，济南炼化聚焦效益目标，持续优化生产组织，充分发挥装置结构优势，动态优化加工方案，加大产品结构调整力度，努力实现整体效益最佳。全力增产汽油、压减柴油，柴油产率同比下降 3.22 个百分点；全年柴汽比 1.07，下降 0.09，创历史新低。航空煤油顺利生产并成功投放市场，实现历史性突破。润滑油系列装置首次全年保持中高负荷运行，基础油产销量增加 3.5 万吨。气体产品产率再创新高，聚丙烯产量首次超过 12 万吨。润滑油副产品量效齐增，较标杆产品增效 9 000 万元。

（邓顺平）

【降本减费增效益】 2016 年，济南炼化牢固树立“左右不了价格就左右成本”的理念，突出全面预算价值创造作用，深化全员成本目标管理，降本减费工作持续深化，全年吨油完全费用较预算指标低 21.02 元，促进了效益提升。把握原油采购节奏，坚持低库存运作，年度原油平均库存同比降低 15.58%，降低了资金占用，避免了跌价损失。严控物资采购，大力推进专家采购，加大公开招标、询比价和合同谈判力度，全年物资采购招标率提高 21 个百分点，节约采购资金 2 600 万元，采购资金节约率 6.88%。加快“能效倍增”计划实施，重整氢增压机余隙调节系统改造等项目投用，五循合同能源管理进入效益分享阶段，全年可节能 2 475 吨标油。实施节能专项优化，1.0 兆帕蒸汽用量降低 10 吨/时，污水汽提装置进装污水降低 10 吨/时。运行好黄河水处理装置，加大污水回用力度，及时查堵漏点，各项节水指标顺利完成。

（邓顺平）

表 1　济南分公司主要技术经济指标　亿元

指标名称＼年份	2016	2015	2014	2013	2012	2011
原油加工量/万吨	501.49	504.32	500.69	414.56	450.15	454.61
工业总产值	208.73	226.98	293.69	246.08	273.11	268.62
工业增加值	109.19	103.06	67.16	50.82	49.27	43.81
资产总计	45.39	44.44	49.93	48.49	46.91	38.38
流动资产	11.47	9.24	13.34	13.04	14.51	10.84
固定资产原值	73.91	72.54	68.59	66.48	59.51	49.61
固定资产净值	31.32	33.08	32.46	33.10	28.36	20.62
销售收入	208.70	225.30	292.77	243.95	272.04	268.11
实现利税	102.04	93.73	60.64	43.76	42.91	37.49
税　金	86.16	86.23	57.68	43.60	46.88	46.93

表 2　济南分公司主要产品产量　万吨

产品名称＼年份	2016	2015	2014	2013	2012	2011
汽　油	162.60	163.74	157.60	110.58	122.67	121.75
柴　油	174.39	190.61	197.03	166.57	187.62	186.14
沥青料	14.04	11.98	10.63	8.07	10.62	10.47
液化石油气	31.32	31.68	29.15	23.19	24.57	24.82
润滑油基础油	8.99	5.47	6.08	6.61	0.80	9.28
聚丙烯	12.11	12.01	11.63	9.40	11.14	10.70
化工轻油	7.09	7.10	8.63	19.80	21.79	19.38

中原石化

【概况】 中国石化中原石油化工有限责任公司(简称中原石化)，是股份公司控股的企业，位于河南省濮阳市，占地173万平方米。1987年国家批准立项建设，1996年建成投产，1998年4月划归集团公司，2005年1月进入股份公司。

截至2016年，中原石化有新、老2套生产系统。老系统为石油化工生产路线，主体装置1996年建成投产，先后进行2次技术改造，有10套化工生产装置，乙烯装置设计规模为18万吨/年，经过技术改造和技术攻关，实际产能超过21万吨/年；聚乙烯设计能力为26万吨/年，聚丙烯装置设计能力为6万吨/年，另有汽油加氢、苯抽提、制氢、1－丁烯、催化裂解制丙烯(OCC)5套副产品深加工装置。新系统为煤化工生产路线，包括60万吨/年甲醇制烯烃(MTO)装置和配套的10万吨/年聚丙烯装置，分别于2011年10月10日和9月20日投产。主要有聚乙烯、聚丙烯、苯、MTBE等产品。中原石化实行公司—车间两级管理模式，设12个机关部室、11个车间和3个基层单位。用工总量1 419人。

中原石化主要技术经济指标和主要产品产量分别见表 1 和表 2。

（李继增）

【新一届领导班子组成】 2016 年 8 月 24 日，中原石化召开干部大会，宣布集团公司党组关于中原石油化工有限责任公司干部任免的决定：胡明生任董事长、党委书记，李德武不再担任董事长、党委书记，另有任用。

（李继增）

【超额完成生产经营指标】 2016 年，中原石化围绕转方式调结构、提质增效升级这个中心，深入开展“两学一做”学习教育，在安稳运行、优化经营、精细管理、结构调整、转型发展和从严治企上狠下功夫，各项工作取得新成绩。全年生产乙烯 27.1 万吨、聚乙烯 27.1 万吨、聚丙烯 18.2 万吨；累计盈利 3.67 亿元，吨产品完全加工费 2 048.9 元，超额完成总部下达考核指标。

（李继增）

【连续 16 年无上报安全事故】 中原石化积极宣贯《安全管理手册》，组织开展全员安全培训教育和“安全生产月”等活动。分解落实专业职能部门安全管理主体责任，修订完善 76 项安全管理制度，规范现场作业安全管理。简化应急预案，强化演练，加强消防队伍管理，应急保障能力进一步增强。加强现场风险防控，完善安全监管和应急管理体系，强化 HAZOP 分析，狠抓承包商和承运商管理，开展“全员安全诊断”活动，连续 16 年无上报安全事故。

（李继增）

【通过集团公司和河南省清洁生产验收】 中原石化认真贯彻绿色低碳发展战略目标，完成了集团公司下达的环保考核指标，环境污染事故为零，“三废”处理达标率 100%。完成 VOC 总量核算，持续开展清洁验收工作，先后顺利通过集团公司和河南省清洁生产验收。

（李继增）

【获濮阳市首家环境教育基地称号】 2016 年 12 月 6 日，中原石化被濮阳市环保局、教育局联合授予濮阳环境教育基地称号，成为濮阳市首家获此称号的化工企业。自 1996 年装置投产以来，中原石化先后投入 2.2 亿元用于环境保护工作，严格执行环保法律法规，未发生任何环境污染事故，环保“三同时”执行率达 100%，“三废”排放实现 100% 稳定达标。

（李继增）

【产品结构实现多元化】 2016 年，中原石化成功开发 PPB－M06、PPR－MT35、PPR－F08、PPR－B10 等 5 个聚丙烯新产品，进一步优化产品结构，提高产品附加值，增效 3 350 万元。PPR－MT20 顺利通过国内有关机构的认证，达到出口标准。热灌装瓶用聚丙烯 PPR－B10 顺利通过食品卫生认证。

（李继增）

【消缺小修完成】 2016 年 10 月 31 日，中原石化召开检修劳动竞赛动员会，安排部署为期 10 天的检修工作。通过开展“停得稳、修得好、开得顺”一条龙劳动竞赛，共实施检修项目 173 项，检修质量合格率达 100%，设备损毁事故、人身伤亡事故、环境污染事故均为零，实现了“240 小时，两头见产品”的目标。

（李继增）

【通过集团公司和谐示范小区验收】 2016 年 8 月 31 日，集团公司文明和谐示范小区创建验收小组赴中原乙烯生活区开展验收检查。乙烯生活区以总分第 3 名的好成绩通过了集团公司的验收。中原乙烯生活区先后获得全国城市物业管理优秀住宅小区、全国学习型家庭创建示范社区、全国绿化模范单位、全国综合减灾示范小区、全国科普示范社区等称号。

（李继增）

【持续保持企业和谐稳定】 2016 年，中原石化组织开展“走基层、访万家”活动，做好困难帮扶慰问工作。完成二、四区及公共区域整治提升，认真落实关爱员工措施，培养选树先进，持续加强新媒体运用，推行员工帮助计划（EAP）。积极改善职工工作、生活条件，注重做好退休、离岗等群体工作，落实精准扶贫措施。

（李继增）

【公众开放日活动正式启动】 2016 年 7 月 29 日，中原石化以“探秘智慧能源”为主题，正式启动公众开放日活动。濮阳市各届公众代表以及中原石化厂区周边居民代表 30 余人应邀参加了活动，深入了解中国石化油田企业、炼化企业、油品销售企业及加油站的绿色生产过程，以及石油石化与人们衣食住行的密切关联。

（李继增）

【举行首批技师(创新)工作室成立授牌仪式】 2016年12月27日，中原石化为“冯顺利创新工作室”和“饶军技师工作室”授牌，这是中原石化首批以职工个人名字命名的工作室。为发挥高技能人才在技能创新、人才培养中的团队优势和示范引领作用，并为个人成长搭建平台。

（李继增）

【举办“1+6”制度宣贯及党支部书记培训班】 2016年11月23—29日，中原石化举办“1+6”制度宣贯及党支部书记培训班。党委书记胡明生、党委副书记刘焕荣分别授课。此次培训旨在深入贯彻学习党的十八届六中全会精神和深入开展“两学一做”学习教育，进一步明确党支部工作重点，提升党支部书记的业务能力，全面提升公司基层党支部书记的素质和履职能力，充分发挥好各级党组织的领导核心和政治核心作用。

（李继增）

表1 **中原石化主要技术经济指标** 亿元

指标名称 \ 年份	2016	2015	2014	2013	2012	2011
工业总产值	37.10	34.62	45.19	48.30	41.06	36.30
工业增加值	8.86	6.63	5.15	2.60	-0.64	-4.23
资产总计	20.51	20.64	21.63	23.88	25.52	26.40
流动资产	3.65	3.64	3.26	4.39	4.90	4.70
固定资产原值	69.54	69.48	69.69	69.08	69.48	68.88
固定资产净值	25.54	26.98	28.15	29.06	30.63	20.77
销售收入	36.80	34.69	44.87	48.43	40.60	36.36
实现利税	5.80	2.34	1.40	-0.66	-3.46	-5.40
税 金	2.13	1.71	1.32	0.30	0.44	0.55

表2 **中原石化主要产品产量** 万吨

产品名称 \ 年份	2016	2015	2014	2013	2012	2011
聚乙烯	27.06	24.08	24.49	26.08	21.78	19.08
聚丙烯	18.22	16.93	16.51	17.08	13.27	8.14
乙 烯	27.11	23.46	23.58	24.86	20.89	18.26
丙 烯	17.52	16.73	16.39	17.10	13.42	8.51
1#苯	7.42	6.68	6.42	6.43	6.89	9.34
商品量	0	0	0.043	0	0.057	0.059
2#苯	5.55	4.64	4.68	5.96	5.17	6.64
商品量	0	0	0	0	0	0.049
碳 四	3.65	3.16	2.84	2.80	3.00	3.83
商品量	0	0.028	0.019	0.08	3.00	3.83

续表

年份 产品名称	2016	2015	2014	2013	2012	2011
碳五	1.52	1.66	1.51	1.61	1.57	1.56
碳六	1.08	1.00	0.95	1.07	1.01	1.05
碳九	0.57	0.51	0.60	0.49	0.41	0.98
裂解焦油	1.15	0.85	0.74	1.24	1.30	1.73
1-丁烯	1.57	1.28	1.17	1.35	0.44	0.48
2-丁烯	4.62	4.58	3.65	0.87	0.61	0.76
MTBE	1.24	1.14	0.97	0.99	1.26	1.55
纯苯	2.63	2.07	2.13	2.58	2.35	3.11
3#苯	1.78	1.45	1.59	2.25	1.78	2.37

沧州炼化

【概况】 中国石油化工股份有限公司沧州分公司(简称沧州分公司)暨中国石化集团资产经营管理有限公司沧州分公司(简称沧州资产分公司)统称沧州炼化，位于河北省沧州市，占地204.13万平方米，地处胜利、中原、大港、华北四大油田之间，东临黄骅港、天津港，紧依京沪高铁和京九、京沪、朔黄、邯黄等5条铁路及大广、京福、津汕等7条高速公路，地理位置优越，交通便利。

沧州炼化始建于1971年，1975年10月建成投产，建厂初期原油加工能力50万吨/年。1984年1月1日，正式划归中国石油化工总公司。2000年1月，企业资产重组为上市部分中国石油化工股份有限公司沧州分公司和存续部分中国石化集团沧州炼油厂(简称沧州炼油厂)。2007年8月，存续部分沧州炼油厂体制转换为沧州资产分公司。2009年7月，中国石化集团资产经营管理有限公司与日本东丽精细化工株式会社合资组建沧州东丽精细化工有限公司(简称TFCC)。

截至2016年末，沧州炼化有在职职工1 670人，离退休职工785人；有职能处室13个，基层单位10个；党支部24个；有党员936名，其中在职党员670人。

截至2016年末，沧州炼化资产总额37.1亿元，原油一次加工能力350万吨/年。主体装置有：350万吨/年常减压、120万吨/年催化、(50+70)万吨/年焦化、160万吨/年和80万吨/年2套柴油加氢、15万吨/年重整、30万吨/年气体分馏、5万吨/年和2万吨/年2套MTBE装置、158万吨/年电化学精制、8 000米^3(标准)/时PSA、2万吨/年硫黄、2万米^3(标准)/时制氢、8万吨/年苯抽提、90万吨/年S-Zorb、12万吨/年干气脱硫、6万吨/年焦化液化气脱硫、36万吨/年液化气脱硫、200吨/时溶剂再生、60吨/时污水汽提、7万吨/年小本体聚丙烯。TFCC建有1万吨/年二甲基亚砜装置。

沧州炼化主要产品有：汽油、柴油、液化石油气、聚丙烯、石油焦、硫黄、粗白油、4#燃料油、正己烷等。TFCC主要产品是电子级和医药级二甲基亚砜。

沧州炼化主要技术经济指标和主要产品产量分别见表1和表2。

(责洋洋)

【扭转连续亏损局面】 2016年，沧州炼化紧紧围绕“两从严、两优化、一推进”工作，开展“为生存而超越”大讨论，通过全体干部职工的努力，一举扭转了连续亏损的被动局面。全年加工原油263.64万吨，实现主营业务收入109.06亿元，实现利润4.18亿元(其中上市部分盈利4.41亿元、存续部分亏损2 345万元)，在“比学赶帮超”工作中获得红旗66面，排名炼油板块第一。

(责洋洋)

【安全管理进一步加强】 2016年，沧州炼化强化安全文化建设，推行手指口念、班前安全喊话、一日安全总监、点检列表等措施，初步营造特色安全文化。全面开展风险识别和隐患治理，完成70%在役生产装置的HAZOP分析，开展“低头捡黄金”活动，发现各类问题9 597项，奖励职工35.74万元，其中避免事故63项、奖励3.6万元。强化应急处理能力，全面修订应急预案，现场处置方案实现卡片化。提高演练频次，每月组织一次应急盲演，车间每周一个应急演练主题，组织班组开展演练并实现常态化，实现连续13年未发生上报事故。

（贲洋洋）

【扎实推进环保工作】 2016年，沧州炼化成立挥发性有机物（VOCs）管控科，全面开展污染源排查、防治与监督检查，开展厂区异味治理，LDAR检测密封点23.7万个，修复超标排放点780个，环境质量明显改善。积极应对雾霾天气影响，“宁损效益、不污蓝天”。严肃事故问责，对4起安全环保事件的9名责任人，分别给予记大过、记过、警告和通报批评处分，考核相关责任人9人次、处罚3.57万元，考核责任单位9个、处罚5.4万元。全面完成总部及地方政府节能减排任务。

（贲洋洋）

【员工职业健康得到有效保障】 2016年，沧州炼化成立职业健康科，进一步强化职业健康管理工作；规范劳动保护管理，职业健康体检率100%，未发现职业病例和疑似职业病例；加强职业病防治，全年共监测危害因素2 527点次，合格率100%。

（贲洋洋）

【优化生产增效益】 2016年，沧州炼化坚持生产技术与市场营销紧密结合，发挥采、产、销、研一体化增效作用，及时研究开发高附加值新产品。创新生产管理，实现了优质原油分质分储、分储分炼，累计分炼石蜡基原油14.22万吨，增效2 650万元。利用Petro－SIM优化装置运行，提高常压塔柴油、蜡油及蜡油、渣油分割清晰度，减少高附加值产品损失；优化催化原料，最大限度提高汽油产量；2#加氢装置实现国Ⅴ车柴、粗白油、加氢循环油和普通柴油的灵活切换。

（贲洋洋）

【成功生产国Ⅴ车用柴油】 2016年1月17日，沧州炼化首批2 485.5吨国Ⅴ车用柴油运往河北廊坊。经化验分析，产品硫含量小于10×10^{-6}，各项控制指标均满足国家标准，标志着柴油质量升级成功。全年共生产国Ⅴ车用柴油22.04万吨。

（贲洋洋）

【降本减费】 2016年，沧州炼化在总部下达费用预算基础上，提出“运行费用再降20%”的目标。通过努力，全年单位完全费用完成284.3元/吨，较年初指标349.50元/吨低65.2元/吨，减少费用发生1.77亿元。

（贲洋洋）

【技改项目取得突破性进展】 2016年，沧州炼化共实施45项技术改造项目，完成投资1.51亿元。重整搬迁改造项目获准建设，基础设计、长周期设备订货、利旧设备搬迁、项目规划、征地等工作已经全面展开。原油管线扩径改造项目，克服困难，制定最优方案，2016年10月20日正式投用，消除了管线安全环保隐患。

发挥闲置资产增效作用，成功生产粗白油、国Ⅴ车柴；改造苯抽提装置，2016年10月31日，生产出合格的60%正己烷产品，填补了该产品在河北省的空白。积极开拓经营新理念，创新物资采购模式，部分零部件实现寄售采购。积极践行绿色低碳战略，在河北省率先实现直供电交易。“电机能效提升”“高温管线保温改造”2个合同能源管理项目已获批复。被河北省发改委列入碳排放权交易体系，碳资产管理意识进一步增强。

（贲洋洋）

【机构改革提高效率】 2016年，沧州炼化针对管理部门多、效率低的问题，以“立足稳定、立足长远，一步规划、分步实施”为原则，实施机构改革，机关部门由24个精简到13个，工作节点由900个压减到630个。在业务流程设置上，从整体利益最大化出发，把专业相通、职能相近的处室合并到一起，将计划、生产、技术、运销充分融合，减少内耗、提高效率。合理把握改革节奏和力度，既有序、有效地完成了改革，又实现了以人为本和大局稳定。

（贲洋洋）

【“三基”工作扎实推进】 2016年，沧州炼化突出大抓基层导向，班子成员深入基层、现场办公，机关中层干部下基层调研服务力度进一步提高。加强班组建设，成立班组长协会，开展班组长专题培训，班长参加公司月度例会。着力加强基础工作，梳理改造322项制度，严格监督检查，提高制度执行力。狠抓队伍素质提升，车间主任、技术员、技师轮流讲课，班组开展“中班小讲堂”；开展职业技能竞赛活动，对优胜选手给予表彰奖励；通过多种形式考查专业知识、党建知识，营造全员学业务、学技术的良好氛围。

（贲洋洋）

【扎实开展“两学一做”学习教育活动】 沧州炼化公司党委结合生产经营实际情况，周密制定实施方案，成立组织协调办公室，制定实施方案及运行计划，召开学习教育动员部署会，推动学习教育活动深入开展。各党支部从具体实际出发，合理安排开展学习教育。成立了 5 个活动督导小组，坚持每月对各基层党支部“两学一做”学习教育开展情况进行督促和指导，确保“两学一做”学习教育扎实有效开展。广大党员不断增强党员意识和责任意识，坚持以学促做，知行合一，进一步强化作风建设和执行力，保持“高标准、严要求、快节奏”的工作状态，在工作中起到积极模范带头作用，保障和促进了企业各项目标任务的顺利完成。

（贲洋洋）

【积极构建和谐企业】 2016 年，沧州炼化广泛开展走访谈心，与职工“零距离”接触，面对面交流，了解掌握职工思想动态、生活状况、权益实现等情况，切实解决职工的实际问题。全年走进 47 个基层班组，走访 1 718 个职工家庭。完善社区管理体系，优化物业服务流程，提高服务效率和服务水平，石化新村小区通过 4A 级创建验收。深入开展信访维稳工作，妥善解决转业士官稳定问题，强化改制单位维稳协管力度，明确改制单位维稳工作责任和义务，保持了总体稳定的良好局面。积极开展帮扶救助送温暖活动，共为 194 名困难职工发放困难补助金 19.92 万元，为 8 名困难职工子女实施一次性入学帮扶 3 万元，为 24 名困难职工办理减免暖气费，以及为困难及患病职工申请 16.14 万元救助金。

（贲洋洋）

表 1 沧州炼化主要技术经济指标 亿元

指标名称 \ 年份	2016	2015	2014	2013	2012	2011
原油加工量/万吨	263.64	221.13	300.75	291.48	333.86	333.53
工业总产值	109.82	89.92	176.34	171.07	204.74	193.91
沧州资产分公司	3.21	2.61	4.45	3.51	3.85	3.96
沧州分公司	106.61	87.31	171.89	167.56	200.89	189.95
工业增加值	51.38	28.52	27.83	25.18	45.05	20.44
沧州资产分公司	0.77	0.57	0.72	-0.28	0.85	0.61
沧州分公司	50.61	27.95	27.11	25.46	44.20	19.83
资产总计	37.10	33.92	43.77	45.31	37.16	33.63
沧州资产分公司	3.16	3.20	3.61	3.27	3.30	3.33
沧州分公司	33.94	30.72	40.16	42.05	33.86	30.30
流动资产	18.77	14.87	23.76	25.33	17.89	14.46
沧州资产分公司	0.65	0.56	0.70	0.47	0.49	0.48
沧州分公司	18.12	14.31	23.06	24.85	17.40	13.98
固定资产原值	43.69	43.38	41.75	40.39	39.21	37.67
沧州资产分公司	5.58	5.56	5.48	5.49	5.25	5.05
沧州分公司	38.11	37.82	36.27	34.91	33.96	32.62
固定资产净值	15.53	16.71	16.49	19.57	19.82	16.97
沧州资产分公司	2.40	2.35	2.26	2.42	2.41	2.42
沧州分公司	13.13	14.36	14.23	17.14	17.41	14.55
销售收入	110.14	92.38	177.69	172.53	204.75	197.06
沧州资产分公司	3.52	2.93	4.72	3.86	4.24	4.44

续表

指标名称＼年份	2016	2015	2014	2013	2012	2011
沧州分公司	106.62	89.45	172.97	168.66	200.51	192.62
实现利税	47.30	24.73	23.14	21.78	25.38	18.13
沧州资产分公司	0.09	-0.13	-0.11	-0.27	0.01	-0.19
沧州分公司	47.21	24.86	23.25	22.04	25.37	18.32
税　金	43.13	34.85	31.01	28.53	32.97	31.24
沧州资产分公司	0.33	0.32	0.33	0.21	0.21	0.21
沧州分公司	42.80	34.53	30.68	28.32	32.76	31.03

表 2　　沧州炼化主要产品产量　　万吨

产品名称＼年份	2016	2015	2014	2013	2012	2011
沧州资产分公司						
聚丙烯	3.17	2.38	3.39	2.69	3.05	3.09
氮　气	1.93	1.95	2.13	1.96	2.19	1.93
净化风/万立方米	7 311.00	3 945.00	4 700.00	4 287.00	4 577.00	4 181.00
非净化风/万立方米	2 571.00	5 419.00	6 050.00	4 943.00	5 186.00	5 208.00
沧州分公司						
汽　油	74.47	48.08	71.29	61.97	70.07	70.45
柴　油	100.61	90.74	127.80	125.44	151.57	146.12
石脑油	22.12	18.38	26.24	26.21	28.51	26.88
液化气	18.21	12.93	16.98	13.60	13.60	15.42
铝箔油料	1.80	6.57	3.23	8.09	11.14	11.41
石油焦	23.53	16.67	20.52	22.65	25.42	27.46
硫　黄	1.27	0.83	1.16	1.33	1.28	1.51
粗白油	4.66	4.65	—	—	—	—
4#燃料油	1.74	—	—	—	—	—
正己烷	0.04	—	—	—	—	—

润滑油公司

【概况】 中国石化润滑油有限公司(简称润滑油公司)是中国石油化工股份有限公司下属全资子公司，前身是中国石油化工股份有限公司润滑油分公司，是集研发、生产、销售和服务为一体的专业化润滑油公司。2002 年 5 月，中国石油化工股份有限公司对润滑油业务专业化重组，成立润滑油分公司。2014 年 3 月 4 日，在润滑油分公司基础上改制成立润滑油公司，总部位于北京市海淀区安宁庄西路 6 号。

2016 年，润滑油公司调和能力 169 万吨/年，包装油脂生产能力 137 万吨/年，生产和销售包括内燃机油、工业油、船用油、金属加工液、润滑脂和合成润滑油脂等 21 类、2 000 多个品种的长城润滑油脂产品。

截至 2016 年底，润滑油公司下设 12 个管理部门、12 家生产单位、5 家区域销售中心（技术支持中心）、5 家省级销售分公司、3 家中外合资公司、4 家全资子公司、1 家海外（新加坡）子公司和 4 家研发机构。拥有在岗正式职工 3 760 人，专业技术人员 2 109 人，博士学历 15 人、硕士 294 人、本科 1 229 人，高级专业技术资格人员 298 人（其中正高 19 人）。

润滑油公司主要技术经济指标见表 1。

（韩新潮）

【获第 2 届中国质量奖提名奖】 2016 年 3 月 29 日上午，第 2 届中国质量奖颁奖大会在人民大会堂举行，润滑油公司获第 2 届中国质量奖组织（提名）奖。中国质量奖是中国质量管理领域的最高荣誉，由国家质检总局组织评选、颁发，每 2 年评价一次。润滑油公司多年来坚持“顾客导向，质量第一”的质量经营理念，坚持“质量永远领先一步”“任何时候不以牺牲质量换取短期经济效益”的质量价值观，探索建立“全生命周期为客户创造价值”质量管理模式并获得评审专家的肯定。这也是中国石化下属企业首次获此殊荣。

（韩新潮）

润滑油公司获中国质量奖提名奖 （郑德辉 摄）

【客户关系管理系统率先上线】 2016 年 3 月 16 日，集团公司信息化管理部在润滑油公司组织召开中国石化统一客户关系管理系统润滑油上线应用启动会，润滑油公司成为系统内首家在中国石化私有云上完成客户关系管理系统（CRM）建设并投入运营的企业。该系统已形成客户信息、行销活动、服务工单、交互渠道等 14 个共享服务中心以及 95 个共享服务 952 个调用事件。实现了从客户经理行销活动到客户交易、客户订单物流跟踪、到货签收的全流程的线上管理和线上服务。

（韩新潮）

【食品级润滑油取得关键突破】 2016 年 5 月 21 日，润滑油公司食品级导热油 L－QC320 获美国 NSF HT1 注册，填补了国产食品级导热油领域的产品空白，将满足食品加工等需要食品级导热油相关的行业对食品级导热油的用油需求。

（韩新潮）

【蝉联 C－BPI 润滑油行业第一品牌】 2016 年 11 月，由工信部主办，中国企业品牌研究中心发布中国品牌力指数（C－BPI）行业第一品牌榜。长城润滑油再次获评机油/润滑油行业中国第一品牌称号，这也是长城润滑油连续 5 年获得该称号。C－BPI 是国内首个以国家背书的针对行业类别实施的品牌价值评价制度。

（韩新潮）

【加强国际交流】 2016 年 3 月 3 日，由中国石化汽车行业技术合作中心和日本汽车工业协会（JAMA）共同举办的“2016 年发动机油技术研讨会”在北京举办，来自中国、日本、澳大利亚等多个国家和地区的汽车、石化、添加剂、润滑油行业约 150 余名代表与会。该研讨会为相关各方提供互相沟通交流、共赢发展的平台，展现了中国石化在汽车润滑品领域的形象与地位。截至 2016 年，中国石化润滑油已销往全球 50 多个国家和地区和全球各大汽车厂家形成合作。

（韩新潮）

【设立专项产品技术支持中心】 2016 年 2 月 14 日，润滑油公司分别在天津分公司和上海研究院设立润滑脂和船用油 2 个技术支持中心，船用油技术支持预约平台同时上线运行。在原有 5 个区域技术支持中心的基础上，此次针对专项产品润滑脂和船用油设立技术支持中心，进一步强化了润滑油公司“技术＋市场”运营能力，补充了在专项润滑产品领域的技术服务能力。

（韩新潮）

【与多家装备制造商开展战略合作】 2016 年 3 月，润滑油公司与西门子（中国）有限公司签订战略合作协议，在高端装备制造应用及流程行业工业 4.0 解决方案探索和实践方面达成深度合作协议。4 月，与徐工集团签订为期 5 年战略合作协议，推进双方海外市场开发。7 月，同山东岚桥集团签订战略合作协议。进一步推进与工程机械、精密制造、大型船舶等高端装备制造业的合作。

（韩新潮）

润滑油公司与西门子签订战略合作协议

（郑德辉　摄）

【与新疆八一钢铁公司签订党建共建协议】 2016 年 9 月 23 日，润滑油公司党委与宝钢集团新疆八一钢铁有限公司党委在北京签署党建共建协议，通过党建共建将双方合作推向更广、更宽领域和更高层次。9 月 22 日在由润滑油公司承办的中国石化“国有企业党建共建共赢发展高峰论坛”上，润滑油公司与多个行业近百家国有企业共同在党建共建上的探索和实践，获得积极评价。

（韩新潮）

【优化海外业务布局】 2016 年，润滑油公司进一步发挥新加坡公司海外平台作用，积极开展基础油第三方贸易、船用油委托加工以及来料加工复出口业务，使新加坡公司的产能得到释放，有效降低了生产成本。通过在新加坡公司设立泰国、越南以及印度尼西亚 3 个海外销售代表处，招聘当地市场开发人员，提高了“一带一路”市场开拓能力。新派驻 5 名销售人员赴非洲、马来西亚等国家常驻开发市场，全年海外市场销量同比增长 26%，发展经销客户 201 家，海外经销网络初具规模。

（韩新潮）

【举办第 9 届航天体验营】 2016 年 7 月 20—24 日，润滑油公司在中国航天科技城成功举办第 9 届中国航天员体验营活动，来自海淀冷泉希望社区和大兴蒲公英中学的体验营成员参与了火箭模型制作、体质适应性训练等体验性课程。航天体验营已成为传播航天精神、推广长城润滑油品牌、传递价值观的有效载体，促进了润滑油公司与中国航天的深度合作。累计有来自北京、西藏等地区的超过 400 名孩子参与其中。

（韩新潮）

第 9 届航天体验营开营仪式　（郑德辉　摄）

【全程支持 2016 丝绸之路国际汽车拉力赛】 2016 年 7 月 8 日，2016 丝绸之路国际汽车拉力赛举行。比赛以俄罗斯红场为起点，中国北京鸟巢为终点，跨越俄罗斯、哈萨克斯坦和中国，赛程上万千米，是 2016 年全球最大的汽车越野拉力赛之一，也是中俄两国联合举办的一项重大汽车赛事。此次活动是长城润滑油继 2004 年支持 F1 赛事进入中国、2012 年冠名 CTCC 中国房车锦标赛之后，在海外赛车场的品牌首秀。

（韩新潮）

【发布多项高端润滑油新产品】 2016 年 3 月 29 日，润滑油公司召开“精细之道，脂引未来”为主题的精细润滑脂战略发布会，推出满足风力发电、智能机器人、食品加工、家电等行业的专类精细润滑脂产品，进一步满足不同行业迅速增长的高端精细润滑脂需求。4 月 21 日，润滑油公司在上海举行主题为“擎动科技之桨 共护碧海蓝天”的新闻发布会，率先发布 2 款新型船用润滑油产品——超低碱值气缸油 5025 和生物降解型环保艉轴油，满足当前有关国际海洋及大气保护公约要求。6 月 28 日，润滑油公司在北京举行 10 万千米长寿命柴油机油发布会，在国内率先实现了柴油机油产品的 10 万千米超长换油周期，进一步巩固在柴油机油市场的领军地位，占据市场发展的制高点。

（韩新潮）

【开展“走进市场、展示先锋”主题实践活动】 2016 年 7 月 27 日，润滑油公司机关党委“走近市场、展示先锋”主题实践活动正式启动。活动以“推进汽修厂微信扫码活动深入开展，实现高档油市场开发新突破”为目标，发挥党支部的战斗堡垒作用和党员先锋模范作用的要求，党员带头走市场，带动全体机关人员增强市场意识，为开拓市场提供更好的服务和支持。至年底，累计走访客户 1 053 家，成功开发新终端客户 251 家，累计销售高端汽油机油产品 9 326 桶。

（韩新潮）

【国企改革督察组现场调研】 2016 年 12 月 29 日，国务院国资委副秘书长彭华岗带领国企改革专项督察组一行到润滑油公司进行现场督察，调研了解中国石化润滑油业务改革发展取得的成效。督察组参观了润滑油公司调和装置、空间润滑技术开发中心、北京研究院等生产和研发单元，并听取了润滑油公司关于企业改革发展的汇报。彭华岗副秘书长充分肯定润滑油公司通过改革发展取得的良好成绩，并表示在润滑油公司看到中国石化改革发展的生动案例，确实不虚此行。

（韩新潮）

表 1　　润滑油公司主要技术经济指标　　亿元

指标名称＼年份	2016	2015	2014	2013	2012	2011
工业总产值	126.23	129.99	152.54	159.11	149.77	171.73
工业增加值	24.22	25.79	25.21	23.25	15.08	14.67
资产总计	84.04	78.10	83.21	74.57	77.67	65.07
流动资产	49.25	43.85	50.36	45.55	52.89	43.42
固定资产原值	46.65	40.36	38.83	34.9	30.63	28.93
固定资产净值	26.21	21.82	21.80	16.17	15.12	14.80
销售收入	155.21	160.52	199.59	207.29	175.73	194.20
实现利税	15.93	16.61	13.00	13.01	6.89	4.88
税　金	8.42	9.07	5.56	7.38	4.62	4.03
综合能耗/吨标煤·万元$^{-1}$	0.02	0.02	0.02	0.02	0.02	0.02

青岛石化

【概况】 中国石化青岛石油化工有限责任公司（简称青岛石化）位于青岛市李沧区，占地 0.94 平方千米，厂区临近黄岛油港，与黄岛油港、青岛港码头分别有输油管线相连，自备铁路专用线与胶济铁路相连，厂外公路与济青、青银高速公路相接。青岛石化前身为创建于 1962 年的青岛市手工业管理局炼油厂，1966 年 4 月改名为青岛石油化工厂。2000 年 12 月，青岛石化整体划转集团公司，企业名称先后为中国石化集团青岛石油化工厂、中国石化集团青岛石油化工有限责任公司。2010 年 3 月，青岛石化正式成为股份公司全资子公司，并更为现名。

截至 2016 年底，青岛石化下设 12 个机关部室及 6 个管理中心、6 个生产车间。资产总额为 39.87 亿元，在册职工总数为 1 067 人，其中在岗职工 993 人。原油加工能力为 500 万吨/年。生产装置主要包括 500 万吨/年常减压蒸馏、160 万吨/年延迟焦化、140 万吨/年重油催化裂化、100 万吨/年汽柴油加氢精制、60 万吨/年柴油加氢精制、60 万吨/年催化汽油选择性加氢脱硫、25 万吨/年催化重整、20 万吨/年及 15 万吨/年气体分馏、7 万吨/年聚丙烯等 16 套。产品主要有：汽油、柴油、石脑油、石油焦、船用燃料油、石油液化气、车用液化气、丙烷、丙烯、聚丙烯、工业硫黄、纯苯、MTBE 等近 20 个品种。

青岛石化主要技术经济指标和主要产品产量分别见表 1 和表 2。

（周立川）

【领导班子调整】 2016 年 8 月，集团公司党组和股份公司分别对青岛石化领导班子进行调整。决定孟祥德任青岛石化执行董事，聘任其为青岛石化总经理、青岛石化党委副书记（兼）。

（周立川）

【生产经营保持平稳运行】 2016 年，青岛石化全力抓好保安全、保稳定、强管理、增效益等各项工作，精心组织生产经营，优化原油采购、生产运行、产品结构，努力增产汽油、聚丙烯等高附加值产品，大力压减各项成本费用，促进经济效益稳步提升。自2月起，开始实现盈利，其后10个月继续保持持续盈利态势。全年加工量270.6万吨(其中加工原油265.64万吨)，汽油、柴油、商品液化气、石油焦、聚丙烯等主要产品产量均比上年有大幅增长。实现营业收入110.25亿元，上缴各项税费43.01亿元。实现利润4.66亿元，一举摆脱了连续5年亏损的困难局面，经济效益创历史最好水平。全年缴纳地方税收4.5亿元，在青岛市地方纳税50强排名中位列第13名，受到青岛市政府表彰。

（周立川）

【优化增效成效显著】 2016年，青岛石化围绕“全面优化、产品结构调整、提质增效、降本压费”，建立和优化了每周领导班子工作例会、月度经济活动分析会、月度生产计划和财务预算例会，成立效益优化领导小组，每周研究优化方案。积极组织团队开展技术攻关，推进全流程优化。采取各项优化措施，进一步提升炼油绩效和技术管理水平。成立原油采购小组加强优化测算，按照效益最大化原则，制定原油采购方案，顺利实现原油常温配输，进厂原油性质稳定，优化常减压、催化、焦化等装置操作，提高常压蜡油拔出率，降低焦化蜡油收率，开好LTAG，提高催化装置加工量，增产汽油、液化气等高附加值产品，有效提高了经济效益。全年汽油收率同比提高5.76%；柴汽比1.06，降低0.25；全年实现吨油利润172元，在中国石化炼油企业中的排名由2015年的第24名上升到第16名。

（周立川）

【降本减费措施到位】 2016年年初，青岛石化根据全年预算指标落实情况，自树目标、反复算账，在原有预算指标基础上，进一步压减费用2 300多万元。强化预算管控，加强对年度、月度预算的事前、事中控制，严控非生产性支出，杜绝预算外开支，进一步压缩成本费用。加强资金管理，降低财务费用。重视现金流管控，合理调整债务结构，通过多措并举，不断缓解资金压力，全年财务费用比年度预算降低3 321万元。推进“能效倍增”项目实施，抓好催化烟机、催化烟气余热利用等节能设备的运行，利用节约的蒸汽及瓦斯发电。全年蒸汽发电2 156万千瓦·时，瓦斯发电88.45万千瓦·时，节约电费1 256.9万元。通过开展“直接交易输配电”，全年节约电费1 100万元以上。为了减少资金占用，规避市场风险，严控原油库存。年末原油库存控制在19.61万吨，同比降低8.32万吨，减少资金占用约1.6亿元，节约财务费用696万元。积极争取成品油配置计划，优化产供销流程，成品油销售全部完成全年配置计划，95#汽油超计划约6 000吨。年末产品库存4.97万吨，半成品库存4.82万吨，减少资金占用，降低跌价风险。将聚丙烯、丙烯和苯等自销产品统一交由化工销售公司销售，为企业增加效益。

（周立川）

【安全环保管理再创佳绩】 2016年，青岛石化深入开展“强化主体责任，实现安全发展”安全主题年活动，先后实施了“警钟长鸣”和“HSE知识聚焦”视频教育、HSE知识广播、安全文化长廊建设、全员安全诊断等活动。强化直接作业环节管理，修订完善相关特殊作业制度，每项作业前均进行风险分析，作业过程实行现场“双监护”和全程视频监控。加强承包商安全管理，严格执行“双资质”准入制度，对承包商实行按需施教的安全教育模式，强化对施工队伍的日常安全检查和考核，对严重违章问题给予严肃处理。全面启动隐患排查治理及风险管控，年内，先后迎接国务院安全巡查、山东省“大快严”专项检查、青岛市“1+N”安全生产执法检查等多次外部检查。开展企业级检查21次，部门级检查338次，共查出问题1 140项，整改1 012项，整改率88.8%。持续开展环保隐患排查治理、环境风险识别和评估、恶臭异味治理专项行动、水体污染防控等工作，全年主要污染物排放完成总量控制目标，外排工业废水达标率、危险废物妥善处置率分别达100%，有控废气外排达标率为99.95%，全面完成与集团公司签订的各项环保指标。连续7年实现安全环保无事故，连续7年被评为集团公司安全生产先进单位，连续10年被评为青岛市安全生产先进单位，并被评为山东省综合资源利用先进单位。

（周立川）

【科研开发和应用取得新成果】 2016年，青岛石化深入贯彻创新驱动战略，围绕提质增效升级，加大科研开发和信息化应用力度，不断增强企业竞争力。中国石化总部立项的“十条龙”科技攻关项目“生产国Ⅴ汽油的催化裂化汽油选择性加氢脱硫技术”获得集团公司科技进步二等奖。承担的3项集团公司级科技开发项目进展顺利，“炼油废碱液综合治理和再生技术开发”研究课题完成技术工艺包编制设计和安全评估，“炼油企业无组织废气污染物近零排放关键技术”项目完成技术工艺包编制设计，“SR－1 000重整催化剂的开发及工业应用项目”完成重整装置采用催化剂的首次开工任务。企业自主开发的5项科研项目有序推进，已投用“催化分馏塔顶循系统除盐防腐技术研究与应用”“催化重整相关积分优化控制系统开发”“加氢精制柴油脱水节能新技术的开发”“汽油调和过程在线分析与优化控制”项目，“焦化污水无机膜净化处理应用技术研究”项目已通过现场工业装置验证及结果分析。

（周立川）

【推进信息化建设工作】 2016年，青岛石化完成主要信息系统的信息安全等级保护测评和自查整改，实现与区域网络中心、总部广域网和互联网分层分级安全隔离与管理。ERP大集中项目于7月开始启动，11月初上线，推进ERP应用水平迈上了新台阶。做好生产数据平台综合功能的优化提升工作，实现MES、LIMS系统优化升级，常减压、焦化2套装置APC系统全部上线，为装置优化运行提供了可靠的信息技术手段。完成移动办公系统升级和全面应用，整合公司门户、OA、BPM、合同、费用报销、法务等系统的审批功能，实现审批流程便捷化，提高了办公效率。完成视频监控系统扩容改造和软件升级，实现了全方位监控生产现场、厂区治安保卫管理动态。

（周立川）

【强化企业内部管理】 2016年，青岛石化制定《强化提升“三基”工作实施方案》及37项具体措施，对措施的整改、落实情况进行季度监督检查，年内已完成31项，未完成措施按计划进度有序推进。修订完善岗位专责制、交接班制等班组10项管理制度，推进班组交接班上线运行。每周组织“三基”工作现场检查，对查出问题进行通报并督促责任部门整改，年内组织“三基”工作现场检查60余次，查出问题530余项，已全部整改或制定整改措施。通过抓好对“低老坏”现象的集中整治，努力提升“三基”工作管理水平。继续深入开展针对各职能部门的一体化岗检，将管理体系、制度、内控、“三基”、考核进行有效“串联”，以闭环管理作为一体化岗检机制。通过一体化管理五体系外部再认证审核和监督审核。修订完善部门绩效考核方案和全员绩效考核方案，严格按照要求考核分档，真正发挥考核在严细实管理中的作用。结合对前任总经理离任审计和内控审计查出问题的整改，举一反三，全面自查梳理各项制度和合同的合规性，对存在的问题明确责任主体，落实整改时限和责任人。

（周立川）

【深入开展党建特色和主题活动】 2016年，青岛石化党委认真贯彻落实全面从严治党要求，切实落实党建工作“一岗双责”，分层分类明确责任，强化责任归属、加强工作检查。通过对原有的各项党建工作制度不断进行完善，严格检查考核，推动了基层党建工作的制度化和规范化。积极推进党支部建设示范点、党员示范岗创建工作，落实党员责任区。切实履行“一岗双责”提供了坚强组织保证。扎实开展“两学一做”学习教育，制定工作方案，聚焦突出问题，坚持以上率下，以学促做。强化领导干部联系点工作力度，加强督导频次、落实督导责任，使“两学一做”规定动作完成质量明显提高。通过党政主要领导讲党课、班子成员在联系点讲党课、支部书记讲党课等形式，促进了党员教育责任落实。切实加强班子和队伍建设，调整班子成员和副总师工作分工，注重发挥班子整体合力。结合企业实际，进一步加强经营管理、专业技术、技能操作三支人才队伍建设。坚持“四个严格”选准用好干部，调整、提拔中层基层领导人员22人次，严格执行“一报告两评议”，选人用人民主测评满意率为96.25%。

（周立川）

【召开第10次党代会】 2016年11月24—25日，青岛石化召开第10次党代会。会议听取并审议通过题为《坚持全面从严治党，把方向管大局保落实，推动企业党建工作再上新台阶》的党委工作报告和题为《聚焦执纪问责，强化责任担当，努力开创党风廉政建设和反腐败工作新局面》的纪委工作报告。会议选举产生青岛石化新一届党委会和纪律检查委员会。陈德胜、孟祥德、纪英顺、徐春生、邹吉翼当选为第10届党委委员，纪英顺、杜镇江、王福强、王明章、孙勇当选为第6届纪委委员。陈德胜当选为党委书记，孟祥德、纪英顺当选为党委副书记，纪英顺当选为纪委书记。

（周立川）

【推进党风廉政建设和作风建设】 青岛石化党委不断加强党风廉政建设，切实履行党委主体责任和纪委监督责任，签订党风廉政建设责任书，与业务工作同部署、同落实、同检查、同考核，严格纪律监督，确保政令畅通。全年各级领导人员进行廉洁自律承诺98人次，述职述廉79人次，报告个人有关事项68人次。加强对招待费、办公费、差旅费、会议费和车辆使用费等5项费用支出的管理，2016年业务招待费、办公费、差旅费和车辆使用费同比分别下降24.6%、6.46%、32.17%和67.88%。

（周立川）

【企业保持和谐稳定局面】 青岛石化坚持“以人为本”的理念，完善保障体系，维护和谐稳定。积极开展“走基层、访万家”活动，全年“走访”员工600余人次，覆盖率超过50%。积极落实集团公司党组“真困难、真帮助”要求，做实做强帮扶救助、医疗互助保障计划、补充医疗保险、员工慰问等工作，全年帮扶救助大病员工57人次，救助金额25.25万元。办理员工慰问473人次，发放金额27.46万元。2016年春节期间，走访慰问离退休老干部、劳模、大病员工449人次，发放金额39.24万元。

（周立川）

表1 青岛石化主要技术经济指标 亿元

指标名称＼年份	2016	2015	2014	2013	2012	2011
原油加工量/万吨	265.64	212.73	308.56	329.94	309.74	362.88
工业总产值	109.36	89.91	172.25	187.71	175.75	203.37
工业增加值	55.69	34.54	33.61	39.46	17.84	30.77
资产总值	39.87	44.64	51.58	64.81	63.80	65.12
流动资产	17.45	19.90	25.48	37.76	34.89	35.63
固定资产原值	45.82	45.03	44.33	42.36	41.24	39.34
固定资产净值	18.23	20.06	22.12	22.82	24.32	24.96
销售收入	110.10	90.34	171.07	188.89	177.63	203.07
实现利税	47.67	31.34	28.95	33.18	19.11	28.35
税　金	43.01	37.57	34.97	35.43	29.41	34.87
综合能耗/吨标煤·万元$^{-1}$	0.277	0.306	0.282	0.304	0.274	0.263

表2 青岛石化主要产品产量 万吨

产品名称＼年份	2016	2015	2014	2013	2012	2011
93#汽油	75.68	48.12	66.71	62.10	59.55	71.67
97#汽油	15.11	11.79	17.99	17.42	7.14	3.92
0#柴油	96.65	77.05	114.98	131.99	125.67	151.88
-10#柴油	—	1.60	9.30	12.40	16.30	14.13
石脑油	2.28	4.20	4.57	4.42	5.42	7.06
溶剂油	-0.06	0.25	1.49	0.76	-0.06	—
苯	0.89	0.56	1.08	1.09	0.58	0.72
混合苯	—	—	—	—	—	0.14
燃料油	3.15	7.13	8.02	12.00	15.37	16.62
石油焦	25.67	21.94	34.99	35.48	36.82	43.20
硫　黄	1.17	0.94	1.47	1.79	1.53	1.48
液化气	16.34	12.01	16.19	28.43	24.39	34.46
车用液化气	4.59	3.39	4.72	4.63	2.22	1.52
丙　烯	1.10	1.70	2.32	2.32	1.51	2.44
聚丙烯	6.53	4.05	5.62	5.67	4.54	5.73

湛江东兴公司

【概况】 中国石化湛江东兴石油化工有限公司(简称湛江东兴公司)位于广东省湛江市，地处广东省西南部、雷州半岛北部，是中国石化在粤三大炼化企业之一，主营业务为石油加工和石化产品销售。其前身为私营炼油企业，2002 年 3 月经国务院和国家计委批准同意，被集团公司收购。2007 年 11 月 22 日，集团公司将其拥有的湛江东兴公司 75% 的合同权益转让给股份公司。2008 年，湛江东兴公司实施权益变更，完成了工商变更登记。中外合作双方为中国石油化工股份有限公司和中国石化盛骏国际投资有限公司，合作权益比例变更为 75% 和 25%，同时名称由湛江东兴石油企业有限公司变更为中国石化湛江东兴石油化工有限公司。

截至 2016 年 12 月 31 日，湛江东兴公司原油一次加工能力为 500 万吨/年，拥有 500 万吨/年常减压蒸馏、150 万吨/年重油催化裂化、50 万吨/年连续重整、200 万吨/年柴油加氢、14 万吨/年聚丙烯、6 万吨/年乙苯—苯乙烯等 20 余套生产装置，主要生产汽油、柴油、聚丙烯、石脑油、液化气、苯乙烯、硫黄等 9 类 50 多种产品，资产总计 72.66 亿元，下设 10 个机关处室和 12 个基层车间，在职员工总数为 746 人。

2016 年，湛江东兴公司累计加工原油 484.69 万吨，实现现价工业总产值 224.06 亿元，实现销售收入 223.81 亿元。

湛江东兴公司主要技术经济指标及主要产品产量分别见表 1 和表 2。

(林益涵)

【生产经营优化成效显著】 2016 年，湛江东兴公司着力抓好“三基”、精细管理、提质增效和党的建设等工作，取得较好成绩，连续 15 年实现安全平稳生产，效益指标创历史新高，实现利润 17.2 亿元，超额完成总部调整后的年度利润奋斗目标，全面完成各项经济技术指标。全年累计加工原油 484.69 万吨，实现销售收入 223.81 亿元，上缴各种税费 114.80 亿元。可比综合商品率 93.46%，轻油收率 80.23%，高价值产品收率 88.85%，原油加工损失 0.45%，原油储运损失率 0.146%，吨油取水 0.396 吨，吨油排水 0.094 吨，炼油综合能耗 62.74 千克标油/吨，全年现金操作费用 131.11 元/吨，吨油完全加工费用 207.88 元，各项技术经济指标继续保持较好水平，在股份公司 32 家炼油企业 2016 年专业达标竞赛中排名第 8 位，在 13 家中型企业中排名第 3 位。

(林益涵)

【安全管理根基更加牢靠】 2016 年，湛江东兴公司坚持安全环保生产的首要地位，建立安全平稳生产是最大效益的理念，连续 15 年实现安全环保平稳生产，连续第 9 年被评为集团公司安全生产先进单位。完善制度建设，夯实安全基础，全年修订完善安全相关制度共 26 项；认真修订各岗位责任和 HSE 责任制，抓细主体责任和岗位安全职责的落实，实现每个岗位责任清晰落实、全覆盖、无死角。按照“识别大风险、消除大隐患、杜绝大事故”的要求，在全厂开展 2 轮“十大风险”排查整治工作，共排查隐患 306 项，确定 17 项列为公司级“十大风险”，并按隐患分级治理和“五定”的要求，制定整改方案。发挥安全督察大队专业化优势，全面强化安全监督检查，狠抓“低老坏”问题整治和坚决查处“三违”，加大考核力度，全年督察项目共 2 044 项，发现不合格 345 项，考核承包商 15 家、考核 96 项，考核承包商个人 51 人次(开除 1 人)，罚款 3.27 万元，连带考核责任车间 6 895 元，有力促进承包商强化规范作业、自主安全管理。

(林益涵)

【安全环保提标及“碧水蓝天”项目顺利推进】 2016 年，湛江东兴公司加大环保技术攻关及新技术应用，采用高效低氮燃烧器、增上脱硝设施，提前抓好加热炉超标风险治理，持续提升环保处理能力，实现绿色环保生产。着力抓好全厂 VOC 整治工作，扎实做好泄漏检测与修复(LDAR)检测工作，全年共检测 20.11 万个密封点、发现并修复泄漏点 558 个，全面完成全厂 LDAR 工作。外管廊腐蚀隐患治理、消防车辆和气防车到期报废更新、罐区增加水封设施、罐区防火堤步阶入口处增加人体静电消除仪、罐区接地线设置不符合规范标准等 7 个安全隐患治理项目顺利完成；“三泥”分类收集处理改造、油品罐区安装自动采样器、轻质油罐区油气回收等 4 个环保提标项目顺利投用；新增柴油发电机、污水提标改造、碱渣处理装置改造、苯乙烯装置罐区油气回收、全厂烟气超标隐患治理等 15 个安全环保提标项目抓紧推进。

(林益涵)

【效益指标创出历史最好水平】 2016 年，湛江东兴公司抓住国Ⅴ汽柴油在全国全面推开的契机，努力抓原油加工优化配置，充分利用碳五碳六异构化及重整 VPSA 改造装置，优化生产组织，最大限度增产适销对路的高价值产品；并强化市场分析，加强产销衔接和物流优化，全力抓产品销售优化，最大限度提高销售收入，效益指标创历史新高，实现利润17.2亿元，吨油利润351元，比股份公司平均吨油利润高139元，吨油利润在总部排第3名。

（林益涵）

【提质增效升级取得新突破】 2016年，湛江东兴公司积极开展装置提质增效、消除生产瓶颈的技术攻关、技改技措改造，2年来投资5 166万元，实施了碳五碳六异构化改造、蒸馏换热网络流程优化等38项技改项目，增效5 838万元。加快产品结构调整，加大油品质量升级新技术应用，新建设的 S－Zorb 项目实现依法合规建设，项目现场开工建设各项工作全面铺开。

（林益涵）

【碳五碳六“十条龙”攻关项目创出新效益】 碳五碳六异构化全循环流程科技攻关项目是集团公司“十条龙”科技攻关项目，2016年成功完成一次通过流程设计，轻石脑油产品辛烷值提高8—10个单位，年增效3 083万元；同时，该项目的全循环流程技术攻关已取得新突破。

（林益涵）

【降本挖潜创出新水平】 2016年，湛江东兴公司强化全员全口径全过程成本管控，把降本减费贯穿于生产经营全过程，各项成本费用持续压减，各项技术经济指标稳步提升。全年吨油完全加工费用207.88元、比预算指标低24.79元，吨油现金操作费用131.11元、比预算低9.3元，吨油完全加工费用、现金操作费用分别在总部排第10名、第8名；综合能耗降至62.74千克标油/吨、比达标指标低3.26个单位，单因能耗7.70、比达标指标低0.59个单位，吨油外购辅材费用降至21.71元、比达标指标低0.36元。

（林益涵）

【扶贫双到工作获得好评】 2016年，湛江东兴公司联合湛江市城市规划局负责定点帮扶雷州市北和镇贤洋村(下辖2个自然村，总人口909人，其中贫困户34户，137人)，并协助佛山顺德区环境运输和城市管理局(环境保护)帮扶雷州市北和镇南边黄村(下辖2个自然村，总人口2 435人，其中贫困户89户、370人)，全年共投入98万元资金用于扶贫工作(其中项目投入70万元)，并派出2个工作组进驻贫困村，分别配合湛江市规划局和佛山帮扶工作队工作；完成贤洋北村3千米长泥路硬底化和680米排污管网建设、贤洋南村50吨水塔建设、南村2千米路灯安装等项目建设任务，并被评为广东省扶贫工作先进单位。

（林益涵）

【党建工作取得新成绩】 2016年5月，湛江东兴公司党委启动“两学一做”学习教育，引导全体党员自觉按照党员标准规范言行，全体党员的党性觉悟持续提升，理想信念更加坚定。深入贯彻“党要管党、从严治党”的要求，对照“四讲四有”标准检视和改进自己，把解决问题贯穿学习教育全过程，推动全面从严治党的要求落实到每个支部、每名党员。全年共组织学习90余场、专题党课34场次、专题研讨15场次。党建工作开创了新局面，在集团公司2016年度党建工作考核取得比较大的进步。完善党建工作责任制，党建工作的“一岗双责”有效落实，按照集团公司党建工作“1＋7”制度的要求，党委制定了落实党建制度的56项具体措施，细化领导班子个人的27项工作，健全党委工作规则、党建工作责任制实施办法、党支部分类定级考评细则等9项制度，有力推进党建工作与生产经营深度融合。同时，党委把纪律和规矩挺在前面，认真贯彻廉洁自律准则和纪律处分条例，深入落实中央“八项规定”精神和集团公司党组实施细则，完善监督制约机制，进一步规范了接待、车辆使用、会议管理、差旅等标准的要求，全年业务接待费、办公费、车辆使用费同比下降5.55%、16.18%和35.0%。

（林益涵）

【企业和谐稳定建设持续强化】 2016年，湛江东兴公司通过完善帮扶救助机制，加大困难职工帮扶力度，全年通过各种形式帮扶救助困难职工38人次，累计发放帮扶救助金9万元；同时，大力推进职工代表大会各项提案的落实，加大员工工作生活条件改善力度，积极开展“走基层、访万家”活动，企业和谐健康发展根基更加牢固。注重员工文体活动的开展，举办第16届“东兴杯”男子篮球赛和第7届“东兴杯”羽毛球赛，组织三八妇女节女职工“我运动，我快乐”趣味运动会、五四青年活动，并开展员工兴趣小组等活动，进一步丰富了员工的业余文化生活，增强了企业凝聚力。

（林益涵）

表 1　　湛江东兴公司主要技术经济指标　　亿元

指标名称＼年份	2016	2015	2014	2013	2012	2011
原油加工量/万吨	484.69	381.10	457.67	474.38	360.94	500.38
工业总产值①	224.06	190.02	290.60	306.53	233.08	312.17
工业增加值	117.31	82.80	60.41	56.91	34.68	41.52
资产总值	72.66	57.77	72.99	78.97	67.91	76.89
流动资产	44.07	23.83	36.36	41.23	31.39	40.95
固定资产原值	62.68	61.77	62.69	60.05	53.52	51.61
固定资产净值	24.96	26.87	28.95	29.99	26.75	27.90
销售收入②	223.81	191.34	290.23	305.73	233.53	312.59
实现利税	132.00	77.98	53.30	54.41	28.51	33.85
税　金	114.80	74.30	57.13	55.00	38.57	50.61
综合能耗/千克标油·吨$^{-1}$	62.74	66.04	64.22	63.10	66.40	61.87

①工业总产值按现价计算

②销售收入均不含海外销售部分

表 2　　湛江东兴公司主要产品产量　　万吨

指标名称＼年份	2016	2015	2014	2013	2012	2011
汽　油	169.98	133.60	139.92	98.08	121.41	117.43
柴　油	219.47	171.54	217.83	161.08	253.21	245.35
化工轻油	3.48	4.51	10.58	14.77	13.87	9.61
芳　烃	0	0	12.40	8.91	19.34	14.54
聚丙烯	14.02	11.07	12.21	9.85	12.40	11.26
液化石油气	29.22	23.58	26.48	18.13	25.38	32.44
燃料油	6.67	9.12	26.12	28.17	21.67	21.19

北海炼化

【概况】 中国石化北海炼化有限责任公司(简称北海炼化)地处广西北海市铁山港区临海工业区，距北海市区约 40 千米，南邻铁山港码头。北海炼化始建于 1989 年，原名北海石油化工厂，原油加工能力为 60 万吨/年。1998 年 5 月划归中国石化。2002 年 7 月，北海石油化工厂划入股份公司，成立中国石油化工股份有限公司北海分公司。2009 年 7 月，中国石化组建北海炼油异地改造项目筹备组，实施北海炼油异地改造 20 万吨/年聚丙烯项目，项目于 2010 年 3 月土建开工，2011 年 9 月底建成中交，2012 年 1 月 1 日全面投产。2011 年 12 月 31 日，中国石化对北海炼油异地改造项目筹备组与北海分公司进行整合后，与北海市人民政府共同出资组建中国石化北海炼化有限责任公司。

截至 2016 年底，北海炼化共有正式职工 757 人，其中硕士及以上学历 9 人、本科学历 241 人、专科(高职)学历 225 人、中专及以下学历 282 人。设有 8

个职能部门、7个运行部（基层单位）和3个附属单位。有常减压、催化裂化、延迟焦化、连续重整、柴油加氢、聚丙烯等15套生产装置和污水处理、余热回收等44套辅助系统。配套项目有320万立方米原油商业储备基地、设计年吞吐能力为150万吨的铁山港石化码头北海—南宁成品油管道以及湛江—北海原油管道。主要产品有成品油、石油焦、硫黄、聚丙烯、苯、液化石油气、石脑油、沥青等。

2016年1月，北海炼化完成首次装置大检修及产品质量升级改造，原油加工能力由改造前500万吨/年提升到650万吨/年，产品质量由国Ⅳ提升到国Ⅴ。

北海炼化主要技术经济指标及主要产品产量分别见表1和表2。

（覃辉平）

【安全生产保持良好态势】 2016年，北海炼化认真贯彻“党政同责、一岗双责”规定，严格落实安全生产责任制，完善安全监管组织机构，持续推进HSE管理体系建设，深入开展安全管理提升活动，安全生产基础日益牢固，“安全工作始终如履薄冰、如临深渊”理念入脑入心。加强应急管理，全年开展以抗台风、反“四停”为主要内容的各类应急演练89次，参加演练1 930人次，提高了员工处置自然灾害和突发事件的应急能力；成功应对台风“电母”和“莎莉嘉”侵袭、原水管频繁爆管、生产给水带碱、铁三变检修全厂单回路供电等影响，确保了生产安全平稳运行。加强隐患排查治理，深入开展“我为安全做诊断”活动，发现和处置各类问题1 430项；表彰公司级先进典型109人次，奖励金额24.86万元，激发了全员参与活动的积极性。强化现场直接作业环节安全监管，加强现场安全督察，全年查处现场问题1 125项，处理责任人员151人次，处罚金额达13.18万元，“三违”现象明显减少。强化岗位责任落实，认真开展岗位责任制大检查和专业管理日常检查，查出各类问题230余项，整改率100%。积极推进和落实产品质量升级、石化码头、S－Zorb等项目“三同时”工作，确保合规合法生产。通过安全管理提升，筑牢员工广泛参与的群众安全防线，推动安全生产由“要我安全”向“我要安全”转变。全年无上报公司及以上级安全事故、环境事件和职业病伤害事件，实现了连续5年安全生产无事故。

（覃辉平）

【绿色低碳发展取得明显成效】 2016年，北海炼化扎实推进“碧水蓝天”环保专项行动，严格污染源管

6月29日，北海炼化举办石化码头海上溢油应急处置演练

理，加强环保监测和在线设施运行管理，严密跟踪硫黄回收外排尾气提标改造、烟气脱硫电除雾、碱渣处理、加热炉火嘴改造等项目落实，实施6个环保治理专题攻关，取得了明显成效。污泥干化攻关顺利结题，污泥至焦化日处理量达30立方米，实现了预期的攻关目标。烟气电除雾攻关按预定方案推进，污水处理治理攻关、焦化装置环保治理攻关、硫黄达标攻关、碱渣治理攻关取得了阶段性成果。实施催化烟机节能改造，降低烟气旁路流量，烟机轴功率提升11.7%，大幅降低烟机耗电。加热炉加权平均热效率93.24%，大于指标要求，烟气中氮氧化物平均27毫克/米^3，远低于最新国家排放要求。顺利完成废氢去PSA回收、干气供和源管线项目建设，年回收氢气1 600吨，创效1 920万元；年回收干气2 520吨，创效620万元。顺利通过第三方机构碳排放现场核查，正式获得国家碳排放交易权。全面实施能效倍增计划，完成能效倍增项目16个，全年实现节能量7 600吨标煤。全年外排废水达标率100%，废气达标率99.89%，危险废物妥善处置率100%，未发生环境扰民、环境污染和地方政府环境处罚事件，获得集团公司环保、节能、质量先进表彰。

（覃辉平）

【生产经营实现新突破】 2016年，北海炼化围绕“拓市场、抓优化、降成本、控风险”，以五大发展战略为引领，聚焦提质增效升级，转方式调结构，生产经营保持良好发展态势。全年完成原油加工量583.88万吨，主要技术经济指标在同规模企业中处于领先水平。全年实现炼油、化工专业保标。常减压、柴加、蜡加、汽加、MTBE等装置在集团公司同类装置竞赛中排名前列。

（覃辉平）

【安全优质完成首次装置大修改造】 2016年1月21日，北海炼化常减压、催化裂化等主装置相继开车成功，各装置均于当天生产出合格产品，标志着自2015年11月25日开始的首次全厂停工大修改造项目提前3天顺利完成，炼油系统转入第2周期生产运行阶段。

（覃辉平）

【PSA装置开车一次成功】 2016年2月5日，北海炼化PSA装置正式开工，当日打通全流程，实现开车一次成功。PSA装置是北海炼化质量升级改造项目中配套建设的一套氢提纯装置，以脱硫后的焦化干气、催化干气、加氢低分气为原料，利用抽真空变压吸附氢气提纯技术，提纯出产品氢级别的氢气，供加氢装置使用，解决全厂氢气量不足的问题。

（覃辉平）

【部分机构进行调整】 2016年4月25日，北海炼化部分组织机构进行调整，实行机关处室内部设置科室，进一步理顺处室内部科长的责权关系，明晰科长职责，改变科长只享受待遇、责权不清现象。成立党群工作部，通过自上而下健全党的组织结构，加强党建工作，切实做到两手抓两手都要硬。

（覃辉平）

【北海市领导到北海炼化现场调研】 2016年5月20日，北海市林山青市长率队到北海炼化现场调研。在现场调研会上，北海炼化陈尧焕总经理汇报了公司生产经营情况及公司生产发展中存在的需市政府协调解决的问题。林山青市长现场责成政府各相关部门对问题逐一答复并明确了解决处理的办法。

（覃辉平）

【开展装置标定工作】 2016年5月24—26日，北海炼化对产品质量升级改造项目进行总体标定。通过标定，进一步摸清了装置的整体性能，找出装置瓶颈，为下一步优化各装置的原料配置和产品分布，有序推进国Ⅴ汽柴油生产，实现效益最大化奠定了良好基础。

（覃辉平）

【航煤生产通过现场审核认证】 2016年6月15日，北海炼化航煤生产顺利通过国产航空（舰艇）油料鉴定委员会审核小组现场审核认证。通过航空油料鉴定委员会生产认证，为实现首次航空煤油工业化生产、完成全年航煤生产任务打下了坚实基础。

（覃辉平）

【完成国Ⅴ汽柴油产品质量升级工作】 2016年9月30日，北海炼化首罐国Ⅴ车用柴油生产合格，控制性指标十六烷值为52.5、硫含量为7.4毫克/千克，均符合国Ⅴ车用柴油内控指标要求。10月6日，第1批次国Ⅴ车用柴油顺利出厂；10月12日，第1批次国Ⅴ汽油输送出厂。至此北海炼化提前完成了全面供应国Ⅴ标准汽柴油任务。

（覃辉平）

【开展纪念红军长征胜利80周年主题教育活动】 2016年10月28日，北海炼化公司组织公司各基层党支部书记、团支部书记和优秀青工代表等一行31人，到著名的红色革命根据地百色市参观学习，组织开展纪念红军长征胜利80周年主题教育活动，广大党员干部和职工群众积极参与主题教育活动之中，把对信仰的忠诚和对理想的执着，转化为爱岗敬业的强劲动力，展现了北海炼化职工积极乐观、进取向上的精神风貌和无限的爱国热情。

（覃辉平）

【北海市青年法官法治宣讲团法律服务北海炼化工作站成立】 2016年12月21日，北海市青年法官法治宣讲团法律服务北海炼化工作站揭牌仪式在北海炼化综合办公楼举行。青年法官法治宣讲团法律服务工作站在北海炼化建站，有利于北海炼化获取法律资源，更好地发挥法律工作对转方式调结构、提质增效升级这一中心工作的支撑保障作用，推进"依法、合规、公平、诚信"为理念的法制石化建设，保障企业在法治的轨道上生产经营，维护合法权益，促进更好发展。

（覃辉平）

【举行航空煤油首发仪式】 2016年12月28日，北海炼化在储运部装车台举行了28吨航空煤油首发出厂仪式。北海炼化航空煤油产品正式投入市场，结束了中国石化在广西地区不能生产航空煤油的历史。

（覃辉平）

表1 **北海炼化主要技术经济指标**[①] 亿元

指标名称 \ 年份	2016	2015	2014	2013	2012	2011
原油加工量/万吨	583.88	476.57	521.20	508.29	464.07	8.58
工业总产值	251.81	216.41	303.86	304.89	281.52	0.76
工业增加值	135.90	117.84	105.20	102.43	78.38	4.50
资产总计	134.96	91.19	82.09	72.28	81.24	85.83
流动资产	88.27	42.97	37.33	26.79	32.46	38.06
固定资产原值	56.22	51.58	47.44	46.49	48.93	43.31
固定资产账面价值	39.78	38.84	38.08	40.09	42.89	40.20
销售收入	250.44	218.03	302.50	305.10	280.73	0.66
实现利税	122.38	94.38	56.12	51.82	34.36	5.93
税　金	96.95	84.70	56.09	50.17	40.08	0.05
综合能耗/吨标煤·万元$^{-1}$	0.196	0.20	0.21	0.22	0.24	8.86

表2 **北海炼化主要产品产量** 万吨

产品名称 \ 年份	2016	2015	2014	2013	2012	2011
汽油	190.41	143.27	153.30	141.07	96.78	
0#车用柴油	204.64	167.00	101.25	131.92	201.47	
0#普通柴油	47.61	45.49	134.51	102.84		0.77
化工轻油	6.91	3.20	8.43	8.94	19.94	
4#轻燃料油					11.63	
船用燃料油		0.10	0.89	4.11		
溶剂油						
液化石油气	36.63	25.98	28.32	28.41	25.67	
商品干气	1.33	1.42	0.67	0.30	0.00	
混合芳烃					16.12	0.25
重油(7#燃料油)						
混合碳五					9.99	
甲基叔丁基醚					3.79	
聚丙烯	13.23	10.11	11.50	10.40	9.27	
石油苯	2.66	3.00	2.53	2.31	2.20	
石油焦	49.65	41.79	49.58	44.11	37.42	
工业硫黄	6.33	3.14	5.81	5.60	4.44	
沥　青	3.00	10.44	4.38	0.00	0.00	

塔河炼化

【概况】 中国石化塔河炼化有限责任公司(简称塔河炼化)地处新疆库车县，是中国石化在新疆唯一的炼化企业。其前身是筹建于 1993 年的地方股份制企业——新疆塔里木油气化工有限公司，1998 年 11 月被西北石油局全资收购，2003 年 12 月整体划转股份公司，2004 年 4 月 30 日设立中国石油化工股份有限公司塔河分公司(简称塔河分公司)。2012 年 6 月 25 日，股份公司对塔河分公司进行改制，与新疆阿克苏地区共同出资组建塔河炼化。

截至 2016 年底，塔河炼化拥有炼油生产装置 17 套，原油加工能力 500 万吨/年，焦化处理能力 340 万吨/年，汽、柴油混合加氢精制能力 240 万吨/年，催化重整能力 75 万吨/年，A 级沥青生产能力 40 万吨/年，汽油异构化能力 37 万吨/年，航煤生产能力 30 万吨/年，硫黄生产能力 8 万吨/年。塔河炼化以加工塔河油田重质原油为主，可生产汽油、柴油、3# 喷气燃料、化工轻油、沥青、石油液化气、石油焦、硫黄、工业纯苯等 10 余种产品，产品通过企业铁路专用线销往全国各地。

截至 2016 年底，塔河炼化有领导班子成员 6 人，副总经济师、副总会计师各 1 人，副总工程师 3 人；下设 10 个机关处室、5 个中心(直属单位)、6 个车间。共有在册职工 1 027 人，其中教授级高级工程师 1 人，具有高级职称的 15 人、中级职称的 102 人、初级职称的 272 人；高级技师 2 人、技师 29 人，高级工 356 人，中级工 317 人、初级工 45 人。

塔河炼化主要技术经济指标和主要产品产量分别见表 1 和表 2。

(刘希军)

【生产经营稳中有升】 2016 年，塔河炼化以提高发展质量和效益为中心，生产经营业绩稳中有升。全年加工原油 429.59 万吨，销售产品 420.16 万吨，产销率 101.11%；实现营业收入 126.34 亿元，应缴税费 59.94 亿元，利润 10.28 亿元。关键技术经济指标全部达到股份公司考核目标，轻质油收率 62.92%，上升 0.63 个百分点；综合商品率 94.93%，上升 0.02 个百分点；原油综合损失率 0.54%，下降 0.02 个百分点；综合能耗 55.56 千克标油/吨，下降 0.05 个单位。

(刘希军)

【完成 1# 系列装置检修改造】 2016 年 9 月 26 日，塔河炼化 1# 系列装置开始停工检修改造，涉及 5 个车间 3 套生产装置及动力、储运系统。有 3 家施工单位实施检修改造。完成常规检修项目 1 113 项、改造项目 5 项，设备更新 56 项，检验压力容器 327 台、检测管道 62 千米。主要实施了 1# 加氢装置国Ⅴ柴油质量升级改造。10 月 26 日，安全绿色高效地完成检修改造任务，解决了产品质量升级、装置高负荷运行瓶颈。

(刘希军)

装置检修改造现场 (朱军丽 摄)

【国Ⅴ柴油质量升级改造完成并投用】 2016 年 11 月 5 日，塔河炼化国Ⅴ柴油质量升级改造完成并投用。项目批复总概算 1.44 亿元，其中外汇 20.16 万美元。项目包括 1# 柴油加氢精制装置、2# 硫黄回收装置改造及相应的配套系统完善。改造主要内容包括新增加氢反应器 1 座、反应器装填催化剂约 185 吨、循环氢压缩机 1 台、干气脱硫塔 1 座、航煤原料罐和航煤产品罐各 1 台，更换产品分馏塔 1 座及冷换设备、机泵、电气、仪表等填平补齐改造。投用后，1# 汽柴油加氢装置加工能力由 100 万吨/年提升至 110 万吨/年，2# 硫黄回收装置干气脱硫能力由 17.6 万吨/年提升至 23.6 万吨/年，柴油质量符合国Ⅴ标准要求。

(刘希军)

【重油改质配套完善项目通过竣工验收】 塔河炼化重质原油改质配套完善项目于 2012 年 7 月 16 日正式开工建设，2014 年 7 月 20 日投料试车成功并产出合格产品。该项目先后通过消防、安全、职业卫生、档案、环境保护等专项验收，经竣工验收委员会评审同意，于 2016 年 9 月 23 日通过竣工验收。

(刘希军)

【国产化压缩机组工业化应用通过技术评审】 2016

年10月20日，塔河炼化连续重整装置工业化应用国产化6 M80大型往复式氢气压缩机通过中国石化重大装备国产化研制项目组技术评审。该项目于2012年10月在中国石化重大装备国产化部门立项，由洛阳工程公司、塔河炼化、沈阳远大压缩机股份有限公司和合肥通用机械研究院参与合作研发，于2013年2月完成工厂试车和出厂验收。2014年7月，在塔河炼化连续重整装置工业化应用，截至2016年底已连续运行2年3个月。经过技术评审组评审，认为运行稳定可靠，性能和质量满足装置工艺操作要求，机组整体已达到国际先进水平。

（刘希军）

【获颁发国家实验室认可证书】 2016年12月20日，塔河炼化质量计量检验中心获得中国合格评定国家认可委员会（CNAS）颁发的实验室认可证书，标志着塔河炼化质量计量检验中心实验室具备按相应认可规则开展检测和校准服务的技术能力，可以对外提供检测服务并使用CNAS国家实验室认可标志和ilac－MRA国际互认联合标志。

（刘希军）

【首次获得国家发明专利】 2016年，塔河炼化创新成果“一种生产道路沥青原料的装置”获得国家发明专利授权，这是首次获得国家发明专利。该发明专利开辟获取高等级道路沥青原料的新途径，在超重劣质原油的二次加工过程中获得用调和法生产高等级沥青的原料。该发明专利在塔河炼化2#常减压焦化装置成功应用，年产高等级道路沥青达30余万吨。

（刘希军）

【青年创新工作室正式启动】 2016年2月29日，塔河炼化丁智刚青年创新工作室正式启动，其前身是成立于2013年2月的炼油装置优化软件项目测算临时工作小组，主要依托炼油厂全流程优化软件对塔河炼化各车间生产流程开展优化测算。工作小组自成立以来，累计完成7项委托测算项目，多项典型案例受到股份公司炼油事业部表扬，并在中国石化系统内推广。2015年12月31日，被新疆维吾尔自治区总工会正式命名为塔河炼化丁智刚青年创新工作室。

（刘希军）

【企业管理规范有序】 2016年，塔河炼化完成了一体化管理体系的再认证及环境、质量、党建、全面风险管理体系的换版，建立能源管理体系并纳入一体化管理体系，提升了管理体系的完整性和活力机制。全面梳理规章制度，共制定制度52项、修订109项、废止119项，提升了制度体系的科学性、操作性和健全性。坚持月度、季度岗位责任制检查制度，评比选树先进单位、总结推广典型经验、督促改进管理不足，促进并提升了整体管理水平。各单位认真落实“强化提升‘三基’工作”活动部署，梳理“三基”工作现状，找准突出问题大力改进提升。深入开展“比学赶帮超”活动，促进技术经济指标的提升，加制氢、硫黄回收车间均形成了独具特色的“比学赶帮超”工作模式。推进依法依规从严治企，认真开展内控自查和专项审计督查，加强合同管理、招投标管理，规避了运营风险，降低了投资成本。

（刘希军）

【强化队伍建设】 2016年，塔河炼化持续强化干部员工队伍建设，制定《塔河炼化领导班子和领导人员管理办法（试行）》，规范了选人用人决策程序，明确任职资格和时间。整理干部人事档案，充实干部考察材料，年底完成部分单位领导班子人员调整，解决了部分干部低职高配问题。举办中层管理干部培训班和新任职干部能力素质提升培训班，培训干部60人次。强化干部监督，112名副科级及以上领导人员报告了个人有关事项。落实员工教育培训计划，完成率达99%。组织开展技能鉴定和技师考评工作，34人取得高级工职业资格，52人取得中级工职业资格，24人取得初级工职业资格；7人通过塔河炼化职业技能鉴定委员会的技师考评审定。

（刘希军）

【举办第2届“塔河杯”技术比武】 2016年，塔河炼化举办第2届“塔河杯”技术比武。比武设延迟焦化装置操作工、常减压蒸馏装置操作工、催化重整装置操作工、汽（煤、柴）油加氢装置操作工、制氢装置操作工、硫黄回收装置操作工、锅炉运行值班员、储运油品调和操作工、化工（油品）分析工9个工种，涵盖塔河炼化6个车间和1个中心所有技能操作主体工种。经过层层选拔，103名技能操作人员进入决赛，最终27名选手分别获得相应工种金、银、铜奖，加制氢车间、储运车间获评优秀组织奖。9月6日，塔河炼化召开表彰大会，为获奖选手和优秀组织单位颁奖。

（刘希军）

技术比武表彰大会 （雷从营 摄）

【坚持开门办企业】 2016年，塔河炼化以“碧水蓝天”为主题，先后开办公众开放日活动10次，邀请新疆阿克苏地区和库车县政府、库车县新闻媒体及中外媒体采访团等人员近500人次，走进塔河炼化生产装置区，感受绿色石化新炼厂；迎接中外媒体“感知新疆2016·我是新疆人”采访团，来自土耳其、美国等国家的10多名编辑记者走进塔河炼化参观采访，用境外受众喜爱的微视频方式报道，讲述普通老百姓的故事，展现新疆各族群众对美好生活的追求和各领域取得的发展成就。通过公众开放日活动，展示了中国石化“为美好生活加油”的企业使命和塔河炼化“奉献边疆、争创一流”的企业精神，增进了外界对塔河炼化的认可。

（刘希军）

【宣传思想文化工作】 2016年，塔河炼化持续加强与地方媒体的沟通交流，“访惠聚”驻村工作、产品质量升级和生产经营等方面工作，被新疆地方媒体及时报道，并受到中央媒体的关注。央广网以《塔河炼化21个党支部下乡结穷亲》为题，大篇幅报道塔河炼化驻村工作队开展“访惠聚”精准扶贫的工作成效；《塔河炼化国V汽柴油开始配送全疆》等文章被凤凰网、搜狐新闻等多家权威媒体转载。紧紧围绕“转方式调结构、提质增效升级”生产经营中心，以编印《小塔讲形势》口袋书等形式，开展形势任务教育，促进全年生产经营指标任务的完成。利用报刊、网页、微博、微信等平台，大力宣传报道先进集体和个人的典型事迹，在全体职工中营造了向先进学习的良好氛围。全面启动员工帮助计划（EAP）三年规划，极力塑造员工阳光心态。全年开展EAP知识培训5次，各单位推荐54名专员参加学习，981人参与心理检测。抓实抓好精神文明建设工作，第4次被新疆维吾尔自治区评为自治区文明单位。

（刘希军）

【获得荣誉】 2016年，塔河炼化获新疆维吾尔自治区文明单位称号。新疆维吾尔自治区总工会授予公司工会自治区模范职工之家称号、治安消防中心分工会自治区模范职工小家称号、动力车间工人先锋号称号；授予催化重整车间李刚、常压焦化车间张创团劳动模范称号；加制氢车间杨果获开发建设新疆奖章。集团公司授予加制氢车间袁小彬技术能手称号。“‘兼职工作室制’在企业技术管理中的创新运用”和“全面加强‘三基’工作，弘扬石油石化优良传统的实践与探索”2项管理创新成果分别被评为集团公司管理现代化创新成果二、三等奖。

（刘希军）

【开展“三抓两树一争”主题活动】 塔河炼化党委积极落实集团公司党组“大抓基层”的要求，将2016年确定为“党建强基年”，开展“三抓两树一争”党建强基主题活动。“三抓”即抓机制、抓训练、抓基础；“两树”是树观念、树标杆；一争指力争进入集团公司中型炼化企业党建工作先进行列。进一步完善党建制度体系。组织学习集团公司1+7制度，细化和修订《一岗双责管理规定》《双重组织生活制度》《基层党支部分类定级制度》《民主评议党员制度》等制度。推进党建质量管理体系建设。进一步完善体系标准，充实体系文件，党建质量管理体系再次通过上海体系认证中心外部审核。落实《塔河炼化2016—2018年党务政工干部教育培训规划》。举办党务政工培训班，各党支部积极开展“党员上讲台”、上“技术党课”活动，加强内部专业技术培训；开展基层党支部示范点创建活动，按照“六有”标准完成了示范点硬件设施改造。通过广泛开展“三抓两树一争”主题活动，夯实了党建工作基础。

（刘希军）

【和谐企业建设】 2016年，塔河炼化组织召开老职工、少数民族职工座谈会，广泛听取职工意见建议。开展“走基层、访万家”活动，走访班组56个，访谈家庭500个。开展帮扶救助工作，共帮扶救助困难职工6人次1.4万元。开展“我为企业提质增效做贡献”劳动竞赛、青工“走访寻”和“最美塔化人”评选等活动，有效调动和激发了广大职工群众干事创业的热情。开展“夏送清凉”“冬送温暖”“激情夏日”等系列活动，慰问一线职工约6 000人次。工会和文联体协组织开展形式多样的文化娱乐活动，丰富了职工的业余文化生活。完善足球场灯光和塑胶跑道，新建文体中心、综合楼项目投入使用，绿化亮化生活区休闲场所，完成办公生活区换热站改造，完善职工理发室、洗衣裁缝店和儿童游乐设施，改善了职工的办公生活环境。

（刘希军）

【履行社会责任】 2016年，塔河炼化响应新疆维吾尔自治区党委号召，积极承担援疆扶贫任务，认真开展“访惠聚”驻村工作。全年各种帮扶救助、精准扶贫投入达330万元，其中向柯坪县捐助40万元，向库车县阿拉哈格镇投入26.5万元。塔河炼化履行社会责任的事迹受到了村民的普遍赞誉和地方政府的充分肯定，塔河炼化驻村工作队被评为自治区优秀驻村工作队。

（刘希军）

慰问色根苏盖特二村村民 （李元仁 摄）

表1 塔河炼化主要技术经济指标 亿元

指标名称 \ 年份	2016	2015	2014	2013	2012	2011
原油加工量/万吨	429.59	411.02	425.69	410.06	410.39	418.37
工业总产值	124.33	134.14	188.08	187.88	191.88	190.01
工业增加值	76.56	81.70	39.74	36.54	34.90	26.15
资产总计	66.32	54.69	57.96	55.68	47.22	45.40
流动资产	21.13	7.91	9.27	12.71	9.92	9.64
固定资产原值	68.34	64.64	59.81	47.18	43.86	43.58
固定资产净值	41.39	42.01	40.28	31.05	30.29	32.86
销售收入	126.34	134.19	187.15	187.46	193.36	192.60
实现利税	70.22	77.72	34.54	32.94	30.12	22.29
税　金	59.94	58.93	33.55	29.92	30.70	28.93
综合能耗/千克标油·吨$^{-1}$	55.56	55.61	54.49	50.88	49.78	50.34

表2 塔河炼化主要产品产量 万吨

产品名称 \ 年份	2016	2015	2014	2013	2012	2011
汽　油	49.75	42.00	31.00	17.15	16.03	15.39
3#喷气燃料	8.66	7.39	1.82	—	—	—
柴　油	209.81	202.13	219.45	202.40	198.50	201.60
石脑油	—	0.42	20.20	34.74	34.73	37.86
重整生成油	7.20	—	—	—	—	—
沥　青	23.04	21.29	17.31	31.15	30.17	34.60
重交沥青	—	—	2.78	15.08	14.28	19.56
石油焦	100.37	97.44	102.52	94.46	92.15	91.21
硫　黄	4.25	4.00	4.27	3.80	3.75	3.57
商品液化气	12.47	12.57	14.12	12.95	12.97	11.92
石油苯	—	—	0.15	0.18	0.20	0.20

炼油销售公司

【概况】 中国石化炼油销售有限公司(简称炼油销售公司)是中国石化下属专业化全资子公司，于2012年6月28日挂牌成立，前身是2004年9月成立的中国石化上海沥青销售分公司。注册地在上海市长宁区，本部设有14个职能部门，在全国设有3个区域性子公司、29个代表处，拥有职工382人。主要负责中国石化系统内液化气、沥青、石油焦、硫黄、石蜡等石油炼制产品的统一销售。产品销售业务范围覆盖全国32个省、自治区、直辖市。年销售量超3 000万吨、营业收入近1 000亿元，集产品研发、运输、采购、销售、服务为一体，其中液化气、石油焦、沥青的市场占有率均为国内第一。

炼油销售公司拥有一支专业营销、科研团队，为客户提供完整的产品开发、生产、应用、售后等整套营销方案；拥有国家级实验室和产品研发中心，产品多次获国家和地区奖励；集成先进的信息资源，凭借优势物流网络，为企业和客户提供铁路、公路、船运等全方位运输和仓储支持；与中国铝业、中国交通集团等世界500强企业建立战略合作关系，先后与多个国家和地区开展技术合作与交流，产品远销海内外；是中国石化销售企业中率先通过并实施ISO 9001质量管理体系认证的企业之一。

2016年，炼油销售公司产品销售总量3 395.58万吨，营业收入481.41亿元，完成利税6.84亿元。

炼油销售公司主要生产经营指标见表1。

（杜益军）

【生产经营】 2016年，炼油销售公司经营总量达3 395.58万吨，增加169.03万吨，创历史新高。其中，液化气产品全年实现经营量942.93万吨，增加69.51万吨，创历史新高；石油焦产品实现经营量1 253.94万吨，增加86.48万吨，创历史新高；沥青产品实现经营量742.04万吨，减少7.33万吨；硫黄产品实现经营量432.92万吨，增加20.49万吨；石蜡产品实现经营量23.75万吨，减少0.12万吨。石油焦市场占有率47%、沥青市场占有率26.2%，继续保持国内第一，液化气市场占有率29.7%、硫黄市场占有率25.5%、石蜡市场占有率29.3%，保持国内第二位置。

（杜益军）

【自营贸易创历史最好水平】 2016年，炼油销售公司通过进出口、国内资源外采、代理等多种方式，加大自营力度，全年自营量完成319万吨，同比增长102%。其中，石油焦产品全年自营量超过217万吨，增加106万吨；硫黄产品全年自营销售51万吨，增加32万吨。全年自营产品创效2 900万元，创历史新高。

（杜益军）

【获多项技术开发成果】 2016年，炼油销售公司“公路养护与建筑防水专用沥青的开发与应用推广”获集团公司科技进步三等奖，“储存稳定的胶粉改性沥青生产技术工业应用”通过股份公司技术鉴定，“乳化沥青及其制备方法和应用以及防水涂料和防水涂层”等6件专利获得授权。

（杜益军）

【铁路物流运费降本增效1 646万元】 2016年，炼油销售公司通过建立承运商招标比价制度，形成运费与油价联动机制，使物流运费更趋合理。通过以车、船代库、江海船过驳、车船过驳等模式，降低入库中转，节约仓储费用，减少储运损耗。全年石油焦、沥青铁路物流运费降本增效1 646万元。

（杜益军）

【针状焦成功实现工业化应用】 2016年，炼油销售公司依靠自有技术与上海石化携手，以针状焦为原料，试生产出超高功率电极，成功实现工业应用。与进口针状焦制备的同规格超高功率电极相比，电极抗氧化性能和消耗性能较好，在电炉使用性能、消耗指标上不分伯仲，可部分替代进口产品。针状焦应用领域广，使用量逐年提高，国际国内供需缺口大，市场前景良好。炼油企业通过劣质油浆生产针状焦利润约在400元/吨，具有较好的经济性。

（杜益军）

【石蜡产品实现首单电商平台销售】 2016年4月29日，炼油销售公司石蜡客户首单20吨62#全精炼颗粒石蜡在海峡石化产品交易中心(SPTC)交易成功。顺利打通石蜡产品“互联网+”销售流程。

（杜益军）

【东海牌沥青首次出口到大洋洲】 2016年8月22日，炼油销售公司通过与国际事业公司通力合作，成功将金陵分公司生产的7 160吨C320沥青出口到大洋洲的新西兰和斐济，填补了中国石化沥青产品在南半球应用的空白。大洋洲的沥青指标有独立的指标体系，与中国国标、美国ASTM标准均有较大差异。炼油销售公司通过与国际事业公司、金陵分公司认真分析比对标准差异，通过多次试生产，终于生产出合格产品，积累了生产类似产品的经验。

（杜益军）

表1　炼油销售公司主要生产经营指标　万吨

指标名称＼年份	2016	2015	2014	2013	2012	2011
经营总量	3 395.58	3 226.55	3 154.69	3 270.81	2 154.73	1 953.93
沥　青	742.04	749.37	655.59	714.97	588.85	529.88
石油焦	1 253.94	1 167.46	1 155.62	1 210.76	1 115.71	1 136.93
硫　黄	432.92	412.43	463.11	500.27	418.58	261.66
石　蜡	23.75	23.87	27.11	28.73	31.59	25.46
液化气	942.93	873.42	853.26	816.08		
营业收入/亿元	481.41	602.14	809.97	874.40	421.43	405.56

北京石油分公司

【概况】 中国石化销售有限公司北京石油分公司(简称北京石油分公司)主营汽油、柴油、煤油、天然气、润滑油、燃料油和非油品业务，是首都成品油市场供应主渠道。

北京石油分公司的前身是北京市属石油集团有限公司，成立于1950年4月。1998年9月，成建制划转集团公司。2000年2月，成立中国石油化工股份有限公司北京石油分公司。2006年12月，非上市部分成立中国石化集团资产经营管理有限公司北京石油分公司，2009年7月实行上市与非上市一体化管理。2014年12月，名称变更为现名。

截至2016年底，北京石油分公司设有17个综合管理部门、5个专业中心和2个专业机构；员工总数4 657人；拥有在营油库8座，汽柴油管线158千米，航煤管线98千米；加油站563座，充电站3座，加气站35座；资产总额逾143亿元。

2016年，北京石油分公司通过依法治企、规范经营、从严管理，实现了提质超量增效，零售领跑全国，利润刷新历史，薪酬增长前三。在挤出162万吨倒单虚量的情况下，完成经营总量520.3万吨，其中零售经营量360.1万吨，增长9.1%，完成计划的104.7%；直批经营量79.6万吨，增长20.1%，完成计划的106.1%；非油品营业额13.4亿元(含平台交易额1.1亿元)，增长24.5%，完成计划的103.7%。

北京石油分公司主要经营指标见表1。

（钟春翔　毛　琳）

【零售经营量领跑全国】 2016年，北京石油分公司通过挖掘单站潜力，调整考核政策、实行差异化营销等措施，实现零售销量逆势增长。零售环节连续7个月销量突破30万吨，创历史最好水平，全年增幅高达9.1%，超销售企业平均增幅7.8个百分点。

（钟春翔　毛　琳）

【统筹资源提高创效能力】 2016年，北京石油分公司规范外采管理，按照价格、密度、到货时间和油品质量4个核心要素进行外采招标，优化外采结构，把握外采时机，采销联动，多销多采，全年外采价差达1 533元，同比提高675元，实现资源创效14.4亿元；强化资源保障，提升物流运行水平，加油站脱销断档现象减少74.3%。

（钟春翔　毛　琳）

【直批量效稳定】 2016年，北京石油分公司把京标油作为销售重点，全年实现京标油销量35.9万吨，增长34.2%；打造全品类直分销客户经理，实现润滑油销量5.2万吨、CNG销量147.4万立方米、零售IC卡销售额246.1万元、非油商品销售额613.7万元；在停止倒单虚量的情况下，直批汽柴油销量增加13.3万吨，扭转了自2012年以来直批销量持续下降局面。继续加强终端开发力度，开发客户479户，新增销量3.3万吨；加强社会加油站开发力度，新增京标加油站客户40座，新增橇装站10座。

（钟春翔　毛　琳）

【构建一体化客户服务平台】 2016年，北京石油分公司打造以网站、手机 APP、微信为客户入口，以加油卡、会员管理、便利店等关键业务系统为数据处理平台，以移动互联营销为沟通载体的一体化客户服务平台，推动线上线下渠道互通、精准导流、油非互促，助力油品和非油品业务的快速增长。

（钟春翔　毛　琳）

【非油业务跨界合作】 2016 年，北京石油分公司运作跨界业务，率先推出国内第 1 款易捷品牌有机大米，实现有机米销售 2 567 万元；引进 93 款米其林轮胎，在 55 座门店进行展示销售，实现销售额 426 万元；开展汽车保养、快修、洗车、美容等汽服业务，月福洗车网点总数达 11 家；创新旅游业务，与说走就走公司合作开展自驾游项目，为会员提供旅游服务。

（钟春翔　毛　琳）

【拓展非油品销售渠道】 2016 年，北京石油分公司加快推广便利店站外店建设，新建站外门店 4 座，其中广渠家园便利店实现销售额 305.8 万元；拓展线上销售渠道，微商城实现销售额 125 万元；以门店为中心，划出向外团销的辐射半径，积极“走出去”发展站外客户，“请进来”开展站级品鉴会，组织开展站级品鉴活动 293 场次，实现销售金额 411 万元。总部易捷生活体验馆获 2015 年度中国便利店金牌门店奖。

（钟春翔　毛　琳）

【升级安全管理】 2016 年，北京石油分公司成立零售、仓储、设备、工程、交通 5 个专业安全分委会；构建三级安全总监、两级督察大队为主导的安全监管格局；与北京市安监局合作成立安全生产现代化研究基地，部署开展首批 10 项具体课题研究。从严排查整改安全隐患，开发安全过程管理移动 APP 系统，对 7 771 个督察问题实行线上整改监管，整改率达 98.4%；狠抓集团公司安全环保巡视、年度 HSE 大检查及华北区域互查中发现的 462 项问题的整改，整改完成率达 100%；完成管道隐患整治攻坚战项目 18 项。实现安全生产“十三连冠”。

（钟春翔　毛　琳）

【严格把好油品数质量关】 2016 年，北京石油分公司全面强化源头及二次物流移动全环节数质量控制，减少中间环节污染风险，确保油品数质量 100% 合格；国内率先推出爱跑品牌汽油，部署完成京Ⅵ油品质量升级准备工作。被评为集团公司节能、降碳工作先进单位。

（钟春翔　毛　琳）

【推进干部队伍建设】 2016 年，北京石油分公司出台“两制度一规划”，完善干部选拔任用、管理监督制度体系；推进机关人员到基层锻炼工作，首批 64 名机关人员分赴一线岗位锻炼提高；严格干部管理，把关审核全体中层领导人员的“三龄两历”、党员领导干部个人有关事项报告等档案材料。

（钟春翔　毛　琳）

【强化依法治企】 2016 年，北京石油分公司坚持法律源头参与、全程把关，为网络发展项目、加油站委托管理、非油品新兴业务、用工改革等重大项目提供法律支持；增加“三重一大”上会决策事项等内容的法律审核；实行对招标文件的法律审查；加强诉讼纠纷管理，确保胜诉权益实现。全年办结经济类诉讼 16 件，维系 3 座网点稳定运营，执行回款 90.8 万元；办结劳动争议 25 件，避免损失 549.7 万元；解决社会加油站商标侵权事件 3 起。

（钟春翔　毛　琳）

【加强财务过程监控】 2016 年，北京石油分公司严控成本费用支出，实现降本增效 3.7 亿元；“营改增”后全年可抵扣进项税 7 528 万元，其中“营改增”新增项目共抵扣进项税 2 022 万元；以效益优先的理念，开展加油站效益星级评价，积极控制风险；出台应收账款回款责任制度，通过首谈、首验及资金稽核平台，控制资金收支风险；实现上门收款加油站占总经营站比例的 91%，上门收款资金占总回笼资金的 96%。

（钟春翔　毛　琳）

【审计监督综合监管】 2016 年，北京石油分公司组织开展 2015 年经营管理全面内审等 8 项工作，提出审计意见建议 70 余条；完成工程预(结)算审计 168 份，审核金额 9 205 万元，实现审计创效 854.6 万元；对首谈、首验制度落实情况进行专项检查，发现问题 6 项，提出意见建议 10 条并组织整改；对经营管理中的重点难点问题开展效能监察，立项并完成 13 个。

（钟春翔　毛　琳）

【抓党建推动优势转化】 2016 年，北京石油分公司扎实开展“两学一做”学习教育。采取中心组学习、领导干部上讲台、党员小书包、开展各级各类大讨论、强化督导检查等措施推进“学”和“做”；推动落实机关服务基层事项，全年完成 335 个服务基层事项；开展“走基层、访万家”活动，走访基层班组 509 个，走访员工 3 473 人，投入走访经费 30 余万元，收集整理意见建议88条，帮助解决具体问题75个，解决班组问题投入资金20余万元；妥善安置37户住房困难职工；全年共化解矛盾纠纷22起，处理信访事项12件，初信初访办结率达100%。

（钟春翔　毛　琳）

表1　　北京石油分公司主要经营指标

指标名称＼年份	2016	2015	2014	2013	2012	2011	2010
成品油销售总量/万吨	506.70	604.85	582.90	550.10	572.75	563.00	530.10
零售量	360.10	306.01	309.60	303.70	284.76	281.00	269.40
销售收入/亿元	311.00	359.00	466.00	458.00	476.00	462.00	376.20
利润/亿元	10.90	6.70	4.20	10.50	10.10	9.74	7.20
吨油费用/元	383.00	279.00	277.00	265.00	276.00	195.00	195.00
资产总额/亿元	143.00	138.79	129.60	123.35	118.00	116.00	101.30
加油站总数/座	563	564	566	580	583	584	579
在营油库数量/座	8	9	9	10	10	10	11

天津石油分公司

【概况】　中国石化销售有限公司天津石油分公司(简称天津石油分公司)是中国石化所属销售企业，主要经营成品油、润滑油、燃料油的零售、直销、批发业务及其他非油品业务，是天津地区最大的成品油经营企业。公司前身为天津石油集团有限公司，始建于1950年10月，1998年6月划归中国石油化工集团公司，2000年4月改制为中国石油化工股份有限公司天津石油分公司，2014年5月调整改制为中国石化销售有限公司天津石油分公司。截至2016年末，天津石油分公司拥有加油站560座、油库5座，设13个职能处室、6个专业中心，在岗员工4 500人，资产总额60多亿元。

2016年，天津石油分公司积极调整经营思路，坚持量效兼顾，着力解决投入高、费用高、市场占有率低、零售比重低的“两高两低”结构性问题，成品油销售286.54万吨，完成销售公司下达任务的92.43%。其中，零售190.2万吨，完成销售公司下达任务的97.6%；直分销96.23万吨，完成销售公司下达任务的83.7%。非油品完成销售额5.35亿元，完成销售公司下达经营指标的102.9%，同比增幅28.9%。实现利润2.01亿元，完成销售公司下达指标的100.7%。全年实现销售收入160.6亿元。

天津石油分公司主要经营指标见表1。

（安　宁）

【“互联网＋”营销显著增强】　2016年，“中国石化天津石油会员”微信公众号获最具影响力天津企业新媒体奖。天津石油分公司搭建的集营销、服务、品牌推广于一身的微信服务号及会员平台于2015年7月正式上线，发布图文信息500余条，单条阅读量最高达30万次。发展注册会员过100万个，全年油非互动赠券使用928万元，带动非油品消费2 900万元，微信绑卡客户累计充值4.5亿元，带动增量6.0万吨，起到了很好的传播效应，提升了中国石化品牌影响力。

（安　宁）

【资源创效增加效益】　2016年，天津石油分公司加强油价走势分析，灵活运作库存，平衡进销结构，搞好资源创效。全年合理安排配置、外采2种资源，显著降低资源成本，同比增加效益3.14亿元。加强物流调度，实现油库年周转16.41次以上，抓住时机购进低价资源，消化库存潜亏，年底实现库存潜盈3 000万元。

（安　宁）

【推广98#汽油】　2016年3月，天津石油分公司推广98#汽油，积极开辟高端市场。截至年底，98#汽油销售站点168座，网络覆盖率达35%。98#汽油月销量稳定在5 000吨以上，累计销售4.3万吨、创效1.2亿元。

（安　宁）

【打造非油进口商品采购平台】 2016 年，天津石油分公司充分利用天津设立自贸区、京津冀一体化优势，打造进口商品采购平台，满足中高端客户需求。全年非油品经营进口商品 405 种，涉及欧洲、美洲、亚洲多国产品。截至年底，销售金额 81.46 万元，销售毛利 13.26 万元。非油、零售配合开展油非互动，实现非油品销售 1 526.68 万元，同比增长 241.72%。

（安　宁）

【联营开发玻璃水产品】 2016 年，天津石油分公司加快新业务开发力度，与龙禹公司联营合作的津龙玻璃水厂发展势头良好，投营仅 3 个月即实现营业额 1 020 万元，实现利润 136 万元，成为非油品业务量利增长点。

（安　宁）

【加油站服务质量提升】 2016 年，天津石油分公司强化加油站服务，推行精细化服务，全年打造样板站 41 座；实行站长、ME、片区班子三级责任追究制度。全年视频轮巡 1.2 万余站次，累计查处违规套现行为 36 起。大力开展加油站优质服务百日竞赛活动，加油站现场服务质量明显提升，客户满意度调查始终保持销售系统前 3 名。

（安　宁）

【联营企业管理进一步规范】 2016 年，天津石油分公司重点对联营企业、投资发展进行规范、清理，先后制定下发《股权管理实施细则》等多项有关联营企业和投资的制度规定，资产质量明显提升。全年所属联营企业累计完成经营总量 43.6 万吨；累计实现利润 6 049 万元，同比增幅 192%，其中非并表企业利润 3 175 万元、增幅 55%；累计实现股权投资收益 2 937 万元，增幅 125%。从 2015 年底开始对 43 家联营企业中的 32 家企业进行审计，收回应分未分红利 898.31 万元，清算联营企业 1 家，联营企业的经营和管理得到了进一步规范。

（安　宁）

【存量投资项目得到优化规范】 2016 年，天津石油分公司加大力度规范和清理存量投资项目。清理收回投资 5 500 万元，实现高速站 7 年减少租金、物业费等合计为 1.5 亿元，年均减租 2 100 万元，减轻了资产负担。

（安　宁）

【成功试点全员竞聘上岗】 2016 年，天津石油分公司锐意改革，以中心片区为试点，全员“起立”、竞聘上岗。通过公开竞聘，压缩管理岗位编制 26 个；16 人转岗或分流，4 名基层优秀站长通过竞聘晋升为 ME。通过公开竞聘切实达到了合理优化用工、压扁管理层级、提高工作效率效能、打通员工交流和晋升通道的目标。

（安　宁）

【强化绩效考核】 2016 年，天津石油分公司按照“以效益论英雄、按贡献排位次、靠业绩定收入”的原则，制定下发《天津石油分公司 2016 年度绩效考核办法》及各专项考核办法共计 12 项，中层干部之间收入差距达 ±7%；通过考核，86 名站长收入不同程度增加，48 名站长收入降低。2015—2016 年合理优化用工 600 余人，全面激发各岗位员工工作积极性，切实提高了工作执行力和企业凝聚力。

（安　宁）

【委托管理收效明显】 2016 年，天津石油分公司全部 242 座受托管理加油站同比销量均有所增长、增幅 5.5%，单站用工 5.6 人、降低 26.7%，在优化劳动用工、提高福利待遇上取得良好效果。

（安　宁）

【员工专业素质提高】 2016 年，天津石油分公司组织公司班子成员、各职能处室长及外聘专家对系统中层干部进行政治理论、专业知识及履职能力的轮流授课培训。全面举办 17 期培训，接受培训人员达 1 700 余人次，公司领导班子成员授课 14 学时。全年 998 名员工取得职业资格，其中初级 575 人、中级 243 人、高级 148 人、技师 25 人、高级技师 7 人。信息竞赛比武获得个人金、银牌和团体第 7 名；审计制度业务比武获得个人铜牌，员工技能素质和职业水平得到提升。

（安　宁）

【全员“两力一精神”得到提高】 2016 年，天津石油分公司按照华北区域销售企业经营座谈会精神和销售公司下发的《关于印发〈华北区域省市公司提升“凝聚力执行力敬业精神”专项活动方案〉的通知》，大力推进活动持久化与常态化。开展“两力一精神”大讨论活动，收集整理有效建议 329 条；开展机关服务基层活动，机关工作人员下站加油 2 小时，机关员工下站达 400 人次，取得了良好效果。

（安　宁）

【基层党建工作扎实开展】 2016年，天津石油分公司牢固树立"在经济领域为党工作"的理念，狠抓"两个责任"和"一岗双责"的落实，健全党建工作体系，全年完善89个党员示范岗、159个党员责任区，选树了一批"两学一做"学习典型。开展"大国工匠"的选树工作，通过《天津工人报》、"朝阳e站"等媒体大力宣传滨海片区高级技师李永亮事迹。持续加强和改善加油站"5+N"建设，为全体员工定制生日贺卡、蛋糕卡，员工幸福指数普遍提高。

（安　宁）

表1　天津石油分公司主要经营指标

指标名称 \ 年份	2016	2015	2014	2013	2012	2011
成品油销售总量/万吨	286.54	344.00	334.10	338.97	335.09	331.85
零售量	190.20	186.40	210.20	214.63	213.02	212.55
销售收入/亿元	161.00	195.00	254.70	275.00	289.49	274.99
利润①/亿元	2.01	1.54	0.86	3.00	4.35	4.36
吨油费用②/元	362.00	333.00	329.00	293.00	260.00	269.00
加油站总数/座	560	560	557	553	553	539
自营加油站数③/座	474	488	490	488	485	479

①考核利润

②考核口径吨油费用

③年末自有加油站保有量

河北石油分公司

【概况】 中国石化销售有限公司河北石油分公司(简称河北石油分公司)本部位于河北省石家庄市，其机构前身成立于1949年。1998年6月27日正式划归集团公司管理。2000年5月23日，按照集团公司企业重组改制精神，其主营业务重组成立河北石油分公司，其存续部分称中国石化集团河北石油有限责任公司。后者于2006年更名为中国石化集团资产经营管理有限公司河北石油分公司。2014年按照中国石化混合所有制改革部署，变更为中国石化销售有限公司河北石油分公司。

河北石油分公司是河北省成品油市场供应主渠道，主要经营汽油、柴油、润滑油、天然气和非油品业务，兼营汽服、餐饮等多种业务。

截至2016年底，河北石油分公司下设16个职能处室和3个专业中心，在全省11个省辖市设有分公司，拥有资产总额104.82亿元，16座油库遍布于全省各主要交通枢纽和城镇，总容量达68.4万立方米；建有15条铁路专用线共17.8千米；拥有加油站点1 796个，销售网络覆盖全省城乡各地。2016年销售成品油608.1万吨，其中零售503万吨。

河北石油分公司主要经营指标见表1。

（吴树彬）

【直面困境提质增效】 2016年，河北石油分公司面对资源过剩、需求下降、低价竞争的市场环境，全面贯彻落实转型升级工作部署，扎实开展"两力一精神"专项提升活动，提质增效，创新驱动，经受了市场考验，较好地完成各项任务。全年实现成品油销售608.1万吨，完成计划的98.2%，同比下降6.3%；其中零售503万吨，下降0.7%。销售天然气629万立方米，增长17.4%。非油品实现营业额15.04亿元，增幅30.26%；报表利润6 773万元、考核利润1.08亿元，报表吨油费用367元，较预算节支8元。

（吴树彬）

【精准营销成效明显】 2016年，河北石油分公司组建跨专业营销小组，坚持一站一策、一户一策、一户一价，深入推行1分钱差异定价法，开展不同种类的专题营销活动，提高了企业创效能力。瞄准车流量大、流动需求高的国省道，集中资源打造柴油核心增量站，同比增量23万吨；针对偏远小站，大力开展柴油限时定向销售，增量8万吨；进社区、进单位、进村镇，大力开展加油卡营销，拉动销量1.3万吨；在市场抢夺区和竞争平衡区域，积极开展点对点竞争，实现稳量增量6.6万吨；率先发力推广98#汽油，开展高标号营销，实现销量7.3万吨；选择适销对路的商品，持续开展"油非互动"营销，提高了进站率和加满率；强强联手，大力开展联合营销，为客户提高增值收益5 000万元。持续开展全员营销、“多加惠”营销、“赶集站”营销，扩大了客户群体，增强了客户黏性。

（吴树彬）

【非油品规模实现突破】 2016 年，河北石油分公司坚持突出重点、油非契合、适销对路的原则，发挥门店优势，加强营销策划，大力开拓新兴业务，非油品业务保持良好发展势头。积极开展“月月有主题、周周有特价、店店有营销”活动，精选适销对路商品，开展商品陈列竞赛，大力营造商业氛围，引车到站、引客到店，提高门店整体销售水平。全省单店日均销售 2 491 元，同比提高 2. 55%；新增百万级店 93 家，达 476 家。加大重点商品销售力度，组织开展竞赛 PK、品鉴会、网上营销，尾气处理液、卓玛泉、鸥露纸等重点商品销售均名列销售系统前列。积极引进特色商品，建成特色店 300 多家，实现销售额 385 万元，在系统内领先。创新营销手段，线上线下多元互动，开展“易捷特色购”“爆款疯狂抢”“砸金蛋”活动，带动非油品销售 2 798 万元。积极拓展新兴业务，新建投营汽服店 17 个、快餐店 2 个，累计实现营业额 642 万元。在销售系统成立首家合资整车销售公司——中国石化易捷五洲河北汽车销售服务有限公司，所属第 1 家长城汽车 4S 店累计销售长城汽车 270 台。合资公司还取得了 3M 产品和美国固铂轮胎的全国总代理权。

（吴树彬）

2016 年 11 月 22 日，销售公司首家合资汽车销售企业——中国石化易捷五洲河北汽车销售服务有限公司成立。图为所属第 1 座汽车 4S 店在保定市徐水区开业剪彩

【深化销售网络运营评价】 2016 年，河北石油分公司继续深入推进“一站一档、一站一策、一站一责”运营能力评价体系应用，层层落实加油站、油库、县区公司、市公司评价体系责任，健全运行机制。从网络质量、风险防控、队伍建设入手，从大站、主力站开始，重点围绕营销、设备设施、现场氛围、人员排班及管理 5 个方面 76 条措施，分批筛选排查，逐一对照整改。全年共落实整改问题 4 500 余项。大力推广先进典型经验，通过现场观摩、经验交流，提升了整体管理水平。

（吴树彬）

【加强 HSE 管理】 2016 年，河北石油分公司健全组织机构，层层签订“HSE 责任状”“安全承诺书”，并将 HSE 职责履行纳入月度考核，推动 HSE 责任落实。围绕油罐区、付油现场、施工作业现场等重要场所、重点环节、重大作业，深入开展风险排查，识别大风险、消除大隐患，全年投入 4 597. 6 万元整治隐患 586 项，努力消除物的不安全状态。积极开展平安油库、平安加油站、平安工地创建活动，创新监管方式，强化远程监控，全年累计督查 1. 3 万站次，整改问题 9 883项。积极开展教育培训、岗位练兵和事故案例警示教育，制定应急处置、风险防范卡片 1. 3 万余册，编发事故案例 9 期，提高了员工操作技能和安全意识。积极履行环保社会责任，对 596 座加油站实施“煤改电”，安装空气源热泵。全年未发生安全等级上报事故，连续 5 年被评为集团公司安全生产先进单位。

（吴树彬）

【强化数质量风险防控】 2016 年，河北石油分公司修订完善数质量管理制度 7 项，全面落实数质量管理责任，健全质量管理体系运行机制。把好进销两个关口，强化全过程监控，确保质量合格。在国家和总部的抽检中质量合格率均达到 100%。细化损耗管理，实现了一次进货损耗与零售损耗“双降”。

（吴树彬）

2016 年 3 月 15 日，河北石油分公司在加油站向顾客介绍国Ⅴ油品相关知识，鼓励加注优质油品、践行绿色消费

【营销网络质量有效提升】 2016 年，河北石油分公司加强顶层设计，积极推进“他有我管”“短期租赁”

合作模式，全年创新发展立项33座。加大重点区域开发力度，积极与高速公路服务区业主展开谈判，新租、续租衡德、张承、大广、石黄、石太等高速服务区加油站35座、新投营6座，稳定销量26万吨，做到应续全续，稳固了高速市场份额。加大网络稳定维护力度，省市公司密切配合，紧盯临期租赁站，完成21座加油站续租工作；密切关注部队租赁站，加强沟通协调，维护在营租赁站的稳定。持续推进主力站资产化，全年立项11个。坚持“拆一补一、依法补偿、先建后拆”，落实“拆一补一”项目6个。继续抓好库站改造提升，完成了232座加油站微改造和6座油库隐患治理。

（吴树彬）

【实施美丽加油站工程】 2016年，河北石油分公司坚持“多快好省”，围绕内外环境、设施设备、服务行为“三友好”目标，充分调动各方面力量，利用100天时间，面向所有在营站点，结合微改造，集中开展了一场投入少、见效快的美丽加油站建设活动。共美化改造加油站1 661座，粉刷1 514座加油站墙面，整饬1 358座加油站地面。美化后的加油站，环境整洁，舒适温馨。

（吴树彬）

【信息技术进一步提升】 2016年，河北石油分公司适应经营管理发展需要，利用物联网、大数据，着力打造统一、高效、共享、智能化管理平台。“油惠通”微信公众号和手机APP上线运行，实现线上线下互动，丰富了营销服务手段。液位仪系统上线运行，实现库存、物流、销售数据的交互。搭建站级中控系统，打破财务、业务信息孤岛，为实现智能管理奠定了基础。同时，对500座加油站视频监控系统进行更新升级，满足了业务发展需要。全面推广运输电子铅封，试点地罐交接，实现加油站进销存全封闭管理，强化了质量管理，减少了油品损耗。

（吴树彬）

【挖潜增效深入推进】 2016年，河北石油分公司深化全员成本目标管理，完善省市县库站多维度指标考核体系，加强对标分析，定期通报。强化预算管理，实行量费联动机制，推动成本费用资源配置自主优化，将降本压费落到实处。吨油运行成本同比下降6%、管理销售运行成本下降15%，超额完成“双降”目标。加强油品密度和损耗管理，增效5 310万元。优化资源流向，严控不合理跨区配送，二次运费较预算节支1 774万元，减少651万元。积极争取土地税减免政策，为1 153座站点土地办理了减税手续，全年节支1 744万元。加大闲置资产盘活力度，实现资产处置、补偿和租赁收入7 033万元。

（吴树彬）

【基础管理扎实推进】 2016年，河北石油分公司坚持抓关键人、关键事，紧紧围绕加油站经营管理，开展加油站“两比两看两对应”竞赛，对加油站、片区的日常经营管理展开分组对标评价，全年共评选出优秀片区550个次，优秀县区公司经理275人次，有效调动了各级管理者工作积极性。开展以“三比三看三提升”为主题的“油库基础管理年”活动，梳理完善制度489项，规范了作业流程；开展现场规范化管理评比136次、应急演练2 880次，大力整治“低、老、坏”现象，排查整改问题5 683项；开展岗位练兵竞赛196次，从油库主任到普通员工全部参加了7个工种的比赛，通过周周练、月月比、季季赛，以赛促练，以赛促管，油库从基础管理、设备维护、库容库貌到员工的操作技能、精神状态都有了较大进步和改善，管理水平明显提升。

（吴树彬）

2016年9月1日，河北石油分公司开展油库岗位练兵竞赛

【企业改革持续推进】 2016年，河北石油分公司围绕土地房产规范重点，克服历史遗留问题多、时间紧、任务重诸多困难，加强与政府沟通协调，减少审批等待时间。全年共规范土地210宗、房产135宗。稳妥实施用工制度改革，个人公司委托管理加油站216座，依法规范调整用工5 853人，实现了平稳过渡。

（吴树彬）

【党建工作进一步加强】 2016年，河北石油分公司全面加强党建和思想政治工作。深入开展“两学一做”学习教育活动，通过学习研讨、知识竞赛、主题党课等活动，各级党员干部党性修养得到加强。贯彻落实集团公司“1 +7”党建制度，通过建立责任清单，签订党建工作责任书，分层分类明确责任，形成了工作合力。加强领导班子和干部人才队伍建设，完善干部管理制度，规范选人用人程序。成立“张景光工作室”，实施关键岗位人员轮岗培训，持续推进竞赛比武和技能鉴定工作，员工素质明显提升。在总部组织的决赛中，获得团体金牌 1 枚、个人金牌 4 枚、个人铜牌 2 枚。细化党委主体责任、纪委监督责任，推进纪委职能“三转”，加大监督执纪问责力度，妥善处理群众来信来访 56 件次，处理违纪违规员工 115 名，其中处级干部 7 名。深入贯彻落实中央“八项规定”精神，公务费同比下降 9%。强化业务公开监督，处理解决问题 136 个。

（吴树彬）

【“家文化”建设深入开展】 2016 年，河北石油分公司深入推进“家文化”建设，“五必谈五必访”“三个必须集体一起过”“走基层、访万家”等活动得到较好落实。投入资金 352 万元提升改造“五小”设施，员工工作生活环境得到进一步改善。积极推行员工帮助计划，打造“幸福快车”，架起企业与员工之间的连心网。坚持“真困难、真帮助”，发放帮扶救助金 1 919.45万元，救助各类困难人员 3 590 人次，促进了企业和谐稳定。

（吴树彬）

表 1　　河北石油分公司主要经营指标

指标名称＼年份	2016	2015	2014	2013	2012	2011
成品油销售总量/万吨	608.10	649.10	650.90	654.00	634.42	623.70
零售量	503.00	506.80	529.30	547.00	534.30	510.10
销售收入/亿元	334.90	379.22	494.11	510.80	506.65	480.00
利润/亿元	0.68	0.03	2.30	6.50	10.07	7.10
成品油吨油费用/元	367.00	368.00	358.40	373.00	338.00	322.00
加油站总数/座	1 796	1 796	1 825	1 825	2 034	2 034

山西石油分公司

【概况】 中国石化销售有限公司山西石油分公司（简称山西石油分公司）本部位于山西省太原市万柏林区大王路 8 号，前身为成立于 1951 年的中国石油公司太原支公司，1991 年改为山西省石油总公司，1998 年整体上划集团公司，2000 年 10 月重组改制为中国石油化工股份有限公司山西石油分公司，2014 年按照中国石化油品销售系统改革重组安排，更名为中国石化销售有限公司山西石油分公司。

山西石油分公司为中国石化在山西唯一的、也是全省最大的成品油销售企业，承担着成品油资源配置、供应的主要任务，主营汽油、柴油、煤油、润滑油、燃料油及非油品业务。

山西石油分公司下辖 11 个市分公司、135 个县（区）公司，截至 2016 年底，用工总量 8 146 人，共有在用油库 14 座，在营加油站 1 373 座，非油品便利店 908 座，资产总额 77.71 亿元。

山西石油分公司主要经营指标见表 1。

（邓俊伟）

【领导班子调整】 2016 年 12 月 28 日，集团公司在太原召开山西石油分公司领导班子扩大会，宣布对山西公司领导班子进行调整。山西石油分公司新一届领导班子由董光明、陈亚军、徐福斌、郝润明、马建祥、徐光 6 人组成。

（邓俊伟）

【统筹协作巩固市场】 2016 年，山西省成品油市场资源过剩，价格竞争更趋激烈，山西石油分公司积极调整经营思路、力拓市场空间，持续强化经营部门统筹协作和资源市场协同运作。在资源配置方面，坚持市场导向，优化进销衔接，按照多销多采的资源策略，主动争取政策支持，努力优化资源结构，全力降低资源成本；同时，按照有利于经营创效的原则，合理安排到货分销库和配送加油站，积极推进密度营销，严格落实低库存运作，加强资源摆布，把握库存低限，全面优化物流体系，有效降低物流成本，形成常态化的资源降本增效、密度创效和降费增效运行机制。在经营管理方面，强化“以客户为中心”的经营理念，深入开展“多卖一吨油”销售竞赛活动，紧盯市场变化，灵活组织营销，积极开展“油非互促”“点对点”竞争、小额配送和IC卡营销，抢抓客户资源，全力扩大销量，通过综合发挥国企品牌、油品数质量和个性化售后服务等比较优势，不断提升顾客忠诚度，巩固老客户、开发新客户，有效巩固了市场份额。

（邓俊伟）

【防治结合确保安全】 2016年，山西石油分公司坚持预防为主、防治结合，全力以赴确保安全。一方面，严格落实安全生产责任制，推行实施“一把手安全生产承诺制”和“领导干部定点承包挂牌制”，全面强化安全生产执纪问责，确保安全生产责任到人、落实到位。另一方面，不断加强安全生产监督检查和安全隐患排查治理，加大对现场作业、设施设备和承包、承运商监督管理，查“三违”，强“三基”，大力开展隐患排查、综合治理，全面防治安全风险。持续强化企业安全文化建设，加大员工安全知识技能培训，构建应急预案演练常态化机制，以人为本，筑牢安全发展防火墙，实现企业本质安全。

（邓俊伟）

【强化“三基”工作】 2016年，山西石油分公司落实从严从细内在要求，以加强“三基”工作为基础，筑牢企业发展基石。坚持“聚焦一线、面向现场，聚焦客户、面向市场”的导向，落实基层“三项建设”、基础工作“十项制度”、基本功“六项培训”，抓基层，打基础，强化基本功训练，做到宁要一个过得硬，不要九十九个过得去。抓好基层建设，积极创建学习型库、站、店，大力推广6S现场管理，推动库站等一线工作规范化、标准化，使基层工作过得硬，抓得牢。加强基础管理，按照“有岗必有责，上岗必担责”的要求，进一步落实岗位责任制，解决省市公司职能定位、部门职责事权划分、岗位责任落实等问题；突出制度建设，重新组织了对制度的梳理完善和优化整合，推动制度落实，维护了制度的严肃性和权威性。强化基本功训练，充分发挥远程教育培训和基层员工培训体系的作用，分级分类做好全员培训工作，组织技能鉴定、竞赛比武和岗位练兵，提升全员素质水平。

（邓俊伟）

【与建设银行山西省分行签署战略合作协议】 2016年8月18日，山西石油分公司与建设银行山西省分行签署战略合作协议，双方在客户、网点资源共享、商品服务供应以及交叉营销等方面开展深入合作，通过在加油站自助终端及柜面网点开设、ETC业务办理、非油商品线上销售、办公用品采购、个人消费信贷等方面探索新型战略合作模式，实现资源共享、优势互补，提升双方在各自领域的核心竞争力。

（邓俊伟）

【首座充电站投入运营】 2016年9月10日，山西石油分公司首座新能源汽车充电站——太原南海街充电站投入运营。该站位于太原市迎泽区南海街7号，占地1 050平方米，配备充电桩30个及54平方米司机休息室，可同时满足30辆电动汽车充电。该充电站的投营是山西石油分公司在太原市政府2016年计划完成3万辆电动汽车推广任务的大背景下，培育新兴接替产业的一次有益尝试。同时，也满足了市区部分车辆的充电需求。

（邓俊伟）

2016年9月10日，山西石油分公司首座
新能源汽车充电站——太原南海街充电站投入运营

【推动“政府干部入企服务”工作】 山西省自2016年9月上旬开始，选派万名干部，组建省入企服务小组，重点对全省3 545家规模以上工业企业开展入企服务，山西石油分公司作为此次活动重点服务企业。山西石油分公司做好“三个到位”，用足政府帮扶举措，一是对接到位。针对活动进行周密部署，制定详细工作方案。服务小组进驻企业后，广大干部职工采取电话联系、邀请工作组参与部门例会、联合开展实地考察及市场调研等方式与工作组全方位对

接。二是建议到位。陪同服务工作组深入基层一线，采取现场调研、座谈交流、实地走访、问卷调查等形式，真实反映企业的基本情况和亟待解决的问题，重点就企业的投资发展规划提出合理建议。与入企干部共同分析探讨制约企业经营发展的因素，积极提出解决问题的合理建议。三是联动到位。认真填制《企业困难清单》《企业发展规划》《企业诉求》。同时本着一文一事的原则，就落实加油站还建政策、增设万柏林区加油站建设规划、利用企业自有闲置土地新建充电综合服务站等事项起草申请。

（邓俊伟）

【加强与机场合作】 2016 年 11 月，山西石油分公司深化与山西运城机场非油品合作，充分发挥自身的管理优势、服务特色。经过多次商洽，最终达成协议，将易捷卓玛泉作为航班定点用水，年增营业额上百万元。同时，在机场候机服务大厅设置了中国石化产品销售专柜，销售中国石化特色产品和当地名优土特产品。

（邓俊伟）

【党群工作深入推进】 2016 年，山西石油分公司党委强化责任担当，积极推进党的建设，充分发挥国企政治优势，为企业提质增效升级提供坚实政治保障。认真开展“两学一做”学习教育，全面落实党建工作“一岗双责”，切实抓好党风廉政建设“两个责任”落实，坚持防腐倡廉机制，坚持不懈纠正“四风”。结合实际开展“四个一”主题实践活动，进一步增强了党员的党性意识，改进了工作作风，密切了党群干群关系。深入推进“家文化”建设，调动员工积极性，增强企业凝聚力。

（邓俊伟）

表 1　　山西石油分公司主要经营指标

指标名称＼年份	2016	2015	2014	2013	2012	2011
成品油销售总量/万吨	409.92	479.87	485.81	482.67	496.11	495.82
零售量	282.06	300.03	333.46	359.85	380.99	359.29
销售收入 /亿元	224.11	269.33	359.24	374.00	399.37	400.33
利润/亿元	−2.78	−3.53	0.63	5.10	8.64	6.00
吨油费用/元	417.00	331.00	356.00	388.00	341.00	313.00
在营加油站总数/座	1 373	1 380	1 369	1 347	1 426	1 483

上海石油分公司

【概况】 中国石化销售有限公司上海石油分公司（简称上海石油分公司）位于上海市黄浦区中山东一路 24 号甲。其前身是成立于 1953 年 10 月的中国石油公司上海分公司，1998 年 9 月整体划转集团公司；2000 年 2 月按照集团公司整体重组、主辅分离和改制上市的要求，组建成立上市分公司；2014 年 5 月，中国石油化工股份有限公司上海石油分公司正式变更为中国石化销售有限公司上海石油分公司。

上海石油分公司是上海市成品油市场供应主渠道，主要从事汽柴油、天然气和液化气的零售、批发、直销配送、仓储业务以及非油品销售业务。

截至 2016 年底，上海石油分公司共设有 15 个综合管理部门、2 个专业中心和 6 个分公司。拥有员工 4 625 人，其中合同制员工 3 396 人、其他用工 1 229 人。拥有在营油库 4 座，总库容 64.41 万立方米；在营加油站 587 座。

2016 年，上海石油分公司完成经营总量 503.20 万吨、增长 3.5%，销售成品油 502.74 万吨、增长 3.5%，其中零售 418.06 万吨、增长 8.4%，直销 75.75 万吨、减少 7%。非油品业务实现营业额 10.19 亿元，增长 24.7%。报表利润 12.5 亿元，增加 18.1%。多项指标创历史新高。

上海石油分公司主要经营指标见表 1。

（徐　珏）

【领导班子调整】 2016年，集团公司党组对上海石油分公司领导班子进行了调整。6月，聘任夏凤梧、李瑛为上海石油分公司副总经理。12月，决定左兴凯为上海石油有限责任公司工会主席（兼）；张莺任中共上海石油有限责任公司委员会副书记（仍任纪委书记）。调整后上海石油分公司领导班子由左兴凯、聂时榜、王登梯、张莺、夏凤梧、李瑛组成。

（徐 珏）

【采销联动提升创效能力】 2016年，上海石油分公司优化资源配置，逐步完善成品油外采询比价管理办法，努力实现多销多采。全年外采113.4万吨，同比增长49.4%；外采降本17.1亿元，增长110%。同时优化物流运行，提高配送效率。全年油库吞吐量1 380.82万吨，增幅6.6%；成品油配送总量423.25万吨，增幅7.96%；金闵线管输量142.6万吨。

（徐 珏）

【差异化经营取得实效】 2016年，上海石油分公司分别采取稳价增量创效、“一站一策”“点对点”让价、“油非互动”“限时让价”、延长营业时间等竞争策略，有效遏制了竞争对手低价竞争态势，稳定了市场份额，71座汽油让价站的92#汽油全年销量较让价前增幅达99.7%，11座营业时间延长站全年实现销量增幅50.7%。

（徐 珏）

【98#汽油体验式营销效果显著】 2016年，上海石油分公司抓住上海地区中高档车辆保有量迅猛增长的势头，积极改善汽油经营品种结构，精心策划98#汽油专项营销活动，扩大销售规模。通过微信“四连发”预热，完善供应网点布局、加油站现场微改造、员工现场推介等多种营销手段，培育了98#汽油高端市场，提高了高附加值产品销售比重。全年共完成98#汽油销售5.94万吨，增长141%；98#汽油网点达143座，增加97座，增幅32.17%。

（徐 珏）

【实现LNG销售零突破】 2016年，上海石油分公司积极推进3座LNG加气站投营，有针对性开展“气非互动”营销活动，LNG销售359.01万立方米，单站销量119.67万立方米，实现了LNG销售零突破。9月29日，上海石油分公司与申能（集团）有限公司举行LNG合资合作签约仪式。

（徐 珏）

上海石油分公司与申能（集团）有限公司举行LNG合资合作签约仪式

【直分销规模稳定扩大】 2016年，上海石油分公司以市场为导向，积极开拓直分销市场。开展客户分类分级管理、走访维护、“驻家服务”等多种形式，全年开发新客户282家。全力开发汽油直分销客户，新增汽油直分销客户11家，销售汽油3.78万吨，增幅94.5%。

（徐 珏）

【多种经营模式推进业务发展】 2016年，上海石油分公司积极培育核心产品，实施精准营销，实现量效增长。微信支付业务在全部441座便利店实现全覆盖，实现微信支付销售收入2 594万元；累计注册会员130.49万人；灵活运用“加柴油，送好礼”等多种油非互动方式，拉动门店销售额2.06亿元；深化与银行、保险、邮政等各大企业间合作营销，实现双方客户资源的共享融合；借助加油卡消费大平台，逐步将第三方竞争领域拓展至保险、租车行业，实现跨界合作；积极推广卓玛泉、燃油宝等总部重点商品和地方特色商品，全年实现重点商品销售额2.06亿元，同比增幅87.3%。10月10日，上海石油分公司首座易捷体验店开业。

（徐 珏）

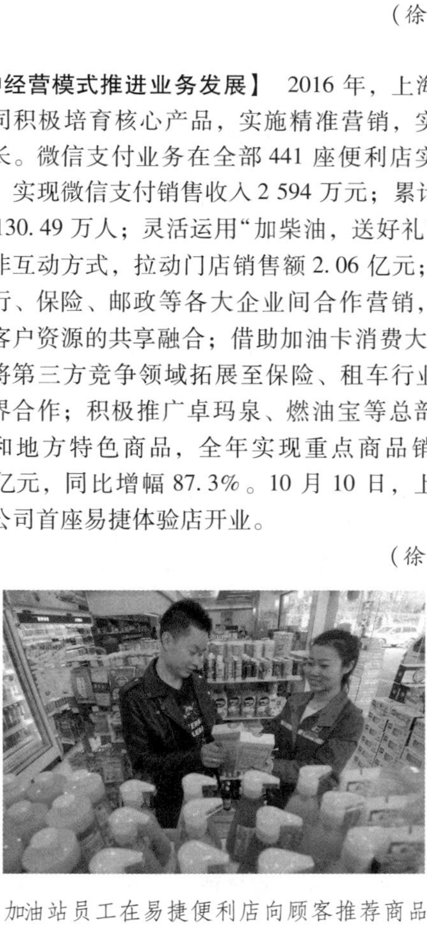

加油站员工在易捷便利店向顾客推荐商品

【稳定销售网络】 2016年，上海石油分公司积极探索企地合作模式，与相关区政府签订企地合作框架协议，已确定10座加油站合资合作意向；与虹口、松江等区政府以及申能、城投、世博等国有企业签订6个框架协议，开展油非气全方位合作；加强与政府相关部门协调，通过原地缩建、规划调整等各种措施，保留了徐汇润宜、浦东张江等6座加油站，同时延缓了高虹等3座加油站动迁时间，为稳量增量提供了网点保障。稳步推进新能源发展，确保龙东等3座加气站投营；全年完成固定资产投资2亿元，完成加油站及易捷站外店改造58座；完成闵行油库总分库电子围栏改造等安全隐患整改项目8项；完成柴油尾气处理液装卸中转平台、油库和中央仓北库改造项目11项。

（徐　珏）

【HSE管理全面深化】 2016年，上海石油分公司认真宣贯集团公司安全管理手册，全面落实安全生产责任制和集团公司“7+1”规定，确保直接作业环节受控；督察大队对站库进行全覆盖督察；积极开展HSE、加油机及油气回收设备等培训；从业人员职业病体检率达100%。进一步完善设备管理，初步建立加油(气)站重点设备基础档案，实施加油机主动运维，开展年度设备大检查。编制《加油站油气回收系统手册》，修订《油气回收设备管理办法》，落实油库挥发性有机物(VOCs)减排措施，完成G20峰会期间空气质量保障任务。

（徐　珏）

【数质量管控有效加强】 2016年，上海石油分公司在销售系统内建立并推行石油产品质量责任制，对11个数质量管理制度进行修订，将计量测量体系有机融合到质量管理体系。对接卸油、电子锁等环节实施全流程跟踪监督，接卸油操作规范率达到98%；对加油站1 940个油罐容积进行重新标定，零售损耗率从0.12%下降到0.01%。认真开展油品出入库检验，对不合格外采油坚决进行退货处理，确保油品质量合格。在上海市质量技术监督局加油机计量准确度暗访及各级油品质量监督抽检中，油品计量质量合格率均达100%。

（徐　珏）

【财务价值管理作用有效发挥】 2016年，上海石油分公司强化全面预算管理，加大预算的刚性执行力度，充分发挥全面预算管理在创效方面的重要作用；加大财务与业务的深度融合，开展对标分析，持续推进全员成本目标管理，有效管控成本费用支出；注重现金流管理，加快资金回笼，强化联营站资金集中管理，提升资金结算效率及安全性；加强税收筹划，全年节约税费2 294万元；强化资产管理，加快处理低效、无效资产，提升资产创效能力；加强股权投资管理，全年收回投资收益1.23亿元。

（徐　珏）

【内部管理能力进一步提升】 2016年，上海石油分公司出台“权力清单”，制定“负面清单”；完善招标制度，精简工作流程，规范工作程序，打造“公开透明、公平竞争、公正诚信、廉洁高效”的招标机制。评选“一线工作法”，总结提炼20项典型经验做法和成果；推进改善经营管理建议工作，受理建议73项。处理华翔路、青村等联营加油站纠纷45起，维护公司合法权益；制定“七五”普法规划，举办普法讲座，开展宪法日宣誓活动，推动新一轮普法工作有序进行。完成物流中心原经理离任经济责任审计、加油站投资项目后评价等12项审计项目及专项调查，完成工程结算审计项目298项，减少支出917.43万元。

（徐　珏）

【企业信息化建设全力推进】 2016年，上海石油分公司完成ERP大集中、液位仪深化应用、加油站视频监控、实物资产系统、智能管线等信息项目建设，获得集团公司“两化”深度融合优秀实践单位和2015年度ERP示范企业称号。

（徐　珏）

【首次获标杆企业称号】 2016年，上海石油分公司结合企业经营实际，不断优化“比学赶帮超”工作考评办法，有效激发员工积极性，营造良好工作氛围。共评选出公司季度红旗16面、年度红旗6面，获得销售公司月(季)度红旗31面，在销售企业排名第一；获得利润、党建等年度先进红旗9面，成品油资源进步红旗1面，个人标兵5人，首次获得销售企业年度标杆企业称号。

（徐　珏）

【持续推进改革】 2016年，上海石油分公司对各分公司开展竞争性整合，原有10个分公司实施竞争性重组成立6个区域分公司，配强配齐主要负责人，并按照责权利相匹配的原则简政放权，建立了运转高效、富有活力的体制机制。加油站委托管理释放改革红利，具体做法受到集团公司肯定；完善考核激励办法，结合企业实际，突出重点，分层分类进行考核。

全面开展竞争上岗，开展公司历史上首次主管及主管以下员工竞聘上岗工作，共涉及管理岗位387个、专业技术岗位2个；开展加油站站长竞聘上岗工作，涉及岗位265个；完善内退、待岗分配等配套措施多渠道分流富余人员，拓宽了选人用人渠道；依法规范完成2 457名劳务派遣制用工调整工作。

（徐　珏）

【企业文化建设得到加强】 2016年，上海石油分公司顶层设计三年企业文化滚动建设规划，举办以“弘扬清风正气、锻造魅力气质”为主题的首届文化艺术节，提炼出“志引领、求共赢，勇担当、敢碰硬，勤务实、善创新，讲规矩、有底蕴”上海石油气质表述语，形成了员工共同的价值追求和行为规范；举办“两个从严”“作风建设永远在路上”“全面从严治党我先行”“践行‘两学一做’，展示党员风采”4个论坛以及海派文化讲座，组织开展“我与上海石油”摄影与征文，深入进行形势任务教育；坚持开门办企业，每月举办“中国石化公众开放日”活动；积极参与上海市经济和信息化工作委员会党委、上海市文明办联合开展的“油你精彩”加油站同创共建文明行业系列活动，有23座站入围“我最喜爱的加油站”社会公众评选前30名；持续开展“为环卫工人送温暖”志愿者服务。

（徐　珏）

【第2次党代会召开】 2016年1月21日，中国共产党上海石油有限责任公司第2次代表大会召开。会议听取和审议了上一届党委工作报告和纪委工作报告。选举产生新一届党的委员会和纪律检查委员会。集团公司党组向大会发来贺电。上海市经济和信息化工作委员会党委副书记张锡平出席会议并致贺词。左兴凯、聂时榜、王登梯、张莺、夏凤梧当选为第2届党委委员，左兴凯当选为党委书记，聂时榜当选为党委副书记；张莺、蒋永明、孙哲峰、沈军华、高拥民当选为第2届纪委委员，张莺当选为纪委书记，蒋永明当选为纪委副书记。

（徐　珏）

【党建工作扎实开展】 2016年，上海石油分公司突出“基础在学”，抓住“关键在做”，研究制定“两学一做”实施方案和工作运行表，召开会议进行动员部署，成立协调推进领导小组和5个督导小组，从严从实抓学习教育。组织所属基层党组织按照党章要求，全面进行换届工作；严格排查党员组织关系，对失联党员进行规范处置；严格规范党费收缴标准，开展党费收缴专项检查和清算补交工作；组织开展党代表和党员违纪违法未予处理情况排查清理。

（徐　珏）

【党风廉政建设切实加强】 2016年，上海石油分公司制定党委主体责任和纪委监督责任清单，签订《党风廉政责任书》29份、《廉洁从业承诺书》62份；领导班子成员分别与分管领域25个部门和基层单位、33位负责人进行党风廉政建设约谈；公司纪委向公司党委专题汇报公司系统党风廉政建设情况；加强日常监督，强化执纪查处力度，对信访举报和审计中发现的问题从严问责；突出重点领域和关键环节监督，立项开展效能监察8项，公开业务信息6.4万余条，涉及合同金额114.5亿元。

（徐　珏）

【群众组织作用充分发挥】 2016年，上海石油分公司坚持全心全意依靠职工办企业，重新签订集体合同，大力开展“安康杯”劳动保护竞赛和“多卖一瓶燃油宝”“高品号汽油销售”等小指标竞赛，扎实开展“走基层、访万家”活动，完善困难职工7道帮扶保障线，连续11年获全国“安康杯”竞赛优胜企业称号。召开共青团中国石化销售有限公司上海石油分公司第13次代表大会并进行换届选举，深入开展“走基层、访青年、寻找最美青工”“活力易捷·我们的创行动”“青春勇挑重担·责任成就梦想”“青字号”等主题品牌创建活动，精心设计打造文化主题加油站，获1个全国青安岗集体称号。积极开展离退休老同志“三看”和读书活动，认真落实离退休老干部“两项待遇”。

（徐　珏）

表1　　上海石油分公司主要经营指标①

年份 指标名称	2016	2015	2014	2013	2012	2011
成品油销售总量/万吨	503.20	486.21	459.04	448.18	451.02	450.42
零售量	418.06	385.54	361.39	351.92	349.13	334.05

续表

年份 指标名称	2016	2015	2014	2013	2012	2011
销售收入/亿元	302.40	300.65	359.64	364.18	374.01	367.74
利润/亿元	12.50	10.59	7.00	7.30	10.24	10.60
吨油费用/元	312.00	277.00	286.00	307.00	270.00	254.00
资产总额/亿元	135.73	124.61	113.34	103.78	98.06	99.52
在营加油站总数/座	587	583	583	585	581	581
在营油库数量/座	4	4	5	5	5	5

①2011—2013 年加油站总数(在营)数据有修正

江苏石油分公司

【概况】 中国石化销售有限公司江苏石油分公司(简称江苏石油分公司)位于江苏省南京市中山北路 395 号，主营油品销售。前身是 1953 年成立的中国石油公司江苏分公司，1997 年加入中国东联集团有限公司，1998 年整体划转中国石油化工集团公司。

江苏石油分公司下设南京、无锡、徐州、常州、苏州、南通、连云港、淮安、宿迁、盐城、扬州、泰州、镇江、江阴 14 个区域分公司。2004 年，在江苏苏州与壳牌合资组建了中国第 1 家经国务院批准的从事成品油零售业务的中外合资公司——中石化壳牌(江苏)石油销售有限公司。

截至 2016 年末，江苏石油分公司拥有总资产 256 亿元，在营加油站达 2 363 座，在营油库 25 座，成品油管线 1 070 千米；累计各类用工总数 20 057 人，其中在岗正式工 3 047 人。设立 16 个二级党委，党员总数 3 267 人。

江苏石油分公司主要经营指标见表 1。

(及　非)

【超额完成全年目标任务】 2016 年，江苏石油分公司全年实现成品油经营量 1 459.9 万吨，同比增长 8.1%，其中零售 1 197.1 万吨、增长 5.3%，直分销 262.8 万吨、增长 23%。非油品销售收入 48.9 亿元，增长 86%。天然气销量 2.2 亿立方米，增长 41%。实现利润 33.2 亿元，增长 38.2%。吨油费用 267 元。资产租赁收益 4 512 万元。

(及　非)

【资源创效能力大幅提升】 2016 年，江苏石油分公司坚持零售以稳为主、以竞促合，直批灵活切换、灵敏应对，精准切换推价引领、贴近市场两种模式，充分运用汽油多销多采政策，提升经营质量，全年汽油创效 42.5 亿元。适度抽紧省内资源，稳定市场价格。外采量增长 66.1%，降本 55 亿元。

(及　非)

【油气零售业务大幅增长】 2016 年，江苏石油分公司做实一站一策，干道突出营销、提升加满率，城区突出服务、提升通过率，乡镇突出特色、提升回头率，水上突出灵活、提升定点率，成品油零售增幅高于主要竞争对手 10 个百分点。气站突出个性、提升进站率，加强气非互动，抢夺竞争客户，争取流动客户；拓展加气卡、快餐等延伸服务，提升进站率、加满率，加气卡消费比重 95% 以上，天然气零售量 1.53 亿立方米、增长 6.5%。

(及　非)

【加油卡竞争力有效提升】 2016 年，江苏石油分公司“线上线下”互动、“油非卡气”交叉营销，积极利用第三方资源，扎实开展加油卡进机关、进企业、进社区、进部队、进车展“五进”活动，加油卡在用个人客户数同比增长 50%，汽油持卡消费量增加 30%。

(及　非)

【直分销客户群有效拓展】 2016 年，江苏石油分公司以量为基础、价为关键、效为核心，实施中小客户要抢、招标客户要稳、分销市场要占、宏观运作要准、微观操作要活策略，推行“一户一价”，直分销市场份额提升 12 个百分点。全年新开发终端客户 3 784 户，占销量比重 21%。实现了小客户保效益、大客户保份额，中小客户毛利贡献率达 70%。

(及　非)

【非油品经营跨越发展】 2016年，江苏石油分公司创新发展模式，锻造专业队伍，突出重点商品，推动门店建设，非油品销售规模稳居销售系统前列。全年百万元门店净增加412个。燃油宝销售2亿元、同比增长27.5%，销售尾气处理液2.3万吨、增长251%。

（及 非）

【微商城全面上线运行】 2016年，江苏石油分公司员工个人开设微店13 881个，微信公众号会员95.5万个，其中商城会员超过52万个，绑卡率15%，线上销售1.8亿元；推行微信支付，“粉丝”数量407万个。

（及 非）

【天然气业务批零并举】 2016年，江苏石油分公司天然气业务计划完成率和零售量位居销售系统第一。突出终端销售，试行现场定价，提升单站加气量，天然气零售量1.53亿立方米，增长6.5%。扩大批发业务，实现LNG批发量4.5万吨，CNG批发量76万立方米。加强成本控制，实行供应商优胜劣汰，保持采销价差空间，全年天然气毛利1.8亿元，增长20%。

（及 非）

【销售网络发展多元并进】 2016年，江苏石油分公司年末在营站净增117座，位居销售板块第一。全年新增开业加油站57座，80%位于城区等重点区域。抓住政策机遇，成功解决11个历史遗留问题。完成到期、临期续租加油站65座，未发生因拆迁而停业项目。加大储运网络挖潜，调库容结构、增管输比例。优化营业时间，24小时站净增528座。创新“他有我营”“他有我管”思路，输出管理、输出品牌，新增轻资产站94座。优化加气网络，90座在营气站“LNG成线、CNG成片”。

（及 非）

【用工优化成效显著】 2016年，江苏石油分公司人均经营量同比增长20%、人均利润增长53%。优化考核分配机制，对零售工效挂钩实行“切块”管理，建立“联量、联效”计酬为主的薪酬分配机制，有效激发基层活力。薪酬向基层一线倾斜，油站员工人均收入增长25%，基层员工工作积极性、主动性显著提升。

（及 非）

【比学活动激发活力】 2016年，江苏石油分公司蝉联销售板块标杆企业称号。将“比学赶帮超”与“三年奋斗目标”有机结合，瞄准第一、对标先进，建立了省—地—片区—油站四级贯通，涵盖销量、费用、利润、发展、管理、党建6类、23个单项的对标考核体系，夺得总部14项年度红旗，红旗数名列销售板块省市公司第一。

（及 非）

【安全生产平稳】 2016年，江苏石油分公司重获集团公司安全生产先进单位称号。成立经营、仓储、基建、信息、综合等专业分委会，建立覆盖每个生产单元的岗位责任制体系，修订轻资产安全设备管理等19项安全环保制度。排查出中等以上风险91项，按照“四定管理”要求配套隐患和风险管控措施。完成73项总部下达年度隐患治理项目，确保本质安全。全年HSE工作总体平稳，未发生上报集团公司等级责任事故。

（及 非）

【降本增效成效明显】 2016年，江苏石油分公司降本增效11.1亿元。开展非油品采购、物流运费、资源外采等效能监察，完善招标采购管理，强化工程审计，严抠细挖降本增效环节，严控采购、运费、损溢、用工等重点成本，剔除外采创效因素，全年实现降本3.13亿元，完成年度目标183%。同口径吨油生产运行成本降低4%，管理运行成本降低7.3%。

（及 非）

【数质量管理持续加强】 2016年，江苏石油分公司深化液位仪应用、落实地罐交接、电子铅封、油气回收等工作，进货损耗率下降0.014%，综合损耗率下降0.087%，综合损耗量减少8 104吨，增效2 511万元。回收汽油6 970吨，形成经济效益近6 140万元，油气回收率提高0.7个万分点。油品质量监督抽检合格率100%。

（及 非）

【党建工作保障有力】 2016年，江苏石油分公司年度党建考核列销售系统第一。完善党建制度体系，制定《关于落实全面从严治党要求进一步加强党建工作的实施细则》等15个文件制度。1 134名党员分别与1 553座加油站进行挂钩联系，确保党的组织和工作在加油站“全覆盖”。小站改革中103名党员带头参与，其中63名党员带头承包。

（及 非）

表 1　　江苏石油分公司主要经营指标

指标名称＼年份	2016	2015	2014	2013	2012	2011	2010
成品油销售总量/万吨	1 459.90	1 350.80	1 317.10	1 286.10	1 196.70	1 053.10	1 085.00
零售量	1 197.10	1 137.10	1 109.60	1 087.40	1 022.70	960.00	817.00
销售收入/亿元	861.00	837.00	1 014.00	1 019.13	958.89	898.36	742.41
利润/亿元	38.00	24.00	19.20	20.00	25.60	22.06	19.20
吨油费用/元	267.00	264.00	265.00	272.00	247.00	234.00	208.00
加油站总数/座	2 363	2 227	2 209	2 223	2192	2136	2091

浙江石油分公司

【概况】 中国石化销售有限公司浙江石油分公司(简称浙江石油分公司)前身为建于 1950 年的中国石油公司杭州支公司。1985 年成立中国石油化工销售公司浙江省石油公司。1990 年更名为浙江省石油总公司。1998 年 8 月与省内各地(市)、县石油公司成建制划转中国石油化工集团公司。2000 年 4 月更名为中国石油化工股份有限公司浙江石油分公司。2014 年 5 月更名为中国石化销售有限公司浙江石油分公司。

浙江石油分公司主要经营成品油、天然气及其他化工产品，兼营加油站便利店非油品、洗车和餐饮等，是浙江省内最大的成品油销售企业。本部位于浙江省杭州市河坊街 58 号，截至 2016 年底，设 17 个职能处室、3 个专业中心和 3 个直属单位，下辖 12 家分公司和 2 家合资公司，从业人员 21 778 人，其中委托经营公司员工 10 227 人。有定位油库 26 座，油罐容量 156.8 万立方米；铁路专用线 7 条，油库码头 18 座，各类加油站等终端网点 2 078 座，在营率 98.3%，其中加气站 74 座，全部在营。资产总额 247.05 亿元。已建成运营镇海炼化经宁波至杭州成品油输送管道 241 千米，上海石化经浙江嘉兴至湖州成品油输送管道 177 千米，宁波经绍兴、金华至衢州成品油输送管道 376 千米，合计长度 794 千米。

2016 年，浙江石油分公司营业收入 863.98 亿元，报表利润 34 亿元，居中国石化销售系统内第一。在“两学一做”的活动中，浙江石油分公司继承和发扬“团结、担当、务实、创新”的企业精神，深入调研、集思广益、细化措施，连续第 7 年获销售公司标杆企业称号，连续第 19 年获集团公司安全生产先进单位称号，在集团公司大党建考核中名列前茅。

浙江石油分公司主要经营指标见表 1。

(陈章寿)

【绩效创新高】 2016 年，浙江石油分公司广大干部员工面对 G20 峰会在杭州召开的有利时机，紧紧围绕总部工作部署，严守政治责任，着眼整体创效和综合优化，外促合力，内挖潜力，打好精心经营、精准营销、精细挖潜“三张牌”。全年销售成品油 1 509.5 万吨，同比增长 1.2%。分结构：零售 1 151.8万吨，减少 1.7%；直分销 357.7 万吨，增长 11.9%。分品种：汽油 810.9 万吨，增长 13%；柴油 549.8 万吨，减少 11%。实现非油品交易额 26.9 亿元，增长 26.7%。销售天然气 1.98 亿立方米，增长 33.5%。实现报表利润总额 34 亿元，继续居销售公司系统第一。考核口径吨油费用 265 元。

(陈章寿)

【完成汽柴油国Ⅴ升级】 2016 年 3 月底，浙江石油分公司顺利完成汽油、柴油升级国Ⅴ的任务。由于受资源多、价差大、柴油品质分化等影响，成品油市场受到社会经营户等严重冲击，造成浙江石油分公司柴油销售量明显下跌。浙江石油分公司把经营工作放在“国企为国、在浙兴浙”和“集团公司产业链价值最大化”上，以“品牌为重、守土尽责”为目标，坚定不移推行国Ⅴ车用柴油全封闭运行。全年车用柴油占比达 84.7%，远远高于销售公司系统内的平均值。相比普通柴油，为生产企业贡献效益 480 元/吨。

(陈章寿)

【打击成品油非法经营】 2016 年，为应对省内社会经营户等对成品油销售市场份额的侵占，浙江石油分公司抓住G20峰会在杭州召开的契机，专题向中共浙江省委汇报，并获得支持。浙江省有关部门据此联合打击社会上的成品油非法经营户，净化竞争环境，实现浙江石油分公司量、效回流，其中柴油日销量从打击前的1.5万吨回升到打击后的1.7万吨。市场价格止跌企稳。

（陈章寿）

【巩固企地合作】 浙江石油分公司在做好企地合作项目审核把关的同时，依照各分公司所辖企地合作项目的需要分别建立相应的台账。至年底，12家分公司有企地合作公司62家，其中浙江石油分公司占50%股份及以上的有53家、占50%股份以下的有9家，注册资本出资额为7.1亿元。62家企地合作公司完成在营或在建加油（气）站135座，其中投营的98座、开工建设的19座、取得土地的18座。

（陈章寿）

【外采成品油创效】 2016年，浙江石油分公司坚持以销定采、以采促销、多销多采、多采增效的经营思路，一手抓紧盯市场、差异营销、一站一策、提量改造，以扩销为外采争取空间；一手抓分析行情、把握节奏、选择渠道、优化流向，以外采为销售争取竞争优势。全年外采成品油364.2万吨，同比增长48%，比上年多创效27亿元。

（陈章寿）

【灵活调控销售价格】 浙江石油分公司根据国际油价走势、外采成本及资源进销等情况，实施阶段性控制价格，灵活把握销售节奏。全年调整ERP销售指导价30次，其中最多的1个月调6次。通过“微信”向地（市）分公司下达调价指令约50次，实现汽油直分销357.7万吨，增长11.9%。面对系统外社会加油站等零售价格不到位率近60%以及省际之间价差巨大造成客户流失的局面，不简单跟随，努力做深做细市场跟踪与监测。利用ERP每月开展加油卡流失客户分析，将省内、省际竞争对手站按区域划分，落实地（市）分公司“竞争油站监控群”，建立从省公司到加油站的信息联动机制。在“大数据”支撑下，有针对性地开展点对点竞争，使加油站油品销售价格不到位率牢牢控制在月均10%的范围内。

（陈章寿）

【完善汽柴油经营策略】 浙江石油分公司把汽油销售作为创效的重点，推进经营设施“柴改汽”。全年增加汽油销售油枪689把，新增汽油罐容量1万立方米（其中加油站罐容3 000立方米），实现汽油销量810.9万吨，同比增长13%点。把柴油销售作为稳量的重点，商业客户中心与零售管理中心等部门密切配合，跟踪、争取自建储油罐的客户，使客户回流352家。

（陈章寿）

【做大98#汽油销量】 浙江石油分公司高度重视98#汽油销售业务，主动对标系统内江苏、广东等同类分公司，加快布点，加大宣传，加强考核。至2016年底，98#汽油供应网点已达857座，比年初增加792座，占陆上在营网点的46%。98#汽油销售量逐月攀升，其中12月达3万吨，比1月增长24倍，占汽油销售比达4.9%，实现了到年底月销量突破2.5万吨的经营目标。

（陈章寿）

【坚持差异化经营】 浙江石油分公司针对水上机械用油市场逐步劣质化趋势，发挥轻质燃料油差异化定价优势，利用人无我有的资源和储运条件，多渠道开拓内河和陆上大功率机械用油市场。为适应海上船用燃料油质量的标准要求，主动推出RMA－10和RMB－30船用燃料油，在规避政策风险的同时，提高资源创效能力。把握其他柴油进销节奏，平衡柴油库存结构，为后续经营留出空间。全年销售其他柴油79.2万吨，实现价差收入1.43亿元。

（陈章寿）

【实行“一站一策”精准营销】 浙江石油分公司针对市场复杂化、竞争白热化、客户多元化趋势，安排1 312座加油站实行“一站一策”营销方案。在竞争特别激烈的区域，对不同客户开展限时优惠、油非互促和积分换油的组合营销。利用ERP系统建立五大营销模型。全年油非互促持卡客户电子券兑换率同比提高14%，带动非油品销售额8.8亿元。通过梳理和盘活加油卡历史积分，带动成品油销量58万吨。通过跨界合作，吸引第三方营销投入超过1 000万元。全年增发加油卡252万张。至2016年底，有效加油卡发卡量达1 329万张，超过浙江人口总数的1/5。

（陈章寿）

【优化非油品商品结构】 浙江石油分公司通过优化商品结构和做大核心商品两个手段，提高非油品经营毛利，全年基础品类毛利率达19.3%。主抓饮料、食品、百货、汽车服务 4 种毛利水平较高的服务项目。该 4 类服务销售额占比达 51%，在销售公司系统同类公司中居于首位。全年 4 类核心商品的毛利额达 1.48 亿元，占非油品毛利总额的 1/3。积极做大核心商品。全年清净剂、卓玛泉销售规模居销售公司系统第一，鸥露纸销售规模居销售公司系统第二，尾气处理液销售规模居销售公司系统第三。

（陈章寿）

【实现营销网络提质增效】 2016 年，浙江石油分公司面对加油站外延发展成本奇高的现实，成立网点提量改造专项小组，全年实地调研 282 站次，制定 2 年 52 座站的扩容计划，其中 2016 年已完成 31 座；552 座加油站完成不同程度的微改造。道口、车道整改 123 站次，管线布局调整 95 站次，油罐扩容 13 站次，更新加油机 129 站次，新增加油枪 356 把。年内新建加油站 37 座、加气站 10 座，至年底在营加油站网点为 2 078 座（其中加气站 74 座）。宁波—绍兴—金华—衢州的成品油输送管道及沿线 3 座配套油库完成各专项验收，绍兴—杭州、龙游—常山成品油输送管道全线投产，诸暨—桐庐成品油输送管道全线贯通，宁波—台州—温州成品油输送管道基本贯通。桐庐等油库建设稳步推进。

（陈章寿）

【确保 G20 峰会安全用油】 2016 年，浙江石油分公司开展“四不两直”检查 1 089 次、整改各类问题 8 078个；与地方政府开展联合应急演练 107 次，完善“150 千米半径、2 小时内到位”的应急救援指挥体系；峰会期间连续 12 天实行 24 小时远程实时监控，视频抽查加油站 20 021 座次、油库 1 102 座次、油罐车 5 670 车次。克服 G20 峰会所造成的交通不便，采取“两定三统一”的数质量管控模式，确保油品 100% 合格量足。

（陈章寿）

【确保油品质优量足】 2016 年，浙江石油分公司评估加油枪 145 856 枪次，更换加油机 184 台、计量器 406 台、主板 280 台、脉冲器 217 台，调整计量器 2 305台次，使无风险和可控风险加油机占比达 97%。检验不合格及卡标油品 29 批、7.54 万吨，其中调和 25 批、6.04 万吨、退货 4 批、1.50 万吨。

（陈章寿）

【强化政务信息】 2016 年，浙江石油分公司强化调研职能，全年收集各类政务信息 343 条，发布《动态信息》42 期；紧跟工作重点，发挥信息专报短平快特性；借助微信提高信息发布效率。整理 57 篇调研日志、15 篇调研报告；收集和整理 173 条基层反映的问题、188 项基层反映的意见，形成 10 条建议供领导参考。编写《会议组织与公务接待手册》供分公司参照。

（陈章寿）

【推进“三基”管理】 2016 年，浙江石油分公司开展“三基”工作巡礼系列工作。精心挑选杭州、宁波、温州、嘉兴、绍兴、省零售等在“三基”方面做得有特色的 6 家公司，挖掘亮点，传承经验。鼓励各级员工开动脑筋，为企业经营管理提出改进建议。全年收到建议 1 587 条，受理 1 491 条，各分公司评审出一等奖 29 条、二等奖 32 条、三等奖 118 条、参与奖 479 条，省公司评审出二等奖 8 条、三等奖 13 条、参与奖 26 条。累计实施 217 条建议，向销售公司上报优秀建议 35 条。

（陈章寿）

【提升合规管理水平】 2016 年，浙江石油分公司加强法律审查，共审核合同 12 373 份，金额约 245 亿元。合同签订率、送审率和审核率达 100%。平均每个合同待办处理时间从年初的 3.3 天缩短为 1.3 天，全省公司系统的合同备案率、履行率和终结率分别达 95%、91% 和 99%，均高于全系统的平均水平，其中履行率和终结率均居销售公司前三。全年共出具专题法律风险提示 14 份，内容涉及新颁布法律法规对公司具体运营的影响、经营管理中发现的典型法律风险等。

（陈章寿）

【抓实审计工作】 2016 年，浙江石油分公司实施项目审计 1 166 项，其中工程结算审计 1 157 项、管理效益审计及其他常规审计项目 9 项（出具审计报告 21 份）；提出审计意见和建议 280 条，增收节支 3 111 万元。在集团公司举办的 2016 年审计法规制度业务竞赛中获团体一等奖以及个人金奖、银奖、铜奖各 1 名的好成绩。

（陈章寿）

【做好地产经营工作】 2016 年，浙江石油分公司出租房屋资产 427 项，面积 18.62 万平方米，全年租金收入约 5 790 万元。办理无证土地权证 6 宗，面积 1.28 万平方米；盘活待用土地 8 宗，面积 4.72 万平方米；处置置换土地 7 宗，面积 6.43 万平方米，处置收益6 291.28万元；减免土地使用税费997万元。全省公司系统列入评估范围的土地资产859宗，已变更到销售公司名下689宗，完成80.21%；全省公司系统列入评估范围的房屋资产1 421项，已变更到销售公司名下1 334项，占93.88%。

（陈章寿）

【加强党组织建设】 2016年，浙江石油分公司党委中心组学习研讨15个主题，党委成员从“两学一做”“十八届六中全会”“国有企业党建工作会议精神解读”等多个方面结合实际做专题发言。各级党组织书记带头上党课，全面开展党员“微党课”，利用党员大会、支部会议等平台，全面开展学习交流。先后下发《2016年党委及党委委员工作清单》等文件，完善党委会制度、党建专题会议制度、党群部门例会制度、党组织负责人定期约谈制度。根据集团公司党建要点和党建工作制度“1+7”文件，出台浙江石油分公司党建工作制度“1+3”文件。制定《浙江石油分公司领导干部“一岗双责”管理办法》《浙江石油分公司党委成员参加双重组织生活会的规定》，明确省、分两级公司领导班子中的党委成员抓党建的具体任务和工作标准，形成“一岗双责”运行机制。公司党委就党风廉洁建设工作的制度贯彻落实约谈分公司党委书记和纪委书记，使工作扎实有效开展。进一步完善党员量化考核、党员发展测度体系。开展党员组织关系排查，完成自2008年以来全省石油公司系统党员的接转关系、失联党员的全面梳理，对无回执的385名党员进行回访。3 817名党员填写了《中国共产党党员基本情况登记表》。签订《党风廉洁建设责任书》172份。各级党委一年内2次听取纪委汇报。全省石油公司系统召开党委会议听取党风廉洁建设和反腐败工作25次，召开党风廉洁建设联席会议30次。针对集团公司党组巡视反馈的5个方面15项问题，梳理出38个具体问题并制定整改措施71项，已完成整改33项。组织开展反腐倡廉教育活动173次，重点对党纪党规、党内新的准则条例进行宣贯，对集团公司内部违反“八项规定”精神的案例进行剖析。全年提出监察建议70条，下发《效能监察建议书》42份，建章立制3项。

（陈章寿）

【优化干部队伍结构】 2016年，浙江石油分公司修订和完善《浙江石油领导班子和领导人员管理暂行规定》等5项选人用人和干部监督工作制度，制定《浙江石油“三重一大”决策制度实施办法》及领导班子会和党委会议事规则。充实5家分公司的领导班子成员，提拔3名副处级及以上干部。9名处级干部在省、分公司之间及省公司部门之间进行交流。

（陈章寿）

【推进用工制度改革】 2016年底，浙江石油分公司委托经营加油站1 240座，占在营加油站总数的59.67%；成立375家委托公司，其中受托管理3座及以下加油站的委托公司231家，占61.6%。委托公司有员工10 227人。重新制定加油站用工增补审批制度，对合同制用工实行分级申报、逐级审批。

（陈章寿）

【加强职工教育培训】 2016年，浙江石油分公司举办各类培训班1 645期，培训32 852人次。其中，省公司举办50期，培训2 132人次；地市公司举办182期，培训5 460人次；举办基层员工培训班1 413期，培训25 260人次。全省石油公司系统员工在中国石化远程培训系统中培训的总课时数达253 867小时，学习总人数达3 730人。重点抓好经营管理骨干科级人员轮训、青年员工骨干培训、新员工入职培训，做好“远航”“扬帆”“起航”3个精品培训项目。持续抓好加油站操作员、油品储运调和工、油品分析工、油品计量工4个工种的高级工和技师人员培训。职业技能鉴定获证人数占技能操作人员总数的65.81%。参加集团公司和销售公司等组织的各类竞赛和比武活动，并取得良好成绩。其中，获集团公司审计法规制度业务竞赛团体一等奖；获互联网移动应用专业业务竞赛团体三等奖；获销售公司职业技能竞赛综合团体第1名；获浙江省技术监督局计量比武团体第2名，个人获得5金、3银、4铜。

（陈章寿）

【做好宣传工作】 2016年，浙江石油分公司在11个地、市举办了15场公开宣传活动，300余位民众参与。在集团公司企业文化2016版纲要基础上，经过综合提炼，形成了具有浙江石油分公司特色的“团结、担当、务实、创新”文化理念，编撰了《浙江石油企业文化》初稿。

（陈章寿）

表 1　　浙江石油分公司主要经营指标

指标名称＼年份	2016	2015	2014	2013	2012
成品油销售总量/万吨	1 509. 50	1 491. 60	1 483. 00	1 415. 00	1 321. 30
零售量	1 151. 80	1 172. 00	1 164. 00	1 109. 00	1 019. 60
报表利润/亿元	34. 00	30. 06	27. 50	29. 30	33. 86
吨油费用/元	265. 00	256. 00	244. 00	252. 00	249. 00
加油站总数/座	2 078	2 076	2 071	2 062	2 039

安徽石油分公司

【概况】 中国石化销售有限公司安徽石油分公司(简称安徽石油分公司)前身是中国石油公司安徽支公司，成立于1952年，1998年6月成建制划转集团公司，2000年改制重组为中国石油化工股份有限公司安徽石油分公司，2014年重组为中国石化销售有限公司安徽石油分公司，本部位于安徽省合肥市。主营汽油、柴油、天然气和非油品业务，兼营油库及加油站的设计，以及经营润滑油、汽车清洗服务等多种业务，是安徽省内最大的成品油销售企业。

截至2016年底，安徽石油分公司下设13个管理部门、4个专业中心，下辖16个市级分公司，有高速石化等合资公司；用工总量6 652人，其中合同制员工4 844人；总资产108.62亿元，资产负债率42.49%；在营油库18座，库容总量57.2万立方米；铁路专用线12条，总长14.29千米；接卸油码头5座；在营加油站1 370座；在营便利店1 140座。

2016年，安徽石油分公司经营总量600万吨，其中成品油经营量592.59万吨，天然气8 246万立方米。成品油零售量472.72万吨，直销批发量119.87万吨。销售收入337.94亿元，吨油费用326元，报表利润9.39亿元。

安徽石油分公司主要经营指标见表1。

(邢大金)

【主要领导班子成员调整】 2016年1月，柴志明任安徽石油分公司总经理、党委副书记。2016年4月，集团公司董事长、党组书记王玉普等领导到安徽石油分公司调研时，柴志明在汇报中提出安徽石油分公司发展目标，即当期经营力争各项指标在销售系统均衡靠前，确保完成党组赋予的目标任务；长远要打牢基础、加快转型、提质增效，追求企业可持续发展。

(邢大金)

【企业实现安全平稳运行】 2016年，安徽石油分公司认真贯彻集团公司安全会议精神和《安全管理手册》，严格落实安全生产责任制，增强安全风险识别，狠抓薄弱环节管理，开展隐患排查整治，加强承包商、承运商及施工作业安全督察，强化环保监管，严格外采油品检测，落实计量监督，全年未发生上报等级安全环保、数质量事故，获得集团公司安全生产先进、质量工作先进单位。加强资源调度，优化二次物流配送，保障了安庆石化延长检修及春节、国庆等特殊时期的油品供应。强化责任，落实措施，5座新建油库安全投产，安合二期管道顺利投营，被集团公司评为优质工程。

(邢大金)

【经营实现量效“双增长”】 2016年，安徽石油分公司切实增强市场竞争意识，统筹经营全局；努力做到“超前预判、超前决策、超前行动”，准确把握外采时机，降低天然气进货价格；加强与中油、中储及高速集团的合作，精准实施各类营销政策，抓住市场机遇，努力扩销增效，取得较好的业绩。全年完成油气经营总量600万吨，增长1%；销售天然气8 246万立方米，增长14.6%；完成报表利润9.39亿元，增加2.73亿元，经营实现量效“双增长”。

(邢大金)

【零售量保持较好增长】 2016年，安徽石油分公司抓实节假日及季节性营销，有效开展充值返利、积分兑换、油非互促等活动，细化措施，做细经营，提升服务，扩大汽油销售规模，打造柴油增量领头站，零售量保持较好增长。全年实现零售量472.72万吨，增长2.7%。其中，自营机出零售量386.1万吨，增长4%，区内排名第四。实现汽油零售量269.8万吨，增长12.3%，区内排名第三。

(邢大金)

【非油品实现量利“双突破”】 2016年，安徽石油分公司坚定发展非油品业务的信心和决心，积极转变干部员工观念，凝聚推动非油品发展的共识，营造全员营销氛围，非油业务取得明显进步。全年实现非油品交易额11.9亿元，毛利额1.18亿元，非油品实现量利“双突破”。

（邢大全）

【重点商品销量增长】 2016年，安徽石油分公司实施精准营销，全力推动重点商品销售，全年销售重点商品2亿元，增长77.7%，增幅全系统排名第二；其中核心商品9 691万元，增长119%，增幅全系统排名第一；销售卓玛泉3 526万元，规模全系统排名第六。加快布局尾气处理液市场，成功进驻江淮汽车，合肥、宣城等公司投营加注站29座，月销售量达100吨。

（邢大全）

【新业态发展取得新成效】 2016年，安徽石油分公司积极发展新业态，在合肥、六安、芜湖等地市公司引进地方品牌餐饮、超市、汽车销售等业态，综合平台建设取得初步成效。在六安市区加油东站，成功打造了安徽石油第1座具有先进理念、多业态融合的综合服务体，为在全省系统推广积累了实践经验。

（邢大全）

安徽六安市区加油东站综合服务体夜景

【销售网络建设取得新进展】 2016年，安徽石油分公司牢固树立“守土有责、寸土必争”理念，增强忧患意识，坚守责任担当，网络建设取得新进展。全年新发展加油站42座，获取土地35宗，新增投营44座，恢复营业26座。推动与地方政府、国有企业等开展合资合作，达成合作意向10个，其中4个获销售公司批复。积极尝试“他有我营(管)”和短期租赁，安庆、马鞍山2家公司共落实4个项目。拿出专项费用增加基础投入，按照“拆改留建”的工作思路，完善加油站、便利店服务功能，改善油库、机关办公楼的硬件环境，提升了品牌形象。

（邢大全）

【高速网络优势得到巩固提升】 2016年，安徽石油分公司面对安徽省交通控股集团决定将新建成的24对(48座)高速服务区加油站公开对外招租的情况，高度重视，积极调动各方资源，加强与安徽省政府、高速集团的沟通协调，成功将新建成的24对(48座)高速服务区加油站纳入高速石化合资公司经营，为整体经营格局的稳定奠定了坚实基础。截至年底，安徽石油分公司拥有高速服务区加油站182座，占有率97%，占有率和绝对数分列销售系统第2位和第3位。

（邢大全）

【企业内生动力持续增强】 2016年，安徽石油分公司采取完善绩效考核体系、推进县公司改革、加强干部队伍建设等措施，切实增强了企业的内生动力。完善市公司绩效考核指标体系，强化考核结果分析，从“业绩指标”“工作状态”“客户和员工的满意度”3个维度综合评价地市公司，“抓两头，促中间”，营造了学先进、争先进的干事氛围。推进县公司体制调整，恢复机构，落实人员，明确职责，强化县公司整体功能，激发了县公司工作活力。树立正确的用人导向，根据工作需要、报总部审批，适当延期使用到龄内退干部，加强市公司班子建设，开展中青年骨干培训，设置处长助理，解决长期借调用人，既激发了老职工的干劲，又调动了年轻人的积极性。

（邢大全）

【内部管理基础持续夯实】 2016年，安徽石油分公司推动财务由传统核算向价值管理转变，要求财务积极参与经营、投资等方面决策，做到事前算赢、事后总结分析，发挥了财务管理的核心作用。加快信息化步伐，积极推进视频监控、液位仪应用、微信平台、ERP大集中等项目，提升信息化水平，信息安全工作被集团公司评为A类企业。加强内控和依法合规管理，严格监督检查，加大内部审计，有效防范各类风险。持续开展教育培训、竞赛比武、技能鉴定等工作，全年开展各类培训4.1万人次，高级工及技师以上人员超过1 700人，在总部竞赛比武中获得5金、3铜和1个团体金牌、1个团体第3名的历史最好成绩。

（邢大全）

【党建工作开展扎实有效】 2016年，安徽石油分公司认真学习贯彻习近平总书记在全国国有企业党的建设工作会议上的讲话精神和集团公司党建工作会议精神，落实双向进入、交叉任职的领导体制，坚持围绕中心抓党建、抓好党建促发展，党政相互支持、相互配合，各级党员干部保持了想干事、干成事、不出事的工作热情。扎实开展“两学一做”学习教育，坚持把学习教育与经营管理结合起来，注重查摆和解决工作中的实际问题和困难，以工作业绩检验学习成果，学习成效显著。严格落实从严治党“两个责任”和领导干部“一岗双责”，聚焦主责主业，加强业务公开网上巡视和效能监察，推进廉洁文化建设，增强党员干部纪律意识、底线意识、红线意识，营造了遵章守纪、风清气正的政治生态。

（邢大金）

【抗洪抢险工作获政府表扬】 2016 年 6 月下旬至 7 月中旬，安徽全省强降雨不断，汛情远超 1998 年，淮河以南的大部分地市公司不同程度受灾，安庆、池州、马鞍山 3 座油库积水最高达 1 米，一度威胁到正常发油，全省有 94 座加油站中断供油。面对严重的汛情，安徽石油分公司成立抗洪抢险领导小组，启动防汛保供应急机制，全力组织和落实各项防控措施，汛期全省无飘罐、无重大损失、无人员伤亡。广大员工坚守奋战在抗洪抢险一线，采取得力措施，以最快速度恢复生产经营，保障了社会生产生活及抗洪救灾用油，获得地方政府的肯定和表扬。

（邢大金）

表 1　　安徽石油分公司主要经营指标

指标名称＼年份	2016	2015	2014	2013	2012	2011
成品油销售总量/万吨	592.59	587.54	560.03	534.73	500.64	466.98
零售量	472.72	459.66	446.33	411.89	369.55	335.60
销售收入/亿元	337.94	350.00	422.00	414.00	392.00	360.00
报表利润/亿元	9.39	6.66	9.66	8.91	12.02	9.84
吨油费用/元	326.00	294.00	297.00	314.00	293.00	270.00
加油站总数/座	1 566	1 512	1 511	1 796	1 760	1 683

福建石油分公司

【概况】 中国石化销售有限公司福建石油分公司（简称福建石油分公司）的前身为福建省石油总公司，成立于 1952 年 10 月 13 日。1998 年 7 月成建制划归集团公司。2000 年 3 月，重组为中国石油化工股份有限公司福建石油分公司。2007 年 7 月 24 日，成品油业务划入由中国石化和埃克森美孚、沙特阿美合资成立的中石化森美（福建）石油有限公司（简称中石化森美公司）。2014 年 6 月，中国石化销售业务重组，中国石油化工股份有限公司福建石油分公司更名为中国石化销售有限公司福建石油分公司。

截至 2016 年底，福建石油分公司设有 9 个职能处室、2 个专业中心和 2 个项目部，下辖 9 个市分公司及厦门市鹭甬石油化工有限公司。中石化森美公司设有 12 个职能处室、4 个专业中心及 9 个地市分公司。福建石油分公司和中石化森美公司（合称福建石油）用工总量 11 103 人、在营加油站 1 059 座、油库 16 座、成品油管道 326 千米、资产总额 121.23 亿元。

福建石油分公司主要经营指标见表 1。

（张若虞　王阳生）

【领导班子调整】 2016 年 4 月 26 日，经集团公司党组研究决定，由原浙江石油副总经理丁春生接替郝国强出任福建石油分公司总经理，全面领导福建石油经营管理各项工作。

（张若虞）

【经济效益大幅提升】 2016 年，福建石油坚持稳中求进的工作总基调，围绕“保安全、防风险；抢终端、夺市场；提质量、增效益；推改革、促发展”等重点工作，保效、保量、保市场，提质增效、转型升级，共销售成品油 512.36 万吨，利润总额 16.54 亿元，同比增长 61%；其中中石化森美公司利润

14.84亿元，增长189.8%。

（张若虞）

【销售网络发展稳步推进】 2016年，福建石油紧紧围绕“盘活存量、加快增量、努力稳量”的目标，优化工作机制，创新发展思路，加快零售网络发展，全年共新增网点24座，较上年增幅近1倍。

（张若虞）

【安全生产总体平稳】 2016年，福建石油始终坚持安全为先的理念，以“零缺陷、零违章、零事故”为目标，强化安全生产红线意识，努力实现安全生产。安全生产态势总体平稳，无上报等级事故，承运商车辆百万千米事故率为零，安全工作获得集团公司表彰，被福建省政府评为2016年度安全生产目标责任制考核优秀单位。连续15年获评集团公司安全生产先进单位。

（张若虞）

【积极开展抗台风抢险工作】 2016年三季度，超强台风“尼伯特”“莫兰蒂”“鲇鱼”相继正面登陆福建。福建石油以保障员工人身安全为首要目标，严格落实抗台防汛措施，事前及时排险、事中主动避险、事后积极救援，无人员伤亡，未发生安全环保及数质量事故。受损的油库、管道2天内实现正常运作；受灾的405座次站点3天内复营率达75%，5天内复营率达99%。灾后积极保供、救援工作受到省委、省政府充分肯定，厦门市政府送来感谢锦旗。2016年10月，福建石油召开抗台抢险表彰会，对来自基层的30余名先进个人进行了表彰。

（张若虞）

积极开展抗台风抢险工作

【完善经营管理体制】 2016年7月，福建石油组织对中石化森美公司实施体制完善工作，通过打破专业条线限制，重新定位省、市公司权责，建立起“以块为主、条块结合”的管理体制，全面恢复地市分公司，激发了经营管理活力。在完善体制过程中，省公司职能部门遵循“放权不放责”原则，确保完善经营管理体制工作平稳过渡。至2016年底，9个地市分公司组织框架已搭建，班子分工均已重新调整，5个县域公司试点工作有序推进，体制完善工作进展顺利、运营平稳，有机整体的协同效应逐步显现。

（张若虞）

【全面实施国Ⅴ车用汽柴油质量标准】 2016年1月1日，福建石油在营加油站全面完成油品升级置换工作，率先在福建省内供应国Ⅴ车用汽、柴油。

（王阳生）

【省公司机关员工基层挂职】 2016年10月，针对中石化森美公司基层薄弱的突出问题，福建石油下发省级管理人员下基层培养型锻炼和提高型锻炼的方案，开启了精简机构、优化用工的探索之路。鼓励年轻员工“面向基层、走进一线”，发挥才干，锻炼自身，既能实现省市两级的交流融合，又能较好地充实地市分公司的经营管理力量。有20名年轻员工参与第1批基层挂职锻炼。

（张若虞 王阳生）

【配合政府净化市场环境】 2016年，福建石油牵头协调福建中石油、中化等单位，积极与省级政府相关职能部门共同推进海上打私，推动省政府下文开展市场整顿活动；同时发动地市分公司积极为地方政府提供非法窝点和非法营运车辆的线索，引导地方政府在高速公路“堵源头”，组织公安、工商、质检等部门联合执法“除地配”，借助媒体舆论“造声势”，完善沟通联络机制“保长效”。共配合省内执法部门查处走私和非法经营成品油案件234起，查扣非法运油车辆211辆、非法流动加油车46辆、非法自建油罐97个、黑窝点79处、非法油船43艘、涉案人员1 100余人，其中仅南平就一次性抓获36辆运输走私油品油罐车，缴获油品1 117吨，创全省内陆地区打击走私成品油数量之最。活动集中开展的8月，福建石油经营总量环比提高6.5%，零售量环比增长0.4%，在查扣力度较大的地市，柴油销量止跌回升。

（张若虞 王阳生）

【党风廉洁建设取得成效】 2016年，福建石油持续抓好党章和“准则”“条例”的学习贯彻，举办中层干部知识竞答，以赛促学，强化红线意识；完善党员干部“一岗双责”考核监督机制，定期召开党建和党风廉政建设工作例会，分析存在问题，研究整改措施；充分运用监督执纪“四种形态”，坚持抓早抓小，定期约谈中层领导干部、地市分公司领导班子成员，开展重要岗位人员建档和约谈工作，共约谈中层干部、重点岗位人员 35 名；聚焦春节、国庆、中秋等重要节假日开展廉情监控，规范信访举报处置，加大违纪违法行为的查处力度。组织签订党风廉洁建设责任书 509 份，对领导人员落实党风廉洁建设“一岗双责”情况进行登记背书；制定地市分公司纪委书记主要履职责任清单；开展地市分公司党委考核和党组织书记抓党建工作述职评议，不断促进履职尽责和廉洁从业。

（张若虞）

【党建工作制度体系不断健全】 2016 年，福建石油党建工作紧密联系实际，深入开展“两学一做”学习教育，着力打造“四讲四有”合格党员队伍，党员干部“四种意识”明显增强，党员队伍整体素质得到提升，各级党组织在服务中心、服务大局中有效发挥作用。严格落实党建工作责任制，制定《福建石油党委关于进一步加强企业党建工作十项措施》等“1 + 5 + N”项制度，促进党建工作整体水平提升。稳步推进基层党组织建设，县级片区党支部 100% 实现“三地”建设目标；印发《基层党务工作操作规范》，理顺党务工作流程。着力抓好员工思想引领，强化形势任务教育，建立员工群众和党员队伍思想状况分析机制；围绕经营重点难点，把“两学一做”学习教育与提升“家文化”内涵和质量建设、提量增效、改善服务质量等紧密结合，开展片区销量竞赛、“党员身边无违章，提质增效我先行”等主题活动，受到干部员工客户的广泛好评；积极做好和谐稳定工作，开展各级干部“走基层、访万家”活动，充分发挥群团组织纽带作用，为实现企业持续健康发展提供良好环境。

（张若虞）

表 1　　福建石油分公司主要经营指标①

指标名称 \ 年份	2016	2015	2014	2013	2012	2011
成品油销售总量/万吨	512.36	598.05	599.67	585.21	577.87	567.10
零售量	394.10	461.61	463.43	455.95	438.00	427.90
销售收入/亿元	302.37	366.62	480.61	465.95	449.68	429.73
利润/亿元	16.54	10.28	16.40	15.85	15.57	23.22
费用总额/亿元	18.16	18.53	18.36	16.31	14.54	14.80
吨油费用/元	353.00	299.00	285.00	269.00	252.00	261.00
加油站总数/座	1 059	1 056	1 038	1 002	958	910

①合并后的数据去除中石化森美公司和福建石油分公司重复计算部分

江西石油分公司

【概况】 中国石化销售有限公司江西石油分公司(简称江西石油分公司)前身为江西省石油总公司，成立于 1950 年 10 月，是江西省专营成品油的国有大型企业，1998 年 10 月成建制划转中国石油化工集团公司。非上市部分于 2007 年 4 月转制为中国石化集团资产经营管理有限公司江西石油分公司，由股份公司托管。2014 年 5 月，按照改革重组安排，中国石油化工股份有限公司江西石油分公司更名为中国石化销售有限公司江西石油分公司。

江西石油分公司主营成品油销售、储运及便利店等非油品业务，是江西省成品油供应主渠道。截至 2016 年底，下辖 12 个市级分公司、1 个石油技校（销售公司培训基地）、2 个全资子公司、99 个县（区）分公司，实行省、市二级分公司管理。在营加油加气站 1 303 座，油库 15 座、总库容量 56.6 万立方米。资产总额 102 亿元。净资产 54 亿元。

江西石油分公司主要经营指标见表 1。

（刘　阳）

【连续第 4 年获“比学赶帮超”工作优秀组织奖】 2016 年，江西石油分公司围绕年度工作总体思路，以“一降一控，两提高”（降费用、控成本，提高自营机出零售量、提高车柴及高标号汽油零售量）为抓手，经受住了严峻的市场考验，较好完成了总部下达的各项任务，实现“三确保”目标，连续第4年获销售企业“比学赶帮超”工作优秀组织奖。

（刘 阳）

【实现保增长、保效益和保员工薪酬】 江西石油分公司以问题为导向，积极转变观念，以进攻态势拓展市场，尤其是在最后3个月时间里，咬住目标不放松，在完成年初既定的5.5亿元效益目标基础上，完成销售公司追加下达的5 000万元任务。全年实现报表利润6.05亿元，同比增加2.03亿元。彻底消化了历史遗留至2016年的1.5亿元库存潜亏包袱，全年实际利润超过10亿元，获得利润年度进步红旗。在全系统力保全年薪酬不降的大环境下，薪酬超过预期。全年实现经营总量580.8万吨（包括轻燃0.1万吨），增长0.1%（剔除轻燃）。零售量477.5万吨，其中机出零售量464.7万吨，完成销售公司下达的机出零售任务，零售比重82.2%。汽油零售增长11.7%，排名销售企业区内省市前列。直分销103.3万吨，增长11.4%（剔除轻燃）。非油品销售12.5亿元，增长32.7%。天然气经营量1 629万立方米，增长12.1%。全年净增在营站29座，排名销售企业前列。

（刘 阳）

【获新业务拓展年度先进红旗】 江西石油分公司加快新兴业务开发，全年开发56座汽服网点，排名区内销售企业第三。开发74座太平保险业务网点，8座快餐网点、24个站便利店广告灯箱以及8个站电子信息屏广告，获得新业务拓展年度先进红旗。推进便利店专业化运营管理，突出卓玛泉、尾气处理液、燃油宝等自有品牌销售，全年重点商品营业额2.12亿元，增长36.8%，占便利店营业额的18.4%。推进油非互促常态化和电子化，发放电子券7 541万元，带动销售额3.02亿元。建设推广“江西石油”微信营销平台，关注人数规模突破150万人，注册会员97万名，绑卡会员达到14.79万名。非油品交易额持续高速增长，全年达到12.5亿元，增长32.7%。经营规模2年翻了一番。

（刘 阳）

【扩大营销网络增量优势】 江西石油分公司坚持低成本发展营销网络，积极探索“融入地方、借势发展、合作共赢”的发展新模式。全力推动集团公司与省政府新协议和座谈会议纪要落地。与江西省发改委沟通协调，在加气网点规划、建设、经营等方面获得明确支持。与赣州市政府签署战略合作框架协议，并就成立合资公司初步达成一致意见。与南昌市政府就合资合作基本达成一致意见。与江西高投集团组建合资公司，明确纳入合资公司的高速站达66座（33对），其中包括新增高速路段的44座（22对）。与南昌铁路局初步拟定战略合作意向书。以管道三期建设宜春枯桐岭油库迁址为契机，实现“以1换15”，累计节约新增建设用地成本2亿元以上。高质量推进项目建设，全年新发展加油（气）站40座，投营17座，取得建设用地9宗，成功阻止挂牌11宗。强化工程预决算管理，各类项目共审减5 585万元，审减率11.25%。管道二期项目全线投油，获2016年度中国石油化工集团公司优质工程奖。

（刘 阳）

【持续保持安全生产和绿色低碳环保】 江西石油分公司强化安全首位意识，倡导安全基本价值观，推动全员安全生产行为转变。大力宣贯安全管理手册，落实安全生产主体责任。组织开展安全生产风险识别，制定防范和整改措施。深入开展“我为安全做诊断”活动，全年各级人员提出诊断建议48 130条，采纳率23.4%，人均参与率90%。全面推进“隐患攻坚战”，共投入资金3 363万元，完成隐患治理项目86项、“碧水蓝天”项目3项。配齐组织机构与队伍，在全省各地市设立专（兼）职安全总监，成立专职安全督察中队并配备专职人员，累计督察4 790次，发现问题18 736条，整改率92%，辞退违规违纪人员67人。强化承包商安全监管，严格实行承包商准入，对考评排名靠后的实行末尾淘汰。重点部位和直接作业环节实行全过程、不间断视频监控，覆盖全省所有油库、921座加油站。

（刘 阳）

【提升综合管理水平】 江西石油分公司以“对标年”活动为契机，建立省市县三级对标体系，细化对标措施，落实跟踪机制，与先进企业和主要竞争对手对标找差距的氛围已初步形成。以利润考核为重点，加强省市两级考核，强化考核结果运用，考核结果与评优评先等相结合。加强县区公司经理队伍建设，将地市公司部分职能、权限和工作下移至县区公司，做到“责、权、利”匹配。全面推广联量计酬升油工资制，打破“大锅饭”分配机制，激发员工扩销稳量积极性，挖掘扩销稳量潜能。扩大加油站委托管理，新增204座委托站。开展新一轮加油站定点帮扶，让“机关服务基层、管理服务经营”理念落地。承办销售企业计量比武决赛，取得1金、1铜。深化用工制度改革，在销售企业率先完成调整用工形式工作。选取昌北油库和金昌加油站，推行库站现场7S标准化管理试点。完成1 214座加油站液位仪系统联调上线，排名销售企业第四。

（刘　阳）

【推进全员成本目标管理】 2016年，江西石油分公司持续深入降费用、控成本，发生商流费用19.95亿元，比预算节约0.89亿元。严格落实计量交接管理规定，一次进货综合损溢率、零售环节综合损耗率分别下降3.3和2.7个万分点，全年降耗5 620吨。统筹优化物流运输，努力由保障型物流向效益型物流转变。调整库容结构，满足98#汽油经营需求。运杂费比预算节约0.33亿元，争取总部利润返还0.51亿元，加大外采资源水路上岸节约1.3亿元。获得物流运行年度进步红旗。开展各类审计项目300个，促进增收节支0.24亿元。物资设备及服务实现100%网上公开招标，物资采购的资金平均节约率达30%。

（刘　阳）

【党建经营深度融合】 江西石油分公司落实全面从严治党要求，深入学习集团公司党建“1+7”制度，并结合实际制定江西石油党建“1+5”制度。召开中共中国石化集团江西石油总公司第1次代表大会，规范完成江西石油党委换届工作。抓实党建思想政治工作和党风廉洁建设“一岗双责”，做法被销售公司党委评为优秀党建案例。坚持中心组集体学、领导干部讲专题党课领学、普通党员轮流上微党课互动学、以学促做相结合，扎实推进“两学一做”学习教育，在华中片区会上做了经验介绍。广泛开展“学习先进、力促经营”活动，层层开展“做四讲四有党员、当提量增效先锋”微党课比赛，有效激发了党员先锋意识。选树先进基层党组织和优秀党员，组织全体党员向身边的优秀共产党员学习。坚持做好支部目标管理考核，开展基层党支部、“一区一岗”创建，其中宜春袁州党支部、南昌青云谱党支部分别获得集团公司、江西省直工委基层党支部示范点称号。围绕中心，广泛开展形势任务教育。落实总部“开门办企业、开放办企业”要求，举办“中国石化江西希望学校大学生暑期社会实践”活动，传播了企业社会责任。聚焦中心做好新闻宣传，在系统内外媒体上刊稿5 173篇，增加32%，排名销售企业第一，未出现重大负面舆情。开展“致敬一线，让爱回家”活动。在省市县公司三级层面开展“走基层、访万家”活动，走、访进度双双超过50%。以“走基层、访青年、寻最美青工”活动为主线，围绕经营，扎实开展好各项工作。按照“真困难、真帮助”原则，精准帮扶、主动帮扶、延伸帮扶，增强了员工凝聚力。重视发挥关工委作用，深入推进“为党的事业增添正能量”活动，成效显著。再次被集团公司党建考核为A档，在销售公司党建考核排名第三，获得销售公司党建红旗。

（刘　阳）

南昌石油公司设立党员先锋岗　（陈　佳　摄）

表1　江西石油分公司主要经营指标

指标名称＼年份	2016	2015	2014	2013	2012	2011	2010
成品油销售总量/万吨	580.80	590.30	586.50	546.60	500.50	452.00	408.60
零售量	477.50	487.40	487.50	465.00	421.00	379.00	307.20
销售收入/亿元	333.00	400.40	445.00	428.00	400.00	350.00	279.00
报表利润/亿元	6.05	4.02	6.88	7.02	9.10	7.90	5.80
吨油费用/元	343.00	329.00	340.00	356.00	326.00	316.00	328.00
加油站总数/座	1 406	1 384	1 401	1 429	1 390	1 364	1 145

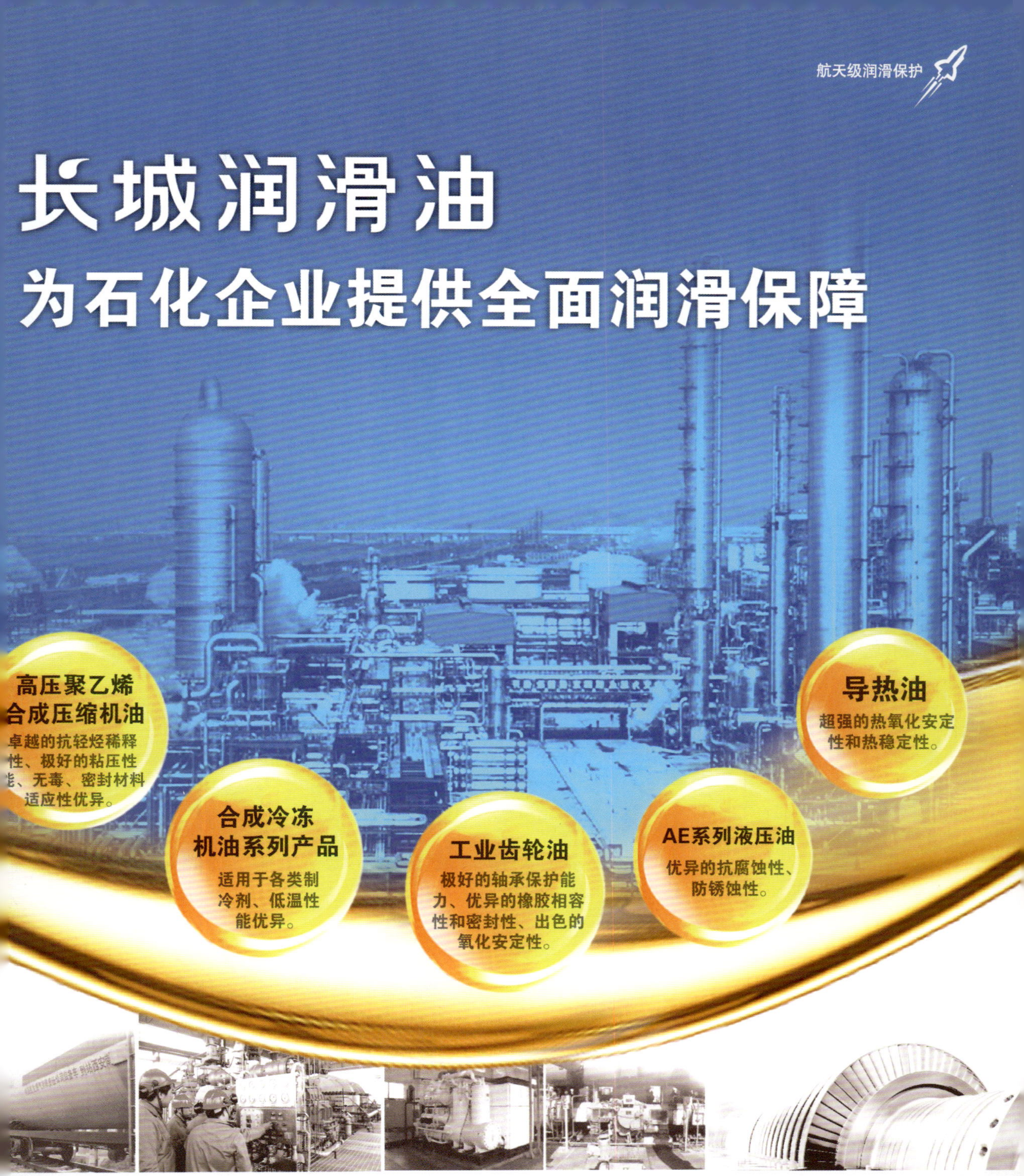
航天级润滑保护
长城润滑油
为石化企业提供全面润滑保障
高压聚乙烯
合成压缩机油
卓越的抗轻烃稀释
性、极好的粘压性
、无毒、密封材料
适应性优异。
导热油
超强的热氧化安定
性和热稳定性。
合成冷冻
机油系列产品
适用于各类制
冷剂、低温性
能优异。
工业齿轮油
极好的轴承保护能
力、优异的橡胶相容
性和密封性、出色的
氧化安定性。
AE系列液压油
优异的抗腐蚀性、
防锈蚀性。

中国石化
SINOPEC

茂名石化，始建于1955年5月，位于粤西美丽的海滨城市——茂名。这座城市因茂名石化而生、而长、而兴，被誉为“南方油城”。茂名石化，中国“一五”期间156个重点建设项目之一，也是广东省“一五”期间重点建设项目，它的建设结束了华南地区没有石油工业的历史，是国内较早原油加工能力达到千万吨级、乙烯生产能力达到百万吨级和第三家年原油加工能力超过2000万吨的石油化工企业。

茂名石化已经走过了60年的风雨，历经艰难曲折，创造了无比辉煌。近年来始终坚持“既要金山银山，更要绿水青山”的原则，建立完善环保管理体系，严格执行环保“三同时”制度，做好污染防治工作，推进清洁生产以及开展造林绿化工作，不仅在生产建设上实现了质的飞跃，而且在环境保护上取得了巨大成就，做到了增产减污，走上了可持续发展的良性循环之路，成为广东环境保护先进单位和全国造林绿化先进单位，被广东省指定为“工业观光旅游景点”。茂名石化作为中国石化炼化企业排头兵，“十一五”经济效益位居中国石化炼化企业之首，“十二五”期间，技术经济指标、经济效益保持我国炼化企业前列，并且年盈利额在中国石化炼油、化工板块利润总额中所占比例逐年提升。

企业要发展　环保要先行

SINOPEC 中国石化 | سابك sabic

打造世界一流的国际化石油化工企业

BUILD WORLD CLASS INTERNATIONAL PETROLEUM CHEMICAL ENTERPRISE

中沙（天津）石化有限公司（简称中沙石化），是中国石化和沙特基础工业公司以50:50的股比共同出资设立的大型石油化工企业，坐落于天津市滨海新区，成立于2009年10月20日，2010年5月11日正式投入商业运行，截至2016年底，投资总额294.07亿元。

中沙石化拥有主生产装置9套，包括100万吨/年乙烯装置、65万吨/年裂解汽油加氢装置、30万吨/年高密度聚乙烯装置、30万吨/年线型低密度聚乙烯装置、4/36万吨环氧乙烷/乙二醇装置、45万吨/年聚丙烯装置、35万吨/年苯酚丙酮装置、20/12万吨/年丁二烯抽提和MTBE联合装置、3.5万吨/年苯乙烯抽提装置，以及配套公用工程及辅助设施。中沙石化生产包括化学品21种、功能性化学品5种、聚合物产品3类25个牌号的产品。

Let's SAVE THE WORLD

SSTPC

中沙（天津）石化有限公司

SINOPEC SABIC TIANJIN PETROCHEMICAL CO., LTD.

中国石化
SINOPEC

中国石化上海石油化工股份有限公司（简称上海石化）位于上海市金山区，占地面积9.40平方千米，是中国大型的炼油化工一体化综合性石油化工企业，是中国重要的成品油、中间石化产品、合成树脂和合成纤维的生产企业。

上海石化前身是创建于1972年的上海石油化工总厂。1993年作为股份制改制试点企业之一，改制为上海石油化工股份有限公司，股票在上海、香港和纽约三地同时上市的股份制企业。2000年10月，更名为现名。

截至2016年底，上海石化具有1600万吨/年综合加工原油能力和乙烯70万吨/年、塑料树脂100万吨/年、合纤原料109万吨/年、合纤聚合物59万吨/年、合成纤维26万吨/年的生产能力，并拥有独立的公用工程、环境保护系统，及海运、内河航运、铁路及公路运输配套设施。

2016年，上海石化车用柴油、腈纶短纤维、聚丙烯树脂、低密度聚乙烯树脂、涤纶工业长丝等5个产品被评为全国及上海市用户满意产品；在上海市2016年工业税收排名前100位企业名单中列第3位；荣获全国化纤行业“十二五”技术创新突破奖、“公众开放日”活动示范单位等荣誉称号；在第二届中国（上海）上市公司企业社会责任峰会上，荣膺“社会责任五星级企业”之一。

中国石化上海石油化工股份有限公司
SINOPEC SHANGHAI PETROCHENICAL COMPANY LIMITED

国内领先 世界一流

ADVANCED

拥有独立的公用工程、环境保护系统，及海运、内河航运、铁路及公路运输配套设施

6月28日，为纪念中国共产党成立95周年，上海石化启动“党的摇篮·光荣城市”主题巡展活动

3月2日，金山区29名团员青年参加上海石化第十六期“公众开放日”活动

6月29日，上海石化举行危险化学品事故应急处置综合演练

5月，上海石化发泡聚丙烯专用料工业化开发实现突破

公众开放日活动——亲子快乐行

中国石油化工股份有限公司石家庄炼化分公司（简称石家庄炼化）位于河北省省会石家庄市东南25千米处，其前身为石家庄炼油厂，始建于1978年，1983年建成投产。

炼油部分原油综合配套加工能力800万吨/年，现有500万吨/年常减压装置（2套）、260万吨/年柴油加氢装置、220万吨/年催化裂化装置、180万吨/年蜡油加氢装置、150万吨/年渣油加氢装置、120万吨/年连续重整装置等26套生产装置；化工部分己内酰胺生产能力20万吨/年。公司主要产品有汽油、柴油、航空煤油、聚丙烯、液化气、己内酰胺、聚酰胺切片等30多个品种、牌号。

2016年，在集团公司党组的正确领导和关心下，总部各部门给予了石家庄炼化大力的支持和帮助，石家庄炼化全体干部职工认真贯彻落实集团公司“五大发展战略”，深入开展“两学一做”学习教育，遵循集团公司企业文化建设纲要，践行“严细实”的工作作风，全力聚焦扭亏脱困、深化改革、降本减费、提质增效升级，加快推进转方式、调结构，有力推动了公司更高质量、更有效益和更可持续的发展。

庆祝建党95周年书画摄影展

职工食堂”美食节”

庆祝建党95周年系列活动

中国石油化工股份有限公司石家庄炼化分公司

CHINA PETROLEUM & CHEMICAL CORPORATION, SHIJIAZHUANG REFINING & CHEMICAL COMPANY

SINOPEC
YANGZI PETROCHEMICAL

扬子石化

中国石化扬子石油化工有限公司
中国石化集团资产经营管理有限公司扬子石化分公司

中国石化扬子石油化工有限公司（简称扬子石化有限公司）和中国石化集团资产经营管理有限公司扬子石化分公司（简称扬子资产分公司）统称扬子石化，占地面积12.43平方千米，位于江苏省南京市北郊，南临长江，北接京沪铁路，与南京化学工业园融为一体。其前身是成立于1983年9月的扬子石油化工公司。1998年，扬子石油化工公司实施资产重组，创立了以从事石油炼制及乙烯、芳烃等烃类及衍生物生产加工为主的扬子石油化工股份有限公司和以公用工程为主业的扬子石油化工有限责任公司。2007年，扬子石化有限公司吸收合并扬子石油化工股份有限公司，扬子石油化工有限责任公司改制为扬子资产分公司。2007年底，扬子石化有限公司收购淮安清江石油化工有限责任公司（清江石化）和泰州石油化工有限责任公司（泰州石化），2012年，成立南京扬子石油化工有限责任公司(以原塑料厂资产在南京化工园注册设立)，2016年，全额收购江苏金浦集团持有的扬子金浦橡胶有限公司股份。

截至2016年底，扬子石化职工总数为10086人，其中在岗经营管理/专业技术人员2793人，具有高级及以上职称的620人，中级职称的1243人；下设22个职能部门、7个业务中心、10个生产单位；运营4个全资子公司、6个合资公司；总资产327.35亿元。截至2016年底，扬子石化有限公司本部拥有1250万吨/年炼油、80万吨/年乙烯、140万吨/年芳烃等58套大型石油化工装置，可生产合成树脂、合成纤维原料、基本有机化工原料、成品油、合成橡胶等5大类50多种产品，是国内主要的纯苯、对二甲苯、邻二甲苯、精对苯二甲酸（PTA）、乙二醇、丁二烯和环氧乙烷生产商；扬子资产分公司拥有与石油化工生产相配套的36万千瓦发电能力、66万吨/日供水及3400米^3/时二级污水生化处理能力；清江石化拥有100万吨/年特油预处理、62万吨/年催化裂化等14套石油化工装置；泰州石化拥有60万吨/年常减压、14万吨/年酮苯等6套石油化工装置；扬金橡胶拥有10万吨/年丁苯橡胶和10万吨/年顺丁橡胶生产能力。

建设 绿色工厂、智能工厂、幸福工厂

武汉石化公司位于湖北省武汉市青山区，占地239公亩，始建于1971年，投产于1977年。四十年来，武汉石化公司从一座150万吨/年规模的小型炼油厂，发展到如今原油年加工能力突破800万吨、乙烯年加工能力超过80万吨的中部地区较大的炼油化工一体化企业，不断刷新历史纪录，创造了一个又一个令人瞩目的辉煌成就。

近年来，武汉石化公司抢抓机遇，乘势而上，拼搏赶超，实现跨越发展。2013年，湖北省“十一五”时期一号工程、我国自有知识产权的大型乙烯——武汉80万吨/年乙烯项目建成投产，使企业规模和综合实力大幅提升。2014年，中国石化股份公司与韩国SK公司合资成立的中韩（武汉）石油化工有限公司开始独立商业运营。通过深化内涵发展，全面推行“精益生产、卓越运营”理念，不断优化提升生产经营管理水平，各项工作不断呈现全新局面，先后获得全国思想政治工作先进单位、全国设备管理先进单位、全国模范职工之家，中国石化集团公司安全生产先进企业、环保先进企业，湖北省优秀企业、纳税十强，武汉市安全生产先进单位、清洁生产企业、循环经济标杆企业、工业倍增优秀企业、十佳和谐企业、十佳书香企业和先进基层党组织等荣誉称号。

四十年风雨兼程、四十年春华秋实，四十年砥砺奋进。站在新的历史起点上，武汉石化公司按照“抓管理、激活力、谋发展”的总思路，围绕“保安全、降成本、强三基、推改革、谋发展”五大任务，坚持从严管党治党，坚持价值引领战略，不断激发活力，提升竞争力，为建设“绿色工厂、智能工厂、幸福工厂”的企业愿景不懈努力，攀峰跨越，谱写新的壮丽诗篇！

中国石化武汉石化公司

Sinopec Wuhan Petrochemical Company

地址：湖北省武汉市青山区长青路特1号　邮编：430082　电话：027-86515662　传真：027-86595188

中国石化九江石化公司

中国石化九江石化公司坐落在庐山脚下、长江之滨、鄱阳湖畔，1980年10月建成投产，占地面积4.08平方千米，截至2016年底，共有在岗员工2642人。公司前身为九江炼油厂，后曾更名为九江石油化工总厂。2000年根据中国石化整体重组改制部署，成立中国石油化工股份有限公司九江分公司；存续部分于2007年设立中国石化集团资产经营管理有限公司九江分公司；两个分公司统称“中国石化九江石化公司”。

公司现有原油一次加工能力1000万吨/年、综合加工能力800万吨/年。2016年，公司全年加工原油725万吨，实现销售收入326亿元，账面利润近20亿元；上缴税费123亿元，位居江西榜首。

“十二五”期间，公司倾力培育“绿色低碳”“智能工厂”两大核心竞争优势，滚动塑造九江石化特色管理模式，高标准建成投产800万吨/年油品质量升级改造工程，入选国家工信部智能制造试点示范企业，获评第四届“全国文明单位”。迈进“十三五”，公司将致力创新驱动、内涵发展，积极推进提质增效、转型升级，努力实现更有质量、更有效益、更可持续的发展，努力打造千万吨级绿色智能一流炼化企业。

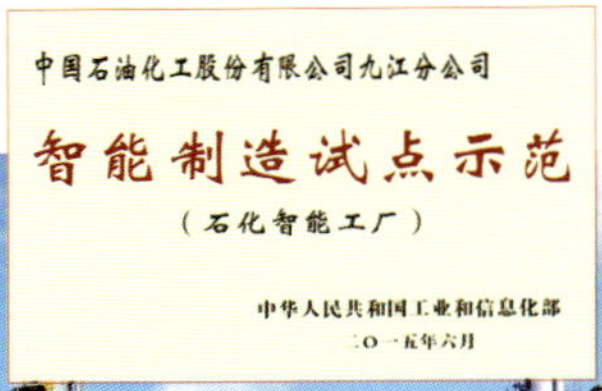

中国石化
SINOPEC

中国石化销售山东石油分公司
Sinopec Marketing Shandong

济南油库全景

东易捷便利店

泰安油库发货平台

泰安油库

山东石油分公司成立于1953年，1992年被山东省政府批准为国有大型一类企业，1998年6月划转中国石化集团公司。下属17个市公司，135个县公司（市片区），用工总量1.5万人。在营加油站2572座、加气站84座，油库24座（库容量126万立方米）、加气母站3座。控股及参股合资公司32家。企业固定资产原值84亿元。

山东石油分公司主营石油、天然气销售及非油品业务等，作为成品油流通的主渠道，承担着山东省成品油供应保障任务，是省内较大的成品油销售企业。经过多年的发展，业已形成布局合理、功能完备、流向通畅、保障有力的成品油营销网络。

2016年，山东石油分公司销售成品油1084万吨、天然气8235万立方米，实现营业收入598亿元。

布局合理　功能完备　流向通畅　保障有力

携手中国石化十八载
共创美好新未来
18th
2000-2017
北京世纪天宇广告有限公司

山东石油分公司

【概况】 中国石化销售有限公司山东石油分公司(简称山东石油分公司)的前身始建于1953年，位于山东省济南市。截至2016年底，下属17个市公司、135个县公司(市片区)，用工总量15 570人。在营加油站2 572座、加气站84座，油库24座(库容量126万立方米)、加气母站3座。控股及参股合资公司32家。企业固定资产原值84亿元。

山东石油分公司经营范围：汽油、柴油、煤油、天然气销售，润滑油、燃料油、沥青、石油添加剂、化肥等销售及仓储，非油品业务等。承担着山东省成品油供应保障任务，是省内最大的成品油销售企业。经过多年的发展，已形成布局合理、功能完备、流向通畅、保障有力的成品油营销网络。

2016年，山东石油分公司围绕“量效兼顾、巩固在石化销售企业的核心骨干地位”的经营定位和发展目标，着力做好扩销增效、从严管理、深化改革、优化网络、安全稳定等工作，取得较好成绩，保持了集团公司安全生产先进单位荣誉。销售成品油1 084万吨、天然气8 235万立方米，实现营业收入598亿元，山东省内成品油市场占有率约为52.6%。

山东石油分公司主要经营指标见表1。

(宋　鹏)

【领导班子调整】 2016年3月，左志民任山东石油总公司党委副书记、总经理，山东石油分公司总经理。4月，冯东明任山东石油总公司党委委员、副总经理，山东石油分公司副总经理。7月，赵培录不再任山东石油总公司党委书记、委员、副总经理，山东石油分公司副总经理，调出另有任用；王敏不再任山东石油总公司党委副书记、委员，工会主席，任调研员。

(宋　鹏)

【经营实现量效兼顾】 2016年，山东石油分公司牢固树立“多卖一升油、多挣一分钱”理念，确立“精准目标、一站一策，统筹谋划、整体联动，打谈结合、力度到位，措施配套、量效匹配”的总体经营思路，按照“诚信共赢”与主要竞争对手共同提高主导市场的能力，深入开展“多卖一吨油”销售竞赛活动，细化落实零售扩销增量11条措施，在较好完成利润目标的情况下零售量、机发量、直分销量均实现正增长。抓好资源平衡优化，合理把握外采节奏，强化提升议价能力，在完成配置资源的基础上外采实现创效23.3亿元。直分销严格按照资源结构组织销售，实现毛利5.3亿元。全年月均所有权库存27.3万吨，同比降低3万吨，实现低库存运作。以综合配套措施强力推动基础性经营措施到位。建立营销让利管控措施，油非互动、组合营销、优质服务已成为提升营销水平的常态措施，后发优势初显。大力推广98#汽油，月最大销量突破1.5万吨。全年高标号汽油机出量121.3万吨，提升18.5%，占汽油销量比例为27.9%。积极开展加油卡组合营销和“四进”活动，与10余家行业大客户达成合作，当年累计发展个人客户超过130余万名，汽、柴油持卡比例达43.8%和76.6%，提高4.4%和6%，累计沉淀资金超计划完成2 800万元。引入“互联网+”思维，截至12月底产生电子券4.3亿元，使用1.8亿元，强力支撑油品销售的同时带动非油品销售4.6亿元，消费转化率达41.9%；微信平台累计实现关注446万人，注册会员244万人，绑卡用户68万人，绑卡率28%。细分定位直分销五大目标市场，建立覆盖中国石油、地炼等44个市场信息监测点，实施“市场上行抢先机、市场下行抓刚需、市场平稳抓差异”的策略，社会加油站销量增长34.7%，县级市场增长19%，重点客户购油量增加5.28万吨，重点客户稳定率96.8%，流失客户回归143家，开发重点建设项目42个。积极开展“油非双增长”活动，组合营销超额完成2亿元的目标。优化天然气营销方案，实现零售量6 559万立方米，完成总部计划的101.2%，进销毛利5 104万元。做实门店销售，非油品销售量效齐升。基础品类实现总部口径销售额22亿元，增长26%。实现重点商品销售7.1亿元，增长56%，11家市公司进入销售公司“名品进万家”活动年度50强。完成服务类商品销售额3.6亿元，增长391%。实现平台交易额2.2亿元，完成年度计划的138%。全年实现非油品利润8 247万元。

(宋　鹏)

【销售网络得到巩固优化】 2016年，山东石油分公司通过明确发展目标和考核导向、开展“投资发展百日竞赛”活动等措施，年内建成加油站23座，新增租赁站3座，投营加油站39座；实现“补一拆一”加油站3座；建成加气站9座，投营加气站14座，零售网络实现了内涵外延发展。全力维护租赁站稳定，完成3年内到期续租33座，租赁转收购3座，回报率均达到10%以上。完成山东省内规模最大的高速公路合资公司重组谈判，稳定了高速公路加油站64座，妥善解决5家合资公司的供油价格问题，巩固了双方合作。推进传化物流公司在济南、青岛、临沂、淄博、菏泽等地物流园区加油加气站合作业务，成功取得济徐高速济宁境内6座加油加气站经营权。德州油库扩容改造、烟台八角港油库新建项目，在保证安全与质量的前提下，完成年度建设进度目标。完成油库隐患、98#汽油罐容调整等改造项目46个，加油站提量改造115座、隐患改造81座，样板站改造17座。安装新液位仪1 361座，改造旧液位仪1 080座，基本实现了加油站液位仪全覆盖。配合政府开展成品油市场专项整治行动，发现并清理侵权站点71个。

（宋　鹏）

【体制机制活力增强】 2016年，山东石油分公司完善绩效考核体系和“比学赶帮超”办法，突出量效兼顾和重点工作考核导向，注重过程激励，严考核、硬兑现，实现由“压力传递”向“激励引导”转变。薪酬增量考核投入增加122%，市公司领导班子奖金平均兑现105.6%，其中10家获得奖励、7家不同程度地扣减，平均考核奖励5 987元，省公司机关考核1 327人次奖励效益薪酬、632人次扣减效益薪酬，奖扣人次占同期发薪总人次的79%。通过重点工作完成评价、民主测评和部门述职，评选了省公司机关A类处室和“四好”处室。通过述职评议年度绩效，确定了省公司机关员工A、B、C级别，与年度效益薪酬兑现挂钩，并作为基薪晋档依据。推进小站委托管理，构建“1+7”管理体系，提升了创效水平。探索实施“他有我营”经营模式加油站13座。采用“胖总部、强门店”的经营管理模式，完成省公司非油品中心编制定员和公开竞争上岗等工作。梳理出兄弟公司30项先进经验，形成32项重点实施专题，对标先进补短板。如期完成深化用工制度改革第二阶段的工作任务，与近8 500名社会劳务工签订了1—9年不等的劳动合同。建立县公司“两力”考评办法，增强了竞争能力和工作活力。按照“经营纳入统一组织、管理纳入统一管控、委派人员纳入统一考核”的原则，梳理解决合资公司规范管理、创效发展问题，防范了股权投资风险。提升科技信息服务于生产经营的能力，获中国石化“两化”深度融合优秀实践单位、中国能源企业信息化管理创新奖等称号，获集团公司管理现代化创新一等奖1项，获国家专利技术2件，4项科技项目获总部立项。开展客户关系管理系统(CRM)试点实施，完成私有云平台搭建。

（宋　鹏）

【管理规范与增效双提升】 山东石油分公司全面执行集团公司《安全管理手册》，推动安全主体责任制落实，排查治理隐患，强化现场监管，安全管理成效突出，被山东省政府安委会评为安全生产工作先进单位和安全生产月优秀组织单位。出入库检验油品15 265批次，经受住国家与地方政府100%全覆盖质量大抽检，严格执行国家和中国石化损溢控制标准，全年未发生数质量事故以及媒体事件，被集团公司评为质量管理先进单位。加强“三基”管理，完善班组成本核算制、交接班制和考核激励机制，构建涵盖43项内部控制负面问责追责清单和制度执行考评清单，坚持依法依规决策，推广标准合同文本，妥善处置法律纠纷，风险防控能力显著增强。全面实施挖潜增效，公务性支出同比降低9%，烟台莱阳油库拆迁获安置补偿4 344.7万元，通过争取税收政策等措施，实现降本增效近9 000万元。完成土地更名857宗、规范114宗，房产更名168处、已办证524处，盘活闲置土地41项，处置无效资产5 551项，出租资产103项。开展各类专项审计13项、工程预决算审计1 224项，促进增收节支4 191万元。效能监察立项62项，增加经济效益3 172万元。狠抓加油站基础管理，开展“四化四提升”活动，美化亮化加油站1 668座，稽查加油站755座次，组织“神秘顾客”暗访5 235座次，规范了经营管理行为。在销售公司开展的客户满意度问卷调查活动中位居第二，获得“比学赶帮超”加油站基础管理与服务年度红旗。

（宋　鹏）

【党的政治优势充分发挥】 2016年，山东石油分公司认真履行从严管党治党主体责任，逐级落实党建工作责任制，党组织履行主体责任，班子成员“一岗双责”，做到与经营管理“三同时”，组织中心组学习14次，召开11次专题会议部署党建工作。严格执行民主生活会等制度，召开民主生活会3次，党委成员按期参加支部生活，自觉接受党员群众监督。全面落实“三重一大”决策机制，建立决策事项清单71项。对照集团公司党组“1+7”制度体系，制定“1+8”项实施细则和责任清单。加强基层组织建设，济南商河公司党支部被选树为集团公司基层党支部示范点，2个基层党组织、7名党员受到集团公司党组表彰。持续开展争创党建示范点、青年提质增效等专项活动，开创了党建工作与经营管理深度融合的新局面。夯实干部规范管理，组织好领导班子和领导人员选拔，制定10项干部管理制度。加大竞争性、公开性干部选拔力度，6名优秀人才走上领导岗位，招录毕业生11人，培训员工3 954人次，技能鉴定3 800余次，推进提升“两力一精神”专项活动，激发了干部队伍活力。坚持挺纪在前从严治党，落实“两个责任”，建立“五项机制”，促进“四种形态”的实践运用，签订《党风廉政建设责任书》454份，驰而不息反“四风”。着力抓好作风建设，调度市公司需省公司帮助解决的问题6次，解决或反馈问题149项。扎实开展“两学一做”学习教育，整改问题218项。持续推进“家文化”建设由“物质建家”向“文化建家”转变。主动做好新常态下的维稳工作，实现进京上访起数、人次“双下降”和特殊敏感时期“四个不发生”。在竞赛比武决赛中获2金、3银、2铜、1项团体一等奖、5项优秀奖，获销售企业综合团体奖第2名。搞好文化养老工作，引导团员青年立足岗位建功立业，帮扶困难人员1 937人次。加大内外宣传力度，“山东石油”微信服务号名列中国石化微信影响力排行榜首位。

（宋　鹏）

表1　　山东石油分公司主要经营指标

指标名称＼年份	2016	2015	2014	2013	2012	2011
成品油销售总量/万吨	1 084.29	1 066.40	1 252.05	1 179.90	1 120.60	1 074.50
零售量	826.57	822.00	867.90	846.20	800.40	750.00
销售收入/亿元	597.59	630.00	905.69	900.59	880.47	835.57
利润/亿元	8.67	6.12	10.61	10.91	17.31	14.65
吨油费用/元	295.00	303.00	266.00	270.00	275.00	257.00
加油站总数/座	2 572	2 550	2 578	2 624	2 684	2 548
自营加油站数	2 440	2 431	2 459	2 505	2 553	2 427

河南石油分公司

【概况】 中国石化销售有限公司河南石油分公司（简称河南石油分公司）位于河南省郑州市，是中国石化在河南省的唯一成品油销售分支机构。前身为1950年7月成立的中国石油贸易分公司郑州分公司，1998年划归集团公司，2000年5月31日，中国石油化工股份有限公司河南石油分公司在河南省工商行政管理局注册成立。2014年10月28日变更为中国石化销售有限公司河南石油分公司。

河南石油分公司经营管理范围为汽油、煤油、柴油的批发、零售，燃气经营及非油品产品经营等。

截至2016年底，河南石油分公司共设19个日常管理部门，下辖19个市分公司和108个县分公司，共有合同制员工10 399人；拥有在营加油站（点）2 582座、加气站45座、加气母站1座，“易捷”便利店1 562座，在用油库23座、库容87.1万立方米；资产总额145.4亿元。

河南石油分公司主要经营指标见表1。

（韩　笑）

【领导班子调整】 2016年8月23日，河南石油分公司召开中层以上领导干部会议，宣布集团公司党组关于调整河南石油分公司领导班子的决定：王敏担任中共河南石油总公司委员会副书记兼纪律检查委员会书记，为河南石油总公司工会主席人选；尤晟、李秀山担任河南石油分公司副总经理。

（韩　笑）

【经营整体保持稳定】 2016年，河南石油分公司全年实现成品油经营量741.2万吨，其中零售617.2万吨、同比增长0.15%，直分销122.5万吨、减少9.5%。非油品营业额19.3亿元，增长43%。天然气经营量8 008万立方米，增长7.2%。实现销售收入418.77亿元，考核利润1.5亿元。吨油费用392元。夺得销售公司“比学赶帮超”红旗14面，“争光”红旗4面，郑州分公司进入2016年度地市公司综合竞争力排名前50强。

（韩　笑）

【完善考核评价体系】 2016年，河南石油分公司推进市、县公司分类管理，推动管理的精细化。完善考评评价体系，坚持全方位考核，从考核指标、权重设置，突出对经营、效益指标倾斜，引导地市公司实现量效兼顾，把握量效平衡；注重过程激励，按照月度侧重经营、效益，季度侧重管理，年度侧重综合的考核设置，强化经营管理过程激励；探索建立全员绩效考核体系，积极推动部分单位按照机关、油库、加油站、基层专业岗位分板块制定考核办法，突出关键指标，实行全员分类考核管理。

（车子明）

【推动依法合规经营】 2016 年，河南石油分公司重点开展缺失证照补办督导工作，明确省、市两级证照补办责任部门及责任人员，制定考核措施，对落后单位定期通报、重点帮扶。加强现有证照日常管理，印发《关于强化退租加油站证照管理的通知》，对退租站交接后的证照管理提出具体要求，明确主体责任及失职追究标准，防范经营过程风险。重点加强证照名称变更工作，全省系统营业执照缺失数量由 105 个下降至 23 个、成品油经营许可证缺失数量由 173 个下降至 77 个、危险化学品经营许可证缺失数量由 117 个下降至 5 个，进一步规范证照管理，有效防范经营风险。

（车子明）

【推进零售网络建设】 2016 年，河南石油分公司以强化发展质量和投资效益为中心，创新发展思路，积极稳妥推进加油(气)站外延发展，全面落实“大投资”管理理念，统筹推进隐患治理、提量改造、液位仪安装、油气回收、视频监控、歇业站重启等专项改造，实现资产结构持续优化，创效能力稳步提升。全年完成新增全资自营加油站 6 座，租赁加油站 4 座，通过合资合作及他有我营发展加油站 21 座，新增加气站 3 座，组建注册合资公司 3 家；新储备加油(气)站建设用地 6 宗；加快已建成加油(气)站投营，累计新投营加油站 17 座、加气站 5 座；进一步优化存量网络，挖掘存量资产内涵潜力，按照“五统一”统筹改造原则，全年累计完成加油站综合改造工程建设项目 394 个，通过投资改造重启歇业加油站 48 座，进一步提升存量资产扩销增量能力。

（陈大伟）

【强化零售扩量增效】 2016 年，河南石油分公司以大零售平台为支撑，聚力体制机制、营销、管理、信息化、家文化和队伍培训 6 个抓手，制定落实零售扩销增量措施责任清单，试点“他有我营”合作经营模式；推行零售机出全联量计酬考核，落实“奖前六罚后三”政策；实行豫南、豫北、高速和核心区、竞争区、控制区差异化经营策略；持续开展加油卡“四进”活动和微信营销活动，加大与电信翼支付、平安等第三方合作力度；建立现场督察、神秘顾客暗访、投诉举报、视频监控立体监管体系，强化结果应用；开展零售线条全员持证上岗培训，9 657 人通过 5 项技能考核。全年实现零售量 617.2 万吨，机出同比增长 3.7%，在销售系统区内排名第四，获得销售系统年度进步红旗。

（李永恒）

【做大非油品规模增效益】 2016 年，河南石油分公司统筹抓好店销和团购，基础品类销售额突破 10 亿元，同比增长 37%；推出首款定制化产品，与河南中烟合作定制“黄金叶—易捷之风”中细支单品，6 月 18 日上市至年末销售额 2 403 万元，毛利额 746 万元；拓展销售渠道，成功开发宇通客车尾气处理液预装业务，累计销售 197 吨；在“名品进万家”竞赛活动中，焦作和洛阳、鹤壁分别入选总部年度和季度 50 强地市。推动微信平台建设，开展“百万‘粉丝’营销推广”等活动，开通微信支付，快速吸“粉”、绑卡固“粉”，锁定油非客户，微信营销累计投入 5 760万元，带动销售 1.23 亿元，培育“粉丝”356 万个、注册会员 91 万名、绑卡用户 18 万名，微信支付交易额突破 1 805 万元。立足支撑油品保价保量，以电子券为载体，以“满减抵扣”等方式，开展持卡加油送电子抵用券、加油卡充值、线上限时抢购等营销活动 27 期，累计投入 4 136 万元，带动销售额 1.24 亿元。建立省市公司“易捷导刊”工作机制，每月印发至市公司和门店，统筹重点工作，突出营销要点，制定陈列模板，做好新品介绍，推广典型经验，指导基层工作。

（张雅儒）

【安全生产总体平稳】 2016 年，河南石油分公司通过主体责任落实、履职能力提升、风险识别管控、应急能力提升和安全文化建设“五个抓手”，推进全员安全意识提升、安全责任落地、安全能力提高、设备本质安全“四个强化”，实现安全生产总体平稳态势。被集团公司评为安全管理 B 级单位，被河南省人民政府安全生产委员会评为 2016 年度安全生产先进单位。

（张艳丽）

【严格数质量管理】 2016 年，河南石油分公司出台《数质量科技节能考核管理办法》，全面加强数质量管理，数质量形势总体平稳，有力保证了经营工作的开展。加强化验室建设，23 座油库全部具有符合油品检验工作要求的化验室，建成 5 座天然气化验室，全部实施信息化管理，中心化验室通过国家实验室认可。严格油品入库质量检测，开展重点时期油品质量抽检，加大现场监督检查整改力度，做到政府和总部质量抽检合格率100%。加油站全部安装高清摄像视频监控系统、液位仪管理系统和油气回收系统，二次运输全部实施电子铅封管理，通过加强管理和油气回收设备的投用，全流程油品损耗率同比下降0.47‰，超额完成降耗目标。

（王付木）

【全面推进信息化项目建设】 2016年，河南石油分公司推广建设微信营销平台、移动支付和加油站WiFi，支撑了企业互联网全员营销工作，移动支付交易金额突破1 805万元。完成1 726座加油站视频监控系统建设、1 680座加油站液位仪联调工作，成功上线液位仪管理系统，组织力量研发加油站设备报修平台和加油机滤网清洗自动告警系统，全方面更新了省市站三级信息基础设施，初步建成了敏捷高效安全的信息基础设施云平台，鹤壁公司和许昌公司获得集团公司“两化”深度融合先进基层单位。

（陈祝春）

【党建工作健康发展】 2016年，河南石油分公司扎实开展“两学一做”活动，邀请专家学者专题辅导讲座，召开3次党委书记座谈会推动督导，组织党员干部学党章党规、学系列讲话，做“四讲四有”合格党员。运用内网微博督促党支部规范召开“三会一课”，提高组织生活质量。根据党建思想政治工作责任制，逐级细化任务清单，将党建责任制向基层延伸。制定问责办法，季度对市公司党委履职和支部“三会一课”进行检查通报，推动责任落地。出台“1+5”党建制度，推动党建制度化。优化5个维度考核指标，党建考核更严格、更务实。全面推行支部分类定级和支部书记述职评议、持证上岗培训，夯实基层支部工作基础。

（耿 艳）

【强化监督执纪问责】 2016年，河南石油分公司确立党风廉政建设“123456”工作体系，出台党风廉政建设责任追究实施细则，推动落实党委主体责任、行政主要领导责任和纪委监督3个责任。建立“一对一”廉洁谈话制度，强化党员干部廉政档案、廉洁承诺，促进教育监督常态化。开展领导人员规范操办婚丧喜庆事宜、亲属经商办企业与中国石化发生业务往来专项治理，出台工程建设、物资采购等19项合作方管理办法，开展“四风”整治“回头看”，强化重点岗位和关键少数监督。规范信访受理和信访处置程序，越级信访降幅19.4%，重复信访降幅35.1%。坚持依法依规，落实“四个一切”理念、“三家”工作法和“九问”问责制，维护稳定工作成效明显，越级上访批次和人数同比分别下降48%和60%。

（韩 笑）

【加强价值管理主线】 2016年，河南石油分公司以算账对标推动提质增效。围绕收入、成本、费用3个效益要素，统筹经营、投资、财务3个计划衔接，结合配置与外采2种资源条件，零售机出、非机出、直分销3种销售方式以及不同市场区域，细化全面预算管理；将公司效益构成要素层层细化为经营、成本费用、资金、投资、资产等指标；对市公司从盈利能力、成本控制、生产经营、发展能力4个方面关键指标开展雷达图对标分析；依托经营例会、投资例会、重点工作通报会搭建3个分析平台，深入算好经营效益、成本费用、投资、资产、资金5本账，推动落实省、市、县、站4级对标管理；探索业财融合，持续开展经营算账工作，制定经营算账表单，实行日跟踪、周评价、月分析，及时调整预算目标和工作措施，推动算账目标落地；用好税务政策，重点抓实土地使用税减免、营改增政策落地及所得税税前扣除政策，节约税收成本0.87亿元。

（陈海涛）

【与中国邮政河南分公司签署综合金融业务合作协议】 2016年3月31日，河南石油分公司与中国邮政河南分公司签署综合金融业务合作协议。根据合作协议，双方将在市场拓展、业务宣传、信用卡充值、商易通和POS收单服务、中央仓及物流配送等领域开展深度合作，并将积极探索邮政“自邮一族”会员和中国石化“油中感谢”等业务领域的合作。

（梁汇涛）

【与省国土资源开发投资管理中心等签署全面战略合作协议】 2016年，5月28日，河南石油分公司与河南日报报业集团、省国土资源开发投资管理中心签署全面战略合作协议，共同出资组建河南中石化新能源发展责任公司，在新能源业务开发与推广领域开展合作，实现企地共建为中原助力加油。该次战略合作是落实和践行《河南省人民政府与中国石化集团公司合作发展协议》的精神，加深企地深度合作的具体体现。

（梁汇涛）

【举办公众开放日】 2016 年 11 月 29 日，河南石油分公司举办“探秘智慧能源，助力中原发展”公众开放日活动，60 余名车友网友、客户代表、人大代表、政协委员和媒体界的朋友参加活动。

（梁汇涛）

举办“探秘智慧能源，助力中原发展”公众开放日活动

表 1　　河南石油分公司主要经营指标

指标名称 \ 年份	2016	2015	2014	2013	2012	2011
成品油销售总量/万吨	741.20	738.60	769.70	763.30	730.46	695.76
零售量	617.20	603.20	616.30	632.30	604.45	563.26
销售收入/亿元	418.70	437.10	575.19	590.69	575.25	535.78
利润/亿元	1.50	3.60	6.22	7.70	10.80	7.71
吨油费用/元	392.00	362.00	370.58	371.00	366.00	350.00
在营加油站(点)总数/座	2 582	2 835	2 928	3 186	3 691	3 769
在营加气站总数/座	45	42	36			

湖北石油分公司

【概况】 中国石化销售有限公司湖北石油分公司(简称湖北石油分公司)位于湖北省武汉市，前身是成立于 1953 年的湖北省石油总公司。1998 年 7 月整体划归集团公司管理，2000 年 4 月按照中国石化整体重组上市要求，改制为中国石油化工股份有限公司湖北石油分公司；2008 年原武汉石油集团股份有限公司(深交所上市公司)退市后并入湖北石油分公司；2015 年 1 月按中国石化推进销售企业混合所有制改革要求，变更为中国石化销售有限公司湖北石油分公司。

湖北石油分公司是湖北省成品油销售的主渠道企业，主要经营成品油和天然气的销售、储运及便利店等非油品业务，经营服务网络覆盖湖北省所有地区，下辖武汉、宜昌、荆州等 16 家市州分公司，74 个县级公司和 25 个零售管理片区，承担着湖北省成品油资源配置和市场供应的主渠道责任。截至 2016 年底，资产总额 123.7 亿元，资产负债率 48.5%，用工总量 8 749 人。在营油库 23 座，在营加油站 1 843 座(其中在营加气站 55 座)，在营便利店 1 811 座。

2016 年，湖北石油分公司成品油经营总量 709.74 万吨，非油品收入 17.24 亿元，实现报表利润 5.02 亿元。

湖北石油分公司主要经营指标见表 1。

（张方涛）

【油气销售稳健增长】 2016 年，湖北石油分公司根据市场形势变化，及时调整经营理念和竞争策略，强化量效兼顾，以效为主，通过精心经营、精准运作，实现了量完成、费提足、效益最大化的既定目标，油气销售保持稳步提升。销售成品油 709.74 万吨，同比增长 0.9%；销售天然气 9 768.5 万立方米，增长 6%，LNG 实现了零的突破。通过省公司精心经营资源，市州公司精准营销，实现报表利润5.02亿元。全力稳定市场，在稳价推价、市场清理整顿等方面开展多项工作。积极协调省发改委等11个部门联合开展市场整顿，累计取缔非法网点148个，扣押非法流动车36辆，查封私设油罐163个，缓解了柴油经营的不利局面。完善高标号布局，开展针对性营销，全年高标号汽油销量增长12.6%，其中98#汽油月销量突破1.8万吨。有序推进国Ⅴ升级置换，及早开展对外协调，争取到优质优价等一系列政策支持，协调中国石油同步升级，强化置换、检测、挂牌和营销等工作衔接，按期完成升级置换。

（张方涛）

【非油品经营保持“量效双高”增长】 2016年，湖北石油分公司坚持便利店做实、新业务做大，实现非油品营业额17.24亿元，同比增长44%；毛利1.95亿元，增长37%。大力拓展汽服、餐饮等非油品新业务，在营汽服店达90座，餐饮项目25个，广告开发站点591座，全年实现新业务营业额4.76亿元，增长96%，占非油品交易额的比重提升到27.4%。环保科技公司尾气处理液产量达6.7万吨，产值1.8亿元，实现利润763万元。陆续改造荆州荆沙、宜昌夷陵等6座综合服务旗舰店，带动油非同步增长，员工收入提升。开展核心商品全员营销，全年累计销售易捷卓玛泉6 900万元，增长207%，增幅和计划进度均排区内销售企业第2位。与武汉中百集团达成全方位战略合作，相继启动15座便利店的合作运营试点，初步达到油非双增的预定目标。

（张方涛）

【终端网络巩固提升】 2016年，湖北石油分公司新发展加油站52座、加气站4座，重点位置比例达96%；累计投营加油站28座、加气站7座，其中荆门分公司成功收购3座CNG加气站，经营规模进入全省前3位。完成加油站液位仪安装1 700座；油气回收治理改造528座。与湖北省交投公司组建合资公司，稳定了存量，锁定了增量，取得新建高速公路32座加油站的经营权，争取到联营方未来20年投资新建高速公路加油(气)站、服务区、停车区一体化经营的优先权。积极开展闲置盘活，全年盘活待用土地9宗，落实拆迁还建站11座。积极稳妥推进油库改造，1月22日，黄冈金源油库正式投油试运行，襄阳余家湖进入工程招标阶段，黄石西塞山、咸宁徐家湾、十堰白浪等油库改造项目前期工作有序进行，横店非油品中央仓完成验收并投入试运营。

（张方涛）

【企业保持安全高效运行】 抓实HSE管理，建立省市两级专业分委会，组建省公司安全综合督察大队。吸取天津“8·15”闪爆事故教训，以“五个一”专项行动为重点，开展“施工安全管理提升月”活动，打造标准化施工现场，强化承包商安全监管，确保了全年3 600多个施工项目的安全平稳。完成荆门的油罐车下装改造试点并在全省推广。严格数质量全过程监控，全年未发生上报集团公司等级数质量事故，保持集团公司和政府部门质量抽检100%合格。在国内成品油流通领域首家启动国家质量提升示范项目创建工作。完成4 658名劳务派遣工转合同制用工的合同改签。强化全员成本目标管理，各项成本费用得到有效控制，完成资金监管系统试点建设并成功上线运行。自主开发“七位一体”的岗位责任制暨绩效考核信息系统，加快液位仪系统推广应用。进一步理顺天然气经营管理、业务外包、新建和改造建设项目等业务流程，完成孝感车站油库的“大班制”改革试点并开始在全省推广，“以汽服为主的综合服务平台建设”等管理创新经验获集团管理现代化创新成果一等奖。

（张方涛）

【众志成城抗洪救灾】 2016年6月以来，湖北遭受历史罕见洪涝灾害，全省系统11座油库和681座站点受灾。湖北石油分公司按照“预警信息早、物资准备足、救援力量强、应急处置快”的原则，一手抓抢险救灾，一手抓资源保供，确保洪灾期间生产经营平稳运行，未发生一起油罐跑油等次生灾害，受到省市各级政府的充分肯定。在抗洪抢险中，成立了124支党团员抗洪救灾小分队，2 200名党团员主动到最危险、最艰难的巡堤一线英勇奋战。年仅40岁的原荆门分公司副经理陈鹏龙，不幸牺牲在抗洪抢险一线。8月19日后，陈鹏龙相继被中国石化党组追授为优秀共产党员，被国家民政部评定为烈士，被湖北省委宣传部、湖北省文明办评为荆楚楷模，被湖北省人民政府追授为湖北省劳动模范。9月18日，集团公司召开陈鹏龙先进事迹报告会，要求广大干部员工以陈鹏龙为榜样，大力弘扬石油精神，凝聚干事创业的强大动力，以更加昂扬的斗志、更加奋进的担当、更加严实的作风，坚决打赢转方式调结构、提质增效升级攻坚战。

（张方涛）

【党的建设进一步加强】 2016年，湖北石油分公司认真贯彻党的十八届六中全会精神，以集团公司巡视组及党建考核反馈问题整改为抓手，推动从严治党不断深化。扎实开展"两学一做"，充实完善"1 +5 +4 +3"党建工作制度，严格党建考核，试点推进基层党支部全覆盖。强化党风廉政建设主体责任、监督责任的落实，健全网络、完善制度，坚持廉政教育常态化，认真开展信访线索核查，严格落实问题整改，积极开展专项治理及效能监察、业务公开，源头防控得以进一步深化。在机关推行干部外出报告报备、来文来事首办负责制、定期督办通报等一系列制度，创新开展红头文件执行力情况专项审计，提高了工作效率。完成中层干部全员轮训，举办第二届中青班，编制"十三五"人才队伍建设规划。创新内部宣传，10 月 31 日，《湖北石油手机报》正式创刊。持续推进库站"家文化"建设，办好 2016 年"十件实事"，落实"真困难真帮助"，开展"走基层、访万家"，组织丰富多彩的文体活动，倡导离退休老同志"健康快乐生活"，增强了企业凝聚力。坚持舆情、稳定信息"日报告、零报告"，企地联动化解历史遗留问题，确保了特殊敏感时期"四个不发生"。

（张方涛）

表 1 　　湖北石油分公司主要经营指标

指标名称 \ 年份	2016	2015	2014	2013	2012	2011	2010
成品油销售总量/万吨	709. 42	699. 24	666. 80	637. 72	600. 08	565. 97	513. 08
零售量	590. 60	591. 64	564. 58	539. 50	514. 31	482. 78	391. 88
销售收入/亿元	404. 32	430. 26	531. 41	513. 78	481. 11	448. 66	355. 44
利润/亿元	5. 02	6. 53	7. 15	6. 93	7. 21	5. 71	5. 40
吨油费用/元	337. 00	324. 00	326. 00	317. 00	313. 00	294. 00	288. 00
加油站总数/座	2 144	2 113	2 176	2 205	2 166	2 146	2 055

湖南石油分公司

【概况】 中国石化销售有限公司湖南石油分公司（简称湖南石油分公司）位于湖南省长沙市湘春路 113 号。其前身为成立于 1950 年 7 月的中国石油公司长沙分公司。1998 年 7 月整体划归集团公司，2000 年 2 月，分设为中国石油化工股份有限公司湖南石油分公司和中国石化集团湖南石油总公司。后者于 2007 年改组转制为中国石化集团资产经营管理有限公司湖南石油分公司（简称湖南石油资产分公司），2009 年 7 月，湖南石油资产分公司交由湖南石油分公司托管。2014 年 5 月 14 日，中国石油化工股份有限公司湖南石油分公司更名为中国石化销售有限公司湖南石油分公司。

截至 2016 年底，湖南石油分公司下设 15 个地市级分公司、89 个县级公司；省公司机关设立 19 个处室（中心）。用工总量 10 858 人，其中在岗正式工 3 206人；资产总额 168. 7 亿元；在营加油站 1 577 座、油库 21 座、易捷便利店 1 559 座。拥有湖南省最为完善的成品油销售网络，是湖南省成品油经营主渠道企业。主要从事汽油、柴油、燃料油的销售，法律法规允许的石油制品、润滑油、化工产品销售、储存；车用燃气经营；以及非油品销售业务。

2016 年，湖南石油分公司共销售成品油 733 万吨、天然气 436 万立方米；非油品实现营业额 15. 8 亿元；实现报表利润 7. 51 亿元。

湖南石油分公司主要经营指标见表 1。

（全青丰）

【成品油经营逆市实现稳增长】 2016 年，湖南石油分公司强化"市场就是战场"的竞争意识，推行优化资源、优化物流运行、优化库存运作、扩大销售规模的"三优一扩"经营策略，全力以赴扩销拓市。在零售上优化激励约束机制，用活优价政策，大力推行"一司一策、一站一策、一户一策"精准营销，开展"多卖一吨油"、油非互动等竞赛活动，积极推广加油卡、开展网厅营销，新增网厅用户 5. 5 万户，持卡消费比达 41. 9%，多措并举促进了零售稳步增长。全年销售成品油 733 万吨，同比增长 3. 2%，完成目标任务的 102. 3%。其中，零售 603 万吨，增长 1. 4%，完成目标任务的 100. 4%；直销 130 万吨，增长 12. 6%，完成目标任务的 111. 8%。

（全青丰）

【非油品经营保持量效高速增长】 2016年，湖南石油分公司继续加大非油品新业务发展力度，丰富商品品类、优化商品结构，做大做强门店零售，开展扩销提质、名品进万家、百万门店创建等活动；加大重点商品销售力度；积极拓展汽服、餐饮、保险、代理等新业务；开展年货节、员工内购、与知名品牌跨界营销活动；大力推广微信营销，全面发力推进非油品营业额高速增长，经营质量也实现稳步提升，全年非油品营业额达15.8亿元，同比增长30%，完成目标任务的102%。其中，基础品类营业额达12.8亿元，增幅40%，任务完成率排名全国第3名。非油品经营获销售公司年度进步红旗。

（全青丰）

【创效能力稳步提升】 2016年，湖南石油分公司突出价值引领，坚持“事前算赢”，注重“量效兼顾”，加强全面预算管理；强化经营分析，及时调整优化资源、营销和价格等策略，统筹配置外采两种资源，精准把握采销节奏；积极做大管输，优化物流运行；优化经营结构，努力扩大汽油特别是高标号汽油销售；加强资金统筹管理，加快周转、减少占用；加大正向激励力度，强化全员成本目标管理，深度挖掘节税创效空间；开展提升资产创效能力专题分析，落实4项措施和6项任务清单，加强资产管理优化，提升资产创效能力。全年实现报表利润7.51亿元，完成奋斗目标任务；吨油费用351元，较预算目标节约4元。

（全青丰）

【完成国Ⅴ车用汽柴油置换升级】 2016年10月，湖南石油分公司启动国Ⅴ油品质量升级工作，认真组织实施，优化置换流程，加快置换进度，投入500多万元资金购置和升级质检仪器，投入约800万元对油库、加油站所有油品标识进行更换，对加油现场进行升级。12月15日起，湖南石油分公司在湖南省境内的1 500多座加油站销售的车用汽、柴油均达到国Ⅴ质量标准，比规定时间提前半个月完成。

（全青丰）

【销售网络发展进一步提质提速】 2016年，湖南石油分公司全力抢占城区、水上尤其是高速公路优质增量网点，加快重点项目实施推进，加大库站综合治理力度，提速提质网络发展，“十三五”网络发展规划全部对接纳入当地政府规划，定向锁定5对高速加油站经营权，新发展竣工加油（气）站15座、投营18座，接收投营高速服务区及加油站5座，昭山服务区整体改造加油（气）站项目已竣工，道县油库新建、长沙油库扩容、非油品中央仓改造、七里山油库扩容改造等重点项目及综合治理工作取得积极进展。

（全青丰）

【HSE和数质量工作获佳绩】 2016年，湖南石油分公司狠抓HSE管理，全面贯彻执行《安全管理手册》，编印《安全警示语录》和《应急处置知识读本》，加大对员工、承包商和承运商的培训力度，实施全员HSE理论知识和技能竞赛活动；开展全员风险排查和“我为安全做诊断”工作、编制“十大安全风险清单”及安全环境风险评估报告，落实风险管控措施；投入资金1.6亿元，完成335项库站安全环保隐患治理；组建安全督察大队，加强日常和专项督察；制定《承包商违规违章积分制管理办法》，加强承包商HSE业绩考核，安全管理水平进一步提升。在数质量管理上，提前1年完成3年降耗工作实施纲要设定目标，与目标比一次性进货损耗率降低1.1个千分点，零售体积损耗率降低2.5个千分点，损耗管理处于销售企业前列；切实抓好全环节油品质量监管，在集团公司、国家及各级政府部门组织的抽检中全部合格。全年未发生HSE和数质量事故，未发生负面舆情事件，企业保持了安全平稳和谐。第1次被评为集团公司安全生产先进单位，连续8年被湖南省人民政府评为安全生产先进单位。

（全青丰）

【依法治企和风险防控】 2016年，湖南石油分公司坚持依法治企，严格执行对合同、制度和决策事项的法律审核，依法维护企业权益，处理各类案件33件，涉案金额1.66亿元；加大侵权站点清理打击力度，发现清理侵权站点62座；持续强化提升“三基”工作，大力推进制度标准化建设，修订制度194项；制定《经营重点风险防控清单》，开展经营风险全面检查，全面提升财务工作规范水平，健全审计制度体系，科学立项审计，强化问题整改，确保依法合规经营，有效防控了风险。连续2年被评为湖南省诚信企业和诚信建设先进单位，获评销售企业依法合规先进单位。

（全青丰）

【开展降本挖潜增效工作】 2016年，湖南石油分公司坚持优化物流运行，全年节约运杂费3 822万元；加强资金统筹管理，积极争取总部30亿元结构性贷款资源落地湖南，加强与银行及保安公司协商谈判，实现上门收款费用显著下降，全年财务费用结余4 528万元；强化全员成本目标管理，深度挖掘节税创效空间，实现节税减费7 160万元。加强闲置资产盘活和利用，实现资产外租收入1 493万元，盘活土地38宗，取得置换土地7宗，实现处置收入850万元。强化合资公司拓市创效，合资公司实现投资收益4 575万，同比增长31%。

（全青丰）

【党建工作持续加强】 2016年，湖南石油分公司认真抓好"两学一做"学习教育，创新开展"我为基层党建做诊断，献计策"活动、"四联四赛"活动、基层党支部和党员"党性健康体检"活动，突出发挥各级党委和班子成员的示范带头作用。全年全系统党员领导干部开展专题集中学习150次，下基层调研703人次，查找不严不实突出问题928个，现场解决具体问题1 087个，各级领导干部的党性修养和作风形象得到有力提升。根据总部"1＋7"党建工作制度，制定《湖南石油分公司党委及党委成员履行全面从严治党要求责任清单》《湖南石油分公司党建系统化管理工作考核办法》等13项党建工作制度规定，为每个党委成员列清单、定责任，形成了以责任制为主体的检查考评机制，确保党建工作"一岗双责"全面落实。完成省公司党委、纪委，以及15家地市分公司党委、纪委换届选举，在省公司新成立党委办公室、组织部、宣传部和纪检办公室，明确各自职责，为推进党建工作责任制落实夯实了组织基础。

（全青丰）

【人才队伍建设力度进一步加大】 2016年，湖南石油分公司持续加强领导班子和干部员工队伍建设，全年调整11家单位(部门)负责人，举办中层领导干部培训班，开展省公司和市(州)县公司优秀年轻干部"上挂"和"下派"交流任职，9名省公司机关和7名市州公司员工进行上下交流；加大教育培训力度，全年举办培训班257期，培训员工18 090人次；竞赛比武取得较好成绩，审计获团体金牌、物流获团体第三，个人获得了3金、1银、2铜；扎实推进深化用工制度改革，平稳规范完成了6 143名劳务工的调整合同制工作。

（全青丰）

【宣传思想文化建设进一步加强】 2016年，湖南石油分公司加大对集团公司企业文化宣贯力度，将核心价值理念转化成员工的行为准则和自觉行动；加强先进典型选树和宣传，抓好主题宣传策划，讲企业故事、讲劳模故事、讲员工故事，营造了积极进取的正能量；组织"情暖驿站，满爱回家"主题宣传活动，被评为集团公司优秀案例；举办企业开放日活动，被评为中国石化公众开放日示范单位。

（全青丰）

表1　　湖南石油分公司主要经营指标

指标名称＼年份	2016	2015	2014	2013	2012	2011
成品油销售总量/万吨	733.00	710.40	687.40	653.00	608.00	573.00
零售量	603.50	595.20	566.00	553.00	516.00	471.80
销售收入/亿元	427.00	432.70	525.00	513.00	484.20	451.00
报表利润/亿元	7.51	7.50	7.35	7.20	9.30	5.89
吨油费用/元	351.00	346.00	348.00	342.00	335.00	327.00
在营加油站总数/座	1 577	1 567	1 564	1 545	1 530	1 514

广东石油分公司

【概况】 中国石化销售有限公司广东石油分公司(简称广东石油分公司)前身是成立于1950年6月的中国石油贸易公司广州分公司，1961年11月更名为广东省石油公司，1992年8月改组为广东省石油企业集团公司，1998年7月，广东省石油企业集团公司及其属下的116家市、县公司整体划归集团公司。2000年3月，重组为中国石油化工股份有限公司广东石油分公司和广东省石油企业集团公司。2014年5月，更名为中国石化销售有限公司广东石油分公司。

截至2016年底，广东石油分公司下设15个综合管理部门、3个专业中心、21家地市级分公司和1个仓储分公司。用工总量18 523人，在营加油站2 226座，易捷便利店2 232座，在营油库29座，资产总额275.56亿元。

2016年，广东石油分公司实现成品油经营总量1 576.64万吨，燃气经营量14.67万吨，非油品便利店营业额71.25亿元。实现销售收入941.58亿元；报表利润33.17亿元。

广东石油分公司主要经营指标见表1。

（陶思学）

【成品油经营总量创历史新高】 2016年，广东石油分公司坚持市场主导，优化竞争布局，全力扩销增效。全年实现成品油经营总量1 576.64万吨，创历史新高。其中，零售1 268.72万吨、同比增长2.2%，直分销307.92万吨、增长8.6%，经营规模、零售规模排名均居中国石化油品销售系统首位。

（陶思学）

【灵活营销量效齐增】 2016年，广东石油分公司强化零售优惠管控，优化点对点竞争布局，机出零售量稳步增长。开展国省道、高速公路柴油差异化营销，提高营销精准性。全年累计开展竞争613站次，实现增量66.8万吨，创效2.32亿元。新增111座98#汽油站，强化宣传引导，全年高标号汽油销售319.4万吨，同比增长19.2%，高标号比例达44.6%，提高3.9个百分点，高标号比例排名中国石化油品销售系统首位。加油卡自助充值额114.7亿元，增长35.8亿元，增幅45.3%，自助充值比例达31.8%，排名中国石化油品销售系统首位。

（陶思学）

【非油品业务实现大幅增长】 2016年，广东石油分公司强化综合服务商平台打造，逐步提升易捷商品经营特色，基础品类零售单店日均营业额1 899元，同比提高777元，增幅69.2%，进店消费率由3.4%提高至4.7%。努力做大重点商品销售，全年销售尾气处理液1.13亿元、易捷水7 677.03万元，市场规模分列中国石化油品销售系统第1位、第2位。积极拓展汽服、快餐、保险、旅游等新兴业务，建成汽服网点151座，实现汽服收入1 853万元，毛利额310.32万元。建设室内广告媒体加油站1 104座，实现广告收入1 900万元，毛利额1 006万元。全年非油品营业额71.25亿元，增长72.6%，营业规模继续保持中国石化油品销售系统首位。

（陶思学）

【创新驱动转型发展】 2016年，广东石油分公司深化线上线下平台融合，打通零售、直分销、非油品各业态会员积分体系架构，明确积分规则和系统入口，全年累计发展会员395万个，其中金卡及钻石会员7 561个。主动建设电子券营销平台，统筹线上线下营销资源，全年开展6期油非互动营销活动，共使用电子券1 544万张。截至年底，广东石油分公司官方微信关注用户624万个，绑卡用户134万个，“加油广东”APP下载注册用户205万个，绑卡用户55万个。“加油广东”APP上线违章代办、车险推荐、汽车用品、话费充值、旅游门票、非车用品和汽车服务7项业务，线上合作商户19家，上线商品及服务单品223个，全年累计交易金额1 208万元，创效31.6万元。

（陶思学）

【外延内拓增强销售网络基础】 2016年，广东石油分公司以外延拓展和内涵挖潜为抓手，明确分类定位发展，狠抓存量资产优化，提升投资质量。新发展加油（气）站78座，完成油站续租37座，稳定销量22.5万吨。启动复营站改造9座，完成统筹改造项目207座。优化工程管理，探索模块化建设，编制便利店及汽服装修手册，有效缩短工期。严格执行招投标管理制度，应招必招率达100%。

（陶思学）

【持续强化“三基”工作】 2016年，广东石油分公司实施“三基”工作清单式管理，明确提升目标152项，制定改进措施301项，定期检查考核。强化管理创新，及时提炼经验，加强推广应用，获得集团公司管理创新成果奖5项。

（陶思学）

【精细管理降本减费】 2016年，广东石油分公司细化全员成本目标管理，定期分析通报，费用结构持续优化，吨油生产运行成本同比下降2%，销售管理费用下降12%。加强精细管理，充分利用政策红利，强化列支管控和预算管理，全年减少税费1.9亿元。

（陶思学）

【加强安全风险防范】 2016年，广东石油分公司完善安全生产责任制，加强安全环保风险评估，落实风险清单管理，确保主体责任到岗到人，实现全流程全覆盖。成立省公司综合督察大队，完成省、市两级综合督察体系建设，完善督察办法和考核标准，加强问题跟踪整改，形成闭环销项，共检查 6 848 站（库）次，检查问题 27 653 项，综合整改率 99.1%。持续推进 ISO 9000 质量管理体系，强化全员风险意识，加强全过程质量监控，强化异常管理，油品、非油品未发生质量事故，全年安全环保形势总体平稳，被评为集团公司安全环保先进单位。

（陶思学）

【提升企业信息化水平】 2016 年，广东石油分公司加强信息化建设，积极搭建信息服务平台，通过完善互联网应用系统功能，标准化集成海信等自有系统与汽服收银等第三方系统，实现新业务线上数据自动导入、资金自动对账。优化零售营销决策系统、非油品辅助系统，全面提升油非经营管理水平。构建网络客服平台，通过 APP、微信等实现与客户多渠道交流，提升客户满意度。打造专业化、智能化的成品油物流调度指挥系统，有效提高配送计划的准确率和执行率。

（陶思学）

【党建工作持续强化】 2016 年，广东石油分公司制定党建工作清单，签订党建工作责任书，落实从严管党治党责任。开发应用“粤油党建”APP，建立党建工作移动信息平台，探索党建管理新模式。坚持思想引领，深入开展“两学一做”学习教育，加强基层支部建设，优化组织设置，制定分类定级和工作考核细则，推行痕迹管理。切实履行党风廉政建设主体责任，营造风清气正的企业生态。统筹谋划党风廉政建设，与中心工作同部署、同落实、同考核，层层签订党风廉政责任书。认真组织学习“准则”“条例”，组织参观监狱、举行专题讲座，多形式组织开展廉洁教育。严格落实“八项规定”精神，抓好“四风”问题整改，针对工程建设等 10 个重点领域进行立项，深入开展效能监察工作。

（陶思学）

【队伍建设不断加强】 2016 年，广东石油分公司系统谋划领导班子和干部队伍建设，突出“有信念、有担当、有作为、有敬畏”的用人导向，出台 8 项人才队伍配套管理制度，编制《人力资源管理业务手册》。开展微课大赛，开发 42 门安全应急微课、32 门 5 项技能微课，推进移动在线培训，强化培训效果。全面完成用工形式调整工作，顺利完成 1.3 万名合同制员工调整和 4 000 多名委托管理员工划转工作，总体保持队伍稳定。

（陶思学）

【开展公益活动】 2016 年，广东石油分公司连续第 4 年开展中国石化“情暖驿站 · 满爱回家”公益活动，全年开展“探秘智慧能源”活动 9 次，充分展示企业形象，获得社会广泛好评。高度重视扶贫“双到”工作，投入 490 万元帮扶对口扶贫村脱贫致富，被广东省扶贫开发办公室授予广东扶贫济困红棉杯铜杯，取得良好社会效应。深入开展青年文明号创建活动，共有 12 家单位被评为广东省青年文明号。

（陶思学）

表 1　　广东石油分公司主要经营指标

指标名称＼年份	2016	2015	2014	2013	2012	2011
成品油销售总量/万吨	1 576.64	1 525.50	1 546.52	1 501.51	1 426.93	1 461.70
零售量	1 268.72	1 241.90	1 195.37	1 149.67	1 094.84	1 110.30
销售收入/亿元	941.58	963.34	1 225.76	1 209.99	1 168.47	1 180.62
报表利润/亿元	33.17	28.76	27.26	29.29	32.08	25.40
报表吨油费用/元	384.06	374.72	343.47	377.15	380.00	354.00
在营加油站总数/座	2 226	2 236	2 233	2 255	2 255	2 240
自营加油站数	2 162	2 174	2 169	2 174	2 176	2 159
联营加油站数	64	62	64	81	79	81

广西石油分公司

【概况】 中国石化销售有限公司广西石油分公司(简称广西石油分公司)位于广西壮族自治区首府南宁市，前身是成立于1952年的广西壮族自治区石油总公司，1998年划归集团公司，1999年按照集团公司重组改制、主辅分离的原则，组建广西石油分公司。2009年，广西石油分公司整合上市、非上市部门职能，推进了一体化管理改革。2014年6月，根据集团公司油品销售业务重组工作部署，变更为中国石化销售有限公司广西石油分公司。

截至2016年底，广西石油分公司设13个职能处室和3个专业中心，下辖14个地级分公司和106个片区，主要经营汽油、柴油、天然气、润滑油和燃料油的批发零售以及加油站便利店非油品业务等，控股管理广西辉煌石化公司、钦州鹰岭铁路公司，非控股联营广西中粮生物质能源有限公司、广西高速石化公司、广西北投沿海石化公司、广西路邦石化有限公司。共有在岗员工6 675人，拥有在营加油站1 233座，在用轻油油库13座、总库容50.93万立方米。资产总额103.97亿元，全年完成固定资产投资6.64亿元，已占用资本投资回报率(ROCE)20.81%。

2016年，广西石油分公司销售成品油638.61万吨，其中零售量491.35万吨、直分销147.26万吨。完成非油品销售额13.44亿元。全年实现销售收入367.21亿元，报表利润10.11亿元。

广西石油分公司主要经营指标见表1。

(唐倩倩)

【领导班子调整】 2016年9月，集团公司党组对广西石油分公司领导班子进行调整：原党委书记、副总经理李继从转任总经理、党委副书记，原总会计师苏云河转任党委书记、副总经理，原副总工程师卢品宝转任副总经理，原副总经济师李新强转任副总经理，原党委副书记、纪委书记、工会主席郑京华任调研员。调整后，广西石油分公司领导班子由李继从、苏云河、林东、卢品宝、李新强组成。

(唐倩倩)

【油气销售增长】 2016年，广西石油分公司在资源过剩、竞争加剧的市场环境下，坚持以市场为导向，以客户为中心，通过丰富营销手段、完善硬件配套设施、提升服务质量等措施，开发维护客户、开拓市场。全年实现成品油销售638.61万吨、增长8.2%。其中，零售491.35万吨、增长1%，直分销147.26万吨、增长42%；汽油271.33万吨、增长18.1%，柴油367.28万吨、增长1.9%。天然气实现销售1 627.45万立方米、增长58.7%，增幅列区内销售企业第一。

(唐倩倩)

【非油品经营量效齐升】 2016年，广西石油分公司非油品经营的规模和效益增长显著，全年实现非油品销售13.44亿元、增长40%，毛利额1.9亿元、增长54.1%，基础品类毛利率22%，列区内销售企业第一。深化电子券营销，电子券覆盖全区91%的站点，通过细化营销方案，优化兑换品类等措施，推动进店消费率从4.5%提高到6.8%，实现兑换比例38%，拉动基础品类销售3.6亿元。抓重点商品销售。利用茶博会、品鉴会等多种平台，加大重点商品推荐力度，通过销售竞赛、典型引领，促进重点商品快速增长，全年实现销售额2.7亿元、增长39%，其中燃油宝销售6 877万元、增长40%。积极开发新业务，成功引进ETC合作项目，实现发卡2.11万套、充值9 095万元；汽服业务加快发展，建成41座、营业收入1 523万元、增长131%；保险业务稳定增长，覆盖站点131座，实现营业额3 907万元。

(唐倩倩)

【网点在营率稳定在94%以上】 2016年，广西石油分公司牢牢把握网建工作外延拓展和内涵挖潜2条主线，抓新建站点投营，通过实行“月通报，季兑现”网建考核制度、加强项目建设进度管理等措施，实现全年投营加油(气)站37座。全盘统筹各项改造项目，合理安排工期，有序推进，争取早一天开业、早一天创效。提前做好租赁站点续租工作，确保守土有责、网点不丢。截至年底，加油站在营率保持稳中有升，在营站点1 233座、在营率稳定在94%以上。

(唐倩倩)

【利润连续6年保持10亿元】 2016年，广西石油分公司突出价值引领，坚持开源节流，多渠道推动提质增效。坚持多销多采，把握采销节奏，全年外采量达108.9万吨，增长61.8%，降低采购成本16亿元、增长198%。积极推进与中国石油广西分公司的资源互供，完成7.1万吨，创效8 542万元、增长293.5%。加大高标号汽油销售力度，全年实现销售53.53万吨，毛利5.4亿元、增长54.45%。加强与竞争对手协商，协调同步取消或收窄自助优惠164座，节约费用3 000

万元。加强油品数质量管理，综合损耗率下降2个万分点，创效1 950万元。全年实现利润10.11亿元、增长1.09%，连续6年保持10亿元。

（唐倩倩）

【国Ⅴ升级按期完成】 2016年，广西石油分公司借鉴国Ⅳ车柴成功封闭的经验，明确国Ⅴ升级，由区地两级主要领导负责牵头，特别是带队拜访地方政府部门，争取政策支持。积极创造条件，推动地方发改、商务、工商等部门建立多方联动工作机制，加强市场监管。同时，提前做好油品置换、资源调运、标牌标识更换等工作，推进国Ⅴ升级按期完成。

（唐倩倩）

【打非治违工作取得成效】 2016年，广西石油分公司面对成品油市场鱼目混珠，非法经营日渐严重的情况，积极协调政府部门开展打非治违活动，建立"公安部门牵头，其他部门配合，罚没收入专用，市县协同推进"的工作机制，并在全区复制推广，进一步净化了市场环境。同时做好客户开发工作，"一户一策"制定营销方案，促进流失客户回流。全年配合政府部门开展打击活动213次，取缔非法经营点288个，罚没油品2 100吨，促进销量回流约3.6万吨。

（唐倩倩）

【安全基础进一步强化】 2016年，广西石油分公司梳理修订HSE职责，细化配套考核办法，强化主体责任落实；开展安全"十大风险"识别，扎实推进隐患治理，特别是桂林羊角山油库库外管线隐患项目完成政府销项，实现识别大风险、消除大隐患、杜绝大事故；加强施工安全监管，投入2 388万元配备视频监控设施，施工工地、重大作业全程受控，确保施工安全；加强安全教育培训，每季度均组织员工参加相关安全考试，提升员工安全意识。全年未发生集团公司等级上报事故，实现了"安全高危企业"的脱帽。

（唐倩倩）

【律师办公室成立】 2016年8月1日，广西壮族自治区司法厅批复同意成立广西石油分公司律师办公室，由自治区司法厅负责指导、监督和管理，并接受广西律师协会的行业管理。10月11日，律师办公室正式揭牌成立，是中国石化销售系统第1家。

（唐倩倩）

【积极履行社会责任】 2016年，广西石油分公司积极履行企业社会责任，连续13年组织开展"情暖驿站·满爱回家"春运专项服务工作。在桂林、梧州、贺州等8个地市分公司60余座加油站开展活动，组织200名志愿者，为30万名返乡务工人员提供姜糖水、免费药品、道路指引等10项服务，还在重点驿站提供免费洗车、亲情电话等专项服务。活动期间，区内外多家媒体做了相关报道，并受到社会一致好评。

（唐倩倩）

开展"情暖驿站·满爱回家"活动

【党建工作稳步推进】 2016年，广西石油分公司坚决贯彻全面从严治党要求，层层压实责任，重视党建、抓好党建逐渐成为党员领导干部的自觉行动。组织开展"两学一做"学习教育，制定基层党支部分类定级和考核细则，打造28个党支部示范点，基层党组织建设取得新成效。上线运行"油乐园"激励项目，实施员工帮助计划（EAP），发放补助金589.9万元，精准帮扶困难员工5 429人次，促进了企业和谐稳定。

（唐倩倩）

表1 广西石油分公司主要经营指标

指标名称 \ 年份	2016	2015	2014	2013	2012	2011
成品油经营量/万吨	638.61	590.24	585.74	572.64	533.41	491.04
零售量	491.35	486.50	482.76	463.77	432.44	395.00

续表

指标名称＼年份	2016	2015	2014	2013	2012	2011
销售收入/亿元	367.21	359.46	442.80	445.71	423.00	378.13
利润/亿元	10.11	10.00	11.82	11.09	13.37	10.01
吨油费用/元	314.74	320.58	330.83	315.41	315.39	322.41
加油站总数/座	1 233	1 213	1 172	1 166	1 132	1 090

海南石油分公司

【概况】 中国石化销售有限公司海南石油分公司(简称海南石油分公司)位于海口市滨海大道177号。其前身中国石油公司广东省海南公司创建于1953年，1998年9月划转集团公司。2000年实行主、辅分离，主业成立中国石油化工股份有限公司海南石油分公司，辅业为中国石化集团海南石油总公司。2006年，海南石油总公司整体转制为中国石化集团资产经营管理有限公司海南石油分公司(简称海南石油资产分公司)。2009年9月，海南石油资产分公司委托股份公司海南石油分公司管理。2014年6月，中国石化油品销售业务重组，股份公司海南石油分公司更为现名。

海南石油分公司主营石油、天然气、石油化工、化纤及其他化工产品的销售，日用百货便利店经营，汽车清洗服务，并经营食品、乳制品及卷烟、雪茄烟的零售，是海南省最大的成品油批发零售企业，负责海南全省的成品油供应，销售网络覆盖海南省陆、海两域。

截至2016年底，海南石油分公司资产总额29.21亿元，拥有油库4座，在营加油站(含液化气站)307座；用工总量2 510人，其中在岗正式职工463人，经营管理人员374人，拥有中、高级技术职称的102人；共设有13个职能处室，6个专业中心，15个市县公司，下辖海南经济开发有限公司。

海南石油分公司主要经营指标见表1。

(李春贻)

【领导班子调整】 2016年7月，杨惠明由销售华南分公司调任海南石油分公司总经理、党委副书记。8月，彭彬被聘任为副总经理。海南石油分公司新一届领导班子由杨惠明、刘春波、黄流雄、田惠宏、崔勇、彭彬6人组成。

(李春贻)

【各项经营指标再创新高】 2016年，海南石油分公司各项经营指标再创新高。成品油经营量158.76万吨，完成年度计划的106%，同比增长9.6%。其中，零售量119.56万吨、增长3.3%，直分销39.2万吨、增长34.3%，液化气17.2万吨、增长9.2%，天然气0.85万吨、增长12.1%，非油品销售额3.5亿元、增长37%。全年实现销售收入104.91亿元；实现利润4.55亿元，完成年度计划的152%，增长29%。

(李春贻)

【销售网络建设有效推进】 2016年，海南石油分公司坚持外延扩张和内涵挖潜相结合，全年发展加油站4座、油气混合站3座，投营加油站2座、加气站4座，完成提量改造5座、便利店改造14座及旅游厕所改造8座，较好地完成了工作任务，得到了油品销售事业部表彰和奖励。

(李春贻)

【非油品业务显成效】 2016年，海南石油分公司非油品业务取得显著成效，单店日均营业额、进店销费率、毛利率、核心商品等主要指标位居销售企业前列，获销售公司“名品进万家”销售竞赛年度第一。

(李春贻)

2016年12月，海南石油分公司成功举办海南特色商品推介会

【打造线上服务平台】 2016 年，海南石油分公司采取灵活的营销策略，打造线上服务平台，开展微信营销、加油卡电子券营销。大力推广微信平台，通过关注微信送电子券、注册有礼、抽奖等活动，激励全体员工推广关注、注册和绑卡，“粉丝”规模达到 41 万人，带动了非油品业务发展，实现营业额 8 197万元。

（李春贻）

【加油卡“进机关、进企业、进社区”收效高】 2016 年，海南石油分公司开展加油卡“进机关、进企业、进社区”活动，仅 8—12 月就实现充值金额 855 万元、新开客户 1 084 个，持卡消费比例达 40%，比年初提高 4 个百分点。

（李春贻）

【销售 98#汽油创利】 2016 年 11 月，海南石油分公司油品销售增加新品种，在全省 32 座加油站大力推广销售 98#汽油。12 月销售量达 0.4 万吨，同比销售 95#汽油多创效 220 万元，既满足了高端客户需求，又提高了盈利能力。

（李春贻）

【推广液位仪应用】 2016 年，海南石油分公司推广液位仪深化应用，完成 256 座加油站设备安装、180 座加油站进货验收，对加油枪、流量表进行全面检查，有效降低了油品损耗。

（李春贻）

【多举措保安全】 2016 年，海南石油分公司采取多种措施不断加强安全环保数质量工作。开展专项安全检查，并加强 HSE 培训和考评。修订应急预案，开展“避免低老坏及共性安全重复性问题发生”大讨论活动。全面开展环境风险识别和评估，加强各环节油品质量管理。全年实现上报安全、数质量事故为零的总目标，确保总体安全平稳运行，HSE 综合管理能力评价由上年 C 级上升到 B 级。

（李春贻）

【赞助海南环岛自行车赛】 2016 年 10 月，海南举办“2016 年海南环岛自行车赛”，海南石油分公司赞助的“易捷 · 卓玛泉”成为此次比赛活动的唯一指定用水，现场活动实现非油品销售 7.6 万元，加油卡充值 84 万元，此举进一步提升了易捷品牌知名度和企业形象。

（李春贻）

【内部管理不断创新】 2016 年，海南石油分公司创新工作方法，狠抓内部管理，取得显著成效。全年梳理 464 项管理类指标和问题，全部列入考核范畴，并强化督查催办，落实岗位责任制，确保指标有人担、工作有抓手、考核全覆盖，推动了问题的有效解决，解决了 452 项梳理的指标问题。同时有效发挥审计监察效能作用。效能监察立项 14 项，提出建议书 9 份、通知书 6 份、督促制度修订 13 项。全年开展 2 项重点投资项目的竣工决算审计，纠错并挽回经济损失 278.5 万元，完成项目竣工结算审计 164 个，项目送审金额 2.9 亿元，审计金额 2.5 亿元，审减率 14.4%。

（李春贻）

【党建工作不断深入推进】 2016 年，海南石油分公司党委强化各级党组织主体责任，严格执行“三重一大”决策制度，确保党建工作与经营管理同步协调发展。持续开展反“四风”“回头看”专项工作，严格控制“三公经费”，防止“四风”问题回潮反弹。将“一岗双责”纳入考核体系，探索基层党组织党建工作与所在单位的绩效考核挂钩机制，使考核更贴近实际；组织开展样板党支部创建和“党员示范岗”“党员责任区”主题活动，引导广大党员做表率、树标兵。进一步强化党风廉政建设。深入推进“准则”“条例”的宣贯和学习，推动业务公开。强化警示教育和廉洁教育，整治庸懒散拖，做到重要节日廉洁提醒、违纪行为诫勉谈话、重点工作督办问责，有效正风肃纪。开展“两学一做”学习教育。认真开展党员身份核查和党费核查工作，创新方式讲党课，开展“我是党员我承诺”学习讨论活动，增强广大党员党性观念，党建工作得到进一步加强。

（李春贻）

【海南省交控石化有限公司成立】 2016 年 2 月，海南石油分公司与海南省交通投资控股有限公司依据双方前期协议，成立海南省交控石化有限公司，主要负责投资或参股的高速公路服务区、旅游公路及高等级公路服务区加油站的建设和运营。

（李春贻）

表1 海南石油分公司主要经营指标

指标名称 \ 年份	2016	2015	2014	2013	2012	2011
成品油经营总量/万吨	158.76	144.89	138.73	130.86	120.58	113.05
零售量	119.56	115.72	114.55	109.32	100.68	96.67
销售收入/亿元	104.91	99.64	120.89	113.93	105.97	98.60
利润/亿元	4.55	3.54	3.45	3.07	3.74	2.28
吨油费用/元	325.00	338.00	342.00	325.00	341.00	333.00
加油站总数/座	307	300	291	303	300	296

贵州石油分公司

【概况】 中国石化销售有限公司贵州石油分公司(简称贵州石油分公司)本部位于贵阳市南明区解放路21号，为大Ⅰ型国有企业，主营成品油、天然气、非油品销售。前身为贵州省石油总公司，2000年上划集团公司。同年，中国石油化工股份有限公司贵州石油分公司成立并从原贵州省石油总公司分离出来。

截至2016年，贵州石油分公司本部共设有14个职能部门和4个专业中心，下属9个市(州、地)分公司，共有员工11 265人(含离退休员工)。拥有在营加油(气)站871座；油库10座(含管道下载油库6座)，其中一级油库1座、二级油库2座、三级油库7座，总库容40.44万立方米；非油品物流配送中央仓1座。资产总额87.59亿元。

2016年，贵州石油分公司实现成品油销售总量519.3万吨，同比增长7.4%。其中，零售385.6万吨，增长4.8%；直分销133.7万吨，增长15.6%。非油品营业额(全口径)9.6亿元，增长33%。天然气销量4 832万立方米，增长5.8%。实现利润10.1亿元，完成年度计划的134.67%，增长1%。吨油费用320元。

贵州石油分公司主要经营指标见表1。

(黎　成　刘晓晖)

【市场经营工作】 2016年，贵州石油分公司以量效兼顾、突出效益统揽经营全局，实施人才、网络、品牌、服务、党建五大保障措施，创新驱动、真抓实干。

在维护经营环境上，持续强化与省内经营单位在资源衔接、价格执行、互助协作等方面的有效沟通，合力协调政府开展“打非治违”专项行动。在零售市场开拓上，以做大机出零售规模为核心，对销量下滑的县区公司开展分析，结合市场、客户、竞争对手调研和柴汽消费结构变化情况，制定“一站一策”提量措施，将“多卖一吨油”“油非互促”等活动落到实处，汽油机出量增长18.2%，增加32.1万吨，排区内公司第1名，成为创效关键点。在直分销市场控制上，提前掌握省内新增、续建重点项目清单，定位客户需求，早于对手介入，掌控主动权，抓住工程用油市场。其中，开发新开工重点项目客户260个，占项目总数的75%以上。坚持“高层攻关、中层跟进、基层落实”的大客户维护思路，与贵州省公路工程公司、中铁五局等大型用油单位签订战略合作协议，提前锁定大型用油客户。在非油品、新业务发展上，以“名品进万家”竞赛活动为抓手，提升门店重点商品铺货率，开展商品陈列比赛，通过参与大型公众活动、召开重点商品品鉴会等方式加强品牌宣传，强化营销团队培训和现场督导，全年实现重点商品销售额1.99亿元，提升35.4%，获得竞赛活动全国十佳省市公司称号。积极与贵州电商云、美团、百度、大众点评等第三方平台开展合作，实现了电商业务发展。

(黎　成　刘晓晖)

【油气分销网络建设】 2016年，贵州石油分公司积极组织协调政府职能部门、行业规划专家实地调研，理性研判市场需求，将“十三五”全省新增加油站规划数量控制在358座，新增库容规划控制在20万立方米以内。通过比对近5年省内加油站分区域发展情况，梳理市场空白区和薄弱点，主动引导行业规划在县城新区、环线、重点乡镇等区域落地，其中县域市场全年建成加油站8座，在建14座。同时，紧盯贵州省商务厅对系统外加油站公示及批复信息，通过对违规违法情况的监督举报，促使贵州省商务厅依法依规否决申报新建站 18 座，待调查处理申报站 23 座。通过全力协调，“十一五”“十二五”已批未建项目基本实现延期。加大与政府“平台公司”的合资合作力度，充分利用政府资源，解决网络建设拿地难、规划难、竞争大的问题，并缓解建设资金压力。已成立 7 个合资公司，另有 6 个合资意向正在商谈。其中，贵阳贵安合资公司贵安大道 1 号、2 号加油站已建成投营，日均销量达 70 吨，投资回报优于预期。全年新增投营加油(气)站 47 座，新增完工加油站 61 座(其中 57 座为新建完工站、3 座为合资公司站、1 座为收购站)，在建 36 座。基本完成贵阳、凯里 2 座油库铁路专用线收发设施扩能改造；滥坝油库改造、大龙油库扩容、毕节油库新建正在积极推进中。

(黎　成　刘晓晖)

【油品数质量管理】 2016 年，贵州石油分公司组织全体员工签订《质量管理承诺书》，强化质量管理意识。建立《贵州石油分公司成品油质量抽检管理制度》，实施加油(气)站全覆盖抽检，引入督察抽检机制，全年共抽检样品 7 249 个，把住了质量终端。在国家级、集团公司和省级抽检中，油品质量全部合格，全年未发生上报等级质量事故。深化液位仪应用项目建设，786 座加油站实现了零售账表册、油库发油系统、IC 卡系统的数据集成。配备便携式密度计，消除人工计量误差；加强与大区公司的沟通协调，降低管输发货损耗。全年一次物流运输损耗率同比降低 0.04%，其中管输油未发生一笔超耗。

(黎　成　刘晓晖)

【安全环保】 2016 年，贵州石油分公司进一步完善、简化安全制度，制定《HSE 事故及严重违章行为管理办法》《安全数质量问题责任追究办法》等制度，将库站应急处置方案简化为 30 张卡片，7 个高风险作业票简化为 1 张卡片，方便基层员工执行和使用，提升了应急处置和高风险作业管控能力。完成 834 座加油(气)站、10 座油库、2 座化验室的作业环境职业危害因素检测；开展入职、在职、离职人员健康体检，完成职业健康体检 7 696 人。大力实施安全环保隐患治理，完成 10 座油库和 860 座加油(气)站的环境风险评估，15 座加油站的 39 个双层油罐更换，6 座油库、133 座加油站的油气回收改造，7 座油库的潜油泵与主泵联锁改造，4 座油库的污水处理系统改造。狠抓施工现场安全管理。针对承包商进行风险点控制、施工安全措施等 6 次安全保障培训。开展施工现场全覆盖、拉网式检查，严格执行“八必停工”，实行重大作业报批制度，主要领导、分管领导挂点现场监督，全年未发生上报等级安全事故。

(黎　成　刘晓晖)

【企业基础管理】 2016 年，贵州石油分公司抓实抓细“三基”工作。成立省、地两级专职督察队伍，全年督察 509 座加油站、55 座(次)油库，下达整改问题 7 382 条，整改完成率 91.6%。开展现场督察整改培训会，边督察边培训，全年累计培训 54 次，培训人员 974 人次，基层操作不安全、不规范的现象明显好转；推行“3355”工作法，开展库站每天 3 分钟班前会、3 分钟安全宣誓、5 分钟隐患排查、5 次/月应急演练，日常安全工作及要求得以量化和落实，基层员工安全意识和能力得到明显提升；全年共举办各类培训班 655 期，培训员工 16 978 人次，“五项技能”取证人员达 3 832 人(占比 63.9%)，员工操作和管理技能进一步提升。深化敢于管理平台、制度治理平台、对标管理平台、过程控制平台“四个平台”建设。在集团公司召开的改革管理工作大会上，“四个平台”建设作为典型经验做了交流发言。积极开展管理现代化创新，《以问题为导向的闭环式管理与实践》和《“以客户为中心”的加油站员工绩效考核探索与实践》分获集团公司管理现代化创新成果一、二等奖。深化用工制度改革。稳妥推进员工当老板计划，加大帮扶力度，委托管理站成品油销量同比增长 6.1%；进一步推进用工身份转变，3 969 名劳务派遣工平稳转为合同制用工。

(黎　成　刘晓晖)

【党建工作】 2016 年，贵州石油分公司加强基层党组织建设，9 个地市公司党委和省公司机关党委完成换届，强化了基层组织的凝聚力和战斗力。创建基层党支部示范点，开展党支部结对子，发挥示范带动效应，以“五结合”创新推进“两学一做”学习教育，不断创新党建活动形式，实施基层党委、党支部和党员“三级对标”，扎实推进基层党支部建设。制定班子成员落实“一岗双责”工作规定，明确 10 项工作责任清单。制定落实“两个责任”的实施细则，明确党委 7 项责任、纪委 10 项任务，分管领导 4 项责任、部门 5 项责任，将责任压力传递到党委成员、各部门负责人，狠抓党委主体责任和纪委监督责任的落实。加强纪检监察队伍建设，完善各分公司纪委配置，增设纪委副书记、纪委委员；组织签订党风廉政建设责任书和廉洁自律责任书，开展“纪律教育年”活动，组织党支部纪检委员培训108人次，开展谈话谈心662人次，各类廉洁教育6 498人次；强化“八项规定”精神执行情况监督检查，开展“四风”问题整治情况“回头看”。开展打击偷盗油料专项行动，全年查处违规车辆17台，列入“黑名单”3台，处罚违约金15.5万元，调查处理信访案件25件，处分和问责19人。做好集团公司、销售公司技能比武竞赛工作，并获得2银、1铜的好成绩，实现2013年以来奖牌数“零”突破；举办“身边的感动”主题故事会、“永远跟党走”诗歌朗诵比赛、消防安全田径趣味运动会等丰富多彩的企业文化活动，推进新“2+2+2”家文化建设(每个分公司打造出2个省级示范点、每个分公司打造2个地市级先进县区公司、每个县区公司打造2个县级示范站)，增强了员工的凝聚力。提高员工公积金缴纳比例；基层员工生活补贴由200元/月增加至280元/月；帮扶困难协解人员3 698人次，金额1 187.59万元。

(黎　成　刘晓晖)

【企业社会责任】 2016年7月，“中国石化光明号健康快车”抵达安顺，贵州石油分公司积极做好协助工作，免费治疗当地贫困白内障患者1 000余人。加强对铜仁市印江县木黄镇小城镇的帮扶，累计自筹资金116.42万元分批次配置垃圾收集箱、垃圾清运车、铲车、环卫宣传执法车等硬件设备设施，年内投入帮扶资金90万元，切实有效地改善了该镇的人居环境。还对口印江县杉树乡大寨村开展驻村精准扶贫工作，帮助建设活动场所并添置设施设备，修缮农家书屋、公共厕所，为村委会添置办公设备，对丧失劳动力、重病等的极困村民直接进行经济援助。

(黎　成　刘晓晖)

表1　　贵州石油分公司主要经营指标

指标名称 \ 年份	2016	2015	2014	2013	2012	2011
成品油销售总量/万吨	519.30	483.60	458.90	437.55	373.72	326.64
零售量	385.60	367.90	358.50	343.10	296.00	251.78
销售收入/亿元	304.54	269.60	350.28	345.18	299.20	254.97
吨油费用/元	320.00	306.00	298.00	287.00	299.00	287.00
在营加油站总数/座	871	850	827	806	773	770
自营加油站数	871	850	827	806	773	770

云南石油分公司

【概况】 中国石化销售有限公司云南石油分公司(简称云南石油分公司)本部位于云南省昆明市国贸路865号。其前身云南省石油总公司建立于1952年7月，1998年6月整体划转集团公司，2000年2月按照主辅分离、改制上市的要求，主营业务部分组成中国石油化工股份有限公司云南石油分公司。2014年5月更为现名。

云南石油分公司是中国石化设在云南的直属销售企业，主营汽油、柴油和非油品的零售、直销配送、批发和仓储业务，是云南省内最具实力的成品油主渠道销售企业。下辖16个州市分公司、4个专业中心。截至2016年底，云南石油分公司用工总量12 440人，在营加油站1 146座，在营油库13座、总库容62.13万立方米，资产总额132.22亿元。

2016年，云南石油分公司实现成品油经营总量657.43万吨，其中零售518.16万吨、直销77.39万吨、批发61.88万吨。非油品营业额13.22亿元。实现销售收入391.24亿元，报表利润10.54亿元。

云南石油分公司主要经营指标见表1。

(徐长青)

【新一届领导班子组建】 2016年5月19日，集团公司党组成员、副总经理，股份公司高级副总裁张海潮等赴云南石油分公司宣布云南石油分公司主要领导调整的有关决定：张伟成任总经理、党委副书记，伏韬、杜嘉良任副总经理，戴树华任总会计师。云南石油分公司新一届领导班子由张伟成、杨文化、何忠祥、史永明、伏韬、杜嘉良、戴树华7人组成。

(徐长青)

【油品传统业务提质增效】 2016 年，云南石油分公司牢固树立"市场就是战场"意识，增强市场反应灵敏度，提高决策效率，经营质量明显提高。强化资源运作，做好配置、外采两类资源和零售、直分销两种销售业态与油库仓储、调运情况的动态统筹平衡，配置资源管输占比 83%，同比提高 9.6 个百分点。充分利用总部多销多采政策，提高外采创效水平，外采比例提高 2.9 个百分点。加强统筹分析和运作，扩大单站销量和机出零售量，实施"一站一策""点对点"竞争，运用加油卡积分优惠、电子券(电子赠券)营销、微信营销、98# 汽油加快布点等手段，发挥加油站地缘优势，机发增长 2.37%，零售小额配送增长 22.77%，零售柴汽比 1.29，下降 0.15 个百分点，机发高标号汽油销售比重 21.48%，提高 1.81 个百分点。贴近市场，更加灵敏反应价格，紧抓新开工项目，做好服务，全力开发直销市场、突破批发市场，直销增长 16%，批发增长 173%。

(徐长青)

【非油品新兴业务有新进展】 2016 年，云南石油分公司坚持创新驱动，大力挖掘地方特色商品资源，打造差异化竞争新优势，加快推进互联网思维、"互联网 +"落地，积极向综合服务商转型。大力挖掘推广普洱茶、鲜花饼、云南白药、三七、天麻、野生菌等一系列云南特色商品，探索出"政府搭台、企业唱戏，厂家搭台、易捷唱戏"的茶博会营销模式，成功组织多场茶乡行体验营销活动，实现省外销售 5 023万元，得到云南省委、省政府领导的高度肯定，提升了企业在地方的影响力。在销售企业率先推出高速公路服务区"联营扣点"经营理念，引入"对方投资 + 超市委托 + 餐饮联营"合作模式，22 座高速公路服务区实现餐饮收入 5 815 万元，同比增长 22%，31 座汽服站点实现营业额 727 万元，增长 295%。探索"互联网 + 销售 + 服务"新商业模式，充分挖掘线下资源优势，加快服务经营和客户的信息化建设，搭建线上营销平台，逐步改变在同一平台进行同质化竞争的局面，"粉丝"规模超过 100 万个，注册会员达 69 万个，绑卡用户超 10 万个。

(徐长青)

【营销网络发展有新举措】 2016 年，云南石油分公司积极做好与政府部门的沟通协调，提前介入，主动配合完成云南成品油分销体系"十三五"发展规划编制，及时掌握将实施的 15 项国高、59 项地高高速公路规划。面对云南高速公路快速发展、投资主体及责任主体呈现多元化的态势，主动搭建企地合作平台，加大合作力度，通过合资合作、租赁、他有我营等方式，不断开辟网点发展新渠道。全力推动打包合作项目落地，积极协调昆明市政府，以合资合作方式推进昆明 93 座站、文山 24 座站建设得到政府认可，并成立工作组专项推进。有序推进油气回收改造，安排 190 座加油站、9 座油库油气回收改造，在营站视频监控安装率达到 100%。全年传统方式发展加油站 23 座，轻资产方式发展加油站 15 座，新投营加油站 52 座，当年实现增量 6 万吨，在建加油(气)站 26 座。

(徐长青)

【百色—昆明成品油管道投油成功】 2016 年 6 月 27 日，全长 800 千米、设计输量 700 万吨/年的百色—昆明管道实现投油一次成功，标志着西南成品油管道南线—北海—百色—昆明管道全线投油成功。管道东起广西百色，西至云南昆明，途经 11 个县市。全线设 9 座输油站，配套的广南油库和蒙自油库也同期建成投产，总库容共计约 8 万立方米。百昆成品油管道的投运，极大改善和保障云南成品油资源供应，进一步有效缓解云南各地区成品油资源长期依靠铁路运输的瓶颈制约；同时大幅降低玉溪、红河、文山地区的成品油物流运输成本，改变滇东南地区运力紧张局面。

(徐长青)

云南石油分公司文山广南油库 (邵 伟 摄)

【深化改革有新突破】 2016 年，云南石油分公司全面做实加油站委托管理，非油品委托经营，委托站机发销售同比增长 5.3%，比自营自管站高 6.4 个百分点，占机发的 60%，委托站便利店非油品营业额增长 19%，占非油品营业额的 41.3%，其中非油品委托经营实现营业额增长 31%；委托站人均薪酬增长 16%，实现自主精简优化用工 1 053 人，实现公司增量增效、员工稳步增收、委托站自主减员，释放了体制机制活力。发展 6 座"他有我管"加油站，在局部市场控制、价格协调、空白点弥补等方面发挥积极作用。以协商方式妥善解决公投合资公司市场化运作问题，初步形成可复制推广的合作模式。规范用工管理，调整用工形式，顺利将3 310名派遣用工调整为合同制员工，按ABC岗角色规范管理，理顺委托站5 900余人的劳动关系，进一步规范了各类岗位用工，确保用工形式、用工行为依法合规。

（徐长青）

【精细管理有新进步】 2016年，云南石油分公司切实抓好安全主体责任分解落实，全面开展重大安全风险识别与防控，强化隐患排查治理，完成43项隐患和“碧水蓝天”项目整改，企业总体保持安全平稳运行。继续推进ISO 9000质量管理体系建设，按期完成国Ⅴ汽柴油质量升级置换，实现在营站液位仪全覆盖，严格管输计量交接，加强电子铅封监控管理，932座站地罐交接，综合零售损耗率同比下降0.04个百分点。发挥财务价值引领作用，全面介入业务流程，从严从紧控制费用，完成总部下达指标，降费1.1亿元，处置资产3 544万元，盘活土地17宗、闲置资产13处。强化风险防控，加强油品质量管控，抽检加油站汽柴油化验样品6 520个，外采退货5 808吨，对非油品第三方经营、委托站风险管理、投资项目后评价等开展专项审计和效能监察，加强“三基”工作，落实责任，推行“一线工作法”，梳理适用制度243个，加强合同、法律纠纷管理，生物柴油诉讼取得重大进展。

（徐长青）

【党政融合有新活力】 2016年，云南石油分公司贯彻“党要管党、全面从严治党”要求，落实党建工作“党政同责、一岗双责”，坚持问题导向，扎实开展“两学一做”学习教育，加强党风廉政建设，切实履行好主体责任和监督责任，全年无违反“八项规定”行为发生。把党建工作纳入绩效考核体系，推进党建工作与生产经营深度融合，坚决防止“两张皮”。坚持党管干部、党管人才，严格执行干部选拔任用相关制度规定，配齐二级单位班子成员，开展中层干部述职考评，完善和畅通人才成长通道，加快建设三支人才队伍。做好精准扶贫工作，投入45.5万元。坚持基层联系挂点，持续开展“帮贫助困送温暖”和“我爱我家，为美好生活加油”主题活动。坚持领导干部接待来访，企地联动，强化维稳和舆情引控，全年依法处理各类信访事项16起，企业保持总体稳定。

（徐长青）

【召开职代会暨工代会】 2016年10月21日，云南石油分公司召开2届1次职代会暨第2次工代会。大会认真听取并审议了张伟成所做的《加快转型发展，聚焦提质增效，为建设国内一流现代综合服务商而努力奋斗》的行政工作报告和何忠祥所做的《维护职工权益，增强工会作用，助推云南石油转型升级提质增效发展》的工会工作报告以及2011—2015年业务招待费使用情况报告、工会委员会财务工作报告、经费审查委员会工作报告、职代会提案审查情况报告。大会要求，全体干部职工进一步解放思想、提高认识，振奋精神、开拓进取，团结一心、埋头苦干，为把云南石油分公司建设成为“国内一流综合服务商”贡献力量。

（徐长青）

表1　云南石油分公司主要经营指标

指标名称＼年份	2016	2015	2014	2013	2012	2011
成品油销售总量/万吨	657.43	591.57	588.65	573.36	550.91	531.18
零售量	518.16	498.23	488.30	470.18	451.28	443.24
销售收入/亿元	391.20	379.82	457.91	449.93	440.40	412.46
利润/亿元	10.54	9.51	12.59	9.01	11.61	10.87
吨油费用/元	380.00	376.00	369.00	387.00	351.00	324.00
加油站总数/座	1 268	1 231	1 229	1 281	1 248	1 241

燃料油公司

【概况】 中国石化燃料油销售有限公司(简称燃料油公司)是集团公司于2010年5月27日注册成立的燃料油经营专业化公司，负责股份公司燃料油的集中销售。主要经营范围为燃料油批发零售、仓储、加工调合；成品油批发零售、仓储；其他石油制品、燃气经营；船舶设备的修理安装、清洁服务，日用品、食品销售等。根据集团公司关于股份公司油品销售业务重组的总体部署，2014年4月1日成为中国石化销售有限公司的全资子公司。本部位于北京。

截至2016年底，燃料油公司设7个管理部门，下辖辽宁、天津、山东、江苏、上海、浙江、福建、广东8个分公司和浙江舟山、新加坡2个全资子公司。2016年底用工总量690人；在营油库54座，库容总量148万立方米，经营网络覆盖国内40多个重点港口；总资产126亿元。全年经营总量1 909万吨，营业收入384亿元。

燃料油公司主要经营指标见表1。

(李登兴)

【保税油业务经营能力提升】 2016年，燃料油公司按照“紧抓采销，优化物流与配送，责权利统一，专业化管理”的指导方针，成立4个专业团队，组建了华北、华南区域中心，进一步明晰“进销存、量利费”的主体责任，“采购与销售配合、纸货和实货联动”明显增强。强化远洋渔业、集装箱客户的开发，轻质油MGO、重质油RMK销量同比分别增长48%和28.5%，有效改善了品种结构。扩大了阳明、力拓等一批重点客户经营量，长约、终端比重分别达35%和40%，价差水平明显提高。通过增加中心库转关分销库业务规模、退租低效库、降低仓储租赁费标准、提升自有船舶使用效率等措施，不断优化资源调度和物流运行，全年总体降费超过2 000万元。进一步完善基础统计分析，规范价格审批流程，加强对取消订单的管理，强化合同履行严肃性。配送服务质量进一步提升，全年配送超过4 000航次，综合服务能力显著提升。

(李登兴)

【内贸业务转型成效逐步显现】 2016年，燃料油公司推动两级公司人力、智力资源共享，及时跟踪量效进度，积极应对市场变化，内贸经营统筹得到加强。强化营销队伍建设及业务培训，加强CRM系统应用及考核激励，客户开发能力有效提升，新增大唐电力、国电集团等规模终端客户20余家。统筹油库使用方案，加强调和统一组织，全年调和资源占船加油经营量50%。创新拓展了原料供应，实现了茂名石化、武汉石化、九江石化等多个炼厂的蜡油和石脑油供应业务。通过内外联动，完成首单海外原料进口业务，开创了原料供应与地炼产品回购新模式。积极参与了《船舶供受燃油程序及检测方法》等国家和集团公司政策法规的制定。

(李登兴)

【国际化经营取得突破】 2016年，燃料油新加坡子公司船供油批发业务月度稳定超过20万吨，终端配送规模不断扩大月度达15万吨，跻身新加坡本地市场前10位。开发大型集装箱船东和货主企业客户超过30家，拓展了柴油创效新渠道，成功开启对印尼和马来西亚柴油出口。新加坡子公司全年经营量480万吨。BP－SINOPEC合资公司全球供油实现突破，充分挖掘中国企业海外供油需求，开发了中远在欧洲阿姆斯特丹—鹿特丹—安特卫普(ARA)地区的加油量，远洋渔业等船供油业务遍及全球30多个港口，完成亚丁湾护航编队补给等15批次军队供油，充分履行政治责任，有力提升了中国石化形象。

(李登兴)

【新兴业务稳步发展】 2016年，燃料油公司围绕转型发展重点任务，进一步创新体制机制，设立了资金运作中心和LNG、电子商务、润滑油等项目部，有效促进了新兴业务的发展。资金运作把握人民币汇率走势，增加美元多头头寸，规避了人民币贬值风险。开展贷款币种互换、期权操作，拓宽了收益渠道，全年实现良好效益。将LNG业务作为转型发展“生命工程”，在LNG终端用户和港口油气站项目开发上取得了较快突破，与天津港、大连港、广州港签订合作框架协议，在山东点供LNG项目开发上，投产站点9座。电子商务加快应用，“我要加油”平台上线运行站点18座，覆盖长江上中下游、京杭运河及西江水域，新增零售用户2 800个。平台注册船东用户超过1万个，累计交易订单3万笔。润滑油业务稳步增长，新设大连、福州保税仓，与长城品牌开展了内外贸产品代储代供合作，量效稳步提升。

(李登兴)

【经营管理持续加强】 2016年，燃料油公司充分发挥价值引领作用，建立经营日报和库存周报制度，强化内贸业务效益监测和动态跟踪，加强保税业务进销节奏、网点价差及费用优化分析，突出了价值管理。深入研究发展规划，与交通部水运科学研究院合作，完成船用燃料“十三五”发展规划研究课题，深入了解行业发展变化趋势，加强对经营决策的指导。大力开展“比学赶帮超”工作，进一步调动经营管理“互比互学互促”的积极性。不断加强制度建设，开展“我为制度做诊断”活动，发动全公司力量收集意见建议，修订内控实施细则及权限指引等一批办法，加强了制度不实用、不科学等问题的整改。

（李登兴）

【QHSE管理】 2016年，燃料油公司结合集团公司、销售公司HSE大检查强化基础工作，成立了工程设备、国内和保税业务专业HSE分委会，“管业务要管安全”的意识逐步增强，连续3年获集团公司安全管理先进单位称号。开展2轮重大安全风险识别与评估，形成《十大风险清单》并分级落实防控措施，应急预案简明化和卡片化率达100%。定期开展“四不两直”督察，及时发现和整改隐患，突出问题、重复问题明显减少，风险防控能力进一步提升。工程建设顺利推进，滨江油库二期及码头改扩建工程顺利中交并投产试运行，西基油库环保隐患治理等项目按时完成。数质量管理得到提升，大连和滨江油库化验室陆续投用，油品检验能力进一步增强，连续5年在集团公司油品质量抽检中合格率100%。

（李登兴）

【风险防控不断深入】 2016年，燃料油公司客户资信管理进一步强化，动态跟踪客户资信情况，全力规避资金风险。新增部分流程及控制点，内控管理更加细化。加强日常内控检查和发现问题的整改，进一步强化了内控执行。组织浙江、天津、福建等分公司离任审计，对上年经营管理工作开展全面内部检查，增强了领导人员风险防控意识和履职意识。管控法律源头风险，加强对外采外销等业务的法律风险提示。强化合同管理，境内合同100%上线审查，境外合同系统完成上线运行，全年合同管理考核稳居销售板块前2名。加强普法工作，集团公司法制宣传教育竞赛取得1金、1铜的成绩，普法情景剧获得集团公司一等奖。获2016年度销售企业依法合规先进单位称号。

（李登兴）

【财务管理和信息化建设】 2016年，燃料油公司资金管理进一步强化，严格开展资金预算，细化审批流程，结合业务开展情况灵活采用多种授信方式，加快资金回笼，提高资金使用效率。资产管理得到加强，修订油库和水上站效益测算依据，开展了实物资产、在建工程、长期股权投资等清查盘点。积极推进水利基金返还，争取最大限度享受政策红利。费用控制更加细化，针对年初重点项目降费目标，每季度对降费情况进行跟踪，严控公务性费用标准。严格落实“八项规定”精神，通过公车改革等方式加强车辆费、招待费等日常管理，全年公务性支出同比下降12%。信息化工作稳步提升，完善“我要加油”平台功能，完成内贸、保税B2B平台建设与应用。全力推进ERP大集中系统建设，按时保质实现上线运行。

（李登兴）

【财务管理和信息化建设】 2016年，燃料油公司认真开展“两学一做”活动，印发学习教育方案，针对不同层级党员提出具体目标要求。全体党员认真学党章党规、学总书记系列重要讲话，党性意识得到提升，督导组5次测评均给出较高评价。组织和制度建设得到加强，开展摸清党组织和党员“家底”4个专项检查，完成基层党支部换届，根据集团公司“1+7”制度体系制定了实施细则。“三会一课”制度有效落实，公司党委中心组完成集中学习20次，加强对国有企业党建工作会议精神等重点内容的学习宣贯，各级班子成员带头在分管领域讲党课。开展“30名支部书记晒党课”“普通党员讲微党课”等活动，支部“三会一课”制度有效落实，工作规范化程度明显提高。

（李登兴）

【推进党风廉政建设】 2016年，燃料油公司强化“一岗双责”，制定党风廉政责任清单，明确两级班子监督责任，促进监督执纪问责“九项措施”的落实。严格执行领导人员有关事项报告制度，加强履职待遇和业务支出管理，核查信访举报事项，对违反“八项规定”精神进行通报，治理亲属经商等问题。强化效能监察，统筹纪检、审计等监督资源，围绕中心工作加强监督，开展滨江油库改扩建效能监察，源头介入LNG项目开发论证。强化纪检队伍建设，基层党组织换届均配齐纪检委员，充实监督执纪力量。建立纪检干部定期学习制度。

（李登兴）

【激发队伍活力】 2016年，燃料油公司坚持正确的选人用人导向，把以业绩论英雄和德才兼备相结合，调整和提拔中层干部13人次，有效实现分公司班子新老接替。构建人力资源共享机制，对新型业务实行“项目制”，对通用型业务实行“团队制”，对客户经理队伍推行“内外贸、非润气”一体化建设。开展上海营销中心职业经理人公开竞聘，实行市场化目标管理和绩效考核，为队伍引入新鲜活力。选拔组建海外团队，加快国际化人才储备培养。持续开展培训工作，举办客户经理综合一体化、LNG 发展、电子商务等专题培训班，搭建“我要培训”新媒体学习平台，提升员工学习的深度和广度。巩固联量联利绩效考核机制，探索月考核月兑现新机制，初步实现考核“指挥棒”前置。建立“燃油奖”及时奖励机制，实行中层干部网上述职，起到了激励鞭策的作用。深化用工制度改革，规范劳务派遣用工，平稳完成业务外包改革。

（李登兴）

【弘扬拼搏担当精神】 2016 年，燃料油公司深化“两微一端”新媒体矩阵运用，加强新版企业文化纲要宣贯，深入开展形势任务教育。通过“当好主力军、奉献在岗位”主题劳动竞赛，“寻找最美青工”典型选树等活动进一步弘扬实干担当精神。加强营销宣传，提升品牌影响力，丰富可视化对外宣传资料，制作全球船供油业务宣传手册，吉祥物“小海燕”表情包通过新媒体广泛传播，海军供油等重点业务宣传策划被总部新媒体平台多次转载。倡导健康生活，打造和谐队伍，工会、共青团走访活动覆盖员工80%，启动 EAP 工作，帮助员工开展积极心理建设和压力管理。持续开展“一个村小”捐资助学、“沙漠绿化志愿者活动”，充分履行企业社会责任。提倡“健康工作、快乐生活”的理念，组织“喜迎 6 周年，爱心公益跑”，马拉松运动得到广泛传播，提升了员工的精气神。举办趣味运动会、“网上春晚”等活动，进一步丰富了员工的文化生活。

（李登兴）

表 1　　燃料油公司主要经营指标

指标名称＼年份	2016	2015	2014	2013	2012	2011
经营总量/万吨	1 909.00	1 881.00	2 032.00	2 027.00	2 014.00	1 553.00
保税油经营量/万吨	293.00	318.00	322.00	313.00	305.00	201.00
营业收入/亿元	384.00	458.00	856.00	921.00	958.00	694.00
报表利润/亿元	0.06	-3.00	0.16	1.52	2.01	2.32
资产总额/亿元	126.00	138.00	101.00	89.00	81.00	76.00

辽宁石油分公司

【概况】 中国石化销售有限公司辽宁石油分公司（简称辽宁石油分公司）成立于 2009 年 12 月 18 日，其前身为成立于 2002 年的中国石化销售东北分公司，位于辽宁省沈阳市，对外注册有 14 家地市分公司，部分地市实行一托二管理模式，实际下属 8 家地市分公司，经营范围覆盖全省所有地市；设有辽宁中石化客运能源有限公司、大连中石化海港石油销售有限公司和辽宁中石化友好街加油站有限公司 3 家控股单位和辽宁福爱尔油气检验有限公司 1 家全资子公司，主要负责辽宁地区成品油零售、直销、批发以及车用天然气、润滑油、燃料油、非油品销售等业务。

截至 2016 年底，辽宁石油分公司共有员工 2 353 人；党委下设 7 个党总支，27 个党支部，党员总数 346 人，基层党组织覆盖率达 100%；资产总额 50.13 亿元；自有在用成品油油库 5 座，总库容 26.01 万立方米；在建油库 1 座，库容 4.3 万立方米；非油品实体店 232 座，其中与国际知名品牌快餐店合作站达 3 座；加油（气）站总数达 366 座，在营站达 342 座，其中高速站达 70 座、占全省高速站的 54%，管理通车里程超过 2 000 千米。

辽宁石油分公司主要经营指标见表 1。

（任　飞）

【经营总量创新高】 2016 年，辽宁石油分公司经营总量完成 180.84 万吨、同比增长 5.9%，其中成品油经营量 174.84 万吨、增长 9.2%；零售量完成 126.38 万吨、增长 1%，其中纯枪量 114.98 万吨、增长 5.9%；直销批发量 54.46 万吨，增长 19.5%。完成天然气销量 1 803 万立方米，增长 22.2%。实现非油品交易额 2.15 亿元，增长 21.1%。吨油费用 389 元，比预算节约 4 元，降低 5.1%。实现报表利润1.42亿元。

（任 飞）

【强化资源统筹创效】 2016年，辽宁石油分公司全面用好“多销多采”“物流优化”等考核政策。合理摆布资源，坚持一盘棋运作和低库存运行，统筹优化进销，推动物流由“服务保障型”向“协同创效型”转变。全年完成资源购进178.59万吨、同比增长4%，其中配置资源完成74.7万吨、资源比重42%、降低5%；外采资源完成103.89万吨、资源比重58%、增长5%。扎实推进与中国石油资源互供，全年开辟17个公路提油点实现油品直接进站，丹东、朝阳等远距离配送区域全部列入以互供资源为主的供应渠道；全年互供资源27.9万吨，平均运距减少48.75千米，节省运费286万元。充分发挥配置资源保供应、外采资源创效益的作用，坚持外采资源向价差收入大、创效能力强的环节倾斜，全年外采资源在直分销环节实现毛利7 194万元，在零售环节实现毛利5.59亿元。

（任 飞）

【优化经营结构】 2016年以来，辽宁市场社会小额配送车泛滥，主要竞争对手更是抛出“柴油成本价战略”。辽宁石油分公司经过充分调研，根据市场情况和控制力测算量价互动关系，将市场分为抢夺区和控制区，坚持“扩大汽油增效益，稳定柴油保规模”，与竞争对手打地理位置差、打品种差、打时间差，确保柴油市场不丢，抢夺汽油市场份额，持续提高汽柴比，在柴油纯枪同比增长1万吨的基础上，汽柴比由0.75提高到0.82，零售创效能力持续增强。

（任 飞）

【全员营销抓纯枪销量】 2016年，辽宁石油分公司抓观念转变，变“等客上门”为“主动服务”。两级机关员工利用休息时间走出机关、走出加油站、走进企事业单位、医院和大专院校销售加油卡。截至2016年底，开卡达到3.65万张，充值金额达到2 950万元，80%为新增客户，增加汽油零售量7 000吨，5—12月拉动汽油零售平均增幅14%，环比提高6个百分点。沈阳分公司站外营销中心成立半年，新办加油卡1.1万张，累计充值金额接近700万元，并成功把卓玛泉卖进辽宁大厦等政府指定的招待和会议场所，1个团队的业绩相当于1座万吨站。

（任 飞）

【推进跨界合作和交叉营销】 2016年，辽宁石油分公司在巩固和农业银行、建设银行合作的基础上，成功引入平安保险营销资源。9—12月仅4个月时间，平安保险为车险客户加油补贴920万元，2.18万户车险客户被引流新增成为中国石化加油卡客户，12月底监测的该部分客户流失率仅4.86%。成功探索出“跨界合作—交叉营销—客户共享—顾客满意”的三赢合作道路。

（任 飞）

【打造实体服务平台】 2016年，辽宁石油分公司实施“商品+服务”双轮驱动，打造网络、实体2个平台，通过深化与供应商、合作商互动合作，加快便利店平台建设，共同挖掘实体网络体系的潜在商业价值。通过场地出租、合资合作、加盟连锁等方式，加快拓展快餐、汽服、店中店等新业态，丰富实体服务内涵。截至2016年底，已有25座加油站具备汽服功能，获得销售企业年度“新业务拓展”先进红旗。全年汽服营业额实现126.98万元，同比增幅937.4%，开展汽服加油站汽油平均增幅高于全省平均水平3个百分点。

（任 飞）

【打造线上服务平台】 2016年，辽宁石油分公司在区外首家实现线上办卡，搭建出加油卡服务的空中走廊。同时，充分利用微信公众号整合油品、非油品、供应商与合作伙伴的营销资源，线上开展关注即送、注册有礼、秒杀抽奖等促销活动，分站、分时间段、分客户层级设置不同微信积分规则，推进销售过程由流程驱动转向数据驱动，尽可能多的把线下客户转变成“粉丝”，把“粉丝”转变成会员，把会员转变成线上客户。截至年底，官方微信号“粉丝”量超过20万个，绑卡客户超过11万个，绑卡比例接近55%，领先销售企业平均水平近40个百分点。

（任 飞）

【狠抓安全基础管理】 2016年，辽宁石油分公司全面贯彻执行《安全管理手册》，落实到各部门、各岗位形成工作标准；成立专业HSE分委员会，使专业条线安全管理分工更明确、落实有抓手；加强安全培训体系建设，编写《安全培训手册》及题库，以真人演示拍摄库站全过程、全环节的设备操作和作业规范流程视频教学片，全方位的视听四维授课有效提高了员工学习效果；深入开展领导干部安全观察，全省115名科级以上干部对承包点开展安全观察2 973次，形成了凝心聚力抓安全的局面；推行施工现场作业管理“唱票”制度，现场监护人在视频监控下对许可证信息进行“唱读”，由作业人员进行

"复诵"，强化了对承包商安全监督；加强安全督察队伍建设，建立健全"横向协作、纵向贯通、交叉联动"的督察模式，并形成"检查—总结—通报—整改—复查"的闭环管理。

（任　飞）

【狠抓数质量基础管理】 2016 年，辽宁石油分公司多措并举强化数质量监督考核，采取定期监督盘点和不定期现场抽盘相结合的方式，抽检全程保密，油库间交叉盘点，保证了数据真实有效。油品质量抽检常态化，以 A 级质检中心为依托，每季度末对抽检情况进行汇总、分析，全年各级质检室共检测油样 2 461 个，完成检测项目 2. 1 万项，保障了外部质量抽检合格率 100%。有效实施油库自动计量系统效能监察工作，对所属油库自动计量设备应用情况进行全环节立项监察，达到挽回设备"沉没成本"、提质增效的目的。组织液位仪深化应用改造，全年完成 271 座加油站和 2 座油库液位仪设备安装，完成 244 座加油站系统调试。

（任　飞）

【狠抓人才队伍基本功训练】 2016 年，辽宁石油分公司全面启动"六项技能"考核工作，抽调 28 名兼职讲师对"六项技能"79 门微课程进行优化提升，先后组织 723 人参考，实现了培训考核体系与岗位资格体系有效对接；继续开展"干一行、爱一行、专一行，学雷锋争做岗位标兵"竞赛比武主题活动，相继开展油品计量员、物流运行管理人员、站长综合能力等 7 项竞赛比武，对应岗位参赛率达 100%，"以赛代练"成效显著，以"专业人"做"专业事"的高素质专业管理队伍日臻成熟。

（任　飞）

【外委运维库站设备管理】 2016 年，为解决油库和加气站设备维修专业技术人才短缺的问题，辽宁石油分公司按照"一体化协调、专业化管理"的思路，引入第四建设公司对部分油库和加气站的设备进行维保，弥补了辽宁石油分公司在专业技术和人员方面的短板，也大大降低人工成本和"以购代修"的维修成本，形成外委运维库站设备管理的新模式。

（任　飞）

【完善财务价值管理体系】 2016 年，辽宁石油分公司以价值管理为核心，经营与财务部门紧密联动，突出先算再干、算赢再干的预算目标理念，为扩销增效奠定基础。深度挖潜，强化全员目标成本管理，全年生产运行成本同比降低 3%，生产运行吨油费用下降 9%，列入 7 个重点创效降费项目的量化指标超计划节约 155%，财务费用降幅 29%；盘活存量，优化增量，提升现有资产的创效水平和投资回报水平；释放"营改增"等政策改革红利，充分利用税费政策全年节约成本 356 万元。

（任　飞）

【与辽宁交投公司达成合资合作意向】 2016 年初，辽宁省政府成立辽宁交通投资集团，计划将省内高速加油站收回自营。辽宁石油分公司紧紧抓住集团公司董事长、党组书记王玉普等到辽宁会见省委省政府主要领导的契机，第一时间成立高速公路加油站合作谈判领导小组，将落实此项工作作为重点。8 月初—12 月中旬，以维护企业核心利益为原则不动摇，经过 15 轮商谈，于 12 月 16 日与辽宁交通投资集团达成合资合作意向。

（任　飞）

【推进天然气业务发展】 2016 年，辽宁石油分公司加强天然气市场调研，做好市场研判，加快加气站网络布局，9 月 29 日，营口分公司通过土地竞拍取得营口市区内位置较好的欢心大街等 3 座加气站用地，填补了辽南地区天然气网络的空白。

（任　飞）

【深入开展党建工作】 2016 年，辽宁石油分公司党委开展"两学一做"活动，及时制定实施方案，召开动员部署会，督促各基层党组织召开处级以上党员领导干部民主生活会，对所属 26 个基层党支部实行全覆盖检查。严格落实"一岗双责"，对照党组出台的"1 +7"制度文件，将责任进一步细化明确，形成每名党委委员的责任清单。12 月 7 日，组织所属 9 个基层单位党组织负责人进行述职评议，结果按照 10% 纳入直属单位党建考核结果，并召开专门会议，检查"一岗双责"落实情况。制定《基层党支部分类定级管理办法(试行)》，对基层各支部进行分类定级并跟进措施。注重融入中心工作，党委发出倡议，动员省市两级机关党团员"走出去"服务营销活动，成功开辟了拓市增量的"第二战线"。国庆节前夕，省公司，沈阳、铁岭等分公司机关"党员服务先锋队""青年服务突击队"167 人自愿报名，放弃节日休息时间轮流到高速加油站疏导车辆、协助服务，保障了开业站安全零事故、供应零断档、服务零投诉。

（任　飞）

表1 辽宁石油分公司主要经营指标

指标名称＼年份	2016	2015	2014	2013	2012	2011
经营总量/万吨	180.84	172.19	174.60	168.36	169.45	155.60
零售量	126.38	125.16	126.71	126.59	122.68	102.60
直销总量/万吨	54.46	22.49	34.74	27.65	28.70	32.90
吨油费用/元	389.00	410.00	418.00	404.00	452.00	331.00
报表利润/万元	1.42	1.55	0.84	0.80	-0.77	0.91
加油(气)站总数/座	366	366	365	364	318	342

四川石油分公司

【概况】 中国石化销售有限公司四川石油分公司(简称四川石油分公司)于2010年1月17日正式揭牌成立，本部设在四川省成都市。该公司前身是2002年由原中国石化销售三川公司、新星公司重组成立的中国石化销售川渝分公司；2010年，川渝分公司拆分为四川石油分公司和重庆石油分公司；2011年，四川石油分公司升格为大Ⅰ企业。

四川石油分公司全权负责中国石化在四川省境内的成品油、车用天然气、润滑油、非油品(便利店、汽服、服务区)销售等经营业务及仓储、销售网点建设工作。截至2016年底，公司机关设15个处室，设立有地市分公司19家(除甘孜、阿坝暂未覆盖)。拥有在营加油气站487座，油库14座、库容13.16万立方米，年销售收入142亿元。

2016年，四川石油分公司按照“基础管理年”的总体基调，坚持“精心经营创效益，精细管理强基础”的工作思路，全年完成经营总量268万吨，其中成品油销售257万吨、同比增长5%，天然气销售1.26亿立方米、零售增长1%。非油品营业额3.29亿元、增长27%。实现差价收入14.55亿元、同比增长4%，费用总额10.93亿元，报表利润2.5亿元、增长18%。

四川石油分公司主要经营指标见表1。

(伍　灿)

【仓储条件持续改善】 2016年，四川石油分公司结合“汽升柴降”的市场价格状况和“柴大汽小”库容实际，提前部署实施汽柴油罐容改造，增加汽油库容1.3万立方米，对0#普通柴油进行清理退市，提升龙鑫、永郎、渠县等租赁库周转率，新租赁新蜀油库。改善了仓储条件、优化了库容结构，并为实现汽油销售大幅增长、顺利实施国Ⅴ升级创造了有利条件。

(伍　灿)

【零售推进精准营销】 2016年，四川石油分公司通过大力推进加油卡“四进一留”工作，抢夺稳定客户群体。走出油站，开展IC卡进社区、政府机关、企事业单位活动817场，新增汽油卡客户2.7万户，充值金额超过2 500万元，高标号汽油同比增幅20%。站内实施“留住过往客户”工程，对87座站123个项目挂牌落实“一站一策”整改，打造22座增量样板，形成8种价格竞争手段，建立12项营销菜单模板，全年日均零售量突破4 000吨，累计机出增量9.21万吨，其中汽油增幅12%，柴油扭转连续2年下滑趋势，实现了正增长。

(伍　灿)

【直分销抓实终端扩销量】 2016年，四川石油分公司以抓实终端为重点，紧盯社会加油站客户开发，通过持续摸排、比对、核查，精确建立1 661座社会加油站档案，社会在营站建档比例达95%。持续丰富客户座谈会形式，通过现场公布限时促销价，与知名企业跨界合作，分县区组织小型座谈，安排“他有我营”“合作经营”成功样板现场说法，邀请政府监管部门到场参与等，全年相继举办座谈会28场，社会加油站客户开单数达890户，同比增加451户，实现销售17万吨，增量12万吨。在工程用油持续萎缩的市场环境下，拉动直分销总量增长5%。

(伍　灿)

【非油品新业务快速发展】 2016年，四川石油分公司开展轮胎销售及换胎服务，推动特色水果经营，扩大润滑油铺货网点，在36座站点铺开保险销售，制定汽服发展规划，完善祥云公司资质，进一步拓展品类、丰富服务。探索“互联网+销售+服务”的新型商业模式，推动官方微信改版上线，统筹开展微信营销，微信“粉丝”数达 63 万人，注册会员 26 万人，绑卡用户 11 万人，微信电子券带动销售 3 336 万元，增强了客户黏性。

（伍　灿）

【工程建设安全高效推进】 2016 年，四川石油分公司严格规范合同文本及招标采购，每季分解建设计划，每月督办项目部执行，确保各油库重点建设项目有序推进。截至年末，简阳油库初步具备进油条件，蓬溪油库完成场平和物资招标，内江油库落实土地方案，泸州油库二期着手可研编制，天回油库搬迁选址确定意向目标。全年新增投营加油气站 29 座，实施液位仪施工改造 407 座、油气回收改造 42 座，库站建设进度、安全、投资、合同整体受控，实现了“零事故”的年度目标。

（伍　灿）

【轻资产发展模式广泛实践】 2016 年，四川石油分公司推进龙鑫租赁库合资合作，通过合资公司取得成都市区新建项目优质点位。以品牌和资源为纽带，在全省广泛推动社会加油站“他有我营”“合作经营”，实现社会站“他有我营”11 座、“合作经营”10 座，有意向站点 73 座，进一步优化销售网络布局。攀枝花公司一揽子实现凉山州宁南县 5 座加油站“他有我营”，抢占了该区域 70% 的零售市场份额。

（伍　灿）

【实现库站可视化管控】 2016 年，四川石油分公司树立可视化、自动化、信息化的管理理念，大力推进视频监控平台建设，按照统一规划、统一标准、重点突出、分步实施原则，建成在营库站、在建工地全覆盖的视频监控系统，开展省级远程视频督察 2 269座次，有效解决了库站管理半径大、改造项目多造成的库站及施工现场安全监管难题。

（伍　灿）

【降费增效成绩突出】 2016 年，四川石油分公司加大资源串换，优化库站配送，调整公路运价，物流费用较预算节约 2 407 万元。加强建设物资价格研判，选择有利采购时机，节约油库钢材采购成本 1 936万元。合理安排运作资金，开设银行分账户，降低应收款项，节约财务费用 4 461 万元。用好营改增政策，争取安防用地税收减免、清洁能源补贴、油气回收奖励等，累计节约费用 1 896 万元。严格费用事前审批和报销审核，公务性支出下降 263 万元。妥善处理各类纠纷案件，挽回到账损失 249 万元。

（伍　灿）

【考核分配机制持续优化】 2016 年，四川石油分公司建立以岗位责任制为核心的考核体系，将年度考核目标量化到处室、细分到岗位，体现了人人肩上有指标，初步建立“一处一册、一人一表”的考核体系，同步完善安全总监、客服中心、数质量检测中心等专业化机构薪酬方案。持续开展好以“比学赶帮超”工作为代表的竞赛活动，累计兑现薪酬及费用奖励 1 370 万元，充分激发了广大干部员工“扛红旗、争第一”的斗志，以“效益论英雄”“靠业绩定收入”的理念不断深入人心。

（伍　灿）

【党建责任严格落实】 2016 年，四川石油分公司坚持中心组学习，优化学习组织，改进研讨方式，有效强化了干部队伍的政治意识、大局意识、核心意识和看齐意识。明确班子成员抓党建制度化、规范化、经常化的具体任务和实现路径，初步形成了齐抓共管的责任制格局。完成省公司党委和 7 个二级党委（总支）换届，优化基层党支部设置，开展基层党支部示范点创建和分类定级。制定“两学一做”阶段运行表，推行党员积分管理，把完成重点任务目标量化为合格党员的最大单项积分，强化了队伍攻坚克难的担当意识。

（伍　灿）

表 1　　四川石油分公司主要经营指标

指标名称＼年份	2016	2015	2014	2013	2012	2011
成品油销售总量/万吨	257.00	244.00	216.00	216.00	215.00	181.00
零售量	152.00	139.00	136.00	135.00	135.00	109.00
销售收入/亿元	136.81	166.06	165.50	164.23	144.10	142.30
利润/亿元	2.50	2.12	1.21	1.01	2.13	2.60

续表

指标名称＼年份	2016	2015	2014	2013	2012	2011
吨油费用/元	408.00	410.00	404.00	376.00	342.00	291.00
加油站总数/座	487	452	429	395	355	288

重庆石油分公司

【概况】 中国石化销售有限公司重庆石油分公司(简称重庆石油分公司)组建于2009年12月，本部设在重庆市渝中区青年路38号，主要负责重庆地区成品油批发、零售、直销以及车用天然气、非油品销售等业务。

截至2016年12月31日，重庆石油分公司资产总额74.7亿元，拥有员工2 718人，共有8家分公司、23家全资子公司、15家控股子公司及2家参股子公司。在营加油(气)站290座，在营油库6座。油气营销网络基本覆盖重庆市38个行政区县。

2016年，重庆石油分公司经营总量210万吨，其中销售成品油198.06万吨、天然气1.42亿立方米。非油品营业额2.32亿元，利润3.31亿元。

重庆石油分公司主要经营指标见表1。

(郑怀录)

【“比学赶帮超”工作获优秀组织奖】 2016年，重庆石油分公司连续3年获得集团公司安全生产先进单位称号。在油品销售板块“比学赶帮超”工作中获得利润、成品油资源、天然气投营、天然气经营、加油站管理和服务、人均劳效6面年度红旗，第3次获得优秀组织奖。

(郑怀录)

【抓好资源统筹创效】 2016年，重庆石油分公司实现外采资源41万吨，同比增长232%。按资源顺推法测算，实现毛利2.7亿元，增长241%。加强与中国石油等兄弟公司的协调，加大出库比例，全年节约运费550万元。

(郑怀录)

【全力扩销增量】 2016年，重庆石油分公司将9个分(子)公司划分为24个竞争区域，实行差异化竞争。全年零售机出量113万吨，同比提升6%，其中汽油增长19%。全年外采进入枪加量6.76万吨，创效1.54亿元。

(郑怀录)

【推动天然气经营】 2016年，重庆石油分公司全年购进天然气1.46亿立方米，其中石化内部资源3 600万立方米、外部资源1.1亿立方米。试点天然气“筑巢”营销，先后实施充值返利、气非互促、一站一策、降价促销等措施，加气IC卡持卡消费率由年初的12%提升至16%。

(郑怀录)

【增加非油品销售】 2016年，重庆石油分公司开展“最美便利店”运营竞赛，门店日均销售额突破30万元，同比增长20%。利用供应商资源开展6期促销活动，销售额达到836万元。与罗森便利店开展跨界合作的门店单店日均营业额6 518元，较合作前提升25%。冠名“中石化海龙杯”重庆市第3届市民环保知识竞赛，累计销售尾气处理液784万元，增幅66%。将卓玛泉作为油非互促重点推荐商品，销售315万瓶共计625万元。

(郑怀录)

【提升销售网络质量】 2016年，重庆石油分公司投营油气站23座，其中新建投营16座、油气站复营7座。涪陵LNG工厂项目主体工程形象进度完成90%，酉阳油库库区工程完成交工验收，永川双石油库完成环评、安评、水土保持方案及职业卫生防护评价，万州驸马油库正加快办理相关手续。

(郑怀录)

【400万吨/年成品油管道在渝投用】 2016年2月27日，中国石化400万吨/年成品油管道投用仪式在重庆市江北区中国石化唐家沱油库举行。重庆市委常委、市政府常务副市长翁杰明，集团公司副总经理张海潮出席投用活动。

(郑怀录)

【98$^{\#}$汽油在重庆上市】 2016年8月30日，销售公司重庆三峡石油分公司宣布98$^{\#}$汽油正式在万州3个加油站同时上市销售，上市首日就吸引了一批车主改加98$^{\#}$汽油。自9月5日起，98$^{\#}$汽油在南滨路加油站等6座加油站上市销售。

（郑怀录）

表1　　重庆石油分公司主要经营指标

指标名称＼年份	2016	2015	2014	2013	2012	2011
成品油销售总量/万吨	198.06	185.00	179.38	178.84	171.00	160.00
零售量	127.83	125.16	119.99	119.82	112.00	99.66
销售收入/亿元	111.51	110.84	134.36	137.62	131.38	119.86
报表利润/亿元	3.31	2.40	2.00	1.70	2.41	3.01
报表吨油费用/元	356.00	337.00	354.00	321.00	320.00	238.00
在营加油(气)站总数/座	290	301	276	276	260	253
油库数/座	6	6	6	6	6	6

陕西石油分公司

【概况】 中国石化销售有限公司陕西石油分公司(简称陕西石油分公司)本部位于陕西省西安市，是2009年底以原销售西北分公司机关为班底和原西北陕西分公司重组而成，2010年1月15日正式揭牌成立，时称中国石油化工股份有限公司陕西石油分公司。2012年10月，陕西石油分公司管理规格调整为大Ⅰ型。2014年更名为中国石化销售有限公司陕西石油分公司。

陕西石油分公司集仓储、物流、销售、服务为一体，全权负责中国石化在陕西省境内的成品油、车用天然气、润滑油、非油品销售等经营业务和销售网络建设工作。截至2016年底，员工总数从由成立之初的1 028人增加到3 089人；机关本部设有12个职能部门，下辖9个地市公司及39个县区公司；在营加油(气)站总数从成立之初的77座增长到426座，非油品易捷便利店由21座增长到414座，年非油品销售额由430万元增长到1.96亿元；自有油库由1座增长到3座，总库容达到13.8万立方米。2016年实现经营总量185.45万吨，其中成品油经营量180.8万吨。

陕西石油分公司主要经营指标见表1。

（马保迁）

【较好完成各项目标任务】 2016年，受国内实体经济增速放缓、省内市场消费持续低迷、陕西提前升级国Ⅴ、外来“三低”资源冲击日益加大等因素影响，导致市场资源过剩价格竞争白热化，陕西石油分公司紧紧围绕“建设区外一流销售企业”的奋斗目标，牢固树立“打造百年老店、转型发展、价值创造、长期过紧日子”4个理念，始终坚持网络发展、经营创效、规范管理3条工作主线不放松，各项工作稳步推进。成品油经营量185.45万吨，直批量(不含燃料油)47.79万吨，零售量124.03万吨，天然气经营量4.65万吨，非油品营业收入1.96亿元，实现报表利润1.64亿元，未发生上报集团公司、销售公司级安全数质量和媒体负面舆情事故。

（马保迁）

【综合算账采购资源】 2016年，陕西石油分公司派员常驻山东地炼，掌握一手价格信息，综合计算并对比分析采购价格、仓储物流、补贴政策等全环节进货成本，精准把握2种资源的采购渠道和时间节点，以效益为中心采购质量合格的低价资源。汽油外采已形成稳定的进货渠道和规模，累计外采汽油25.9万吨，较集采资源降本1.65亿元。柴油外采从无到有，紧盯山东地炼和延长价差提前锁定低价资源，累计外采柴油8.9万吨，降本1 200万元。加强与延长集团的协调，解决了汽油集采价格长期高于兄弟单位的问题。延长集团资源在原来单一补贴公路的基础上，增加了铁路补贴，累计争取延长补贴3 066万元。

（马保迁）

2016 年 1 月 26 日，陕西宝鸡石油分公司紧急调运天然气资源，缓解出租车辆加气难 （田剑军　摄）

【**树立效益导向**】 2016 年，陕西石油分公司经营理念从过去传统的、惯性的降价促销，转变为着力稳价推价，以强管理、提服务、练内功、建队伍来稳定销量。一季度市场平稳时期，注重稳价稳量；二季度市场竞争白热化，积极“亮剑”参与竞争。下半年“小步快跑”上推柴油零售价，月均利润较上半年增长 160%，零售价格到位率处于历史最高水平。在全年“七升四降”的调价关口，加强进、销、存各环节联动，实现资源创效。利用外采资源的成本优势，建立直分销的快速反应机制，采取一户一策、一时一价的营销策略，全年开发新客户 409 个，实现增量 2.7 万吨。汽油直分销完成 12 万吨，同比增幅 59%。

（马保迁）

【**调整优化考核政策**】 2016 年，陕西石油分公司加大零售机出及效益指标的考核权重，打破两级机关管理人员的固定工资制，开展全员全方位联量联薪考核，实现薪酬与利润、零售、直分销等经营任务紧密挂钩，参与考核薪酬的比重达到 80%。下发调整零售用工管理、薪酬分配、激励约束机制的指导意见，全面推行末位淘汰。每日通报地市公司的经营数据及排名情况，对机出降幅较大且连续 2 个月未完成任务的地市公司分管领导进行约谈 3 次；对连续 3 个月未完成任务且机出下滑的 7 名站长进行末位淘汰。

（马保迁）

【**开展主题营销**】 2016 年，陕西石油分公司明确地市公司和片区是“一站一策”的责任主体，逐站逐项制定稳量增量措施。通过开展油非互动、交叉营销、组合营销、最红星期三、周末体验日等不间断的主题营销，提升客户消费体验，促进销量提升。积极推广高标号汽油，353 座站已实现高标号汽油销售。在营站全面销售 95# 汽油，6 座重点站试点销售 98# 汽油并进一步推广。

（马保迁）

2016 年 5 月 2 日，陕西渭南石油分公司将“加油卡进社区”活动开进汽车文化节现场 （曹　旭　摄）

【**强化管理提升服务**】 2016 年，陕西石油分公司下发零售督察奖惩实施细则，引入神秘顾客访问机制，强化油气站基础管理和现场服务。累计开展现场、视频及电话督察 3 562 站次，查出各类问题 2 097 条，整改率 97%。微信营销逐步推广。学习广东石油分公司经验，开展活动推送、拉新赠礼、充值优惠、抽奖赠券等一系列营销活动。微信粉丝数量已达到 40 万个，排名区外第二。

（马保迁）

【**网络建设稳中有进**】 2016 年，陕西石油分公司面对延长、壳牌在西安等重点市场发展的巨大压力，坚持把网络建设作为战略任务来抓。明确了“一手抓现有网络的稳定、一手抓新网络的拓展，选择西安、咸阳、榆林等重点区域市场，宜建则建、宜收则收、宜租则租”的网络发展思路，确保网点规模只增不减，网络结构逐步优化。获得总部“比学赶帮超”网络发展质量年度先进红旗。

提前介入并及时跟进“即将到期、有退租和拆迁风险、有价值、有潜力”的站点，完成 8 座高速公路骨干大站的续租、5 座城区高效租赁站点的缓拆，稳定零售量近 20 万吨。对土地和规划手续不全的 2 座加油站，实现了“拆一补一”。

采取“不发生资本支出锁定项目、先短租后收购、全资站增加加气功能”等方式，年初省市两级逐站对接，确定全年 26 座油气站的网建保底任务。累计考察新项目 52 座，上会评审通过 37 座，已上报总部 12 座，取得批复 7 座。对地市公司按照“四定责任制”定期督导，加快投营增量增效，累计投营项目 14 座。

（马保迁）

【重点项目有效推进】 2016 年，陕西石油分公司榆林油库专用线接轨建设完工，危险货物安全验收评价和铁路专用线仿真实验完成。西安浐灞办公楼项目已与地方政府签订土地退款协议，榆林天然气公司总部批复同意清算，一些重大的遗留问题正在逐步得以处置。

（马保迁）

【确保安全管好数质量】 2016 年，陕西石油分公司成立专职安全督察队，常态化开展“日督察、周通报、月总结”，实现安全督察闭环管理。以运输损耗、油库密度、加油机精度为抓手，全面排查堵塞损耗漏洞，合理控制密度差溢余。严格外采油品质量管控，累计对 11 批 8 686 吨不合格油品坚决予以退货。

（马保迁）

【扎实推进管理创效】 2016 年，陕西石油分公司推进全员成本目标管理，可控费用同比下降 11%。贯彻“管理服务经营”的理念，对资源运作、物流优化、营销组织、工程管理、损溢管控等关键环节进行梳理分析，制定了 28 项管理创效措施，明确量化标准、列出创效清单，全年完成考核利润 2 亿元。

（马保迁）

【规范管理防控风险】 2016 年，陕西石油分公司修订完善《内控手册》权限指引 4 项，新增流程 7 个、控制点 457 个，累计在线检查流程 101 个、控制点 4 158个，有效提升内控执行力。梳理下发新版规章制度 250 项，对 6 个领域的 16 类合同文本进行修订，标准文本使用率从 0 提升至 88%。对 309 个新建、改造项目进行结算审计，累计审减金额 1 670 万元，审减率 11%。以榆林公司为试点，识别梳理出二级风险 37 个、三级风险 152 个，初步建立了地市公司层面的风险管理体系。

（马保迁）

【信息化建设支撑经营】 2016 年，陕西石油分公司深入开展“互联网 +”的学习应用，完成微信营销和支付平台的建设应用，完成 395 座油气站的高清视频改造和系统集成，完成 160 座加油站的液位仪系统站级平台集成。获得集团公司“十二五”信息化工作先进单位和销售企业“互联网 + 应用”技术比武铜牌。

（马保迁）

【队伍建设扎实推进】 2016 年，陕西石油分公司强化干事创业的作风建设，营造风清气正的内部环境，企业团结、和谐、稳定，得到总部领导的充分认可。完成中层干部的人事档案审查和个人事项报告工作，按照组织程序完成中层干部年度考核，交流干部 14 人，提拔 9 人。1 645 人通过职业技能鉴定考试，初级工达到 1 126 人、中级工 558 人、高级工 193 人、技师 14 人。组织各类培训班 173 期、培训 5 673 人次。开发微课程 55 门，上报总部精品课程 4 门。

（马保迁）

【“两学一做”稳步推进】 2016 年，陕西石油分公司面向全体党员开展“两学一做”学习教育，制定下发学习教育方案和推进计划，明确 23 个重点事项和 35 条检查标准，成立督导办公室及 3 个督导组，并对 9 家地市公司党委及 44 家党支部开展 2 轮全面督导，开列《问题反馈清单》11 份，举办省市两级学习教育知识竞赛 10 余场，开展党员落实“一做”主题活动 15 次，使党建工作与经营发展相互融合、同频共振。

（马保迁）

2016 年 3 月 12 日，陕西石油分公司邀请客户、媒体参加“碧树蓝天在行动，共建石化品牌林”主题活动 （马保迁 摄）

【加强企业宣传工作】 2016 年，陕西石油分公司坚持“团结稳定鼓劲、正面宣传为主”的方针，围绕集团公司中心工作，聚焦提质增效升级的核心目标，紧盯转方式调结构的核心任务，大力宣传省公司重要会议和总部领导到陕重要讲话精神，重点报道各地市公司保量稳量、提质增效、强化管理等工作，2016 年共编发“陕石在线”微信 251 期，出版《陕西石油》报 24 期，在石化和社会各媒体刊（播）发重点稿件 43 篇。强化企媒联动，与政府宣传部门、主流媒体建立日常联络机制和突发舆情协商机制，加大社会媒体正面宣传力度，提升影响力和美誉度，潜移默化引导客户加油消费。建立舆情监测与处置工作组，制定省、市、县三级网宣员舆情监测值班制度，规范新闻采访与发布的流程，邀请媒体记者“走进中国石化”参加公益植树活动，正面传播了陕西石油分公司的良好社会形象。

（马保迁）

表1 陕西石油分公司主要经营指标

指标名称 \ 年份	2016	2015	2014	2013	2012	2011
成品油销售总量/万吨	180.80	217.71	208.08	200.46	189.34	168.00
零售量	124.03	130.28	150.20	145.36	132.37	102.00
销售收入/亿元	93.09	116.70	149.98	147.78	144.00	122.89
利润/亿元	1.64	2.70	0.40	1.00	0.73	0.60
成品油吨油费用/元	475.00	375.00	394.00	368.00	357.00	346.00
加油(气)站总数/座	434	414	438	433	397	354

内蒙古石油分公司

【概况】 中国石化销售有限公司内蒙古石油分公司(简称内蒙古石油分公司)本部位于内蒙古自治区呼和浩特市新城区成吉思汗大街26号。其前身是中国石化销售有限公司西北内蒙古分公司，2009年12月调整为股份公司直属企业，更名为股份公司内蒙古石油分公司。2014年4月更为现名。内蒙古石油分公司主要在内蒙古地区从事成品油零售、直销和批发以及润滑油、燃料油及非油品的销售等业务。

截至2016年底，内蒙古石油分公司本部设13个职能处室，下设12个盟市分公司，拥有在营油库10座、加油站360座，资产总额41.61亿元，职工总数2 258人(不包括委托站的750人)，其中合同制员工2 220人、劳务工38人。控股中石化集团内蒙古石油销售有限责任公司(简称内蒙有限公司)，内蒙有限公司本部设综合、财务、业务3个部门，下设有限赤峰分公司，参股包头有限公司，拥有在营油库2座(赤峰油库、租赁白塔油库)、在营加油站5座，在册员工106人，资产总额0.92亿元。

内蒙古石油分公司主要经营指标见表1。

（刘海燕）

【领导班子调整】 2016年3月18日，集团公司总经理助理兼人事部主任刘中云宣布内蒙古石油分公司党委书记李新华退休，副总经理李开仕退出现职、任调研员。7月12日，集团公司任命王邑庆任内蒙古石油分公司副总经理，任命史永辉任内蒙古石油分公司党委副书记、纪委书记、工会主席，任命张学深任内蒙古石油分公司副总经理、总会计师。

（刘海燕）

【零售经营恢复性增长】 2016年，内蒙古石油分公司坚持“量效兼顾，以效为先”，细化经营管理，紧跟市场变化，反复测算每座站盈亏平衡点，分汽柴油、分品号制定量效兼顾最佳方案，强化统筹算账和财务分析能力，大力实施组合营销和隐性竞争，开展“红色星期一、星期五”“加满送”等多种活动；坚持以竞促合，稳步推价，明确汽油、柴油的主要竞争对手，利用汽油销售“以小博大”竞争优势，推动柴油增量稳价，巩固汽油创效空间，点对点抑制社会站低价倾销行为，促使社会站稳价，取得一定成效；组建专职零售督察队，强化零售督察，定期巡查通报。全年零售督察18批次，检查加油站183座次。全年全口径零售量同比增长4%，自营机出增长6%，其中汽油增长20%，汽油增量弥补了柴油减量，实现了零售量恢复性增长。

（刘海燕）

【提升经营创效能力】 2016年，内蒙古石油分公司调整资源考核思路，树立盟市公司“畅通销路，扩销增效”的理念，以2015年实际消化配置资源为基数，优化资源成本结构。全年累计接受配置资源61.9万吨，完成年度计划106.7%。坚持低库存运作，精心核算每座油库周转天数，设置动态合理库存上限，大力推进“快进快出”，疏通资源出口，降低跌价风险。全年月均库存保持在6.85万吨，月均同比降低

1.4 万吨，库存潜在价值扭亏为盈。积极拓宽外采渠道，扩大资源购进价差，优选 10 家外采供应商，加强供应商考核。全年购进外采资源 47.4 万吨，增幅 20%，汽油平均外采价差 2 251 元/吨，车柴 1 250 元/吨。优化二次物流工作，统筹优化串换资源，增加资源计划提报次数，继续对现有一、二次物流业务进行梳理，及时纠正不经济的二次物流配送。全年吨油费用减少 0.5 元。

（刘海燕）

【直分销实现增量】 2016 年，内蒙古石油分公司实施联动考核，充分调动干部员工销售积极性。将盟市公司领导班子月度绩效按照 15%—20% 比重考核兑现，客户经理按照 5 元/吨联量计酬考核，有效激发了基层增量积极性；持续完善客户经理制，开展专业化培训，加强业务考核，全年考核淘汰客户经理 7 名，新引进 5 名，25 名客户经理全年共完成销量 39.8 万吨，人均 1.6 万吨；大力开发维护客户群体，建立客户档案，干部带头开拓市场，全年新增客户 251 个、销量 6.3 万吨，新增客户销量同比增长 235%，直分销量增加 32.4%。

（刘海燕）

【突破非油品业务发展瓶颈】 2016 年，内蒙古石油分公司充实非油品管理和营销队伍，将非油品业务处改组为专业化管理中心，实施专业化分工。突出门店销售，加大基础品类和重点商品销售力度，实施便利店分级分类管理，狠抓商品陈列和专业化运营，开展重点商品销售竞赛和“最美”评比活动。全年基础品类营业额达 1.53 亿元，同比增长 20%；核心商品营业额达 1 491 万元，增长 9.5%；压缩团购规模 1 100 万元，优化了经营结构，非油品全年利润达994 万元。召开内蒙古特色商品推介会，将圣牧牛奶、乳制品、牛肉干等重点特色产品推向全国市场，累计订单发货金额突破 1 500 万元，创效 90 余万元。与永盛成签订合作框架协议，永盛成派出 17 人专职团队，专业化调整门店 77 座。建立了统采特色商品为主，盟市采购区域特色和一般性商品的采购架构，全年新引进供应商 17 家，综合毛利率 35%，实现返利 26 万元。

（刘海燕）

【优化销售网络结构】 2016 年，内蒙古石油分公司转变观念，优化网络结构。大力发展城区汽油站，学习江苏石油分公司先进经验，大力推动创新网络发展模式，召开网建工作会议，明确 2—3 年内发展 50—60 座城区汽油站的目标。全年新增汽油站 3 座，完成隐患治理项目 11 个，提量改造 34 个，便利店改造 34 个。大力推动证照手续办理，清理历史遗留项目 9 个，完善油库手续 6 项、土地证照 10 宗、房产证 19 件，梳理油库投资执行情况和进一步完善网建档案。加强承包商管理，严格承包商资格审查和培训教育，考核淘汰 3 家施工单位。

（刘海燕）

【大力推动重点项目落地】 2016 年，内蒙古石油分公司与自治区高速公路管理局签订合作协议，成功取得 G6、G7 高速公路 16 座服务区加油站经营权；10 月，内蒙古高速石化有限责任公司正式注册成立，8 座服务区加油站顺利投营。与呼和浩特市城市管理行政执法局签订战略合作协议，共同开发呼和浩特城区站，为合作方所属车辆供应油品。利用长呼管道，与华北石油局、西部天然气、内蒙古博源公司签订天然气互通协议，实现天然气资源串换。与鄂尔多斯煤炭局签订合作协议，与 13 家煤炭企业签署供油协议。

（刘海燕）

【强化安全和计质量管理】 2016 年，内蒙古石油分公司全面强化安全责任制落实，将 HSE 考核权重提高至 20%，配备两级专兼职安全总监和督察队，形成问题整改闭环管理机制，全年检查库站 274 座次，查出整改问题 2 961 项。提升薄弱环节安全监管，加强直接作业监管，开展“四不两直”检查，严抓隐患风险排查整治，形成“十大风险”清单 132 项，全面推进应急预案优化和现场应急处置卡片化工作。强化计质量管理，实施计质量事件一票否决制，开展质量风险识别，加强过程控制与质量监督，严把出入关口，外采油品实施“B + A + 内控指标”三道关口检验，开展供应商油品质量考评，大力打击偷换油行为。全年完成出入库检验 4 094 批次，处置不合格油品 51 批次共 2.97 万吨。严格执行损耗考核，签订损耗控制目标责任状，严格实物监盘制度，深化液位仪应用和自动计量管理，开展计量比武活动。全年损耗率控制在 －0.016%，其中零售损耗率为 0.05%，实现降本增效 360 万元。

（刘海燕）

【提升基础管理水平】 2016 年，内蒙古石油分公司强化“三基”工作。重新制定“三定”方案，规范岗位职责，狠抓执行力薄弱环节，深入优化和健全管理流程，加强内控与风险管理，全年整改业务流程漏洞16个，持续优化完善制度70项；深化财务管理服务经营的职能，强化财务分析能力，加大盟市公司财务分析指导力度，加强资金资产管理，着力规范会计基础工作，开展全员成本目标管理工作，全年费用控制在年度预算范围之内，费用总额同比下降3%；加强审计和效能监察，开展2012—2014年投资项目后评价工作，内审检查了2015年经营管理，围绕重点工作开展审计监督，开展6家盟市公司离任经济责任审计，审核64项工程建设投资工作，对115座站进行竣工决算。

（刘海燕）

【夯实人力资源管理基础】 2016年，内蒙古石油分公司加强干部队伍建设，全年调整交流中层干部26人次，重视年轻干部培养使用，完善人才成长通道建设，选聘主任师、技师10人，在总部人才考评中位列区外公司前列，推荐高级职称评审8人，自主组织技能鉴定考试783人。深化用工制度改革，平稳完成加油站委托管理和用工形式调整，697名员工参与委托管理，1 855人转为合同制员工。加强人工成本管理和基础管理工作，推进员工薪酬体系改革，活化薪酬比例，基层一线员工月均薪酬人均增长300元。突出素质能力提升，轮训两级中层干部161人，举办基层培训654期，培训员工4 313人次。

（刘海燕）

【围绕中心工作加强党的建设】 2016年，内蒙古石油分公司全面深入开展“两学一做”学习教育。成立工作领导小组，召开动员部署会，下发实施方案，严格落实15项具体措施，领导干部讲党课39次，组织“手抄党章”“党员示范岗”等活动，开通“青春内蒙古石油”微信公众号加强宣传。深入开展“两力一精神”，建立“六转”服务新机制，深入开展“领导干部服务基层工作年”和“六抓六促六提升”活动，下派13个基层工作督导组，开展调研帮扶。强化“一岗双责”责任落实，新一届领导班子组建后，召开党建工作会议，全面从严加强党的建设，强化党建考核力度，加强基层党建机构和队伍建设，基层党支部增加到45个。

（刘海燕）

表1　　内蒙古石油分公司主要经营指标①

指标名称 \ 年份	2016	2015	2014	2013	2012	2011
成品油销售总量/万吨	166.25	184.48	179.11	165.21	186.79	165.11
零售量	108.91	97.56	106.15	125.07	132.30	112.64
销售收入/亿元	81.85	96.89	125.09	122.17	141.08	121.69
利润/亿元	0.51	0.03	-0.11	1.20	1.00	0.81
吨油费用/元	378.00	346.00	345.07	344.82	303.20	250.78
加油站总数/座	360	372	372	367	339	275
油库数量/座	10	10	10	10	8	8
铁路专用线数/条	10	10	10	10	7	7

①以上指标均不含参股公司

新疆石油分公司

【概况】 中国石化销售有限公司新疆石油分公司（简称新疆石油分公司）是中国石化在新疆的唯一成品油销售企业，本部位于新疆乌鲁木齐市长春南路466号。主要负责中国石化在新疆地区的成品油销售与营销网络建设，主营汽油、柴油、润滑油、非油品和其他石化产品的零售、直销配送、批发、仓储业务。2010年1月，集团公司为在疆的油田、炼厂发展相配套，确保开采的石油资源就地加工、就地销售，进行了管理体制调整，新组建新疆石油分公司，隶属中国石化销售有限公司直接领导，2012年10月升格为大Ⅰ型企业（正局级）。

截至2016年底，新疆石油分公司设12个职能管理处室，3个经营性专业中心，下辖9个地市分公司、2个全资子公司、7个控股公司、1个参股公司。有基层党委10个，基层党支部70个。拥有员工总数2 475人，资产总额43.7亿元，在营油库12座，加油加气站395座（其中加油站360座、加气站35座），易捷便利店 332 座，CNG 母站 1 座，油库 12 座，总库容 21.92 万立方米。

2016 年，新疆石油分公司完成经营总量 262.58 万吨，其中成品油经营总量为 257.48 万吨（零售 133.72 万吨、直分销 123.76 万吨），同比增幅 13.7%；天然气销量 6 135 万立方米，增幅 14%；非油品营业额（含润滑油）1.75 亿元，增幅 20%；吨油费用 266 元，比年度预算节约 30 元，在承担配置资源铁路出厂运费 2.81 亿元的基础上，实现财务报表利润 6 621 万元，按销售企业同口径还原后利润 3.97 亿元，全面完成全年目标任务。

新疆石油分公司主要经营指标见表 1。

（李　飞）

【经营总量晋升区外第一】 2016 年，新疆石油分公司坚持以塔河炼化资源全产全销为目标，精准营销，突出重点抓零售，采取一站一策、油非互促、交叉营销、点对点竞争等措施，逐步形成了“周末汽油特实惠”“3 个 5 同质优价”等知名“招牌”。直批方面紧盯新疆 1.5 万亿元大投资和 667 座社会加油站，将工程项目和社会油站 2 类重点客户的开发责任到人，全年新增客户 611 家，新客户销量 12.45 万吨，带动终端销量增长 21%。全年销售塔河炼化资源 214.36 万吨，增长 18%，完成了总部下达的任务，维护了中国石化在新疆上中下游一体化的大局，经营总量晋升区外第一，疆内成品油市场份额达到 30%，在阿克苏、乌鲁木齐等重点地市的直分销市场占有率超过 50%，主要经营指标在区外销售企业中排名前列。

（李　飞）

【非油品经营量创历史新高】 2016 年，新疆石油分公司优化门店运营，努力扩大核心商品销售，主动推介地方特色商品。营业额 50 万元以上的门店发展到 99 座。以“特色商品定制化”推广为主要模式，将新疆特色商品销往 21 家省市公司，全年完成发货量 3 000万元；以电子券推广为主要抓手，加大油非互动；积极推进资本运作、跨界经营新业务，优选新疆潜力企业，构思合作框架，为打造地方名优特走向全国打基础。制定微商城开发方案，与新疆果业达成 O2O 合作意向，初步创建了线上平台销售模式。全年实现非油品营业额（含润滑油）1.75 亿元，同比增长 20%。

（李　飞）

【严防死守 QHSSE 红线】 新疆石油分公司逐级落实 QHSSE 责任，注重现场直接作业环节监管和安全技能培训，从责任制分解入手，狠抓现场管理，狠抓安全隐患排查和整改落实。组建督察队严格按照“四不两直”开展各项安全检查工作。在全公司加油站、油库安装防盗抢报警器，配置防护栏、隔离墩、个人防护用品，升级监控设备，确保监控系统 100% 全覆盖，做到物防、人防、技防统一，有力保障了员工生命财产安全和队伍稳定。2010—2016 年，连续 7 年获评自治区安全生产目标考核先进单位。

（李　飞）

【合资合作迈上新台阶】 2016 年，新疆石油分公司大力开展交叉营销跨界营销，与农业银行、平安保险等多家地方龙头单位建立战略合作关系，与电信、银行、保险、烟草等行业开展联合营销，在节假日积极开展油非互促、油价直降等营销活动，共同推广销售易捷水产品、环保产品、车联网与 O2O、金融与保险、汽服等项目；1 月 20—30 日，全国第 13 届冬运会在乌鲁木齐举行，中国石化作为官方合作伙伴，独家冠名“中国石化杯”速度滑冰比赛，展现了中国石化风采。为顺应自治区全力推进央企属地法人注册，与经济发达、要求迫切、给中国石化优惠条件多的地州洽谈合作，与阿克苏、巴州及塔城政府签署战略合作框架协议并分布成立合资公司。

（李　飞）

【整合收购龙禹新疆公司】 2016 年 9 月 27 日，新疆石油分公司与北京龙禹石油化工有限公司成功签订股权转让协议，标志着新疆石油分公司正式实现对北京龙禹公司下属新疆龙禹公司的整合收购，对实现中国石化销售企业在新疆的一体化运营，具有良好的市场效益、经济效益和品牌意义。

（李　飞）

【销售网络发展持续优化】 2016 年，新疆石油分公司立足全疆规划布局，狠抓项目建设，共有 29 个加油（气）站建设项目进场施工，其中包括 22 个高速公路项目，成功实现“突破哈密”。加大项目储备，落实重点项目，全年上报销售公司 35 个加油（气）站项目立项，取得 12 个项目批复，特别是高速公路库车 705 南北加气站利用西北局资源建设标准站，将成为全疆首例高速公路沿线 CNG 标准站。全年新项目获取土地 11 宗。地市公司利用短期租赁站补充完善网络，完成租赁接站 5 座。在销售系统创新开展油气站建设项目的施工总承包，采用 EPC 或施工总承包的管理模式，对 183 个建设项目尝试项目群管理，通过邀请招标委托给炼化工程公司和石油工程公司，为投资管理工作的持续健康发展增强后劲。

（李　飞）

【基础管理水平不断增强】 2016年，新疆石油分公司完善财务价值管理体系，作为销售企业第2家上线试点单位，利用资金监管系统提高资金管理水平。实现税务管理规范化，争取财政税收返还资金360万元。全力提升全员成本目标管理水平，降低POS机刷卡费用及上门收款费用。规范合资公司管理，优化龙禹、路油及东力公司运营模式，实现企业整体效益最大化。加强内控建设，组织修订各类制度40项，加强证照管理，积极推进改善经营管理建议工作，规范诉讼纠纷，加大力度解决历史遗留问题。选优配强地市公司领导班子，先后调整配备6家地市公司领导班子，共调整中层干部19人；利用信息技术助推企业管理，完成335座加油站的汽油销售信息采集系统和53座站的卡机联动系统建设；发挥宣传工作对外提升公司形象、对内增强员工凝聚力的功能，巧用"微"阵地助推企业经营管理，内外宣工作在区外名列前茅。

（李　飞）

【积极履行社会责任】 2016年，新疆石油分公司继续投入100余万元用于派住1个村的基础建设等民生工程，并派出一支9人的驻村工作队参与到自治区"访惠聚"活动工作，持续投入资金用于贫困村的基础设施建设及脱贫项目建设，扶贫任务"不脱贫不脱钩"，与工作队所驻村的少数民族家庭"一对一"认亲结对。此外新疆石油还代表集团公司承担对口喀什地区岳普湖县的扶贫任务，派出1名副处级干部挂职副县长负责扶贫工作。

（李　飞）

【党建及企业文化工作持续加强】 2016年，新疆石油分公司党委突出党委政治核心作用发挥，强化管党治党责任落实。严格"三重一大"决策制度，重大事项民主决策，领导班子决策能力和水平进一步提升。加强党建系统化规范化管理，狠抓基层党组织建设，战斗堡垒和先锋模范带头作用进一步发挥。强化"两个责任"落实，紧盯"四风"问题，不能腐、不敢腐、不想腐风清气正的良好氛围进一步养成。加大"知形势、明责任、勇担当、促发展"形势任务教育，创建"家文化"建设示范点，注重先进事迹和典型人物挖掘宣传，以及深入开展群团主题活动，企业员工归属感、凝聚力进一步增强。

（李　飞）

表1　　新疆石油分公司主要经营指标

指标名称＼年份	2016	2015	2014	2013	2012	2011
成品油销售总量/万吨	257.50	226.40	203.56	208.76	186.97	164.00
零售量	133.70	120.82	120.59	118.99	100.74	76.60
销售收入/亿元	128.90	121.77	141.15	149.69	138.25	117.92
利润/亿元	0.66	0.42	-1.37	1.11	0.60	0.25
吨油费用/元	266.00	290.00	309.00	242.37	243.00	217.00
在营加油(气)站总数/座	395	395	395	368	343	226

吉林石油分公司

【概况】 中国石化销售有限公司吉林石油分公司(简称吉林石油分公司)是吉林省主要的成品油供应商之一，主营汽油、柴油、天然气的批发和零售，同时开展加油站便利店经营等业务。

吉林石油分公司的前身是中国石化销售有限公司东北吉林省分公司。2009年11月，根据中国石化调整区外油品销售企业管理体制决策，重组成立中国石油化工股份有限公司吉林石油分公司，下辖吉林市、白城、天然气3个区域分公司；2010年松原、四平、延边、通化4个分公司成立；2014年，长春分公司成立。2014年5月，更名为中国石化销售有限公司吉林石油分公司。截至2016年，共设8个分公司，拥有自有油库2座，天然气CNG母站2座。经营范围覆盖吉林省内7个地市，初步形成了成品油与天然气并举、供销一体化的经营格局。

截至2016年底，吉林石油分公司下设9个处室，共有员工1 154人，其中合同制员工1 064人、劳务工 90 人；有高级职称的 5 人、中级职称的 27 人；技能操作人员中，高级技师 1 人、技师 7 人、高级工 40 人、中级工 98 人。

2016 年，吉林石油分公司油气经营总量 54.32 万吨。销售成品油 47.42 万吨，其中零售 41.78 万吨；销售天然气 6 549 万立方米。非油品营业额 6 224万元。实现报表利润 3 864 万元。全年新增营业加油(气)站 9 座，重新投营加油(气)站 9 座；安全环保数质量工作总体平稳。在营加油站 162 座。

吉林石油分公司主要经营指标见表 1。

（黄　赫）

【成品油经营量效双增】 2016 年，吉林石油分公司坚持价值管理，以效益为中心、以市场为导向，灵活调整经营策略，全力以赴扩销增量。着力用活用好“多销多采”政策，统筹资源，努力降低库存、控制风险，精心把握外采量、价和外采时机。做大零售规模。加大大站培育力度，因时因地开展“点对点”竞争，不断提升终端经营质量。推进直批增量。加强市场预判，灵活营销策略，贴近市场灵活制定销售价格，实现成品油量效双增。

（黄　赫）

【拓展非油品新业务】 2016 年，吉林石油分公司在非油品上，不断夯实发展基础。加快中央仓建设，打破了没有中转仓库的历史，实现全省统采统配工作，进一步规范经营，提高商品周转率，降低采购成本；开展便利店“穿新衣”“换新装”工作，提升门店整体形象，营造良好的消费氛围。促进营业额快速增长。扎实推广专业化运营，组织开展全面盘点，持续强化基础管理，提升专业化经营管理能力；坚持以门店零售为核心，加大考核激励，大力开展汽服用品销售和水饮料销售竞赛，传递压力和动力；精心组织“重点商品促销”等活动；突出重点商品销售力度，营业额实现了快速增长。在车用天然气业务上，努力扩大天然气零售销售规模。积极拓展 LNG 业务。

（黄　赫）

【开展企地合作】 2016 年，吉林石油分公司积极作为，加快调整经营方式，创新经营模式。在新业务和合资合作上实现跨越式发展。加快水产业布局，从合作共赢出发，大力推进企地合作。促成了易捷公司拥有属于中国石化自有品牌的中高端天然矿泉水的战略布局。

（黄　赫）

【推进销售网络内涵发展】 2016 年，吉林石油分公司保障零售增量，加快完工项目投营速度。明确经营的重点在零售，狠抓加油站投营，倒排计划，在确保工程安全和质量的前提下，加快工程建设进度，为零售增量增效奠定基础。持续推进房产、土地规范化工作。加大“六位一体”改造力度。统筹规划改造项目，不断提高资产优良度。明确发展为经营服务的理念，确保零售增量，全力推进加油站项目建设。推进“两化”融合，提高信息化水平。7 月 1 日，顺利完成 ERP 大集中项目实施；全省开展“液位仪深化应用”项目。同时，完成建设招投标管理系统、成品油市场监测系统平台等项目。

（黄　赫）

【确保企业安全平稳高效运行】 2016 年，吉林石油分公司以提升“三基”工作为着眼点，进一步加强“三基”工作组织领导，扎实贯彻执行总部强化提升“三基”工作指导意见，开展“夯基础，强‘三基’，提素质”全员岗位大练兵活动。持之以恒抓好安全环保和数质量工作。修订完善安全生产责任制，成立省、市两级零售、发展等安全分委会，大力开展“我为安全做诊断”活动，组建专职安全督察大队，“四不两直”开展监督检查，组织开展年度设备、HSE 大检查，全面各类检查、督察覆盖全部 7 家分公司机关、油库、CNG 母站、加油(气)站、质检室以及部分非油品仓库；加强承包商安全监管，开展 2 期施工专项培训，强化施工现场监管，有效抑制了承包商安全管理的麻痹思想；强化数质量管理，严把油品采购、储存、运输、销售等关口，修订完善安全和数质量管理制度，对加油站和油库进行多频次、多方位的安全检查和问题整改，严格执行“专车专用、汽柴分运”制度，利用 LIMS 实验室管理系统，提高实验室信息化管理，加强油品出入库检验，确保销售油品质量 100% 合格。坚持开展“优质服务月”活动，推行加油站卫生大扫除整治活动，加大督察和神秘顾客访问力度，加油站现场管理和服务水平不断提升。严格制度执行防范经营风险。积极抓实降本减费和挖潜增效。

（黄　赫）

【人才队伍建设】 2016 年，吉林石油分公司深化用工制度改革，严控用工总量。依法合规启动调整用工形式工作，2 月 29 日，完成 920 人劳务工转合同制员工劳动合同签订工作。完善了以合同制员工为主体，派遣制员工、非全日制用工为补充的劳动用工体系。改革完善考核办法。抓住关键少数，提升干部履职能力。畅通人才成长通道，构建合理人才梯队。畅通优秀青年人才的成长通道，为企业发展储备人才。加大员工培训培养力度，全年共举办各类业务培训班377期，累计培训员工8 368人次；开展加油站操作工、油品计量工、储运调和工等职业技能鉴定和技术比武，累计1 450名员工参与，吉林市公司油库计量员蒋吉忠获得集团公司2016年油品计量工技术比武金牌，吉林石油分公司获得团体第9名的成绩。

（黄　赫）

【加强党群工作】 2016年，吉林石油分公司抓好“两学一做”学习教育活动。从党委、党总支、支部3个层面共组织集中学习研讨244次，党委书记、党委成员带头讲授专题党课2次、廉政党课1次，总支、支部书记讲授专题党课40次。加强党建系统化管理，开展“两优一先”评选，10个基层党组织、23名共产党员分别获得中共吉林省委、省国资委党委、集团公司党组和省公司党委表彰，其中延边分公司延南路加油站站长金文玲获吉林省委优秀共产党员标兵称号，她的事迹被拍成微电影《加油站的好大姐》在吉林电视台播出。全面落实“两个责任”，通过党委书记讲授廉政专题党课、聘请检察官做反腐倡廉教育、观看警示教育片、对管理岗位员工进行廉洁培训等方式，累计423人接受教育，强化全员红线意识；加强对领导干部履行党风廉政建设责任制情况进行监督，配发《党风廉政建设记录本》，8个党总支、16个党支部分别与党委、总支签订《党风廉政建设责任书》，44名中层以上干部向党委签订《党风廉政建设承诺书》。加强群团和宣传工作，持续开展“家文化”建设，为库站建设餐厅、阅览室、活动室、晾衣房、小菜园，装饰宿舍，配置必要的文体设施，改善员工工作和生活条件；开展“走基层访万家”工作，省市公司工会干部共走访基层班组148个，走访职工家庭269个，通过走访工作了解职工思想动态，促进企业和谐稳定；开展困难职工帮扶救助工作，对生活困难的9名职工进行帮扶慰问；组织开展健步走、羽毛球比赛等文体活动，累计550余人参加，丰富职工的业余文化生活；组织开展“爱心加油站”“学雷锋献爱心”志愿服务活动，为困难群众捐赠爱心衣物，开展无偿献血、基层帮扶、社区志愿服务活动；开展庆祝建党95周年和红军长征胜利80周年纪念活动，继承红色传统，提振干部员工干事创业的精气神；整合《吉林石油》杂志、党建网、微博、微信宣传平台，加大宣传力度，唱响主旋律、弘扬正能量。

（黄　赫）

表1　吉林石油分公司主要经营指标

指标名称＼年份	2016	2015	2014	2013	2012	2011	2010
成品油销售总量/万吨	54.30	47.42	54.25	49.32	55.85	49.35	35.66
零售量	41.78	38.11	39.58	34.35	37.00	31.00	20.25
销售收入/亿元	30.42	29.28	42.05	39.85	44.87	38.75	23.24
利润/万元	3 864.00	283.00	407.00	-2 148.00	2 003.00	1 845.00	-1 452.00
吨油费用/元	648.00	675.00	535.00	492.00	422.00	386.00	379.00
加油站座数/座	162	152	148	147	140	114	63

黑龙江石油分公司

【概况】 中国石化销售有限公司黑龙江石油分公司（简称黑龙江石油分公司）位于黑龙江省哈尔滨市南岗区嵩山路24号。前身是成立于2002年9月的中国石化销售有限公司东北黑龙江分公司，2010年1月1日调整为股份公司直属企业，更名为中国石油化工股份有限公司黑龙江石油分公司；2014年5月，更名为中国石化销售有限公司黑龙江石油分公司。为国家大型二级企业，是中国石化在黑龙江省的唯一企业，主要从事汽油、柴油、煤油、润滑油等成品油批发零售、天然气业务、非油品业务。

黑龙江石油分公司本部设7个部门，下设哈尔滨、齐齐哈尔、牡丹江、佳木斯、大庆、绥化6个地市公司，2个控股子公司和1个参股公司；共有合同制用工887人、劳务用工34人、委托站用工764人；加油加气站162座、油库6座、易捷便利店139座，资产总额18.66亿元。

2016年，黑龙江石油分公司被全国总工会和国家安全生产总局评选为“安康杯”劳动竞赛优胜单位；团委获共青团中央全国五四红旗团委称号；党委被黑龙江省直机关工委评为五星级机关党委，被黑龙江省委评为学习型党组织标兵；工会被黑龙江省总工会授予模范职工之家称号。

黑龙江石油分公司主要经营指标见表1。

（苏同生）

【成立新一届领导班子】 2016年12月29日，黑龙江石油分公司召开干部大会，销售公司党委书记夏世祥主持会议，集团公司总经理助理兼人事部主任刘中云参加会议。按照《中国石化领导人员退休管理办法》规定，免去张天明黑龙江石油分公司总经理兼党委书记职位，由丁建华接任。

（苏同生）

【扩大资源创效空间】 2016年，黑龙江石油分公司坚持以串换资源和外采资源为主、配置资源和集采资源为辅的资源结构，串换油品累计26.90万吨，整体物流优化创效1 100万元；通过动态平衡进销存，全年库存创效5 500万元。开展合同营销、油非互动营销、加油卡营销、节日营销、微信营销等活动，加油卡钻金级客户达2 346个，销量4.9万吨，同比增加1 220吨；加油卡持卡比例达34.6%，提高2.6%；微信服务号关注人数达25万人，注册会员1.7万人；全省系统平均单站机出量3 335吨，增加35吨；新增万吨站2座，总数达10座。在直分销方面，积极调动市场，全力开发大客户，累计调整价格41次，终端大客户销量超2万吨。

（苏同生）

【增强非油品综合服务】 2016年，黑龙江石油分公司非油品销售额增长34.34%，利润增长217%，在中国石化销售企业区外公司排名第一。根据季节特点，围绕重点商品实施“月月有营销、节节不空过”的营销策略，举办赖茅酒等重点商品品鉴会5场，实现销售额110万元。用于非油品奖励370万元，提高了地市公司、加油站和员工的销售积极性。着力打造精品样板店，对全省19家便利店进行布局陈列、形象设计等方面升级改造。加深与保险公司的合作，加油站驻点增加到37个，实现保险业务销售额增幅795%。全省6家地市公司均超额完成非油品年度销售任务，其中哈尔滨石油分公司单店日均销售1 832元，比销售系统平均水平高158元。

（苏同生）

【完善销售网络布局和功能】 2016年，黑龙江石油分公司新建加油站1座，佳木斯城东加油站实现当年建设当年投营。加油站提量改造3座，安全隐患改造5座；加油站油气回收改造45座，累计136座；在营站有139座安装了液位仪，站级系统联调率为80%；对14座未投营加油站进行情况摸底、原因分析，并制定具体投营措施和时间表，截至年底，有4座加油站已投营。3月，开通佳木斯油库铁路专用线，年内完成该油库剩余10%股权的收购工作。在中国石化销售企业区外公司排名中，黑龙江石油分公司吨油投资列第2位，万元资产经营量列第3位，净资产收益率列第4位。

（苏同生）

【推进安全数质量工作】 2016年，黑龙江石油分公司设置安全总监岗位，成立5个专业安全分委会，每季度召开分委会安全专题会议，3名领导班子成员承包3座自有油库，7个部门副处以上领导干部承包分公司管理薄弱的加油站开展安全工作。全年组织安全培训6次，共计上线培训3 788人次；先后6次修订完善HSE责任制，逐级签订HSE责任书320份，全员签订HSE承诺书1 752份，签订率100%；加强安全检查、督察，安全督察队累计发现安全问题850项，整改完成773项，整改率90.94%；严格运行质量体系，全年内部抽检、集团公司抽检、国家抽检合格率均为100%；开展“节能宣传周”“低碳日”“4·7质量日”“质量月”等活动。

（苏同生）

【提升财务管理水平】 2016年，黑龙江石油分公司深化财务分析指导作用，由月度预测、月度分析调整为周预测、月分析，加强了财务分析对经营活动的前端介入和过程监控，增强对地市公司价格执行、费用支出、模拟利润、加油站量效平衡等指标分析。加强对资金支付的管控力度，督促加快资金回笼和票据的转付，全年财务费用同比节约16%。严格落实降本减费目标，全年公务性支出下降20%。以“营改增”税率为基准，核减各项费用指标，倒逼主动开取增值税专用发票。全年节省公路运费837万元；加强低效无效资产的清理力度，全年共核销资产434项，资产净值2 229万元。开展资产清查、委托管理站效能审计、发标管理专项检查、非油品费用核算专项检查4项专题审计工作。

（苏同生）

【深化企业管理变革】 2016年，黑龙江石油分公司将年销售量3 000—5 000吨的27座加油站调整经营模式，以量定费，实施委托管理，委托管理加油站总数达113座。大力调整用工形式，将715名劳务派遣工依法调整为合同制员工，并将人事档案管理、社保及住房公积金管理实行人力资源管理外包，规避了新劳动合同法环境下的用工风险。畅通加油员到站长的“五级晋升机制”人才通道，培养后备站长75人。开展加油站员工持证上岗考试，达标人数达1 862人次。严格规范证照和房产土地管理，在证照系统维护证照1 618本，完成了“四证合一”及成品油批发经营批准证书更名。建成并运行公司核心机房，全省统一互联网出口，部署防火墙和网络入侵检测系统，完成ERP大集中上线工作。

（苏同生）

【狠抓党建凝聚共识】 2016年，黑龙江石油分公司严抓“两学一做”学习教育，落实“三会一课”制度，中心组集中学习17次，专题研讨9次，领导班子成员讲授党课3次，各支部书记和党员讲授党课30次，召开党委会21次，领导班子会18次，明确53个决策事项。落实两个责任，深入推进党风廉洁建设，对非油品采购、安全隐患治理“碧水蓝天”环保专项行动、禁止领导人员亲属经商办企业与中国石化发生业务往来、“八项规定”执行情况、油品数质量等进行效能监察立项。在2016年中国石化销售企业物流运行管理人员技术比武决赛中，夺得区外公司团体第1名、个人金牌和个人第4名的好成绩；举办“家文化”五小建设、最美家园评选、家风家训征集、书法比赛、党建知识比赛等活动；歌曲《石化心、中国梦》在集团公司“为美好生活加油——中国石化之歌”创作征集中获得组织贡献奖和金曲奖；通过“走基层、访万家”活动走访加油站153座，在“寻找最美青工”活动中选树优秀青工12人，推荐上报青工委6人。

（苏同生）

表1 黑龙江石油分公司主要经营指标

指标名称＼年份	2016	2015	2014	2013	2012	2011
成品油销售总量/万吨	74.03	64.25	96.34	88.67	77.50	56.92
零售量	52.45	51.37	59.45	84.08	57.00	42.98
销售收入/亿元	40.41	42.67	67.08	65.05	60.00	43.00
利润/亿元	1.10	0.25	0.09	0.32	0.28	0.28
吨油费用/元	466.00	443.00	356.00	352.00	350.00	369.00
加油站总数/座	162	160	163	162	161	151
油库数量/座	6	6	5	5	4	4

青海石油分公司

【概况】 中国石化销售有限公司青海石油分公司（简称青海石油分公司）成立于2003年3月，主要承担中国石化在青海省境内成品油的销售、管理和调运任务，经营范围涉及汽油、柴油、润滑油及非油品销售等业务，是中国石化在青海地区唯一成品油销售企业。本部位于西宁市，省公司机关设有10个职能处室，下辖西宁、格尔木、海西、海东4个地市级分公司和海南筹备处，拥有在营加油站156座，网点分布西宁市、格尔木市、海东市、海西州、海南州、海北州、黄南州及109、214、227、315国道沿线、京藏高速公路沿线和省道沿线，后续网点建设工作正在有条不紊地进行中。公司直属油库3座，分别为西宁大通油库、格尔木油库、海西柯柯油库，库容总量7.5万立方米。截至2016年底，青海石油分公司已具有一定规模，在市场具有较强影响力，为促进地方经济发展做出了积极贡献，赢得了政府及社会的赞誉。

青海石油分公司主要经营指标见表1。

（王 瑜）

【经营总量实现新突破】 2016年，青海石油分公司采取紧盯市场、决策经营，确保资源、支撑经营，紧贴市场、灵活经营，差异营销、促进经营的经营方针，资源策略与时俱进、依市调整，强化配置统筹，提升外采创效，强势面对市场竞争。零售销售比重达82%，同比增加12个百分点，高标号汽油增加26个百分点。在销售公司“比学赶帮超”红旗评比中，月度红旗累计获得17面，位居销售企业第11名；在年度红旗表彰中，获利润年度进步红旗、非油品经营年度进步红旗、成品油资源年度进步红旗。在销售企业综合竞争力、发展进步能力“两力”评比中，格尔木公司获综合竞争力第4名、西宁公司获综合竞争力第12名、海东公司获综合竞争力第14名；格尔木公司同时获得发展进步能力排名第10名的好成绩。青海石油地市公司首次闯入排名前20名。

（王　瑜）

【快速拓展终端市场】 2016年，青海石油分公司零售总量实现新突破。通过以“多卖一吨油”和“油非双增长”活动为抓手，扩大宣传营造市场、丰富手段吸引市场、客户开发抢夺市场、优质服务赢得市场，全年零售总量接近60万吨；零售大客户达2 286家，同比增加1 088家。通过青海特色商品推介会等活动，完成非油品营业额年度目标任务的1.33倍，增长77个百分点。实现300万元门店1座、100万元门店13座，全年获销售企业非油品月度红旗5面。

（王　瑜）

【安全管理得到加强】 2016年，青海石油分公司以落实安全生产主体责任为目标，通过层层落实安全生产责任制，强化落实“七想七不干”要求，落实《青海石油重大突发事项报告和应急处理制度》，加大安全大检查力度，深化暗查机制，严格落实隐患治理，有效保障“本质安全”。全年共计检查加油站319站次，夜查19站次，油库21座次，施工现场46座次，省地两级机关11次。通过7S试点工作的开展，对19名各级管理人员进行了督导师培训，5人参加集团公司安全大检查，逐步建立了一支有创新力的安全管理队伍。

（王　瑜）

【数质量总体受控】 2016年，青海石油分公司加大对炼厂索赔力度，索赔7.20吨超耗；践行“每一滴油都是承诺”，全年A、B级质检室共检验各类样品1 963批次，其中汽柴油入库792批次、汽柴油出库494批次、加油站抽检393批次，政府部门监督抽检65批次，集团公司油品质量抽检40批次，油品质量全部合格，未发生上报数质量事故及媒体曝光事件。

（王　瑜）

【网络发展质量不断提高】 2016年，青海石油分公司坚持走质量效益型发展道路，加快由数量规模向质量效益的转变。通过落实全环节效益测算，完善投资管理流程，优化投资结构，加快隐患整改、提量改造和油气回收改造工作，全年实现新增加油(气)站10座，新增销量2.79万吨。积极推进“碧水蓝天”工作，全年累计完成68座加油站的油气回收改造、5座加油站的提量改造和30座旅游厕所的改造工作。

（王　瑜）

【队伍素质得到提升】 2016年，青海石油分公司进一步优化用工管理和绩效考核评价体系，加强三支人才队伍建设，落实专业技术职称评定工作，稳妥推进小站委托管理，探索用工制度改革措施，强化劳动用工和绩效考核管理。各地市分公司以竞聘上岗和绩效考核为抓手，以“比学赶帮超”、完善激励机制、“四好”创建为着力点，优化机关、片区、加油站、油库各级人员配备，提升运行效率，队伍素质明显得到提高。在全员培训工作中，进一步突出培训的针对性和时效性，全年实现自培48期、培训员工1 300人次，外培36期、培训员工220人次。

（王　瑜）

【党建工作扎实推进】 2016年，青海石油分公司进一步增强党委政治核心作用和两级党组织合力，把党建工作与经营发展工作深度融合，实现“一体两面、共同聚焦”，将政治优势转化为企业发展核心竞争力。加强党建制度化管理，制定《青海石油党建四级工作指导意见及工作清单》《青海石油党建系统化管理工作考核办法》等8项制度；严格落实“三重一大”决策制度，公司党委会审议重大问题30余项；开展“四风”问题回头看工作，制定具体的整改措施8类；开展党建工作调研，公司党委走访基层站点7座、油库2座，发放调研表75份、发现问题10项，制定具体整改措施21项；编制《青海石油企业文化手册》，让“缺氧不缺精神，艰苦更能吃苦”这一理念深入到每一名员工的心中。同时深化教育实践活动，在巩固教育实践活动成果的基础上，开展教育实践活动整改落实情况“回头看”工作，确保整改方案落到实处，整改承诺每一条都得到兑现。

（王　瑜）

表 1　　青海石油分公司主要经营指标

指标名称＼年份	2016	2015	2014	2013	2012	2011
成品油销售总量/万吨	71.05	80.70	79.89	68.97	65.00	52.19
零售量	58.17	52.01	50.09	45.78	42.09	32.54
销售收入/亿元	39.66	42.34	54.71	50.12	47.36	37.37
利润/亿元	1.01	0.15	-0.55	0.21	0.02	0.20
吨油费用/元	439.00	399.00	366.00	365.00	343.02	362.89
加油站总数/座	156	151	149	138	119	92

甘肃石油分公司

【概况】 中国石化销售有限公司甘肃石油分公司(简称甘肃石油分公司)位于甘肃省省会兰州，成立于2010年1月，前身为中国石化销售西北甘肃分公司，主要承担中国石化在甘肃境内成品油市场的销售、管理和调运任务以及甘肃可利用资源的开发协调，主要经营汽油、柴油、润滑油、车用天然气、燃料油以及非油品销售等业务。

截至2016年底，甘肃石油分公司设10个职能处室，下辖酒泉、张掖、武威、白银、兰州、定西、天水、平凉、庆阳9家地市级分公司及1家合资公司。拥有在营加油站114座、在营加气站6座、自有油库2座、在建油库1座、铁路专用线2条(其中自有线1条)，资产总额24.05亿元。有员工791名，其中大专以上文化程度490人，占员工总数的61.95%。公司党委下设1个二级党委、10个直属党支部，在册党员192名，占员工总数的24.27%。

甘肃石油分公司主要经营指标见表1。

(张　媛)

【领导班子调整】 2016年7月13日，甘肃石油分公司召开干部大会，集团公司总经理助理兼人事部主任刘中云宣布领导职务调整决定：任命冯培育担任甘肃石油分公司总经理、党委副书记。

(张　媛)

【经营创效】 2016年，甘肃石油分公司坚持扩销增量、降本增效的经营方针，齐心协力抓经营，抢量上效促发展。全年实现利润1.24亿元，创历史最高水平；获得销售公司“比学赶帮超”利润年度红旗，特别是在销售企业区外地市公司“两力”评价排行榜中，定西、天水、酒泉、张掖、武威、白银公司分别进入综合竞争力第3、5、8、16、17、20位，酒泉、天水公司分别进入发展进步能力第6、20位。全年实现成品油零售41.36万吨、同比增幅0.4%，发行加油卡87 056张、增幅135%，充值金额7.64亿元、增幅5.1%，持卡消费比例40.46%、沉淀资金5 779万元。以仓储配送为抓手，与中储邮政达成中央仓租赁及货物配送协议，提高商品周转率，促进供应链“质”的提升；以团购业务为主导打造跨界合作新平台，通过发展系统内20多家团购客户，促使陇上花牛销售额达500多万元，通过同多家战略合作单位达成购销协议，实现团购110.53万元；通过开展体育彩票销售业务，实现销售额37.7万元，实行供应商入围制，降低商品进价，综合毛利率从2015年的17.04%提升至19.17%；实现燃油宝年度销售额43.12万元，增长126.57%；全年实现非油品营业额5 517.58万元，增幅42.21%，完成销售公司下达年度任务的108.19%。全年实现直分销12.76万吨，增幅5%；实现天然气销量1 708.23万立方米，增幅5.79%。

(张　媛)

【销售网络发展】 2016年，甘肃石油分公司持续落实“十三五”规划站点的布局工作，通过积极沟通衔接省市两级政府领导和发改部门，至“十三五”规划正式下发时争取到53座站点规划。通过制定《业务活动费管理办法》和《网络发展建设奖惩考核办法》，完善了网络发展考核激励机制。全年共投营加油(气)站6座，取得土地10宗、房产7宗，兰州油库项目迁建获得总部和地方政府认可，平凉油库项目进入前期调研评估，有5个地市政府指定的企业主体同地市公司进入合作发展的会商阶段。

(张　媛)

甘肃武威油库正式试运行

【农牧品销售】 2016 年，遵照集团公司党组精准扶贫脱贫要求，甘肃石油分公司组建了农牧品项目部，与非油品业务高度融合，依托中国石化全系统销售网络优势，积极推进农牧品销售和电子商务项目建设。先后在江苏石油分公司 375 座加油站实现特色农牧品实质性展示、赴上海开展商品推介活动，受到消费者初步认可，全年形成 300 多万元的意向性订单。

（张　媛）

【基础管理】 2016 年，甘肃石油分公司按照“安全第一、预防为主、综合治理”的方针，不断推进安全文化建设，全年未发生各类等级事故及责任事故。坚持“党政同责、一岗双责、失职追责”，认真履行谁主管谁负责和“四个让位于”的工作要求，以风险管控为主线，充分发挥安全督察队职能，深入开展隐患排查治理和规范现场管理，持续加强 HSE 管理，积极落实以人为本理念，做好职业卫生工作。完成了 110 座加油站液位仪安装工作，提高信息化管理基础；狠抓损耗管理，运输损耗同比下降 0.02%，保管损耗基本持平，零售损耗下降 0.012%；加快质检室建设进度，完成武威油库准 A 级质检室的建设，并已具备检验外采油品的能力，完成兰州小型质检室筹建，确保油品检验工作的顺利开展。围绕经营管理目标，推进财务价值管理，通过年度预算控制和月度经营策划，深化财务分析；强化费用归口管理和规范核算，积极挖掘营改增节费空间，从严从紧控制费用；加强资产管理，全面摸清家底，深挖经营创效潜力。调整完善绩效考核体系，突出网络发展、自营机出零售和非油重点商品销售，注重过程控制，实行正向激励，实现由“压力传递”向“激励引导”转变；开展多工种职业技能鉴定和专业技术职务任职资格评审工作，93 人取得职业技能鉴定资格证书，通过率 35.9%。稳妥推进用工制度改革，调整合同制员工 774 人，纳入委托管理范围 342 人；大力开展小站委托管理“回头看”工作，形成以合同为纽带、约束与激励并重的契约式管控模式。强化法律风险防控和重大项目审核把关，严格合同管理，严肃法律意识，防控法律风险；梳理各项证照，推进补办力度。

（张　媛）

【强化重点工作】 2016 年，甘肃石油分公司组建兰州分公司，聚焦兰州市场开拓力度；健全和完善实化交通、张掖公司运营和管理体系。集中下发 3 期工作督办单，明确省公司机关全年重点工作并执行刚性考核；全面落实审计整改，解决了一批突出的、急迫的、繁杂的、多年未解决的历史遗留问题。以发展基建处项目管理为主线，加大对地市公司工程建设支持力度，以经营管理处资源调度为主线，强化资源总平衡、总调度管控，以财务处预算管理为主线，加强地市公司作为利润中心的运行管理。建立月度工作计划管理、提升月度经营活动分析会、完善“三重一大”决策流程；明确省公司机关部门职责、岗位职责及编制，初步形成地市公司分类别管理、机构和岗位设置的方案。组建 3 部 2 组（天然气项目部、农牧品项目部、信息管理部、互联网课题组、汽服课题组），全面展开跨界经营，扎实启动全系统转型发展。注重专业条线工作的总体设计，有效指导地市公司开展工作，注重工作在基层一线的落实，确保取得实效，注重省市公司工作的互动、联动、双向推动，全面提高工作效能。加大省市两级管理团队作风建设，下沉管理重心，组织主办以上人员述职，省公司到地市公司就餐缴纳伙食费，解决员工生活用水与电地暖问题，排除基层员工后顾之忧，更加坚定了基层员工对企业发展的信念与力量。坚持做到依靠员工办企业，在全系统开展“金点子”征集活动，共上报 181 条，其中经有关部门评审认为有价值的建议 65 条，既增强了员工关心企业发展的积极性，也为科学决策提供了参考。

（张　媛）

【抓好党建责任工作】 通过党建和生产经营的深度融合，加强党建系统化管理，落实管党治党责任，持续推进党委研究部署工作常态化；严格落实党员领导干部“一岗双责”，印发《甘肃石油分公司党建工作责任制》及党建工作责任书、《甘肃石油分公司党员领导干部“一岗双责”管理办法》及清单；狠抓效能监察专项工作，先后组织完成成品油外采合同、非油品管理和安全隐患治理等 6 项效能监察；扎实开展业务公开网上巡视，采取定期检查与不定期检查相结合的形式，强化业务公开监督检查工作；高效推进“双联”工作，积极开展产业扶贫，赢得社会良好评价。成立“两学一做”学习教育推进领导小组及办公室，先后组织9场形势任务宣讲，营造出浓厚的学习教育氛围；拓展教育方式，坚持把个人自学、集中学习、交流研讨有机结合起来，充分利用“三会一课”、党委中心组、组织专题研讨及交流发言，以学促做。两级党组织共讲党课17次，组织党员参加“两学一做”知识答题及“石化党员”学习，覆盖率达90%，在全系统答题测试中排名第六。

（张　媛）

表1　甘肃石油分公司主要经营指标

指标名称＼年份	2016	2015	2014	2013	2012	2011
成品油销售总量/万吨	55.57	54.69	58.06	53.54	34.32	24.17
零售量	41.36	41.19	32.29	32.56	24.21	14.54
销售收入/亿元	28.90	29.80	39.53	38.52	25.25	17.36
利润/亿元	1.24	0.20	-1.77	0.20	-0.60	0.03
吨油费用/元	497.00	545.00	446.00	430.00	492.00	457.00
加油(气)站总数/座	120(含气站6座)	118(含气站6座)	102(含气站6座)	91(含气站5座)	73	47

宁夏石油分公司

【概况】 中国石化销售有限公司宁夏石油分公司(简称宁夏石油分公司)位于宁夏回族自治区银川市金凤区，是中国石化在宁夏回族自治区设立的省级销售公司。其前身是2002年成立的中国石化销售有限公司西北宁夏分公司，2009年12月，成立中国石油化工股份有限公司宁夏石油分公司，2014年更为现名。主营汽油、柴油、润滑油和其他石化产品的零售、直销配送、批发和仓储业务以及加油站便利店非油品业务。

截至2016年底，宁夏石油分公司本部设立11个职能处室部门，下设银川、石嘴山、吴忠、固原、中卫5个分公司，控股中石化宁夏易捷石化有限公司(简称易捷公司)、中石化石嘴山市常道石化有限公司(简称常道石化)2家合资公司。在营加油加气站134座，在营油库2座(分别为石嘴山惠农油库、银川油库)；资产总额22.13亿元，期末用工总量940人。

宁夏石油分公司主要经营指标见表1。

（张继强）

【经营指标全面提升】 2016年，宁夏石油分公司聚焦转方式调结构、提质增效升级，扎实推进内涵盘活、外延转型，经营质量和创效水平明显提升。全年实现经营总量62.69万吨，剔除轻质燃料油销量后，实现成品油和天然气经营总量55.49万吨，同比增幅22%，排名区外公司第三。其中，零售总量35.98万吨，增幅20%，排名区外公司第一；直分销16.50万吨，增幅24%；天然气总量3.01万吨，增幅38%，排名区外公司第四。实现终端销量55.77万吨，终端比例89%，其中零售比重100%。发行加油卡40万张，沉淀资金达1.28亿元，增加5 245万元；持卡消费比例69%。非油品销售额1.06亿元，易捷公司销售收入4 585.81万元，便利店销售收入6 060.80万元，增幅12%。费用总额2.6亿元，吨油费用416元。新增站点4座。

（张继强）

【经营质量大幅提升】 2016年，宁夏石油分公司深化价值引领、资源统筹、创新驱动理念，全力巩固传统业务的主导优势，零售、非油品等多项指标排名区外公司前三。经营合力逐步增强。全年成品油经营总量52.48万吨，同比增幅22%，市场占有率提升5个百分点。累计销售天然气3 878万立方米，排名销售系统第16位，增幅排名销售系统第4位。零售经营屡创新高。着力做实“一站一策”，推动加油站内涵发展，平均单站销量增幅18%，自营机出零售量增幅23%，零售市场占比提高4个百分点；连续6个月夺得销售公司“比学赶帮超”先进红旗，并夺得年度进步红旗；连续2年被销售公司评为“多卖一吨油”销售竞赛活动年度先进省市公司。客户开发成效显著。持续强化“三张表单”的分析运用和落实“一户一策”精准营销，累计实现直分销量16.5万吨，增幅24%，实现毛利4 700余万元，直分销市场占有率达45%，增长6个百分点。非油品创新取得实效。大胆探索做强非油品经营的新思路、新办法，吨油基础品类营业额排名区外公司第一。省公司连续2年获得销售系统“名品进万家”活动十佳省市公司称号，4家市公司共入选销售系统季度及年度“地市五十强”18次。

（张继强）

【网建工作取得突破】 2016年，宁夏石油分公司确定“城市要抢、高速要选、国省道和高速公路进出口也要抓”的发展思路，进一步理清省市两级工作职责，优化了网建工作方法和流程，出台网络发展专项奖励办法。统筹“十三五”规划时空布局，对全区所有高速公路服务区及出入口、城区、国省道进行了全面排查和梳理，向自治区交通厅上报高速公路服务区选点5对，向银川市政府上报选点33个，并加快推进项目落地；积极与当地民营企业洽谈合作，完成德美斯3座站收购交接。全力处理遗留问题，取消项目5个、正常推进项目10个。加快证照完善，规范经营类证照72个，房产证和土地证的规范办证率分别达63%和97%。完成98个项目的维修改造，其中隐患治理项目25个；完成129座站视频监控系统和125座站液位仪系统改造。

（张继强）

【深化“三基”工作】 2016年，宁夏石油分公司坚持“三个不分区外区内”的思想，不断探索管理提升的创新举措，切实提升了管理水平。建章立制抓规范。全面加强制度体系建设，累计完善制度43项；梳理整合各项岗位业务流程125个，建立岗位说明书141个。调整优化促提升。按照发展需要，下放薪酬分配、营销政策制定等21项管理权限和5项采购、35项费用审批权限，进一步细化明确两级功能定位、管理关系和职责。坚持薪酬分配向一线倾斜，一线员工收入同比增加25%。抓实“三基”强保障。不断夯实HSE管理基础，在集团公司HSE大检查中排名销售系统第20名、区外第3名，在销售公司HSE管理能力测评中取得B级的好成绩。持续强化降本压费，完成生产运行费用下降4%、管理销售费用下降10%的目标。深入开展培训教育，举办各类培训62期，累计1 519人次参培，员工队伍素质进一步提升。处理问题控风险。全面加强内控管理，扎实开展发展项目后评价、成品油外采审计、效能监察等项目，累计整改问题105个。通过法律手段迫使开发商重新启动办公楼项目，有效防控企业风险。

（张继强）

【党的建设扎实推进】 宁夏石油分公司坚持党建与生产经营深度融合、与改革发展同步加强，全力推动党建优势转化。开展以“解放思想破瓶颈，改革创新促发展”为主题的大讨论活动，统一干部员工思想，收集整理意见建议367条，制定工作措施299条，已推进225条。落实党建责任制，完成市公司党员活动阵地建设，扎实推进基层党组织示范点建设。组织开展“六亮六比、两创一做”活动和党支部“评星定级”工作，共评出6星级员工182人(次)；评选党员先锋岗41个，设立党员责任区，组建4支党员突击队。认真落实两个责任，广泛开展廉洁教育，筑牢思想防线，夯实党员干部廉洁自律的思想基础。着力加强宣传工作，累计刊发各类新闻稿件143篇。大力选树先进典型，先后向集团公司、自治区评选推荐优秀个人5人、先进集体2个。充分发挥工团组织作用，开展暖心活动、爬山比赛、冬送温暖夏送清凉等活动，为企业发展凝聚了正能量。

（张继强）

表1　　宁夏石油分公司主要经营指标

指标名称＼年份	2016	2015	2014	2013	2012	2011
成品油销售总量/万吨	62.69	66.00	46.97	53.63	59.07	52.49
零售量	35.98	29.89	30.48	32.51	34.01	28.68
销售收入/亿元	30.03	38.85	38.82	39.45	44.10	38.46
利润/万元	7 025.44	2 021.00	-13 997.02	-8 683	-2 388.23	1 680.00
吨油费用/元	416.00	403.00	567.31	469.00	353.41	291.56
加油站总数/座	134	129	125	120	115	79

销售华北分公司

【概况】 中国石化销售有限公司华北分公司(简称销售华北分公司)是中国石化销售事业部的派出机构，是销售大区公司之一，为国有大Ⅰ型企业。本部设在天津市高新技术产业园区华苑产业园区榕苑路11号。前身始建于1950年3月，隶属于商业部。1985年1月，成建制划归中国石化总公司。

销售华北分公司主要负责华北地区6个省市(北京、天津、河北、河南、山西、山东)、东北地区3个省(黑龙江、吉林、辽宁)成品油资源组织和调运，并对华北区内重要储运设施实行统一管理，主要担负资源组织、物流优化、储运管理、统一结算、市场监管职能。

销售华北分公司本部设有职能处室12个、专业中心2个，在华北区内炼化企业设有12个办事处，下设基层单位12个。销售公司的计量管理站、质量管理站也委托销售华北分公司管理，负责整个销售系统的数质量管理工作。截至2016年底，销售华北分公司共有员工1 278人，资产总额107.49亿元；在天津、石家庄、青岛、营口拥有大区储备库，总库容88万立方米；管理的华北成品油管网全长3 189.99千米，覆盖北京、天津、河北、河南、山东、山西，辐射江苏、安徽等省市。

销售华北分公司主要经营指标见表1。

(刘玉妹)

【提升资源运作水平和创效能力】 2016年，销售华北分公司紧紧围绕牵头做好华北地区油品经营市场分析这条主线，充分发挥大区公司全局和时空统筹作用，贴近市场、拉近产销、服务经营，全年，汽油经营量同比增加145万吨，并遏制了柴油销量大幅下滑的局面。销售华北分公司石化资源配置计划完成3 660.12万吨，兑现率100.01%，确保了炼厂资源后路畅通；全年销售成品油3 817.66万吨，营业收入1 880.64亿元，实现利润3.55亿元，还原利润50.96亿元；铁路罐车装载率达94.45%，超过总部下达的优秀指标水平。

(刘玉妹)

【开展“管输增效年”活动】 2016年，销售华北分公司积极落实总部“管输增效年”活动部署，通过增加单批次汽油输量、开通汽油单输批次、固化汽油输送通道等措施，全年完成汽油管输637.12万吨，同比增加18.67%；结合总部物流优化考核政策，与区内省市逐家调研对接柴油输量，加大管输下载库辐射范围，消除下载瓶颈，全年实现柴油输送681.15万吨；协调山东石油分公司完成周村油库改造，外采资源单批次输量由5 000吨提高到8 000吨，全年实现外采油输送6.66万吨。2016年，华北区长输管线输送成品油1 406.8万吨，超计划66.8万吨，增输24.72万吨。

(刘玉妹)

【物流优化综合节费成效显著】 2016年，销售华北分公司坚持以“统筹节费”和“利益共享”为物流优化的指导思想，统筹各类资源，以成品油供应链整体最优化为突破点，多渠道多形式开展物流优化。通过建立节费分享机制、协调省市扩大管道沿线库柴油辐射半径等措施，实现节费8 643万元；建立资源串换沟通平台，多方统筹做大资源串换，累计完成资源串换17.27万吨，实现节费2 709万元；通过优化炼厂出厂品种、调整资源流向、统筹配置外采油品运输到站计划等措施，实现物流节费675万元。全年共实现综合节费1.20亿元，获得销售企业2016年度物流运行先进红旗。

(刘玉妹)

组织开展汽油介质管道抢修演练

【安全管理不断强化】 2016年，销售华北分公司全面推进安全责任落实，持续完善HSE绩效考核机制，修订各类HSE管理制度60余项；结合企业风险点进一步完善应急预案管理体系，形成涵盖工业生产、自然灾害、社会安全、公共卫生4类11个专项的应急预案管理体系；充实安全督察队力量，建立定期通报制度、重大督办机制、首办负责机制、从严考核机制，打造齐抓共管的制度环境。推行应急处置方案卡片化，编写情景构建预案，开展消防运动会、汽油介质管道抢修演练、区域互查和联动演练以及“十大风险”识别评估专项活动，应急管理能力进一步增强。组织开展各类安全检查 1 400 次，开展安全知识竞赛、全员安全诊断、“百强安全班组”和“百强绿色基层”等安全活动，全员安全意识和安全技能切实得到提升。

（刘玉姝）

【应对暴雨袭击安全度汛】 2016 年，针对暴雨侵袭，销售华北分公司结合大区管道、油库特点，制定管道保护和管道运行防暴雨保生产工作措施。进一步完善山区、穿越河流等重点区域、重点管段的防汛保生产工作方案，梳理水毁隐患点位并制定应对措施；建立暴雨预警报告制度，实时掌握所辖管道沿线及油库所在区域降雨情况，及时采取防控手段。暴雨期间，华北管网多个管段，尤其是山区、河流穿跨越管段出现多处险情，各输油管理处坚持强降雨后第一时间对水工保护设施进行检查、抢险，及时消除安全隐患，保证了暴雨期间管线运行安全。

（刘玉姝）

暴雨期间保护穿越河流管道

【鲁皖二期成品油管道工程通过总部竣工验收】 鲁皖二期成品油管道工程包括青岛大炼油配套成品油管道、济南—邯郸成品油管道、石家庄—邯郸成品油管道、郑州—汤阴成品油管道 4 条管道，全长1 275千米，途径山东、河北、河南 3 个省 11 个地市，沿线设有 11 座输油场站。自 2010 年 1 月全线投产以来，累计安全输送成品油 1 485. 67 万吨。2016 年，销售华北分公司明确责任部门和时间进度节点，积极推进验收工作的开展，加强与相关行政主管部门的沟通协调，3 月 24 日顺利通过集团公司竣工验收。

（刘玉姝）

【反盗打工作取得历史最好成绩】 2016 年，销售华北分公司大力推进差异化巡护管理模式，梳理高发管段、高发乡镇、高发时期和高发时段，落实“一点一案”、专人值守和加密巡护等措施，管道巡护有效性不断提升。全年开展外管道专业检查 38 次，建立了查问题、想措施、提建议、促整改的闭环工作流程，在集团公司“平安管道”建设检查中取得第 1 名，获评平安建设优秀单位。不断深化“三位一体”管道联防模式，开展特殊时期特警武装巡逻，加大反盗打和案件追踪力度。全年华北管网发生打孔盗油案件 4 起，同比降幅 33%；4 起案件全部告破，破案率 100%，同时破获历史积案 12 起，全年共抓获犯罪嫌疑人 53 人。

（刘玉姝）

【全面推进管道管理科技创新】 2016 年，销售华北分公司大力推动管道管理科技创新，深化无人机技术和内检测技术在管道巡护和盗油阀排查中的应用，试点新型智能阴保测试桩，在 107 座阀室安装门禁系统、防入侵视频监控系统和周界报警系统，进一步提升了管道管理的科技含量。全年完成 2. 09 万千米管道清管作业和 1 650. 7 千米管道内检测工作，发现并整改较大管道变形 6 处，管道内杂质大幅减少。加大混油装卸设施改造，打通混油回炼流程，制定《混油处理管理规定》，全年完成混油回炼 4 534. 71 吨。坚持开展管道抢维修技术培训和技术创新活动，抢维修中心管道带压封堵技术攻关创新团队获集团公司优秀创新团队奖，管道风险防控能力进一步提升。

（刘玉姝）

【实现油库全过程自动计量】 2016 年，销售华北分公司积极推进油库自动计量系统建设。以青岛库为示范点，开展了历时 9 个月的全要素油罐计量基础数据比对工作，积累收发油人工计量和系统自动计量比对数据 651 组，对油罐进行全量程往复测试与调试，自动计量系统精准度不断提高。全公司油库实现非动转罐以油罐自动计量系统测量数据代替人工计量数据，青岛首站库和石家庄储备库在销售系统率先实现了库存管理、计量交接、贸易交接的全过程自动计量，提高了油库计量人员的工作效率，降低了劳动工作强度。

（刘玉姝）

【强化工程物资统筹利用】 2016 年，销售华北分公司认真贯彻落实销售公司资源优化工作要求，结合自身实际，提出物资优化也是资源优化的一个重要方面的工作思路，成立管理实施小组，强化工程物资的统筹利用。以内部改代利用、调剂使用的方式，推进各在建工程项目间的调配使用或日常生产使用。同时，主动沟通协调销售系统内建设工程，推进大型工程建设项目物资销售企业区间的调拨。累计完成价值546.58万元工程物资的统筹利用。

（刘玉姝）

【技术竞赛比武取得好成绩】 2016年，销售华北分公司从推动企业持续健康发展的高度重视一线技能人才培养，制定职业技能鉴定工作方案，从人力、财力等方面给予充分保障，技能操作人员鉴定取证率达96%，位列销售企业前列。同时，按照“全员参与、固本强基”的要求，全面抓好油品计量工暨计量管理人员、油气管道保护工、物流运行管理人员、互联网技术和应用4个专业线条的职业技能竞赛和技术比武活动，在销售企业2016年度物流运行管理人员技术比武大区公司组取得个人第一、第四的好成绩，在计量线条获得2银、1铜，名列大区公司首位。

（刘玉姝）

【举办首期青年骨干培训班】 2016年5月，销售华北分公司举办首期青年骨干培训班，首次以全脱产封闭的培训形式，对各线条31名业务骨干进行集中培训。组织高校名师和公司各专业专家，为学员编制六大模块，内容涵盖石油化学等专业理论知识、油品储运和数质量管理等生产运行业务知识、现代物流管理以及大数据应用等发展理念和管理方法等15门课程，并设置政治素质教育、油库场站现场学习考察等环节，将闭卷考试、交流座谈、纪律考勤及落实“八项规定”“反四风”等表现纳入最终考核，全方位提升青年骨干的综合素质。

（刘玉姝）

【柴油车尾气处理液年产能达到40万吨】 2016年，销售华北分公司积极推进柴油车尾气处理液供应体系建设，先后完成西南基地、华北基地的投产使用，深挖潜能，实现了快速扩产增量，柴油车尾气处理液年产能达到40万吨。成功开发三一重工、西藏公交等18家新客户，全年完成销售柴油车尾气处理液14.1万吨，增长104%，为非油品新业务的增长提供了有力保障。

（刘玉姝）

【“爱跑98”品牌油市场推广】 2016年，销售华北分公司以“提速快、动力强”为品牌定位，大力推广应用品牌油。11月11日，中国石化“爱跑98”品牌汽油在江苏全省13个地市500多座加油站全面上市销售。截至年底，协助推广的中国石化品牌汽油已在香港、澳门、北京、江苏等地区近700座加油站进行销售，月销量达6 000吨。

（刘玉姝）

【扎实开展党建工作】 2016年，销售华北分公司将“两学一做”学习教育活动与推进各项重点工作有机融合，推动工作作风转变，增强党组织战斗力。通过完善党建工作责任制和考核机制，优化调整基层党组织设置，规范党员管理和发展。深入开展形势任务教育，狠抓先进典型培养选树宣传，政务信息和新闻宣传考评得分在大区公司中排名第一，树立了良好的企业形象。积极落实好党委主体责任和纪委监督责任，健全完善“三重一大”决策机制，持续推进惩防体系建设和廉洁文化建设。组织开展“创先争优”评选、党史党章知识竞赛等庆祝建党95周年系列活动，以“家文化”建设为载体，开展“走基层访万家”“送文化送图书”等活动，营造了温馨和谐的工作氛围。

（刘玉姝）

表1　销售华北分公司主要经营指标

指标名称＼年份	2016	2015	2014	2013	2012	2011
成品油销售总量/万吨	3 818.00	3 863.00	4 189.00	4 172.04	4 484.00	4 207.00
销售收入/亿元	1 881.00	2 046.00	2 888.00	2 958.38	3 252.00	2 931.00
利润/亿元	3.55	32.00	30.00	27.86	39.71	58.30

销售华东分公司

【概况】 中国石化销售有限公司华东分公司(简称销售华东分公司)系国有大Ⅰ型企业。办公地址为上海市长宁区愚园路 819 号，内部资本金 7.28 亿元。前身为始建于 1949 年 8 月的中国石油运销公司。1950 年 10 月，改称中国石油公司华东区公司。1953 年 4 月，改组为中国石油公司上海批发站，为商业部直属企业。1985 年 1 月，划归中国石油化工总公司。1988 年 2 月，更名为中国石化销售公司华东公司。2002 年 10 月，更名为中国石化销售有限公司华东分公司。销售华东分公司资源管理辖区为江苏、浙江、福建和上海 3 省 1 市，主要履行对华东区成品油资源组织、物流优化、储运管理、统一结算和市场监管等职能。

截至 2016 年底，销售华东分公司本部机关设 9 个职能处室和 1 个成品油调控中心、1 个抢维修中心，下设陈山油库、嘉兴输油处、南京输油处、扬州输油处 4 个二级单位，在华东区 7 家炼化企业设有办事处。在职职工 535 人，其中有高级职称的 32 人、中级职称的 101 人。有在营油库 3 座：陈山油库，位于浙江乍浦，主要承担华东区成品油储备和上岸油品的收储以及浙苏成品油管线首站等职能，总库容 43.5 万立方米；栖霞油库，位于江苏南京，主要承担苏南地区成品油储备和苏南管线首站等职能，首站库库容 10 万立方米；玉带油库，为苏北管道配套油库，库容 16 万立方米。在营直管成品油管道 3 条，为浙苏管线、苏南管线和苏北管线，总长 1 220 千米。

销售华东分公司主要经营指标见表 1。

（王文东）

【全面完成各项经营指标】 2016 年，销售华东分公司共完成石化炼厂资源收购 3 624.50 万吨、完成率 100%，完成石化省市供应 3 007.41 万吨、完成率 100%，实现配置计划完成 2 个 100% 的工作目标。全年供省市管输完成 2 221.15 万吨，同比提高 69.36 万吨。其中，6 条长输管线输送量 1 810.16 万吨，完成销售公司奋斗目标。

（王文东）

【有效组织物流配送】 2016 年，销售华东分公司成品油物流吨油费用持续受控。全年物流完成运费 11.9 亿元，吨油运杂费用为 41.48 元，较考核指标减少 3.62 元。区内平均铁路装载率为 94.25%，达到销售公司 94% 的优秀指标。全年定额费用、应收款及其他各项费用指标均控制在总部下达的计划内。

（王文东）

【安全环保工作稳步提升】 2016 年，销售华东分公司健全完善安全管理制度，制定和修订 QHSE 管理制度共 18 项，进一步推进了 QHSE 制度体系建设。完善责任体系，成立了 3 个专业分委会。积极推进“双百”班组创建、“三标”班组建设，安全重心下移，基层 QHSE 管理水平、员工安全素养有了较大提升。全年收到安全诊断建议 5 419 条，采纳 4 694 条，完成整改 4 584 条；开展检查 1 317 次，举办安全教育培训 1 291 班次。

（王文东）

【开展风险识别和管控工作】 2016 年，销售华东分公司以“识别大风险、消除大隐患、杜绝大事故”为目标，积极开展风险识别，共识别出重大风险 45 项，形成“十大风险”清单，制定管控措施，加大安全资金投入，全年共计投入 5 387.2 万元。在册的 116 项管道隐患治理项目全部整改。通过设立安全督察队、增加督察人员，明确职责，形成了以督为主，职能部门为检查、发现、整改主体的安全督察体系。全年综合检查问题 3 745 项，完成整改 3 730 项。持续完善应急管理体系和区域联动应急体系，全面优化总体应急预案 5 部、专项应急预案 85 部、卡片化现场处置方案 211 部，并通过开展实战演练，有效检验了预案的实效性和队伍的实战能力。

（王文东）

【承包(运)商管理持续加强】 2016 年，销售华东分公司执行集团公司《关于进一步加强承包商安全管理的通知》要求，强化直接作业环节监督管理，规范作业票证的开具和签发，每月组织开展承包商专项检查和整治，重点检查承包商管理、安全教育、安全交底和现场监护工作是否落实到位。同时，加强承运商及船舶的安全管理，加大水路运输安全问题整改处罚力度，建立“约谈”机制，要求承运商自觉主动落实安全主体责任。在 G20 峰会期间，提前制定水路运输安全监管工作方案，做到每船必查，确保峰会期间水路运输安全平稳的运行。

（王文东）

【职业健康和数质量管理取得成效】 2016 年，销售华东分公司稳步推进职工健康保障，不断加强职业病危害识别和监控，组织涉及危害因素的职工进行职业健康体检，体检率100%，作业场所危害因素检测率100%，监测合格率100%。认真抓好数质量基础管理，积极协调生产企业，做好与省市公司管输数质量交接服务，加强内部数质量工作考核，确保各项油品损耗率控制在标准范围内。树立质量第一的意识，强化油品出入库化验，确保了油品质量合格。

（王文东）

【管道管理水平持续提升】 2016年，销售华东分公司不断完善管道管理体系，形成了以专业管理为主、公司上下齐抓共管的局面。通过严要求、重考核，有效开展了管道春检整治、内检测、智能化管线等一系列外线技术管理工作，有力保障了外线"安稳长满优"运行。加大管道巡线规范化力度管理，巡线工平均次巡线时长由3.3小时提升至3.7小时，签到率由85%提升至92%，巡线质量进一步提升。通过推进党建结对、企地共建、警企联防工作，与管道沿线地市及村镇签订管道保护协议157个，较上年增加44个，各方保护管道的主动性得到有效增强，多次及时有效地发现、处置管道存在的隐患，保障了管道的本质安全。

（王文东）

【网格化管理成效明显】 2016年，销售华东分公司网格化管理总里程提升至1 040千米，为自营管道总里程的85%，为已投用管道的100%，管道沿线所有地级市均已纳入网格化管理的范畴。通过努力，已有多个地市政府主动把区域内所有管道纳入网格化管理。全年，通过网格化信息交流平台处理第三方施工138起，获得有价值信息346条，多次及时有效地处置了管道风险。"管道网格化管理经验"获集团公司第25届管理现代化创新成果二等奖。

（王文东）

【科技创新成果转化稳步推进】 2016年，销售华东分公司在外管道管理上注重人防与技防相结合，坚持科技投入，不断加大管道科技攻坚力度，管道保护技术创新能力不断提升。完成了智能化系统和SCADA、LIMS、泄漏检测系统、阴保远传系统、巡线管理系统、外线监控和ERP系统的接口开发工作，新巡线系统应用已实现全覆盖，做到全监控、全投用、全考核。认真开展阴极保护科研项目成果推广应用，有效抑制了杂散电流干扰，该项目的推广应用，标志着该公司在杂散电流影响规律研究、智能监控、防治手段上，已处于管道阴极保护行业领先地位，同时实现了专利数量新的突破。

（王文东）

【设备规范化管理逐步深化】 2016年，销售华东分公司初步建立以设备管理办法和考核办法为核心，包括基础管理、检修管理、机械管理等7类的设备管理制度体系，通过对设备制度的体系化，促进了设备管理和维护体系的高效运转。全面提升设备现场管理，结合设备老化与新建设备缺陷并存的特点，关口前移，把关主要设备缺陷管理，有针对性开展设备维护，常态化预防性维修，全年实现设备完好率保持在98.96%以上，设备维护保养覆盖达100%。

（王文东）

【提升资源供应管理水平】 2016年，销售华东分公司结合资源格局，把外采油注入成品油管网，作为提高管输、降费创效的重点。全年实现外采资源进管线108万吨，实现了在区内省市公司，石化资源减少供应135万吨的情况下，成品油管输量不降反增，创效5 120万元。

（王文东）

【完成G20峰会期间的成品油保供工作】 2016年，销售华东分公司牵头组织召开G20峰会期间油品保障会议，打破镇杭管线能力不足的瓶颈，减少普柴铁路发运18万吨，转为车柴管输，提高一次物流的直达率，积极组织适航运力，直送温州、台州地区，有效地保障成品油市场供应。

（王文东）

【组织实施4个整体优化项目】 2016年，销售华东分公司积极实施4个整体优化项目：把杭州建德地区、丽水部分地区加油站，优化至甬绍金衢管线龙游油库跨区域配送，全年增输16万吨；扩大苏北地区辐射连云港、盐城跨区提油，全年增输12万吨；实施上海金山与闵行油库统筹物流方案，加大金闵管线输送汽油力度，全年共输送12万吨；协调金陵石化、上海石化开通98#汽油地付，全年完成地付3万吨。通过4个优化项目，全年创效1 410万元。

（王文东）

【推动储运设施合理布局】 2016年，销售华东分公司创新开展清江炼厂组分汽油到扬子石化上岸，并中转注入苏北管线工作。积极推动绍兴油库的甬绍金衢管线第二首站功能，实现了甬绍金衢管线的灵活输送。重点协调通桥、周泾巷、新安、溱湖等油库扩容改造项目，华东区储运设施布局更趋优化。

（王文东）

【推进改善经营管理建议工作】　2016 年，销售华东分公司重视建议提报质量，从安全生产、管道设备、“三基”工作、物流优化 4 个方面，共梳理 26 项建议命题，评选出公司级优秀建议 58 条、专业级优秀建议 60 条，奖励兑现 4.23 万元，上报销售公司优秀建议 9 项。

（王文东）

【提高项目管控质量】　2016 年，销售华东分公司开展成品油运杂费专项审计和工程建设项目等常规审计。全年送审项目 61 个，送审额 2 868 万元，核减额 289 万元。同时，积极组织配合审计局南京分局完成对公司开展的经济责任审计工作。

（王文东）

【全面推进党建工作】　2016 年，销售华东分公司扎实开展“两学一做”学习教育，成立学习教育领导小组和督导组，对部门、基层单位学习教育进行全方位、全过程的督促指导。全年共接受检查 3 次，各级党组织学党章 73 次，学系列讲话 85 次。丰富和改进“三会一课”的内容和形式，解决了部分党支部党内生活不经常、不严肃、不规范等问题。完善党建工作体系，成立政工处，配备专职政工干部，并组织开展第 1 期党务政工人员培训班。以贯彻集团公司党建工作“1 + 7”制度为根本，制定“三会一课”制度、党建责任制度等。加强党建调查研究，通过访谈、检查等形式，积极了解基层党建工作、员工诉求和思想状况，共收集问题 200 余项，归并整理问题 106 项，认真逐一落实，提高了解决问题的针对性和时效性。组建纪委办公室，建立纪委、纪检监察、基层党支部三级协调的工作机制。认真执行“八项规定”，在业务不断扩大的形势下，业务招待费同比下降 10.6%，会议费下降 32.7%，其他费用也较上年同期大幅下降。

（王文东）

【员工能力建设力度加大】　2016 年，销售华东分公司加大员工能力建设力度，全年共举办培训班 63 期，培训人次达 1 632 人次；积极开展技术比武和技能鉴定工作，共计 97 人取得初、中、高级技能等级；加强竞赛比武工作，树立员工争先意识，在集团互联网 + 移动应用、销售企业油品计量以及销售企业物流运行等技能比武项目中均取得良好的成绩。

（王文东）

【开展业务公开工作】　2016 年，销售华东分公司逐步规范业务公开工作，及时对公司重点业务进行披露，全年合同信息公示条目数 371 条，公示总金额 15.95 亿元。

（王文东）

【全覆盖开展“家文化”建设】　2016 年，销售华东分公司积极开展“家文化”建设。11 月初，专题组织召开现场推进会，各基层单位交流了在“家文化”建设过程中积累的经验做法，“家文化”建设水平不断提升。

（王文东）

表 1　　销售华东分公司主要经营指标

指标名称 \ 年份	2016	2015	2014	2013	2012	2011
成品油资源收购/万吨	3 624.50	3 897.55	3 670.57	3 857.88	3 448.39	3 500.49
省市供应/万吨	3 007.40	3 282.72	2 971.34	3 134.34	2 705.11	2 829.21
管输量/万吨(全口径)	2 221.15	2 151.79	1 887.16	1 776.40	1 488.43	1 398.73
销售收入/亿元	1 857.52	2 109.89	2 583.55	2 756.51	2 560.57	2 506.76
利润/亿元	53.42	37.04	45.62	41.96	46.05	60.17
主要储运设施						
油库/座	3	3	3	2	2	1
管道/条	3	3	3	2	2	2

销售华中分公司

【概况】 中国石化销售有限公司华中分公司(简称销售华中分公司)成立于1949年，当时名称为华中石油公司，坐落于湖北省武汉市。1985年1月1日，划归中国石油化工总公司，改名为中国石化销售公司中南公司；1998年，中国石油化工集团公司成立后，更名为中国石化销售中南公司；1999年4月，与湖北省石油公司实行资产重组；2006年10月，进行区域调整，更名为中国石化销售有限公司华中分公司。

销售华中分公司是集团公司的派出机构和区域物流中心，主要担负产销衔接、资源平衡、运输协调、物流优化、沟通协调的职能，同时负责辖区内荆门、武汉、巴陵、安庆、九江和长岭分公司的成品油收购，负责湖北、湖南、安徽、江西、四川、重庆的成品油供应，负责对华中、华东、华南、华北等地区的成品油跨区调拨，担负对部队、铁路、民航、交通、渔业等专项用户的成品油供应工作。截至2016年底，共有6条成品油管道、5座油库、30个输油站。公司机关设10个处室，下属1个区域调控中心、1个项目管理中心、1个区域抢维修中心、4个输油管理处、5个驻厂办事处。共有员工1 031人，其中合同制员工920人、劳务派遣工111人。公司党委下设30个党支部、4个党总支，其中机关党支部12个、基层支部18个。党员人数369人，其中在岗党员345名。

2016年，销售华中分公司安全数质量无上报等级事故，首次获得集团公司安全生产先进单位称号，并获得油气输送管道隐患整治攻坚战先进单位称号，经营风险得到有效防控，另有多个集体和个人获得集团公司、销售公司和地方政府表彰67次，员工收入实现稳步增长，企业发展总体保持稳定。

销售华中分公司主要经营指标见表1。

(何映林)

【各项生产经营指标完成良好】 2016年，销售华中分公司各项费用均控制在总部下达的指标以内。其中，吨油费用73.65元，较考核指标节约4.84元；定额费用1.98亿元，节约14.6%，完成总部定额费用节约5%的要求；外部债权赊销比74%，控制在总部下达的85%以内；全员成本目标管理实现生产运行成本降低4%，管理和销售运行费用降低10%的目标；资源管输出厂比例首次超过半数，达55%，同比增加8.1个百分点，全年管道输送完成1 140万吨，较年度奋斗目标多输15万吨。

(何映林)

【生产经营安全平稳运行】 2016年，销售华中分公司全面完成隐患整治攻坚战任务，167项隐患项目全部完成治理，拆除占压或安全间距不足的建筑物63间，实行交叉穿跨越隔离改造22处、改线6处，新建成品油管道51千米。积极探索应急抢险工作新思路，制定岗位应急处置卡262份，开展各层级应急演练305次，与石化兄弟单位建立了应急抢险战略合作关系。抓实长输管道风险防控管理，排查出新隐患463项，识别管道高后果区724处，建立了《高后果区、高风险区应急管理手册》和《隐患排查治理台账》。

(何映林)

【统筹资源创效益】 2016年，销售华中分公司强化资源统筹，落实“一厂一策”出厂策略，运用高附加值产品积极创效，全年高标号汽油出厂同比增加17.39万吨、增幅9.7%，其中98#出厂增加2.02万吨、增幅37.8%。深度参与片区国Ⅴ升级置换工作，提前1个月完成升级置换工作任务。打好配置、外采资源的组合拳，片区省市外采资源同比增加240万吨，片区省市外采资源比例从10.7%增至18.1%，创效38亿元。获销售企业“比学赶帮超”资源管理年度先进红旗，并获得季度红旗4面，红旗数量位列大区第一。

(何映林)

【多举措实现节本降费】 2016年，销售华中分公司运杂费用累计支出14.74亿元、同比降低3.21亿元，吨油运杂费降低12.41元、降幅14.4%。各类物流优化通道增至26个、增加10个，优化运量207.5万吨，综合节费9 628万元；大力推进资源互供，在川渝、河南地区与中油开展资源互供业务10.29万吨，节费341万元；通过与大区、集采及外采资源开展串换业务8.08万吨，节费1 849万元，有效减少长距离调运，降低了调运难度。推行管道成本标准化管理，定额费用较年度计划节约3 387万元。强化“两金”过程监控，库存占用和应收账款大幅降低，财务费用较预算节约605万元。

(何映林)

【优化管道运行消瓶颈】 2016年，销售华中分公司制定了《华中片区近期管道建设规划和消除管道瓶颈计划》，先后实施九昌樟管道恢复压力运行、湘潭节点站工艺优化改造、樟树节点站承压等级改造，消除了管道运行瓶颈。

（何映林）

【成品油管网规划建设】 2016年，销售华中分公司编制了樟树—株洲成品油管道的可研报告，完成荆门—襄阳、合肥—六安成品油管道项目的基础设计审查，开展襄阳—十堰—南阳和娄底—邵阳—永州成品油管道建设方案的前期调研。跟进上报项目批复进程，获得荆荆、长郴管道隐患治理等7个投资项目的批复。有序推进完成自建项目，先后完成武汉天河机场航煤管道横店油库段施工、九樟管道樟树进站阀组改造、安合管道安庆首站整合等多项建设任务。全面推进代建项目，成功解决湖南二期成品油管道项目久试未验问题。积极推进江西、安徽二期成品油管道建设，在年内实现新建1 252千米成品油管道的一次投油成功，销售华中分公司管道运营里程增至2 771千米。

（何映林）

【夯实"三基"管理】 2016年，销售华中分公司围绕"一库一站一平台"的"三基"工作思路，推进岗位责任制落地生根。开展《基层岗位操作（管理）手册》《招投标管理实务手册》的编写，编写《管道调度工艺操作规程》共计17万余字，统一制作《外管道桩牌制作、安装图集》。在淮南站完成输油泵站模拟仿真培训基地建设，为管道调度运行实操培训提供了平台。

（何映林）

【智能化管道建设】 2016年，销售华中分公司智能化管道建设赶超试点企业，实现6个功能模块全部实现上线试运行，形成各类成果报告200余份，形成图册近1 600页，开展各类系统应用培训200余次。深化系统应用，"第三方交叉管线空间位置可视化分析"的设计得到总部好评，在总部统一模块基础上延伸开发的"领导驾驶舱、应急响应模块以及设备培训管理系统"系销售企业智能化管线建设的首创。

（何映林）

【强化培训提升员工技能】 2016年，销售华中分公司坚持培训资源面向基层，全年举办或参加各类培训班165期，参培3 100人次。举办输油工和管道工上岗资格培训3期，核发输油工上岗资格证154个、管道保护工上岗资格证107个，实现输油站场在岗员工持证率100%。举办直接作业管理制度宣贯培训班4期，培训174人，141人取得作业许可审批人员及作业监护人员资质。结合特种作业取证的要求，送培员工419人，全部取证。开展计量工、输油工和管道保护工等工种的技能鉴定，137人通过鉴定，通过率85%。

（何映林）

【党团工作】 2016年，销售华中分公司落实集团公司党建工作"1+7"制度，制定《销售华中分公司全面落实从严治党要求进一步加强党建工作的实施意见》等配套制度6项，完成4个党总支、30个党支部的换届工作，设立党员责任区55个、党员示范岗98个。扎实推进"两学一做"学习教育，将学习教育融入中心工作。加强正面宣传，发挥青年作用，组建5支青年突击队。

（何映林）

【抗击洪灾保安全】 2016年7月上旬，华中片区多地爆发洪涝灾害。面对特大洪灾，销售华中分公司上下众志成城、全力以赴，从灾情预警、信息报告、资源调配、现场处置、善后处理等方面经受住了考验，确保了管道生产安全平稳运行。

（何映林）

安徽挂车河抗洪抢险现场

【技能比武获佳绩】 2016年，销售华中分公司多个部门和个人在各专业线条摘金夺银。获管道保护工技能竞赛团体第2名、个人金牌，互联网技术与应用论文竞赛个人银牌，油品计量工技能竞赛个人铜牌。

（何映林）

表 1 销售华中分公司主要经营指标

指标名称 \ 年份	2016	2015	2014	2013	2012	2011
资产总额/亿元	110.65	100.62	91.23	80.54	78.21	41.82
成品油销售量/万吨	2 279.40	2 331.40	2 147.00	2 083.60	1 843.04	1 741.17
销售收入/亿元	1 141.00	1 245.01	1 519.00	1 490.00	1 502.00	1 232.64
利润/亿元	14.08	14.65	19.00	21.00	30.00	32.11
税金/亿元	11.21	7.28	10.17	11.67	15.92	19.44
吨油费用/元	73.65	86.00	88.74	89.99	78.90	80.96

销售华南分公司

【概况】 中国石化销售有限公司华南分公司(简称销售华南分公司)本部位于广东省广州市天河区体育西路191号中石化大厦，其前身是成立于2000年6月18日的中国石化销售有限公司西南分公司。2006年11月24日，经集团公司党组批准，在广州注册成立销售华南分公司，从2007年1月1日起正式运作，系国有大Ⅰ型企业。

销售华南分公司是中国石化销售有限公司下属的4个大区公司之一，是中国石化在华南地区跨省际、城际间的成品油区域物流中心，主要负责华南区域中国石化广州分公司、茂名分公司、湛江东兴公司、海南炼化和北海炼化5家炼化生产企业的成品油出厂和运输组织，以及广东、广西、贵州、云南、海南5个省区成品油资源供应，同时发挥地域优势，做好华中、川渝地区的资源补充；统一负责华南成品油管网(已建成运行的管道全长6 036千米)的运营管理和规划建设。

销售华南分公司实行“机关—输油管理处—输油站”三级管理模式，在机关设10个职能处室和3个直属中心；在管道沿线设8个输油管理处和58个输油站；另根据管道建设需要，设若干个工程项目部；在炼厂设5个驻厂办事处，负责与炼厂的业务衔接。截至2016年底，拥有员工1 565人。

销售华南分公司主要经营指标见表1。

(闫　磊)

【“一企一策”全面优化三级物流】 2016年，销售华南分公司认真落实统筹优化华南地区成品油物流，降低物流成本要求，坚持突出价值引领，统筹各方，主动服务炼厂和省市石油公司，“一企一策”全面优化三级物流。年初成立以总经理为组长的领导小组，与区内产销企业逐一对接，以县域市场为测算单位制定优化方案，全年新增一、二、三级物流优化通道26条，在辖区炼厂石化资源同比增加134万吨、5家省公司经营量增加167万吨的基础上，省市公司和大区公司物流费用总额降低1.3亿元。

(闫　磊)

【华南成品油管网输量再创新高】 2016年，销售华南分公司开展隐患治理、加大管道建设、确保市场供应，精心组织输油生产，严格执行管输计划，优化输油工艺操作，推进管输脱瓶颈改造，全年完成管输量1 943万吨，同比增加187万吨、增幅11%，占销售板块320万吨新增输量的58%；管输创效19.2亿元，增加8.7亿元、增幅83%；实现利税35.32亿元。

(闫　磊)

【保障炼厂后路畅通和省市公司供应稳定】 2016年，销售华南分公司充分发挥大区纽带作用，强化产销调运平衡，为解决炼厂汽油增量大的出厂难题，西南管输批次由每月2次增加至3次并增加95#汽油管输，缓解罐容不足和出厂的压力。为解决茂名石化部分装置停产检修的保供压力，提前平衡资源，积极组织资源调运。为保障节假日期间的市场稳定，有序安排春节、清明、国庆期间汽油消费高峰的资源供应。全年没有发生过因物流运输导致的炼厂堵库、省市市场油品脱销等情况。

(闫　磊)

【获集团公司安全生产先进单位六连冠】 2016年，销售华南分公司不断夯实HSE管理基础，调整HSE委员会，设立生产、设备、外管道、工程、经营、后勤 6 个专业 HSE 分委员会，HSE 管理体制机制不断健全。持续深入开展“四不两直”检查，先后开展本质安全大检查、本质安全“百日会战”、设备安全大检查、“不让问题重复发生”对照整改、安全综合大检查等活动，累计组织 102 个检查组 172 轮次“四不两直”检查，查改问题 6 721 项，全员的本质安全意识明显增强。全年未发生上报等级事故事件和公司级事故，连续第 6 年获得集团公司安全生产先进单位称号，连续第 2 年位列销售板块 HSE 管理能力测评第 1 名。

（闫　磊）

【提前完成国务院挂牌督办隐患整治任务】　2016 年 11 月 17 日，销售华南分公司 4 128 项隐患（占销售板块隐患总量的 78%，总数居集团公司第 2 位）整治“攻坚战”任务全面完成，获得中国石化油气管道隐患整治攻坚战先进单位称号。为完成该项任务，销售华南分公司通过严细方案、提前整治、每周例会、协调政府、严格奖惩、组织验收等措施强力推进，共改线 34 处 68 千米、增加线路截断阀室 6 座、清除违章占压建（构）筑物 1 600 余处、清除占压树木 6.6 万余棵、消除地质灾害 90 多处、整改阴保问题 150 余项。

（闫磊）

华南成品油管网隐患治理封堵改线现场

【积极应对强台风“妮妲”】　2016 年 8 月 2 日，强台风“妮妲”在广东省深圳市大鹏半岛登陆，登陆时中心附近最大风力 14 级，中心最低气压 965 百帕，给华南地区的油品调运造成严重影响。销售华南分公司迅速启动应急预案，第一时间召开应对台风紧急工作会部署相关工作，总经理带队连夜值守、坐镇指挥，全体员工自觉取消休假，坚守岗位、全力保运。及时调整输油计划，暂停曲溪—梅州段运行，推迟大鹏湾—妈湾段启输计划；适当调整站场巡检时间，避免恶劣天气下员工室外作业，减少人员伤亡风险。及时将台风灾情向销售公司业务、运行、安全等部门汇报；加强与广州石化、广东石油分公司沟通协调，紧盯库存，合理调度，管输不停，保障广州石化生产后路畅通。

（闫　磊）

【华南成品油管网油罐火灾应急救援联动演练】　2016 年 9 月 29 日，华南成品油管网油罐火灾应急救援联动演练在广西自治区南宁市黎塘镇油库成功举办，演练模拟了成品油油罐受雷击着火燃烧，并由于火势猛烈导致罐体变形开裂油品泄漏。进一步提高了对油罐发生火灾时的应急处置能力和对周边群众进行紧急疏散时的企地联动、快速响应、配合处置突发事故的能力，尤其是首次引入防爆消防灭火侦察机器人、第 2 次全面运用无人机技术，达到了检验预案、完善装备、锻炼队伍、磨合机制的作用。

（闫　磊）

华南成品油管网油罐火灾应急救援联动演练现场

【贵阳—重庆成品油管道一次投油成功】　2016 年 2 月 25 日，贵阳—重庆成品油管道顺利投油运行。该管道建成投产后，将黔北地区和重庆的成品油资源与沿海地区茂名石化、广州石化、湛江东兴公司、北海炼化等炼厂和港口码头直接连通，改善了黔北和重庆成品油供应瓶颈，将为贵州、重庆经济发展和社会稳定发挥积极的作用。

（闫　磊）

【百色—昆明成品油管道一次投油成功】　2016 年 6 月 19 日，百色—昆明成品油管道顺利投油运行。该管道的建成投产，将滇东南和桂西地区的成品油资源与沿海地区茂名石化、湛江东兴公司、北海炼化等炼厂和港口码头直接连通，改善滇东南和桂西地区成品油供应瓶颈，为云南、广西经济发展和社会稳定发挥积极作用。

（闫　磊）

【创新驱动发展步伐不断加快】 2016年3月18日，销售华南分公司召开首届科技发展和管理创新工作会议，提出"十三五"时期科技发展和管理创新总体目标。年内，在石化系统内首家设立管道技术中心，将各专业技术骨干组建为完整性管理、腐蚀、设备、储运工艺、安全环保、抢维修6个研究所，并聘请院士及知名教授担任各研究所名誉所长，为科技工作提供了强有力的组织保障。获得中国石化创新型企业称号，"高压成品油长输管线输油泵国产化研制""成品油管道完整性管理体系及关键技术"分别获得中国石化科技进步二等奖和三等奖。

（闫　磊）

【智能化管线系统通过中国信息安全测评中心三级等保测评】 销售华南分公司作为中国石化智能化管线管理系统58家建设单位之一，负责集团公司1/5管线的系统建设，涵盖管道本体、附属设施、周边环境等大量空间地理数据，集成了SCADA、泄漏报警等生产管理系统，对系统的安全性、保密性提出了严格要求。2016年5—8月，先后接受中国信息安全测评中心现场的测评及回归性测评，完成对网络、应用及数据安全、物理安全等各项检查测评，顺利通过三级等保测评，为智能化管线系统的全面推广应用奠定基础。

（闫　磊）

【成品油管道完整性管理体系研究通过鉴定】 2016年7月1日，由销售华南分公司和抚顺石油化工研究院共同研究的"成品油管道完整性管理体系及软件开发"成果通过中国石化科技部组织的技术鉴定。该成果开发了成品油管道高后果区识别与定量评价、集成权重的风险评价、含缺陷管道适用性评价、承压能力快速评定、管道维修决策响应等技术，研发了成品油管道完整性评价及管理软件，研究建立了成品油管道完整性管理体系，整体技术达到国际先进水平，填补了中国石化成品油管道完整性管理体系空白。

（闫　磊）

【"两学一做"学习教育扎实开展】 2016年，销售华南分公司对照"两学一做"的要求，坚持学习常态化、制度化，公司党委书记、副书记讲授党课，并组织全体党总支（支部）书记、委员、政工员举办2期党建工作培训班，加强对"两学一做"学习教育中突出问题排查和整改，强化对集团公司"1+7"项党建工作制度的宣贯和解读，有效解决了党建工作中存在的突出问题；结合发展目标，公司党委提出"'两学一做'研讨问题导向""'两学一做'学习教育突出问题整改方案"，通过专题研讨，提高了全体党员对党建工作重要性的认识；自行编制《党建工作有关制度汇编》和"两学一做"学习教育专题党课小册子，下发各党总支（支部）供大家学习研讨，"两学一做"学习教育取得实效。

（闫　磊）

【干部人才队伍建设得到新强化】 2016年，销售华南分公司坚持正确用人导向，强化干部队伍建设，优化干部结构，中层干部中"70后"占比43%，基层领导中"80后"占比58%，同比分别提高13个、16个百分点；选聘主任师5人、副主任师11人、主管师13人；主任技师1人、高级技师2人，实现主任技师零的突破；新增中高级职称人员25人。超额完成毕业生引进计划，完成率在销售板块中位居第一，共引进高校毕业生42人，其中博士1人（公司首次）、硕士13人。

（闫　磊）

【设备管理党员责任区创建活动成效显著】 2016年，销售华南分公司深化党建工作与企业行政中心工作融合，继续深入开展设备管理党员责任区创建活动，重点从设备片区类（具体分为主输泵区、油品下载区、自控阀室、SCADA机柜间、安全仪表区5类）和技术攻关类2个方面着手，设立党员责任区222个，参与党员占党员总数70%。通过活动，总体设备完好率达到99.71%。

（闫　磊）

【技能竞赛和技术比武成绩优异】 2016年，销售华南分公司高度重视技能竞赛和技术比武工作，研究制定实施方案，出台多方面奖励政策，并召开大规模的动员会，取得销售企业油气管道保护工职业技能竞赛中团体第1名和2金、3银、3铜，油品计量工技能竞赛中团体第9名和1金、1银，物流运行管理人员技能竞赛中大区公司团体第1名和1银的喜人成绩。

（闫　磊）

【全面深化党风建设和反腐败工作】 2016年，销售华南分公司抓实党风廉政建设"两个责任"，强化监督执纪，建立党风廉政建设监督责任区机制，纪委成员定点负责管理处、项目部等基层单位，构建兼职纪检监察员系统，突出招投标、干部选拔等重要环节监督检查。开展领导人员亲属经商办企业与中国石化发生业务往来等 4 项效能监察，公开一般物资采购等业务信息 877 条，金额 18.15 亿元。利用 IT 技术创建的廉洁风险防控地图系统，预警、整改了合同倒签等 9 个风险点。廉洁风险防控地图系统获得中国石化第 25 届管理现代化创新成果三等奖。

（闫　磊）

表 1　　销售华南分公司主要经营指标

指标名称＼年份	2016	2015	2014	2013	2012	2011
成品油销售总量/万吨	2 941.00	2 913.00	2 997.00	2 968.00	2 832.00	2 599.00
管输量/万吨	1 943.00	1 756.00	1 676.00	1 626.00	1 594.00	1 364.00
销售收入/亿元	1 510.00	1 584.00	2 103.00	2 113.00	2 074.00	1 837.00
实现利税/亿元	35.42	28.71	44.90	45.60	39.70	55.00
利润/亿元	28.29	22.24	37.90	35.60	32.85	45.80

石油勘探开发研究院

【概况】 中国石油化工股份有限公司石油勘探开发研究院（简称石油勘探开发研究院）是中国石化直属上游综合研究机构，承担国家石油勘探开发甲级工程咨询工作。石油勘探开发研究院本部设在北京，京外设有西北分院（乌鲁木齐）、无锡石油地质研究所、合肥培训测试中心。正式成立于 2000 年 7 月，其前身为原国家地质矿产部所属的 7 家油气普查勘探研究单位。石油地质实验测试中心和油气化探实验测试中心取得国家级计量认证。

石油勘探开发研究院是中国石化油气勘探开发技术支撑服务部、上游发展战略及油气勘探开发参谋部、油气勘探开发技术研发和集成部、上游地质资料信息中心。拥有国家能源页岩油研发中心，海相油气藏开发实验室、油气成藏实验室、多波地震技术实验室和页岩油气勘探开发实验室 4 个中国石化重点实验室，提高采收率实验室、储层改造与保护实验室、构造与沉积—储层实验室 3 个院级实验室，是《石油与天然气地质》《石油实验地质》等科技期刊的编辑、出版单位。

截至 2016 年底，石油勘探开发研究院拥有在岗员工 1 093 人，其中中科院院士 1 名、工程院院士 1 名、“千人计划”科学家 2 名、“973”首席科学家 2 名、集团公司高级专家 9 名、院首席专家 10 名、院高级专家 18 名、院专家 50 名。科研人员 809 人，占比 74%；博士 382 人，硕士学历及以上占 68%；教授级高工 95 人，副高级及以上比例达 67%。在站博士后 47 人，累计出站博士后 252 人，留院 162 人。

2016 年，石油勘探开发研究院共承担各类科研生产任务 340 项，新签合同 213 项，启动国家重大专项 3 个项目 11 个课题。申报中国石化科技成果鉴定 13 项，其中 6 项国际领先。获国家发明二等奖 1 项、省部级及重要行业科技奖励 7 项。申请国家专利 225 件，获得授权 45 件，其中发明专利 39 件；认定专有技术 18 件；登记软件著作权 30 件。

石油勘探开发研究院 2016 年主要科研成果获奖情况及 2011—2016 年专利申请与授权情况分别见表 1 和表 2。

（范　玮）

【CO_2 驱油室内评价及矿场增效技术获中国石化技术发明二等奖】 该项目共包含 2 个专利群。针对中国陆相沉积油藏地质特点和开发特征，以微观作用机理为出发点，考虑高温高压、多孔介质、油水共存等条件，研发了 3 套二氧化碳驱室内实验评价装置，建立了相应实验方法，已获得国家发明专利授权 6 件、实用新型 1 件；针对混相压力高、波及程度低、易于气窜的特点，以减缓气窜、增加混相程度、扩大波及体积为出发点，考虑储层非均质性、裂缝发育、地层水性质等，研发了油井用缓蚀剂、二氧化碳泡沫封窜体系、自适应流度控制体系等化学增效技术，形成了制备方法和相应产品，创新了二氧化碳驱“气水异井注入油藏混驱”开发模式，已获得国家发明专利授权 4 件。共申报国家发明专利 41 件，已获授权11件，公开18件。上述专利技术在东北腰英台、中原濮城沙一下二氧化碳驱先导试验项目成功应用，有效指导了方案的制定及调整，改善二氧化碳驱油效果。

（叶　欣）

【碎屑岩致密化与油气成藏的动态关系获中国石化科技进步二等奖】 成果主要有：①厘定了研究区储层致密化与油气成藏的时间关系。受源岩发育、岩石成分、埋藏历史等控制，鄂南镇泾—彬长地区延长组石油大规模成藏早于关键致密事件；川西孝新合地区须家河组四段天然气成藏与致密化总体同步，须二段石油成藏略早、天然气成藏略晚。②深化了致密碎屑岩油气成藏机制及影响因素的认识。鄂南延长组石油成藏具有低动力下优势路径早期充注、多期次浸染式扩展的特点，川西须家河组天然气成藏以致密背景下高压驱动机制为主，多期裂缝、致密化导致非均质性不同程度影响成藏过程以及油(气)水差异。③明确了致密碎屑岩结构性非均质及储层“甜点”形成保持机制。不同类型砂岩的差异成岩作用形成了结构性非均质储层。快速埋藏压实基础上的溶蚀、胶结、破碎作用交替发生，储层“甜点”以次生孔隙型为主、差异化发育。油气充注的时间和程度成为“甜点”保持的重要因素。④形成了基于成岩—成藏关系的地质综合评价思路和方法。成藏机制分析和过程研究中体现出来的关键事件与要素可作为致密低渗碎屑岩地质评价的依据。

（叶　欣）

【协同增效低伤害压裂液体系与改造技术获中国石化科技进步二等奖】 成果主要有：①对瓜胶—硼离子交联机理开展深入研究，揭示了瓜胶—硼离子交联反应中的空间尺度效应和影响因素，制备了能与瓜胶等植物胶稠化剂高效交联的新型大分子交联剂，建立了基于压裂液体内部分子网络构建的高效交联技术，使耐温120℃瓜胶压裂液的稠化剂用量降低至0.3%，交联效率提高近15倍。②针对瓜胶分子在氧化降解作用下的反应历程，发现了瓜胶压裂液破胶残渣的生成机制，揭示了水不溶物、非对称剪切和过交联分子是破胶残渣的三大成因，建立了压裂液定向剪切破胶技术，使瓜胶压裂液破胶液残渣降低52%以上，有效减少压裂伤害。③研究水平井压裂近井扭曲、射孔簇间及缝间应力干扰、裂缝延伸尖端效应、储层张性应力和剪切应力改善等理论和技术，形成了注重储层—压裂液—压裂工艺匹配的压裂工艺液体协同增效技术，使选段有效率提高50%，现场压裂增产有效率达96%。

（叶　欣）

【缝洞型油藏提高采收率基础理论及应用获集团公司前瞻性基础性研究科学奖三等奖】 成果主要有：①明确了缝洞型油藏水驱后剩余油的形成机制与分布规律。针对缝洞型油藏储集空间的多尺度、高度离散和复杂流动特征，突破了常规多孔介质表征及物理模拟实验方法，基于油藏描述构建精细地质模型，结合局部动力相似为核心的相似准则群，研制了多尺度、多维度的系列物理模型，建立了模拟实验流程，揭示了水驱后剩余油的主要类型、形成机制，明确了实体油藏剩余油分布规律。②揭示了缝洞型油藏注水开发作用机理。利用重力准数概念揭示了缝洞型油藏流体流动的力学机制，突破了常规碎屑岩油藏相对渗透率理论，建立了基于综合流量系数和垂向驱替的缝洞型油藏油水两相流动理论，明确了注水开发影响因素及作用机制，指出重力和驱动力在时间维度的优化配置是扩大波及、提高注水效果的有效手段，据此建立了变强度注水改善水驱技术。③揭示了缝洞型油藏提高采收率机理。明确了水驱后不同类型剩余油的动用条件，针对洞顶阁楼剩余油，提出注氮气形成次生气顶的重力稳定驱替是有效开采手段，针对高导流通道屏蔽剩余油和气窜问题，提出复合气和泡沫辅助气驱技术可进一步提高油藏采收率，建立了裂缝气窜模型，为气驱技术政策的制定奠定了理论基础。

（叶　欣）

【试点推行“中心+项目部”改革】 2016年2月，石油勘探开发研究院按照“业务分类、规模适度，管研分开、权责对等”原则，启动“中心+项目部”改革试点工作。启动公开竞聘，选聘项目部首席、副首席，13个科研团队按项目部模式组织运行，通过全年运行，探索落实“以科学家为核心”理念的有效途径。

（范　玮）

【全力支撑上游高效勘探、效益开发】 支撑西北：指出阿满过渡带是多期油气聚集的主要指向区，油气主要沿深大断裂输导体系运移成藏，优质储层发育和油气分布受多期断裂控制，断裂—裂缝发育带是后期成岩流体改造及烃类流体活动的有利地区，具有重要的控储控藏特征，为顺北地区战略突破提供重要依据。支撑海域：加强北部湾涠西区块评价，提出新的地层划分和断裂解释方案，构造及储层展布特征认识发生重大变化；重新估算地质储量，及时提出建产调整意见和 3 口评价井位建议。支撑华北：地质与地球物理联合攻关，在杭锦旗区块部署的 2 口评价井获高产气流，其中 JPH－313 井再次刷新该区单井无阻流量纪录；编制的杭锦旗锦 58 井区气藏工程方案进入实施阶段，水平井砂岩钻遇率高达 95.8%，已试气 8 口井，平均单井无阻流量 14.25 万米^3/日，优于方案设计指标。支撑非常规：总结海相页岩气富集特征，完善选区及目标评价方法，为中国石化整体勘探部署提供依据，助力西南油气分公司实现荣昌—永川页岩气勘探突破；全力为页岩气产能建设做好支撑工作，初步形成涪陵二期、威远和井研—犍为区块开发技术政策。支撑海外：多部门联合组成重量级团队，与 Apache 公司“背靠背”开展评价研究，为集团公司党组决策与 Apache 公司联合竞标，成功获取埃及西沙漠地区第 6、第 7 区块提供重要依据，被 Apache 公司给予“卓越贡献”的高度认可。

（范　玮）

【全面启动 IPD 科研流程体系建设】　2016 年 5 月 10 日，石油勘探开发研究院召开集成产品研发（IPD）实施项目启动会。全年通过实施 IPD 项目，建立适用于 4 类业务场景的流程构架，形成体现重量级团队、预立项、技术评审/业务决策分离、分层授权、评审要素、度量指标和知识管理 7 个价值点的流程指导文件。

（范　玮）

【获国家杰出青年科学基金资助】　2016 年 8 月，刘全有申请的“成烃—成藏油气地球化学”项目获国家自然科学基金委员会国家杰出青年科学基金项目资助。该项目是中国油气行业上游领域首个国家杰出青年项目。

（范　玮）

【“十二五”国家重大专项顺利通过结题验收】　2016 年，石油勘探开发研究院承担的 4 个项目及 14 个课题顺利通过结题审计和财务验收工作，其中 2 个项目成绩为优秀、1 个项目得分位列专业组第 1 名。

（范　玮）

【人才成长通道、中层干部 3 年任期考核及换届选聘】　2016 年，石油勘探开发研究院完成人才成长通道试点工作，在职位领域设计、任职资格体系建设、专家选聘方式、制度设计等方面进行大胆探索和创新，选聘 70 名专家，完成 1 000 余人的职位套靠，取得预期效果，作为科研板块唯一代表在中国石化总结大会上发言。完成全院 28 个中层干部班子整体和 61 名班子成员 3 年任期考核，确定考核等级，开展干部队伍调整和干部聘任工作。

（范　玮）

【印发“十三五”发展规划纲要】　石油勘探开发研究院按照“整体框架不变、核心观点数据不变；形势分析更新、重点内容优化完善”原则，进一步调整优化“十三五”发展规划纲要，于 2016 年 11 月 17 日，经职工代表大会审议通过后印发执行。

（范　玮）

【全面实施全成本核算】　2016 年，石油勘探开发研究院增强降本增效意识，合理配置各类资源；充分利用国家税收优惠政策，科研经费加计扣除增加 68%，减少所得税缴纳 2 200 万元。工作得到总部充分肯定，在中国石化系统内树立了标杆。

（范　玮）

【落实新一轮国家项目】　2016 年，石油勘探开发研究院新落实“十三五”国家重大专项 5 个项目、20 个课题；获批国家自然科学基金项目 14 项，其中国家杰出青年科学基金 1 项；中标中国石化联合基金项目 4 项，成功申请国家重点研发计划课题 1 项，展示了中国石化的技术实力，树立了良好的企业形象。

（范　玮）

【持续加强人才队伍建设】　2016 年，石油勘探开发研究院新申报国家“千人计划”1 人、青年“千人计划”1 人，落实 Moridis 合同期的工作计划，从油田引进领军人才 2 名；选派 6 名年轻干部赴西北一线挂职锻炼；按照“谁主管、谁考核”原则，进一步优化绩效考核体系，全院各项决策部署得到层层有效落实。

（范　玮）

【扎实开展“两学一做”学习教育】　2016 年 5 月 9 日，石油勘探开发研究院召开“两学一做”学习教育动员部署（视频）会。围绕中央和集团公司党组统一部署，认真组织“两学一做”专题教育学习教育，广泛开展“讲政治、有信念，讲规矩、有纪律，讲道德、有品行，讲奉献、有作为”学习专题研讨，从严做好“四个专项”检查。

（范　玮）

表1 石油勘探开发研究院2016年主要科研成果获奖情况

序号	项目名称	奖项名称	获奖等级
1	重建多期油气复杂成藏过程的关键仪器与方法	国家技术发明奖	二等奖
2	致密砂岩气藏水平井开发关键技术与应用	集团公司科技进步奖	一等奖
3	CO_2 驱油室内评价及矿场增效技术	集团公司技术发明奖	二等奖
4	西湖凹陷平湖组油气资源评价与区带优选	集团公司科技进步奖	二等奖
5	碎屑岩致密化与油气成藏的动态关系	集团公司科技进步奖	二等奖
6	涪陵海相页岩气高效开发关键技术及工业化应用	集团公司科技进步奖	一等奖
7	协同增效低伤害压裂液体系与改造技术	集团公司科技进步奖	二等奖
8	缝洞型油藏提高采收率基础理论及应用	集团公司前瞻性基础性研究科学奖	三等奖

表2 石油勘探开发研究院2011—2016年专利申请与授权情况 件

年份	国内专利		国外专利	
	申请数	授权数	申请数	授权数
2016	245	45	1	0
2015	210	34	0	1
2014	131	29	0	0
2013	65	20	1	1
2012	41	14	1	1
2011	26	11	0	0

石油工程技术研究院

【概况】 中国石化石油工程技术研究院(简称石油工程技术研究院)成立于2009年6月，是集团公司直属研究院。业务范围以井筒技术为主，从事石油钻井、完井、测井、录井、测试、储层改造及海洋石油工程等专业的发展规划研究、科研攻关、产品研发和推广应用。定位为集团公司石油工程业务发展的参谋部、石油工程高新技术研发中心和国内外石油工程技术支持中心。建有钻井模拟、钻井液、储层保护、固井完井、测录井、储层改造和岩石力学7个配套齐全的实验室；拥有岩石力学三轴应力仪、储层损害模拟实验装置、高温高压流变仪、静胶凝强度分析仪、钻井模拟实验台架等具有国际先进水平的实验仪器装备；拥有钻井、固井、完井、测录井等先进软件数十套。在山东德州、新疆轮台、四川阆中建有试验基地，配备有专业化的移动式实验室；通过了ISO 9001、ISO 14001、OHSAS 18001、SY/T 6276管理体系认证；创办有中文核心期刊《石油钻探技术》；是全国石油钻采设备和工具标准化技术委员会钻修井井下工具标准化工作部挂靠单位。

截至2016年底，石油工程技术研究院拥有国家级突出贡献专家2人、享受政府特殊津贴专家6人、“百千万人才工程”人选2人、集团公司高级专家3人、国家智库研究员1人、省部级突出贡献专家5人、集团公司学术技术带头人9人，聘外籍专家3人。在站博士后13人、硕士研究生9人。

2016年，石油工程技术研究院共承担各类科研项目202项，申请专利260件(发明200件)、获授权142件(发明86件)，获省部级科技奖15项、集团公司管理创新奖2项。

石油工程技术研究院2016年主要科研成果获奖情况及2011—2016年专利申请与授权情况分别见表1和表2。

(陈利源)

【国家重大专项“低渗透油气藏高效开发钻完井技术”项目启动】 2016年，石油工程技术研究院承担的国家重大专项“低渗透油气藏高效开发钻完井技术”项目正式启动。低渗透油气资源是未来油气勘探开发的重要领域，钻完井技术作为低渗透油气藏实现高效勘探开发的关键技术，极具创新性和挑战性。为了突破低渗透油气藏的工程技术难题，石油工程技术研究院在“十一五”“十二五”研究基础上，联合西南油气分公司等9家单位精心组织研究团队，及时成立项目管理办公室，全力推进项目立项阶段的组织和管理工作，一次性通过国家重大专项办公室组织的立项审查，获得多位院士和专家的高度评价。

（陈利源）

【成功申报国家重点研发计划“极地冷海钻井关键技术研究”项目】 2016年，石油工程技术研究院申报的国家重点研发计划“极地冷海钻井关键技术研究”项目通过国家科技部评审并成功立项。极地冷海钻井技术在国际上属于高端前沿技术，各国均处于初步探索研究阶段，石油工程技术研究院联合石油机械公司、国勘公司共同组成项目团队，先后通过国家科技部组织的形式审查、专家预审和视频答辩评审，成功立项。项目的实施将极大地提升中国石化石油工程技术核心竞争力，为中国北极、亚北极油气钻采技术的跨越发展提供强力支撑。

（陈利源）

【“川东南深层页岩气钻完井及压裂技术研究”项目顺利出龙】 2016年，石油工程技术研究院牵头负责的“十条龙”项目“川东南深层页岩气钻完井及压裂技术研究”顺利出龙。该项目通过3年研究试验和技术集成，研制出具有自主知识产权的5类关键装备和工具、3套作业流体和5项技术成果。形成3 500米以深页岩气水平井优快钻完井和2 800—3 500米页岩气压裂配套技术。技术成果实现大规模现场应用，钻完井周期同比缩短23.5%—27.7%，平均单井无阻流量达20.8万米^3/日，钻完井与压裂综合工程成本降低17.4%—22.1%，创造了多项国内压裂工程纪录，取得显著技术和经济效益，为焦石坝产能建设提供了重要技术支撑。

（陈利源）

【“页岩油气富集机理与有效开发”国家重点实验室挂牌】 2016年，石油工程技术研究院联合中国石化石油勘探开发研究院申报的“页岩油气富集机理与有效开发”国家重点实验室挂牌运行并持续推进，并成功加入固体地球科学国家重点实验室联盟。

（陈利源）

【超深水平井钻井技术再创多项世界新纪录】 石油工程技术研究院针对顺北1－4H井定向难度高、井眼轨迹控制困难、井下工具仪器工作条件恶劣、无施工借鉴经验等钻井技术问题，优选小尺寸耐高温螺杆和MWD、优化钻具组合和钻井参数、优选定向钻头，采取降摩减阻和稳定工具面等措施，保证了定向钻井作业的顺利实施及井眼轨迹精确控制。顺北1－4H井刷新了石油工程技术研究院2013年施工的元坝101－1H水平井井深7 971米世界纪录，同时创造了直径为120毫米井眼水平段最长世界纪录，彰显了石油工程技术研究院超深水平井技术服务的实力。小井眼超深水平井钻井技术将为整个顺北地区的后续小井眼超深井水平井施工提供技术指导和施工经验。

（陈利源）

【沙特研发中心完成奠基并进入实质运行阶段】 2016年，石油工程技术研究院负责运营管理的中国石化中东研发中心在沙特阿拉伯王国达兰技术谷成功奠基。该中心以基础性前瞻性和应用技术研究为主，具备展示、研发、实验等功能。研发中心总建筑面积4 800平方米，是中国石化在中东地区的应用技术研究中心、技术推广支持中心、高级人才培训中心。

（陈利源）

【固井工具成功打入中国石油塔里木市场】 2016年，石油工程技术研究院大力拓展中国石油塔里木油田市场，以该油田在“寒冬期”降本增效为契机，凭借强大的技术研发和现场支撑能力，从技术、服务、市场等多个角度进行攻关，实现了7英寸×5英寸内嵌式尾管悬挂器在玉东1－2H井首次应用，打开了中国石油塔里木市场的大门，签订了8口井尾管悬挂器销售及技术服务合同，成功应用3口井。中国石油塔里木油田市场的突破，使石油工程技术研究院在尾管固井特色技术应用方面成为塔指市场固井工具国产化进程中的重要合作伙伴，打破了国外产品在塔里木油田市场的垄断。

（陈利源）

【制定了“十三五”发展规划】 2016年，石油工程技术研究院以中长期发展纲领为指导，结合当前及今后一段时期发展需求，组织制定了《中国石化石油工程技术研究院‘十三五’发展规划》。结合中国石化“十三五”科技和油田板块发展规划，明确了发展思路和发展战略，确定了“‘十三五’末建设成为具有自身特色与较强创新能力的石油工程技术研究院”的发展总目标。深入实施“531”创新工程（持续培育5项核心技术、提升3项品牌技术、发展完善10项特色技术），提出年收入增长6%—7%的生产经营指标。重点加强基础前瞻研究、技术载体研发和重大项目攻关等重点任务及保障措施。

（陈利源）

表1　　石油工程技术研究院2016年度主要科研成果获奖情况

序号	项目名称	奖项名称	获奖等级
1	遇油/水自适应膨胀封隔器技术研究及产业化	集团公司技术发明奖	二等奖
2	CEM－1电磁随钻测量系统	集团公司技术发明奖	三等奖
3	高分子中空微珠低密度钻井液技术	集团公司技术发明奖	三等奖
4	伊朗雅达大型油田复杂地质条件钻完井关键技术及工业化应用	集团公司科技进步奖	一等奖
5	涪陵海相页岩气高效开发关键技术及工业化应用	集团公司科技进步奖	一等奖
6	钻井液油气信息在线定量检测系统开发与应用	集团公司科技进步奖	三等奖
7	深层碎屑岩水平井调流控水完井关键技术研究与应用	集团公司科技进步奖	三等奖
8	井下智能控制技术专利战略	集团公司科技进步奖	三等奖
9	涪陵页岩气田水平井组优快钻井技术研究与应用	重庆市科技进步奖	一等奖
10	高温高密度钻井液关键处理剂研发与工业化应用	中国石油和化学工业联合会技术发明奖	二等奖
11	塔河大油田超深井钻完井关键技术及工业化应用	中国石油和化学工业联合会科技进步奖	二等奖
12	页岩气“井工厂”技术研究与应用	中国石油和化学工业联合会科技进步奖科技进步奖	二等奖
13	全球油田服务业竞争力评价研究及应用	国家能源局能源软科学研究优秀成果奖	二等奖
14	能源技术预见理论方法及其在油气工业上游的应用	国家能源局能源软科学研究优秀成果奖	二等奖
15	高温高密度分散剂研发及工业化应用	北京市科学技术奖	二等奖
16	膨胀波纹管封隔复杂地层技术及工业化应用	北京市科学技术奖	二等奖
17	酸性气藏深井完井测试技术及应用	北京市科学技术奖	三等奖
18	塔河油田碎屑岩水平井提高采收率调流控水技术研究与应用	新疆自治区科技进步奖	二等奖

表 2　　石油工程技术研究院 2011—2016 年专利申请与授权情况　　件

年份	国内专利		国外专利	
	申请数	授权数	申请数	授权数
2016	260	142	1	1
2015	227	65	0	0
2014	195	37	1	2
2013	136	52	1	0
2012	84	18	2	0
2011	45	8	1	0

石油物探技术研究院

【概况】 中国石油化工股份有限公司石油物探技术研究院(简称石油物探技术研究院)是中国石化石油物探高新技术和核心技术研发中心、物探专业软件研发及推广中心和重大物探工程技术支持中心，是中国石化专业从事油气地球物理技术研发的直属研究机构。石油物探技术研究院下设物探战略规划研究所、地震采集技术研究所、地震成像技术研究所、油藏地球物理研究所、地球物理软件研究所、地球物理实验中心、地震处理解释中心和地球物理信息中心 8 个科研业务部门，本部设在南京。

石油物探技术研究院前身是 1977 年创建成立的国家地质总局石油物探研究大队，1983 年更名为地质矿产部石油物探研究所，1997 年建制更名为中国新星石油公司石油物探研究所，2000 年建制更名为中国石化石油勘探开发研究院南京石油物探研究所，2009 年 11 月 28 日组建成立石油物探技术研究院。

截至 2016 年底，石油物探技术研究院主持承担和完成多项国家重点科技攻关项目，国家“863”“973”课题，国家重大科技专项，取得大量高水平的实用科研成果，为塔河、川东北、鄂尔多斯、东海、江苏、松辽等一大批油气田的勘探发现和增储上产做出积极贡献。共有职工 419 名，其中有 22 位教授级高级工程师、13 位享受国家政府特殊津贴的突出贡献专家，以及 48 名博士和 151 名硕士科技人才。主办出版了国内第 1 份勘探地球物理专业科技学术期刊《石油物探》，和国内第 1 份 SCI 检索的地球物理与工程专业英文科技期刊《Journal of Geophysics and Engineering》(JGE)。总资产 10.76 亿元，其中固定资产原值 7.02 亿元、净值 2.60 亿元。

2016 年，石油物探技术研究院承担各类科研项目 65 项，重大科研项目完成率和优良率均达 100%；获省部级以上科技进步奖 3 项；申报国家专利 144 件，获得授权 37 件；申报专有技术认定 24 项，获得软件著作权 18 项。

石油物探技术研究院 2016 年主要科研成果获奖情况及 2011—2016 年专利申请与授权情况分别见表 1 和表 2。

(李振华)

【三大平台建设取得新成效】 2016 年，石油物探技术研究院开展岩石物理对外测试服务，实施一批对外开放基金项目，启动企业国家重点实验室建设工作。π - Frame 软件平台稳定性与实用性进一步提高，集成了初至拾取、道编辑、速度分析等自动化处理模块和全局自动追踪解释模块，发布新版 SDK 和 IDE。云计算平台和数据中心计算能力达 2 528 万亿次/秒、总存储达 8.5 PB，被集团公司确定为勘探开发处理资源共享中心和地震资料灾备中心。基于云计算的互联网 + 科研平台建设取得新进展，形成了处理解释远程应用、专家咨询、移动办公等 8 个子系统，为科研生产和经营管理提供了有效支撑。

(李振华)

【基础前瞻研究持续深化】 2016 年，石油物探技术研究院首次采用高精度 3D 打印技术，实现毫米级到微米级物理模型制作的跨越，大幅提高了缝洞储层模拟精度。初步实现地球物理全频段振动实验测试技术，为岩石物理测试向中低频拓展及宽频地震勘探技术研究提供了新手段。开展裂缝介质地震波传播特征研究，获得裂缝介质地震波场的新认识。研发了反射波拟合波场分离算法，初步形成 3D 散射波成像技术。完成双向介质地震正反演技术的开发和理论模型试验，初步实现储层参数的直接反演。探索近地表早至波全波形反演和低波数波形反演技术。研制 40 套浅井模拟检波器。

（李振华）

【特色技术攻关不断加快】 2016 年，石油物探技术研究院研发了高精度有限元数值模拟软件模块，计算效率、模拟精度明显优于商业软件。高斯束层析反演和 TTI 各向异性速度建模技术取得重要突破，提高了复杂构造建模精度，补齐了成像技术短板。形成正则化和相关性统计的数据匹配技术，提高了最小二乘偏移技术实用性；研发的地层压力与地应力预测特色技术，提升了页岩储层预测精度。形成基于自动聚焦“串珠”成像技术，有效提高了缝洞体成像精度。研发了被动源成像、三维矢量波场处理、纵横波联合定位等关键技术，完善了微地震监测技术系列。

（李振华）

【软件研发取得新进展】 2016 年，石油物探技术研究院完善了 iSeisMountain 软件起伏地表模型分析、观测系统优化和基于互联网的室内外联动踏勘功能；实现了 SPStool 软件大数据文件质控，软件性能大幅度提高。扩充 RTM 软件低频保护技术和照明补偿技术，拓展了带宽，改进了陡倾角成像效果，增强了对海洋资料及复杂构造的适应性。优化 NEWS 软件产品功能组合，新推出 InversionEasy 地震反演等软件包。完成微地震软件实用化升级，发布了 FracListener 2.4 新版本。

（李振华）

【支撑油田企业勘探开发取得新成效】 2016 年，石油物探技术研究院在西北地区解决了塔中低信噪比地区深层奥陶系内幕缝洞体、微小裂缝的成像精度难题，在顺北、顺南区块部署的关键钻井均获得成功，有力支撑了该区块深部气田的重大发现；实现5 200—7 500 米深度范围内直径 15 米级溶洞的精确成像和断溶体的精准刻画，支撑了塔河油田高效开发。在东北地区的龙凤山、十家户、万金塔等工区开展目标处理、储层描述、圈闭评价的一体化研究工作，改善了资料品质，提高了断裂及火山岩刻画精度，与甲方联合建议部署的德 1 井，试获日产天然气 1.22 万立方米，取得德惠断陷勘探突破。在四川地区攻关形成以融合静校正、DWT 近地表建模、网格速度建模和 RTM 成像为核心的关键技术，在礁石坝南、丁山、聚源—白鹿区块应用中，获得用户满意的地震剖面，处理成果支持了构造解释和水平井轨迹设计，解释误差低于 1%，井震误差小于 10 米；应用基于岩石物理分析和储层响应特征的“甜点”预测技术，有效提高了“甜点”的预测精度；在井研、南川、威远等区块应用地层压力与地应力预测技术取得良好效果，指导了开发部署；形成以高分辨率处理与成像、相带反演为核心的致密气储层成像与预测技术，支撑了川西海相雷口坡组高产气田的扩大发现。在涠西区块应用 RTM 叠前成像技术提高了复杂构造成像精度，剖面效果得到集团公司油田部和上海海洋局的充分肯定，并由此拓展了花港 17－1 气田三维资料处理项目，成功打入中国海油服务市场。

（李振华）

【支撑总部发挥参谋作用】 2016 年，石油物探技术研究院完成中国石化重点区块地震采集设计，关键参数采纳率达 97% 以上；参加中国石化重点预探井论证，参与完成 100 余口重点预探井评价。编制的《中国石化物探管理规定》得到总部领导高度评价。

（李振华）

【党建工作】 2016 年，石油物探技术研究院深入开展“两学一做”学习教育，坚持问题导向，突出学做结合，增强“四个意识”，党员的先锋作用得到进一步发挥。完成党支部换届选举，强化党务干部培训，规范组织生活，推行党建例会，制定党建“1＋6”制度，基层党建得到全面加强。

（李振华）

【共建共享和谐家园】 2016 年，石油物探技术研究院发挥群团组织桥梁纽带作用，完善送温暖机制，开展“走基层、访家庭”、便民志愿服务等活动，维护了群众切身利益。召开青年运动会，开展“寻找最美青工”活动，激发了青年员工荣誉感。建成投用专家公寓、单身宿舍，组织园区绿化改造，持续做好住宅区设施维修和环境治理，职工工作生活条件进一步改善。完善稳定工作机制，积极抵制坏风气，妥善处理化解矛盾，和谐稳定局面进一步巩固。

（李振华）

【获江苏省荣誉称号】 2016 年 5 月，石油物探技术研究院接中共江苏省委组织部印发《关于反馈 2013—2015 年度省部属企业科研院所党组织“四有”目标管理工作考核检查结果的通知》，被评为“四有”目标管理优秀等次单位。2016 年 10 月，石油物探技术研究院被江苏省文明委授予 2013—2015 年度江苏省文明单位称号。

（李振华）

表 1　　石油物探技术研究院 2016 年主要科研成果获奖情况

序号	项目名称	奖项名称	获奖等级
1	三维陆地资料混合域全波形反演算法研究	集团公司前瞻性基础性研究科学奖	三等奖
2	非常规油气压裂微地震监测技术	集团公司科技进步奖	一等奖
3	碳酸盐岩缝洞储集体地球物理表征及应用	中国地球物理学会科技进步奖	二等奖

表 2　　石油物探技术研究院 2011—2016 年专利申请与授权情况　　件

年份	国内专利		国外专利	
	申请数	授权数	申请数	授权数
2016	142	37	2	0
2015	131	26	0	1
2014	120	15	0	1
2013	91	8	3	0
2012	65	6	5	3
2011	36	4	3	2

石油化工科学研究院

【概况】 中国石油化工股份有限公司石油化工科学研究院(简称石油化工科学研究院)创建于 1956 年 7 月，是中国石化直属综合性科学技术研究开发机构，学科完整，技术优势突出，研发领域涵盖炼油工业技术全流程，并有重点地向石油化工和新能源领域延伸。

石油化工科学研究院下设 18 个研究室、14 个职能部门，职工总数为 1 177 人，各类技术人员 949 人。其中，中国科学院、中国工程院院士 4 人，教授级高级工程师 125 人，高级技术人员 492 人；博士 285 人，硕士 301 人。

石油化工科学研究院是全国石油产品标准化归口单位，挂靠国家石油产品质量监督检验中心、全国石油产品和润滑剂标准化技术委员会秘书处和中国石油学会石油炼制分会。拥有炼油工艺与催化剂国家工程研究中心、石油化工催化材料与反应工程国家重点实验室、国家能源石油炼制技术研发中心、石油产品质量控制和技术评价实验室等国家级研发机构中心 4 个，拥有中国石化重点实验室(中心)6 个，编辑出版《石油学报(石油加工)》《石油炼制与化工》和《China Petroleum Processing and Petrochemical Technology》3 个科技期刊。下设研究生部和博士后流动站，拥有化学工艺、应用化学专业博士学位，化学工艺、应用化学、工业催化和化学工程专业硕士学位的授予权。

截至 2016 年底，石油化工科学研究院共获部级以上奖励的科技成果 927 项，国家级奖励 132 项。其中，国家最高科学技术奖 1 项、国家发明一等奖 2 项、国家科技进步特等奖 2 项，国家科技进步一等奖 8 项。累计申请国内专利 6 987 件，获准授权4 397 件；申请国外专利 1 061 件，获准授权 654 件；7 件专利获中国国家知识产权局和世界知识产权组织联合颁发的中国专利金奖。2016 年，石油化工科学研究院申请中国专利 685 件，获得授权 660 件；申请国外专利 47 件，获得授权 69 件。多年来发明专利申请、授权数量在全国科研院所中一直名列前茅。

石油化工科学研究院 2016 年度主要科研成果获奖情况及 2011—2016 年专利申请与授权情况分别见表 1 和表 2。

（侯明铉）

【单晶多空心钛硅分子筛催化新材料及制备关键技术获国家技术发明二等奖】 该项目在发明空心钛硅分子筛基础上，首次提出分子筛“多空心”概念，解决晶内多空心可控造孔等难题，首创“单晶多空心钛硅分子筛（HTS－3）”催化新材料，以及支撑该催化新材料合成5项关键技术和工业制造3项工程关键技术，构建起清洁高效烃类选择性催化氧化新体系。突破国外知识产权和技术制约，获得国内外45件发明专利和1件实用新型专利授权及8件专有技术，成功应用于氨肟化生产己内酰胺、丙烯环氧化制环氧丙烷等多套工业装置，显著简化有机含氧化学品的生产工艺，实现缓和条件下清洁高效生产。该项目获2016年度国家技术发明二等奖。

（侯明铉）

【一种用于流化催化转化的提升管反应器获第18届中国专利金奖】 该发明打破传统催化裂化“高温短停留时间”的概念，突破性提出2个不同结构尺寸的反应区，利用过渡段将2个反应区有机地设计在1根串联变径提升管内，分别使不同性质的烃类物质在最适合反应区转化，从而使石油利用效率更高，加工得到的石油产品质量更优、更清洁。以该发明为核心的成套技术已许可实施58套工业装置，处理能力超过9 100万吨/年。2016年12月，该发明被国家知识产权局和世界知识产权组织授予中国专利金奖。

（侯明铉）

【LTAG技术为炼油产品结构调整发挥关键支撑作用】 2016年，石油化工科学研究院完成催化裂化柴油选择性加氢—催化裂化生产高辛烷值汽油或芳烃料（LTAG）技术在8家炼油企业11套工业装置上的实施，将200万吨催化柴油转化为汽油，年增效超过20亿元。

（侯明铉）

【固体酸烷基化技术达到国际先进水平】 烷基化汽油不含烯烃和芳烃，几乎无硫无氮，是清洁、理想的高辛烷值汽油组分，传统液体酸烷基化生产工艺由于其本身的腐蚀性、毒性以及工艺过程的废酸排放，极大地制约其推广应用。石油化工科学研究院与燕山分公司、催化剂公司合作，共同开发了ZCA－1固体酸烷基化技术，以异丁烷和丁烯为原料，采用固体酸催化剂和经济高效的固定床工艺，生产清洁的烷基化汽油，从根源上避免了液体酸烷基化的安全和环境等问题。工业试验显示：工艺操作稳定，烷基化汽油辛烷值、干点等各项指标达到国际先进水平。

（侯明铉）

【配方原油技术解决炼厂稳定生产难题】 中国石化加工原油的80%以上依赖进口，原油种类多达100多种，一些规模较大的炼油企业每年要加工20余种原油。频繁切换原油，影响产品质量和经济效益。2016年，石油化工科学研究院开发了具有自主知识产权的配方原油技术。该技术采用先进计算方法，在原油评价数据库和原油光谱库所采集的大数据基础上，通过原油品种和数量的巧妙搭配，能够得到与目标原油性质十分接近的多种配方原油，不仅考虑到原油宏观物性和炼油企业优化原油的一致性，同时兼顾原油的炼制性能，避免频繁切换原油进料，为炼油企业原油采购及加工原油的性质长期稳定提供可靠的技术支持。

（侯明铉）

【增强型催化裂解技术在泰国成功应用】 2016年，具有中国石化自主知识产权的增强型催化裂解（DCC—PLUS）技术首次成功许可海外并进行运用，在泰国IRPC公司建设150万吨/年装置开车成功。该技术是石油化工科学研究院在重油深度催化裂解（DCC）技术基础上开发的增强型催化裂解生产丙烯新技术，在大幅增产丙烯、丁烯和汽油的同时，显著降低干气和焦炭等副产品产率。在DCC－PLUS技术出口之前，石油化工科学研究院DCC技术已成功出口到泰国、沙特和印度等国的多套装置。

（侯明铉）

【开展“走向高端的炼油技术”年度主题活动】 2016年，石油化工科学研究院聚焦应对新常态下中国炼油工业面临新时期属性的多重挑战，深入探寻在行业产能过剩、市场竞争红海化形势下的突围、破解之道，获得广泛共识，从破除“同质化”上寻找突破，不仅找到实现差异化的技术关键，更进一步明确了解决关键问题的思路和方法，明晰了高端技术研发的方向。通过开展年度主题活动，凝结出下一步要开展攻关的117项高端技术。

（侯明铉）

【完成首批专家选聘】 2016年，石油化工科学研究院通过自主报名、民主推荐、集中答辩等程序，组织专家选聘委员会从90名专家候选人中竞聘产生石油化工科学研究院首批专家30名，在完善人才成长通道建设方面迈出关键一步。

（侯明铉）

【开展建院60周年纪念活动】 2016年，石油化工科学研究院为纪念建院60周年，通过汇编科技成果、举办文艺汇演、颁发纪念章、图片展、座谈交流等形式，追寻建院 60 年发展不平凡的足迹，缅怀前人建立的丰功伟绩，弘扬“崇尚科学、求实创新”的核心价值，汇聚起推进转型升级的强大动力。

（侯明铉）

【召开第 7 次党代会】 2016 年 3 月 23—24 日，石油化工科学研究院召开第 7 次党代会。大会确定今后 5 年发挥党委政治核心作用促进中心工作的 5 项重点任务，提出全面建成世界一流以炼油为主、油化结合的能源型研究院的奋斗目标，选举产生第 7 届党委委员和纪委委员。

（侯明铉）

表 1　石油化工科学研究院 2016 年度主要科研成果获奖情况

序号	项目名称	获奖名称	获奖等级
1	单晶多空心钛硅分子筛催化新材料及制备关键技术	国家技术发明奖	二等奖
2	LCO 选择性加氢—催化裂化生产高辛烷值汽油或芳烃料技术	集团公司科技进步奖	一等奖
3	连续重整新型再生及配套技术开发(第二完成单位)	集团公司科技进步奖	一等奖
4	增产汽油催化裂化催化剂开发及工业应用	集团公司科技进步奖	二等奖
5	提高原料适应性和产品安定性的高效绿色航煤加氢技术开发及应用	集团公司科技进步奖	二等奖
6	HVIII 类光亮油生产技术开发及工业应用	集团公司科技进步奖	三等奖
7	低挥发低黏度空间精密轴承润滑油的研制	集团公司科技进步奖	三等奖
8	环己酮氨肟化用钛硅分子筛催化剂再生优化研究及工业应用(第二完成单位)	集团公司科技进步奖	三等奖
9	己内酰胺绿色生产技术的化学和工程基础	集团公司前瞻性基础性研究科学奖	二等奖
10	TH－1 L 浆液聚乙烯催化剂的开发与应用	集团公司技术发明奖	三等奖
11	第三代渣油加氢 RHT 系列催化剂的开发及工业应用	中国石油和化学工业联合会科技进步奖	一等奖
12	重油直接制轻烯烃和芳烃的关键技术及其工业应用	中国石油和化学工业联合会科技进步奖	二等奖
13	新型高效固定床费托合成反应传热传质及工艺优化关键技术	中国石油和化学工业联合会科技进步奖	三等奖

表 2　石油化工科学研究院 2011—2016 年专利申请与授权情况　　件

年份	国内专利		国外专利	
	申请数	授权数	申请数	授权数
2016	685	660	47	69
2015	666	652	88	47
2014	638	445	102	80
2013	616	318	88	58
2012	608	242	32	31
2011	549	190	67	30

北京化工研究院

【概况】 中国石油化工股份有限公司北京化工研究院(简称北京化工研究院)成立于1958年6月，是中国最早从事石油化工综合性研究的科研机构，曾先后隶属化学工业部、燃料化学工业部及石油化学工业部，1998年9月转制进入中国石油化工集团公司。

截至2016年底，北京化工研究院已经形成一院三地的发展格局。院本部位于北京市朝阳区北三环内，占地面积9.7万平方米，建筑面积6.8万平方米。燕山分院位于房山区向阳街道，占地面积近30万平方米，建筑面积6万平方米。科学试验基地设在北京市通州区台湖镇，占地面积17万平方米，建筑面积3.8万平方米。员工总数1 087人，其中专业技术人员占79.9%；有中国工程院院士1人、享受政府特殊津贴8人，博士244人、硕士303人、本科毕业生299人。

北京化工研究院本部设有12个主要研究室(所)和2个配套部门，燕山分院设有7个专业研究室，拥有从事研究开发工作所需的配套设备和现代化分析测试仪器，建有石油烃类裂解、烯烃净化催化剂、有机合成催化剂、聚烯烃催化剂、环管聚丙烯中试、气相聚乙烯中试、改性塑料、烯烃聚合评价、合成橡胶技术开发、乙烯环氧化制环氧乙烷银催化剂、超滤膜研制等31台(套)中试装置。

2016年，北京化工研究院承担的多项科研项目获奖。其中，获中国石油和化学工业联合会技术发明三等奖1项，中国石油和化学工业联合会科技进步一等奖1项、二等奖1项、三等奖3项，中国循环经济协会科技进步二等奖2项，广东省科技进步二等奖1项。集团公司技术发明一等奖1项、二等奖2项、三等奖1项，集团公司科技进步一等奖3项、二等奖4项、三等奖2项。集团公司前瞻基础三等奖1项。申请涉外专利146件、中国专利623件，有78件涉外专利和566件中国专利获得授权。

北京化工研究院2016年度主要科研成果获奖情况和2011—2016年专利申请与授权情况见表1和表2。

(马兰兰)

【基于高效复合成核剂的高刚性聚丙烯制备关键技术开发与应用项目获中国石油和化学工业联合会科技进步一等奖】 该项目开发了高刚性聚丙烯的工业化制备成套技术，形成了纳米复合成核剂、适合工业装置生产的高等规度聚丙烯专用催化剂及复合外给电子体技术、高刚性聚丙烯生产工艺系列自主知识产权技术。该技术在国内多套20万吨/年以上的聚丙烯装置上成功应用，累计生产高刚性聚丙烯100万吨以上，形成了汽车及家电高档专用塑料系列产品，产品性能达到国际同类产品先进水平。

(权 慧)

【1-己烯共聚聚乙烯专用树脂的技术开发及工业化应用项目获中国石油和化学工业联合会科技进步二等奖】 该项目采用优化的非桥联茂金属催化剂体系，通过对关键组分的合成工艺流程进行模式放大，实现1-己烯共聚线型低密度聚乙烯(LLDPE)的中试聚合制备；完成齐鲁石化14万吨/年气相聚合装置的1-己烯共聚适应性改造，成功制备出管材级和薄膜级1-己烯共聚LLDPE，产品性能达到进口同类产品水平并成功替代进口牌号，在淄博洁林、河北日泰、山东陆宇和东莞正新等几十家企业得到大批量应用，已累计产销20万吨以上。

(吕明福)

【聚丙烯烟膜专用料开发项目获广东省科技进步二等奖】 该项目在中国石化第2代环管聚丙烯工艺的基础上，通过氢气加入、等规度分布调控，结合助剂体系创新，开发了均聚高透聚丙烯烟膜专用树脂。该树脂产品灰分含量、弯曲模量、制品雾度达到国内市售原料的最高水平，占领了华南地区聚丙烯烟膜专用料市场。近3年累计产销量16万吨，为合成树脂生产企业创造了良好的经济效益。

(宋文波)

【原位涂层抑制结焦技术工业试验项目获集团公司技术发明一等奖】 该项目针对裂解炉运转周期短的瓶颈，创造性地提出原位涂层防结焦基础理论，在此基础上开发出工业裂解炉辐射段炉管原位涂层技术。原位涂层技术已在燕山石化、茂名石化、上海赛科公司、扬巴公司等6家企业的13台裂解炉上使用，裂解炉运行周期得到不同程度延长(石脑油裂解最长运行周期超过230天)，相应的年乙烯产能超过100万吨，单台裂解炉年增加效益300万元以上。

(崔立山)

【南化公司水污染治理项目研究与开发项目获集团公司科技进步一等奖】 该项目首次研发了废水水相聚合法合成高效表面活性剂及水煤浆制备技术，用于氯苯废水处理；首次采用耐腐蚀复合材料和强化氧化环管式反应器，实现不可生化硝基氯苯废水的高效处理；开发了含高COD和高氮氮废水综合生化治理技术，实现全公司废水总排口稳定达标排放。整体技术达到国际先进水平。每年可实现减少外排COD总计约3 072.6吨(以装置排口计)，节约用水600吨/时。

(李正琪)

【相结构调控技术及透明高抗冲聚丙烯开发项目获集团公司科技进步一等奖】 该项目发明了分散相结构调控技术，基于该技术开发了透明高抗冲和软质等特种聚丙烯树脂，为国内首创。产品在金发科技、特百惠、威高等行业代表性企业应用，效果良好，冲击强度是现用透明聚丙烯的3倍以上。产品经济效益显著，较普通产品平均增利1 200元/吨。

(宋文波)

【基于价值优化的乙烯原料研究及应用项目获集团公司科技进步一等奖】 该项目提出以"吨乙烯成本"为核心的乙烯原料评价体系，将优化标准由传统的物流转化为价值流，使得优化目标能真实地反映企业效益。项目对镇海、茂名、燕山、上海等10家企业提出了乙烯原料优化方案及措施。基于该技术的实施，2015年，乙烯原料降本增效12.2亿元。

(常振勇)

【1-己烯成套技术首次实现出口】 2016年12月20日，北京化工研究院研发的乙烯三聚制1-己烯技术在阿塞拜疆国家石油公司(SOCAR)天然气化工项目中成功应用，1-己烯成套技术首次实现出口。1-己烯是重要的有机原料，是生产高性能聚乙烯的共聚单体，由其生产的聚乙烯具有拉伸强度高、抗冲击、抗撕裂、耐穿刺性和高透光等优点，特别适合于生产包装膜、农业用膜以及大口径管材等。该技术正式迈进国际市场，扩大了中国石化炼化技术在"一带一路"沿线国家和地区的业绩版图，增强了市场竞争力。

(陈建设)

【国内首套丁二烯尾气选择加氢装置成功开车】 2016年7月4日，北京化工研究院研发的丁二烯尾气选择加氢技术在福建联合石化公司成功开车。该技术可将尾气中碳四炔烃、双烯烃全部加氢成为单烯烃，选择性生成1-丁烯，加氢产物作为MTBE/1-丁烯装置原料，为碳四资源利用提供新途径，有效降低生产成本。该套2.3万吨/年液化丁二烯尾气选择加氢装置为全国首套，装置开工后，增产富含1-丁烯、异丁烯的加氢物料。

(李　琰)

【平板超滤膜及组件制备技术项目通过鉴定】 2016年3月23日，由北京化工研究院承担的"聚偏氟乙烯中空纤维超滤膜制备技术""平板超滤膜及组件制备技术"2个项目通过中国石化组织的鉴定。平板超滤膜和中空纤维膜制备技术具有自主知识产权，中空纤维超滤膜产品工业应用试验最长已稳定运行18个月，产水水质稳定，满足系统出水及后续处理系统进水水质要求。平板超滤膜产品具有更高的渗透通量和更强的抗污染性，综合性能达到国际同类产品水平。

(奚振宇)

【BCM催化剂在Horizone工业的应用项目通过鉴定】 2016年5月13日，由北京化工研究院承担的"BCM催化剂在Horizone工业的应用"项目通过中国石化组织的鉴定。该项目实现BCM催化剂在Horizone工艺的成功应用，催化剂的定向能力、氢调敏感性以及共聚能力均与国外同类催化剂相当，且活性提高了5%—20%，制备聚丙烯产品性能相当，可替代Horizone装置进口催化剂，同时推进中国石化所属企业Horizone装置和Innovene装置高附加值产品开发。

(周奇龙)

【BCZ催化剂的工业应用项目通过鉴定】 2016年5月13日，由北京化工研究院承担的"BCZ催化剂的工业应用"项目通过中国石化组织的鉴定。该项目成功实现具有完全自主知识产权的新型BCZ-108聚丙烯催化剂的生产放大，完成在Hypol工艺、Innovene工艺和SPG工艺的工业应用，产品品质合格。完成对现有NA和NG催化剂的升级换代，降低了催化剂单耗。

(严立安)

【给电子体对聚乙烯淤浆聚合催化剂的影响项目通过鉴定】 2016年5月13日，由北京化工研究院承担的"给电子体对聚乙烯淤浆聚合催化剂的影响"项目通过中国石化组织的鉴定。该项目以北京化工研究院自主研发的、具有自主知识产权的新一代高活性乙烯淤浆聚合催化剂BCE催化剂为研究对象，在催化剂溶解体系的基础上，探索BCE催化剂的机理，并加入不同种类给电子体，改善BCE催化剂各项性能，开发出综合性能更加优越的乙烯淤浆聚合催化剂，拓展BCE催化剂的应用领域，调整改善中国石化的聚乙烯树脂产品结构。

(苟清强)

【MTO 装置废水处理及节水减排技术项目通过鉴定】 2016年6月3日，由北京化工研究院承担的“MTO装置废水处理及节水减排技术”项目通过中国石化组织的鉴定。该项目开发了具有完全知识产权的S－IC反应器新设备；以果壳滤料为核心，形成具有完全知识产权的OEB反应系统，通过S－IC反应器设备、急冷塔排水和氧化物产品液高效厌氧技术、废碱液臭氧氧化技术与常规好氧生化技术的集成，形成MTO废水处理综合技术，获得良好的出水水质，技术可行，经济合理。

（程学文）

【膜法处理有机废气成套工艺开发项目通过鉴定】 2016年6月3日，由北京化工研究院承担的“膜法处理有机废气成套工艺开发”项目通过中国石化组织的鉴定。该项目开发了自主知识产权的有机蒸汽膜生产线，研发的卷式膜组件和碟片式膜组件抗压耐腐蚀性能达到工业应用标准，开发了以有机蒸汽分离膜过程为主要操作单元和核心技术的成套尾气排放控制与回收工艺包，形成了具有自主知识产权的有机膜分离制备技术及应用技术。在催化剂北京奥达分公司和燕山石化开展工业应用。轻污油罐区废气回收处理装置的总去除效率达99.96以上，尾气达标率为100%。

（魏　昕）

【高附加值合成树脂关键技术开发及应用项目列入集团公司首批重大科技项目】 2016年10月19日，北京化工研究院牵头承担的“高附加值合成树脂关键技术开发及应用”项目被列入集团公司首批重大科技项目，立项实施。

（马兰兰）

【获全国绿化先进集体称号】 2016年12月，北京化工研究院获全国绿化先进集体称号，该奖每5年评选一次，由全国绿化委员会、人力资源部和社会保障部、国家林业局共同组织，为国家绿化最高荣誉。院本部占地9.7万平方米，绿化面积3.59万平方米，绿地率达37%；拥有乔木、灌木等树木近千棵，种植花卉近3万株。

（马兰兰）

【烯烃精制加氢催化技术创新团队获集团公司优秀创新团队称号】 2016年6月，球形高效聚丙烯催化剂团队获集团公司优秀创新团队称号。该团队从20世纪60、70年代开始，一直在从事乙烯领域系列精制催化剂，特别是选择加氢催化剂的研发工作。开发并已投入工业化使用十几种催化剂，主要包括碳二选择加氢、前脱丙烷前加氢、碳三液相选择加氢、碳三气相选择加氢、低温甲烷化、碳四选择加氢脱除二烯烃、异丙胺、乙胺、丙酮加氢制异丙醇等催化剂。获得国家科技进步二等奖1项，中国石化技术发明二等奖1项、三等奖1项，中国石化科技进步一等奖1项、二等奖2项、三等奖4项等。

（马兰兰）

【张师军获中国石化科技创新功勋奖】 2016年4月18日，北京化工研究院张师军获中国石化科技创新功勋奖。30余年来，张师军一直致力于聚烯烃材料的高性能、差异化及新品种研发和产业化工作，主持或参与开发了高性能BOPP专用料、聚合装置直接生产汽车保险杠专用料、PE及PP等系列高性能管材料等新型合成树脂新牌号，发明了具有原创性的粉末橡胶纳米化技术，开发了多种聚烯烃类合金、工程塑料合金及复合材料等，为中国纳米化分散技术的应用及聚烯烃多品种达到国际先进水平做出了突出贡献。

（马兰兰）

【中国石化北京环保技术中心挂靠北京化工研究院】 2016年5月，中国石化北京环保技术中心整合成立，挂靠北京化工研究院管理。北京环保技术中心主要负责集团公司清洁生产环境评价工作，为炼化行业“三废”治理提供技术支撑与服务等。

（马兰兰）

【职能部门调整】 2016年5月，北京化工研究院整合技术经营、条件装备和科研保障职能，成立技术市场处、条件装备处和科研保障中心。

（马兰兰）

表1　　北京化工研究院2016年度主要科研成果获奖情况

序号	项目名称	获奖名称	获奖等级
1	聚丙烯微孔材料制备机理及关键技术开发	集团公司前瞻基础性研究科学奖	三等奖

续表

序号	项目名称	获奖名称	获奖等级
2	原位涂层抑制结焦技术工业试验	集团公司技术发明奖	一等奖
3	新型乙烯淤浆聚合催化剂技术	集团公司技术发明奖	二等奖
4	新型高效厌氧反应器及生物膨胀床技术开发	集团公司技术发明奖	二等奖
5	高活性低衰减的高性能聚丙烯BCZ催化剂开发	集团公司技术发明奖	三等奖
6	南化公司水污染治理项目研究与开发	集团公司科技进步奖	一等奖
7	相结构调控技术及透明高抗冲聚丙烯开发	集团公司科技进步奖	一等奖
8	基于价值优化的乙烯原料研究及应用	集团公司科技进步奖	一等奖
9	汽车油箱用高密度聚乙烯专用料的开发	集团公司科技进步奖	二等奖
10	平板超滤膜及组件制备技术开发与工业应用	集团公司科技进步奖	二等奖
11	高性能HDPE防渗膜和专用料评价技术开发	集团公司科技进步奖	二等奖
12	百万吨级乙烯改扩建成套技术	集团公司科技进步奖	二等奖
13	EP 5010 C聚丙烯及其系列专用树脂在Spherizone工艺上的开发及应用	集团公司科技进步奖	三等奖
14	氯化聚乙烯专用树脂成套技术及系列牌号开发	集团公司科技进步奖	三等奖
15	物料泄漏循环水系统处理技术	石油和化学工业联合会技术发明奖	三等奖
16	基于高效复合成核剂的高刚性聚丙烯制备关键技术开发与应用	石油和化学工业联合会科技进步奖	一等奖
17	1-己烯共聚聚乙烯专用树脂的技术开发及工业化应用	石油和化学工业联合会科技进步奖	二等奖
18	石化企业水资源系统集成优化技术	石油和化学工业联合会科技进步奖	三等奖
19	4项有机化工产品产品试验方法系列国家标准的建立	石油和化学工业联合会科技进步奖	三等奖
20	石油化工及煤化工中微量杂质分析技术开发及微量杂质对聚烯烃生产的影响规律	石油和化学工业联合会科技进步奖	三等奖
21	乙烯裂解炉强化传热技术的开发及推广应用	循环经济协会科技进步奖	二等奖
22	浅冷油吸收法回收炼厂干气成套技术	循环经济协会科技进步奖	二等奖
23	聚丙烯烟膜专用料的开发	广东省科技进步奖	二等奖

表2　　北京化工研究院2011—2016年专利申请与授权情况　　件

年份	国内专利		国外专利	
	申请数	授权数	申请数	授权数
2016	623	566	146	78
2015	602	450	71	92
2014	601	370	98	72
2013	590	242	102	18
2012	572	127	118	49
2011	500	68	58	21

抚顺石油化工研究院

【概况】 中国石油化工股份有限公司抚顺石油化工研究院(简称抚顺石油化工研究院)位于辽宁省抚顺市望花区，创建于1953年4月，时称燃料工业部东北石油管理局抚顺研究所，是新中国最早建立的石油研究机构，1956年成为石油部直属科研单位，1983年7月划归新组建的中国石油化工总公司。

经过60余年的发展，抚顺石油化工研究院已形成清洁炼油、新兴能源资源和炼化公用技术三大创新研发平台，下设12个研究部门以及评价中心。设有国家石油产品检验实验室、国家石蜡质量监督检验中心以及博士后工作站和硕士研究生工作站，是国家石油蜡类产品标准化归口单位，同时也是中国石化生物燃料及生物化工重点实验室、辽宁省精细石油化工重点实验室、石油和化工行业加氢技术工程研究中心、辽宁省沥青材料工程技术研究中心、辽宁省石油化工环境保护工程研究中心的依托单位。

截至2016年底，抚顺石油化工研究院正式职工总数695人，具有高级技术职称的各类专业技术人员310人。其中，中国工程院院士1人，国家“千人计划”专家1人，“百千万人才工程”国家级人选1人，享受国务院政府特殊津贴专家13人，集团公司高级技术专家6人、突出贡献专家17人，闵恩泽青年科技人才25人。已取得科技成果300余项，获国家科技进步奖和技术发明奖22项，获中国发明专利金奖2项、优秀奖13项，累计申请中国专利5 595件，申请国外专利239件，获国内外专利授权3 547件。

抚顺石油化工研究院2016年度主要科研成果获奖情况和2011—2016年专利申请及授权情况分别见表1和表2。

(刘建宇)

【“石化废水脱氨氮生物制剂及脱氮成套技术开发和应用”获集团公司技术发明一等奖】 抚顺石油化工研究院采用分子生物学手段，获取可耐受高氨氮浓度的新菌株，通过菌体定向驯化技术开发出适于石化工业应用的高效硝化菌剂，进而开发出石化废水生物制剂及脱氮成套技术，填补了国内石化行业高含盐、含氮废水生物处理技术空白。工业应用结果表明，该技术具有氨氮去除率高、开工快捷等特点，可广泛用于石化高含盐、含氮废水达标处理和提标改造。2016年，该技术获集团公司技术发明一等奖。

(刘建宇)

【“提质增效加氢裂化催化剂级配技术开发及应用”获集团公司科技进步一等奖】 抚顺石油化工研究院与镇海炼化、金陵分公司合作开发的加氢裂化催化剂级配技术通过合理级配不同性能加氢裂化催化剂，可充分发挥催化剂的耦合优势，提高产品质量，并可提高反应热利用效率，降低装置能耗。工业应用结果表明，采用该技术可有效提高产品质量、降低能耗，提高企业的经济效益。2016年，“提质增效加氢裂化催化剂级配技术开发及应用”获集团公司科技进步一等奖。

(刘建宇)

【FDHC柴油中压加氢裂化技术进入工业应用】 FDHC柴油中压加氢裂化技术以直馏柴油为主要加工原料，采用常规加氢裂化工艺流程，通过优化催化剂级配体系和操作条件，可以很好解决中压加氢裂化航煤烟点偏低、装置运行末期产品质量下降等问题。FDHC技术既可以直接生产优质3#喷气燃料，又可以生产富含链烷烃的优质乙烯裂解原料和高芳烃潜含量的重整原料，具有很强的生产操作灵活性。2016年，该技术在燕山分公司进行了工业应用。

(刘建宇)

【分子筛型加氢裂化催化剂湿法硫化技术得到广泛应用】 抚顺石油化工研究院开发的分子筛型加氢裂化催化剂湿法硫化技术，有效规避了干法硫化过程所存在的硫化泵易出故障、硫化后还需降温钝化等问题，并可显著地缩短装置开工时间。截至2016年底，已有21套(次)加氢裂化装置采用该技术开工，达到了降低能耗、节省开工时间的效果。

(刘建宇)

【5万吨/年STRONG沸腾床渣油加氢工业示范装置实现长周期稳定运转】 抚顺石油化工研究院等开发的STRONG沸腾床渣油加氢是一种高效的劣质渣油加氢技术，既可以在低转化率下脱除劣质渣油中的金属、硫、氮等杂质，也可以在高转化率下将渣油转化为馏分油。2016年，使用该技术建设的金陵分公司5万吨/年STRONG沸腾床渣油加氢工业示范装置累计运行2 400小时，取得转化率为55.3%、64.5%、68.0%、73.8%、75.6%下的全套实验数据，装置运转稳定可控，达到工业试验的预期目标。

(杨 涛)

【茂名分公司加氢裂化—异构脱蜡联合装置稳定生产出API Ⅲ类润滑油基础油】 2016年，抚顺石油化工研究院等开发的加氢裂化—异构脱蜡生产 API Ⅲ类润滑油基础油技术利用加氢裂化尾油的特点，通过异构脱蜡降凝生产 API Ⅲ类润滑油基础油。该技术在茂名分公司成功应用，在稳定生产 API Ⅲ 4#和 6#润滑油基础油的同时，还能够生产清洁燃料和优质化工原料。同时，该技术还可降低投资和操作费用，实现反应热高效回收利用，降低综合能耗，取得良好节能效果。

（杜艳泽）

【开发出机场生态驱鸟道面沥青】 机场生态驱鸟道面沥青材料，是基于硫黄改性的路用沥青材料。这种特殊工艺生产的硫黄沥青在实体工程中会自然地、持久地释放出人类不易察觉的特殊气味，可有效地驱除机场上空的鸟类。2016 年，抚顺石油化工研究院沥青技术部与中国民航大学合作，在黑龙江、广西、山东和天津等地机场进行铺装应用，取得较好效果。

（宁爱民）

【微波/等离子耦合强化生物质快速气化取得中试结果】 微波/等离子耦合强化生物快速气化技术以林木剩余物为原料，通过微波热解、等离子定向气化等手段生产合成气。项目于 2015 年被列为国家高技术研究发展计划（“863”计划），2016 年取得千吨级生物质微波热解装置连续稳定运行 360 小时的试验结果。

（刘建宇）

【石化产品碳足迹技术取得成效】 抚顺石油化工研究院等合作开发的石化产品碳足迹技术是遵循全生命周期原则建立的石化产品温室气体排放核算方法，集成了石化产品碳足迹的工作模式、关键技术、碳足迹模型以及计算规范等方面的创新成果。2016 年，该技术用于多家企业的多种石化产品，取得很好效果，能够有效识别石化企业在生产过程中的排放热点，评估减排潜力，并据此采取措施和实施低碳技术，降低单位产品的温室气体排放，从而有效降低企业的温室气体排放总量，降低控排企业的成本。

（刘建宇）

【“化工生产装置尾气综合治理技术”工业试验完成】 化工生产装置尾气综合治理技术开发是中国石化“十条龙”科技攻关项目，含硝酸尾气处理、锅炉烟气 SCR 脱硝、含氮 VOCs 废气处理、含氯 VOCs 废气处理及配套催化剂等技术。2016 年，该项目在南化公司完成工业应用试验，取得很好效果。该项目的完成对化工生产装置尾气综合治理起到很好的示范作用。

（刘建宇）

【“顺丁橡胶生产废气深度治理及能量回收技术”工业应用取得成功】 抚顺石油化工研究院针对顺丁橡胶生产废气排放量大、污染物浓度高特点，开发了过滤除雾—催化氧化深度治理—余热蒸汽回收处理技术。该技术可深度治理尾气的同时，有效回收利用反应热，具有工艺流程简单、装置能耗低、操作弹性大及适应性强等特点，可实现节能环保的双重效果。2016 年，该技术工业应用取得成功，结果表明，顺丁橡胶生产废气使用该技术处理后，净化气中非甲烷总烃浓度低于 20 毫克/米^3，远低于国家排放标准限值，改善了周边的大气环境质量。在尾气深度治理的同时，该技术还实现反应热高效回收利用，取得良好节能效果。

（刘建宇）

【MVR 污水处理技术工业侧线试验取得成效】 机械蒸汽再压缩技术（MVR）是一项减少对外界能源需求、替代传统多效蒸发技术的先进节能技术。抚顺石油化工研究院开发的用于石化废水处理的 MVR 技术，在取得实验室肯定结果后，于 2016 年针对安庆石化丙烯腈四效废水的蒸发浓缩开展工业侧线试验，试验达到预期效果，能耗得到明显降低。

（刘建宇）

MVR 污水处理工业侧线试验装置

（王晶晶　摄）

【“成品油管道完整性管理技术及软件开发”通过技术鉴定】 2016年，由抚顺石油化工研究院、销售华南分公司共同开发的“成品油管道完整性管理技术及软件开发”通过中国石化组织的技术鉴定。该成果包含成品油管道高后果区识别与分级管理、高后果区定量风险评价、含缺陷管道适用性评价、管道维修决策响应等技术，可为成品油完整性管理的实施提供技术支撑。

（刘建宇）

【完成产油微藻藻种库的建立】 2016年，抚顺石油化工研究院建立完成中国石化首个兼具保藏淡水和海水藻功能的藻种库，能够很好地推动中国石化微藻生物柴油技术的进展。该库具备藻种分离纯化、储存、保种服务和评估等运行功能。

（刘建宇）

【大连石油化工研究院建设项目进展顺利】 按照中国石化党组的部署，抚顺石油化工研究院研发部分搬迁至大连，建设大连石油化工研究院。大连石油化工研究院位于大连市旅顺口区大连科技创新园，占地面积18万平方米，总建筑面积17万平方米。2013年9月开始建设，截至2016年底，已完成全部楼体的建设及单体外装，建筑内装修基本完成。

（马 皓）

【集团公司环境监测总站通过国家计量认证】 集团公司环境监测总站行政挂靠抚顺石油化工研究院，主要负责中国石化环境监测业务和环保统计工作的技术指导、管理和监督以及监测分析方法研究等工作。2016年12月，集团公司环境监测总站通过国家认证认可监督管理委员会的审查，取得CMA国家检验检测机构资质认定证书。

（刘建宇）

【质量管理体系通过再认证审核】 2016年，抚顺石油化工研究院的质量管理体系通过认证机构组织的再审核，取得认证证书。新一轮的认证审核，使抚顺石油化工研究院的质量管理体系更加规范化、制度化，提高了体系的有效性、充分性和适用性。

（刘建宇）

【开展文化体育活动】 2016年，抚顺石油化工研究院开展了丰富多彩的文化体育活动。其中，乒乓球、排球、毽球比赛的参赛人员达180人，200余人参加月牙岛健步行活动，职工自觉自愿参加体育锻炼的氛围日益浓厚；举办“腾飞2016”新年联欢会，聘请专业声乐教师和舞蹈教师定期为院合唱团、舞蹈队授课。这些活动的开展，较好地营造了抚顺石油化工研究院和谐的发展氛围。

（王 专）

表1　抚顺石油化工研究院2016年度主要科研成果获奖情况

序号	项目名称	奖项名称	获奖等级
1	石化废水脱氨氮生物制剂及脱氮成套技术开发和应用	集团公司技术发明奖	一等奖
2	分子筛型加氢裂化催化剂湿法硫化技术开发及应用	集团公司技术发明奖	二等奖
3	提质增效加氢裂化催化剂级配技术开发及应用	集团公司科技进步奖	一等奖
4	FHDO重整生成油选择性液相加氢脱烯烃技术	集团公司科技进步奖	二等奖
5	FC－46多产化工原料型加氢裂化催化剂开发及应用	集团公司科技进步奖	二等奖
6	顺丁橡胶生产废气深度治理及能量回收技术	集团公司科技进步奖	二等奖
7	石化产品碳足迹技术开发及应用	集团公司科技进步奖	三等奖
8	油田电网无功控制关键技术开发	集团公司科技进步奖	三等奖
9	西部油田分布式电源综合控制先导技术开发	集团公司科技进步奖	三等奖
10	脂肪酸甲酯改善柴油润滑性能的研究和应用	集团公司科技进步奖	三等奖
11	成品油管道完整性管理体系及关键技术	集团公司科技进步奖	三等奖
12	生物转化制备长链二元酸过程关键科学问题研究	集团公司前瞻性基础性研究科学奖	三等奖

续表

序号	项目名称	奖项名称	获奖等级
13	路面井口快速强化治理技术及专用材料的开发	辽宁省技术发明奖	三等奖
14	催化剂生产过程产生污染物的综合治理关键技术开发及应用	辽宁省企业重大研发成果奖	
15	催化裂化烟气除尘脱硫脱硝成套技术	环保部科技进步奖	二等奖
16	节能降耗的加氢改质成套技术开发及工业实现	中国循环经济协会科学技术奖	二等奖
17	一种液化石油气——焦化汽油加氢组合工艺方法	中国专利奖	优秀奖

表 2　　抚顺石油化工研究院 2011—2016 年专利申请及授权情况　　件

年份	国内专利		国外专利	
	申请数	授权数	申请数	授权数
2016	655	609	28	11
2015	597	637	32	11
2014	572	440	22	14
2013	569	307	25	3
2012	561	230	18	2
2011	500	141	21	3

上海石油化工研究院

【概况】 中国石油化工股份有限公司上海石油化工研究院(简称上海石油化工研究院)位于上海市浦东新区，是中国石化直属科技开发机构；创建于 1960 年 6 月(时称上海市石油化学研究所)，1984 年划入中国石油化工总公司；2004 年 12 月与上海石化科技开发公司完成科技资源整合；2010 年 4 月挂牌上海石油化工研究院南化分院、仪征分院、天津分院、巴陵分院和川维分院。上海石油化工研究院一直从事石油化工科技开发，涉及基本有机化工、煤化工、油田化学品、合成材料、精细化工等领域；下设 19 个研究部(室)，是基本有机原料催化剂国家工程研究中心、绿色化工与工业催化国家重点实验室、全国石油化学标准化委员会的依托单位；设有中国石化甲醇转化、三采用表面活性剂、芳烃技术(联合)、碳纤维及其复合材料(联合)重点实验室，中国石化有机原料情报中心站、上海市石油化工产品质量监督检验站、上海市催化剂行业测试中心等机构，以及博士后工作站；与联合化学反应工程研究所合办《化学反应工程与工艺》双月刊，另有内刊《石油化工快报(有机原料)》(半月刊)。

截至 2016 年底，员工总数 750 人，专业技术人员占 88.6%，其中高级职称以上人员 292 人、博士 176 人、硕士 188 人；中国工程院院士 1 人，国家级有突出贡献专家 3 人，享受政府特殊津贴 33 人，国家级百千万人才工程入选 3 人，引进“千人计划”人才 1 人，国家第 2 批“万人计划”科技创新领军人才 1 人，上海市领军人才 1 人，集团公司科技创新领军人才、科技创新功勋奖各 1 人，集团公司高级专家 9 人。累计获得国家级奖励 46 项，其中国家科技进步特等奖 1 项、国家科技进步一等奖 1 项、国家技术发明二等奖 5 项；获得省部级及以上奖励 292 项，其中中国石化科技进步特等奖 2 项，科技进步、技术发明及前瞻性基础性研究科学等一等奖 35 项。累计申请中国专利 5 268 件、获授权中国专利 2 712 件，在 20 多个国家和地区申请专利 434 件、获授权专利 187 件，其中 2016 年度申请中国专利 600 件、获授权中国专利 379 件，申请涉外专利 44 件、获授权涉外专利 26 件；获得 2016 年中国专利优秀奖 2 项。

上海石油化工研究院 2016 年主要科研成果获奖情况和 2011—2016 年专利申请与授权情况分别见表 1 和表 2。

（潘　波）

【新一代节能型乙苯/苯乙烯催化剂通过鉴定】 2016年4月，上海石油化工研究院与海南实华嘉盛化工有限公司共同承担的“低苯烯比稀乙烯制乙苯催化剂的扩试及工业试验”和“高活性低水比GS－HA乙苯脱氢催化剂研制及工业试验”项目通过中国石化技术鉴定。SEB－12乙苯催化剂可以适用于低苯烯比，具有更好的选择性和抗结焦能力。通过对乙苯脱氢反应机理、水蒸汽除炭机理、低水比下催化剂失活机理等研究，GS－HA乙苯脱氢催化剂在8万吨/年苯乙烯装置上完成30个月的低水比工业试验，苯乙烯产量为设计值的103%。2项技术共申请中国发明专利20件，获授权专利11件。

（潘 波）

【低渗透油藏驱油用低吸附表面活性剂研究及应用项目通过鉴定】 针对表面活性剂在黏土吸附质吸附损耗高的难题，上海石油化工研究院开展黏土电性调变或屏蔽原理和化学剂的研究开发，研制耐温抗盐阴阳离子复合表面活性剂。该表面活性剂形成微乳驱SP二元复合驱体系，成功在江苏油田沙7区块进行先导试验。自2014年1月实施以来，日产油由12.2吨上升到20.35吨，综合含水率由82.2%下降到78.2%（峰值日产油32.3吨，综合含水率下降到62.1%），显示良好的增油降水效果。该项目申请中国发明专利29件，已获授权专利11件，涉外专利3件。2016年5月，该项目通过中国石化组织的技术鉴定。

（潘 波）

【乙烯装置副产碳五加氢技术通过鉴定】 通过开发低温选择性加氢Ni催化剂和高温加氢精制Ni－Mo催化剂及其工艺，集成了乙烯装置副产碳五加氢技术，其中Ni系催化剂的比表面积和孔容较大，可使活性组分在其表面高度分散并保持稳定，具有良好的加氢活性、较低的聚合活性，抗结焦性能好；Ni－Mo催化剂采用碱性金属调变催化剂酸碱性，有效提高抗聚合积炭性能，提高了稳定性。以上述2个催化剂为基础开发了乙烯装置副产碳五加氢技术，在3万吨/年裂解碳五加氢装置上工业应用取得成功。运行结果表明：以轻质碳五或裂解碳五为原料，加氢产品中烯烃含量低于1.0%，硫含量小于1.0×10^{-6}，满足乙烯装置进料要求。该技术适用于碳四馏分全加氢，可以同时适应碳四和碳五馏分全加氢，具有加氢产品烯烃、硫含量低、运行周期长等特点，技术指标达到国际先进水平。该项目已获授权专利2件。2016年7月，该项目通过中国石化组织的技术鉴定。

（潘 波）

【SANC－11丙烯腈催化剂工业试验项目通过鉴定】 通过对丙烯腈催化剂组成、结构及其在反应过程中演变规律的表征研究，开发活性和稳定性良好的SANC－11丙烯腈催化剂，在上海石化3万吨/年丙烯腈装置上进行工业试验，运行14个月结果表明，丙烯腈单收和三腈收率平均值分别为81.64%和89.59%，装置运行平稳；与参比剂同期运行结果相比，反应温度降低10℃，丙烯腈收率相当，三腈收率提高1%。申请发明专利24件，获授权专利8件。SANC－11丙烯腈催化剂具有丙烯腈及三腈收率高、反应温度低、稳定性好、副产杂质少等特点，综合性能达到国际先进水平。2016年9月，该项目通过中国石化组织的技术鉴定。

（潘 波）

【世界最大规模煤制烯烃装置投产】 经过2年建设，世界最大规模的中天合创2×180万吨/年甲醇制烯烃（MTO）装置建成投产，其中2号装置于2016年10月16日投料开车，乙烯、丙烯收率达80%—81%，产品质量达到聚合级优等品。装置运行稳定。该装置建设采用上海石油化工研究院、SEI共同开发的S－MTO成套专利技术，其中S－MTO催化剂由上海石油化工研究院研发、催化剂南京分公司生产提供。

（潘 波）

【煤制乙二醇工业示范装置长周期运行】 2016年6月，湖北化肥20万吨/年煤制乙二醇工业示范装置经改造消缺后再次开车成功，实现安全平稳连续运行。完成加氢单元满负荷条件下的72小时技术标定，乙二醇产量达到设计值，产品质量达到国标优等品，在聚酯工业生产中获应用，2个品种使用比例达100%。上海石油化工研究院最新开发的硝酸转化工艺技术和催化剂成功实现工业化应用，保障了装置长周期安全运行。

（潘 波）

【乙苯脱氢催化剂多次境外应用】 2016年4月25—27日，在中国台湾国乔石油化学股份有限公司13万吨/年苯乙烯生产装置使用的GS－12苯乙烯催化剂进行为期3天的标定，标定结果达到合同约定值。该生产装置继2012年3月首次使用GS－11催化剂、2014年3月选用GS－HA催化剂后，于2016年1月再次选用上海石油化工研究院研发的GS－12催化剂，自开车以来一直处于高负荷平稳运行状态。

（潘　波）

【30 万吨/年稀乙烯制乙苯装置开车成功】 2016 年 6 月 11 日 10 点 58 分，中海石油宁波大榭石化公司 30 万吨/年稀乙烯制乙苯装置正式投料开车，次日凌晨 1 点，从乙苯塔塔顶产出合格乙苯产品，打通全流程，实现一次开车成功。该装置采用中国石化 SGEB 稀乙烯制乙苯技术，系采用该技术的世界最大规模装置。该技术由上海石油化工研究院、石油化工科学研究院及洛阳工程公司联合开发，其中 SEB－08 稀乙烯烷基化制乙苯催化剂由上海石油化工研究院研发。这标志着中国石化 SGEB 稀乙烯制乙苯技术实现从 10 万吨级规模到 30 万吨级规模的跨越，为今后同类装置大型化积累了经验，对炼油企业的副产资源利用和推动乙苯/苯乙烯的技术进步有着重大意义。

（潘　波）

【丙烯一级保护剂和苯净化吸附剂工业试验成功】 2016 年 9 月 29 日，中沙石化 35 万吨/年苯酚丙酮装置投料开车，ADX－12 丙烯一级保护剂稳定运行，技术指标满足要求。12 月 4 日，由上海石油化工研究院研发的 ADX－12 丙烯一级保护剂和 RX－15 苯净化吸附剂再次分别应用在高桥石化 16.7 万吨/年异丙苯装置丙烯一级保护床和苯二级保护床，投料开车后装置稳定运行。以上保护剂和吸附剂的研制成功延伸了异丙苯成套技术，为后续推广提供了市场机会。

（潘　波）

【苯乙烯生产节能降耗运行优化项目获上海市科技进步一等奖】 以高效催化剂创制为先导，研发反应/分离过程耦合工艺，实施苯乙烯工业生产装置全流程优化运行，形成苯乙烯生产节能降耗运行优化技术。主要创新点有：构建催化剂复合孔道体系，研制水煤气反应除炭促进剂，开发苯乙烯恒沸热回收节能工艺，优化苯乙烯工业装置运行参数；共获授权专利 35 件，发表研究论文 15 篇。多项工业应用实例表明：催化剂转化率、低温性能和稳定性优于国际同行；经第三方论证：该技术可以降低能耗 23%，节能效果明显，达到国际先进水平。

（潘　波）

【环保型聚酯系列产品开发及其绿色催化技术项目获集团公司技术发明二等奖】 通过发明螯合型钛系聚酯催化剂，提高钛系聚酯的耐热稳定性，采用环保型聚酯瓶片生产技术解决了聚酯固相缩聚速度慢、瓶坯乙醛含量高等技术难题，开创国内使用熔体直纺生产环保型聚酯短纤技术；获授权发明专利 10 件；在万吨级聚酯工业装置上成功应用，所生产的环保型聚酯瓶片的瓶坯乙醛含量低于锑系聚酯；环保型聚酯短纤产品由下游用户制成环保型无纺布等产品出口韩国，用于耐克等国际知名品牌的生产。

（潘　波）

【DMSO 法高性能碳纤维关键技术开发项目获集团公司前瞻性基础性研究科学奖二等奖】 以制备高性能碳纤维为目标，通过成纤聚合体结构控制、高黏流体传质传热、聚合—脱单耦合工艺、凝固成型皮芯结构、氧化碳化凝聚态结构等研究，制备出纺丝原液，并建立吨级高性能碳纤维试验平台，实现 3K、6K、12K 高性能碳纤维原丝制备，打通碳纤维制备全流程，多批次稳定制备出达到 12K 高性能碳纤维。该项目申请专利 55 件，获授权 15 件；发表研究论文 10 篇，总他引 519 次；该项目旨在解决高性能碳纤维国产化战略问题。

（潘　波）

【超疏水性介孔 Ti/HMS 绿色烯烃环氧化催化材料项目获集团公司前瞻性基础性研究科学奖二等奖】 运用超疏水原理及反应控制相转移催化概念，针对不同类型氧化剂和原料，提出材料合成及应用理论。针对有机过氧化氢氧化剂，采用原位植入、羟基优化及气相接枝组合技术，制得 Ti 物种全部以四配位存在，创制了超疏水性介孔 Ti/HMS 催化剂，具有较理想的孔结构，通过抑制 CHP 无效分解和环氧化物开环，提高催化性能，并可以 CHP 为氧化剂催化环氧化多种烯烃。使用该催化技术所生产的环氧丙烷满足高活性聚醚产品的制备要求。

（潘　波）

【氨氧化制芳腈系列催化剂及工艺技术开发项目获中国石油和化学工业联合会科技进步一等奖】 针对传统芳腈技术生产收率低，催化剂易磨损、寿命短，装置规模小等问题，发明了多功能协同的芳烃氨氧化催化剂设计方法，突破高耐磨长寿命细颗粒流化床催化剂的关键制备技术，集成创新大型芳烃氨氧化制芳腈湍流床反应器及其工艺关键技术，形成芳烃氨氧化生产芳腈高效系列催化剂及工艺技术；产物收率比传统芳腈技术提高 20 个百分点，催化剂使用寿命提高 8 倍，磨耗率小于 0.2%，关键技术达到国际领先水平；已申请中国发明专利6件，获授权发明专利4件、实用新型专利2件，制定企业标准3项。

（潘　波）

【制定“十三五”发展规划】 2016年，上海石油化工研究院认真贯彻落实集团公司五大发展战略和国家“十三五”发展规划，深入谋划院“十三五”发展，编制上海石油化工研究院“十三五”科技发展规划，以及人力资源、基本建设和信息化等专项规划。通过“十三五”科技发展规划及专项规划的部署，形成未来发展顶层设计，统筹推进各方面工作。

（潘　波）

【人才成长通道建设】 2016年，根据集团公司出台的“关于深化人才发展体制机制改革十项措施”，上海石油化工研究院围绕人才激励约束和综合利用系统内外科研资源，制定人才建设试点方案；按照统一部署，推进完善人才成长通道先行先试工作，以专业技术序列队伍为核心，经营管理队伍序列为标杆，强化技术序列核心岗位责任和待遇，进一步畅通各类人才成长空间；加大科技创新和成果转化激励力度，有效兼顾应用研究和基础研究、管理服务和科研一线，进一步激发创新活力。

（潘　波）

【获得独立招收博士后资格】 2016年，上海石油化工研究院博士后科研工作站获得上海市首批独立招收博士后研究人员资格，这将拓展招收国内外高层次人才的选择空间，提高高层次创新型青年人才的能力。上海石油化工研究院博士后工作站成立于2003年12月，通过引智与引人相结合方式，加强与高等学校合作人才的培养、选用，强化基础研究与应用研究相结合，为引进、培养博士后提供了重要保障。截至2016年底，已与复旦大学、华东理工大学、华东师范大学博士后流动站联合培养博士后60名，75%的博士后出站后选择留在上海石油化工研究院工作。

（潘　波）

【完成院党委纪委换届选举】 2016年10月28日，上海石油化工研究院召开全体党员大会，大会选举产生中共上海石油化工研究院第6届党委委员会、纪律检查委员会，其中党委委员为朱背然、杜关泉、杨为民、杨毓莹、宗弘元、顾建良（以姓氏笔画为序）；纪委委员为朱背然、陈卫东、周文乐、周培毅、顾星（以姓氏笔画为序）。在6届1次党委会议上，选举杨为民为党委书记；在纪委1次会议上，选举朱背然为纪委书记。

（潘　波）

【开展“两学一做”学习实践活动】 2016年5月19日，中共上海石油化工研究院党委成立“两学一做”学习教育领导小组和工作小组，召开动员部署会议，编制学习教育手册；领导干部带头上党课，以上率下；定期下发工作提示、召开支部书记会议、开展调研督导等，扎实推进学习教育各项工作。按照上级党组织要求，完成党员组织关系排查、党费收缴专项检查等。各党支部结合实际，积极创新学习教育方式方法，做到“两学”内容丰富、形式多样，“一做”贴近科研和管理工作实际，彰显“一名党员一面旗”作用。

（潘　波）

【孔德金获侯德榜化工科学技术成就奖】 2016年10月15日，上海石油化工研究院副总工程师孔德金获第8届侯德榜化工科学技术奖成就奖。孔德金长期从事甲苯歧化、芳烃烷基转移和重芳烃轻质化以及PX生产新技术的研发和成果转化；主持研发多牌号催化剂性能达到国际领先水平，实现重芳烃高效利用；主持开发DOT－重整油脱烯烃技术，解决芳烃精制过程固废排放，为PX生产过程绿色环保提供技术支撑；先后获17项国家及省部级技术发明奖和科技进步奖；获授权中国发明专利146件，获授权涉外发明专利34件。

（潘　波）

【缪长喜入选科技创新领军人才】 2016年6月17日，上海石油化工研究院副总工程师缪长喜入选集团公司科技创新领军人才。缪长喜长期从事烃类脱氢领域催化剂及工艺技术研究、开发与成果转化，是石油化工烃类脱氢技术领域专家和学科带头人。他主持开发乙苯脱氢催化剂在国内22套苯乙烯装置上成功应用和推广，性能达到国际先进水平；牵头开发苯乙烯成套技术对外许可23套；承担多项国家“973”“863”项目子课题；先后获得12项国家及省部级科技进步奖和技术发明奖；申请发明专利204件，获授权124件，发表研究论文85篇。

（潘　波）

表 1　　上海石油化工研究院 2016 年主要科研成果获奖情况

序号	项目名称	获奖名称	获奖等级
1	驱油用表面活性剂组合物及其制备方法	第 18 届中国专利奖	优秀奖
2	流化床反应器生产芳腈的方法	第 18 届中国专利奖	优秀奖
3	环保型聚酯系列新产品开发及其绿色催化技术	集团公司技术发明奖	二等奖
4	节能高效乙苯脱氢催化剂研制及工业应用	集团公司科技进步奖	二等奖
5	低渗透油藏驱油用低吸附表面活性剂研究及应用	集团公司科技进步奖	二等奖
6	适应原料多样化的乙烯装置副产碳五加氢成套技术	集团公司科技进步奖	三等奖
7	超疏水性介孔 Ti/HMS 绿色烯烃环氧化催化新材料	集团公司前瞻性基础性研究科学奖	二等奖
8	DMSO 法高性能碳纤维关键技术开发	集团公司前瞻性基础性研究科学奖	二等奖
9	苯乙烯生产过程节能降耗运行优化技术	上海市科技进步奖	一等奖
10	新型钛系催化剂的研制及其在环保型聚酯上的应用技术开发	江苏省科技进步奖	二等奖
11	芳烃氨氧化制芳腈系列催化剂及工艺技术开发	中国石油和化学工业联合会科技进步奖	一等奖

表 2　　上海石油化工研究院 2011—2016 年专利申请与授权情况　　件

年份	国内专利		国外专利	
	申请数	授权数	申请数	授权数
2016	600	379	44	26
2015	588	438	41	30
2014	578	336	37	20
2013	558	314	45	9
2012	440	164	6	23
2011	548	159	11	4

安全工程研究院

【概况】 中国石油化工股份有限公司青岛安全工程研究院(简称安全工程研究院)位于山东省青岛市，是中国石化直属的安全、环保和职业健康科研机构。安全工程研究院成立于 1979 年，1999 年 7 月整体进入集团公司。2004 年 4 月，国家安全生产监督管理总局依托安全工程研究院成立国家安全生产监督管理总局化学品登记中心，为中国危险化学品安全监管提供综合性技术支持。2007 年 7 月，国家科技部依托安全工程研究院设立化学品安全控制国家重点实验室，是首批企业国家重点实验室之一，2011 年 1 月 18 日通过国家科技部验收。

截至 2016 年底，安全工程研究院下设 8 个职能管理部门、14 个研究所(室、中心)。职工总数 440 人，其中特聘院士 2 人，教授级高级工程师 29 人、高级工程师 136 人；引进海外博士后 2 人、博士 43 人、硕士 166 人，博士后工作站在站博士后 3 人；享受政府特殊津贴 6 人，集团公司突出贡献专家 6 人，中国石化优秀学术技术带头人 9 人，获中国石化闵恩泽青年科技人才奖 14 人；各类国家级 HSE 领域专家 40 余人，具有注册安全工程师、安全评价师、职业危害评价师、环境影响评价师、注册计量师等执业资格的人员260余人。

安全工程研究院2016年度主要科研成果获奖情况及2011—2016年专利申请与授权情况分别见表1和表2。

（王新军）

【联合主办第6届(2016)世界油气安全大会】 2016年10月26日，由安全工程研究院、中国石油大学（北京）、中国石油集团安全环保技术研究院共同主办的第6届世界油气安全大会（WCOGI2016）在北京召开，来自全球油气安全领域的专家学者和企业代表近300人参加大会。安全工程研究院院长孙万付出席大会，并同与会者深入探讨石油天然气工业的发展及安全保障问题。

（王新军）

【承办中国石化首届安全科技成果推介会】 2016年5月26日，由集团公司安全监管局和科技部主办、安全工程研究院承办的中国石化首届安全科技成果推介会在青岛召开，中国石化系统内近百家设计、施工、生产企业，科研机构以及部分系统外安全厂家，以“识别大风险、治理大隐患、杜绝大事故”为主线，通过大会交流、专业介绍、专题讲座、近景展示和虚拟现实等方式，共同分享近10年来中国石化安全科技研发与应用的先进成果，为搭建科技兴安、科技强安支撑平台和建立成果转化长效机制进行了积极探索。

（王新军）

【承办中国石化首届HAZOP技术应用大比武】 2016年9月28日，由安全工程研究院承办的中国石化首届HAZOP技术应用大比武历经3个竞赛单元共10天的竞赛比拼在青岛落幕。该次HAZOP技术应用大比武共决出常减压、催化裂化等4套装置共22个团体奖与18个优秀HAZOP分析组长个人奖，金陵石化、扬子石化等5家企业获优秀团体奖。

（王新军）

【安全工程研究院迁驻崂山新院区】 安全工程研究院坚持把院区整体搬迁作为事关下一步发展的头等大事来抓，成立由院领导牵头、各部门骨干组成的搬迁工作组，超前细致研究搬迁方案和安全预案，历时2个月全面完成湛山院区及城阳、沙子口和青岛石化共建基地60余套大型设备装置、近2万件普通设备的搬迁，最大限度地减少对科研工作的影响。2016年8月26日，安全工程研究院正式迁驻崂山区松岭路339号崂山新院区，标志着崂山新院区工程建成投用，为安全工程研究院加快发展和打造世界一流HSE研究院奠定了坚实基础。

（王新军）

【重大项目申报取得历史性突破】 2016年，安全工程研究院成功申报“易燃易爆化学品灾害事故应急处置技术与示范”等国家重点研发计划项目（课题）11项，国家自然科学基金项目“微反应器中丙烯气相直接环氧化反应行为研究”获批；承担“安全可靠、清洁环保型炼油与化工企业构建”等5项中国工程院和科学院院士咨询项目；首个牵头的“大型原油罐区安全及VOCs减排技术开发与应用”项目成功“入龙”，在研中国石化“十条龙”项目达11项；贴近能源化工行业HSE需求，策划储罐VOCs安全收集与高效处理等14个中国石化项目。

（王新军）

【知识产权管理工作再创佳绩】 2016年，安全工程研究院发明专利首次突破200件，占申请专利总量的93%，获授权数量达50件；首次提报的关于新型溢油和碳吸附材料等3件涉外专利申请获得审核通过；“石化过程中基于定性SDG的故障混合诊断方法”获第18届中国专利优秀奖，首次获集团公司知识产权先进单位称号；首次主持制定的1项国际标准顺利完成草案，参与制发国家标准达30余项，发表论文100余篇。

（王新军）

【牟善军获侯德榜化工科技创新奖】 2016年10月15日，国务院安委会专家咨询委员会专家，安全工程研究院总工程师、副院长牟善军在2016年中国化工学会年会上，获第8届侯德榜化工科技创新奖。牟善军教授在化工过程安全、风险评估、储运安全工程等领域具有扎实的理论基础和丰富的实践经验，曾获国家科技进步二等奖、国家安全监管总局科技成果一等奖、中国石化科技进步一等奖等7项国家和省部级科技奖励。拥有获授权发明专利8件，合著专著9部；发表各类学术论文63篇。

（王新军）

【获中国石化优秀创新团队称号】 2016年，安全工程研究院石化灾害事故研究与应急救援技术创新团队获中国石化优秀创新团队称号。该团队先后承担国家及省部级以上课题20余项，开展加油站燃爆事故机理、油气管道重大事故防控与应急处置技术、受限空间危化品泄漏、狭长受限空间油气燃爆过程及破坏效应研究等基础研究和安全防控应用技术研发；多次获集团公司科技进步奖和国家安全生产监督管理总局安全科技成果奖；团队研发的事故调查理论及分析方法，已在近 80 起上报集团公司级事故及“大连 7 · 16 事故”等多起国家层面的事故调查分析工作中进行应用；开展并建立的事故机理研究三维模拟平台及实验测试平台已在煤气化装置燃爆事故防治、普光气田等高含硫化氢泄漏防治中进行推广应用；依托信息技术研发应急预案编制与管理系统、基于情景构建的桌面演练系统、国家化学事故应急响应专线、安全生产应急平台、基于虚拟现实的操作培训系统等独具特色的技术产品，为国家危化品事故救援和石化企业事故应急提供整套解决方案和技术支持，研究成果达到国内领先、国际先进水平。

（王新军）

【与美国保险商实验室签署战略合作协议】 2016 年 4 月 14 日，安全工程研究院与美国保险商实验室（简称 UL）在北京正式签署战略合作协议，双方约定将共同推进双层油罐及树脂原材料在中国石化加油站场所的安全推广应用，规范双层油罐及树脂原材料市场。美国 UL 公司和安全工程研究院为双层油罐生产企业提供产品检测和技术支持，实行“一测双证”制，即企业的产品在安全工程研究院的实验室检测合格后，可同时取得美国 UL 公司和安全工程研究院的目击测试认可实验室证书，获得国际认可和中国石化认可。

（王新军）

【举办全员实验操作技能竞赛】 2016 年 7 月，安全工程研究院启动全员实验操作技能竞赛活动。竞赛活动共分 3 个阶段进行：第 1 阶段是各研究所（室）针对竞赛内容进行全员练兵，第 2 阶段是评审优秀实验方案，第 3 阶段是开展现场操作竞赛，竞赛项目为酸碱滴定。举办全员实验操作技能竞赛，有效营造了“上标准岗、干标准活”的浓厚氛围，促进了安全工程研究院岗位练兵活动的开展。

（王新军）

【部分机构和业务调整】 2016 年 1 月 14 日，根据工作需要，安全工程研究院调整部分机构和业务职能。化工过程安全研究室更名为化工过程安全研究所，功能安全业务并入化工过程安全研究所；撤销电气与功能安全研究室，电气安全业务与储运安全研究室业务合并成立安全装备技术研究所，监测检验研究室的消防业务并入安全装备技术研究所；安全评价研究室和职业健康研究室合并成立 HSE 风险评估研究所；撤销基建装备处和综合处，将其业务整合，成立科研条件处；企业改革管理处与法律事务处合署办公，不再与人力资源处合署办公。

（王新军）

表 1　　安全工程研究院 2016 年度主要科研成果获奖情况

序号	项目名称	奖项名称	获奖等级
1	无线传输蜂窝布局雷电预警系统研究	集团公司科技进步奖	二等奖
2	石化企业重大事故情景构建及应急辅助决策技术研究与应用	集团公司科技进步奖	三等奖
3	炼化工程及大检修项目安全监管技术研究与应用	集团公司科技进步奖	三等奖
4	高含氯原油对炼厂的腐蚀及其防护技术	集团公司科技进步奖	三等奖
5	石化行业 VOCs 治理专用疏水硅胶	集团公司技术发明奖	三等奖
6	加油站燃爆机理与后果预测模型研究	集团公司前瞻性基础性研究科学奖	三等奖
7	轻质油中间原料储罐腐蚀控制研究与应用	中国腐蚀与防护学会科技进步奖	一等奖
8	进口劣质原油对输油管道腐蚀影响的研究	中国腐蚀与防护学会科技进步奖	二等奖
9	基于移动通讯的气体泄漏远程监测技术研究与应用	中国石油和化工自动化行业协会科技进步奖	二等奖

续表

序号	项目名称	奖项名称	获奖等级
10	典型氧化工艺本质安全化技术研究与工业应用	中国石油和化工自动化行业协会科技进步奖	二等奖
11	聚丙烯装置生产过程稳定性技术研究	中国石油和化工自动化行业协会科技进步奖	二等奖
12	炼化火炬安全可靠性关键技术研究与应用	中国石油和化工自动化行业协会科技进步奖	三等奖
13	油气钻井设施防雷技术研究	中国石油和化工自动化行业协会科技进步奖	三等奖
14	石化装置故障诊断与网络化在线安全运行监测平台研发	中国石油和化工联合会科技进步奖	二等奖
15	劣质原油加工装置全流程腐蚀控制技术研究及应用	中国石油和化工联合会科技进步奖	三等奖
16	石化企业可穿戴式消防设备与专家评估系统	中国消防协会科技创新奖	二等奖
17	石油化工企业消防接处警系统	中国消防协会科技创新奖	二等奖
18	石油石化事故及事故预防	中国石油和化工联合会优秀出版物	一等奖
19	化工过程安全管理实施指南	中国石油和化工联合会优秀出版物	二等奖
20	机械完整性体系指南(美)	中国石油和化工联合会优秀出版物	二等奖
21	高效油气回收成套技术及应用	山东省科技进步奖	二等奖

表2　　安全工程研究院2011—2016年专利申请与授权情况　　件

年份	国内专利		国外专利	
	申请数	授权数	申请数	授权数
2016	228	150	0	0
2015	218	98	0	0
2014	102	63	0	0
2013	79	50	0	0
2012	79	19	0	0
2011	51	9	0	0

催化剂公司

【概况】 中国石化催化剂有限公司(简称催化剂公司)作为股份公司的全资子公司，是中国石化催化剂生产、销售和管理的责任主体，是中国石化旗下唯一生产催化剂的企业，成立于2013年5月28日，本部位于北京市朝阳区惠新东街甲6号。其前身是2004年12月29日在北京成立的中国石油化工股份有限公司催化剂分公司。

催化剂公司是国内最大的炼油化工催化剂生产商、供应商、服务商，催化剂产品涵盖炼油催化剂、聚烯烃催化剂、基本有机原料催化剂、煤化工催化剂、环保催化剂、其他催化剂 6 个大类，年生产能力合计超过 20 万吨。

截至 2016 年底，催化剂公司下设 12 个管理部门、12 家分(子)公司。生产基地主要分布在北京、上海、湖南、山东、辽宁和江苏。用工总量 3 940 人，拥有各类经营管理及专业技术人员 1 434 人，其中教授级高级职称人员 26 人、高级职称人员 349 人，博士 18 人、硕士 202 人，并建有博士后工作站。2016 年，催化剂公司获中国石化首批创新型企业称号。

催化剂公司主要生产经营指标见表 1。

（胡东生）

【市场开拓稳中前行】 2016 年，催化剂公司全力维护系统内市场，努力提高产品的适应性、供应的及时性和服务的有效性，完善优化催化剂价格形成机制，在系统内积极推广 LTAG 工艺专用剂，试点推广环保型罐车运输方式，系统内客户满意度不断提升。积极开拓系统外市场，利用品质优势和增值服务，获得裂化、加氢、重整等多套装置订单，多套空白装置获得明显突破。全面进入煤化工领域，MTO、聚乙烯、聚丙烯等催化剂得到广泛应用。努力参与国际竞争，流化催化裂化(FCC)催化剂稳定供应台湾、日本、美国、新加坡等客户。

（胡东生）

【降本减费取得实效】 2016 年，催化剂公司成立专题工作组，持续推进加氢催化剂降本工作，积极统筹资源，探索内部原料互供降低加氢剂生产成本。抚顺、长岭 2 家分公司加氢催化剂生产成本同比分别下降 12% 和 17%。制定 56 项合计金额 1.06 亿元的降本减费措施，全年实现降本 1.36 亿元。修订完善标准成本指标数据库，下发涉及 35 个催化剂产品系列共 82 个一、二级成本指标，层层传递降本压力。制定生产优化项目 28 项，实现效益 3 200 万元。吨产品能耗、万元产值综合能耗、吨产品取水量分别下降 3.7%、7.2% 和 4.9%。抓好采购降本，采购资金节约率达 6%。深入贯彻中央“八项规定”精神，严控公务性支出，办公费等 6 项非生产性费用节约 307 万元。

（胡东生）

【重点项目有序推进】 2016 年，催化剂公司南京生产基地的 SMTO 催化剂生产装置克服诸多困难，保证生产质量，按期完成生产发货任务。下属企业立得公司聚乙烯催化剂生产装置搬迁项目顺利完成。上海生产基地的丙烯腈催化剂生产装置完成中交，已开展试生产。大连基地加氢催化剂、燕山基地脱硝催化剂、云溪基地催化裂化催化剂等项目正在建设中。

（胡东生）

【专利申请与授权量再创新高】 2016 年，催化剂公司共申请专利 50 件，其中发明专利 29 件、实用新型 21 件；获得授权发明专利 12 件、实用新型 7 件，其中获得国外授权专利 4 件，专利“一种 5A 分子筛吸附剂及其制备方法和应用”在西班牙和意大利获得授权，“固体催化剂悬浮液、丙烯聚合固体催化剂组分的分散方法及其应用和丙烯聚合的方法”在美国和荷兰获得授权。

（胡东生）

【扎实开展“两学一做”学习教育】 2016 年 5 月 9 日，催化剂公司党委召开视频会议，正式启动催化剂公司“两学一做”学习教育。至 5 月 20 日，催化剂公司各单位的学习教育全部启动，并将学习教育运行计划落实到所属 88 个基层党支部，做到全覆盖、无盲区，各项规定动作严格到位，学习教育内容、时间、人员、质量得到较好落实。集团公司学习教育督导组对催化剂公司学习教育组织领导工作和成效给予充分肯定，中期和年终 2 次抽考均取得较好成绩。

（胡东生）

【创新服务手段提升技术服务能力】 2016 年，催化剂公司顺利推进 FCC－SIM 软件立项和建模工作，首批 5 套流化催化裂化(FCC)装置的模型开发工作已经启动。启动 TSP 技术服务平台二期建设工作，扩展 S－Zorb 吸附剂纳入平台。完善装置专家库建设，专家人数增加至 60 名，业务领域全涵盖。建立武汉物流中心，积极推进催化裂化催化剂自卸罐式运输服务模式，为客户提供优质的增值服务。尝试与中沙石化开展环氧乙烷/乙二醇进口催化剂的贵金属租赁业务。

（胡东生）

【国产化成效显著】 2016 年，催化剂公司通过技术与市场紧密结合，加大了对进口产品的替代力度和在新装置上的应用。Innovene 气相聚丙烯工艺催化剂、加氢精制催化剂、S－Zorb 吸附剂、第 6 代浆液催化剂、新型银催化剂、新一代甲苯歧化催化剂、二甲苯异构化催化剂、脱硝催化剂、乙苯脱氢催化剂等，都在相应的装置上取得成功应用。

（胡东生）

【催化剂含氨废水生物处理技术工业应用实验通过技术鉴定】 该项目于2013年立项，由催化剂公司和抚顺石油化工研究院共同承担，2016年3月10日通过集团公司技术鉴定。该技术在脱除污水中的COD和氨氮方面，尤其是脱除总氮的能力，处于国内领先、国际先进水平。

（胡东生）

【芳烃吸附剂成球新工艺全流程工业技术开发项目通过技术鉴定】 该项目于2012年立项，由催化剂公司和石油化工科学研究院共同承担，2016年8月19日通过集团公司鉴定。该项目首次采用新型成球设备，系统研究了操作参数对小球粒度分布和灼基堆密度的影响规律，开发了高效芳烃吸附剂滚球新工艺及装备技术，生产过程自动化、清洁化，生产效率显著提升，为建设新型高效基质小球生产线奠定了技术基础。开发的成球新技术具有显著的创新性，申请中国专利2件。

（胡东生）

【SMTO催化剂生产尾气处理技术研究项目通过技术鉴定】 该项目于2012年立项，由催化剂公司和上海石油化工院共同承担，2016年8月19日通过集团公司鉴定。该项目针对SMTO催化剂生产尾气中氯化氢浓度高、粉尘含量高以及尾气吸收废水中SS、COD高等问题，开发出适合SMTO催化剂生产的尾气处理成套技术。工业应用结果表明：废气、废水排放达到国家及地方相关标准，吨催化剂尾气处理废水排放量显著下降；设备的腐蚀和检维修频次显著降低，实现装置的长周期运行和产能的提升。该项目开发的尾气处理技术具有创新性，已申请中国专利1件。

（胡东生）

【举办第6届中国石化催化技术国际交流会】 2016年9月21—23日，由催化剂公司主办的中国石化催化技术国际交流会在大连召开。会议的主题是“创新驱动未来，催化改变世界”。来自美洲、欧洲、中东、东南亚等境外60多家公司的140余位海外代表和120名国内代表参加大会。会议期间，院士、国内外专家及用户围绕会议主题展开专题交流。大会还广泛宣传了中国石化催化技术及产品，提升了中国石化在催化领域的国际形象。

（胡东生）

第6届中国石化催化技术国际交流会

【获评“十二五”化工催化剂行业先进标准化单位】 2016年11月17日，催化剂公司被全国化学标准化技术委员会化工催化剂分技术委员会评为“十二五”化工催化剂行业先进标准化单位。“十二五”期间，催化剂公司逐步建立完善企业技术标准体系，积极参与国行标准的制定，完成1项国家标准的制定，牵头制定5项行业标准，参与制定6项行业标准，另有2项催化裂化催化剂产品行业标准和4项聚烯烃催化剂分析方法行业标准获得工信部立项审批。

（胡东生）

【规范劳务派遣工作】 2016年，催化剂公司按照总部统一部署，稳妥推进深化用工制度改革，通过精简替代、业务外包（承揽）分流等工作，实现措施性减员222人、外包（承揽）分流798人。481名劳务工调整用工形式，纳入合同制员工管理体系，标志着以实现劳务派遣合规为重点的改革初期目标已经实现，派遣制员工由1 792人减至256人，占比由34%降为6.3%，并且全部在“三性”岗位工作。

（胡东生）

【获多项集团公司表彰】 2016年，催化剂公司先后获集团公司质量管理先进单位、优秀办公室、先进基层党组织和股份公司投资统计报表先进单位等多项称号。

（胡东生）

【举办第7届活力文化节】 2016年，催化剂公司第7届活力文化节在北京圆满落下帷幕。“活力文化节”是催化剂公司打造企业文化的名片。该系列活动自5月举办以来，以寻找、挖掘和展示催化剂公司员工的“美”为主线，组织“我要安全”知识竞赛，相继“寻找”并评选“最美青工”和“最美导师”，征集展示“最美声音”“最美影像”和“最美笔迹”；在活力文化节尾声阶段，成功举办乒乓球及羽毛球团体比赛。活力文化节的成功举办，促进了公司安全文化建设，增强了全员安全环保意识，激发了广大员工的活力，展示了催化剂员工热爱工作、热爱生活、充满活力的风采和良好精神面貌。

（胡东生）

催化剂公司第7届活力文化节颁奖晚会

表1　　催化剂公司主要生产经营指标

指标名称 \ 年份	2016	2015	2014	2013	2012	2011
生产各类催化剂/万吨	17.90	17.46	17.80	14.28	15.24	14.55
销售各类催化剂/万吨	16.10	17.83	17.72	17.26	16.29	14.38
销售收入/亿元	59.41	56.47	59.12	67.45	66.36	52.19
利润/亿元	5.77	5.57	5.53	5.82	6.01	4.21
发生费用总额①/亿元	12.95	11.36	11.97	12.52	10.77	10.37
资产总额/亿元	78.80	79.70	75.43	72.45	63.52	59.35
经济增加值(EVA)/亿元	4.12	4.08	3.04	3.00	3.02	1.69

①费用总额 = 管理费 + 销售费

百川经济贸易公司（机关服务中心、机关服务局）

【概况】 中石化百川经济贸易公司（中国石油化工集团公司机关服务中心、中国石油化工集团公司机关服务局）简称百川经济贸易公司（机关服务中心、机关服务局），主要负责为中国石化总部机关及专业公司提供后勤服务保障，是集团公司直属专业公司、全资子公司，由原石化总公司机关事务部发展演变而来，企业性质为全民所有制。百川经济贸易公司（机关服务中心、机关服务局）实行“一套机构、三块牌子”的管理机制，工作分为服务保障、总部部分职能管理和经营工作3个主要板块。

百川经济贸易公司成立于1993年2月，注册资金3 000万元人民币，注册地址为：北京市朝阳区朝阳门北大街22号，经营范围为住宿、餐饮、物业管理、办公用品、洗衣等服务。机关服务中心于1995年2月经原石化总公司正式批准成立，2002年11月经集团公司人事部、中央机构编制委员会办公室和国家事业单位登记管理局批准，成为事业单位法人。机关服务局于2008年9月经集团公司批准成立，是机关行政部门。

百川经济贸易公司下设17个处室和实华饭店、国际旅行社、会议中心、和园景逸大酒店4个经营单位。有1个全资子公司——北京中石化井田工程建设有限公司、1个参股公司——北京百川恒升物业管理有限公司。北京中石化井田工程建设有限公司是集团公司为沙河科研中心建设项目专门成立的工程管理公司。2014年10月，集团公司将公司管理权划转至机关服务中心。2016年5月，将其变更为百川经济贸易公司全资子公司。北京百川恒升物业管理有限公司由百川经济贸易公司与北京燕化天钲建筑工程有限公司、新中物业管理（中国）有限公司，于2013年10月共同出资成立，主要通过业务外包形式为百川经济贸易公司提供服务。截至2016年底，百川经济贸易公司共有职工246人。

（郇　敬）

【服务保障】 2016年，百川经济贸易公司坚持以服务为本，关注服务需求、规范服务标准、加强质量管理，共完成集团公司重要活动服务近百次，会议服务4.5万次，餐饮服务320万人次，医疗服务1.7万人次，安保前台接待访客27万人次，设备及住宅维修服务6.9万次，交通安全行车110万千米，医保报销、票务等服务30余万次。积极解决服务对象提出的意见建议，不断完善服务管理。关心服务对象冷暖，加班加点安装调试设备，解决2号楼供暖问题。通过引入协和医院等体检机构，把集团公司党组关心关爱员工的指示精神转化为具体行动，打造成为2016年服务工作的新“亮点”。

（郇　敬）

【职能管理】 2016年，百川经济贸易公司坚持以职能管理为重点，改变管理思路，实行基建项目施工现场委托管理，借助系统内专业力量共同推进基建项目建设。将大郊亭职工住宅、沙河人才公租房项目作为“民生”工程，切实强化管理，保证安全质量。全年完成基建项目投资12亿元，总开工面积170万平方米。全面开展职工住房需求调研，对总部机关、专业公司、在京单位共58个部门和单位进行全面走访。继续做好职工住房补贴发放工作，梳理完善职工住房档案。修订总部机关《人口与计划生育实施细则》，组织义务献血、绿化植树、人防和地下空间及空置房检查、控烟宣传等，各项职能管理任务全面完成。

（郇　敬）

【经营工作】 2016年，百川经济贸易公司坚持以经营为重要职责，转变管理模式，强化服务职能，全面完成各项经营指标。全年实现营业收入2.88亿元，实现利润与年度考核指标相比减亏2 600余万元。坚持把服务总部作为经营单位工作的重要内容，全力保障各项重要会议顺利召开，合理安排总部员工休假。

（郇　敬）

【改革创新】 2016年，百川经济贸易公司坚持以改革管理为动力，继续深化人工成本和工资总额承包管理，促进人力资源合理配置，提升工作效率。继续推进差旅管理服务平台建设，努力拓宽发展之路。配合完成总部机关公务车改革，规范公务车使用管理。落实集团公司“四供一业”分离移交工作部署，编制总部机关职工住宅“四供一业”分离移交初步方案。

（郇　敬）

【基础工作】 2016年，百川经济贸易公司坚持以强化基础管理为抓手，不断夯实发展根基。深入推进安全主体责任分解落实，健全各岗位安全管理责任，对27个重点区域实行领导干部挂牌承包；完善高处作业、受限空间作业相关制度，统一安全台账标准；多形式组织安全宣传教育、预案演练，不断强化安全基础；开展入室防火安全检查，组织消防设备联动测试，开展火灾体验式演习，提高大厦消防安全管理水平。印发“三基”工作强化提升方案，组织相关人员赴大庆学习“三基”工作经验，开展党支部建设经验交流，组织党支部和班组建设检查；开展人力资源工作调研，制定《制度应知应会学习指引》，修订《绩效考核管理办法》等基本制度，编印《制度汇编》；组织各类培训班，开展餐饮服务、安保消防、会议服务等方面技能竞赛和业务比武，组织练技能成果展示，开展“微培训、小练兵”“灶边课堂”等活动，提升员工基本技能。进一步加强人工成本管理；全面梳理资产现状，认真研究发挥资产效能、增收节支的有效途径，努力增加固定资产收益；加强外委项目管理，梳理服务内容，核算服务成本，合理消减服务项目，降低外委费用；加大自主维修、修旧利废力度，减少材料消耗；严格供应商管理，做好价格监管，节约了采购成本。

（郇　敬）

【党建工作】 2016年，百川经济贸易公司认真落实全面从严治党要求，深入开展“两学一做”学习教育，努力提升党员干部“四种意识”，打造“四讲四有”党员队伍，不断提升党建工作水平，为中心发展提供保障。深入开展“两学一做”学习教育，按照集团公司党组部署，严格落实各项规定动作，并将学习教育与纪念中国共产党成立95周年、纪念长征胜利80周年等结合起来，开展抄写党章、歌咏比赛等系列活动，提高了学习效果。扎实推进两级党组织主体责任落实，制定完善《领导班子党建工作责任制实施办法》《党支部党建工作责任制实施办法》，明确两级班子成员“一岗双责”；进一步配强专兼职党务人员力量，实行党政领导交叉任职管理，形成齐抓共管的党建工作格局。加强干部和人才队伍建设，修订《经营管理人员选拔任用管理办法》《中层和基层管理人员选拔任用实施细则》；强化岗位交流，强化干部考核把关，坚持“四凡四必”，防止用人失察；开展干部任前廉洁谈话，向新提任干部发放《领导干部任前重要事项提示通知单》，强化纪律意识；完善人才成长通道建设，加大对专业技术人才和技能操作人才的选拔培养力度；高度重视年轻干部和后备干部队伍建设，为事业发展储备人才；关心关注 2 名处级挂职干部的工作和生活，使他们在艰苦条件下得到了锻炼，为中国石化和机关服务中心赢得荣誉。加强党支部与党员队伍建设，严格工作程序，全面完成党支部换届选举工作；深入开展创建“基层党支部建设示范点”“党员示范岗”和“党员责任区”活动，举办党支部建设交流研讨会，进行支部党建工作考核，促进基层党建工作整体水平提升。从严抓好党风廉洁建设，认真落实党委主体责任和纪委监督责任，组织相关人员签订《党风建设和反腐倡廉工作责任书》《廉洁自律承诺书》；开展公务用车、公务接待专项检查，纠正“四风”问题；狠抓廉洁风险防控，针对新形势重新梳理排查廉洁风险点，制定防控措施；强化廉洁教育，观看《永远在路上》等专题片，组织参观反腐倡廉警示教育基地；强化对干部选拔任用、大额资金使用、工程建设、物资采购等工作的过程监督，抓好重点工程建设项目效能监察，积极开展业务公开，保证各项业务规范运作。积极做好群团工作，加强民主管理，落实职工代表大会制度，保障员工民主权利；大力开展“流动红旗”班组劳动竞赛、“练技能、亮绝活”等活动，多层次组织丰富多彩的文体活动，增强员工凝聚力、向心力；深入做好共青团工作，多种形式深化团员青年的思想教育，激发团员青年立足岗位、建功立业的积极性。

（郇　敬）

国际事业公司

【概况】 中国石化国际事业有限公司(简称国际事业公司成立于 1984 年 6 月，2000 年 5 月成为股份公司的全资子公司，注册地点北京。主要承担除原油、成品油、化工原料以外的进口物资采购业务和设备、材料、炼化产品的出口业务。

截至 2016 年底，国际事业公司共有在岗员工 542 人，其中本科及以上学历占 90%。在境内拥有中石化南光(上海)实业有限公司 1 家参股公司，在北京(2 家)、上海(2 家)、天津、重庆、广东、南京、武汉、宁波等地设有 11 家子公司，设有北京招标中心、南京招标中心和华南招标中心 3 家分公司，其中南京招标中心在宁波下设 1 个招标分部，华南招标中心在武汉和重庆下设 2 个招标分部。在美国、日本、德国、俄罗斯、阿联酋等国家设有 5 家境外二级子公司，在委内瑞拉、新加坡、澳大利亚、尼日利亚、沙特、巴西、伊朗等国家设有 6 家境外三级子公司和 1 家办事处。

2016 年，国际事业公司实现经营规模 264 亿元人民币，同比减少 17.9%。国际贸易规模 15.32 亿美元，减少 27.1%。

国际事业公司主要经营指标见表 1。

（李　昕）

【提高业务运行质量】 2016 年，国际事业公司全面梳理和界定各境内外公司主营业务，要求境内外公司进一步去枝强干、优化战线，大力培育核心主业和新的增长点；截至年底，境内外公司 13 个重要品种经营规模达 10.7 亿美元，占总国际贸易规模的 69.8%，同比增长 17.9 个百分点。持续优化客户结构，在提升物资采购服务质量的同时，着力于优化客户结构，培育长期稳定客户群体，通过服务质量和客户质量双提高发挥“双优”组合的经营效益；全年销售规模达 2 亿元以上的集团外部客户有 10 家，共计 33.1 亿元，占境内外公司总经营规模的 22.8%。深入各境内公司开展调研，全面了解各单位国际贸易业务开展情况，协调解决存在的问题，研究各单位下一步发展方向，进一步优化业务运行模式和盈利模式。南京公司、宁波公司等单位成功开拓神华宁煤、大全等客户的第三方采购服务业务；天津公司利用供应链金融与和润集团合作食用油业务；大连公司拓展日化品、办公用品等新产品业务。推进以效益为中心、以绩效为导向，在 BW 系统开发境内外公司合同利润测算报表，每月分析通报境内外公司签约合同利润情况和市场化业务盈利情况，推进提高盈利能力和盈利水平。对申请的赊销、存货经营等业务，重点关注贸易风险和毛利情况，强化成本意识和利润意识。截至年底，境内外公司总体合同利润率达 2.5%，市场化业务合同利润率达 2.1%。

（李　昕）

【拓市创效】 2016 年，国际事业公司克服国内外市场低迷、大宗商品价格低位徘徊、市场竞争加剧等不利因素，全力推进拓市创效，在营业收入规模同比下降 17.7% 的情况下，实现市场化业务毛利 2.4 亿元、同比增长 9.9%。实现人均利润 56.7 万元、增加 10.5%，销售利润率 1.98%、增加 0.39%，人工成本利润率184.99%、增加5.04%。做强核心产品市场营销，实现催化剂出口3.6万吨、增长80%；石油焦进出口销售256万吨、增长33%，其中延布石油焦销售85万吨、增长80.1%；煤炭第三国贸易215万吨、增长10倍；硫黄销售34.1万吨、增长71.3%。做精做强外部采购服务，充分发挥集团化采购和专家采购的成本优势和质量优势，完成神华宁煤、大全集团、珠海华城、河北建投等客户的第三方采购服务10.9亿元，实现利润2 495万元。不断开拓新的效益增长点，在和润集团食用油代理采购、石化高端精细化工品出口、贵金属催化剂进料加工出口、尼克化学氧化镁/氢氧化镁独家代理、招标市场化代理服务、海外项目采购监造服务、协同集团内制造厂开拓境外炼化装备市场等业务上取得突破性进展。

（李 昕）

【国际贸易】 2016年，国际事业公司紧紧围绕集团公司生产建设主业，充分发挥各境内外公司的市场主体作用，进一步提高物资进口保供能力和产品出口保畅能力，但受国内外整体经营环境不佳以及集团公司固定资产投资减少等影响，实现石化产品、设备材料等国际贸易额15.32亿美元、同比减少27.1%。在全球范围内搜寻优质资源，大力推进框架协议采购，加强与国际知名生产厂商的合作，提升资源获取能力，较好地稳定了进口物资供应渠道。充分发挥专业化采购优势，大力推进合金钢管、阀门、油气田装备等物资专业化经营，全年实现设备材料国际贸易2.57亿美元。全力开拓石化产品出口市场，大力推进长约销售，稳定出口资源和渠道，全年进出口石化产品12.75亿美元。深入开展煤炭消耗规律研究，抓资源、拓市场，与全球知名煤炭供应商稳定合作关系，克服2016年国内煤炭整体需求萎缩的影响，全年实现煤炭进口和第三国贸易270万吨，1.64亿美元、增长53%。

（李 昕）

【提升服务能力和水平】 2016年，国际事业公司组织各境外公司充分调研，并和国勘公司加强沟通协调，确立伊朗雅达项目、Addax公司采购服务、APLNG项目、加拿大Daylights项目、FIOC哈萨克斯坦项目等为海外项目保供试点单位，为其提供物资供应一揽子解决方案和“一点一办”的贴身服务，助力推进海外物资采购平台建设，进一步提升海外项目物资保障能力。加强与石油工程公司、炼化工程公司的沟通，推进合作参与俄罗斯阿穆尔天然气加工厂建设项目（AGPP）等海外工程项目投标，利用国际事业公司全球化采购平台及资源掌控能力，提高海外项目竞争能力及盈利能力，从源头介入物资采购服务，做大海外采购“总盘子”，不断提升海外物资采购能力。加强沙特延布石油焦、硫黄经营团队力量，本着“资源保畅第一，效益最大化第二”的原则，强化终端市场开拓，全力推进延布石油焦、硫黄销售；截至2016年底，为延布炼厂累计销售15船石油焦约79万吨、4船硫黄14.3万吨，创效1 270万美元，较好地完成创效保畅任务。充分发挥专业化采购优势，圆满完成神华宁煤等第三方采购服务的约定业务指标，受到广大业主赞誉。其中，为神华宁煤节约采购资金3.15亿元，资金节约率达27%。另外，双方成立联合工作团队并合署办公，团结协作的同时相互监督、规范操作，公开招标率超过95%、应招必招率达100%，示范效应由神华宁煤集团扩散至项目有关的多家单位。

（李 昕）

【风险防控】 2016年，国际事业公司定期梳理业务运行情况，对风险不可控、毛利率较低的业务停止开展，坚决杜绝以完成营业收入为目的的“转票”业务，严禁开展融资性业务；通过系统共享台账，跟踪赊销、存货经营、主要经营品种等业务情况，及时发现风险、控制风险。进一步强化业务审批，严格落实会审制度，对存货经营、经营类预付款、赊销等高风险业务需经国际事业公司领导班子会会审。进一步完善采购合同示范文本，编发法律风险提示信息，严防合同和经营风险，及时处理商务纠纷，法律诉讼及国际仲裁胜诉率达100%。探索做实下属境内外公司董事会，坚持依法治理，完善监管机制，突出绩效引导，强化风险管控，进一步提升市场竞争力和盈利能力。

（李 昕）

【电商运营成长向好】 2016年，国际事业公司成功举办“4·18”易派客电商平台投入商业运营新闻媒体发布会，践行“让采购更专业”的发展理念，以“贯通产业链，融通供应链，助力国家供给侧结构性改革”为发展愿景，推出采购服务、销售服务、金融服务、综合服务四大核心业务，服务社会，共创价值，媒体反响强烈，充满正向期待。持续优化平台功能、提升用户体验，完成B2B网上支付系统一期开发测评并上线运行，这是中国工业品电商首个在线支付系统，亦将成为易派客“腾飞”的有力翅膀。大力推进全商品上线全系统推广，新上线商品

58.9万种、同比增加530%，内部上线企业达439家。按照"轻资产、精人力、重体验、积流量"原则，发力四大核心业务，与多家企业开展第三方采购服务试点。易派客平台上线以来，累计注册供应商企业3.2万家，采购企业2 821家，其中外部2 382家，是内部的5.4倍；上线商品总数72.6万种，月均增长3.5万种；注册用户10.7万个，月均增长5 408个；网站点击总量1 053万次，月点击量110万次，增长13.3倍；总访客数量143万次，月访客量9.4万次，增长8.5倍；累计交易金额499.6亿元，月均增长23.8倍。

（李 昕）

表1 国际事业公司主要经营指标

指标名称＼年份	2016	2015	2014	2013	2012	2011
经营规模/亿元	263.80	316.30	456.60	503.60	497.30	437.90
国际贸易规模/亿美元	15.30	21.00	29.60	31.30	27.30	24.30
进口	8.40	12.50	19.70	21.00	18.60	13.50
出口	6.00	7.30	8.80	8.60	7.70	9.40
第三国	0.90	1.20	1.10	1.70	1.60	1.40

国勘公司

【概况】 中国石化集团国际石油勘探开发有限公司（简称国勘公司）成立于2001年1月，本部设在北京。历经起步探索（2001—2008年）、快速发展（2009—2012年）和结构调整（2013年至今）3个发展阶段，油气资产初步形成油气并举、海陆兼顾、常规非常规多样化的特点。

国勘公司设董事会和监事会，实行董事会领导下的总经理负责制。实行两级管理模式，本部为投资、管理和生产经营决策中心，驻在国公司（或项目机构）为执行中心。本部设15个机关职能部门及1个共享服务中心、1个财务核算中心。截至2016年底，国勘公司在26个国家执行50个项目，其中包括10个大项目公司：Addax公司、伊朗公司、安哥拉公司、巴西公司、加拿大公司、阿根廷公司、叙利亚公司、哈萨克斯坦公司、俄罗斯公司和埃及公司。中外员工总数达6 707人，其中中方员工1 062人、外籍员工5 645人。公司2P权益储量6.82亿吨油当量，其中石油4.79亿吨、天然气2 540.33亿立方米；2016年权益油气产量4 295万吨油当量。

国勘公司主要生产经营指标见表1。

（刘牧洋）

【领导班子成员调整】 2016年，集团公司对国勘公司领导班子进行调整。3月11日，朱平任国勘公司党委书记、副总经理；免去王亚钧党委书记、委员职务，另有任用。7月12日，李健任国勘公司副总经理、党委委员；徐传会任国勘公司总地质师。8月18日，吴学成任国勘公司副总经理、党委委员。

（刘牧洋）

【科学决策大幅提升投资效率】 2016年，国勘公司坚持价值引领战略，实行油价与投资联动机制，强化基础研究评价及专家把关作用，围绕"两条曲线"和"三个突出"建立投资模型；坚持没有效益的不投，效益好的早投快投，效益边际的进一步加大优选力度，投资效率大幅提升。全年完成投资188亿元，同比降低207亿元，降幅52%。

（刘牧洋）

【在低油价下实现效益勘探】 2016年，国勘公司建立蒙特卡洛概率法评价体系，油气勘探在评价方法和决策方式上向国际化迈出实质性步伐。通过对不同探区勘探目标的全参数、全周期定量评价，对公司全部勘探目标统一进行排队优选，对风险和价值统筹考虑，集中决策，埃及、阿根廷等项目勘探取得13项商业发现。在全年勘探投资压减8亿元的情况下，新增2P&2C油当量879万吨，完成计划的102%。探井成功率和圈闭钻探成功率较高，探井商业成功率达68.4%。

（刘牧洋）

阿根廷项目钻塔

【**超额完成油气生产任务**】 2016年，国勘公司强化生产运行，超额完成全年油气产量任务。加强资产完整性管理，保持生产系统安全高效运行；做实生产组织，克服中东外输受限、加拿大森林大火、北美暴风雪、埃及沙尘暴、尼日利亚交油管线爆炸等不利因素，突出抓运行管理、新井投产、地面建设3项重点工作，保障公司原油生产平稳运行。产能建设方面，加快新区产能建设和老区调整实施进度，以老区精细调整夯基础，以新区产能建设促上产，确保稳产老区产量稳得住、新区产量上得去，取得显著成效，为公司油气上产做出重要贡献。油气开发方案严格按照新的开发管理体系(DMS)进行审查，从源头上优化投资组合，降低投资风险；按投资单元全生命周期评价排队，在不同油价下优化新井部署。全年开发投资比年初预算降低45亿元，完成权益油气产量4 295万吨油当量，超计划40万吨；百万吨产能建设投资约31亿元，同比减少40.6%；平均新井单井产能提升28%。

（刘牧洋）

【**降本增效取得显著效果**】 2016年，国勘公司继续深挖降本增效潜力，反复研究对接，细分成本单元，在方案优化、作业优化、合同谈判、生产耗材、管理费用、人工成本、销售管理和财税管理等多方面降本增效取得显著成果。销量桶油现金操作成本较预算降低1.65美元，降至12.33美元，下降11.2%。自2015年以来，累计节约生产成本41亿元。阿根廷公司顶住当地工会压力，完成减员398人，占用工总数的9.5%；Addax尼日利亚公司成功将海上3个生产支持中心优化合并为2个，当年节约成本0.32亿元；哈萨克斯坦SZK油田通过持续生产优化，油井平均免修期5年，桶油成本下降到5美元以下，为陆上老油田开发增强了信心；加拿大Daylight项目将员工绩效与降本目标挂钩，制定降本增效策略，实现降幅35%；安哥拉公司认真研究资源国新税法，通过艰苦谈判，免除约3.3亿元的罚款及利息；哈萨克斯坦公司成功完成税务移民，减少税费约5.46亿元；美国公司成功免除递延款支付，直接增效约5.24亿元；财务系统抢抓机遇，通过利率掉期、债务置换等措施，减少财务费用约4.77亿元；采办系统促成国际事业公司成功中标超过5亿元的供应合同，打破了日本在澳大利亚油套管供应的垄断地位。

（刘牧洋）

【**QHSE管理业绩提升**】 2016年，国勘公司着手建设主动型HSE文化，修订涵盖本部与海外机构的岗位职责，进一步完善HSE责任考核机制；在海外机构设立HSE总监，全面落实“谁主管、谁负责”要求。全力提升管理短板，将安全管理中心由个人安全管理向更加系统化的过程安全管理转移，制定过程安全管理指标体系框架，开展过程安全管理自评。深入吸取Addax加蓬公司“3·12”火灾爆炸事故教训，全力扭转安全生产被动局面。持续提升应急管理水平，6家海外作业者项目全部开展应急联动演练，为及时处置安全生产突发事件、保障信息有效真实传递打下坚实基础。HSE审计、督察、检查多管齐下，为HSE管理提供有力保障。推进质量管理责任制建设，健全质量管理组织机构，编制完成质量管理“十三五”规划方案，发布2016年度国际通用标准参考目录，涵盖勘探、开发生产业务相关的现行有效的国际标准56类1 018个。

（刘牧洋）

【**深化改革红利有效释放**】 2016年，国勘公司按照“有效益、可持续、有国际竞争力”的目标，用市场破解体制瓶颈，深化改革取得新成效，并受到国务院国资委改革督察组和集团公司肯定。在年初实现重组的基础上，制定完成改革脱困方案，并获国家层面批准。共享中心项目制改革成效明显，员工活力有效激发，专业化服务效率和研究评价水平显著增强，为打造公司发展硬实力奠定了基础。“三项制度”改革取得新突破，通过实施岗级分离、轮岗交流和项目制改革，队伍结构进一步优化，初步实现干部能上能下和员工内部能进能出；实行薪酬福利改革，为岗位价值和绩效付薪，逐步实现收入能增能减。“两化”建设取得初步成效，完成管控框架和制度体系(IMS)整体设计，通过一项一策研究，发布新的权限指引；按照国际油公司标准，基本建成6个关键管理体系，部分已实施；股份国勘ERP大集中于11月正式上线，管理更加规范透明。国务院国资委改革督察组到集团公司督察时，国勘公司作为3家典型单位之一做专题汇报。督察组认为，国勘公司开展的“三项制度”改革和共享中心的模式完全符合中央有关文件精神，取得很好成效，具有示范作用。

（刘牧洋）

【资产运作见成效】 2016年，国勘公司在新项目收并购和资产处置方面做了大量积极探索。项目评价制度和流程更加规范、严谨，相关团队和人员的责任更加清晰。公司专家与项目组紧密结合，充分发挥储量评估、经济评价、投资环境研究等项目团队的支持作用，加强项目尽职调查和评估力量，为规模新项目开发、资产运营奠定了基础。新项目开发方面，在全球油气市场交易低迷的形势下，完成6个小规模勘探项目的收购。资产处置方面，提出10个具体运营单元，初步制定相应的处置方案；通过灵活的小规模资产运营，完成加拿大6个小规模资产转让或项目置换，节省了大量保地投资，并实现增值约9.62亿元。在北海地区，通过剥离非核心资产权益，增加现金流6 607万元。

（刘牧洋）

【风险防控措施更加有力】 2016年，国勘公司坚守依法合规经营底线，用法律手段保驾护航，抓审计促管理提升，各类经营风险得到有效防控。实施从单一审计向内控、财务、法律、HSE等多任务综合审计转变，前移审计关口，强化审计问责。做好公司重组过程中可能引发的法律风险防控，保障公司重组工作顺利推进。在“三重一大”决策上，实行全过程风险管理，从被动的、事后的应对，转向重视风险源、风险识别、风险化解和过程的跟踪。

（刘牧洋）

【党建政治优势有效转化】 2016年，国勘公司从服务保障国家“走出去”和“一带一路”战略实施的高度，系统谋划党建工作，牢固树立“在经济领域为党工作”理念，扎实开展“两学一做”学习教育，成功召开第1次党代会，选举产生新一届党委、纪委班子，明确了今后5年党委工作的指导思想、奋斗目标和重点任务。动态管理基层党组织建设，选优配强党组织书记和委员，基本完成海外党组织换届选举。举办2期党建工作培训班，培训基层党务干部117人，有效提高了履职水平。按照党组“1+7”制度要求，研究出台“1+1+3”制度，重点强化党建工作责任制落实，针对海外党建“短板”制定参与决策、保证监督措施，构建基层党组织考评和分类定级、党组织书记述职评议机制，形成责任清晰、务实管用的制度体系。扎实开展党员组织关系排查、党费收缴等4个专项检查，推动基层党建和“三基”工作相融互促。党建管理体系更加规范，党建工作内生动力有效激发。以建党95周年为契机，评选表彰“一先两优”，创建伊朗雅达、哈萨克斯坦2个基层党组织建设示范点，2个基层党组织、4名个人受到集团公司直属党委表彰。党建工作得到总部好评，有力保障和推动了生产经营、改革脱困顺利进行。

（刘牧洋）

【党风廉政建设有序推进】 2016年，国勘公司探索构建全过程、全方位的海外“大监督”格局。每季度召开党建工作例会暨反腐倡廉联席会，研究落实“两个责任”。指导制定党委主体责任、领导班子任务分工，将主体责任细化为7个大类40项具体措施，签订《党风廉政建设责任书》46份。推进作风建设，开展“四风”整治“回头看”。对违纪违法情况进行分析和通报，认真查找问题，及时整改落实，形成警示教育、制度建设、内部监督察、权力规范、作风改进、业务公开、惩处治理等防范廉洁风险工作机制。发挥纪检、人事、财务、审计、法律、企管等部门联动效应，提升各层面风险防范意识和水平。加强选人用人监督，对重要岗位和拟任领导干部人选书面征求纪检监察部门意见，完善重大事项报告、个人述职述学述廉、廉洁谈话、离任经济责任审计等制度。对35名干部个人事项报告进行抽查核实，对197名中层干部、46名专家、5名考察对象开展人事档案专项审核，推动从严管理监督干部工作的常态化，营造了风清气正的良好生态。

（刘牧洋）

【宣传思想引导扎实有力】 2016年，国勘公司聚焦中心工作，有针对性地进行形势任务教育，加强观念向导、宣传引导、思想疏导。广泛开展“振兴国勘、你我有责”大讨论，组织劳动竞赛和集体座谈，通过讲形势、忆传统、赛创效、树典型，发动干部员工戮力同心，迎难而进，为“战寒冬、求生存、谋发展”献智献策。运用《国勘报》《深改动态》传达改革政策、宣传减亏增效成果，瞄准“项目制”办法出台等重要节点及时动员号召，引导干部员工破除“三个幻想”“三个认识不到位”“三个习惯于”思想，形成主动转观念、自觉挖潜力、奋力度难关的浓厚氛围。广泛开展向功勋员工翁行芳学习活动，调动崇尚先进、争做先进的积极性。完善正面宣传、舆论引导机制，内添动力，外树形象，通过央视《一带一路》、凤凰卫视《龙行天下》节目宣传埃及、澳大利亚等7个项目国际化实践，增强了群策群力战寒冬的自觉与担当。

（刘牧洋）

【企业和谐稳定发展】 2016年，国勘公司严格履行重要政策措施民主程序，召开四届一次职代会暨工代会，对54件代表提案细致分类、及时交办、跟踪督办。结合“走基层、访万家、促发展”和“走基层、访万家、寻最美青工”活动，扎实做好一人一事的思想工作，组织公司领导与员工面对面交流400余人次，各群团组织走访员工744人次，提高了推动发展、服务群众的实效性。扩大帮扶覆盖面，为员工及家属提供绿色就医、重大疾病救治以及心理咨询等服务649人次，看望慰问困难员工及家属72人次，办理海外长期服务奖励、北京户口、员工无业配偶保障和居住工作证等，开展丰富多样的大讲堂学习、群众性文体活动，深化员工帮助计划（EAP），增强队伍的凝聚力和向心力，促进公司和谐稳定发展。

（刘牧洋）

在海外开展丰富多彩的文体活动

表1 国勘公司主要生产经营指标

指标名称＼年份	2016	2015	2014	2013	2012	2011
勘探新增权益石油储量（2P+2C）/百万桶	36.68	73.12	226.55	259.21	186.88	266.38
勘探新增权益天然气储量（2P+2C）/亿立方米	44.77	75.99	171.74	308.64	363.48	426.78
权益油气产量/万吨	4 295.27	4 436.30	4 091.99	3 871.41	2 904.68	2 335.60

石油工程公司

【概况】 中石化石油工程技术服务股份有限公司（简称石油工程公司）是集团公司的控股子公司。

2012年6月28日，集团公司实施石油工程专业化整合重组，成立中石化石油工程技术服务有限公司。2014年，集团公司实施仪征化纤股份有限公司（＊ST仪化600871，仪征化纤1033）重大资产重组，于2014年将石油工程资产置入仪征化纤，并将化纤业务置出，从而实现石油工程公司在上海、香港两地上市。

截至2016年底，石油工程公司设国际石油工程公司、石油机械公司、地球物理公司及石油工程建设公司4家专业公司，胜利、中原、江汉、西南、华北、华东、海洋7家地区公司。用工总量9.57万人，其中合同制员工8.75万人（在岗合同制员工8.56万人）、劳务派遣工0.69万人。在岗合同制员工平均43.1岁，具有大学本科及以上学历2.86万人，管理、专业技术、技能操作人员分别为0.89万人、3.28万人、4.33万人，具有高级及以上技术职称1.05万人、具有高级工及以上职业资格3.72万人。

石油工程公司所属企业大都有着超过50年的经营业绩，建立了完善的作业技术规范、质量保证体系、健康安全环境(HSE)和职业安全健康(OSH)管理体系。先后在中国76个盆地、560多个勘探区块内开展油气工程作业，在大批油气田的发现和开发建设中发挥了重要作用，同时不断加快“走出去”步伐，大力开拓国内外部和国际石油工程市场，积累了丰富的经验和强大的项目执行能力。拥有覆盖整个油田服务行业链的服务能力，能够为油气田提供从勘探到开发和生产的全生命周期内的服务，拥有普光气田、涪陵页岩气、元坝气田、塔河油田等代表性项目。同时，海外的客户群也在不断发展壮大，业务规模不断提高，截至2016年底，石油工程公司在38个国家和地区执行项目357个。

（汪映春）

【领导班子调整】 2016年，集团公司宣布孙清德任石油工程公司副董事长、总经理、党委副书记；路保平任石油工程公司副总经理(按大Ⅰ型企业正职管理)、党委委员；王春江因年龄原因，不再担任石油工程公司党委副书记(正局级)、工会主席职务，办理退休手续；耿宪良不再担任石油工程公司副总经理(正局级)、党委委员。

（汪映春）

【财务资产】 2016年，石油工程公司实现营业收入480.17亿元，利润总额-167.3亿元，净利润-170.7亿元；收入利润率为-34.84%，净资产收益率为-88.86%。截至年底，石油工程公司资产总额824.75亿元，负债总额718.57亿元，所有者权益106.18亿元，资产负债率为87.13%。

（汪映春）

【全面打响“战寒冬、求生存、谋发展”攻坚战】 2016年，石油工程公司以集团公司五大发展战略为引领，全面打响“战寒冬、求生存、谋发展”攻坚战，自立生存和抗风险能力在攻坚克难中得到进一步加强。坚持自立生存，全年外部市场实现收入242.51亿元，收入占比达50.5%；坚持自我加压，采取一切措施降本减费，实现了投资规模、人工成本、“两金”占用、成本费用“四个硬下降”，其中人工成本同比减少23.42亿元、降幅13.5%。

（汪映春）

【服务保障优质高效】 2016年，石油工程公司优选精兵强将和优良装备，服务上游商业发现、规模增储和效益开发，有力保障川西海相和页岩气、元坝等气田建设，实现了从涪陵速度向涪陵质效的提升。在8 418米的亚洲最深井——马深1井施工中，刷新亚洲钻井、测井、酸压试气等多项新纪录，标志着中国石化石油工程超深井技术跨入世界领先水平；针对顺北油田超深井施工不断总结经验，加大PDC+螺杆和PDC+扭力冲击器等技术应用，完井9口(平均井深7 769米)，连续刷新一批新指标，其中顺北1-4 H井刷新超深小井眼水平井斜深世界最深纪录；在大焦石坝推广“井工厂”模式，平均单井钻完井周期缩短33.4%，压裂试气周期缩短56.8%；在焦页189-2 HF井钻井周期56.8天，实现4 500米以下井60天完钻的平桥区块提速目标。

（汪映春）

马深1井施工现场

【市场开拓逆势求进】 2016年，石油工程公司制定市场开发专项奖励办法，拿出3 000万元设立市场开发贡献奖和市场开发成果奖，奖励项目570个，奖励金额1 010.81万元，营造了全员闯市场的良好氛围。国内外部市场，全年完成新签合同额106.6亿元，完成合同额99.7亿元。与贵州能源局、陕西燃气集团、海隆石油工业集团等签订战略合作协议，与冀东油田签订年度钻井总包框架协议。先后中标浙江油田YS113等3口总包井、中国海油渤中25-1共3口低渗油田产量风险激励总承包井、中国地质调查局10口参数井钻井施工及13个陆上地震项目。工程建设新中标国储局1万立方米25座储油库项目和浙江天然气管道等工程。海外市场，全年新签合同额23.8亿美元，完成合同额21.2亿美元。沙特市场51部钻修井机整体运行平稳；科威特市场新签8台钻修机项目，保持KOC第一大钻井承包商地位；阿尔及利亚市场签约索纳塔克8台钻机项目，钻机规模达10

台；哈萨克斯坦、土耳其、孟加拉、玻利维亚等井筒市场同比工作量均出现增长。在综合服务市场上，孟加拉钻井大包项目获75.15万米^3/日高产工业气流，创该区块新纪录；厄瓜多尔Ⅰ-L-Y综合油藏服务项目新增产油2 858桶/日，增幅24.3%；ITT项目顺利启动2部钻机，累计开钻12口井；墨西哥EBANO油田项目保持稳产。物探业务中标玻利维亚国家石油公司3个地震项目、阿尔及利亚国家石油公司2个三维采集项目、缅甸市场4个项目，首获孟加拉二维浅海地震采集处理项目，实现海外浅海领域市场的新突破。

（汪映春）

【专业化整合重组深入推进】 在石油工程公司层面，实施了华北石油工程公司与河南石油工程公司、华东石油工程公司与江苏石油工程公司区域化重组，完成公司组建、工商变更以及专业化重组工作。在地区（专业）公司层面，地球物理公司实施完成江苏分公司与华东分公司，中原分公司与河南分公司，西南分公司、中南分公司与云南分公司的区域化整合；石油工程建设公司实施中原设计、河南设计、中原监理3家单位的区域化整合，以及江汉油建、江汉建工2家单位的重组整合。压减局级单位2家、处级单位15家、机关科室93个。

（汪映春）

【扁平化改革取得成效】 2016年，石油工程公司精简优化二级单位机关，科室总数和定员总数平均精简25%。大力压减管理层级，钻井专业中原工程顺利完成钻井二、四公司的重组整合，胜利黄河、渤海完成6个钻井分公司管理层级压减后，全部实现钻井公司到钻井队的直接管理。地球物理公司完成14个中间管理层级单位撤销后，全部实现物探分公司到物探队的直接管理。

（汪映春）

【结构调整不断深化】 2016年，石油工程公司坚持控制总量、市场优先、提升效率，优先保障市场开拓和新兴业务发展，压减落后产能队伍，压减专业队伍135支，减幅6.3%。坚持严把入口、畅通出口，大力清退停待劳务派遣工，加大提前退休办理力度，引导富余人员多渠道分流安置，顺利完成规范劳务派遣工作，全年共压减用工总量1.86万人。坚持统筹优化，畅通专业设备内部流通渠道，实现内部租赁2 382台（次），节约外部租赁费用3.18亿元。坚持依法合规、分类治理，清理处置“僵尸企业”，清理空壳企业，启动压减法人单位工作，压减比例23%。

（汪映春）

【科技攻关取得丰硕成果】 2016年，石油工程公司集成创新形成一体化服务能力，配套页岩气工程技术，为涪陵页岩气一期产能建设、二期勘探开发提供保障；完善复杂深井超深井安全优快钻井技术，为川东北山前构造带评价和顺北勘探开发提供支撑；攻关复杂地质条件下防漏堵漏技术，在杭锦旗地区一次堵漏成功率由不足40%提升到82.6%。自主创新提升核心竞争能力，小型LNG工艺包打破国外LNG技术垄断，160吨带压作业装备填补国内空白，连续油管穿电缆装置在涪陵首次实施成功。协同创新培育部分高端技术。高性能水基钻井液试验成功，提高钻速20%以上；CCUS技术取得新进展，研究形成二氧化碳管道输送技术，牵头制定国内行业标准，占领行业制高点。开放创新打造技术服务利器，与中石化休斯顿研发中心联合研发了175℃高温MWD随钻测量仪器，突破了关键技术瓶颈，性能指标达国际先进水平。

（汪映春）

【转型发展迈出新步伐】 2016年，石油工程公司测绘地理信息业务获得内部项目36个、外部市场项目25个，开拓了河北迁安海绵城市管道探测等项目，总合同额5 700余万元；节能环保业务先后中标胜利纯梁采油厂作业废液处理站改造、青岛安泰热力链条炉烟气脱硝、江汉盐化工总厂燃煤锅炉烟气脱硝塔建设、西北油田生活污水提标处理BOT项目等工程，总合同额近4 000万元。

（汪映春）

【基础管理不断夯实】 2016年，石油工程公司坚持强基础、挖潜力、堵漏洞、控风险，打牢立身之本，夯实发展之基。组织开展重大安全风险评估，重大风险管控能力得到提升；认真开展“我为安全做诊断”活动，提出诊断建议11万余条；因地制宜推进HSE异体监督，形成具有石油工程特色的HSE监管模式；加强现场环保管理，华北、涪陵工区钻井固废分类分治，减少污染物60%以上；大力实施“能效倍增”项目，全年共节约1.5万吨标煤。加强“三基”管理，制定下发提升“三基”工作方案和基层管理考核细则，发布制度3 104项，基本构建六大制度体系；推进管理创新，获集团公司管理创新成果一等奖 8 项、二等奖 16 项、三等奖 19 项。加强质量管理，积极开展 QC 质量管理活动，8 项成果获国家行业协会优秀 QC 成果奖。全面启动 ERP 建设，有序推进 EPBP 上线运行，完成生产指挥应急系统前期准备工作。突出合规管理，完善治理体系，通过业绩路演、一对一交流等形式，及时与投资者交流沟通，披露经营情况和行业风险。公司董事长焦方正获瑞士驻华大使馆与伯乐孚联合举办的奥博迈 2016 年度中国最佳 CEO 金奖。

（汪映春）

【党建工作取得新成绩】 2016 年，石油工程公司抓党建工作不放松，积极推进政治优势转化为“战寒冬、求生存、谋发展”的有效动力。扎实开展“两学一做”学习教育，推进干部“五带头”活动，机关人员创建“学习型、服务型、创新型、示范型”机关，每名党员争当“四讲四有”合格党员，在“学”中夯实信仰根基，在“做”中蓄积前行动力。制定领导人员管理办法，理顺优化干部管理流程，树立正确的用人导向和鲜明的激励导向，引导各级领导干部准确把握从严治党以及油价和市场大势，保持正确的发展方向。加强人才成长通道建设，突出市场开发、海外关键岗位、国内外项目经理等重点紧缺人才培养，举办集团公司钻井液工和钻井液专业业务竞赛，提升队伍整体素质和能力。开展形势任务教育，引导干部员工弘扬“石油精神”，突出创先创效，推进夺标竞赛活动，突出典型引领，开展青春铁军建功行动，突出关心关爱，开展“走基层、访万家”活动，突出和谐稳定，确保公司改革顺利推进和大局的总体稳定。

（汪映春）

国际石油工程公司

【概况】 中国石化集团国际石油工程有限公司（简称国际石油工程公司）由集团公司出资于 2003 年 12 月成立，注册地北京。2012 年，集团公司石油工程专业化重组，国际石油工程公司出资人由集团公司变更为石油工程公司。主要负责统一管理协调中国石化石油工程海外业务，重点包括市场开发、项目管理、支撑服务、绩效考核、财税管理、队伍建设等，承揽项目并组织石油工程企业实施。业务范围包括地球物理勘探、钻修井、工程建设、油藏综合服务和物流贸易等。

国际石油工程公司下设 8 个机关职能部门、3 个业务部门、1 个项目部和沙特分公司、科威特分公司、尼日利亚子公司、加蓬分公司、阿尔及利亚子公司、厄瓜多尔子公司、墨西哥子公司、阿根廷子公司、玻利维亚子公司、哈萨克斯坦子公司等 64 个分（子）公司。

截至 2016 年底，石油工程海外员工总数 14 462 人，其中中方员工 5 745 人，外籍员工 8 717 人，外籍员工比例达 60%。国际石油工程公司员工总数为 659 人，其中中方员工 288 人、外籍员工 371 人。

国际石油工程公司境外合同额见表 1。

（牛玉达）

【海外业务取得新突破】 2016 年，受国际油价持续低位运行影响，全球石油工程普遍陷入“市场寒冬”，国际石油工程公司坚定海外业务发展信心，全力拓展生存发展空间，海外业务取得新突破。全年新签合同额 23.8 亿美元，完成合同额 21.2 亿美元。截至年底，在 38 个国家执行项目 357 个，在建合同总额 164.4 亿美元，其中集团公司投资项下 54 个，合同额 8.1 亿美元，占总额的 4.9%。继续保持沙特、科威特、厄瓜多尔最大的陆上钻井承包商及阿尔及利亚最大的地球物理服务国际承包商地位。

（牛玉达）

【重点市场业务逆势求进】 2016 年，国际石油工程公司积极应对市场寒冬，海外重点市场业务实现逆势上扬。常规业务实现逆势突破：沙特市场新签、续签钻机项目合同总额 3.8 亿美元；科威特市场新签钻机、续签钻修井机项目合同总额 6.9 亿美元，钻机总数已达 53 台；阿尔及利亚市场签约钻机项目合同总额 3.5 亿美元，中标三维物探项目、合同额 3 300万美元；玻利维亚市场中标物探项目，合同额超过 6 000 万美元；肯尼亚市场中标乡村道路升级改造项目，合同额 6 500 余万美元。高附加值和油田综合服务业务取得积极进展：厄瓜多尔市场签约 ITT（1 期）40 口井钻完井大包项目、合同总额 2.1 亿美元，完成 I－L－Y 油田综合服务项目合同修订并签署生效；哈萨克斯坦市场签约 18 口定向井大包、4 口水平井和多个测录固井项目；缅甸市场签约 2 个三维地震资料处理项目。

（牛玉达）

【项目实施管理成果显著】 2016 年，国际石油工程公司面对业务工作量大幅下滑、服务价格不断下跌、停待队伍居高不下等困难，大力推进海外区域资源

物探项目震源施工

优化，灵活调整经营策略，推动项目提质增效，项目实施管理取得显著成果。沙特市场注重科学管理、严谨施工，创造了良好施工业绩和可观利润回报。井筒项目日费率、井间搬迁时效、完成产值、实现利润等重要指标均创历年同期最好水平。科威特市场17台新中标钻修机全部提前开钻，累计比合同规定提前2 200天，获科威特国家石油公司(KOC)提前开钻奖励2 600万元。厄瓜多尔市场I－L－Y油田综合服务项目钻井2口，完井4口，实现较好经济效益；ITT(1期)钻完井大包项目完成20口井钻完井工作；可采储量由原来的9.2亿桶提高到16.7亿桶，平均钻井时间比设计提前40%，实现100%日费率。墨西哥市场EBANO油田综合服务项目产量基本保持稳定，全年实现交油415.5万桶，其中基础油132.3万桶、增产油283.2万桶。阿尔及利亚市场在建物探项目始终坚持高标准、严要求，从安全、质量和工期等方面追求卓越，赢得业主认可和称赞，实现较好盈利；TOUAL三维地震采集项目平均日效1 494炮，超计划日效25%，提前3.5个月完工。玻利维亚、哈萨克斯坦、缅甸等市场注重项目生命周期全过程管理，突出问题导向和关键环节风险管控，项目生产经营平稳高效，创出良好经营效益。

（牛玉达）

【统一管理有序推进】 2016年，国际石油工程公司全面贯彻落实石油工程海外工作会议精神，积极推进海外石油工程业务统一管理。沙特、科威特、厄瓜多尔等6家境外机构分别制定财务统一管理工作方案并启动实施。按照市场开发、项目管理、支撑服务、绩效考核、队伍建设“六统一”要求细化各项管理措施，并在沙特、科威特、厄瓜多尔、玻利维亚市场先行试点。按照“统一旗帜、统一品牌”方针和“一个国家、一个窗口”原则，细化落实境外机构规范整合方案，统一境外机构管理，规范境外机构设立、变更、撤销程序。沙特、科威特和厄瓜多尔等市场积累较为成熟的统一管理实践经验，统一中国石化海外石油工程品牌，理顺市场管理秩序，优化资源配置，加强单位和专业之间的协同效应，逐步显现出整体竞争优势和规模效益。

（牛玉达）

【境外HSSE常抓不懈】 2016年，国际石油工程公司严格落实全员岗位责任制，分解年度总体目标，与地区公司、专业公司和境外机构签订安全责任书。加强专业安全管理，成立井筒业务、物探与地面业务、油藏业务HSE分委员会，配备安全总监。加强HSSE培训，全年培训11.2万人次。加强岗位风险识别，组织开展作业安全风险分析9.5万次，开具作业许可证8.6万张，出具安全诊断建议1.1万项。加强项目公共安全评估，全年组织评估160个项目。加强应急演练，组织公共安全应急演练1 030次、HSE应急演练3.1万次。成功组织南苏丹紧急撤离和厄瓜多尔7.8级地震应对工作。加强健康管理，完善项目现场、当地医疗机构、国际救援组织三级保障体系，跟踪管理有健康风险人员，严禁派出不适合境外工作的健康高危人员。加强安保监督，落实领导干部赴境外执行任务期间检查HSSE工作制度和领导干部定点承包重点基层单位制度。参加7个国家境外公共安全审计和HSE检查，境外机构累计检查基层单位3 107个，查出问题2.4万个，已整改问题2.3万个，整改率97.8%。

（牛玉达）

【支撑保障作用继续增强】 2016年，国际石油工程公司作为海外业务发展和经营管理责任主体，充分发挥计划经营、外事外联、财务、法律、物流装备和监督检查等方面专业支撑保障作用，寓管理于服务之中，推动转型发展，保持海外业务持续健康发展。组织编制完成海外业务3年滚动发展规划，分解下达海外业务年度计划指标。狠抓制度建设工作，完成制定或修订管理制度66项。严把出国团组审核关，严格办理出国团组初审、立项、工作签派遣函、外国人来华邀请函。全面开展财务规范管理工作，下发会计核算规章制度。大力支持海外重点业务市场财务工作和重点项目财务筹融资，对重点公司和项目开展财务督导和检查，防止效益流失。细化境外机构、合同管理、项目代理、法律纠纷、授权委托、公证认证等业务管理流程，完善合同管理和法律事务管理信息系统管理平台，构建统分结合的海外业务法律工作机制。协调处理海外法律纠纷和疑难问题，指导处理境外诉讼案件。组织协调地区公司、专业公司动迁设备物资，货值1.9亿美元。积极开发沙特、玻利维亚、尼日利亚等国石油工程项下贸易业务。开展境外机构审计检查和境外机构负责人离任审计。组织对海外机构进行效能监察，针对市场开发、经营管理、统筹协调、服务支撑、人力资源管理等方面存在的问题提出整改意见。

（牛玉达）

【队伍建设逐步深化】 2016年，国际石油工程公司建立健全人才通道建设先行先试、专家管理、专家选聘、职位晋升、薪酬分配等配套措施，完善纵向畅通、横向贯通、国内外一体化的人才成长通道体系。组织参加各类国际化人才培训，总结和推广海外机构好的培训经验和做法。推进跨文化管理与融合，注重外派人员岗位适应性培训，引导外派人员遵守所在国法律法规，尊重当地宗教和民风民俗。增强对员工的人文关怀和关注，开展"我的海外十年"等系列主题宣传活动，深挖身边爱岗敬业、攻坚克难的人物事迹，宣传典型、凝聚人心。开展丰富多彩的文体活动，培养团队意识，促进队伍和谐稳定。高度重视企业文化建设，通过微信企业号等媒介，搭建沟通平台，及时传播正能量。推行员工帮助计划，进一步增强员工归属感和凝聚力。

（牛玉达）

【党建工作扎实有效】 2016年，国际石油工程公司认真贯彻落实党的十八大和十八届历次全会精神，把握全面从严治党主线，紧密围绕生产经营中心工作，扎实开展"两学一做"学习教育。突出抓好队伍作风建设，深入开展专题讨论，切实增强党员队伍"四个自信"，提高党员领导干部"四个意识"。切实加强组织建设，设立党群工作部，明确党建、纪检、企业文化、群团等岗位。完成党支部调整和换届选举工作，开展境外党建工作调研，制定《加强境外党建工作实施办法》。持续深化廉洁建设，强化各级领导干部纪在法前、纪严于法的意识，组织学习党内各项规章，严格执行领导干部"一岗双责"和"三重一大"决策制度，层层压实党建工作责任。突出问题导向，开展境外机构专项效能监察，营造从严从实、风清气正的政治生态和企业管理生态。

（牛玉达）

表1　　国际石油工程公司境外合同额　　亿美元

指标名称＼年份	2016	2015	2014	2013	2012	2011
新签合同额	23.80	27.10	30.70	46.97	25.90	23.00
完成合同额	21.20	22.60	26.80	29.05	17.70	12.80

海洋石油工程公司

【概况】 中石化海洋石油工程有限公司（简称海洋石油工程公司）成立于2014年11月，位于上海市浦东新区，是集团公司从事海洋石油工程服务的专业队伍，其业务范围涉及海洋钻井、海洋物探、船舶运输、特殊作业、海洋石油工程技术研究等。

海洋石油工程公司的前身为地质矿产部上海海洋地质调查局，组建于1973年4月，1997年1月整体归入中国新星石油公司，2000年3月随中国新星石油公司整体并入集团公司，2002年7月直属集团公司管理。2014年，上海海洋石油局有关海洋石油工程业务整合成立海洋石油工程公司，随石油工程公司上市直属石油工程公司管理。

截至2016年底，海洋石油工程公司下设15个机关综合管理部门、1个专业管理部门、8个二级单位；拥有从业人员1 442人，在岗合同制员工1 052人，其中经营管理人员203人、专业技术人员648人，具有高级专业技术职称的97人。

截至2016年底，海洋石油工程公司大型装备主要有钻井平台5座，其中自升式平台3座、半潜式平台2座；地震物探船3艘，其中12缆物探船1艘；海洋工程地质调查船1艘；多用途工作船、平台供应船9艘，其中拥有DP2动力定位系统船舶4艘。

2016年，海洋石油工程公司实现营业收入9.98亿元，利润总额-3.18亿元。

海洋石油工程公司主要技术经济指标和主要生

产建设指标分别见表1和表2。

（林雪梅）

【勘探七号平台首钻成功】 2016年7月，由勘探七号平台承钻的南海北部湾涠西自营探区涠6井顺利完钻，完钻井深2 480米，在8½英寸井段，成功完成取芯作业6次，测井2次，并获较好油气显示。

（林雪梅）

【涠西自营项目顺利完成】 2016年，海洋石油工程公司成立涠西项目组，组织实施涠西自营探区2口探井和1口开发评价井，分别由勘探二号平台和勘探七号平台承钻。通过反复优化钻井工程设计，加强现场监督和技术服务，全面做好生产组织协调，平台、船舶、井筒技术服务优选组合，物资、装备等部门全力保障，实现了平稳、安全、高效的作业目标，其中涠6井和涠6－2井获油气发现。

（林雪梅）

【勘407轮创全断面取芯单日进尺新纪录】 2016年4月，海洋工程地质调查船勘407轮历时12天，连续完成近海岸海域和霞浦幅地质钻探2个项目。此次施工共完成全断面取芯钻孔7口，总进尺270.3米，柱状取样11根，比预计时间提前8天完成，钻孔平均岩芯采取率高达95%，平均钻孔岩芯采取率91.5%，施工质量和进度得到中国地质调查局专家认可。该轮还创造了投产以来全断面取芯单日进尺95.6米的新纪录。

（林雪梅）

【发现号完成中韩合作地震项目】 2016年7月，发现号物探船完成中韩合作“南黄海海底地震仪地学大断面探测租船项目”。发现号在该项目中承担震源船，全程负责海底地震仪设备收放，这也是该轮首次进行此项作业。该项目历时13天，共完成21个站位的设备投放、回收任务，完成地震作业测线810.36千米，成功填补了中国东部陆架海陆深部地震联合探测的空白。

（林雪梅）

【参加国际联合科考】 2016年5月，海洋石油工程公司参加了中国—莫桑比克、中国—塞舌尔大陆边缘海洋地球科学联合调查航次科考任务，承接该次任务的是国家海洋局“向阳红10”船。该次国际联合科考，海洋石油工程公司共派出5名技术骨干，协助国家海洋地质二所进行多道地震采集作业，第1条测线成功激发近8 000炮，完成电缆布放、枪控设置、导航与质量控制、震源放炮等一系列的设备联机作业。其中，完成从莫桑比克海脊到莫桑比克海盆的2条多道地震测线数据采集任务，累计施工710千米。这是在该区域首次获得高分辨率的地震剖面，为研究莫桑比克东部海域的沉积环境及莫桑比克海脊的地壳结构提供了重要的第一手资料。

（林雪梅）

【科技研究收获新成果】 2016年，海洋石油工程公司承担石油工程公司项目2个、局级项目10个。“东海深层低渗储层伤害评价与防治技术”获石油工程公司技术创新总经理奖励；局级项目“海洋第四系钻探绳索取芯技术研究”研制新型绳索取芯器，通过集团公司成果鉴定，项目整体达到国际先进技术水平。专利工作取得新进展，7件实用新型专利和1件发明专利的申请均获受理。发明专利“定向井裸眼射孔孔眼相位角选择方法”，建立了定向井裸眼射孔安全相位模型，提出了一套定向井裸眼射孔安全相位选择方法。该方法适用于定向井裸眼射孔设计，能解决定向井裸眼射孔引发的井壁垮塌问题，为定向井裸眼射孔、测试及增产措施的实施提供保障。

（林雪梅）

【首次承担井口平台设计】 2016年7月，海洋石油工程公司首次承担“孔雀亭WHPB井口平台上部组块及生活模块详细设计”项目，主要开展工艺、电气、结构、暖通、防腐等的详细设计，以及平台上部组块结构分析报告的编制，初步掌握了导管架生产平台的设计、管理流程和工作重点。在结构设计中，根据不同的环境条件，完成各工况（如在位、运输、吊装等）下的强度、疲劳等设计，通过了第三方单位审核。

（林雪梅）

【2个大型装备建成交付】 2016年4月，勘探七号自升式钻井平台在中集集团来福士公司烟台船厂正式建成交付，成为中国石化配套最为先进的海上钻井装备。该平台主要装备均为当前国际主流高端设备，自动化、集成化、智能化程度较高。平台型长70.36米，型宽76米，型深9.45米，设计吃水6.7米，最大作业水深122米，最大钻井深度10 668米，最大在船人数140人，作业可变载荷3 766吨，最低作业温度－20℃，入级美国船级社。6月，由海洋石油工程公司投资建造，福建省马尾造船股份有限公

司承建的平台多用途供应船勘探313轮命名交付，正式入列海洋石油工程公司。该船由挪威Havyard公司设计，船型为Havyard 832 LSE，总长84.5米、最大吃水6.6米、设计航速14节、甲板面积约820平方米，是一艘高技术含量、高附加值、节能环保的高端海洋工程船舶。

（林雪梅）

勘探313轮

【市场开拓承压奋进】 2016年，海洋石油工程公司在市场寒冬中全面出击、逆势拓市，获石油工程公司外部市场开发贡献总经理奖励。从国内外部市场保稳着手，坚守传统市场阵地。南海海域，勘探三号平台以高温高压井为特色，确保平台全年满负荷作业，与中国海洋石油总公司湛江分公司签订高温高压探井服务合同，基本保证平台当年的作业任务；勘探313轮通过招投标赢得哈斯基石油中国有限公司南海项目。东海海域，通过加强西湖合作项目管理，维护权益、坚守底线，为勘探六号平台留足市场空间，船舶服务占据半壁江山，特殊作业基本落实试油服务长期合作协议。物探市场，积极应对国家地调项目首次公开招标的形势变化，年内中标全部9个地调项目，合同总金额达6 600万元。海外海域，推进英国北海弃置项目，深入跟踪尼日利亚钻井项目，投标孟加拉湾二维采集项目，进一步积累了国际项目运作经验。

（林雪梅）

【签订战略合作框架协议】 2016年6月，海洋石油工程公司与海隆石油工业集团在上海签订战略合作框架协议，双方将在海洋石油工程技术创新、市场开拓、装备合作、信息共享等多方面展开合作。该协议的签署有助于双方进一步完善产业服务链和提升市场竞争力，在高端研发方面形成专专合作，在技术应用方面形成强强合作，在装备配套方面形成互补合作，在市场开发方面形成通力合作，在管理创新方面形成交流合作，在项目承揽方面形成互利合作。

（林雪梅）

表1　海洋石油工程公司主要技术经济指标 亿元

指标名称 \ 年份	2016	2015	2014
企业增加值	3.19	9.54	9.92
资产总计	57.81	62.84	46.16
流动资产	7.30	10.18	8.66
固定资产原值	75.55	58.06	54.82
固定资产净值	50.33	35.88	35.47
销售收入	9.98	16.00	17.48
实现利税	−2.81	4.20	4.70
税　金	0.37	1.33	1.37
综合能耗/吨标煤·万元$^{-1}$	0.345	0.345	0.358

表2　海洋石油工程公司主要生产建设指标

指标名称 \ 年份	2016	2015	2014
钻　井/口	16	35	31
钻井进尺/万米	5.00	10.42	8.72
测井监督/井次	24	15	23
录　井/口	17	14	23
固　井/口	7	25	19
试油井次/口	5	10	8
试油层数/层	7	10	9

石油工程建设公司

【概况】 中石化石油工程建设有限公司（简称石油工程建设公司）本部设在北京，于2012年12月28日正式挂牌成立，是石油工程公司的全资子公司。下辖石油工程设计、中原设计2家设计企业，胜利油建、中原油建、河南油建、江汉油建、江苏油建、胜利建工、中原建工7家施工企业，江苏监理1家监理企业、中石化节能环保工程科技有限公司1家节能环保企业和中石化管道技术公司1家管道技术服务企业。拥有近50年的行业从业经验，是集团公司专业从事国内、国外，陆地、海洋油气开发工程建设的技术服务商和工程承包商，在油气水大口径长输管道建设、油气田地面工程建设、海洋工程建设等领域位居行业领先水平，业务范围遍及国内各省区以及沙特、伊朗、哈萨克斯坦、阿尔及利亚、加纳、尼日利亚、南苏丹、北苏丹、肯尼亚、巴西、玻利维亚等34个国家和地区。

截至2016年底，石油工程建设公司共有从业人员1.58万人，其中合同制员工1.57万人，平均年龄为43.4岁。设计板块人员2 592人、占员工总数的16%，油建板块人员9 478人、占60%，建工板块人员3 566人、占23%，监理板块人员41人、占1%。共有享受政府特殊津贴人员2人、集团公司突出贡献专家9人、集团公司三个层次学术技术带头人26人、闵恩泽青年科技人才奖21人、全国技术能手4人、集团公司(省部级)技术能手52人。

2016年，石油工程建设公司共实现收入132.63亿元。截至年底，资产总额184.57亿元，流动比率0.92，速动比率0.58。

石油工程建设公司主要经济指标和工作量完成情况分别见表1和表2。

（刘　芳）

【领导班子调整】 2016年6月2日，集团公司决定免去王健石油工程建设公司党委委员、副总经理(副局级)职务，任调研员。

（刘　芳）

【组织架构调整】 2016年，石油工程建设公司结合天然气分公司业务需求，成立中石化管道技术公司，从事天然气管道及附属站场运行、维保业务，作为转方式调结构的重要举措。7月，整合中原设计公司、河南设计公司和中原监理公司组建新的中原设计公司，注册地点郑州市，原河南设计公司、中原监理公司为其子公司。11月，本着“专业化、特色化、深度融合”原则，整合江汉油建公司、江汉建工公司组建新的江汉油建公司，加快企业向专业化发展、扁平化管理、规范化发展。

（刘　芳）

【重点项目顺利推进】 2016年，石油工程建设公司提前筹划、合理调配，全力保障各油区、各专业公司保油上产项目。国内市场：天津LNG输气干线工程按照业主要求顺利实现项目一期投产目标；G20保障工程绍兴—杭州成品油管道项目，克服水网段施工难度大，定向钻穿越数量多、长度大等困难，超计划完成工作；川气东送管道恩施崔家坝抢险工程快速优质完成，受到业主高度赞扬；中国石化首座盐穴储气库——金坛储气库工程，诚信履约、按期交工，得到业主表扬；EPC总包的大连石油化工研究院提前达到节点目标；中天合创外输水系统工程获业主劳动竞赛优胜单位、施工质量样板工程、党徽闪光创精品工程荣誉奖；广西LNG管道工程、仪长原油复线、普光安全隐患治理工程等多个项目优质高效完工，为集团公司重点工程建设做出积极贡献。国外市场：加纳天然气项目一次投产成功，获加纳国家年度最佳油气工程奖；肯尼亚地热四期项目按计划投产、交工，陆续得到业主颁发的完工证明，获全国优秀焊接工程奖；阿联酋罐群项目已完工投产，沙特SWCC项目主线主站已受电通水，沙特WASEA尾项整改全部完成，沙特农业部水管线项目主体完工；沙特路桥项目继续保持良好运行状态；泰国天然气管道项目充分发挥联管会作用，精心组织，实现安全生产、质量合格、进度超前，完成利润指标。

（刘　芳）

【市场开拓取得新成果】 2016年，石油工程建设公司面对市场极寒，持续优化公司、各单位、项目管理部三级市场开发体系，国内外部市场和新业务市场取得突破。国家成品油储备库市场，中标PC项目3个、工程咨询项目4个，总合同8.5亿元；节能环保市场实现零的突破，先后中标涪陵页岩气田二期环保EPC工程、西北油田污水处理BOT项目等23个节能环保项目，合同额1.7亿元；运维保市场成功中标天津LNG管道、川气东送管道、四川省天然气管道等运行技术服务业务，输出人员约200人、每年服务费约3 000万元；凭借海工优势，中标鲁能集团江苏东台200兆瓦海上风电升压站项目，实现海上风电市场新突破。对国内系统内市场，坚持合作共赢理念，全力提供优质高效服务，强化与天然气分公司、长城能化、管道储运公司、销售公司、新星公司、西南石油局、华北石油局、西北石油局、东北石油局等单位沟通联系，争取政策支持。对国内外部市场，注重发挥特色技术、特色服务和品牌优势，稳定中国石油、中国海油、中化、省属能源公司等重点客户市场份额。全年国内系统内市场新签合同额约60亿元，完成合同额约77亿元；国内系统外市场新签合同额约40亿元，完成合同额约32亿元。

对海外市场，严格把控投标立项、风险分析、报价策略、实施方案等主要投标环节，深入已有项目国，稳定延续老市场，成立专门工作组，定向培育新市场。沙特阿美时隔3年再次邀标；沙特路桥市场恢复性增长；沙特 SWCC 拉比格水管线、沙特 NWC 管道、阿尔及利亚 FGL 工厂改造、乌干达长输管道等一批海外项目正筹备投议标。全年海外工程累计新签项目 15 个，新签合同额约 13 亿元，完成合同额约 21 亿元。

（刘　芳）

【科技创新取得新进展】 2016 年，石油工程建设公司共开展各级科研项目 200 余项，其中国家级 3 项、省部级 30 余项。编制《“十三五”科技发展规划》《研发体系实施方案》，成立非开挖、全自动焊接、带压封堵和大型旋转设备安装 4 个技术服务中心，促进了创新、创效协同推进。承担的国家“十三五”重点研发计划课题“临海油气管道及陆上终端设施损伤机理与演化规律研究”通过立项论证并正式启动，“数字管网大数据应用平台”课题通过国家能源局验收。石油工程设计 CCUS 获延长石油 CCUS 示范项目 36 万吨/年二氧化碳输送管道工程初步设计、勘察测量及施工图设计委托书，标志着“二氧化碳管道输送技术”获得行业认可；德阳清洁能源利用项目生产考核成功，标志着中原设计完全掌握 LNG 生产技术，对天然气领域市场开拓具有重要战略意义。2016 年，评选出石油工程建设公司企业级工法 29 项，新申请专利 77 件，其中获授权专利 67 件。截至年底，拥有施工工法 129 项，其中国家级工法 12 项、省(部)级工法 117 项；获授权专利 406 件。

（刘　芳）

【获省部级以上奖励 72 项】 2016 年，石油工程建设公司及各所属单位共获省部级以上奖励 72 项。其中，“榆林—济南输气管道工程”“桥东油田青东 5 块新区产能建设地面工程”2 项工程获国家优质工程称号，“平北黄岩一期上部组块及生活模块 EPC 项目工程”等 16 项工程获全国优秀焊接工程称号，“元坝气田前期试采 17 亿米^3/年工程天然气净化厂工程”等 7 项工程获中国石化优质工程称号，“溧水—马鞍山高速公路(江苏段)LM－4 标工程”获山东省泰山杯优质工程称号，“江苏石油勘探局科研中心工程”获江苏省扬子杯优质工程称号；“川气东送管道工程勘察”等 2 项工程获全国优秀工程勘察设计行业奖一等奖，“济南—青岛输气管道二线工程测量”获中国石化优秀勘察称号；“胜利油田化学驱及低渗透油田采出水回注处理工程”等 15 项工程获中国石化优秀设计称号；《滩海油田路岛工程新技术及应用》科研项目获集团公司科技进步三等奖；“中国石化天津液化天然气(LNG)项目输气干线工程可行性研究分报告”等 14 项工程获河南省优秀工程咨询成果三等奖；“提高生产分离器预制质量”等 11 项成果获国家级优秀 QC 成果称号，“加纳天然气处理厂轻烃收率优化设计”等 16 项成果获省部级优秀 QC 成果称号。

（刘　芳）

【“三基”工作不断强化】 2016 年，石油工程建设公司累计发布制度 37 项，初步构建覆盖企业管理全过程的制度体系框架。长输管道工程企业定额初步完成。组建 33 支国内和 11 支海外项目管理团队，完成 2 393 名项目管理团队成员信息数据库建设，加强了项目管理核心团队建设。举办公司首次主营业务竞赛，工程概预算、焊工等 7 个专业 187 名选手参赛，激发了员工学技术、钻业务的积极性。持续加强基层建设，30 个项目部、基层队获集团公司金、银牌基层队称号。全面及专项风险管理建设进展顺利，选聘咨询机构，发布项目章程和计划，梳理公司及 3 家试点单位业务流程，识别风险点，提升风险防控能力。

（刘　芳）

【党建思想政治工作优势有效发挥】 2016 年，石油工程建设公司党建思想政治工作围绕“扭亏脱困、瘦身健体、转型发展”中心任务，牢牢把握全面从严治党主线，全力以赴强党建、抓班子、树作风、倡廉洁、建和谐、促发展，优势有效发挥。分 2 批对中层干部进行轮训，提升了干部履职能力；对 17 名中层干部进行异地、跨板块、跨单位交流任职，多岗位锻炼干部；印发《领导人员选拔任用工作暂行办法》，加强人选把关“全流程”管理，坚持关口前移，加强了干部监督。抓基层，推动党建工作重心下移，完善外部项目党建工作业务流程，为规模大、风险大的境外重点项目配备专职书记，其他境外项目经理、书记双向进入、交叉任职，压实管党治党责任；深入开展“亮身份、亮标准、亮承诺”“十佳基层党支部书记”等活动，推动基层党支部职能和党员先锋模范作用发挥。通过民主生活会、专题研讨、学党章、重温入党誓词、上专题党课等方式，深入开展“两学一做”学习教育。精心策划公司第 1 届“感动石工建”人物和第 1 届十大杰出青年评选活动，激励广大员工在“寒冬期”里积极作为；办好石油工程建设报、官方微博、微信、《足迹》电子期刊“一报两微一刊”“四位一体”宣传平台，加强正面舆论引导。健全群团组织，开展“走基层、访万家”、寻找身边铁军榜样等活动。健全完善信访稳定工作运行网络，建立区域稳定联络协调机制，对不稳定因素制定应急预案，保持和谐安定的良好局面。制定党风廉政及纪检监察15项制度，打造公司网络举报平台，健全廉洁谈话常态机制，全面履行监督责任。依据相关规定，对40名管理干部问责，2名管理干部移交司法机关，强化了责任追究。组织开展专项巡视，重点项目效能监察，确定效能监察项目15个，提出建议201条，建章立制23项，实行大型项目派驻效能监察督察员制度，进一步规范了管理行为。

（刘　芳）

【安全环保持续加强监管】 2016年，石油工程建设公司不断完善制度体系建设，组织编制公司《HSE管理手册》，发布实施《分包商HSE管理规定》等管理制度；开展年(季)度、汛期和冬季HSE检查以及现场用电等专项检查，取得明显成效；深化“全员安全诊断”工作，累计收到诊断建议16 527条；以识别大风险、消除大隐患、杜绝大事故为目的，建立公司重大风险分级管控体系；加大隐患排查治理力度，坚持自下而上排查隐患、从上到下监督治理，共实施隐患治理项目75项；组织开展现场标准化管理和安全文明施工，推进现场安全防护标准化、场容场貌规范化、安全管理程序化；强化对分包商的安全管控，共清退159家不合格分包商，8家分包商被列入黑名单；加强境外公共安全风险管控，开展“境外员工身心健康管理年”活动，做好公共卫生和员工身心健康评估、建档等管理工作，员工身心健康得到保障。

（刘　芳）

【德阳LNG项目顺利投产 获业主高度赞誉】 2016年1月15日，石油工程建设公司中原设计公司EPC总承包的大型装置类工程德阳LNG项目正式成功投产运行。该项目是中国石化第1座具有自主知识产权的LNG工厂，项目包括天然气净化、制冷、液化、产品储存及装车，以及配套工程等设施建设，处理天然气能力为60万米^3/日。该项目天然气处理规模大，涉及超低温等特殊工艺设备种类数量多，技术复杂，原有的旧设备需要进行改造再利用，国内外没有类似工程的工艺包可供引进，设计施工难度非常高。公司充分发挥LNG工厂研究、设计方面的优势，克服工艺参数复杂、材料选型、工艺加工等困难，独立自主研发整个工艺包，工艺包技术实力达到国内一流水平。

（刘　芳）

【甬台温成品油管道对接穿越一次回拖成功】 2016年1月14日，石油工程建设公司江汉油建公司施工的浙江甬台温成品油管道瓯江南支定向钻的对接穿越一次回拖成功，穿越长度3 197米，是全国成品油管道穿越长度最长、施工工艺最难的一条定向钻工程，为全线按期贯通打下了坚实基础。浙江甬台温成品油管道工程输气管道全长467.73千米，设计输气规模95亿米^3/年，站场设计分输规模为50.9亿米^3/年，设计压力6.3兆帕，是浙江省和集团公司重点工程项目，也是浙江省内最长的一条成品油管道。

（刘　芳）

【茂名石化海底管线项目顺利打火开焊】 2016年7月3日，石油工程建设公司石油工程设计公司承建的茂名石化海底管线项目顺利打火开焊，拉开了茂名海底管线项目管线铺设的大幕。该项目主要是消除原有老旧管道安全隐患，提高30万吨级单点系泊输油终端的利用率，同时在旧水下管汇位置处新建一水下管汇，实现新建管线与现有单点卸油系统的连接。

（刘　芳）

【金坛盐穴天然气地下储气库项目正式投产注气】 2016年6月6日，石油工程建设公司江苏油建公司承建的中国石化首座利用地下盐穴建设的天然气储

气库——金坛盐穴天然气地下储气库正式投产注气。金坛盐穴地下储气库是中国石化天然气川气东送管道工程的配套工程，日处理天然气450万立方米，设计储气能力11.79亿立方米，设计总有效库容7.23亿立方米。

（刘　芳）

【泰国天然气管道项目全线贯通】　2016年10月6日，石油工程建设公司胜利油建公司承建的泰国天然气管线实现全线贯通，为项目全面投产成功奠定了坚实基础。泰国天然气管道项目沿着泰国2号高速公路敷设，全长共111千米，包括定向钻穿越34处、顶管穿越41处、开挖段74.6千米的管线，其地质条件复杂，施工难度极大。因在高速公路上施工，路边没有任何护栏，且沿线全部并行在高压线下，施工安全更是一道难以克服的难题，是长输管线建设中难度最大的工程之一。该项目从2014年8月4日开火焊接到2016年10月实现项目全线贯通。

（刘　芳）

表1　　石油工程建设公司主要经济指标　　亿元

年　份 指标名称	2016	2015	2014
总资产	184.57	209.79	215.05
固定资产净值	13.98	15.46	16.98
营业收入	132.63	157.87	205.67

表2　　石油工程建设公司工作量完成情况　亿元

年　份 指标名称	2016	2015	2014
新签合同额	112.11	138.84	170.34
集团内上市	45.75	68.65	92.85
集团内非上市	13.72	27.08	23.27
国内集团外	39.52	21.26	33.40
国　外	13.12	21.85	20.72
完成合同额	130.4	149.34	203.21
集团内上市	56.87	69.10	70.32
集团内非上市	20.56	20.80	24.45
国内集团外	31.52	31.60	50.23
国　外	21.45	27.84	58.21

地球物理公司

【概述】　中石化石油工程地球物理有限公司（简称地球物理公司）由胜利、中原、河南、江汉、江苏油田及华北、华东、西南石油局等8家非上市油田企业的10家物探公司（大队），国际石油工程公司物探工程部整合重组成立，于2012年12月21日在北京注册，本部位于北京市朝阳区吉市口路9号。

地球物理公司是石油工程公司的全资子公司，是集团公司从事物探业务的独立法人和利润中心，是集物探资料采集、处理、解释、技术研发于一体的专业技术服务公司，是为中国石化上游业务提供物探专业一体化服务的技术支撑中心，是集团公司参与国内外物探工程技术服务市场竞争的责任主体。

截至2016年底，地球物理公司下设7个机关处室、4个附属中心、5家分公司。共有队伍57支，其中地震队伍43支、VSP及井间队4支、非地震队10支；有甲级队41支、乙级队16支。从业人员7 666人，其中正式职工7 612人、其他用工54人。在职员工中，具有教授职称的20人、副高级职称的1 041人、中级职称的1 517人，具有中高级职称的占33.87%。拥有可控震源148台，数字地震仪主机80台（套），接收道数37.87万道，三分量数字检波器1.72万个，单分量数字检波器1.89万个，VSP采集设备4套，运载设备2 010台。固定资产原值62.71亿元，净值19.74亿元，新度系数0.31。

地球物理公司主要生产经营指标见表1。

（李　佩）

【领导班子调整】　2016年1月22日，地球物理公司召开干部大会，宣布集团公司党组决定：周松任地球物理公司执行董事、总经理（按大Ⅰ型企业正职管理）、党委副书记，免去其党委书记、副总经理职务；赵殿栋任地球物理公司党委书记（按大Ⅰ型企业正职管理）、副总经理，免去其总经理、党委副书记职务，不再担任执行董事职务。12月23日，经集团公司党组研究决定，同意李林新辞去地球物理公司党委副书记、委员、纪委书记、工会主席职务，不再担任监事职务。

（李　佩）

【服务高效勘探开发实现提速提效提质】　2016年，地球物理公司紧紧围绕地质目标实现，着力提升产品意识、质量意识、攻关意识、找油找气意识、主人翁意识“五种意识”，深化与油田勘探开发事业部和油公司的交流机制，围绕生产难题开展技术和工艺攻关，大力推广可控震源采集、高精度地震采集等技术，推广应用“互联网＋地震采集管理系统”、可视化质量监控、无人机精细地表调查等新方法新手段，安全优质高效完成集团公司年度地震生产项目，9个项目被评为优质工程或优秀项目。资料品质和施工效率持续提升，地震资料优良率达90.5%，同比提高1.5个百分点；二维采集生产平均日效176炮，提高3.2%；三维采集生产平均日效536炮，提高10.2%；十家户项目、阿东项目、杭锦旗崔家坡项目均创本地区日效最高纪录。

（李　佩）

【国际市场收入连续3年创新高】 2016年，地球物理公司积极应对国际物探行业形势变化，深入分析市场竞争新特点，加强市场走势研判和信息收集，及时优化调整竞争策略，精心组织项目投标，全力抓好阿尔及利亚、玻利维亚、缅甸等重点市场开发，在全球物探市场规模大幅萎缩的形势下，国际市场收入逆势上扬，连续3年创新高。玻利维亚市场连续中标3个项目，合同额超过9 000万美元；缅甸陆地物探市场占有率超过70%，并获PETRONAS公司优异执行奖；孟加拉、乍得等新市场开拓取得突破；沙特S62项目与阿美公司第5次续签合同。

（李　佩）

【国内外部重点市场占有率持续提升】 2016年，地球物理公司牢固树立“市场就是战场”的意识，出台市场开发奖励办法，激发各单位外闯市场的积极性。着力构建“上下一根线、纵横一张网”的市场管理体系，落实市场开发责任，深化大客户开发，大力推介采集处理解释一体化服务模式，重点市场占有率进一步巩固提升，中国地质调查局油气资源调查中心地震采集市场占有率达75%，中国地质科学院发布的7个地震项目全部中标。

（李　佩）

【西南地区重组整合平稳实施】 2016年，地球物理公司按照“区域化整合、特色化发展、专业化服务、一体化管理”的思路，持续推进内部整合重组。11月9日，将所属的云南、西南、中南3家分公司整合重组，成立南方分公司，注册地和机关设在四川成都。至此，下属9家分公司重组整合成4家分公司和1家从事转型业务公司的“4＋1”格局基本形成。

（李　佩）

【转型发展开辟多个新阵地】 2016年，地球物理公司将转型发展作为去除过剩产能、突破空间限制、带动员工上岗的重要路径，把自身资源潜力同新市场、新需求、新技术对接，发展壮大新兴业务，培育新经济增长点。测绘地理信息业务在服务集团公司智能化管线建设项目的同时，加快走向社会市场；油气管线防腐蚀检测和信息化建设等业务实现突破，获多个合同；无人机巡线业务快速起步，编制形成无人机管道巡线方案并在多个地区成功试验；无人机应急抢险在川气东送管道抢险抢修中应用效果良好；与同方股份有限公司合作开展迁安市海绵城市试点建设，拓展城市地下管网探测业务。4项乙级测绘资质申请通过北京市规划委员会审核批准，拓宽了业务发展领域。

（李　佩）

【科技创新取得丰硕成果】 2016年，地球物理公司以集团公司科技创新大会精神和“十三五”科技规划为指引，系统谋划科技发展，进一步明确创新导向、攻关方向和工作思路。自主投入2 000万元开展科技立项，积极参与集团公司重大专项招标和石油工程公司科技立项，全年科研总经费近8 000万元，为历年来最高。加强与国际油公司、服务公司以及国内外科研院所交流合作，积极抢占压缩感知、光纤探测与监测等新技术制高点。可控震源高效采集技术实现规模化推广；低频可控震源采集技术在东北高寒区和西北、华北大沙漠区成功应用；高精度三维地震勘探技术有力支撑老区精细勘探，普光三维高精度地震项目开启四川盆地二次采集的新阶段；降组合和单点接收技术提高资料品质，减少了人力资源投入；多震源联合应用技术有效应对复杂地区的激发难题。

（李　佩）

【资金管理成效突出】 2016年，地球物理公司坚持以现金流管理为核心，多渠道筹措低成本资金，加大资金集中管理力度，统筹境内外资金安排，合理掌控资金支付节奏，优化债务结构，防范汇兑风险，强化“两金”占用管控，全面落实清理责任，应收账款回收率和存货周转率优于考核指标，经营性现金流保持为正，“两金”占用在石油工程公司考核评标中居首位。

（李　佩）

【QHSE管理体系文件发布运行】 2016年3月1日，地球物理公司QHSE管理体系文件正式发布运行，主要包括1本管理手册、20个程序文件和35个运行控制文件。8 月 17 日，取得 QHSE 认证证书。

（李　佩）

【安全生产总体平稳】 2016 年，地球物理公司狠抓安全生产不放松，健全 HSSE 组织机构，细化分解公司领导、两级机关、基层队伍安全生产责任，完善 HSE 规章制度体系，加大干部员工培训力度，全面推行施工现场异体监督机制，在公司和分公司层面按季度开展 10 项重大风险识别，在项目开工前和施工中滚动识别风险，突出抓好民爆物品、分包商、交通安全、海上作业等重点领域以及雨季汛期、冬季等特殊季节安全生产，健全境外公共安全管理网络，强化统一管理，国内外安全生产保持总体平稳。

（李　佩）

【扎实开展“两学一做”学习教育】 2016 年，地球物理公司认真贯彻中央关于开展“两学一做”学习教育的部署要求，以带头学、辅导学、督导学、比赛学夯实“基础在学”；以做好谋划、做精党课、做细对接、做出成效落实“关键在做”；以聚焦创新发展、聚焦业务拓展、聚焦改革稳定、聚焦队伍建设突出“问题导向”。“四学四做四聚焦”的特色做法取得显著成效，广大干部党员的政治意识、大局意识、核心意识、看齐意识进一步牢固，应对市场挑战的激情进一步激发，党支部战斗堡垒作用和党员先锋模范作用在生产经营、改革发展的各领域、各方面充分彰显。

（李　佩）

【基层建设全面加强】 2016 年，地球物理公司突出抓基层、打基础，着力构建“三基”工作长效机制，“两册”编写和试运行效果良好，“三基”工作专项试点取得阶段性成果，扩大试点工作积极推开，岗位责任制进一步细化完善。召开境外党建工作座谈会，制定出台《关于加强境外党建工作的实施办法（试行）》，推进境外党建工作规范化。开展基层建设专项试点，结合队伍结构改革调整新形势，在一线地震队探索实施“静态建支部、动态管党员”模式；针对“项目管理核心团队 + 人力资源池”生产组织新模式，探索“组团共建、项目联建”的“分合式”基层组织管理模式。加大岗位培训力度，组织开展各类培训超过 5 500 人次。

（李　佩）

【主要获奖情况】 2016 年，地球物理公司获得多项奖励及荣誉。“地震采集工程软件系统”及“复杂山前带地震噪音机理及采集优化技术研究”成果均获集团公司科技进步三等奖。7 项管理创新成果获集团公司奖励，其中二等奖 3 项、三等奖 4 项。

（李　佩）

表 1　　地球物理公司主要生产经营指标

指标名称 \ 年份	2016	2015	2014	2013
国外二维地震/千米	4 431.26	6 720.33	7 607.67	15 009.70
国内二维地震/千米	10 127.38	5 658.65	6 333.56	6 955.45
国外三维地震/平方千米	4 105.54	5 837.48	5 863.32	9 880.16
国内三维地震/平方千米	6 581.16	3 821.75	5 979.73	6 508.65
收入/亿元	35.99	51.06	47.57	63.80

石油机械公司

【概况】 中石化石油机械股份有限公司（简称石油机械公司）于 2015 年 7 月成为集团公司控股的上市企业（证券简称石化机械，股票代码，000852），是石油机械领域重要骨干企业，中国石化首批创新型企业和唯一的石油工程技术装备研发、制造、技术服务中心。

石油机械公司本部机关设有 6 个部门、2 个机关附属机构，下属 5 家生产企业、1 家科研单位。四机厂始建于 1941 年，是国家重大技术装备国产化基地，中国石化固井压裂设备国产化基地，中国石油钻采设备制造专业“十强企业”。江钻厂始建于 1973 年，是国家一级企业和国家重点高新技术企业，拥有全球第一的牙轮钻头生产能力，江钻商标被认定为中国驰名商标。钢管厂始建于 1975 年，是中国中南部最大的钢管制造企业，在西气东输、川气东送等众多重点管线项目中创造了良好业绩。四机赛瓦(持股65%)成立于1992年，与美国赛瓦公司合资组建，成为跟踪国际前沿技术和管理理念的重要窗口，是国内石油行业最成功的合资企业。压缩机分公司始建于1950年，主体技术自美国德莱赛兰公司引进，是中国石化压缩机国产化制造基地。机械研究院组建于2010年，主要从事战略规划研究、市场发展和前瞻性技术研究、计算分析和一体化解决方案集成。

截至2016年底，石油机械公司用工总量7 086人，资产总额65.2亿元，净资产18.36亿元。

2016年，石油机械公司实现营业收入34.44亿元、利润总额-7.83亿元。

石油机械公司主要经济指标和主要产品产量分别见表1和表2。

（田治明）

【勘探开发保障情况】 2016年，石油机械公司充分发挥研发、制造、服务一体化优势，积极为勘探开发提供优良的技术装备和专业技术服务保障。全年生产钻头11 863只、固压设备120台(套)、钻修设备48台(套)、天然气压缩机10台、钢管15.65万吨。强化为客户提供产品全生命周期增值服务理念，服务转型逆势而进，服务业务加快发展。钻完井工具一体化服务形成品牌效应，助力涪陵二期初步实现井深4 500米、5 500米钻井周期缩短至60天、70天以内的目标，西南海相、顺北超深井分别创出平均钻井周期缩短25天、顺北区块施工进度最快纪录等业绩，系列桥塞、封隔器等井下工具在涪陵、长庆、新疆区块作业中取得良好效果，部分取代进口。钻机、压裂车、压缩机等设备改造维修保运和配件保供等专业化服务能力进一步提升。检测服务扩大市场和业务范围，高压管汇检测拓展川庆、长庆等市场，涪陵工区设备开工验收等新的服务模式成功实施。

（田治明）

【市场开拓】 2016年，石油机械公司销售石油机械设备17.7亿元、钢管5.62亿元、钻头钻具4.12亿元、其他产品7亿元，其中国内市场收入占比87.7%、海外市场收入占比12.3%。牙轮钻头、金刚石钻头、螺杆钻具在集团公司内部市场的占有率得到提升，成功实施科威特修井机、阿尔及利亚钻机等大配套项目，钢管外部市场新增订货占比达69.8%，在文23储气库先导试验项目中取得2台35兆帕压缩机订货。

（田治明）

【技术创新】 2016年，“十二五”国家科技重大专项“3000型成套压裂装备研制及应用示范工程”项目圆满收官，获国家科技进步二等奖1项，3000型压裂机组亮相国家“十二五”科技创新成就展。多项关键技术获得突破，取得一批达到国际先进水平的成果。以混合钻头、大扭矩螺杆为代表的钻头钻具新产品在涪陵、川西、新疆等区块难钻地层创出多项技术指标新纪录，改进后的复合材料桥塞可靠性提高一个数量级，高温高压封隔器关键参数指标再获提升，高压管汇材料耐冲蚀性能大幅提高。全年获省部级科技奖励5项，申报专利114件、获得授权67件。国家“十三五”科技重大专项“深层页岩气开发关键装备及工具研制”项目任务合同书正式签署，是公司历年来获得科研经费支持最多、开发产品门类最多的科研项目。全年新增国家重点研发计划项目1项、集团公司和湖北省科研项目12项。

（田治明）

【荣誉称号】 2016年，石油机械公司入选第1批国家制造业单项冠军示范企业，被评为集团公司首批创新型企业、安全生产先进单位、维护稳定工作先进集体。

（田治明）

表1 石油机械公司主要经济指标 亿元

年份 指标名称	2016	2015	2014	2013
总资产	65.20	73.78	78.36	85.51
净资产	18.36	25.42	25.36	24.98
固定资产净值	13.04	14.12	15.22	16.24
营业收入	34.44	50.96	77.48	83.82
利　润	-7.83	0.41	2.48	1.50

表 2　　石油机械公司主要产品产量

年份 产品名称	2016	2015	2014	2013
机械产品吨位/万吨	17.00	24.70	31.80	34.32
设　备	0.68	1.60	2.41	1.96
设备配件及工具	0.67	0.92	1.35	1.30
钢　管	15.65	22.18	28.04	31.06
机械产品产量				
钻修设备/台(套)	48	89	123	97
固压设备/台(套)	120	310	510	529
钻头/只	11 863	20 366	40 577	44 759
天然气压缩机/台(套)	10	27	38	27

胜利石油工程公司

【概况】 中石化胜利石油工程有限公司(简称胜利石油工程公司)于 2012 年 12 月 20 日完成注册登记，2013 年 1 月 4 日挂牌成立，是石油工程公司的全资子公司，位于山东省东营市东营区济南路 125 号，主要业务有钻井、修井、完井、测井、测试、录井、井下作业、资料处理解释、储层改造，以及井筒工程设计、施工、技术服务，井筒工程技术研究与试验，地质勘查技术服务等，并提供综合一体化解决方案。

截至 2016 年底，胜利石油工程公司机关设 8 个职能部门、2 个机关直属机构，下设 11 个二级单位、2 个控股子公司。用工总量 23 964 人，其中合同制员工 21 942 人、派遣制员工 1 111 人、非全日制用工 911 人。有中国石化资质施工队伍 531 支，其中钻井队 157 支、测井队 102 支、录井队 166 支、井下作业队 106 支。资产总额 130.2 亿元，固定资产原值 142.49 亿元，净值 69.96 亿元。主要专业设备 3 114 台(套)，新度系数 0.47，设备综合完好率 98.9%，其中钻机 182 台(套)，海上钻井平台 9 座、测井设备 389 台(套)、录井设备 268 台、特种作业设备 463 台。

2016 年，胜利石油工程公司主要服务市场为胜利油田市场、国内外部市场以及国际市场。其中，胜利油田市场为主要市场，共有施工队伍 330 支；国内外部市场主要分布在新疆、四川、重庆等 10 多个省市自治区，施工队伍 107 支；国际市场主要分布在沙特、科威特、土库曼斯坦等 12 个国家或地区，施工队伍 94 支。

胜利石油工程公司主要技术经济指标和主要生产建设指标分别见表 1 和表 2。

（蒋晓波）

【市场开拓逆势奋进】 2016 年，胜利石油工程公司在油田内部市场，坚持勘探开发工程一体化，严格执行油田分公司钻机排名制度，统筹优化队伍、装备与人员，强化服务保障，促进工作量释放，动用钻机生产时效达 95%。在国内外部市场，共投标项目 359 个，中标 233 个，新签合同额 14.41 亿元，实现收入 15.81 亿元。重返东北油气分公司市场，进入涪陵页岩气钻井市场，并初步建立以黄陵“井工厂”示范区为阵地的延长市场，以中国海油渤中 25－1 项目、智慧石油项目为突破口的渤海湾海上市场，以比德煤层气产能建设项目为起点的贵州市场。在海外市场，突出抓好沙特、科威特规模化高端市场，全方位多渠道拓展服务领域，新启动钻机 2 台，投标沙特阿美 23 部钻机服务项目，以及科威特 KOC4 部深井钻机服务项目。中标土库曼斯坦中国石油阿姆河钻井大包、墨西哥 CPA 公司钻井服务、孟加拉钻井大包、土耳其地热等项目。累计投标项目 33 个，中标 10 个，新签合同额 1.52 亿美元，实现收入 21.41 亿元，同比增加 0.81 亿元。

（贾　敏　赵启升）

胜利石油工程公司与贵州能源局、贵州天然气能源投资公司合作框架协议签字仪式

【加大降本减费力度】 2016 年，胜利石油工程公司按照施工项目、待工项目、机关、后勤辅助 4 类，

明确预算标准和管控方向，实行月度预算调控、月度考核兑现，以月保季、以季保年，做到全系统、全方位、全要素、全过程控制。成立技术服务费、租赁费等9个成本管控小组，落实成本管控责任，优化成本管控模式，严格考核奖惩，全年实现挖潜增效7.27亿元。加强单井、单机考核，组织高效队伍实施有限工作量，提升在建项目效益，海外在建项目全部盈利。沙特项目部SP103队连续10年无损时事故(LTI)，得到甲方认可。

（张鲁东）

【推进深化改革】 2016年，胜利石油工程公司推进扁平化管理，撤销黄河钻井、渤海钻井所属7个钻井分公司。推进二级机关科室及直属单位优化整合，共计压减机构48个，平均减幅34%；精简人员272人，平均减幅27%。建立项目决策、生产运行、分级分析、预算核算、经营考核、责任追究六大制度体系，完善市场开发、运行保障、财务核算、风险管控、人文关怀五大平台，形成“市场部门牵头、二级单位参与、专业部门协调支持、项目部操作运行”的项目开发管理模式。突出效益导向，利润指标考核权重达70%。突出外部市场导向，落实24条激励措施，加大市场创收创效考核。突出差异化导向，区分盈利与亏损、完成与未完成、施工与待工，进一步拉大兑现差距，发挥激励约束作用。

（刘　伟）

【加大推进资源优化】 2016年，胜利石油工程公司按照人机匹配、安全环保、质量效益和市场需要原则，优化队伍装备，压减队伍33支，其中钻井队22支、录井队11支，淘汰落后产能，依法合规处置20台老旧钻机。突出轻资产化方向，严控增量，盘活存量，全年调剂资产原值1.78亿元，净值0.76亿元；出租资产收入1 084万元；处置无效资产原值4.61亿元，实现变现收入1 421万元。优化人力资源，净减员910人。优化劳动力组织形式，优化调整岗位人员3 000多人次。加大业务承揽、劳务输出、管理输出力度，共计输出1 533人。优化技术资源，成立随钻测控项目部，整合钻井院、测井公司等单位技术资源，完善成熟产品，推进新产品研发，加快成果转化。集成地质、钻测录等多项技术，形成水平井综合地质导向技术，油层钻遇率提高到95.4%。优化共享车辆资源，出台办公用车优化指导意见，开发应用统一的信息管理平台，为提高车辆运行效率和利用率奠定基础。

（张万军　陈　鹏）

【强化创新创效】 2016年，胜利石油工程公司实施科技项目86项，其中国家级课题10项、集团公司级23项。共获奖38项，其中“自解堵疏水暂堵钻完井液技术”等10项科技成果获省部级以上奖。共获授权专利172件，其中“PDC防斜钻头”获中国专利优秀奖。“随钻测控技术”在中国石化科技创新大会上做典型介绍。关键核心技术取得新突破，175℃高温MWD仪器圆满完成试验，成功研制耐温230℃、耐压160兆帕双系列高温满贯测井仪器，研发SINOLOG900网络成像测井系统，完成整套系统软硬件测试和产品发布。加快科研成果转化，推广低伤害钻井液体系，在滨425、义古72等区块应用28口井，实现每口井投产自喷。推广应用射孔与压力测试一体化技术，赢得210多口井工作量。

（宿振国）

【持续加强从严管理】 2016年，胜利石油工程公司完善两级层面分专业安委会，制定《安全管理手册实施细则》、全员岗位安全生产责任清单，保障主体责任落实。成立HSE督察支队、10个安全监督中心(站)，在32个基层队安装视频监控系统，加强异体监督和外部市场监管，强化监督责任。曝光74项严重问题，通报批评9名处级干部，共扣罚单位和个人320余万元。严格实行承包商“黑名单”制度，清退不合格承包商56家。开展金、银牌基层队创建活动，创出中国石化金、银牌队70支。举办各类培训班539期，培训2.3万人次，提升队伍素质。质量管理不断强化，全面实施“施工策划—技术交底—过程控制—完工总结”闭环管理，井身质量合格率100%，固井质量合格率99.8%，万米经济损失同比降低15.8%。严把物资质量检验关，加大抽检频次和力度，物资抽检合格率97.8%，物资服务满意率、供应及时率均为100%。

（宋　华）

【政治优势作用有效发挥】 2016年，胜利石油工程公司出台《进一步加强党建工作的实施意见》等党建“1+7”制度，研究出台《党建工作责任制实施办法》，明晰各级班子“一岗双责”要求。压实党风廉政建设“两个责任”，制定处级领导干部6个“责任清单”，签订党风廉政建设责任书587份，逐级开展廉洁谈话3 369人。深入开展“两学一做”学习教育，各级党组织讲党课2 900余次，专题学习研讨4 200余次，党员干部“四种意识”不断增强。制定14项领导干部、人才队伍管理制度，选优配强外部市场特别是海外项目领导班子。加快专业化、国际化、市场化人才培养，建立60人的项目经理人才库，组建12支整建制国际化钻修井队，储备海外项目各类人才1 000多人。认真落实“彻底丢掉幻想、彻底转变观念”要求，扎实开展“怎么看、怎么办、怎么干”“塑造品牌、树立形象”大讨论，选树宣传“到社会市场找饭吃”的黄河钻前井架安装四队、钻井队“设备名医”张吉平等典型，推广单机单井考核等做法，举办各层次宣讲会 200 余场，受教育 1.3 万余人次。层层开展员工思想动态分析，组织“走基层、访万家”活动，走访基层队 1 284 个、15 490人次，解决各类问题1 300 余个。关注民生，服务群众，落实帮扶救助措施，实施志愿者服务、“EAP一线行”等“送温暖”工程，实现和谐稳定。

（管京伟）

【完成平邑“12·25”事故抢险救援任务】 2015 年 12 月 25 日，山东省平邑县玉荣石膏矿发生坍塌事故，导致 1 人遇难、17 名矿工被困井下；经过后期搜救，救援人员与 4 名井下被困矿工取得联系。为救援被困矿工，2016 年 1 月 5 日，山东省委、省政府紧急要求胜利油田派员协助抢险。接到抢险救援任务后，迅速成立抢险小组，以黄河钻井总公司、钻井工程技术公司为主力，紧急集结人员车辆，调配救援工具。1 月 29 日，被困井下 36 天的 4 名矿工顺利升井。此次救援创造了矿山救援的奇迹，成为国内首例、世界第 3 例大口径钻孔成功救援的范例。抢险任务结束后，山东省有关领导专门打来电话，对公司在救援工作中做出的突出贡献表示肯定和感谢。山东省临沂市委、市政府向胜利油田发来感谢信，对在平邑“12·25”玉荣石膏矿坍塌事故救援工作中的优异表现，给予高度评价。

（岳达明）

【胜利作业新一号平台竣工投入运行】 2016 年 1 月 8 日，胜利作业新一号平台正式建成投产并交付井下作业公司。该平台是由石油工程公司投资 2.2 亿元自主研发建造的一座海上修井作业平台，由青岛北海船舶重工有限责任公司承建，于 2014 年 12 月 18 日开工建造；空船质量 3 927 吨，作业水深 5—25 米，最大钩载 1 580 千牛顿，一次就位可对 9 口4 500米以内的直、斜井进行修井作业，施工能力、施工范围、平台的工作生活条件均具有较高科技含量，提升了海上作业施工能力和市场竞争力。

（张万军）

【通过山东省高新技术企业认定】 自 2015 年 5 月开始，胜利石油工程公司组织有关部门和单位，集中力量，按照国家有关规定要求，编写完成 10 个章节、1 800 多页的申报材料，并强化与地方各级相关部门结合，高质高效完成高新技术企业认定申报工作，并于 2016 年 3 月取得山东省高新技术企业资质认定。高新技术企业认定证书有效期为 3 年，经认定的高新技术企业，可享受国家减按 15% 的税率征收所得税，可享受研发费用加计扣除等优惠政策，有利于企业开拓外部市场，提高企业品牌影响力。

（张鲁东）

【钻井院制定的一行业标准获“十二五”石油工业优秀标准奖】 钻井院制定的行业标准《随钻电磁波电阻率测井仪》获全国石油天然气标准化技术委员会、石油工业标准化技术委员会联合颁发的“十二五”期间石油工业优秀标准奖。随钻电磁波电阻率测井仪能够在复杂结构井开发中及时发现油气藏变化，有利于主动调整钻井轨迹，提高储层钻遇率，是实现油气藏高效开发主要仪器。该标准实现与国际接轨和对国内现有相关企业标准整合、提高，标准所规定的主要技术指标和性能指标客观反映国内外随钻电磁波电阻率测井仪的技术现状，达到国内领先、与国外同类产品标准等同的水平。

（宿振国）

【荣誉称号】 2016 年，胜利石油工程公司获集团公司环境保护先进单位、质量管理先进单位称号。测井公司、测井公司涪陵项目部分别被中华全国总工会授予全国“安康杯”竞赛优胜单位、全国工人先锋号称号。获集团公司业务竞赛钻井液专业团体第 1 名以及个人 2 金、2 银、2 铜成绩。“构建“融合式”海外党建工作新模式的探索与实践”获集团公司思想政治工作优秀研究成果一等奖。“以提质增效为核心的石油工程钻井项目新型生产组织方式的创建与实施”“以优化产能、提升效益为核心的油服企业资源优化配置与实施”“‘模块化’班组建设体系的实施与运行”3 项成果获集团公司管理现代化创新成果一等奖，“基于石油工程企业大力开拓海外市场战略下的国际化人才培养体系构建”“涪陵页岩气市场“三精三化三特”管理的建立与实施”“基于互联网的同步录井管理模式构建”3 项成果获集团公司管理现代化创新成果二等奖，“内涵式御寒体系的实施运行”“‘分支流程化管理’的创建与实施”“打造‘五个高端’的探索与实践”“‘四化模式’在土耳其储气库钻井大包项目优化管理中的应用与实施”4 项成果获集团公司管理现代化创新成果三等奖。

（宋　华　刘　伟）

表 1　　胜利石油工程公司主要技术经济指标　　亿元

指标名称＼年份	2016	2015	2014	2013	2012
工业总产值	76.61	117.23	175.66	190.65	236.88
工业增加值	15.64	70.53	84.12	78.74	66.67
资产总计	130.20	158.55	156.05	155.30	150.53
流动资产	44.72	66.81	59.03	55.77	65.75
固定资产原值	142.49	140.44	137.84	133.04	127.87
固定资产净值	69.96	72.11	74.87	71.54	71.60
销售收入	81.11	123.84	183.88	199.46	216.28
实现利税	-36.59	9.90	31.58	16.43	26.97
税　金	1.55	12.81	18.45	17.93	18.13
综合能耗/吨标煤·万元$^{-1}$	0.229	0.225	0.23	0.23	

表 2　　胜利石油工程公司主要生产建设指标

指标名称＼年份	2016	2015	2014	2013	2012
钻　井					
开钻/口	638	1 188	2 091	2 303	2 243
交井/口	715	1 153	2 083	2 354	2 221
钻井进尺/万米	166.51	265.64	480.19	537.00	535.22
测录井					
测井/井次	2 805	3 583	6 783	9 854	7 284
射孔作业/井次	2 195	3 314	4 774	4 977	4 680
录井/口	772	1 105	2 145	2 308	2 133
井　下					
维护作业(小修)/井次	691	755	476	324	853
措施作业					
压裂/井次	164	307	550	653	783
大修/井次	94	195	220	335	379
侧钻/口	35	54	57	173	51

中原石油工程公司

【概况】　中石化中原石油工程有限公司(简称中原石油工程公司)为石油工程公司的全资子公司，本部位于河南省濮阳市。

截至2016年底，中原石油工程公司下设机关处室10个、直属单位15个，涉及钻井、测井、录井、固井、管具、井下特种作业、油藏综合服务和钻井工程研究等专业。用工总量16 419人，资产总额121.65亿元，主体装备2 010台(套)。形成页岩气钻完井等3项配套技术、超深井安全钻井等7项核心技术、复杂地层防漏堵漏等5项专有技术。拥有465支石油工程专业队伍。其中，国内331支队伍在19个省(市)、自治区施工，形成以西北油田、塔里木、克拉玛依、吐哈为主体的西北市场，以焦石坝为主体，辐射普光、川西、元坝、长宁、昭通等区域的西南战略市场，以华北石油局、长庆、冀东、地方市场为主体的华北市场，以东北油气分公司、吉林油田为主体的东北市场，以华东石油局、浙江油田为主体的华东市场；海外134支队伍在10个国家执行合同，形成沙特、非洲、科威特、哈萨克斯坦4个规模市场。连续3年在集团公司年度考核中被评为A

级企业，连续15年入选中国对外承包工程50强，连续10年入选ENR全球最大250家国际承包商，在2016年集团公司党建考核中位列A类企业。

中原石油工程公司主要技术经济指标和主要生产建设指标分别见表1和表2。

（李鹏松）

【国内外部市场签订合同额29.05亿元】 2016年，中原石油工程公司面对国内市场投资锐减、竞争惨烈，吉林油田等市场定额和钻井价格一降再降，队伍停待率一度高达63%的状况，创新完善“三三制”市场开发体系，组织市场会战，国内外部市场累计新签合同额29.05亿元。高效保障油田勘探开发，和中原油田同心联手抵御寒冬，高效完成拐参1井压裂排液、放喷求产施工，日产原油50余立方米、天然气8 000余立方米；完成文23储气库21口井下作业处理井筒、测井检测工作量，被评为优质工程。全力拓展西南战略市场，充分发挥页岩气配套技术优势，施工页岩气井46口，其中“1”字号探井2口。中标焦石坝二期35口井，合同额13.39亿元；中标西南油气分公司威远—永川工区3口井，合同额7 238万元；中标华东油气分公司南川市场3个平台9口井，钻机占比50%，焦页195－5井压裂试气日产22万立方米，实现南川页岩气勘探开发的突破。持续巩固优化传统市场。在冀东市场，9支钻井队成功中标2016年框架合同，承钻28口井，成为公司唯一增量市场；在西北市场，承揽西北油田、塔里木油田35口井，7支队伍累计夺得流动红旗10面；在陕北市场，中标华北油气分公司大牛地15口井，固井、录井时隔2年重返，签订合同额1.5亿元；在地方市场，连续中标中国地质调查局9口井，合同额达1.68亿元。

（李鹏松）

中原石油工程公司高效完成拐参1井压裂排液、放喷求产施工

【国际市场勇创佳绩】 2016年，中原石油工程公司国际市场新签合同25项、合同额6.43亿美元，18支钻修井队保持日费率100%，实现海外收入占比突破50%以上的目标。沙特市场做优与做强并重，实现收入22.54亿元、利润4.22亿元，同比分别提高10.3%、17.2%。阿美公司5台合同到期钻机顺延，与哈里伯顿签订1.3亿美元合同，大包井合作钻机总数达到16台；成为首家获得阿美公司固井和钻井液技术服务资质的中资企业。科威特市场规模与效益双赢，10台到期钻机顺延，新签3部钻机5＋1年合同，新(续)签合同额达2.73亿美元，钻修井机总数达到19台，收入、利润分别增长11.6%和11.7%。哈萨克斯坦市场拓展与扭亏同步，新签合同额5 271万美元，重新启动队伍14支，开钻同比增加16口，进尺增加3.63万米，增收0.44亿元。打出的国勘KKM油田806井日产原油高达110吨，802井日产原油比设计产量提高3倍。其他市场探索与突破互动，非洲公司成功启动5支钻修井队，厄瓜多尔市场2台钻机签订斯伦贝谢2年大包合同，首次中标永华石化刚果(布)佳柔油田测井项目。

（李鹏松）

中原石油工程公司哈萨克斯坦市场SINOPEC176在安装作业

【深化改革稳步推进】 2016年，中原石油工程公司坚持问题导向，统筹优化资源，持续深化改革，内部活力得到有效释放。审慎决策，规范运作，强强联合，完成钻井二、四公司重组整合。精简科级(三级)单位28个、项目部3个、基层队8个，提升了组织运行效率。以钻井三公司为试点完成钻井辅助产业重组，组织富余员工转岗到环保治理、机械修造等项目，实现产值1.69亿元。大力推进单井单项目“六大制度体系”建设，在单井合同额大幅下降的情况下，创效水平保持稳定。建立靠市场工作量与创效水平自动调节的绩效考核分配机制，单井施工成

本同比下降16.2%。引导单位自我约束、严格用工，规范劳务派遣，引进高技能人才2 063人，4 450名劳务派遣工划转合资公司管理，清理长期不在岗人员108人，清退派遣工408人，全年净减少用工782人。全面推广钻井队“模块化班组”管理，机关后勤、停等队伍向施工队伍调整5 936人次。探索内部业务承揽，压减生活后勤服务外包费用，费用压减28.9%。打破原有区域、单位固化分割的静态装备资产管理模式，累计实施跨单位、跨区域调拨和内部调剂使用钻机、网电、顶驱装置等主要生产设备46台(套)。推进生产通用车辆改革，淘汰报废各类车辆201台，用车成本得到有效控制。

（李鹏松）

【系统挖潜成效显著】 2016年，中原石油工程公司扎实推进“两保一压三提升”工作，实现挖潜增效6.59亿元。完善各层级成本控制体系，公司层面优化资源配置，所属单位强化成本责任目标分解与考核，项目部、基层队严格落实成本目标，形成了职能部门、二级单位、基层项目齐抓共管的格局。加强长期待摊资产的管理与核算，实行归口集中统一计划管理，长摊资产新增同比减少1.77亿元，摊销额减少1.06亿元。严格疑难债权清理、“两金”占用考核奖惩，领导班子成员亲自盯、抓协调、强回收，考核扣罚责任人15万元、奖励4.8万元，全年应收账款减少5.69亿元；强化系统外债权专项清收，避免计提坏账准备金4 995万元。严格落实减员降本、停工减资等措施，人工成本下降2.74亿元。强化运输费管控，压减国内运输费3 784万元。应用网电、天然气等技措，节约成本4 300万元。严控外委技术服务费、维修费等，挖潜9 032万元。优化采购方式，压低采购价格，采购费用挖潜6 657万元。

（李鹏松）

【科技实力不断增强】 2016年，中原石油工程公司承担国家支撑计划课题1项、集团公司科研课题19项，获集团公司科技进步奖3项、石油工程公司科技进步奖18项，打破中国石化纪录14项，创区域高指标59项。王中华被评为集团公司科技创新领军人才。制定科技成果转化创效提成实施细则，创建专家工作室15个。集成超深井安全高效钻完井技术，施工深井、超深井及水平井占完成井总数41.3%。马深1井创亚洲第1超深井纪录，顺北2井刷新小井眼水平井斜深世界最深纪录，标志着中国石化超深井钻完井技术跨入世界领先行列。高性能水基钻井液技术填补中国石化技术空白；国内首台飞轮储能新型混合动力钻机样机成功下线运行；连续油管输送存储式生产测井技术实现国内技术突破；首套油基钻屑清洗处理装置现场试验成功。完成定向井、钻井液、大包井技术服务111井次，产值突破2亿元。钻井液实现中国石化在国际市场的突破，页岩气水基钻井液技术服务首次打入中国石油蜀南市场，“中原技服”以高端促高效的目标初步实现。承揽涪陵、西北、华北等市场42口井钻后治理工作量。钻机整体移动装置等5项新产品通过集团公司评审；VDX钻井参数仪在沙特等市场为90多支钻修井队提供保障服务。与斯伦贝谢签订战略框架合作及钻井、测井联合作业协议，累计开展技术服务43井次，增加产值3 205万元，高端技术产业链有效延伸。建强技术专家团队，完善提速提效模板，探索“四个一趟钻”钻井工艺，优化焦石坝二期提速降本方案，国内重点区域平均机械钻速同比提高9.1%。狠抓故障复杂管理，全年故障复杂时效下降15%，直接经济损失减少2 864.5万元。狠抓搬迁提速提效，沙特市场刷新同类钻机搬迁纪录35井次，科威特市场每次钻井机搬迁时间缩短28小时、多创收986万元。

（李鹏松）

【安全形势保持稳定】 2016年，中原石油工程公司牢固树立底线思维、红线意识，持续深化“四个体系”建设，时刻处于战备状态，安全形势保持总体稳定，连续2年获集团公司安全生产先进单位称号。严格落实岗位责任，成立2个专业分委员会，组建安全环保督察中心，在13个单位成立安全环保督察大队，累计发现问题隐患7 895个，表彰559人次、奖励12.72万元，问责463人次、处罚18.6万元。强力推行监管分离，深入实施异体监督，选拔现场监督435名，每季度量化考核、末位淘汰；强化井控管理，增选2名公司井控专家，遴选10名区域井控专家，三级井控网络持续完善；投资1 806万元，142支基层队安装视频监控系统，发现问题528个，处理责任人62人、罚款金额15.3万元；严格承包商专项整治检查，通报19家，问责54人，列入黑名单3家。全面评估管控风险，评估科级以下干部履职能力2 223人，全员安全诊断提出建议1.7万余条；确定公司级重大安全风险5项，编制实施5个单位工作安全分析模板798项，完善钻井队工作安全分析模板8类261项；完成公司和15个单位应急预案优化简化和评审备案。持续强化公共风险管理，建立境外员工健康评估档案，严格做到“评估不达标不派出”；有效应对南苏丹紧急撤离等突发事件，严格落实门禁制度，加大联防联控力度，公共风险始终处于可控状态。切实保障员工健康，新签订职业病危害因素告知劳动合同补充协议 1 024 份，对危害因素作业场点监测和挂牌，告知率达 100%；体检接害员工 4 897 人，体检率 100%。

（李鹏松）

【“三基”工作持续强化】 2016 年，中原石油工程公司扎实开展“三比三赛”创效夺标竞赛、金、银牌基层队创建活动，2 支队伍被评为集团公司金牌标杆队；以提升基层管理检查为抓手，发现整改各类问题4 320项，扣罚 72.8 万元，问责 31 人。推行系统设计、模块培训、实战提高模式，突出国际市场需求，培训涉外钻井液、大包井等紧缺人才 297 人；深化岗位轮训、倒班培训、停工培训，培训一线员工 27.03 万人・天；举办公司业务竞赛，在集团公司业务竞赛中取得 3 金、3 银、3 铜的成绩。

（李鹏松）

【党风廉政建设迈出新步伐】 2016 年，中原石油工程公司认真制定落实党风廉政建设“两个责任”任务分工和考核细则，细化主体责任措施 47 项，明确监督责任措施 53 项，形成分责、担责、考责、追责一体化闭环管理。组织 149 名处级干部签订廉洁从业承诺书，编发准则、条例宣贯手册 5 000 余本，开展“算账式”警示教育宣讲 10 场次，深化廉洁文化“六进”工程，注重领导干部家风建设，营造了遵规守纪、廉洁从业的浓厚氛围。认真开展“四风”问题整治“回头看”，暗访巡查公车私用、公款宴请、婚丧嫁娶大操大办等情况 114 人次，对 6 个单位业务招待费、差旅费、会议费使用情况进行抽查，对疑似违纪单位落实函询制度。开展领导人员及亲属经商办企业与中国石化发生业务往来统计调查，1 762 名副科级以上干部全部登记调查。制定出台实践运用监督执纪“四种形态”实施意见，开展廉政约谈、集体廉政谈话等 840 余人次，处理违纪人员 10 名，进一步增强监督执纪效果。

（李鹏松）

【干部队伍建设取得新成效】 2016 年，中原石油工程公司深化“四好”领导班子标准化创建，制定领导班子“七讲七树”行为规范，深入推进干部“五带头”活动，大力开展领导干部“学哲学用哲学”活动，主要领导带头讲好哲学第一课，引导各级干部辨证看待机遇和挑战，进一步增强转型发展的使命担当。把牢选人用人“方向盘”，突出严实和业绩导向，先后调整配备处级干部 19 人。健全干部绩效考核评价体系，突出目标协议、业绩量化和多维度测评，对 26 个单位（部门）领导班子和领导干部进行年度考核。严格干部监督管理，认真落实领导干部述职述廉、提醒、函询等制度，扎实开展领导干部个人有关事项抽查核实和档案专项审核，开展公司年度选人用人“一报告两评议”工作，总体评价“满意 + 基本满意”达 100%。开发编写《石油工程项目经理核心能力培训教材》，举办中青年管理干部、项目经理、新任职年轻干部和机关干部等培训班 10 期、培训 400 余人次，提升了干部履职能力和业务水平。

（李鹏松）

【党建管理水平实现新提升】 2016 年，中原石油工程公司构建完善“1 + 9”党建制度体系，为新形势下加强和改进党建工作提供制度保障。精心组织“两学一做”学习教育，明确直属单位和领导班子成员学习教育责任清单，深入内外部市场开展 2 轮调研督导，融入专题电视党课、手抄党章等特色活动，确保学习教育高质高效运行。坚持以学促做，组织 3 次专题研讨，聚焦提质增效转型升级重点难点问题，开展 21 个课题项目研究，实现学习教育与生产经营“两手抓、两促进”。承办石油工程公司“两学一做”学习教育知识竞赛，组队参赛并获一等奖。狠抓党建“一岗双责”，层层签订党建思想政治工作目标责任书，明确各级班子成员职责任务。通过干部年度考核、述职测评、“四好”班子评选等方式，对各级班子和干部抓党建工作情况进行综合考评。认真开展党费收缴、党员组织关系排查等 4 个专项检查，对 525 个基层党支部进行分类定级，深化党员责任区、示范岗创建，55 个先进集体和个人受到集团公司、石油工程公司表彰。开展海外党建工作调研，进一步完善境外单位党组织设置和党员双重管理措施，海外党建工作做法得到上级肯定和借鉴。

（李鹏松）

【宣传思想文化激发新动力】 2016 年，中原石油工程公司持续深化宣传思想文化工作。策划组织“寒冬里的暖阳”主题宣传，深入推进“万里征程万里行”外部市场采访活动，大力宣传市场会战、科技攻关、挖潜增效等亮点，在《中国石化报》等省部级以上媒体发稿 308 篇、同比增长 15.8%，各类信息门户发稿 354 篇。举办“中原铁军风采”先进事迹报告会，加大宋保健、90106 钻井队等先进典型宣传，为干部员工树立学习榜样和赶超目标，宋保健当选集团公司廉洁从业敢于担当优秀领导人员。组织“外部学中原，我们怎么办”大讨论，大力开展“学习女排精神、继承石油石化优良传统”主题实践，为锻造新时期石油工程铁军注入新动力。完善企业文化建设实施方案，推进品牌“六大体系”和企业文化“六个一”工程建设，编发《铁军》专刊4期、《铁军雄风》文学集，丰富公司形象宣传片《铁军壮歌》，有效树立和巩固公司品牌形象。

（张向东）

【群众工作开创新局面】 2016年，中原石油工程公司制定公司民主管理实施细则，完善职代会制度和厂务公开制度，处理职工代表提案27件，维护和保障员工的合法权益。建立健全困难员工救助帮扶体系，组织“健康走基层”疾病预防知识讲座。扎实开展“走基层、访万家”活动，深入783个基层班组，走访员工1.1万余人次，为一线队伍、伤病、困难等员工家庭发放慰问款物330.76万元。面对市场寒冬，领导干部带头减薪，在2015年收入下降14.6%的基础上，2016年再下降10%，把收入分配向市场主体和创效主体倾斜，保持一线员工收入总体稳定，实现员工队伍整体稳定。

（李鹏松）

表1　中原石油工程公司主要技术经济指标 亿元

指标名称＼年份	2016	2015	2014
工业总产值	69.12	91.52	106.81
工业增加值	8.39	51.82	60.66
资产总计	121.66	137.81	142.39
流动资产	69.03	80.77	82.19
固定资产原值	105.93	105.05	99.72
固定资产净值	42.74	46.61	47.95
销售收入	69.12	91.52	106.81
实现利税	-31.70	4.43	14.94
税　金	3.24	6.19	10.81
综合能耗/吨标煤·万元$^{-1}$	0.395	0.392	0.408

（李永超　赵军）

表2　中原石油工程公司主要生产建设指标

指标名称＼年份		2016	2015	2014
钻井	开钻/口	509	598	813
	交井/口	518	604	816
	钻井进尺/万米	165.80	197.11	238.60
	海外大修井/口			
	开　工	220	232	267
	完　工	216	233	266
测录井	测井/井次	1 763	1 992	4 528
	射孔作业/井次	1 348	2 352	3 106
	录井/口	169	280	465
井下	维护作业（小修）/井次	686	539	480
	措施作业			
	压裂/井次	185	177	359
	酸化/井次	31	55	84
	大修/井次	2	29	139
	侧钻/口	1	1	34

（张亚莎）

江汉石油工程公司

【概况】 中石化江汉石油工程有限公司（简称江汉石油工程公司）是石油工程公司下属的全资子公司，业务涵盖钻完井、测录井、井下作业、环保工程、特种运输等领域，已形成石油工程井筒业务系列化和设计施工服务一体化。

截至2016年底，江汉石油工程公司有用工总量6 508人，工程施工和技术服务队伍242支。资产总额68亿元，专业装备1 042台（套）。江汉石油工程公司市场主要由江汉内部、中国石化内部、中国石化外部、海外4个部分组成。江汉内部主要是江汉老区和涪陵工区。中国石化内部主要是西北、华北、东北等工区市场。中国石化外部主要是中国石油塔里木油田、长庆油田等地区市场，以及地方页岩气、地热、盐卤、煤层气市场。海外市场主要分布在南美洲、非洲、亚洲的9个国家。

2016年，江汉石油工程公司在工作量同比降幅超过40%、队伍停待60%的情况下，通过提速提效、拓市增效、改革促效、创新创效、安全保效等措施，实现营业收入39.08亿元、利润100万元，绩效考核情况在石油工程企业中连续2年排名第一，连续4年考核盈利，是2016年唯一盈利的地区公司，被评为集团公司A类企业，成功申报国家高新技术企业。

江汉石油工程公司主要经济指标和主要生产建设指标分别见表1和表2。

（刘宏浩）

【涪陵二期提速提质提效取得重要进展】 2016年，江汉石油工程公司以创建示范工程、保持技术领先优势为目标，推广航天科技质量管理“双归零”经验，不断强化服务意识和保障能力，充分发挥石油工程主力军作用，经过多轮次实验攻关，总结摸索，成功完成预期目标，奋力实现从“涪陵速度”向“涪陵质量”和“涪陵效益”的跨越。加强页岩井壁失稳机理研究，研发低成本高稳定性油基钻井液，调整井身结构，优化清水抢钻工艺，钻井漏失问题得到较好解决，生产时效同比提升6.87%。开展钻井提速关键工艺和工具攻关，初步实现井深4 500米、5 500米钻井周期分别缩短至60天、70天以内的目标，部分井实现水平段一趟钻。按照钻井“一井一策”和压裂试气“一层一策”，全面加强质量管控，钻井、固井、压裂、多级射孔、连续油管等专业施工可靠性、成功率、优质率明显提高。故障复杂时效3.21%、下降7.38个百分点，创涪陵会战以来最好水平。

（刘宏浩）

涪陵国家级页岩气示范区绿色环保施工

【市场开发成效显著】 2016年，江汉石油工程公司主动调整市场策略，以市场二次开发为重点，紧紧依靠特色技术、品牌工程和优质服务，靠业绩争市场，靠实力抢市场，靠服务保市场，外部市场实现收入11.34亿元、收入占比同比提升1.3个百分点。涪陵工区发挥主场优势，特色技术服务收入大幅增加，各专业完成工作量占比总体超过队伍占比，生产效率和施工质量保持良好水平。西北工区发挥高温高压测试、深井超深井钻井等特色技术优势，服务质量和水平得到甲方高度认可。页岩气、技术服务和新兴业务市场积极作为，首次承揽鄂宜页1 HF井一体化风险承包项目，外部页岩气市场规模突破1亿元。地热井钻探创出品牌，形成山西、湖北两大区域市场；环保业务跻身塔里木油田，正在涪陵工区和中国石化系统外形成规模市场；进军煤层气业务，与贵州业主达成合作协议。海外业务市场和经营状况明显好转。新签、续签合同2.58亿美元，增长95%；实现经营收入4亿元，增长36.6%；盈利能力明显提升，开工机组日费率99.7%、全部实现盈利。资产、债务、资金结构得到优化，克服重重困难，偿还2亿美元贷款，避免了高额汇兑损失。外经外贸发展势头良好，实现收入5 000万元、利润100万元。

（刘宏浩）

【改革调整迈出坚实步伐】 2016年，江汉石油工程公司主动调结构、转方式、去规模、控用工，干部员工的思想观念发生明显变化，改革承受力明显提升，企业发展动力和经营活力进一步增强。注重顶层设计和试点先行相结合，通过深入调查研究、机关基层结合以及多次修改完善，初步形成“1+9”改革调整方案；精心选择和启动三项制度改革试点工作。加快结构调整，通过关、封、并、转等方式，压减产能过剩队伍，发展特色技术服务队伍。按照严控总量、盘活存量的原则，优化人力资源，妥善安置富余人员，用工总量较公司成立之初减少16%。推进机构扁平化管理，精简后勤单位和项目部管理人员，压减机关科室17个、管理人员92人。持续强化集中管理，外委项目减少16.3%、外委费用下降15.9%、系统外分包工程占比下降15.4%。在外雇车辆集中管理基础上，按照专业化管理、市场化运作、社会化服务的思路，实施内部通用车辆改革，公务用车总量和车辆费用明显下降、外雇车辆替代率明显上升。

（刘宏浩）

【企业管控水平持续提升】 2016年，江汉石油工程公司全系统、全方位、全要素、全过程降本压费和挖潜增效，效益意识、成本意识和盈利能力明显提升。推行单井、单队、单机、单车、单项目严考核、硬兑现，有效调动了基层创效积极性，各专业单耗均持续下降。成立135个项目组，实施精准挖潜，坚持责任见人、指标见数、措施见效、成果见账，在经营收入大幅减少、固定成本比例明显上升的情况下挖潜增效2.23亿元，完成指标的116%。严控资产规模，开展内部调剂，长摊资产和实物存货大幅压减。推进招标采购，平均采购价格同比降低16.2%，采购资金同口径相比节约3 780万元。夯实“三基”工作，建立长效机制，坚持定期检查考核，开展“百名机关干部下基层”活动，基层管理水平持续提升。工作经验在集团公司“三基”座谈会和改革管理会上交流；管理创新成果获集团公司、石油工程公司一等奖；在集团公司金、银牌基层队评比中获15金、22银。

（刘宏浩）

【科技进步取得重要成果】 2016年，江汉石油工程公司紧贴生产和市场需要，从体制机制入手，大力推进创新驱动，科技创新能力明显增强。研发体系持续完善，按照“整体规划、分步实施”思路，中国石化连续油管、完井测试两大技术中心和公司工程、地质两大研究中心建设有序推进。科研攻关成效显著，参与“十三五”国家重大专项，开展集团公司、石油工程公司项目18个，涪陵页岩气工程关键技术获集团公司科技进步一等奖，参与集团公司申报国家2017年科技进步奖；页岩气规模开发成套工程技术及应用获湖北省科技进步一等奖。大功率牵引器射孔、定向射孔、可溶桥塞等前瞻性工艺、工具研发和应用取得突破；连续油管应用技术全面提升，形成十大技术系列，保持国内领先。科技管理得到加强，出台科技奖励、成果转化、知识产权管理等制度，有效激发了创新创造活力；申报专利35件、获授权15件。按照“开门办企业、开放搞科研”思路，与国内外知名公司和高校交流合作，借助外部智力提升了科研水平。

（刘宏浩）

连续油管特色技术创多项国内施工纪录

【安全环保保持总体稳定】 2016年，江汉石油工程公司按照“零事故、零伤害、零污染”目标和“识别大风险、消除大隐患、杜绝大事故”要求，建立全员安全生产责任制，成立7个专业安全分委员会，推行领导挂点承包和千分制考核，实行风险挂牌管理，促进了HSE责任的落实。健全安全监管体系，组建督察大队，加强异体监督，建设视频监控系统，提高了安全监管运行质量。扎实开展安全环保督察，隐患问题减少22.2%，问题整改率提升14个百分点。严格开工验收，实行提级管理，从源头把好安全环保关。推进目视化建设，从人员穿戴、设备管理等16个方面开展现场标准化。深化承(分)包商、承运商、吊装作业、涪陵工区环保、井架拆安、交通安全、压裂和连续油管高压专项治理，效果明显。持续抓好HSE培训，干部员工安全意识、安全技能进一步提升。强化井控专业化管理，完善管理制度，实行重点井专家驻井，井控风险得到有效控制。

（刘宏浩）

【党建思想政治工作扎实有效】 2016年，江汉石油工程公司积极推进政治优势转化，紧贴生产经营和改革发展做好党建思想政治工作，为“战寒冬求生存、抓机遇谋发展”鼓劲加油、保驾护航。注重思想引领，开展形势任务教育，引导干部员工弘扬“石油精神”，彻底丢掉“三个幻想”“三个认识不到位”和“三个习惯于”，汇聚了“战寒冬”的勇气和力量，广大干部员工体现了高度的政治觉悟和良好的精神面貌，展示了特别顾大局、特别能奉献、特别能战斗、特别能吃苦的铁军风采。注重从严治党，扎实开展“两学一做”学习教育，坚持以上率下、以学促做，突出问题导向，落实整改责任，促进了党员队伍作风明显好转。注重抓班子带队伍，坚持民主集中制，坚持从严管理干部，加强党风廉政建设，加强后备干部选拔培养，提升了班子整体功能和干部执行力；完善人才成长通道，加大考核评价力度，增强了人才队伍活力。注重和谐稳定，加强稳定风险管控和停待队伍管理，做好宣传引导和政策解释，确保公司改革顺利推进和大局的总体稳定。

（刘宏浩）

表1　江汉石油工程公司主要技术经济指标 亿元

指标名称＼年份	2016	2015	2014
实收资本	2.50	2.50	2.50
资产总额	71.38	56.22	60.14
流动资产	44.24	26.54	31.53
固定资产净额	25.10	27.05	25.34
负债总额	57.35	39.56	48.60
营业收入	39.08	53.38	60.86
利润总额	0.01	5.42	1.19

表 2　　江汉石油工程公司主要生产建指标

指标名称		2016	2015	2014	2013
钻井	开钻井/口	122	246	357	486
	完成井/口	137	238	339	493
	钻井进尺/万米	43.30	78.53	99.99	121.00
测录井	测井/井次	638	1 086	1 492	1 710
	录井/口	137	262	400	508
井下作业	作业井/口	1 373	1 809	1 163	1 182
	作业/井次	1 393	1 843	1 170	1 184
	试油气/口	117	199	1 034	1 230
	试油气层数/层	1 154	1 455	1 686	2 394

西南石油工程公司

【概况】 中石化西南石油工程有限公司(简称西南石油工程公司)是 2012 年底由西南油气田石油工程板块整合重组而成，是石油工程公司的全资子公司。本部在四川省成都市，机关设 8 个处室和 2 个附属机构，下属 12 家单位和 1 家派出机构。

截至 2016 年底，用工总量 8 688 人，其中全日制劳动合同工 4 902 人、劳务派遣工 479 人、合资公司用工 3 307 人；经营管理和专业技术人员 2 777 人，拥有教授级职称的 18 人，高、中级技术职称的 1 324 人；各类技术与施工队伍 291 支，其中具有中国石化甲级队资质 107 支、乙级队资质 114 支，中国石化金牌标杆队 2 支、金牌队 13 支、银牌队 18 支。累计获实用新型和发明专利授权 188 件。总资产 65.81 亿元，其中固定资产净值 27.32 亿元；拥有各类钻机 81 台(套)、井下作业 2500 型压裂车等一系列先进装备计 9 990 台(套)，能承担 9 000 米及以下钻井施工、井下作业等相关工程，具备年钻井 130 万米进尺作业能力。形成 3 项勘探开发工程一体化服务集成技术，完善 17 项核心技术，培育 51 项特色技术；研发制造拉曼激光录井气体检测仪、140 兆帕现场气密封检测系统、钻井液随钻治理装置、油气田专用一体化生活污水处理装置等先进装备仪器工具。创造了 310 多项工程新纪录和新指标，其中创中国石化纪录 50 余项。

2016 年，西南石油工程公司认真贯彻集团公司、石油工程公司工作部署，直面市场寒冬的严峻挑战，把扎实开展“两学一做”融入生产经营，聚焦提质增效升级，加快转方式调结构，承压奋进，苦干实干，以求生存、谋发展为要务，以依法合规经营为准绳，全力拓市场、去规模、强安全、优运行、降成本、抓党建，改革发展稳定各项工作有序运行。全年完成钻井进尺 55.79 万米，为总部计划的 121.3%、公司年计划的 105.3%；实现营业收入 28.18 亿元，亏损 6.66 亿元，完成总部下达的控亏任务；上缴税金 0.41 亿元。

西南石油工程公司主要技术经济指标和主要生产建设指标分别见表 1 和表 2。

（丁勇兵）

【领导班子调整】 2016 年 12 月 28 日，集团公司党组决定，唐嘉贵由于年龄原因，不再担任西南石油局党委委员、副局长、西南石油工程公司党委委员、党委书记、纪委书记、工会主席职务，办理退休手续。暂由徐进主持西南石油工程公司党委全面工作。

（丁勇兵）

【服务百亿气田建设取得丰硕成果】 2016 年，西南石油工程公司围绕集团公司天然气大发展战略，始终把推进西南规模增储上产作为第一发展要务，强化“一盘棋”思想，坚持“一家人、一条心、一起干”，当好主力军，为西南油气田高效勘探开发、天然气产量突破 55 亿立方米、推动形成“川西陆相、元坝海相、彭州海相、页岩气”四大增储增产新阵地做出突出贡献。成立西南重点工程建设领导小组，设立川西海相和页岩气 2 个项目部，切实加强对所属工区生产运行的组织、指挥、协调、服务和监督，以及从钻前施工、搬迁安到钻井、完井、测试投产等全过程生产管理，优化配套，细化节点，狠抓运行，实现各工序的无缝衔接，在保证安全条件下全力以赴打好钻、施好工，进一步缩短建井周期，提速提质提效成效明显。川西沙溪庙水平井平均井深增加215米，钻井月速达1 531米/台、同比提高137米/台，机械钻速6.38米/时、提高0.73米/时；永胜1井钻进6 413.63米仅用218.33天，较设计提前106.5天，缩短幅度达32.8%。顺利完成元坝最后4口海相投产井施工，元坝气田长兴组气藏开发方案37口井全部完成测试，采用多级暂堵分流酸化技术，平均单井绝对无阻流量达260万立方米，增产330%，形成40亿米^3/年混合气产能，元坝气田34亿立方米产能建设圆满完成。

（丁勇兵）

【国内市场开拓闯出新天地】 2016年，西南石油工程公司强化市场开发紧迫感，自我加压，主动出击破冰，积极与甲方沟通交流，多方收集市场信息，巩固老市场、开拓新市场，有效缓解了市场萎缩带来的不利影响。全年累计投标327个项目，中标293个项目。西南本土，钻井市场占有率上升到82%，其他专业市场份额保持100%。西北市场，新疆工区指挥部加强统一服务、协调和管理，努力减小工作量下降带来的不利影响，大幅提速提效、工程质量高于工区平均水平、屡创纪录，进一步树立了品牌，赢得了市场信誉；钻井中标13口井任务，其中"1字号"重点井3口，22%的市场份额高于钻机占比5个百分点，井下、录井、管具业务量逆势上升。临盘市场，临盘钻井分公司，通过保持有效的沟通机制在夹缝中求生存，全年获得61口井任务，确保了市场平稳、队伍稳定。其他市场，勘探分公司市场工作力度加大，工作量稳中有升；华北市场在扩大热力、环保等项目市场份额的同时，井下试气和压裂成功进入；井下、测井、地热、钻井液及定向技术服务等零星市场拓展多点开花，效益良好；环保产业持续发展，泥浆不落地项目首次成功进入中国石油华北油田，西北油污泥处理项目和鄂尔多斯压裂返排液及采油气废水处理项目有序推进。

（丁勇兵）

【海外市场发展驶入快车道】 2016年，西南石油工程公司海外市场保持29支施工队伍规模，重点市场业务进展顺利，科威特钻修井和厄瓜多尔综合服务屡获嘉奖，经营收入稳中有升，完成收入1.08亿美元。全年共开动15台钻修井机，平均日费率达99.71%，其中10台钻修井机日费率达100%。科威特市场顺势发展壮大，新上3台钻修井机均提前开钻，4台到期修井机成功续签半年合同，维修检测再认证工作顺利推进，有力保障了后续工作量；13台钻修井机规模在国际石油工程队伍数量中位列第2名，SP282井队施工的SA598井在二开钻进过程中，创造了18.3米/时科威特机械钻速新纪录；井间搬迁安全高效，8台修井机平均搬迁时间为16.7小时；5台钻机平均搬迁时间为72小时。厄瓜多尔市场项目队伍管理等各方面都处于中国石化第一方阵，在继续发挥原优势的基础上，逐步向大包方式转变，RIG248队在ITT大包服务项目中顺利启动，并带动固控、录井、下套管、钻完井液等业务进入；RIG183队在15+5综合服务项目中于7月顺利启动，成功实施3口井。国外项目管理基础进一步夯实，完善了国外工程项目投标管理、出口物流管理等办法，规范了各类基础档案、台账和信息统计，加强了海外业务交流与培训，出国物流配套服务不断完善，境外员工健康管理切实有效。外事管理和境外公共安全管理进一步加强，全年未发生境外公共安全突发事件，没有1起违反外事管理规定和工作流程的事件发生。

（丁勇兵）

【核心技术能力不断提升】 2016年，西南石油工程公司成功召开首次公司级科技工作会，打造以集团公司高级专家、公司首席专家领军的技术攻关团队和人才培养体系，科技管理水平切实加强。全年共刷新45项钻井纪录、8项井下作业纪录。垂直钻井工具在永胜1井、彭州113井、永页1井等使用，防斜打直提速提效效果显著，机械钻速平均提高40%以上，成本降低35%。旋转导向、涡轮钻具、旋冲工具、扭力冲击器等提速技术和工具成功应用。带压测井、射孔技术日益完善，为页岩气开发开展泵送桥塞与分簇射孔施工提供了技术储备。针对大斜度井、水平井施工中遇到的复杂情况预防与处理、托压影响提速提效等问题，开展川西海相大斜度和水平井的井壁稳定技术攻关。围绕酸性气、致密气及非常规气工程服务领域，酸性气藏工程技术中心等高端载体建设稳步推进。不断固化区域成熟配套技术，全面推广应用，有效提高风险识别，强化事故预防及处理，提速潜力进一步释放。全年考核完成井131口，达到提速目标78口，提速井达标率59.5%。在设计周期大幅缩短、风险边缘探井增加的情况下，钻完井周期缩短率6.72%。钻井工程质量优质率80.8%，优良率大于97.7%，创历史新高；固井工程优质率达86.1%、优良率97.2%，同比分别提高 6.9% 和 3.3%；试气、修井及压裂工程质量优良率 100%。

（丁勇兵）

【井下施工作业创 2 项世界纪录】 2016 年 10 月 18 日，西南石油工程公司井下作业分公司历时 57 个小时连续作业，顺利完成江沙 33－19 HF 井 30 段加砂压裂施工，最高施工压力 90 兆帕，最大排量 4.5 米^3/分，入地液量 6 003.7 立方米，加入砂量 551 立方米，加入纤维 1 473.1 千克，创高压气藏外径 139.7 毫米套管内油管带封隔器不动管柱施工段数最多和施工时间最短 2 项世界纪录，同时刷新川西致密砂岩水平井井段最长纪录。该井成功压裂，加快了川西中江气田的开发进度，为西南地区长水平段开发提供了宝贵的实践经验，也展示了在长水平段压裂改造及相关配套工艺方面的实力。

（丁勇兵）

【亚洲陆上第一超深井川深 1 井开钻】 2016 年 12 月 23 日，由西南石油工程公司重庆钻井分公司 90101 井队承担施工的亚洲陆上第一超深井川深 1 井顺利开钻。该井是一口超深风险探井，位于四川盆地川中隆起北部斜坡带柏垭鼻状构造上，由西南油气分公司部署，以震旦系灯影组为主要目的层的，设计井深 8 690 米，对于探索四川盆地超深层天然气资源具有重大意义。

（丁勇兵）

【挖潜降本增效成效明显】 2016 年，西南石油工程公司持续推进全员成本目标管理，大力实行全面预算管理，有效加强投资计划管理、资金管理、税收管理，积极拓展利润空间。牢固树立“一切成本皆可控”理念，新增管理运行费用和生产运行成本控制指标，进一步划小核算单元，对基层队由相对变动成本考核延伸到完全成本考核，有效激发创效潜力。实施项目经济评价全覆盖，对新启动项目从投资回报、现金流等多维度进行评价，努力实现事前算赢。进一步加强项目运行分析，通过对比同区域同类型项目经济运行质量与效益，找差距、查原因，努力实现项目减亏扭亏。持续向技术应用、采购管理、投资管理、资源优化、从严分包、安全环保、工程提速、精细管理要效益。全年累计实现挖潜增效 1.5 亿元，完成年计划的 115%；管理运行费用同比减少 25%、生产运行成本减少 19%、管理费用减少 10%，财务费用实现收益 867 万元、减少 1 745 万元。

（丁勇兵）

【内部管理进一步规范从严】 2016 年，西南石油工程公司以项目管理业务流程为核心，加强“六大制度体系”建设。切实加大依法治企、规范经营力度，严格执行集团公司和石油工程公司项目分包管理规定，挺纪在前，加强服务商管理、招投标管理和对各单位合同的监督检查力度，共审批实施招标项目 98 项，建立服务商档案，开展招标与服务商管理专项检查，进一步规范经营行为，促进了市场管理水平的提高。委托开展 9 家单位经济效益审计，组织开展内控、“两金”占用及损益情况专项审计。法律事务和合同管理工作不断加强，及时协调处置有关纠纷，合同审查率达 100%。突出效益导向，进一步修订完善绩效考核办法，拉开差距兑现，特别是对严重亏损的单位和连年亏损的单位进一步加大约束力度，严考核、硬兑现。

（丁勇兵）

【改革调整积极稳妥推进】 2016 年，西南石油工程公司进一步深化用工制度改革，平稳将原服务外包人员整体移交给合资公司，全面规范用工管理；将符合条件的优秀服务外包工通过调整用工形式转为合同制用工，稳定技术骨干人才。严格控制用工总量，进一步清理岗位和压减队伍，合资公司人员同比减少 710 人。全年组织 2 次跨单位的人力资源统筹调配，涉及调配人员 75 人，一定程序上盘活了现有人力资源，节约了人工成本。“三定”工作全面实施，编制了二级单位机构规范设置方案，从严控制机构和领导职数，完成对 12 家单位“资源优化方案”批复，共精减机构 40 个、减幅 25%，管理人员减少 123 人、减幅 10%。大力优化资源配置，实施区域规模化控制，以充分保障西南市场天然气开发需要为前提，优先保证川西海相井和永川页岩气优势井位，通过人员、资质调配和设备优化配置，实现资源充分利用，为区域市场发展提供资源保障。钻具集中管理和井控设备集中管理有序推进，专业化技术服务以及整体应急抢险能力得到提升。深化改革摸底调研扎实开展，配合完成石油工程公司深化改革扭亏脱困综合调研，完善了公司内部优化整合重组实施方案。

（丁勇兵）

【党建思想文化工作全面加强】 2016 年，西南石油工程公司进一步落实全面从严治党，扎实开展“两学一做”学习教育，营造了良好政治生态和企业管理生态。公司认真贯彻落实中央及集团公司党组要求，将扎实开展“两学一做”学习教育融入到贯彻落实提质增效练内功、改革创新促发展的各项工作中，规定动作及时完成，自选动作突出西南石油工程特色，通过开展党员大讨论、设立党员示范岗、建立党员突击队、落实党员承诺制、示范党支部、微党课评比等，用活载体，选树典型。从公司党委、二级单位党委、基层党支部层层落实突出真学实做，围绕中心工作，强化工作举措，与促进生产经营相结合，做到“两手抓、两不误、两促进”。严格落实党委主体责任和纪委监督责任，加大巡视力度，强化对权力的制约和监督，推进管党治党责任进一步落实。修订公司“八项规定”精神实施细则，组织开展分包亏损行为、住房专项等检查，扎实推进“四风”问题整治和“回头看”，持续抓好作风建设。深入做好信访稳定工作，继续实施 EAP，切实为员工群众解决实际困难，激发了干部员工“战寒冬”的积极性。

（丁勇兵）

【队伍素质再上新台阶】 2016 年，西南石油工程公司深入抓好“三基”工作，着力推进“铁班子、铁堡垒、铁先锋、铁三基”铁军队伍建设，切实为基层解决难题，增强了队伍凝聚力和战斗力，队伍素质进一步提升。教育培训工作进一步加强，重点抓好员工持证上岗培训考核、川西海相深井井控及硫化氢防护强化培训、海外复合型人才培养、停待复工和队伍重组人员的岗前培训、新员工入职培训。职业技能竞赛活动扎实开展，举办井下作业工和特车泵工、钻井液工、石油钻井工 3 次业务竞赛，一大批技能人才脱颖而出，为 33 名成绩优异人员晋升技能等级。1 人获中国石化突出贡献专家称号，2 人获闵恩泽青年人才奖，2 人获集团公司技术能手称号，2 人分获集团公司钻井液专业竞赛银奖和钻井液工竞赛铜奖。“金银牌”创建工作扎实开展，在石油工程公司抽检中 7 支受检基层队获好评。重庆钻井分公司 70852 井队在西北工区创造工程质量“十连优”的佳绩，西南铁军优势凸显。超深酸性气藏完井投产工程技术攻关创新团队获集团公司优秀科技创新团队称号，打造了 8 个公司级优秀创新团队。井下作业分公司酸化压裂大队连续 2 年获四川省“安康杯”优胜班组称号。2016 年，西南石油工程公司获集团公司管理现代化创新成果二等奖 1 项、三等奖 3 项。

（丁勇兵）

表 1　西南石油工程公司主要技术经济指标　　亿元

指标名称＼年份	2016	2015	2014	2013
工业总产值	30.92	38.00	53.77	61.45
工业增加值	6.05	14.44	21.33	17.87
资产总计	65.81	73.86	83.94	88.33
流动资产	34.77	41.34	52.39	54.97
固定资产原值	57.24	55.72	50.91	51.08
固定资产净值	27.32	28.57	27.30	28.56
销售收入	28.18	37.64	54.34	66.24
实现利税	-6.25	4.08	10.09	11.68
税　金	0.41	2.86	5.54	9.13
综合能耗/吨标煤·万元$^{-1}$	0.248	0.240	0.250	0.262

表 2　西南石油工程公司主要生产建设指标

指标名称＼年份		2016	2015	2014	2013
钻井	开钻/口	183	239	334	379
	交井/口	191	237	264	398
	钻井进尺/万米	55.80	70.41	101.18	113.53

续表

指标名称 \ 年份		2016	2015	2014	2013
测录井	测井/井次	528	688	1 147	1 373
	射孔作业/井次	301	433	719	676
	录井/口	150	216	351	445
井下	维护作业(小修)/井次	217	171	122	258
	措施作业/井次				
	压　裂	81	126	244	353
	酸　化	12	24	45	59
	大　修	31	156	173	164

华东石油工程公司

【概况】 中石化华东石油工程有限公司(简称华东石油工程公司),由中国石化2012年石油工程专业化整合重组设立的江苏石油工程公司和华东石油工程公司于2016年6月8日区域重组而成,是石油工程公司的全资子公司。

截至2016年底,华东石油工程公司有江苏钻井公司、六普钻井公司、国际公司、测井公司、录井公司、工程技术公司6个二级单位,分布在扬州、镇江、南京3个地区。设有市场开发处、技术装备处等10个机关部门和1个机关附属机构,机关设在南京。用工总量7 024人,其中合同制员工4 640人、派遣制员工454人、合资公司用工1 904人。拥有各类石油工程专业队伍200余支,其中钻井队69支、测井队42支、录井队64支、固井队3支、井下作业7支。有金牌标杆基层队1支、金牌基层队10支、银牌基层14队支。资产32.14亿元,设备资产原值35.68亿元,设备资产净值17.13亿元,新度系数0.48。国内市场主要分布在江苏、安徽、新疆、重庆、海南、陕西、吉林、湖北等省市;国外市场主要分布在阿尔及利亚、厄瓜多尔、泰国、玻利维亚、科威特、加蓬等国家。

2016年,华东石油工程公司面对市场工作量断崖式下跌、改革重组叠加推进等多重压力,上下一心,攻坚克难,完成区域整合重组和新公司组建,持续推进内部优化重组并取得显著成效,实现市场开拓的逆势而上,部分重点市场获得新突破,保持生产经营稳定、安全环保稳定、员工队伍稳定。全年共完成钻井进尺46.49万米,测井2 172.02万米,录井进尺51.00万米,实现收入15.26亿元,完成总部下达的效益指标。

华东石油工程公司主要经济指标和主要生产建设指标分别见表1和表2。

(杨天梁)

【改革重组开创新局面】 2016年,华东石油工程公司坚持讲政治、顾大局、谋发展,着力"优化资源、强化主业、培育高端、打造特色",扎实推进改革重组,为持续发展奠定良好基础。按照"机制理顺尽快到位、职能整合尽快到位、心理过渡尽快到位、文化融合尽快到位"的要求,统一思想,凝聚共识,扎实工作,区域整合重组工作高效、规范、平稳推进,新公司于6月8日正式成立,实现有效运行。在推进区域整合重组的同时,着力深化内部优化重组,突出海外业务和高端业务发展,着力打造两把"尖刀";优化重组测录井专业,握紧2个"拳头";优化重组钻井这个主营核心业务,做强两大"支柱"。通过内部优化重组,3个钻井公司合并重组为2个,3个测录井公司合并重组为1个测井公司和1个录井公司,成立国际公司和工程技术公司,为实现专业化、高端化和规模化发展奠定坚实基础;实现机构与单位的合并与集中,处级单位由10个压缩为6个,办公场所由7个压减为4个,主要生产基地由15个压缩为8个,减少土地房屋使用和运行费用1 200万元。

(杨天梁)

江苏地区石油工程整合重组在南京启动

【市场发展取得新突破】 2016年，华东石油工程公司以“拼抢市场、完善机制、优化布局”为重点，逆势而上推进市场发展，取得新突破。全年累计新签合同额42亿元、同比增长31%，创历史最好水平。其中，海外市场新签合同额创新高，全年新签合同11个，新签合同额4.30亿美元、增长103%；国内集团外市场稳步增长，全年新签项目26个，新签合同额2.56亿元、增长26%；新兴市场成为重要经济增长点，全年新签合同34个，新签合同额4.83亿元、同比翻一番。以内部持续优化重组为契机，优化完善市场开发职能；出台《市场开拓管理办法》《项目投标管理实施细则》等制度，规范市场开发行为，奖励市场开发有功人员。在内部市场，坚持“一家人、一条心、一起干”，以“提升保障能力、稳固内部市场”为目标，积极构建与油气田分公司合作共赢、抱团取暖的有效机制，成立江苏工作部和南方项目部，着力提高服务勘探开发的能力和水平。海外市场从原来的13个市场向阿尔及利亚等6个重点市场集聚，构建阿尔及利亚1个规模市场，厄瓜多尔、科威特2个骨干市场，加蓬、玻利维亚和泰国3个潜力市场的海外市场发展新格局。域外市场在巩固传统的西北、东北、陕北和海南市场的基础上，攻坚页岩气、煤层气、盐井、地热、储气库等新兴市场，形成“三北一南一新”的域外市场发展新格局。

（杨天梁）

【挖潜增效见到新成效】 2016年，华东石油工程公司坚持把“省一分钱比挣一分钱容易”理念贯穿于生产经营全过程，大力实施“系统化”挖潜增效，着力向管理要效率、向管理要效益。坚持眼睛向内苦练内功，严控非生产性费用支出，管理费用同比下降1 897万元、降幅达9%。大力开展“清应收”“去库存”工作，强化“两金”清理，全年存货3.06亿元比年初下降2.76亿元、降幅47%。紧盯美元汇率变动，优化贷款结构，适时减少美元贷款1 300万美元，汇兑增效403万元。立足自主修理，严控非生产性设备修理和外委修理项目，修理费同比降低1 438万元。认真开展政策研究，抓好纳税统筹，税收返还669万元。加强用工总量控制和人工成本管理，制定并落实《进一步加强用工管理实施办法》《离岗人员分流安置工作实施办法》《从严控制人工成本的实施办法》等制度，通过内部退养、停岗留薪、自主创业、特殊工种退休等方式加强引导分流。全年共办理内部退养108人、停岗留薪55人。积极向江苏省人社厅争取政策，为距正常退休5年内且符合特殊工种退休条件的职工办理退休手续，全年申请办理提前退休25人。强化“挣钱发工资，创效发奖金”理念，出台《关于全面推进单井(队)绩效考核管理的工作要求》，组织“五单井”绩效考核培训，对每一口井合理编制单井定额预算，及时签订单井定额承包书，以现场签认、核实的费用为依据，做到及时考核、严格兑现。在结算价格总体下降的情况下，全年新开钻完井结算61口，盈利单井50口，盈利单井数占新开结算总井数的82%，提高6%，单井兑现最高85万元，最低-6万元。

（杨天梁）

【竞争能力实现新提升】 2016年，华东石油工程公司紧紧围绕技术、人才、管理等关键点，着力提升技术实力、人才保障力和整体抗风险能力，着力培育核心竞争力。大力推进提速提效，打造优质精品工程，其中金坛储气库J126井以钻井周期17.38天，刷新工区钻井新纪录；阿尔及利亚索纳塔克项目年非生产时效排名第2位；科威特修井项目提前55天开工，获甲方提前开工奖励30万元。加强新工艺、新技术引进试验应用，水力振荡器、新型井底脉冲射流装置、新型取芯PDC钻头等一批新工具、新技术得到成功推广应用。加大科研攻关和成果转化应用，“钻井井下爆炸堵漏技术”被集团公司鉴定为整体达到国际领先水平。持续加大人才培养力度，全年累计举办各类培训班20班次，参培人数500人次。扎实开展员工基本功训练和全员岗位练兵活动，业务竞赛喜获丰收，在集团公司一类竞赛钻井液工技能竞赛中，取得2金、2银、2铜、团体第1名的好成绩；在集团公司二类竞赛钻井液专业技术比武中，取得了2金、1银、2铜、团体第3名的好成绩。以“我为安全做诊断”“我为安全把好关”活动为载体，着力消除不安全因素，全年共收到各类诊断建议1 905条，有效防范和遏制各类事故的发生。扎实开展污染防治工作，积极推行泥浆池规范挖掘、废弃泥浆和污水回收利用等措施，全年泥浆处理量 4 000 立方米，岩屑处理量 1.01 万吨。针对重组实际，完成权限指引修订、内控系统框架整合工作，修订完成权限指引控制点 57 个，修订和确认内控手册流程 43 个。加强合同管理，对采购、技术外协、租赁等 1 209份、金额 3.43 亿元的合同进行统计、分析，及时形成统计分析报告，为改善经营管理提供了有力支撑。

（杨天梁）

集团公司石油工程板块 2016 年业务竞赛
在华东石油工程公司开幕

【**党的建设激发新活力**】 2016 年，华东石油工程公司进一步统一思想、提高认识、落实责任，切实加强党的建设，着力把坚持党的领导、加强党的建设落到实处。扎实开展“两学一做”学习教育，坚持把学习研讨贯穿始终，从普通党员和党员领导干部 2 个层面制定学习清单，编发“两学一做”基础知识问答，对“五大发展理念”“落实党建责任”等进行专题学习研讨。坚持把“做实做特”贯穿学习教育始终，广泛开展“学”“抄”“讲”“唱”等活动，切实增强学习教育的生动性和实效性。积极探索实践“流动党员证”制度，坚持把支部建在“群”上，在石油工程公司组织的“两学一做”学习教育知识竞赛中获得二等奖。狠抓党风廉洁建设，聚焦监督执纪问责，扎实推进“两个责任”落实，制定《党风廉洁建设责任制实施细则》和党委、纪委“两个责任”清单。实践运用监督执纪“四种形态”，出台《领导人员落实党风廉洁建设“一岗双责”工作手册》，综合运用组织谈话、任职谈话、诫勉谈话、谈话函询等方式，加强对党员干部的日常管理监督。强化重点项目效能监察，开展油料使用与管理等 8 个效能监察项目，及时发现管理中存在的问题，分析研究整改措施，堵塞管理漏洞。认真学习贯彻集团公司党建工作会议精神，细化形成 4 个方面 53 条具体清单；完成所属 182 个基层党（总）支部换届工作，对 100 余名基层党支部书记进行培训；依托网站、官方微信等媒介，广泛宣传抓改革、拼市场、硬降本等方面的特色做法，激发广大干部员工昂扬向上的精神状态。

（杨天梁）

表 1　　华东石油工程公司主要经济指标　　亿元

指标名称＼年份	2016①	2015	2014	2013
营业收入	15.26	9.48	14.28	15.81
企业增加值	0.27	4.75	6.58	5.94
资产总额	32.14	13.79	15.61	17.09
利税总额	-9.38	0.48	2.30	1.95
利润总额	-9.88	-0.38	0.88	0.26
海外市场收入	4.32	1.92	2.22	2.11

①2016 年数据为区域重组后新华东石油工程公司主要经济指标

（吴仕峰）

表 2　　华东石油工程公司主要生产建设指标

指标名称＼年份	2016①	2015	2014	2013
钻井进尺/万米	46.49	29.11	33.59	31.51

续表

指标名称 \ 年份	2016①	2015	2014	2013
测井/万米	2 172.02	1 365.33	2 634.13	3 498.10
录井/万米	51.00	30.19	110.22	104.49

①2016 年数据为区域重组后新华东石油工程公司主要生产建设指标

华北石油工程公司

【概况】 中石化华北石油工程有限公司(简称华北石油工程公司)是由原华北石油工程公司和原河南石油工程公司于2016年3月经过区域整合重组成立，是石油工程公司的全资子公司。本部位于河南省郑州市中原区。

截至2016年底，华北石油工程公司下设10个职能处室、1个附属机构、7个外派机构和8个二级单位。拥有各类施工队伍380支，其中钻井队103支、测井队52支、录井队173支、固井队9支、压裂队8支、试油气队19支、修井队16支。队伍主要分布在河南油田分公司和华北油气分公司内部市场198支；国内外部市场134支，分布在吉林、内蒙古、河南、陕西、新疆等13个省(自治区、直辖市)；国外施工队伍共48支，分布在尼日利亚、沙特、科威特、印尼、哈萨克斯坦5个国家。具有集团公司甲级队伍资质85支、乙级队伍资质171支、达标队资质41支、临时资质35支，国际队伍资质48支；拥有集团公司金牌标杆队1支，金牌队19支，银牌队28支。拥有主要专业设备1 613台(套)，设备资产原值30.51亿元，净值13.36亿元，新度系数0.43，设备综合完好率99.44%，综合利用率86.04%。

截至2016年底，华北石油工程公司用工总量为5 980人(不含业务外包用工)，其中合同制员工5 548人，派遣制员工432人。其中，具有高级及以上专业技术资格的645人，聘任公司级专家19人；具有技师及以上技能资格的390人；国际化经营人才334人；集团公司突出贡献专家2人、集团公司3个层次学术技术带头人1人、闵恩泽青年科级人才6人、集团公司(省部级)技术能手23人。

华北石油工程公司主要技术经济指标和主要生产建设指标分别见表1和表2。

(程文涛)

【全面完成年度生产经营任务】 2016年，华北石油工程公司面对市场寒冬量价齐跌的生存挑战，面对人员多、包袱重、高端少等阻碍发展的结构性矛盾，彻底丢掉幻想，彻底转变观念，实现深化改革与生产经营两促进，服务保障与市场竞争两不误，创新能力与创效能力两增强，技术实力与运行效率两提升，党建工作与中心工作两融合，安全生产与员工队伍两稳定。全年完成钻进进尺84万米，测井3 376万米，录井进尺105.99万米，井下作业497井次，试油气132层；压裂202口748层/段，经营总收入34.89亿元，为年度指标的110.13%；实现利润-6.73亿元，较限亏指标减亏309万元，完成年度目标任务。

(程文涛)

【外拓市场实现逆势增长】 2016年，华北石油工程公司不断深化“市场是根”和“市场决定生存”理念，持续完善管理体系，提升市场开发管理水平，累计跟踪项目532个、新签项目237个、新签合同额12.97亿元。在国内公司集团公司外市场，首次进入中国地质调查局市场，施工的新焉参1井、鄂建页1井均创出优质工程；青海油田、克拉玛依等中国石油市场施工队伍从5支增加至14支，施工的狮1-3向1井，发现超高产工业油气流；在煤层气领域培育出多个市场，在FH-T2井应用煤层气绳索取芯技术，取芯收获率提升至89%；非油领域多点开花，承揽多口“1”字号地热井；凭借“深层三连通水平井钻井技术”优势，进一步扩大碱矿市场份额。全年集团公司外部市场收入占比达45.41%，同比提高10.68个百分点。在海外市场，以非洲市场为战略拓展区，以中东市场为战略提升区，以中亚市场为战略目标区，以其他国家市场为战略储备区，推进海外市场良性发展。中东地区培育出10亿元规模阵地，沙特、科威特市场收入分别增长14.53%、23.07%；印尼市场结束长达3年停待，TROPIK项目正式启动；哈萨克斯坦市场5口井钻井合同进入正常施工；启动尼日利亚Addax井筒大包一体化服务项目；在做精做强主营业务的同时，生活服务、管具维修、仪表检测、顶驱服务等多个专业积极跟进，产业链进一步延伸。全年海外收入占比达40.65%，同比提升11.03个百分点。

（程文涛）

【服务保障能力不断增强】　2016年，华北石油工程公司坚持全方位保障油气田勘探开发，在鄂北工区，通过自主研发的泡沫水泥浆体系，以良好的稳定性有效解决杭锦旗区块固井漏失难题；杭锦旗区块钻井恶性漏失治理工作取得重大突破，单井堵漏平均时间由19.5天缩短至6.06天，井下复杂故障率由上年的5.86%降低至2.77%，钻井效率明显提高；在井漏高发的锦58井区，钻井平均钻井周期67.35天，较上年缩短15.28%；JPH－318井创工区全项目水平井钻输测井以及水平段对接点最远施工纪录。博南6井、伊参2井、张2 107井、春99井等多口重点井顺利施工，为河南油田新领域勘探取得重要发现、复杂油藏精细勘探取得新进展做出突出贡献。在西北工区发挥深井、超深井施工技术优势，为顺北等外围区块探勘突破、塔河主体区块效益开发发挥重要作用。

（程文涛）

【技术指标和纪录屡创新高】　2016年，华北石油工程公司强化生产管理与技术服务支撑，新创世界纪录1项、国内行业纪录3项、工区纪录28项，刷新集团公司纪录3项。其中，顺北1－4 H井以完井井深8 049.09米，刷新超深小井眼（≤6英寸）水平井斜深世界最深纪录；承钻的安棚碱矿深层四连通水平井HBC21井钻至井深3 382米，与C靶目标井BC24井连通，成功实现HBC21、BC22、BC23和BC24共4口井的互连互通，刷新集团公司水平井连通井数最多（3口）纪录；在杭锦旗区块先后7次破纪录，保持有导眼水平井45.27天、无导眼水平井41.58天的钻井周期纪录；博南6井顺利完钻，解决了山前高陡构造推覆带钻井多个难题，平均机械钻速较设计提高66.53%，获甲方高度认可；"一趟钻"技术在张1 127井、排206－28井成功应用，分别以14.38天、3.25天创南阳和春光工区同类型井钻井周期最短纪录；SW33－51井以17.7天创东北工区苏家屯油田钻井周期最短纪录；顺南6井在完井测井施工中，创西北油田井底压力最高纪录（169兆帕）。

（程文涛）

【从严管理水平不断提高】　2016年，华北石油工程公司坚持眼睛向内强基础、挖潜力、堵漏洞、控风险，同比节约管理费用2 327万元，低成本生存能力不断提升。累计梳理各类管理制度231项，新修订规章制度167项，为提升管理水平打下坚实基础。完成2016版内控权限指引修订，明确了所有流程及控制节点的责任岗位和责任人；开展"两金"占用等专项审计9项、"废旧物资管理和处置"等效能监察5项。严格物资集中统筹管理，加大集中采购和调剂使用力度，认真开展清仓利库工作，有效管控停待队伍的库存物资，共调剂使用物资695万元，节约采购费用2 404万元。严控市场准入和业务外包，系统外分包工程合同金额占比降至0.88%。6项管理费用较上年下降487万元，降幅18.59%。

（程文涛）

【止亏减亏措施效果显著】　2016年，华北石油工程公司面对严峻的经营形势，打响止亏减亏扭亏攻坚战，新增亏损额与新增亏损项目均得到有效控制，实现减亏7 000万元。采取亏损项目领导包案机制、优化人力资源、优化队伍结构、优化资产结构等措施，全年内部人力资源调剂4 500余人次，对外劳务输出88人，压减用工9.7%，用工总量同比减少955人，通过内退、停岗留薪、自主创业等渠道，安置离岗人员168人；全年压减无工作量、施工业绩差、安全管理弱、连续经营亏损的基层队29支；梳理各类资产，采取分类管理，剥离处置闲置及低效、无效资产3 370万元；利用整合重组后2个资金池合二为一的优势，使短期借款比年初减少8.71亿元，节约利息支出900万元；优化调减、暂缓实施投资项目8个，减少投资1.92亿元；清理业务外包和外委协作项目，提高自有队伍动用率，减少外委协作费用约2 000万元；整合生产生活场所，退租房屋及场地24处，减少租赁费220万元；采取服务外包形式，利用社会资源办机关食堂，节省餐厅建设、厨房设施、场地租赁等开办费用600余万元。

（程文涛）

【区域整合重组高效完成】　2016年，华北石油工程公司平稳完成办公地选址、食宿地安排、网络建设、机关搬迁等工作，提前实现合署办公。同步推进各类管理体系建设以及工商变更等筹备工作，高效完成河南区域整合重组工作，确保生产不断、队伍不乱、资产不丢、市场开拓不停、安全稳定，实现优势叠加，开启了持续深化改革、优化调整、提质增效升级的新征程。

（程文涛）

【内部深化改革持续推进】 2016年，华北石油工程公司在完成区域整合重组后，立即启动测井、录井、井下作业的同质业务内部整合重组，将原华北井下作业公司和原河南井下作业公司整合成立井下作业分公司、原华北测井分公司和原河南测井分公司整合成立测井分公司、原华北录井分公司和原河南录井分公司整合成立录井分公司，减少处级单位3个，有序压减二级单位机关科室35个、附属机构7个、外派项目部20个，撤销三级管理机构5个。实现海外业务统一管理，压减管理机构3个。全年累计压减机构73个，压减各类人员511人，节约相关费用1 400万元。

（程文涛）

【党建优势转化发挥积极作用】 2016年，华北石油工程公司加大推进党建优势转化力度，为公司持续深化改革、止亏减亏扭亏、转型升级发展发挥积极作用。开展主题教育活动，组织集中学习宣讲48场、基层一线现场大讨论168场。坚持正面宣传引导，共发稿320余篇，通过网络、电视媒体发稿270篇。抓实“两学一做”学习教育，通过编发学习资料电子版“口袋文档”，开展微党课等特色活动，创新党员学习教育载体，将学习教育不断引向深入。突出以上率下的示范带动，两级班子成员带头，与各级党组织书记、优秀党员共讲专题党课600多人次。抓实“两个责任”，成立纪检监察处，在两级机关机构精简情况下，配齐配强两级纪委班子和人员，切实加强纪检监察力量，开展各类效能监察15项。高度重视员工思想动态，推行员工EAP帮助计划，维护员工身心健康。密切与地方政府沟通，帮助外地到郑州工作的员工解决子女入学等问题。坚持主要领导抓稳定，解决集团公司信访督办事项，为企业改革发展营造和谐稳定环境。

（程文涛）

表1 **华北石油工程公司主要技术经济指标** 亿元

指标名称＼年份	2016①	2015	2014	2013
工业总产值	34.89	29.63	35.37	45.93
工业增加值	7.73	11.21	11.88	12.99
资产总计	49.54	43.36	46.16	45.84
流动资产	22.99	28.16	29.23	26.91
固定资产原值	50.86	28.51	28.40	29.39
固定资产净值	23.39	14.12	15.35	17.14
营业收入	34.04	34.04	35.37	45.90
实现税费	1.22	4.23	4.84	4.05
税　金	1.10	2.03	3.47	3.21
综合能耗/吨标准煤·万元$^{-1}$	0.352	0.43	0.42	0.43

①从2016年开始，指标数据为原华北石油工程公司与原河南石油工程公司重组后合并数据

表2 **华北石油工程公司主要生产建设指标**

指标名称＼年份	2016①	2015	2014	2013
钻井/口				
开　钻	344	207	193	198
完　钻	353	199	183	219
钻井进尺/万米	84.00	63.49	67.54	76.29
测井、射孔/井次	1 468	1 164	1 616	1 708
测井/万标准米	3 376	4 249	4 551	6 367

续表

指标名称 \ 年份	2016①	2015	2014	2013
录井/口	341	232	355	436
录井进尺/万米	105.99	102.69	110.34	132.07
井下作业/井次	497	424	609	614
试油、试气/口	74	83	63	68
试油、试气/层	132	106	85	92
压裂/口	202	160	215	273
压裂/层(段)	748	944	1 018	—

①从 2016 年开始，指标数据为原华北石油工程公司与原河南石油工程公司重组后合并数据。

炼化工程公司

【概况】 中石化炼化工程(集团)股份有限公司(简称炼化工程公司)于 2012 年 8 月 28 日在北京注册成立，9 月 3 日举行揭牌仪式。2013 年 5 月 23 日在香港联合交易所挂牌上市，港交所股票简称：中石化炼化工程，股票代码为 2386。

作为中国石化炼化工程领域的唯一运营主体，炼化工程公司具备包括工程设计综合甲级资质、全国行业化工石油一级施工总承包等优良、全面的业务资质。具备同时执行 20 个以上大型 EPC 总承包项目、年完成设计投资额 1 000 亿元的生产能力和经营规模，并拥有一批具有自主知识产权的炼油全系列技术和乙烯裂解炉、聚乙烯、聚丙烯、丁二烯等化工成套核心技术，以及较为完善的施工技术和工法体系，可自行设计、建设单系列的千万吨级炼油厂和百万吨乙烯工程。炼化工程公司境内共有 9 家全资子公司以及 1 家研发中心，分别为：工程建设公司、洛阳工程公司、上海工程公司、宁波工程公司、南京工程公司、第四建设公司、第五建设公司、第十建设公司、重型起重运输工程公司、工程技术研发中心。

截至 2016 年底，炼化工程公司用工总量 23 772 名，其中包括 1 名中国科学院院士和 2 名中国工程院院士、7 名国家级设计大师、43 名享受政府特殊津贴专家、17 名集团公司高级专家和 3 000 余名各专业注册类工程师。

(刘红叶)

【生产经营任务全面完成】 2016 年，炼化工程公司面对复杂多变的国内外宏观经济形势以及极其严峻的炼油、化工工程市场环境，及早谋划，积极应对，强化公司治理，深化内部改革，狠抓精细管理，取得较好经营业绩。全年实现收入人民币 392.75 亿元，新签合同额人民币 275.64 亿元，截至年底，未完成合同量为人民币 881.73 亿元。

(刘红叶)

【全力保障集团公司重点工程项目顺利实施】 2016 年，炼化工程公司参建的集团公司重点工程项目均顺利推进。坚持安全生产常抓不懈，全面强化质量管理，全年完成 2.33 亿人工时，实现 1.49 亿安全人工时，4 家公司获集团公司安全生产先进单位，武汉乙烯、珠海 LNG 共 2 个项目获国家优质工程金质奖。

(刘红叶)

【全面强化安全质量管理】 2016 年，炼化工程公司认真落实集团公司质量安全工作部署和要求，健全管理体系，完善制度规定，落实主体责任，强化监督检查，推行标准化建设，吸取事故教训，切实提高质量安全工作成效。全年出台设计本质安全管理手册程序文件 15 项、HSE 制度 5 项、质量管理规定 6 项。对所有子公司、3 个境外机构及境内重点项目和 13 个境外项目开展安全检查、督导、审计，开展 6 次焊接质量专项检查。

(刘红叶)

【国际市场开拓卓有成效】 2016 年，炼化工程公司发挥一体化优势，加强境外市场开发的统一管理和项目执行的过程管控。抓住国家“一带一路”战略机遇，积极培育中亚、俄罗斯、南亚、东南亚、非洲及美洲等地区投融资项目。及时启动伊朗阿巴丹炼厂产品升级项目，初步完成合同签订和一期项目融资工作；中标沙特北部硫酸、Fadhili天然气等项目；签订马来西亚立体仓储项目；洛阳工程公司新签哈萨克斯坦齐姆肯特炼油厂前期咨询项目合同，为后续EPC项目实施奠定良好开端；中标科威特KNPC项目施工包。积极参与俄罗斯阿穆尔天然气处理及后续化工项目投标报价工作。先后赴厄瓜多尔、印度和尼日利亚等国家开展市场调研，一些项目正协助业主开展前期咨询工作，部分项目已启动资格预审及投标报价。

（刘红叶）

【“十条龙”攻关全面完成任务】 2016年，炼化工程公司承担的22个集团公司“十条龙”攻关项目全部完成阶段任务，“元坝天然气净化”“FHUDS系列生产国Ⅴ低成本柴油工业试验”“劣质油浆生产优质针状焦技术开发和应用”“化工装置废气综合治理”4个项目完成攻关任务并“出龙”。“高掺渣低排放重油催化裂化技术集成与开发”“第二代高效环保芳烃技术开发与工业应用”等6个项目加入“十条龙”攻关，增强了技术储备。

（刘红叶）

【标准化工作取得实质性进展】 2016年，炼化工程公司一体化的标准化工作取得重要进展。全年共组织编制和发布设计、施工、技术管理等各类技术标准964项，为中科等项目的一体化实施创造了条件。

（刘红叶）

【技术创新成果显著】 2016年，炼化工程公司完成专利申请453件，其中发明专利236件，占52.1%；获授权专利429件，其中发明专利219件、占51.0%。全年获省部级及以上各类科技进步奖励114项(次)，包括国家级、省部级科技进步特等奖各1项，其中“芳烃成套技术”获国家科技进步特等奖；省部级科技进步一等奖6项，国家优秀工程设计金奖1项，省部级优秀工程设计特等奖1项、一等奖5项，国家优质工程奖6项。

（刘红叶）

【专业化重组稳步推进】 2016年，重型起重运输业务管理办法及内部关联交易管理机制正式建立。10月25日，科威特炼油项目顺利完成首吊，在专业化、国际化发展道路上成功破冰。研发中心努力打造资源共享、服务工程的工程技术研发平台，与相关单位主动对接，协同研发资源共享的格局正在形成。全年共获中国石化科研项目14项，批复科研项目13项，签订技术服务合同11项，完成技术鉴定及评议项目8项，申报发明专利46件；共享服务平台陆续成立。依托第四建设公司培训资源，组建公司教育培训中心，全年完成专业培训班37个，培训人次5 561人次。

（刘红叶）

【ERP建设取得突破】 2016年，炼化工程公司按照集团公司“抓好落实，率先上线”的要求，各级领导高度重视、PMO精心组织、关键用户积极参与、实施顾问辛勤工作，试点单位11月8日正式上线，各类上线项目近2 000个，共投入近2万人·天，培训最终用户近200人，培养关键用户运维支持队伍近50人。

（刘红叶）

【精细管理、降本增效成效突出】 2016年，炼化工程公司统一部署，精心组织、全面开展降本增效专项活动。全年生产运行费用同比下降26.7%，管理运行费用下降5%。

（刘红叶）

【风险防控扎实开展】 2016年，炼化工程公司完成以风险为导向的一体化内控手册修订，实现风险内控制度管理职能统一。对投标报价、合同谈判与签署、境外公共安全、分包管理等12项重大风险，制定风险管理策略、预警指标和应对措施。

（刘红叶）

【党建工作扎实推进】 2016年，炼化工程公司党委加强自身建设，将从严治党与从严治企紧密结合，认真落实党建工作责任，从严从实开展党建工作。认真开展“两学一做”学习教育，打造“四讲四有”党员队伍成效显著。修订完善“三重一大”决策制度实施办法、党建工作责任制、基层党支部分类定级、“一岗双责”实施细则、反腐倡廉机制等，初步建立垂直指导和相互沟通机制。成功组织召开中共炼化工程公司第1次代表大会，党建系统化管理进一步深化。认真落实党委“主体责任”纪委“监督责任”，积极探索领导干部履行“一岗双责”的有效途径和方法，进一步明晰领导人员“一岗双责”履职清单。党委、纪委与各部门负责人签订《党风廉政建设责任书》，抓好廉政建设责任落实。严肃开展“四风”问题整治“回头看”，进一步加大监督执纪问责力度，积极推进“四种形态”运用，党风建设和反腐败工作取得新成效。

（刘红叶）

工程建设公司

【概况】 中国石化工程建设有限公司(简称工程建设公司)成立于1953年，是中国首家石油炼制与石油化工工程设计单位。截至2016年底，拥有职工2 100余人，其中中国工程院院士2名、全国工程勘察设计大师5名、行业设计大师10名、教授级职称的100余名、高级职称的1 300余名。

2016年，工程建设公司实现营业收入111.65亿元，实现利税16.43亿元，共完成设计项目304项，中交开车项目27项。获国家和省部级科技奖励53项，其中省部级发明和科技进步一等奖5项，全国优质工程金质奖2项、优质奖4项，全国优秀工程设计一等奖2项，集团公司优秀工程设计一等奖2项、优质工程奖5项。全年获专利授权72件，国外授权7件，截至年底，拥有有效专利近600件、专有技术200余项。在国际权威的《工程新闻记录》(ENR)和《建筑时报》联合推出的“中国工程设计企业60强”排名中，获第1名，并连续3年蝉联榜首。

工程建设公司主要生产经营指标、开车及中交项目、项目获奖情况分别见表1、表2和表3。

(邵　壮　门宽亮)

【中天合创项目全面建成投产】 2016年10—11月，由工程建设公司总承包的中天合创鄂尔多斯煤炭深加工示范项目2套180万吨/年S-MTO装置、20万吨/年烯烃催化裂解(OCC)装置、1万吨/年MTBE及3万吨/年1-丁烯装置、35万吨/年聚丙烯(一线)装置、30万吨/年线型低密度聚乙烯装置及公用工程配套设施等全面建成投产。该装置一次开车成功，标志着中国石化自主研发的甲醇制烯烃(S-MTO)成套技术的先进性和可靠性得到工业检验，正式步入产业化阶段。

(门宽亮)

中天合创生产装置

【斯尔邦MTO装置开车成功】 2016年12月27日，采用工程建设公司烯烃分离技术、由工程建设公司完成全部工程设计的世界上单套能力最大的甲醇制烯烃装置(MTO)——江苏斯尔邦醇基多联产项目240万吨/年MTO装置一次开车成功，创造了MTO装置的最快开车纪录。

(门宽亮)

【中国海油中捷项目一次开车成功】 2016年6月16日，由工程建设公司设计的中国海油中捷石化安全环保和清洁燃料升级项目总计39个单元全部一次开车成功，产品全部合格。该项目的成功投产使中捷石化的油品质量迈入国Ⅴ新时代，能够为京津冀及环渤海地区提供优质清洁的燃油。

(门宽亮)

【对外许可的第2套柴油液相加氢装置开车成功】 2016年1月2日，中国海油海南东方柴油加氢装置成功生产出满足国Ⅴ标准的超低硫柴油产品，一次开车成功。这是工程建设公司柴油液相加氢技术对系统外许可建成的第2套装置，为优势技术品种再添佳绩。

(门宽亮)

【S-Zorb技术助力国家汽油质量升级】 2016年，工程建设公司为齐鲁石化、武汉石化、荆门石化、九江石化和长岭炼化设计建设的5套S-Zorb装置全面建成投产。由工程建设公司进行开发与推广应用的新一代S-Zorb技术，在加工能耗、脱硫率、辛烷值损失、氢耗、投资成本等各项技术指标上均处国际领先水平。该技术已成为中国汽油质量升级的主要技术手段，具有显著的经济和社会效益。

(门宽亮)

【开拓工程咨询业务市场】 2016年，工程建设公司面对依然严峻的市场形势，积极转变思想观念，着力强化工程咨询服务和工程设计本质安全，在服务炼化企业提质增效的同时，大力开拓新市场。继续打造工程咨询特色优势业务，2015—2016年，为中国石化系统31家企业提供咨询服务，承接各类工程咨询项目338项。持续强化工程设计本质安全，建立并不断完善安全分析工作标准体系，同时还建立覆盖所有工艺技术品种的HAZOP分析组。

(门宽亮)

【境内市场开拓逆势而上】 2016年，工程建设公司立足自身优势，开拓国内市场，积极为炼化企业推进供给侧结构性改革提供优质的工程服务。全年签署各类境内合同295个，同比增长53.6%，合同额58.4亿元。新签荆门催化、安庆加氢（RLG）、天津烷基化、福建美德丙烷脱氢等总承包合同，新签中科、恒力等大型乙烯项目，惠州、烟台万华等环氧丙烷/苯乙烯（PO/SM）项目等设计合同。

（邵　壮）

【境外市场开拓持续突破】 2016年，工程建设公司主动融入“一带一路”战略，加快炼化工程走出去步伐，努力打造国家新名片。全年新签境外合同额6.44亿美元，同比增长230%，初步形成中东市场巩固成熟、东南亚市场全面开花、北美市场稳扎稳打的境外市场格局，产生由点带面的辐射效应。伊朗阿巴丹项目获融资批准，将分2期执行。

（邵　壮）

【百万吨级乙烯改扩建成套技术通过鉴定】 2016年7月8日，由工程建设公司主导开发完成的“百万吨级乙烯改扩建成套技术”通过中国石化组织的技术鉴定。该项目的完成，表明中国石化乙烯技术已经具备成熟、先进、可靠等特点，充分证明中国石化特大型乙烯装置的工艺技术、工程设计、施工安装、操作运行经验和能力已达国内领先、国际先进水平。

（门宽亮）

【“十三五”规划发布实施】 2016年，工程建设公司在广泛征求全体干部员工意见和建议的基础上，积极与国际一流工程公司对标，深入调研、集思广益、共谋发展，编制并发布《“十三五”发展规划纲要》，明确了公司发展目标、发展战略和重点任务，为建设世界一流工程公司规划了路线图。

（门宽亮）

【组织机构优化重组】 2016年，工程建设公司以统筹优化资源配置、充分发挥资源效益、全面接轨国际先进为目标，结合生产经营实际和市场需求，及时对部分组织机构进行调整，合并成立工艺室、配管室、设备室和土建室，新组建工程技术研发部和开车管理部，涉及员工1 200余人，迈出了供给侧结构性改革的关键一步。

（门宽亮）

【完善人才成长通道建设】 2016年，工程建设公司作为试点单位完成完善人才成长通道建设的先行先试工作，形成纵向畅通、横向贯通、以岗位为基础、以专业技术水平和业绩贡献为依据、体现专业技术人才队伍特点的职位管理和考核评价体系，优化完善了专业技术序列通道。

（门宽亮）

【“两学一做”学习教育扎实开展】 2016年，工程建设公司党委按照中央和集团公司关于“两学一做”的有关要求，认真组织各级党员领导干部带头讲党课。党委中心组、各党支部分别深入开展以科技创新、提质增效、管理提升为主题的研讨。开展“我是党员我带头、向我看齐比贡献”、学党章网上答题、听音频学党章等主题创建和学习活动，提升干部员工行动自觉。公司党委委员深入基层开展21次调研督导，对支部存在问题提出整改要求，对基层党员提出的意见及时反馈。

（门宽亮）

【纪念中国共产党建党95周年】 2016年7月1日，为纪念中国共产党建党95周年，工程建设公司隆重举行“七一”表彰大会和以“永远跟党走”为主题的文艺汇演。公司总经理、党委书记孙丽丽带领全体党员重温入党誓词，并就认真抓好“两学一做”学习教育、如何做合格党员、全面推动生产经营工作提出要求和希望。对一批先进党组织和优秀个人进行表彰。

（门宽亮）

纪念建党95周年文艺演出

表 1 工程建设公司主要生产经营指标 亿元

指标名称 \ 年份	2016	2015	2014	2013	2012	2011
资产总值	138.04	101.51	90.93	69.16	79.00	158.00
设计投资额	291.94	324.82	360.80	381.58	377.43	306.39
主营业务收入	111.65	94.76	119.95	101.17	93.49	83.85
利　税	16.43	16.93	18.14	19.02	20.51	20.62
承接合同数量/项	294	181	155	166	154	78
授权专利数量/件	63	154	87	52	72	35

表 2 工程建设公司 2016 年开车及中交项目

序号	项目名称	开车/中交日期	备注
1	广州石化 B－1110 B 裂解炉改造项目	1 月 17 日	
2	茂名分公司 150 万吨/年 S－Zorb 催化汽油吸附脱硫装置(第 2 套)	2 月	
3	山东 LNG 项目一期工程储罐区(4#)	3 月 19 日	
4	福建中景石化有限公司 35 万吨/年聚丙烯装置	4 月 5 日	
5	中天合创鄂尔多斯煤炭深加工示范项目 35 万吨/年聚丙烯(ST)装置	10 月 22 日	
6	中韩石化 80 万吨/年乙烯装置大检修	6 月 2 日	
7	中国海油中捷石化有限公司安全环保与清洁燃料升级项目 60 万吨/年芳构化装置	6 月 9 日	
8	中国海油宁波大榭石化催化裂解联合装置	6 月 9 日	
9	中天合创鄂尔多斯煤炭深加工示范项目 30 万吨/年线性低密度聚乙烯装置	10 月 26 日	
10	中沙石化 3.5 万吨/年苯乙烯抽提装置	8 月 1 日	
11	中国海油中捷石化有限公司安全环保与清洁燃料升级项目	6 月 16 日	
12	中天合创鄂尔多斯煤炭深加工示范项目 2 套 180 万吨/年 S－MTO 装置(2 线)	10 月 17 日	
13	中天合创鄂尔多斯煤炭深加工示范项目 20 万吨/年烯烃催化裂解(OCC)装置	11 月 2 日	
14	中天合创鄂尔多斯煤炭深加工示范项目 1/3 万吨/年 MTBE/1－丁烯装置	11 月 8 日	
15	中天合创鄂尔多斯煤炭深加工示范项目公用工程配套设施	10 月	
16	镇海炼化乙烯装置消缺及节能完善项目新增一台 15 万吨/年双炉膛备用裂解炉	6 月 21 日	

续表

序号	项目名称	开车/中交日期	备注
17	燕山石化大检修项目(乙烯装置 GB－501/601 复水器改造；制苯装置二段加氢单元节能改造、反应器扩能改造；重整碳六馏分脱烯烃流程优化、苯乙烯装置乙苯脱氢单元流程优化、GB－551 丙烯机消除隐患改造、乙烯装置 DA－102 塔内件改造、新增地面火炬系统甩头、间苯二甲酸装置溶剂脱水塔共沸精馏节能改造)	7月	
18	武汉分公司 150 万吨/年 S－Zorb 催化汽油吸附脱硫装置	8月2日	
19	荆门石化新建 150 万吨/年 S－Zorb 催化汽油吸附脱硫装置	9月7日	
20	齐鲁石化烯烃厂乙烯装置 BA－104 裂解炉改造	9月8日	
21	九江石化新建 120 万吨/年 S－Zorb 催化汽油吸附脱硫装置	9月12日	
22	天津分公司 3[#]常减压装置安全隐患治理改造项目	9月30日	
23	齐鲁石化 340 万吨/年柴油加氢装置国Ⅴ质量升级改造项目	9月	
24	长岭分公司新建 120 万吨/年 S－Zorb 催化汽油吸附脱硫装置	10月20日	
25	金陵亨斯迈有限责任公司 24 万吨/年环氧丙烷装置及配套	11月18日	中交
26	中海油气(泰州)石化一体化项目	12月23日	
27	江苏斯尔邦醇基多联产项目 240 万吨/年 MTO 装置	12月27日	

表 3　　工程建设公司 2016 年项目获奖情况

序号	项目名称	获奖名称	获奖等级
1	武汉石化 80 万吨/年乙烯及配套工程	中国施工企业管理协会优质工程奖	国家金奖
2	武汉石化 80 万吨/年乙烯工程	中国施工企业管理协会优秀工程设计奖	一等奖
3	中国石油天然气股份有限公司乌鲁木齐石化分公司 100 万吨/年对二甲苯芳烃联合装置及配套工程	中国施工企业管理协会优质工程奖	优质奖
4	武汉石化油品质量升级改造二期工程	中国施工企业管理协会优质工程奖	优质奖
5	中化泉州 1 200 万吨/年炼油项目	中国施工企业管理协会优质工程奖	优质奖
6	16 万吨/年乙腈法丁二烯抽提技术	集团公司科技进步奖	一等奖
7	气液法流化床聚乙烯工艺成套技术开发	集团公司科技进步奖	一等奖
8	百万吨乙烯装置用裂解气压缩机组研制	集团公司科技进步奖	一等奖
9	中国石油天然气股份有限公司乌鲁木齐石化分公司 100 万吨/年对二甲苯芳烃联合装置及配套工程	集团公司优秀工程设计奖	一等奖
10	新型高效厌氧反应器及生物膨胀床技术开发	集团公司技术发明奖	二等奖
11	加氢裂化装置新型高压空冷器成套工程技术开发	中国石油和化学工业联合会科技进步奖	二等奖

续表

序号	项目名称	获奖名称	获奖等级
12	重油直接制轻烯烃和芳烃的关键 技术及其工业应用	中国石油和化学工业联合会科技进步奖	二等奖
13	百万吨级乙烯改扩建成套技术	集团公司科技进步奖	二等奖
14	2 万立方米乙烯低温储存成套技术	集团公司科技进步奖	二等奖
15	国产 2.25 Cr－1 Mo 大厚度板焊加氢反应器成套技术开发	集团公司科技进步奖	二等奖
16	集成化设计与数字化工厂建设	集团公司科技进步奖	三等奖
17	耐蚀系列换热管工程技术开发	集团公司科技进步奖	三等奖
18	中化泉州石化公司 1 200 万吨/年炼油项目 1 200 万吨/年常减压蒸馏装置	中国石油和化工勘察设计协会优秀工程设计奖	二等奖
19	中化泉州石化公司 1 200 万吨/年炼油项目 340 万吨/年重油催化裂化装置(含烟气脱硫)	中国石油和化工勘察设计协会优秀工程设计奖	三等奖
21	中化泉州石化公司 1 200 万吨/年炼油项目 200 万吨/年连续重整装置	中国石油和化工勘察设计协会优秀工程设计奖	三等奖
22	石家庄炼化分公司油品质量升级及原油劣质化改造项目	集团公司优质工程奖	
23	元坝气田 17 亿立方米/年滚动建产工程净化厂工程	集团公司优质工程奖	
24	茂名分公司 2#150 万吨/年 S－Zorb 催化汽油吸附脱硫装置工程	集团公司优质工程奖	
25	齐鲁分公司第一催化裂化安全隐患治理及节能技术改造项目 260 万吨/年催化裂化、50 万吨/年气体分离、51 万吨/年双脱装置	集团公司优质工程奖	
26	扬子石化三轮改造污水处理及废水回用配套工程	集团公司优质工程奖	
27	天然气净化技术开发创新团队	中国石化优秀创新团队	
28	“十二五”全国石油和化工行业节能优秀服务单位		
29	中国石化知识产权先进单位	集团公司	

洛阳工程公司

【概况】 中石化洛阳工程有限公司(简称洛阳工程公司)是炼化工程公司全资子公司。前身是石油工业部抚顺设计院，成立于 1956 年 10 月，2012 年完成公司制改制，与中石化广州工程有限公司实行一体化管理。经过 60 多年的发展，已成为国内能源化工领域集技术专利商与工程承包商为一体的高新技术企业，是国家级企业技术中心。拥有国家工程设计综合甲级资质，拥有工程总承包、工程设计、工程监理、工程咨询和环境影响评价等甲级资格证书。

截至 2016 年底，洛阳工程公司有在册职工 1 824 人，其中中国科学院院士 1 名、国家设计大师 4 名、石油化工行业设计大师 8 名，享受政府特殊津贴专家 23 人，教授级专业技术人员 63 人、高级专业技术人员 939 人、各类注册工程师 450 余人。

洛阳工程公司在石油炼制、石油化工、油气储运、煤化工、煤制油、新能源、液化天然气(LNG)等多个领域形成独具特色的工程技术优势和工程承包能力。先后承担并完成渣油加氢处理、低压组合床重整、灵活高效催化裂化(FDFCC)、甲醇制低碳烯烃(DMTO)等一批国家和集团公司的科技攻关课题。截至 2016 年底，累计获国家级科技进步奖和发明奖 50 项，省部级科技进步奖和技术发明奖 315 项；获国家级优秀设计奖 24 项，省部级优秀设计奖 115

项；获国家和省部级优质工程奖48项，获全国优秀总承包金、银钥匙奖9项，拥有国内外有效授权专利824件。

洛阳工程公司主要生产经营指标和2016年及中交及投产工程项目分别见表1和表2。

（郭 晓）

【领导班子换届调整】 2016年5月18日，洛阳工程公司召开干部大会，宣布集团公司党组关于洛阳工程公司领导班子调整的决定：黄新、韩卫国任洛阳工程公司党委委员、副总经理；姚舜任洛阳工程公司党委副书记兼纪委书记、公司监事，为公司工会主席人选；郑曙阳任洛阳工程公司总会计师。8月16日，洛阳工程公司第10届工会委员会召开第1次全体会议，选举姚舜为工会主席。调整后的洛阳工程公司领导班子成员由周成平、王国良、朱华兴、黄新、韩卫国、姚舜、郑曙阳组成。

（郭 晓）

【强科技成果显著】 2016年，洛阳工程公司进一步拓宽外部合作渠道，强化科研创新，努力拓展新技术领域，重点技术开发项目进展顺利，科技创新能力不断增强。全年完成科研开发项目20项，通过省部级以上立项课题22项，通过省部级以上技术鉴定（评议、验收）16项；完成专利申请99件，获国家授权专利153件；完成国家标准阶段稿14项；获省部级以上科技奖励11项。牵头或参与申报的"安全环保型延迟焦化密闭除焦、输送及存储成套技术""大型原油罐区安全及VOC减排技术开发与应用"2个项目被批准列入集团公司"十条龙"科技攻关项目，在研的"十条龙"科技攻关项目增至9项。

（郭 晓）

【战寒冬拓市显效】 2016年，面对严峻的市场形势，洛阳工程公司上下同心聚力、迎难而上，坚持"领导挂帅、全员经营"，积极拓展市场，全年争取到中科炼化一体化总体及炼油部分的基础设计、浙江石化炼化一体化炼油及芳烃部分、中金石化炼化一体化二期工程、盛虹石化炼化一体化炼油及芳烃部分、宁夏宝丰二期DMTO项目、延长榆林二期DMTO装置等共计300余项可研、工程设计、工程总承包项目。全年签订境内工程设计、EPC合同额50亿元，是炼化工程公司下达指标40亿元的125%；全年新签境外合同4个，合同额1 630万美元。

（郭 晓）

【安全生产形势稳定】 2016年，洛阳工程公司认真贯彻落实集团公司和炼化工程公司工作会议精神，严格落实质量安全责任，广泛开展全员QHSE教育培训，通过质量案例库建设、"低老坏"问题剖析、"识别大风险，避免大事故"等多种活动，严格管理，动态考核，确保公司QHSE体系有效运行。全年没有发生质量、安全、环保上报事故，没有职业病例发生，顺利通过QHSE体系复审，连续3年获集团公司安全生产先进单位称号；设计的九江石化油品质量升级改造工程、EPC总承包建设的北海炼油产品质量升级改造项目被评为集团公司优质工程。

（郭 晓）

【北海炼化产品质量升级改造项目一次开车成功】 2016年1月22日，由洛阳工程公司承担EPC总承包的北海炼化产品质量升级改造项目比计划提前2天实现全厂一次开车成功。北海炼化在实现汽柴油产品质量达到国Ⅴ标准的前提下，生产规模从500万吨/年通过去除瓶颈扩大到650万吨/年。

（郭 晓）

【广西液化天然气（LNG）项目接收站工程顺利投产】 2016年4月19日，由洛阳工程公司承担总承包的广西液化天然气（LNG）项目首船商业气到港，并举办项目投产仪式，标志着广西LNG项目一期建设工作完成，正式进入商业运行。

（郭 晓）

【中国石化首个合同环境项目建成】 2016年5月20日，由洛阳工程公司负责投资建设的九江石化5 700吨/年污泥干化处理装置顺利实现工程中间交接，标志着中国石化首个合同环境管理项目基本建成，正式转入生产准备阶段。该项目的建成，不仅带动九江石化污泥的资源化、减量化、无害化处理水平跨上一个新台阶，而且也为同类环保项目推行新型合同环境管理模式积累了成功经验。

（郭 晓）

【国内自主研发的首套润滑油加氢异构装置一次投产成功】 2016年6月7日，由洛阳工程公司负责设计的茂名石化40万吨/年润滑油加氢异构装置顺利产出目标产品之一的Ⅲ类6#基础油，6月9日成功产出Ⅲ+类6#基础油，标志着中国结束了润滑油Ⅲ类基础油生产技术完全依赖进口的历史，实现了高端润滑油基础油生产技术的国产化。

（郭 晓）

【国内首套透平式低温热水发电工业装置在九江石化并网发电】 2016 年 7 月 25 日，九江石化 1 600 千瓦低温热水发电装置开车成功，实现并网发电，表明工业级炼厂低温热水有机工质发电技术取得阶段性突破。九江石化低温热水有机工质发电技术由洛阳工程公司与九江石化等共同开发，全部采用国产化技术，是国内首套采用透平式膨胀机组的低温余热发电工业装置。

（郭　晓）

【“十三五”规划正式发布】 2016 年 8 月，洛阳工程公司发布实施“十三五”发展规划和科技、人力资源、信息化、党建 4 个专项发展规划，再次明确建设世界一流工程公司发展目标，明确“十三五”人才通道建设，激发人才创新创效活力。

（郭　晓）

【第 12 次党代会顺利召开】 2016 年 11 月 16 日，中共洛阳工程公司第 12 次代表大会胜利召开。大会总结了洛阳工程公司 11 次党代会以来的工作，对今后 5 年重点工作进行部署，并选举产生洛阳工程公司第 12 届党的委员会委员（以姓氏笔画为序）：王国良、朱华兴、周成平、姚舜、黄新、韩卫国，纪律检查委员会委员（以姓氏笔画为序）：白志明、成章平、朱建勋、齐国泉、李德志、姚舜、郭彦民。会后，召开第 12 届党的委员会第 1 次全体会议，选举王国良为党委书记，周成平、姚舜为党委副书记；召开纪律检查委员会第 1 次全体会议，选举姚舜为纪律检查委员会书记、朱建勋为副书记。

（郭　晓）

【中科合资广东炼化一体化项目全面开工建设】 2016 年 12 月 20 日，由洛阳工程公司担任总体设计院的中科合资广东炼化一体化项目开工动员大会在广东湛江举行，标志着备受瞩目的中国石化最大在建项目——中科合资广东炼化一体化项目全面开工建设。

（郭　晓）

【富德（常州）甲醇深加工及综合利用项目全面建成投产】 2016 年 12 月 31 日，由洛阳工程公司以 EPC 总承包模式建设的富德（常州）甲醇深加工及综合利用项目全面投产成功。该项目由 100 万吨/年甲醇制烯烃（DMTO）装置、30 万吨/年聚丙烯（PP）装置、9 万吨/年碳四加工丙烯（OCU）装置及系统配套单元组成，采用洛阳工程公司自主开发的甲醇制烯烃（DMTO）、烯烃分离技术建设而成，是洛阳工程公司核心业务由炼油向大化工拓展的重要工程。

（郭　晓）

富德（常州）甲醇深加工及综合利用项目全面建成投产

【开展庆祝公司成立 60 周年“回顾与展望”系列活动】 2016 年是洛阳工程公司成立 60 周年。为传承优秀文化，凝聚企业精神，洛阳工程公司开展庆祝成立 60 周年“回顾与展望”系列活动。①举办陈俊武院士事迹报告会和“学习陈院士，青春勇担当”主题演讲比赛，让青年员工学习、传承公司优良传统和卓越精神，用实际行动向公司 60 岁生日奉献贺礼；②制作图文并茂满载辉煌历史的《60 年大事记》和开放式展厅，让广大职工重温公司 60 年艰苦创业史和辉煌发展史，提升成就感和自豪感；③10 月 16 日召开“新起点 新征程 新跨越”庆祝成立 60 周年座谈会和职工文艺汇演，共同回顾 60 年风雨历程，展望美好明天。院庆期间，洛阳工程公司积极开展对外宣传，制作纪录片《我们的洛派克，我们的 60 年》《中国石化报》《中国石油报》《中国化工报》在 10 月陆续推出纪念洛阳工程公司成立 60 周年专题报道，进一步提升了知名度，展现了优秀企业文化，增强了队伍凝聚力。

（郭　晓）

召开“新起点 新征程 新跨越”庆祝成立 60 周年座谈会

【党群工作不断加强】 2016 年，洛阳工程公司积极推动党建工作责任制落实，不断强化、细化基层党支部建设和党员管理，加强痕迹化管理，开展戴党徽、亮身份活动；坚持民主生活会、组织生活会，深入开展党员民主评议，党建工作顺利通过集团公司考核；举办中层干部培训、党支部书记培训，推进干部选拔任用工作制度化、科学化，加强年轻干部的培养、选拔，加大干部交流，全年调整充实干部 80 人次，干部队伍进一步年轻化，结构进一步优化；严格落实党风廉洁建设的党委主体责任和纪委监督责任，认真组织开展党风廉洁教育活动，进一步提高广大党员干部遵规守纪的自觉性；加强群团工作，深入开展劳动竞赛和“走基层、访万家”活动，选树青年先进典型，助力青年成长成才；创新离退休管理与服务，为公司改革发展稳定增添正能量。

（郭　晓）

表 1　　洛阳工程公司主要生产经营指标　　亿元

指标名称 \ 年份	2016	2015	2014	2013	2012	2011
资产总值	94.44	105.54	86.31	79.99	67.10	78.93
建设投资	315.88	350.10	398.80	380.68	361.86	322.89
主营业务收入	65.22	95.24	110.63	84.17	69.29	65.75
实现利税	3.30	15.99	17.18	19.34	15.08	15.23
实现税金	2.22	3.46	1.83	4.02	4.03	4.18
授权专利数量/件	153	85	137	96	84	68

表 2　　洛阳工程公司 2016 年主要中交及投产工程项目

序号	项目名称	中交、投产日期
一	EPC 项目	
1	北海炼化产品质量升级项目 500 万吨/年原料预处理、270 万吨/年柴油加氢等 9 套新建/改造装置	1 月中交 1 月投产
2	广西液化天然气(LNG)项目接收站工程总图运输、储运设施等 33 个单元	3 月中交 4 月投产
3	内蒙古中煤蒙大新能源化工有限公司 60 万吨/年 DMTO 装置	4 月投产
4	九江石化增设污泥干化处理设施工程	5 月中交 6 月投产
5	中国石油云南 1 300 万吨/年炼油项目 210 万吨/年蜡油加氢裂化装置	8 月中交
6	广西液化天然气(LNG)项目接收站装车撬扩建工程	9 月中交
7	神华宁煤煤炭间接液化项目 400 万吨/年加氢精制、270 万吨/年加氢裂化、尾气处理装置	10 月中交 12 月投产
8	山东液化天然气 LNG 项目接收站装车撬扩建工程	11 月中交 11 月投产
9	山东液化天然气 LNG 项目接收站新增 BOG 压缩机工程	12 月中交
10	富德(常州)能源化工发展有限公司 DMTO 项目 30 万吨/年聚丙烯(PP)装置	7 月中交 12 月投产
11	富德(常州)能源化工发展有限公司 DMTO 项目 9 万吨/年碳四加工丙烯(OCU)装置	7 月中交

续表

序号	项目名称	中交、投产日期
12	富德(常州)能源化工发展有限公司 DMTO 项目 100 万吨/年甲醇制烯烃(DMTO)装置	12 月投产
二	设计项目	
1	胜利油田国Ⅴ质量升级改造项目 50 万吨/年催化汽油加氢装置改造、100 万吨/年液相柴油加氢装置改造	6 月投产
2	茂名石化 40 万吨/年润滑油加氢异构装置	6 月投产
3	镇海炼化炼油老区结构调整提质升级项目 300 万吨/年催化裂化装置改造	6 月投产
4	中国海油宁波大榭石化有限公司馏分油综合利用项目 210 万吨/年原料加氢处理、240 万吨/年重油裂解装置原料预处理等 13 套新建/改造装置	6 月投产
5	中国海油能源发展珠海精细化工项目 60 万吨/年凝析油、22 万吨/年芳烃抽提装置	8 月投产
6	大庆中蓝石化有限公司 35 万吨/年柴油加氢改造和 220 万吨/年常压装置流程优化改造项目	10 月投产
7	大庆中蓝石化有限公司新建 15 万吨/年石脑油改质项目	11 月投产
8	中国石油独山子石化分公司汽油产品质量升级改造项目 60 万吨/年加氢裂化装置改造为 100 万吨/年催化原料预处理装置	10 月中交 11 月投产
9	中国石油锦西石化分公司车用汽油国Ⅴ标准质量升级工程 24 万吨/年烷基化、2.4 万吨/年废酸处理装置	12 月投产

上海工程公司

【概况】 中石化上海工程有限公司(简称上海工程公司)是炼化工程公司全资子公司，坐落于上海市浦东新区张杨路 769 号，位于中国(上海)自由贸易试验区内。上海工程公司前身是上海医药工业设计院，成立于 1953 年，是国内最早从事石油化工、医药、化工工程设计和工程总承包的大型综合性工程公司之一。曾先后归属轻工业部、化工部、国家医药管理总局领导，2000 年 12 月整体划归集团公司。2002 年 6 月，按照集团公司结构调整、专业化重组的部署，以上海医药工业设计院为核心，联合中石化上海金山工程公司和上海高桥石化设计院进行重组，并于 2003 年 4 月更名为中国石化集团上海工程有限公司。2012 年，按照集团公司炼化工程板块重组上市部署，更名为中石化上海工程有限公司。

截至 2016 年底，上海工程公司有在册员工 1 234 人，从事工程设计和服务的工程技术人员占 86%；拥有国家级设计大师 3 名、石油和化工行业工程勘察设计大师 9 名，高、中级职称人员 800 余人，各类执业资格人员 200 余人。

2016 年，上海工程公司贯彻实施公司“十三五”发展规划，坚持多领域差异化经营策略，突出创新驱动，推动转型发展，强化精细管理，加强海内外市场开发，推进技术进步和新技术应用，完成集团公司和炼化工程公司下达的考核指标。连续第 6 次被评为上海市劳动关系和谐职工满意企事业单位，被认定为 2016 年度石油和化工勘察设计行业技术创新示范企业、中国石油和化工勘察设计协会高新技术企业，继续保持中国石油和化工勘察设计行业信用评价 AAA 级(最高等级)，再次被评为上海市守合同重信用企业并保持合同信用 AAA 级(最高等级)。公司董事长、总经理吴德荣连续第 3 次被评为中国石油和化工勘察设计行业优秀企业家。

上海工程公司主要生产经营指标和 2016 年完成的主要项目分别见表 1 和表 2。

(魏永忠)

【全年完成各类项目 250 项】 2016 年，上海工程公司总计完成各类项目 250 项。中天合创 35 万吨/年气相聚丙烯装置，中煤蒙大烯烃分离装置、聚丙烯装置、汽车装卸栈桥，中煤榆林烯烃异构化增产 1 – 丁烯装置，广州石化 20 万吨/年高性能聚丙烯装置，安庆曙光 25 万吨/年丁辛醇项目，中国海油宁波大榭岛 28 万吨/年苯乙烯装置开车一次成功，产出合格产品；海南原油商业储备基地工程通过竣工验收；帝斯曼维生素竹子项目竣工；九江石化8万吨/年乙苯—苯乙烯项目顺利中交；中天合创25万吨/年管式和12万吨/年釜式LDPE装置、茂名南海20万吨/年环氧乙烷装置、湛江国家石油储备地下水封洞库工程、马石油自动化立体仓库项目正按计划推进。工程项目质量、安全生产总体受控。

（魏永忠）

【中标马来西亚国家石油公司自动化立体仓库项目】 2016年，上海工程公司以中东、东南亚、北非、中亚及俄罗斯等区域为重点方向，强化海外市场开拓，并于8月独立中标马来西亚国家石油公司自动化立体仓库EPCC总承包项目。该项目是上海工程公司首次涉足马来西亚市场并独立承接、执行的海外总承包项目，是上海工程公司积极开拓海外工程市场取得的又一个具有里程碑意义的项目。

（魏永忠）

马来西亚国家石油公司自动化立体仓库EPCC总承包项目签约

【技术研发取得新进展】 2016年，上海工程公司继续深化与高等院校、科研院所的技术合作，加大技术创新力度，为市场开发提供技术支撑，为转型发展提供技术储备。以信息技术提升传统化工竞争力项目——国家"十二五"科技支撑计划课题"面向乙烯衍生物生产过程智能制造的工艺与知识库研发及工业应用"落实依托项目，完成乙苯和苯乙烯装置稳态模拟研发。20万吨/年合成气制乙二醇工业示范装置成套技术、PAN基碳纤维成套技术、10万吨/年双氧水法生产环氧丙烷成套技术、年产20万吨精EO成套技术、煤化工污水处理及近零排放成套技术、浆态床制双氧水成套技术6项中国石化"十条龙"科技攻关项目取得重要进展。完成中国石化科技开发项目24项，其中7项投入工业应用、10项通过中国石化组织的审查或鉴定。在中国石化立项的65项科技开发项目处于滚动开发中。与目标客户开展20余次技术交流，积极推广苯乙烯、双氧水、环氧丙烷、碳五分离、碳酸二甲酯制聚碳、DMMn等技术。积极申请专利，全年获得国家专利授权65件，其中发明专利62件。截至年底，上海工程公司拥有有效专利231件，待批专利申请121件，17项技术获集团公司专有技术登记。

（魏永忠）

【获国家、省部级各类奖项20余项】 2016年，上海工程公司总承包的武汉石化80万吨/年乙烯及配套工程获国家优质工程金质奖和全国工程建设项目优秀设计成果一等奖，海南原油商业储备基地工程获国家优质工程奖和全国工程建设项目优秀设计成果二等奖、集团公司优质工程奖，神华陕西甲醇下游加工项目烯烃分离装置获全国化学工业优质工程奖；江阴天江药业有限公司3 000吨中药配方颗粒产业化生产项目、亚宝药业集团股份有限公司亚宝工业园基地项目分获中国医药工程设计协会优秀工程设计一、二等奖；双氧水法制环氧丙烷（HPPO）工程技术开发团队被评为集团公司优秀创新团队；安全降耗密相输送工程技术研究及工业应用、炼化联合装置全厂一体化DCS国产化项目获集团公司科技进步二等奖，大型丙烯腈生产污水回用处理成套技术开发、大型偶联反应器工程技术开发及国产化研制项目获集团公司科技进步三等奖；武汉石化30万吨/年高密度聚乙烯装置获集团公司优秀工程设计二等奖，武汉石化15/28万吨/年环氧乙烷/乙二醇装置、上海石化炼油改造工程5.5万吨/年制氢装置获集团公司优秀工程设计三等奖。

（魏永忠）

【多项科技开发项目通过中国石化审查】 2016年，上海工程公司与扬子石化联合承担的"12万吨/年度分子量分布高性能HDPE工艺包"，与扬子石化、浙江大学联合承担的"14万吨/年釜式聚丙烯工艺包"通过中国石化审查。上海工程公司自主立项并联合上海石化共同承担的"石化污水处理提标改造及污水回用处理成套技术"通过中国石化组织的成果鉴定；该项目获得发明专利授权5件、实用新型专利授权1件，整体技术达到国际先进水平。60万吨/年苯乙烯、20万吨/年双氧水、30万吨/年环氧丙烷项目通过安全及技术可靠性论证。

（魏永忠）

【主办的2种期刊被认定为A类期刊】 2016年3月，上海市新闻出版局公布上海市首批学术期刊认定结果，上海工程公司主办的《化工与医药工程》（CN 31—2101/TQ）和《化工设备与管道》（CN 31—1833/TQ）均被认定为 A 类（学术）期刊。

（魏永忠）

【《化工工艺设计手册》（第 5 版）入选“十三五”国家重点图书出版规划】 2016 年 4 月，上海工程公司编撰的大型化工工艺设计工具书——《化工工艺设计手册》（第 5 版）被列入国家新闻出版广电总局“十三五”国家重点图书、音像、电子出版物出版规划。《化工工艺设计手册》凝结了上海工程公司几代设计大师和技术专家几十年从事化工、石油化工、医药工程等领域的技术开发、工程咨询、工程设计、工程总承包、工程管理的智慧结晶，在业内具有很高知名度，成为化工工艺设计人员的必备手册。此次修编的第 5 版入选“十三五”国家重点图书出版规划，是该书编制历程中一个新起点。

（魏永忠）

【中煤蒙大 50 万吨/年工程塑料项目开车一次成功】 2016 年 4 月 16 日、18 日，上海工程公司总承包的中煤蒙大 50 万吨/年工程塑料项目烯烃分离装置、聚丙烯装置先后投料开车一次成功，打通工艺全流程。尤其是从甲醇投料到产出合格丙烯和乙烯，仅用 23 小时 24 分，创造了国内外同类装置开车新纪录。该项目于 2013 年 3 月 28 日现场正式开工，2015 年 4—5 月，罐区及汽车装卸栈桥装置、烯烃分离装置、聚丙烯装置先后中交。上海工程公司作为优秀总承包商，在项目建设期间屡获业主嘉奖，先后获样板工程、安全管理先进单位、优秀进度控制奖、质量管理优胜奖等奖项。至此，上海工程公司已高标准建成投产神华包头、中煤榆林、神华榆林、中煤蒙大等煤化工总承包项目。

（魏永忠）

中煤蒙大 50 万吨/年工程塑料项目

【中天合创 35 万吨/年气相聚丙烯装置开车一次成功】 2016 年 11 月 16 日，上海工程公司总承包的中天合创鄂尔多斯煤炭深加工示范项目 35 万吨/年气相聚丙烯装置开车一次成功，打通工艺全流程。该装置于 2013 年 9 月 9 日开工，历时两年半，于 2016 年 5 月 26 日实现高标准中交。项目建设期间，上海工程公司凭借优秀的 HSE 业绩，在业主举办的承包商 HSE 管理季度考核、样板工程评比中达到优胜条件，被评为优秀承包商，屡获业主嘉奖。上海工程公司承担了中天合创鄂尔多斯煤炭深加工示范项目的气相法 35 万吨/年聚丙烯、12 万吨/年高压釜式 LDPE 和 25 万吨/年管式 LDPE 共 3 套装置的 EPC 总承包任务。

（魏永忠）

中天合创鄂尔多斯煤炭深加工示范项目
35 万吨/年气相聚丙烯装置

【中国海油宁波大榭岛 28 万吨/年苯乙烯项目开车一次成功】 2016 年 6 月 17 日，上海工程公司承担全部工程设计的中国海油宁波大榭岛 28 万吨/年苯乙烯装置产出合格苯乙烯产品，开车一次成功。该装置采用由上海工程公司牵头，联合上海石油化工研究院、华东理工大学共同开发的大型乙苯负压脱氢制苯乙烯成套技术。该技术与同类引进技术相比，装置运行物耗/能耗相当，具有流程设计合理、装置占地面积小、投资小的特点。此次开车一次成功，表明上海工程公司牵头开发的该套技术，包括苯乙烯脱氢反应器、蒸汽过热炉、三合一换热器、大型节能顺序恒沸热回收分离流程及高温大应力管系等取得圆满成功，实现了苯乙烯国产化技术规模从年产 6 万吨、10 万吨、15 万吨、20 万吨到 28 万吨的跨越。

（魏永忠）

【广州石化 20 万吨/年高性能聚丙烯装置开车一次成功】 2016 年 11 月 26 日，上海工程公司总承包的广州石化 20 万吨/年高性能聚丙烯装置实现安全、环保、高标准开车一次成功。该项目自 2011 年 7 月 8 日动工，历时 19 个月又 25 天，于 2013 年 3 月中交，创当时国内同类装置最短中交时间纪录。因国家环保部修订新环评政策，项目一度停工，经多方共同努力，耗资升级并改造环保设备，于 2016 年 8 月正式启动开车前整改及检修工作，10 月 13 日正式引入丙烯，11 月 19 日第一、第二反应器相继建立气、液相循环，11 月 25 日催化剂投入主反应器，11 月 26 日产出合格产品。

（魏永忠）

【安庆曙光 25 万吨/年丁辛醇装置投料开车一次成功】 2016 年 12 月 16 日，上海工程公司总承包的安庆曙光 25 万吨/年丁辛醇项目正式投料，12 月 17 日产出合格丁醇和辛醇，开车一次成功。该项目于 2014 年 12 月 28 日开工，2015 年 12 月 28 日按合同约定实现一年中交。因业主原因，项目开车时间数度推迟。项目组人员坚守现场，密切配合业主，及时清理施工尾项，确保开车万无一失。

（魏永忠）

【工程硕士实践教学用书编撰取得新成果】 受全国工程硕士教指委、上海市教委和华东理工大学委托，上海工程公司负责编写的工程硕士实践教学用书《油气储运工程设计》于 2016 年 6 月由华东理工大学出版社出版，《石油化工装置设备设计》交出版社审稿。《油气储运工程设计》一书成为上海工程公司编写的第 4 本工程硕士实践教材，提升了工程硕士实践教学水平，对上海工程公司"公司大学"教材持续升版、正规化和系统化提供了有益实践。

（魏永忠）

【中共上海工程公司第 1 次代表大会召开】 2016 年 12 月 26 日，中共上海工程公司第 1 次代表大会召开。大会以党的十八大和十八届历次全会和习近平总书记系列重要讲话精神为指导，回顾总结了上海工程公司重组以来党委工作，研究部署了"十三五"公司党建工作；审议通过上海工程公司《党委工作报告》和《纪委工作报告》；选举产生中共上海工程公司第 1 届委员会和纪律检查委员会。

（魏永忠）

【"两学一做"学习教育取得成果】 2016 年，上海工程公司深入开展"两学一做"学习教育，制定《学习教育实施方案》，组织召开动员部署会暨专题党课。公司领导班子成员开展集中研讨，通过召开党委会、中心组学习等形式，专题学习党章党规和习近平总书记系列讲话，积极参加部室和项目党支部组织生活，上党课提要求，深化学习效果。各党支部严格落实"三会一课"制度，按照 2 个月 1 个专题的整体进度，采取灵活多样的方式，抓好方案的执行落地，全部完成 4 个专题学习研讨。全体党员在工作证上贴上党徽标识亮明身份，积极探索党员责任区、党员示范岗等活动，充分发挥党员的先锋模范作用。各党支部结合"重点工作立项"，做好"一支部一特色"工作，对创新组织生活方式、丰富组织生活内容进行有益探索，在"两学一做"学习教育中取得良好成效。上海工程公司党委将"两学一做"学习教育紧密融入生产经营，党组织和党员的作用得到充分发挥，为应对低迷市场、强化市场开发、推动项目执行做出了贡献。

（魏永忠）

【举办第 4 届职工论坛】 2016 年 4 月 22 日，上海工程公司以"创新驱动和转型发展"为主题的第 4 届职工论坛拉开序幕。论坛期间，举办"十二五"发展成果展、科技创新与转型发展成果展，邀请大数据战略领域资深专家、浙江大学教授做"大数据战略与流程工业的智能控制"技术讲座、欧洲霍夫曼·艾特勒知识产权律师事务所资深法律和知识产权专家做"许可协议中竞争法方面的陷阱"专题讲座，举办"闵恩泽能源化工奖"学术交流会，主办联合化学反应工程研究所年度学术报告会，还举办了以"创新转型、青春同行"为主题的青春思辨会、青年优秀论文征集评比、"金点子"活动等。一系列活动顺利开展，在广大员工中取得良好反响，在内部营造了"人人以创新为荣，个个为转型出力"的氛围，在各项工作中切实贯彻"创新与转型"理念，增强了员工的创新意识，提升了公司的创新能力。

（魏永忠）

【办公大楼全面禁止吸烟】 2016 年初，上海工程公司顺应广大员工关于办公大楼禁烟的呼吁，结合《上海市公共场所控制吸烟条例》关于室内全面禁烟的立法修订计划，决定自 2016 年 7 月 1 日起，本部办公大楼全面禁止吸烟。经过连续几个月的宣传和引导，2016 年 7 月 1 日起办公大楼全面禁止吸烟，相关职能部门加强引导和检查监督，禁烟执行情况良好。

（魏永忠）

表 1　　上海工程公司主要生产经营指标

指标名称 \ 年份	2016	2015	2014	2013	2012	2011
主营业务收入/亿元	17. 18	32. 11	38. 58	37. 50	34. 30	30. 50
完成工程投资额/亿元	136. 00	140. 29	148. 50	148. 00	140. 30	129. 99
完成工程项目/项	250	165	130	135	201	197
授权专利/件	231	168	129	89	84	60

表 2　　上海工程公司 2016 年完成的主要项目

委托单位	项目名称	完成日期	行业
中科院上海药物研究所	生物技术药物研发中心项目	1 月	医药
宁波中金石化有限公司	1 500 万吨/年炼化一体化项目可研	1 月	石化
深圳市卫光生物制品股份有限公司	深圳市卫光生物医药主业园概念性规划方案	1 月	医药
哈萨克斯坦国家石油天然气公司	哈萨克斯坦 PTA－PET 搬迁项目	2 月	石化
中海石油炼化有限责任公司惠州炼化分公司	35 万吨/年苯酚丙酮装置装桶站及仓库详细设计	2 月	石化
浙江石油化工有限公司	4 000 万吨/年炼化一体化项目原油储运系统金塘岛－鱼山输油管线工程可行性研究报告	3 月	石化
湖北化肥	乙二醇工业示范装置技术攻关项目	3 月	石化
帝斯曼维生素（上海）有限公司	帝斯曼预混科技中国工厂产能扩建项目	4 月	医药
巴斯夫(中国)有限公司	巴斯夫汽车应用中心项目	4 月	石化
江苏捷峰高科能源材料股份有限公司	纳米复合材料产业化示范项目	4 月	医药
上海第一生化药业有限公司	上海医药抗体药物产业化建设项目	5 月	医药
中沙石化	15 万吨/年裂解碳五分离可研	5 月	石化
中科合资广东炼化一体化项目管理部	HPPO 法生产环氧丙烷装置开展可行性研究	5 月	石化
上海石化	储运部罐区及铁路栈桥油气回收项目	5 月	石化
三达膜环境技术股份有限公司	嘉兴石化 PTA 污水处理场二期扩建项目	5 月	石化
石家庄炼化	己内酰胺装置优化改造方案设计	6 月	石化
巴斯夫化工有限公司	PVP K30 项目(原树脂车间中试生产线项目)	6 月	医药
中沙石化	苯酚丙酮装置 AMS 碱洗系统改造	6 月	石化
中天合创能源有限责任公司	鄂尔多斯煤炭深加工项目聚烯烃引进装置 EPC 总承包（PP）	6 月	石化
黄岛国家石油储备基地有限公司	黄岛国家石油储备基地安全整治改造工程	7 月	石化

续表

委托单位	项目名称	完成日期	行业
南京生物医药谷建设发展有限公司	南京生物医药谷制剂加速器项目	7月	医药
白山市江源区发展和改革局	吉林白山人参生命科技产业园项目	7月	医药
上海石化	嘉兴市平湖塘延伸拓浚工程黄姑塘桥段管道改造项目	7月	石化
舟山市人民政府	舟山(鱼山)国际绿色石化园区“公用工程岛”	9月	石化
巴斯夫(中国)有限公司	巴斯夫研发中心三期规划设计	9月	医药
陕西汉江药业集团股份有限公司	新区建设项目可行性研究报告编制工作	9月	医药
上海长城药业有限公司	新建原料车间项目	9月	医药
慈溪市文化商务区开发有限公司	中科院宁波工业技术研究院慈溪生物医学工程研究所项目勘察设计	10月	医药
巴斯夫新材料有限公司	BASF Batch Stripper Project	10月	医药
中煤陕西榆林能源化工有限公司	烯烃异构化增产1－丁烯项目	10月	石化
九江石化	8万吨/年乙苯—苯乙烯装置EPC总承包项目	11月	石化
第一三共制药(上海)有限公司	新建成品仓库项目	11月	医药
优月仓储(上海)有限公司	二期工程扩建工程	11月	石化
华东医药(杭州)百令生物科技有限公司	江东项目二期总平、可研、概念设计、初步设计	11月	医药
上海上药第一生化药业有限公司	高架仓库扩建项目	11月	医药
宁海县公共建设管理中心	宁海县中医院高压氧大楼建设项目	11月	医药
宁夏庆华煤化集团有限公司	甲醇制10万吨/年DMMn装置	12月	石化
中海油东方石化有限责任公司	东方石化乙苯苯乙烯防聚结技术改造	12月	石化
上海石化	上海石化—陈山成品油管线隐患治理工程	12月	石化
上海石油分公司	扬虹路新建加油站项目	12月	石化
南京先声东元制药有限公司	浦口厂区建设项目	12月	医药
青岛碱业新材料科技有限公司	50万吨/年苯乙烯工程设计项目	12月	石化

宁波工程公司

【概况】 中石化宁波工程有限公司(简称宁波工程公司)是炼化工程公司全资子公司，2003年经集团公司批准，由原中国石化集团兰州设计院和中国石化集团第三建设公司重组设立的国有独资公司，注册地为浙江省宁波市高新区。

截至2016年底，宁波工程公司设有6个专业设计室、3个专业公司、3个分公司、4个子公司、22个职能管理部门及14个EPC项目部(在建)。在册职工2 800余人，其中行业设计大师6人，教授级高级工程师23人、高级职称474人，中级职称886人，各类注册工程师410人，其他管理和技术人员700余人。宁波工程公司拥有340余件专利、专有技术，在石油化工、天然气化工、煤化工以及合成气化工等领域的设计处于全国领先地位，是中国石化大型非标设备制造基地。

宁波工程公司主要生产经营指标和2016年完成的主要工程项目分别见表1和表2。

（贺　颖）

【全面完成生产经营任务】 2016年，宁波工程公司经历了市场竞争加剧、外部风险激增的挑战，持续致力于提高发展质量和效益，以实现安全有序、效益优先为目标，强化从严管理，外拓市场、内降成本，深化改革，做精项目，各项工作有序推进。全年实现利润3.32亿元，营业收入31.60亿元，累计实现安全生产1 604万人工时，工程质量验收合格率100%，顾客满意度为98.43%。

（贺　颖）

【成功通过国家企业技术中心认定】 2016年，宁波工程公司首次申报国家企业技术中心，经资料申报、专家评审、现场答辩、专项核查等环节，公司技术创新能力、创新业绩、技术示范引领等方面得到评审专家的一致认可。12月15日，国家发展和改革委员会、科学技术部等5个部委联合发布2016年国家企业技术中心名单，宁波工程公司名列其中，成功通过国家企业技术中心认定。

（贺　颖）

【SE－东方炉技术获上海市首个技术发明特等奖】 2016年，宁波工程公司和华东理工大学、扬子石化、上海锅炉有限公司和西安拓沃能动科技有限公司共同完成的“单喷嘴冷壁式粉煤加压气化技术关键装备开发及应用”项目获上海市技术发明特等奖，此奖项是上海市政府颁发的首个技术发明特等奖。

（贺　颖）

【日投煤2 000吨级SE粉煤气化技术工艺包开发通过评审】 2016年，宁波工程公司和华东理工大学共同完成的中国石化科技开发项目“日投煤2 000吨级SE粉煤气化技术工艺包开发”通过集团公司技术评审。此工艺包处于同类煤气化技术国际先进水平，使中国石化在煤气化技术方面取得重大进展，为其发展煤化工业务提供了技术支撑。

（贺　颖）

【“十条龙”项目成果显著】 2016年，宁波工程公司参与的中国石化“十条龙”科技攻关项目“化工装置尾气综合治理技术”成功“出龙”，为催化裂化烟气和锅炉烟气深度净化处理项目的工业化推广应用提供了自主技术支持；“SE－平推流水煤浆气化技术”正在镇海炼化进行工业化示范装置建设。

（贺　颖）

【境外市场开拓稳步发力】 2016年，宁波工程公司跟踪开发32个境外项目，投标数量同比增长近1倍，累计获得俄罗斯、文莱、沙特等国家的96台设备制造订单。

（贺　颖）

【多项装置一次性产出合格产品】 2016年，由宁波工程公司承担的中天合创鄂尔多斯煤炭深加工示范项目空分装置115单元顺利产出合格液氧和液氮、甲醇区主装置顺利产出合格甲醇；神华宁煤煤制油项目空分装置3#单元顺利产出氧氮，项目一次投料试车成功，为下游其他工艺装置顺利试车生产提供了保障。

（贺　颖）

中天合创鄂尔多斯煤炭深加工示范项目全景

【设计集成化水平快速提升】 2016年，宁波工程公司在国内首次实现设计全过程可视化、标准化、一体化管理，已具备为智能工厂建设进行数字化移交的能力；集成化设计开发成果在镇海炼化POX项目首次推广使用，走在同行业前列。

（贺　颖）

【降本减费成效明显】 2016年，宁波工程公司持续实施降本增效，确定专项立项80个，设计优化2个试点项目，实现降本减费2 267万元，物资采购资金节约率为9.7%，分包工程签证率同比下降37.5%，合同额增补率下降6%，全年降本减费累计完成年度计划的290%。

（贺 颖）

【第2届技术运动会全面开展】 2016年，宁波工程公司开展第2届技术运动会，围绕设计、技术、管理等方面设置49个专业赛事，历时7个月，共1 100余名员工参与技术竞赛，提高了员工的业务技术和管理水平，为宁波工程公司拓展市场、完成年度任务目标提供了智力基础和技术储备。

（贺 颖）

安全管理专业技术比武

【党建工作取得实效】 2016年，宁波工程公司制定"十三五"党建工作规划；深入开展"两学一做"学习教育；强化领导班子建设，班子成员深入基层、蹲点调研，班子整体合力得到充分发挥；持续深化"强基层、创特色、促发展"品牌创建，开展"示范党支部""党员责任区""走基层、访百家"等活动，企业融合达到新高度。

（贺 颖）

【多项工程技术获奖】 2016年，宁波工程公司承担的武汉石化乙烯项目获国家优质工程金质奖；上海赛科石化26万吨/年丙烯腈项目获全国化学工业优质工程奖；海南原油商业储备基地工程获全国优秀焊接工程一等奖；宁夏能化高盐水零排放获集团公司优质工程奖；250兆瓦级整体煤气化联合循环发电(IGCC)关键技术及工程应用获中国电力科学进步一等奖；三维渲染技术获鹰图全球金阀门渲染和映射轨迹类别荣誉奖。

（贺 颖）

【管理工作获多项荣誉】 2016年，宁波工程公司获集团公司安全生产、"三化"工作、财务管理、维护稳定、物资供应、审计、统计管理先进单位等称号。获浙江省依法治企先进单位、浙江省直机关先进基层党组织、石油和化工勘察设计行业技术创新示范企业、宁波市纳税50强、百强企业、竞争力百强企业等荣誉。

（贺 颖）

表1 宁波工程公司主要生产经营指标 亿元

指标名称＼年份	2016	2015	2014	2013	2012	2011
资产总值	59.97	76.59	59.33	48.07	42.13	45.38
设计投资额	70.17	93.84	152.44	167.32	116.04	107.83
主营业务收入	31.51	65.97	65.48	53.78	36.07	30.33
利　税	1.66	5.24	7.27	5.78	5.59	3.61
承接工程数量/项	341	265	339	291	319	394
工程总承包	14	14	21	15	15	14
工程设计	75	70	88	35	58	79
工程咨询	111	75	75	58	32	56
工程建设及制造	141	106	155	183	214	231
授权专利数量/件	34	61	59	45	19	27

表 2　　宁波工程公司 2016 年完成的主要工程项目

序号	项目名称	中交或完工日期
一	EPC 总承包项目	
1	中天合创鄂尔多斯煤炭深加工示范项目煤气化、净化、甲醇装置	6 月
2	安庆石化 200 万吨/年催化裂化烟气治理项目	8 月
3	天津石化热电部 7 台锅炉烟气超净排放改造工程	10 月
4	燕山石化水煤浆锅炉清洁能源改造项目	11 月
二	设计项目	
1	安庆石化耐硫变换装置低水气比改造项目	3 月
2	燕山石化水煤浆锅炉清洁能源改造项目	3 月
3	神华宁煤煤化工副产品深加工综合利用项目聚乙烯装置	4 月
4	中美新能源公司粉煤加氢炼油项目	7 月
5	茂名石化液化空气气体有限公司 2.5 万米^3(标准)/时空分项目	7 月
6	江苏斯尔邦石化 12 万吨/年表面活性剂、10 万吨/年乙醇胺项目(EOA/EOD)	8 月
7	中国海油惠州炼化二期项目原煤输送及备煤单元工程	11 月
8	中天合创鄂尔多斯煤炭深加工示范项目甲醇精馏配套储运系统	11 月
三	施工及制造项目	
1	镇海炼化 300 万吨/年催化裂化装置改造土建及安装工程 2016 年度装置大检修项目	6 月
2	高桥石化 4# 柴油加氢质量升级改造项目	6 月
3	山东新和成氨基酸有限公司 MET 项目一期安装工程	6 月
4	上海石化热电部 1#—5# 及 7# 锅炉脱硫改造项目	7 月
5	俄罗斯天然气石油公司鄂木斯克炼油厂设备制造	7 月
6	云南云天化反应器制造	7 月
7	上海赛科公司苯塔再沸器和乙苯塔再沸器制造	8 月
8	上海石化 1# 炼油 2# 常减压装置检修及配套实施技改项目	9 月
9	上海石化炼油部 5# 炼油检修项目	9 月
10	上海石化 2# 柴油加氢产品质量升级改造项目	10 月
11	中安联合煤化一体化项目粉煤给料罐制造	11 月
12	中盐安徽红四方肥业公司进出物料换热器制造	11 月
13	上海石化—陈山成品油管线隐患治理工程项目安装工程(标段二)	12 月

南京工程公司

【概况】　中石化南京工程有限公司(简称南京工程公司)是炼化工程公司全资子公司，2009 年 6 月由中国石化集团第二建设公司和中国石化集团南京设计院重组成立，位于江苏省南京市江宁区，注册资本 5.56 亿元。

南京工程公司是以设计为先导，专利、专有技术、工艺包开发为核心，工程总承包和项目管理、专业施工为主体，面向国内外市场提供技术和管理服务的综合性、一体化的国际工程公司。在煤化工、天然气化工、环境工程、清洁能源、硫酸磷肥等无机化工、苯系化工、公用工程和工业民用建筑等设计业务方面优势明显；具有设计、采购、施工一体化独特优势和雄厚的国内外项目综合管理能力；具有以大型机组安装、大型储罐安装、大型 DCS/ESD 安装调试、特殊材质焊接等为核心的施工以及施工管理能力。

截至 2016 年底，南京工程公司下设 18 个职能部门、7 个专业设计室、9 个国内分(子)公司、1 个海外分公司。在册职工总数 2 472 人，其中经营管理、专业技术和工程项目管理人员 1 999 人，各类技能操作人员 473 人，具有本科及以上学历的 1 552 人，拥有中、高级专业技术职称的1 347人。

2016年，南京工程公司完成任务承揽总额57.89亿元，完成产值59.63亿元，实现财务收入70.06亿元，实现利润2.33亿元。

南京工程公司主要生产经营指标和2016年完成的主要工程项目分别见表1和表2。

（毕　华）

【安全生产平稳可控】 2016年，南京工程公司持续完善安全管理体系建设和责任落实。成立工程管理、工程设计、境外公共安全和后勤保障4个专业安全分委会，全方位提供组织保障和资源保障。推进项目经理安全责任制，实行党政“一把手”安全风险抵押，共签订HSE责任书103份，交纳风险抵押金58.1万元。以“作业许可制度推行”为抓手，加强对高空、密闭、带压等高风险作业的过程监管。推进现场视频监控力度，在建项目设立监控点67个。强化分承包商安全管理，严肃“双持证”要求，把好入口关。重点加强直接作业环节“7+1”项制度培训，培训人数1 047人次。全年实现3 475万安全人工时。

（毕　华）

【生产组织高效运行】 2016年，南京工程公司持续发挥一体化优势，强化设计能力和EPC项目执行能力建设，推动设计与采购、施工的有序衔接。大力推行集成化设计，专业结构进一步优化。进一步优化项目管理模式，完善项目运行机制。落实现场精细化、标准化管理，持续稳定发挥区域市场影响力。全年共执行国内外项目162个，完成项目78个，其中设计项目53个、总承包项目7个、施工项目18个。工程质量主要指标平稳可控，工程合格率100%，一次投料试车成功率100%，焊接一次合格率98.9%。

（毕　华）

【技术开发不断进步】 2016年，南京工程公司大力开展“消除过度设计，实现设计优化”专项活动，提高设计水平。技术开发工作高效组织，全年运行技术开发课题21项（工艺包10项），完成11项（工艺包7项），包括中国石化“十条龙”攻关项目“南化公司化工装置尾气综合治理技术开发”。专利申请工作成效明显，完成专利申请38件，获得授权专利42件，其中发明专利12件。截至年底，共持有有效专利169件，其中发明专利31件。

（毕　华）

【持续推动企业“瘦身健体”】 2016年，南京工程公司机关总数压减至18个，专业设计室总数压减至7个，专业分公司总数压减至4个，进一步明确了公司机关、设计室、专业分公司、区域分公司和项目部职能定位。成立安装工程分公司综合施工队，压缩了工程项目管理分公司和沙特项目执行中心机构设置，促进了资源集中和效率提升。配合SEG平稳完成起运公司改革重组工作。

（毕　华）

【基础管理不断强化】 2016年，南京工程公司编制出台“十三五”发展规划，明确了5年发展目标、发展战略和重要任务。修订完善管理制度70项，制度化推进企业生产经营运行。调整组织绩效考核方案，突出经营性指标考核和安全、质量、廉洁、稳定等约束性指标考核。以“三基”工作为抓手，加强班组建设和员工业务技能提升，夯基础，强能力。

（毕　华）

【深化干部人事、劳动用工、薪酬制度改革】 2016年，南京工程公司坚持“四凡四必”，加大干部交流调整力度，完成中层干部人员调整改革工作，中层干部人员从143人精简到103人。按照“从严从紧”原则，顺利完成两级机关职能管理人员定岗定员工作，机关管理人员从375人压减到249人，二级单位机关管理人员从160人压减到125人，两级机关人员总量精简受控、结构得到调整、用工形式更趋合理、项目人员得到充实，达到改革预期目标。完成945名派遣制员工的用工形式转化。妥善做好原机械化分公司119名员工转起运公司和余下人员的安置分流。推进薪酬分配制度改革，实施项目超额贡献奖励，加大分配向一线、向效益、向关键岗位倾斜力度。

（毕　华）

【施工业务保持平稳】 2016年，南京工程公司在维护好传统市场和区域市场的基础上，更加注重产品、规模和效益。先后中标镇海炼化管线迁改、绍兴天然气管线、金陵重整、宁夏银星电厂电气热控系统安装工程、腾龙芳烃受损区修复重建、万华化学硝苯装置等项目。特别是抓住国家长输管道集中隐患整治的机遇期，抢占市场，扩大市场份额。落实现场精细化、标准化管理，中天合创净化、金陵亨斯迈、九江乙苯苯乙烯、安庆石化检维修、烟台万华、斯尔邦EVA等多个项目实现高标准中交。

（毕　华）

【人力资源配置更趋国际化】 2016 年，南京工程公司加大海外地区成熟人才引进力度，招聘各类紧缺成熟的技术型人才 10 人、当地劳务人员 1 250 人次。国际化用工占比保持在 50% 以上，高峰期达 60%。沙特项目持续开展人力资源发展基金（HRDF）工作，为当地居民提供知识和技能培训，获得政府部门高度认可。截至年底，累计注册 116 人，海外共有 6 个项目同时执行，高峰期用工总量突破 8 400 人，人、财、物等资源组织量持续创造历史新高。

（毕　华）

沙特公用工程项目部召开安全早会

【海外市场实现突破】 2016 年，南京工程公司首次中标马来西亚磷化工项目，成功开拓海外第二市场。中标沙特吉赞空分设计项目、沙特阿美 FADHILI 天然气处理等项目，FADHILI 项目是第一次与西班牙 TR 合作的项目，也是公司新承揽的海外单体工程量最大项目。6 月完成阿曼公司注册工作，取得进入阿曼市场的通行证。海外传统市场不断巩固，新兴市场机遇逐渐显现，形成公司海外业务长期稳定发展的良好态势。

（毕　华）

沙特北部营地全景

【成立沙特外籍员工自治协会】 2016 年 3 月 12 日，南京工程公司“沙特地区外籍员工自治协会”正式成立并开始运作。该协会隶属南京工程公司沙特项目执行中心工会，是在现行管理制度监管下，完全由外籍员工自我管理、自我运行的服务于沙特地区外籍员工的公益组织。

（毕　华）

【多个工程项目获奖】 2016 年，南京工程公司承建的武汉乙烯 80 万吨/年乙烯及配套工程项目获国家优质工程金奖，江苏斯尔邦球罐及配套工程获全国优秀焊接工程一等奖，安徽成品油管道及油库工程、扬子石化油品质量升级改造项目获集团公司优质工程奖。

（毕　华）

【获得荣誉】 2016 年，南京工程公司被评为全国守合同重信用企业、国务院国资委、石油和化工勘察设计行业技术创新示范企业，中国工程建设诚信典型企业，中国石化“六五”普法先进单位；获江苏省文明单位、基层文联工作先进单位称号；获南京市五一劳动奖章、文明单位标兵、先进基层党组织、效能监察工作先进单位、无职务犯罪工作先进单位、十佳模范职工之家、城市建设立功竞赛先进单位、城建系统和谐领导班子等荣誉称号。多个单位和个人获评集团公司、省、市先进。

（毕　华）

表 1　　南京工程公司主要生产经营指标　　亿元

指标名称＼年份	2016	2015	2014	2013	2012	2011
资产总值	53.87	47.59	44.24	36.78	42.85	44.49
建设投资	90.00	90.00	120.84	104.00	125.00	110.00
主营业务收入	70.06	59.53	48.74	52.43	49.54	39.30
利　税	2.64	3.66	3.35	3.24	2.82	1.17
承接工程数量/项	162	257	226	212	182	237
授权专利数量/件	42	51	47	11	6	5

表2　　南京工程公司2016年完成的主要工程项目

序号	项目名称	中交或完工日期
一	EPC总承包项目	
1	齐鲁热电燃煤锅炉烟气脱硫升级改造工程项目	1月
2	AP南京化工园区TEDA特种胺工程项目	2月
3	中天合创鄂尔多斯煤炭深加工示范项目煤储运系统工程项目	4月
4	内蒙古云天化120万吨/年缓控释肥项目一期30万吨/年磷酸装置EPC总承包工程项目	7月
5	云南天安二期80万吨/年硫酸装置低温热能回收利用及配套公用工程改造项目低温热能回收及装置优化改造工程项目	7月
6	福建申远硫酸低温热回收项目	11月
7	福建申远硫酸工程项目	11月
8	华东油气分公司泰州采油厂西边城油田污水综合利用技术改造工程项目	11月
二	施工项目	
1	安庆石化800万吨/年炼化一体化配套成品油管道工程项目	1月
2	烟台万华化学中试搬迁项目建设工程项目	3月
3	烟台万华化学特种胺IP装置安装工程项目	5月
4	中天合创鄂尔多斯煤炭深加工示范项目净化装置工程项目	6月
5	连云港荣泰化工仓储有限公司罐区工程项目(二期)	7月
6	镇海炼化炼油干气氢气回收装置安装工程项目	7月
7	浙江卫星能源30万吨/年聚丙烯工程项目	8月
8	扬子石化芳烃装置新增重芳烃分离设施改造工程项目	9月
9	扬子石化一般固废第二填埋场(二期)建筑安装工程项目	10月
10	南京金陵亨斯迈新材料有限责任公司环氧丙烷工程项目	11月
11	九江石化8万吨/年乙苯—苯乙烯装置工程建设EPC总承包合同安装工程项目	11月
三	设计项目	
1	宝山钢铁股份有限公司三烧结大修改造——制酸和废水工程项目	2月
2	新疆大全新能源有限公司1.3万吨/年多晶硅工程项目	2月
3	南化公司连云港碱厂动力锅炉脱硝工程项目	3月
4	SEG工程技术研发中心移动床设施工程项目	3月
5	珠海醋酸纤维有限公司搬迁扩建项目新建丝束装置3万吨/年、搬迁丝束装置3.6万吨/年工程项目	4月
6	长城能化(宁夏)有限公司合成气脱瓶颈及醋酸填平补齐改造工程项目	10月
7	江苏洋口港投资开发有限公司如东洋口港管廊工程项目	11月
8	阿克苏诺贝尔功能涂料(常州)有限公司3.6万吨/年功能涂料工程项目	12月

第四建设公司

【概况】 中石化第四建设有限公司(简称第四建设公司)位于天津市滨海新区大港世纪大道 180 号，其前身成立于 1963 年 1 月，1966 年迁至湖南长岭，1974 年落户天津大港，2012 年 4 月 6 日改制为公司制企业，成为炼化工程公司全资子公司。

截至 2016 年底，第四建设公司机关设有 19 个职能部门，下设 5 个综合型工程公司、3 个专业化工程公司、3 个实体区域分公司、2 个模拟事业部、4 个经营性业务中心、1 个公司投资设立的全资子公司及 1 个物业管理公司。有在建项目 53 个，其中国外 3 个、国内 52 个(PMC 业务 6 个)。拥有员工 3 777 人，其中合同制员工 2 845 人、业务(服务)外包人员 932 人。员工中管理和技术人员 2 320 人，占比 61%，取得国家一级建造师和二级建造师执业资格 262 人。分包及外籍员工 6 841 人，其中外籍直接聘用 554 人、外籍劳务派遣用工 301 人、外籍分包用工 165 人。拥有长期固定联营协作员工 1. 5 万余人。

第四建设公司账面资产总额 48. 63 亿元，负债 40. 17 亿元，所有者权益 8. 46 亿元，资产负债率为 82. 6%。拥有设备 4 627 台，净值 6 622. 21 万元；主要施工生产设备 1 667 台，总功率 1. 86 万千瓦。

2016 年，第四建设公司以“三基”提升年为主题，深化改革调整、筑牢管理基础、努力提质增效，夯“三基”，强管理，抓分包，拓市场，深挖潜，创效益，完成炼化工程公司下达的年度效益指标。全年累计承揽合同额 33. 78 亿元，其中国内新签合同额 22. 92 亿元、海外新签合同额 10. 86 亿元，完成产值 37. 4 亿元，实现利润总额 5 047 万元。取得国家级高新技术企业资格证书，连续获得国家及天津市“重合同、守信誉”企业、全国建筑业协会 AAA 级信用企业、天津市百姓信得过诚信企业等称号，入选国家成长型企业 200 强和天津市科技百强企业。

第四建设公司主要生产经营指标和 2016 年度完成的主要工程项目分别见表 1 和表 2。

(张文龙)

【项目施工实施集约化管理】 2016 年，第四建设公司以技术创新应用为先导，加大工厂化预制、模块化建造等施工方法应用，持续提升资源优化配置能力，努力创造良好的安全质量环境，实现 4 215 万安全人工时，在建工程焊接一次合格率 98. 23%，质量控制点报验率 100%，实现安全质量管理总体可控，55 项工程高标准顺利中交。实施国内神华宁煤、中天合创、天津 LNG、惠州炼油二期和海外沙特拉比格、吉赞等在建项目，以及广州石化、天津石化、燕山石化等 10 余项急难险重的检修项目。第四建设公司下属二级单位项目群组织能力效果凸显，实现产值收入占比超过 50%。

(张文龙)

第四建设公司承建的天津 LNG 工程

【质量体系有效运行】 2016 年，第四建设公司注重抓好质量保证体系运行，围绕焊接关键工序，先后编制《管道焊接组对及施焊过程控制细则》等 12 项管理实施细则，修订完成 13 项相关质量管理制度，实施焊接过程控制检查评估，加大质量体系内审覆盖率，实现质量体系有效运行。获国家优质工程奖金质奖 2 项、国家优质工程奖 3 项和省部级优质工程奖 8 项。

(张文龙)

【施工工艺持续改进】 2016 年，第四建设公司深入推进管道工厂化预制管理模式，加大管道焊接深度、提高焊接一次合格率。马来西亚项目国内预计深度达 52%，现场二次复杂组对预制深度达 15%，累计预制深度达 65% 以上。焊接一次合格率国内预制场为 99. 1%、国外现场为 99. 89%。强化自动焊、半自动焊焊接技术开发，全年开发完成近 20 项焊接工艺技术，并对历年焊接工艺进行全面梳理和部分更新，保持了工艺先进性。年内，获优秀焊接工程一等奖 5 项、优秀焊接工程奖 2 项。

(张文龙)

【持续推进改革调整】 2016 年，第四建设公司坚持“稳中有进”原则，稳妥推动落实《中石化第四建设有限公司体制机制改革调整方案》，转换经营机制，调动全员开发市场积极性，形成特色业务，打造专业品牌，推动企业转型发展。强化制度建设，推行机关简政放权，以效益为核心建立健全运营机制。下属工程公司、区域分公司、模拟事业部、经营业务中心成长为第四建设公司市场开发的重要力量，发挥工程项目组织、经营管理的主体作用。其中，工程公司项目群管理机制建立并有效运行，模拟事业部运行更加顺畅，经营中心市场开拓运营成效显著，海洋工程业务、长输管道及场站业务、加油加气站建设业务、维修保运业务等专业品牌市场日益巩固。

（张文龙）

【全面推动降本减费】 2016 年，第四建设公司实施全面预算管理、强化过程控制，应对资金风险，突出财务预算对效益、成本、资金指标引领作用，现场努力提高施工工效，压降人、材、机成本，成本降幅比收入降幅高出 1.38%。后线严控制造费用、资金成本、固定资产维修类支出和两级机关管理费用，实现降本增效 1 552 万元。先后完成宁夏英力特、东莞孚宝等多个结算难度大的公司直管项目及工程公司、分公司自揽项目结算。先后完成海南琼岛石化楼等 3 套房产的转让处置和内部划转，并与销售华南分公司合作，利用广州黄埔基地土地联合建设应急抢维修中心。取得国家级高新技术企业证书，享受所得税减免政策，减免金额 1 000 余万元。全年物资集中采购创效 3 425 万元，回收剩余物资 372 吨，调剂利用约 309 吨，剩余物资调剂创效 148.75 万元。及时申报追溯供暖移交费用中央财政补贴 2 388 万元，社区供水职能分离移交签完框架协议，开元里、建安里环境综合整治列入滨海新区政府 2017 年整治计划，可利用政府投资 7 000 万元。

（张文龙）

【“三基”管理实现提升】 2016 年，第四建设公司抓制度建设和体系运行，夯实管理基础，强化制度对管理的基础保障，修订、新编 256 项制度和办法。开发试用项目管理协同平台等信息化技术，从生产经营运行的薄弱环节切入，建立制度管理、体系管理平台，制度及信息化建设对体系运行的保证作用进一步增强。以制度执行、岗位职责落实、系统作用发挥为主线，全面推进系统岗检、综合岗检，将年度目标考核、内控节点测试与绩效评比有机结合，强化岗位基本素质提升和基础管理。运用审计、效能监察等监督手段，分析管理突出问题，找准效益流失的“出血点”，消除管理薄弱环节，有力促进管理提升。法律培训与服务实现“部门主动送下去”到“项目主动请进来”转变。科学使用法律武器，解决合同、授权、分包等纠纷，变被动应诉为主动防范，全年建设完成 3 类 839 条风险事件库，依法治企进程有效推进。启动主力分包商筛选和培育工作，分包商入网更加规范，分包商总部沟通机制有效建立，诚信管理更加严格，优秀分包商短名单初步建立，分包商“小散弱”问题初步改善，分包工程依法合规招标成为常态。业务外包取得实质性进展，职工内退政策稳步实施，复合型人才培养显著加强，专业技术岗位人员持“双证”175 人。全面实施二级单位工资总量量化考核，薪酬分配向一线、基层倾斜力度增大。

（张文龙）

【群团党建工作发挥作用】 2016 年，第四建设公司召开公司更名后的第 1 次党员代表大会，新一届党的委员会和纪律检查委员会以及各基层党组织顺利完成换届。深入开展“两学一做”学习教育，党员积极践行“四讲四有”合格党员标准，各级领导干部“四个意识”不断增强。根据巡视反馈意见深入整改，干部任中审计、业绩定量考核、“一报告两评议”和述职述学述廉等日常监督不断完善。坚持把纪律挺在前面，加大查责、问责和追责力度，全年给予党纪政纪处分 39 人次，收缴违规违纪款 3 万余元。积极开展“新铁军”文化正能量宣传活动。邀请中央媒体和天津市媒体走进公司、走进项目，弘扬传播公司“新铁军”文化，坚持典型引路树样板、传递正能量，涌现出全国劳模张振连、全国三八红旗手史萍、“天津好人”齐元春、集团公司青年岗位标兵胡道德等一批先进典型人物。积极开展“走基层、访万家”活动，全年累计入户走访职工家庭 2 343 户，依制度、用真情，积极稳妥处理员工张亮境外意外死亡事件。持续开展困难群体帮扶救助工作，拨付各类帮扶救助、资助金 2 900 余万元，惠及来自各类群体的 312 户家庭、4 635 人次。

（张文龙）

表 1　　第四建设公司主要生产经营指标　　亿元

指标名称 \ 年份	2016	2015	2014	2013	2012	2011
资产总值	43.35	43.98	41.30	36.56	32.44	26.64
主营业务收入	7.57	42.42	43.78	38.73	36.18	35.43
利　税	0.09	1.38	1.19	1.23	0.92	0.81
承接工程数量/项	95	117	110	101	76	89
授权专利数量/件	52	41	38	27	19	11

表 2　　第四建设公司 2016 年度完成的主要工程项目

序号	工程名称	交 工
一	新建装置	
1	沙特拉比格二期 CP1 苯酚丙酮装置	1 月
2	茂名石化 40 万吨/年润滑油加氢异构装置建筑安装工程	1 月
3	江西成品油管道二期工程配套油库安装工程(鹰潭标段)	1 月
4	马鞭洲燃料油仓储项目罐区(一)土建安装工程	1 月
5	富德(常州)100 万吨/年甲醇制烯烃、制 50 万吨/年苯乙烯项目建筑安装工程	2 月
6	中国海油中捷石化安全环保与清洁燃料升级项目建安施工 C4 标段(加氢装置标段)	3 月
7	神华宁夏煤业集团甲醇制烯烃项目 PP 仓库建筑消防变更工程	3 月
8	青岛海工 YAMAL 项目 146 - PAU - 001 模块多专业建造	4 月
9	巴陵分公司 2015 年环氧树脂事业部环保型环氧氯丙烷合成新工艺模试研究项目	4 月
10	天津国家石油储备基地工程储罐安装及防腐工程二标段	4 月
11	中国海油中捷石化安全环保与清洁燃料升级项目新厂区给排水及消防管网施工	5 月
12	神华宁煤 400 万吨/年煤炭间接液化项目甲醇合成装置	5 月
13	江苏斯尔邦石化醇基多联产项目一期工程六标段 18 万吨/年环氧乙烷装置土建、安装工程	5 月
14	茂名分公司新建 150 万吨/年连续重整装置外部配套系统改造项目	5 月
15	中国海油中捷石化安全环保与清洁燃料升级项目建安施工原油罐区(C6 标段)	6 月
16	日照亚太森博(山东)浆纸有限公司 TG4 项目土建工程	6 月
17	贵州石油分公司六盘水滥坝油库改造建设工程	6 月
18	茂名分公司化工污水场增建雨水调峰池项目建筑安装工程	6 月
19	中天合创鄂尔多斯煤炭深加工示范项目煤气化等装置	6 月
20	中天合创鄂尔多斯煤炭深加工示范项目 MTO 等装置	6 月
21	烟台港西港区至淄博重质液体化工原料输送管道工程干线线路施工第二标段	7 月
22	烟台港西港区至淄博重质液体化工原料输送管道工程干线线路施工第三标段	7 月

续表

序号	工程名称	交工
23	烟台港西港区至淄博重质液体化工原料输送管道工程线路施工八标段	7月
24	烟台港西港区至淄博重质液体化工原料输送管道工程站场工程一标段	7月
25	燕山分公司20万吨/年炼厂饱和气体回收	7月
26	中国石化达州天然气净化厂原料气管线安全隐患治理工程施工(一标段)	7月
27	销售华东分公司绍兴—杭州成品油管道工程	8月
28	茂名石化港口分部一区罐区事故池建设项目建筑安装工程	8月
29	青岛海工YAMAL项目保温绝热施工工程	8月
30	神华宁煤400万吨/年煤炭间接液化项目油品加工装置建筑安装工程合同(A标段)	9月
31	新疆东方希望新能源有限公司一期1.5万吨/年多晶硅14标段全厂地下管网安装工程	9月
32	新疆东方希望有色金属有限公司5#、6#电解车间电气仪表安装工程	9月
33	神华宁煤400万吨/年煤炭间接液化项目煤气化装置一标段	10月
34	大庆中蓝石化有限公司15万吨/年石脑油改质装置安装工程	10月
35	山东龙港14.5万吨/年异丁烯项目工程	10月
36	新疆塔河炼化有限责任公司国V柴油质量升级改造项目	11月
37	茂名分公司北山岭—茂名原油管道安全隐患治理项目	11月
38	大理振戎油库扩建项目金属安装工程	11月
39	沙特拉比格二期CP2尼龙装置	12月
40	神华宁煤400万吨/年煤炭间接液化项目油品合成B标段	12月
41	广东希必达5 000吨/年抗氧化剂及7 000吨/年固化剂项目土建及厂房钢结构制安工程	12月
42	新疆东方希望新能源有限公司一期1.5万吨/年多晶硅1标段全厂管廊钢结构制安工程	12月
43	“马广”原油管道大亚湾(淡澳河)段改迁工程	12月
二	检修改造项目	
1	北海炼化60万吨/年连续重整装置停工大修工程	1月
2	北海炼化含盐污水处理装置改造及配套工程	1月
3	广州分公司柴油改质、催化一、焦化三装置停工静设备大修	1月
4	茂名分公司16 T/1#柴油加氢、2#加氢裂化、3#柴油加氢装置停汽检修项目工程	4月
5	山东昌邑石化汽油加氢装置国V升级改造项目	6月
6	石科院特种润滑油生产设备升级改造工程	6月
7	武汉分公司80万吨/年柴油加氢装置改造工程	6月
8	燕山分公司2016年检修改造工程	7月
9	中沙石化2016年检修改造工程	9月
10	天津石化2016年检修改造工程	9月
11	2016年华能(天津)煤气化发电有限公司检修维护项目	12月
12	中原石化2016年乙烯等装置检修	12月

第五建设公司

【概况】 中石化第五建设有限公司(简称第五建设公司)的前身是大连工程公司，成立于1953年，2010年12月18日根据集团公司的战略部署，从甘肃省兰州市西固区迁址到广东省广州市荔湾区中山七路81号。2012年4月，根据炼化工程板块实施重组上市要求，更名为中石化第五建设有限公司。

第五建设公司是中国最早从事石油化工建设的大型施工企业，也是集团公司直属大型综合性施工企业，具有化工石油工程施工总承包一级企业资质、国外工程承包资质、对外经济合作经营资格资质和建筑行业(建筑工程)乙级、石油化工医药行业(化工工程、石油及化工产品储运)专业乙级设计资质等，正在申报“石油化工工程施工总承包特级资质”。

第五建设公司具备50亿元/年以上的施工生产能力；能独立承担炼油、化工、化肥、化纤、橡胶、电力、医药、冶金、军工等大中小型装置及配套工程建设任务；在大型传动设备(机组)安装、大型储罐安装、大型DCS自动化集散控制系统安装与调试和特种材料焊接，以及大型锅炉、大型空分、炼油、聚烯烃、甲醇、煤化工、土壤修复等方面，形成独具特色的技术优势；培养了一大批高级工程技术人员和各专业高级技师；在国家许多重大项目建设中，充分体现了在工程管理、机具装备、专业人才、新技术开发应用等方面的实力和优势。

截至2016年底，第五建设公司共有17个机关处室和南京分公司、项目管理公司、社区管理中心、设计院等12个二级单位；有49个项目部，其中国内45个、国外4个，分布在全国各地炼化企业和海外。用工总量为2 195人，其中在岗合同制员工1 887人、直接聘用到海外人员33人、不在岗人员269人、临时用工6人；取得各类专业技术职称人员893人，获得国家一级、二级建造师110人；从事项目经营管理人员中取得国际项目管理师(PMP)资质104人。

第五建设公司主要生产经营指标和2016年完成的主要工程项目分别见表1和表2。

(张　丽　王瑾瑾)

【领导班子职务调整】 2016年8月18日，集团公司党组正式下文，决定：蒋德军任中共第五建设公司委员会书记(按大Ⅰ型企业正职管理)；衣浩任中共第五建设公司委员会副书记(按大Ⅰ型企业副职管理)(仍任纪委书记、工会主席)；王建军、南亚林任中共第五建设公司委员会常委。田建军任第五建设公司总经理(按大Ⅰ型企业正职管理)(仍任执行董事)；王建军任第五建设公司副总经理(按大Ⅰ型企业副职管理)；南亚林任第五建设公司总工程师(按大Ⅰ型企业副职管理)。

(张　丽　王瑾瑾)

【承建武汉石化150万吨/年催化汽油吸附脱硫装置产出合格国Ⅴ汽油】 2016年8月2日，第五建设公司承建的武汉石化150万吨/年催化汽油吸附脱硫装置，生产出符合国家标准的国Ⅴ汽油，装置顺利进入72小时保证正常生产运行阶段。

(张　丽　王瑾瑾)

【承建广西液化天然气LNG项目进入投产保运阶段】 2016年3月28日，来自澳大利亚“PAVILION VANDA”号首船调试气顺利靠岸，标志着由第五建设公司承建的广西液化天然气(LNG)接收站项目全面进入投产阶段。该项目于2013年7月开工；2016年2月25日总变配电所正式受电，3月3日完成项目中交。

(张　丽　王瑾瑾)

【承建九江石化S－Zorb装置产出国Ⅴ汽油】 2016年9月12日，第五建设公司承建的九江石化120万吨/年催化汽油吸附脱硫(S－Zorb)装置汽油产品硫含量为1.1×10^{-6}，达到并好于国Ⅴ汽油标准。

(张　丽　王瑾瑾)

【承建中天合创180万吨/年双系列甲醇合成装置顺利中交】 2016年4月28日，第五建设公司承建的中天合创180万吨/年双系列甲醇合成项目顺利实现中交，成为中天合创鄂尔多斯煤炭深加工示范项目第1个中交的生产主装置。该项目包括2套180万吨/年甲醇合成装置、8个公用工程仓库及全厂稳高压消防水泵房，合同金额2.65亿元。项目首次与宁波工程公司采取联合EPC的管理模式。

(张　丽　王瑾瑾)

【承建中天合创30万吨/年聚乙烯装置产出合格产品】 该项目是第五建设公司首次与SEI采取联合EPC的管理模式，于2014年5月26日开工建设。2016年10月25日，装置产出合格产品。

(张　丽　王瑾瑾)

第五建设公司承建的中天合创项目180万吨/年双系列甲醇合成装置全景 （郭莉净 摄）

【承建马来西亚RAPID项目2#包渣油加氢装置开始施工】 2016年，第五建设公司执行施工管理任务的马来西亚RAPID项目2#包渣油加氢装置现场施工全面启动。该项目由马来西亚国家石油局投资、福陆公司和德希尼布公司组成的联合体执行PMC任务，炼化工程公司委托工程建设公司负责实施施工以及试车任务。第五建设公司主要负责880万吨/年渣油加氢装置以及氢气回收分配单元的施工管理、预试车工作，合同期至2018年12月。

（张 丽 王瑾瑾）

【中科合资广东炼化一体化项目正式启动】 2016年12月20日，中国石化最大的在建项目、广东省重点建设项目——中科合资广东炼化一体化项目开工动员大会在湛江举行，标示着该项目全面开工建设。第五建设公司作为中国石化在华南片区唯一的一家工程建设企业，充分发挥地域优势，积极主动参与中科炼化一体化项目建设，12月9日中标中科合资广东炼化一体化项目一级地管工程，12月12日中标湛江东兴公司120万吨/年S－Zorb催化汽油吸附脱硫装置。

（张 丽 王瑾瑾）

【环保节能中心正式成立】 2016年5月14日，第五建设公司环保节能中心成立，主要围绕场地修复与固废处理等环保业务开展技术研发、市场开发等工作。

（张 丽 王瑾瑾）

【资产管理公司成立】 2016年8月23日，第五建设公司资产管理公司成立，办公地点设在兰州，与兰州分公司为“一套机构、两块牌子”运行，负责第五建设公司在兰州、上海、福建、安庆及其他区域永久性生产用地、房产等实物资产的盘活、开发和管理，统筹规划、规范运作，实现资产价值、效益最大化。

（张 丽 王瑾瑾）

【稳步推进“四供一业”移交】 2016年，第五建设公司按照国务院国资委要求，高度重视“四供一业”移交工作，成立专门工作组，全力推进移交工作，截至年底，供气移交已进入实施阶段。

（张 丽 王瑾瑾）

【康乐家园第1批业主顺利入住】 2016年7月5日，第五建设公司在兰州举办“康乐家园”经济适用住房交房入住盛典，第1批业主顺利拿到新房钥匙办理入住。康乐家园投资6.2亿元人民币，总占地面积约5.53万平方米，总建筑面积21万平方米，住宅楼及商业建筑12栋，其中板式高层住宅楼33层、28层各4栋，多层商业建筑4栋，配套有地下车库、幼儿园、商场、休闲、绿化等多功能设施。

（张 丽 王瑾瑾）

【兰州分公司办公楼正式入驻揭牌开业】 2016年7月4日，第五建设公司兰州分公司办公楼正式入驻揭牌开业。新办公楼总建筑面积5 334平方米，于2014年10月开工，历时1年零3个月建成。

（张 丽 王瑾瑾）

【工程建设项目顺利实施】 2016年，第五建设公司坚持以项目为中心，合理配置人力资源和机械资源，积极推广综合项目管理信息系统，强化合同履约能力，加强过程控制，定期召开季度生产经营例会，保证工程项目顺利实施。截至年底，高标准建成集团公司重点项目——北海LNG接收站、中天合创煤炭深加工示范项目等41个，在建项目基本达到形象控制点，安全质量受控。

（张 丽 王瑾瑾）

【人才队伍建设不断加强】 2016年，第五建设公司强化人力资源管理和人才队伍建设，积极探索人才管理新模式，加强员工教育培训，加强海外人工成本管控，进一步规范劳动用工，有效控制用工总量。全年完成职位选聘1 247人和职位考核1 080人，为各项目调配人员970人次，举办员工培训班39期、1 745人次，建立广州、南京、兰州3个技能鉴定基地，提升了人力资源管理水平。

（张 丽 王瑾瑾）

【安全质量管理能力不断提升】 2016 年，第五建设公司切实抓好安全生产主体责任分解落实，不断强化现场安全质量管理。全年对 70 个项目开展安全督察，组织 2 次安全隐患排查和重大风险识别，完成 2 561万安全人工时。焊缝无损检测拍片一次合格率 98%。

（张　丽　王瑾瑾）

【新业务新技术取得成效】 2016 年，第五建设公司加快优化调整，有序推进高新技术企业申报，已获国家级高新技术企业资格。积极推广应用 HSE 标准化管理及"安全眼"等安全环保新技术新工艺；加强对石油烃污染土壤和地下水修复技术等研究，启动西安石化初步场地调查、天津"8·12"爆炸事故场地等土壤污染项目投标工作，完成天津滨海新区项目中试。

（张　丽　王瑾瑾）

【扎实开展"两学一做"学习教育活动】 2016 年，第五建设公司党委根据集团公司党组安排，分别于 5 月 19 日、9 月 28 日召开"两学一做"学习教育动员部署会、推进会，做到高度重视，认真部署，稳步推进。先后完成"10 个一"规定动作，通过集团公司"两学一做"学习教育第 7 调研督导组 2 轮调研督导；广东省委组织部专题调研，获得良好评价和肯定。

（张　丽　王瑾瑾）

【多措并举助推降本增效】 2016 年，第五建设公司坚持以财务核算为基础，预算控制为抓手，风险管理为导向，充分利用经济活动分析平台，加强财务管理。广泛开展"借力深化'三基'工作，助推落实降本增效"专题活动和"我为成本献一策"全员大讨论，征集生产经营等意见建议 302 条，找出影响生产运行、项目成本居高不下 6 个大类、28 项突出问题。不断强化对分包工程招投标管理，物资设备采购、废旧物资设备处理、审计监督、法律风险防范和外事管理等，以及优化配置资源，有效降低了施工风险和境外管理等风险，全年对分包结算审减1 205万元，节约采购资金 1 452 万元。

（张　丽　王瑾瑾）

【获得多项荣誉】 2016 年，第五建设公司连续 2 次获全国优秀施工企业，连续 6 年获集团公司优秀办公室称号，连续 25 年获评守合同重信用企业等。推荐上报的"施工企业全员目标成本管理体系的构建与实践"获集团公司管理现代化创新成果二等奖。研究开发并应用的"现场'安全眼'监管平台，创新安全监管手段，全面提升工程建设企业安全绩效"成果获中国石化"十二五"信息化应用优秀成果。承建的"武汉 80 万吨/年乙烯及配套工程"获国家优质工程金奖，"海南原油商业储备基地工程、武汉分公司油品质量升级改造二期工程"获国家优质工程奖，获全国优秀焊接工程奖 2 项，获集团公司优质工程奖 5 项，获全国化学工业优质工程奖 2 项；有 3 项 QC 成果获全国工程建设优秀 QC 小组活动成果奖。

（张　丽　王瑾瑾）

表 1　　**第五建设公司主要生产经营指标**　　亿元

指标名称＼年份	2016	2015	2014	2013	2012	2011
资产总值	42.47	37.10	32.90	28.56	25.18	18.54
主营业务收入	38.20	41.10	45.22	34.38	31.31	24.50
利　税	-3.92	1.72	1.50	1.33	1.19	0.85
承接工程数量/项	103	96	127	141	132	114

表 2　　**第五建设公司 2016 年完成的主要工程项目**

序号	项目名称	竣工时间
1	武汉石化黄冈金源油库改造工程 罐体制作安装工程承包合同及隐患整改消防系统改造工程承包合同(六标段)	1 月
2	珠海工程 7 万吨/年丁烯氧化脱氢制丁二烯装置	1 月

续表

序号	项目名称	竣工时间
3	珠海工程24万吨/年碳四深加工装置	1月
4	北海炼化产品质量升级改造项目260万吨/年柴油加氢改造装置和50万吨/年催化原料改质装置	1月
5	湛江东兴公司一般技改技措、隐患治理、日常维修项目	1月
6	湛江东兴公司2015年装置停工大修工程(二标段)检修施工项目、MTBE装置等同步改造项目	1月
7	广州石化检维修改造项目	1月
8	长岭炼油总厂2014年大检修油品质量升级改扩建——CFB锅炉系统完善项目	1月
9	镇海大榭馏分油综合利用项目加氢联合装置土建、安装工程	2月
10	广西液化天然气接收站工程	3月
11	武汉石化150万吨/年催化汽油吸附脱硫装置	4月
12	镇海炼化MTBE产品脱硫项目	4月
13	上海石化循环水场清污分流完善项目	4月
14	镇海炼化轻烃回收装置完善改造项目	4月
15	天津国储库工程项目	4月
16	兰州康乐家园住宅小区一期工程	4月
17	长城能化(宁夏)有限公司乙炔改造项目	4月
18	中天合创甲醇合成工程项目	4月
19	茂名分公司化工分部增设轻烃接卸设施	5月
20	中天合创35万吨/年气相聚丙烯装置	5月
21	镇海炼化柴油质量升级改造项目	6月
22	镇海炼化电气部区域核心变电所增上快切装置	6月
23	镇海炼化Ⅳ、Ⅴ加氢、苯抽提装置消缺改造	6月
24	镇海炼化Ⅳ、Ⅴ加氢、苯抽提装置DCS系统升级改造	6月
25	中天合创30万吨/年LLDPE装置	6月
26	上海石化恶臭治理项目	6月
27	九江石化120万吨/年催化汽油吸附脱硫项目	6月
28	鄂尔多斯员工公寓区场平及围墙工程	6月
29	武汉分公司油品车间罐区流程完善项目	6月
30	苏州工业园区污泥处置及资源化利用项目二期工程	7月
31	神华宁煤400万吨/年煤炭间接液化项目油品合成装置建筑安装	8月
32	长岭分公司120万吨/年催化汽油吸附脱硫装置	9月
33	四川维尼纶厂污水厂第一污水处理系统提标改造项目三标段	9月

续表

序号	项目名称	竣工时间
34	广州石化 PP3　装置尾项消除及开车前检修项目	10 月
35	中国石化吉林石油分公司加油加气站项目	11 月
36	四川维尼纶厂 2016 年生产装置全停大修	11 月
37	连云港荣泰化工仓储有限公司罐区工程项目(二期)二标段土建、安装工程	11 月
38	巴陵分公司八号沟至道仁矶管道隐患治理项目	11 月
39	中天合创热电装置工程	12 月
40	中国石化吉林石油分公司加油加气站项目(新)	12 月
41	沙特延布乙烷气干燥项目	12 月

第十建设公司

【概况】 中石化第十建设有限公司(简称第十建设公司)是炼化工程公司全资子公司，前身为原化学工业部第二化工建设公司，1970 年 10 月从山西太原迁至山东淄博，成立山东省化学石油建设公司，1983 年并入原石化总公司，更名为中国石化第十建设公司，1998 年更名为中国石化集团第十建设公司，2012 年完成公司制改制并变更为现名，2014 年 8 月本部迁址山东青岛，2016 年 4 月第一安装分公司、第二安装分公司、储运工程分公司和仪表电气安装分公司 4 个分公司也搬迁至青岛。

第十建设公司拥有石油化工工程施工总承包一级、对外承包工程等多项资质证书，建立了全方位、多层次、宽领域的人才架构，并在大型储罐安装、大型设备吊装、大型压缩机组安装调试、大型起运机械修造、特种材料焊接、长输管道 SCADA 系统及装置 DCS 和 SIS 系统安装与调试等方面，形成了国内领先的核心技术优势。

截至 2016 年底，第十建设公司下设 15 个机关部室以及安装、仪电、储运、重机、建筑工程、管道结构工程、项目管理等 15 个专业分公司，4 个子公司。在册员工 3 229 人，其中经营管理与专业技术人员 2 150 人、技能操作人员 1 079 人；拥有集团公司级专家 9 人，高级职称及以上人员 189 人，中级职称人员 781 人，技师及高级技师 219 人。

第十建设公司主要生产经营指标和 2016 年完成的主要工程项目分别见表 1 和表 2。

(翟巍巍)

【市场开发逆势前行】 2016 年，第十建设公司积极应对经济发展新常态，防范项目风险，立足投标报价精准化，积极稳妥开拓市场，新签国内合同额 34.94 亿元，新签境外合同额 2.35 亿美元。围绕国家石化“基地规划”，不断优化市场布局，承揽到新浦化学烯烃、深圳巨正源丙烷脱氢等大型项目；重视后续传统市场，积极拓展检修维保项目达 17 个；积极推动“战略绑定”，境内与上海惠生集团、华东管道设计院、长岭设计院、山东派力迪环保公司等签署战略合作协议；境外与德希尼布、派法特(Petrofac)、塞班等国际知名工程公司建立战略合作关系。

(翟巍巍)

【积极推进转型发展】 2016 年 10 月 18 日，由第十建设公司重型机械施工分公司与上海维得公司联合成立的上海维得维修中心授牌仪式在上海举行，这是第十建设公司在起重业务重组后迈出的新一步。为拓宽生存发展的空间，第十建设公司大力拓展安全隐患治理、环保、节能、海洋工程等新业务，努力培育新的效益增长点；借助境外石化一体化发展和国家“一带一路”战略实施，紧盯境外重点区域，扩大境外业务占比，逐步使其成为重要的效益来源；在国内加强与掌握核心技术的工程公司合作，整合新业务及相关设计资源，培育发展专项工程总承包能力，升级企业资质，逐步实现由“施工承包商”向“工程承包商”转型。

(翟巍巍)

【项目管理创新持续深化】 2016 年，第十建设公司以创新驱动引领企业发展，在项目执行过程中，大力推行“安装模块化、预制工厂化、焊接自动化、施工管理信息化、管道施工有序化、项目管理组织合理化”为主要内容的“六化”建设，加大自动化装备的推广使用，在中天合创、神华宁煤煤制油等国家级重大工程中收效明显，提升了工效，确保了项目安全和工程质量。

（翟巍巍）

【技术质量管理持续提升】 2016年，第十建设公司加快焊接、长输管道等技术的研发，获得国家授权专利9件，开展技术开发项目31项，被中国施工企业管理协会评为技术创新企业。在大力推进模块化施工策划、重大施工技术方案审批的同时，第十建设公司以整理提炼项目过程行为、文件数据为切入点，完成典型项目的经营大数据统计311项，促进项目“资料数据化、数据结构化、管理信息化”工作开展，使得核心技术优势、品牌优势与创新驱动能力稳步提升。

（翟巍巍）

【境外项目管理体系深化调整】 2016年，第十建设公司调整境外项目运行机制，确定“公司主导下的专业公司负责制”，即第十建设公司负责境外项目组织架构建设，专业公司负责组织施工力量执行项目。2015年11月，第十建设公司与英国Petrofac工程公司在阿联酋沙迦签署科威特重油开发项目，合同总额1.15亿美元，是第十建设公司首次与国际知名工程公司联合实施的第1个科威特项目，也是“公司主导下的专业公司负责制”模式下组建的第1个项目部，2016年5月1日钢结构安装开始，计划2018年4月30日交工。

（翟巍巍）

【参与建设俄罗斯亚马尔液化天然气项目】 2016年12月4日，荷兰籍“奥达克斯”号破冰船承载着第十建设公司参与建造的俄罗斯亚马尔(YAMAL)液化天然气项目214－PAU－003模块启航北极。亚马尔液化天然气项目是中俄之间最大的合作项目，中石油海洋石油工程(青岛)有限公司承揽针对LNG工厂化处理生产线建设任务，第十建设公司承担该项目中5个模块散件的施工任务，这也是第十建设公司海洋战略发展转型期承揽的第1个项目。214－PAU－003模块从2016年2月24日第1台阀门吊装，到11月30日模块装船，历时281天，顺利完成施工任务。

（翟巍巍）

【中天合创工程项目多套装置中交】 2016年6月30日，由第十建设公司承建的中天合创工程项目部煤气化工艺装置、180万吨/年甲醇制烯烃(S－MTO)装置一、180万吨/年甲醇制烯烃(S－MTO)装置二、20万吨/年烯烃催化裂解(OCC)装置、MTBE /1－丁烯装置、烯烃中间罐区实现高标准中交。气化工艺装置于2014年4月正式开工，2016年9月19日投料成功；10月17日，180万吨/年甲醇制烯烃(S－MTO)装置生产出合格乙烯、丙烯产品。在项目执行过程中，第十建设公司中天合创工程项目部累计实现1 100万安全人工时，获中天化工、EPC单位颁发的党徽闪光创精品工程、HSE优秀承包单位、质量管理先进单位等奖励，创造了一系列样板工程。

（翟巍巍）

【神华宁煤煤制油项目油品合成装置一次投料成功】 2016年9月15日，由第十建设公司承建的400万吨/年神华宁煤煤制油油品合成装置实现高标准中交，于12月9日顺利产出轻质油、稳定重质油、合格蜡，一次投料成功。在该国家级示范工程、全球单套规模最大的煤化工项目中，第十建设公司作为主建单位，承建气化装置Ⅱ标段、净化装置B标段、合成装置A标段和大件吊装Ⅰ标段等多项任务。在项目建设期间，多次被业主评为质量管理优秀施工单位、安全管理先进单位，在20多家施工单位中2次获得综合管理评比第1名。

（翟巍巍）

第十建设公司承建的神华宁煤煤制油油品合成装置

【多项工程获奖】 2016年，第十建设公司承建的烟台万华PO/AE一体化项目丙烷脱氢装置获全国化学工业优质工程奖；海南原油商业储备基地工程获全国工程建设焊接最高质量奖——2016年度全国优秀焊接工程一等奖；中国石化武汉80万吨/年乙烯及配套工程获国家优质工程金质奖，海南原油商业储备基地工程、榆林—济南输气管道工程、中化泉州1 200万吨/年炼油项目、武汉石化油品质量升级改造二期工程4项工程获国家优质工程奖，12项工程获省部级优质工程奖。

（翟巍巍）

【被认定为国家高新技术企业】 2016 年 12 月 16 日，经国家科学技术部火炬高技术产业中心批准，第十建设公司被正式认定为国家高新技术企业。

（翟巍巍）

【召开第 7 次党代会】 2016 年 8 月 21 日，第十建设公司召开第 7 次党代会。会议总结了第 6 次党代会召开以来的工作，确立了今后 5 年党建工作的指导思想和奋斗目标；选举产生中共第十建设公司第 7 届委员会和纪律检查委员会。

（翟巍巍）

【积极履行企业社会责任】 2016 年 1 月 23 日，洛桑贡恰等 5 名西藏班戈县青年圆满完成在第十建设公司的焊接学习任务，取得特种设备作业人员证资格。这 5 名焊工是按照第十建设公司和西藏自治区那曲地区班戈县签订的《支援牧区剩余劳动力转移就业技能培训框架协议书》安排，于 2015 年 10 月 28 日到第十建设公司焊接技术研发中心进行培训。第十建设公司在境外项目的执行中，积极参与当地慈善公益事业，哈萨克斯坦阿特劳炼油厂 KFCC 石油深加工项目部全年共为“哈萨克盲人社团”筹集 15.8 万坚戈善款。

（翟巍巍）

表 1　　第十建设公司主要生产经营指标　　亿元

指标名称＼年份	2016	2015	2014	2013	2012	2011
资产总值	41.82	44.64	46.10	40.10	33.57	25.46
主营业务收入	51.11	55.65	60.59	59.52	56.27	46.31
利　税	2.26	2.80	2.35	1.57	2.15	1.21
承建工程数量/项	48	52	47	58	55	50
授权专利数量/件	60	50	43	31	23	14

表 2　　第十建设公司 2016 年完成的主要工程项目

序号	项目名称	竣工时间
1	北海炼化 170 万吨/年升级改造至 210 万吨/年催化裂化大修技改工程	1 月
2	广西液化天然气项目接收站工程 4 台 16 万立方米低温储罐及配套工程	3 月
3	安庆油库安装施工（二标段）	3 月
4	中捷石化 250 万吨/年常减压蒸馏装置	3 月
5	宁波大谢 220 万吨/年催化裂解联合装置建筑、安装工程	3 月
6	茂名石化 2016 年 1# 裂解等 7 套装置大修工程	4 月
7	中国海油中捷石化 250 万吨/年重交沥青装置	4 月
8	宁夏长城乙炔改造项目 B 标段建筑安装工程	5 月
9	中韩武汉乙烯大检修	6 月
10	神华新疆 68 万吨/年煤基新材料项目 27 万吨/年低密度聚乙烯装置	6 月
11	天津国家石油储备基地 8 台 10 万立方米储罐安装工程	6 月
12	泰州石化 150 万吨/年加氢裂化装置	6 月
13	中天合创煤炭深加工示范项目煤气化装置 3#、4# 气化框架	6 月

续表

序号	项目名称	竣工时间
14	中天合创煤炭深加工示范项目180万吨/年甲醇制烯烃(S-MTO)装置一	6月
15	中天合创煤炭深加工示范项目20万吨/年烯烃催化裂解(OCC)装置	6月
16	中天合创煤炭深加工示范项目MTBE /1-丁烯装置	6月
17	齐鲁催化剂5万吨分子筛一期系统配套项目	7月
18	2016年燕山石化技改工程检修	7月
19	日照港油品码头有限公司油库二期工程	7月
20	青岛恒源化工10万吨/年非光气法聚碳酸酯装置	7月
21	神华宁煤400万吨/年煤炭间接液化项目油品合成装置A标段	9月
22	青岛海业摩科瑞油品罐区二期储运安装工程	9月
23	武汉石化80万吨/年乙烯装置优化原料储运项目	9月
24	神华宁煤400万吨/年煤炭间接液化项目气化三、气化四系列工程	10月
25	中国海油天津液化天然气(LNG)项目浮式储存气化装置(FSRU)气化能力替代工程—接收站项目	10月
26	江苏斯尔邦石化工程MTO装置	11月
27	山东华星石化100万吨/年汽油加氢装置升级改造项目	11月
28	俄罗斯YAMAL项目214-PAU-003模块管道、设备机械总装	11月
29	中天合创聚乙烯项目25万吨/年LDPE(管式)装置	12月
30	上海化工园区900吨/年丙烯腈催化剂制备装置建设工程	12月
31	上海石化锅炉烟气脱硫脱硝项目	12月
32	青岛炼化10万吨/年硫黄回收装置尾气达标处理改造工程	12月

长城能化

【概况】 中国石化长城能源化工有限公司(简称长城能化)是2012年8月27日注册成立的煤化工专业公司，与中国石化煤化工领导小组办公室合署办公，实行“一套人马、两块牌子”。长城能化是股份公司的全资子公司，业务归口化工事业部管理与指导，是中国石化煤化工业务投资的平台，负责中国石化煤化工业务的投资和经营，组织协调煤化工项目建设，对煤化工企业进行专业化管理。

长城能化本部位于北京市朝阳区吉市口路9号，注册地为北京亦庄经济技术开发区，设有综合管理部(外事办公室)、规划计划部、财务资产部、人力资源部(党群工作部)、纪检监察部、QHSE及运行管理部、工程维修部、煤炭资源部、煤炭转化部和化工产品部10个部门；下设中国石化新疆能源化工有限公司(简称新疆能化)、中国石化长城能源化工(宁夏)有限公司(简称宁夏能化)和中国石化长城能源化工(贵州)有限公司(简称贵州能化)3个控股公司，中天合创能源有限责任公司(简称中天合创)、中安联合煤化有限责任公司(简称中安联合)和毕节中城能源有限公司(简称中城能源)3个参股公司。截至2016年底，长城能化已在宁夏、内蒙古、安徽、新疆和贵州等地规划布局5个煤化工项目。其中，宁夏项目已建成投产，内蒙古项目建成试车，安徽项目处于工程建设阶段，新疆和贵州项目正在开展前期工作。本部机关、各控股公司和依托长城能化管理的中天合创及中安联合化工分公司用工总量为4 701人。

2016年，长城能化认真贯彻落实集团公司党组决策部署，积极应对国际油价低位运行、宁夏能化控亏减亏、中天合创投料开车等严峻挑战，紧紧围绕保安全、创效益、严管理、促创新、谋发展和强党建六大工作任务目标，统筹推进各方面工作，取得较好成效。全年完成投资 104.61 亿元，其中中国石化股权投资 50.30 亿元，含资本金注入 8.10 亿元；自开工以来累计完成投资 916.26 亿元。年末合并口径公司总资产 361.82 亿元，总负债 169.18 亿元，负债率 46.76%；权益口径总资产 506.18 亿元，总负债 361.64 亿元，负债率 71.44%。

（从怀芳）

【中天合创项目第一系列装置投料试车一次成功】 2016 年，长城能化始终坚持安全第一、统筹兼顾、稳扎稳打和有序推进的原则，充分协调发挥中国石化整体优势，紧盯项目关键节点目标，精心组织工程收尾、投料试车和配套煤矿建设及试生产等各方面工作。特别是在投料试车期间，会同总部化工事业部等部门组建各专业开车工作组进驻现场，加强试开车过程的指导、协调、检查和服务，顺利完成各公用工程装置和甲醇、2#MTO、环管聚丙烯、线型聚乙烯、气相聚丙烯等第一系列化工装置的投料开车任务，打通全流程，实现一次开车成功，并建成配套的葫芦素和门克庆煤矿首采面，顺利转入试生产。

（从怀芳）

中天合创项目投料试车现场

【宁夏能化项目扭亏脱困工作扎实推进】 2016 年，宁夏能化项目全面转入商业运营。面对由于项目设计先天不足、设备缺陷问题较多、产品售价大幅下滑等原因造成宁夏能化亏损严重的经营困境，长城能化研究制定并启动实施达产达标、脱瓶颈改造和结构调整“三步走”扭亏脱困工作方案。装置达产达标工作推进势头良好，除电石乙炔装置外其他各化工装置已具备达产达标条件，效益较好的甲醇装置保持达标状态运行，各主要产品质量达国内同行业先进水平；合成气脱瓶颈及醋酸填平补齐、废硫酸裂解等一批重点技术改造项目获准立项并开始实施；煤矿核准工作取得突破，矿权转让和产能置换方案均获得批复。

（从怀芳）

【中安联合项目重新论证后获准复工】 2016 年，长城能化根据集团公司党组领导指示精神，按照中国石化新的投资决策程序要求认真开展项目的重新论证工作，会同地方政府和合作股东方着力解决煤矿投资超概算及用工过多、项目优惠政策细化落实等问题，进一步压缩项目投资、防范风险和提高收益，经报集团公司党组研究决策，项目获准复工。

（从怀芳）

【“十三五”煤化工发展规划进一步明确】 2016 年，长城能化面对国际油价低位震荡、煤化工竞争力下滑较大、煤化工发展受到质疑的严峻形势，全面梳理煤化工业务发展情况，加强对外部形势的调研分析和主要煤化工产品竞争力的对比分析，形成煤化工“十三五”发展思路、重点措施和问题建议，按照党组领导指示和要求，研究制定并向总部提交“十三五”煤化工发展规划（建议稿），使煤化工“十三五”发展思路、发展目标和重点任务在集团公司“十三五”发展规划中得到明确。以发展规划为指引，稳步推进项目实施：新疆能化和贵州能化项目前期工作持续优化，贵州能化煤制烯烃项目环评报告完成修编并获批；中天合创项目中期评估和宁夏能化项目后评估工作完成。

（从怀芳）

【企业管理持续加强】 2016 年，长城能化重点以加强制度建设、健全内控体系和严肃绩效考核为抓手，不断夯实基础管理工作。推进本部制度建设，修订和制定规章制度 33 项，规范相关业务工作流程。抓好内控体系建设，完成本部 2016 版内控体系的更新及测试，实现宁夏能化内控体系上线，审批实施新疆能化和贵州能化内控权限指引。颁布实施 2016 年度绩效考核方案，围绕年度重点工作目标抓好分解落实和考核兑现，发挥考核导向作用，促进企业降本增效，本部和各控股公司管理费用和财务费用合计节约 3.91 亿元。加强安全监管力量，着力抓好宁夏能化安全隐患治理、中天合创投料试车前 HSE 条件检查、各煤矿安全技术措施落实等工作，安全生产状况逐步改善。通过“三会”加强对合资公司投资计划等重大事项监管，组织监事会现场检查和专项审计，促进合资公司依法合规经营。协调组织新疆能化、贵州能化和中安联合毕业生调入或借调到中天合创和宁夏能化，促进人力资源优化利用。加快信息化建设，完成本部和各控股公司 ERP 大集中上线，推广合同管理、费用报销、移动办公等信息系统应用。围绕重点难点工作加强协调支持，协助落实中天合创银团贷款、中安联合原料煤试烧、新疆能化股权调整、宁夏塑料资产移交等工作。

（从怀芳）

【党建工作不断深入】 2016 年，长城能化紧密围绕煤化工板块控亏减亏、投料开车、提质增效等年度生产经营中心工作任务，全面抓党建，促融合。认真学习贯彻集团公司党建工作会议精神，落实管党治党责任，宣贯执行“1 + 7”党建制度，颁布一批党建基础制度，完成上年度集团公司党建考核问题整改，组织对各煤化工企业进行党建考核，提高了党建工作水平。加强合资企业党组织建设，指导中天合创建立党委，协调制定中安联合党委组建方案。深化党风廉政建设“两个责任”落实，从严管理领导干部队伍，积极运用“四种形态”强化监督执纪，严格调查核实信访举报信件，开展“四风”问题整治“回头看”，党风廉政建设取得新成效。扎实开展“两学一做”学习教育活动，聚焦突出问题，深入学习研讨，加强督导检查，保证学习教育活动成效。聚焦突出问题和关键环节设立效能监察项目 20 项，有效推动企业中心工作。关心关爱员工，开展帮扶救助，组织各控股企业为员工建立企业年金和补充医保，增强员工归属感和忠诚度。加强形势任务教育和宣传思想工作，调研摸清干部员工思想状况，做好宣传引导，围绕中心开展“建功十三五、立业煤化工”主题劳动竞赛、“走基层、访万家”等活动。

（从怀芳）

化工销售公司

【概况】 2005 年，股份公司实施化工产品销售体制改革，同年 5 月在北京成立化工销售分公司。2009 年 4 月，中国石化对化工内外贸业务进行整合重组，成立化工销售有限公司，与化工销售分公司实行“一套班子，两块牌子”。2012 年，化工销售分公司与化工销售有限公司合并重组为中国石化化工销售有限公司(简称化工销售公司)，建立了统一的管理制度和操作规范。

化工销售公司是股份公司的全资子公司，主要负责中国石化所属企业生产石化产品的资源统筹、市场营销、产品销售、物流运作、客户服务等，以及相关化工原料的采购和供应工作，并开展物流设施及海外化工业务投资。在北京、上海、广州、武汉和南京等地分别设立华北分公司、华东分公司、华南分公司、华中分公司和江苏分公司 5 家区域分公司，以香港公司为海外业务平台，并在台湾、新加坡、越南、中东、北美、韩国设立办事处。在西安、沈阳、南京、杭州、汕头、泉州、昆明、长沙、成都等地设立多个经营部及代表处。

化工销售公司是国内及亚洲最大的内外贸一体化石化产品专业经营公司，年经营化工产品超过 6 000万吨，经营产品均取得相关国际国内认证，主要产品有合成树脂、合成橡胶、合成纤维、合成纤维原料、有机化工原料及特殊化学品等。

（武　晶）

【加强营销管理】 2016 年，化工销售公司实施“4P”营销管理，充分了解客户需求，准确把握产品定位，促进产品结构优化和资源优化，努力实现以销定产；细化下游客户管理，制定终端客户行业划分标准，做好市场细分，推进合约销售，稳定销售渠道；通过“一户一案”细化客户需求，加强个性化服务。加强宏观形势跟踪分析，关注宏观经济指标走势以及影响化工产业发展的因素，深化市场趋势分析预测，引导科学决策，市场预测工作显著加强；持续优化客户结构，加强直销客户开发，注重与下游行业创新型、领先型的战略客户合作，与威高等行业代表性客户建立战略合作关系。加强海外市场走访，积极组织合成树脂等产品海外推广；改善客户服务，推进客户反映的问题整改；完成客服中心应用系统切换上线，启用新的客服号码 95388。

（武　晶）

【推进创新发展】 2016 年，化工销售公司密切关注国家相关部门和行业“十三五”规划制定实施情况，贯彻落实集团公司工作部署，完成公司“十三五”规划编制工作。创新发展理念，正确认识宏观经济和石化行业变化，兼顾传统市场和传统行业，关注新产业和新业态，不断发现新市场、寻找新需求。加强顶层设计，制定专业化发展政策，强化责任担当，提高政策设计的针对性和有效性。深入分析经济走势影响以及化工市场激烈竞争，坚持稳中求进经营策略，注重与客户开展长期合作，加强行业沟通协调，不断拓展格局视野，树立中国石化负责任的市场形象。完善外贸业务管理，召开专题会议，广泛征求意见建议，研讨外贸工作发展方向，进一步明确出口品种、贸易方式、目标市场，持续研究完善外贸体制机制，发挥内外贸一体化优势，扎实推进外贸业务发展。加强自贸区政策研究，推进在自贸区设立子公司试点，为外贸业务创造条件。

（武　晶）

【“石化 e 贸网”正式上线】 2016 年，化工销售公司持续推进电商平台建设、物流支撑体系建设，召开电商平台专题会议，完善电商平台管理，细化业务运行方案，实现中国石化化工品电商平台“石化 e 贸网”正式上线，开启中国石化化工品电商新时代。深化信息系统应用，配合开展集团公司 ERP 系统大集中，完成 IC 卡系统全面推广。

（武　晶）

【加强经营优化】 2016 年，化工销售公司完成年初确定的 150 余项资源优化项目，将实施情况纳入年度绩效考核。持续开展各类形式物流优化，完善仓储设施和运输价格管理机制；坚持“内内外”原则，在最大限度用好自有库的基础上，加强外租库管理，提高外租库利用率，降低租赁成本；加强铁路自备车集中统筹和优化调配。

（武　晶）

【从严规范企业管理】 2016 年，化工销售公司严格落实集团公司安全工作会议精神和安全生产要求，完善 HSE 责任体系，注重发挥安全总监和安全督察队伍作用，积极应对 G20 峰会等重大事件，落实安全管理责任，确保物流安全运行。推进仓储网络布局优化项目，牵头编制化工品物流服务行业标准；强化自有罐区管理，推进船舶和危化品车辆检查认证，加强物流服务商监督考核，全年实现安全无事故。实施全面预算管理，逐步建立化工销售价值链管理体系，实现管理目标有序受控，推进产品线公司化经营核算模式。加强自营贸易业务管理，规避自营贸易业务风险。加强跨区调拨业务管理，加强调拨资源物流流向监控。完成重大重要风险应急预案编制，严格内控制度执行，深化风险预警系统应用。开展区域分公司自营贸易等专项审计。全面推进依法治企，召开法律工作会议，开展法律风险和基层普法培训，依法依规从严治企。

（武　晶）

【加强党建工作】 2016 年，化工销售公司扎实开展“两学一做”学习教育，认真学习贯彻党的十八届六中全会、全国国有企业党建工作会及集团公司党建工作会议精神，研究制定公司的“1 + 2 + X”党建制度体系文件；切实履行党委主体责任、纪委监督责任和班子成员的“一岗双责”，规范基础资料，组织开展党员亮身份、亮承诺活动，建立党员责任区、党员示范岗和基层党组织建设示范点，党员的先锋模范作用和党支部的战斗堡垒作用得到充分发挥；加强宣传舆论引导，选树先进典型，推广党员上微党课“三段式”（摆事例、悟道理、谈自己），组织开展劳动竞赛、“走访”“走访寻”等活动，营造和谐向上的公司发展环境。强化监督执纪问责，推进党风建设和反腐败工作。健全完善纪检监察机构，强化纪检监察队伍建设。组织开展廉洁谈话谈心活动，编写《化工销售典型案例选编》，教育引导干部员工守住底线、不越红线、筑牢防线；签订年度《党风廉洁建设责任书》、员工《廉洁自律承诺书》，以及客户、供应商、服务商《廉洁从业责任书》；加强纪检监察制度建设，开展物流仓储管理和落实“八项规定”等效能监察，推进业务公开网上巡视，对苗头性、倾向性问题及时提醒、及时纠正，取得良好效果。

（武　晶）

联合石化公司

【概况】 中国国际石油化工联合有限责任公司（简称联合石化公司）成立于 1993 年，是石化股份公司的全资子公司，是世界最大的石油贸易公司之一。主营业务包括原油贸易、成品油贸易、LNG 贸易及仓储物流等。联合石化公司设 15 个部室、6 个境外机构、3 个口岸分公司、1 个国内全资子公司（筹建中）及 1 个国内合资公司。3 个口岸分公司为联合石化宁波分公司、联合石化青岛分公司及联合石化二连分公司；1 个全资子公司（筹建中）为中石化（上海）能源贸易有限责任公司；1 个合资公司为中海油中石化联合国际贸易有限责任公司；6 个境外机构分别为联合石化亚洲有限公司、联合石化英国有限公司、联合石化新加坡有限公司、联合石化美洲有限公司、中石化冠德控股有限公司（香港上市公司）及联合石化印度办事处。

截至 2016 年底，联合石化公司拥有一支从事原油贸易、成品油贸易、LNG 贸易、仓储物流、财务管理、HSSE 管理、人力资源管理及行政管理等各类人才组成的出色团队。

2016 年，联合石化公司面对严峻复杂的市场形势，迎难而上，奋力拼搏，取得“十三五”经营管理工作开门红，整体经营能力不断增强，经营总量和利润水平均创历史新高。联合石化公司按照“围绕中心、夯实基础、突出特色、注重实效”理念，全面落实党要管党、从严治党责任，认真践行“一岗双责”和“两个责任”，党建工作再上新台阶。全年完成原油贸易量3.24亿吨，成品油贸易量3 964万吨，贸易额1 076.84亿美元。2014—2016年连续3年在集团公司年度绩效考核工作中被评为A类企业。

（魏　亮）

天然气分公司

【概况】 中国石油化工股份有限公司天然气分公司（简称天然气分公司）成立于2005年6月6日，是股份公司负责天然气工程建设、营运和天然气销售的专业化公司，是独立核算的经济实体和利润中心。2009年7月21日，股份公司设立天然气有限责任公司，与天然气分公司实行“一个机构、两块牌子”。2011年3月10日，股份公司赋予天然气分公司中国石化天然气经营管理职能，负责对油气田企业销售业务的管理与指导，统筹运销管理，统筹市场发展，促进天然气经营效益最大化。主要负责中国石化天然气长输管道、LNG接收站、储气库等的建设和运行管理；负责中国石化天然气市场开发和天然气销售；负责中国石化天然气业务合资合作，建设和运营省级管网、地市级管网，以及拓展终端销售业务；负责管理区域性公司和合资公司。

截至2016年底，天然气分公司拥有直属单位8个、合（独）资公司25个、工程项目部14个，建成投产独资或控股长输管道6 970千米、参股合资管道5 160千米、储气库调峰能力3.4亿米^3/年、LNG接收站接收能力1 000万吨/年，用工总量达6 000余人，年供气规模突破180亿立方米，市场覆盖范围20个省（市）。

（杨延平）

【产品销量稳步提高】 2016年，天然气分公司销气183.62亿立方米、增幅24.6%。其中，川气东送管道销气106.92亿立方米、增长12.5%，榆济管道销气52.51亿立方米、增长21.3%，LNG液体销售158.57万吨（约合23.26亿立方米）、增长150.6%，储气库注气0.93亿立方米。

（杨延平）

【销售增幅再创新高】 2016年，天然气分公司认真研究市场，重新定位市场，全力拓展市场，实现销售增幅超出全国平均消费增幅16.6个百分点。①深入市场一线，研究把握市场趋势，积极实施差异化策略，在效益好、市场容量大的地区采取“阶梯气价”策略，实现市场快速增长；在经济基础薄弱、市场增量有限的地区采取稳价、稳量、稳效的“三稳”策略，保证客户用量逐步提升；在资源供应多元化、市场竞争激烈的地区采取“平进平出”策略，抢占竞争市场份额；在管网未覆盖、市场需求迫切的地区采取“点供”“联合直供”“代输直供”等策略，锁定发展潜力市场。全年存量市场新增用气22.92亿立方米，增量市场新开用户22家、新增用气13.3亿立方米。②按照集团公司党组提出的“打造天然气销售网络”部署，充分发挥地方区位优势和协调优势，融入地方，借势发展天然气销售网络。继续完善省级和区域合作管网，增强区域分销能力；优化调整河北、广西、澳门等区域的合资合作模式，提升合资公司的经营能力；与电力企业、城市燃气商开展战略合作，与天然气分布式能源、乡镇燃气、支线管道等企业开展渠道合作，努力扩大终端市场。③开展“紧盯全年目标、全员搞销售、每天多卖一方气”活动，发挥最大合力实现量效提升；通过帮助用户连通“最后一公里”管线等措施，实施多元化服务，扩大优质客户群体；在集团公司确定的可调控价格范围内，采取“淡季促销保销量、旺季提价保效益”的销售方式，平抑峰谷差，实现有效经营；结合天然气价格改革政策，积极与用户对接，提前研究实施价格调整方案；发挥上中下游一体化优势，实施弹性价格机制，全力提升内部企业用气量。

（杨延平）

【储运设施建设有序推进】 2016年，天然气分公司按照“满足市场急需、控制投资规模、优化资本结构、突出效益回报”的原则，紧紧围绕“早建成、早投产、早创效”的思路，强化项目管理，强化组织协调，强化物资保供，大力推进储运设施建设，重点工程项目取得积极进展。广西LNG接收站按期建成试投运，配套管道累计焊接684千米；天津LNG接收站总体形象进度97.8%，配套管道累计焊接415千米、邹平站—团泊洼阀室段管道投产试运行。文96储气库注采站增注管道按期投产试运行，文23储气库先导工程单井注气系统实现注气；金坛储气库一期地面工程注采站、J103井和茅资1井建成投产，实现注气排卤。川气东送管道增压扩能（一期）工程潜江、宜昌增压站达到投产条件。中开线实现全线投产试运行；涪陵—王场管道等 4 项工程完成竣工验收；榆济输气管道工程获国家优质工程奖。温州 LNG、文 23 储气库项目获国家核准；鄂安沧、青宁、南川—涪陵等管道项目，江汉黄场等储气库项目前期工作均按照计划有序推进。

（杨延平）

【安全生产水平持续提高】 2016 年，天然气分公司以“完善调控中心、打造信息和应急平台”为载体，建成投产北京生产运行控制中心，逐步实现生产运行一体化调度管理。进一步完善生产设计，统筹安排布置年度各项生产任务，明确生产内容、目标和主要经济技术指标。强化生产组织协调，充分发挥月度生产会、周生产例会作用，逐步搭建沟通、解决问题平台。着力加强仿真模拟软件应用，提升生产运行及应急方案的科学性、规范性和可操作性。推进管道、站场完整性管理，有计划地实施检维修项目，完成固定资产检维修项目 389 项，管道改线、清管、内检测等大型作业 101 次。强化第三方施工管控，发现、处置第三方施工 904 处，监护措施达 100%。认真开展生产准备，保证广西 LNG 接收站、国家大流量计量站武汉分站等 8 个项目安全稳妥投产。修订 HSE 培训管理制度，加强培训机构管理，提升培训质量。积极发挥安全总监、安全督察大队的专项管理职能，采取“四不两直”及量化打分的方式进行督察，共发现并整改问题 148 项。全力推进山东管网济淄线连片占压等重大隐患治理，1 213 项隐患项目全部治理完毕，3 年隐患治理攻坚目标如期实现。加强与管道沿线有关部门沟通，逐步建立防恐、反恐报警系统和联动机制。完善应急预案，定期开展演练，提高应急处置能力，成功应对川气东送管道、榆济管道等应急事件。深入开展高后果区、第三方破坏、地质灾害、隧道等重大安全风险识别评价，建立重大风险动态管控机制，不断强化管道本质安全。实施分类管理，规范工作流程，加强全过程监管，确保建设项目“三同时”管理落地生根。

（杨延平）

【企业管理不断深化】 2016 年，天然气分公司围绕“创新思路、提质增效”目标，坚持从严从实、优化挖潜，企业管理水平进一步提高。①将抓“三基”作为推动严、细、实管理的重要抓手，组织编写《基层操作（管理）手册》，修订《基层场站标准化建设规范》和《基层班组工作规范》，不断促进基层管理标准化；制定《合资公司议案审查管理办法》，明确合资公司重大事项决策报送流程；统一招投标和合同审批权限，提升项目招投标审批、合同审批效率；建立 LNG 接收站和储气库固定资产分类与代码，填补了中国石化该领域空白；实施智能化管线管理系统建设，形成符合实际的信息化体系；开展 ERP 大集中项目建设，提升 ERP 应用管控能力；开展科研项目 21 项，推广应用科研成果 8 项，为生产运行提供技术保障；成立质量管理委员会，印发质量管理办法，推进质量管理体系建设。②深入分析寻找降本增效的空间，以“成本做减法、效益做加法”为原则，确定降本增效目标。优化资源流向，优先释放国产资源，增加远端市场及价格承受力高的用户供应量，提高经营效益；优化生产运行方案，提高储运设施运行效率；优化固定资产投资，认真做好项目论证和审核，加快实施扩能改造、拓市增效等项目，降低工程造价，提高建设项目的创效能力。合理调校大功率、高能耗设备的运行，降低动力费用；强化采购过程控制，大力推行设备国产化，降低采购资金；完善用工管理，培养和提高自身队伍能力，减少外部用工，降低外部劳务费用支出；深化财务管理，统筹安排筹融资，研究和争取税收减免政策，狠抓“七项费用”管控，降低财务费用。③修订内控手册，完善全面风险管理系统，及时开展穿行测试，实现对风险的监控、预警等职能；修订所属单位绩效考核实施细则，补充机关部门绩效考核方案，完善考核体系；加强内部审计、法律、效能监察等监督检查力度，全年开展审计项目 20 项、实施效能监察项目 21 项、审查合同 820 份、协调处理纠纷案件 4 起。

（杨延平）

【队伍建设取得新成效】 2016 年，天然气分公司坚持抓住抓好“第一资源”，不断加强和巩固人才资源的基础性、战略性地位，统筹推进各类人才队伍建设。制定完善中层管理人员退出现职的意见、处级领导人员选拔任用办法、机关处级领导干部年度考核办法、后备干部工作实施细则、机关和所属单位人员双向交流挂职培养管理办法等制度，进一步健全干部管理体系。完善人才成长通道建设实施办法，修订专业技术人员年度考核及职称量化评审办法，制定技师管理办法，为专业技术和技能操作人才成长搭建了平台。全年共完成技能鉴定 289 人，初步评选推荐技师 4 人。统筹当前和长远发展，完善人才招聘和智力引进方式，先后引进高校毕业生 64 人、石化系统优秀人才 42 人，大力推行技术服务、业务外包模式。编写培训教材，组织开展班站长培训等培训班 29 次，选派员工参加了集团公司业务培训班

55次，累计培训人员1 200余人次。开展第2届业务竞赛，参赛人员达186名。

（杨延平）

【党建工作与生产经营有机融合】 2016年，天然气分公司认真贯彻集团公司党建会议精神，落实管党治党责任，制定"1+6"党建工作制度，修订党建工作目标管理考核办法，创新党建工作机制。强化党组织建设，顺利完成天然气分公司党委及各基层党组织的换届工作。认真开展"两学一做"学习教育，细化学习教育方案，组织专项调研督导，确保活动取得实效；通过开展专题讲座、书法比赛、知识竞赛、佩戴党徽挂牌上岗等活动，引导党员不断增强党性修养。组织开展"一先两优"评选，深化"党员先锋工程"。深入推进"提升'三基'，强化服务，提质增效"主题实践活动，扎实开展市场促销、工程攻关等专项劳动竞赛，以竞赛促生产，以活动提效益。严格落实党风廉洁建设"两个责任"，组织开展"四个一"活动，不断深化党风建设和反腐败工作。突出关键时间节点教育，"四风"问题整治"回头看"得到有效推进。开展企业文化建设检查指导，进一步推动《企业文化手册》落到实处。以评选"号手"和"青年突击队"等活动为抓手，不断发挥青年员工的生力军作用。开展"建家""走基层、访万家"等活动，增强员工的凝聚力和向心力。完善微信、微博等六位一体的宣传平台，加大宣传力度，展示公司良好形象。

（杨延平）

新星公司

【概况】 中国石化集团新星石油有限责任公司（简称新星公司）是集团公司的全资子公司，本部位于北京市北四环中路263号。主要业务涉及地热能、太阳能、生物质能、天然气三联供等新能源集成应用，以及工业余热、余气、余压等新能源的投资、开发和综合利用。海外工程涉及供水、道路、桥梁等公用工程建设及油气井钻井、水井钻井业务。国内市场分布在河北、陕西、山西、河南、山东等16个省市（自治区），国际市场分布在埃及、尼日利亚等20余个国家。拥有碳资产、合同能源管理、中国外经贸部授予的进出口贸易、对外经济技术合作和对外承包工程经营资质。

新星公司前身为原地质矿产部石油地质海洋地质局。1996年12月7日，根据中央部署，以原地质矿产部石油地质海洋地质局及其所属石油系统的普查勘探、科研队伍为基础，成立了中国新星石油有限责任公司。2000年2月29日，中国新星石油有限责任公司整体并入集团公司并进一步重组。2009年4月1日，新星公司正式划归集团公司上游板块，明确了以海外工程服务、地热资源开发利用、盐卤及二氧化碳等矿产资源开发为主经营的发展格局。2012年6月，国家能源局以新星公司为主体成立国家地热能开发利用研究及应用技术推广中心。2015年1月，集团公司明确把新星公司定位为中国石化的新能源专业公司，代表中国石化投资建设运营新能源产业。

截至2016年底，新星公司下设办公室、财务资产处、人力资源处等13个机关处室，地热发展部、太阳能发展部等4个主营专业部门，9个全资子公司，6个控股公司，1个参股公司，2个研究机构，2个管理服务单位（分公司）。用工总量1 921人，其中劳动合同制员工1 728人、劳务派遣工193人。海外临时用工20 633人。

新星公司主要经济指标见表1。

（周　明）

【全面完成生产经营任务】 2016年，新星公司认真贯彻集团公司决策部署，坚决落实新能源专业公司的定位要求，积极应对国际油价低位徘徊和其他新能源起步较晚等现实考验，深化改革激发活力，优化调整提质增效，深入开展"两学一做"学习教育，在打造国际知名绿色能源公司的征程上开拓创新、砥砺奋进，呈现出良好发展态势，实现"十三五"的良好开局。全面完成集团公司下达的各项经济指标；实现收入70亿元、利润1.6亿元，国有资产资本保值增值率102%。新增供暖能力858万平方米、供暖面积600万平方米。落实太阳能光伏项目35兆瓦，建成余热利用能力62万吉焦/年。地热井开钻132口、完钻122口，建设换热站46座、建成30座。新签合同额14.5亿美元，对外贸易额6 600万元。全面实现安全生产，完成集团公司下达的安全环保指标。

（周　明）

【发展思路进一步厘清】 2016年1月28—29日，新星公司2016年工作会暨三届二次职工代表大会在京召开。总经理张召平做了题为《创新驱动、转型发展，为建设国际知名绿色能源公司而奋斗》的工作报告。进一步明确"十三五"时期"以地热能品牌建设为导向，以海外工程服务为支撑，以中国石化整体优势为依托，以创新、协调、绿色、开放、共享的发展理念为指引，大力实施‘绿色低碳、创新驱动、合作共赢、相关多元化’四大战略，积极推进地热＋太阳能、风能、余热利用等新能源集成高效开发，打造‘管理型’公司发展模式，适时进军资本市场，实现经济效益、社会效益和生态效益的协调统一，努力建设国际知名的绿色能源公司”的发展思路。确定“1234”战略规划，即：1 个发展愿景——建设国际知名绿色能源公司；2 个经营目标——“十三五”末实现收入 200 亿元、利润 20 亿元；3 个 1/3——地热业务收入占 1/3，太阳能、风能、余热利用等国内其他新能源业务收入占 1/3，海外新能源业务收入占 1/3；4 个发展战略——绿色低碳、创新驱动、合作共赢和相关多元化战略。企业发展定位、思路及目标进一步提升和完善。

（周　明）

【改革调整不断深入】　2016 年，新星公司根据业务发展实际，进一步梳理各部门岗位职责，搭建适应新能源业务发展的管理型公司架构，畅通专业发展新能源的体制机制，促进了规范有序运转。组建北京新能源公司，为进一步开拓北京周边市场、打造新能源品牌提供了组织保证。设立新能源研究院郑州分院，按照工程技术中心的定位，确定相应的职责范围，明确地热领域综合实力一流的工程技术中心的发展方向。结合华东地区的业务实际，组建江苏公司，华东新能源市场局面为之一新。将新星西安分公司变更为新星陕西新源公司，有利于更好开拓西北地区中国石油等新能源市场。组建新星东营分公司，承担胜利油田及东营市周边的市场开发工作。

（周　明）

【新能源事业发展显著提速】　2016 年，新星公司完成投资 8.77 亿元(股权 5.26 亿元)，批复项目 74 个、投资 15.6 亿元，储备项目 83 个、估算投资 17.5 亿元，批复项目和投资额超过“十二五”时期的总和，新能源项目呈现出规划、建设、运营和储备的良性循环。地热资源勘查获新发现，部署探井 22 口，勘探成功率 70.6%。在河北大名、山西曲沃、河南濮阳、山东东明等地取得一批重要成果。地热市场规模化发展，新签供暖合同 168 项、700 万平方米。整装开发大名 500 万平方米、曲沃 270 万平方米、绛县 400 万平方米集中供暖项目，江汉油田华美小区等地热供暖项目投入运营，基本建成陕西武功、河北容城 2 座“无烟城”。太阳能产业快速布局。分布式太阳能光伏项目共落实 23 个 48 兆瓦，太阳能项目实现从无到有和快速发展。一批整装项目稳步推进，碳资产管理加快实施，咸阳、雄县 2 个 CDM 项目在联合国成功注册，累计签发减排量 2.8 万吨二氧化碳；正开发的 6 个 CCER 项目年减排量 40 万吨二氧化碳，其中 3 个成功备案；签订碳资产交易合同，进军碳资产市场迈出坚实步伐。

（周　明）

【携手润滑油公司拓展境外业务】　2016 年 2 月 23 日，新星公司与润滑油公司在京签订战略合作协议。双方将以 SINOPEC 润滑油为媒介，以新星公司在埃机构为平台，面向埃及市场，拓展油脂业务，提供相应配套服务，共同树立中国石化海外品牌形象。

（周　明）

【携手江汉石油管理局发展新能源】　2016 年 5 月 18 日，新星公司与江汉石油管理局签订《新能源开发利用合作框架协议》。新星公司将发挥新能源项目开发技术、管理优势，开发利用江汉石油管理局所在区域的地热能、太阳能、生物质能、污水余热等资源，实现优势互补、互利共赢、长期合作、可持续发展。

（周　明）

【助推西藏山南市加快发展地热能】　2016 年 9 月，应西藏自治区人民政府邀请，新星公司副总经理刘世良带队赴藏同西藏山南市政府签订《地热资源勘探开发利用战略合作框架协议》。根据协议，新星公司将与山南市政府成立山南市地热资源勘探开发利用工作领导小组，共同推进山南地热资源的勘探开发利用，构建多能并举、互联互通、稳定清洁、可持续发展的综合能源体系，为推动西藏经济社会发展和建设美丽西藏做出贡献。

（周　明）

【首例并网光伏发电项目正式投入运行】　2016 年 3 月 18 日，新星基地屋顶分布式太阳能光伏发电项目通过国家电网北京海淀供电公司并网验收，标志着新星公司首例太阳能光伏发电项目正式投入运行。2015 年，新星基地屋顶分布式太阳能光伏发电项目于 10 月开工建设，采用“自发自用、余电上网”模式运行，总装机容量 371 千瓦，理论年发电量约 43 万千瓦·时，2016 年度累计发电 46 万千瓦·时，平均发电效率 84.11%，超过设计标准。该项目成功运行，为新星公司下一步开拓光伏发电项目储备人才和技术。

（周　明）

新星公司首例并网光伏发电项目

【在疆首个余热综合利用项目顺利投产】 2016年10月25日，新星公司投资建设的塔河油田发电三厂烟气余热综合利用项目顺利投产，这是新星公司在新疆投资建设的首个余热综合利用项目，为进一步拓展新疆新能源业务市场打下了良好基础。项目投产后，将高效利用发电三厂高温烟气，变废为宝，为西北油田分公司采油二厂二号联合站原油集输进行加热，解决原加热装置老化、效率偏低问题，同时为生活区提供热源，实现清洁供暖。

（周 明）

【2016年中国地热国际论坛在京举办】 2016年11月17—18日，由国家地热能源开发利用研究及应用技术推广中心发起，中国工程院、集团公司联合主办，新星公司、中国工程院工程管理学部、中冰地热技术研发合作中心联合承办的“第240场中国工程科技论坛、2016年中国地热国际论坛”在北京举办。该届论坛是继2014年成功举办首届中国地热论坛，首次借助中国工程科技论坛的平台，举行的又一次重要论坛。论坛的主题是“合作、创新、绿色、跨越”。中国工程院院士、十届全国政协副主席，中国工程院主席团名誉主席徐匡迪，国际地热协会主席亚历山大·里克特出席论坛开幕式，29位中国工程院、中国科学院院士参加论坛，中外专家学者共700余人研讨了地热产业发展现状、趋势及挑战，地热产业开发利用规划、战略布局、支持政策，以及相关的关键技术、核心装备的筹划等，助推全球特别是中国地热能高效利用和可持续发展。

（周 明）

【中冰地热技术研发合作中心揭牌】 2016年12月9日，中冰地热技术研发合作中心揭牌仪式在京举行。股份公司高级副总裁王志刚、冰岛国家能源局局长约翰内松共同为中心揭牌。中冰地热技术研发合作中心系根据中国科技部同冰岛教育、科学与文化部《关于建立中冰地热技术研发合作中心的谅解备忘录》约定，由新星公司和冰岛国家能源局、冰岛极地绿色能源公司作为执行机构共同组建。2016年9月23日，集团公司董事长王玉普访冰期间，与冰岛总理约翰松共同见证新星公司与冰岛国家能源局、冰岛极地绿色能源公司签署《中冰地热技术研发中心合作协议》，标志着中冰地热技术研发合作中心建设工作正式启动。建立中冰地热技术研发合作中心旨在推进中冰地热技术合作研发。双方将依托研发中心开展高水平联合研究，促进科技人员交流与培养，鼓励技术转移，提高双方科技研发能力，促进中冰两国在地热开发技术研发领域建立长期、稳定合作关系。

（周 明）

中冰地热技术研发合作中心揭牌

【获中国能源企业社会责任奖】 2016年12月22日，2016能源年会暨第2届中国能源发展与创新论坛在北京召开。会上新星公司获2016年度中国能源企业社会责任奖，新星公司总经理张召平获2016年度中国能源创新企业家奖。此次论坛由中国改革报社《能源发展》周刊和集团公司主办，以“创新驱动 实业兴邦”为主题，对多能源互补研究及应用、太阳能能效再提升、智慧能源与储能技术等领域展开讨论。

（周 明）

【党建工作扎实开展】 2016年5月6日，新星公司召开“两学一做”学习教育动员部署视频会，传达贯彻习近平总书记关于“两学一做”学习教育的重要指示及集团公司学习教育动员部署会精神，对公司开展“两学一做”学习教育进行部署安排。认真贯彻全国国企党建会议和集团公司党建工作会议精神，突出强基固本，狠抓责任落实，扎实推进党建思想政治工作。制定“两学一做”学习教育方案计划，举办十八届六中全会精神培训班，组织“四个专项检查”，开展“结对子”活动，加强党风廉政建设和反腐败工作，专项整治干部经商办企业同中国石化业务往来问题，完善基层党组织建设，评选表彰“一先两优”，组织“走基层、访万家”“走基层、访青年，寻找最美新星青工”等活动，举办“地热杯”篮球联赛，实施广州公司25户平房改造搬迁等惠民工程，落实离退休老同志“两项待遇”，企业党组织的政治核心作用显著发挥，和谐稳定局面持续巩固。

（周　明）

表 1　　新星公司主要经济指标　　亿元

指标名称＼年份	2016	2015	2014	2013	2012	2011
工业总产值	70. 31	63. 89	88. 27	79. 93	72. 52	70. 16
企业增加值	21. 92	26. 02	34. 29	23. 58	19. 49	20. 35
资产总计	132. 29	140. 13	121. 88	109. 25	90. 86	82. 64
流动资产	94. 18	106. 42	93. 09	82. 48	69. 59	63. 35
固定资产原值	43. 16	53. 29	47. 49	43. 23	38. 34	34. 52
固定资产净值	23. 76	21. 05	17. 62	16. 21	13. 94	12. 74
销售收入	70. 31	63. 89	88. 27	79. 93	72. 52	70. 16
实现利税	3. 76	7. 93	14. 58	11. 28	8. 51	9. 28
税　金	2. 19	2. 89	7. 27	5. 26	5. 43	7. 39

管道储运公司

【概况】　中国石化管道储运有限公司(简称管道储运公司)是股份公司全资子公司，是中国石化原油储运专业公司，创建于1975年2月，始称华东输油管线指挥部，1978年9月更名为华东输油管理局，1998年6月由中国石油划转到中国石化，成立中国石化集团管道储运公司，2000年3月输油主业进入股份公司成立管道储运分公司。2014年4月，中国石化以管道储运分公司为主体，整合上市、非上市业务，成立中国石化管道储运有限公司。非上市部分保留法人机构，人员整体划转至管道储运公司，业务、资产委托管道储运公司实行一体化管理。

管道储运公司基地位于江苏省徐州市，下设天津输油处、宁波输油处、黄岛油库、镇海国储等18个输油生产单位以及管道设计研究院、管道科学研究院、抢维修中心、检测公司、管道特种作业公司、矿区管理中心等13个技术服务和后勤保障单位。管理资产总额约900亿元(含代管资产)，用工总量8 000余人。

管道储运公司管辖39条输油管线，全长6 616千米，沿线共有86座输油站库，途经北京、天津、山东、江苏等14个省、自治区和直辖市。在用油库总罐容4 337万立方米。管理天津港实华原油码头、宁波实华原油码头、湛江港石化码头等7个原油码头合资公司，分别位于曹妃甸、天津、青岛、日照、宁波、舟山、湛江，年接卸能力达2. 5亿吨。

截至2016年底，管道储运公司建成以油田和大型原油码头为接卸中心，以原油中转库为输转中心，形成东西衔接、南北贯通，覆盖华北、山东、华中、华东和华南地区主要炼化企业，国内原油与进口原油可灵活调运的管道储运网络。担负着胜利、中原等5家油田及部分进口原油的输送任务，为燕山石化、齐鲁石化、扬子石化等21家企业输转原油，原油一次输送能力达1. 78亿吨/年，已连续4年输油超1. 2亿吨，保证中国石化原油资源的稳定供应。

管道储运公司主要经济指标和主要生产指标分别见表1和表2。

（高浩亢）

【主要领导调整】　2016年8月18日，经集团公司党组研究并征得中共江苏省委员会同意，任命邓彦、孙兆强为中共中国石化管道储运有限公司常委，免去张洪奎中共中国石化管道储运有限公司常委、委员职位；聘任邓彦、孙兆强为管道储运有限公司副总经理，免去张洪奎副总经理职位，另有任用。

（高浩亢）

【实现利润创历史新高】　2016年，管道储运公司始终以服务炼化企业加工需求和集团公司整体效益最大化为己任，进一步强化效益理念和服务意识，在确保安全的基础上，努力在抓优化、降成本、拓市场等方面下功夫，开源与节流并举，实现平稳输油与经济效益双丰收。全年累计实现考核利润43.25亿元(不含码头公司投资收益6.2亿元)，再创历史新高。

（高浩亢）

【全面完成输油生产计划】 2016年，管道储运公司累计销售原油0.43亿吨，同比下降10%；累计输油1.38亿吨，增加7.37%；累计接卸油轮733艘，增长4.42%；输差损耗率0.18%，控制在总部下达的指标范围内；综合单耗48.9千克标油/(万吨·千米)，下降0.31%。

（高浩亢）

【管道保护工作成效显著】 2016年，管道储运公司共发生打孔破坏34次，同比下降75%；抓获涉油犯罪嫌疑人数221名，打掉涉油犯罪团伙27个。管道停输58.7小时，下降82.2%，大幅降低了输差损耗。

（高浩亢）

管道保护资料发放宣传现场

【降本减费成效显著】 2016年，管道储运公司进一步深化全员成本目标管理，从严从紧控制各项费用开支，降本减费成效显著。强化成本倒逼机制，持续改进可控费用管理，确保全年完成生产运行费用压降4%、管理运行费用压降10%目标，降本减费3.73亿元；全面开展直购电工作，降低用电成本，对符合电力直接交易准入条件的输油站库提出电力直接交易申请，全年平均电价为0.681元/(千瓦·时)，同比降低4%，节约费用2 888万元；加强现金流管理，提高资金运营效益，全年节约财务费用8 000万元；挖掘内部潜力，降低维修成本，全年降低维修成本9 700万元；依法据理力争，降低隐患治理成本，持续优化隐患治理方案，减少不必要支出，全年累计争取外部资金和节约资金6 060万元；牢固树立投资效益理念，最大限度降低投资成本，全年实际下达投资计划22.28亿元，与投资控制目标31.01亿元相比压减8.73亿元。

（高浩亢）

【管道隐患整治攻坚战提前告捷】 2016年12月6日，鲁宁管道薛城段改线工程顺利完工，占集团公司近50%的7 671项管道隐患全部整治完毕。810项库区隐患已整治完成663项，完成率81.8%。管道储运公司获集团公司油气输送管道隐患整治攻坚战先进单位称号。

（高浩亢）

【提升应急处置能力进一步提升】 2016年，管道储运公司成立应急能力建设改进工作组，围绕站库有效巡检、外管道有效巡护、初期应急处置、消防力量布控、应急物资储备、外部资源依托、联防联动机制、应急预案演练、信息通信保障、应急抢修体系等全方位统筹推进应急能力建设，基本形成有效、高效的应急准备与响应管理体系，切实发挥应急管理在安全生产中的核心保障作用。截至年底，管道储运公司妥善处置不同级别突发事件105件，启动公司级应急预案4起、处级应急预案10起；开展应急演练1 790次，其中公司级演练3次、处级演练185次；开展抢修作业249次、维修作业5 980次；完成集团公司级和公司级应急抢险任务18项，特别是在仪长管道抗洪抢险期间，完成挂车河决堤口和另2处管道抢险加固任务，确保沿江炼化企业原油供应。

（高浩亢）

【重点工程进展顺利】 2016年，管道储运公司以保质量、保安全、促进度为主线，完善工程质量监督体系，持续加强工程建设规范化管理力度和施工现场标准化管理，深入开展施工现场安全、质量管理，工程管理水平得到提高。开展董家口—东营原油管道工程、临邑—济南原油管道复线、日照—濮阳—洛阳原油管道工程等16个重点项目前期工作，涉及投资约98.33亿元，已批复可研3项，批复投资5.35亿元，包括临邑—济南原油管道复线、魏荆线东津镇城区占压段改线等项目。鲁宁线隐患整治二期等9个项目完工投产。仪长复线仪九段工程已完成投产条件确认，具备投产条件。日照—仪征原油管道增输等8个项目开工建设。铁山港—山口、日仪管道等6个项目完成竣工验收。

（高浩亢）

【成功申报国家级油气管道应急救援基地项目】 2016 年，管道储运公司成功申报国家级油气管道应急救援华东(徐州)基地建设项目及装备配置计划，进入第 1 批建设名单，获得批复投资 1.1 亿元。完成中国石化长输油气管道应急抢维修体系建设方案的编报工作。轻便浮桥、快装管道、抢修设备集成等研究成果在应急抢险中发挥较好作用。“双行程带压摘阀工具”“多功能顶压式堵漏工具”等多项实用技术获国家专利授权。编制《输油管道抢维修技术手册》等企业标准，广泛应用于日常维护及抢修作业工程中。

（高浩元）

【特种作业业务快速发展】 2016 年，管道储运公司全力推进特种作业业务资质升级，完成总承包资质升级换证工作。继续发挥管道穿越、封堵、储罐清洗三大业务技术优势，加强科研立项和技术攻关。其中，穿越工程技术通过改进传统岩石扩孔工艺，实现了降本增效；防腐层补口技术尝试采用机械自动化，提高了施工质量；推行化学钝化清洗技术，确保高含硫化氢储罐清洗安全作业；加快研发轻便、高效的快速封堵设备与技术，为应急抢险赢得宝贵时间。

（高浩元）

【加强科技攻关和成果转化应用】 2016 年，管道储运公司开展多条管网优化运行研究，推进 VOCs 专项治理和含硫原油接卸与储运技术研究。完成无溶剂补口涂料、阀门电装故障检测器、库区管控平台等多项新技术的研发应用。组织开展“硫化氢抑制剂技术开发研究”等 18 个集团公司级和公司级科研项目立项工作。成功申报中国石化 2017 年度“十条龙”项目“大型原油罐区安全及 VOCs 减排技术开发与应用”。

（高浩元）

【提升检验检测资质及水平】 2016 年，管道储运公司取得国家压力管道综合检验机构甲类资质，通过江苏省政府高新技术企业资格认证。承担集团公司级和公司级科研项目 17 个，其中“阴极保护数据智能采集终端的研究”“储油罐沉积物测量”等项目进入现场实际应用；“阀门内漏检测技术”完成现场应用技术准备。新一代高置信度内检测技术通过测试。参与《在役油气管道工程检测技术规范》等 6 项国家标准修订工作，申报中国石化标准立项 6 项。

（高浩元）

【加大设计市场影响力】 2016 年，管道储运公司开展三维设计软件应用技术研究，推进三维软件设计应用；组织大落差管道水力仿真分析技术研究，提高管道复杂地段设计水平；开展 TANK 储罐设计、Ansys 有限元应力分析软件技术应用攻关，提升储罐工程设计竞争力。持续改进设计质量，修订完善 6 项质量体系作业文件；加快推进标准化工作，完成 45 项标准化成果，获集团公司“三化”工作二等奖。参与《油气输送管道跨越工程设计规范》等国家标准规范编修订工作，提高了行业内技术影响力。

（高浩元）

表 1　管道储运公司主要经济指标①　亿元

指标名称 \ 年份	2016		2015		2014		2013		2012		2011	
	非上市公司	上市公司	非上市公司	上市公司	非上市公司	上市公司	非上市公司	上市公司	非上市公司	上市公司	非上市公司	上市公司
工业总产值	7.11	77.78	4.94	84.30	9.85	72.07	10.80	67.38	10.72	72.87	20.35	69.87
工业增加值	1.44	67.26	1.32	85.02	5.30	10.39	4.35	35.08	4.71	31.99	3.91	26.41
资产总计	18.79	365.80	19.36	356.44	20.30	469.48	18.60	599.32	19.09	555.59	21.41	529.19
流动资产	12.34	135.74	12.89	131.45	14.20	252.48	12.34	378.02	11.58	328.51	13.92	282.36
固定资产原值	12.31	350.13	12.25	340.22	12.04	324.60	12.04	332.24	12.97	310.24	12.30	305.67
固定资产净值	5.54	166.71	5.20	173.39	6.08	176.71	5.82	188.82	7.42	197.52	6.50	207.18
销售收入	7.33	996.50	10.16	1 310.40	10.16	2 523.30	11.21	2 679.30	11.03	770.35	20.43	81.99
利润总额	0.54	29.30	0.75	34.47	4.03	70.05	0.34	4.68	0.25	2.71	-0.19	5.10
税　金②	0.65	17.26	0.12	45.07	0.75	8.76	0.18	5.35	0.38	3.98	0.73	3.84

①2013 年管道储运公司成立原油销售分公司，财务报表中销售收入大幅提升

②2015 年由于公司利润增加及营业税改增值税等原因导致纳税增加

表 2　　管道储运公司主要生产指标

指标名称＼年份	2016	2015	2014	2013	2012	2011	2010
收油量/万吨	4 334.64	4767.99	5224.18	5642.23	5 457.64	5 263.89	5 092.69
输油量/万吨	13 811.24	12 863.30	13 043.27	12 932.15	12 023.00	10 839.00	10 316.63
销油量/万吨	4 343.69	4 779.20	5 418.22	5 573.90	5 401.38	5 197.01	5 071.78
周转量/万吨·千米	6 405 410.00	6 232 509.00	6 163 339.00	6 192 504.00	5 767 946.00	5 624 145.00	5 291 303.00
原油总耗/万吨	0.98	1.346	1.77	2.47	2.62	3.35	4.55
电总耗/万千瓦·时	117 048.26	113 984.08	119 514.4272	120 704.35	115 665.28	124 534.53	123 161.71
蒸汽总耗/万吨	16.55	18.55	18.56	18.08	20.08	19.78	22.37
天然气总耗/万立方米	2 382.10	1 757.29	1 715.26	1 813.24	2 000.06	2 282.07	1 945.27
综合单耗/千克标煤(万吨·千米)$^{-1}$	32.12	32.27	34.64	36.54	39.28	46.69	49.78

财务公司

【概况】 中国石化财务有限责任公司(简称财务公司)是由原中国石油化工总公司独家发起，经中国人民银行批准于 1988 年 7 月 8 日成立，以加强集团资金集中管理和提高集团资金使用效率为目的，为石化集团成员单位提供金融服务的非银行金融机构。财务公司注册资本 100 亿元(内含 6 000 万美元)，其中集团公司出资 51 亿元，占注册资本的 51%；股份公司出资 49 亿元，占注册资本的 49%。

财务公司股东会是公司的最高权力机构，实行董事会领导下的总经理负责制，董事长为法定代表人。财务公司位于北京市朝阳区朝阳门北大街 22 号，本部设 13 个部室，京外设上海、南京、广州、山东、郑州、武汉、成都、新疆、天津 9 家分公司。截至 2016 年底，财务公司干部职工共 350 人，其中本部 110 人、分公司 240 人。

2016 年，财务公司实现营业收入 21.54 亿元，实现利润 19.06 亿元，年末资产总额 1 661.23 亿元，所有者权益 234.54 亿元。全年通过提供结算、贷款、委托贷款、直接购付汇、优惠贴现等各项服务，为集团公司降本增效贡献超过 35 亿元。

财务公司资产负债损益情况见表 1。

（张　贝）

【服务集团资金集中管理能力不断增强】 2016 年，在已有集团公司资金管理平台安全高效平稳运行的基础上，以财务公司为平台的集团公司“票据池”建成运行，资金集中管理平台职能再度拓展。财务公司发挥总分账户支付结算优势，积极推进集团公司电商统一支付平台成功上线试运行。加强与直联银行财银系统的升级测试与监控，全年累计办理分账户 871 个，确保 5 家直联银行 15 次系统升级的平稳过渡。全年优质高效完成内外部结算 2 626 万笔，结算资金规模 36 万亿元，连续 8 年保持集团公司资金集中管理安全高效运行，为集团公司正常生产经营和资金高效使用发挥重要作用。

（张　贝）

【筹融资能力持续提升】 2016 年，财务公司拓宽融资渠道，扩大同业合作范围，取得 41 家银行综合授信，额度达 2 100 亿元，同比增加 150 亿元。创新融资方式，扩大债券回购交易对手范围，新增交易对手 60 余家；充分利用同业拆借中心债券回购匿名交易平台，先后与 5 家银行建立交易关系。优化授信结构，灵活调整融资策略，发挥各方优势，全年从外部融入资金超过 3 万亿元，保障集团公司和企业的融资需求和支付需要。

（张　贝）

【多元化信贷服务积极稳妥】 2016 年，财务公司紧贴集团公司生产经营、结构调整和转型发展需求，积极稳妥开展信贷服务，提供各类信贷支持 1 575 亿元，日均规模达 414 亿元、同比增长 12.3%。大力推广财务公司电子票据，开票规模持续扩大，全年开立财务公司电子承兑汇票 4 516 张 63 亿元、增长 74.5%，办理票据贴现 2 604 张 62 亿元，有效支持企业提升资金周转效率和降本减费。高效开展委存委贷业务，委托贷款日均规模 749 亿元、增长 11.6%。稳步推进保函业务发展，保函种类和客户范围持续扩大，全年为 5 家企业办理保函业务 16 笔 1.06 亿元。全年通过贷款、委托贷款和票据等业务为集团公司及成员单位降本增效近 20 亿元。

（张　贝）

5 月 25 日，财务公司参加中天合创煤化工项目融资合同文本签字仪式

【结售汇服务优质高效】 2016 年，财务公司充分发挥集团公司购汇主渠道作用，主动配合监管要求，及时跟踪把握市场动态，保证集团公司进口原油购汇业务顺利开展，累计办理结售汇业务 492 亿美元。不断提高交易能力，精心操作代客交易，积极协助股份公司和商储公司购汇，有效降低了集团整体汇率风险敞口，全年累计为集团公司节约购汇成本超过 10 亿元。

（张　贝）

【证券投资市场化运行蓄积动力】 2016 年，财务公司应对资本市场疲弱动荡局面，加强市场跟踪研究，调整建立更加贴近市场化的交易操作模式及运作制度，审慎丰富交易品种，深化拓展滚动交易策略，稳健操作，股票综合收益率跑赢大市。开拓创新资产管理业务，加大产品研发力度，积极挖掘探索适合财务公司特征的多形态资产管理产品，有效分散投资风险，提升公司资产收益水平，进一步丰富优化公司证券资产结构。积极开展债券市场跟踪与研究，提高分析工作深度与广度，财务公司债券资产保持较好结构与收益，有效支持和参与集团股份发债工作。

（张　贝）

【市场化业务创新取得突破】 2016 年，财务公司制定完善产业链金融业务相关制度流程，顺利完成监管报备工作。买方信贷业务平稳开展，在控制风险的前提下，成功试办 3 笔业务。财务公司作为行业代表，成为新成立的上海票据交易所首批上线会员，并实现首批线上交易，为丰富票据资产市场化运作手段、提高运作效率创造良好条件。

（张　贝）

【市场化经营管理更加规范】 2016 年，财务公司充分发挥资产负债管理委员会统筹协调作用，科学制定公司资产负债平衡计划，资产负债管理水平不断提升。加强日常流动性管理，及时准确编制资金计划，合理安排支付顺序，实现流动性、拆入比等关键监管指标自动化监测和警示。积极推进利率市场化管理，优化系统构架、管理内容和模型参数，内外部利率市场化定价试运行工作正式启动。构建涵盖存贷款、投资、外汇、短期资金运作及司库业务的 FTP 定价体系，基本实现全资产负债科目内部资金转移定价管理。

（张　贝）

【风险管控能力持续增强】 2016 年，财务公司持续完善以业务部室和分公司自我控制为第 1 道防线，风险管理部门风险控制和会计部门监督为第 2 道防线，稽核部门检查为第 3 道防线的风险管控体系。修订《内部控制管理手册》(2016 年版)，公司业务内部控制矩阵达 88 个，涵盖所有经营管理活动。开展制度评估优化，新增和修订制度 39 项，制度总数达 15 个大类 177 项。严格实行财务预算管理，预算的预判导向作用不断增强。定期开展内控自查，检查控制点 4.1 万余频次，保持执行率 100%；认真开展 8 个审计项目的现场稽核，监督体系保障作用有效发挥。

（张　贝）

【信息化建设成果显著】 2016 年，财务公司顺利完成集团公司电商统一支付平台、“票据池”、产品定价和内部资金转移定价系统二期、“营改增”、费用报销六大主要信息系统的同步开发、试运行、上线推广等工作，重要信息系统达 21 个，为经营管理水平的进一步提升提供有力的系统支撑。持续加强系统运维及安全管理，各主要信息系统保持安全平稳高效运行。

（张　贝）

【深入开展“强化管理严细实、创新服务增效益”主题活动】 2016 年，财务公司以持续强化“三基”工作为抓手，深入开展“强化管理严细实、创新服务增效益”主题活动。完善绩效考核办法，细化本部和分公司共 329 项考核评分细则。突出岗位练兵实效，分 3 个阶段开展业务知识竞赛，员工参与率达 83.3%。举办由本部及各分公司 21 名选手参加的主题演讲比赛，弘扬石油石化优良传统、践行严细实作风。全力打造结算业务严细实“样板田”，固化业务规范，细化岗位操作，量化考评标准。全年结算、信贷、资金、外汇、投行等各项业务继续保持零差错、零失误、零损失的目标。统筹规划、周密部署，按期完成“营改增”税制改革任务。成员企业和外部服务对象的服务满意度达 99.55%，连续 4 年逐年上升。

（张　贝）

7月7日，"强化管理严细实、创新服务增效益"主题演讲比赛现场

【全面从严治党取得新成效】 2016年，财务公司扎实开展"两学一做"学习教育，围绕打造"四讲四有"党员队伍，抓好学习研讨，加强督促指导。召开年度第1次党员代表大会，成立纪检监察部和党群工作部，进一步配齐配强党支部班子。制定完善30项公司党建工作制度，印发执行17项。首次对分公司党支部开展现场考核。作为集团公司人才成长通道建设10家试点单位之一，构建专业技术职位体系和任职资格标准体系，对31名专业技术人员进行认证，15人竞聘上岗。认真落实党风廉政建设"两个责任"，党委层面与本部各部室、各分公司党政主要领导干部签署《年度党风廉政建设责任书》，并集中进行警示谈话；纪委层面以抓工作纪律为突破口，探索运用"四种形态"，让咬耳扯袖、红脸出汗逐步成为常态，持续营造风清气正、干事创业、心齐劲足的政治生态。

（张　贝）

【企业文化和群团工作不断深化】 2016年，财务公司召开第2届职工代表大会和第2次团员代表大会，配齐配强工、团班子，分别完善工会和共青团工作制度。坚持推进民主管理，职工代表提案落实率100%。开展"走基层、访万家"和"走基层、访青年、寻找最美青工"系列活动。坚持开展"橙房子"系列志愿者活动，累计为1万余名路人提供志愿服务。坚持开展丰富多彩的群众文体活动，不断提高活动的参与率和覆盖面，营造健康和谐的环境氛围。

（张　贝）

【获得荣誉】 2016年，财务公司连续16年获评全国银行间本币市场交易100强，获银行间本币市场最佳进步奖，是所有获表彰机构中唯一一家财务公司；第5次获全国银行间外汇市场最佳即期会员奖；获集团公司2015年度财务管理先进单位称号；获2014—2015年度中国石化精神文明建设先进单位称号；"橙房子"志愿服务项目被评为2014—2015年度中国石化精神文明建设优秀志愿服务项目。

（张　贝）

表1　　财务公司资产负债损益情况　　亿元

指标名称＼年份	2016	2015	2014	2013	2012	2011
流动资产	1 495.21	1 544.37	1 089.99	1 044.77	1 059.11	1 184.44
长期资产	165.43	157.91	149.40	174.03	185.35	185.94
无形、递延资产	0.59	0.76	0.52	0.87	0.99	1.39
资产总计	1 661.23	1 703.05	1 239.90	1 219.67	1 245.44	1 371.77
自营资产总额	996.56	842.73	647.66	575.02	688.68	757.56
流动负债	1 424.50	1 479.52	1 052.90	1 051.10	1 052.90	1 165.17
长期负债	1.19	1.46	1.04	2.73	34.71	64.11
所有者权益	235.54	222.07	185.97	165.84	157.84	142.49
实收资本	100.00	100.00	100.00	100.00	100.00	100.00
资本公积	0.19	0.19	0.19	8.38	14.46	12.86
盈余公积	20.75	19.32	15.84	13.31	11.90	10.53
未分配利润	97.79	89.44	59.68	37.60	25.09	13.30
负债及所有者权益	1 661.23	1 703.05	1 239.90	1 219.67	1 245.44	1 371.77

续表

年份 指标名称	2016	2015	2014	2013	2012	2011
营业收入	21.54	47.35	42.16	19.51	23.60	20.00
营业支出	2.50	1.69	8.15	1.50	5.34	4.19
营业税金及附加	0.55	1.53	2.43	1.62	1.80	1.25
利润总额	19.06	45.67	34.03	18.05	18.28	15.84
净利润	14.29	34.84	25.22	14.09	13.74	12.27

经济技术研究院(咨询公司)

【概况】 中国石油化工集团公司经济技术研究院(简称经济技术研究院)成立于1999年，是中国石化直属的软科学研究机构，主要从事产业发展战略、宏观经济政策、公司管理以及市场营销研究，并为重大项目决策提供支持。

1999年12月底，中国石化为加强发展战略、宏观经济与政策以及市场营销、科技信息的研究，并为中国石化决策层提供决策咨询，决定将中国石化石油化工规划院和原中国石化信息中心的经济技术信息部分合并，设立中国石化经济技术研究院。后经中央机构编制委员会办公室批复同意，经济技术研究院仍为事业单位。2015年，经济技术研究院获得全国博士后管委会批准设立博士后科研工作站。

中国石化咨询公司(简称咨询公司)成立于1985年，原与中国石化规划院、现与经济技术研究院合属办公，主要职责是对中国石化固定资产投资项目进行可行性研究的评估和后评价，是中国石化的直属专业公司。1994年，咨询公司获中国首批甲级工程咨询资质，是中国工程咨询协会的常务理事单位和国际咨询工程师联合会(FIDIC)正式会员，2004年获得首批承担国家发展和改革委员会投资咨询评估任务的咨询机构资格并保持至今。

截至2016年底，经济技术研究院(咨询公司)在职职工196人，其中179人具有专业技术职务任职资格，占全院职工总数的91%。拥有博士学位17人、硕士学位74人，具有教授级高级技术职称的11人、高级技术职称的90人。

(王紫星)

【课题研究取得新硕果】 2016年，经济技术研究院(咨询公司)紧紧围绕“十三五”规划目标，以“成果创新出实效、研究水平上台阶”为中心目标，以“从严管理和作风建设”为基本抓手，树立追求卓越的意识，转变思想观念，聚焦重大与前瞻，凝心聚力，不断提高能力与水平。以100余项基础课题研究为支撑，聚焦4项重大、31项重点课题研究，按时保质完成25项绩效考核课题，全面完成各项研究任务。参与完成的“煤炭深加工‘十三五’规划研究”“中国能源展望2030”“‘一带一路’油气合作战略研究”分别获国家能源局能源软科学研究优秀成果一、二、三等奖；“电动汽车发展对中长期石油需求的影响”“石化产品碳足迹技术开发及应用”均获中国石化科技进步三等奖；“中国石化芳烃装置绩效评价模型体系开发及应用”获中国石化第25届管理现代化创新成果一等奖。

(王紫星)

【管理工作实现新提升】 2016年，经济技术研究院(咨询公司)以强化制度建设与执行为重点，立足管理推动发展。完成总部制度的识别与转发、院内制度的制修订，实现内部控制管理信息系统上线运行，内控管理迈出实质性一步。切实发挥督办管理系统作用，初步形成以事项为驱动、逐级分解、各负其责、过程受控、执行有力的督办格局，发挥出信息化应用对管理效率的提升作用。强化财务管理，推动财务管理与经营活动深度融合；大力推进全员成本目标管理，实现费用总额、管理运行费用同比下降，圆满完成年度考核任务。稳步开展期刊和学会管理，期刊面貌焕然一新；中国石油化工信息学会及中国工程咨询协会石化分会相关工作稳步开展。以打造一流队伍为目标，完成《经济技术研究院“十三五”人力资源发展规划》《完善人才成长通道建设方案(试行)》等顶层设计。积极推进博士后流动工作站、毕业生及成熟人才等多元化人才引进，建立业务部门人才梯度，重点保障核心业务人力资源。着力构建科学有效的培训体系，制修订《青年专业技术人才培养“导师制”实施办法》等制度规定，搭建多层次、多渠道的信息沟通和专业分享平台。健全落实选人用人制度，严格干部选拔和任用流程，加强对干部的监督管理。平稳推进后勤系统改革，实现改革用工无反弹、改革无后遗症、业务对接平稳，新机制进入良性运作。强化制度执行与业务建设，采用易派客平台实现办公用品集中采购，提高效率，降低成本；实行专业化管理，维修维保、安全管理、印刷出版等服务水平不断提升；移交"四供一业"迈出关键步伐。

（王紫星）

【从严治党主体责任全面落实】 2016年，经济技术研究院（咨询公司）党委将2016年确定为"党建制度年"，制定内容涵盖党委工作、干部人才队伍建设、党风廉洁建设、宣传工作、基层党组织建设等方面的制度，初步构建党建制度体系。结合党建考核反馈意见，突出问题导向，制定聚焦问题清单和重点工作方案。落实"一岗双责"要求，对班子成员抓党建的具体任务和工作标准做出规定。根据制定的《领导班子执行"四个带头"情况运行表》，从严从实抓好分管领域的"两学一做"学习教育工作。党建工作责任得以层层压实，党建工作水平不断提升。

（王紫星）

【党风廉洁建设和反腐败工作取得成效】 2016年，经济技术研究院（咨询公司）严格落实"两个责任"，强化监督执纪。党委主体责任履行到位，及时讨论、研究院纪委汇报的重点工作，解决实际问题。推行权责清单制度，印发《党风廉政建设责任制实施办法》等3项制度。组织签订《廉洁从业承诺书》和《党风廉政建设责任书》。实践运用"四种形态"，强调要把纪律和规矩挺在前面，加强日常管理监督。对涉及人、财、物的项目进行效能监察。充分发挥群众的监督作用，坚持有案必查、有信必核。进一步落实中央"八项规定"精神，制定印发5项关于贯彻落实"八项规定"精神的制度。在重要节假日前，强调清廉节俭过节，严防节日病。实行党员领导干部操办婚丧喜庆事宜报告制度。

（王紫星）

【基层党组织建设不断夯实】 2016年，经济技术研究院（咨询公司）认真开展党总支书记述职评议工作，重点考核其开展党建与业务工作融合的方法和措施，以及在推动党建工作和智库建设深度融合的进程中发挥的主体作用。党总支书记结合业务特长讲党课，做到既在党建工作中"挂帅"，又在业务工作中带头"出征"。充分调动支委委员履职尽责，开展党组织关系集中排查等专项检查，在严肃组织纪律的同时着力增强全体党员的党性观念。制定并颁布《党总支分类定级管理办法（试行）》等制度，为全面从严治党抓在日常落在基层提供制度支撑。

（王紫星）

【宣传思想工作深入开展】 2016年，经济技术研究院（咨询公司）聚焦理论武装、核心价值观教育、形势任务教育和弘扬先进典型等正面传播，综合运用多种宣传手段，坚守舆论阵地。在信息门户建立宣传专栏，发布学习资料及各类活动资讯200余篇；扎实推进中心组学习；组织员工参观北京新文化运动纪念馆及纪念红军长征胜利80周年活动，培养员工爱国情怀；组织"弘扬雷锋精神、开展志愿服务"活动和知识问答，广泛宣传先进事迹；紧紧围绕"一个中心""三大主题"开展形势任务教育，教育引导员工认清中国石化面临的压力，厘清院（公司）年度工作任务和机遇，取得了良好成效。

（王紫星）

【"两学一做"学习教育取得实效】 2016年，经济技术研究院（咨询公司）党委按照中央要求和中国石化整体部署，高标准、高质量开展"两学一做"学习教育。开辟"两学一做"学习专栏，及时反映学习教育的动态和成效。按照具体化、精准化、差异化要求，编制《"两学一做"学习教育重点工作计划表》，采用集中学习与自主学习2条"脉络"落实学习教育方案，在"学"上下功夫。开展"亮身份、做承诺"活动，建立党员责任区和党员服务窗口，结合党员队伍特征，在"四讲四有"合格标准的基础上，制定"四条底线""六先标尺"和"七有形象"的细化标准，组织党员对标体检，在"做"上见实效。教育全体党员把立足岗位做贡献作为应尽之责，以实际行动彰显共产党人的风采。

（王紫星）

【群团组织活力得到有效激发】 2016年，经济技术研究院（咨询公司）深入开展"走基层、访万家"活动，走访职工占全体职工总数的64%，收集职工意见和建议形成员工思想动态调研报告。注重人文关怀和心理疏导，正式启动EAP项目，开通24小时心理咨询热线，为员工发放个人心检报告。开展办公室6S标准化课程培训，为员工营造安全规范的办公环境。走访慰问生病员工等重点对象，为患重病员工申请帮扶救助金。充分发挥员工的主人翁作用，在涉及员工切身利益的重大事项以及院制度修订与出台前，广泛听取员工的意见和建议，坚持源头参与，做好员工的“代言人”。组织丰富多彩的文体活动，做好员工活动的“组织人”。组织召开“五四”青年主题座谈会，有针对性地解决收集到的重点意见和建议。开展青年志愿服务活动，走访慰问院党龄60年以上老党员及空巢老人，引导青年树立正确的价值观。

（王紫星）

石化报社

【概况】 中国石化报社（简称石化报社）成立于1988年7月，是集团公司直属事业单位，主营业务是新闻报刊的出版与发行，注册资本1 000万元，社址位于北京市朝阳区吉市口路9号。石化报社实行社长负责制，法人代表陈维松。

石化报社1988年成立时仅出版《中国石化报》，定位是集团公司党组机关报，也是石油石化行业经济报。1992年，由总部企业管理部管理的《中国石化企业管理》杂志（《中国石化》杂志前身）划入石化报社。2000年，原中国石化信息中心的声像业务整体划入石化报社。2016年，集团公司网站、股份公司网站、中国石化网上博物馆的管理职能及总部办公门户要闻栏目更新维护工作移交给石化报社。

截至2016年底，石化报社主办的媒体有《中国石化报》《车友报》《中国石化》杂志、中国石化新闻联播（电视，含网络视频）、中国石化新闻网、《中国石化手机报》、中国石化新闻图片网、中国石化团购网、石化新闻客户端、中国石化新闻网微博（中国石化报社官方微博）、中国石化报微信公众号等。同时石化报社还负责管理维护中国石化2个官网、中国石化网上博物馆。石化报社有员工153人，其中具有本科学历的97人、硕士学历的37人，具有中级技术职称的67人、副高级和高级技术职称的41人。下设13个部门。有驻省记者站26家，专兼职记者和通讯员6 000余人。

石化报社主要报刊发行数量见表1。

（庞　炜）

【党委主要领导调整】 2016年7月，石化报社党委书记亓玉台退休；12月，集团公司党组任命张西义为石化报社党委书记，并聘任为副社长；聘任杨守娟为副社长，免去杨守娟党委副书记、纪委书记、工会主席职务。

（庞　炜）

【提高舆论引导力】 2016年，石化报社认真落实中央和集团公司党组要求，加强新闻报道策划，确保正确的舆论导向。重点报道，宣传中央精神和集团公司党组决策，及时准确传达到每一名干部员工，进一步增强广大干部员工的政治意识、大局意识、核心意识、看齐意识。言论引导，突出思想引领和观念转变。加大言论的写作刊发力度，全年刊发各类言论586篇。党建宣传，突出全面从严治党的做法成效。及时准确报道集团公司党组落实中央要求、推进全面从严从实加强党的建设一系列思路措施（党组“1+7”文件），及时报道总部机关和企事业单位党建工作的特色做法，重点围绕“两学一做”学习教育组织党建宣传。基层报道，反映企业落实主线的生动实践，特别是宣传报道好石化企业贯彻“转方式调结构、提质增效升级”工作主线采取的措施和做法。

（庞　炜）

【开展“迈向高端”系列采访活动】 2016年8月25日，集团公司董事长、党组书记王玉普到润滑油公司、催化剂公司调研。在参观并听取汇报后，王玉普对2家公司的工作给予肯定。石化报社根据调研精神，立即组织开展“迈向高端”系列采访活动，与2家公司联合组成新闻报道组，对其塑造高端品牌、迈向海外市场、加大创新力度、改革管理队伍等方面进行深度访谈。随后在《中国石化报》头版刊登《高品质硬品牌助力中国制造》《新技术优服务推动市场开拓》《助航天促民用彰显企业担当》《催化剂产品国内市场占有率达65%》等系列文章，系统挖掘报道2家公司迈向高端的典型经验与做法，为系统内其他销售单位提供借鉴。在集团公司科技大会之际，相关报纸被送到会场，集中供参会代表阅读，形成良好的传播效果。

（庞　炜）

【加强先进典型宣传报道】 2016年，石化报社重点报道闵恩泽、陈俊武、田明、薛梅、宋丽萍、陈鹏龙等人物的先进事迹，先后刊发全国优秀共产党员、全国五一劳动奖章获得者、集团公司廉洁从业敢于担当优秀领导干部、集团公司技能大师等一系列先进人物的典型事迹，启动第3届“感动石化”人物评选活动，全年各媒体共报道近500位各类先进典型人物。尤其是陈鹏龙的先进事迹在社会上引起较大反响。2016年7月，湖北石油荆门分公司党委委员、副经理陈鹏龙在一线指挥抢险过程中，所乘交通工具被洪水击翻，不幸遇难，石化报社立即派出记者前往洪水一线，到陈鹏龙牺牲的地点，实地了解牺牲当天的详细经过，并到他生前工作过的宜昌、荆门等地，与其领导、同事、家人等20余人进行深度访谈，写出长达5 000字的人物通讯《抗洪铁人石化忠魂——追记中国石化优秀共产党员陈鹏龙同志》在《中国石化报》头版整版刊发。详尽的报道感动了读者，也得到社会普遍认可，各大新闻门户网站纷纷转载。

（庞　炜）

【广告经营收入稳步增加】 2016年，石化报社在媒体经营呈断崖式下跌和集团公司生产经营面临巨大压力的困难情况下，组织策划，刊发公益广告16.5个版，取得良好品牌效应和经营效益；通过与国瑞公司合作开展杂志广告经营，与旭日文华投资公司“秒车宝”、润滑油公司合作，全年实现广告经营收入940万元，其中公益广告收入529万元、内外部广告收入412万元，超额完成年初预定的900万元经营任务。

（庞　炜）

【开展“两学一做”学习教育】 2016年，石化报社党委按照集团公司党组和直属党委要求，全面部署、认真落实督导责任，各党支部认真落实主体责任，坚持学习宣传两促进、有质有量保进度、边学边做增实效，采取党委和支部同步、每月一专题等方法，在完成“两学一做”规定学习内容的基础上，及时传达学习十八届六中全会精神、国有企业党建会精神，深入学习习近平总书记在党的新闻舆论工作座谈会上的重要讲话、在建党95周年纪念大会上的重要讲话、在会见中国记协第9届理事会全体代表时的重要讲话，认真学习集团公司年度工作会、年中工作会、党建工作会、宣传思想文化工作会议精神，完成4个专题学习研讨，组织党员民主评议，初步形成问题清单，广大党员的“四个意识”特别是核心意识、看齐意识进一步增强，道德品行进一步提升，作风纪律进一步加强。

（庞　炜）

【着力打造过硬新闻宣传队伍】 2016年，石化报社继续按照“政治坚定、引领时代、业务精湛、作风优良”的标准，着力打造新闻队伍。通过坚持开展马克思主义新闻观教育培训、处室内部研讨、导师带徒、专家组织评报、编校质量竞赛和业务论文评比，引导干部员工自觉做习近平总书记倡导的新闻工作者。积极稳妥规范劳动用工。根据集团公司规范劳动用工要求，调整29名员工的用工身份，增强了员工的归属感。稳步推进人才选拔使用和职称评审工作。制定修订《中国石化报社中层管理人员选拔任用办法（试行）》《中国石化报社中层领导人员选拔任用实施细则（试行）》《中国石化报社竞聘上岗和公开招聘实施细则（试行）》，坚持正确的用人导向，坚持“德才兼备、以德为先”标准，结合岗位需求，选拔聘任中层干部和专家，进行岗位调整；严格按照职称评审条件做好职称评审工作，有效发挥了激励作用。

（庞　炜）

石化报社2016年编校质量竞赛现场

（沈青霞　摄）

表1　　石化报社主要报刊发行数量①　　万份

报刊名称＼年份	2016	2015	2014	2013	2012	2011
《中国石化报》	12.30	12.30	13.20	13.24	13.21	13.07
《中国石化》杂志	2.73	2.72	2.63	2.57	2.71	2.67
《车友报》周三刊	41.37	41.37	41.57	63.27	72.46	73.45
《车友报》周五刊	38.85	38.84	38.75	19.33	11.23	10.43
《中国石化手机报》	1.89	1.87	1.84	1.71	1.62	1.54

①发行量为期均发行量

石化出版社(展览办公室)

【概况】 中国石化出版社有限公司(简称石化出版社)是集团公司主管和主办的中央级科技出版社。其前身为经文化部批准于1984年12月成立的烃加工出版社，先后与原中国石化情报所、中国石化信息所、中国石化信息中心合署办公，1992年更名为中国石化出版社，1999年3月与原中国石化信息中心分离单列，成为中国石化直属独立的事业法人。2010年12月根据中央文化体制改革有关要求转制为企业，设立中国石化出版社有限公司。中国石化展览办公室(简称展览办公室)经集团公司批准成立，负责中国石化境内外展览业务，与石化出版社合署办公。石化出版社实行总经理负责制，法人代表王子康。2015年8月，按照集团公司改革发展要求，为进一步提高集团公司出版传媒业务发展的质量和效益，将中国石化出版社有限公司、中国经济出版社进行整合，实行"一套班子，两块牌子"的管理体制。整合以后，保留2家出版社名称，对内称中国石化出版有限公司(简称石化出版公司)；对外根据业务开展和管理需要，分别对应使用中国石化出版社有限公司、中国经济出版社名称。

截至2016年底，石化出版社下设8个处(室)，有在岗员工87人，其中硕士研究生以上学历21人、本科学历38人；取得高级专业技术职称25人、中级专业技术职称23人，有47人取得编辑和发行职业资格证书。

石化出版社主要职责是出版石油勘探开发、石油炼制、石油化工、安全环保、企业文化与管理等方面的图书，以及相关的行业标准、辞典、手册工具书、石油及石化专业系统教材和职工培训教材及电子、音像制品；同出版范围相一致的互联网图书出版，设计、制作图书广告，利用出版的图书发布广告；图书、期刊、电子出版物、音像制品批发、零售、网上销售；负责集团公司年鉴、年报的编辑出版工作；负责承办集团公司暨股份公司在国内外举办的各种展览业务、会议服务，承办展览展示。石化出版社与多家国际知名出版机构开展版权贸易和业务合作活动，引进国际石油化工、勘探开发等专业科技书籍版权并组织翻译出版；坚持以为石油石化工业科技进步服务为宗旨，逐步摸索出一套具有新闻出版行业特色、适合自身发展、规范稳健的管理模式。

2016年，由石化出版社承担的《现代页岩油气水平井分段压裂技术》《加氢裂化工艺与工程(第二版)》《中国炼油技术新进展》《工程项目HSE标准化图集》等重点出版项目全部顺利完成；《分子炼油技术》《乙烯装置裂解工艺与工程》《超深高含硫生物礁气田高效开发实践》《中国油气产业发展分析与展望报告蓝皮书丛书(2016—2020)》4个项目被列入"十三五"国家重点图书出版规划；积极推进中国石化"十三五"重点科技图书出版规划项目的实施工作，有多个品种出版。受中国化工学会的委托，组织《中国大百科全书》(第三版)中《化工学科燃料化工》分册的编写审定工作。全年，图书出版成果显著，《含硫含酸原油加工技术》和《普光高含硫气田高效开发技术与实践》2个项目通过集团公司科技鉴定并申报集团公司科技进步奖；《石油钻井工程项目管理》等6部图书被评为2016年度全国石油石化企业管理现代化创新优秀著作；《芳烃技术》等111种图书获2016年度中国石油和化工联合会优秀图书奖(54项)和优秀教材奖(57项)。

(李德亮)

【展览工作】 2016年，展览业务不断优化展览展示方法和手段，加强与总部机关各部门、企业的联系，充分调动机关、企事业参与展览的积极性，拓展展览资源，努力提高展览的针对性和效果，成果丰硕。全年共完成7项中国石化大型展览项目：第19届渝洽会[第19届中国(重庆)国际投资暨全球采购会]，中国石化"十二五"重大科技成果展，第17届青洽会(2016中国·青海绿色发展投资贸易洽谈会)，2016(第15届)中国国际化工展览会，第15届中国塑料交易会；第18届中国塑料博览会，2016国际创新创业博览会。同时积极组织开展第22届世界石油大会展览筹备工作，精心策划组织，确保筹备工作的顺利进行。全年多次获优秀组织奖、积极贡献奖和优秀设计奖。

(王金祐)

【4个项目被列入国家"十三五"重点图书出版规划】 2016年4月23日，国家新闻出版广电总局发布《关于实施"十三五"国家重点图书、音像、电子出版物出版规划》的通知，石化出版社有4项、8册(含丛书1套、5个分册)图书，被列入首批"十三五"国家重点图书规划项目，分别是《分子炼油技术》《乙烯装置裂解工艺与工程》《超深高含硫生物礁气田高效开发实践》《中国油气产业发展分析与展望报告蓝皮书丛书(2016—2020)》，以上图书主要围绕中国石油与石油化工行业的重大自主创新，反映了当代世界石油和石油化工行业发展的趋势，代表了中国在该领域最新的理论探索和实践成果。

(宋开利)

【6部图书获得2016年度全国石油石化企业管理现代化创新优秀著作奖】 2016年9月，中国石油企业协会发布《关于发布2016年度全国石油石化企业管理现代化创新优秀成果、优秀论文、优秀著作奖的通知》，由石化出版社组织申报的6部图书获2016年度全国石油石化企业管理现代化创新优秀著作奖，1名编辑获得优秀编辑奖。

（宋开利）

【111种图书和教材获2016年中国石油和化学工业优秀出版物奖】 2016年12月，中国石油和化学工业联合会发布《关于公布2016年中国石油和化学工业优秀出版物奖（图书奖、教材奖）评选结果的通知》，由石化出版社组织申报的111种图书和教材获2016年中国石油和化学工业优秀出版物奖，其中图书奖54种（一等奖22种、二等奖32种），教材奖57种（一等奖25种、二等奖32种）。

（宋开利）

【第10届国际炼油技术进展交流会（Refining China 2016）召开】 由石化出版社和英国Crambeth Allen出版公司联合主办的第10届国际炼油技术进展交流会（Refining China 2016）于2016年4月13—14日在北京举办。会议的主题是：应对日益严格的安全和环保法规——炼油技术新进展。来自中外企业的170余名代表参加交流会，会议特别邀请中国化工学会名誉理事长、中国工程院院士曹湘洪做主旨报告，邀请国内外石油公司、专利技术公司的专家，就炼油工业发展状况和最新技术进展做专题报告。中国石化、中国石油和中国海油总部机关和所属企事业单位有关专家和代表出席大会并就国内炼油行业发展状况和炼油技术的最新进展做专题发言。

（宋开利）

【第7届（2016）石油化工设备维护检修技术交流会召开】 为了加强企业设备管理工作，提高设备维护检修水平，确保炼油化工装置安全、稳定、长周期运行，促进石化行业、煤化工行业的技术交流，在中国石化、中国石油、中国海油、中国中化和神华集团公司设备管理部门的大力支持下，2016年6月16—17日，石化出版社主办的第7届（2016）石油化工设备维护检修技术交流会在珠海召开。来自上述各集团总部和生产企业、检维修企业、设备供应商及高等院校共计200多名代表参加交流与研讨，规模超过历届。会议围绕装置长周期运行主题，共有22位专家做专题报告，探讨了设备创新管理、信息化、标准化、预防性维修、烟机管理、密封技术、设备可靠性、状态监测、长周期运行、腐蚀与防护、耐磨材料、螺栓工具、设备云医院等企业普遍关心的问题。

（白　桦）

【第7届（2016）炼油与石化工业技术进展交流会召开】 2016年9月22—23日，第7届（2016）炼油与石化工业技术进展交流会在宁夏银川召开。来自国内三大石油公司总部及其所属单位、高等院校和国外石油公司、专利技术公司的领导和专家，就炼油化工行业现状和最新技术进展做专题报告，探讨了新常态和低油价下增强中国炼化企业创效能力和可持续发展的技术支撑等热点、难点问题。各石化企业、科研机构、高等院校及行业协会的有关领导、相关管理和技术人员约160人参加会议。与会代表就国内外炼油化工企业如何应对当前形势，及时掌握炼油化工工业生产、经营及相关先进技术应用和发展趋势进行技术交流。会议集中展现了国内外炼油与石化技术成果，为炼油和石油化工企业、科研设计单位搭起一座沟通的桥梁。

（刘跃文）

【水与能源可持续发展高峰论坛召开】 2016年12月21日，由石化出版社、中国水利水电出版社、中国水力发电工程学会共同主办的水与能源可持续发展高峰论坛在北京召开。论坛针对水与能源可持续发展战略、生态文明建设与能源开发利用、水与能源经济价值与金融创新3个议题，深入探讨水与能源可持续发展的机遇，供给侧改革下的产业发展政策，绿色、低碳、生态文明与新能源开发的战略，科技与金融、实业与资本融合的创新模式等问题。

（刘跃文）

【《化工安全系列教材》大纲审定会暨《化工环境系列教材》编写研讨会召开】 2016年3月24日，《化工安全系列教材》大纲审定会暨《化工环境系列教材》编写研讨会在石化出版社召开。参加会议的老师来自常州大学、兰州理工大学、青岛科技大学、东北石油大学、华东理工大学、常熟理工学院、广东石油化工学院、北京石油化工学院和首都师范大学等高校。会议对《化工安全系列教材》各分册大纲进行了审定，对《化工环境系列教材》的编写进行了分工。

（许　倩）

【市场营销】 2016年，石化出版社采取灵活多样的方式，加大图书宣传和图书销售渠道推广，促进了全年任务目标的全面完成。①强化宣传调研，积极走出去。深入企业、学校、培训机构，开展宣传和调研活动，扩大出版社的影响力，努力开拓选题资源。多种方式扩大与知名文化公司的合作，同时规范与文化公司的出版合作，摒弃不合规范的文化公司出版选题，理顺有实力文化公司的出版流程，提升英语教育培训、高等教育精品课程、出国留学和职业资格考试等培训以及经管类图书的出版水平。②下大力气开展图书营销活动。天猫、亚马逊、京东旗舰店上线经营，标志着石化出版社有了自己的线上营销平台；利用官方微信、微博提升了宣传时效；与石油化工相关专业网站的全方位合作拓宽了宣传空间；通过加强与全国各地图书经销商及企业的信息沟通，盯紧馆配商、定向为企业配书，开展重点图书精确营销，靠服务占市场、赢市场。

（常大农）

【加强党建和思想政治工作】 2016 年，在集团公司党组的正确领导和直属党委指导下，认真学习党的十八大和十八届三中、四中、五中、六中全会精神，全面加强企业党建工作，开展庆祝建党 95 周年和“两学一做”专题教育活动。认真学习领会习近平总书记系列重要讲话精神，贯彻落实中央五大发展新理念和集团公司五大发展战略，按照集团公司党组的决策部署，坚持以党建工作为重要抓手，坚持稳中求进的工作总基调，从严从实加强党的建设，稳步推进两社整合工作，保持了生产经营平稳运行和队伍稳定，改革发展各项工作取得新的进展。

坚持把开展理论学习作为提高干部员工素质的重要途径，认真抓好领导班子自身和全员的理论学习，着力提高班子成员和干部队伍政治素质。认真贯彻落实集团公司党组加强党建工作的总体部署，把党建工作与业务工作紧密结合，一同安排部署、一同推进落实，进一步压实工作责任，努力把管党治党责任落到实处。坚持以党纪条规为标尺，从加强党纪党规学习教育入手，努力筑牢思想意识防线。推进党风建设和反腐倡廉工作持续深入。

采取多种形式大力开展形势任务、理想信念、企业核心价值观等教育，着力构建和谐企业氛围。结合自身特点和传统，进一步深化“规范、严谨、诚信”的经营理念，坚持依法合规、合作共赢，倡导做老实人、办老实事，引导全员树立中国石化核心价值观，进而转化为改革发展、从严管理的自觉行动，推动文化软实力和核心竞争力同步提升。通过一系列的活动和举措，和谐企业的氛围日益浓厚，进一步增强了员工的归属感、荣誉感和团队的凝聚力。

年内，王瑾瑜被评为集团公司直属党委优秀党员；程庆昭被评为集团公司直属党委优秀党务工作者；张国艳、许倩被评为集团公司直属机关三八红旗手；车平、程庆昭被评为集团公司直属机关五好文明家庭；王建设被评为集团公司直属工会优秀工会干部，任翠霞、王蕾、黄爱锋、车平被评为集团公司直属工会优秀工会积极分子，黄志华被评为集团公司直属工会优秀职工之友，第三工会小组被评为集团公司直属工会优秀工会小组。

（李德亮）

经济出版社

【概况】 中国经济出版社（简称经济出版社）隶属集团公司。1985 年 1 月 27 日，由原国家经济委员会创办，先后隶属国家计划委员会、国家经济贸易委员会、国务院国有资产监督管理委员会。2013 年 1 月 9 日，整体划转集团公司。注册资本 2 500 万元，位于北京市西城区百万庄北街 3 号。2015 年 9 月，集团公司决定对中国石化出版社有限公司、中国经济出版社进行整合，成立中国石化出版有限公司。

经济出版社下设中国经济书店（1987 年 3 月）、中国经济图书进出口公司（1988 年 4 月）、中国经济录音录像中心（1988 年 7 月，1997 年更名为中经录音录像中心）、中国经济贸易年鉴社（2002 年 12 月）与《国资报告》（2014 年 9 月）杂志社 5 家实体机构。

2016 年，经济社选题量达 510 个，字数 1.53 亿字；发稿 446 种，字数 1.33 亿字；完成出版图书品种 721 个（其中新书 435 种），出版总码洋 0.84 亿元（其中新书码洋 5 139 万元）。截至 2016 年 12 月 31 日，新书实际入库品种 426 种，同比下降 65 种、下降 13%。新书入库码洋 4 589 万元，减少 1 523 万元、下降 25%。总图书发货品种 2 901 种，其中发货万册以上 19 种。总发货码洋 7 806 万元。发行共实现销售回款收入 3 506 万元。

（综合处）

【企业效益】 2016 年，经济出版社资产总额6 575.72 万元（本部 7 436.68 万元；合并抵消 1 776.27 万元），流动资产 5 763.89 万元，其中可动用货币资金 2 143.74万元，应收账款 176 万元，存货 3 363.86 万元；固定资产净值 772.49 万元。较好地完成年度财务预算目标，提升了运营管理水平，整体效益呈现稳步增长的向好态势。

（综合处）

【品牌建设】 2016年，经济出版社完成《国有资产监督管理年鉴2015》和《中国经济贸易年鉴2015》及《国务院国有资产监督管理委员会公告》的出版工作。《合理控制能源消费总量：理论与实践》获2016年度中国石油和化学工业优秀出版物奖一等奖，《ISO/TS 16949五大技术工具最新应用实务》《国际碳排放交易与中国排放权出口规模管理》获2016年度中国石油和化学工业优秀出版物奖二等奖。举办"中国经济高端论坛暨陈文玲著作发布会"，提升了品牌形象和媒体影响力。

（综合处）

【加强管理】 ①人事管理方面，实施2015年度激励性年金。进一步加强队伍建设。通过选人用人制度的进一步科学化、规范化和制度化，为人才竞争和成长、促进优秀青年脱颖而出营造了健康和可持续的发展环境。对实体公司提出量化指标，在制度执行层面与出版社保持一致性，不开口子不搞特殊。要求子公司务必专注主营业务，创新思路，拓展主业。②财务管理得到进一步优化完善，预算管理初见成效，扎实推进降本减费，经济活动分析形成制度，风险防控意识逐步加强。③根据审计意见积极推进整改落实，用半年时间组织专门人员全面清理图书清理报废、固定资产报废、坏账损失，基本理清自2008年以来的在库图书、在库报废图书，解决了历史遗留问题，夯实了资产核算基础。④围绕集约经营要求，加强对所属5家公司的管控，严格执行重大经济事项的审批制度。经济出版社各部门和下属公司的经营秩序、财务核算秩序发生较大变化，逐步走上诚信经营、规范核算的健康轨道。

（综合处）

【市场成效】 ①2016年度，各分社大力开发适销对路的图书产品，其中经管分社出版了《关于深化国有企业改革的指导意见学习读本》《关于深化国有企业改革的指导意见百题问答》《国企改革12样本》，由于切中热点，作者权威，图书出版后不但发行量可观，同时也在社会上引起强烈反响。②涌现品牌书系，比如"一带一路"系列图书初步形成规模；"中国国际经济交流中心智库丛书"成为经济理论类图书的亮点；"雪球财经"的品牌出版已成规模，通过与雪球网合作，已经实现11个品种的系列出版，形成产品线优势和作者集群优势，奠定了经济社理财类图书在市场上地位。③社会合作呈现新气象。2016年下半年，经济出版社与中国经济国际交流中心达成战略合作，以书为媒，召开"中国经济高端论坛"，12位经济学界泰斗参会，成为2016年度级别最高的一次经济学盛会。为"水与能源可持续发展高峰论坛"提供全媒体支持，有效提升了出版公司的品牌形象。④资源基地得到深化拓展。2016年，先后与国务院国资委重要司局开展合作并巩固国务院国资委层面的作者基地。在企业培训方面，与蓝狮子图书、博鳌亚洲论坛、秦风汉韵、柏明顿管理咨询集团、第二书房等社会知名机构达成长期合作；学术专著方面开发中国人民大学、华东政法大学、中国社科院等知名院校作为学术出版基地。⑤联合国务院国资委改革办、研究局、宣传局、群工局、研究中心、新闻中心等有关部门，出版《关于深化国有企业改革的指导意见学习读本》《关于深化国有企业改革的指导意见百题问答》《国企改革12样本》《国企热点面对面4》《中央企业企业文化建设报告（2014—2015）》。《国企改革12样本》出版后，获人民网、新华网、环球网等数十家重量级媒体报道；接读者电话、邮件咨询100多起；图书长期雄踞京东、当当、亚马逊等大型网络销售平台"经济体制与改革"销售榜首，并一度进入"经济图书销量总榜"前20名。

（综合处）

【党建工作】 2016年度，经济出版社紧跟时代形势，积极落实集团公司统一部署，扎实开展落实"两学一做"等党建工作。①制定学习教育实施方案，明确工作领导小组和班子成员联系支部的安排。计划明确，各支部组织全体党员认真学习、加深理解。同时结合工作，重点研究和抓好员工的思想政治工作，稳定队伍，保持生产经营和各项工作稳步开展；认真贯彻落实集团公司党组关于加强意识形态管理的工作要求，研究落实党组织主抓意识形态。②深入强化党建工作。在石化出版公司统一部署之下，经济出版社党委领导班子不等不靠，积极主动开展工作。在整合过程中加强党建工作，发挥党委作用，使整合工作有核心领导、有坚定决心、有周密部署，稳步推进石化出版公司的相关建设。按照集团公司党组部署，巩固党的群众路线教育活动和"三严三实"专题教育的效果。③通过调整党支部，根据石化出版公司分地办公的实际情况，在部分党支部增设党小组，加强对党员的管理和监督，充分发挥党支部战斗堡垒作用。④通过党建工作的扎实开展，弘扬石油石化优良传统，维护员工队伍稳定，党群关系密切，作风明显好转。注意做好一人一事的思想政治工作，妥善解决历史遗留问题，维护了员工队伍的稳定。为离休老同志提高补贴标准，为退休老同志解决住房公积金欠费问题；自2016年1月起，石化出版公司退休职工全部划入总部离退休工作部管理，解决了老同志的后顾之忧。

（综合处）

【企业文化】 2016年度，通过企业文化的培育、熏陶和反哺，经济出版社更好实现了全面融合，在稳妥推进石化出版公司整合工作同时，根据“打造品牌优良、特色鲜明、效益突出的知名出版公司”的整合目标，坚持把握循序渐进、规范运作、确保稳定、统筹兼顾的原则，立足当前，着眼长远，整体设计，分步实施，共同营造和谐企业文化，促进企业健康发展。

（综合处）

【石化出版公司整合推进】 2016年度，推进石化出版公司整合成为年度重点工作之一。经济出版社主业绩效平稳过渡，并有一定提升，在年度任务的完成和重点工作的推进等方面，具有较为好的表现。①先谋后动，稳中求进。通过认真学习中央对文化企业深化改革、做强做大的要求，根据集团公司对2家出版社整合的要求和党组领导指示精神，研究制定石化出版公司综合管理部门整合方案，提出机构、岗位、定员及人员整合的初步意见。②坚持融合理念，通过石化出版公司的整合重组，集中2家出版社的人力、物力、财力，整合编辑出版、市场营销、经营管理资源，充分利用图书出版、期刊杂志、年鉴年报、展览会务、录音录像、网络数字、品牌培训以及子公司多种经营等平台，努力提高市场竞争力。③务实推进编辑业务的融合。通过加强两社联合，经济出版社与石化出版社在选题开发、书稿内容质量管理、印务规范管理、图书宣传发行、仓储运输管理等方面开展经验交流，互相学习、取长补短；两社共同研究提出并参与审定中国石化“十三五”重点科技图书出版规划项目；共同承担总部法律事务部普法学法出版项目；共同承担集团公司党建、“三严三实”专题教育有关材料出版工作。④实施了发行整合和营销联合。2016年下半年，两社启动发行部门的融合推进工作，两社发行部门联系密切，相互交流图书发行经验，提高仓储物流业务工作效率，在促进工作的同时也增进了理解。同时结合石化出版公司经营管理和业务发展需要，研究制定两社发行部门的整合方案，并提交石化出版公司班子会议研究，为发行整合和营销联动工作打下良好的人才基础。与此同时，通过共同组队参加总部机关文明活动，展现了员工精神面貌，为整合之后的人尽其才架设了有效的流动渠道。

（综合处）

管理干部学院

【概况】 石油化工管理干部学院(简称管理干部学院)是中国石化高层次人才培训基地，集党校、远程培训中心、人才培训中心和信息技术培训中心于一体，2011年被评为国家级专业技术人员继续教育基地。

管理干部学院于1985年筹建，1987年正式成立，2004年主校区迁入北京朝阳区立水桥北甲1号。学院设有12个部门，设施完备、手段先进，能够为学员提供较方便的学习和生活条件。另外，在朝阳区安翔北里(健翔桥)设有分校区，建筑面积1.6万平方米，可同时容纳230名学员在校学习。

管理干部学院主要承担高层经营管理及后备人才培训，重点培训总部职能部门和直属企事业单位的领导干部、中青年后备干部及部分中层干部；高级专业技术人才培训，重点培训油气勘探开发、炼油化工、工程建设、科研、销售等领域的各类专家及青年骨干人才；国际化经营人才培训，重点培训国际勘探开发、国际石油工程、国际炼化工程、国际贸易等领域的经营管理、专业技术人员和外籍员工；培训者培训，重点培训各直属企业的培训管理人员和培训机构的专兼职骨干教师。

管理干部学院培训情况统计见图1。

（苑明菲）

【推动培训工作创新发展】 2016年，管理干部学院主动适应党中央全面从严治党及集团公司转方式调结构、提质增效升级新要求，紧跟培训新技术和新趋势，扎实开展培训工作创新，大力夯实培训基础，努力发挥对集团公司人才培训的支撑作用。全年共举办培训项目323期次、培训12 311标准人次，其中自主开发培训项目222期次、培训9 440标准人次；直接举办网上培训项目4期次，培训2 540人次。

（苑明菲）

【开展重点人才培训】 2016年，管理干部学院贯彻落实全面从严治党要求，围绕中央“五大发展理念”及集团公司“五大发展战略”等决策部署对领导干部的要求，举办领导人员五大理念网上培训班、党政正职等新任领导人员培训班、中青年干部综合能力提升培训班、年轻干部培训班等重点项目。针对推进供给侧改革以及结构调整、创新驱动、结构优化等重要部署，举办领导人员创新发展专题研讨班、安全总监培训班、催化裂化装置专家培训班、青年科技骨干人才创新能力研修班等重点项目。围绕海外业务格局及用工方式调整，举办上游板块海外项目经理管理能力提升和海外商务高级专业人才培训班，创新开发系列海外案例研讨班，新增项目管理实务和3个实务英语主题培训，海外送培取得多个突破，持续开展英语水平测试。安全培训基本实现全覆盖。

（苑明菲）

【强化党校作用发挥】 2016年，管理干部学院认真贯彻全国党校工作会议精神，开展企业党校工作调研，组织召开系统内党校工作座谈会和党校培训研讨会，进一步发挥集团公司党校的培训引领作用。首次举办集团公司领导人员党校班和处级干部党性教育培训班。持续创新党校班培训，党性教育学用转化的实践经验在中央党校国资委分校会议上进行分享。推进党性教育课程模块建设，丰富了培训课程资源。开办海外项目经理思想政治轮训项目。举办直属单位党委书记“两学一做”学习教育等5个专题班，开设在线学习教育专栏，开发专题课件66门，相关培训班设置“两学一做”课程覆盖率超过90%。

（苑明菲）

【推动全面培训创新】 2016年，管理干部学院印发《学院“十三五”发展规划》和《学院培训工作创新与提升实施方案》，强化顶层设计。严格把控培训关键环节，广泛听取学员反馈意见，深入开展教学研讨和教学质量分析，促进培训更加贴近实战、聚焦问题。深化O2O培训模式推广应用，开启领导人员全员网上培训新模式，举办线上定制化项目和商务英语MOOC项目。大力推进学用转化，灵活应用多种培训方式方法，党性教育现场教学、油品质量风险识别和管控行动学习、领导人员创新发展工作坊、井控新技术案例研讨、跨文化沟通案例研讨等取得良好效果。部分项目跨部门、跨学科合作开发运行，探索了培训项目新的组织模式。

（苑明菲）

【完善培训体系建设】 2016年，管理干部学院完善《培训质量手册》，制定有关模版和表单，进一步提升培训质量管理的规范化水平。建立培训课程体系建设规范，鼓励教师自主开发课程，丰富场景化、案例化、体验式课程及线上课件。推动领导干部上讲台，全年集团公司党组领导、党组管理干部到院授课149人次，在高层领导人员培训班中授课比例达57%。推进师资资源建设与管理，新开发一批优质高端党建兼职师资。落实“三个从严”，严明教师政治纪律和组织纪律，严格执行学员学习培训和廉洁自律各项规定，组织签订学员承诺书。

（苑明菲）

【远程培训系统应用进一步拓展】 截至2016年底，远程培训系统注册总人数达75万人，课件资源达1.4万门，年度在线学习总时长超过1 800万小时。新开发培训项目运行管理模块，配合总部完成各类专项工作。深化线上线下培训管理融合，在培训业务全流程管理、移动评估、英语水平测试等方面发挥重要作用。组织系统内10家单位开展11个MOOC项目试点，举办3期经验交流研讨班，编制完成《基于MOOC方式的在线培训设计与运营手册》。完成系统3期项目建设、立项等工作，推动系统从在线学习管理平台向人才发展综合性服务平台转型。远程培训系统获中国石化“十二五”信息化应用优秀成果奖。

（苑明菲）

【科研咨询重点领域研究取得新成绩】 2016年，管理干部学院组织完成“在国有企业改革中坚持党的领导加强党的建设若干重大问题研究”课题，成果获国有企业党建研究专委会优秀课题研究成果一等奖。配合党群工作部起草集团公司《关于落实全面从严治党要求进一步加强企业党建工作的实施意见（试行）》等文件。开展集团公司级课题“国有企业加强党的领导与完善公司治理有机统一的实现方式”研究。完成2项集团公司级科研项目，其中“中国石化培训课程开发模式研究”获集团公司科技进步三等奖。新申请集团公司级科研项目2项，新立院级科研项目18项。完成《中国石化地球物理公司强化提升“三基”工作实施方案》咨询项目。3项培训工作获得集团公司管理现代化创新成果奖。主办中国石化职工教育研究会分会年会暨研讨班。《培训参考》受到培训工作者的喜爱。《学报》由季刊改为双月刊，办刊质量和期刊影响力进一步提升。编制《学院案例采编指引》和《集团公司案例开发工作实施方案》，新立“合同法律风险”等培训案例13项。举办中国石化培训案例采编培训班。组织各企业共同开发培训教学案例316个，丰富了特色教学资源。

（苑明菲）

【强化“三基”工作提升管理服务水平】 2016年，管理干部学院加强制度建设，严格制度执行，物资、资产、供应商管理更加规范。档案管理系统上线，扫描整理48万页馆藏档案。完成人事基础资料整理优化，SAP系统进一步完善。完成营改增、费用报销系统上线、资金支出方式改进等工作。新的对外网站投入使用，移动办公平台上线运行，统一身份认证系统完成同步部署，学习资源中心门户及数字资源管理平台进一步优化。及时转变服务工作模式，服务保障工作逐步转入正轨。切实落实"学院安全工作责任制"，坚持安委会例会制度，及时研究推动安全工作。实施分校区安防系统更新改造等项目 4 个。举行消防应急疏散演习，强化安全检查，推动责任落实，车辆安全、施工现场、食品安全管理更加严格到位。

（苑明菲）

【扎实推进"两学一做"学习教育】 2016 年，管理干部学院深入开展"两学一做"学习教育，学院党委成员讲授党课，分头带队赴企业调研"党委会的工作方法"学习实践情况，学习成果在集团公司党组中心组扩大学习会上报告并受到好评。各支部集中开展学习研讨 22 次，同时开展了党员"亮身份"、纪念建党 95 周年系列活动、四个专项检查等具体工作，促进党员干部转化学习成果，增强干事创业的行动自觉。

（苑明菲）

【加强领导班子建设】 2016 年，管理干部学院组织编制学院"十三五"发展规划。完成党委和纪委换届。开展 17 次党委中心组集中学习。认真落实党员领导干部党内政治生活相关制度，召开民主生活会。抓好"关键少数"的监督管理，严格落实领导干部个人有关事项报告制度。坚决贯彻民主集中制原则，认真落实"三重一大"集体决策制度，班子成员之间主动沟通、积极配合，较好发挥整体功能。在职代会的民主评议中，学院领导班子、领导人员优秀和称职比例之和均超过 96%；在集团公司巡视测评中，对学院领导班子评价好和较好的比例达 100%。

（苑明菲）

【加强干部人才队伍建设】 2016 年，管理干部学院深入贯彻落实《中国石化领导人员选拔任用暂行办法》等 6 项制度，提出学院干部人才队伍建设思路。新选聘 7 名中层干部、3 名培训专家，引进 6 名成熟人才和 6 名毕业生。邀请国际著名培训专家到院开展卓越培训导师培训。组织 36 名教师赴企业挂职调研，21 名教职工在国内外学习交流。完善员工绩效考核办法。通过有计划的选用培养，干部队伍结构更趋合理，人才队伍素质能力得到提升。

（苑明菲）

【认真做好基层党建工作】 2016 年，管理干部学院组织完成党支部调整及选举工作，对新任党支部书记和委员进行培训。修订《党支部工作目标管理达标考核手册》，启动党支部书记述职工作，探索支部书记述职与绩效考核挂钩。选派青年党员参加集团公司基层青年政治轮训班，组织党员参观"铁军纪念馆"，开展党员"三亮三比三评"活动，表彰宣传学院"一先两优"先进集体、优秀个人和"最美青年"，营造学习先进、争当先进的良好氛围。

（苑明菲）

【抓好党风廉洁建设和反腐败工作】 2016 年，管理干部学院召开学院党风建设和反腐败工作会议，现场签订廉洁自律承诺书。制定落实"两个责任"实施办法以及《学院处级人员廉洁谈话实施办法》，修订《贯彻落实中央和集团公司党组改进工作作风、密切联系群众"八项规定"实施办法》，严格执行《学院领导班子成员及有关人员履职待遇、业务支出管理办法》，按要求开展领导人员述职述廉等工作，促进领导人员廉洁从业。组织实施专项效能监察、业务公开、廉洁风险防控等工作，筑牢拒腐防变的防线。

（苑明菲）

【积极开展宣传思想文化和群团工作】 2016 年，管理干部学院充分利用媒体开展宣传工作，举办手抄党章、诵读党章党规等特色活动。扎实开展工会"走基层、访万家"和团支部"走访寻"活动，通过召开劳动模范和先进工作者座谈会、个别访谈、问卷调查等多种方式，深入了解员工思想动态。开展"书香学院·好书品读"系列活动，举办各类专题讲座。组织三八妇女节、六一儿童节专题活动，举办职工集体生日会 6 次，探望慰问生病职工 46 人次，开展健步走、员工运动会、排球赛、乒乓球赛及春节联欢等文体活动，切实落实离退休老同志的政治待遇和生活待遇，将关心关爱职工群众落到实处。

（苑明菲）

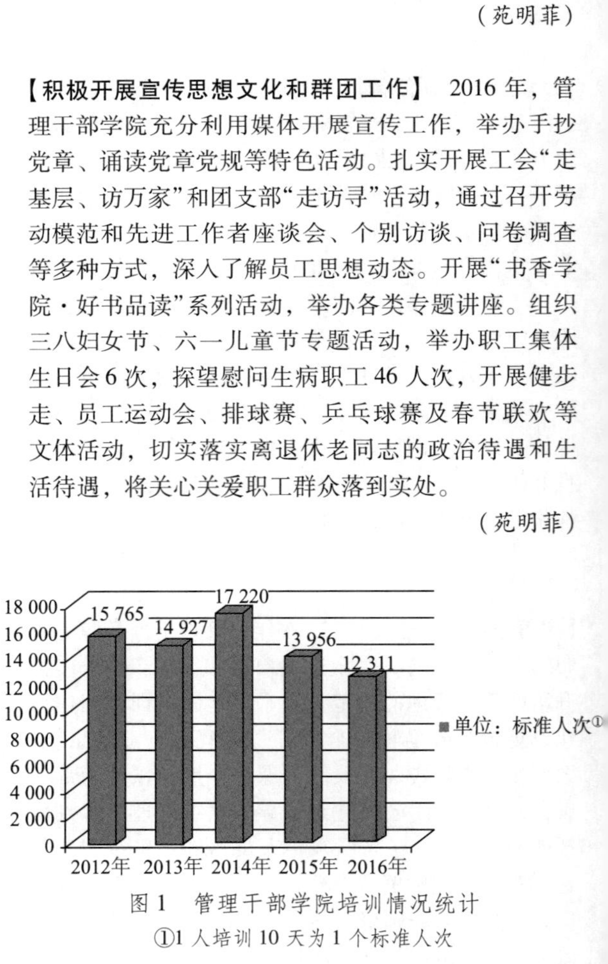

图 1　管理干部学院培训情况统计

①1 人培训 10 天为 1 个标准人次

人　　物

◇ 全国五一劳动奖章

◇ 全国岗位学雷锋“最美人物”

◇ 第13届中华技能大奖获得者

◇ 全国技术能手

全国五一劳动奖章

【薛　梅】 女，1972 年 11 月出生，中共党员，胜利油田东辛采油厂营二采油管理区采油 1 站工人，曾获全国五一巾帼标兵、山东省劳动模范、山东省最美劳动者、中央企业敬业好员工、央企最美人物、集团公司精神文明建设标兵等称号。薛梅和丈夫一起坚守荒原 20 年，用爱心管油井，真心护小站，忠心献胜利，走出 24 个长征 4.2 万次巡井路，留下 200 多双磨坏的巡井鞋，安全输送原油 12 万吨。她用爱心管油井，情牵荒原。3 间普通的砖瓦房，1 座 50 平方米的小院，坐落在距采油厂驻地西北 15 千米的荒野中。这既是营 8 更 9 夫妻井驻地，也是薛梅的家。1995 年 12 月，结婚不到半年，薛梅和丈夫便开始驻岗生活，像呵护孩子一样呵护着油井，一待就是 20 年。在薛梅坚守的 7 000 多个日夜里，井站没有一个晚上失去值守，然而薛梅从未到 7 千米外的父母家吃上一顿年夜饭，丈夫也没有回过 500 多千米外的菏泽老家过个春节。刚到小站的时候，薛梅 23 岁，孙宾 27 岁，如今儿子孙同庆已经 15 岁了，他们依然像当初一样，为石油事业无怨无悔、满腔真情洒荒原。

（谢梓峰）

【都亚军】 男，1975 年 7 月出生，中共党员，中原油田采油一厂培训考核站首席技师。曾获河南省五一劳动奖章、河南省十大能工巧匠、中央企业技术能手，以及集团公司技术能手、岗位练兵优秀个人、优秀共产党员等称号和采油职业技能竞赛金奖。工作中都亚军坚持高标准、严要求，勤奋学习、刻苦钻研，时刻以一名新时期技能型员工标准要求自己，充分发挥一名共产党员的先锋模范带头作用，凭借刻苦学习和顽强拼搏，从一名普通采油工成长为油田首席技师。他先后取得 13 件国家专利、36 项油田和厂处级创新成果，有 22 项成果在油田推广应用；在《内蒙古石油化工》等刊物发表论文 7 篇，编写的《采油（采气）危害识别与防范》《油气生产应急处置指南》等在油田企业中得到广泛应用。他以都亚军创新工作室为团队创新平台，大力开展以“小革新、小发明、小改造、小设计、小建设”为重点的技术创新活动。在他的带领下，工作室每年取得国家专利 10 件以上、油田级创新成果 20 项以上、处级创新成果 30 项以上，年解决现场技术难题 50 余项，创造效益 2 000 多万元，为油田节能降耗发挥了积极作用。他将自己的知识经验和绝招绝技毫无保留地传给身边的同事和徒弟，为油田培养了一大批优秀技能拔尖人才和青年后备人才，其中 4 名徒弟成为集团公司技术能手、23 人成为技师和高级技师、6 人获集团公司职业技能竞赛采油工金奖。《工人日报》《中国石化报》、中工网等媒体报道了其先进事迹。

（谢梓峰）

【张志华】 男，1968 年 8 月出生，中共党员，江汉石油工程公司测录井公司生产测试中心仪修班班长，国家级技能大师工作室骨干成员。先后获湖北省五一劳动奖章，全国石油石化系统创新先进人物，集团公司精神文明建设先进个人、岗位练兵标兵、技术能手等称号。在 28 年的一线岗位工作中，张志华凭着对测井事业的热爱和追求，刻苦学习专业技术，从一名普通工人成长为专家型技术工人。先后完成 29 项科研技改项目，其中获国家发明专利 2 件、省部级以上科技进步奖 4 项，局级技术成果 11 项、处级技术成果 12 项。在石油学术刊物和学会交流会上发表论文 7 篇，参与编写行业标准 1 项、企业标准 2 项。张志华提出“套管水平井测井输送技术在页岩气开发中的应用”课题，在没有相关施工工艺的情况下，带领团队进行攻关，提出涪陵页岩气水平井工艺改造的思路和模式，解决了涪陵页岩气田超大斜度、超长位移水平井测井、射孔施工带来的诸多技术难题。张志华充分依托国家级技能大师工作室开展技术攻关和师带徒活动，根据生产实际中的技术疑难和要领，编写 3 万多字的心得体会和操作教程，向青工传经验、授技艺。年均授课 100 多课时，所带徒弟大多成长为技术骨干，其中 1 人获集团公司技能竞赛银奖，1 人获公司“双文明”标兵、青年岗位能手等称号。

（谢梓峰）

【邓远平】 男，1968 年 1 月出生，中共党员，西南油气分公司川西采气厂邓远平技术人才工作室主任，首席技师。先后获集团公司技术能手，四川省技术能手、有突出贡献的优秀专家、“十二五”劳动竞赛先进个人等称号和四川省五一劳动奖章。邓远平是一个标准的“油二代”，最大的愿望就是当最好的石油技术工人。川孝 135 井井堵长达 4 个月，采取多种措施未见效果，邓远平制定方案终于将气井堵塞解除，日增产天然气 1.5 万立方米。他据此总结出一套解堵方法，成功运用到新场气田沙溪庙组气井，直接创造经济价值近千万元。在他的组织下，成功解决川科 1 井井口窜水窜气问题，直接经济效益 3 000 多万元；参与金页 1 井等应急抢险 30 余次，解决水套炉节流阀卡死、总阀不能开启等问题。他先后研制出技术创新成果53项，自行设计的高压管汇台泄压装置等8项成果获国家实用新型发明专利。其中，低压气井移动式防喷流程获得经济效益1.3亿元；井口保温装置累计创效0.8亿元。2012年，西南油气分公司技能人才工作室成立，邓远平被聘为主任。他先后带出56名徒弟，其中1人获全国五一巾帼标兵称号、1人成为西南石油局技术专家、1人获四川省五一劳动奖章。2013年，邓远平所在的川西采气厂技能人才工作室被评为四川省职工技能人才(劳模)创新工作室；同年，他被四川省人民政府批准为第11批有突出贡献的优秀专家。

（谢梓峰）

【于江涛】 男，1977年7月出生，中共党员，齐鲁石化胜利炼油厂技术员。曾获山东省青年岗位能手称号，2015年获山东省“富民兴鲁”劳动奖章。2008年底，于江涛参加炼油厂第四常减压装置建设。建设之初，他作为工艺技术员负责操作规程、开工方案的编写及设计图纸的审核等工作。在不到1个月的时间内，完成对5 000多张设计图纸的审查，先后发现设计问题百余个，为装置按期高质量建成做出突出贡献。他利用所学计算机知识，将装置百余条主要工艺流程以三维立体模式绘制展现出来，方便职工学习，在车间近几年的技术培训中发挥了重要作用。作为工艺技术员，于江涛在日常工作中表现出强烈的事业心和责任心。他通过积极沟通、认真指导、严格考核，督促操作人员认真操作，切实落实各项优化生产措施，尽可能保持装置最优状态运行。近几年来，他先后提出、参与车间的20余项技术改造和生产优化项目，为提高装置效益做出突出贡献。由他提出的“第四常减压装置减顶抽真空系统流程优化”项目，实施后一年为装置节约8 000余吨蒸汽，大大降低装置运行成本。他作为骨干参与高闪点航煤试生产、电脱盐内构件改造及技术攻关等项目，做出积极贡献。他带领的劳模创新工作室，组织3个基层常减压车间的生产、技术骨干围绕生产问题开展攻关，取得的成果过去2年累计为公司创效近2 000万元。

（谢梓峰）

【徐建伟】 男，1973年8月出生，中共党员，上海石化烯烃部副经理。曾获全国技术能手、上海市新长征突击手、上海市劳动模范等称号。徐建伟工作22年，倒班10年，敬业勤勉，勇于担当。无论是担任装置主任，还是走上作业部副经理的岗位，他始终以敬业勤勉的工作作风，敢为敢当。徐建伟坚持理论知识与现场工艺流程相结合，先后制定并实施老区关键机组湿蒸汽在线清洗、新老区低排放开停车等方案，为装置的安稳运行奠定坚实基础。2010年，装置老区裂解气压缩机和丙烯制冷压缩机透平积盐严重，他提出在装置不停车的情况下，将超高压蒸汽温度逐渐降低至接近饱和温度，用湿蒸汽除去叶轮上的积盐，开了国内大型乙烯装置关键机组不停车在线除盐的先河。他在抓好领导班子和干部队伍建设的同时强调关心职工，重视职工的素质工程建设，坚持不懈地为职工群众办实事、做好事。针对装置一线员工队伍技术力量薄弱的现象，他坚持学以致用，将素质工程建设与装置老区的大检修工作相结合，与岗位需要相结合、与员工队伍结构改善和素质提高相结合，按照健全完善联系和服务职工群众工作体系与机制的要求，坚持走群众路线。他到定点联系党支部上党课，进行形势任务宣讲，慰问走访困难职工及其家庭，参加重要(关键)装置的安全学习，身体力行确保联系服务基层和职工群众的“五个一”工作落到实处。

（谢梓峰）

【盖金祥】 男，1966年4月出生，中共党员，济南炼化副总工程师。曾获集团公司科技进步一等奖，集团公司优秀共产党员、突出贡献专家称号及山东省“富民兴鲁”劳动奖章。作为第一专利发明人，盖金祥拥有国家技术专利8件，其中5件已经实施。他主持负责国内首套90万吨/年S－Zorb催化汽油脱硫技术国产化工作，获中国石化科技进步一等奖；主持世界首套60万吨/年逆流连续重整技术在济南炼化的应用和开发，为企业年增效益2.2亿元以上。他参加开发的环保型芳烃橡胶填充油产品填补国内空白，打破了欧盟为中国橡胶出口设置的贸易壁垒。他主持的创新管理执行力项目获集团公司管理现代化创新成果二等奖。盖金祥主持负责济南炼化低温热利用、催化顶循与气分热联合节能改造、催化余热锅炉改造等50多项技改技措项目，年增效益可达2.7亿元以上，年节能量2.1万吨标油，并在全国其他炼油企业推广应用，具有较高的经济效益和社会效益。他主管80万吨/年和140万吨/年催化裂化烟气脱硫的前期技术论证、设计和详细设计工作。该项目已投用，每年可减排二氧化硫1 600吨、氮氧化物320吨，减少粉尘排放310吨，为济南市的碧水蓝天做出贡献。他主管完成的汽车、火车装车油气回收项目年VOC减排428吨；采用盖金祥专利技术的油品罐区VOC减排改造工作，可减排VOC1 200吨。

（谢梓峰）

【李　茜】 女，1968 年 9 月出生，中共党员，江苏徐州石油朝阳管理公司铜山片区经理。先后获集团公司劳动模范、青年岗位能手，中央企业优秀共产党员、劳动模范等称号。李茜在江苏徐州石油营销一线工作了 28 年，从一名普通的客户经理成长为一名基层管理者，亲身经历了成品油市场从计划经济向市场经济的转变，一直努力做一个客户满意的实践者、市场竞争的优胜者、平凡岗位的奉献者。近几年，李茜带领团队积极适应经济新常态，以员工、客户双满意为目标，按照内强素质、外塑形象的要求，积极培育具有时代特征、行业特色的企业文化，开展基层"家文化"建设，有力促进了社会主义核心价值观在基层一线的落地生根。2014 年 8 月，中国石化销售系统"家文化"建设现场推进会在徐州召开，先后接待 56 家省市公司的代表，具有徐州特色的油站文化受到广泛好评和推广。她以"6S"管理为抓手，打造高度负责任的现场，提高客户满意度。开展客户办事"零障碍"工程，不断优化服务流程，提升服务效率，使消费环境更加安全、规范、便捷；免费提供道路救援等便民服务项目，获得社会各界的广泛认同。她重视后备人才的选拔培养，让一线员工感受到政治上关怀、工作上关心、成长上关注、生活上关爱。她倾心为员工打造职业生涯，鼓励员工增强创新意识，积极参加岗位练兵和业务竞赛，争当学习型、知识型、技能型员工，她带领的团队高级工比例在全系统领先，实现了从普通员工到高级技师的飞跃。

（谢梓峰）

全国岗位学雷锋"最美人物"

【宋丽萍】 宋丽萍是中原油田第十社区管理中心居民调解员、志愿服务站站长。自 1998 年起，她一直坚持投身社会公益事业，关心弱势群众，关爱孤寡老人，呵护残障儿童，救助重症患者，帮扶贫困学生，用自己的善行义举践行雷锋精神，传递社会正面能量。她牵头成立"油嫂互助队""宋丽萍爱心志愿服务队"，成员达 2 600 余人，先后为 15 名重症患儿联系医院免费治疗，为 28 名贫困患者募集善款 60 余万元，向黄河滩区 5 所小学捐赠图书 18 万册，与 384 名空巢老人结成帮扶对子，组织文艺小分队深入居民小区、敬老院、偏远乡村巡演 70 余场次。先后获全国百名优秀志愿者、全国首批优秀党员志愿者、中央企业道德模范、河南省三八红旗手、中国石化精神文明建设十大标兵、中国石化感动石化人物等称号。2013 年 9 月，宋丽萍获第 4 届全国道德模范提名奖，受到中共中央总书记、国家主席、中央军委主席习近平的亲切接见。2016 年 2 月 29 日，在中央宣传部、中央文明办举行全国岗位学雷锋"最美人物"发布仪式上，宋丽萍获全国岗位学雷锋"最美人物"称号，成为 10 名获奖者中唯一的央企员工。

（陶　岚）

第 13 届中华技能大奖获得者

【卢建强】 男，汉族，1975 年 6 月出生，籍贯甘肃天水，大学本科学历，中共党员，1994 参加工作，中原油田采油高级技师，集团公司采油工技能大师。卢建强坚持围绕生产开展技术革新，先后完成国家级创新成果 5 项、油田及省部级创新成果 46 项，获国家实用新型专利 93 件、国家发明专利 1 件；创建全国油田企业首家技师工作站，发挥高技能人才集群效应，先后培养技师、高级技师 86 名，为企业技能人才队伍建设做出突出贡献。卢建强先后获中国石化技术能手称号、河南省中原技能大奖、中央企业劳动模范称号、全国技术能手称号、全国劳动模范称号，享受国务院政府特殊津贴。

（丁新兴）

全国技术能手

【冯新永】 男，汉族，1967 年 11 月出生，籍贯甘肃武威，大学学历，中共党员，1986 年参加工作，胜利油田首席技能大师。冯新永发扬精益求精的工匠精神，从一名普通工人成长为油田开发领域知名的专家型技能人才。他自主完成创新成果 75 项，获国家发明专利 4 件、国家实用新型专利 39 件，累计创造经济效益 6 000 余万元。先后获中国石化技术能手、山东省首席技师、全国创新标兵等称号，享受国务院政府特殊津贴。

（丁新兴）

【孙同根】 男，汉族，1966 年 8 月出生，籍贯江苏南京，高中学历，中共党员，1985 年参加工作，金陵石化资深首席技师。孙同根精通催化裂化及催化汽油吸附脱硫工艺技术，以其姓名命名的"S－Zorb 装置孙同根操作法"在中国石化推广应用。孙同根首席技师工作室成立以来共发表 QC 成果 34 篇，获奖 28 篇，其中获国家级 TQC 成果 8 个，其个人获国家专利2件。先后获中国石化技术能手、中国石化劳动模范、江苏省十佳文明职工、江苏省五一劳动奖章等荣誉、称号，享受国务院政府特殊津贴。

（丁新兴）

【毛谦明】 男，汉族，1973年1月出生，籍贯河南灵宝，大学学历，中共党员，1994年参加工作，集团公司采油技能大师。毛谦明被誉为塔河油田“小发明家”，从一名技校生成长为塔河油田技能操作领军人才，自主完成创新成果34项，获国家发明专利1件、国家实用新型专利7件。先后获中国石化技术能手、全国青年岗位标兵、新疆自治区劳动模范、中国石化劳动模范、全国五一劳动奖章、全国劳动模范等荣誉、称号，享受国务院政府特殊津贴。

（丁新兴）

统计资料

表 1 集团公司主要经济指标 亿元

项目 \ 年份	2016	2015	2014	2013	2012	2011
工业总产值(现价)	12 569.98	14 112.26	19 266.79	19 642.70	19 531.81	19 051.97
实现利税总额	3 747.11	3 920.11	3 662.55	4 050.61	3 799.18	4 005.07
利　润	529.03	621.22	788.53	1 148.15	1 046.62	1 200.91
年末职工总数/万人	66.33	56.58	57.75	59.79	61.55	62.21
工资总额	548.80	494.98	518.28	510.41	485.68	457.03
营业收入	19 692.20	20 472.72	28 899.34	29 450.75	28 306.09	25 519.51
资产总值	21 593.91	20 585.08	22 283.66	21 369.23	19 480.78	17 486.82
负债总值	10 864.91	10 055.29	12 777.07	12 340.72	11 564.86	10 283.43
流动负债	7 280.88	6 565.09	8 168.71	7 399.45	6 603.91	6 121.41
非流动负债	3 584.03	3 490.19	4 608.37	4 941.27	4 960.95	4 162.02

表 2 集团公司主要产品产量及全行业占比(一) 万吨

项目 \ 年份	2016	2015[①]	2014	2013	2012	2011
原　油						
集团公司	3 565.51	4 173.74	4 378.47	4 378.01	4 318.25	4 272.85
全行业	19 968.50	21 458.60	21 142.90	20 991.90	20 748.00	20 287.60
占比/%	17.86	19.45	20.71	20.86	20.81	21.06
天然气/亿立方米						
集团公司	215.90	206.96	201.72	186.97	169.36	146.44
全行业	1 368.30	1 339.50	1 301.60	1 208.60	1 106.10	1 053.40
占比/%	15.78	15.45	15.50	15.47	15.31	13.90
原油加工量						
集团公司	23 732.03	23 828.84	23 697.71	23 369.76	22 309.29	21 892.20
全行业	54 101.30	52 634.80	50 278.58	47 769.53	46 328.75	45 110.08
占比/%	43.87	45.27	47.13	48.92	48.15	48.53
成品油总量						
集团公司	14 916.65	14 838.24	14 622.72	14 085.76	13 390.68	12 885.58
全行业	34 833.50	33 967.60	31 825.21	29 558.56	28 357.33	26 693.86
占比/%	42.82	43.68	45.47	47.11	46.67	47.29

续表

项目 \ 年份	2016	2015[①]	2014	2013	2012	2011
汽　油						
集团公司	5 636.00	5 398.22	5 122.12	4 594.11	4 108.52	3 758.61
全行业	12 932.00	12 157.00	11 066.62	9 824.40	8 980.18	8 136.98
占比/%	43.58	44.40	46.28	46.76	45.75	46.19
煤　油						
集团公司	2 546.57	2 435.17	2 074.51	1 743.37	1 501.17	1 373.13
全行业	3 983.80	3 658.60	3 001.09	2 513.83	2 156.01	1 875.07
占比/%	63.92	66.56	69.13	69.35	69.63	73.23
柴　油						
集团公司	6 734.09	7 004.86	7 426.08	7 748.29	7 780.99	7 753.84
全行业	17 917.70	18 152.00	17 757.51	17 220.33	17 221.14	16 681.81
占比/%	37.58	38.59	41.82	44.99	45.18	46.48
燃料油						
集团公司	156.91	228.51	359.48	424.42	322.22	363.23
全行业	2 586.90	2 506.20	2 479.11	2 583.80	2 361.22	1 810.05
占比/%	6.07	9.12	14.50	16.43	13.65	20.07

①2015 年全行业数据有调整

表 3　　集团公司主要产品产量及全行业占比(二)　　万吨

项目 \ 年份	2016	2015[①]	2014	2013	2012	2011
乙　烯						
集团公司	1 105.86	1 111.79	1 069.78	997.98	954.18	1 003.75
全行业	1 781.14	1 714.60	1 696.70	1 599.30	1 486.80	1 527.50
占比/%	62.09	64.84	63.05	62.40	64.18	65.71
纯　苯						
集团公司	400.08	402.81	399.54	374.53	351.72	359.13
全行业	805.22	785.47	734.35	716.71	700.12	691.00
占比/%	49.69	51.28	54.41	52.26	50.24	51.97
对二甲苯						
集团公司	433.14	440.25	479.14	447.79	440.55	441.11
全行业	644.78	663.19	639.85	620.21	640.29	585.24

续表

项目 \ 年份	2016	2015①	2014	2013	2012	2011
占比/%	67.18	66.38	74.88	72.20	68.80	75.37
精甲醇						
集团公司	115.17	69.10	68.43	53.22	64.90	19.88
全行业	4 313.57	4 002.25	3 702.54	2 964.27	2 639.68	2 294.50
占比/%	2.67	1.73	1.85	1.80	2.46	0.87
醋酸						
集团公司	14.75	3.60	7.50			
全行业	594.66	586.97	578.24	438.30	430.05	424.48
占比/%	2.48	0.61	1.30			
合成氨						
集团公司	114.95	96.90	95.50	115.94	126.43	111.12
全行业	5 421.89	5 854.65	5 690.17	5 806.57	5 543.16	5 040.20
占比/%	2.12	1.66	1.68	2.00	2.28	2.20
氮肥(折合氮100%)						
集团公司	18.14	16.14	30.71	68.71	66.34	54.51
全行业	4 458.80	4 838.80	4 650.88	4 816.09	4 654.03	4 444.98
占比/%	0.66	0.33	0.66	1.43	1.43	1.23
尿素(实物量)						
集团公司	—	—	9.27	91.78	105.23	77.98
全行业	6 702.10	7 453.46	6 965.85	7 207.64	6 578.72	5 732.34
占比%	—	—	0.13	1.27	1.60	1.36

①2015年全行业数据有调整

表4　集团公司主要产品产量及全行业占比(三)　万吨

项目 \ 年份	2016	2015①	2014	2013	2012	2011
合成纤维原料						
集团公司	647.71	634.80	572.46	626.33	606.25	644.41
全行业	3 770.27	3 572.44	2 219.05	2 152.91	2 201.01	1 993.75
占比/%	17.18	17.77	25.80	29.09	27.54	32.32

续表

项目 \ 年份	2016	2015[①]	2014	2013	2012	2011
合成纤维聚合物						
集团公司	302.56	285.39	284.29	328.79	334.13	332.01
全行业	1 653.18	1 647.74	1 662.59	1 709.76	1 621.93	1 441.63
占比/%	18.30	17.32	17.10	19.23	20.60	23.03
合成纤维						
集团公司	126.04	129.57	133.13	141.03	135.33	140.33
全行业	4 536.33	4 384.58	3 958.04	3 783.97	3 491.52	3 147.28
占比/%	2.78	2.96	3.36	3.73	3.88	4.46
锦　纶						
集团公司						
全行业	333.16	305.89	255.60	235.16	187.79	157.75
涤　纶						
集团公司	100.37	100.77	105.30	109.30	104.35	108.38
全行业	3 959.00	3 839.98	3 471.98	3 348.93	3 126.56	2 792.71
占比/%	2.54	2.62	3.03	3.26	3.34	3.88
腈　纶						
集团公司	23.29	26.95	25.73	29.27	28.92	29.88
全行业	71.99	72.53	67.56	69.43	69.14	70.71
占比/%	32.35	37.16	38.08	42.15	41.84	42.26
维　纶						
集团公司	1.83	1.34	1.62	1.79	1.42	1.55
全行业	8.68	7.15	11.07	10.09	6.03	5.89
占比/%	21.09	18.78	14.67	17.72	23.54	26.25
丙　纶						
集团公司	0.36	0.37	0.35	0.57	0.53	0.52
全行业	25.85	23.15	26.07	26.93	32.04	30.47
占比/%	1.40	1.60	1.36	2.11	1.66	1.70
其他(全行业)	137.65	135.88	125.75	93.42	69.96	89.75

①2015 年全行业数据有调整

表5 集团公司主要产品产量及全行业占比(四) 万吨

项目 \ 年份	2016	2015[①]	2014	2013	2012	2011
塑料						
集团公司	1 546.45	1 547.79	1 505.96	1 412.93	1 376.64	1 407.68
全行业	8 226.68	7 718.20	6 959.49	6 303.53	5 257.00	4 941.24
占比/%	18.80	20.05	21.64	22.41	26.19	28.49
聚乙烯						
集团公司	727.15	733.33	711.13	659.66	620.23	655.05
全行业	1 435.53	1 385.52	1 336.60	1 173.99	1 030.00	1 015.20
占比/%	50.65	52.93	53.20	56.19	60.22	64.52
聚丙烯						
集团公司	658.11	651.74	629.96	581.84	555.10	557.31
全行业	1 849.67	1 686.42	1 378.94	1 246.54	1 121.48	995.57
占比/%	35.58	38.65	45.68	46.68	49.50	55.98
聚苯乙烯						
集团公司	58.76	58.46	64.87	66.54	67.16	66.93
全行业	283.49	305.32	208.66	210.37	216.27	205.33
占比/%	20.73	19.15	31.09	31.63	31.05	32.60
聚氯乙烯						
集团公司	23.12	22.60	22.41	30.83	57.78	58.93
全行业	1 669.24	1 619.01	1 636.76	1 529.80	1 341.63	1 311.18
占比/%	1.39	1.40	1.37	2.02	4.31	4.49
合成橡胶						
集团公司	111.85	115.05	124.01	129.23	124.15	127.20
全行业	545.78	501.10	534.48	483.82	384.68	353.64
占比/%	20.49	22.96	23.20	26.71	32.27	35.97

①2015年全行业数据有调整

表 6

中国石油与石油产品进口数量与金额

产品名称	2016年		2015年		2014年		2013年		2012年		2011年	
	数量/万吨	金额/百万美元	数量/万吨	金额/百万美元	数量/万吨	金额/百万美元	数量/万吨	金额/百万美元	数量/万吨	金额/百万美元	数量/万吨	金额/百万美元
原　油	38 103.78	115 308.30	33 549.13	134 152.00	30 835.68	228 138.44	28 214.40	219 548.64	27 109.08	220 398.61	25 254.92	195 131.27
成品油	1 572.63	8 097.77	1 407.98	9 004.73	1 178.12	12 071.98	1 322.14	13 898.67	1 258.94	13 717.82	1 375.25	14 888.06
车用、航空汽油	20.77	90.46	17.01	95.50	3.39	34.14	0.04	1.50	0.45	5.22	2.93	31.22
石脑油	669.92	2 721.62	664.76	3 568.07	369.77	3 299.56	354.18	3 351.32	309.02	2 999.92	245.02	2 289.95
橡胶等溶剂油	2.21	24.61	2.20	28.59	2.39	37.35	2.12	32.55	2.44	37.26	2.58	36.62
壬　烯	3.56	33.17	5.20	67.15	3.59	51.24	3.82	56.64	2.63	47.69	2.44	57.89
其他轻油及制品	110.81	590.39	35.08	247.83	29.84	332.57	0	0	0	0	13.88	159.64
航空煤油	349.45	1 495.11	346.11	1 933.24	391.44	3 700.64	532.93	5 266.90	526.46	5 392.23	536.72	5 382.99
灯用煤油	0	0.01	0	0.01	0	0.01	0	0.01	0	0.02	0	0.02
其他煤油馏分	2.72	25.01	2.36	25.69	25.29	288.29	135.93	1 480.45	94.27	1 049.61	78.20	861.61
柴　油	91.63	364.88	42.80	226.49	47.39	395.05	26.68	251.62	94.71	911.53	244.05	2 274.03
润滑油	34.57	797.12	32.61	811.99	31.77	869.49	29.79	782.91	30.32	785.14	34.32	828.33
润滑脂	2.30	112.90	2.25	114.32	2.26	125.52	2.16	113.64	2.01	105.91	2.73	128.03
润滑油基础油	284.69	1 842.49	257.60	1 885.85	270.99	2 938.12	234.48	2 561.14	196.63	2 383.29	212.39	2 837.74
燃料油	1 186.97	2 809.94	1 564.64	5 150.14	1 790.13	10 955.00	2 354.83	15 034.83	2 688.26	18 637.69	2 683.15	17 260.69
石　蜡	8.66	114.90	8.46	114.64	7.62	118.58	5.49	98.09	4.94	96.96	5.40	97.79
石油沥青	495.14	1 045.81	470.59	1 801.90	411.02	2 333.72	332.10	2 066.60	273.16	1 750.04	319.01	1 767.27
石油焦	431.63	367.49	588.66	586.12	534.97	648.04	935.33	1 146.08	701.04	960.79	491.51	911.14
液体石蜡	27.43	207.38	21.25	191.63	13.81	186.37	3.90	55.11	1.35	22.89	1.36	23.16
液化石油气	1 612.50	6 110.11	1 208.81	6 152.46	710.13	5 982.92	421.10	3 814.88	333.32	3 016.55	340.81	2 908.79

表 7

中国石油与石油产品出口数量与金额

产品名称	2016 年		2015 年		2014 年		2013 年		2012 年		2011 年	
	数量/万吨	金额/百万美元	数量/万吨	金额/百万美元	数量/万吨	金额/百万美元	数量/万吨	金额/百万美元	数量/万吨	金额/百万美元	数量/万吨	金额/百万美元
原　油	294.06	943.49	286.56	1 545.64	60.02	490.43	162.03	1 462.57	243.49	2 226.50	252.20	1 909.15
成品油	3 843.75	17 025.52	2 558.67	15 306.89	1 980.67	19 583.55	1 715.89	17 254.35	1 265.51	13 326.19	1 344.57	13 080.91
车用、航空汽油	969.67	4 183.02	589.87	3 514.88	498.39	4 947.31	468.76	4 650.88	292.19	3 035.24	406.01	3 793.80
石脑油	7.45	30.19	0	0	13.11	126.64	35.41	353.23	21.55	208.31	49.73	453.42
橡胶等溶剂油	0.47	8.39	0.42	4.29	0.61	8.02	0.74	10.18	0.51	6.32	0.54	8.16
壬　烯	0	0	0	0	0	0	0.10	1.61	0	0	0	0
其他轻油及制品	0.05	0.37	0	0.04	0	0	0	0	0	0	0	0
航空煤油	1 310.07	6 075.78	1 235.86	7 623.31	1 051.07	10 280.27	917.51	9 217.61	745.07	7 848.90	653.18	6 504.42
其他煤油馏分	0.02	0.16	1.59	12.69	2.81	30.26	0.02	0.23	0.02	0.34	3.38	29.95
柴　油	1 540.47	6 487.09	716.37	3 852.90	399.82	3 897.00	278.16	2 733.47	186.22	1 873.48	203.11	1 879.04
润滑油	9.98	190.55	11.88	265.48	12.57	258.44	11.53	233.98	10.82	218.16	11.22	204.04
润滑脂	0.88	17.27	0.81	16.18	0.77	16.70	1.10	22.46	1.16	22.30	1.09	18.47
润滑油基础油	4.69	32.70	1.87	17.12	1.52	18.91	2.55	30.71	7.97	113.14	16.29	189.60
燃料油	987.86	2 344.87	1 054.86	3 772.92	940.68	5 770.28	1 135.43	7 254.41	1 164.17	8 011.00	1 234.44	7 739.17
石　蜡	64.77	604.02	62.37	663.32	48.94	631.19	50.14	637.29	46.96	637.16	45.47	651.85
石油沥青	20.62	77.35	28.70	148.37	20.31	156.93	16.87	135.43	9.57	88.12	23.85	163.82
石油焦	258.42	506.49	241.92	604.70	244.24	612.81	234.03	675.33	230.71	713.78	287.16	1 038.14
液体石蜡	0.07	0.48	0.19	1.37	0.14	1.84	0.10	1.24	0.25	3.47	0.04	0.72
液化石油气	132.31	552.15	144.13	774.55	143.82	1 308.61	125.84	1 211.90	127.00	1 231.98	117.00	1 009.34

表 8 中国主要石化产品进口数量与金额

产品名称	2016 年		2015 年		2014 年		2013 年		2012 年		2011 年	
	数量/万吨	金额/百万美元	数量/万吨	金额/百万美元	数量/万吨	金额/百万美元	数量/万吨	金额/百万美元	数量/万吨	金额/百万美元	数量/万吨	金额/百万美元
一、五大合成树脂	1 619.71	19 731.20	1 659.47	22 119.21	1 618.33	26 355.08	1 606.86	25 307.73	1 565.21	23 356.70	1 542.92	24 153.23
1. 聚乙烯	994.31	11 664.63	986.66	12 623.73	910.79	14 325.15	881.53	13 144.65	788.78	10 929.94	744.38	10 869.51
低密度聚乙烯	205.23	2 515.49	217.80	2 864.25	205.39	3 319.55	172.50	2 663.12	157.11	2 245.72	146.03	2 415.36
高密度聚乙烯	527.68	5 995.71	512.82	6 462.46	459.60	7 058.05	473.75	6 920.06	400.98	5 516.81	352.64	4 927.77
2. 聚丙烯	301.75	3 524.15	339.70	4 439.67	363.25	5 816.99	359.30	5 595.81	390.93	5 794.70	377.77	5 875.51
3. 聚苯乙烯	68.38	932.88	77.77	1 122.51	84.88	1 524.85	94.66	1 744.89	97.99	1 641.53	103.85	1 690.86
可发性聚苯乙烯	3.04	54.52	4.82	85.72	6.29	139.24	6.21	127.63	6.08	103.86	7.60	121.30
其他聚苯乙烯	65.34	878.36	72.95	1 036.79	78.60	1 385.61	88.45	1 617.26	91.91	1 537.67	96.25	1 569.56
4. ABS 共聚物	168.55	2 748.41	162.48	2 993.52	166.83	3 576.64	166.97	3 596.71	166.54	3 622.61	185.27	4 123.49
5. 聚氯乙烯	86.72	861.13	92.86	939.78	92.58	1 111.45	104.40	1 225.68	120.98	1 367.92	131.64	1 593.86
纯聚氯乙烯	77.22	680.55	82.53	754.30	80.79	895.25	91.46	996.41	105.96	1 101.28	114.80	1 284.56
未塑化聚氯乙烯	1.93	25.08	2.51	26.45	3.75	44.88	5.14	65.54	6.99	95.23	8.81	135.23
已塑化聚氯乙烯	7.57	155.50	7.81	159.03	8.05	171.33	7.80	163.72	8.02	171.41	8.03	174.07
二、合成橡胶及胶乳合计	328.83	5 313.08	196.56	3 857.77	148.46	3 986.11	152.79	4 429.39	143.71	5 092.85	144.48	5 360.26
1. 丁苯橡胶	23.49	442.48	26.12	498.78	27.21	603.11	26.97	620.31	29.74	812.23	31.57	879.55
丁苯胶乳	8.60	132.80	10.60	151.83	10.40	154.90	9.26	143.62	9.53	168.67	9.97	176.53
2. 顺丁橡胶	6.30	109.76	7.78	136.66	7.11	163.61	7.75	192.05	7.24	228.25	7.78	266.49
3. 丁基橡胶	2.25	55.71	2.32	76.90	2.91	118.10	3.06	134.12	3.16	157.27	3.37	156.50
4. 氯丁橡胶	1.87	65.23	1.66	60.30	1.97	75.96	1.85	78.15	1.78	81.42	1.78	74.97
5. 丁腈橡胶	7.32	109.45	7.79	128.43	8.04	149.86	7.19	146.61	6.14	157.89	6.24	171.37

续表

产品名称	2016年		2015年		2014年		2013年		2012年		2011年	
	数量/万吨	金额/百万美元	数量/万吨	金额/百万美元	数量/万吨	金额/百万美元	数量/万吨	金额/百万美元	数量/万吨	金额/百万美元	数量/万吨	金额/百万美元
6. 异戊二烯橡胶	0.59	17.06	0.46	16.80	0.46	20.82	0.51	22.45	0.48	22.36	0.53	23.64
7. 乙丙橡胶	7.49	145.37	5.54	138.17	8.20	215.78	9.13	276.53	8.34	332.34	8.66	344.50
8. 其他合成橡胶	279.52	4 368.02	144.89	2 801.70	92.56	2 638.88	96.32	2 959.16	86.83	3 301.10	84.56	3 443.24
其他胶乳	0.50	11.64	0.63	9.60	0.74	11.96	0.62	11.61	0.51	12.01	0.73	16.13
三、合成纤维	61.34	2 073.36	63.80	2 349.12	66.66	2 675.53	74.41	2 958.29	72.03	2 830.58	80.50	3 146.61
1. 锦　纶	13.54	665.44	14.04	698.51	16.49	850.44	18.45	912.79	18.63	903.08	19.32	950.43
长　丝	12.41	583.13	12.90	617.85	15.34	760.98	17.32	818.53	17.47	808.77	18.00	850.65
短纤维及纤维条	1.13	82.31	1.14	80.66	1.15	89.46	1.14	94.26	1.16	94.30	1.32	99.78
2. 涤　纶	24.81	489.06	23.76	491.53	24.46	576.46	24.48	616.63	23.83	568.26	28.22	677.32
长丝	12.58	322.88	11.14	303.54	11.26	338.38	11.71	376.92	12.64	358.91	16.23	440.51
短纤维及纤维条	12.23	166.17	12.62	187.98	13.19	238.08	12.77	239.71	11.20	209.35	11.99	236.81
3. 腈纶短纤维及纤维条	13.82	300.12	15.86	425.83	15.86	520.18	21.22	667.90	18.66	592.72	19.53	678.76
4. 丙　纶	0.44	11.41	0.67	18.14	0.68	20.08	0.57	17.43	0.56	17.11	0.59	19.03
长　丝	0.17	5.64	0.21	7.64	0.24	8.72	0.17	6.55	0.18	6.52	0.26	9.40
短纤维及纤维条	0.27	5.77	0.46	10.50	0.45	11.35	0.40	10.88	0.39	10.59	0.33	9.63
5. 氨纶长丝	2.64	202.40	2.56	219.82	2.46	222.94	2.02	202.60	1.88	173.27	2.28	194.85
6. 其　他	6.08	404.94	6.90	495.29	6.71	485.44	7.66	540.93	8.47	576.14	10.57	626.23
长　丝	1.04	120.09	1.14	139.40	1.09	140.52	1.17	142.87	1.34	167.13	1.42	157.16
短纤维及纤维条	5.04	284.86	5.76	355.89	5.62	344.92	6.49	398.06	7.13	409.01	9.15	469.07

续表

产品名称	2016 年		2015 年		2014 年		2013 年		2012 年		2011 年	
	数量/万吨	金额/百万美元	数量/万吨	金额/百万美元	数量/万吨	金额/百万美元	数量/万吨	金额/百万美元	数量/万吨	金额/百万美元	数量/万吨	金额/百万美元
四、制成肥料	832. 89	2 410. 80	1 115. 65	3 926. 98	955. 34	3 348. 06	788. 97	3 371. 64	839. 26	4 022. 53	787. 45	3 437. 94
尿　素	6. 58	15. 95	0. 76	3. 69	0. 59	3. 05	3. 04	10. 90	17. 10	71. 44	0. 21	1. 44
五、有机化学品												
(一)乙烯、芳烃												
乙　烯	165. 65	1 750. 48	151. 57	1 621. 62	149. 72	2 217. 50	170. 38	2 269. 98	142. 25	1 793. 25	106. 04	1 308. 15
纯　苯	154. 92	993. 38	120. 55	864. 94	60. 14	769. 74	88. 65	1 192. 22	43. 94	530. 95	18. 57	206. 99
甲　苯	76. 39	471. 17	75. 01	525. 05	93. 29	1 060. 90	81. 20	977. 86	65. 96	773. 27	65. 51	704. 65
混合二甲苯	0. 02	0. 56	0. 91	8. 00	1. 74	20. 21	3. 09	45. 97	1. 64	20. 64	2. 55	26. 89
邻二甲苯	29. 02	215. 28	34. 93	287. 20	48. 24	610. 09	55. 53	834. 59	69. 84	1 053. 76	60. 25	822. 16
对二甲苯	1 236. 14	9 668. 04	1 164. 89	9 793. 85	997. 27	12 552. 63	905. 29	13 764. 11	628. 58	9 521. 15	498. 20	7 748. 63
苯乙烯	349. 85	3 629. 12	374. 44	4 159. 04	373. 09	5 948. 01	367. 50	6 350. 92	333. 68	4 823. 42	360. 77	5 078. 57
乙　苯	5. 46	46. 27	2. 82	26. 98	1. 04	15. 21	3. 78	56. 50	0. 71	8. 63	1. 18	12. 97
(二)主要有机原料												
甲　醇	880. 28	2 096. 97	553. 86	1 562. 15	433. 23	1 613. 18	485. 85	1 875. 41	500. 11	1 887. 30	573. 20	2 113. 20
丁　醇	42. 67	254. 56	37. 89	286. 45	33. 08	370. 66	63. 82	820. 35	70. 80	901. 47	70. 05	1 064. 87
辛　醇	21. 03	195. 96	22. 84	260. 33	20. 09	304. 30	28. 72	441. 38	37. 31	607. 10	36. 58	668. 20
醋　酸	8. 69	25. 34	5. 31	18. 41	1. 74	9. 61	1. 68	7. 65	2. 14	9. 59	1. 77	8. 29
苯　酚	24. 83	206. 57	17. 29	159. 87	21. 72	317. 32	36. 51	545. 34	59. 40	837. 81	76. 19	1 253. 60
丙　酮	47. 55	265. 19	43. 66	267. 13	47. 63	528. 83	48. 87	532. 95	69. 02	673. 59	74. 48	760. 63
丁　酮	0. 13	1. 50	0. 18	2. 63	0. 20	3. 20	0. 26	3. 90	0. 63	7. 87	2. 22	34. 13

续表

产品名称	2016 年		2015 年		2014 年		2013 年		2012 年		2011 年	
	数量/万吨	金额/百万美元	数量/万吨	金额/百万美元	数量/万吨	金额/百万美元	数量/万吨	金额/百万美元	数量/万吨	金额/百万美元	数量/万吨	金额/百万美元
(三)主要合成纤维原料及聚合物												
乙二醇	757.28	4 934.59	877.16	7 123.97	845.03	8 149.15	824.63	8 807.34	796.53	8 303.54	727.02	8 611.74
对苯二甲酸	50.22	302.30	75.19	478.80	116.37	1 072.93	274.31	2 990.29	537.03	5 867.65	652.72	8 240.48
尼龙 66 盐	0.26	3.61	0.71	13.32	0.84	18.28	0.96	20.91	0.99	24.98	1.02	26.91
丙烯腈	30.61	326.08	39.79	556.78	51.79	1 001.72	54.76	982.75	55.54	1 041.05	54.17	1 250.33
己内酰胺	22.09	277.85	22.36	362.20	22.33	504.20	45.29	1 076.18	70.66	1 813.72	63.33	2 060.70
聚酯切片	17.87	271.78	16.67	262.83	18.01	328.78	18.90	350.63	18.29	324.48	19.69	350.27

表 9 　　中国主要石化产品出口数量与金额

产品名称	2016 年		2015 年		2014 年		2013 年		2012 年		2011 年	
	数量/万吨	金额/百万美元	数量/万吨	金额/百万美元	数量/万吨	金额/百万美元	数量/万吨	金额/百万美元	数量/万吨	金额/百万美元	数量/万吨	金额/百万美元
一、五大合成树脂	205.86	2 123.87	166.64	1 915.55	192.43	2 474.27	144.15	2 064.63	126.02	1 812.60	132.82	1 993.00
1. 聚乙烯	29.89	387.62	26.93	381.08	24.91	410.37	20.26	326.44	28.77	429.89	32.21	486.36
低密度聚乙烯	7.35	103.67	5.95	91.37	4.92	83.35	4.66	74.45	6.99	110.56	7.98	137.19
高密度聚乙烯	16.43	210.14	15.39	215.26	15.71	254.56	11.17	174.92	13.50	199.69	17.60	252.13
2. 聚丙烯	23.97	306.25	16.64	248.01	12.58	234.85	14.72	255.70	14.16	231.41	16.58	277.60
3. 聚苯乙烯	31.84	397.47	32.98	452.29	32.32	585.83	32.65	646.43	33.53	572.19	35.57	593.22
可发性聚苯乙烯	25.99	302.59	28.97	372.47	27.41	477.23	29.05	562.21	29.85	495.75	32.21	522.29
其他聚苯乙烯	5.84	94.88	4.02	79.82	4.91	108.60	3.60	84.22	3.68	76.44	3.36	70.93
4. ABS 共聚物	2.82	58.37	2.35	53.30	3.32	78.86	3.13	78.98	4.16	101.80	4.31	108.19
5. 聚氯乙烯	117.34	974.16	87.74	780.87	119.30	1 164.36	73.39	757.09	45.40	477.31	44.15	527.63
纯聚氯乙烯	105.01	792.43	78.23	627.63	111.07	1 028.75	66.22	634.11	39.46	379.28	38.59	440.88
未塑化聚氯乙烯	3.92	58.74	2.58	45.51	1.94	32.37	1.67	27.39	1.00	14.66	0.99	12.58
已塑化聚氯乙烯	8.41	123.00	6.94	107.73	6.29	103.24	5.50	95.59	4.95	83.36	4.58	74.16
二、合成橡胶及胶乳合计	20.76	427.10	18.84	419.07	19.43	506.88	21.19	555.56	22.03	719.29	29.10	1 046.60
1. 丁苯橡胶	6.08	116.13	6.50	128.27	7.31	174.28	7.16	182.78	7.53	234.43	11.88	386.61
丁苯胶乳	1.36	14.35	1.36	15.12	0.73	10.69	0.70	10.51	0.69	11.81	0.63	10.25
2. 顺丁橡胶	1.52	23.63	1.78	28.01	1.99	40.39	1.96	44.14	2.54	85.46	2.67	105.11
3. 丁基橡胶	0.03	0.67	0.02	1.09	0.03	1.03	0.09	3.01	1.18	39.31	0.40	17.08
4. 氯丁橡胶	0.18	6.21	0.18	6.75	0.29	11.35	0.34	14.10	0.57	25.23	0.80	34.02
5. 丁腈橡胶	2.03	26.70	1.43	22.45	0.95	21.16	1.30	21.36	1.40	26.94	1.58	33.85

续表

产品名称	2016年		2015年		2014年		2013年		2012年		2011年	
	数量/万吨	金额/百万美元	数量/万吨	金额/百万美元	数量/万吨	金额/百万美元	数量/万吨	金额/百万美元	数量/万吨	金额/百万美元	数量/万吨	金额/百万美元
6. 异戊二烯橡胶	0.09	1.82	0.02	0.64	0.02	1.34	0.03	1.38	0.02	1.17	0.05	2.19
7. 乙丙橡胶	0.46	15.53	0.21	6.27	0.18	6.59	0.11	3.84	0.21	5.51	0.11	3.30
8. 其他合成橡胶	10.39	236.41	8.71	225.59	8.66	250.74	10.20	284.97	8.59	301.24	11.62	464.43
其他胶乳	0	0.21	0.01	0.32	0	0.09	0	0.13	0.01	0.26	0.02	0.24
三、合成纤维	414.93	7 200.23	365.76	7 190.18	342.71	7 770.61	294.85	7 266.74	256.27	6 866.59	258.11	7 487.02
1. 锦　纶	23.07	744.36	19.36	734.32	18.24	794.20	16.18	722.92	15.31	728.48	15.66	814.06
长　丝	22.66	712.52	18.96	699.19	17.87	759.04	15.85	687.76	14.90	686.71	15.08	752.24
短纤维及纤维条	0.41	31.84	0.40	35.14	0.36	35.16	0.34	35.16	0.41	41.77	0.58	61.82
2. 涤　纶	302.28	3 644.76	266.94	3 634.37	248.44	4 045.06	204.22	3 597.32	176.59	3 172.92	177.50	3 567.43
长　丝	200.94	2 690.31	172.03	2 632.30	160.43	2 925.43	131.66	2 593.70	110.91	2 220.87	97.73	2 250.63
短纤维及纤维条	101.34	954.45	94.91	1 002.07	88.01	1 119.63	72.56	1 003.62	65.68	952.05	79.77	1 316.80
3. 腈纶短纤维及纤维条	3.04	52.58	1.95	43.24	1.93	52.49	0.94	31.35	0.58	18.55	0.41	13.58
4. 丙　纶	4.03	113.69	3.44	99.94	3.00	90.25	2.78	73.74	2.58	72.05	3.10	69.68
长　丝	3.21	99.72	2.58	83.69	2.33	76.11	2.04	58.11	1.91	56.70	2.39	53.62
短纤维及纤维条	0.82	13.98	0.86	16.26	0.67	14.15	0.73	15.63	0.67	15.35	0.71	16.05
5. 氨纶长丝	5.87	307.11	5.22	324.97	4.55	317.96	4.68	330.68	4.41	295.74	3.45	236.86
6. 其　他	76.64	2 337.72	68.84	2 353.34	66.55	2 470.66	66.05	2 510.73	56.80	2 578.86	57.99	2 785.43
长　丝	9.02	418.13	8.07	407.40	7.45	385.08	7.10	365.76	6.66	327.97	6.07	318.63
短纤维及纤维条	67.63	1 919.59	60.77	1 945.94	59.10	2 085.57	58.95	2 144.97	50.14	2 250.88	51.92	2 466.79

续表

产品名称	2016 年		2015 年		2014 年		2013 年		2012 年		2011 年	
	数量/万吨	金额/百万美元	数量/万吨	金额/百万美元	数量/万吨	金额/百万美元	数量/万吨	金额/百万美元	数量/万吨	金额/百万美元	数量/万吨	金额/百万美元
四、制成肥料	2 677.95	6 531.00	3 450.36	10 857.92	2 902.94	8 907.90	1 901.03	6 253.53	1 757.86	7 225.57	1 822.77	7 884.09
尿　素	887.07	1 975.50	1 374.80	3 938.15	1 361.55	4 007.88	826.53	2 604.65	694.79	2 638.63	355.88	1 551.26
五、有机化学品												
(一)乙烯、芳烃												
乙　烯	0.82	9.20	0	0.08	0.02	0.41	0	0.07	0	0.03	0.97	11.65
纯　苯	5.32	29.43	9.28	66.80	7.49	80.79	3.11	31.01	4.94	51.23	11.03	114.87
甲　苯	0.44	2.99	0.52	4.32	0.22	2.99	0.31	4.09	0.67	8.32	0.80	9.17
混合二甲苯	0.05	0.49	0.04	0.43	0.66	7.62	7.33	81.43	4.01	49.01	0.69	7.31
邻二甲苯	0.20	1.24	0.20	1.96	0	0.03	0	0.02	0	0.02	1.91	25.11
对二甲苯	5.66	41.24	12.01	100.76	10.35	128.07	18.11	275.18	19.22	283.94	34.79	528.88
苯乙烯	0.01	0.06	0.49	4.94	2.98	50.65	5.28	92.52	3.40	47.86	7.11	98.54
乙　苯	0.03	0.32	0.01	0.20	0.02	0.36	0.01	0.21	0	0.08	0	0.09
(二)主要有机原料												
甲　醇	3.35	9.80	16.29	49.89	74.93	342.44	77.28	307.98	6.73	26.47	4.39	18.21
丁　醇	1.68	12.59	2.01	19.45	0.80	13.13	0.66	11.86	0.64	11.03	0.67	13.16
辛　醇	0.71	6.76	1.45	17.12	5.44	76.92	0.84	12.98	0.71	11.65	0.36	7.06
醋　酸	24.03	67.09	39.31	150.56	18.11	86.88	17.92	78.17	33.08	147.91	66.71	330.93
苯　酚	5.67	50.23	1.79	17.68	3.95	59.62	0.60	13.08	2.39	38.38	3.84	77.25
丙　酮	0.82	5.33	0.31	2.60	0.05	1.19	0.06	1.17	0.07	1.32	0.10	2.23
丁　酮	9.31	67.79	9.09	95.91	9.28	132.14	6.41	79.83	10.23	134.70	9.34	210.75

续表

产品名称	2016年		2015年		2014年		2013年		2012年		2011年	
	数量/万吨	金额/百万美元	数量/万吨	金额/百万美元	数量/万吨	金额/百万美元	数量/万吨	金额/百万美元	数量/万吨	金额/百万美元	数量/万吨	金额/百万美元
(三)主要合成纤维原料及聚合物												
乙二醇	1.96	28.66	1.99	28.25	0.57	11.53	0.54	8.43	1.08	13.92	0.60	10.19
对苯二甲酸	69.53	418.80	62.25	421.62	46.27	419.46	12.63	135.40	0.91	9.54	2.71	39.30
尼龙66盐	0	0.02	0	0.11	0	0.02	0	0.04	0.09	3.48	0	0.08
丙烯腈	0.20	2.47	0	0	0.01	0.24	0	0	0	0	0	0
己内酰胺	0.02	0.32	0.21	3.68	0.01	0.24	0.11	2.77	0.64	17.42	0.76	26.66
聚酯切片	217.90	1 887.47	209.02	2 034.17	229.84	2 889.33	195.83	2 798.15	136.18	1 943.61	103.97	1 753.37

表 10　　中国石化在《财富》杂志世界 500 强企业中排名

年度	排名
1999	73
2000	58
2001	68
2002	86
2003	70
2004	54
2005	31
2006	23
2007	17
2008	16
2009	9
2010	7
2011	5
2012	5
2013	4
2014	3
2015	2
2016	4

附　录

◇ 科技成果获奖名单

◇ 企事业单位名录

◇ 制度性文件名一览表

附录 1

科技成果获奖名单

表 1　　国家技术发明奖

二等奖
1. 重建多期油气复杂成藏过程的关键仪器与方法
2. 单晶多空心钛硅分子筛催化新材料及制备关键技术
3. 深层超深层油气藏压裂酸化高效改造技术及应用
4. 基于声发射监控的聚烯烃流化床反应器新技术

表 2　　中国石化前瞻性基础性研究科学奖

一等奖
1. 小尺度缝洞储集体地震响应特征基础研究
二等奖
1. 己内酰胺绿色生产技术的化学和工程基础
2. 超疏水性介孔 Ti/HMS 绿色烯烃环氧化催化新材料
3. DMSO 法 T800 高性能碳纤维制备的关键技术
三等奖
1. 缝洞型油藏提高采收率基础理论及应用
2. 纳米自适应调驱体系的设计与研制
3. 聚丙烯微孔材料制备机理及关键技术开发
4. 生物转化制备长链二元酸过程关键科学问题研究
5. 加油站燃爆机理与后果预测模型研究

表 3　　中国石化技术发明奖

一等奖
1. 原位涂层抑制结焦技术工业试验
2. 石化废水脱氨氮生物制剂及脱氮成套技术开发和应用
二等奖
1. 遇油/水自适应膨胀封隔器技术研究及产业化
2. CO_2 驱油室内评价及矿场增效技术
3. 分子筛型加氢裂化催化剂湿法硫化技术开发及应用
4. 新型乙烯淤浆聚合催化剂技术
5. 环保型聚酯系列新产品开发及其绿色催化技术

续表

二等奖
6. 新型高效厌氧反应器及生物膨胀床技术开发
三等奖
1. CEM－1 电磁随钻测量系统
2. 高分子中空微珠低密度钻井液技术
3. 非常规油气固井完井连续分段压裂技术
4. 海上油田同井(组)采注工艺技术研究
5. 高活性低衰减的高性能聚丙烯 BCZ 催化剂开发
6. TH－1 L 浆液聚乙烯催化剂的开发与应用
7. NWS－1 型湿法转化用钒催化剂的开发及应用
8. 石化行业 VOCs 治理专用疏水硅胶

表 4　　中国石化科技进步奖

一等奖
1. 深度域地震成像一体化技术研发及应用
2. 致密砂岩气藏水平井开发关键技术与应用
3. 胜利滩海北西向构造带古近系油气成藏规律
4. 地层超剥带圈闭精细描述技术与目标评价
5. 伊朗雅达大型油田复杂地质条件钻完井关键技术及工业化应用
6. 涪陵海相页岩气高效开发关键技术及工业化应用
7. 高含水复杂断块油藏水驱高效开发技术及应用
8. 稠油热化学驱开发技术
9. 连续重整新型再生及配套技术开发
10. LCO 选择性加氢－催化裂化生产高辛烷值汽油或芳烃料技术
11. 提质增效加氢裂化催化剂级配技术开发及应用
12. 相结构调控技术及透明高抗冲聚丙烯开发
13. 气液法流化床聚乙烯工艺成套技术开发
14. 16 万吨/年乙腈法丁二烯抽提技术
15. 基于价值优化的乙烯原料研究及应用
16. 南化公司水污染治理项目研究与开发
17. 百万吨乙烯装置用裂解气压缩机组研制
二等奖
1. 高邮凹陷戴南组砂体成因机制及识别技术
2. 东濮凹陷天然气富集规律及重点增储领域

续表

二等奖
3. 碎屑岩致密化与油气成藏的动态关系
4. 井筒信息融合与风险识别技术
5. 西湖凹陷平湖组油气资源评价与区带优选
6. 千米水平段一趟钻钻井关键技术
7. 小断块油藏油水过渡带提高采收率技术研究
8. 压裂返排液与地层水回收利用技术
9. 挥发性油藏天然气驱提高采收率技术及关键设备国产化研究
10. 胜坨油田特高含水后期主导开发调整技术
11. 化学驱数值模拟关键技术研究与应用
12. 协同增效低伤害压裂液体系与改造技术
13. 东部老油田降低勘探开发综合成本钻井技术
14. 增产汽油催化裂化催化剂开发及工业应用
15. 提高原料适应性和产品安定性的高效绿色航煤加氢技术开发及应用
16. FHDO 重整生成油选择性液相加氢脱烯烃技术
17. 元坝天然气净化厂催化剂国产化应用研究
18. FC－46 多产化工原料型加氢裂化催化剂开发及应用
19. 高性能系列滚塑专用料生产技术
20. 节能高效乙苯脱氢催化剂研制及工业应用
21. 提高 HDPE 大中空专用料抗冲击性能的技术攻关
22. 汽车油箱用高密度聚乙烯专用料的开发
23. 高性能 HDPE 防渗膜和专用料评价技术开发
24. 百万吨级乙烯改扩建成套技术
25. 低渗透油藏驱油用低吸附表面活性剂研究及应用
26. 平板超滤膜制备技术开发与工业应用
27. 顺丁橡胶生产废气深度治理及能量回收技术
28. 无线传输蜂窝布局雷电预警系统研究
29. 大型 EO/EG 装置换热器工程技术研究
30. 2 万立方米乙烯低温储存成套技术
31. 国产 2. 25 Cr－1 Mo 大厚度板焊加氢反应器成套技术开发
32. 高压成品油长输管线输油泵国产化研制
33. 中国石化移动应用平台
34. 乙烯装置实时优化技术的研究与应用

续表

三等奖
1. 四川盆地及周缘海相页岩气测井评价技术研究
2. 地震采集工程软件系统
3. 江汉盆地新沟嘴组泥质白云岩油藏潜力评价
4. 春光探区排10井区地震资料高分辨率处理解释方法研究及应用效果
5. GES综合录井仪研制
6. 重磁电震处理解释一体化技术研究
7. 苏北盆地复杂油气藏钻井提速配套技术
8. 复杂山前带地震噪音机理及采集优化技术研究
9. 钻井液油气信息在线定量检测系统开发与应用
10. 济阳坳陷页岩岩相及油气赋存机制
11. 东北龙凤山气田薄储层高效勘探开发地震精细预测技术
12. 东海西湖凹陷深层油气勘探潜力与目标评价
13. 智能测试工具及工艺研究
14. 大规模压裂地面设备配套技术
15. 高性能金刚石复合片研制与应用
16. 新沟嘴组致密油油藏特征及开发关键技术研究
17. 油田注水开发后期细分开采关键技术
18. 滩海油田路岛工程新技术及应用
19. 胜利油田稠油油藏水平井完井技术
20. 特高含水高温油藏三元复合驱技术研究与应用
21. 漏失井井下液面监测工艺技术
22. 深层碎屑岩水平井调流控水完井关键技术研究与应用
23. 泾河油田致密低渗油藏水平井分段多簇压裂技术
24. 超深层凝析气藏高效开发技术研究与应用
25. 脂肪酸甲酯改善柴油润滑性能的研究和应用
26. HVIⅡ类光亮油生产技术开发及工业应用
27. 电动汽车发展对中长期石油需求的影响
28. 中国自主品牌乘用车配套发动机油系列产品的开发及配套应用
29. 低挥发低黏度空间精密轴承润滑油的研制
30. 汽车服务市场球笼式等速万向节(CVJ)用润滑脂的开发
31. 可氯化聚氯乙烯管材专用树脂QS-C65的开发
32. 乙烯装置多生产线优化运行技术研发

续表

三等奖
33. 丙烯高温氯化混合反应器强化关键技术创新与应用
34. EP5010C 专用树脂在 Spherizone 工艺上的开发应用
35. 适应原料多样化的乙烯装置副产碳五加氢成套技术
36. 环己酮氨肟化用钛硅分子筛催化剂再生优化研究及工业应用
37. 光纤光缆保护用关键材料开发
38. 氯化聚乙烯专用树脂成套技术及系列牌号开发
39. 高温管线热盾绝热技术的研制与应用
40. 石化产品碳足迹技术开发及应用
41. 成品油管道完整性管理体系及关键技术
42. 炼化工程及大检修项目安全监管技术研究与应用
43. 炼油厂腐蚀保运技术工程应用研究
44. 石化企业重大事故情景构建及应急辅助决策技术研究与应用
45. 铁路罐车蒸汽密闭洗车装置的开发与应用
46. 盐穴储气建腔技术
47. 油田电网无功控制关键技术开发
48. 西部油田分布式电源综合控制先导技术开发
49. 浅层地质勘查安全可控震源装备研制
50. 进口劣质原油对输油管道腐蚀影响的研究
51. 天然气储气库用 4RDSA－2/1500 压缩机国产化研制
52. 集成化设计与数字化工厂建设
53. 耐蚀系列换热管工程技术开发
54. 高含氯原油对炼厂的腐蚀及其防护技术
55. 基于光纤 F－P 传感在线监测焦炭塔远程智能全自动除焦的关键技术
56. 中国石化炼油板块生产计划整体优化系统
57. 大数据技术在催化裂化装置中的应用
58. 普光高含硫气田高效开发技术与实践
59. 中国石化热电水务生产营运管理信息系统
60. 中国石化培训课程开发模式与更新机制
61. 井下智能控制技术专利战略
62. 基于流程模拟的生产装置优化运行中心建设项目

附录 2

企事业单位名录

序号	单位名称	地址	邮政编码	电话	传真	董事长/经理（厂长）
1	中国石化集团胜利石油管理局 中国石油化工股份有限公司胜利油田分公司	山东省东营市济南路 125 号	257001	（0546）8552074 （0546）8555313	（0546）8221719	孔凡群
2	中国石化集团中原石油勘探局 中国石油化工股份有限公司中原油田分公司	河南省濮阳市中原路 277 号	457001	（0393）4822151 （0393）4822172	（0393）4828300	王寿平
3	中国石化集团河南石油勘探局 中国石油化工股份有限公司河南油田分公司	河南省南阳市宛城区油田五一村	473132	（0377）63830011	（0377）63830027	陶光辉
4	中国石化集团江汉石油管理局 中国石油化工股份有限公司江汉油田分公司	湖北省潜江市广华寺江汉路 1 号	433124	（0728）6502051	（0728）6502784	孙　健
5	中国石化集团江苏石油勘探局 中国石油化工股份有限公司江苏油田分公司	江苏省扬州市文汇西路 1 号	225009	（0514）87762001	（0514）87761111	李东海
6	中国石化集团上海海洋石油局 中国石油化工股份有限公司上海海洋油气分公司	上海市浦东新区商城路 1225 号	200120	（021）20896811	（021）68769284	邢景宝
7	中国石化集团西北石油局 中国石油化工股份有限公司西北油田分公司	新疆乌鲁木齐市长春南路 466 号中国石化西北石油科研生产园区	830011	（0991）3166567	（0991）6637597	胡广杰
8	中国石化集团西南石油局 中国石油化工股份有限公司西南油气分公司	四川省成都市高新区吉泰路 688 号中国石化西南科研办公基地	610041	（028）65285555	（028）65285666	甘振维
9	中国石化集团东北石油局 中国石油化工股份有限公司东北油气分公司	吉林省长春市绿园区西安大路 4936 号	130062	（0431）87958809	（0431）87974693 （0431）87973631	元　涛

续表

序号	单位名称	地址	邮政编码	电话	传真	董事长/经理（厂长）
10	中国石化集团华北石油局 中国石油化工股份有限公司华北油气分公司	河南省郑州市中原区陇海西路199号	450006	（0371）68629220	（0371）68612902	周荔青
11	中国石化集团华东石油局 中国石油化工股份有限公司华东油气分公司	江苏省南京市建邺区江东中路315号中泰国际广场6号楼	210019	（025）58777020	（025）58822349	方志雄
12	中国石油化工股份有限公司勘探分公司	四川省成都市高新区吉泰路688号中国石化西南科研办公基地	610041	（028）85164709	（028）85164600	郭旭升
13	中国石化集团北京燕山石油化工有限公司 中国石油化工股份有限公司北京燕山分公司	北京市房山区燕山岗南路1号	102500	（010）69347123	（010）69342736	罗　强
14	中国石化集团资产经营管理有限公司齐鲁石化分公司 中国石油化工股份有限公司齐鲁分公司	山东省淄博市临淄区桓公路15号	255400	（0533）7512777	（0533）7586888	韩　峰
15	中国石化集团茂名石油化工公司 中国石油化工股份有限公司茂名分公司	广东省茂名市双山四路9号大院	525000	（0668）2243941	（0668）2269317	余夕志
16	中国石油化工股份有限公司镇海炼化分公司	浙江省宁波市镇海区蛟川街道俞范	315207	（0574）86444000	（0574）86270077	张玉明
17	中国石化集团资产经营管理有限公司天津石化分公司 中国石油化工股份有限公司天津分公司	天津市滨海新区（大港）北围堤路西160号	300271	（022）63805578	（022）25991000	李永林
18	中沙（天津）石化有限公司	天津市滨海新区（大港）北围堤路西235号	300271	（022）63809018	（022）63809000	禹小伟
19	中国石化上海石油化工股份有限公司	上海市金山区金一路48号	200540	（021）57941941	（021）57942267	王治卿

续表

序号	单位名称	地址	邮政编码	电话	传真	董事长/经理（厂长）
20	上海赛科石油化工有限责任公司	上海化学工业区南银河路 557 号	201507	（021）37990088	（021）67250866	吴海君
21	中国石化上海高桥石油化工有限公司	上海市浦东大道 3000 号	200129	（021）58711001	（021）58712207	侯勇/侯晓明
22	中国石化集团金陵石油化工有限责任公司 中国石油化工股份有限公司金陵分公司	江苏省南京市栖霞区甘家巷街 388 号	210033	（025）58989322	（025）85592004	戚建国/张春生
23	中国石化扬子石油化工有限公司	江苏省南京市沿江工业开发区（大厂）新华路 777 号	210048	（025）57782200	（025）57784389	李成峰
24	扬子石化—巴斯夫有限责任公司	江苏省南京市六合区新华东路 8 号	210048	（025）57770888	（025）58569701	王净依
25	福建炼油化工有限公司	福建省泉州市丰泽区安吉路福炼大厦	362011	（0595）27355053	（0595）27355000	顾越峰
26	中国石化集团资产经营管理有限公司武汉分公司 中国石油化工股份有限公司武汉分公司	湖北省武汉市青山区长青路特 1 号	430082	（027）86595156 （027）86595163	（027）86595188	李成峰
27	中韩（武汉）石油化工有限公司	湖北省武汉市化学工业区八吉府大街特 1 号	430000	（027）86630023 （027）86630024	（027）86630049	刘家海/管泽民
28	中国石化集团资产经营管理有限公司巴陵石化分公司 中国石油化工股份有限公司巴陵分公司	湖南省岳阳市云溪区	414014	（0730）8492348	（0730）8481456	李大为
29	中国石化集团资产经营管理有限公司长岭分公司 中国石油化工股份有限公司长岭分公司	湖南省岳阳市云溪区	414012	（0730）8450025	（0730）8451824	李　华

续表

序号	单位名称	地址	邮政编码	电话	传真	董事长/经理（厂长）
30	中国石化集团资产经营管理有限公司仪征分公司 中国石化仪征化纤有限责任公司	江苏省仪征市长江西路 1 号	211900	（0514）83232235	（0514）83233880	万　涛
31	中国石化集团南京化学工业有限公司	江苏省南京市六合区大厂葛关路 268 号	210048	（025）57765017	（025）57792812	王　宏
32	中国石化集团资产经营管理有限公司广州分公司 中国石油化工股份有限公司广州分公司	广东省广州市黄埔区石化路 239 号	510725	（020）62123888	（020）82396591	陈　坚
33	中国石化集团资产经营管理有限公司洛阳石化分公司 中国石油化工股份有限公司洛阳分公司	河南省洛阳市吉利区大庆路 1 号	471012	（0379）66992300	（0379）66993999	江寿林
34	中国石化集团资产经营管理有限公司安庆分公司 中国石油化工股份有限公司安庆分公司	安徽省安庆市石化四路 20 号	246002	（0556）5381717	（0556）5378299	吕亮功
35	中国石化海南炼油化工有限公司	海南省洋浦经济开发区	578101	（0898）28820068	（0898）28820099	卞凤鸣
36	中国石化青岛炼油化工有限责任公司	山东省青岛经济技术开发区千山南路 827 号	266500	（0532）86915971	（0532）86915988	孟祥德
37	中国石化集团资产经营管理有限公司石家庄分公司 中国石油化工股份有限公司石家庄炼化分公司	河北省石家庄市裕华区石炼路 1 号	50099	（0311）80863108	（0311）80861234	孙明荣
38	中国石化集团资产经营管理有限公司荆门分公司 中国石油化工股份有限公司荆门分公司	湖北省荆门市掇刀区白庙街办炼厂路 9 号	448039	（0724）2271917	（0724）2211539	杨勇刚
39	中国石化集团四川维尼纶厂	重庆市长寿区维江路 36 号	401254	（023）68976910	（023）68974009	许　毅

续表

序号	单位名称	地址	邮政编码	电话	传真	董事长/经理（厂长）
40	中国石化集团资产经营管理有限公司九江分公司 中国石油化工股份有限公司九江分公司	江西省九江市滨江东路228号	332004	（0792）8492966	（0792）8617006	谢道雄
41	中国石化集团资产经营管理有限公司宜昌分公司 中国石油化工股份有限公司湖北化肥分公司	湖北省枝江市迎宾大道15号	443200	（0717）4232261	（0717）4212660	李德武
42	中国石化集团资产经营管理有限公司济南分公司 中国石油化工股份有限公司济南分公司	山东省济南市工业南路26号	250101	（0531）88832202	（0531）88983622	夏季祥
43	中国石化中原石油化工有限责任公司	河南省濮阳市胜利西路41号	457000	（0393）4471075	（0393）4416227	李德武/王家纯
44	中国石化集团资产经营管理有限公司沧州分公司 中国石油化工股份有限公司沧州分公司	河北省沧州市交通北大道50号	61000	（0317）3552247 （0317）3552095	（0317）3552688	李敏/李刚
45	中国石化润滑油有限公司	北京市海淀区安宁庄西路6号	100085	（010）62949873	（010）62917732	宋云昌
46	中国石化青岛石油化工有限责任公司	山东省青岛市李沧区滨海路8号	266043	（0532）66762212	（0532）84816954	孟祥德
47	中国石化湛江东兴石油化工有限公司	广东省湛江市霞山区湖光路15号	524012	（0759）2606604	（0759）2606888	吴惜伟
48	中国石化北海炼化有限责任公司	广西北海市铁山港区4号路	536016	（0779）8528881	（0779）8528888	陈尧焕
49	中国石油化工股份有限公司西安石化分公司	陕西省西安市未央区建章路北段6号	710086	（029）84313662	（029）84320522	李少平

续表

序号	单位名称	地址	邮政编码	电话	传真	董事长/经理（厂长）
50	中国石化塔河炼化有限责任公司	新疆库车县天山东路 60 号	842000	(0997)7979067	(0997)7979016	赵亚新
51	中国石化炼油销售有限公司	上海市长宁区延安西路 728 号 22 层	200050	(021)60863300	(021)52381680	胡伟庆
52	中国石化销售有限公司北京石油分公司	北京市东城区广渠家园 6 号楼	100022	(010)67006700	(010)67006900	徐旭日
53	中国石化销售有限公司天津石油分公司	天津市南开区南京路 338 号	300100	(022)27201588	(022)27201555	王文联
54	中国石化销售有限公司河北石油分公司	河北省石家庄市槐安东路 6 号	50021	(0311)87182011	(0311)87182888	田凤林
55	中国石化销售有限公司山西石油分公司	山西省太原市万柏林区大王路 8 号	30024	(0351)6197559	(0351)6197567	董光明
56	中国石化销售有限公司上海石油分公司	上海市黄浦区中山东一路 24 号甲	200002	(021)63219490	(021)63210762	左兴凯/聂时榜
57	中国石化销售有限公司江苏石油分公司	江苏省南京市中山北路 395 号	210003	(025)58808888	(025)58803729	许卫东
58	中国石化销售有限公司浙江石油分公司	浙江省杭州市河坊街 58 号	310009	(0571)87814551	(0571)87818822	岑利祥
59	中国石化销售有限公司安徽石油分公司	安徽省合肥市屯溪路 188 号	230009	(0551)62212843	(0551)62212900	柴志明

续表

序号	单位名称	地址	邮政编码	电话	传真	董事长/经理（厂长）
60	中国石化销售有限公司福建石油分公司	福建省福州市中山路18号	350003	（0591）87817322	（0591）87817322	丁春生
61	中国石化集团资产经营管理有限公司江西石油分公司 中国石化销售有限公司江西石油分公司	江西省南昌市经济技术开发区双港东大街1460支路188号	330000	（0791）88512247	（0791）88511107	毛陆军
62	中国石化集团资产经营管理有限公司山东石油分公司 中国石化销售有限公司山东石油分公司	山东省济南市经十路13777号9栋中国石化山东石油大厦	250014	（0531）85856666 （0531）85857777	（0531）85856789	左志民
63	中国石化销售有限公司河南石油分公司	河南省郑州市郑东新区正光路16号	450016	（0371）87520290	（0371）87520299	焦德才
64	中国石化销售有限公司湖北石油分公司	湖北省武汉市硚口区解放大道606号	430030	（027）68837000	（027）68837100	于海平
65	中国石化销售有限公司湖南石油分公司	湖南省长沙市湘春路113号	410008	（0731）84841848	（0731）84841801	潘桂妹
66	广东省石油企业集团公司 中国石化销售有限公司广东石油分公司	广东省广州市体育西路191号中石化大厦A塔	510620	（020）38084610	（020）38081618	陈成敏
67	中国石化销售有限公司广西石油分公司	广西南宁市桃源路67号石油大厦	530021	（0771）6757886	（0771）6757889	李继从
68	中国石化销售有限公司海南石油分公司	海南省海口市滨海大道163号	570311	（0898）68680800	（0898）68680909	徐天民
69	中国石化集团资产经营管理有限公司贵州石油分公司 中国石化销售有限公司贵州石油分公司	贵州省贵阳市南明区解放路21号石化大厦	550002	（0851）85986622	（0851）85985810	张家顺

续表

序号	单位名称	地址	邮政编码	电话	传真	董事长/经理（厂长）
70	中国石化集团资产经营管理有限公司云南石油分公司 中国石化销售有限公司云南石油分公司	云南省昆明市国贸路 865 号	650029	（0871）63115215	（0871）63115210	张伟成
71	中国石化燃料油销售有限公司	北京市朝阳区惠新东街甲 6 号	100029	（010）69166666	（010）69168888	刘祖荣
72	中国石化销售有限公司辽宁石油分公司	辽宁省沈阳市皇姑区北陵大街 21 号沈阳天地 B 座	110032	（024）86859479	（024）86859479	纪　波
73	中国石化销售有限公司四川石油分公司	四川省成都市高新区天府大道中段吉泰路 688 号中石化西南科研基地 1410	610041	（028）65286810	（028）65286822	杨军泽
74	中国石化销售有限公司重庆石油分公司	重庆市渝中区民族路 188 号环球金融中心 48 楼	400010	（023）63107555	（023）63106320	江建华
75	中国石化销售有限公司陕西石油分公司	陕西省西安市莲湖区北大街 29 号中天国际大厦 10 层	710003	（029）87255916	（029）87257202	谭莫羡
76	中国石化销售有限公司内蒙古石油分公司	内蒙古呼和浩特市新城区成吉思汗大街 26 号日新大厦 A 座	10051	（0471）5289806	（0471）5289808	王红兵
77	中国石化销售有限公司新疆石油分公司	新疆乌鲁木齐长春南路 466 号中国石化科研生产园区 2 楼 B 座	830011	（0991）3163087	（0991）3163086	邱发森
78	中国石化销售有限公司吉林石油分公司	吉林省长春市绿园区洛阳街 39 号	130062	（0431）81332986	（0431）88409576	胡乐天
79	中国石化销售有限公司黑龙江石油分公司	黑龙江省哈尔滨市南岗开发区嵩山路 24 号	150000	（0451）87763012	（0451）87763111	丁建华

续表

序号	单位名称	地址	邮政编码	电话	传真	董事长/经理（厂长）
80	中国石化销售有限公司青海石油分公司	青海省西宁市城西区海湖路 26 号	810000	(0971)6304329	(0971)6317257	刘踊林
81	中国石化销售有限公司甘肃石油分公司	甘肃省兰州市城关区天水中路 2 号	730030	(0931)8520683	(0931)8833795	冯培育
82	中国石化销售有限公司宁夏石油分公司	宁夏银川市金凤区庆丰街 396 号鼎城商务中心	750000	(0951)6662930	(0951)5019813	于海平
83	中国石化销售有限公司西藏石油分公司	西藏拉萨市城关区娘热路 13 号	850000	(0891)6820269	(0891)6820269	伏 韬
84	中国石化销售有限公司华北分公司	天津市华苑产业园区榕苑路 11 号	300384	(022)23059524	(022)23059522	于金广
85	中国石化销售有限公司华东分公司	上海市长宁区愚园路 819 号	200050	(021)62119325	(021)62119327	杨 棣
86	中国石化销售有限公司华中分公司	湖北省武汉市江汉区常青路 39 号	430023	(027)65798026	(027)65798015	张洪奎
87	中国石化销售有限公司华南分公司	广东省广州市天河区体育西路 191 号中石化大厦	510620	(020)38083937	(020)38083909	田中山
88	中国石油化工股份有限公司石油勘探开发研究院	北京市海淀区学院路 31 号	100083	(010)82312417	(010)82312089	金之钧
89	中国石化石油工程技术研究院	北京市朝阳区北辰东路 8 号北辰时代大厦 10 层	100101	(010)84988166	(010)84988966	路保平

续表

序号	单位名称	地址	邮政编码	电话	传真	董事长/经理（厂长）
90	中国石油化工股份有限公司石油物探技术研究院	江苏省南京市江宁区上高路219号	211103	(025)68109926	(025)68109900	曲寿利
91	中国石油化工股份有限公司石油化工科学研究院	北京市海淀区学院路18号	100083	(010)62310806	(010)62311290	龙　军
92	中国石油化工股份有限公司北京化工研究院	北京市朝阳区北三环东路14号	100013	(010)59202342	(010)64228661	吴长江
93	中国石油化工股份有限公司抚顺石油化工研究院	辽宁省抚顺市望花区丹东路东段31号	113001	(024)56389234	(024)56429551	方向晨
94	中国石油化工股份有限公司上海石油化工研究院	上海市浦东新区浦东北路1658号	201208	(021)68462197	(021)68462283	杨为民
95	中国石油化工股份有限公司青岛安全工程研究院	山东省青岛市崂山区松岭路339号	266100	(0532)83786202	(0532)83861318	孙万付
96	中国石化催化剂有限公司	北京市朝阳区惠新东街甲6号	100029	(010)69166523	(010)69166878	顾松园
97	中石化百川经济贸易公司(中国石油化工集团公司机关服务中心、中国石油化工集团公司机关服务局)	北京市朝阳区朝阳门北大街22号	100728	(010)59960509	(010)59960901	杨　军
98	中国石化国际事业有限公司	北京市朝阳区朝阳门北大街22号	100728	(010)59966049	(010)59760629	王玉冰
99	中国石化集团国际石油勘探开发有限公司 中国石化国际石油勘探开发有限公司	北京市海淀区北四环中路263号 北京市朝阳区惠新东街甲6号	100083 100029	(010)69165136	(010)69165140	王志刚/马正武

续表

序号	单位名称	地址	邮政编码	电话	传真	董事长/经理（厂长）
100	中石化石油工程技术服务有限公司	北京市朝阳区吉市口 9 号	100020	（010）59965998	（010）59965997	焦方正/孙清德
101	中国石化集团国际石油工程有限公司	北京市朝阳区吉市口 9 号	100020	（010）59965556	（010）59760955	张永杰
102	中石化海洋石油工程有限公司	上海市浦东新区商城路 1225 号	200120	（021）20896811	（021）68769284	邢景宝
103	中石化石油工程建设公司	北京市朝阳区吉市口 9 号	100020	（010）59965321	（010）59760975	左尧久
104	中石化石油工程地球物理有限公司	北京市朝阳区吉市口路 9 号	100020	（010）59965715	（010）59760901	周　松
105	中石化石油机械股份有限公司	湖北省武汉市东湖新技术开发区光谷大道 77 号金融港 A2 座 12 层	430205	（027）52306800	（027）52306868	谢永金
106	中石化胜利石油工程有限公司	山东省东营市东营区济南路 125 号	257000	（0546）8710018	（0546）8555026	张　煜
107	中石化中原石油工程有限公司	河南省濮阳市中原路 277 号	457001	（0393）4824722	（0393）4734156	杜广义
108	中石化江汉石油工程有限公司	湖北省潜江市广华江汉油田局机关	433124	（0728）6502636	（0728）6502632	杨国圣
109	中石化西南石油工程有限公司	四川省成都市高新区吉泰路 688 号中国石化西南科研办公基地	610041	（028）65285566	（028）65285577	徐　进

续表

序号	单位名称	地址	邮政编码	电话	传真	董事长/经理（厂长）
110	中石化华东石油工程有限公司	江苏省南京市建邺区江东中路315号中泰国际广场6号楼	210019	(025)58778911	(025)58778977	
111	中石化华北石油工程有限公司	河南省郑州市中原区淮河西路21号(淮河西路与工人路西50米新蒲广场)	450006	(0371)60197619	(0371)60197619	常兴浩
112	中石化炼化工程(集团)股份有限公司	北京市朝阳区慧忠北里安园19号兰华国际B座	100101	(010)64998021	(010)64998599	向文武
113	中国石化工程建设有限公司	北京市朝阳区安慧北里安园21号	100101	(010)84875372	(010)64963395	孙丽丽
114	中石化洛阳工程有限公司	河南省洛阳市中州西路27号	471003	(0379)64887749	(0379)64887756	周成平
115	中石化上海工程有限公司	上海市浦东新区张杨路769号(银河大厦)	200120	(021)58354214	(021)58358142	吴德荣
116	中石化宁波工程有限公司	浙江省宁波市高新区院士路660号	315103	(0574)87975589	(0574)87975199	何建波
117	中石化南京工程有限公司	江苏省南京市江宁区科建路1189号	211100	(025)87117369	(025)85561051	徐德勤
118	中石化第四建设有限公司	天津市滨海新区(大港)世纪大道180号	300270	(022)63862213	(022)25990156	周赢冠
119	中石化第五建设有限公司	广东省广州市荔湾区中山七路81号	510145	(020)28348128	(020)28348169	蒋德军

续表

序号	单位名称	地址	邮政编码	电话	传真	董事长/经理（厂长）
120	中石化第十建设有限公司	山东省青岛市黄岛区漓江西路677号	266555	（0532）55681666	（0532）55681000	王存庭
121	中国石化长城能源化工有限公司	北京市朝阳区吉市口路9号	100020	（010）59965233	（010）59760059	戴厚良/杨栋
122	中国石化化工销售有限公司	北京市朝阳区朝阳门北大街22号	100728	（010）59966916	（010）59760728	常振勇
123	中国国际石油化工联合有限责任公司	北京市朝阳区朝阳门北大街22号	100728	（010）59966528	（010）59966698	陈　波
124	中国石油化工股份有限公司天然气分公司	北京市朝阳区惠新东街甲6号	100029	（010）69166083	（010）69196617	高爱华
125	中国石化集团新星石油有限责任公司	北京市海淀区北四环中路263号	100083	（010）82335150	（010）82335178	张召平
126	中国石化集团管道储运公司 中国石化管道储运有限公司	江苏省徐州市泉山区翟山新村Ⅶ区	221008	（0516）83453144	（0516）83453386	夏于飞
127	中国石化财务有限责任公司	北京市朝阳区朝阳门北大街22号	100728	（010）59966700	（010）59760708	赵东/张保龙
128	中国石油化工集团公司经济技术研究院（中国石化咨询公司）	北京市朝阳区安外小关街24号	100029	（010）52826100	（010）52826200	戴宝华
129	中国石化报社	北京市朝阳区吉市口9号	100020	（010）59963277	（010）59762243	陈维松

续表

序号	单位名称	地址	邮政编码	电话	传真	董事长/经理（厂长）
130	中国经济出版社	北京市西城区百万庄北街 3 号	100037	（010）68319282	（010）68319282	王子康
131	中国石化出版社有限公司	北京市朝阳区吉市口路 9 号	100020	（010）59964558	（010）59762291	王子康
132	石油化工管理干部学院	北京市朝阳区立水桥北甲 1 号	100012	（010）52591897	（010）52591919	章治国

附录 3

制度性文件名一览表

序号	标题	文件号
1	中国石化参加各类学会、协会、理事会管理办法	中国石化办〔2016〕41 号
2	中国石化管理类文件材料归档管理规定	中国石化办〔2016〕186 号
3	中国石化总部红机保密电话和密码通信传真管理细则	中国石化办〔2016〕296 号
4	中国石化总部机关会议音、视频资料归档管理规范	中国石化办〔2016〕298 号
5	中国石化总部党组会办公会保密管理细则	中国石化办〔2016〕300 号
6	集团公司领导批示件办理工作规定	中国石化办〔2016〕334 号
7	中国石油化工集团公司决策档案管理实施细则	中国石化办〔2016〕459 号
8	中国石化会计档案管理办法	中国石化办〔2016〕519 号
9	中国石油化工集团公司群体性进京上访事件及非正常上访等行为应急工作预案	中国石化办〔2016〕453 号
10	中国石油化工集团公司党组工作规则	中国石化党组〔2016〕1 号
11	直属单位党建工作责任制实施办法(试行)	中国石化党组〔2016〕207 号
12	直属单位党委书记抓党建工作述职评议办法(试行)	中国石化党组〔2016〕208 号
13	严格基层党支部组织生活实施细则(试行)	中国石化党组〔2016〕210 号
14	基层党支部分类定级管理办法(试行)	中国石化党组〔2016〕211 号
15	中国石化年度投资项目比选排队管理办法(试行)	中国石化计〔2016〕36 号
16	中国石化固定资产投资计划执行情况动态报告管理办法	中国石化计〔2016〕52 号
17	中国石化境内保险管理办法	中国石化财〔2016〕240 号
18	中国石化境外保险管理办法	中国石化财〔2016〕456 号
19	中国石化国有资本经营预算管理办法	中国石化财〔2016〕467 号
20	中国石化专属保险机构业务监管办法	中国石化财〔2016〕476 号
21	中国石油化工集团公司资产管理办法	中国石化财〔2016〕541 号
22	中国石化持续推进全员成本目标管理考评奖励办法	中国石化财〔2016〕517 号
23	中国石化海外长期合同 LNG 资源套期保值暂行规定	石化股份生〔2016〕53 号
24	中国石化海外 LNG 资源进口及转卖暂行规定	石化股份生〔2016〕54 号
25	中国石化智能化管线管理系统管理办法(试行)	中国石化生〔2016〕116 号
26	中国石化原油库存管理办法	石化股份生〔2016〕228 号
27	中国石化工业控制系统管理办法(试行)	中国石化生〔2016〕346 号
28	中国石化成品油库存管理办法	中国石化生〔2016〕516 号
29	中国石化上市公司股权激励实施办法	中国石化企〔2016〕215 号

续表

序号	标题	文件号
30	有关外部董事独立董事报酬及待遇管理暂行办法	中国石化人〔2016〕200 号
31	中国石化领导人员选拔任用暂行办法	中国石化党组〔2016〕216 号
32	总部机关和企业人员双向交流挂职培养管理办法(暂行)	中国石化人〔2016〕241 号
33	担任两院院士的离任集团公司领导科研补贴管理办法	中国石化人〔2016〕242 号
34	中国石化内部人才流动配置管理办法	中国石化人〔2016〕245 号
35	中国石化社会成熟人才引进管理办法	中国石化人〔2016〕246 号
36	总部机关外地调京人员住宿相关待遇管理暂行办法	中国石化人〔2016〕461 号
37	中国石化激励性年金管理办法	中国石化人〔2016〕500 号
38	总部机关专家选聘管理办法	中国石化人〔2016〕533 号
39	总部机关专家考核评价实施办法	中国石化人〔2016〕534 号
40	中国石化领导人员选拔任用工作监督检查办法	中国石化党组〔2016〕249 号
41	中国石化领导人员选拔任用工作责任追究办法(试行)	中国石化党组〔2016〕250 号
42	中国石化加强和改进优秀年轻干部培养选拔工作实施办法(试行)	中国石化党组〔2016〕241 号
43	中国石化领导班子后备干部工作规定	中国石化党组〔2016〕240 号
44	中国石化推进领导人员能上能下暂行办法	中国石化党组〔2016〕239 号
45	中国石化集团公司技能大师管理办法	中国石化人〔2016〕557 号
46	中国石化集团公司首席专家和高级专家管理办法	中国石化人〔2016〕556 号
47	中国石油化工股份有限公司科技项目管理实施细则	石化股份科〔2016〕279 号
48	中国石油化工股份有限公司科技经费管理实施细则	石化股份科〔2016〕280 号
49	中国石化科技成果转化推广与激励管理办法	中国石化科〔2016〕341 号
50	中国石化科技经费管理办法	中国石化科〔2016〕342 号
51	中国石化科技项目管理办法	中国石化科〔2016〕360 号
52	中国石化科技成果转化推广激励实施细则	中国石化科〔2016〕450 号
53	中国石化重大科技项目管理实施细则	中国石化科〔2016〕581 号
54	中国石化外购原油交接计量监督管理办法	中国石化科〔2016〕628 号
55	中国石油化工集团公司“七五”普法工作考核评价办法	中国石化法〔2016〕364 号
56	中国石化所属企业境内股权投资单位重大事项报告制度实施工作指引	中国石化资〔2016〕624 号
57	中国石化作业许可管理规定	中国石化安〔2016〕20 号
58	中国石化动土作业安全管理规定	中国石化安〔2016〕21 号
59	中国石化起重作业安全管理规定	中国石化安〔2016〕7 号
60	中国石化盲板抽堵作业安全管理规定(试行)	中国石化安〔2016〕5 号
61	中国石化高处作业安全管理规定	中国石化安〔2016〕4 号
62	中国石化输油气管道安全保护工作管理规定	中国石化安〔2016〕75 号
63	职业健康管理规定	中国石化安〔2016〕166 号

续表

序号	标题	文件号
64	中国石化煤矿安全管理暂行规定	中国石化安〔2016〕222 号
65	中国石化建设项目安全、职业卫生“三同时”管理办法	中国石化安〔2016〕229 号
66	中国石化码头安全管理规定	中国石化安〔2016〕505 号
67	中国石化油气安全保护管理规定	中国石化安〔2016〕528 号
68	中国石化生产安全风险管理规定(试行)	中国石化安〔2016〕625 号
69	中国石化固体废物污染防治管理规定	中国石化能〔2016〕313 号
70	中国石化废气污染防治管理规定	中国石化能〔2016〕537 号
71	中国石化工业节水管理办法	中国石化能〔2016〕582 号
72	中国石化环境监测管理规定	中国石化能〔2016〕585 号
73	中国石化环保统计管理规定	中国石化能〔2016〕586 号
74	中国石化框架协议采购管理办法	中国石化物〔2016〕309 号
75	中国石化集团化采购管理办法	中国石化物〔2016〕310 号
76	中国石化治理指定采购和独家采购监督规定	中国石化物〔2016〕374 号
77	中国石化企业集中采购管理办法	中国石化物〔2016〕399 号
78	中国石化物资采购供应资源管理办法	中国石化物〔2016〕400 号
79	中国石化物资供应管理规定	中国石化物〔2016〕424 号
80	中国石化煤炭物流基地管理细则	中国石化物〔2016〕425 号
81	中国石化物资储备和库存管理办法	中国石化物〔2016〕438 号
82	中国石化物资采购策略管理办法	中国石化物〔2016〕443 号
83	中国石化网上采购管理规定	中国石化物〔2016〕478 号
84	中国石化境外物资采购管理办法(试行)	中国石化物〔2016〕488 号
85	中国石化总部桌面计算机设备及备件管理办法	中国石化信〔2016〕192 号
86	中国石化信息化项目计划与立项管理办法(试行)	中国石化信〔2016〕555 号
87	中国石化信息安全管理办法(试行)	中国石化信〔2016〕583 号
88	中国石化数据中心机房运行管理办法	中国石化信〔2016〕125 号
89	中国石化信息化项目建设管理办法	中国石化信〔2016〕103 号
90	中国石化境外内派人员外事管理办法	中国石化外〔2016〕66 号
91	中国石化委托中介机构审计固定资产投资项目管理办法	中国石化审〔2016〕479 号
92	中国石化审计工作重大事项报告制度	中国石化审〔2016〕579 号
93	中国石化优秀审计项目评选办法	中国石化审〔2016〕164 号
94	中国石化企业审计工作考评暂行办法	中国石化审〔2016〕165 号
95	中国石化审计项目质量责任追究办法	中国石化审〔2016〕131 号
96	中国石油化工集团公司直属单位纪委书记、副书记提名考察办法(试行)	中国石化党组〔2016〕83 号

续表

序号	标题	文件号
97	中国石化先进典型选树宣传管理办法(试行)	中国石化宣〔2016〕340 号
98	中国石化税务风险管理指引实施细则(试行)	中国石化财〔2016〕118 号
99	中国石化税务风险管理指引(试行)	中国石化财〔2016〕117 号
100	中国石油化工股份有限公司资金管理办法	石化股份财〔2016〕37 号
101	中国石油化工股份有限公司税务风险控制手册	石化股份财〔2016〕96 号
102	中国石化价格管理办法(试行)	石化股份财〔2016〕132 号
103	中国石化文明和谐示范小区创建管理办法	中国石化矿〔2016〕101 号
104	中国石化建设项目管理机构管理办法	中国石化建〔2016〕79 号
105	中国石油化工股份有限公司石油工程招标投标管理规定	石化股份油〔2016〕4 号
106	中国石油化工股份有限公司勘探开发工程技术服务市场准入资质管理办法	石化股份油〔2016〕157 号
107	中国石油化工股份有限公司油田企业“五项劳动竞赛”管理办法	石化股份油〔2016〕144 号
108	中国石油化工股份有限公司石油工程(钻、测、录)管理规定(试行)	石化股份油〔2016〕184 号
109	中国石油化工股份有限公司石油工程(物探)管理规定(试行)	石化股份油〔2016〕185 号
110	中国石油化工股份有限公司地质资料管理办法	石化股份油〔2016〕198 号
111	中国石油化工股份有限公司地质资料电子文档管理细则	石化股份油〔2016〕222 号
112	中国石油化工股份有限公司实物地质资料管理细则	石化股份油〔2016〕225 号
113	中国石油化工股份有限公司对外合作矿业权区块资料包管理办法(试行)	石化股份油〔2016〕226 号
114	中国石油化工股份有限公司钻井安全现状重大风险评价管理办法	石化股份油〔2016〕348 号
115	中国石油化工股份有限公司石油工程项目运行管理办法	石化股份油〔2016〕365 号
116	中国石油化工股份有限公司废弃井管理办法	石化股份油〔2016〕140 号
117	中国石化异辛烷配置管理办法(试行)	石化股份炼〔2016〕427 号
118	化工板块持续推进全员成本目标管理考评奖励细则	中国石化化〔2016〕605 号
119	中国石化炼油化工工艺技术管理规定	中国石化化〔2016〕142 号
120	中国石化销售有限公司班组安全能力评价办法(试行)	石化股份销安〔2016〕180 号
121	中国石化销售有限公司绿色基层评比办法(试行)	石化股份销安〔2016〕179 号
122	中国石化销售有限公司 HSE 培训管理规定	石化股份销安〔2016〕83 号
123	关于印发《中国石化销售有限公司董(监)事会会议组织管理暂行办法》的通知	石化股份销办〔2016〕205 号
124	中国石化销售有限公司负责人及中层管理人员履职待遇、业务支出管理办法	石化股份销办〔2016〕260 号
125	中国石化销售有限公司机关差旅费管理办法	石化股份销办〔2016〕259 号
126	中国石化销售有限公司“三重一大”决策制度实施细则(试行)	石化股份销党〔2016〕4 号
127	中国石化销售有限公司节能及碳资产管理办法(试行)	石化股份销质〔2016〕319 号

续表

序号	标题	文件号
128	中国石化销售有限公司印章管理办法	石化股份销办〔2016〕329 号
129	中国石化销售有限公司机关会议议事规则	石化股份销办〔2016〕330 号
130	国石化销售有限公司党风廉政建设责任制实施细则	石化股份销党〔2016〕6 号
131	中国石化销售有限公司党委落实党风廉政建设主体责任的实施细则	石化股份销党〔2016〕7 号
132	中国石化销售有限公司纪委落实党风廉政建设监督责任的实施细则	石化股份销党〔2016〕8 号
133	中国石化销售企业成品油市场信息监测管理办法(试行)	石化股份销业〔2016〕383 号
134	中国石化销售有限公司信息披露办法	石化股份销投〔2016〕404 号
135	中国石化销售有限公司委托加油站财务管理办法	石化股份销财〔2016〕405 号
136	中国石化销售有限公司反恐防范工作管理办法(试行)	石化股份销安〔2016〕239 号
137	中国石化销售有限公司设备报废管理规定(试行)	石化股份销安〔2016〕275 号
138	中国石化销售有限公司保险管理办法	石化股份销财〔2016〕521 号
139	中国石化销售有限公司本部资金管理办法	石化股份销财〔2016〕555 号
140	中国石化销售有限公司信息项目管理办法	石化股份销信〔2016〕614 号
141	中国石化销售有限公司机关绩效管理暂行办法	石化股份销人〔2016〕647 号
142	中国石化销售有限公司机关先进集体先进个人评选暂行办法	石化股份销人〔2016〕648 号
143	中国石化销售有限公司机关创新创造总经理奖励暂行办法	石化股份销人〔2016〕651 号
144	中国石化销售有限公司机关员工职业生涯规划与管理暂行办法	石化股份销人〔2016〕650 号
145	中国石油化工集团公司直属机关人口与计划生育实施细则	中国石化办〔2016〕543 号

索　引

企事业单位主题词索引

使　用　说　明

1. 本索引引用主题词分析索引法编制。

2. 本索引按汉语拼音音序排列。具体如下：以英文字母开头的，排在最前面；汉字标目则按首字的音序、音调依次排列，首字相同时，则以第二个字排序，并依次类推。

3. 在索引中，索引标目之后的数字表示主题内容所在年鉴正文的页码；英文字母a、b分别表示左、右两个栏目。

4. 为反映索引款目间的逻辑关系。对于二级目录，采取在上一级标目下缩两格的编排形式予以体现，之下的索引款目仍按上列排序方法依次排列。

A

B

C

D

F

G

H

J

K

L

M

N

Q

R

S

T

Y

表 题 索 引

使 用 说 明

1. 本索引采用表题索引法编制。年鉴中所有表题均在标引范围内。

2. 本索引基本上按汉语拼音音序排列。具体如下：以数字开头的，排在最前面；汉字标目则按首字的音序、音调依次排列，首字相同时，则以第二个字排序，并依次类推。

3. 在索引中，索引标目之后的数字表示主题内容所在年鉴正文的页码。

0～9

A

B

C

D

F

G

H

J

K

L

M

N

Q

R

S

T

W

X

Y

Z